Marc Goodman

GLOBAL HACK

Marc Goodman

GLOBAL HACK

Hacker, die Banken ausspähen.
Cyber-Terroristen, die Atomkraftwerke kapern.
Geheimdienste, die unsere Handys knacken.

Aus dem Englischen von Henning Dedekind,
Kathleen Mallett und Karin Miedler

HANSER

Titel der Originalausgabe:
Future Crimes: Everything is Connected, Everyone is Vulnerable and What We Can Do About It.
United States: Doubleday, a division of Random House LLC, New York, 2015.
Canada: Random House of Canada Limited, Toronto, Penguin Random House companies, 2015.

FSC
www.fsc.org
MIX
Papier aus verantwortungsvollen Quellen
FSC® C014889

Bibliografische Information der Deutschen Nationalbibliothek
Die Deutsche Nationalbibliothek verzeichnet diese Publikation in der Deutschen Nationalbibliografie; detaillierte bibliografische Daten sind im Internet über http://dnb.d-nb.de abrufbar.

1 2 3 4 5 19 18 17 16 15

www.hanser-literaturverlage.de
Herstellung: Denise Jäkel
Umschlaggestaltung: Birgit Schweitzer, München, unter Verwendung eines Fotos von
© Daniel Reinhardt/picture alliance/dpa
Satz: Kösel Media GmbH, Krugzell
Druck und Bindung: Friedrich Pustet, Regensburg
Printed in Germany
ISBN 978-3-446-44463-8
E-Book-ISBN 978-3-446-44464-5

All meinen Lehrern, die mir so viel beigebracht haben.

Inhalt

Teil III: Den Fortschritt überleben

KAPITEL 17

KAPITEL 18

VORWORT

Der irrationale Optimist: Wie ich wurde, was ich bin

Mein Einstieg in die Welt des Hightech-Verbrechens war recht unspektakulär. Im Jahre 1995 arbeitete ich als Ermittler im berühmten Parker Center, dem damaligen Hauptquartier der Polizei von Los Angeles. Ich war 28 und bekleidete den Rang eines Sergeants. Eines Tages bellte mein Vorgesetzter meinen Namen quer durch das volle und geschäftige Dezernat: »Goooodmaaaaan, bewegen Sie ihren Arsch hierher!« Ich glaubte, ich würde Schwierigkeiten bekommen, doch stattdessen stellte mir der Lieutenant jene Frage, die mein Leben verändern sollte: »Wissen Sie, wie man in WordPerfect die Rechtschreibprüfung aktiviert?«

»Klar, Chef, drücken Sie einfach Strg + F2«, entgegnete ich.

Er grinste und sagte: »Ich wusste doch, dass Sie der richtige Mann für diesen Fall sind.« So begann also meine Karriere als Hightech-Ermittler mit meinem ersten eigenen Fall im Bereich der Computerkriminalität. Durch mein Wissen, wie man in WordPerfect die Rechtschreibprüfung aktiviert, zählte ich Anfang der Neunziger zur polizeilichen Technik-Elite. Seit jenem Fall interessiere ich mich nicht nur brennend für die Technik an sich, sondern vor allem auch für ihre illegalen Anwendungen. Obwohl ich erkenne, welcher Schaden durch rechtswidrig eingesetzte Technologien entsteht, finde ich es trotzdem faszinierend, wie clever und innovativ Kriminelle zur Erreichung ihrer Ziele vorgehen.

Um die allerneuesten Technologien in ihre modi operandi aufzunehmen, bringen sich Verbrecher regelmäßig auf den neuesten Stand. Die Zeiten, da sie die Ersten waren, die einen Pager mit sich herumtrugen und kiloschwere Mobiltelefone verwendeten, um sich gegenseitig verschlüsselte Botschaften zu schicken, sind längst vorbei. Kriminelle Vereinigungen wie die mexikanischen Drogenkartelle verfügen heute über eigene, landesweite Telekommunikationssysteme.[1]

Man stelle sich nur einmal vor, welcher Raffinesse es bedarf, ein landesweit voll funktionsfähiges, verschlüsseltes Telekommunikationsnetzwerk zu errichten – das ist umso erstaunlicher, wenn man bedenkt, dass viele Amerikaner immer noch keinen brauchbaren Handy-Empfang haben.

Organisierte Banden machen sich neue Technologien in der Regel früh zu eigen. Lange, bevor es der Polizei überhaupt in den Sinn kam, entdeckten sie das Internet für sich. Seitdem sind sie den Behörden immer eine Nasenlänge voraus. Die Schlagzeilen sind voll von Geschichten über 100 Millionen gehackter Internetkonten hier und 50 online gestohlenen Millionen dort. Die Entwicklung dieser Verbrechen ist frappierend und schreitet leider immer schneller voran.

Gegenstand dieses Buches ist nicht einfach, was sich gestern ereignet hat oder heute ereignet. Im Fokus steht auch nicht die Frage, wie lang ein Passwort sein sollte. Vielmehr geht es darum, wohin wir morgen gehen werden. Im Zuge meiner Nachforschungen und Ermittlungen, zunächst als Angehöriger des Los Angeles Police Department, später in Zusammenarbeit mit bundesweiten und internationalen Organisationen zur Verbrechensbekämpfung, hatte ich mit Kriminellen zu tun, die weit über die heutige Cyberkriminaliät hinaus in neue Bereiche wie Robotik, virtuelle Realität, künstliche Intelligenz, 3-D-Druck und synthetische Biologie vorgedrungen waren. In den meisten Fällen sind sich meine Kollegen von Polizei und Regierung, mit denen ich mich auf der ganzen Welt getroffen habe, dieser bedrohlichen technologischen Entwicklungen nicht bewusst, geschweige denn ihrer zunehmenden Anwendung durch das organisierte Verbrechen und den Terrorismus. Da ich jemand bin, der sein Leben in den Dienst der öffentlichen Sicherheit gestellt hat, bereiten mir die Trends, die ich allerorten beobachte, große Sorgen.

Manch einer mag mich als Panikmacher oder übertriebenen Pessimisten verteufeln, doch ich bin keines von beiden. Angesichts dessen, was ich über unsere Zukunft erfahren habe, bin ich vielmehr optimistisch – vielleicht »irrational optimistisch«. Um es ganz klar zu sagen: Ich bin kein Technikfeind. Ich bin auch nicht so töricht, anzunehmen, die Technik wäre der Quell allen Übels auf der Welt. Ganz im Gegenteil: Ich glaube an die ungeheure Kraft der Technik als treibende Kraft des Guten. Man sollte auch nicht vergessen, dass sie vielgestaltige Möglichkeiten zum Schutz des Einzelnen und der Gesellschaft bietet. Allerdings war die Technik schon immer ein zweischneidiges Schwert. Meine Erfahrungen mit echten Kriminellen und Terroristen auf sechs Kontinenten haben mir eindeutig gezeigt, dass die Mächte des Bösen niemals zögern, aufkommende Technologien zu nutzen und sie zum Schaden der breiten Masse einzusetzen. Die Tatsachenlage und mein Bauchgefühl sagen mir zwar, dass wir noch beachtliche Hürden vor uns haben (denen Regierung und Industrie leider nicht genug entgegensetzen), doch möchte ich an die Technik-Utopie glauben, die uns Silicon Valley einst versprochen hat.

Dieses Buch ist die Geschichte der Gesellschaft, die wir mit unseren technologischen Mitteln aufbauen, und wie eben diese Errungenschaften gegen uns gerichtet werden können. Je mehr wir unsere Geräte und unser Leben mit der globalen Informationsstruktur vernetzen – sei es via Mobilfunk, soziale Netzwerke, Fahrstühle oder selbstfahrende Autos – desto verwundbarer werden wir für jene, die wissen, wie die zugrundeliegenden Technologien funktionieren, und sie zu ihrem Vorteil und zum Schaden des kleinen Mannes nutzen. Kurz: Wenn alles vernetzt ist, ist alles angreifbar. Die Technik, die wir gewohnheitsmäßig in unserem Leben akzeptieren, ohne uns große Gedanken darüber zu machen, kann uns eines Tages leicht zur Stolperfalle werden.

Indem ich die neuesten kriminellen und terroristischen Methoden beleuchte, hoffe ich, bei meinen Freunden in der Politik und in Sicherheitskreisen eine angeregte und längst überfällige Diskussion anzustoßen. Die meisten sind mit herkömmlichen Verbrechen zwar bereits überlastet, doch müssen sie sich früher oder später mit der rasanten Entwicklung von Technologien auseinandersetzen, die unsere globale Sicherheit wie ein Tsunami des Bösen destabilisieren könnte.

Mehr noch: Ich habe vor langer Zeit geschworen, andere »zu schützen und ihnen zu dienen«; daher will ich dafür sorgen, dass der breiten Öffentlichkeit die erforderlichen Fakten an die Hand gegeben werden, damit Bürger sich selbst, ihre Familien, ihre Unternehmen und ihre Gemeinden gegen eine wachsende Bedrohung verteidigen können, mit denen sie viel früher als erwartet konfrontiert werden. Dieses Wissen »Insidern« vorzubehalten, die bei der Regierung, der Polizei und im Silicon Valley arbeiten, reicht schlicht nicht aus.

Während meiner Zeit im öffentlichen Dienst war ich unter anderem für Organisationen wie das LAPD, das FBI, den U. S. Secret Service und Interpol tätig. Dabei wurde mir zunehmend klar, dass Kriminelle und Terroristen weltweit wesentlich innovativer waren als die Behörden, und die »Guten« immer weiter ins Hintertreffen gerieten. Auf der Suche nach effektiveren Methoden zur Bekämpfung der wachsenden Verbrecherlegionen, die neueste Technologien missbrauchten, quittierte ich meinen Dienst und zog ins Silicon Valley, um mehr darüber zu erfahren, was als Nächstes geschehen würde.

In Kalifornien tauchte ich in eine Gemeinde technischer Innovatoren ein, um herauszufinden, wie sich ihre neuesten wissenschaftlichen Entdeckungen auf den Normalbürger auswirken würden. Ich besuchte die Sprösslinge des Silicon Valley und freundete mich mit einigen hochbegabten Mitgliedern der Start-up-Community San Franciscos an. Ich wurde an die Fakultät der Singularity University berufen, eine erstaunliche Institution auf dem Gelände des Ames Research Center der NASA, wo ich mit einer Reihe hervorragender Astronauten, Robotiker, Daten- und Computerwissenschaftler und synthetischer Biologen zusammenarbeitete. Diese Männer und Frauen leisten Pionierarbeit. Sie besitzen die Fähigkeit, über den Tellerrand der heutigen Welt zu blicken und das gewaltige Potenzial einer Technik freizusetzen, die eine Antwort auf die drängendsten Fragen der Menschheit liefern kann.

Viele Unternehmer, die in Silicon Valley mit Hochdruck an unserer technologischen Zukunft arbeiten, machen sich jedoch gefährlich wenig Gedanken um politische, rechtliche oder ethische Aspekte und übersehen die Sicherheitsrisiken, die ihre Schöpfungen für den Rest der Gesellschaft darstellen. Da ich selbst schon Kriminellen Handschellen angelegt und mit Polizeikräften in über 70 Ländern zusammengearbeitet habe, betrachte ich die potenziellen Risiken neuer Technologien aus einem ganz anderen Blickwinkel als die arglosen Menschen, die solche Neuerungen meist unkritisch in ihren Alltag einbinden.

Aus diesem Grund habe ich das Future Crimes Institute gegründet. Ziel war es, meine eigenen Erfahrungen als Straßenpolizist, Ermittler, internationaler Antiterror-Analyst und – seit Kurzem – Silicon-Valley-Insider zu nutzen und eine Gemeinschaft gleichgesinnter Experten zusammenzubringen, die sowohl den negativen als auch den positiven Auswirkungen rasanter technologischer Entwicklungen begegnen kann.

Mit Blick auf die Zukunft bereiten mir insbesondere die Omnipräsenz der Computertechnologie in unserem Leben und die damit verbundene Abhängigkeit Sorgen. Dadurch werden wir zunehmend angreifbar, und zwar in einer Art und Weise, die die meisten von uns nicht einmal ansatzweise verstehen. Die gegenwärtige Komplexität von Systemen und deren Interdependenzen nehmen stetig zu. Dennoch gibt es Einzelne und Gruppen, die sie zum Schaden aller rasch durchschauen und in Echtzeit weiterentwickeln.

Dies ist ihre Geschichte – die Geschichte organisierter Verbrecher, Hacker, skrupelloser Regierungen, regionaler Akteure und Terroristen, die miteinander darum wetteifern, sich die neuesten Technologien zunutze zu machen.

Die vom Silicon Valley verheißene Technik-Utopie mag möglich sein, doch wird sie nicht wie durch Zauberhand von selbst erscheinen. Damit sie erblühen kann, müssen Bürger, Regierungen, Konzerne und Nichtregierungsorganisationen enorme und konzentrierte Anstrengungen unternehmen. Zwischen jenen, welche die Technik zugunsten der gesamten Menschheit vorantreiben, und denjenigen, die sie stattdessen rücksichtslos zu ihrem eigenen Vorteil nutzen wollen, ist ein neuer Kampf entbrannt. Es ist die Schlacht um die Seele der Technik und um ihre Zukunft. Sie wird im Hintergrund und zum Großteil im Verborgenen geschlagen und ist damit den Blicken des Durchschnittsbürgers entzogen.

Statt lediglich die neuesten kriminellen Innovationen und technischen Schwachstellen zu katalogisieren, zeigt dieses Buch einen Weg auf, wie wir den vielfältigen Bedrohungen, die uns erwarten, entgegentreten können. Vorausschauend halte ich es für möglich, schon heute die Verbrechen von morgen vorherzusehen und zu verhindern – bevor wir einen Punkt erreichen, an dem es kein Zurück mehr gibt. Künftige Generationen werden zurückblicken und ein Urteil über unsere Bemühungen fällen, dieser Sicherheitsbedrohungen Herr zu werden und die Seele der Technik so zu verteidigen, dass sie ausschließlich zum Wohle der Menschheit eingesetzt wird.

Eine gutgemeinte Warnung: Wenn Sie weiterlesen, werden Sie Ihr Auto, Ihr Smartphone oder Ihren Staubsauger künftig mit ganz anderen Augen sehen.

TEIL I:
EIN STURM ZIEHT HERAUF

KAPITEL 1

Vernetzt, abhängig, angreifbar

Mat Honans Leben sah auf dem Bildschirm ziemlich gut aus: In einem Fenster seines Browsers waren Bilder seiner neugeborenen Tochter zu sehen; in einem anderen strömten die Tweets seiner tausenden Twitter-Follower. Als Reporter der Zeitschrift *Wired* in San Francisco lebte er ein urbanes und vernetztes Leben und war in Sachen Technik immer auf dem allerneuesten Stand. Trotzdem konnte er sich nicht vorstellen, dass seine digitale Welt mit ein paar Klicks ausgelöscht werden könnte. An einem Tag im August geschah es. Seine Fotos, E-Mails und vieles mehr fielen einem Hacker in die Hände. Gestohlen in wenigen Minuten von einem Teenager auf der anderen Seite des Erdballs. Honan war ein leichtes Ziel. Wie wir alle.

Honan erinnert sich an den Nachmittag, als alles zusammenbrach. Er spielte gerade auf dem Fußboden mit seiner kleinen Tochter, als plötzlich sein iPhone ausging. Vielleicht war der Akku leer. Er erwartete einen wichtigen Anruf, also steckte er das iPhone in die Station und fuhr es erneut hoch. Statt des üblichen Bildschirms mit seinen Apps erblickte er ein großes weißes Apple-Logo und eine mehrsprachige Anzeige, die ihn willkommen hieß und einlud, sein neues iPhone in Betrieb zu nehmen. Wie seltsam.

Honan war unbesorgt: Er machte allabendlich ein Backup seines iPhones. Sein nächster Schritt war daher logisch – sich in die iCloud einloggen und das iPhone mitsamt den Daten neu laden. Beim Einloggen in seinen Apple-Account teilte man ihm jedoch mit, dass sein Passwort, das er ganz sicher richtig eingegeben hatte, von den iCloud-Göttern für falsch befunden worden sei.

Honan, ein cleverer Journalist der wichtigsten Technologie-Zeitschrift der Welt, hatte freilich noch einen anderen Trick auf Lager. Er würde das iPhone einfach mit seinem Laptop verbinden und die Daten von der Festplatte seines Computers laden. Was als nächstes geschah, ließ ihm das Herz sinken.

Als Honan seinen Mac hochfuhr, wurde er von einer Nachricht des Apple-Kalenderprogramms begrüßt, die ihn darüber in Kenntnis setzte, dass sein Gmail-Passwort inkorrekt sei. Sofort danach wurde der Bildschirm seines Laptops – sein hübsch gestalteter Desktop – aschgrau und verschwand, als wäre er gestorben. Das Einzige, was auf dem Bildschirm noch zu sehen war, war eine Aufforderung: Bitte geben Sie Ihr vierstelliges Passwort ein. Honan war sicher, dass er nie ein Passwort gesetzt hatte.

Schließlich erfuhr er, dass sich ein Hacker Zugang zu seinem iCloud-Account verschafft und dann die praktische Apple-Funktion »Mein iPhone suchen« benutzt hatte, um sämtliche elektronischen Geräte in Honans Welt zu lokalisieren. Eines nach dem Anderen wurde unter Beschuss genommen. Mit der »Remote-Wipe-Funktion« löschte der Hacker sämtliche Daten, die Honan in seinem Leben angesammelt hatte. Erstes Opfer war das iPhone, dann das iPad. Last, aber ganz bestimmt nicht least, war das MacBook an der Reihe. In einem einzigen Augenblick waren sämtliche Daten gelöscht, darunter alle Babyfotos, die Honan im ersten Lebensjahr seiner Tochter gemacht hatte. Ebenfalls verloren waren die unersetzlichen fotografischen Erinnerungen an längst verstorbene Verwandte, verpufft im Äther durch die Hand eines unbekannten Dritten.

Nächstes Angriffsziel war Honans Google-Account. Mit einem Wimpernschlag waren die acht Jahre sorgsam gepflegter E-Mails verloren. Berufliche Korrespondenzen, Notizen und Erinnerungen wurden mit einem einzigen Mausklick gelöscht. Schließlich wandte der Hacker seine Aufmerksamkeit seinem ultimativen Ziel zu: Honans Twitter-Account, @Mat. Dieser wurde nicht nur geknackt, sondern von dem Hacker dazu missbraucht, in Honans Namen rassistische und homophobe Beschimpfungen an seine tausenden Follower zu verschicken.

Nach diesem Online-Anschlag nutzte Honan seine Fähigkeiten als investigativer Journalist, um herauszufinden, was sich ereignet hatte. Er wollte versuchen, seinen iCloud-Account zu retten, und rief beim technischen Support von Apple an. Nach einem über 90-minütigen Gespräch erfuhr er, dass »er« gerade 30 Minuten zuvor angerufen und verlangt habe, dass man sein Passwort zurücksetze. Wie sich herausstellte, wurden zum Ändern von Honans Passwort lediglich seine Rechnungsadresse und die letzten vier Ziffern seiner Kreditkartennummer abgefragt. Honans Adresse war über den Abfragedienst Whois frei zugänglich, da er sie beim Einrichten seiner privaten Website eingegeben hatte. Selbst, wenn das fehlgeschlagen wäre, hätte man sie sich über Dutzende anderer Online-Dienste wie etwa WhitePages oder Spokeo leicht besorgen können.

Beim Erschleichen der letzten vier Ziffern von Honans Kreditkartennummer ging der Hacker davon aus, dass Honan (wie die meisten von uns) über ein Amazon-Konto verfügte. Er hatte recht. Ausgestattet mit Honans echtem Namen, seiner E-Mail- und Rechnungsadresse, setzte sich der Übeltäter mit Amazon in Verbindung, täuschte erfolgreich einen Kundendienstmitarbeiter und erhielt schließlich Zugang zu den erforderlichen letzten vier Stellen der Kreditkartennummer. Diese einfachen Schritte und nichts weiter stellten Honans gesamtes Leben auf den Kopf. Wenngleich es in diesem Fall nicht geschah, hätte der Hacker mit denselben Informationen ebenso leicht auch Honans Bank- und Wertpapierkonten knacken und plündern können.

Der Teenager, der sich schließlich mit dem Angriff brüstete – Phobia, wie er in Hackerkreisen genannte wurde –, behauptete, es sei ihm darum gegangen, die gewaltigen Sicherheitslücken der Internetdienste aufzuzeigen, die wir täglich bedenkenlos nutzten. Das war ihm gelungen. Honan eröffnete einen neuen Twitter-Account, um mit seinem Feind zu kommunizieren. Phobia, der dazu den Account @Mat benutzte, willigte ein, Honans neuem Account zu folgen, so dass die beiden sich nun gegenseitig Botschaften schicken konnten. Honan stellte Phobia die Frage, die ihm auf der Seele brannte: Warum? Warum hast du mir das angetan? Wie sich herausstellte, waren die in fast zehnjähriger Kleinarbeit gesammelten Daten lediglich ein Kollateralschaden.

Phobias Antwort war schaurig: »Ehrlich, ich habe nichts gegen Dich persönlich … Mir gefiel einfach Dein [Twitter-] Nutzername.« Das war es also. Das war der ganze Grund – ein begehrter Twitter-Name mit drei Zeichen. Ein tausende Kilometer entfernter Hacker fand ihn gut und wollte ihn schlicht für sich selbst haben.

Der Gedanke, dass jemand, der »nichts gegen einen hat«, mit wenigen Klicks ein ganzes digitales Dasein auslöscht, ist absurd. Als Honans Geschichte im Dezember 2012 als Titelstory in *Wired* erschien, sorgte sie für einiges Aufsehen … eine oder zwei Minuten lang. Eine Debatte darüber, wie sich unsere Alltagstechnologien sicherer machen ließen, folgte zwar, verebbte aber bald wieder. Seit Honans Irrungen und Wirrungen hat sich herzlich wenig getan. Wir sind immer noch genauso angreifbar, wie es Honan damals war – und sogar noch mehr, weil wir inzwischen auch von mobilen und Cloud-basierten Anwendungen abhängig sind.

Wie bei den meisten von uns, waren auch Honans zahlreiche Accounts in einem selbstreferenziellen Netz falschen digitalen Vertrauens miteinander verbunden: dieselbe Kreditkartennummer im Apple-Profil und im Amazon-Konto; eine iCloud-Mailadresse, die auf Gmail verwies. Alle hatten bestimmte Informationen gemein, darunter Login-Daten, Kreditkartennummern und Passworte.

Sämtliche Daten waren mit ein und derselben Person verbunden. Honans Sicherheitsmaßnahmen waren insgesamt nicht mehr als eine digitale Maginot-Linie – ein instabiles Kartenhaus, das beim leichtesten Stoß in sich zusammenfiel. Alle oder zumindest die meisten Informationen, die es bedurfte, um sein (oder unser) digitales Leben zu vernichten, sind für jedermann, der auch nur ein klein wenig geschickt oder kreativ ist, online offen zugänglich.[1]

Fortschritt und Risiken in einer vernetzten Welt

Vor wenigen Jahren noch war Google für uns lediglich eine Suchmaschine, von der wir uns inzwischen aber Hals über Kopf abhängig gemacht haben, ohne lange darüber nachzudenken. Heute nutzen wir Google für Karten, Kalender, Adressen, Videos, Unterhaltung, Voicemail und Telefonate. Eine Milliarde Menschen hat ihre intimsten Details auf Facebook ausgebreitet und willig das Surfverhalten ihrer Freunde, Verwandten und Kollegen in sozialen Netzwerken offengelegt. Wir haben Milliarden von Apps heruntergeladen und nutzen sie für Geldgeschäfte, beim Kochen oder zum Archivieren von Babybildern. Über unsere Laptops, Handys, iPads, TiVos, Kabelanschlüsse, PS3s, Blu-Rays, Nintendos, HDTVs, Rokus, Xboxen und Apple-TVs verbinden wir uns mit dem Internet.

Die positiven Aspekte der technologischen Evolution sind offenkundig. Während der vergangenen 100 Jahre bewirkte ein rasanter medizinischer Fortschritt, dass sich die durchschnittliche Lebenserwartung eines Menschen mehr als verdoppelte und die Kindersterblichkeit um einen Faktor zehn zurückging.[2] Das durchschnittliche, inflationsbereinigte Pro-Kopf-Einkommen hat sich weltweit verdreifacht. Der Zugang zu qualitativ hochwertiger Bildung, für viele lange ein Traum, ist dank Webseiten wie der Khan Academy heute kostenlos. Das Mobiltelefon schließlich bescherte Nationen rund um den Erdball einen milliardenschweren wirtschaftlichen Aufschwung.[3]

Die grundlegende Architektur des Internets bietet die Möglichkeit einer globalen Vernetzung, durch welche unterschiedlichste Völker auf der ganzen Welt wie nie zuvor miteinander in Kontakt treten können. Eine Frau in Chicago kann mit einem völlig Fremden in den Niederlanden »Words with Friends« spielen. Ein Arzt im indischen Bangalore kann die Röntgenbilder eines Patienten in Boca Raton, Florida, studieren und interpretieren. Ein Bauer in Südafrika hat über sein Handy Zugang zu denselben landwirtschaftlichen Daten wie ein Doktorand am MIT. Diese Vernetzung ist eine der größten Stärken des Internets, das mit zunehmender Größe auch immer mächtiger und nützlicher wird. In unserer modernen, technisierten Welt gibt es viel zu feiern.

Während die Vorzüge der Online-Welt von den Vertretern der Technologiebranche bestens dokumentiert und regelmäßig gepriesen werden, gibt es freilich auch eine Kehrseite dieser weltweiten Vernetzung.

Unsere Stromnetze, Luftverkehrskontrollnetze, Feuerwehrleitsysteme und selbst unsere Fahrstühle werden allesamt von Computern gesteuert. Das allein ist kritisch. Obendrein machen wir unser Leben Tag für Tag abhängiger vom globalen Informationsnetz, ohne lange zu überlegen, welche Folgen das für uns haben könnte. Was aber würde geschehen, wenn die technischen Errungenschaften, denen wir uns auf Gedeih und Verderb verschrieben haben, die Grundfesten unserer modernen Gesellschaft, plötzlich verschwänden? Wie sieht der Notfallplan der Menschheit aus? Die Wahrheit ist: Es gibt keinen.

Die Erde ist flach (und steht allen offen)

Jahrhundertelang war das westfälische System souveräner Nationalstaaten weltweit vorherrschend.[4] Es bedeutete, dass Länder auf ihrem Territorium die Hoheitsrechte ausübten und sich äußere Kräfte nicht in die inneren Angelegenheiten einer Nation einzumischen hatten. Die westfälische Struktur wurde durch ein System aus Grenzen, Armeen, Wächtern, Toren und Schusswaffen gesichert. Sowohl die Immigration von Fremden als auch die Emigration von Menschen aus dem Gebiet eines Nationalstaates wurde scharf kontrolliert. Daneben errichtete man Zoll- und Kontrollstrukturen, um den Güterstrom über die nationalen Grenzen zu steuern und zu begrenzen. Doch so weitsichtig die Unterzeichneten des Westfälischen Friedens im Jahre 1648 auch waren, so sah doch keiner von ihnen Snapchat voraus.

Physische Grenzen spielen zwar immer noch eine Rolle, doch in einer Online-Welt verschwimmen solche Trennlinien. Bits und Bytes fließen ungehindert von einem Land zum anderen, ohne dass Grenzkontrollen, Einwanderungsgesetze oder Zollbehörden ihren Transit behindern. Die traditionellen transnationalen Verbrechensbarrieren, mit denen sich frühere Generationen von Dieben, Ganoven und Zuchthäuslern konfrontiert sahen, sind in der Online-Welt niedergerissen worden, sodass zwielichtige Elemente jeden virtuellen Ort nach Belieben aufsuchen und verlassen können.

Man muss sich einmal vergegenwärtigen, welche Auswirkungen das auf unsere Sicherheit hat. Wenn Kriminelle früher eine Bank am New Yorker Times

Square auszurauben versuchten, galten bestimmte Dinge dabei als unumstößlich. Zunächst einmal war klar, dass die Verbrecher einen physischen Ort im Midtown South Precinct, also innerhalb des Zuständigkeitsbereiches der New Yorker Polizei aufgesucht hatten. Der Bankraub stellte eine Verletzung sowohl von US-Bundesrecht als auch der Gesetze des Staates New York dar, also mussten das NYPD und das FBI auf Grundlage bestehender Gesetze gemeinsam in dem Fall ermitteln. Das Opfer (in diesem Falle die Bank) war ebenfalls im Zuständigkeitsbereich beider Strafverfolgungsbehörden ansässig, was deren Ermittlungsarbeit stark vereinfachte. Bei der Falllösung hätte man sich auf physische Beweise gestützt, die der Bankräuber vermutlich am Schauplatz des Verbrechens hinterlassen hätte, etwa Fingerabdrücke auf einem Zettel für den Kassierer oder die DNA auf einer Theke, über die er gesprungen wäre. Vielleicht hätte das Kamera-Überwachungssystem der Bank sogar Aufnahmen seines Gesichts geliefert. Zudem unterlag auch der Kriminelle selbst gewissen physischen Beschränkungen. Die entwendeten Dollarnoten besaßen ein bestimmtes Gewicht, also konnte man nur eine begrenzte Menge davon aus der Bank schaffen. Vielleicht wäre in den Geldbündeln auch ein explodierender Farbbeutel versteckt gewesen, der den Verdächtigen für die Polizei kenntlich gemacht hätte. Althergebrachte, bewährte Grundpfeiler der Ermittlungsarbeit wie etwa eine gemeinsame Zuständigkeit oder das physische Beweismittel – für die Behörden unverzichtbare Werkzeuge bei der Verbrechensbekämpfung – gibt es in der heutigen Welt jedoch häufig nicht mehr.

Vergleichen wir obiges Times-Square-Szenario mit dem berüchtigten Internet-Raub von 1994, den der Russe Wladimir Levin von seiner Wohnung in St. Petersburg aus verübte. Levin, ein Computerprogrammierer, wurde beschuldigt, die Accounts mehrerer großer Unternehmenskunden der Citibank gehackt und dabei 10,7 Millionen Dollar erbeutet zu haben.[5] Zusammen mit Komplizen auf der ganzen Welt hatte Levin große Summen auf Konten in Finnland, den Vereinigten Staaten, den Niederlanden, Deutschland und Israel transferiert.

Wer war in diesem Fall zuständig? War es die Polizei der Vereinigten Staaten, wo das Opfer (die Citibank) ansässig war? Waren es die Behörden in St. Petersburg, wo der Beschuldigte das ihm zur Last gelegte Verbrechen begangen hatte? Oder lag die Zuständigkeit vielleicht bei Israel oder Finnland, wohin die riesigen Summen auf betrügerische Konten elektronisch überwiesen wurden? Um das Verbrechen zu begehen, hatte Levin die Vereinigten Staaten physisch nie betreten. Er hinterließ keine Fingerabdrücke oder DNA und wurde nie durch einen explodierenden Farbbeutel markiert. Er musste auch keine tausende Kilo schweren Geldscheinbündel aus der Bank schleppen; für das Ganze brauchte er lediglich eine Maus und eine Tastatur. Eine Maske oder eine abgesägte Schrotflinte waren ebenfalls unnötig; Levin versteckte sich einfach hinter seinem Computerbildschirm und schlug auf der Flucht virtuelle Haken, um seine digitalen Spuren zu verwischen.

Das Wesen des Internets bringt es mit sich, dass wir in einer zunehmend grenzenlosen Welt leben. Heute kann jeder, ob in guter oder schlechter Absicht, mit Lichtgeschwindigkeit virtuell um den halben Planeten rasen. Für Kriminelle ist diese Technologie ein wahrer Segen, da sie sich nun von einem Land zum anderen ihren virtuellen Weg um den Globus hacken, sehr zur Frustration der Polizei. Außerdem haben die Kriminellen gelernt, sich selbst vor Verfolgung im Internet zu schützen. Ein geschickter Hacker würde niemals von seiner Privatwohnung in Frankreich aus eine Bank in Brasilien angreifen. Stattdessen würde er seine Cyberattacke über mehrere infizierte Netzwerke führen, etwa von Frankreich über die Türkei und Saudi-Arabien, und dann erst sein eigentliches Ziel in Brasilien ins Visier nehmen. Diese Möglichkeit, Ländergrenzen zu überspringen, eine der größten Stärken des Internets, bereitet der Polizei ungeheure Zuständigkeits- und Verwaltungsprobleme und ist einer der Hauptgründe dafür, dass die Verfolgung von Cyberkriminalität so schwierig und bisweilen so fruchtlos ist. Ein Polizist in Paris hat keinerlei Befugnis, eine Verhaftung in São Paulo vorzunehmen.

Die guten alten Zeiten der Cyberkriminalität

Das Wesen der Cyberbedrohung hat sich im Laufe der letzten 25 Jahre dramatisch gewandelt. In den Anfangstagen des PCs war Schadenfreude die Hauptmotivation der Hacker. Sie hackten Computersysteme, um ganz einfach zu zeigen, dass sie dazu in der Lage waren, oder um auf etwas Bestimmtes hinzuweisen. Eines der allerersten Computerviren, die IBM-PCs befielen, war das Brain-Virus, 1986 programmiert von den damals 24- und 17-jährigen Brüdern Amjad und Basit Faruk Alvi aus Lahore in Pakistan.[6] Ihr Virus sollte harmlos sein und lediglich andere davon abhalten, die Software zu kopieren, welche die beiden Brüder in jahrelanger Arbeit entwickelt hatten. Brain infizierte den Boot-Sektor einer Floppy Disk, um so deren illegales Kopieren zu verhindern, und erlaubte den Brüdern, illegale Kopien ihrer Software nachzuverfolgen. Aufgebracht darüber, dass andere ihre Software kopierten, ohne dafür zu bezahlen, bauten die Brüder noch eine ominöse Warnung ein, die auf den Bildschirmen infizierter Computer erschien:

Willkommen im Verlies © 1986 Brain & Amjads (pvt).
BRAIN COMPUTER SERVICES 730 NIZAM BLOCK ALLAMA IQBAL
TOWN LAHORE-PAKISTAN PHONE: 430791,443248,280530.
Vorsicht vor diesem VIRUS ... Kontaktieren Sie uns wegen einer Impfung ...

Diese Botschaft ist in mehrerlei Hinsicht bemerkenswert. Zunächst behaupteten die Brüder, ihren Virus urheberrechtlich geschützt zu haben – ein ziemlich kühner Schachzug. Noch seltsamer war, dass sie ihre Adresse und Telefonnummer angaben, damit sich Nutzer wegen einer »Impfung« oder der Beseitigung des Virus an dessen Schöpfer wenden konnten. Für Basit und Amjad war es eine folgerichtige Entscheidung, einen Virus in die Welt zu setzen, doch was sie dabei nicht bedacht hatten, war, dass ihre Schöpfung die Fähigkeit besaß, sich zu replizieren und zu verbreiten – was sie dann auf ganz altmodische Weise auch tat, nämlich durch Menschen, die Disketten von einem Computer zum anderen trugen. So reiste Brain schließlich um den gesamten Erdball und machte Basit und Amjad dem Rest der Welt bekannt.[7]

Mit der Zeit wurden die Hacker ehrgeiziger – oder boshafter, wie man es nimmt. Unsere Vernetzung untereinander über E-Mail-Dienste brachte es mit sich, dass digitale Viren nicht länger über ein sogenanntes »Sneakernet« – also von Menschenhand per Diskette – verbreitet werden mussten, sondern sich dank früher Dienste wie CompuServe, Prodigy, EarthLink und AOL via Modem über das Telefonnetz ausbreiten konnten. Neuere Viren und Trojaner wie Melissa (1999), ILOVEYOU (2000), Code Red (2001), Slammer (2003) und Sasser (2004) konnten nun problemlos weltweit das Betriebssystem Microsoft Windows infizieren und zerstörten dabei Studienarbeiten, Rezepte, Liebesbriefe und Unternehmenskalkulationen, die auf den jeweiligen Festplatten gespeichert waren. Plötzlich waren wir alle Teil dieses Spiels.

»Malware« (Schadsoftware), ein Begriff, der die Worte »mali-cious« (bösartig) und »Software« miteinander kombiniert, hat heutzutage vielgestaltige Erscheinungsformen, doch ist das Ziel stets, zu zerstören, zu verwirren und zu stehlen – oder einem Datensystem oder einem Netzwerk eine illegale oder nicht autorisierte Funktion unterzuschieben:

- Computerviren verbreiten sich, indem sie ein anderes Programm mit einer Kopie von sich selbst infizieren, also auf dieselbe Weise, wie ein echtes Virus einen biologischen Wirt befallen würde.
- Computerwürmer richten ebenfalls Schaden an, tun dies jedoch als eigenständige Software und benötigen kein fremdes Programm, um sich zu verbreiten.

- Trojaner, benannt nach dem Holzpferd, mit welchem die Griechen der Sage nach in Troja eindrangen, tarnen sich oft als legitime Software und werden aktiviert, wenn ein Nutzer sich dazu verleiten lässt, die Programmdateien auf ein Zielsystem zu laden und dort auszuführen. Trojaner erzeugen regelmäßig »Hintertüren«, die Hackern den dauerhaften Zugriff auf ein infiziertes System erlauben. Trojaner reproduzieren sich nicht dadurch, dass sie andere Programme infizieren, sondern verbreiten sich erst dann, wenn Nutzer eine Datei anklicken oder einen infizierten E-Mail-Anhang öffnen.

Virusautoren wissen heute, dass die Öffentlichkeit allmählich (ganz allmählich) begreift, dass man von Fremden geschickte Dateien besser nicht anklicken sollte. Folglich haben Kriminelle ihre Taktiken erneuert und sogenannte Drive-by-Downloads entwickelt, die Malware verwenden, um sich Schwächen in Computerskripten wie Java oder ActiveX zunutze machen, gängige Programmiersprachen in Internet-Browsern.

Die Welt ist online gegangen, und Tools wie Internet Explorer, Firefox und Safari zu hacken, lohnt sich für Kriminelle. Der neue modus operandi kommt die arglosen Nutzer teuer zu stehen. Forscher von Palo Alto Networks stellten fest, dass bis zu 90 Prozent aller modernen Schadsoftware über zuvor gehackte beliebte Websites verbreitet wird, welche die Infektion in dem Augenblick weitergeben, in dem ein argloser Nutzer die betreffende Seite besucht.[8] Die Websites vieler großer Unternehmen, darunter auch von Yahoo!, einem der weltweit führenden Webportale, wurden von Kriminellen gekapert, sodass die Anbieter ihre eigenen Kunden vergifteten, wenn diese gutgläubig vorbeischauten, um sich über Sportergebnisse oder die neuesten Börsennachrichten zu informieren.[9]

Die Malware-Explosion

Inzwischen geht es im Hackergeschäft nicht mehr nur um Schadenfreude, sondern längst um Geld, Informationen und Macht. Anfang des 21. Jahrhunderts ersannen Kriminelle Mittel und Wege, ihre bösartige Software zu Geld zu machen, etwa durch Identitätsdiebstahl und andere Methoden. Immer neue Viren tauchten auf. Im Jahre 2015 ist deren Anzahl beängstigend. Das Deutsche Forschungsinstitut AV-Test schätzte 2010, dass an die 49 Millionen Malware-Programme im Umlauf seien.[10] Im Jahr darauf berichtete das Antivirus-Unternehmen McAfee, es entdecke Monat für Monat zwei Millionen neuer Malware-Files.

Im Sommer 2013 gab die Cybersicherheitsfirma Kaspersky bekannt, dass sie jeden Tag fast 200 000 neue Malware-Programme identifiziere und isoliere.[11]

Betrachtet man diese Statistiken mit einem gewissen Zynismus und geht davon aus, dass die Antivirus-Unternehmen das Problem, dessen Bekämpfung ihr Geschäft ist, naturgemäß vielleicht ein wenig übertreiben, ist man versucht, diese Zahlen dramatisch herunterzurechnen – sagen wir, um 50 oder sogar 75 Prozent. Das würde trotzdem noch bedeuten, dass täglich 50 000 neue Viren in Umlauf kommen. Man stelle sich nur vor, welch gewaltigen Forschungs- und Entwicklungsaufwand es auf globaler Ebene erfordert, diese Masse eigens programmierter Schadsoftware zu schaffen. Wie jeder Geschäftsmann weiß, sind Forschung und Entwicklung eine kostspielige Angelegenheit. Daher müssen die Erträge, die das internationale organisierte Verbrechen aus seiner Investition in illegale Software zieht, gewaltig sein. Eine unabhängige Studie der zuverlässigen Consumers Union, die auch die Zeitschrift *Consumer Reports* herausgibt, scheint die wachsende Bedrohung durch Computer-Malware zu bestätigen. Eine Erhebung unter den Mitgliedern ergab, dass ein Drittel aller Haushalte in den Vereinigten Staaten im vergangenen Jahr Probleme mit einer Schadsoftwareinfektion gehabt hatte. Die Verbraucher kostet die Angelegenheit schwindelerregende 2,3 Milliarden Dollar pro Jahr.[12] Wohlgemerkt: Das bezieht sich nur auf diejenigen, die einen Cyberangriff überhaupt entdecken.

Die Illusion von Sicherheit

Jedes Jahr setzen Verbraucher und Geschäftsleute auf der ganzen Welt ihr Vertrauen in die Softwareindustrie, die sie vor der wachsenden Bedrohung durch Schadsoftware schützen soll. Einer Studie der Gartner-Gruppe zufolge beliefen sich die weltweiten Ausgaben für Sicherheitssoftware im Jahre 2012 insgesamt auf fast 20 Milliarden Dollar.[13] Bis 2017 wird eine Erhöhung dieser jährlich aufgewendeten Summe auf 94 Milliarden prognostiziert.

Wenn man Menschen nach Computerviren fragt, lautet die Antwort meist, dass sie ein Antivirus-Produkt aus dem Hause Symantec, McAfee oder Trend Micro verwenden. Es ist die instinktive Antwort einer gut geschulten Öffentlichkeit. Zwar mögen sich solche Werkzeuge in der Vergangenheit als durchaus hilfreich erwiesen haben, doch werden sie zunehmend ineffizienter. Die Statistiken hierzu sprechen eine klare Sprache. Im Dezember 2012 beschlossen Wissenschaftler von Imperva, einem im kalifornischen Redwood Shores ansässigen Unternehmen aus dem Bereich der Data-Center-Security, und Studenten des Technion – Israel Institute of Technology, die verbreiteten Antivirus-Programme unter die Lupe zu nehmen. Sie sammelten 82 Computerviren und testeten die Schadsoftware gegen die Abwehrprogramme von über 40 der weltgrößten Antivirus-Anbieter, darunter Microsoft, Symantec, McAfee und Kaspersky Lab. Das Ergebnis: Die Erkennungsrate lag bei gerade einmal fünf Prozent, was bedeutete, dass 95 Prozent aller Schadsoftware vollkommen unentdeckt geblieben war.[14] Es bedeutet auch, dass die Antivirus-Software, die Sie auf ihrem Computer installiert haben, nur fünf Prozent aller Bedrohungen erkennt, die gegen Ihr Gerät gerichtet sind. Wenn das Immunsystem Ihres Körpers eine ähnliche Erfolgsquote hätte, wären Sie innerhalb weniger Stunden tot.

Monate später aktualisieren die Giganten der Sicherheits-Softwarebranche schließlich ihre Programme, doch ist es dann häufig schon zu spät. Die Wahrheit ist, dass Kriminelle und Virusautoren der einst zu unserem Schutz errichteten Antivirus-Industrie um Längen voraus sind. Schlimmer noch ist, dass die Zeit immer länger wird, die es braucht, bis eine neu in Umlauf gebrachte Schadsoftware erstmals erkannt wird. So entdeckten Forscher des Kaspersky Lab in Moskau 2012 eine hochkomplexe, bis dato unbekannte Schadsoftware namens Flame, die bereits seit über fünf Jahren weltweit Daten aus Informationssystemen gestohlen hatte. Mikko Hypponen, der hochangesehene Forschungsleiter der IT-Sicherheitsfirma F-Secure, bezeichnete Flame als Versagen der Antivirus-Industrie und stellte fest, dass ihm und seinen Kollegen möglicherweise »unser eigenes Spiel eine Nummer zu groß« geworden sei. Obwohl sich auf der ganzen Welt Millionen auf diese Tools verlassen, ist doch ziemlich eindeutig, dass die Antivirus-Ära vorbei ist.[15]

Einer der Gründe, warum es sich als immer schwieriger erweist, der großen Bandbreite technologischer Bedrohungen in unserem heutigen Leben zu begegnen, ist, dass die Anzahl sogenannter Zero-Day-Attacken eklatant zugenommen hat. Eine Zero-Day-Attacke, auch Exploit genannt, nutzt eine bis dato unbekannte Schwachstelle in einer Computeranwendung, die Entwickler und Sicherheitsleute noch nicht beseitigt haben. Statt proaktiv selbst nach solchen Schwachstellen zu suchen, berücksichtigen Antivirus-Softwarefirmen in der Regel nur bekannte Datenpunkte. Sie blockieren einen bösartigen Code dann, wenn er ebenso aussieht wie die anderen bösartigen Codes, die sie bereits kennen. Das ist ungefähr so, als hängte man ein Suchplakat von Bonnie und Clyde auf, weil man weiß, dass die beiden schon Banken ausgeraubt haben. Die Bankangestellten wären somit gewarnt, dass sie vor den beiden auf der Hut sein müssten, doch solange niemand auftauchte, auf den diese Beschreibung zuträfe, wären sie möglicherweise nicht so wachsam – bis ein anders aussehender

Bankräuber zuschlüge. Zero-Day-Attacken werden zunehmend für die große Bandbreite von Technologieprodukten entwickelt, die wir tagtäglich nutzen. Betroffen ist alles von Microsoft Windows über Linksys-Router bis hin zum omnipräsenten PDF Reader oder Flash Player von Adobe.

Die Hacker kamen schließlich darauf, dass, je mehr Lärm sie dabei veranstalteten, in unsere Computersysteme einzudringen, wir umso schneller dass Problem behoben und sie wieder hinauswarfen. Schlau, wie sie sind, arbeiten sie heute daher im Geheimen, als hätte man eine Schläferzelle in seinem Computer. Man könnte nun denken, die Virus-Erkennungsquote von mageren fünf Prozent gälte nur für den Durchschnittsbürger, der zu Hause ein PC-Sicherheitsprogramm installiert hat. Unternehmen mit riesigen Budgets für Informationstechnologie und deren Sicherheit sind gegen Hacker bestimmt wesentlich besser gerüstet! Nicht wirklich. Zehntausende erfolgreicher Angriffe auf Konzerne, große Nichtregierungsorganisationen und Regierungen auf der ganzen Welt zeigen, dass selbst hohe Aufwendungen für den Schutz wertvoller Informationen nur eine relativ geringe Wirkung zeigen.

Aus dem *Data Breach Investigations Report* von Verizon aus dem Jahre 2013 geht hervor, dass die meisten Unternehmen schlicht nicht in der Lage waren, einen illegalen Zugriff auf ihre Informationssysteme festzustellen. Die wegweisende Studie, die Verizon in Zusammenarbeit mit dem US-Geheimdienst, der Polizei der Niederlande und der Spezialeinheit für sogenannte E-Crimes der britischen Polizei erstellt hatte, besagte, dass es in durchschnittlich 62 Prozent aller Angriffe auf Unternehmen mindestens zwei Monate dauere, bis diese bemerkt würden.[16] Eine vergleichbare Studie von Trustwave Holdings offenbarte, dass zwischen dem Eindringen in ein Unternehmensnetzwerk und dessen Entdeckung im Schnitt 210 Tage vergingen.[17] Damit bleiben dem Angreifer – ob er nun dem organisierten Verbrechen, der Konkurrenz oder einer fremden Regierung angehört – fast sieben Monate Zeit, in denen er ungehindert sein Unwesen in diesem Netzwerk treiben kann; Zeit, um Geheimnisse und wettbewerbsrelevantes Unternehmenswissen zu stehlen, Finanzsysteme zu knacken und sich persönliche Kundendaten anzueignen, etwa Kreditkartennummern.

Wenn ein Unternehmen dann irgendwann doch erkennt, dass es eine digitale Laus in seinem Pelz hat und wichtige Daten gestohlen wurden, sind es zu 92 Prozent leider nicht die Chef-Sicherheitsbeauftragten, das Sicherheitsteam oder der Systemadministrator, die den Fremdzugriff feststellen.[18] Vielmehr setzen die Polizei, ein erboster Kunde oder ein Vertragspartner das Opfer über das Problem in Kenntnis. Wenn die größten Unternehmen der Welt – Firmen, die zusammen Millionen für ihre Cyberabwehr ausgeben und ganze Abteilungen unterhalten, in denen Profis rund um die Uhr ausschließlich mit dem Schutz ihrer Netzwerke beschäftigt sind – derart leicht von Hackern angegriffen werden können, dann sind die Aussichten für den Schutz privater Daten am heimischen PC in der Tat düster.

Wie schwer ist es, sich in ein durchschnittliches Computersystem einzuhacken? Lächerlich einfach. Der Verizon-Studie zufolge lassen sich sämtliche Sicherheitsschranken innerhalb weniger Minuten überwinden, wenn ein Hacker ein Netzwerk erst einmal aufs Korn genommen hat. Dieselbe Studie kommt zu dem Schluss, dass es nur in 15 Prozent aller Fälle länger als ein paar Stunden dauert, um ein System zu knacken. Diese Erkenntnisse lassen einen beängstigenden Rückschluss zu: Von dem Zeitpunkt an, in dem sich ein Hacker Ihre Welt als Angriffsziel wählt, ist das Spiel in 75 Prozent aller Fälle innerhalb weniger Minuten vorbei.[19] Man erhält einen Schlag, wird k. o. geschlagen und geht zu Boden, bevor man noch weiß, was einen da getroffen hat. In der heutigen Welt bewegen sich Hacker monatelang unbeirrt in fremden Datensystemen, beobachten, warten, lauern und plündern alles von Passwörtern über Arbeitsprojekte bis hin zu alten Selfies. Sie und ich sind ein leichtes Ziel. Seltsam, dass wir das als Gesellschaft so einfach hinnehmen. Wenn wir einen Einbrecher im Haus bemerken würden, der uns beim Schlafen beobachtete oder beim Duschen filmte, würden wir sofort die Polizei rufen (oder schreien und zur Schusswaffe greifen). Im Cyberspace ist das an der Tagesordnung, doch die meisten Menschen regen sich nicht auf, sind sich der Bedrohung oft sogar nicht einmal bewusst – trotz aller Risiken und der Tatsache, dass uns die Bösewichte im Schlaf belauern.

Die Kosten für unsere Cybersicherheit schießen weiter in die Höhe. Für Sicherheitsmaßnahmen in Hard- und Software werden Unternehmen weltweit bis 2017 zwar voraussichtlich 100 Milliarden Dollar ausgeben, doch ist diese Summe kaum mehr als ein Anfang, wenn man sich das volle ökonomische Risiko der technologischen Angreifbarkeit vergegenwärtigt. Nehmen wir zum Beispiel den 2007 festgestellten Cyberangriff auf TJX, das Mutterunternehmen der Einzelhandelsketten T.J.Maxx und Marshalls in den Vereinigten Staaten und T.K.Maxx in Europa.[20]

In diesem Fall eigneten sich Hacker die Kreditkartendaten von über 45 Millionen Kunden an, damals der bis dato größte Cyberraubzug gegen ein Einzelhandelsunternehmen.[21] Vor Gericht stellte sich später heraus, dass sogar fast 94 Millionen Opfer betroffen waren.[22] TJX erreichte zwar einen Vergleich mit Visa, MasterCard und seinen Kunden in Höhe von 256 Millionen Dollar, doch glauben viele Analysten, dass die tatsächlichen Kosten leicht die Milliardengrenze erreicht haben könnten. Eine der zuverlässigsten Quellen, wenn es um die Kosten von Datenklau geht, ist das Ponemon Institute, das unabhängige Studien zu Datenschutz und Informations-Sicherheitspolitik durchführt.[23] Bei der Berechnung von Verletzungen der Cybersicherheit, so das Institut, sei es wichtig, die Verlustanalyse weit über die direkten Diebstähle bei den Kunden hinaus auszuweiten.

Wenn ein Unternehmen wie TJX Opfer eines Angriffs wird, muss es eine ganze Menge Geld ausgeben, um die Sicherheitslücke festzustellen, die Angreifer in Schach zu halten, den Fall zu untersuchen, die Eindringlinge zu identifizieren und schließlich das Computernetzwerk zu reparieren und auszubessern. Darüber hinaus entstehen häufig große Verkaufsrückgänge, wenn eine misstrauische Öffentlichkeit davor zurückschreckt, die Dienste eines als unsicher gebrandmarkten Unternehmens weiter in Anspruch zu nehmen. Dazu kommen noch die Kosten für Kreditkarten-Ersatzgebühren (die in den USA momentan bei etwas über fünf Dollar pro Karte liegen), eine neue Überwachung des Zahlungsverkehrs, die das Opfer einrichten lassen muss, um weiteren Kreditkartenbetrug zum Schaden seiner Kundschaft zu verhindern, sowie erhöhte Versicherungsprämien – man sieht, wie schnell in einem solchen Fall die Kosten eskalieren können.[24] Kein Wunder also, dass die meisten Unternehmen nur äußerst ungern zugeben, gehackt worden zu sein, und viele versuchen, eine solche Angelegenheit möglichst lange zu leugnen.

Wir geben große Summen für weitgehend ineffektive Vorbeugungsmaßnahmen aus und reagieren in der Regel erst, wenn es bereits zu spät ist (und die Hacker sich unserer Systeme bemächtigt haben). Als Gesellschaft zahlen wir einen hohen Preis für unsere mangelnde technologische Sicherheit. Unsere wachsende Vernetzung und die damit einhergehende Abhängigkeit von vollkommen ungeschützten Technologien kann sich auf eine Art und Weise rächen, die weit mehr als nur unseren Geldbeutel betrifft.

Das Internet hat seine Unschuld verloren. Unsere klein gewordene Welt der Datenautobahnen wird zu einem immer gefährlicheren Ort, und je mehr wir angreifbare Technologien in unserem Alltag verwenden, desto verwundbarer werden wir. Die nächste industrielle Revolution, die Informationsrevolution, ist bereits im Gange – mit Auswirkungen für unsere persönliche und globale Sicherheit in noch ungeahntem Ausmaß. Der Einzelne, Organisationen und selbst unsere wichtigsten Infrastrukturen scheinen gegen diese Bedrohung machtlos; und doch verlässt der sprichwörtliche Zug der Technik den Bahnhof und gewinnt laufend an Fahrt. Anzeichen dafür gibt es überall, wenn man weiß, wo man suchen muss.

Gleich hinterm Horizont warten neue Technologien wie die Robotik, künstliche Intelligenz, Gentechnik, synthetische Biologie, Nanotechnologie, 3-D-Produktion, Kognitions- und Neurowissenschaften und virtuelle Realität, die unsere Welt verändern werden und eine ganze Palette an Sicherheitsrisiken bergen, neben denen die heutige Cyberkriminalität wie ein Kinderspiel aussehen wird. Diese Innovationen werden in nur wenigen Jahren eine bedeutende Rolle in unserem Alltag spielen, und doch gibt es noch keine vollständige, umfassende Studie dazu, wie wir mit den damit einhergehenden Risiken umgehen sollen.

Das Ausmaß dieses tiefgreifenden Wandels und seiner Begleitrisiken ist den meisten Menschen bislang verborgen geblieben, doch ehe wir's uns versehen, wird unsere globale Gesellschaft eine Billion neue Endgeräte mit dem Internet verbunden haben – Geräte, die jeden Aspekt unseres Lebens durchdringen werden. Diese dauerhaften Verbindungen werden, zum Guten wie zum Schlechten, weltweit eine beiderseitige Abhängigkeit von Mensch und Maschine schaffen und ein fester Bestandteil unserer Alltagserfahrung werden.

Als Folge davon wird es bei der Technologie nicht mehr allein um Maschinen gehen; sie wird zum Lebensstrang unseres Daseins selbst werden. Diejenigen, die wissen, wie die allem zugrundeliegenden Technologien funktionieren, werden sie immer geschickter zu nutzen verstehen – zu ihrem Vorteil und, wie bereits zu sehen war, zum Nachteil des kleinen Mannes. Das Füllhorn der Technologie, dem wir mehr oder weniger sorg- und kritiklos Einlass in unser Leben gewährt haben, könnte zur Stolperfalle für uns werden. Dieses Risiko macht die neue Normalität aus – eine Zukunft, auf die wir völlig unvorbereitet zusteuern. Dies ist ein Buch über Mensch und Maschine und darüber, wie der Sklave zum Herrn werden könnte.

KAPITEL 2

Systemcrash

Irgendetwas stimmte nicht mit den Signalen.[1] Es war ein Dienstag Anfang Januar 2008, als im polnischen Łódź eine Straßenbahn plötzlich nach links abbog. Das an sich war nicht so ungewöhnlich – lässt man außer Acht, dass der Lokführer zuvor versucht hatte, seinen Zug nach rechts zu lenken. Wenige Augenblicke später sprangen die hinteren Wagen aus den Gleisen, bevor sie mit einer anderen Straßenbahn zusammenstießen und quietschend zum Stehen kamen.

Angesichts der Schwere der Kollision war es zwar erstaunlich, dass niemand dabei ums Leben kam, doch wurden mehr als ein Dutzend Passagiere verletzt und viele weitere kratzten sich verwundert am Kopf. Was war bloß schiefgegangen? Statt von einem Schaltfehler oder menschlichem Versagen auszugehen, vermuteten die Ingenieure der Bahn rasch Sabotage. Sie behielten recht, doch aus Gründen, die sie vermutlich nie erwartet hätten.

Es stellte sich heraus, dass ein 14-jähriger Computertüftler eine Infrarotsteuerung gebastelt hatte, mit der er alle Weichen auf der Strecke schalten konnte. Der Junge hatte Monate darauf verwendet, das Schienennetz der Stadt zu studieren und die Stellen ausfindig zu machen, wo er durch das Umleiten von Zügen das größte Chaos anrichten könnte. Er hackte in der ganzen Stadt die Schaltungen, um so die Züge nach Belieben umleiten zu können.[2]

Mit anderen Worten: Dem Teenager gelang es, das Straßenbahnnetz der Stadt zu seiner persönlichen »Spielzeugeisenbahn« zu machen, indem er die Transport-Infrastruktur der Stadt hackte und elektronisch steuerte.[3] Man nahm an, dass der Junge sein Gerät bei zahlreichen Gelegenheiten eingesetzt hatte. Als er festgenommen und verhaftet wurde, gab er zu, er habe – wie Mat Honans Hacker – all das »nur zum Spaß« getan.

Sein Streich führte jedoch zur Entgleisung von vier Zügen und hätte leicht

Passagiere das Leben kosten können. Dies war eine Feststellung, die viele Sicherheitsexperten in Rage darüber versetzte, dass zur Sicherung der wichtigen Verkehrsinfrastruktur nicht mehr unternommen wurde. Wenn ein 14-jähriger Junge ganz allein das Straßenbahnnetz hacken und zu seinem Vergnügen einen derartigen Schaden anrichten konnte, so folgerten sie, was sollte dann Kriminelle, Terroristen oder eine feindliche Nation davon abhalten, dasselbe zu tun?

Ein weltweites Informationsnetz mit vielen Schwachstellen

Wie haben gesehen, wie leicht sich die meisten Computersysteme hacken lassen und wie schnell es zu bewerkstelligen ist. Mat Honans Erlebnis zeigte, dass unsere digitale Existenz von einem Augenblick zum anderen ausgelöscht werden kann. T.J. Maxx und die Citibank erfuhren beide auf schmerzliche Weise, was alles geschehen kann, wenn man zum Zielobjekt von Kriminellen wird, die tausende Kilometer weit entfernt agieren. Angesichts der offensichtlichen Gefahren sollte man nun denken, dass ein gewisses Maß an Vorsicht angebracht wäre, bevor wir alles, was einen Stecker oder eine Batterie hat, mit dem globalen Informationsnetz verbinden, doch stürzen wir uns Hals über Kopf in immer neue Liebesabenteuer mit der Technik.

Als Folge davon sind wir in einer Art und Weise, die wir selbst nicht mehr verstehen, zunehmend mit Computersystemen vernetzt. Obendrein sind diese Verbindungen hochriskant und nicht vertrauenswürdig – ein dürftiges Fundament, um darauf die Informationsgesellschaft des 21. Jahrhunderts aufzubauen. Und doch tun wir genau das. Nicht nur sind unsere privaten und Arbeitscomputer tief im Internet verstrickt, sondern auch sämtliche wichtigen Infrastrukturen, von denen unsere moderne Gesellschaft abhängig ist. Die Strom- und Gasversorgung, die Notrufsysteme, die Flugverkehrsaufsicht, der Aktienmarkt, unser Trinkwasser, die Straßenbeleuchtung, Krankenhäuser und Klärsysteme sind in ihrer Funktionsweise alle von der Technik und dem Internet abhängig. In dieser schönen neuen Welt haben wir das menschliche Wesen aus allen wichtigen Abläufen herausgenommen und das Rückgrat der Zivilisation den Maschinen anvertraut.

Die Kreditkartentransaktionen, bargeldlosen Kassen und Bankautomaten, die den weltweiten Handel und den Kapitalismus erst brummen lassen, wären ohne Computertechnologie gar nicht denkbar. Computer entscheiden, wie, wo und wann zur Stabilisierung des Stromnetzes Elektrizität geleitet wird. Rechnergestützte Betriebsleitsysteme verfolgen die Standorte von Polizeifahrzeugen, Krankenwagen und Feuerwehrautos, damit die Fahrdienstleiter wissen, wer im Notfall zur Verfügung steht und dem Unglücksort am nächsten ist. Um einen Eindruck davon zu gewinnen, wie diese dystopische Welt ohne Computer und Elektrizität aussähe, muss man nur den Fernseher einschalten und sich in Serien wie *The Walking Dead* einen Vorgeschmack auf die Techno-Armageddon-Zombie-Apokalypse holen. Filme wie *Planet der Affen* oder *Stirb langsam 4.0* spielen mit einem ähnlichen Szenario. Das Ganze ist jedoch keine Erfindung Hollywoods: Unsere computergestützten Informationsstrukturen sind zunehmend Angriffen und dem Risiko von Systemcrashs ausgesetzt – deren Auswirkungen wahrhaft katastrophal sein könnten.

Ein großer Teil der kritischen Infrastrukturen weltweit werden von Computersystemen gesteuert, sogenannten SCADA-Systemen (»supervisory control and data acquisition«), die »Schaltungs-, Herstellungs- und andere Prozesskontrollaktivitäten automatisch überwachen und steuern, basierend auf von Sensoren gesammelten digitalen Rückkopplungsdaten«.[4] Es handelt sich um spezielle und oft ältere Computersysteme, die physische Anlagen steuern – vom Zugleitsystem bis zur Elektrizitätsversorgung einer Stadt. In zunehmendem Maße werden SCADA-Systeme mit dem Internet verbunden. Das hat signifikante Auswirkungen auf unsere allgemeine Sicherheit. Leider dachte bei der Entwicklung dieser Systeme niemand an die Sicherheit. Sie waren auch nicht für den Einsatz in einer vernetzten Welt gedacht. Das Problem ist schlimmer, als Sie denken: Eine 2014 veröffentlichte Studie über bedeutende Infrastrukturunternehmen in verschiedenen Bereichen zeigte, dass fast 70 Prozent in den vorangegangenen zwölf Monaten mindestens eine Sicherheitsverletzung erlitten hatten, die zum Verlust geheimer Informationen oder sogar zu einer Betriebsstörung geführt hatte.[5]

Was könnte ein Hacker mit dem Zugang zu solchen Systemen anfangen? Nehmen wir zum Beispiel die komplexen Informationstechnologie-Systeme, mit denen die örtliche Wasserversorgung gesteuert wird. Der erforderliche chemische Mix, der unser Wasser reinigt und trinkbar macht, wird von einem SCADA-System ständig gemessen und angepasst. Doch was, wenn ein solches System gehackt würde? Könnte die falsche chemische Zusammensetzung ins Wasser gegeben und es vergiftet anstatt gereinigt werden? Es klingt wie Science-Fiction, doch laut einem Bericht der BBC aus dem Jahre 2011 ist Hackern bereits ein Angriff auf das Water and Sewer Department von South Houston, Texas gelungen.[6] Die IP-Adresse des Hackers ließ sich nach Russland zurückverfolgen. Angeblich schalteten die Hacker eine Pumpe mehrfach an und aus, was schließlich zu deren Versagen führte. Zwar kam bei diesem Angriff niemand zu Schaden, doch der Machbarkeitsnachweis war erbracht.

Welche rechtswidrigen Zugriffe auf kritische Infrastrukturen sind sonst noch möglich? Wie man im Tower der Federal Aviation Administration in Worcester, Massachusetts schon 1998 feststellen musste, sind die Möglichkeiten unbegrenzt. Dort benutzte ein örtlicher Teenager sein Computerwissen dazu, die Kommunikation zwischen im Anflug befindlichen Flugzeugen und dem Tower zu stören, und schaltete sogar die Rollfeldbeleuchtung für landende Maschinen aus.[7] Bei dem Zwischenfall kam zwar niemand ums Leben, doch das Katastrophenpotenzial ist offensichtlich. Natürlich hat es international weitaus mehr Angriffe auf wichtige Informationsinfrastrukturen gegeben. Einer der frühesten ereignete sich 2001 im australischen Maroochy Shire in Queensland, als die dortige Kläranlage ins Visier eines Hackers geriet. Er verschaffte sich Zugang zu den industriellen Kontrollmechanismen der Einrichtung und bewirkte, dass »sich Millionen Liter ungeklärter Abwässer in örtliche Parkanlagen, Flüsse und sogar auf das Gelände eines Hyatt Regency Hotels ergossen«.[8] Der Angriff vernichtete einen bedeutenden Teil der örtlichen Meeresflora und -fauna, ganz zu schweigen von der Pflanzenwelt und den Umweltgefahren für die Anwohner.

Eines der besonders wichtigen und für Hackerangriffe anfälligen Systeme ist das landesweite Stromnetz. Ohne Elektrizität funktioniert in unserer modernen Welt so gut wie gar nichts: kein Licht, keine Fahrstühle, keine Bankautomaten, Ampeln, U-Bahnen, Garagentore, Kühlschränke und Gaspumpen. Wenn die Ersatzakkus und Notstromgeneratoren irgendwann unweigerlich den Geist aufgeben, gibt es auch keine Mobiltelefonie und kein Internet mehr. Elektrizität ist als technologische Infrastruktur aus unserem heutigen Leben nicht mehr wegzudenken. Der ehemalige Verteidigungsminister Leon Panetta bemerkte jedoch, das »nächste Pearl Harbour, das uns bevorsteht, könnte durchaus ein Cyberangriff sein«, der Kraftwerke und Stromversorgung lahmlege.[9] Ein Bericht des U. S. Department of Energy schien Panettas Sorge zu bestätigen und weiter zu untermauern. Darin hieß es, das amerikanische Stromnetz – oft als »komplexeste Maschine der Welt« bezeichnet – umfasse 5800 Kraftwerke und mehr als 720 000 Kilometer Hochspannungsleitungen. Allerdings seien 70 Prozent der Schlüsselelemente dieses Netzes über 25 Jahre alt.[10] Jede dieser Komponenten hängt von einer noch wesentlich älteren SCADA-Technologie ab, die jederzeit attackiert werden kann und ständiges Ziel von Hackern ist.

Eine Untersuchung des House Energy and Commerce Committee ergab, dass »über ein Dutzend amerikanischer Versorgungsunternehmen über ›tägliche‹, ›ständige‹ oder ›regelmäßige‹ Versuche von Cyberangriffen berichteten, die von einer Infektion mit Phishing-Malware bis hin zur Ausspähung reichten. Ein Versorger berichtete, er sei jeden Monat Ziel über 10000 versuchter Cyberangriffe.«[11] Der Bericht schloss, dass ausländische Regierungen, Kriminelle und einzelne Hacker mit Hochdruck daran arbeiteten, das Netz lahmzulegen. Die Ergebnisse der Studie basieren auf den Aussagen von Geheimdienstmitarbeitern gegenüber dem *Wall Street Journal*, welche bestätigten, dass Cyberspione »ins US-Stromnetz eingedrungen sind und Softwareprogramme hinterlassen haben, die zur Störung des Netzes dienen könnten«[12]. Weiter sagten die Beamten, russische und chinesische Spione hätten das amerikanische Stromnetz ausgekundschaftet, so dass es im Falle einer Krise oder eines Krieges vollkommen »abgeschaltet werden könnte«.

Auch Terroristen schmieden Pläne für einen digitalen Angriff auf Amerikas Infrastruktur. Im Sommer 2012 entdeckte das FBI ein Video von As-Sahab, dem medialen Arm von al-Qaida. Darin rief die Terrororganisation ihre »verdeckten Mudschaheddin« auf, »Wellen von Cyberattacken gegen wichtige amerikanische Regierungs- und Versorgungsnetze zu führen, darunter auch gegen die Stromversorgung«[13]. Frühere FBI-Ermittlungen deckten zahlreiche Fälle auf, in denen al-Qaida über das Internet Angriffsziele ausfindig gemacht und beobachtet hatte, etwa Notfalltelefonsysteme, Elektrizitätswerke, Wasserversorgungseinrichtungen, Atomkraftwerke und Gasspeichernetzwerke in den Vereinigten Staaten.[14] Die Terrororganisation hatte für kritische Infrastrukturen sogar bereits ausgefeilte Angriffspläne parat, mit Fotografien der Zielobjekte, detaillierten Angaben und umfassender Online-Recherche.

Auch Hacker arbeiten daran, die Schwachstellen von SCADA und anderen wichtigen Informationsinfrastrukturen zu erkennen, freizulegen und anzugreifen. Beim Chaos Communication Congress, einem in Deutschland stattfindenden jährlichen Hackertreffen, demonstrierten Analysten von Positive Research, wie man die Kontrolle über industrielle Infrastrukturen in der Gas-, Chemie-, Öl- und Energiewirtschaft erlangen kann.[15] Nicht weniger beunruhigend ist die Tatsache, dass Hacker diese Informationen miteinander teilen und sogar frei zugängliche öffentliche Verzeichnisse bekannter Schwachstellen eingerichtet haben, über die wichtige Infrastrukturen gekapert werden können. Die bekannte Hackerdatenbank Shodan etwa hält Tipps bereit, wie sich alles von Kraftwerken bis Windturbinen hacken lässt, und bietet dazu detaillierte technische Anweisungen. Eine Suchfunktion ermöglicht die Suche nach Unternehmen, Land oder Einrichtung. Damit wird für jeden potenziellen Täter, der sich in Schlüssel-Infrastrukturen einhacken möchte, die technische Hemmschwelle deutlich gesenkt.[16] Folglich ist Shodan zum Google für Angreifer geworden, die sich unserer vernetzten Welt bemächtigen wollen – ein Google, das sich kaum stilllegen lässt, weil es auf einer Vielzahl von Rechnern auf der ganzen Welt gehostet wird und die Veröffentlichung von Schwachstellen in den meisten dieser Länder derzeit keine Straftat darstellt.

Organisierte Verbrecherbanden richten ihre Aufmerksamkeit ebenfalls auf Infrastruktur-Attacken, da diese ein logisches Mittel zur Gelderpressung von Versorgungsunternehmen und Regierungen darstellen. Berichten zufolge ereigneten sich zwischen 2005 und 2007 mehrere solcher Fälle in Brasilien. Damals wurde nördlich von Rio de Janeiro und im Staat Espírito Santo eine Welle von Cyberangriffen festgestellt.[17] In diesem Fall saßen fast drei Millionen Menschen im Dunkeln, als der örtliche Stromversorger den Geldforderungen eines lokalen Verbrechersyndikats nicht nachkam. Als Antwort wurden in der Stadt Vitória, einem der größten Eisenerzproduktionsstandorte der Welt, mehrere Kraftwerke vom Netz gekappt, was das Unternehmen nahezu sieben Millionen Dollar kostete. Mitglieder des US-Geheimdienstes und Sicherheitsforscher bestätigten die Angriffe und sogar Präsident Obama gestand diese indirekt ein, als er sagte: »Wir wissen, dass Cybereindringlinge ... in anderen Ländern ... ganze Städte in Finsternis gestürzt haben.«[18]

Wer steckt dahinter?

Der berühmte chinesische General Sunzi, Autor von *Die Kunst des Krieges*, stellte 500 Jahre vor der Einführung des Internets scharfsinnig fest: »Wenn du deinen Feind kennst und dich selbst, gerätst du in hundert Schlachten nicht in Gefahr.« Wenn wir die gewaltigen technologischen Bedrohungen begreifen wollen, mit denen wir konfrontiert sind, müssen wir demnach zunächst unsere Feinde verstehen. Jeder hat andere Mittel und Motive, doch allen gemein ist, dass sie für unsere vernetzte Welt ein Risiko darstellen.

Die Bandbreite der Kandidaten, die für Cyberverbrechen in Frage kommen, ist riesig und umfasst Nationalstaaten, kleine Ganoven, internationale Verbrecherringe, ausländische Geheimdienste, Hacktivisten, Militärs, Cyberkrieger, staatlich unterstützte Web-Guerilleros, Scriptkiddies, Wald-und-Wiesen-Hacker, Phreaker, Carder, Cracker, verbitterte Insider und Industriespione. Jeder von ihnen spielt eine Rolle in dem vom US-Militär so bezeichneten »fünften Bereich« des Krieges – dem Cyberspace (nach der Militarisierung von Land, See, Luft und All durch vorangegangene Generationen).[19]

Diese Parteien wenden regelmäßig ähnliche Taktiken an, wenngleich mit variierenden Graden an Raffinesse. Alle Hacker jedoch profitieren vom asymmetrischen Wesen der Technik: Der Verteidiger muss eine perfekte Mauer errichten, um sämtliche Eindringlinge abzuwehren, während der Angreifer nur eine einzige kleine Lücke zu finden braucht. Unter den Kombattanten im Cyberuntergrund gibt es daher eine gewisse Kooperation, da jeder vom Erfolg des Anderen lernt und häufig dessen Vorgehensweise imitiert. Internationale Verbrecherorganisationen wenden bei der Planung ihrer Raubzüge beispielsweise hochkomplexe Ausspähmethoden an, lassen aber die einzelnen Elemente ihres Plots – etwa das Anbringen von ATM-Skimmern, Geldwäsche oder den Verkauf gestohlener Waren über eBay – häufig von Kleinganoven vor Ort durchführen. Terrororganisationen lernen von den Cyberkriminellen und ergaunern im Internet Gelder, mit denen sie ihre Machenschaften in der realen Welt finanzieren. Gruppen patriotischer Bürger werden von ihren staatlich finanzierten Nutznießern in China, Russland und im Iran häufig nicht nur stillschweigend geduldet, sondern zu Cyberbanden ausgebildet und entsprechend finanziert. Dadurch verfügen sie über dieselben Techniken und Tools wie ihre Arbeitgeber bei der Regierung. Im Cyberuntergrund herrscht eine Symbiose, und die gesamte Bandbreite von Bedrohungs-Akteuren weist methodische Gemeinsamkeiten auf.

Die erste Vision, die einem in den Sinn kommt, wenn man an einen Hacker denkt, ist vielleicht das stereotype Bild eines männlichen Teenagers, der bei seiner Mutter im Souterrain wohnt, auf seiner Tastatur tippt, umgeben von leeren Chipstüten und Coladosen, und versucht, in den Computern seiner Highschool seine Zensuren zu ändern (wie es Matthew Broderick 1983 in dem Film *WarGames* tat). In den Anfangstagen des Hackings war das Telefonnetz Objekt der Begierden, und sogenannte Phone-Phreaks manipulierten das Netz, um die schwindelerregend hohen Kosten für Ferngespräche zu umgehen. Vergessen wir nicht zwei Hacker, die 1971 einen Teil ihrer Jugend mit der Entwicklung sogenannter »Blueboxen« verbrachten, Vorrichtungen, mit denen man sich ins Telefonnetz einhacken und gratis telefonieren konnte: Steve Wozniak und Steve Jobs.[20] Die beiden verkauften ihre Blueboxen an Studenten der UC Berkeley und verdienten damit das Geld, mit dem sie schließlich ihr anderes kleines Unternehmen finanzierten: die Computerfirma Apple.

Mit der Zeit traten weitere bemerkenswerte Hacker auf den Plan, Leute wie Kevin Mitnick und Kevin Poulsen.[21] Mitnick knackte im zarten Alter von 16 Jahren die Computer der Digital Equipment Corporation und blieb weiterhin derart aktiv im Netz, dass er den Zorn des FBI auf sich zog und sich mit dem Titel »Amerikas meistgesuchter Hacker« brüsten konnte. Poulsens genialer Hackangriff im Jahre 1990 wiederum gestattete es ihm, sämtliche Telefonleitungen eines örtlichen Radiosenders in Los Angeles unter seine Kontrolle zu bringen und so dafür zu sorgen, dass er der 102. Anrufer bei einem Gewinnspiel war – was ihm einen Porsche 944 S2 im Wert von damals 50 000 Dollar einbrachte.[22]

Diese Husarenstücke aus den Siebzigern, Achtzigern und Neunzigern wirken nach heutigen Maßstäben harmlos. In den Jahren, die seitdem vergangen sind, haben sich die Hacker organisiert und weltweite Verbrechersyndikate gebildet. Sie begehen Identitätsdiebstahl, Kreditkartenbetrug, Krankenversicherungs-, Sozialversicherungs- und Steuerbetrug. Organisierte Verbrecherbanden setzen sich inzwischen auch größere und anspruchsvollere Ziele, etwa die gewaltige Masse geistigen Eigentums von Unternehmen auf der ganzen Welt, von Produktplänen bis zum Computer-Quellcode. Im Oktober 2013 etwa wurden Adobe Systems in Silicon Valley zum Ziel eines solchen Angriffs. Dabei wurden 38 Millionen Login- und Passwort-Daten sowie Millionen Kreditkartennummern gestohlen (ein bekanntes Problem).[23] Worin sich dieser Angriff jedoch von den bisherigen unterschied, war, dass die Kriminellen auch über 40 Gigabyte Computer-Quellcode für Adobe-Flaggschiffe wie Photoshop, ColdFusion und Acrobat stahlen.[24]

Folglich können Verbrecher nun nicht nur ungeniert Adobe-Produkte verkaufen, sondern auch deren Code verändern und nach Belieben versteckte Hintertüren, Schadsoftware und zusätzliche Exploits installieren, was die rechtmäßigen und gutgläubigen Adobe-Nutzer in großem Stil Hackerangriffen und Identitätsdiebstahl aussetzt – eine in der Tat besorgniserregende Entwicklung, wenn man bedenkt, wie weit verbreitet Adobe-Produkte unter Computernutzern sind. Sogar Symantec, dem Anbieter von pcAnywhere und Norton AntiVirus, wurde der Quellcode gestohlen. Jawohl – eben jene Firma, die Ihnen Antivirus-Software verkauft, damit Sie sich vor Hackerangriffen schützen können, wurde selbst zum Opfer. Ein Hacker stahl 1,27 Gigabyte Quellcode der Sicherheitssoftware und verlangte die vergleichsweise läppische Summe von 50 000 Dollar dafür, dass er die Daten nicht auf der bekannten Hackerwebsite Pirate Bay postete.[25]

Traditionelle Verbrecherorganisationen wie die italienische Mafia, japanische Yakuza, chinesische Triaden und kolumbianische Drogenkartelle haben einen Teil ihrer kriminellen Aktivitäten in den Cyberspace verlegt. Dort winken, bei begrenzten polizeilichen Möglichkeiten, größere Profite und eine höhere Anonymität. Zudem müssen sie sich keine Sorgen über die drakonischen Mindeststrafen machen, mit denen ihre bisherigen wirtschaftlichen Aktivitäten wie Drogenschmuggel und Menschenhandel oft belegt waren. Organisierte Verbrecherbanden sind im Cyberspace verantwortlich für Spam, Phishing, gefälschte Arzneimittelwerbung, die Verbreitung von Kinderpornografie, Dienstblockaden und Erpressung, um nur einige Tatbestände zu nennen.[26]

Neben der altgedienten Garde des organisierten Verbrechens gibt es immer mehr Gruppierungen, die ausschließlich im Cyberspace aktiv sind. Diese neuen, technisch versierten und professionell organisierten kriminellen Hackergruppen agieren äußerst profitabel und im wahrsten Sinne des Wortes global. Viele davon sitzen in China, Indonesien, den Vereinigten Staaten, Taiwan, Russland, Rumänien, Bulgarien, Brasilien, Indien und in der Ukraine.[27] Neue Syndikate wie das Russian Business Network (RBN) in St. Petersburg haben sich sogar einen Namen als Fullservice-Cybercrime-Organisationen mit breiter Produktpalette gemacht.[28] Das berüchtigte RBN bietet »kugelsichere« Website-Hostingdienste für alle möglichen kriminellen Unternehmungen. Die Inhalte spielen dabei keine Rolle, sodass vom Handel mit Kinderpornografie bis zum Malware-Austausch über einen RBN-Server praktisch alles möglich ist.[29]

Andere professionelle Hackergruppen wie ShadowCrew bieten eine Plattform für sogenannte »Carder«, die auf den Diebstahl personenbezogener Daten spezialisiert sind. Zu den Delikten zählen Pass- und Führerscheinfälschung oder Kreditkartendiebstahl – Schlüsselelemente der weltweit wachsenden Datenklau-Ökonomie.

ShadowCrew betrieb die inzwischen stillgelegte Website CarderPlanet.com, wo sich über 4000 Kriminelle aus der ganzen Welt ungehindert treffen konnten, um gestohlene und gehackte Identitäten, Dokumente und Kontonummern zu kaufen und zu verkaufen.[30] Gegründet von dem berüchtigten Hacker Albert Gonzales, bot ShadowCrew seinen »Kunden« Online-Anleitungen von der Kryptografie bis zur Kartenfälschung an. Gonzalez' Organisation war angeblich für Diebstahl und Weiterverkauf von über 180 Millionen Kredit- und Bankkarten verantwortlich.[31] Das Ausmaß und die Reichweite dieser höchst profitablen, transnational organisierten Cyberkriminalität haben drastisch zugenommen. Die Sicherheits- und Geheimdienstfirma CrowdStrike war über 50 weltweit agierenden Organisationen auf der Spur.[32]

Neben den transnational organisierten Verbrechersyndikaten stellen sogenannte Hacktivisten – politisch motivierte Cyberangreifer – eine der einflussreichsten und mächtigsten Gruppen im Cyberspace dar. Anonymous, LulzSec, AntiSec, WikiLeaks und die Syrian Electronic Army fallen in diese Kategorie und begehen Racheakte für angebliche Ungerechtigkeiten. Julian Assange, Chelsea (Bradley) Manning und Edward Snowden sind bekannte Persönlichkeiten, die die mächtigsten Institutionen der Welt herausgefordert und Daten veröffentlicht haben, die andere wahrscheinlich lieber geheimgehalten hätten. Während Assange, Manning und Snowden weltweit auf die Titelseiten gelangten, ziehen es andere Hacktivistengruppen vor, dass ihre einzelnen Mitglieder unter dem Dach der Organisation und deren breiterer Agenda anonym bleiben. Ein bemerkenswertes Beispiel hierfür ist Anonymous, eine nach eigenen Angaben führerlose Organisation, deren Mitglieder in der Öffentlichkeit durch das Tragen von Guy-Fawkes-Masken erkennbar wurden.[33]

Im Motto der Gruppierung – »Wir sind Anonymous. Wir sind viele. Wir vergeben nicht. Rechnet mir uns« – manifestiert sich ihre Organisationsphilosophie »Die Korrupten fürchten uns. Die Ehrlichen unterstützen uns. Die Heldenhaften schließen sich uns an.«[34] Als MasterCard, Visa und PayPal übereinkamen, den Spendenfluss für Julian Assanges WikiLeaks abzuschneiden, reagierte Anonymous mit einer Serie höchst effektiver Cyberangriffe auf die Finanzunternehmen.[35]

Anonymous wendet sich mit Nachdruck gegen nach eigenem Dafürhalten rigorose Pirateriegesetze und war bereits verantwortlich für einen Angriff auf das Sony PlayStation Network – eine Reaktion darauf, dass der Konzern den als »Stop Online Piracy Act« bekannt gewordenen US-amerikanischen Gesetzentwurf zur Bekämpfung von Urheberrechtsverletzungen im Internet befürwortet hatte.[36]

Anonymous selbst sieht sich als »gute« Hackerorganisation und engagiert sich in vielen sozialpolitischen Bereichen, etwa bei der Unterstützung von Aktivisten im Nahen Osten während des Arabischen Frühlings.[37] Selbst manch scharfer Anonymous-Kritiker kann nicht umhin, einige weniger bekannte Aktivitäten der Gruppe im Kampf gegen kriminelle Organisationen und Ungerechtigkeit gutzuheißen.[38] Im Rahmen der »Operation Darknet« beispielsweise attackierten Mitglieder von Anonymous Kinderporno-Websites, auf denen abstoßende Missbrauchsbilder kleiner Kinder gehostet waren. Das Hackerkollektiv warf die Websites aus dem Netz und veröffentlichte die Namen Hunderter Nutzer der betreffenden Dienste. Ganz gleich, ob man die Aktionen von Anonymous und anderen Hacktivisten-Organisationen nun befürwortet oder ablehnt, so ist eines doch klar: Sie sind mächtige Akteure, mit denen man im weiten Bedrohungsszenario unserer übervernetzten Welt rechnen muss.

Hacktivisten sind in der Lage, jedes beliebige Unternehmen anzugreifen, und können sogar geopolitisch Einfluss nehmen, wie sich während des Arabischen Frühlings gezeigt hat. In Anerkennung ihrer wachsenden Macht führte die Zeitschrift *Time* Anonymous im Jahre 2012 unter den 100 einflussreichsten Personen der Welt auf.[39] Den Regierungen blieben der Einfluss und die Möglichkeiten von Anonymous lange verborgen. Erst kürzlich wurde bekannt, dass die Government Communications Headquarters (GCHQ), das britische Äquivalent der amerikanischen National Security Agency, selbst eine Reihe von Dienstblockaden gegen Anonymous und die Mitglieder der Gruppe lanciert hatte, um deren Aktivitäten zu stören.[40] Diese drastische Reaktion eines Staates gegen eine Gruppe von Hacktivisten, also einen nichtstaatlichen Akteur, zeigt, wie einflussreich Anonymous inzwischen weltweit ist.

Derweil nutzen auch Terrororganisationen bei der Planung, Unterstützung und Ausführung ihrer mörderischen Aktivitäten zunehmend das Internet und andere Technologien.[41] Die digitale Technologie gestattet es den Terroristen, in Untergrund-Chatrooms neue Mitglieder anzuwerben, Operationen zu finanzieren (durch Cyberkriminalität und Online-Fundraising), im Geheimen zu kommunizieren und Propaganda zu verbreiten (wie die grausigen Enthauptungsvideos des IS. Der IS ist technisch versiert und schnitt in seine jüngsten Werbevideos sogar Szenen aus dem Videospiel *Grand Theft Auto V* hinein, um eine größere Wirkung zu erzielen. In seiner Online-Videoproduktion bot die Terrorgruppe neuen Mitgliedern die Gelegenheit an, »im echten Leben und auf dem Schlachtfeld das zu tun, was Ihr in Videospielen tut … etwa, einen Militärkonvoi anzugreifen oder Polizisten zu töten«[42]. Das Video ist mit dem IS-Logo gekennzeichnet.

Ausspähung und Informationsbeschaffung durch Terroristen sind im Internet an der Tagesordnung, und mehr als einmal haben Behörden Bilder von Google Earth gefunden, auf denen neue Angriffsziele zu sehen waren – etwa der John F. Kennedy International Airport in New York, wo Terroristen im Jahre 2007 Treibstofftanks in die Luft jagen wollten.[43] Terroristen waren schon immer gelehrige Technikjünger, insbesondere in ihrem Gebrauch von Techniken zur Datenverschlüsselung bei ihrer Kommunikation. Ramzi Yousef etwa, »der überführte Kopf hinter dem ersten Anschlag auf das World Trade Center im Jahre 1993, verwendete verschlüsselte Daten und verbarg so die Einzelheiten seines Plans, elf amerikanische Verkehrsflugzeuge zu zerstören«[44]. Im Falle Yousef brauchten die Strafverfolgungsbehörden über ein Jahr, um den von dem Terroristen verwendeten Verschlüsselungscode zu knacken. Schließlich gelang es den Polizeibehörden aber doch, den Anschlag auf die Fluglinien zu vereiteln.

Manche Antiterror-Experten haben das Internet als »Terror-Universität« bezeichnet, als Ort, wo sich Terroristen neue Techniken und Fähigkeiten aneignen können, um in ihrer Angriffsmethodologie noch wirksamer zu werden. Online frei zugänglich sind Dokumente wie das *Gifthandbuch* der Mudschaheddin, das zahlreiche »Rezepte« für selbstgemachte Gifte und Giftgase enthält.[45]

Die 600 Seiten starke *Enzyklopädie des Dschihad* ist ebenfalls frei im Internet zugänglich und enthält Kapitel wie »Über das Töten«, »Explosionskörper«, »Die Herstellung von Sprengkapseln« und »Anschläge mit Minen«. Ein mahnendes Beispiel dafür, wie gefährlich solche Online-Bildung sein kann, bot Dschochar Zarnajew, der wegen des Verdachts auf Beteiligung am Anschlag auf den Boston Marathon im April 2013 verhaftet wurde: Der Terrorist räumte den Behörden gegenüber ein, er und sein Bruder hätten die bei dem Attentat verwendete Schnellkochtopfbombe Schritt für Schritt nach einer Anleitung gebaut, die sie in *Inspire*, dem Online-Magazin von al-Qaida, gefunden hätten. Titel des Artikels: »Wie man in der Küche seiner Mutter eine Bombe bastelt.«[46]

Terroristen nutzen das Internet nicht nur bei der operationellen Unterstützung und Planung, sondern sind daneben auch als Hacker und Cyberkriminelle aktiv, um ihre Machenschaften zu finanzieren und auszuführen. Im Juni 2007 wurde eine britische Terrorzelle von der Polizei gesprengt und die in Großbritannien lebenden Männer Tariq al-Daour, Waseem Mughal und Younes Tsouli wegen Anstiftung zum Mord über das Internet angeklagt. Es wurde bewiesen, dass die drei über gehackte Kreditkartenkonten Waren gekauft hatten, um gleichgesinnte Dschihadisten zu unterstützen – Dinge wie Nachtsicht- und GPS-Geräte, Flugtickets und Prepaid-Handykarten sollten als direkte taktische Unterstützung terroristischer Handlungen dienen. »Das Trio ergaunerte insgesamt über 3,5 Millionen US-Dollar und war im Besitz einer Datenbank, die fast 40 000 gehackte Kreditkartenkonten umfasste«, hieß es.[47]

Sogar der berüchtigte Mastermind hinter dem Bombenanschlag auf Bali im Jahre 2002, Imam Samudra von der al-Qaida-nahen Terrorgruppe Jemaah Islamiyah, finanzierte sein Attentat, bei dem mehr als 200 Menschen ums Leben kamen, mit den 150 000 Dollar, die er durch das Hacken westlicher Bank- und Kreditkartenkonten erbeutet hatte.[48] Samudra war technisch versiert und schrieb im Gefängnis ein autobiografisches Manifest, in dem sich ein Kapitel mit dem Titel »Hacken, warum nicht?« findet.[49] In seinem Buch erklärt Samudra seinen Anhängern verschiedene Hacking- und Carding-Methoden und fordert sie auf, »den Heiligen Krieg durch einen Angriff auf US-amerikanische Computer in den Cyberspace zu tragen, mit besonderem Augenmerk auf Kreditkartenbetrug, sogenanntes ›Carding‹«, um weitere Operationen zu finanzieren. Die Terroristen scheinen die Botschaft verstanden zu haben, denn sowohl der Bombenanschlag auf den Madrider Bahnhof Atocha im Jahre 2004, bei dem 190 Menschen starben und fast 2000 verletzt wurden, als auch die Bombenattentate in London am 7. Juli 2005, bei denen 52 Zivilisten getötet und mehr als 700 verletzt wurden, waren über Hacking und Kreditkartenbetrug finanziert.[50]

Mit den wachsenden technischen Fähigkeiten von Terrororganisationen nimmt auch die Geldmenge zu, die sie online generieren können. Im Jahre 2011 etwa deckte die philippinische Polizei in Zusammenarbeit mit dem FBI einen Telefonbetrug zum Schaden von AT&T auf, der das Unternehmen und seine Kunden zwei Millionen Dollar kostete. Die philippinische Hackerzelle arbeitete mit Jemaah Islamiyah zusammen und leitete die Millionen an eine in Saudi-Arabien ansässige Terrorgruppe weiter, die wiederum die pakistanischen Laschkar e-Taiba finanzierte, jene Terrorgruppe, auf deren Konto 2008 die Bombenbelagerung in Mumbai ging, bei welcher Hunderte von Menschen getötet und verstümmelt wurden.[51]

Es ist klar, dass Kriminelle, Hacktivisten und Terroristen unsere digitale Vernetzung zu unserem Schaden ausnutzen, sei es nun, um Profit daraus zu ziehen, sich in die Politik einzumischen oder ein Massaker zu veranstalten. Sie sind wissenschaftlich und technisch auf dem neuesten Stand und haben sich als sehr geschickt darin erwiesen, die grundlegend unsichere Natur unserer Technologiegesellschaft auszubeuten. Doch Diebe, Hacker, Aktivisten und Terroristen sind nicht die einzigen Bewohner des digitalen Untergrunds. Sie teilen sich diesen mit einer Phalanx aus Nationalstaaten, Cyberkriegern und ausländischen Geheimdiensten, die sich alle sehr gewandt im sogenannten fünften Bereich bewegen und die Unsicherheit der zugrunde liegenden digitalen Infrastruktur, die den Planeten eint, in vollem Umfang für ihre eigenen Zwecke nutzen.

Der durchschnittliche Internetnutzer mag heute vielleicht damit beschäftigt sein, seinen Facebook-Status zu aktualisieren oder *Angry Birds* zu spielen, doch sollte man nicht vergessen, dass das Internet seinen Ursprung in der Defense Advanced Research Projects Agency (DARPA) hat, einer Behörde des US-Verteidigungsministeriums. Im Falle eines Nuklearschlages sollte das Netz an die Stelle des militärischen Fernmeldewesens treten.[52] Das Internet ist also eine militärische Schöpfung mit signifikanten geopolitischen Begleiterscheinungen.

Wenn Regierungen ihre Aufmerksamkeit (und ihre Budgets) auf offensive Cyberoperationen richten, erkennt man erst, wie anfällig die Hard- und Software tatsächlich ist, von der wir alle abhängig sind, und unsere technologische Verwundbarkeit offenbart sich in vollem Ausmaß. Obwohl eine Erpressungsgeldforderung gegen Symantec in Höhe von 50 000 Dollar oder, wie im Falle von Target, ein Verlust durch Hacking in Höhe von einer oder zwei Milliarden durchaus bemerkenswert sind und unsere Aufmerksamkeit verdienen, ist es doch lediglich Kleingeld im Vergleich zur Computer-Ausspähung des 300 Milliarden teuren Pentagon-Projekts F-35 Joint Strike Fighter – des teuersten Waffenprogramms in der Geschichte des Verteidigungsministeriums.[53]

Im Mai 2013 ließ die US-Regierung verlautbaren, China sei für eine Serie von Hackerangriffen auf wichtige amerikanische Verteidigungs- und Regierungssysteme verantwortlich, darunter auch auf das Projekt F-35.[54] Über die Jahre wurde berichtet, dass auch viele andere verteidigungsrelevante Pläne und Technologien gestohlen worden seien, darunter auch die eines erweiterten Patriot-Raketensystems namens PAC-3, des Aegis Ballistic Missile Defense System der Marine, des Kampfjets F/A-18, der V-22 Osprey, des Black-Hawk-Helikopters und des Littoral Combat Ships.[55]

Einem FBI-Bericht zufolge hat China eine Geheimarmee von 18 000 Cyberspionen und -kriegern ausgebildet, die allein gegen das US-Verteidigungsministerium die unglaubliche Anzahl von 90 000 Computerangriffen pro Jahr durchführt.[56] Die Menge der Diebstähle und ihre Auswirkungen auf die nationale Sicherheit Amerikas lassen einem den Atem stocken.

Chinas angebliche Cyber-Hacking-Aktivitäten verschaffen dem Land signifikante strategische Vorteile, darunter einen sofortigen taktischen und operationellen Vorsprung, sollte es zu einem Konflikt mit den Vereinigten Staaten kommen. Die Blaupausen wichtiger amerikanischer Verteidigungssysteme geben Aufschluss über deren Funktionsweise und vor allem, wie sie im Falle einer Krise außer Kraft gesetzt werden können. Obendrein spart dieser breit angelegte Datenklau China Milliarden von Dollar (und jahrzehntelange Arbeit), die ansonsten in die eigene militärische Entwicklung flössen, würde man nicht einfach die vom amerikanischen Steuerzahler finanzierten Ergebnisse übernehmen und darauf aufbauen.

Natürlich hat China nicht nur die amerikanische Militärtechnologie im Blick, sondern eine ganze Reihe weiterer Washingtoner Institutionen, darunter Anwaltskanzleien, Denkfabriken, Menschenrechtsgruppen, Dienstleister, Kongressbehörden, Botschaften und zahllose Bundesbehörden.[57] Mehr noch: Ein Bericht kanadischer Forscher von Infowar Monitor, der SecDev Group und des Citizen Lab der Universität von Toronto deckte 2009 das sogenannte GhostNet auf, »ein riesiges weltweites Spionagenetzwerk«, das 103 Länder umspannte, von Servern in China aus kontrolliert wurde und sowohl die tibetanische Exilregierung als auch den Dalai Lama selbst im Visier hatte.[58]

China wurde zudem vorgeworfen, zahllose Medienunternehmen ausgespäht zu haben. Bekanntestes Opfer war Anfang 2013 die *New York Times*, nachdem die Zeitung berichtet hatte, dass die Verwandten des chinesischen Premierministers Wen Jiabao seit dessen Amtsübernahme Milliarden von Dollar mit ihren Geschäften angehäuft hatten.[59] Die Sicherheitsverletzung verschaffte den Eindringlingen Zugriff auf alle Computer im Netzwerk der *Times*, und man ging davon aus, dass die Chinesen versuchten, Quellen und Kontakte ausfindig zu machen, die dem Ruf der chinesischen Führungsriege schaden könnten. Die *Times* engagierte die private Cybersicherheitsfirma Mandiant, die den Fall untersuchte und einen spektakulären Bericht ablieferte: Der Angriff ließ sich bis zur Einheit 61 398 der Volksbefreiungsarmee zurückverfolgen.[60] Das Hauptquartier der Einheit befindet sich in der Datong-Straße im Distrikt Pudong in Schanghai in einem zwölfgeschossigen Bau, in dem auf 12 000 Quadratmetern tausende Angestellte tagtäglich damit beschäftigt sind, Regierungen, Unternehmen und Einzelpersonen weltweit zu hacken.

Diese Technologie-Diebstähle werden nicht vom chinesischen Staat selbst begangen, oft aber staatlich gefördert und von Erfüllungsgehilfen ausgeführt, mit profunden Auswirkungen und hohen Kosten für Unternehmen auf der ganzen Welt. Im Jahre 2012 brachte die *Bloomberg Businessweek* eine Titelgeschichte über Chinas fortgesetzte, weltweite Diebstähle geistigen Eigentums. Seitengroße Buchstaben schrien dem Leser entgegen: »He China! Hör auf, uns zu beklauen.«[61] Der Artikel beinhaltete die Geschichte von Dan McGahn, dem Geschäftsführer der in Massachusetts ansässigen Firma American Superconductor (AMSC), eines »grünen« Energietechnik-Unternehmens, das auf Energieversorgungsnetze und Software für große Windturbinen spezialisiert ist. Im März 2011 weigerte sich plötzlich der größte Kunde von AMSC – die ehemals staatlich-chinesische Sinovel Wind Group –, Lieferungen für sein Werk in der Provinz Liaoning anzunehmen, und stornierte Aufträge in Höhe von über 700 Millionen Dollar. Die Reaktion des Marktes auf die Stornierung war brutal: Der Wert der Aktie fiel an einem einzigen Tag um 40 Prozent und bis zum September desselben Jahres um 84 Prozent.

Eine Untersuchung des Falles erbrachte, dass die von Sinovel selbst hergestellten Turbinen »offenbar mit einer gestohlenen Version der AMSC-Software liefen« und dass chinesische Unternehmen über eine vollständige Kopie des proprietären Computerquellcodes der amerikanischen Firma verfügte. Da Sinovel nun im Besitz des gesamten geistigen Eigentums von AMSC war, benötigte sie AMSC und deren Produkte nicht länger und konnte einfach alles selbst herstellen. Folglich stornierte das chinesische Unternehmen die bestehenden Lieferverträge mit der Firma aus Massachusetts über 700 Millionen Dollar.

Wenn man sämtliche Diebstähle geistigen Eigentums aus Wirtschaft, Regierung und Militär zusammenrechnet, haben Chinas Hackerangriffe auf die Vereinigten Staaten zum größten Wohlstandstransfer der Menschheitsgeschichte geführt.[62]

Dem Akamai-Bericht *State of the Internet* zufolge ist China für schockierende

41 Prozent aller Cyberattacken weltweit verantwortlich.[63] Freilich streitet China eine Verstrickung in globale Hackeraktivitäten regelmäßig und vehement ab. Kommt ein neuer Verdacht auf, folgt in der Regel die Reaktion eines Sprechers der chinesischen Botschaft in dem betroffenen Land, ob nun in Paris, Berlin oder Neu-Delhi. Die Stellungnahme, die der chinesische Botschaftsangehörige Wang Baodong in Washington abgab, ist ganz typisch: »China ist strikt gegen internationale Hackeraktivitäten und bereit, zur Sicherung des Cyberspace mit allen Nationen zusammenzuarbeiten.«[64] Wangs Leugnung ist dabei keineswegs die erste Reaktion dieser Art: Eine Google-Suche nach dem Satz »China leugnet Hackerangriff« ergibt 35 Millionen solcher Dementis.

China ist zwar das bevölkerungsreichste Land der Erde, doch bei Weitem nicht das einzige, das Cyberangriffe ausführt. Dem ehemaligen FBI-Chef Robert Mueller zufolge gab es [Stand 2008] mindestens 108 Nationen, die spezielle Einheiten unterhielten, die sowohl Industriegeheimnisse als auch kritische Infrastrukturen ausspähten, darunter der Iran.[65] Ende 2012 bekannte sich eine bis dahin unbekannte Hackergruppe namens Cutting Sword of Justice (Hiebschwert der Gerechtigkeit) zur zerstörerischsten Computersabotage, die es bis dahin gegeben hatte: einen Angriff auf den Öl- und Gasgiganten Saudi Aramco.[66] Der Angriff fand am Vorabend einer der heiligsten Nächte des islamischen Kalenders statt, Lailat al-Qadr, dem Tag, an dem Mohammed seinen Anhängern den Koran offenbart haben soll. Die 55 000 Angestellten von Aramco feierten mit Familie und Freunden zu Hause. Auf dem Spiel standen 260 Milliarden Barrel Öl mit einem Wert von über acht Billionen Dollar (der 14-fache Börsenwert von Apple Inc.).[67]

Bei diesem Zwischenfall steckte ein unbekannter Insider mit Zugang zum Gelände einen infizierten USB-Stick in einen einzigen mit dem Unternehmensnetzwerk verbundenen PC. Innerhalb weniger Minuten verbreitete sich der auf dem Datenträger befindliche Virus Shamoon wie ein Buschfeuer über sämtliche 30 000 Computer des Unternehmens.[68] Ziel war zwar gewesen, die Öl- und Gasproduktion in den Aramco-Raffinerien zum Stillstand zu bringen, doch dank einer guten Sicherheitspraxis zerstörte der Virus »nur« Unternehmensdaten. Das Ergebnis? Shamoon löschte 75 Prozent der Festplatten und damit »Dokumente, Tabellen, E-Mails, Dateien – und ersetzte alles durch das Bild einer brennenden amerikanischen Flagge«[69].

Cutting Sword of Justice behauptete, der Angriff sei eine Antwort auf die »Verbrechen und Grausamkeiten«, die von den Saudis in Syrien und Bahrain gegen die schiitischen Protestbewegungen begangen würden.[70] Amerikanische Geheimdienstler vermuten jedoch, dass Cutting Sword of Justice nichts weiter ist als ein verlängerter Arm des Iran, welchen sie für den Vorfall verantwortlich machten.[71] Die erschreckenden Angriffsmöglichkeiten, die im Fall Aramco demonstriert wurden, gingen weiteren erfolgreichen Attacken durch die iranische Regierung voraus, darunter eine ganze Reihe von Dienstblockaden (sogenannter DDoS) Anfang 2013, die sich gegen die amerikanische Finanzindustrie richteten. Zahlreiche beliebte Banken, darunter JPMorgan Chase, Bank of America, Wells Fargo, BB & T, HSBC und die Citigroup, waren von der Attacke betroffen, die Unternehmensnetzwerke und Websites über einen längeren Zeitraum unzugänglich machte, so dass die Kunden nicht über ihr Geld verfügen konnten.[72] Ein Hackergruppe, die sich Izz ad-Din al-Qassam Cyber Fighters nannte, bekannte sich zu diesem Cyber-Blitzangriff, amerikanische Behörden hingegen meinen, die Gruppe sei lediglich ein Handlanger des Iran.[73]

Die breit angelegte Dienstblockade des Iran gegen die amerikanische Finanzindustrie war in Art und Ausmaß und nicht zuletzt aufgrund des riesigen, durch die Eindringlinge generierten Datenvolumens erschreckend.[74] »Einige Banken wurden mit anhaltendem Traffic von bis zu 70 Gigabit [pro Sekunde] überflutet.« Um sich diesen Datenstrom zu verdeutlichen, muss man sich vorstellen, dass eine Milliarde Menschen gleichzeitig bei der Bank anrufen, auflegen und sofort danach wieder anrufen würden. Wollte man mit der Bank verbunden werden (oder deren Website besuchen), wäre man Nummer 1000000001 auf der Warteliste. Mit anderen Worten: Man würde faktisch niemals durchkommen.[75]

Auffallend war, dass der vom Iran unterstützte Schlag gegen den Finanzsektor Berichten zufolge um ein Vielfaches größer war als der berüchtigte Angriff russischer Hacker auf Estland im Jahre 2007 – ein Angriff, der das kleine baltische Land fast vollständig vom Netz abgeschnitten hatte. Allgemein wird angenommen, dass dieser Angriff durch nationalistische Handlanger mit direkter Unterstützung der russischen Regierung ausgeführt wurde, nachdem Estland beschlossen hatte, ein sowjetisches Ehrenmal aus der Stadtmitte Tallinns in die Vororte zu versetzen – für Moskau ein Affront. Viele Sicherheitsexperten bezeichneten den uneingeschränkten Angriff auf Estland angesichts seiner Größe und Schwere als »ersten Cyberkrieg der Welt«. Als der Iran diesen Angriff übertraf, bemerkte ein Sicherheitsforscher, die technischen Bombardements der islamischen Republik hätten sich »von ein paar kläffenden Chihuahuas zu einem Rudel feuerspeiender Godzillas entwickelt«[76].

Freilich wurden allerorten auch Stimmen laut, die den Vereinigten Staaten Hackerangriffe auf den Rest der Welt vorwarfen, was sich vorwiegend auf die zahlreichen Geheimdokumente stützte, die der ehemalige NSA-Mitarbeiter

Edward Snowden gestohlen und von Juni 2013 an eigenmächtig veröffentlicht hatte. Snowden schilderte in allen Einzelheiten, wie der globale technische Überwachungsapparat der National Security Agency funktionierte, und lieferte zum Beweis Dokumente, die seine in Gesprächen mit den Journalisten Glenn Greenwald und Laura Poitras aufgestellten Behauptungen untermauerten. Nach und nach kamen Programme wie PRISM und XKeyscore ans Licht, ebenso wie die angebliche Fähigkeit der NSA, jeden Tag Milliarden von E-Mails, Telefongesprächen, Chats und SMS zu verfolgen.[77]

In seinem Moskauer Exil fuhr Snowden, der dort einen temporären Asylstatus genießt, damit fort, technische und im Cyberspace stattfindende offensive Operationen der USA bekanntzumachen, darunter das Anzapfen persönlicher Mobiltelefone führender Politiker dieser Welt von der deutschen Bundeskanzlerin bis zur brasilianischen Präsidentin Dilma Rousseff.[78] Darüber hinaus gab Snowden preis, dass die Telefonate von Millionen Bürgern verbündeter Staaten wie Frankreich und Deutschland aufgezeichnet wurden – weltweit 120 Milliarden Gespräche im Monat.[79] Snowdens Offenbarungen trugen dazu bei, dass das internationale Mitgefühl für die Vereinigten Staaten hinsichtlich Chinas intensiver Cyberspionage deutlich abnahm – insbesondere, als er offenlegte, dass Amerika selbst Cyberoperationen gegen chinesische Ziele durchgeführt hatte, darunter China Mobile und die renommierte Tsinghua-Universität.[80] Abhängig von der politischen Einstellung, ist Snowden entweder Staatsfeind, Held, Nestbeschmutzer, Dissident, Verräter oder Patriot. Die meisten entscheiden sich für eine dieser Rollen. Wie die Geschichte auch über ihn urteilen mag, so zeigen seine Offenbarungen auf jeden Fall sehr deutlich, wie sich Regierungen in die Cyberschlacht stürzen.

Eine Analyse der verschiedenen Bedrohungsakteure im Cyberspace ergibt, dass Hacktivisten, Kriminelle, Web-Guerilleros, Terroristen und rücksichtslose Regierungen allesamt in der Lage sind, die Unsicherheit der technologischen Infrastruktur unserer Welt für ihre Zwecke auszunutzen. Unsere Finanzdaten, Identitäten, Babyfotos und Stromnetze sind anfällig und bedroht, leichte Ziele für jeden Hacker. So allgegenwärtig die Technik in unserem modernen Leben bereits erscheinen mag, bedeutet die exponentielle Wachstumsrate jedoch, dass uns in absehbarer Zukunft eine neue Flutwelle technologischen Fortschritts erwartet, die uns schwindeln lassen wird. Wir werden uns nicht nur enger und umfassender mit globalen Datenströmen vernetzen, sondern neue Technologien, die wir bislang ins Reich der Science-Fiction verbannt haben, als wissenschaftliche Tatsache anerkennen müssen. Kurzum: Wir stehen gerade erst am Anfang.

KAPITEL 3

Die Moore'schen Gesetzlosen

Um die mathematische Bedeutung von Exponenten und Exponentialkurven besser zu verstehen, sollten sich französische Schüler einen Teich mit einem Seerosenblatt darauf vorstellen. Das Blatt, so sagte man ihnen, werde sich in seiner Größe jeden Tag verdoppeln und in 30 Tagen die gesamte Wasseroberfläche bedecken. Sollte dies geschehen, würde die Pflanze alle anderen Lebensformen im Wasser ersticken. Die Frage, die den Kindern dann gestellt wurde, lautete: An welchem Tag wird die Seerose den halben Teich bedecken?

Zunächst brauchte man sich keine großen Sorgen zu machen. Die Seerose wuchs mit kaum merklicher Geschwindigkeit und bedeckte an Tag 20 erst ein zehntel Prozent der Wasseroberfläche. Nur 0,1 Prozent. Fünf Tage später hatte sie drei Prozent erreicht, doch die Kinder ließen sie weiter wachsen. Noch immer war relativ wenig geschehen. Bis die Seerose am 29. Tag plötzlich den halben Teich bedeckt hatte. Nun jedoch blieb kaum noch Zeit, den Teich zu retten, der am nächsten Tag von der Seerose erstickt wurde. Der 29. Tag scheint oft wie ein ganz normaler Tag, doch aufgrund des Wesens von Exponentialfunktionen ist der Teich bereits halb erstickt.

Die Lektion, die man daraus lernen kann, ist, dass ein exponentielles Wachstum uns wie durch Zauberei sehr, sehr schnell überholen und uns unser herkömmliches lineares Denken zum Verhängnis werden kann.

Die Welt der Exponentialrechnung

In seinem Buch *Menschheit 2.0: Die Singularität naht* schildert der Futurist Ray Kurzweil die exponentielle Natur unserer technologisierten Welt und führt den Begriff des sogenannten »Knies der Exponentialkurve« ein. Das Knie der Kurve ist ein zeitlicher Wendepunkt, ab welchem eine exponentielle Entwicklung deutlich erkennbar wird. Kurz darauf jedoch zeigt sich die mathematische Bedeutung exponentiellen Wachstums: Die Kurve schießt in die Höhe und erscheint fast senkrecht. Malcolm Gladwell würde dieses Phänomen vielleicht als »Tipping Point« bezeichnen, ab dem die Summe vieler kleiner Dinge im Ergebnis einen merklichen, ja, gewaltigen Unterschied macht. Angesichts der exponentiellen Natur der Technologie und ihrer Allgegenwart in unserem Leben deutet vieles darauf hin, dass wir einen solchen Wendepunkt bald erreichen werden. Die Frage ist, ob das Ganze zum Guten oder zum Schlechten kippt.

Angaben der International Telecommunication Union zufolge waren im Jahre 2000 lediglich 360 Millionen Menschen online.[1] Obwohl die Entwicklung des Internets beinahe 40 Jahre gedauert hatte, überschritt die globale Netzgemeinde 2005 die Milliardengrenze.[2] Bis zur zweiten Milliarde dauerte es weitere sechs Jahre: Im März 2011 war auch dieser Meilenstein erreicht. Die meisten Zuwächse verzeichneten dabei die Entwicklungsländer. In Asien war die Zahl der Online-Nutzer vom Jahre 2000 an um 841 Prozent, in Afrika um sagenhafte 3606 Prozent gestiegen.[3] Zwar hat die Hälfte der Menschheit leider immer noch keinen Zugang zum Internet, doch hat der Google-Vorstandsvorsitzende Eric Schmidt das kühne Versprechen gegeben, dass bis 2020 jedermann auf der Welt online sein werde.[4]

Dieser unaufhaltsame Wandel und die zunehmende Präsenz der Technik in unserem Leben sind in einem Axiom namens »Moore'sches Gesetz« zusammengefasst. Das Konzept ist benannt nach Gordon Moore, dem ehemaligen Vorsitzenden der Intel Corporation, der bekanntlich 1965 vorhersagte, dass sich die Anzahl von Transistoren pro Flächeneinheit eines integrierten Schaltkreises künftig jedes Jahr verdoppeln werde.[5] Dieses Prinzip, später bezüglich einer Verdopplung alle 18 oder 24 Monate korrigiert, wird als Moore'sches Gesetz bezeichnet und findet inzwischen in der Halbleiterindustrie allgemein Anwendung. Das Moore'sche Gesetz und die daraus folgenden Konsequenzen erfassen somit ein wachsendes Spektrum neuer wissenschaftlicher Entdeckungen von der Biotechnologie bis zur Robotik. Die Auswirkungen reichen jedoch weit über die Wissenschaft hinaus: Auch Weltpolitik und Wirtschaft sind betroffen, da das gesamte menschliche Dasein zunehmend von der Technik durchdrungen wird. Dabei kann das Moore'sche Gesetz sowohl positive als auch negative Wirkung für unsere Welt entfalten.

Die festgesetzte stete Verdopplung der Rechenleistung von Computern macht das Moore'sche Gesetz so bedeutsam. Es besagt, dass sämtliche computergestützten Technologien in ihrem Wachstum exponentiell sind – nicht linear.

Mit anderen Worten: Diese Technologien profitieren nicht von der bloßen Addition, sondern der Multiplikation. Es ist der Unterschied zwischen 1, 2, 3, 4, 5, 6, 7 und 2, 4, 8, 16, 32, 64, 128. Je weiter man diesen Vergleich der linearen mit der exponentiellen Kurve treibt, desto erschreckender die Ergebnisse. Das Konzept lässt sich leicht veranschaulichen: Wenn man linear 30 Schritte geht, kann man vielleicht ein großes Wohnzimmer durchmessen. Dreißig Schritte exponentiell aber – also mit einer Verdopplung der Schrittlänge bei jedem Schritt – entsprechen der Entfernung von der Erde zum Mond. Die Tatsache, dass die heutigen Technologien in ihren Wachstumskurven nicht linear, sondern exponentiell sind, ist für das Verständnis der nächsten Phase menschlicher Evolution absolut grundlegend. Wir leben heute in exponentiellen Zeiten.

Da sich die Informationstechnologien in ihrem Preis-Leistungs-Verhältnis, ihrer Kapazität und in ihrer Bandbreite stetig verdoppeln, wird Erstaunliches möglich. Nehmen wir zum Beispiel das iPhone, das hunderte Millionen Nutzer heute in der Jackentasche mit sich herumtragen. Es besitzt, so unglaublich das klingen mag, eine höhere Rechenleistung, als der gesamten NASA vor 40 Jahren bei der Mondlandung von Apollo 11 zur Verfügung stand.[6] Das moderne Smartphone ist über »eine Million Mal billiger und tausend Mal schneller als ein Supercomputer der Siebziger«.[7] Als Folge der mathematischen Auswirkungen exponentieller Entwicklungen und des Moore'schen Gesetzes »werden wir im 21. Jahrhundert keine 100 Jahre Fortschritt erleben, sondern eher 20 000 (bei heutigem Tempo)«.[8]

Angesichts der exponentiellen Entwicklung von Rechenleistung und Computertechnologie ist im Grunde offensichtlich, dass Computer in absehbarer Zukunft immer mehr Aufgaben übernehmen werden. Ray Kurzweil beschreibt die konstante Verdopplung von Rechenleistung und Preis-Leistungs-Verhältnis in seinem »Gesetz des sich beschleunigenden Nutzens«.[9] Er sagt einen Zeitpunkt vorher, in dem sich eine technologische Singularität ereignen wird – wenn der Computerfortschritt so schnell wird, dass der Mensch nicht mehr in der Lage ist, ihn geistig zu erfassen, und die Maschinenintelligenz die menschliche Intelligenz übertrifft. Ob dieser Tag nun tatsächlich kommt oder nicht (Kurzweil nennt hier das Jahr 2045), so ist doch eines unstrittig: Die Computerleistung wächst exponentiell und unsere Fähigkeit, das globale Informationsnetz und seine zahllosen Querverbindungen zu begreifen, schwindet.

Das sind keine bloßen Fantastereien. Die Technik entwickelt sich tatsächlich so schnell, dass die meisten von uns nicht mehr Schritt halten können. Dafür können wir nichts. Der Mensch hat sich im Laufe der Evolution so entwickelt, dass er linear denkt. Seit den Anfängen der Menschheit ist lineares Denken fest in unserem Gehirncode verankert. Als wir noch in den Ebenen der Serengeti lebten, stellten wir im Kopf intuitiv lineare Berechnungen an, um den besten Fluchtweg vor einem angreifenden Löwen zu finden. Doch das ist nicht die Welt, in der wir heute leben. Kurzweil glaubt, dass in den kommenden Jahren »ein technologischer Wandel stattfindet, der so rasch und so grundlegend ist, dass er einen Bruch in der Menschheitsgeschichte darstellt«[10]. Angesichts der ständigen Beschleunigung des technischen Fortschritts und unserer Reise von hausgroßen Computern zu iPhones in den letzten 40 Jahren fragt man sich, was die nächsten 40 Jahre bringen werden. Viel mehr Gutes und wahrscheinlich auch viel mehr Böses, als sich die meisten von uns überhaupt vorstellen können.

Es geht nicht um die simple Frage, ob die Technik an sich gut oder böse ist, sondern vielmehr um ihre beschleunigten Nutzungsmöglichkeiten. Wie kann unsere Welt, die sich derart rasch wandelt, sicher bleiben? Wir bauen eine Gesellschaft auf, die stark vernetzt und gleichzeitig technologisch unsicher ist. Mit anderen Worten: Wir erschaffen eine Welt, in der dem Verbrechen und zahlreichen anderen Sicherheitsrisiken Tür und Tor geöffnet sind. Die Hinweise auf solche Gefahren mehren sich und zeigen, dass eine ganz neue, elitäre Klasse von Kriminellen, Terroristen und ausländischen Regierungen entsteht, die sich diese Technologien nach Belieben zunutze machen kann. Das Resultat? Wir werden zunehmend vernetzt, abhängig und angreifbar.

Die Singularität des Verbrechens

In den guten alten Zeiten der Kriminalität waren Straftaten eine einfache Sache. Als angehender Verbrecher musste man nur ein Messer oder eine Pistole kaufen, sich in einer dunklen Seitenstraße verstecken und dann mit den Worten: »Geld her!« ein argloses Opfer überfallen. Abgesehen von den schwierigen moralischen Aspekten war Raub ein großartiges Unternehmensprinzip, das seit Jahrtausenden Bestand hatte. Die Erstinvestitionen waren gering und als Verbrecher konnte man seine Arbeitszeiten und -abläufe selbst bestimmen. Wie alle Unternehmen hatten freilich auch die Kriminellen mit einem offensichtlichen Problem zu kämpfen: Wie konnte man sein Unternehmen ausdehnen und vergrößern? Selbst ein guter Räuber konnte pro Tag nur eine begrenzte Anzahl von Personen berauben, mit Glück vielleicht fünf oder sechs.

Glücklicherweise bot hier die Technik eine Lösung – die Lokomotive. Als Züge erfunden wurden, dachte natürlich noch niemand daran, dass diese eines Tages Ziel von Zugüberfällen werden könnten. Kriminelle hingegen erkannten frühzeitig die Gelegenheit und verloren keine Zeit damit, die neue Technologie zu ihrem Vorteil zu nutzen. Statt jeweils eine Person auszuplündern, konnten bewaffnete Räuber dank der Lokomotive nun zwei- oder dreihundert Leute gleichzeitig um ihre Habe erleichtern und ihre Geschäfts- und Gewinnmöglichkeiten dadurch massiv erweitern.

Frühe kriminelle Unternehmer wie Bill Miner, Jesse James und Butch Cassidy verdienten Mitte bis Ende des 19. Jahrhunderts ihr Geld damit, dass sie transportierte Waren stahlen und den Passagieren Barschaft und Schmuck abknöpften.[11] Über 100 Jahre lang blieben Zugüberfälle ein einträgliches Geschäft für Kriminelle, das im großen britischen Zugüberfall von 1963 seinen Höhepunkt fand. Damals kaperte eine Bande einen königlichen Postzug von Glasgow nach London. Bei ihrem sorgfältig geplanten Raub erbeuteten die Gauner 2,6 Millionen Pfund, was einem heutigen Wert von etwa 46 Millionen Pfund entspricht (rund 62 Millionen Euro).[12]

Zurück ins Heute, und wir sehen, dass auch das Verbrechen vom exponentiellen Wesen der Technik gewaltig profitieren kann. Das Internet ermöglicht es Dieben, nicht mehr einzelne oder hunderte Menschen auf einmal auszurauben, sondern Tausende oder sogar Millionen von Opfern. Die Folge davon ist ein grundlegender Paradigmenwechsel im Wesen des Verbrechens und seiner Begehung. Durch die Technik nimmt auch die Kriminalität exponentiell zu.

Wie schon erwähnt, war der Hackerangriff auf T. J. Maxx im Jahre 2007 der bis dahin größte Diebstahl im Bereich des Einzelhandels. Rund 45 Millionen Kunden und deren Finanzdaten waren betroffen. Die Schlagzeilen lassen jedoch unmissverständlich erkennen, dass TJX kein Einzelfall war. Im Juni 2011 drangen Hacker ins Spielnetzwerk der Sony PlayStation ein und verschafften sich Zugang zu über 77 Millionen Online-Accounts – und somit zu den Kreditkartennummern, Namen, Adressen, Geburtsdaten und Passwörtern der Opfer. Durch den Vorfall blieb das PlayStation Network tagelang offline; Kunden auf der ganzen Welt waren betroffen.[13] Das Verbrechen hat keine Zeit verloren, die technologischen Vorzüge unserer modernen Welt zu nutzen, und auch unsere Spielkonsolen sind längst nicht mehr sicher. Am Ende, so schätzten Finanzexperten, kostete der Hackerangriff auf die Sony PlayStation das Unternehmen eine Milliarde Dollar durch entgangene Gewinne, Beratungsleistungen und zahlreiche Gerichtsverfahren.[14]

Zwei Jahre später gaben Target-Geschäfte in den gesamten Vereinigten Staaten zu, ebenfalls Opfer von Cyberattacken auf ihre Zahlungssysteme und Kartenlesegeräte geworden zu sein. Der Zwischenfall hätte sich für das Einzelhandelsunternehmen zu keinem schlechteren Zeitpunkt ereignen können: Es war mitten in der Vorweihnachtszeit. Damals wurden mehr als 110 Millionen Accounts gehackt. Mastermind hinter dem Angriff war offenbar ein 17-jähriger Hacker in Russland.[15]

Man muss sich einmal das Ausmaß und die Größe des Schadens vor Augen führen: Fast ein Drittel der amerikanischen Bevölkerung wurde gleichzeitig bestohlen. Nie zuvor in der Menschheitsgeschichte war es einer einzigen Person möglich gewesen, 110 Millionen von irgendetwas gleichzeitig zu stehlen, geschweige denn, über 100 Millionen Menschen auszurauben.

So unglaublich der Hackerangriff auf Target in Größe und Ausmaß auch sein mochte, wurden die Zahlen doch ein gutes Jahr später bereits übertroffen. Hold Security zufolge ergaunerte eine Gruppe russischer Hacker im August 2014 auf 420 000 Websites 1,2 Milliarden Nutzernamen, Passwörter und andere vertrauliche Daten.[16] Auch das Verbrechen ist also im Zeitalter des Moore'schen Gesetzes angekommen, mit exponentiellen Folgen für uns alle.

Wer den Code beherrscht, beherrscht die Welt

Die gesamte Menschheit strebt nach einer lückenlosen Verbindung mit dem Internet. Dadurch verändern wir sowohl uns selbst als auch unsere Welt. Aus dieser globalen Vernetzung wird uns viel Gutes erwachsen. Der Mensch wird allwissend, da jede Tatsache und jeder Gedanke, die je aufgezeichnet wurden, ungeachtet ihrer Quelle oder ihres Fundortes in Echtzeit verfügbar werden. Von der chemischen Formel für Photosynthese und der aktuellen Temperatur in Baku über das Ergebnis eines regionalen Cricket-Matchs in England im Jahre 1901 bis zu den jüngsten Verrücktheiten von Justin Bieber lässt sich alles recherchieren, sobald wir uns mit dem globalen Gehirn, dem Internet, verbinden.

Gleichzeitig wird der Mensch allmächtig, da auch die Objekte dieser Welt online gehen. Man kann seinen Festplattenrekorder von der Autobahn aus aktivieren und das Auto schon im Wohnzimmer starten. 3-D-Drucker spucken Fahrzeugteile, Kleidung und Baustoffe aus. Insulinpumpen, Herzschrittmacher und implantierbare Herz-Defibrillatoren sind allesamt mit dem Internet verbunden und senden in Echtzeit lebenswichtige digitale Daten an den Arzt. Mittels ferngesteuerter Roboter können Ärzte über transozeanische Distanzen sogar Operationen durchführen und dadurch in Dörfern tätig werden, in die noch kein Chirurg seinen Fuß gesetzt hat.[17] Menschliche Wesen sind nunmehr in der Lage, Dinge auf der anderen Seite der Welt in einer Art und Weise zu steuern, wie es früher sowohl unvorstellbar als auch unmöglich gewesen wäre.

Obgleich solche Veränderungen klare Kosten-, Effizienz- und Leistungsvorteile mit sich bringen, machen sie unsere Welt doch um ein Vielfaches komplexer. Eine sehr grobe Annäherung, um diese Komplexität zu erfassen, erhält man, wenn man sich einmal überlegt, wie viele Zeilen Computercode (LOC) nötig sind, damit eine Software oder ein System funktionieren. Der Guidance Computer der Apollo-11-Mission, der die Astronauten 1969 sicher über die 356 000 Kilometer von der Erde zum Mond und wieder zurück dirigierte, enthielt lediglich 145 000 LOC – eine lächerlich geringe Anzahl und nach heutigen Maßstäben eine bemerkenswerte Leistung.[18] Als Ende der Achtziger das Space Shuttle zum Einsatz kam, war die primäre Flugsoftware auf immer noch relativ schlanke 400 000 LOC angewachsen.[19]

Zum Vergleich: Microsoft Office 2013 hat 45 Millionen LOC, nur geringfügig weniger als die 50 Millionen Codezeilen, die man braucht, um den Large Hadron Collider der European Organization for Nuclear Research zu betreiben. Die Software, die der Betrieb eines durchschnittlichen Automobils erfordert, liegt heute bei beachtlichen 100 Millionen LOC – deutlich weniger als die unglaublichen 500 Millionen LOC, die angeblich zur Bereitstellung der viel geschmähten Website HealthCare.gov notwendig waren.[20] Solche direkten Vergleiche sind zwar problematisch, doch war HealthCare.gov etwa 3500 Mal so komplex wie das Leitsystem, das Apollo 11 zum Mond und wieder zurück brachte. Ist es da ein Wunder, dass die Website abstürzte und zusammenbrach?

Die wachsende Komplexität von Computersystemen hat direkte Auswirkungen auf unsere globale Sicherheit, insbesondere, da die physischen Objekte, von denen wir abhängig sind – zum Beispiel Autos, Flugzeuge, Brücken, Tunnel und medizinische Implantate –, zu Computercode werden. Dinge werden in zunehmendem Maße zu Informationstechnologien. Autos sind »Computer, in denen wir fahren«, und Flugzeuge sind nichts weiter als »fliegende Solaris-Boxen, die mit eimerweise industriellen Steuerungssystemen verbunden sind«.[21] Da all das in Größe und Komplexität zunimmt, gilt dasselbe für die Anzahl von Defekten und Softwarefehlern. Einer Studie der Carnegie Mellon University zufolge ist kommerzielle Software mit 20 bis 30 »Bugs« pro 1000 Zeilen Code behaftet – 50 Millionen Zeilen Code bedeuten also eine bis anderthalb Millionen potenzieller Schwachstellen, die ausgenutzt werden können.[22] Dies ist die Basis für alle Malware-Angriffe, die Computerbugs dazu nutzen, den Code etwas tun zu lassen, das ursprünglich nicht beabsichtigt war. Je ausgefeilter Computercodes werden, desto mehr Defekte und Sicherheitslücken gibt es, mit zunehmenden gesamtgesellschaftlichen Konsequenzen.

Die wachsende Komplexität von Systemen kann selbst dann ein signifikantes

Sicherheitsrisiko darstellen, wenn sie nicht böswillig ausgenutzt wird. Nehmen wir zum Beispiel den Stromausfall im Nordosten Nordamerikas 2003, bei dem 55 Millionen Menschen in Kanada und den Vereinigten Staaten tagelang im Dunkeln saßen. Ein labyrinthisches Stromnetz, ein Bedienfehler und ein Softwarebug führten zum größten Stromausfall in der Geschichte Nordamerikas.[23] Computerversagen spielte auch beim Untergang der Ölplattform Deepwater Horizon im Jahre 2010 eine Rolle. Elf Arbeiter verloren ihr Leben und 4,9 Millionen Barrel Öl ergossen sich in den Golf von Mexiko – die größte Umweltkatastrophe ihrer Art in der amerikanischen Geschichte.[24] Bei einer Regierungsanhörung sagte Michael Williams, der leitende Elektroniker an Bord der Deepwater Horizon, die wichtigen Bohrüberwachungs- und Kontrollsysteme seien durch regelmäßige Softwareabstürze beeinträchtigt worden; kurz vor der Explosion, die zum Sinken der Plattform geführt habe, sei auf dem dortigen Computerbildschirm ein »Bluescreen des Todes« erschienen.[25]

Der Stromausfall im Nordosten im Jahre 2003 und die Katastrophe der Deepwater Horizon waren zwar nach allem Dafürhalten Unfälle, doch zeigen sie sehr deutlich, welch ungeheurer Schaden durch Fehlfunktionen von Computersystemen entstehen kann. Ob ein System zufällig oder durch eine kriminelle Handlung versagt, bleibt im Ergebnis dasselbe. Angesichts der großen Anzahl von Bugs im modernen Computercode muss man sich fragen, was alles geschehen könnte, wenn Systeme in böswilliger Absicht ausgehebelt würden. Dieselbe Technologie, durch die eine Globalisierung ermöglicht und die Welt gerettet werden kann, könnte von Radikalen, Kriminellen, Terroristen und Regierungen dazu missbraucht werden, sie zu zerstören.

Ist eine Cyberwaffe erst einmal freigesetzt worden, verschwindet sie leider nicht mehr. Sie kann wiederverwendet werden. Im Gegensatz zu Bomben, die beim Abwurf auf ihr Ziel in eine Million Einzelteile zerbersten, kann zur Waffe gewordene Schadsoftware immer wieder neu eingesetzt werden. Das Militär und die Geheimdienste mögen in die geheime Entwicklung einer bestimmten Waffe Millionen investieren, doch Computercode ist leicht zu kopieren. Einmal im Netz, wird er zugänglich für Hacktivisten, Kriminelle, Verbrecherbanden und Terroristen, die ihn für ihre eigenen Zwecke missbrauchen und damit den Boden für neue Formen der Cyberkriegführung bereiten.

Man muss sich das Ganze wie einen Molotowcocktail vorstellen, den wir selbst geworfen haben und der nun über den Zaun zu uns zurückgeschleudert wird. Es ist leider nichts Neues, dass Verbrecherorganisationen und feindliche Regierungen eben jene Codes kopieren, die eigentlich gegen sie wirken sollen, und sie für ihre eigenen Zwecke umschreiben.[26] Da Computercode weiterhin als

Waffe eingesetzt wird, werden solche Angriffe in Zukunft sowohl zahlreicher als auch raffinierter werden.

Es ist beunruhigend, aber wahr, dass es bis heute kein Computersystem gibt, das nicht gehackt werden kann – eine ernüchternde Tatsache, wenn man bedenkt, dass wir von der Kommunikation über den Verkehr bis zum Gesundheitswesen abhängig von Rechnern sind. Passwörter und Systemüberprüfungen konnten nicht verhindern, dass Mat Honan zum Opfer wurde. Sie sind ebenso eine Farce wie die Software, mit der wir unsere gesamte Welt betreiben. Kurz gesagt: Wenn alles vernetzt ist, ist auch alles angreifbar.

Die Macht des Moore'schen Gesetzes wirkt sich also nicht nur auf die positiven Aspekte der Technik aus, sondern auch auf die negativen. Mit dem Moore'schen Gesetz kommen die Moore'schen Gesetzlosen – Kriminelle, Terroristen, Hacktivisten und staatliche Akteure, die sich die modernen Technologien zunutze machen. Sie wissen ganz genau, wie sie die Komplexität von Systemen und mangelhafte Software zu ihrem Vorteil nutzen können, um alles zu bekommen, was sie von unserer rasch voranschreitenden Technologie-Zivilisation wollen. Heute läuft nichts mehr ohne Computer, und alle Computer werden per Code gesteuert. Die mächtigen neuen Akteure außerhalb von Recht und Gesetz haben eines längst begriffen: Wer den Code beherrscht, beherrscht die Welt.

Wir sollten uns jedoch nicht allein wegen Verbrechern und feindlichen Regierungen Sorgen machen. Oft stellen genau die Unternehmen und Organisationen, von denen wir uns Schutz, Rat und Unterhaltung versprechen, ein ungeheures Sicherheitsrisiko für uns dar – denn auch sie beherrschen den Code, der unser Leben steuert.

KAPITEL 4

Sie sind nicht der Kunde, sondern das Produkt

Parkinson, multiple Sklerose, nekrotisierende Fasziitis, akute lymphatische Leukämie, angeborene Diabetes, HIV, amyotrophe Lateralsklerose (ALS) – wer als Patient eine solch lebensverändernde Diagnose erhält, bekommt es zweifellos mit der Angst. In der Vergangenheit wurden Personen mit solchen Krankheiten depressiv und fühlen sich alleingelassen, ohne die Möglichkeit, sich mit anderen auszutauschen, die genau wussten, was sie durchmachten. Obendrein gab es kaum verständliches, für echte menschliche Wesen verfasstes medizinisches Aufklärungsmaterial, so dass diese Patienten noch weiter von Familie und Freunden isoliert wurden. Dies ist der Grund, warum Jamie und Ben Heywood (bei deren Bruder ALS diagnostiziert wurde) die Internetplattform PatientsLikeMe.com gründeten. Die Website gestattet es den Besuchern, ihre Geschichten zu erzählen und Kontakt mit anderen aufzunehmen, die dasselbe gesundheitliche Schicksal haben. Seit Inbetriebnahme im Jahre 2004 ist die globale Nutzergemeinde auf über 200 000 Patienten mit insgesamt 1500 verschiedenen Krankheiten angewachsen.[1] Für Tausende von Menschen ist PatientsLikeMe.com sowohl bildlich als auch buchstäblich lebensrettend gewesen, da die Nutzer mehr über ihre eigene Erkrankung erfuhren und in zahlreichen Online-Diskussionsforen Überlebensstrategien und Behandlungsprotokolle austauschen konnten.

Jene Möglichkeit, mit Leidensgenossen in Kontakt zu treten, war es auch, die Bilal Ahmed, einen 33-jährigen Geschäftsmann aus dem australischen Sydney, zu seinem ersten Besuch der Webseite anregte. Seit dem Tod seiner Mutter litt Ahmed unter Angstzuständen und Depressionen und er hatte Schwierigkeiten, mit Freunden oder Verwandten darüber zu reden.[2] Unter Pseudonym eröffnete Ahmed einen Account auf PatientsLikeMe und nahm am sogenannten Mood

Forum teil, in welchem Nutzer intime Details über psychische Probleme wie bipolare Störungen, PTBS, Bulimie, Sucht, Zwangsneurosen und Suizidgedanken offenlegen. In diesem Forum berichtete er von seinen Symptomen und Untersuchungsergebnissen und listete sämtliche Medikamente auf, die man ihm zur Behandlung seiner Depression bislang verschrieben hatte. Auf der passwortgeschützten Website nahm er Kontakt zu Patienten auf der ganzen Welt auf, knüpfte Freundschaften und offenbarte die intimsten Einzelheiten im Zusammenhang mit seiner Erkrankung – und erhielt genau die Form von Unterstützung, nach der er sich gesehnt hatte.

Daher war Ahmed entsprechend betroffen, als ihn PatientsLikeMe über »nicht autorisierte Aktivitäten« im Mood Forum in Kenntnis setzte. Am 7. Mai 2010 um 10 Uhr bemerkten Systemadministratoren bei einigen neuen Accounts verdächtige Aktivitäten. Es handelte sich um sogenanntes »Scraping«, sprich: Sie kopierten jede einzelne Nachricht aus dem privaten Online-Forum und luden die Informationen auf die Website eines Dritten herunter. PatientsLikeMe gelang es schließlich, den Verantwortlichen zu identifizieren: Der Einbruch ins System ging auf das Konto der Firma Nielsen, eines Werbegiganten, der vor allem durch seine Nielsen Ratings bekannt ist (TV-Einschaltquoten). Eine Tochtergesellschaft namens BuzzMetrics gab zu, die Daten gesammelt zu haben. Sie wurden Teil eines riesigen Online-Informationspools, der sich aus 130 Millionen Blogs, 8000 Messageboards, Twitter, Facebook und anderen sozialen Medien speiste. Nielsen verkaufte diese Daten an die Werbe- und Marketingindustrie oder, wie in diesem Fall, an große Arzneimittelkonzerne. Sie waren das Rohmaterial einer millionenschweren globalen Datenschürf-Industrie.

Dieser Vorgang war ethisch zwar äußerst verwerflich, nach bestehendem Bundesgesetz jedoch völlig legal. Am 18. Mai 2010 klärte PatientsLikeMe seine gesamte Nutzergemeinde über die Angelegenheit auf. Das Unternehmen ergriff die Gelegenheit, um an seine eigenen Datenschutzrichtlinien und -vorschriften zu erinnern:

> Informationen, die uns Patienten wie Sie über Ihre Erfahrungen mit einer Krankheit mitteilen, verkaufen wir an unsere Partner (zum Beispiel Unternehmen, die Produkte entwickeln oder an Patienten verkaufen).[3] Dieser Produktkreis umfasst etwa Medikamente, Hilfsmittel, Geräte, Versicherungen und medizinische Dienste … Sie sollten damit rechnen, dass jede eingesandte Information (auch, wenn sie aktuell nicht dargestellt ist) weitergegeben wird.

Moment, was? Die Nachricht über das Eindringen von Nielsen war schon schlimm genug, aber die Folge-E-Mail mit Hinweis auf die Datenschutzpolitik des Website-Betreibers ließ sämtliche Alarmglocken klingeln. Die meisten Nutzer von PatientsLikeMe erkannten nun erst, dass die medizinischen Informationen, die normalerweise sicher verwahrt im Datenschrank einer Arztpraxis geblieben wären (Gesundheitszustand, Diagnosedaten, Familiengeschichten, Geschlecht, Alter, Fotografien und selbst ganze Gencodes), von PatientsLikeMe verkauft wurden – von demselben Anbieter, dem diese hilfesuchenden, verzweifelten Patienten den Schutz ihrer Daten anvertraut hatten.[4]

PatientsLikeMe behauptete zwar, ausschließlich entpersonalisierte/anonymisierte Patientendaten zu verkaufen, doch hatten junge Datenunternehmen wie Peek-You LLC aus New York längst eine ganze Bandbreite patentfähiger Techniken entwickelt, durch die sich echte Namen mit den in Blogs, Chatforen oder Twitter verwendeten Pseudonymen abgleichen ließen. Kurzum: Jeder Arzneimittelhersteller oder Versicherer, der diese Informationen von PatientsLikeMe haben wollte, musste nur PeekYou mit der Rückverfolgung der Pseudonyme beauftragen, und schon war man identifizierbar. Für Bilal Ahmed bedeutete dies, dass sämtliche persönlichen Daten, die er PatientsLikeMe anvertraut hatte, nun im Besitz von Nielsen/BuzzMetrics waren. In einem öffentlichen Interview nach seiner Identifikation sagte Ahmed, er empfinde dieses Vorgehen als schwere Verletzung seiner Rechte. Unverzüglich löschte er all seine Posts und auch die Liste ihm verschriebener Medikamente von der Website, doch war es freilich zu spät.[5] Jedes Mal, wenn er und andere Patienten auf PatientsLikeMe detailliert über ihre Krankheiten und Symptome berichtet hatten, lauerten im Hintergrund Unternehmen wie Nielsen und saugten sämtliche Daten ab. Was nicht von Dritten geschürft wurde, verkaufte PatientsLikeMe freimütig selbst – wie in der kleingedruckten Datenschutzrichtlinie dargelegt, die Ahmed und so viele andere bei Eröffnung ihrer Accounts versäumt hatten zu lesen.

Wie Ahmed feststellen musste, sind soziale Netzwerke die neuen Führungszeugnisse. Was immer man dort preisgibt, ob nun geschickt verschleiert oder nicht, wird geschürft, sortiert, von neu aufkommenden globalen Datenungeheuern eingelagert und dann an Werbeunternehmen, Regierungen und Daten-Dritthändler verkauft, deren ungezügelter Appetit auf die intimsten Einzelheiten unseres Lebens ständig zunimmt. Anhand solcher Daten lässt sich erkennen, ob man gesundheitlich vorbelastet ist, ob man höhere Beiträge zur Lebensversicherung zahlen sollte, ob man für eine neue Stelle geeignet ist oder eine Beförderung tatsächlich verdient hat. Wer seine Daten mitteilt, kümmert sich damit zwar vielleicht um seine Gesundheit, muss im Zweifel aber mehr an seine Krankenversicherung zahlen. Die hunderttausenden Menschen, die PatientsLikeMe genutzt hatten, lernten eine schmerzliche, aber wertvolle Lektion: Sie waren nicht die Kunden der Website; sie waren das Produkt, das an den Meistbietenden verscherbelt wurde, um einen möglichst hohen Unternehmensgewinn zu erzielen.

Unsere Welt wird immer digitaler – und was man uns dabei verschweigt

Im Jahre 2013 verbrachte der Durchschnittsamerikaner jeden Tag fünf Stunden mit digitalen Geräten.[6] Wir lesen die Nachrichten auf Websites von CNN, der *New York Times* und ESPN. Wir überprüfen unseren Kontostand bei der Citibank und Wells Fargo. Wir shoppen bei Amazon, zahlen unsere Rechnungen, vereinbaren Arzttermine und checken unsere Krankenversicherung. Wir sehen uns *House of Cards* auf Netflix und *Downton Abbey* auf Hulu an. Und das ist erst der Anfang. Halten Sie einen Augenblick inne und überlegen, wie Sie Ihr Smartphone heute benutzt haben. Achtzig Prozent von uns sehen in den ersten 15 Minuten nach dem Aufwachen auf dem Handy nach, ob sie Nachrichten bekommen haben.[7] Haben Sie heute rasch ein Status-Update für Ihre Freunde bei Facebook gemacht? Dann bekommen Sie bestimmt ein »Gefällt mir« oder zwei und vielleicht sogar einen lustigen Kommentar von einem Freund. Und was ist mit diesen Selfies, die Sie an Ihren Partner geschickt haben? Das Internet ist zu einer großen Gratis-Fundgrube für Informationen und Unterhaltung geworden, an deren Trog wir uns gedankenlos die Bäuche vollschlagen. Tagtäglich hinterlassen wir dabei digitale Rückstände im Netz, die zusammengenommen die Library of Congress um ein Vielfaches sprengen würden. Wie all diese Daten geschaffen, gespeichert, analysiert und verkauft werden, erschließt sich aus Details, von denen man in der Regel nichts wissen will – womit man ein hohes Risiko eingeht.

An der Macht der sozialen Medien besteht kein Zweifel mehr. In den lediglich zehn Jahren seit seiner Gründung im Jahre 2004 baute Facebook einen weltweiten Mitgliederstamm von 1,3 Milliarden Nutzern auf.[8] Jeden Tag werden 350 Millionen Fotos hochgeladen, der allgegenwärtige »Gefällt mir«-Button wird etwa sechs Milliarden Mal gedrückt.[9] Die sozialen Medien sind eine Chronik unserer Verabredungen, Bildungsabschlüsse, Hauskäufe, Kindesgeburten, neuen Haustiere, Eheschließungen und Scheidungen. Daneben können sie zu

Instrumenten geopolitischen Wandels werden, schön zu sehen 2010 im Arabischen Frühling, als ein Google-Manager namens Wael Ghonim eine Facebook-Seite dazu benutzte, die Ermordung eines jungen ägyptischen Demonstranten durch Hosni Mubaraks Sicherheitskräfte anzuprangern. »Zwei Minuten, nachdem er seine Facebook-Seite veröffentlicht hatte, hatten sich schon 300 Personen angeschlossen. Drei Monate später war diese Zahl auf über 250000 angewachsen.«[10] In ganz ähnlicher Weise wurde auch mittels Twitter, Google und anderen Diensten der Wandel in Tunesien, im Iran und in Libyen vorangetrieben. Zwar wird erst die Geschichte über die Rolle der sozialen Medien im Arabischen Frühling urteilen, doch besteht kein Zweifel daran, dass diese Dienste als Kraft des Guten wirken können.

Die Verlockungen dieser Instrumente sind offenkundig. Schließlich verbringen die meisten Menschen eine ganze Menge Zeit damit, im Netz nach Musik, Rezepten, Investmentangeboten, Nachrichten, Ratschlägen, Geschäftsmöglichkeiten, Klatsch und Tratsch und Sportergebnissen zu stöbern. Wenn wir nicht gerade unsere E-Mails checken, spielen wir *Temple Run* oder *Fruit Ninja*. Und alles ist vollkommen kostenlos. Selbst die Gebühren, die wir einst an Reisebüros, Zeitungen und Musikunternehmen gezahlt haben, sind verschwunden – dank der großzügigen Menschen, die uns das World Wide Web gebracht haben. Haben Sie sich je gefragt, warum einem Google niemals eine Rechnung schickt?

Fragt man den durchschnittlichen Nutzer, warum Google, Facebook, Twitter, YouTube und LinkedIn gratis sind, gerät er oder sie möglicherweise in eine gewisse Erklärungsnot. Vielleicht hängt es ja mit der Werbung zusammen – also diesen nervigen Bannern oder Pop-ups, mit denen man andauernd zugeballert wird. Vielleicht, ja, aber das ist nur ein kleiner Teil der Geschichte. Andere mögen das Ganze für eine simple Übereinkunft halten: Diese Unternehmen bieten uns kostenlos wertvolle Dienste wie E-Mail, Nachrichten, Videos und einen Platz für unsere Fotos, dafür geben wir ihnen ein paar Informationen über uns selbst. Gelegentlich erhalten wir Werbung, die exakt auf unsere Bedürfnisse zugeschnitten ist, doch durch die Datenschutzeinstellungen haben wir alles im Griff, und niemand kommt zu Schaden, richtig? Wenn es doch so einfach wäre. In Wirklichkeit ist dieses vermeintliche Schnäppchen eine ziemlich beunruhigende Angelegenheit.

Nehmen wir zum Beispiel Google, ein Unternehmen, das 1998 von den beiden Stanford-Doktoranden Larry Page und Sergey Brin in der Garage eines Freundes im kalifornischen Menlo Park gegründet wurde. Die zwei entwickelten einen bahnbrechenden Algorithmus, der die Suche im noch jungen World

Wide Web drastisch verbesserte. Mit einem simplen Interface und hochwertigen Suchergebnissen gewann Google bald eine loyale Anhängerschaft. Im Jahre 2000 begannen Page und Brin, sogenannte Werbeschlüsselwörter für bestimmte Produkte im Zusammenhang mit einer gegebenen Sucheingabe zu verkaufen. Lautete diese etwa »Paris, Frankreich«, erhielt man Links zur Air France, Reiseversicherern oder Hilton Hotels. Auf der Suche nach Neukunden konnten Unternehmen nun mit bislang ungekannter Präzision über Google-Keyword-Anzeigen werben und ihre Werbedollars so wesentlich besser investieren. Was 1998 als bescheidene Idee zweier Stanford-Studenten begonnen hatte, war bis 2015 zu einem globalen Schwerlaster angewachsen.

Über die Jahre hat Google Dutzende Produkte eingeführt, die unser Leben einfacher und produktiver machen. Als 2004 Gmail an den Start ging, bot diese ein atemberaubendes Datenvolumen von einem Gigabyte, ein Vielfaches der dürftigen zwei Megabyte des damaligen Klassenbesten, Hotmail von Microsoft. Als das junge Unternehmen erst einmal richtig Fahrt aufgenommen hatte, kamen andere fantastische Produkte hinzu. Nach und nach präsentierte man uns Google Calendar, Google Contacts, Google Maps, Google Earth, Google Voice, Google Docs, Google Street View, Google Translate, Google Drive, Google Photos (Picasa), Google Video (YouTube), Google Chrome, Google+ und Google Android, um nur einige zu nennen. Dienste wie Telefonieren, Übersetzungen, Karteneinsicht und Textverarbeitung – für welche man bislang eine Menge Geld bezahlt hatte (man denke nur an Microsoft Office) – waren nun plötzlich kostenlos.

Die wohlmeinendste Interpretation dieser Freigebigkeit wäre, dass Google lediglich Produkte zur Verfügung stellt, nach denen die Öffentlichkeit verlangt, und so unseren wachsenden technologischen Bedürfnissen entgegenkommt (und denen der Werbeindustrie). Eine weniger altruistische Erklärung könnte lauten, dass jedes der eben genannten Produkte in der Absicht geschaffen wurde, die Nutzer zur Preisgabe immer mehr persönlicher Daten zu verleiten. Wenn man die wahre Natur dieses Geschäfts in ihrer gesamten Tragweite erkennt, kann man es mit der Angst zu tun bekommen. Also, um Otto von Bismarck zu zitieren, ist es für die Google-Kunden wohl am besten, wenn sie nicht sehen oder nicht ganz genau wissen, wie die Wurst gemacht wird. Will man den stetig wachsenden Berg digitaler Sicherheitsrisiken verstehen, die unsere moderne Welt bedrohen, ist es jedoch unerlässlich, den Vorhang zurückzuziehen und einen kritischen Blick in die Wurstfabrik zu wagen.

Die schrittweise Abschöpfung von Daten beginnt ganz unschuldig, nämlich in dem Augenblick, in dem man zum ersten Mal eine Google-Suche im Netz startet. Man sucht und Google verfolgt und speichert die Suchanfragen, ganz zu schweigen von den Links, die man anklickt. Seit diesem ersten Google-Produkt – der Suchmaschine – wird die sorgfältig orchestrierte Sammlung persönlicher Informationen mit kunstvoller Präzision fortgesetzt. Schließlich war eine Suchmaschine nicht genug, und Google sann nach weiteren Möglichkeiten, um tiefere Einblicke in unsere Persönlichkeit, unsere Hoffnungen, Träume und Begierden zu erhalten. Das Resultat? Gmail. Durch die Bereitstellung eines riesigen Speichervolumens und eines wundervoll nahtlosen Nutzererlebnisses erlangte Google Zugang zu unseren persönlichen und beruflichen E-Mails. Nun konnte Google nicht nur unsere Suchanfragen verstehen, sondern alles mitlesen, was man anderen Menschen schrieb. Google scannte und verarbeitete die E-Mails seiner Nutzer und kam zu neuen Erkenntnissen, die es an die Werbeindustrie verkaufen konnte. Je genauer die Profile wurden, desto höher kletterten die Preise. Wenn man seiner Mutter eine E-Mail schrieb und ihr mitteilte, wie traurig man über eine kürzlich erfolgte Trennung sei, schlug Google vielleicht ein Antidepressivum, einen Kabarettbesuch oder einen Karibikurlaub vor. Solange man bei Gmail eingeloggt blieb, konnte Google sämtliche Suchanfragen einer internen Kennung zuordnen; folglich wurden die persönlichen Nutzerprofile immer schärfer und das Unternehmen immer reicher.

Als Google die Möglichkeit bot, Kontakte online zu speichern, konnte es im Gegenzug die Größe, Stärke und Kaufkraft sozialer Gefüge ermitteln. Durch sein Maps-Programm mit kostenlosem GPS und Fahranweisungen konnte Google nachverfolgen, wohin sich seine Nutzer bewegten. Dann fragte sich Google, mit wem man telefonierte – und schuf Google Voice, um es herauszufinden. Damit konnte Google nicht nur jedes einzelne Gespräch verfolgen, sondern verschriftlichte mittels Spracherkennungs- und Transkriptions-Software auch sämtliche Voice-Mail-Nachrichten. Dieses damals sehr coole technische Gimmick gestattete Google, mitzulesen, worüber man mit seinen Gesprächspartnern diskutierte. Wenn einem jemand eine Voice-Mail-Nachricht hinterließ und darin ein Treffen beim Italiener vorschlug, verkaufte Google diese Information an seine Marketingkunden, und plötzlich tauchte überall in der eigenen kleinen Google-Welt Werbung für Pizza auf. Um höhere Präzision zu erreichen, schuf Google das Betriebssystem Android, das ebenfalls gratis erhältlich war. Im Gegenzug konnte Google nun genau mitverfolgen, wohin man sich mit seinem Smartphone begab.

Wenn Google Ihnen von alledem erzählte, würden Sie wahrscheinlich ausflippen, also verfiel man stattdessen auf eine kleine List, eine Art Feigenblatt. Als Google gegründet wurde, stellte es sich selbst als Underdog dar, als kleinen

Kerl, der den Kampf gegen den bösen Konzern Microsoft aufnahm. Google gab sich alle Mühe, bei den Nutzern eine weiße Weste zu demonstrieren, und schrieb sich dafür sogar den Satz »Sei nicht böse« als offizielles Unternehmensmotto auf die Fahnen. Um sämtliche verbleibenden Zweifel aus dem Weg zu räumen, wurden die Symbole und Grafiken – wie das kindlich-bunte Logo und das niedliche Android-Kerlchen – so schick und harmlos gestaltet, dass man Google einfach vertrauen musste. Google Doodles, Bildchen auf der Google-Homepage, mit denen Ereignisse und Persönlichkeiten von Martin Luther King bis Gandhi geehrt werden, zeigten der Öffentlichkeit ebenfalls, dass Google die Guten waren. Außerdem gab es bei Google ja auch diese ganzen Datenschutzrichtlinien, die den Nutzer schützen, oder? Nicht so hastig.

Mit skeptischem Blick betrachtet, bietet Google seine Produkte nicht an, damit wir eine kostenlose E-Mail-Adresse haben, sondern, weil es an unsere Daten heran will. Wie ein Dealer, der einem künftigen Junkie das erste Heroinpäckchen vor die Nase hält, hat uns Google zunächst etwas »aufs Haus« gegeben. Erst später stellt man dann fest, welche Folgen es für einen hat, wenn man annimmt. Dann aber ist es zu spät. Das wurde Anfang 2012 klar, als Google verlauten ließ, dass sämtliche seiner 70 Produkte und Dienste untereinander Daten austauschten. Das Ergebnis: ein einheitliches, genaues und in dieser Form nie dagewesenes Bild des Nutzers und seiner Welt. Zuvor waren Suchanfragen, die Nutzung des Android-Phones und das Sehverhalten auf YouTube Daten, die Google zumindest theoretisch getrennt verarbeitet hatte. Nun nicht mehr. Inzwischen verfügt Google über ein einheitliches, detailliertes Bild seiner Nutzer und von allem, was diese im Googleversum so treiben.[11] Oft wurde sogar gesagt, Google kenne einen besser als man sich selbst. Da das Unternehmen über solche Datenmengen verfügt, kann es von der Werbewirtschaft Höchstpreise für diese Informationen verlangen. Sollte es anfangs noch nicht ganz klar gewesen sein, steht mittlerweile eindeutig fest: Sie sind kein Kunde von Google. Sie sind das Produkt. Deshalb erhalten Sie keine Rechnung.

Aus diesem Grund gibt es auch keine 0800-Nummer für technischen Support.[12] Solche Dinge bleiben den echten Kunden vorbehalten: den Werbekunden, die sämtliche Daten aufkaufen, die Sie entlang der googleschen Superdatenautobahn achtlos liegen lassen. Sie sind das Objekt, das Google an andere Leute verkauft; das ist der Deal, der Ihnen gegenüber nie genau formuliert wurde. Ob es Ihnen bewusst ist oder nicht – Sie sind bei dieser Sache Mittäter. Man muss Google zugute halten, dass es tolle Produkte anbietet, die genau auf die Bedürfnisse seiner Nutzer zugeschnitten sind. Natürlich sind bei Google viele extrem begabte und eifrige Mitarbeiter beschäftigt. Man darf jedoch niemals vergessen, dass die Loyalität des Unternehmens in erster Linie seinen Werbekunden gilt, die das Ganze bezahlen, und den Aktionären, denen gegenüber Google verpflichtet ist, das maximal Mögliche aus Ihnen (dem Produkt und der Versorgungskette) herauszuholen. Deshalb speichert Google bis in alle Ewigkeit jede Suche, die Sie je auf seiner Website durchgeführt haben: von den »Ohio State College Republicans«, nach denen Sie sich vor zehn Jahren einmal erkundigt haben, über die »Symptome für Tripper« nach einem One-Night-Stand und die »Böse-Mädchen-Videos« auf Geschäftsreise im Hotel bis hin zu »ist mein Ehemann schwul?«, als Sie sich einmal abgewiesen und einsam fühlten.

Google vergisst nicht, Google löscht nicht. Jede einzelne der oben genannten Suchanfragen dient dazu, Sie möglichst genau zu erfassen, zu kategorisieren und dann an Werbekunden und Datenhändler zu verkaufen, die aus den von Google gespeicherten Suchanfragen, E-Mails, Voice-Mails, Fotos, Videos und Standorten weitere Schlüsse über Sie ziehen. Welche Datenmenge verarbeitet Google eigentlich pro Tag, mag man sich nun fragen. Etwa 24 Petabyte (das sind 1 Million Gigabyte oder 1000 Terabyte – ein Maß für Datenvolumen). Um das Ganze in Relation zu setzen: Man benötigt etwa »ein Gigabyte, um zehn Regalmeter Bücher zu speichern«[13]. Würde man sämtliche Daten, die Google Tag für Tag speichert, in Buchform drucken und diese Bücher aufeinander stapeln, ergäbe dieser Stapel die halbe Strecke von der Erde zum Mond. So viele Informationen über seine Nutzer speichert Google – jeden Tag!

Diese Datenmenge schafft ein gewaltiges Wissen und damit eine ungeheure Macht, doch Macht korrumpiert, wie es so schön heißt. Weltweit ist Google wiederholt wegen Datenschutz- und Sicherheitsverletzungen, Missbrauchs von Nutzerdaten, Diebstahls geistigen Eigentums, Steuerhinterziehung und Verstößen gegen Kartellgesetze verklagt worden.[14] Nach einem von 38 Generalstaatsanwälten angestrengten Verfahren im Jahre 2013 räumte Google ein, dass seine bizarr wirkenden, mit einer 360-Grad-Kamera ausgestatteten Street-View-Autos nicht nur Fotos für das Produkt Street View machten, sondern im Vorbeifahren Computerdaten aus Wohnungen und Büros plünderten, darunter Passwörter, E-Mails, Fotos, Chat-Nachrichten und andere persönliche Informationen argloser Computernutzer.[15]

Im Oktober 2013 lehnte ein amerikanischer Bundesrichter die Abweisung einer Sammelklage gegen Google ab, deren Gegenstand die Praxis des Lesens und Scannens der Gmail-Accounts war; die Kläger sahen darin einen Verstoß gegen bestehende US-Abhörgesetze.[16] Zuvor, im Jahre 2012, war Google von der Federal Trade Commission zu einer Strafe von 22,5 Millionen Dollar verurteilt worden, nachdem bekannt geworden war, dass Datenschutzeinstellungen auf Apple-Computern und im Safari-Browser von Apple regelmäßig missachtet worden waren, um gegen den erklärten Wunsch der Nutzer deren Surfverhalten nachzuzeichnen.

Natürlich ist Google ein höchst innovatives Unternehmen. In seinem Streben, für seine echten Kunden (die Werbekunden) immer mehr Daten aus seinen Nutzern herauszupressen, hat Google eine Reihe neuer Produkte geplant, die alle bisherigen Sorgen um den Schutz der Privatsphäre wie Schnee von gestern erscheinen lassen. Eines dieser Produkte ist Google Glass – ein wie eine Brille tragbarer Computer mit einem »am Kopf befestigten optischen Display«, das mit dem Internet verbunden ist und visuelle Informationen auf einen im Glas eingebetteten Bildschirm projizieren kann. Das mit dem System Android betriebene Gerät kann über eine eingebaute Kamera und ein Mikrofon Fotos und Videos aufzeichnen und diese in Echtzeit streamen.

Anfang 2014 war Google Glass Thema einer Simpsons-Folge mit dem Titel »Specs and the City«, in welcher sämtliche Angestellten von Mr. Burns ein Paar »Oogle Glasses« erhalten.[17] Homer und seine Kollegen nutzen die Brille, um neue Informationen über die Dinge und Menschen in ihrem Umfeld zu erhalten. Mr. Burns hingegen hat von seinem Büro aus Zugang zu den Brillen seiner Mitarbeiter und kann in Echtzeit sehen, was sie anschauen und tun (um so den Diebstahl von Büromaterial einzudämmen).

Selbst der ehemalige Leiter des US-Heimatschutzministeriums, Michael Chertoff, hat im Zusammenhang mit Google Glass auf im öffentlichen Interesse stehende Fragen des Datenschutzes hingewiesen.[18] So wollte er – zu Recht – wissen, wer Eigentümer der von den Nutzern erstellten Videodaten sei und ob die gesamte Datenmenge zu kommerziellen Zwecken gespeichert und ausgewertet werde. Ebenso legitim wäre es, nach einem Zugang der Regierung zu diesen Daten zu fragen, entweder retrospektiv oder in Echtzeit; als Begründung wäre von der Verbrechensbekämpfung bis hin zur »nationalen Sicherheit« vieles denkbar. Man stelle sich vor, welche Auswirkungen das haben könnte: Durch die Nutzung von Google Glass übertrüge man dem Unternehmen das Recht, sämtliche Live-Streaming-Momente seines täglichen Lebens aufzuzeichnen, alles, was man sähe und hörte, um diese Daten dann an die Werbeindustrie zu verkaufen. Wenn man die Brille morgens trüge, während man im Bademantel seinen Kaffee zubereitete, würde der Algorithmus das Objekt im Blickfeld dann als Kaffeekanne erkennen (absolut vorstellbar) und einem Starbucks-Coupons aufs Brillendisplay schicken? Angesichts der bereits erwähnten Datenschutzverletzungen durch den Suchgiganten muss man sich fragen, wozu Google im anbrechenden Zeitalter tragbarer Überwachung sonst noch in der Lage wäre.

Die sozialen Netzwerke und ihr Inventar – Sie

Freilich ist Google mit seinem Geschäftsmodell, Nutzerdaten an die Werbeindustrie zu verscherbeln, nicht allein. Weltweit gibt es tausende Unternehmen, die genau dasselbe tun, allen voran Facebook. Das von Mark Zuckerberg 2004 in dessen Unterkunft in Harvard gegründete Unternehmen ist die Silicon-Valley-Erfolgsgeschichte schlechthin. Mit über 1,2 Milliarden aktiver Nutzer monatlich ist Facebook mit Abstand das größte soziale Netzwerk der Welt.[19] Facebook hat es geschafft, dass Menschen in einer bis dahin nicht vorstellbaren Art und Weise über sich selbst sprechen. Sexuelle Orientierung, Beziehungsstatus, Schulbesuch, Stammbaum, Freundeslisten, Alter, Geschlecht, E-Mail-Adressen, Geburtsort, besondere Interessen, Arbeitsbiografie, Kataloge von Lieblingsdingen, Religion, politische Ausrichtung, Käufe, Fotos und Videos – Facebook ist der Traum aller Marketingabteilungen. Die Werbeindustrie kennt jedes noch so kleine Detail über das Leben eines Facebook-Nutzers und kann anhand des von Facebook erstellten Sozialdiagramms extrem präzise und zielgenau Werbung schalten. Daneben hat Facebook zahlreiche Innovationen geschaffen, die es gestatten, Nutzer im gesamten Internet zu verfolgen, darunter etwa den omnipräsenten »Gefällt mir«-Button. Man wird darauf getrimmt, den netten kleinen Daumen-hoch-Knopf zu anzuklicken, um auszudrücken, dass einem eine bestimmte Idee, ein Statusupdate oder ein Foto gefällt; das gebietet schließlich die Höflichkeit. Ihre Freunde sehen, dass Sie ihre Botschaft gutheißen, doch was niemand sieht, ist, was mit den Daten geschieht, die bei jedem »Gefällt mir«-Anklicken generiert, gespeichert, sortiert und an Marketingfirmen und Datenhändler weltweit verkauft werden. Wenn Sie sich über Facebook in andere Websites wie Spotify und Pandora einloggen, sammelt die Datenschürfmaschine von Facebook nicht nur Informationen darüber, dass Sie Lady Gaga den Vorzug vor Blake Shelton geben, sondern verfolgt auch sämtliche von Ihnen besuchten Websites mit dem Facebook-Zeichen (selbst dann, wenn Sie nicht eingeloggt sind).

Für den Fall, dass Sie einmal nicht ausreichend Daten liefern, lässt sich Facebook ständig neue Regeln und Regulationen einfallen, die Sie dazu zwingen sollen, mitteilsamer zu sein. Ein Beispiel dafür ist die 2012 eingeführte, obligatorische Timeline-Funktion. Diese eröffnet Werbekunden zu jedem beliebigen Zeitpunkt einen dynamischen, laufend aktualisierten Einblick in das Leben eines Nutzers, sodass Facebook seitdem noch mehr Futter für die Werbeindustrie verkaufen kann. Wie Google musste auch Facebook viel Kritik einstecken, wenn es um Themen wie Privatsphäre, Kinderschutz und Hassprediger ging.

Das Unternehmen ist weltweit wiederholt verklagt worden. Das jüngste Verfahren fand vor einem Bundesgericht im kalifornischen San Jose statt. Facebook habe »die private Kommunikation seiner Nutzer systematisch abgeschöpft ... und diese Daten an Werbekunden und Händler weitergegeben«, hieß es in der Klageschrift.[20]

Google und Facebook sind keinesfalls die Einzigen, die Sie dazu bringen wollen, persönliche Daten preiszugeben, um diese zu verkaufen: Dasselbe gilt für Twitter, Instagram, Pinterest und Hunderte anderer Firmen. Ist Ihnen beispielsweise bewusst, dass jedes Mal, wenn Sie dem persönlichen Apple-Assistenten Siri eine Frage stellen, Ihre Sprachaufnahme analysiert und mindestens zwei Jahre gespeichert wird?[21] Die Frage ist jedoch nicht, *wer* Ihre Daten speichert (das scheinen heutzutage alle zu tun), sondern vielmehr, *was* mit diesen Informationen geschieht. Bestünde der faustische Pakt lediglich darin, dass man im Gegenzug für die Bereitstellung kostenloser Dienste ein paar Daten preisgibt, wäre die Welt völlig in Ordnung. Doch so einfach ist das Ganze leider nicht. Wie wir bald sehen werden, birgt die Speicherung solch riesiger Datenmengen in einer vernetzten, digital abhängigen und angreifbaren Welt Risiken, die Sie sich bislang vielleicht nicht einmal vorstellen konnten.

Sie haben undichte Stellen – wie es funktioniert

Jedes Mal, wenn Sie eine moderne Website besuchen, legt die Website auf der Festplatte Ihres Computers oder Smartphones digitale Dateien ab, sogenannte Cookies. Durch diese kleinen Computerdateien wird es möglich, Ihr Surfverhalten zu beobachten. Zudem besitzen sämtliche Ihrer digitalen Geräte ihre eigenen, einzigartigen Fingerabdrücke, die es gestatten, Sie zu verfolgen, zu beschatten und zu katalogisieren. Einzigartige Kennungen wie die Internetprotokoll-Adresse (IP-Adresse), die Sie beim Zugang zum Internet verwenden, die Media-Access-Control-Adresse (MAC-Adresse) Ihrer WiFi-Netzwerkkarten und die IMEI- oder IMSI-Nummer Ihres Mobiltelefons geben Online-Unternehmen Aufschluss darüber, welches Gerät (und welcher Nutzer) ihre Dienste nutzt.

All diese Daten werden verfolgt, vereinheitlicht und ausgewertet, um Internetunternehmen und ihren Werbekunden ein klares und beständiges Bild von Ihnen und Ihren Online-Aktivitäten zu vermitteln. Einer Studie des *Wall Street Journals* aus dem Jahre 2012 zufolge gehört das Bespitzeln von Internetnutzern heute zu den am schnellsten wachsenden Wirtschaftszweigen. Der Bericht griff 50 der beliebtesten Websites heraus und stellte fest, dass jede im Schnitt 64 Cookies hinterließ, anhand derer Werbekunden die Online-Aktivitäten der Nutzer rückverfolgen und überwachen können. Die Website mit der meisten Tracking-Software war Dictionary.com, die bei jedem Besuch satte 234 Tracking-Dateien auf dem Rechner hinterließ.[22] Diese ganzen Beacons und Cookies ergeben in Verbindung mit Likes, Pokes und Tweets ein sehr genaues Bild unseres digitalen Ichs. Somit verwandeln sich die harmlosen »Kekse« in Krümelmonster, die Daten preisgeben, die nie an die Öffentlichkeit gelangen sollten.

Nicht nur als Folge eigener Aktivitäten in sozialen Netzwerken verliert man Daten, auch Freunde und Verwandte lassen Daten über einen durchsickern. Jedes Mal, wenn ein Kollege Ihren Namen und Ihre Adresse in seine Google Contacts oder sein iPhone eingibt, versorgt er Google und Apple mit Ihren persönlichen Angaben. Trägt man in Outlook den Geburtstag eines Neffen, der Freundin oder eines Kollegen ein, kennt Microsoft das Geburtsdatum der betreffenden Person. Wenn Freunde Sie bei Facebook auf einer Party »taggen«, obwohl Sie sich krankgemeldet haben, teilen sie Marketingleuten und möglicherweise dem Rest der Welt Ihren Standort mit, darunter auch Ihrem Chef. Soziale Medien und Internetunternehmen lieben es, wenn ihnen Nutzer die Arbeit abnehmen; es ist, als würden dressierte Äffchen für sie eine Erhebung nach der anderen durchführen, um ihre Big-Data-Maschine damit zu füttern.

Das passiert sogar, wenn Ihre Freunde einen bestimmten Internetdienst nutzen, den Sie selbst gar nicht in Anspruch nehmen. Wenn etwa diejenigen, die keinen Gmail-Account haben, eine Mail an einen der 425 Millionen Gmail-Nutzer schicken, bedeutet dies, dass Google an der Konversation teilnimmt. Schickt man also von seiner Mailadresse an der Uni oder am Arbeitsplatz eine Nachricht an seine Schwester auf deren Gmail-Account, kann Google diese Nachricht lesen, scannen und nach Schlüsselwörtern durchsuchen, die es an seine Werbekunden verkaufen kann – eine Praxis, für die Google inzwischen vor einem Bundesgericht verklagt wurde.[23] In seiner Verteidigung im Rahmen der bei Richterin Lucy Koh eingereichten Klage behauptete Google zum Entsetzen aller: »Eine Person hat keinen rechtmäßigen Anspruch auf den Schutz persönlicher Daten, die sie freiwillig Dritten überlässt.«[24] Mit anderen Worten: Wenn ich einem Gmail-Nutzer eine E-Mail schicke, habe ich mein Recht auf Datenschutz automatisch verwirkt und der Speicherung und dem Verkauf meiner Nachricht und deren Inhalte zugestimmt, selbst, wenn diese Nachricht privater Natur sein sollte und ich selbst überhaupt keinen Gmail-Account besitze.

Nicht nur Ihre Freunde geben Daten über Sie an Dritte wie Google weiter, sondern auch Ihre Kinder.[25] Tatsächlich installieren an Kinder gerichtete Websites mehr Tracking-Technologien auf Computern als Websites für Erwachsene. Ein US-Bundesgesetz mit dem schönen Titel *Children's Online Privacy Protection Act* begrenzt zwar die Informationsmenge, die Online-Händler über Kinder unter 14 Jahren sammeln dürfen, doch wird diese Regelung in den meisten Fällen dreist umgangen. Kinder erhalten regelmäßig Aufforderungen, an Wettbewerben teilzunehmen, Spiele zu spielen und Online-Fragebögen auszufüllen. Dies sind – entgegen der gültigen Rechtsordnung – alles Versuche, möglichst viele Daten über sie zu sammeln. Bekannte Unternehmen wie McDonald's, General Mills, Viacom, Turner Broadcasting System und Subway sind allesamt schon zu Geldstrafen verurteilt worden, weil sie Kindern auf ihren comicartigen Websites wie HappyMeal.com, ReesesPuffs.com, Nick.com und SubwayKids.com Daten entlockt haben.[26] In einem anderen Fall bat Sony BMG Music Minderjährige, auf den Fanseiten ihrer Lieblingsbands Adresse und Telefonnummer zu hinterlassen, Informationen, die Sony dann in mindestens 30 000 Fällen an Datenhändler weiterverkaufte, ohne zuvor die gesetzlich vorgeschriebene Genehmigung der Eltern einzuholen.[27] Warum aber begehen renommierte Unternehmen wie McDonald's, Google, Facebook, General Mills und Sony solche rechtswidrigen Handlungen? Ganz einfach: Es sind riesige Geldsummen im Spiel, und Sie und Ihre Daten sind angesichts exorbitanter Gewinnmöglichkeiten das Risiko wert.

Die teuersten Dinge im Leben sind gratis

Das Geschäftsmodell, das die meisten Internetnutzer nicht begreifen, ist, dass sie für all die angeblich kostenlosen Dienste im Internet sehr wohl bezahlen – und zwar teuer. Das schlürfende Geräusch, das Sie vernehmen, entsteht, wenn Ihre Privatsphäre, Ihre Daten und sämtliche Einzelheiten, die Ihre einzigartige Identität ausmachen, von dem gigantischen Internetstaubsauger aufgesogen werden. Die Details Ihrer Suchanfragen – die Sie selbst mit Ihren engsten Freunden und Verwandten nicht im Traum teilen würden – werden von einem übermächtigen Computeralgorithmus gefiltert, zu Petabytes zusammengefasst und für Milliarden verkauft.[28] Erst durch Sie wird daraus ein Produkt. Das ist der Vertrag, den Sie abgeschlossen haben, ob Ihnen das bewusst ist oder nicht. Der konsolidierte Umsatz von Google belief sich 2013 auf über 59 Milliarden Dollar. Dieser Betrag ist die Differenz zwischen dem, wie viel den Anzeigenkunden von Google Ihre Privatsphäre wert ist, und dem, was man Ihnen nicht bezahlt. Google bekommt 59 Milliarden und Sie bekommen eine kostenlose Suchmaschine und Gratis-E-Mail. Eine vom *Wall Street Journal* vor dem Börsengang von

Facebook veröffentlichte Studie schätzte den Wert jedes Facebook-Langzeitnutzers für das Unternehmen auf 80,95 Dollar.[29] Einzelne Freundschaften waren jeweils 62 Cent wert und eine Profilseite 1800 Dollar. Eine Geschäfts-Website und der damit verbundene Werbeumsatz stellten für das soziale Netzwerk einen Wert von etwa 3,1 Millionen dar.

Anders betrachtet, sind die rund eine Milliarde Facebook-Nutzer, die brav Status-Updates machen, ihre Biografien offenlegen und ein Foto nach dem anderen hochladen, zur größten unbezahlten Arbeitnehmerschaft der Geschichte geworden. Als Ergebnis ihrer Gratisleistungen hat Facebook einen Marktwert von 182 Milliarden Dollar erreicht, und sein Gründer Mark Zuckerberg verfügt über ein persönliches Vermögen in Höhe von 33 Milliarden Dollar. Und was haben Sie bei der ganzen Sache verdient? Wie der Computerexperte Jaron Lanier betont, wurde ein Unternehmen wie Instagram – 2012 von Facebook übernommen – nicht deshalb auf eine Milliarde Dollar geschätzt, weil seine 13 Mitarbeiter so »außergewöhnlich waren. Vielmehr ergibt sich dieser Wert aus den Millionen von Nutzern, die einen Beitrag zum Netzwerk leisten, ohne dafür bezahlt zu werden.«[30] Das Firmeninventar besteht aus persönlichen Daten – Ihren und meinen –, die laufend an unbekannte Dritte auf der ganzen Welt verkauft werden.[31] Kurz gesagt: Sie sind billig und willig. Für ein paar Annehmlichkeiten und ein bisschen Unterhaltung im Internet haben Sie den Internetunternehmen alles mitgeteilt, was Sie wissen, was Sie tun und wohin Sie gehen.

Als wäre dieses fadenscheinige Geschäft nicht schon unerhört genug, hat Google nun beschlossen, seinen Marktwert von 400 Milliarden noch dadurch zu erhöhen, dass es Sie und Ihre Fotografien in seinen Werbeanzeigen verwendet. Im Oktober 2013 stellte das Unternehmen einen neuen Dienst namens Shared Endorsements vor (sinngemäß: »gut finden und weitersagen«), der bald in den Ergebnissen der Suchmaschine, bei Google Maps und Google Play auftauchte. Wenn man beispielsweise im Musikportal Google Play einem Song fünf Sterne gab oder eine örtliche Bar oder Bäckerei mit einem »Daumen hoch!« bewertete, nahm sich Google nun das Recht, diese persönliche Bewertung mitsamt Namen und Abbild an Werbefirmen und Datenhändler zu verkaufen. Wenn Ihre Freunde Charlie und Juanita auf Google nach einer Bar oder einem Song suchten, würden sie also neben den Suchergebnissen Ihr strahlendes Gesicht erblicken, mit dem das Produkt beworben würde.[32] George Clooney und Angelina Jolie werden für ihre Promi-Werbung bezahlt. Und Sie?

Google stellte Shared Endorsements vor, nachdem ein höchst umstrittenes, ganz ähnliches Programm namens Sponsored Stories auf Facebook eingerichtet worden war, bei welchem das Unternehmen seine »Gefällt mir«-Daten dazu nutzte, seine wahren Kunden – Werbekunden und deren Produkte – zu unterstützen.[33] Als gegen Facebook eine Sammelklage eingereicht wurde, beendete das soziale Netzwerk dieses kontroverse Feature wieder, verdiente in den 18 Monaten seines Betriebs allerdings 230 Millionen. Am Ende legte Facebook den Streit gegen eine Zahlung von 20 Millionen bei, also etwa zwei Cent für jeden Nutzer. Spätestens jetzt könnten Sie sich fragen: »Wie kann es sein, dass die damit durchkommen?« Die Antwort ist einfach: Sie haben selbst gesagt, dass sie es könnten.

Die allgemeinen Geschäftsbedingungen finden Anwendung (gegen Sie)

Wir kennen sie alle. Diese unglaublich langen, 50-seitigen, kleingedruckten, absatzlosen Ausschlusserklärungen ohne Seitenränder. Sie sollen nicht lesbar sein – also lesen wir sie auch nicht. Wir lesen sie nicht, wir verstehen sie nicht, und dafür zahlen wir einen hohen Preis. In der heutigen Welt finden sich auf jeder Internetseite, in jedem Handy- und Kreditkartenvertrag und in jedem Kabel-TV-Abo allgemeine Geschäftsbedingungen und Nutzungsbedingungen. Dort ist niedergelegt, wie man Ihnen Ihre privaten Daten entlocken und in unvorstellbarer Weise nutzen kann – vielem würden wir sofort widersprechen, würden wir den von uns geschlossenen Vertrag denn verstehen.

Einer Studie an der Carnegie Mellon University zufolge stößt der Durchschnittsamerikaner pro Jahr auf 1462 Datenschutzrichtlinien, von denen jede eine Länge von 2518 Wörtern besitzt. Wollte man jede einzelne dieser Richtlinien lesen, brauchte man dazu 76 volle Arbeitstage zu jeweils acht Stunden.[34] Hochgerechnet auf alle Amerikaner ergäbe dies 53,8 Milliarden Stunden und entspräche einem nationalen Produktivitätsverlust in Höhe von 781 Milliarden Dollar jährlich – nur wegen dieses alptraumhaften Ärgernisses namens Nutzungsbedingungen.

Ginge es hier nur um einen Verlust an Produktivität, wäre das Ganze nicht gar so schlimm, doch betreffen solche Machenschaften unseren Geldbeutel auch ganz direkt. Eine Studie im *Wall Street Journal* schätzte, dass durch die völlig einseitig formulierten Nutzungsbedingungen jedem amerikanischen Haushalt pro Jahr etwa 2000 Dollar Kosten entstehen – insgesamt 250 Milliarden. Um dieses Geld werden wir betrogen, weil die Spielregeln von Anfang an zu unseren Ungunsten aufgestellt sind.[35]

Die meisten Unternehmen bezeichnen diese Vereinbarungen als Nutzungsbedingungen, doch sollten sie aus Verbrauchersicht eher »Missbrauchsbedingungen« heißen. Nehmen wir zum Beispiel, was Sie die Nutzung einer Social-Media-Website wie LinkedIn kostet, in deren (amerikanischen) Nutzungsbedingungen es heißt, dass Sie

> LinkedIn das nicht exklusive, unwiderrufliche, weltweite, unbefristete, unbegrenzte, übertragbare, unterlizenzierbare, voll bezahlte und tantiemenfreie Recht übertragen, sämtliche direkt oder indirekt auf LinkedIn abgelegten Informationen auf alle bekannten und künftigen Weisen zu kopieren, weiterzuverarbeiten, zu verbessern, zu vertreiben, zu veröffentlichen, zu beseitigen, beizubehalten, hinzuzufügen, zu verarbeiten, zu analysieren, kommerziell zu verwerten, darunter – aber nicht ausschließlich – alle vom Nutzer für die Dienste generierten Inhalte, Ideen, Konzepte, Techniken und/oder Daten, ohne weitere Vereinbarung, Benachrichtigung und/oder Gegenleistung an Sie oder eine dritte Partei. Das Mitteilen jeglicher Informationen an uns erfolgt auf Ihr eigenes Verlustrisiko.[36]

Durch die Nutzung von LinkedIn gestatten Sie also unwiderruflich und zeitlich unbefristet (und kostenlos) den Zugriff auf sämtliche Informationen, die Sie je auf der Website veröffentlicht haben; man kann nichts zurücknehmen, nichts neu formulieren. Kennt LinkedIn erst einmal Ihre Daten, Ihren Freundeskreis, Ihren Lebenslauf, Ihre Qualifikationen und Ihren Bildungsgang, kann es sie in jeder beliebigen Art und Weise jetzt oder in der Zukunft verkaufen. Darunter fallen auch heute noch unbekannte Verwertungsmöglichkeiten (vielleicht das uneingeschränkte holografische Recht, ihr Bild in der Werbung zu verwenden?). Um zu zeigen, wie lächerlich die Diskussion um Nutzungsbedingungen inzwischen ist, hat der britische Einzelhändler GameStation ein Experiment veranstaltet, um zu sehen, ob überhaupt jemand die Nutzungsbedingungen liest. In den Nutzungsbedingungen des Unternehmens hieß es:

> Durch eine Bestellung über diese GameStation-Website am ersten Tag des vierten Monats im Jahre des Herrn 2010 gewähren Sie uns das nicht übertragbare Recht, heute und in alle Ewigkeit Ihre unsterbliche Seele einzufordern. Sollten wir wünschen, von diesem Recht Gebrauch zu machen, erklären Sie sich einverstanden, Ihre unsterbliche Seele samt aller bestehenden Forderungen innerhalb von 5 (fünf) Arbeitstagen nach Erhalt einer schriftlichen Benachrichtigung durch uns oder einen unserer entsprechend autorisierten Günstlinge herauszugeben.

Tatsächlich: Die 7500 GameStation-Kunden, die an jenem einzigen Tag, an dem das Experiment lief, etwas über die Website kauften, übertrugen dem britischen Einzelhandelsunternehmen unwiderruflich ihre unsterbliche Seele. Das Ganze war zwar ein eher komisches Lehrstück, doch sind Nutzungsbedingungen an sich eine ernste Angelegenheit. Gerichte auf der ganzen Welt betrachten Ihren Klick als rechtlich bindend, mit signifikanten Folgen für Ihre Finanzen, Ihren Datenschutz und Ihre Sicherheit.[37]

Fast alle Internetunternehmen verfolgen eine ähnlich drakonische Politik zum Nachteil ihrer Nutzer. Die meisten gehen zwar nicht so weit, Anspruch auf deren unsterbliche Seele zu erheben, doch fehlt häufig nicht mehr allzu viel. Je mehr Worte verwendet werden, desto schlechter für Sie. Die Nutzungsbedingungen von Facebook sind von 1004 Wörtern im Jahre 2005 auf 9300 Wörter im Jahre 2014 angewachsen (nicht eingerechnet die zahlreichen Links zu Nebenrichtlinien und sonstigen Geschäftsbedingungen).[38] Zum Vergleich: Die Datenschutzrichtlinien von Facebook sind mehr als doppelt so lang wie die Verfassung der Vereinigten Staaten. Die Datenschutzrichtlinien von PayPal sind inklusive sämtlicher Zusätze mit 36 275 Wörtern die längsten in der Branche. Shakespeares *Hamlet* kommt dagegen mit 30 066 Wörtern aus, mitsamt dem Monolog »Sein oder nicht sein« und der bewegenden Rede »Gute Nacht, mein Prinz« am Schluss.[39] Um alles noch komplizierter zu machen, behalten sich Facebook und andere das uneingeschränkte Recht vor, ihre Datenschutzrichtlinien nach Belieben zu ändern, was sie auch laufend tun.

Schlimmer noch: Viele Unternehmen gestalten ihre Datenschutzeinstellungen so, dass sie praktisch nicht zu bewältigen sind (Facebook hat allein 50 verschiedene Datenschutzeinstellungen mit 170 Optionen, was den Horizont des durchschnittlichen menschlichen Wesens weit übersteigt) – genau hier liegt das Problem.[40] Sollte man sich dennoch die Mühe machen, die Datenschutzeinstellungen in stundenlanger Kleinarbeit nach eigenem Gutdünken anzupassen, werden diese mit dem nächsten Update, das Facebook an seinen Nutzungsbedingungen vornimmt, automatisch wieder auf die Ausgangseinstellungen zurückgesetzt, also auf maximale Offenheit (damit Facebook mehr von seinem Produkt – Ihnen – an seine eigentlichen Kunden, die Werbekunden, verkaufen kann).[41] Überprüft man seine Einstellungen nicht regelmäßig (was dringend angeraten ist), muss man irgendwann feststellen, dass Facebook frühere, explizite Wünsche hinsichtlich Datensicherheit und Privatsphäre im großen Stil missachtet hat. Facebook behält sich also das Recht vor, Sie zu Geld zu machen – ohne Störungen oder unerwünschte Zwischentöne seitens der lärmenden menschlichen Produkte auf seinem Fließband.

Drei Monate nach dem Verkauf an Facebook verärgerte Instagram seine Nutzer, als das Unternehmen verkündete, es werde deren Namen, Bilder und Fotos an Werbekunden verkaufen.[42] Gemäß der aktualisierten Nutzungsbedingungen, so argumentierte Instagram, hätten Eltern mit dem Hochladen von Bildern ihrer Kinder implizit ihre Zustimmung erteilt, diese Bilder für Werbezwecke zu verwenden. Das Bild Ihres Kindes, das Sie hochgeladen haben, damit Ihre Eltern es sehen können, könnte also in der Werbung für Babynahrung auftauchen, weil sich Instagram selbst die Nutzungsrechte eingeräumt hat? Ihr toller Schnappschuss vom Sonnenuntergang über Manhattan? Der könnte als Archivbild an Zeitungen und Zeitschriften verkauft werden. Als Folge der geänderten Nutzungsbedingungen wurden 16 Milliarden Nutzerfotos zum geistigen Eigentum von Instagram, was erklärt, warum Facebook für ein Unternehmen mit 13 Angestellten eine Milliarde Dollar zahlte.

Auch Google hat eine Vorliebe für absonderliche Nutzungsbedingungen an den Tag gelegt. Wer etwa Google Docs verwendet oder eine Tabellenkalkulation, ein PDF oder ein Word-Dokument auf Google Drive hochlädt, überträgt Google automatisch sämtliche Rechte an dem Dokument. Die Google-Nutzungsbedingungen lauten hier wie folgt:

> Wenn Sie Inhalte auf unsere Dienste hochladen oder anderweitig dort speichern, übertragen Sie Google (und unseren Partnern) das weltweite Recht, diese zu verwenden, zu hosten, zu speichern, zu vervielfältigen, zu verändern und Sekundärwerke daraus zu erstellen, etwa durch Übersetzungen, Adaptionen oder andere Veränderungen, sowie das Recht, solche Inhalte zu kommunizieren, zu veröffentlichen, öffentlich darzubieten, öffentlich auszustellen und zu verbreiten.[43]

Denken Sie einmal darüber nach. Hätte J. K. Rowling *Harry Potter* in Google Docs statt in Microsoft Word geschrieben, hätte sie Google die weltweiten Rechte an ihrem Werk übertragen, das Recht, sämtliche Muggles nach Belieben zu bearbeiten und zu inszenieren, ganz zu schweigen von der Hogwarts-Schule für Hexerei und Zauberei. Google wäre Inhaber der Rechte geworden, ihre Geschichten an die Hollywood-Filmstudios zu verkaufen und sie weltweit auf die Bühne zu bringen. Dasselbe gilt für sämtliche Übersetzungsrechte. Hätte Rowling ihren epischen Roman in Google Docs geschrieben, hätte sie Google damit die Rechte an ihrem 15 Milliarden Dollar schweren Harry-Potter-Imperium übertragen – und zwar nur, weil es in den Nutzungsbedingungen so steht.

Dass Facebook, Google, Twitter und andere Ihre Online-Daten speichern und möglichst gewinnbringend verwerten, ist mittlerweile keine Überraschung mehr. Was aber durchaus überraschen könnte, ist die wachsende Anzahl von Plattformen, über welche die Werbeindustrie solche Informationen sammeln und verarbeiten kann, darunter das einst so bescheidene Telefon. Alexander Graham Bell wäre entsetzt, wenn er sähe, wie sich seine Erfindung zu den Smartphones und Apps unserer Tage weiterentwickelt hat und dabei immer tiefer in unser Leben eingreift – mit bedenklichen Risiken für unsere Privatsphäre und unsere persönliche Freiheit.

Das mobile Ich

Momentan gibt es auf der Welt mehr Mobiltelefone als Menschen. Als Folge davon wird die Erde beinahe lückenlos von einer digitalen Hülle umschlossen, mit Konsequenzen für uns alle. Heutige Smartphones sind leistungsstarke Miniaturcomputer, die wir 24 Stunden am Tag mit uns herumtragen und die zu einem unverzichtbaren Teil unseres Lebens geworden sind.[44] 63 Prozent aller Amerikaner geben an, stündlich auf ihr Smartphone zu sehen, beinahe zehn Prozent »checken« es alle fünf Minuten.[45] Diese Geräte werden ins Badezimmer mitgenommen, zum Sport und sogar ins Bett. Handys und Tablets haben unsere Kameras, Computer, Taschenrechner, Kalender, Adressbücher, Radios, Fernseher und Spiele ersetzt. Tatsächlich steht das Telefonieren auf der Liste der häufigsten Smartphone-Aktivitäten lediglich an fünfter Stelle – nach der Internetsuche, der Nutzung sozialer Netzwerke, dem Spielen und dem Musikhören.[46] Diese kleinen technischen Alleskönner sind aus unserem Leben nicht mehr wegzudenken und 84 Prozent aller Nutzer räumen ein, dass sie keinen einzigen Tag ohne ihr Smartphone auskommen würden.[47] Smartphones sind zu unseren Vertrauten geworden und genießen als solche uneingeschränkten Zugang zu unserem Alltag. Dieser Zugang wird jedoch gewährt, ohne dass wir uns ausreichend Gedanken darüber machen, was es eigentlich bedeutet, wenn wir mit einem Computer verbunden sind, den wir rund um die Uhr bei uns tragen.

So omnipräsent und nützlich Mobiltelefone auch sein mögen, sind sie doch auch regelrechte Spitzel in unserer Tasche, digitale Spione, denen keine unserer Bewegungen entgeht. Das Gerät in Ihrer Handtasche oder in Ihrer Jeans, das Sie für ein Handy halten, ist in Wirklichkeit eine Signalstation, die weltweit einen ununterbrochenen Datenstrom über Sie, Ihren Aufenthaltsort und Ihre Aktivitäten sendet.[48] In den Vereinigten Staaten allein generieren Mobiltelefone etwa 600 Milliarden einzelner Datenereignisse. Darunter fallen Ihr Aufenthaltsort, die Empfänger Ihrer Nachrichten und die von Ihnen hochgeladenen Fotos.[49] Gemessen an dem, was die digitalen Freunde in unseren Taschen preisgeben, ist das Datenvolumen, das über unsere heimischen PCs und Arbeitscomputer nach draußen gelangt, verschwindend gering. Mobiltelefone zeichnen ein gestochen scharfes Bild der Gewohnheiten und Präferenzen, ja, des gesamten Lebens einer Person.[50] Wer also hat Zugang zu all diesen Daten? Viel mehr Leute, als Ihnen bewusst ist. Wenn man weiß, wo Sie sich physisch aufhalten, wo und mit wem Sie Ihre Zeit verbringen und wo Sie Ihr Geld ausgeben, hat man viel bessere Möglichkeiten, geldwerte Informationen über Sie zu erlangen. Auch Datenhändler, Spione und Kriminelle haben das Mobiltelefon inzwischen als wahres Informations-Füllhorn entdeckt und nutzen es für ihre Zwecke. Der Kampf um das Smartphone hat längst begonnen.

Die Möglichkeit, an sämtliche Ihrer mobilen Daten zu gelangen, war der Grund, warum Google sein Betriebssystem Android entwickelte und es Entwicklern und Nutzern gratis zur Verfügung stellte. Doch wie wir bereits gesehen haben, kann »gratis« ein ziemlich kostspieliges Angebot sein. Die Mobiltelefon-Software Android liefert Google Ihre Mobilfunknummer, Netzwerkinformationen, Speicherdaten, Anruf- und Kontaktlisten plus den Zugang zu einer ganzen Reihe neuer Sensoren, mit denen Ihre Bewegungen, Ihr Aufenthaltsort und sogar Umgebungstemperatur, Luftfeuchtigkeit und Lautstärkepegel gemessen werden können.[51]

Angesichts all dieser neuen technologischen Gucklöcher in Ihrem Leben hat Google keine Zeit verloren und einen Patentantrag für etwas gestellt, das sich »auf Umweltbedingungen basierte Werbung« nennt.[52] Bravo! Nun kann Google erkennen, ob Sie sich an einem heißen Ort aufhalten, und Ihnen dementsprechend Werbung für Klimaanlagen oder Eiskrem schicken. Durch die Umgebungsgeräusche-Erkennungstechnologie könnte Google zudem Ihre Telefonate auf Hintergrundgeräusche analysieren und Ihnen dann auf diesen Daten basierende Werbung schicken.[53] Wenn also im Hintergrund Musik von Usher läuft, während Sie über Ihr Android-Smartphone mit Ihrer Tante Margaret telefonieren, hat Google die Möglichkeit, das zu erkennen und Ihnen Werbung für die nächsten Konzerte des Künstlers einzublenden, wenn Sie das nächste Mal Ihre Gmail checken oder etwas im Internet suchen.

Auch Facebook verfügt inzwischen über die Möglichkeit, das Mikrofon Ihres Handys dafür zu nutzen, Sie auszuhorchen und Umgebungsgeräusche zu erkennen – das steht alles in den aktualisierten Nutzungsbedingungen und ist Teil eines groß angelegten Mobilfunkfeldzuges.[54] Als Facebook im vierten Quartal 2013 offenbarte, es habe eine monatliche Anzahl von 945 Millionen

Mobiltelefonnutzern erreicht und bestreite 53 Prozent seines Umsatzes inzwischen mit mobiler Werbung, überschüttete der Markt das Unternehmen mit Liebe: In den Tagen nach dieser Verkündung stieg der Firmenwert um mehrere Milliarden Dollar.[55] Die von Facebook entwickelte mobile Nutzer-App bietet nicht nur eine bessere Nutzererfahrung, sondern stellt vor allem ein Werkzeug dar, mit dem sich große Datenmengen aus Mobiltelefonen abschöpfen lassen.

Datenklau? Dafür gibt es eine App

Eine Werbung für das Apple iPhone aus dem Jahre 2009 bescherte uns den berühmten Satz: »Dafür gibt es eine App.« Damit wurde suggeriert, dass es für jedes mögliche menschliche Bedürfnis eine iPhone-Applikation gab. Ein gewagtes Statement damals, aber vielleicht hatte Steve Jobs recht. Seit seiner Eröffnung im Jahre 2008 verzeichnete der Apple App Store über 65 Milliarden Downloads, was allein im Jahre 2013 einen Umsatz in Höhe von zehn Milliarden Dollar generierte.[56] In direkter Konkurrenz zu Apple eröffnete Google eine eigene App-Plattform namens Google Play. Jedes Unternehmen bietet über eine Million separater Apps zum Download an. Die Zuwachsrate der kleinen, als Apps bezeichneten Softwareprogramme war phänomenal. Was aber motivierte die Zehntausenden von Entwicklern auf der ganzen Welt, diese Apps zu schaffen? Geld, natürlich, aber wie verdienen sie Geld, wenn die große Mehrheit dieser Apps gratis ist? Wie wir bereits gesehen haben, ist »gratis« ein großartiges Geschäftsmodell, wenn man dabei mit den persönlichen Daten von Menschen im großen Stil Geld verdient – und wie sich zeigt, bieten Apps ein hervorragendes Ökosystem, um genau das zu tun. Das erklärt auch, warum ein Unternehmen wie Rovio (Anbieter des ungemein beliebten Spiels *Angry Birds*) seinen Marktwert in nur wenigen Jahren von praktisch null auf neun Milliarden Dollar steigern konnte.[57]

So, wie Zigaretten nichts weiter sind als effiziente Nikotinzufuhrsysteme, sind Apps nichts anderes als hocheffiziente und rationelle Werkzeuge zur Übertragung Ihrer privaten Daten an die Werbeindustrie (für Zigaretten gibt es wenigstens gesetzliche Bestimmungen). Die Informationsmenge, die aus Mobiltelefonen abgesaugt wird, ist schwindelerregend. Wenn man die Facebook-App nur auf ein Android-Telefon herunterlädt, wird die Telefonnummer bereits automatisch an das soziale Netzwerk übermittelt – noch bevor der Nutzer den Dienst das erste Mal nutzt oder gar den Nutzungsbedingungen zustimmt.[58] Ist Facebook erst einmal heruntergeladen, stimmen die Nutzer über die Nutzungsbedingungen zu, dass Facebook »mit der Kamera Bilder und Videos aufzeichnet«. Das Unternehmen wird somit ermächtigt, ohne vorherige Zustimmung die Kamera eines Mobiltelefons beliebig einzuschalten.[59] Die Nutzungsbedingungen legen zudem fest, dass das soziale Netzwerk die Textnachrichten seiner Nutzer lesen darf. Erst kürzlich forderte Facebook hunderte Millionen Nutzer seiner Mobil-App auf, der neuen Funktion Photo Syncing zu gestatten, jedes mit dem Telefon aufgenommene Bild automatisch auf die riesigen Datenserver des sozialen Netzwerk hochzuladen.[60]

Wenngleich Facebook behauptet, dass es Ihre Kamera in Wahrheit nicht einschaltet und Ihre Texte nicht liest, hat sich das Unternehmen dieses Recht dennoch vorbehalten. Doch, ehrlich gesagt: Wie soll der einzelne Nutzer überhaupt wissen, welche Daten von seinem Mobiltelefon abgezogen werden? Alles geschieht im Hintergrund, verborgen im Schatten der App und nicht für die Augen derer bestimmt, aus denen Facebook ein Produkt macht.

Die Aneignung Ihrer persönlich identifizierbaren Informationen (PII) geschieht in dem Augenblick, in dem Sie zustimmen, eine App herunterzuladen. Wenn Sie beispielsweise eine Android-App im Google-Play-Store kaufen, übermittelt Google dem App-Anbieter Ihren vollständigen Namen, Ihre Mailadresse und Ihren Wohnort. Dies geschieht ohne eindeutige Warnung, jedes Mal, wenn Sie eine App herunterladen.[61] Doch wer genau sind eigentlich diese App-Anbieter, die nun über Ihren Namen, Ihre Adresse und Ihre Telefonnummer verfügen und von denen es weltweit Tausende gibt? Wie lauten ihre Datenschutzrichtlinien und was stellen sie mit diesen Informationen an? Wie sicher speichern sie diese und an wen verkaufen sie die Daten weiter? Die Wahrheit ist: Dort draußen herrscht der Wilde, Wilde Westen, und es gibt wenig bis kein Reglement, das Sie und Ihre Daten vor diesen drittparteilichen Datengeiern schützt. Indem Google Millionen von Namen und Kontaktdaten an seine Werbekunden weitergibt, erhöht es die Wahrscheinlichkeit, dass diese Daten durchsickern, gestohlen oder missbraucht werden.

Wie Sie vielleicht schon ahnen, sind die allseits beliebten Zynga-Spiele auf Facebook – *FarmVille*, *Texas Hold 'Em Poker* und *Mafia Wars* – deshalb gratis, weil auch sie Ihre PII anzapfen, darunter sämtliche Namen Ihrer Facebook-Freunde.[62] Diese Daten werden an Dutzende Werbe- und Internet-Tracking-Unternehmen verkauft, selbst, wenn man seine Datenschutzeinstellungen auf maximale Sicherheit eingestellt hat. Eine Milliarde Menschen, die sich die *Angry-Birds*-App heruntergeladen haben, empfinden es zwar als durchaus spaßig, Vögel auf eine Zwille zu nehmen und damit auf diebische Schweine zu schießen, doch besitzt das Spiel die räuberische Fähigkeit, die persönlichen

Daten seiner Nutzer zu sammeln, darunter sämtliche Orte, welche diese mit ihren Mobiltelefonen aufsuchen.[63] Und doch hat eine Studie des Carnegie Mellon Human-Computer Interaction Institute ergeben, dass nur fünf Prozent aller Nutzer von *Angry Birds* wissen, dass das Unternehmen ihre ortsbezogenen Daten für gezielte Werbezwecke in der realen Welt speichert. Dabei ist *Angry Birds* bei Weitem nicht der einzige Missetäter. McAfee berichtete, dass 82 Prozent der Android-Apps die Online-Aktivitäten ihrer Nutzer verfolgen und erschreckende 80 Prozent ortsbezogene Daten sammeln.[64]

Wo, wo, wo?

Für die Werbeindustrie gibt es drei Schlüsselfragen: Wer soll ein Produkt kaufen, was suchen die Kunden und wo sind sie? In der Online-Welt hat Google die Frage nach dem »Was« dank seiner leistungsstarken Algorithmen schon vor langer Zeit für sich entschieden. Google weiß, wonach man sucht, und füllt einem sogar die Suchmaske auf dem Bildschirm aus, bevor man noch alles eingetippt hat. Facebook gehört das »Wer« – es kennt seine Nutzer und deren soziales Netzwerk besser als jede andere Firma. Das »Wo« hingegen gehört noch keinem bestimmten Unternehmen. Zwischen den existierenden Titanen und einer neuen Riege von Start-ups entbrennt ein Kampf um die Besitzansprüche auf das »Wo«. Wenn man Ihnen eine Werbung oder einen Coupon für gefrorenen Joghurt schicken könnte, wenn Sie sich gerade einem Pinkberry-Restaurant nähern, käme das einem Werbe-Nirwana gleich. Bis vor Kurzem mangelte es an einer entsprechenden Technologie. Durch die Mobiltelefon-Revolution hat sich das jedoch geändert, so dass der Goldrausch nach Ihren ortsbezogenen Daten nun in vollem Gange ist. McKinsey schätzt den Marktwert persönlicher ortsbezogener Daten für den Einzelhandel, die Medien und die Telekommunikationsbranche über die nächsten zehn Jahre auf mehr als 100 Milliarden Dollar.[65]

Das »Wo« lässt sich durch eine ganze Reihe verschiedener Techniken ermitteln – über das GPS-Signal Ihres Telefons, durch Triangulation Ihres Mobilfunkstandortes und dem Abstand zwischen Sendemasten sowie über die Wi-Fi-Netzwerke, in welche Sie sich einschalten. Diese ortsbezogenen Daten werden in zunehmendem Maße mit Ihren Online-Transaktionen verbunden; die daraus resultierenden Metadaten enthalten dann Informationen über Merkmale anderer Daten. Wenn man, wie die meisten Menschen, ein Foto mit seinem Handy macht, sind die ortsbezogenen Daten (GPS-Koordinaten, Längen- und Breitengrad usw.) in der Bilddatei enthalten. Lädt man solche Fotos oder Videos nun auf Craigslist, Flickr, YouTube, Facebook und Hunderte anderer Dienste hoch, können diese höchst informativen, ortsbezogenen Metadaten mitsamt der Originaldatei übertragen werden. Bei einigen Apps ist die Kenntnis des Standorts absolut logisch, etwa bei Google Maps oder GPS-Anwendungen. Bei anderen hingegen ist die Übertragung ortsbezogener Daten nur eine weitere Möglichkeit für App-Anbieter, Ihre Daten zu einem höheren Preis zu verkaufen.

Ihre Posts auf Facebook, Ihre Tweets und Ihre Suchanfragen bei Yelp verwenden allesamt ortsbezogene Daten. Zudem gibt es eine wachsende Anzahl standortbezogener Dienste (Location-based Services, LBS), die Ihr »Wo« mit allem Möglichen vom Einkauf bis zur Immobilie verbinden. Vielleicht eine der am schnellsten wachsenden Nischen innerhalb der LBS-Apps sind diejenigen, bei denen es um Romantik und Liebe geht, insbesondere um die zeitlich begrenzte »Liebe«. Apps wie Tinder und Grindr sind millionenfach heruntergeladen worden und der Tinder-Geschäftsführung zufolge möglicherweise für über 50 Millionen Kurzaffären verantwortlich. Ach, die Liebes-Apps … eine ganz wunderbare Sache.[66]

Diese neuen Ströme ortsbezogener Daten haben jedoch nicht nur potenzielle Vorzüge, sondern bringen auch Risiken mit sich. Im Jahre 2012 führte ein russisches Unternehmen eine App namens Girls Around Me ein, die für den Apple App Store und Google Play zugelassen wurde.[67] Girls Around Me nutzte öffentliche Posts, Status-Updates, Fotos und Check-ins mit ortsbezogenen Metadaten, die Frauen auf Diensten wie Facebook und Foursquare gepostet hatten. Wenn ein Nutzer Girls Around Me auf seinem Smartphone startete, musste er nur einen einzigen Knopf drücken, und schon erschien eine interaktive Karte, auf der die Gesichter junger Frauen in seiner Umgebung mitsamt deren exakten Standorten angezeigt wurden. Mithilfe des »Radar-Modus« der App konnte jedermann diese Frauen orten und ihre Facebook-Profile einsehen.

Wenn ein Mann Girls Around Me nutzte und beispielsweise sah, dass eine attraktive junge Frau gerade den örtlichen Starbucks betreten hatte, konnte er sie orten, ihr Facebook-Profil öffnen, sehen, welche Highschool oder welches College sie besucht hatte, erfahren, dass sie unlängst Ferien in Las Vegas gemacht hatte, die Namen ihrer Eltern, ihr Lieblingsgetränk und dass sie früher am Tag *Orange Is the New Black* auf Netflix angeschaut hatte. Mit diesen Informationen bewaffnet, konnte der Mann – ein völlig Fremder – nun lässig auf die Frau zugehen, die gerade in der Schlange stand, um ihren täglichen extra-heißen großen Soja-Latte zu bestellen, und ein Gespräch beginnen, in welchem er darüber plauderte, wie sehr ihm Las Vegas und *Orange Is the New Black* gefielen.

Ein sehr nützliches Tool für Kontaktsuchende, aber auch für Stalker und Vergewaltiger auf der Suche nach Opfern.

Für die Werbeindustrie geht es beim »Wo« nicht nur um Ihren aktuellen Standort, sondern auch darum, wo Sie gestern und letzten Monat waren und wo Sie möglicherweise morgen sein werden. Standortaufzeichnungen geben genauen Aufschluss darüber, wie viel Zeit Sie bei Macy's oder Best Buy verbracht haben, und die Reihenfolge dieser Bewegungen sagt noch eine ganze Menge mehr aus. Wenn in der heutigen Welt standortbezogener Werbung eine Frau ihr Smartphone und dessen Apps mit zu ihrem Gynäkologen nimmt, wird im Ökosystem der mobilen Werbung ein interessanter Punkt registriert. Wenn dieselbe Frau drei Wochen später einen Babies»R«Us betritt, offenbart sich möglicherweise eine weitaus tiefgreifendere Wahrheit. Durch die Sammlung und Speicherung ortsbezogener Daten kann die Werbeindustrie erkennen, ob Sie in die Kirche oder in die Synagoge gehen, wie oft Sie in einer örtlichen Bar trinken, ob Sie einen Psychiater aufsuchen oder Ihren Partner betrügen.[68] Doch wer genau sind diese Leute, die all diese Informationen sammeln, wie viele Informationen haben sie und was machen sie damit? Wie Sie bald erfahren werden, handelt es sich um gewaltige Datenmengen, die mit exponentieller Geschwindigkeit anwachsen und in einem Ausmaß genutzt werden können, das wir und »sie« noch nicht einmal ansatzweise erkannt haben.[69]

KAPITEL 5

Die dubiose Welt der Überwachungswirtschaft

Leigh Van Bryan freute sich auf seinen ersten Urlaub in Amerika. Einige Tage vor seiner Reise nach Los Angeles fragte der 26-jährige Brite eine Freundin auf Twitter, ob sie in dieser Woche Zeit für ein kurzes Gespräch zur Vorbereitung hätte, »ehe ich losfahre und Amerika verwüste«. Van Bryans Gebrauch des Wortes »verwüsten« hätten seine britischen Freunde zwischen 20 und 30 leicht als britischen Slang für »sich betrinken und feiern« verstanden. Leider feierte Van Bryan überhaupt nicht, als er in Amerika ankam.

Das Heimatschutzministerium hatte die Social Media umfassend nach Bedrohungen für Amerika durchsucht und hatte Van Bryan nun in seinem Netz gefangen. Bei seiner Ankunft in Los Angeles wurden er und seine Reisegefährtin, die 24-jährige Emily Bunting, von bewaffneten Beamten der Zoll- und Grenzschutzbehörde begrüßt, in Handschellen gelegt und für zwölf Stunden gemeinsam mit mutmaßlichen mexikanischen Drogendealern eingesperrt. Das Paar versuchte, seinen Slang-Gebrauch des Wortes »verwüsten« zu erklären, doch die US-Beamten wollten nichts davon hören. Bundesbeamte durchsuchten wiederholt das Paar und sein Gepäck, und suchten aus unerklärlichen Gründen nach Schaufeln. Es stellte sich heraus, dass ein weiterer Tweet über »das Ausgraben von Marilyn Monroe« – eine Anspielung auf eine Episode aus der Zeichentrickserie *Family Guy* – ebenfalls die Alarmglocken beim Heimatschutzministerium, das für die innere Sicherheit der USA zuständig ist, hatte schrillen lassen. Man fürchtete um die Überreste des Stars. Nach einer ungemütlichen Nacht in getrennten Zellen wurden Van Bryan und Bunting wieder vereint und schnell in ein Flugzeug zurück in das Vereinigte Königreich gesetzt. Man hatte den beiden die Einreise in die Vereinigten Staaten verweigert und schickte sie nach Großbritannien zurück. Am Ende waren nur ihre Visa und ihre Ferien »verwüstet«.[1]

Sie halten Hacker für böse? Dann sollten Sie die Datenhändler kennenlernen

Acxiom, Epsilon, Datalogix, RapLeaf, Reed Elsevier, BlueKai, Spokeo und Flurry – die meisten haben noch nie von diesen Unternehmen gehört, doch gemeinsam sind sie führend in der schnell wachsenden Datenüberwachungsbranche, die 156 Milliarden Dollar im Jahr umsetzt. Während Umfang und Reichweite der von Edward Snowden offengelegten Überwachung durch die nationale Sicherheitsbehörde NSA die Bürger weltweit entsetzte, ist es doch wichtig anzumerken, dass die 156 Milliarden Dollar Jahresumsatz in der Branche der Datenhändler doppelt so hoch sind wie das Budget der US-amerikanischen Geheimdienste.[2] Infrastruktur, Tools und Vorgehensweisen dieser Unternehmen liegen fast ausschließlich im privaten Sektor. Die Tiefe ihres Einblicks in das Privatleben jedes beliebigen Bürgers würde jeden Geheimdienst mit Neid erfüllen.

Datenhändler beziehen ihre Informationen von unseren Internet-Providern, Kreditkartenorganisationen, Mobilfunknetzanbietern, Banken, Kreditbüros, Apotheken, Kraftfahrzeugbehörden, Lebensmittelhändlern und zunehmend auch über unsere Online-Aktivitäten. Alle Daten, die wir täglich gratis über unsere sozialen Netzwerke preisgeben – jedes »Gefällt mir«, jeder Anstupser und jeder Tweet – werden getagged, mit Geocode versehen und sortiert, um sie an Werbetreibende und Marketingfirmen zu verkaufen. Sogar die Einzelhändler Europas erkennen, welche gewaltige zusätzliche Einnahmequelle sie mit Ihren Kundendaten besitzen – sie können wertvoller sein als das eigentliche Produkt oder die Dienstleistung, die sie anbieten. Solche Unternehmen wollen schnellen Profit aus dieser brandneuen Einnahmequelle schlagen und ihre Daten-Infrastruktur von einer Kostenstelle zu einem Profitcenter machen. Zwar gibt es Kreditbüros wie Experian, TransUnion und Equifax schon lange, doch unser zunehmend digital vernetzter Online-Lebensstil ermöglicht es neuen Firmen, jeden Tropfen aus dem Datenstrom über unser Leben zu erfassen, was zuvor undenkbar und unmöglich gewesen wäre.

Schon ein Unternehmen allein, die Acxiom Corporation aus Little Rock, Arkansas, betreibt über 23 000 Computerserver, die »jährlich über 50 Billionen Datentransaktionen erfassen, zusammenführen und analysieren«[3]. Sechsundneunzig Prozent der amerikanischen Haushalte sind in seinen Datenbanken vertreten, und Acxiom hat Profile über mehr als 700 Millionen Kunden weltweit gesammelt. Jedes Profil enthält über 15 000 spezifische Merkmale je Person wie

Rasse, Geschlecht, Telefonnummer, Fahrzeugtyp, Bildungsstand, Anzahl der Kinder, Quadratmeterzahl der Wohnung, Haushaltsbudget, Anschaffungen in jüngster Zeit, Alter, Größe, Gewicht, Familienstand, politische Ansichten, Gesundheitsdaten, Beschäftigung, Links- oder Rechtshändigkeit, der Besitz von Haustieren und die Rasse der Haustiere.[4]

Ziel von Acxiom und anderen Datenhändlern ist das sogenannte Predicitve oder Behavioral Targeting (verhaltensorientierte Werbung, Anm. d. Ü.) oder »erstklassige typische verhaltensorientierte Erkenntnisse« über Sie und Ihr Leben. Auf gut Deutsch: Man kennt Sie so genau, dass Datenhändler die angesammelten Informationen zu Höchstpreisen an Werbetreibende, Marketingfirmen und andere Unternehmen für ihre Entscheidungsfindung verkaufen können. Zeigt man zum Beispiel einem 19-jährigen Studenten eine Pampers-Werbung, kann das Geldverschwendung im Budget eines Marketingleiters bedeuten, doch dieselbe Information kann bei einer 32-jährigen schwangeren Hausfrau zu einem Absatz im Wert von mehreren hundert Dollar führen. Um den Wert ihrer gesammelten digitalen Informationen zu steigern, segmentieren die Datenhändler uns in immer spezifischere Gruppierungen oder Profile. Willkommen in der Welt der Dataveillance, der Datenüberwachung.

Acxiom verkauft diese Konsumentenprofile an zwölf der fünfzehn größten Kreditkartenunternehmen, sieben der zehn größten Privatbanken, acht der zehn größten Telekommunikationsunternehmen und neun der zehn größten Versicherer.[5] Um die Milliarden zu verwalten, die Acxiom seinen Werbekunden jährlich berechnet, »weist Ihnen Acxiom einen Code mit 13 Ziffern zu und ordnet Sie in einen von 70 Clustern ein, je nach Ihrem Verhalten und Ihren demografischen Werten. Menschen in Cluster 38 zum Beispiel sind wahrscheinlich »afroamerikanische berufstätige Eltern mit Kindern im Teenager-Alter, der unteren Mittelschicht zuzuordnen, die bei Discountern einkaufen«[6]. Jemand in Cluster 48 ist wahrscheinlich »Weißer mit Abitur, kommt vom Land, ist familienorientiert, interessiert sich für die Jagd, das Angeln und sieht sich Rennen des amerikanischen Motorsportverbands NASCAR an«. Diese Daten werden auch an andere Datenhändler weiterverkauft, die die Datensätze mit ihren eigenen Algorithmen weiter verfeinern und eigene Listen erstellen, mit Kategorien wie »christliche Familien«, »zwanghafte Online-Spieler«, »keinerlei Mobilität« und »Personen mit hispanischem Hintergrund mit Interesse an kurzfristigen Kleinkrediten«.

Wer in der Kategorie »christliche Familien« gelandet ist, erhält vielleicht Werbung für Bibeln und den christlichen Partnersuchdienst ChristianMingle.com, wogegen Spieler und die, denen ein Algorithmus »keinerlei Mobilität« zuschreibt, Ziel für die Werbung zweitklassiger Kreditanbieter und für Programme zur Schuldenkonsolidierung werden.[7]

Oberflächlich betrachtet mag es nicht allzu beunruhigend klingen, wenn man als christliche Familie oder als in der Stadt lebende Frau mit hispanischem Hintergrund und Abitur gelistet ist, doch manche Datenhändler verkaufen auch weitaus bedenklichere Listen an Werbetreibende und andere, nicht näher bekannte Gruppen. Manche Datenhändler bieten zum Beispiel Listen von Senioren mit Demenz oder Personen mit AIDS, während eine andere Firma, MEDbase200, sogar Listen mit Opfern häuslicher Gewalt und Überlebenden von Vergewaltigungen öffentlich versteigert.[8]

Das Ausmaß und die Reichweite der Branche kommerzieller Datensammlung und -überwachung zeigten sich, als Anfang 2014 ein trauernder Vater in Lindenhurst in Illinois einen Verkaufsprospekt des Einzelhändlers OfficeMax in seinem Briefkasten fand. Auf dem Adressaufkleber stand: »Mike Seay, Tochter bei einem Autounfall ums Leben gekommen«, darauf folgte die Hausanschrift des Mannes.[9] OfficeMax hatte tatsächlich den Richtigen erreicht: Seays 17-jährige Tochter war im Jahr zuvor mit ihrem Freund bei einem Autounfall ums Leben gekommen. Als Seay sich bei OfficeMax telefonisch beschwerte, schenkte der leitende Angestellte ihm keinen Glauben und wies den Vorwurf als »unmöglich« zurück. Erst als ein Lokalreporter des NBC in Chicago die Story über OfficeMax veröffentlichte, lag das Versehen an »einer von Dritten gemieteten Mailing-Liste«[10]. Schließlich erhielt Seay einen Anruf einer Führungskraft der unteren Ebene bei OfficeMax, die sich für den Zwischenfall entschuldigte, sich aber weigerte, der wiederholten Bitte Seays nachzukommen und den verantwortlichen Datenhändler zu nennen. Auch wollte der Angestellte nicht angeben, ob das Unternehmen ähnliche Daten über andere potenzielle Kunden besaß. Seays Geschichte ist höchst bedenklich, besonders weil er Kunde bei OfficeMax war und gelegentlich Druckerpapier im Laden kaufte.

Der Zwischenfall wirft ernstzunehmende Fragen über die Branche der Datenhändler auf. Zum Beispiel: Welche anderen höchst persönlichen Daten über seine Kunden besitzt OfficeMax? Was kann der Datenhändler, der die Informationen verkaufte, aus seinen riesigen Datenbanken über Sie und Ihre Familie offenlegen? Einen Bruder, der Alkoholiker ist, eine Mutter mit der Diagnose Schizophrenie? Eine 13-jährige Tochter mit einer Essstörung? Welche Vorschriften gibt es, die die Verwendung dieser Informationen durch die Datenhändler einschränken, und was können Sie tun, wenn die vorliegenden Informationen nicht korrekt sind? Es gibt kaum Regelungen, wie sich herausstellt. Es erinnert an Franz Kafkas berühmten Roman *Der Prozess*, in dem ein Mann verhaftet wird, ohne den Grund zu erfahren. Später erfährt er, dass ein rätselhafter Gerichtshof eine geheime Akte über ihn besitzt, die er nicht einsehen darf. Die heutigen modernen Datenhändler unterliegen im Gegensatz zu den Wirtschaftsauskunfteien fast keinerlei Einschränkungen durch den Gesetzgeber. Es gibt kein Gesetz wie den Fair Credit Reporting Act, das von ihnen fordert, die Privatsphäre der Kunden zu wahren, Fehler zu korrigieren oder auch nur offenzulegen, welche Information in ihren Systemen über Sie und Ihre Familie abgespeichert sind.

Nach Vorfällen wie dem mit Seay und tausenden anderen zuvor hat der amerikanische Kongress unter der Leitung von Senator Jay Rockefeller aus West Virginia, der unabhängig arbeitenden amerikanischen Bundesbehörde Federal Trade Commission sowie dem Consumer Financial Protection Bureau – die beide unter anderem für den Verbraucherschutz zuständig sind (Anm. d. Ü.) – begonnen, die Reichweite der Multimilliardendollar-Branche der Datenhändler zu untersuchen.[11] Jeder Versuch, hier wesentliche Änderungen zu erzielen, wird auf heftige Proteste von Seiten der Datenhändler treffen; es geht einfach um zu viel Geld. Außerdem sind die Daten nun schon dort, und es ist sprichwörtlich nicht möglich, die Zahnpasta zurück in die Tube zu drücken. Inzwischen horten Acxiom und andere Ihre Daten. Ende 2013 gab Scott Howe, CEO von Acxiom, stolz bekannt, sein Unternehmen habe nahezu 1,1 Milliarden Cookies von Drittunternehmen gesammelt und die Mobilgeräte von über 200 Millionen Kunden identifiziert und profiliert. »Unsere digitale Reichweite wird bald fast jeden Internetnutzer in den USA umfassen«, bestätigte Howe.[12]

Durch das Data-Mining in öffentlichen Datenbanken und die Ansammlung dieses Wissens über alle persönlichen Daten, die die Menschen in den sozialen Medien preisgeben, wissentlich und unwissentlich, über sich selbst, ihre Freunde und ihre Familien, wurden Unternehmen wie Acxiom in die Lage versetzt, das umfassendste Informationsüberwachungssystem aller Zeiten zu entwickeln, das fast alle heute lebenden Amerikaner erfasst hat. Diese technologische Leistung ist die neue »Normalität« in unserer Datenüberwachungsgesellschaft und ist Teil der »Stalker-Wirtschaft«, wie der ehemalige Vizepräsident Al Gore bei einer Rede beim interaktiven »South by Southwest«- Festival in Austin, Texas im Jahr 2013 sagte.

Gore hat recht. Wie inzwischen für alle erkennbar sein sollte, ist die Überwachung das Geschäftsmodell des Internets. Man schafft »Gratis-Accounts« auf Websites wie Snapchat, Facebook, Google, LinkedIn, Foursquare und PatientsLikeMe mit Gratis-Downloads, darunter Spielen wie *Angry Birds*, *Candy Crush Saga*, *Words with Friends* und *Fruit Ninja*, und im Gegenzug erklärt man sich damit einverstanden, wissentlich oder nicht, dass diese Unternehmen alle Bewegungen verfolgen dürfen, die Daten darüber sammeln und sie verknüpfen und sie so oft wie möglich zu Höchstpreisen verkaufen dürfen, ohne Einschränkungen durch Regulierungen, Fragen des Anstands oder der Moral. Doch nur wenige nehmen sich die Zeit zu fragen, wer sonst noch Zugang zu all diesen Daten hat. »Dataveillance«, die Datenüberwachung, ist »das neue Schwarz« und ihre Anwendung, ihre Möglichkeiten und Stärken vermehren sich auf eine Weise, die Verbraucher, Regierungen oder Technologen sich nie hätten vorstellen können.

Du wirst analysiert

Wir alle hinterlassen heute im Lauf des Tages eine digitale Spur – einen unendlichen Strom von Telefonaufzeichnungen, SMS, Browser-Historien, GPS-Daten und E-Mails, die alle ewig leben werden. Die Auswertung dieser Informationen ermöglicht es Unternehmen mit weitaus größerer Präzision als bisher, potenzielle Kunden ausfindig zu machen, und diese Informationen sind wertvoller denn je zuvor. Nehmen wir zum Beispiel an, Sie interessieren sich für einen Familienurlaub in Miami Beach. Sie suchen auf Kayak nach Flügen. Später gehen Sie in ein Geschäft, kaufen Badebekleidung und bezahlen mit Ihrer Kreditkarte. Die Daten aus dem Kauf der Badebekleidung in Verbindung mit Ihren Browserdaten verstärken die Wahrscheinlichkeit, dass Sie sich für die Buchung eines Hotelzimmers in Miami interessieren. Nach dieser Verhaltensanalyse hat man nun quantifizierbare Daten, die für die Hotels in Miami wertvoll sind: Sie können sich um das Geschäft mit Ihnen gegenseitig überbieten und Werbung präsentieren, die Ihnen hochrelevante Informationen liefert, und Angebote, die auf dem von Ihnen beabsichtigten Verhalten basieren.

Google Now verspricht, »genau die richtige Information genau zur richtigen Zeit« zu liefern, das ist ein weiteres Beispiel für die tiefgreifende Analyse großer Datenmengen. Die App Google Now versorgt Kunden mit wundervoll passenden Informationen, die ihnen helfen, all die sie unsichtbar umgebenden Informationen zu erfassen und wirksam einzusetzen. Sobald die Nutzer die Bedingungen von Google akzeptiert haben, wird ihnen Google Now anzeigen, wenn ihre Freunde in der Nähe sind, Verkehrsmeldungen anbieten, die schnellsten Routen für den Heimweg und den Weg zur Arbeit nennen, automatisch den Wetterbericht am Morgen liefern, die Ergebnisse der Lieblingsmannschaften verfolgen und in Echtzeit festhalten. Google Now informiert Sie auf wunderbare Weise, wenn Ihr Flug verspätet ist, wenn Ihr Flugsteig geändert wurde, und bietet Alternativen, wenn es welche gibt. Weil Google Now weiß, wo all Ihre Termine stattfinden, und in Echtzeit überwacht, wo auf der von Ihnen geplanten Route Verkehrsstaus sind, wird die App Sie an Ihrem aktuellen Standort warnen und Ihnen raten, früher loszufahren, wenn Sie rechtzeitig zu Ihrem Termin kommen wollen. Mit Hilfe des sogenannten Geofencing wird Google Now Ihre To-do-Liste analysieren und sie mit Ihrer laufend verfolgten Position vergleichen, um Sie zu warnen, wenn Sie am Lebensmittelgeschäft vorbeifahren, wo Sie Milch kaufen sollten. Um in den Genuss dieses Füllhorns an Informationen und Bequemlichkeiten zu gelangen, müssen Sie nur Google Now Zugang zu Ihrem gesamten digitalen Fußabdruck gewähren, einschließlich Ihres Gmail-Posteingangs, Ihrer Suchhistorie im Web, Ihrer Hotelbuchungen, Flugpläne, Kontaktlisten, der Geburtstage Ihrer Freunde, Ihrer Reservierungen in Restaurants, Termine im Kalender, ebenso allzeitigen Zugang zu Ihrem aktuellen Standort über GPS auf Ihrem Mobiltelefon. Aus diesem riesigen Datensatz kann Google (und können auch andere) im Lauf der Zeit das aufzeichnen, was ein Geheimdienstspezialist als Ihr Lebensmuster bezeichnen würde. Daraus kann man Ihren aktuellen Standort vorhersagen und man weiß, was Sie tun und mit wem. Wie schrecklich bequem.

Doch was könnten Google oder andere Unternehmen, die Zugang zu Ihrem Lebensmuster hätten, noch daraus schließen? Nehmen wir zum Beispiel an, Ihr Telefon sei sechs Tage in der Woche auf dem Nachttisch in demselben Haus, in dem das Telefon Ihrer Frau liegt. Aus diesen Daten ließe sich logischerweise schließen, dass die Eigentümer der beiden Mobiltelefone zusammenleben und wahrscheinlich zusammen schlafen. Doch was ist, wenn eines Nachts das Handy auf dem Nachttisch neben dem einer anderen Frau liegt? Was könnten Google oder andere daraus über Ihre Treue schließen? Eine Analyse Ihrer Positionsdaten und der Telefone (und Apps) in Ihrer Umgebung bietet hervorragende Schätzwerte für die Stärke der Bindungen in Ihren persönlichen und beruflichen Netzwerken. Wird Ihre Datenspur über längere Zeit untersucht, werden noch weitaus mehr Enthüllungen über Ihr Leben möglich. Wissenschaftler in Großbritannien haben zum Beispiel die Aufenthaltsorte von Mobilfunknutzern in der Vergangenheit untersucht und konnten mit einfachen Verfahren der Datenanalyse bis auf 20 Meter genau vorhersagen, wo ein Mobilfunknutzer sich zur selben Zeit 24 Stunden später aufhalten würde, ein sehr wertvolles Tool sowohl für Werbetreibende wie auch für Stalker.[13] Heute weiß Ihr Telefon nicht nur, wo Sie waren, sondern auch, wohin Sie gehen.

Die Analyse Ihres sozialen Netzwerks und seiner Mitglieder kann auch höchst aufschlussreich über Ihr Leben, Ihre politischen Ansichten und sogar

Ihre sexuelle Orientierung informieren, wie eine am MIT durchgeführte Studie ergab. In der sogenannten Gaydar-Studie untersuchten Wissenschaftler die Facebook-Profile von 1500 Studenten an der Universität, darunter auch solche, die in ihrem Profil entweder keine Angaben zu ihrer sexuellen Orientierung gemacht hatten oder die als heterosexuell aufgeführt waren. Frühere Studien zeigten, dass schwule Männer mehr Freunde haben, die ebenfalls schwul sind (nicht überraschend), und damit hatten die MIT-Wissenschaftler einen wertvollen Datenpunkt, um die freundschaftlichen Verbindungen ihrer 1500 Studenten zu untersuchen. Als Ergebnis konnten die Wissenschaftler mit 78-prozentiger Sicherheit angeben, ob ein Student schwul war oder nicht.[14] Mindestens zehn Personen, die zuvor nicht als schwul identifiziert worden waren, wurden durch den Algorithmus der Forscher erkannt, und die Ergebnisse wurden durch persönliche Gespräche mit den Studenten bestätigt.[15] Während solche Ergebnisse im liberalen Cambridge keinen Anlass zur Beunruhigung bieten, könnten sie sich in den 67 Ländern, in denen Homosexualität noch verboten ist, als problematisch erweisen, zum Beispiel im Sudan, Iran, Jemen, in Nigeria und in Saudi-Arabien, wo ein solches »Vergehen« mit dem Tode bestraft wird.[16] Eine von der National Academy of Sciences veröffentlichte Studie unter 58 000 Facebook-Nutzern ergab, dass man allein anhand einer Untersuchung der »Gefällt-Mir«-Angaben sehr vertrauliche Einzelheiten und Persönlichkeitszüge mit erstaunlicher Genauigkeit bestimmen konnte.[17] Die in Zusammenarbeit mit der University of Cambridge durchgeführte umfassende Studie sagte voraus, ob die Nutzer einen hohen oder niedrigen IQ besaßen, ob sie emotional stabil waren oder ob sie aus schwierigen Verhältnissen stammten. Problematisch ist, wie sich häufig zeigte, dass die von uns preisgegebenen Daten von anderen ohne unser Wissen wie digitale Brotkrumen aufgepickt und auf eine Weise interpretiert werden können, die für uns schädlich sein kann.

Ich habe doch nichts zu verbergen

Als Maria Bartiromo von CNBC im Dezember 2009 den CEO von Google, Eric Schmidt, zu eventuellen Problemen für die Privatsphäre befragte, die sich aus dem zunehmenden Tracking von Verbrauchern über Google ergaben, antwortete Schmidt, wie inzwischen weithin bekannt wurde: »Wenn es etwas gibt, von dem Sie nicht wollen, dass es irgendjemand erfährt, sollten Sie es vielleicht ohnehin nicht tun.«[18] Schmidt und andere tun Fragen zur Privatsphäre ab mit dem Hinweis, wenn man nichts Falsches getan hat, brauche man sich auch nicht vor denen (Unternehmen, Regierungen oder Nachbarn) fürchten, die wissen, was man tut.

Diese Sichtweise findet sich auch beim Vorstandsvorsitzenden von Facebook Mark Zuckerberg, der sagte: »Privatsphäre ist nicht mehr die soziale Norm.«[19] Während Privatsphäre nicht mehr die Norm sein mag – zumindest für die allgemeine Öffentlichkeit –, scheint Herr Zuckerberg in seinem eigenen Leben einigen Wert auf seine Privatsphäre zu legen. Ende 2013 wurde bekannt, dass der CEO von Facebook zum Schutz seiner eigenen Privatsphäre 30 Millionen Dollar für den Kauf der vier sein Grundstück umgebenden Häuser ausgab, um vor Eindringlingen und Störungen sicher zu sein.

Sheryl Sandberg, Geschäftsführerin von Facebook, wies ebenfalls darauf hin, dass die Geltendmachung von Privatsphäre im Gegensatz zu »echter Authentizität« stehe. Sandberg merkt an: »Der authentische Ausdruck der Persönlichkeit wird in den kommenden Jahren noch wichtiger werden ... Und ja, an diesen Wandel zur Authentizität wird man sich gewöhnen müssen und man wird der verlorenen Privatsphäre nachtrauern.«[20] Wie bequem für Schmidt, Zuckerberg und Sandberg, dass diese »sich natürlich erbgebenden Veränderungen« sozialer Normen an ihre persönlichen und beruflichen Gewinne gekoppelt sind. Diese steigern sich dadurch, dass die Mengen an Informationen, die Sie über sich preisgeben, im größtmöglichen Ausmaß zu Geld gemacht werden – infolge ihrer höchst einseitigen Geschäftsbedingungen.

»Ich habe doch nichts zu verbergen« ist jedoch genau die falsche Einstellung in unserer neuen Datenüberwachungsgesellschaft. Schon die Wahlmöglichkeiten sind in ihrer Gegensätzlichkeit falsch: Entweder akzeptieren wir die totale Überwachung oder wir sind Kriminelle, denen man misstrauen muss. Wenn die Verfechter des »Nichts zu verbergen«-Arguments meinten, was sie sagen, dann hätten sie folglich nichts dagegen, wenn wir sie beim Sex mit ihren Ehepartnern filmen würden, wenn wir ihre Steuererklärung online stellen und ein Video ihres Toilettenganges auf der Riesenleinwand eines überfüllten Stadions zeigen würden, nicht wahr? Vielleicht sollten sie uns alle ihre Passwörter für ihre Online-Accounts schicken? Schließlich haben sie nichts zu verbergen. Tatsache ist, dass wir alle besondere private Momente in unserem Leben haben, die dadurch besonders werden, dass wir begrenzen, mit wem wir sie erleben.

Die Anhänger des »Nichts zu verbergen«-Irrtums brauchen vielleicht noch eine Lektion darüber, was wir zu befürchten haben, denn in unser aller Leben gibt es Einzelheiten, die wir lieber nicht offenlegen wollen. Zum Beispiel besitzen Google Voice, Skype, Ihr Mobilfunkanbieter sowie eine beliebige Anzahl von Regierungsstellen Aufzeichnungen von allen, die jemals eine Abtreibungsklinik, eine Hotline für Selbstmordgefährdete oder eine lokale Gruppe der Anonymen Alkoholiker angerufen haben. Die Datensammler wissen, wer auf einem seiner elektronischen Geräte »Cheerleader-Schlampen«, »Viagra« oder »Prozac« gesucht hat. Zwar halten sich alle diese Verhaltensweisen im gesetzlichen Rahmen, doch wenn Informationen darüber ans Licht kommen, hat das eine gewisse Wirkung in unserer Gesellschaft.

Wenn man bedenkt, dass allein Google und Facebook hunderte Petabytes von dauerhaft gespeichert Nutzerdaten besitzen, dann lohnt es vielleicht mehr, zu fragen, was wir in Zukunft gerne vertraulich behandelt wissen wollen, anstatt was wir zu verbergen haben. – Hätte es 1950 schon Facebook gegeben, wie würde man heute über einen unanständigen Witz von damals urteilen? Welcher zukünftigen Verbrechen könnten Sie überführt werden, ohne jemals wissentlich ein Gesetz übertreten zu haben? Sind Sie über die Grenze nach New Jersey oder Delaware gefahren, um beim Einkauf von Schulkleidung für die Kinder Steuern zu sparen? Ihre Belege von Handy und Kreditkarte dokumentieren Ihre Steuerflucht. Diese Fotografie vom Familienessen auf Twitpic, auf dem man sieht, wie Ihr 20-jähriger Sohn ein Glas Wein trinkt – ist ein Beweis für die Abgabe von Alkohol an einen Minderjährigen. Wie der Experte für Computersicherheit Moxie Marlinspike ausführte, gibt es »27 000 Seiten von Bundesgesetzen« in den Vereinigten Staaten, weitere »10 000 Verwaltungsvorschriften«: Wahrscheinlich haben wir alle etwas zu verbergen, wir wissen es nur noch nicht.[21]

Risiken für die Privatsphäre und andere unangenehme Überraschungen

Wie Mat Honan von *Wired* und der trauernde Vater Mike Seay erfuhren, können unsere persönlichen Daten in den Händen von Leuten landen, denen wir mit Sicherheit lieber keinen Zugang zu solchen Informationen gewähren würden. Die Kombination unserer Daten aus sozialen Netzwerken in Verbindung mit öffentlichen Datenbanken, Cookies, Beacon-Dateien und Orten kann eine Reihe unbeabsichtigter und sogar schädlicher Folgen haben. Anders gesagt, Ihre Daten werden zunehmend promiskuitiv. Sie fließen von einem System ins nächste, von Datenbank zu Datenbank, werden versteckt und über Netzwerke in Clouds weltweit verteilt, weitergegeben, verarbeitet und verkauft. Doch wie wir aus der realen Welt gelernt haben, kann Promiskuität oft zu Krankheit und anderen nicht beabsichtigen Folgen führen.

Ein Zwischenfall erinnert an das Debakel bei OfficeMax. Hier erfuhr ein

Mann aus Minneapolis, dass seine Tochter schwanger war, und zwar nicht von ihr, sondern von seinem Target-Geschäft vor Ort. Die Entdeckung machte er, als Target der Fünfzehnjährigen Coupons für Waren schickte, die nicht die Zustimmung des Vaters fanden. Bewaffnet mit den Coupons und einem an seine Tochter adressierten Brief ging der Vater erbost zur Target-Filiale und beschimpfte den Geschäftsführer. »Meine Tochter ist noch in der Highschool und Sie schicken ihr Gutscheine für Babybekleidung und Kinderbetten? Wollen Sie sie ermutigen, schwanger zu werden?«[22] Einige Tage später rief der Mann im Geschäft an, entschuldigte sich und sagte: »Es gab Vorgänge in meinem Haus, über die ich nicht vollständig im Bilde war. Sie wird im August niederkommen. Ich muss mich bei Ihnen entschuldigen.« Doch wie in aller Welt konnte man bei Target wissen, dass das Mädchen schwanger war? Durch den Vorhersagealgorithmus für Schwangerschaften natürlich, der die gesamte Kaufhistorie eines Kunden mit demografischen Daten zusammenführte, die von Datenhändlern gekauft waren. Bei Target ging man davon aus, wenn man die Frauen vor dem zweiten Drittel ihrer Schwangerschaft ausfindig machen und sie als Kundinnen gewinnen konnte, könnte man den Löwenanteil ihrer Einkäufe abräumen, nicht nur für Babywischtücher, Kinderbetten und Windeln, sondern auch für Spielsachen und Kinderkleider vom Kleinkindalter bis zur Pubertät. Nach einer umfassenden Studie stellten die Statistiker bei Target fest, dass Frauen mit dem Baby-Eintrag »zu Beginn des zweiten Schwangerschaftsdrittels größere Mengen unparfümierte Körperlotion kauften, dazu Vitaminpräparate, Nahrungsergänzungsmittel wie Kalzium, Magnesium und Zink«. Insgesamt konnte man bei Target 25 Produkte ermitteln, deren gemeinsame Analyse es erlaubte, jeder Kundin eine »Schwangerschaftsvorhersage-Punktzahl« zuzuweisen. Ließ man diese Ergebnisse durch die Millionen Kundinnen in den Datenbanken von Target laufen, konnten tausende und abertausende schwangerer Frauen identifiziert werden, noch ehe andere Unternehmen eine solche Verbindung hergestellt hatten. Bei Target und seinen Marketingspezialisten war man begeistert von dieser Entdeckung. Weniger erfreut war der Vater der Fünfzehnjährigen in Minneapolis, der von seinem zukünftigen Enkel über ein Gutschein-Mailing erfuhr. Wenn man bedenkt, dass Target im Jahr 2013 gehackt wurde, wobei die Finanzdaten von 110 Millionen Kunden betroffen waren, dann fragt man sich: Welche Garantien gibt es für die Kunden, dass die umfangreichen zusätzlichen Schätze höchst persönlicher Daten bei Target nicht auch gestohlen werden?[23] Können die Kunden Target oder anderen großen Einzelhändlern vertrauen, angesichts der Datenmengen, die gesammelt, gespeichert und analysiert werden? Wahrscheinlich nicht, und hier liegt das Problem.

Risiken drohen unseren persönlichen Daten nicht nur von Hackern, sondern, wie zunehmend bekannt wird, auch von Großdatenanalysen. Früher wurde der Großteil der gesammelten Daten einfach vorgehalten, da die Speicherkapazitäten die Möglichkeiten überstiegen, alles Gesammelte auszuwerten. Das verändert sich gerade, und unsere in den sozialen Medien wie Facebook preisgegebenen Daten tauchen nun auf unerwartete Weise wieder auf. Davon war auch Bobbi Duncan betroffen, eine 24-jährige lesbische Studentin der University of Texas in Austin. Sie kam aus einer streng christlichen Familie und hatte sich sehr bemüht, ihre sexuelle Orientierung vor ihren Eltern geheimzuhalten. Mit zunehmendem Selbstbewusstsein schloss sie sich einigen Studentengruppen auf dem Campus an, darunter auch dem Queer Chorus, um dort andere schwule und lesbische Studenten und Studentinnen ihrer Universität kennenzulernen. Als sie dem Chor beitrat, wurden sie vom Präsidenten des Queer Chorus willkommen geheißen, indem er sie zur Diskussionsseite der Gruppe auf Facebook hinzufügte. Das konnte er ohne ihre Zustimmung tun (auf Facebook gibt es keine Möglichkeit, Dritte daran zu hindern, einen in seine Gruppe aufzunehmen). Dadurch schickte Facebook eine automatische Benachrichtigung an die gesamte Liste von Freunden, dass sie dem Queer Chorus beigetreten war – darunter war auch ihr Vater. Zwei Tage nach Erhalt der Benachrichtigung schrieb Bobbis Vater eine Antwort auf seiner Facebook-Seite: »An euch Schwule. Geht zurück in eure Löcher und wartet auf GOTT. Er wartet auf euch Perverse. Viel Glück beim Singen dort.« Facebook outete eine heimliche Lesbe und veranlasste ihre Eltern, sich von ihr zu distanzieren. Bobbis Reaktion auf den ihr entstandenen irreparablen Schaden war eindeutig: »Ich gebe Facebook die Schuld … Was andere von mir sehen, sollten nicht andere entscheiden können.«[24]

Wenn man das Produkt des Internets und der sozialen Medien ist, steht man von der Schwierigkeit, dass Daten, die man in einem Kontext liefert, auf unerwartete Weise in einem anderen auftauchen können, mit beträchtlichen Folgen. Das ist der Fall bei der sehr beliebten »Gratis-«Dating-Site OkCupid. Die Nutzer auf der Suche nach Dates werden gebeten, auf der Seite einen Fragebogen auszufüllen. Die meisten gehen irrtümlicherweise davon aus, ihre Daten verblieben ausschließlich im System von OkCupid und würden nur für den Zweck verwendet, einen passenden Dating-Partner zu suchen. Ja, genau! Angeblich, um die besten Treffer zu erzielen, stellt OkCupid den Nutzern eine Reihe höchst persönlicher Fragen über die Zahl ihrer Sexpartner in der Vergangenheit, ob sie für das Recht auf Abtreibung sind, ob sie im Besitz einer Waffe sind, ob sie mit jemandem beim ersten Date schlafen würden, ob sie rauchen, ob sie oft Alkohol trinken oder illegale Drogen nehmen (welche Drogen und wie oft). Zumindest sehen das die Nutzer auf dem Bildschirm, wenn sie ihr Profil ausfüllen …

Was sie nicht sehen, sind die etwa 50 Unternehmen, an die OkCupid diese Informationen weiterleitet, darunter Werbeunternehmen, Datenhändler und Marketingfirmen. Um das Ausmaß dieses Datenabflusses zu erfassen, erstellte der Experte für digitale Sicherheit Ashkan Soltani, der früher bei der Federal Trade Commission arbeitete, einen Schein-Account auf OkCupid. Durch den Einsatz verschiedener frei verfügbarer Plug-Ins für Browser, zum Beispiel auch Collusion und mitmproxy, konnte Soltani beobachten, dass die Antworten der Nutzer von OkCupid in Echtzeit verarbeitet und an Dutzende von Datenhändlern weitergeleitet wurden. Als Soltani sein Testprofil bei OkCupid abgeschlossen hatte und angab, dass er häufig Drogen nahm, konnte er beobachten, dass eine Cookie-Datei seinen angeblichen Drogenkonsum an einen Datenhändler namens Lotame weiterleitete. Beim Anlegen eines vermeintlich vertraulichen Profils für einen »Gratis-«Online-Dating-Dienst wird man also hereingelegt und gibt Informationen heraus, die man sonst keinem Marketingunternehmen oder Datenhändler mitteilen würde. Es ist ein Trick: Dating ist nur die »Titelstory« für eine massive Datenerhebung. In einer darauffolgenden Recherche des Senders NPR zu Soltanis Versuch lehnten sowohl OkCupid als auch Lotame einen Kommentar zur Sache ab.[25] So sieht es aus in der unregulierten Welt der Datenhändlerbranche. Wer wäre sonst noch bereit, für das Archiv von OkCupid mit Ihrer Sex- und Drogenmissbrauchsgeschichte zu bezahlen? Ein Versicherungsunternehmen, potenzielle Arbeitgeber oder vielleicht der Staat nach Ihrer Fahrt unter Alkoholeinfluss im vergangenen Juni?

Auch wenn Sie »nichts zu verbergen« haben, können die Aufzeichnungen aus dem fortlaufend verfolgten sozialen Netzwerk und die Standortbestimmungen üble Auswirkungen für Sie haben und sogar Ihre Finanzen bedrohen. Eine Handvoll technischer Start-up-Unternehmen hat begonnen, sich mit der Nutzung von Freunden in sozialen Netzwerken zu befassen, um herauszufinden, ob sie kreditwürdig sind oder nicht. Ein solches Unternehmen, Lenddo, untersucht, ob Sie mit jemandem befreundet sind, der mit der Rückzahlung von Krediten im Rückstand ist, und wie häufig Sie mit dieser Person Kontakt haben. Ihre Kreditwürdigkeit kann also sinken, je nachdem, mit wem Sie auf Facebook befreundet sind.[26] Wenn Ihre Freunde auf Google+ und Pinterest Versager sind, besteht die Wahrscheinlichkeit, dass Sie das auch sind (laut den Göttern der Big Data). Facebook wird vielleicht die nächste Anstalt zur Überprüfung der Kreditwürdigkeit, wie die FICO, wenn die Sammler von Finanzdaten Ihre finanzielle

Situation anhand der Angaben über Ihre Freunde im sozialen Netzwerk bewerten.[27] Wie Ihnen Ihre Mutter schon sagte: Wählen Sie Ihre Freunde sorgfältig aus.

Tatsache ist, dass wir alle zu unserer eigenen digitalen Belastung beitragen. So, wie sich im 20. Jahrhundert keiner etwas dabei dachte, Industrieabwässer in einen Fluss zu leiten oder Abfall auf die Straße zu werfen, so sehen wir heute die langfristigen Folgen unseres Verhaltens im Netz nicht ab. Die Ursache der augenblicklichen Situation liegt in unserer fundamentalen Fehleinschätzung, was wir uns mit den sogenannten Gratis-Online-Diensten eingehandelt haben.

Die virtuelle Büchse der Pandora

Die Menschen teilen ihre persönlichsten Gedanken und Geheimnisse online mit, als befänden sie sich in einem Vieraugengespräch mit einem vertrauenswürdigen Freund. Wenn nur das Rechtssystem das auch so sehen würde. In den Vereinigten Staaten gelten soziale Netzwerke als öffentliche Räume und nicht als private, und jede Information, die dort weitergegeben wird, fällt unter die sogenannte »Drittanbieter-Doktrin«, nach der Nutzer keine vertrauliche Behandlung von Daten erwarten können, die die Anbieter dieser Dienste (Mobiltelefonanbieter, Internetprovider, Kabelgesellschaften und Websites) über sie erfassen.[28]

Diese bekannte Ausnahme zum vierten Zusatzartikel zur Verfassung der Vereinigten Staaten, der die Bürger vor willkürlichen Durchsuchungen und Beschlagnahmen schützen soll, besagt, dass alle geposteten Daten, unabhängig vom Format (und von Ihren Privatsphäre-Einstellungen), sowie auch solche Daten, die von Dritten erfasst wurden, mit denen sie in einer Geschäftsbeziehung stehen, nicht als privat gelten. Sie erfüllen nicht die verfassungsmäßige Vorgabe für persönliche Unterlagen, sondern stellen einen Bestandteil der Geschäftsunterlagen der im Besitz der Daten befindlichen Institution dar. Das mag schockieren, ist jedoch der augenblickliche Stand der Rechtsprechung in den Vereinigten Staaten und hat bekannte und weitreichende Folgen für alle Bürger online wie offline. In der Folge fließen Ihre Daten an Orte, wo Sie sie nie haben wollten, und Sie können sie nicht zurückholen.

Entsprechend tauchte das Wort »Facebook« im Jahre 2012 in einem Drittel aller Scheidungsakten auf.[29] Denn dies alles bietet hervorragendes Material für die 81 Prozent der Scheidungsanwälte, die zugeben, dass sie in den Websites der sozialen Medien nach potenziellen Beweisen gegen die Ehepartner ihrer Klienten suchen. Zum Beispiel sind alle auf Facebook und Twitter weitergegebenen Daten sowie alle Mobilfunk-Telefonate und GPS-Angaben, die sauber festhalten, wessen Handy wann neben wessen Handy lag, Freiwild im oft heftigen Gefecht einer Scheidung. Bilder, die ahnungslos im Lauf der Jahre auf all den Partys gemacht wurden, wo jemand mit glasigem Blick und einem Drink in der Hand zu sehen ist, werden nun zum Beweis, dass man ein schlechter Vater, eine schlechte Mutter ist, ein gefundenes Fressen im Kreuzverhör. Es ist durchaus zulässig, dass Ihre Frau bei der Anhörung zu Ihrer Scheidung das von Ihnen auf OkCupid angelegte Profil, das sie als Single ausweist (und das über Browser-Cookies an 50 Marketingunternehmen weitergeleitet wurde) vorbringt. Wenn ein Ehemann sich beschwert, seine Frau sei als Mutter unzuverlässig oder ungeeignet, findet er hier neue tatkräftige Unterstützung für seine Behauptungen in Form von Aufzeichnungen über hunderte Stunden, die sie in *FarmVille* und in *World of Warcraft* eingeloggt war, zu Zeiten, die zufällig mit all den versäumten Fußball- und Baseball-Spielen ihrer Kinder übereinstimmen. Doch die von uns weitergegebenen Daten betreffen uns nicht nur bei einer Scheidung, sondern auch im Berufsleben.

Eine Untersuchung von Microsoft über die persönliche Online-Reputation ergab, dass 70 Prozent der Personalexperten schon Bewerber aufgrund von online gefundenen Informationen abgelehnt haben.[30] Schlimmer noch, manche Arbeitgeber verlangen heute von Bewerbern und sogar von Angestellten die Passwörter zu den sozialen Medien. Sie wollen bei der Polizeidirektion in Norman, Oklahoma, im Justizvollzug in Maryland, bei der Stadtverwaltung von Bozeman, Montana oder bei der Virginia State Police arbeiten? Bewerber an diesen Behörden wurden aufgefordert, ihre Passwörter für Facebook und andere soziale Plattformen im Rahmen ihrer sogenannten Zuverlässigkeitsüberprüfung anzugeben.[31] So erhalten potenzielle Arbeitgeber Zugang zu all Ihren SMS, Fotos, privaten und öffentlichen Chroniken auf Facebook, Google, Yahoo! YouTube und Instagram. Zwar haben manche amerikanischen Bundesstaaten, zum Beispiel Kalifornien und Maryland, solche Praktiken gegenüber Angestellten trotz fehlendem Bundesgesetz verboten, aber in 80 Prozent der amerikanischen Bundesstaaten ist es weiterhin erlaubt, so dass die Daten weiter fließen.[32]

Zunehmend verlangen auch Lehrer und Schulbehörden diese Information von Schülern, ohne Berechtigung natürlich. Das passierte einem zwölfjährigen Mädchen der Mittelstufe in Minnesota. Ihr wurden unangemessene Kommentare auf ihrem Facebook-Account vorgeworfen.[33] Die Schülerin der Minnewaska Area Middle School hatte gepostet, sie »hasse« eine spezielle Angestellte der

Schule, die immer »gemein« zu ihr sei. Das Kind wurde zum Rektor zitiert, dort warteten Verwaltungsangestellte, ein Schulberater und ein Hilfssheriff und verlangten ihr Passwort, damit sie alle ihre Postings ansehen konnten. Ja, natürlich ist deswegen ein Prozess anhängig, doch die wachsende Zahl unerhörter Fälle zeigt, dass auch Ihre Kinder möglicherweise Daten verbreiten, die ihnen schaden können.

Sogar von College-Sportlern, zum Beispiel an der University of North Carolina und an der University of Oklahoma, verlangt man die Herausgabe ihrer Passwörter auf den Websiten der Social Media an ihre Trainer. Das ist eine Bedingung, wenn sie an den Unis Sport treiben wollen.[34] Manche Sportler wurden auch gezwungen, Überwachungssoftware auf ihren Computern zu installieren und Telefone von Unternehmen wie UDiligence zu verwenden, die die Aktivitäten der Studenten in Echtzeit verfolgen, um »sicherzustellen, dass die Sportabteilungen der Colleges vor schädlichen Posts durch studierende Sportler geschützt sind«.

Auch Behörden werden auf diesem Gebiet aktiv. Ein Studie der International Association of Chiefs of Police unter mehr als 500 Polizeibehörden ergab, dass 86,1 Prozent der Polizeibehörden heute routinemäßig auch die Social Media bei ihren Ermittlungen einbeziehen.[35] Auch die amerikanische Bundessteuerbehörde IRS schult seit 2009 ihre Ermittler, wie sie mit Hilfe der sozialen Netzwerke im Internet Nachforschungen über Steuerzahler anstellen können, und auch die nationale Einwanderungs- und Ausländerbehörde USCIS schulte im Jahr 2010 ihre Mitarbeiter im Einsatz der sozialen Medien, »um das tägliche Leben der Antragssteller und Leistungsempfänger zu beobachten, denen Betrug unterstellt wird.«[36]

Bundesbehörden erhalten über verschiedene Wege leicht Zugang zu Ihren Daten in den sozialen Medien, durch richterliche Anordnungen, durch National Security Letters (in der Regel durch den FBI) und andere Verwaltungsanordnungen gegenüber Ihren Providern, die Sie nach der Third Party Doctrine, der Ausnahme zum vierten Zusatzartikel, nicht einmal über die Anfrage informieren müssen. AT&T berichtete zum Beispiel über fast 302 000 Datenanfragen im Jahr 2013 im Zusammenhang mit zivil- sowie auch strafrechtlichen Fällen. Die Anfragen kamen von lokalen Behörden und auch von Bundesstaats- und Bundesbehörden. Darunter waren »248 000 richterliche Anordnungen, 37 000 Gerichtsbeschlüsse und über 16 000 Durchsuchungsbefehle«.[37] Im Jahr 2009 gab Sprint bekannt, dass das Unternehmen sogar einen eigenen Zugang für Strafverfolgungsbehörden eingerichtet hatte mit der Möglichkeit, (ohne Durchsuchungsbefehl) jedes Mobiltelefon von Sprint zu »pingen« und den Standort der

Nutzer in Echtzeit orten. Diese Möglichkeit wurde von der Polizei innerhalb eines Jahres über acht Millionen Mal genutzt.[38]

Die Daten, die der Staat nicht durch richterliche Anordnung erhält, die kauft er einfach. Die NSA und andere Regierungsbehörden bauten ihr weltweites Abhör- und Datenabschöpf-System nicht von Grund auf selbst auf. Sie kauften oder besorgten sich auf andere Weise eine vollständige Kopie dessen, was die Wirtschaft bereits gesammelt hatte. Das ist auch sehr sinnvoll: Warum sollte man etwas aufbauen, das man kaufen kann? ChoicePoint, heute im Besitz von Reed Elsevier, besitzt 17 Milliarden Daten über Unternehmen und Einzelpersonen und verkauft diese Daten an seine 100 000 Kunden, darunter 7000 Strafverfolgungsbehörden auf Bundes-, Einzelstaats- und lokaler Ebene.[39] Edward Snowden gab in seinen Enthüllungen an, die Central Intelligence Agency bezahle AT & T zehn Millionen Dollar im Jahr für ihre Daten, und deutete an, auch Verizon liefere Daten an die US-amerikanische Regierung.[40] Kommerzielle Datenhändler beeilten sich, ihre bezahlten Abonnement-Dienste Regierungsbehörden anzubieten, und lieferten den Strom von Informationen, den Sie in Ihren sozialen Netzwerken großzügig verteilten.

Eine brillante Parodie des Onion News Network nimmt den augenblicklichen Sachverhalt in einer Nachrichten-Parodie auf die Schippe:

> Heute genehmigte der Kongress weitere Mittel für Facebook, das riesige Online-Überwachungssystem der CIA. Berichten zufolge hat Facebook nach seiner Gründung im Jahr 2004 fast alle anderen Programme des CIA zur Datenerhebung ersetzt. [Ein angeblicher CIA-Sprecher merkte an:] »Nach Jahren geheimer Überwachung der Öffentlichkeit waren wir erstaunt, was so viele Menschen freiwillig öffentlich preisgeben: ihren Wohnort, ihre religiösen und politischen Ansichten, eine alphabetische Liste ihrer Freunde, persönliche E-Mail-Adressen, Telefonnummern, hunderte Fotos von ihnen selbst, sogar Updates zu ihrem Status, was sie im Moment so treiben. Für die CIA ist ein Traum wahr geworden.« Viel Dank schulden wir dafür dem CIA-Agenten Mark Zuckerberg, der das operative Tagesgeschäft von Facebook für den CIA leitet.[41]

So amüsant und treffend diese parodistische Meldung auch klingen mag, die Weitergabe unserer persönlichen Daten sowohl an zwielichtige Datenhändler als auch an Regierungsbehörden ist kein Witz. Aufgrund des großen technischen Fortschritts sinken die Kosten für die Überwachungswirtschaft in exponentiellem Ausmaß. Es ist nicht mehr notwendig, große Teams von Agenten zu beschäftigen, die sich an Ihre Fersen heften und Sie zu Fuß oder in Fahrzeugen verfolgen, wenn Sie eine Stadt durchqueren. Stattdessen hat eine Studie ergeben, dass durch den Einsatz der Fernüberwachung von Mobiltelefonen, Online-Aktivitäten, Daten aus sozialen Netzwerken, GPS-Informationen und finanziellen Transaktionen die Regierung nur »574 Dollar im Jahr ausgibt, um jeden Amerikaner zu verfolgen – nur 6,5 Cent pro Stunde«[42].

Als der ehemalige ostdeutsche Stasi-Mitarbeiter Wolfgang Schmidt das wahre Ausmaß der Spionagefähigkeiten der NSA sowohl im Inland als auch im Ausland erfuhr, räumte er öffentlich ein: »Ein solches System wäre für uns ein wahrgewordener Traum gewesen.«[43] Schmidt merkte an, während seiner Tätigkeit für den höchst gefürchteten Staatssicherheitsdienst der ehemaligen Deutschen Demokratischen Republik konnte man im ganzen Land nur 40 Telefone gleichzeitig abhören. Die heutige Technologie macht es möglich, alle Anrufe und Internetdaten zu jeder Zeit zu überwachen. Er warnte: »Es ist größte Naivität, wenn man annimmt, einmal erfasste Informationen würden nicht verwertet… Das ist einfach so in Geheimdiensten. Die einzige Möglichkeit, die Privatsphäre zu schützen, ist es, dem Staat gar nicht erst zu gestatten, Ihre Daten zu erfassen.«

Wissen ist Macht, der Code ist König und Orwell hatte recht

George Orwell schilderte in seinem dystopischen Roman *1984* einen allmächtigen Überwachungsstaat, der von einer privilegierten kleinen Elite beherrscht wurde, die unabhängiges Denken als »Gedankenverbrechen« verfolgte.[44] Orwell hätte das NSA-Debakel vorhergesehen, doch weniger klar ist, ob er Acxiom, Facebook und Google vorhersehen konnte. In jenen Fällen war es nicht die Big-Brother-Regierung, die »uns etwas antat«, sondern es war eher so, dass wir uns etwas antaten. Wir ließen zu, dass wir für wenig Geld monetisiert und zu einem Produkt gemacht wurden, indem wir persönliche Daten, die Milliarden Dollar wert sind, an neue Eliten verschenkten, die die Gelegenheit erkannten und ergriffen. Wir akzeptierten alle ihre einseitigen Geschäftsbedingungen, ohne sie jemals zu lesen, und sie maximierten ihre Profite, ungehindert von Regulierung oder Aufsicht. Wir haben wohl einige coole Produkte dafür erhalten, und *Angry Birds* ist auch wirklich witzig. Doch jetzt, wo wir all diese Daten verschenkt haben, haben uns die mächtigen Giganten mit nahezu staatsähnlicher Macht in der Hand und sie machen mit unseren Informationen und unserem Leben, was sie wollen.

Professor Lawrence Lessig von der Harvard Law School stellte in seinem Buch *Code and Other Laws of Cyberspace* aus dem Jahr 1999 einleuchtend dar, dass die Befehle im Code jedes Softwareprogrammes, jeder App und jeder Plattform das Internet wie Gesetze und Vorschriften formen und beschränken. Wenn also Facebook oder Google einseitig ihre Bedingungen für die Dienste verändern, so dass unsere Nachrichten öffentlich werden oder unsere Fotos gegen unseren Willen in der Werbung verwendet werden dürfen, dann ist das, als wäre ein neues »Gesetz« verabschiedet worden. Der Code ist letztendlich Gesetz.

Vielleicht ist dann die einzige Möglichkeit, aus einem solchen System herauszukommen, seinen Account zu schließen oder erst gar nie einen anzulegen? Leider sind beide Alternativen problematisch und werden zunehmend unmöglich. Ein Artikel in der *New York Times* meldete, dass Facebook all Ihre Daten aufbewahrt, auch wenn Sie ihren Account gelöscht haben.[45] Selbst wenn Sie sich entscheiden, nicht an einem Online-Netzwerk teilzunehmen, würden Ihre Freunde Sie weiterhin auf Bildern markieren, das GPS-System in Ihrem Auto würde immer noch Ihren Standort aufzeichnen und der Einzelhändler Target würde alle Ihre Einkäufe festhalten.

Die nie dagewesenen Datenmengen über uns, die wir Privatunternehmen anvertraut haben, stehen frei zur Verfügung – der Geist ist aus der Flasche gelassen, und wir können ihn nicht wieder einsperren. Unsere Online-Datenspur, ungeheuerliche Geschäftsbedingungen und verschwindend geringe gesetzliche Regelungen bieten modernen Datenhändlern die Möglichkeit, uns besser zu überwachen, als der Staat das könnte. Sie erfassen jeden Gedanken, jede Fotografie und jeden Ort und lassen ihn durch Großdatenanalysen laufen. Mat Honan, Bilal Ahmed, Mike Seay, Bobbi Duncan, Leigh Van Bryan und Emily Bunting machten alle die Erfahrung, dass mit unserer fortlaufenden Preisgabe von Daten gesellschaftliche Risiken und Nachteile verbunden sind. Doch die Folgen für die Privatsphäre sind nur eine der großen Bedrohungen, die von der exponentiell wachsenden Datenmenge ausgehen.

Hacker sind sehr bemüht, all die Daten zu stehlen, die Sie pflichtschuldigst über sich selbst im Netz angegeben haben, und brechen erfolgreich in die Computer von Datenhändlern und Internetriesen ein, die das alles speichern. Sony, Target und sogar das US-Verteidigungsministerium haben erfahren müssen, dass Daten in unsicheren Systemen gestohlen werden können. Alle gesammelten Daten werden schließlich abfließen, mit weitreichenden Folgen für unser Privat- wie unser Berufsleben und sogar für unsere Sicherheit.

Da wir das Produkt sind und nicht Kunde der Händler mit Riesendatenmengen, haben wir keine Kontrolle über unsere Daten und so auch nicht über unsere Zukunft. Die fortlaufende unregulierte und nicht gesicherte Anhäufung solcher Informationen ist eine tickende Bombe. Alle unsere Gedanken und Taten stehen der neuen aufstrebenden Klasse von Übeltätern zur Verfügung, die weitaus schlimmere Absichten hegen, als uns billige Windeln zu verkaufen oder unsere Versicherungssumme anzupassen. International organisierte Verbrecherbanden, Regierungen von Schurkenstaaten und sogar Terroristen bauen schnell ihren eigenen Datenhandel auf und verstärken ihre analytischen Fähigkeiten, um die größte Silbermine aller Zeiten auszubeuten, mit beängstigenden Folgen für uns alle.

KAPITEL 6

Big Data, Big Risk – Große Datenmengen, große Risiken

Am Abend des 26. November 2008 checkte ein 69-jähriger Mann in Zimmer 632 im luxuriösen Taj Mahal Palace Hotel in Mumbai in Indien ein. Der Gast, K. R. Ramamoorthy aus Bangalore, befand sich auf einer routinemäßigen Geschäftsreise. Er hatte keine Ahnung, dass sich sein Leben für immer verändern sollte.

Etwa um 11 Uhr hörte Ramamoorthy draußen Tumult, dann plötzlich ein Klopfen an der Tür. »Zimmerservice«, sagte eine Stimme. Ramamoorthy wusste, dass er nichts bestellt hatte, und ihn beschlich das Gefühl, dass etwas ganz furchtbar falsch lief. Beim Versuch, sich ins Badezimmer zurückzuziehen, stieß er versehentlich an die Tür und das Geräusch verriet seine Anwesenheit. Die Antwort folgte prompt: Ein Kugelhagel kam durch die Tür, zerstörte das Schloss und trennte den Geschäftsmann von der Außenwelt.

Zwei schwer bewaffnete Männer drangen in Ramamoorthys Zimmer ein und im Handumdrehen wurde er geschlagen, nackt ausgezogen und gefesselt. Es sollte die schrecklichste Nacht seines Lebens werden. Die Männer gehörten zu einer terroristischen Unterorganisation von al-Qaida aus Pakistan, der Lashkar-e-Taiba (LeT) und Ramamoorthy befand sich unglücklicherweise im Zentrum der tödlichen Belagerung in der Stadt Mumbai im Jahr 2008.

»Wer bist du und was machst du hier?«, wollten seine Kidnapper wissen. »Ich bin nur ein einfacher Lehrer«, antwortete Ramamoorthy. Natürlich wussten die Terroristen, dass kein indischer Lehrer sich einen Aufenthalt in der Suite im luxuriösesten Hotel der Stadt leisten konnte. Die Terroristen fanden den Ausweis ihrer Geisel auf seinem Nachttisch und kannten nun seinen echten Namen. Den gaben sie ihren terroristischen Befehlshabern über ihr Satellitentelefon durch.

Die LeT-Zentrale, die sie anriefen, sah aus wie jedes moderne militärische

Einsatzzentrum. Von Pakistan aus verfolgten die Anführer terroristischer Zellen den Verlauf ihres Angriffs auf die Menschen in Mumbai. Ihre Ziele hatten sie sorgfältig ausgewählt, darunter auch zwei Luxushotels, einen belebten Bahnhof, ein jüdisches Gemeindezentrum, ein beliebtes Touristencafé und sogar ein Krankenhaus für Frauen und Kinder. Vor Ort in Mumbai warfen die Terroristen skrupellos Handgranaten auf Unschuldige, die im Café saßen, und erschossen unbewaffnete Zivilisten, die nach der Arbeit auf den Zug nach Hause warteten.

Im Verlauf der Angriffe verfolgten die Befehlshaber in Pakistan in ihrer Kommandozentrale genau, was der BBC, Al Jazeera und örtliche indische Fernsehsender über das Vordringen ihrer Agenten und die Reaktion der indischen Regierung berichteten. Leider beschränkten die Terroristen ihre Informationssuche nicht auf Funk und Fernsehen; sie suchten auch im Internet und in den sozialen Medien, und das mit tödlichen Folgen.

Als die Terroristen, die Ramamoorthy festhielten, seinen Namen an ihren pakistanischen Stützpunkt durchgaben, führte das Einsatzzentrum schnell eine Suche über ihre Geisel im Internet durch. Augenblicke später fanden sie sein Foto. Dann seinen Arbeitsplatz. Sie erfuhren, dass Ramamoorthy kein unschuldiger Lehrer war, wie er angab, als er um sein Leben fürchtete, sondern der Vorstandsvorsitzende von ING Vysya, einer der größten Banken in Indien. Aufgrund des Fotos, das sie online von ihm gefunden hatten, baten die terroristischen Befehlshaber ihre Agenten im Taj Mahal Palace Hotel, den Mann, den sie vor sich hatten, mit dem Online-Foto des Vorstandsvorsitzenden der Bank zu vergleichen:

Eure Geisel, ist sie eher korpulent?
Ja.
Hat er eine Stirnglatze?
Ja.
Trägt er eine Brille?
Ja.

»Was sollen wir mit ihm machen?«, fragten Ramamoorthys Kidnapper. Augenblicke später kam die Antwort aus der Einsatzzentrale. Tötet ihn.

Eine einfache Internetsuche war alles, was die Terroristen brauchten, um im Nu über das Schicksal des älteren Mannes zu entscheiden. Wir mögen uns über Werbetreibende und Datenhändler sorgen, die unsere Privatsphäreneinstellungen auf Facebook missachten, doch Tatsache ist, dass unsere Offenheit gegen uns verwendet werden kann, auf eine Weise, wie wir es uns nie vorgestellt hätten. Wenn wir Daten preisgeben, wird diese Information nicht nur von Unternehmen oder Staaten erfasst. Kriminelle und Terroristen haben ebenfalls Zugang zu unseren Daten aus den Social Media und sie setzten sie mit tödlicher Präzision ein. In der heutigen Welt kann eine Suchmaschine buchstäblich darüber entscheiden, wer leben und wer sterben wird.

Die Männer, die den Angriff auf Mumbai ausführten, waren mit Kalaschnikows und RDX-Sprengstoff bewaffnet. Feuerwaffen und Bomben sind nichts Neues bei Terroranschlägen, doch diese LeT-Agenten sind Vertreter einer höchst beängstigenden neuen Generation von Terroristen. Sie hatten Möglichkeiten der Zukunft erkannt und bei jedem ihrer Schritte moderne Informationstechnologien eingesetzt. So konnten sie bei ihrem Angriff zusätzliche Opfer ausfindig machen und sie töten.

Als die Angreifer von Pakistan aus im Schutz der Dunkelheit übers Meer aufbrachen, trugen sie Nachtsichtgeräte und navigierten mit GPS-Handgeräten nach Mumbai. Sie hatten BlackBerrys mit PDF-Dateien der Hotel-Grundrisse und erkundeten mit 3-D-Modellen von Google Earth ihre Zielorte, suchten die optimalen Stellen für den Eintritt und den Austritt. Während des Tumults stimmten sich die LeT-Attentäter über Satellitentelefone, GSM-Handgeräte und Skype mit ihrer Kommandozentrale in Pakistan ab, die die Nachrichtensendungen, das Internet und die sozialen Netzwerke beobachtete, um ihrer Bodenangriffstruppe in Echtzeit taktische Anweisungen zu geben.

Als ein Beobachter ein Foto von Polizeikommandos tweetete, die sich von einem Hubschrauber auf das Dach des besetzten jüdischen Gemeindezentrums abseilten, fing das Kommandozentrum das Bild ab, informierte seine Angreifer und dirigierte sie zu einem Treppenhaus, das zum Dach führte. So wurden die Polizisten, die die Angreifer überraschen wollten, im Treppenhaus aus dem Hinterhalt angegriffen, als sie die Tür öffneten. Als die BBC meldete, Zeugen hätten angegeben, die Terroristen hielten sich in Zimmer 360 oder 361 versteckt, gab die Einsatzzentrale sofort den Befehl, die Position zu wechseln, um einer Ergreifung zu entgehen.

Zu jedem Zeitpunkt während der Belagerung nutzten die LeT-Angreifer leicht verfügbare Technologien zur Einschätzung ihrer Lage und um sich taktische Vorteile gegenüber der Polizei und dem Staat zu verschaffen. Sie beobachteten das Internet und die sozialen Netzwerke, nutzten alle zugänglichen Informationen und starteten sogar eine raffinierte Online-Spionageabwehraktion zum Schutz ihrer Attentäter. Zahlreiche Augenzeugen berichteten, wie LeT-Angreifer mit der Waffe in der rechten Hand die Geiseln erschossen, während sie mit der linken gleichzeitig ihre BlackBerry-Botschaften checkten, so sehr waren die

Terroristen während ihres gesamten Angriffs auf Mumbai von der Technologie abhängig.

Die Technologie war nicht nur entscheidend für den operationalen Erfolg der Belagerung, sondern wie wir in Kapitel 1 erfuhren, wurde der Angriff auch durch einen kriminellen Missbrauch der Technologie finanziert. Eine philippinische Hackerzelle, die für die al-Qaida-nahe Gruppe Jeemaah Islamiyah arbeitete, finanzierte die Operation durch ausgedehnte Internetkriminalität und Online-Betrügereien in Indien. Die Hacker schleusten ihre Millionen illegal erbeuteter Gewinne zurück zu ihren Führern in Saudi-Arabien, die wiederum Geldwäsche betrieben und die Mittel zur Lashkar-e-Taiba-Gruppe weiterleiteten, die für den brutalen Angriff auf die Menschen von Mumbai verantwortlich war.[1] Schließlich brauchte die Polizei 68 Stunden, um die Belagerung von Mumbai zu beenden. Angriffstrupps töteten am Ende neun Terroristen und nahmen den zehnten fest. Einer der Unschuldigen, die den Angriff überlebten, war K. R. Ramamoorthy. In dem Augenblick, als die LeT-Einsatzzentrale den Befehl gab, ihn zu töten, gab es eine Explosion im Taj Mahal Palace Hotel und seine Angreifer dachten, die Polizei hätte sie umzingelt. In dem kurzen Augenblick, als die Terroristen davonstürmten, um nachzusehen, konnte Ramamoorthy sich befreien und fliehen. Weniger Glück hatten die 166 Männer, Frauen und Kinder, die bei dem Blutbad an jenem Tag getötet wurden, ebenso hunderte weitere, die dabei schwer verletzt wurden.

Nehmen wir uns kurz die Zeit, zu überdenken, was dieser Terroranschlag nun für uns bedeutet. Zehn Männer, die nicht nur mit Waffen, sondern auch mit Technologie bewaffnet waren, gelang es, eine Stadt von 12 Millionen Einwohnern, die viertgrößte Metropole der Erde, komplett zum Stillstand zu bringen, mit einem Ereignis, das weltweit live gesendet wurde. Die Kämpfer waren in der Lage, während des Angriffs alle verfügbaren Informationen zu sammeln (traditionelle Medien, Internet, Mobiltelefon und soziale Netzwerke) und setzten sie zur Entscheidungsfindung während der Operation ein. LeT verwendete einfach die Daten, die die Öffentlichkeit verbreitete, und setzte sie in Echtzeit ein, um mehr Menschen zu töten und die Staatsmacht auszumanövrieren. Was werden sie morgen mit den Technologien anstellen? Die Lektion von Mumbai ist, dass die exponentiellen Veränderungen nicht nur für das Gute, sondern auch für das Böse gelten.

Daten sind das neue Öl

Alles um uns herum generiert ständig Daten. Jeder digitale Vorgang, jeder Sensor, jedes Handy, jedes GPS-Gerät, jeder Automotor, jeder medizinische Labortest, jede Kreditkartentransaktion, jedes Hoteltürschloss oder Schulzeugnis und jeder Austausch in den sozialen Medien produziert Daten. Smartphones machen aus menschlichen Wesen Sensoren, die riesige Datenmengen über uns generieren. Daher werden Kinder, die heute geboren werden, ihr gesamtes Leben im Schatten eines riesigen digitalen Fußabdrucks verbringen, wobei etwa 92 Prozent der Babys heute schon eine Online-Präsenz haben.[2] Vom ersten Ultraschallbild im Uterus, das ihre Eltern posten, bis hin zur Unterbrechung ihres über das Internet gesteuerten Herzschrittmachers mehr als 100 Jahre später wird jeder Augenblick von der Geburt bis zum Tod digital festgehalten und in der Cloud bis in alle Ewigkeit erhalten bleiben. Unser Datenkreislauf schläft nie, und im Jahr 2014 haben wir in jeder Minute jeden Tag

- 204 166 667 E-Mails verschickt
- 2 Millionen Mal die Suchmaschine Google befragt
- 684 000 Mal Content auf Facebook geteilt
- 100 000 Tweets auf Twitter versendet
- 47 000 Apps aus dem Apple App Store heruntergeladen
- 48 Stunden neue Videos auf YouTube hochgeladen
- 36 000 neue Fotos auf Instagram gestellt
- 34 Millionen SMS auf WhatsApp geschrieben[3]

Anders ausgedrückt haben wir alle zehn Minuten so viel Informationen geschaffen wie die ersten 10 000 Generationen menschlicher Wesen.[4]

Die Kosten, um all das zu speichern, fallen exponentiell. Ende 2014 konnte man eine Sechs-Terabyte-Festplatte bei Amazon.com für nur 300 Dollar kaufen und darauf alle Musik speichern, die weltweit in der Geschichte jemals aufgenommen wurde.[5]

Dieses ungeheure Wachstum in der Informationsinfrastruktur der Welt wurde als Big Data Revolution bezeichnet. Das Versprechen der Big Data ist, dass lange bestehende komplexe Probleme quantifizierbar und damit empirisch lösbar werden. Zum Beispiel in der Medizin. Wenn alle Patientendaten in elektronischen medizinischen Datenbanken aufgezeichnet sind, wird es für Ärzte leichter, diese Daten auszuwerten und so die effizienteste Behandlungsmethode zu finden, tödliche Wechselwirkungen zwischen Medikamenten zu entdecken und sogar das Entstehen von Krankheiten vorherzusehen, noch ehe sich die ersten Symptome zeigen. Unzählige Leben könnten gerettet werden.

In allen Branchen, im Einzelhandel, in der Logistik oder in der Pharmazie wird es durch Big Data zu einer ungeheuren wirtschaftlichen Wertschöpfung kommen, so groß, dass das Weltwirtschaftsforum die Daten kürzlich als »das neue Öl« bezeichnete.[6] Es steht eine Art neuzeitlicher Goldrausch bevor, bei dem hunderte Unternehmen wie IBM, Oracle, SAS, Microsoft, SAP, EMC, HP und Dell sich aggressiv organisieren, um mithilfe des Big-Data-Phänomens ihre Profite zu maximieren. Und wenn Daten das neue Öl sind, die moderne Währung einer digitalen Welt, dann haben die, die am meisten davon besitzen, am meisten Macht und Einfluss. Wie die ersten Ölbarone, wie John D. Rockefeller und J. Paul Getty ihre Ära beherrschten, so werden diejenigen, die heute die größten Datenmengen besitzen, auch herrschen, wie Mark Zuckerberg und Eric Schmidt demonstriert haben. Unternehmen wie Facebook, Google und Acxiom erschaffen die größten Datensätze über menschliches Verhalten, die jemals in der menschlichen Geschichte angesammelt wurden, und können diese Informationen für ihre eigenen Zwecke einsetzen, was auch immer diese sein mögen, sei es Profit, Überwachung, medizinische Forschung, politische Unterdrückung oder Erpressung.

Und wenn Daten das neue Öl sind, dann müssen sie wie andere, schon länger bestehende natürliche Ressourcen geschützt werden. Wir lassen nicht 100 Millionen Barrel Öl ungeschützt, doch genau das tun wir mit der großen Mehrheit der geschaffenen Daten. Der Schutz unserer digitalen Informationen ist nirgendwo auch nur annähernd so gut, wie er sein sollte. Die 100 Millionen Barrel Öl werden mit Wachen, Zäunen, Waffen, Videokameras und Sensoren auf dem Fördergelände und entlang der Pipelines gesichert. Doch was ist mit den 100 Millionen Kreditkarten und Kundendaten, die Einzelhändler wie Target gespeichert haben? Wie wir gesehen haben, sind sie in schlecht gesicherten und kaum geschützten Datenbanken aufbewahrt. Wenn man solche riesigen Schätze wertvoller Daten sammelt und sie nicht schützt, was wir dann wohl passieren? Unsere Fähigkeiten zur Erfassung und Speicherung von Informationen übersteigen bei weitem unsere Möglichkeiten, sie zu verstehen oder die Folgen abzusehen. Obwohl die Betriebskosten für die Speicherung aller Informationen auf der Welt gegen null gehen mögen, könnten die gesellschaftlichen Kosten viel höher liegen und riesige Verbindlichkeiten für die Gesellschaft und unsere Welt in der Zukunft darstellen.

Da können wir aus der Geschichte lernen. Willie Sutton, der berühmte amerikanische Bankräuber, stahl fast zwei Millionen Dollar in seiner mehrere Jahrzehnte währenden Laufbahn, die in den 1920er Jahren begann. Nachdem er vom FBI gefasst worden war, fragte ihn ein Reporter: »Hey, Willie, warum raubst du Banken aus?« Seine oft zitierte Antwort lautete: »Weil dort das Geld ist.« Sutton hätte auch zwei Millionen Menschen je einen Dollar rauben können, doch stattdessen entschied er sich für eine nachvollziehbare und zeitsparende Methode, indem er sich entschied, die Geldansammler zu berauben. Überrascht es dann, wenn Kriminelle sich an Target, Sony und andere Datensammler machen, wenn der Lohn so hoch und das Risiko so gering ist? Heute sind die Daten dort, wo das Geld ist.

Nach Gordon Moores Gesetz prägte ich ebenfalls einen Satz, um die mit den wachsenden Datenmengen einhergehenden Risiken zu beschreiben. Das ist also Goodmans Gesetz:

> *Je mehr Daten man produziert und speichert, desto mehr Daten wird das organisierte Verbrechen gerne nutzen.*

Schließlich werden Ihre persönlichen Daten kriminellen Kartellen, Wettbewerbern oder gar fremden Staaten in die Hände fallen. Big Data sind vielleicht das neue Öl, doch unsere persönlichen Daten sind eher wie waffenfähiges Plutonium – gefährlich, langlebig, und wenn sie einmal herausgegeben sind, kann man sie nicht zurückholen.[7]

Die US-amerikanische Regierung erkennt inzwischen, dass dieses Problem auch sie betreffen kann. Man denke nur an das Debakel mit WikiLeaks im Jahr 2010 und die hunderttausenden diplomatischen Depeschen der Geheimhaltungsstufe, die Chelsey (Bradley) Manning während seiner Arbeit als IT-Spezialist der Armee im Irak stehlen konnte. Nur wenige Jahre später lernte die Welt Edward Snowden kennen, der seine Fähigkeiten und seine Zugangsrechte als Systemadministrator der NSA nutzte, um Amerika und seinen Verbündeten Millionen höchst geheimer Dateien zu stehlen und sie an Journalisten weiterzugeben, damit sie sie online stellten. Manche bezeichneten diese Art des massenhaften Diebstahls und der Offenlegung von Daten als »zivilen Ungehorsam des Informationszeitalters«. Doch wenn Manning und Snowden (angeblich durch gründliche Hintergrundrecherche) solche Unmengen sensibler Daten der Regierung sammeln und entwenden konnten, was könnten sie alles tun, wenn sie bei Target, Citibank oder Apple arbeiten würden? Das exponentielle Wachstum der unternehmenseigenen Daten bedeutet auch, dass Betriebsgeheimnisse, Konstruktionspläne, technisches Know-how, Kundenlisten, Gehaltslisten von

Angestellten, Preiskalkulationen, Zulieferer und andere digital gespeicherte Informationen offengelegt werden können. Heute kann jedes Unternehmen, ob groß oder klein, einen Snowden in seiner Mitte haben, und das kann beträchtliche Folgen für seine Datensicherheit, den Datenschutz und das langfristige wirtschaftliche Überleben haben.

Schon ein beschädigtes E-Mail-Konto auf Facebook, bei Google oder Apple kann Hackern Zugang zu ganzen Jahrgängen Ihrer E-Mails, Termine, SMS, Fotos, Anrufe oder Kaufhistorien bei Amazon, zu Bankkonten- und Aktiendepots sowie Dokumenten bei Dropbox oder Google Drive verschaffen. Man muss jedoch bedenken, dass die Datenverluste, die wir uns heute vorstellen, verblassen werden angesichts dessen, was morgen möglich sein wird. In dieser Welt übersteigt unsere Fähigkeit, alle von Menschen und Maschinen geschaffenen Informationen zu sammeln und in alle Ewigkeit aufzubewahren, bei weitem unsere Vorstellungskraft, welche Risiken das mit sich bringt.

Schlechte Verwalter, gute Opfer oder beides?

Als Sony, Target und T. J. Maxx gehackt wurden, wessen Fehler war das? Waren diese Unternehmen unschuldige Opfer genial erfindungsreicher Cyberangriffe, die von raffinierten international organisierten Gruppen durchgeführt wurden? Oder waren sie äußerst unvorsichtig, was ihre Sicherheitsvorkehrungen betraf, und hatten nicht einmal grundlegende Schutzmaßnahmen für die hunderten Millionen ihnen anvertrauter Konten ergriffen? Die Antwort liegt zwischen diesen beiden Extremen. Nicht nur die Einzelhändler sind ineffizient, wenn es um den Schutz ihrer Kundendaten geht, sondern ebenso die Legionen von Start-ups im Internet und auch die Social-Media-Riesen. Vertraut man seine Daten Facebook, Google, LinkedIn und anderen an, muss man sich nicht nur die zahlreichen Folgen für die Privatsphäre bewusst machen, sondern ebenfalls die möglichen Folgen durch Kriminalität. Wie oft kommt das vor? Weitaus häufiger, als man es sich vorstellen kann.

Die Sicherheitsabteilung von Facebook selbst hat die erschreckende Tatsache eingeräumt, dass täglich mehr als 600 000 Konten gehackt werden. Haben Sie das verstanden? Das ist ein Konto alle 140 Millisekunden (ein Wimpernschlag dauert 300 Millisekunden).[8] Diese Daten können für den Diebstahl von Identitäten, für den kriminellen Missbrauch persönlicher Daten, Steuerbetrug, Lebensversicherungsbetrügereien und eine Reihe anderer Straftaten verwendet werden. Man bedenke die gewaltigen Mengen persönlicher Daten, die man auf

Facebook weitergibt, und was Kriminelle damit tun können. Der Mädchenname der Mutter, check. Geburtsort, check. Geburtsdatum, check. Fotografien der Kinder, check.

Die Beschädigung eines Facebook-Kontos ist nicht das eigentliche Ziel. Es ist nur der Anfang. Weil 75 Prozent aller Menschen dasselbe Passwort für mehrere Internetseiten und 30 Prozent dieselben Login-Informationen für alle ihre Online-Aktivitäten verwenden, kann Ihr Facebook-Passwort, wenn es einmal bekannt ist, auch für den Zugang zu Ihren Bank-, Kreditkarten- und E-Mailkonten verwendet werden.[9] Dazu gewähren Ihnen Dritte zunehmend mit ihren Facebook-Login-Daten Zugang zu weiteren Bereichen der digitalen Welt. Es ist zwar höchst bequem, über sein Facebook-Konto einzukaufen, Musik zu hören und Spiele zu spielen, doch wird dieser eine Zugang gehackt, sind auch alle anderen Dienste zugänglich.

Viele Social-Media-Unternehmen wurden gehackt, darunter auch LinkedIn (6,5 Millionen Konten), Snapchat (4,6 Millionen Namen und Telefonnummern), Google, Twitter und Yahoo!.[10] Das transnationale organisierte Verbrechen ist für 85 Prozent dieser Datenklaus verantwortlich, und ihr Ziel ist es, die größtmögliche Menge an Daten herauszuziehen, die bringen den größten Gewinn im Cyberuntergrund.[11]

Manchmal müssen sich organisierte kriminelle Gruppierungen nicht einmal in ein Computersystem hacken; es steht bereits sperrangelweit offen. Wie Raubtiere in der Steppe der Serengeti an einem toten Tier nicht einfach vorübergehen würden, weil es ein gefundenes Fressen ist, so sind auch Hacker gerne bereit, die Fülle aller frei zugänglichen Daten zu nutzen. So war es zum Beispiel im Jahr 2011, als das Mega-Cloud-Datenspeicher-Unternehmen Dropbox versehentlich die Nachfrage nach einem Passwort für alle Konten in seinem gesamten Netz abschaltete. So konnte jeder jede Datei einsehen, die je im Dropbox-Netzwerk abgelegt wurde.[12]

Sie denken vielleicht, wenn Ihre Konten in den Social Media derart beschädigt wurden und Sie Schaden erlitten haben, wie zum Beispiel den Diebstahl Ihrer Identität oder von zehntausenden Dollar, die von Ihrem Bankkonto gestohlen wurden wegen der Nachlässigkeit eines anderen, hätten Sie vielleicht ein Recht, diejenigen juristisch zu belangen, die Ihre Informationen so gefährdet haben. Natürlich ist das nicht der Fall. Sie haben auf all diese Rechte verzichtet, als Sie angeklickt haben: »Ich habe die Geschäftsbedingungen gelesen und akzeptiert.« Das ist ein Haftungsausschluss, der diese Unternehmen für den Fall solcher Einbrüche von aller Schuld freispricht.

Und Facebook stellt klar:

> Wir versuchen Facebook auf dem aktuellen Stand, virenfrei und sicher zu halten. Doch du nutzt Facebook auf eigenes Risiko. Wir stellen Facebook zur Verfügung »wie besehen«, ohne ausdrückliche oder stillschweigende Garantien …
>
> Wir garantieren nicht, dass Facebook immer sicher oder frei von Fehlern sein wird…
>
> Du stellst uns, unsere Direktoren, Führungskräfte, Angestellten und Beauftragten frei von Ansprüchen und Schäden, bekannten und unbekannten, die sich aus deinen Ansprüchen ergeben oder die in irgendeiner Weise damit verbunden sind.

Übrigens sind nicht nur organisierte kriminelle Gruppen hinter den massiven Datenlagerstätten her, die Sie bei Google, Yahoo! und Facebook geschaffen haben; auch Staaten, der eigene wie auch fremde, sind daran interessiert. Zum Beispiel veröffentlichte Google im Januar 2010 die Nachricht von einem massiven Angriff auf sein gesamtes Netzwerk und gab der chinesischen Regierung die Schuld. Google berichtete, die chinesischen Behörden seien an den E-Mail-Konten von Aktivisten in den Vereinigten Staaten, Asien und Europa interessiert, die sich besorgt über die Menschenrechte in China geäußert hatten. Ebenfalls Ziel des Angriffs waren Geschäftsgeheimnisse und der Quellcode von Google – genau die Software, mit der Google und seine Produkte laufen.

Obwohl Google einräumte, angegriffen worden zu sein, blieb es ein streng gehütetes Geheimnis des Unternehmens, welches Ausmaß der Angriff hatte und was gestohlen wurde. Später wurde jedoch bekannt, dass Hacker mit Verbindungen zur chinesischen Volksbefreiungsarmee den Quellcode für die weltweite Passwortverwaltung entwendet hatten.[13] Der Diebstahl des Quellcodes von Google könnte den Chinesen permanenten Zugang zu den Passwörtern von Millionen von Google-Nutzern weltweit verschafft haben. So hätte sich die Volksbefreiungsarmee langfristig im System von Google versteckt halten können. Haben Sie Ihr Passwort auf Google seit 2010 verändert? Wenn nicht, dann hat die Volksbefreiungsarmee wahrscheinlich eine Kopie davon. Ob nun das Internet und die sozialen Medien schlechte Verwalter unserer Daten, hoch gefährdete Opfer oder ein bisschen von beidem sind, Tatsache ist, dass alle Daten, die wir den Sites und Unternehmen anvertrauen, in die Hände von Kriminellen, Terroristen und anderen gelangen können.

Auch Datenhändler sind schlechte Verwalter Ihrer Daten

Wenn zwielichtige Datenmakler fast ohne gesetzliche Einschränkungen riesige Mengen von Informationen sammeln, besteht das Problem, dass diese Unternehmen ebenfalls gehackt werden können. Wenn Unternehmen wie Acxiom Trillionen von Daten über uns speichern, werden diese Aufzeichnungen Ziel des organisierten Verbrechens sein, denn dort ist das Geld, wie Willie Sutton uns sagt. Dieser Diebstahl großer Datenmengen geschieht seit vielen Jahren. In den Jahren 2002 bis 2003 wurden mehr als 1,6 Milliarden Kundendaten von Acxiom und seinen Kunden gestohlen. Laut Gerichtsunterlagen konnte der Hacker Scott Levine mehr als acht Gigabyte Dateien von Acxiom herunterladen. Das ist einer der gewaltigsten Betrugsfälle im Zusammenhang mit persönlichen Daten.[14]

Erst kürzlich, im Jahr 2013, verkaufte der Datenhändler Experian versehentlich die persönlichen Daten von fast zwei Dritteln aller Amerikaner an eine Gruppe organisierter Krimineller aus Vietnam.[15] Der sagenhafte Betrug hatte zur Folge, dass die Sozialversicherungsnummern von 200 Millionen Amerikanern nun Dieben weltweit zur Verfügung standen. Die erbeuteten Datensätze wurden im kriminellen Untergrund als »fullz« bezeichnet, weil sie alle Informationen beinhalteten, die Kriminelle benötigten, um im Namen ihrer Opfer Kreditkarten und Kredite zu beantragen. Zu dem massiven Sicherheitsverstoß kam es, weil Experian gegenüber der vietnamesischen Hackerorganisation nicht die erforderliche Sorgfalt hatte walten lassen. Diese hatte eine Scheingesellschaft gegründet, die sich als US-amerikanische Privatdetektivfirma ausgab, die die Daten für ihre Ermittlungen in Kriminalfällen verwenden wollte. Haben Sie das verstanden? Experian verkaufte 200 Millionen Nutzerdateien an einen Ring von Identitätsdieben. Die Daten wurden schließlich auf Dutzenden Hackerwebsites zum Verkauf angeboten, darunter auch SuperSet.info und FindGet.me. Es wurden nur 16 bis 25 Cent je Datensatz verlangt, bezahlbar nur über nicht verfolgbare Online-Bezahldienste wie Liberty Reserve und WebMoney. Das Unternehmen Experian erfuhr von dem Betrug und seiner Mitwirkung an der Sache erst, als der Secret Service mit dem Unternehmen Kontakt aufnahm, nachdem es die Informationen auf den Hackerwebsites im Angebot gesehen hatte.[16]

Und warum in aller Welt verkauft eine angeblich seriöse Firma die Daten ohne die erforderliche Sorgfalt? Die Antwort ist wie immer: Es geht ums Geld. Die Datenhändler verdienen Geld, wenn sie Daten verkaufen, nicht wenn sie sie schützen. Im Lauf der Ermittlungen wurde entdeckt, dass Kriminelle auf die vietnamesischen Daten mindestens 3,1 Millionen Mal zugegriffen hatten, ehe sie von der Website genommen wurden – doch da war der Schaden schon geschehen.[17]

Da Daten über uns alle so frei verfügbar sind, haben organisierte Verbrechergruppen nun schon eigene Datenhändler und Scheingesellschaften, die illegal beschaffte Daten zu jedem beliebigen Thema anbieten. Ein Beispiel dafür war die von russischen Hackern geschaffene Website mit dem Namen Exposed.su, auf der sie ihre Hackerfähigkeiten einer ähnlich kriminell gesinnten kaufinteressierten Öffentlichkeit präsentierten – Käufern im guten Glauben, wenn Sie so wollen. Die Hacker prahlten, sie könnten Daten über jeden beschaffen, und sie besaßen Kreditdaten über eine große Anzahl öffentlicher Personen der Politik, der Strafverfolgungsbehörden und der Unterhaltungsindustrie.

Um an ihre unrechtmäßig erworbene Ware zu kommen, drangen die Diebe in die Sicherheitssysteme des AnnualCreditReport.com auf der Equifax-Website ein und holten sich die kompletten Kreditauskünfte aller Zielpersonen. Zu den Opfern des Angriffs zählten Ashton Kutcher, Kim Kardashian, Jay-Z, Bill Gates, Beyoncé, Robert De Niro, Lady Gaga und Sean Combs. Ebenso wurden die Kreditdaten äußerst hochrangiger Vertreter der Regierung wie der First Lady Michelle Obama, des Vizepräsidenten Joe Biden, des ehemaligen Präsidenten George Bush, des FBI-Direktors Robert Mueller, des CIA-Direktors John Brennan, des Generalbundesanwalts der Vereinigten Staaten General Eric Holder und des Leiters der Polizeibehörde von Los Angeles Charlie Beck gestohlen.[18]

Sobald die Hackergruppe von Exposed.su die vollständigen Kreditauskünfte der oben Genannten hatte, stellte sie sie vollständig im PFD-Format online. Dort konnte die ganze Welt Sozialversicherungsnummer, Geburtsdatum, alle von ihnen je angegebenen Adressen, persönliche Telefonnummern, Strafverfahren gegen sie und andere aufschlussreiche persönliche Daten der Opfer lesen, zum Beispiel dass sie jeden Monat hunderttausende Dollar mit ihrer American Express Black Card ausgaben oder wie viele Millionen Kreditzinsen sie zahlen mussten. Die Kreditauskünfte der Betroffenen wurden fast eine Million Mal angesehen, ehe die Sites abgeschaltet wurden.[19]

Wie im letzten Kapitel erwähnt, legten Großdatenmakler stark segmentierte Listen mit Clustern von Einzelpersonen an, etwa »Weißer mit Abitur, lebt auf dem Land, ist familienorientiert, interessiert sich für die Jagd, das Angeln und sieht sich Rennen des amerikanischen Motorsportverbands NASCAR an«. Jetzt scheint es, als ob bestimmte Datenhändler auch Listen erstellten, die von direktem Nutzen für Gruppen des organisierten Verbrechens sind. Sie zahlen Höchstpreise für solche kriminell nutzbaren Kontaktdaten. Betrüger sind eine lukrative Einnahmequelle für Datenhändler, und so bietet die Datenbranche gerne auch Listen für die Belange krimineller Kunden. Zwar würden Datenhändler dem nicht zustimmen oder auch jede Verantwortung dafür ablehnen, was mit den Listen geschieht, die Cluster von Personen enthalten wie »leichtgläubige Rentner, die glauben wollen, dass ihr Schicksal sich wenden kann«. Aber letztendlich ist so etwas doch nichts anderes als eine Einladung für Finanzbetrüger, die Senioren um ihre Ersparnisse bringen wollen.[20] Für Datenhändler wie ChoicePoint, Experian und Equifax sind die wirtschaftlichen Anreize durch die Gefahr für die Öffentlichkeit und den Sicherheitsaspekt beträchtlich verschoben. Das trifft besonders im Zeitalter der Big Data zu, wo sich organisierte Kriminelle in der Branche des Wissensmanagements tummeln. Sie sind eine effiziente, effektive und arbeitsame Kraft in der Welt der Big Data, und je mehr Daten wir schaffen, desto mehr nehmen sie gerne auf.

Schäden durch soziale Netzwerke

Die sozialen Medien bieten günstige Gelegenheiten zum Identitätsdiebstahl, denn die Kriminellen finden gratis online alle notwendigen Informationen, um Sie zu verfolgen, sei es Ihr Geburtsdatum oder der Mädchenname Ihrer Mutter in Ihrem Facebook-Account. Sie denken vielleicht: »Kriminelle können das nicht sehen ... ich habe das in meinen Privatsphäre-Einstellungen blockiert.« Wenn das System nur so funktionieren würde, wie es angekündigt ist. Es gibt zahlreiche Gründe, warum jede Information, die Sie auf Facebook posten, zugänglich wird. Zunächst setzt Facebook wie oben erwähnt, wenn es seine Geschäftsbedingungen ändert, oft die Privatsphäre-Einstellungen auf die am wenigsten private Version zurück und macht so diese Daten allen zugänglich, vor allem seinen Werbekunden. Da zweitens täglich 600 000 Facebook-Konten gehackt werden, ist es nur eine Frage der Zeit, bis die Kriminellen auch zu Ihnen vordringen. Und schließlich: Da die Informationen aus den sozialen Netzwerken nun dort sind, »wo das Geld ist«, haben Kriminelle spezialisierte Tools in der Form von zielgerichteten Viren und Trojanern entwickelt, die Ihr Facebook-Konto und andere Accounts in den Social Media ohne Ihre Erlaubnis übernehmen.

Mindestens 40 Prozent aller Nutzer der Social Media sind schon einer Form von Schadprogrammen ausgesetzt gewesen und über 20 Prozent mussten schon die Erfahrung machen, dass ihr E-Mail-Konto gehackt oder von Dritten ohne Erlaubnis übernommen wurde.[21]

Die Betrüger bringen die Nutzer dazu, Links in Posts und Nachrichten anzuklicken, die angeblich von Freunden oder Kollegen stammen, das nennt man »Social Engineering«. Die Kriminellen nutzen unser Vertrauen in unser soziales Netzwerk, geben sich als Vertraute aus und bringen die Nutzer dazu, einen Link anzuklicken, der ihren Computer mit einem Virus, Trojaner oder Wurm infiziert. Darüber hinaus reagieren organisierte Verbrecherbanden sehr schnell auf Nachrichten und nutzen sie, um ahnungslose Nutzer zum Anklicken aufzufordern, so dass sie deren Computer infizieren können: Sei es ein Erdbeben in Haiti, die Verhaftung von Justin Bieber oder eine nackte Miley Cyrus, die Schlagzeilen sind zu gut, als dass man sie ignorieren könnte, und so klickt man sie an. Als der Flug MH370 der Malaysia Airlines über dem Indischen Ozean vermisst wurde, boten Betrüger gleich gefälschte Fotos des Flugzeugs und angebliche Videoaufnahmen an: »MH370 im Meer gefunden, erschreckende Aufnahme, soeben von CNN veröffentlicht.«[22] Die Botschaften verbreiteten sich wie ein Lauffeuer über die Social Media und trafen auf eine neugierige Öffentlichkeit, wobei niemand bemerkte, dass die Dateien mit Viren infiziert waren. Manchmal wird Neugier bestraft.

Zu den bekanntesten Schadprogrammen dieser Art zählte Koobface (ein Anagramm von »Facebook«), das die Facebook-Nutzer weltweit als Ziel hatte. Der bösartige Social-Media-Wurm verbreitete sich, indem er die Nutzer dazu brachte, einen Facebook-Link mit einer unmöglichen, unwiderstehlichen Überschrift wie »Ich habe dich nackt in diesem Video gesehen« anzuklicken. Wen würde eine solche Botschaft nicht interessieren? Leider kann ein neugieriger Klick eine Welle von Malware zur Folge haben. Sobald der Computer infiziert ist, stiehlt der Koobface-Wurm alle Login-Daten, die er auf Ihrer Maschine findet, auch die für Facebook, Skype, Yahoo! Messenger und Gmail. Koobface kann Ihren Computer auch zwingen, an Denial-of-Service-Angriffen gegen Dritte mitzuwirken, sowie Ihre Websuche-Ergebnisse und Klicks auf nicht vertrauenswürdige Websites weiterleiten.[23] Die Malware wurde von einer Hackergruppe in St. Petersburg in Russland entwickelt und verbreitet. Obwohl die Kriminellen identifiziert und sogar namentlich genannt wurden, weigerten sich die russischen Behörden, sie für ihre Verbrechen zur Rechenschaft zu ziehen.[24]

Natürlich sind heutzutage die Tools zum Angriff auf die Social Media optimiert und man muss nicht einmal ein Meister-Hacker sein, um Informationen zu stehlen. Firesheep ist zum Beispiel ein einfaches Plug-in von Firefox, das jeder downloaden kann, um die Facebook-Sitzungen anderer im Netzwerk oder ihre Facebook-Konten zu übernehmen. Wenn Sie zum Beispiel in einem Starbucks Ihren Facebook-Account öffnen und das Netzwerk dabei mit 25 anderen

Kunden im Café teilen, könnte sich jemand mit Firesheep an Ihrer Stelle in Ihren Account einloggen.[25] Ganz einfach. Sobald der Betrüger eingeloggt ist, kann er all Ihre persönlichen Informationen sehen, die Einstellungen Ihres Accounts ändern, in Ihrer Chronik in Ihrem Namen posten, was er will, und in Ihrem Namen Nachrichten an andere senden. Diese Technik wird manchmal als »Session hijacking« oder »Sidejacking« bezeichnet und ist lächerlich einfach.

Kriminelle nehmen Nutzer von Social-Media-Seiten auch über Apps und Online-Spiele von Dritten aufs Korn. Diese Angriffe gewähren ihnen Zugang zu Ihrem Bankkonto und können Ihre Kreditwürdigkeit schädigen. Das musste Lisa Lockwood aus Baltimoore im US-Bundesstaat Maryland erfahren. Eine Information, die ihr 17-jähriger Sohn einer Spiele-App auf Facebook gegeben hatte, wurde beiden zum Verhängnis. Das Spiel bot dem Teenager Extrapunkte, wenn er einen Kontoantrag ausfüllte und seine Sozialversicherungsnummer angab. Ohne nachzudenken und in der Hoffnung auf einen höheren Spielelevel füllte der Teenager den Antrag aus und hatte keine Ahnung, dass Betrüger innerhalb weniger Tage mit seiner Sozialversicherungsnummer sieben verschiedene Kredite für Autokäufe beantragen würden. Erst als ein Subaru-Volkswagen-Händler vor Ort die Mutter wegen des Kreditantrags für ein neues Auto anrief, erfuhr sie von dem Zwischenfall.[26]

Illegale Daten: Das Lebenselixier des Identitätsdiebstahls

Die explosionsartige Vermehrung der Daten hat zur Entstehung einer brandneuen Branche für das transnational organisierte Verbrechen geführt und das Resultat ist der massenhafte Identitätsdiebstahl. Nach Angaben des Congressional Research Service kostet der Identitätsdiebstahl die Amerikaner fast 21 Milliarden Dollar jährlich und über 13,1 Millionen Amerikaner werden angeblich jährlich Opfer von Identitätsbetrügern.[27] Das ist etwa ein Amerikaner alle zwei Sekunden.[28] Außerdem ist der Diebstahl dieser persönlich zuordenbaren Informationen ein Tor für weitere Verbrechen wie Finanz-, Versicherungs- und Sozialversicherungsbetrug, illegale Einwanderung und sogar für die Finanzierung von Terroristen. Das exponentielle Wachstum der Daten führt zum exponentiellen Wachstum der Online-Kriminalität.

Kinder sind die am schnellsten wachsende Gruppe unter den Opfern des Identitätsdiebstahls. Sie sind besonders angreifbar, weil sie keine Frühwarnsysteme wie die Erwachsenen haben. Wenn jemand Ihre Kreditkarte fälschlicherweise mit 500 oder 1000 Dollar belastet, würden Sie es wahrscheinlich in Ihrer nächsten Abrechnung bemerken, doch Kinder bekommen keine Kreditkartenabrechnung. Die Diebe stehlen ihre Identität, können sie 18 Jahre lang benutzen, und erst wenn diese jungen Erwachsenen selbst einen Kredit beantragen, vielleicht für ein Studium, erfahren sie, dass ihre Bonität von Informationsdieben geschädigt wurde.

Allein in den Vereinigten Staaten werden jährlich 500 000 Kinder Opfer des Identitätsdiebstahls.[29] Nach einer Studie des CyLab der Mellon University mit 40 000 Kindern ist für Kinder die Wahrscheinlichkeit, Opfer eines Identitätsdiebstahlt zu werden, erschreckende 50 Mal höher als für Erwachsene.[30] Kinder, vom Kleinkind bis zum Teenager, werden gezielt ausgewählt, weil sie keine Bonitätsgeschichte haben und so eine Tabula rasa für organisierte Verbrecherbanden sind. Eltern erfahren von den Straftaten erst Jahre später, wenn sie plötzlich mit aggressiven Inkassobeauftragten konfrontiert werden, die die unbezahlten Schulden ihrer Kinder eintreiben wollen. Angesichts der ausgedehnten Onlinepräsenz von Kindern und jungen Erwachsenen und der aggressiven Vorgehensweise der Datenhändler und Großunternehmen stellen die Identitätsdiebe eine erhebliche Bedrohung dar. Doch der finanzielle Aspekt ist noch nicht einmal das größte Problem. Die Daten, die wir preisgeben, können uns auch physisch in Gefahr bringen.

Stalker, Mobber und Ex-Partner – oh je!

Die Datenmengen, die online über Sie herumschwappen, nutzen nicht nur Identitätsdieben, sondern auch unzähligen anderen Kriminellen. Traditionelle Verbrechen können zunehmend auch mithilfe neuerer Technologien verübt werden. Big Data machen es möglich, dass traditionelle Verbrecher Sie mit größerer Präzision aufs Korn nehmen können. Da wir 24 Stunden am Tag und sieben Tage in der Woche online sind, sind wir immer erreichbar, auch für die, von denen wir lieber nicht erreicht werden wollen. Komisch daran ist, dass wir es Stalkern, Kriminellen und Personen, die uns belästigen wollen, durch die freiwillige Abgabe von Informationen oder durch Sicherheitslücken leichter machen.

Nehmen wir zum Beispiel das Cybermobbing. Zwar war Mobbing schon immer ein Problem an Schulen, doch bietet das Internet den Mobbern ständigen Zugang zu ihren Opfern, nicht nur auf dem Schulhof, sondern überall und zu jeder Zeit. Die Bedrohungen kommen online, über E-Mail, über die Social Media, Handys und sogar über SMS und Spiele. Nach Angaben des National

Crime Prevention Council sind fast die Hälfte aller Kinder von Cybermobbing betroffen.[31] Wenn junge Menschen permanent belästigt werden, erscheint ihnen ihre Situation aussichtslos; 20 Prozent aller Schüler der Mittelstufe haben daher eingeräumt, dass sie aufgrund von Cybermobbing schon »ernsthaft über Selbstmord nachgedacht« haben.

Kinder sind nicht die einzigen, die Opfer von Cybermobbing werden; Cyberstalking betrifft zunehmend auch die erwachsene Bevölkerung. Der ständig wachsende Datenfluss über uns und unsere permanente Online-Präsenz haben das Internet zu einem fruchtbaren Boden für eine neue Generation von Kriminellen, den sogenannten Cyberstalkern gemacht. Diese nutzen das Internet, »um ihre Oper zu belästigen, zu bedrohen und einzuschüchtern«. Cyberstalker schicken unerwünschte E-Mails, SMS, Posts, Tweets und verbreiten online Gerüchte über das Opfer. Mit den Daten, die jeder von uns täglich weitergibt, oder mit Daten von Datenhändlern können sich Cyberstalker leicht detaillierte Informationen über ihre Opfer beschaffen, zum Beispiel ihre Privatadresse, die Anschrift ihrer Arbeitsstätte und die Telefonnummern. Oft kommt es mithilfe dieser Informationen zur persönlichen Konfrontation zwischen Stalker und Opfer.

Facebook ist besonders nützlich für Stalker. Wir haben alle Hunderte von Freunden und viele haben wir noch nie getroffen. Es wäre klug, sorgfältiger zu überlegen, wer diese Freundschaftsanfragen tatsächlich verschickt. Christopher Dannevig suchte sich sein Opfer, die 18-jährige Nona Belomesoff aus dem australischen Sydney, über Facebook aus und studierte ihr Profil eingehend, ehe er mit ihr Kontakt aufnahm. Belomesoff schrieb häufig, dass sie Tiere liebte, und so kam ihr Stalker auf eine Idee, wie er sie zu einem Treffen überreden konnte. Unter Einsatz der Informationen aus den Social Media, die die junge Frau ahnungslos verbreitete, erstellte Dannevig ein falsches Profil unter dem Namen »James Green« und gab sich als Personalverantwortlicher einer bekannten Tierrettungsorganisation aus. Unter dem falschen Profil nahm Dannevig Kontakt mit Belomesoff auf, tauschte einige SMS mit ihr, freundete sich schließlich mit ihr an und gewann ihr Vertrauen. Kurz darauf schrieb er, es gebe ein Jobangebot bei der Tierrettungsorganisation und sie würde perfekt dazu passen. Belomesoff vereinbarte ein Treffen für ein Vorstellungsgespräch mit ihm und der Stalker bot an, die junge Frau zu der Tierrettungsstation in einem abgelegenen Gebiet außerhalb von Sydney zu fahren. Begeistert von der Aussicht, eine Arbeitsstelle mit ihren geliebten Tieren zu finden, willigte sie ein. Dort in dem verlassenen Außenbezirk Sydneys erdrosselte er das Mädchen.[32]

Die Gefahr, dass Fremde unsere Daten missbrauchen und uns stalken, ist real, doch sie verblasst angesichts der Gefahren, die im Zusammenhang mit häuslicher Gewalt drohen und von Menschen, mit denen wir einmal in einer intimen Beziehung standen. Facebook macht es leicht, den Exfreund, die Exfreundin oder Exehepartner aus purer, eher ungesunder Neugier heraus zu verfolgen. Neue Freunde, Updates zu Lebensereignissen, Veränderungen im Beziehungsstatus, Reiseziele und Urlaubspläne sind alle von großem Interesse für ehemalige Partner. Das Phänomen ist so verbreitet, dass der Begriff Facebook-Stalking schon Einzug in die Lexika gehalten hat.

Doch bei manchen lösen die von Expartnern verbreiteten Daten mehr aus als nur Neugier. In Beziehungen mit häuslicher Gewalt in der realen Welt gaben 45 Prozent der Opfer an, ihre Peiniger hätten sie auch online verfolgt und angegriffen und so bei vielen eine Posttraumatische Belastungsstörung (PTSD) ausgelöst. Daten aus den sozialen Netzwerken können auch Angaben über den Standort enthalten. Da Gewalttäter oft große Mühen auf sich nehmen, um ihre Opfer ausfindig zu machen, kann ein ahnungsloser Tweet, eine Anmeldung bei einem Konto oder ein Update zum Status schon so gefährlich sein wie eine Kugel. Paul Bristol flog zum Beispiel von Trinidad nach England, um seine Exfreundin zu erstechen, nachdem sie ein Foto von sich mit ihrem neuen Freund auf Facebook gepostet hatte.[33]

Eine weitere Herausforderung in der Welt der Big Data ist die Weitergabe von Informationen, die wir vertraulich behandeln wollten. Oft verraten uns die, denen wir persönlichste Einzelheiten aus unserem Leben anvertraut haben, besonders auch mit Fotos. Das Sexting oder die Weitergabe von explizit sexuellen SMS-Fotos über Mobiltelefone ist ein wachsendes Phänomen und rund 67 Prozent der Studenten im Collegealter geben an, daran beteiligt zu sein.[34] Leider verschwinden solche Fotos nicht einfach, sondern dieser Datenmüll fällt, wie alle anderen Datenformen auch, oft auf unerwartete Weise auf die Urheber zurück.

Auf Websites wie MyEX.com können Sitzengelassene Fotos ihrer Expartner posten. Es gibt über 700 Seiten mit Fotos von nackten Männern und Frauen sowie Texte voller Beschwerden über diese Personen – schrecklich schlechter Liebhaber, hat mich mit meiner Schwester betrogen, hat einen kleinen Penis! Eine weitere höchst beliebte Website heißt IsAnyoneUp.com und wurde von dem 24-jährigen Hunter Moore gegründet, für alle, die Nacktfotos von ihren Expartnern und Feinden einstellen wollen. Sie wurde von einer Viertelmillion Nutzern täglich besucht.[35] Das Phänomen ist so verbreitet, dass es einen eigenen Begriff dafür gibt: Racheporno. Moores Website listet neben den Bildern die Links zu den Facebook- und Twitter-Konten der Betroffenen, ihren vollständigen Namen sowie den Wohnort auf. So tauchte die Bloßstellung dieser Person immer auf, wenn ahnungslose Dritte ihren Namen bei der Google-

Suche eingaben. Zu jedem Nacktfoto gab es einen Kommentarbereich, wo alle, auch Moore selbst, diese Fotos kommentieren und sich darüber lustig machen konnten.[36]

Online-Bedrohungen für Minderjährige

Laut Pew Research Center sind heute 95 Prozent der jungen Leute in den Vereinigten Staaten online und 74 Prozent der Teenager im Alter zwischen 12 und 17 Jahren sind mobile Internetnutzer, die die Online-Welt oft über Handys und Tablets nutzen.[37] Dazu besitzen 95 Prozent der Jugendlichen zwischen 10 und 23 Jahren mindestens ein Konto in den sozialen Netzwerken.[38] Dieser Zugang zum Internet findet größtenteils ohne Aufsicht der Eltern statt, von denen 74 Prozent angeben, sie seien überfordert von der modernen Technologie und hätten weder die Energie noch die Zeit oder Möglichkeit zu überwachen, was ihre Kinder online treiben. Das ist bedauerlich, denn Cybermobbing durch Gleichaltrige stellt zwar eine Hauptursache für Stress unter Jugendlichen dar, doch in unserer zunehmend vernetzten Welt drohen ihnen noch größere Gefahren.

Kinderschänder nutzen die Technologie sehr effektiv, um Kinder für den sexuellen Missbrauch auszusuchen. Das Phänomen ist so verbreitet, dass es sogar eine eigene Fernsehserie zu diesem Thema auf NBC gab: *To Catch a Predator* (deutsch: Einen Kinderschänder fassen). Das Problem ist, dass vier von fünf Kindern es nicht erkennen, wenn sie sich online mit einem Erwachsenen unterhalten, der sich als Kind ausgibt.[39] Ihr neuer Online-Freund – das andere achtjährige Mädchen in der nächsten Stadt – könnte genauso gut ein Fünfzigjähriger in einem anderen Bundesstaat sein, der bereit ist, die Staatsgrenze zu überschreiten, um ein Kind zu entführen.

Da Pädophile bestimmte Präferenzen bei ihren Opfern haben (Alter, Geschlecht, Haarfarbe, Größe und so weiter), kann jedes in den sozialen Netzwerken oder an anderer Stelle online gepostete Foto zum Katalog oder virtuellen Marktplatz für Kinderschänder auf der Suche nach Opfern werden. Pädophile machen es sich zur Aufgabe, die neuesten Spiele zu kennen, die neuesten Kurznachrichtensysteme und die für Kinder interessanten virtuellen Welten und spüren ihre Opfer in jedem möglichen Online-Forum auf. Sie setzen dafür eine Vielzahl von Tools ein, von XBoxen bis hin zu iPads.[40] Falls Sie denken, der Bedarf an solchen Fotos sei begrenzt: Die Strafverfolgungsbehörden haben mindestens 22 Millionen solcher Bilder und Videos allein in den Vereinigten

Staaten aufgespürt und einige passwortgeschützte Websites mit Kinderpornografie haben bis zu 30 000 zahlende Mitglieder.[41]

Heute wächst der Umfang der pädophilen Bilder, nicht unbedingt, weil ein Erwachsener ein Kind entführt und missbraucht hat, sondern weil Jugendliche durch Täuschung und den Missbrauch sozialer Netzwerke leicht zum Ziel werden.

Das war der Fall bei Amanda Todd aus British Columbia in Kanada, die sich im Alter von zwölf Jahren in einem Live-Videochat auf der bei Teenagern beliebten Website blogTV überreden ließ, ihre Brüste zu zeigen.[42] Die anonyme Person, die sie darum bat, schien nett und machte ihr Komplimente, wie hübsch sie sei. In einem Augenblick jugendlicher Naivität entblößte sie ihre Brüste und dachte dabei, ihr Gesprächspartner sei ebenfalls ein Teenager. Nach einiger Zeit erkannte sie jedoch, dass sie es mit einer weitaus dunkleren Macht zu tun hatte. Ein Jahr nach ihrer Entblößung erhielt Amanda auf Facebook eine Botschaft von einem Mann unter einem Pseudonym, der verlangte, sie solle sich wieder nackt zeigen und vor der Kamera sexuelle Handlungen für ihn vornehmen. Sollte sie sich weigern, drohte er, ihr Oben-ohne-Video zu veröffentlichen. Um die Ernsthaftigkeit seiner Aufforderung zu unterstreichen, nannte der Erpresser Namen von Amandas Freunden und ihren Familienmitgliedern, ihre Adresse und ihre Schule und sagte, er würde allen ihr Video zeigen.[43] Das junge Mädchen weigerte sich, und die Schikanen begannen.

Ihr Peiniger legte unter ihrem Namen ein falsches Facebook-Profil an und verwendete eine Fotografie ihrer entblößten Brüste als Profilbild. Dann schickte er Freundschaftsanfragen an alle Freunde, Familienmitglieder und Lehrer, die er auf ihrem echten Konto gefunden hatte. Amanda bemerkte das erst, als die Polizei aus Sorge um die Folgen am Heiligen Abend um 16 Uhr bei ihrer Familie an die Tür klopfte. Amanda war entsetzt. Als sie wieder zur Schule ging, wurde sie laufend gemobbt und belästigt. Für den Teenager war der Druck unerträglich. Sie bekam Depressionen, Angstzustände und Panikattacken. Jeden Abend weinte sie sich in den Schlaf, ihre Freunde distanzierten sich von ihr und gaben ihr die Schuld an dem Video. Sie aß jeden Tag allein zu Mittag und begann sich selbst zu verletzen.

Um dem Schmerz und dem Spott zu entgehen, zog Amanda in eine andere Stadt und wechselte die Schule. Zu ihrem Unglück ging die Verfolgung weiter. Ihr Stalker verfolgte ihre Aktivitäten online und legte eine neue Facebook-Seite an, über die er ihre neuen Lehrer und Mitschüler über ihr Oben-ohne-Video informierte. An der neuen Schule wurde das Mobbing schlimmer und eine Gruppe Mädchen griff sie auf dem Spielplatz an, schlug und stieß sie in eine Matschpfütze. Zusätzlich zu ihren Verletzungen posteten die Täterinnen ein Video von ihrem Angriff auf YouTube. Als Amanda an diesem Nachmittag nach Hause kam, trank sie eine Flasche Bleichmittel, weil sie ihrem Schmerz und ihrem Leiden ein Ende setzen wollte. Ein Krankenwagen brachte sie in ein Krankenhaus, und ihr Magen wurde ausgepumpt. Amanda überlebte, doch die Belästigungen gingen weiter. Andere Schüler posteten Bleichmittelflaschen auf ihrer Facebook-Seite und forderten sie auf: »Mach es besser beim nächsten Mal.« Daraufhin postete Todd am 7. September 2012 ein neunminütiges Video über ihren Kampf mit dem Mobbing und ihre Selbstverletzungen.[44] In dem herzergreifenden Film teilte Amanda mit, wie es für sie war, gemobbt zu werden, dabei spielte sehr bewegende Musik im Hintergrund. Kurz darauf wurde der Schmerz zu stark für Amanda und sie nahm sich im Alter von 15 Jahren das Leben.

Amandas Video wurde nach ihrem Tod millionenfach aufgerufen. Manche Polizeiexperten hielten Amanda für das Opfer sogenannter Capper. Das ist ein besorgniserregender Trend, bei dem pädophile Banden Kinder online drängen, sich vor der Kamera auszuziehen, und sie dabei filmen. Schlimmer noch, die Pädophilen benutzen die Filme dann, um die Teenager zu erpressen, und fordern online und im realen Leben noch mehr sexuelle Handlungen.[45] Die Geschichte von Amanda Todd ist in vielerlei Hinsicht tragisch. Ein junges Mädchen gibt ahnungslos online etwas von sich preis, wird in den sozialen Medien und im realen Leben gestalkt und das endet mit ihrem Tod. Das ist tragisch, aber es ist kein Einzelfall. Der Trend breitet sich mit erschreckender Geschwindigkeit aus. Große Datenmengen bedeuten große Risiken und selbst von Erwachsenen weitergegebene unverfängliche Informationen können von Pädophilen missbraucht werden.

Im Jahr 2011 entdeckte die Polizei im australischen Melbourne eine Reihe von Kinderschändern, die einsame alleinerziehende Mütter als Zielgruppe hatten. Sie durchsuchten ihre Online-Profile nach Informationen über ihre Kinder.[46] Ziel der Pädophilen war es, sich bei ihnen unter falschem Namen und unter einem Vorwand zu Hause einzuschleichen und eine Beziehung zur Mutter des Kindes einzugehen. Sobald sie in deren Wohnung eingeladen wurden, nutzen die Pädophilen die Gelegenheit, wenn sie mit den jungen Töchtern der Alleinerziehenden allein waren. Räuber und Verbrecher spielen nach anderen Regeln und nutzen gern all unsere Daten, und das bringt eine große Palette unerwünschter Folgen für uns.

Hasser müssen hassen

Ihr Profil in den sozialen Medien macht Sie auch für Verbrechen aus Hass angreifbar – bei denen Fanatiker, Rassisten und Homophobe Einzelne aufgrund von Rasse, Religionszugehörigkeit, Überzeugung, Hautfarbe, Geschlecht oder sexueller Orientierung angreifen. Solche Vorfälle gab es auf Facebook, Instagram, ICQ, Twitter und zahlreichen anderen Diensten der sozialen Medien. Aufgrund der Vorwürfe, auf Facebook würden zahlreiche gewalttätige Hassreden verbreitet, sendete CNN eine Dokumentation mit dem Titel »Facebook/Hatebook?«.

Mit Online-Daten können Kriminelle ihre Opfer nach ihren eigenen Vorlieben auswählen. In einem Fall in Texas nahm ein Angreifer einen Schwulen zum Ziel, den er auf der Plattform MeetMe.com kennengelernt hatte. Nachdem der Angreifer ein Treffen mit dem Opfer vereinbart hatte, kidnappte er ihn, schlug ihn bewusstlos, fesselte ihn und warf ihn in seinen Kofferraum. Dann ließ er ihn an der Straße liegen.[47] Brice Johnson aus Fort Worth wurde angeklagt und sagte bei seiner Verhaftung, er habe dem Schwulen nur eine Lektion erteilen wollen, räumte aber ein, er »sei wohl zu weit gegangen«.

So erschreckend der Zwischenfall in Texas ist, das Ausmaß von Verbrechen aus Hass, die in den Vereinigten Staaten im Zusammenhang mit sozialen Medien verübt werden, ist gering im Vergleich zu den tausenden Angriffen, die in Russland von einer wachsenden Neonazi-Jugendbewegung verübt werden. In einer einstündigen Dokumentationssendung, die für den Sender Channel 4 in Großbritannien produziert wurde, dokumentieren Reporter über 15 000 Entführungen, bei denen Bürgerwehr-Banden Schwule auf der Straße und online verfolgten.[48] Die Opfer, meist Teenager, werden entführt, angegriffen und terrorisiert. Oft werden die Vorfälle bei den Entführungen dreist gefilmt. Die Angreifer fürchteten keine Bestrafung von der Polizei im Land, die die Taten stillschweigend duldete, und posteten die Videos ihrer brutalen Angriffe sowohl auf Facebook als auch auf Instagram, um ihre Opfer weiter zu demütigen.[49] Trotz zahlreicher online geposteter dokumentierter Beweise in hunderten von Fällen ist es noch nie zur Strafverfolgung oder zu Inhaftierungen gekommen, auch nicht, wenn die Opfer ermordet wurden oder dauerhafte Behinderungen zurückbehielten – das ist eigenartig angesichts der Fähigkeit der russischen Polizei, systematisch alle Internetaktivitäten in allen sozialen Medien im Land zu überwachen.

Einbruch 2.0

Haben Sie je auf Facebook erwähnt, dass Sie in den Urlaub fahren? Eine überraschend große Zahl von Menschen spricht online über ihre Reisepläne und darüber, wie sehr sie sich auf ihren Ausflug ins Disneyland oder das Wochenende am Strand freuen. Sie bedenken jedoch nicht, dass Kriminelle sehr gut in der Lage sind, solche Informationen aus dem Internet zusammenzusuchen und sie für ihre eigenen Zwecke zu nutzen (denken Sie an Goodmans Gesetz: *Je mehr Daten Sie generieren und speichern, desto mehr wird das organisierte Verbrechen gerne verwenden*).

Wenn früher ein Einbrecher ein Haus im Auge hatte, suchte er nach typischen Anzeichen dafür, dass die Bewohner im Urlaub sind – einem Stapel Zeitungen vor dem Haus oder einer Außenbeleuchtung, die nachts nicht angeschaltet wurde. Doch auch Einbrecher haben ihre Arbeitsmittel modernisiert und setzen zunehmend auf die moderne Technologie, um Ziele für ihre Einbrüche zu bestimmen. Willkommen in der Welt des Einbruchs 2.0. Diese Kriminellen durchsuchen zunehmend Ihre Posts auf Facebook, Google+ und Twitter nach Hinweisen, wie es jeder andere gute Verkäufer oder Akquisiteur tun würde. Eine Gruppe holländischer Computerentwickler hat aus Sorge über die von uns verbreitete Datenfülle eine Website mit dem Namen PleaseRobMe.com erstellt, um auf diese Bedrohung hinzuweisen. Dort versammelten sie Daten mit Positionsangaben aus Tweets und Anmeldungen bei Foursquare und legten mit den Daten eine durchsuchbare Datenbank an. Das Ergebnis: potenzielle Einbrecher konnten per Postleitzahl suchen, wer in ihrer Nähe für wie lange im Urlaub war und also für einen Raubzug in Frage kam.[50] Auswahl eines kriminellen Ziels per Mausklick.

Die Bedrohung ist nicht nur hypothetisch. Einbrecher durchsuchen tatsächlich die sozialen Medien. Im Jahr 2010 wurde ein solches Beispiel bekannt, als eine Gruppe Krimineller in Nashua im US-Bundesstaat New Hampshire auf Facebook nachsah, wann die Opfer von zu Hause weg waren. Die Polizei in Nashua ermittelte, dass die Kriminellen die neuesten Updates auf Facebook prüften, ehe sie mehr als 50 Einbrüche begingen und dabei Gegenstände im Wert von fast 200 000 Dollar erbeuteten.[51] Das sind nicht die Einbrecher aus Großvaters Zeiten. Kriminelle passen sich schnell an neue Technologien an, mit denen sie noch mehr Straftaten begehen können. Nach einer Studie aus dem Jahr 2011 unter verurteilten Einbrechern in Großbritannien räumten 78 Prozent ein, dass sie Facebook, Twitter und Foursquare durchsuchten, ehe sie eine spezielle Wohnung für einen Einbruch auswählten. Sie gaben auch an, dass sie Tools wie Google Street View nutzten, um das Grundstück vorher anzusehen und den Fluchtweg zu planen.[52] Diese Ergebnisse zeigen, auf welche Art Kriminelle die von uns verbreiteten Daten gegen uns verwenden.

Eine weitere Möglichkeit für Einbrecher, Sie als Ziel auszuwählen, sind die Standortinformationen, die in die von Ihnen geposteten Online-Informationen eingebettet sind. Wie bereits erwähnt sind diese sogenannten Metadaten in Fotografien, Filmen und Status-Updates enthalten, die Sie anderen über Ihre Mobilgeräte mitteilen, und sie geben Datum, Uhrzeit der Aufnahme, Seriennummer des Telefons oder der Kamera und vor allem Längen- und Breitengrad (GPS-Koordinaten) des Ortes an, wo das Bild aufgenommen wurde. Diese Metadaten sind zwar nicht unmittelbar sichtbar, wenn man einen Film oder ein Foto anschaut, doch sie liegen bereit und sind einsehbar für jeden, der in der Lage ist, ein einfaches Plug-in für den Browser herunterzuladen. Mit vielen Gratis-Tools werden Ihre Fotos plötzlich lebendig und erscheinen wie von Zauberhand auf einer Google Map, mit der jeder den genauen Ort sehen kann, wo dieses Bild aufgenommen wurde. Das ist das Wunder des »Cybercasing« – der Einsatz verborgener Geolokalisierungsdaten für die Planung von Straftaten.

Dieselben Metadaten sind in Millionen Fotos enthalten, die auf Verkaufs- und Versteigerungs-Sites wie Craigslist und eBay gepostet werden. Wird zum Beispiel ein Bild von einem Diamantring oder einem iPad auf Craigslist gepostet, können die exakten Ortsangaben der Wohnung enthalten sein, wo das Foto aufgenommen wurde. Mit diesen Informationen können technisch versierte Räuber Craigslist als Katalog für zukünftige Diebstähle nutzen.[53]

Als Keri McMullen und Kurt Pendleton aus New Albany in Indiana beschlossen, ihren Plasmafernseher und ihre Stereoanlage zu verkaufen, stellten sie Fotos der Artikel online. Einige Tage später erwähnten die beiden auf Facebook, dass sie am Samstagabend zu einem Konzert in der Nähe von Louisville fahren.[54] Mit diesen Informationen konnten Diebe die Wohnung ausrauben und die elektronischen Geräte mitnehmen. Die Einbrecher wussten, dass sie sich Zeit lassen konnten, weil das Paar einige Stunden auf dem Konzert verbringen würde. Am Ende fehlten der Flachbild-Fernseher, zwei Laptops, eine komplette Stereoanlage und eine hochwertige 35-mm-Digitalkamera. Das ist nur eine von mehreren Möglichkeiten, wie auch Kriminelle am E-Commerce teilhaben, indem sie Ihre Wohnung aus den von Ihnen preisgegebenen Informationen orten.

Gezielter Betrug und gezielte Morde

Eine weitere Möglichkeit, wie Kriminelle Vorteile aus Ihren Urlaubs-Postings und Ihrem Reisestatus schlagen, ist der Großelterntrick. Ja, Kriminelle durchsuchen die sozialen Medien und beobachten in Echtzeit, wie Sie Ihre Urlaubsfotos posten. Experten durchsuchen Ihre Daten im sozialen Netzwerk nach älteren Verwandten, meist Großeltern, die sie dann über einen »Unglücksfall« informieren. Der Schwindel funktioniert etwa so: »Hallo Großmutter? Ja, ich habe schlimme Neuigkeiten. Ihr Enkel Peter hatte einen schrecklichen Unfall auf Barbados. Das Krankenhaus akzeptiert seine amerikanische Versicherung nicht und weigert sich, ihn zu behandeln, wenn wir nicht 10 000 Dollar für die Operation aufbringen. Wenn Sie nicht helfen, schafft er es vielleicht nicht.« Wie die Täter das schaffen? Weil wir ihnen unwissentlich helfen, durch die Informationen, die wir in der neuen Welt der Big Data weitergeben. Facebook teilt der Welt – und auch dem organisierten Verbrechen – mit, wer genau Ihre Großeltern sind und wie man die gute alte Tante Margaret findet, um sie unter Druck zu setzen: »Es sieht wirklich schlecht aus … Peter ist ins Koma gefallen … Bitte schicken Sie uns das Geld sofort!« Hunderte Opfer sind auf einen solchen Schwindel hereingefallen und Millionen Dollar wurden über Western Union und MoneyGram verschickt.[55]

Wenn Internet-Trickbetrüger Accounts in den sozialen Netzwerken beobachten, kann Sie das einige tausend Dollar kosten, doch wenn Drogenhändler Ihnen auf Twitter folgen, kann es Sie das Leben kosten. Drogenkartelle richten eine Vielzahl hochentwickelter Programme zur Gegenspionage ein, um Daten in sozialen Netzwerken, in Blogs und von den Sonderleitungen der Behörden zu sammeln und daraus potenzielle Bedrohungen zu erkennen. Online-Kommentare, die als ungünstig für die Kartelle erkannt werden, werden sofort geahndet. Im September 2011 fanden Einwohner im mexikanischen Nuevo Laredo, ganz in der Nähe der amerikanischen Grenze, auf dem Weg zur Arbeit zwei Leichen, an Armen und Beinen an einer Fußgängerbrücke aufgehängt. Die Opfer, ein Mann und eine Frau Mitte zwanzig, waren schwer gefoltert worden, und die Frau war vollständig ausgeweidet. Über den hängenden Leichen stand eine ominöse Warnung auf einem riesigen Schild: »Das passiert mit Internet-Verrätern. Seid gewarnt, wir haben ein Auge auf euch.« Die Botschaft war nur mit »Z« unterzeichnet, ein Hinweis auf die Zetas, eines der größten und gewalttätigsten Drogenkartelle in Mexiko.[56] Diese Kartelle sind gewieft in ihren Kampagnen in den sozialen Netzwerken. Sie laden Fotos und Filme auf Facebook und Twitter hoch, auf denen sie ihre Opfer mit Kettensägen und Macheten enthaupten.[57]

Inzwischen setzen Terroristen soziale Medien nicht nur für organisatorische Zwecke ein, wie wir in Mumbai gesehen haben, sondern sie tweeten auch in Echtzeit, um die öffentliche Meinung zu beeinflussen und um die Angst bei ihren Zielpersonen zu erhöhen. Beim Angriff auf das Westgate-Einkaufszentrum in Nairobi in Kenia im September 2013 tweeteten die Mitglieder der al-Shabab-Gruppe, die den Angriff ausführten, live über ihr Gemetzel im Einkaufszentrum. Die Terroristen in Somalia ermordeten 63 unschuldige Zivilisten und verletzten fast 200 weitere. Die Gruppe postete sogar Fotos von ihrem Massaker auf Twitpic und beschuldigte die kenianische Regierung, sie richtete die Zerstörung im Einkaufszentrum an, dafür verwendeten sie den Hashtag #Westgate.

Folgen der Gegenspionage in Daten der Regierung

Organisierte Kriminelle und Drogenkartelle nutzen soziale Netzwerke, um Erkenntnisse über Regierungs- und Strafvollzugsbeamte zu sammeln. Als im Jahr 2010 zum Beispiel zwei Hilfssheriffs von Maricopa County in Arizona ein Fahrzeug wegen des Verdachtes auf Drogenmissbrauch anhielten, entdeckten sie bei der Durchsuchung eine Reihe von CDs mit Namen, Fotos und Facebook-Profilen von fast 30 Streifenbeamten und verdeckten Ermittlern.[58] Nichtstaatliche Akteure und Hackergruppierungen wie Anonymous und LulzSec sind ebenfalls hinter den Daten aus sozialen Netzwerken her, die Regierungsangestellte preisgeben.

In einem Vorfall im Jahr 2012 demonstrierte die Hackergruppe LulzSec ihre Macht und narrte sogar das FBI. Die Gruppe hatte die persönlichen E-Mailadressen spezieller Polizeibeamter angezapft, die im Bereich der Cyberkriminalität ermittelten. So konnten sie eine E-Mail über eine Telefonkonferenz zwischen dem FBI, Scotland Yard und anderen Polizeibehörden weltweit abfangen. Gegenstand der Konferenz? »Eine Diskussion über die laufenden Untersuchungen zu Anonymous, LulzSec, AntiSec und ihnen angeschlossenen Splittergruppen.«[59] Nach Erhalt der E-Mail brauchten die Hacker nur noch die Angaben zur Einwahl und den Zugangscode zu nutzen, und sie konnten die Konferenz unbemerkt mithören. Die führenden Strafverfolgungsbehörden der Welt sprachen über Anonymous und LulzSec und die Hacker saßen mit in der Leitung und hörten zu, wie die Polizei nichtsahnend über den Stand der Untersuchungen informierte. Die Konferenz wurde von LulzSec sogar aufgenommen und dann auf YouTube gestellt, und das brachte die beteiligten Polizeibehörden in große Verlegenheit.[60]

Also lieber kein Online-Profil?

Nicht unbedingt. Bei Facebook oder LinkedIn nicht mitzumachen, mag zunächst naheliegend erscheinen angesichts der Risiken durch die Preisgabe von Informationen im sozialen Netz. Doch der Boykott der sozialen Medien bringt ebenfalls Herausforderungen. Wenn Sie keine Online-Persönlichkeit besitzen, die Sie auch selbst kontrollieren, dann ist es extrem einfach für Kriminelle, mit den öffentlich über Sie bekannten Informationen ein Profil in den sozialen Medien anzulegen und es für eine Reihe krimineller Aktivitäten zu nutzen, vom Identitätsdiebstahl bis hin zur Spionage. Es gibt zahlreiche Beispiele für solche Vorfälle, besonders bei hochrangigen Persönlichkeiten. Ende 2010 erstellte eine organisierte Bande zum Beispiel unter dem Namen des Generalsekretärs der Interpol Ron Noble eine Webseite auf Facebook.[61] Die Täter übernahmen dafür sein offizielles Foto von der Website der Interpol, zogen Daten aus seiner offiziellen Biografie und erstellten damit das falsche Facebook-Profil in seinem Namen. Unter der Identität von Noble freundete sich die Gruppe organisierter Krimineller weltweit mit anderen hochrangigen Vertretern von Strafverfolgungsbehörden an und stellte ihnen über das soziale Netzwerk Fragen über interne Abläufe. Insbesondere versuchten sie Erkenntnisse zu Infra-red zu erlangen, einer weltweiten Undercover-Operation der Interpol, die zum Ziel hatte, wichtige international Gesuchte zu aufzuspüren und festzunehmen. Es ist unklar, wie viele auf den Betrug hereinfielen und wie viele Informationen herausgegeben wurden, doch Dutzende der hochrangigsten Polizeivertreter der Welt akzeptierten die falschen Freundschaftsanfragen.

Der Spion, der mich mochte

Auch die Industriespionage findet in den sozialen Netzwerken mächtige Verbündete.[62] Im ersten Kapitel dieses Buches erfuhren wir vom Windturbinenhersteller AMSC in Massachusetts, der fast eine Milliarde Dollar verlor, nachdem eine chinesische Spionageoperation seinen Computer-Quellcode gestohlen hatte.[63] Nicht erklärt wurde jedoch, wie der Angriff durchgeführt wurde.

Als die chinesischen Funktionäre beschlossen, den Quellcode von AMSC, der den staatseigenen Betrieb Sinovel mit Windturbinen beliefert, zu stehlen, genügte eine einfache Suche auf LinkedIn, um ihren Vertretern Zugang zu den Angestellten der Firma in Massachusetts zu verschaffen. Die Chinesen listeten alle Angestellten und deren Position auf und markierten Zielpersonen, die mit hoher Wahrscheinlichkeit den besten Zugang zum begehrten Quellcode von AMSC hatten. Eine Person davon war ein serbischer Ingenieur mit dem Namen Dejan Karabasevic, der oft im Österreich-Büro von AMSC arbeitete.

Die Chinesen begannen Karabasevic über viele Sites in den sozialen Netzwerken wie LinkedIn, Facebook und Twitter zu beobachten. Sie erfuhren, dass er eine unangenehme Scheidung durchlebte und vor kurzem bei der Arbeit versetzt worden war – das ist genau die richtige Angriffsfläche, wenn ein moderner Spionagedienst nach potenziellen Mitarbeitern sucht. Durch verschiedene gepostete Meldungen konnten die Chinesen Karabasevics »Lebensmuster« rekonstruieren – eine Karte mit seinen Lieblingscafés, Fitnessclubs, Restaurants, seiner Wohnung, seiner Arbeitsstelle, seinen Reisezeiten und seinem Tagesablauf. Sie erfuhren auch von seiner Vorliebe für asiatische Frauen. Mit all diesen Informationen begannen die Chinesen ihren Anwerbeprozess.[64]

Chinesische Unterhändler nahmen Kontakt mit Karabasevic auf und boten ihm eine »Beratertätigkeit« an. Am Ende konnten sie Karabasevic ohne große Mühe überreden, den Quellcode zu beschaffen, so dass Sinovel ohne AMSC eigene Turbinen bauen konnte. Das Wichtigste für Karabasevic war, dass seine chinesischen Unterhändler ihm ein Büro in Beijing einrichteten und ihm »so viel menschlichen Kontakt, wie er wünschte« versprachen, ... insbesondere mit den weiblichen Mitarbeitern«. Nach dem Diebstahl entdeckte man hunderte Skype-Chats und E-Mails zwischen Karabasevic und seinen chinesischen Unterhändlern. In einer Nachricht schrieb Karabasevic: »Alle Mädchen brauchen Geld. Ich brauche Mädchen. Sinovel braucht mich.«[65] Die Chinesen boten Karabasevic 1,7 Millionen Dollar für den Quellcode, um ihn finanziell abzusichern und seinen Bedarf an Begleitung zu decken. Die Kalkulation war faszinierend und lehrreich: Karabasevic erhält 1,7 Millionen Dollar; AMSC verliert eine Milliarde Dollar in der Bewertung und an geistigem Eigentum. Dieses nutzte Sinovel für den weltweiten Verkauf raubkopierter AMSC-Produkte. Das ist eine hervorragende Rendite, wenn man einmal die moralische Seite eines solchen Vorgehens außer Acht lässt.

Es sollte inzwischen deutlich geworden sein, dass das Meer von Daten, in dem wir schwimmen, zahlreiche Risiken birgt. Es findet nicht nur eine weitreichende Auswertung dieser Daten durch Internetunternehmen, Marketingfirmen und andere Datenhändler statt, sondern auch Kriminelle, Terroristen und Schurkenstaaten greifen uns laufend an, beobachten uns und sammeln unsere Daten. Diese Datenspuren werden immer länger, dank der Computer, die wir nun ständig bei uns haben – unserer Handys.

KAPITEL 7

I. T. telefoniert nach Hause

Am 21. März 2002 rief die 13-jährige Milly Dowler aus dem englischen Surrey ihren Vater an und sagte, dass sie bald zu Hause sein würde. Stunden später war der Teenager immer noch nicht zu Hause angekommen und Anrufe auf ihrem Handy blieben unbeantwortet.[1] Am folgenden Abend wurde das Gebiet umfassend durchsucht, und Millys Verschwinden war Gegenstand in den Abendnachrichten.[2]

Im Laufe der Ermittlungen suchte die Polizei in der Mobilbox der Vermissten nach Hinweisen. Anfragen bei ihrem Mobilfunkanbieter ergaben, dass fünf Tage nach Millys Verschwinden jemand Zugang zu ihrer Mailbox hatte und eine neue, an diesem Tag eingegangene Nachricht abgehört hatte. Diese Entdeckung gab den Dowlers Hoffnung, ihre Tochter könnte noch am Leben sein.[3] In den nächsten Wochen wurden weitere Nachrichten aus Millys Mailbox abgehört und gelöscht, und die Ermittler fragten sich, ob das vermisste Mädchen nur eine Ausreißerin war.

Leider war Milly keine Ausreißerin, sondern sie war entführt worden. Ihre Leiche wurde 40 Kilometer von dem Ort gefunden, wo sie sechs Monate zuvor das letzte Mal lebend gesehen worden war. Auf einmal war der Fall Milly nicht mehr nur eine Vermisstenanzeige, sondern ein richtiger Mordfall. Doch eine Sache beschäftigte die Polizei: Wer war wiederholt am Handy der jungen Frau gewesen, so lange nachdem sie vermisst und wahrscheinlich auch schon tot gewesen war? War es der Mörder? Ein eifersüchtiger Freund? Ihre Eltern? Fast ein Jahrzehnt lang blieb diese drängende Frage unbeantwortet, bis das Rätsel im Juni 2011 schließlich gelöst wurde. Wer der Schuldige war, hätte niemand erraten.[4]

Aus einem ausführlichen Artikel im *Guardian* war zu erfahren, dass Millys Mobiltelefon zu den Zielen der Hackerangriffe durch die britische Sonntagszeitung *News of the World* des Medienunternehmers Rupert Murdoch gehörte, ein Skandal, der in den Medien kurz als »Hackgate« bezeichnet wurde. Millys Telefon wurde also nicht vom Mörder, den Eltern oder einem Freund gehackt, sondern von Menschen auf der Suche nach einer Sensationsnachricht für ihre Boulevardzeitungen. Die arme Milly und die Dowlers waren nicht die einzigen Hackgate-Opfer; so erging es zahlreichen Prominenten, Politikern und sogar Mitgliedern der königlichen Familie, was angesichts des großen öffentlichen Interesses verständlich erscheint. Doch man fand heraus, dass die von *News of the World* beauftragten Reporter und Privatdetektive ihren Mobildatenklau letztlich weit über bekannte Persönlichkeiten der Öffentlichkeit hinaus ausgedehnt hatten. Schändlicherweise hackten sie auch die Mobiltelefone Verwandter von im Irak und in Afghanistan gefallenen britischen Soldaten, ebenso von Opfern der tragischen terroristischen Bombenangriffe in London vom 7. Juli 2005.[5] Die empörenden Vorgänge bei diesem Fall führten zu einem öffentlichen Aufschrei und zur Einstellung der Zeitschrift *News of The World* nach 168 Jahren ununterbrochenen Erscheinens. Dutzende Angestellte und Vertragspartner der Zeitschrift wurden verhaftet, darunter auch der Detektiv, der beauftragt worden war, Einzelheiten zum Verschwinden des jungen Mädchens herauszufinden.[6]

Natürlich waren die Strafen und Verhaftungen der Beteiligten kaum ein Trost für die trauernden Eltern. Für die Dowlers war die Nachricht, dass eine Zeitschrift Millys Telefon gehackt hatte, unfassbar. Hatte dieses gesetzwidrige Hacking des Mobiltelefons einer vermissten Dreizehnjährigen in irgendeiner Weise die Untersuchungen zum Aufenthaltsort ihrer Tochter behindert? Welche Ressourcen der Polizei wurden vergeudet beim Versuch, dem anscheinend vielversprechendsten Hinweis nachzugehen, der möglicherweise von Millys Mörder hinterlassen wurde – wertvolle Zeit ging verloren, in der ihr tragischer, viel zu früher Tod hätte verhindert werden können. Weder wir noch die Dowlers werden das je erfahren. Sie müssen jeden Tag für den Rest ihres Lebens mit der Tragödie und der brennenden Frage leben.[7]

Ein solches Vorgehen ist wirklich beklagenswert, doch leider nur allzu leicht durchzuführen. Die Sicherheit unserer Handys – des Geräts, das den meisten modernen Bürgern so wichtig ist – ist eine Farce. Leicht können sie vom organisierten Verbrechen, von Stalkern, Terroristen und sogar von Journalisten ohne Moral oder einen Funken Anstand angezapft werden.

Die Unsicherheit der Systeme der Mobiltelefonie

Mobiltelefone werden die Computer unserer Wahl. Diese »Spitzel in unseren Taschen« geben fortlaufend Informationen über unsere Aktivitäten und unseren Standort bekannt. So wie die Handys eine Fundgrube für Werbetreibende sind, so können sie auch von Kriminellen genutzt werden. Schlimmer noch, Mobiltelefone sind wahrscheinlich die unsichersten all dieser Geräte. Es ist bekannt, dass ihre Software leicht zu manipulieren ist, die daraus folgenden Risiken sind wenigen bewusst, und die Systeme zum Schutz sind unausgereift oder völlig unterentwickelt. Strafverfolgungsbehörden und Sicherheitsdienste sind seit Jahren in der Lage, Mobiltelefone zu orten und abzuhören, und nun sind diese Verfahren auch kriminellen Unternehmen und normalen Hackern zugänglich.

Heute gibt es Viren und Trojaner, die speziell dafür entwickelt wurden, Angreifern Zugang zu Ihrem Handymikrofon zu verschaffen und alle Töne der Umgebung aufzunehmen, selbst wenn Sie gerade nicht telefonieren. Alles, was Sie tun, und alle Daten, die Sie auf Ihrem Handy speichern – Ihre gesamte SMS-Geschichte, Ihr Adressbuch, Ihre Fotos, Anrufhistorie, Passwörter der sozialen Netzwerke und Kontoinformationen – können ausspioniert, gehackt und zur weiteren Nutzung an kriminelle Organisationen weitergegeben werden.

Mit Schadprogrammen auf Mobiltelefonen kann man permanent Ihren Standort verfolgen, und so können Kriminelle Ihre Position Echtzeit bestimmen und bequem auf einer Google Map verfolgen. Sogar die Videokamera an Ihrem Smartphone kann eingeschaltet werden (ohne Warnlicht), um Sie aufzunehmen. Es gibt so viele Videos auf YouTube, Websites mit Anweisungen und vorgefertigte kriminelle Softwareprogramme zu verkaufen, dass auch Neulinge ein Mobiltelefon hacken können. Es ist oft so einfach wie das Versenden einer infizierten SMS an die Zielperson.

Man fragt mit Recht, wie kann es sein, dass Mobiltelefone so gefährdet sind? Die Antwort lautet, das liegt am Betriebssystem. Die Betriebssysteme für Mobiltelefone sind neuer als ihre Desktop-Gegenstücke und sind unsicherer. Kriminelle wissen genau, dass die Welt der Big Data mobil wird, und konzentrieren ihre Bemühungen auf diesen Bereich, damit ihre Investitionen in Malware die größte Rendite bringen. Mobilgeräte sind die Plattform der Wahl. Sie sind auf die Person zugeschnitten, wir haben sie immer bei uns, und Kriminelle sind eifrig bemüht, sich hier anzupassen und auf dem neuesten Stand zu sein.

Im Jahr 2014 hatte McAfee bereits fast vier Millionen verschiedene Schadprogramme für Mobiltelefone identifiziert, das war eine Zunahme von 614 Prozent gegenüber dem Vorjahr.[8] Außerdem richten sich laut einer Studie von Cisco (die vom Senior Vice President des weltweiten Vertriebs Phil Schiller bereitwillig verbreitet wird) 99 Prozent aller Malware für Mobilgeräte gegen das Google-Betriebssystem Android.[9] Die Ergebnisse sind höchst beunruhigend angesichts der Tatsache, dass 85 Prozent der weltweit abgesetzten Smartphones Mitte 2014 Androids waren und dass bis 2017 die Auslieferung einer Milliarde zusätzlicher Mobilgeräte erwartet wird.[10] Natürlich ist die Open-Source-Eigenschaft des Android-Betriebssystems ein wichtiges Kaufargument, doch diese Offenheit und die Möglichkeit, sich die freie Software nach eigenen Wünschen anzupassen, bringt einen riesigen Nachteil mit sich – die verminderte Sicherheit. Die Mehrheit der Gerätehersteller und Telefonanbieter implementieren die Software einfach nicht gut.

Was macht den Datenklau mit Android-Geräten so einfach? Simpel gesagt ist es ein Mangel an Updates und Fehlerkorrekturen im Betriebssystem des Mobiltelefons. Es kommen ständig neue Versionen von Android heraus, um die Nutzer zu Upgrades zu zwingen. Dazu müssen die Telefonanbieter und die Gerätehersteller jede Installation von Android optimieren und anpassen, damit sie mit jedem einzelnen Telefonmodell funktioniert, und das ist ein teurer und zeitaufwändiger Prozess. Daher gibt es weitaus weniger Updates für die Geräte in der Android-Welt. Schlimmer noch, laut einigen Studien sind dieser Anpassungsprozess und die von den Mobilfunkanbietern und Geräteherstellern hinzugefügte unsichere Software für 60 Prozent der Sicherheitsprobleme im Android-System verantwortlich.[11] All die lästigen Apps und Dateien für das Erscheinungsbild, die mit Ihrem Telefon geliefert werden, nennt man Bloatware, auch Blähware genannt, weil sie Platz auf Ihrem Gerät brauchen, von zweifelhaftem Nutzen sind und wenig mehr als Marketinggimmicks für die Gerätehersteller oder Mobilfunkanbieter sind. Sie sind nicht nur lästig, sondern ihre schlecht durchdachte Implementierung ist auch für die Mehrheit der Sicherheitsprobleme auf Android-Geräten verantwortlich.

Im Vergleich dazu kontrolliert man bei Apple die gesamte Hardware und die Software im eigenen Ökosystem der Apple-Welt. So kann man bei Apple sicher sein, dass das Betriebssystem (iOS) reibungsloser funktioniert, und den Mobilfunkanbietern sind größere Veränderungen am Betriebssystem durch ihre Bloatware verboten. Ein Vergleich zwischen Android und iOS ist eindeutig: Fünf Monate nach Erscheinen der neuen Software im Jahr 2013 nutzten 82 Prozent der 800 Millionen Apple-Mobilfunknutzer iOS 7 die neueste Version des Mobil-Betriebssystems. Im Vergleich dazu nutzten nur etwa vier Prozent der Android-nutzer die neueste Version von Google-Android, die im selben Jahr erschienen war.[12] Das Frustrierende an diesen Zahlen ist: Wenn alle Android-Nutzer einfach das neueste Upgrade des Mobil-Betriebssystems hätten, könnten 77 Prozent der Sicherheitsprobleme größtenteils ausgeschaltet werden.[13] Weil Google und seine Partner die Sicherheitsupdates ihren Nutzern nicht weithin verfügbar machen, bleibt Kriminellen die Zeit, Lücken im Android-Betriebssystem ausfindig zu machen und für ihre Zwecke zu nutzen.

Vorsicht App

Rovio, Zynga und Snapchat sind nicht die einzigen, die Apps entwickeln, um Ihre Daten zu sammeln und zu verkaufen; auch organisierte Verbrechergruppen sind dazu übergegangen. Zwar könnte man logischerweise annehmen, jede App, die ein Entwickler in den App Store von Android oder Apple stellt, werde einer strengen Sicherheitsüberprüfung unterzogen, was den Code und den Entwickler angeht, doch so ist es nicht. Angesichts von über einer Million Apps sowohl in der Android- als auch in der iOS-Welt, gibt es auffallend wenige Überprüfungen von Menschenhand, wenn es überhaupt welche gibt. Das machen sich auch Kriminelle zunutze, die die App Stores für Mobilgeräte schon in vielen Fällen unterwandert haben. Ein Großteil der Überprüfungen läuft automatisiert über Computeralgorithmen, und die Betreiber der App Stores hoffen einfach, dass alles gut gehen wird.[14]

So kommt es häufig zu Fehlern, und es werden auf vermeintlich seriösen Seiten immer mehr Apps angeboten, die Malware enthalten. Im Jahr 2013 wurden im App Store von Google über 42 000 Apps mit Spyware und Trojanerprogrammen zum Abgreifen von Informationen gefunden.[15] Die Schadprogramme in diesen Apps zielen auf die Daten auf Ihrem Handy ab, speziell Finanzinformationen. Wenige Tage nach dem Start des App Stores Android Market hatten Kriminelle falsche Bank-Apps für größere Finanzinstitute weltweit hochgeladen. Die Apps waren höchst realistisch gestaltet, mit den echten Bank-Logos, Schriften und Farbskalen, das ließ sie glaubwürdig erscheinen. Zehntausende luden die Apps herunter, und als sie nicht funktionierten, riefen verärgerte Kunden bei ihrer Bank an und erfuhren: »Von uns gibt es noch keine Android-App.«

Cyberkriminelle haben aufgerüstet und zahlreiche weitere falsche Bank-Apps entwickelt. Im Jahr 2012 wurden nur 67 Bank-Trojaner gefunden, Ende 2013 waren es laut Kaspersky Lab bereits über 1300.[16] Bis heute wurden mobile Schadwarepakete gefunden, die die Kunden der größten Banken der Welt zum

Ziel hatten, zum Beispiel die Citibank, ING, Deutsche Bank, HSBG, Barclays und 66 weitere Finanzinstitute weltweit.[17]

Noch verbreiteter sind Schadprogramme in App Stores von Dritten. Auf dem offiziellen Android-Markt gibt es wenigstens eine beschränkte automatische Überprüfung, doch auf den Websites von anderen gibt es oft keinerlei Überprüfung. Daher fand man bei über 500 solchen App-Anbietern Malware in Android-Apps.[18] Wegen fehlender Sicherheitsüberprüfungen können Apps mit Viren und Trojanern fast unendlich lange im Angebot dieser Stores bleiben und bieten so den Entwicklern, die sie eingestellt haben, lebenslange Einkünfte.

Auch im Apple-App Store wurden schädliche Apps gefunden, wenn auch weitaus weniger.[19] Die Welt des Apple iOS wird streng reguliert und kontrolliert, doch vielen Nutzern ist diese Umgebung zu einengend. iPhone-Nutzer können beim Kauf ihrer Produkte nicht ihre Tastatur persönlich belegen, nicht ihre voreingestellten Browser wechseln, Dateien lokal verwalten oder Widgets auf ihren Bildschirm laden – all das sind Standardmöglichkeiten in Android. Um diese Einschränkungen zu umgehen, hacken viele Nutzer ihre eigenen iOS-Geräte mit spezieller Software, verschaffen sich Zugang zur Administratorebene der Handys und stellen Eigenschaften ein, die von Apple blockiert sind. Durch einen solchen Einbruch in iOS-Geräte erhalten tausende Nutzer Zugang zu Softwareprogrammen, die von Apple nicht offiziell genehmigt sind. Fast zehn Millionen Geräte sind so manipuliert worden und ihre Nutzer haben sich aus App Stores von Dritten wie Cydia mit Apps versorgt.[20] Zwar erhalten die Nutzer mit einem solchen Vorgehen viel mehr Möglichkeiten, doch dadurch setzten sie auch die iOS-Handys denselben Sicherheitsrisiken aus, die es im Android-System gibt, auch den Möglichkeiten zum Finanzbetrug.

Warum braucht meine Flashlight App Zugang zu meinen Kontakten?

Hunderte Millionen Smartphonenutzer weltweit haben sich die beliebte und bequeme Flashlight (deutsch: Taschenlampen-)App heruntergeladen. Die ist so praktisch, wenn man in einer Tasche seinen Schlüssel sucht oder spät in der Nacht eine Tür öffnen möchte, und die meisten haben dafür absolut nichts bezahlt. Doch warum braucht Ihre Flashlight App Zugang zu Ihren Kontakten? Warum fragt sie nach Ihrem Standort? Mein Standort sollte offensichtlich sein: Ich stehe im Dunkeln; deshalb brauche ich eine Flashlight App! Wie sich herausstellte, sind die Mehrheit dieser Apps nur bequeme Verfahren, an Ihre Daten zu gelangen, all Ihre Kontakte herunterzuladen, Ihren dauerhaften Standort zu bestimmen, Keystroke Logger zu installieren (das sind Programme, die Ihre Tastenanschläge verfolgen und diese Informationen weiterleiten, Anm. d. Ü.) und an Informationen über Ihre Finanzen zu gelangen.[21] Das Verbrechen wird hier in eine App gepackt und kriminelle Handlungen so einfach gemacht wie eine App für das Handy.

Wenn Sie diesen Apps Zugriff auf Ihre Daten gewähren, setzen Sie Ihre Daten einem Risiko aus, und das gilt insbesondere für das Android-System, das keine Möglichkeit bietet, vor der Installation einer App einen Zugriff nicht zuzulassen. Mit den Genehmigungen für einen Zugriff auf Mobilgeräte verhält es sich ähnlich wie mit den Geschäftsbedingungen: Wir klicken alle »ja«, denken aber nie über die Folgen dieser Entscheidung nach. Tatsächlich bedeutet das, dass ein Verbrecher oder krimineller App-Entwickler nun die Möglichkeit hat, über Ihr Mobilgerät einen Betrug zu begehen oder etwas von Ihrem Bankkonto abzuheben.

Kriminelle entwickeln auch Apps für den Telekommunikationsbetrug. Drei Viertel aller Handy-Malware nutzt Lücken in den Abrechnungssystemen und versendet SMS-Botschaften zum Premium-Preis, von denen jede zehn Dollar sofortigen Profit abwirft. Multipliziert mit hunderttausenden gefälschten Premium-SMS-Botschaften, ergibt das eine gewaltige Summe.[22] In einem Fall gelang es Betrügern, gefälschte Versionen höchst beliebter Spiele wie *Angry Birds* und *Assassin's Creed* in einem App Store anzubieten. Sobald die App heruntergeladen war, verschickte sie drei Premium-SMS-Botschaften zum Preis von 7,50 Dollar, ohne dass der Nutzer es bemerkte. In nur wenigen Stunden verursachten die Diebe so zehntausende Dollar falsche Gebühren.[23]

Gekidnappte Handys werden, zusammengeschlossen in sogenannten Botnets, zunehmend für den Versand von Spam verwendet.[24] Botnets sind eine Ansammlung von versklavten, mit Malware infizierten Computern, die zusammenarbeiten und unter dem Kommando von Hackern oder Kriminellen riesige Mengen von Spam versenden oder an DDoS-Angriffen beteiligt sind, ohne dass der rechtmäßige Besitzer des Geräts davon Kenntnis erhält. Während Botnets früher auf Desktop- oder Laptopcomputer begrenzt waren, werden inzwischen ebenso Millionen von Handys requiriert, und diese Drohnen-Geräte werden von Kriminellen und Hackern gesteuert und sind dann ein Teil dieser exponentiell wachsenden »Zombie-Networks«.[25] Diese Riesen-Netzwerke aus gehackten Geräten stehen jederzeit einsetzbar für ein beliebiges Ziel bereit. Bedenkt man, dass zehnmal mehr Mobilgeräte als Desktops und Laptops abgesetzt werden, dann wird klar, dass die Zukunft den Mobilgeräten gehört. Auch Kriminelle haben erkannt, dass die Zukunft des Datendiebstahls, der DDoS und der Malware mobil ist.[26]

Sogar legale Apps können ein Risiko für Sie und Ihre Daten darstellen, wenn sie schlecht programmiert sind oder Sicherheitsschwächen enthalten. Das war der Fall bei der höchst beliebten Foto-App Snapchat. Damit können Nutzer »Selfies« (oft handelt es sich um Nacktbilder) versenden, die dann angeblich nur wenige Sekunden nach der Ankunft auf dem Telefon des Empfängers verschwinden. Über eine Milliarde Fotos wurden mit dem Dienst verschickt, und Ende 2013 versuchte Facebook vergeblich, das Unternehmen für drei Milliarden Dollar zu erwerben. Anfang 2014 wurde bekannt, dass durch eine Sicherheitslücke bei Snapchat Millionen von iPhone-Nutzern DDoS-Angriffen ausgesetzt waren.

Durch diese Sicherheitslücke konnten Hacker zum Beispiel tausend Snapchat-Botschaften in nur fünf Sekunden an ein spezielles Telefon schicken und es so zum Absturz bringen. Es war dann erst wieder nutzbar, wenn ein Neustart für das Gerät durchgeführt wurde.[27] Außerdem verschafften sich Hacker Zugang zu fast fünf Millionen Nutzerkonten bei Snapchat und veröffentlichten auf einer Hackerseite eine Datenbank mit den Namen und Telefonnummern der Nutzer.[28] Schlimmer noch, es wurde bekannt, dass die Haupteigenschaft von Snapchat – die Möglichkeit, Nacktfotos zu senden, die sich in zehn oder weniger Sekunden selbst zerstören – ebenso fehlerhaft war. Die Bilder zerstörten sich nicht wie versprochen selbst, sondern konnten sowohl auf dem Gerät des Empfängers als auch auf den Snapchat-eigenen Servern gefunden werden.[29] Das Ergebnis war, dass zehntausende gelöscht geglaubte Fotos im Internet wieder auftauchten und auf Instagram sowie auf zahlreichen Rache-Porno-Seiten gepostet wurden. Die Fotos wurden dann zur Erpressung und für andere Verbrechen genutzt.[30]

Mobilgeräte und Netzwerkbedrohungen

Die zunehmenden Bedrohungen für Daten, die wir auf unseren Mobilgeräten bei uns tragen, betreffen nicht nur Verbraucher, sondern haben auch bedeutende Auswirkungen auf die Wirtschaft. In einem modernen Unternehmen ist BYOD (bringe dein eigenes Gerät) inzwischen Standardpraxis. Damit erhalten Angestellte von ihren eigenen Mobilgeräten aus bevorzugten Zugang zu sensiblen Unternehmensdaten und Anwendungsprogrammen. Heute greifen 89 Prozent der Angestellten auf Informationen im Zusammenhang mit ihrem Arbeitsplatz über ihre Handys zu, und 41 Prozent tun das ohne Erlaubnis ihres Arbeitgebers.[31]

Das ist heute gang und gäbe am Arbeitsplatz. Das bedeutet, dass immer mehr Firmendaten durch einfach einsetzbare Spyware-Angriffe auf Mobilgeräte gefährdet sind. Selbst wenn ein Firmennetzwerk abgeschlossen und geschützt ist, können Daten von Mobiltelefonen leicht gestohlen werden. Kriminelle Organisationen werden keine Zeit damit verlieren, sich an den gut gesicherten Datenspeicherplatz zu begeben; sie werden immer am schwächsten Glied in der Kette suchen, was sie brauchen.

Kriminelle werden immer einfallsreicher, wenn es um die Beschaffung von Daten von Mobiltelefonen oder gar aus den Telefonnetzen geht. Für wenige hundert Dollar können sie eine Femtozelle erwerben und einrichten, das ist eine drahtlose Netzerweiterung, mit deren Hilfe der Mobilfunk in Gebieten mit schwachen Netzsignalen unterstützt werden kann.[32] Tatsächlich ist das Gerät ein Mini-Mobilfunk-Sendeturm und kann von Kriminellen so manipuliert werden, dass Ihr Telefon die Verbindung dazu für rechtmäßig hält. Was ist das Ziel? Alle Daten zu erfassen, die von Ihrem Mobilfunkgerät gesendet werden, wie zum Beispiel das Passwort für Ihr Bankkonto oder sensible E-Mails. Kriminelle Femtozellen können besonders nützlich für die Industriespionage sein. Hacker müssen das Gerät nur außerhalb der Grundstücksbegrenzung einer Firma aufstellen und die ein- und ausgehenden Daten auf den Handys von hunderten Angestellten nutzen. Andere hervorragende Ziele wären Flughäfen und große Konferenzen, wo viele Geschäftsleute zusammenkommen. Sie sehen, Sie sind nicht der einzige, der sich für die Daten auf Ihrem Smartphone interessiert.

Hacker auf mobilen Zahlungswegen

Natürlich sind die heutigen Mobiltelefone noch in einem frühen Entwicklungsstadium und viele neue Sensoren wie die RFID-Technologie und die Nahfeldkommunikation (NFC) werden neue Möglichkeiten für mobile Telefone bringen, aber auch neue Gefahren. Sichtbar wird das unter anderem durch das Verschwinden des physischen Geldes. Die Zukunft des Geldes ist mobil und digital, und eine Reihe neuer Sensoren und Apps sind in der Entwicklung, die Ihre Brieftasche und das Kleingeld in Ihrer Tasche ersetzen werden. Einige Mobilfunkanbieter wie Safaricom in Afrika dominieren sogar das gesamte Zahlungswesen. In Kenia werden zum Beispiel 25 Prozent des gesamten BIPs des Landes über das Zahlsystem M-PESA von Safaricom abgewickelt.[33] Mobile Zahlsysteme, die es zur letzten Jahrhundertwende noch nicht einmal gab, gibt es nun in über 70 Ländern und mit ihnen werden jeden Monat Milliarden Dollar bewegt.[34] Insbesondere in zuvor bankenlosen Regionen in den Entwicklungsländern waren sie äußerst nützlich, denn sie boten einen Zugang zur globalen Wirtschaftswelt und hatten so einen bedeutenden positiven Einfluss auf die Wirtschaften vor Ort.

Auch in der entwickelten Welt beeilte man sich, mobile Zahlsysteme einzurichten und zu nutzen. MasterCard und Visa haben zahlreiche NFC-Zahlsysteme eingerichtet, bei denen Nutzer eine App auf ihrem Handy installieren und dann Waren und Dienstleistungen schnell bezahlen können, indem sie das Gerät an einen Sensor tippen oder an ihm vorbeiziehen. Bei Starbucks, Best Buy, Parkometern in San Francisco oder Taxen in New York City ist »wave and pay« zunehmend die Zahlungsweise der Wahl für die schnelle Bezahlung. Google hatte schon früh NFC-Bezahlsysteme für seine Android-Telefone eingerichtet, im September 2014 kam auch Apple dazu und bot auf seinen neuesten iPhones ebenfalls die Swipe-and-pay-Technologie an. Im Android-System können Nutzer mit Wallet von Google ihre Kunden- und Kreditkarteninformationen bei Google speichern. Mit der Google-App Wallet kann in immer mehr Geschäften über PayPass-Kassen bezahlt werden. Google Wallet funktioniert mit den NFC-Chips auf vielen Handys von HTC, LG, Motorola und Samsung.

Das Geld auf diesen Mobilgeräten besteht nur aus Daten – Daten, die in angreifbaren Anwendungsprogrammen gespeichert sind und von höchst gefährdeten mobilen Betriebssystemen kontrolliert werden, und es werden unsichere Sensortechnologien und Sensor-Datentransferprotokolle verwendet. Das offensichtliche Ergebnis? Die Zukunft des mobilen Geldes kann auch die Zukunft der mobilen Taschendiebe sein. Das System Google Wallet wurde bereits häufig von Kriminellen angegriffen und mit Apps wie Wallet Cracker kann jeder die PIN eines Nutzers im System einsehen.[35] Wenn ein Nutzer sein Android-Gerät verliert, kann jeder geladene Betrag von dem Finder oder dem Dieb in einem Geschäft ausgegeben werden.[36] Mit dem Aufkommen der NFC-Apps sowie dem Eintritt von Apple in den Bereich der mobilen Zahlungsmittel wird sich zweifellos auch die Aufmerksamkeit der Hacker auf diese und andere Sensoren in den Mobilgeräten richten, auch auf GPS.

Ihr Standort wird zum Tatort

Werbetreibende und Datenhändler sind nicht die einzigen, die ein Interesse an der ständigen Verfolgung Ihres Standortes haben. Kriminelle, Betrüger und Stalker können den GPS-Chip auf Ihrem Smartphone ebenfalls gut nutzen. Oft können Hacker auf die Vorarbeit der Datenhändler aufbauen und missbrauchen die Daten, die Sie bereits preisgeben. Nehmen Sie zum Beispiel die standortbasierte Dating-App Tinder, die wir in Kapitel 4 besprochen haben. Angesichts der Datenmengen, der anzüglichen Fotos und potenzieller Sexpartner überrascht es nicht, dass Hacker eine Schwachstelle in der App fanden, die es jedem Nutzer ermöglichte, den Standort eines anderen Nutzers im Umkreis von eineinhalb Metern in Echtzeit auszumachen, eine Information, die eigentlich vertraulich bleiben sollte.[37] Bestenfalls führen diese Daten zu einer positiven Dating-Erfahrung. Schlimmstenfalls könnten die Standortdaten von Rogue Apps wie Girls Around Me ein hervorragendes Tool für Stalker, Vergewaltiger und potenzielle Kinderschänder abgeben. Im Jahr 2012 warnte die Polizei in South Australia die Öffentlichkeit, dass Pädophile potenzielle Opfer von im Internet geposteten Kinderfotos mithilfe der eingebetteten Standortdaten orten.[38]

Mobile Daten werden zunehmend auch im Zusammenhang mit Beziehungsproblemen und häuslicher Gewalt missbraucht. Nach Angaben des amerikanischen Justizministeriums aus dem Jahr 2012 sind unter den Hunderttausenden, die von Spyware und Hacking der GPS-Daten betroffen sind, 3,4 Millionen Stalkingopfer.[39] Willkommen in der Welt der Point-and-Click-Überwachung. Der Einsatz solcher Spyware gilt als unrechtmäßiges Abfangen von Daten und ist nach amerikanischem Gesetz illegal, doch die Tools dafür sind leicht zugänglich, auch für ungeübte Hacker – oder Ex-Partner. Das Produkt Mobile Spy zum Beispiel macht jedes Telefon zum Abhörgerät und ermöglicht Aufnahmen der Umgebung, auch wenn nicht angerufen wird.[40] Das Unternehmen bietet auch einen »iPad Monitor« an, und bei jeder Software wird ein »Stealth«-Kameramodus mitgeliefert, mit dem Dritte im Fernbetrieb Ihre Kamera in Echtzeit aktivieren und überwachen und jedes Foto oder Video von Ihrem Gerät nach Belieben auf einem zentralen Server zum späteren Download speichern können. Ein weiteres Produkt, Mobistealth, wurde 2011 vom inzwischen verurteilten Mörder Simon Gittany verwendet, der als eifersüchtiger und gewalttätiger Freund das Mobiltelefon seiner Verlobten Lisa Harnum im australischen Sydney überwachte. Als Lisa ihrer Freundin in einer SMS anvertraute, dass sie aus ihrer Gewaltbeziehung fliehen wollte, bekam Gittany die Botschaft auch auf sein eigenes Telefon. Voller Wut über ihr Vorhaben, ihn zu verlassen, fuhr er zu ihrer Wohnung und warf sie bei einer heftigen Auseinandersetzung von ihrem Balkon im 15. Stock.[41]

Doch in manchen Fällen mussten die Gewalttäter nicht einmal Spyware von Dritten installieren: Sie aktivierten einfach das vom Mobilfunkanbieter AT & T mitgelieferte Programm FamilyMap. Damit kann der Inhaber eines Handykontos alle Geräte von seiner Liste verfolgen.[42] Mit diesem Dienst seines Mobilfunkanbieters konnte Andre Leteve aus Scottsdale in Arizona seine von ihm getrennt lebende Frau und ihre beiden Kinder orten und sie ermorden.[43] Heute muss man für eine solche Dienstleistung nicht einmal mehr bezahlen; diese Möglichkeiten sind bereits in iOS- und Android-Geräte eingebaut. Mit Diensten wie Find My Friends und Find My Phone können jeweils andere aus der Ferne geortet werden.[44] Aufgrund solcher Bedrohungen müssen von häuslicher Gewalt Betroffene, die in ein Frauenhaus fliehen, sofort ihr Handy in der Einrichtung abgeben, die Batterie herausnehmen und es auseinanderbauen, damit es potenziellen Stalkern und Gewalttätern nicht den Aufenthaltsort verraten kann.[45] Nicht nur Opfer häuslicher Gewalt müssen sich sorgen, dass ihr Standort preisgegeben wird; sogar Soldaten auf dem Schlachtfeld haben Anlass zur Sorge, denn Terroristen überwachen ihre Online-Aktivitäten und suchen nach möglichen Hinweisen auf Angriffe.

»Lohnt es sich, für ein Check-in und einen Eintrag auf Foursquare dein Leben zu riskieren?«, fragt die US-Armee nun häufig ihre Soldaten.[46] Das ist keine rhetorische Frage, wenn sogar Terroristen das Geo-Tagging von Daten nutzen. Als zum Beispiel amerikanische Militärkräfte im Irak eine neue Flotte von Apache-Hubschraubern auf ihrem Stützpunkt erhielten, luden einige dort stationierte Soldaten Fotos von sich selbst vor ihren neuen Maschinen auf Facebook hoch. Sie wussten nicht, dass ihre Handys zufällig ihre GPS-Koordinaten in die Fotos eingebettet hatten. Aufständische überwachten nicht nur die Facebook-Einträge der Soldaten, sondern luden auch die Fotos herunter und erhielten aus ihrer Analyse wertvolle Informationen. Mit den Angaben über Längen- und Breitengrad aus den Fotos konnten die Terroristen eine Reihe gezielter Mörserangriffe starten und die vier neu gelieferten Apache-Hubschrauber direkt auf dem Gelände zerstören.[47]

Wir können nicht nur über die Daten aus unseren Mobiltelefonen und den eingebetteten Daten in Fotos und Filmen verfolgt werden, sondern wir geben auch zunehmend unsere Standortdaten in der physischen Welt weiter. GPS-Ortungsgeräte kann man sich billig online besorgen, sogar im US-Flugmagazin *Sky Mall* kann man sie bei jedem Flug erwerben. In diesem Katalog bietet Tracking Key ein GPS-Ortungsgerät an, das mit einem Magneten oder Klettband an jedem Auto befestigt werden kann. Der Eigentümer des Geräts kann so auf einer Online-Karte sehen, wohin das betreffende Fahrzeug wie schnell fuhr, aktualisiert im Sekundentakt. »Das ist nützlich, wenn Sie wissen wollen, ob Ihr Teenager zu schnell gefahren ist, wohin Ihre Frau oder Ihre Angestellten fahren.« [48] Früher hätte man eine solche Hightech-Ausrüstung nur in einem Spionagebüro oder beim FBI gefunden, doch heute, bei den exponentiell fallenden Preisen, kann jede Mutter aus der Nachbarschaft ihren Kindern oder einem potenziell untreuen Ehepartner nachspionieren.

In der Welt der Big Data kann es sein, dass wir auch ohne abgehörtes Telefon oder im Auto versteckten GPS-Tracker unseren Standort weitergeben. Eine neue Technologie, die sogenannte automatische Nummernschilderkennung (ALPR), erlaubt sowohl Behörden als auch Einzelpersonen, mit Hilfe von Kameras und optischer Zeichenerkennung den Standort von Kraftfahrzeugen festzuhalten, wenn sie von einem Kamerapunkt zum nächsten fahren. Sie geben die Bewegung jedes Fahrzeugs in einer Stadt oder einem Land in Echtzeit höchst detailliert wieder. Von Minnesota nach New Jersey und von Ankara bis Sydney gibt es hunderte Millionen Aufzeichnungen von Nummernschildern.[49] Das Ergebnis ist, dass eine Anfrage in diesen riesigen Datenbanken Angaben zur Position eines beliebigen Fahrzeugs zu jeder Zeit bringen kann. Interessanterweise werden die Fotografierten in der überwältigenden Mehrheit der Fälle keines Verbrechens bezichtigt, trotzdem werden diese Daten gespeichert, weil sie zu einem zukünftigen Zeitpunkt für Kriminalermittlungen nützlich sein könnten.

ALPR-Geräte werden auch an Polizeiautos und heute sogar an Lastwagen befestigt, und so werden diese Datenbanken immer größer. Privatunternehmen wie das Digital Recognition Network of Texas und MVTRAC aus Illinois versammeln ebenfalls riesige Datenbanken aus ALPR-Daten und verkaufen sie an Interessenten aus dem Bereich der Pfändung von KFZ.[50] Wenn jemand mit seinen Zahlungen im Rückstand ist, wissen diese Unternehmen, wo diese Fahrzeuge sind, und können einen Abschleppwagen losschicken, der den Wagen abholt. So wie die Autos von Google Street View die Straßen unserer Städte abfahren und alles in ihrem Blickfeld aufnehmen, so tun das auch die privaten ALPR-Unternehmen. Sie wollen Ihren Wagen und seinen Standort vor Ihrem Haus, Ihrem Arbeitsplatz und an allen Orten, wo Sie einkaufen, aufnehmen. Auch diese Daten werden natürlich zu Geld gemacht, und dieses Vorgehen ist heute in den USA völlig legal. Doch mit dem gewaltigen Wachstum von ALPR-Datenbanken wachsen auch die Risiken für die Privatsphäre und die Möglichkeiten zur kriminellen Nutzung solcher Daten.

Wenn es bei Experion und Acxiom zu Datenpannen oder gar einem Verkauf ihrer Daten kam, warum sollten sich die ALPR-Händler anders verhalten? So können auch Opfer häuslicher Gewalt ohne Online-Präsenz und ohne Handy immer noch anhand ihrer Autos verfolgt werden. Es gab in der Vergangenheit Missbrauch von ALPR-Daten, im Jahr 1998, als ein Polizei-Lieutenant aus Washington, D.C. mit seinem Computersystem die Eigentümer von Fahrzeugen auf dem Parkplatz einer beliebten Schwulenbar in der Stadt ermittelte. Dann erpresste er die Männer und drohte sie zu outen, wenn sie ihm nicht eine bestimmte Summe zahlten.[51] Heute mögen die Bedrohungen durch ALPR-Daten andere sein, doch es gibt sie zweifellos. Wie könnten solche Informationen in Scheidungsfällen (sein Auto parkte vor der Wohnung der anderen Frau) oder von Krankenversicherungen (wir sehen sein Auto fünf Tage in der Woche vor der Bar) genutzt werden? Es gibt noch weitere Risiken: Die ALPR-Systeme sind nicht fehlerfrei beim Ablesen der Kennzeichen und Irrtümer können schwerwiegende Folgen haben. In San Francisco wurde eine 47-Jährige von mehreren Polizeiautos zum Anhalten gezwungen und sechs Polizeibeamte richteten ihre Waffen auf sie – alles, weil das ALPR-System eine Zahl auf ihrem Kennzeichen falsch gelesen hatte. Somit galt ihr Auto als gestohlen, doch die junge Frau war nur auf dem Weg zum Einkaufen.[52]

Sogar Einzelhändler beschreiten neue und unerwartete Wege, um sich Informationen vor Ort zu beschaffen. Die Kaufhauskette Nordstrom begann vor kurzem, ihre Kunden über ihre Wi-Fi-Signale und MAC-Adressen auf ihren Smartphones zu verfolgen, wenn sie in ihren Geschäften einkauften. Wenn man durch das Geschäft ging, wurde man von Nordstrom digital verfolgt, weil man im Unternehmen wissen wollte, wieviel Zeit Sie bei der Damenunterwäsche oder bei den Männerschuhen verbrachten. Der Nobel-Einzelhändler arbeitete mit Euclid zusammen, einem Unternehmen, das auf die Verfolgung von Kundenbewegungen über Wi-Fi-Verbindungen in den Geschäften spezialisiert ist. Bis heute hat Euclid über 50 Millionen Mobilgeräte in 4000 Geschäften identifiziert und verfolgt, darunter hunderte amerikanischer Einzelhändler wie Home Depot; ja, dasselbe Unternehmen, das im September 2014 aufgrund einer Datenpanne 56 Millionen Kreditkartendaten offenlegte, will noch mehr Daten über seine Kunden und ihren Standort in seinen Geschäften erheben.[53] Da es keine Regelungen zu diesem Phänomen gibt, wird das Einkaufen unter Beobachtung zur neuen Norm werden, und die Technologie konzentriert sich zunehmend darauf, Menschen offline im realen Raum zu verfolgen.

Bei Nordstrom wurden die Kunden über den Einsatz der neuen Tracking-Technologie nur über eine kleine, gut versteckte und kaum lesbare Notiz am

Eingang informiert. Der Text machte deutlich, dass es sich um ein »Opt-Out-Modell« handelte, das heißt, man hat zwei Möglichkeiten, wenn man nicht daran teilnehmen will: Entweder man betritt das Geschäft nicht oder man stellt sein Handy ab. Daten, die von solchen Diensten erfasst werden, können und werden in alle Ewigkeit gespeichert werden. Daher wird der Scheidungsanwalt Ihres Ehepartners in der Lage sein, Euclid und Nordstrom durch Gerichtsbeschluss zur Herausgabe der Daten zu zwingen, um herauszufinden, ob jemand mit seiner Geliebten im Geschäft war und Dessous gekauft hat. Ein Vorgesetzter wird in der Lage sein, mit einem Datenhändler Kontakt aufzunehmen, um Standortangaben seiner Angestellten für den Tag ihrer Krankmeldung zu ermitteln: »Wenn Sie krank waren, warum waren Sie (und Ihr Handy) an diesem Nachmittag im Kino und bei Hooters?« Schlimmer noch, Kriminelle werden sich im Lauf der Zeit über den digitalen Untergrund Zugang zu all diesen Informationen verschaffen und damit ihre Opfer nach Belieben erpressen, bestechen und stalken.

Sogar Disneyland, »der glücklichste Ort der Welt«, setzt Ortungsverfahren bei seinen Besuchern ein. Mit den MagicBands, Armbändern mit RFID-Chips, kann man bei Disney den Weg der Gäste in den Vergnügungsparks verfolgen. Ziel ist es, mit den großen Datenmengen Ihren Aufenthalt (und Ihre Ausgaben) im Magic Kingdom zu maximieren. Andere werden hier nachfolgen, und es ist zu erwarten, dass solche Ortungsverfahren für Personen in der Zukunft auch in Kasinos, Ferienanlagen und Flughäfen zum Einsatz kommen.

Wolken voraus

Zwar geben unsere Mobilgeräte riesige Datenmengen weiter, doch die größten Gefahren durch Big Data drohen aus dem »Cloud Computing«. Die Cloud bezeichnet das riesige Netzwerk aus online verfügbaren Computerressourcen und die Nutzung dieser Remote-Server zur Speicherung, Verwaltung und Verarbeitung der Informationen der Welt. Der Paradigmenwechsel in der Computerwelt bedeutet, dass Informationen weniger lokal auf unseren Geräten gespeichert werden, sondern woanders auf der Erde gehostet werden. Meistens kaufen wir keine Software mehr; wir mieten sie einfach oder erhalten sie gratis. Das neue Businessmodell heißt Software as a Service (SaaS).

Für uns persönlich bedeutet Cloud Computing, dass Google unsere Mails speichert, Instagram unsere Fotos und Dropbox unsere Dokumente – ganz zu schweigen von dem, was Mobilgeräte automatisch für uns in die Cloud laden.

In der Geschäftswelt nutzen Kunden nicht nur Dropbox, sondern haben auch zentrale Aufgaben, die früher innerhalb des Unternehmens bearbeitet wurden, an SaaS-Anbieter wie Salesforce.com, Zoho.com und Box.com outgesourct. Man sollte allerdings bei der Anhäufung all dieser Exabytes von Daten bedenken, dass unsere persönlichsten Daten nun kaum mehr auf unseren lokalen Festplatten gespeichert sind, sondern auf Computerservern weltweit, und das hat Folgen für die Sicherheit und bietet neue Möglichkeiten für Kriminelle. Durch die Ansammlung wichtiger Daten von jedermann, Finanzdaten und anderen, auf Cloud-Servern nehmen wir Kriminellen die Aufgabe ab, jede Festplatte einzeln anzugreifen, und legen stattdessen alle Schätze an einen einzigem Ort ab, wo Kriminelle und Hacker sie finden können – denken Sie an Willie Sutton und seine Vorliebe für Banken.

Die Cloud wird bleiben, hier gibt es kein Zurück. Anfang 2014 senkte Google seine Preise für die Cloud-Speicherung um fast 70 Prozent auf nur 0,026 Dollar pro Gigabyte im Monat (knapp drei Cent im Vergleich zu den 437 000 Dollar, die man 1980 dafür bezahlte).[54] Die Entscheidung verursachte ein Erdbeben in der Branche, und es folgte ein Preiskampf mit den Cloud-Speicher-Giganten Amazon und Microsoft. Die Verfügbarkeit so günstiger Computerresourcen und eine wachsende Reihe von SaaS-Angeboten wird unermessliche positive Einflüsse auf die persönliche Produktivität, das Unternehmertum und die Innovationen haben, was wiederum die unvermeidliche Wendung zum Cloud Computing beschleunigen wird. Doch diese Entscheidung, alle verfügbaren Daten in der Cloud zu speichern, bringt zusätzliche Risiken. Denken Sie an die größten Hackerzwischenfälle bis heute – Target, Heartland Payment Systems, TJX und Sony PlaystationNetwork. Der Diebstahl der Daten hunderter Millionen Konten wurde möglich durch die Verlagerung in die Cloud, denn nun waren alle Daten an einem virtuellen Ort gespeichert. Die Cloud ist bequem für alle: für Privatpersonen, Unternehmen und Kriminelle.

Die Virtualisierung und Speicherung all dieser Daten ist ein hochkomplexer Vorgang und wirft eine Reihe von Fragen zur Sicherheit, zur öffentlichen Ordnung und zur rechtlichen Perspektive auf. Erstens: Wo genau speichert diese magische Cloud meine Daten? Die meisten Nutzer haben keine Ahnung, wo diese Informationen in der realen Welt gespeichert sind, wenn sie auf Facebook gehen oder ein Foto auf Pinterest hochladen. Dass wir uns diese Frage nicht einmal stellen, beweist, wie bequem und undurchsichtig das System ist. Doch vom Standpunkt der Unternehmensführung und auch der persönlichen Risiken aus gesehen macht es einen Unterschied, ob Ihre Daten auf einem Server in Amerika, Russland, China oder Island gespeichert sind.

Es schwinden die Bereiche in Unternehmen und im Privatleben, wo Informationen intern geschützt werden, und die Grenzen unserer Computernetzwerke sind immer weniger klar definiert. So wird es viel schwieriger zu erkennen, welche Daten bei einem Unternehmen ein- und ausgehen, und auf der persönlichen Ebene ist es fast unmöglich. Der Übergang zur Cloud stellt die Weichen für die Sicherheit neu, denn es wird völlig neu definiert, wo Daten gespeichert und bewegt werden und wie auf sie zugegriffen wird, und das schafft enorme neue Möglichkeiten für Hacker. Darüber hinaus ergeben sich aus der nicht lokalen Speicherung unserer Daten wichtige Fragen, da wir von Informationssystemen in der Cloud stark abhängig sind. Wenn diese Dienste abstürzen oder durch einen DDoS-Angriff nicht mehr zur Verfügung stehen oder wenn man seinen Internetanschluss verliert, dann sind die Daten nicht mehr verfügbar und man ist völlig lahmgelegt.

Mat Honan musste feststellen, dass es mit besonderen Risiken verbunden ist, wenn man höchst persönliche Informationen wie Fotografien der Kinder und ganze Jahrgänge von E-Mails den Anbietern von Cloud-Diensten anvertraut. Alle größeren Anbieter von Cloud-Diensten wie zum Beispiel Dropbox, Google und Microsoft, wurden bereits von Kriminellen auf ihren Servern angegriffen, und mit Sicherheit wird das in der Zukunft häufiger vorkommen.[55] Einige Jahre nach dem Angriff auf Honan und seinem Ruf nach dem »Tod des Passworts«, weil es fast völlig nutzlos ist, werden immer noch tausende und abertausende von Privatpersonen und Unternehmen in ihren Datenclouds gehackt und Fremde verschafften sich Zugang zu ihren Daten. So ging es auch einigen hochrangigen Hollywood-Schauspielerinnen. Ende 2014 wurden hunderte Fotografien – viele höchst privater Natur, auch Nacktfotos – von Prominenten wie Jennifer Lawrence und Kate Upton gestohlen, nachdem es Hackern gelungen war, die Nutzernamen, Passwörter und Sicherheitsfragen der iClouds-Konten von Apple zu umgehen.[56] Es mag sein, dass das Ziel eines Angriffs der Cloud-Anbieter ist, doch letztendlich sind Sie das Opfer, denn Ihre Daten werden gestohlen. Natürlich bedeutet der Rechtsausschluss in den Geschäftsbedingungen, dass die Unternehmen wenig oder gar keine Haftung für Datenpannen übernehmen. Diese Angriffe sind eine Bedrohung für geistiges Eigentum, Kundendaten und sogar für sensible Informationen der Regierung.

Im Jahr 2008 tauchten höchst geheime Planungsdetails für den Präsidenten-Hubschrauber Marine One frei verfügbar in einem Peer-to-Peer(P2P)-Netzwerk im Iran auf. In diesen P2P-Netzwerken können Dateien bequem dezentralisiert weitergegeben werden, und häufig werden sie zur Verbreitung raubkopierter Filme und Musikaufnahmen im digitalen Untergrund genutzt. Wie gelangten die höchst geheimen Pläne mit den Angaben zur Leistungsfähigkeit eines der technologisch höchstentwickelten Hubschrauber der Welt in die Hände der Iraner? Ganz einfach. Ein militärischer Auftragnehmer in Bethesda im US-Bundesstaat Maryland arbeitete am Projekt Marine One und wollte während der Arbeit auf seinem Laptop gratis Musik hören. Als er die beliebte P2P-Sharing-Software herunterlud, installierte er das Programm versehentlich im falschen Verzeichnis seines Computers. So gelangten die Pläne mit Details zur defensiven Sicherheit des Militärhubschraubers, der den Präsidenten vom Weißen Haus zur Air Force One transportiert, in die P2P-Musik-Sharing-Netzwerke weltweit, und eben auch in den Iran.[57] Wegen des Wunsches nach Gratis-Musik wurde ein Milliarden-Dollar-Militärprojekt öffentlich gemacht, und die Pläne für den Präsidentenhubschrauber Sikorsky VH-3-D landeten in einem Peer-to-Peer-Netzwerk im Iran und wurden neben raubkopierten Songs von Michael Jackson und Shadmehr Aghili, dem unbestrittenen König der persischen Popmusik, gehostet. Der ehemalige militärische Auftragnehmer wurde sowohl vom FBI als auch vom Verteidigungsministerium befragt und räumte seinen Fehler ein, doch da war der Schaden schon geschehen. Unsere weltweiten Verbindungen und die unendliche Speicherung von immer mehr Daten führen unweigerlich zu Leaks oder Datenpannen. Welche Daten verbreiten Sie oder Ihr Unternehmen wohl in der Cloud?

Big Data, Big Brother

Interessanterweise sind Regierungen nicht nur Opfer von Datenpannen, sondern häufig auch der Auslöser dafür. Information ist die treibende Kraft hinter allen Geheimdienstoperationen und Regierungen jeden Ranges nehmen große Datenmengen mit aller Macht ins Visier. Nicht nur die Chinesen hacken die Welt. Auch die Amerikaner, Briten, Russen, Australier, Kanadier, Syrer, Israelis, Ägypter, Iraner und sogar die Äthiopier. Es gibt über 100 Länder mit aktiven, offensiven Computer-Hacking-Programmen, wenn sie auch nicht so weitreichend sind wie das der Vereinigten Staaten und der NSA.[58] Seit den Terroranschlägen vom 11. September 2001 soll die NSA täglich über 1,7 Milliarden E-Mails, Telefongespräche und SMS-Botschaften abhören und speichern und die so entstandene Datenbank soll schon fast 20 Billionen Datentransaktionen enthalten.[59] Die NSA hält fest, wer mit wem telefoniert, wer wem E-Mails und wer wem Geld überweist.

Angesichts des exponentiellen Wachstums in den Beständen der Big Data wird für die elektronische Spionageorganisation der Speicherplatz knapp.[60] Deshalb baut die US-Regierung eine riesige neue Einrichtung in der Wüste in Utah. Dort soll die NSA 100000-mal mehr Daten speichern und verarbeiten können als gegenwärtig in der Library of Congress enthalten sind.[61] Doch das ist nur der Anfang …

Die Enthüllungen von Edward Snowden machen deutlich, welche enorme Zahl von Datenströmen die NSA verfolgt, zum Beispiel die stetig wachsende Masse von Details aus sozialen Netzwerken sowie Standortangaben, die wir laufend generieren. Zwar ist die gesamte Liste von Snowdens Enthüllungen zu lang, um sie hier weiter auszuführen, doch ein Überblick über die Highlights des bis heute bekannt gewordenen macht deutlich, dass der private Sektor nicht der einzige ist, der aggressiv nach Big Data jagt. Mit dem NSA-Programm PRISM konnte die US-Regierung große Datenmengen von Unternehmen wie Microsoft, Google, Facebook, Skype, AOL und Apple erfassen, darunter E-Mails, Videos, Fotos, Status-Updates und Standortinformationen der Nutzer.[62]

Laut Snowden hatte die NSA auch Zugang zu den persönlichen Verbindungen der Nutzer von sozialen Medien (mit wem sie wie oft Kontakt hatten und von welchem Standort) darunter auch die Social Graphs von US-Bürgern.[63] Zu diesen Netzwerkaufzeichnungen kamen noch Millionen ebenfalls von der NSA gesammelte Kontaktlisten und Adressbücher.[64] Sie sehen, wenn Sie sich entscheiden, persönliche Angaben über Freunde, Familienmitglieder und Geschäftskontakte in Google Contacts oder iCloud zu speichern, können diese leicht von anderen, auch von Behörden, eingesehen werden.

Die NSA unterhielt nicht nur kooperative Beziehungen zu amerikanischen Unternehmen, sondern nahm sie auch selbst aufs Korn, wenn es gerade passte, zum Beispiel Google und Yahoo!. Deren Datenzentren infiltrierte die Spionageagentur ohne Genehmigung.[65] Wie Hacker und organisierte Verbrecherbanden infizierte die NSA über 50000 Computernetzwerke weltweit mit bösartiger Software, um sich Zugang zu ihren Zielen zu beschaffen.[66] Bei der Verfolgung Einzelner in ihrem sozialen Netzwerk lancierte die NSA häufig sogenannte »Mittelsmannangriffe« und gab sich als Facebook aus.[67] Interessante Zielpersonen wurden durch eine kopierte, von der Regierung kontrollierte Facebook-Seite dazu gebracht, Kontakt aufzunehmen, so dass die NSA Malware auf ihren Geräten installieren konnte.

Das alles führte die NSA nicht allein aus, sondern in Kooperation mit anderen Organisationen, zum Beispiel ihrem britischen Äquivalent, dem Government Communications Headquarters. Gemeinsam hörten sie über das Programm Optic Nerve Millionen von Yahoo!-Videochats ab, übernahmen die Steuerung der

Kameras in den Laptops der Nutzer und machten alle fünf Minuten Schnappschüsse.[68] Millionen von Bildern wurden gespeichert, darunter auch eine große Anzahl sexuell anzüglicher Aufnahmen, auch Nacktfotos. Es ist erschreckend, dass es sich bei vielen abgehörten Videochats nicht um Personen von besonderem erkennungsdienstlichem Interesse handelte. Es war nur einfacher, alle Chats zu erfassen, anstatt zu entscheiden, welche man auswählen sollte.

Die NSA kopierte auch bereits bewährte Verfahren, die Werbetreibende und Marketingunternehmen zur Datensammlung einsetzen. Die Spionageagentur entwickelte und installierte Tracking-Cookies auf Festplatten und Handys, um Standortdaten und Online-Verhalten der überwachten Personen aufzuzeichnen.[69] Laut Snowden zapfte die NSA sogar Smartphone-Apps wie *Angry Birds* von Rovio an.[70] Die Spionageorganisation hatte erkannt, dass *Angry Birds* Daten bereits so hervorragend abgriff, dass man sich nicht die Mühe machen musste, etwas anderes zu entwickeln. Stattdessen fing die NSA einfach die gewaltigen Datenmengen ab, die naive Spieler an Rovio übermittelten, die glaubten, der einzige Zweck der App sei es, zum Spaß Vögel auf glucksende grüne Schweine zu werfen.

Nur ein kleiner Prozentsatz der 1,7 Milliarden Nutzer von *Angry Birds* wusste, dass ihre »Gratis«-App Daten wie ihren Standort oder ihre sexuelle Orientierung an Rovio weiterleitete. Keiner, auch nicht der App-Anbieter selbst, wusste jedoch, dass er diese Daten nun auch der NSA zur Verfügung stellte.[71] Einzelne Analysten der NSA nutzten sogar die umfassenden Spionage-Tools zur Beobachtung von Freunden, Freundinnen, Ehefrauen und Ex-Partnern. Zahlreiche Verstöße wurden dokumentiert, bei denen NSA-Angestellte E-Mail-Adressen und Telefonnummern eingaben, um E-Mails zu lesen, Personen zu orten und deren Telefongespräche abzuhören.[72] Dieses Verhalten einzelner NSA-Angestellter lässt die Frage aufkommen: Wer kontrolliert die Kontrolleure?

Der Großteil der NSA-Ziele scheint im Ausland zu liegen, doch Dutzende von Geheimdiensten weltweit setzen elektronische Spionage ein, um die eigene Bevölkerung zu überwachen und zu unterdrücken. In China, im Iran, in Ägypten, Syrien, Bahrain und anderen Ländern werden Online-Daten routinemäßig beobachtet und abgehört, um politische Erkenntnisse zu sammeln und um den Status quo zu erhalten. Die meisten Länder entwickeln diese Überwachungssysteme nicht selbst, sondern kaufen sie von ausländischen Unternehmen wie der deutschen Gamma International, der Entwicklerin des elektronischen Überwachungsprogramms FinFisher. Mit diesem Programm kann der einheimische Geheimdienst tausende Zielpersonen gleichzeitig über ihre Mobiltelefone, ihre sozialen Netzwerke sowie ihre Online-Aktivitäten beobachten.[73]

Sind diese Systeme zur Überwachung großer Datenmengen einmal installiert, können sie zum Wohl der Allgemeinheit eingesetzt werden, etwa zur Abwehr eines drohenden Terrorangschlags, oder zu ihrem Schaden, zum Beispiel zur Unterdrückung und Einschüchterung von Menschenrechtsaktivisten und zur Unterwanderung des demokratischen Prozesses. Im Arabischen Frühling trugen die sozialen Medien viel zur Unterstützung von Dissidenten in Ägypten und Tunesien bei, und weltweit wurde in den Medien viel darüber berichtet. Die Kehrseite der Medaille war jedoch, dass die Millionen von Tweets und Facebook-Einträgen den Regierungen die Verfolgung von Kritikern sehr erleichterte. Wenn jemand eine Protestveranstaltung auf Facebook organisiert, erhält die Regierung Zugang zu den Plänen der Aktivisten, und fast alle Regierungen besitzen die Möglichkeiten, solche Daten für ihre Zwecke zu nutzen.

Während des Aufstands gegen Baschar al-Assad, der 2011 begann, entwickelte die syrische Regierung mit technischer Unterstützung und Hilfe des Irans eine große Zahl an Programmen, mit denen die sozialen Medien wie Facebook und Twitter überwacht werden konnten und die Kommunikation zwischen Oppositionellen zurückverfolgt werden konnte.[74] Anführer der Anti-Assad-Bewegung, die online identifiziert werden konnten, wurden zur Zielscheibe für Angriffe, ebenso Mitglieder ihrer Familien. In den letzten Tagen des ehemaligen ukrainischen Präsidenten Wiktor Janukowytsch demonstrierte seine Regierung Macht über die Technologie, um oppositionelle Kräfte zu unterdrücken und einzuschüchtern. Als sich Demonstranten in den Straßen von Kiew sammelten, ortete die ukrainische Regierung alle Handys in der Nähe von Zusammenstößen zwischen Polizei und Demonstranten. Die Mobiltelefone und deren Besitzer wurden in Echtzeit identifiziert und erhielten die »stärkste Orwell-SMS, die eine Regierung je versandt hat: ›Lieber Nutzer, Sie sind als Teilnehmer eines Massenaufstands registriert.‹«[75] Die Sprache war sorgfältig gewählt, denn Tage zuvor hatte Janukowytsch die Teilnahme an solchen Ereignissen verboten und jeder, der gegen dieses Verbot verstieß, wurde sofort verhaftet.

Die dunkle Seite der Big Data

Fortlaufende Überwachung, das Ende der Privatsphäre und ein Ansteigen krimineller Bedrohungen in nie gekanntem Ausmaß könnten die Folgen von Big Data sein. Durch die sozialen Netzwerke, Smartphones, Apps für Mobilgeräte, die Cloud und eine Reihe weiterer Technologien können nicht nur Nordstrom, Acxiom, Facebook und Google Sie nach Belieben aufspüren, sondern auch die

Zetas, Laschkar e-Taiba, häusliche Gewalttäter und Stalker. Die meisten Menschen verstehen jedoch nicht, dass alle erfassten Daten unweigerlich weitergegeben werden. Unsere aktuellen Computersysteme sind zu unsicher, um die von uns generierten Datenmassen sicher zu speichern.

Bis heute liegt die größte Gefahr der Big Data in ihrem Diebstahl und ihrer ungeplanten Weitergabe. Doch das war nur der Anfang. Wir werden im Folgenden Gefahren begegnen, die sich als weitaus gefährlicher erweisen können – die unerlaubte Veränderung von Informationen, auf die die Welt für ihre täglichen Abläufe angewiesen ist. Obwohl wir gewaltiges Vertrauen in unsere fleißig gehorteten Daten legen, können diese Informationen, wie wir noch sehen werden, leicht verändert werden, und das hat bedeutende Konsequenzen für uns alle. Ebenso wie Übeltäter unsere Daten stehlen können, können sie sie auch verändern. Dieser aufziehende Sturm macht uns angreifbar und wird unseren Glauben an die von Daten abhängige Welt auf eine Weise erschüttern, wie wir es uns noch nicht vorstellen können.

KAPITEL 8

Der Bildschirm hat immer Recht

Alle Systeme liefen planmäßig. Die 5000 Zentrifugen der iranischen Uran-Anreicherungsanlage in Natans summten geschäftig vor sich hin und das »friedliche« Atomprogramm der Islamischen Republik machte rasche Fortschritte. Wenn weiterhin alles wie geplant lief, würde der Iran bald über genug angereichertes Uran 235 (U235) verfügen, um entweder ein eigenes Atomkraftwerk oder eine eigene Atombombe herzustellen, je nachdem, wen man fragte. Der Iran besteht zwar seit jeher darauf, dass sein Atomprogramm rein zivil sei und ausschließlich der Energiegewinnung diene, aber ein Großteil der Welt, darunter die USA, die EU, Israel und die Vereinten Nationen, hat sich nie so recht davon überzeugen lassen.

Die Internationale Atombehörde IAEA, eine Unterorganisation der UN, stellte 2005 fest, dass der Iran den Atomwaffensperrvertrag verletzte, den er unterzeichnet hatte, und unterrichtete den UN-Sicherheitsrat über dieses Problem.[1] Daraufhin forderten die UN Teheran auf, die Urananreicherung in Natans umgehend einzustellen. Der damalige Präsident des Iran, Mahmud Ahmadinedschad, lehnte dies unmissverständlich ab. Die Leitung der IAEA war zu dem Schluss gekommen, dass die iranische Atomindustrie tatsächlich genügend Know-how besitze, um eine funktionsfähige Nuklearwaffe zu konzipieren und herzustellen.[2] Die UN verhängten daraufhin Sanktionen gegen das Land. Aber würden sie ausreichen, um es am Bombenbau zu hindern? Der Iran stand so weit oben auf der US-Liste der »Achse des Bösen«, dass man etwas unternehmen musste.

Aus politischen Gründen kam ein offener Militärschlag nicht in Frage, aber im folgenden Jahr genehmigte US-Präsident George W. Bush einen Undercover-Anschlag auf die Nukleareinrichtungen in Natans.[3] Das ultrageheime Projekt trug nach Informationen der *New York Times* den Codenamen *Operation Olympic*

Games (»Operation Olympische Spiele«). Es bedeutete die »folgenreichste verdeckte Manipulation des elektromagnetischen Spektrums seit dem Zweiten Weltkrieg, als es den Kryptografen der Alliierten gelang, die deutsche Enigma-Verschlüsselungsmaschine zu knacken«[4].

Die Iraner waren keineswegs ein leichtes Ziel und hatten das sensibelste Computernetzwerk der Islamischen Republik natürlich nicht ans Internet angeschlossen. So schlau waren sie auch. Folglich konnten sich die Agenten von *Operation Olympic Games* nicht einfach über eine vergessene und ungeschützte URL ins System einloggen. Ein regelrechter Verschwörer-Ring menschlicher Spione, Softwareentwickler und Wartungsarbeiter – einige waren Agenten, andere unwissende Helfershelfer – musste organisiert und ihr Einsatz mit ungeheurer Präzision gesteuert werden, wenn er Erfolg haben sollte. Die Geheimwaffe dieser verdeckten Operation? Ein USB-Stick.

Um die Zentrifugen in Natans zu sabotieren, wurde eigens eine neue Klasse Cyberwaffen geschaffen, eine, die aus der virtuellen Welt der Rechnernetze heraus und in die sehr reale der industriellen Steuerungssysteme eintrat. Sie hieß Stuxnet, diese neue Waffe, ein ausgefeilter Computerwurm, der, so die allgemeine, wenn auch unbestätigte Ansicht, von den USA und Israel gemeinsam geschaffen wurde, um den gemeinsamen Feind in Schach zu halten. Die Entwickler kopierten Stuxnet, als er fertig war, ganz einfach auf einen USB-Stick, der jetzt, geladen und gesichert, auf seine Beute lauerte. Wie dieser Stick dann nach Natans eingeschmuggelt wurde und wer ihn dort in einen USB-Port stöpselte, ist bis heute unbekannt.

Was man allerdings weiß, ist, wie rasend schnell sich das Virus über die IT-Infrastruktur der Anlage ausbreitete. Schon alleine das Einstecken in den USB-Port genügte, um mit einem Zero-Day-Exploit bisher unbekannter Geschwindigkeit das Windows-Betriebssystem dieses Rechners zu infizieren. Dabei versteckte sich der Wurm hinter einem gefälschten digitalen Sicherheitszertifikat, das ihn als zuverlässig und vertrauenswürdig auswies, so dass er sich ungehindert über die Rechneranlagen in Natans ausbreiten konnte. Jedem neuen Rechner auf seinem Weg von Desktop zu Desktop und Netzwerk zu Netzwerk stellte er eine einfache Frage: Ist dieser Rechner mit einem Siemens-Industriesteuerungssystem verbunden?

Die Amerikaner und Israelis hatten ihre Hausaufgaben gemacht und wussten, dass die Zentrifugen in Natans durch Programmierbare Logik-Controller (PLCs) gesteuert wurden, Modell Siemens S7–417. Diese Module überwachten die Drucksensoren und steuerten die Ventile der Zentrifugen. Wenn der Wurm einen Rechner erreichte, der nicht an einem solchen Siemens-PLC hing, dann vermehrte er sich nicht weiter und starb. Fand er allerdings eine solche Verbindung vor, machte sich die Cyberwaffe eifrig ans Werk. Sie setzte sich zunächst vom Windows-Rechner aus im Industriesteuerungssystem fest, das daran hing.

Die Verantwortlichen des Cyberangriffs wussten, dass die Anreicherung von U235 eine heikle Angelegenheit ist. Die iranischen IR-1-Zentrifugen, die in Natans liefen, hatten eine Richtdrehzahl von 100 000 Umdrehungen pro Minute (Upm), was alleine schon eine technologische Spitzenleistung ist. Liefen die Zentrifugen langsamer, wurde das für Brennstäbe (und Bomben) benötigte U235 nicht sauber ausgeschieden. Liefen sie schneller, traten Vibrationen auf, die sich aufschaukelten, bis die Motoren ausbrannten. Dann musste die Zentrifuge ausgewechselt werden. Ohne die Zentrifugen gab es also keine Anreicherung, und ohne Anreicherung natürlich keine Bomben und keine atomare Bedrohung.

Die Siemens-PLCs waren folglich das Schlüsselelement für den Angriff. Die Urheber von Stuxnet waren nun aber keine wütenden Cyber-Beserker mit Schlag-drauf-und-tot-Mentalität. Sie dachten in langen Zeiträumen, strategisch und listig. In der ersten Phase des Cyberangriffs auf Natans hörte Stuxnet einfach nur unentdeckt mit und sammelte Informationen zum Betrieb der Zentrifugen. Der Wurm zeichnete alle seine Beobachtungen auf. Dieser meisterhaft geplante Schachzug sollte sich als entscheidend für den Erfolg der Operation erweisen.

Erst in Phase zwei zeigte Stuxnet dann seine wahren Fähigkeiten. Der Wurm übernahm unbemerkt die Herrschaft über die Industriesteuerungssysteme in Natans. Ganz langsam begann er als Puppenspieler im Hintergrund die Fäden zu ziehen und manipulierte die Ventile und Motoren der Anreicherungszentrifugen. Monatelang, jahrelang wichen die Geräte immer wieder nach oben und unten von der Richtdrehzahl ab, wurden schneller und langsamer. Der Druck in den Zentrifugen stieg, Achsen brachen, der Ertrag an angereichertem U235 ging in den Keller.

Die ganze Zeit über war dabei nominell alles in Ordnung, der Betrieb lief scheinbar ungestört – zumindest nach dem, was die Computerbildschirme im Kontrollraum der Anlage den Ingenieuren anzeigten. Jede einzelne der 5000 Zentrifugen hatte ihr eigenes kleines Licht auf einem dieser Bildschirme, und jede wurde ständig auf Fehlfunktionen überwacht. War das Licht grün, arbeitete die Zentrifuge ordnungsgemäß, wurde es grau oder gar rot, bedeutete das ein Problem. Tag für Tag behielten die Ingenieure die Bildschirme im Auge, achteten pflichtgemäß auf graue und rote Lichter. Die aber leuchteten ununterbrochen grün. Kaskadenschutzsystem? In Ordnung. Zentrifugendruck? In Ordnung. Umdrehungsgeschwindigkeit? In Ordnung. Wandbildschirme, Desktop-Bildschirme, Steuerpult-Bildschirme – alle Informationssysteme sagten den iranischen Atomingenieuren, dass ihr Nuklearprogramm wie geplant voranschritt. Nichts hätte falscher sein können.

Stuxnet war so programmiert, dass er zunächst nur unbemerkt und langsam Schäden verursachte. Allmählich und unauffällig brannten die ersten Zentrifugen durch, aber dafür machten die Iraner zunächst schlechte Verarbeitung oder nachlässige Ingenieure verantwortlich. Jeder Zentrifugenschaden hatte eine etwas andere Ursache: Hier war die Umdrehungsgeschwindigkeit zu niedrig gewesen, dort der Innendruck zu hoch. Das Uran, das die Anlage lieferte, war von immer schlechterer Qualität und kaum brauchbar. Eine Inspektion nach der anderen wurde durchgeführt, und Experten überwachten jetzt den Status der ganzen Anlage sehr genau vom Kontrollraum aus. Es half nichts: Immer mehr Zentrifugen fielen aus, erst Dutzende, dann Hunderte. Auf einmal stand das Nuklearprogramm des Iran in Frage. Was zum Teufel war hier los? Die Iraner vertrauten einfach den Bildschirmanzeigen in ihrer für sie so wichtigen Anreicherungsanlage zu sehr.

Dass der Stuxnet-Wurm in Phase eins seiner unbemerkten Tätigkeit zunächst nur die normale Arbeit der Industriesteuerungssysteme beobachtete und aufzeichnete, hatte einen klaren, wenn auch nicht unmittelbar erkennbaren Sinn. Es sollte genau dokumentiert werden, wie es aussah, wenn die Siemens-PLCs ordnungsgemäß in Betrieb waren. Solange die Achsen sich mit den vorgesehenen 100 000 Upm drehten und der Druck im Toleranzbereich blieb, leuchteten alle Kontrolllichter grün. Stuxnet zeichnete diese Daten auf; die PLCs hatten eine Art eingebauten Videorecorder, der sich dafür anbot. Was dann geschah, hätte direkt aus einem Hollywood-Blockbuster stammen können. Wir haben es alle schon in Filmen wie *Ocean's Eleven* oder *National Treasure* gesehen. Die Einbrecher dort speisten einfach vorher aufgenommene Bilder des Casinos oder der Tresorkammer in die Bildschirme des ahnungslosen Wachpersonals ein.

Die ganze Zeit über, während Stuxnet die Urananreicherungszentrifugen in Natans langsam und unauffällig zu Klump fuhr, fing der Wurm die echten Werte der Druck- und Vibrationssensoren und der Drehzahlmesser ab, bevor sie die Bildschirme der Ingenieure im Kontrollraum erreichten. Stattdessen spielte er ihnen die vorher aufgezeichneten Sequenzen der ordnungsgemäß arbeitenden Anlage vor, die auf den Siemens-PLCs gespeichert waren, und täuschte so vor, dass dass die Anlage ordnungsgemäß lief. Dieser geniale Schachzug bedeutete, dass die Iraner an den Steuerpulten statt der blinkenden roten Hilferufe, die ihnen die Zentrifugen schickten, nur ein Meer beruhigenden Grüns sahen.

Während sich die Zentrifugen selbst zerfetzten, ahnten die menschlichen Kontrolleure im digitalen Steuerzentrum nichts davon, dass ihre ganze Realität gekidnappt worden war, dass sie zur Geisel eines Computerwurms mit einem etwas lächerlichen Namen geworden war, der ein gnadenloses Zerstörungswerk betrieb.

Leben in einer vermittelten Welt

Leider haben Sie, liebe Leser, mehr mit diesen iranischen Ingenieuren gemeinsam, als Sie glauben. Nun betreiben Sie zwar wahrscheinlich zu Hause keine Urananreicherungsanlage, aber auch Sie hängen in Ihrem Alltag zunehmend von Bildschirmen und Displays ab. Ihr Mobiltelefon zeigt Ihnen an, wessen Anruf Sie verpasst haben, Ihr PC zeigt Ihnen an, dass Sie endlich Ihr Betriebssystem aktualisieren sollen, und das GPS in Ihrem Wagen zeigt Ihnen an, wie Sie zu Ihrem 10-Uhr-Termin finden. All das wird Ihnen schon mitgeteilt, bevor Sie auch nur die zweite Tasse Kaffee ausgetrunken haben. Das Ergebnis? Wir erleben unsere Umwelt nicht mehr mit unseren eigenen Sinnen und Wahrnehmungsfähigkeiten. Stattdessen wird unsere Erfahrung durch eine Zwischeninstanz vermittelt, durch Bildschirme und Displays, virtuelle Mauern, die unsere Sinneswahrnehmungen abschneiden und die Welt für uns definieren. Bildschirme schieben sich zwischen uns und die reale Welt und zeigen Informationen, die angeblich der Realität entsprechen, aber in Wirklichkeit bestenfalls eine grobe Näherung darstellen – und nur zu leicht manipuliert werden können.

In unseren Flughäfen, Krankenhäusern, Banken und Geldautomaten sind diese Bildschirme allgegenwärtiger Bestandteil des Alltags. Aber heutige Displays wissen nicht, was sie tun; sie können ja einfach nur die Informationen wiedergeben, die ihnen das zugrundeliegende Datensystem einspeist, und die kann man natürlich hacken. Wer den Quellcode kontrolliert, kontrolliert auch unsere Bildschirme und damit unsere Erlebnisse und Wahrnehmungen. Angefangen vom Videospiel bis hin zur elektronischen Stimmabgabe bei Wahlen kann man alles verfälschen, und in dieser schönen neuen Welt ist es beileibe kein Anzeichen von Authentizität, Korrektheit oder Vertrauenswürdigkeit, wenn man etwas mit eigenen Augen sieht und mit eigenen Ohren hört. Die Bildschirme, an denen wir hängen, können uns auf eine Weise täuschen, die den meisten von uns gar nicht klar ist.

Auch wenn Sie nichts davon ahnen, wird alles, was Sie im Internet erleben –

und zwar auf einem digitalen Bildschirm –, gefiltert und durchgesehen, bevor es Sie erreicht. Dieses Aussortieren ist teilweise sehr nützlich, ganz klar. Bei Milliarden von Tweets, Snapchats, Statusaktualisierungen und Blogposts ist es nicht menschenmöglich, alle Daten zur Kenntnis zu nehmen, die uns täglich überschwemmen. Die Internetprovider wissen das und geben sich große Mühe zu erfahren, was Ihnen gefällt und was Sie sehen möchten. Entsprechend steuern sie dann mit Hilfe einer ganzen Reihe von Algorithmen, welche Daten bis auf Ihren Schirm gelangen. Facebook verfolgt Ihre Weblinks, Bilder, Pokes, Nachrichten, Events und Likes mit, um das, was Sie tagtäglich auf Ihrer Facebook-Seite sehen, so einzurichten, dass es Ihrem Geschmack entspricht. Deshalb sehen Sie das meiste, was Ihre Freunde posten oder auf den Seiten, denen Sie folgen, einstellen, gar nicht erst, und Ihre Freunde wiederum bekommen vielleicht nur 10 Prozent dessen zu sehen, was Sie einstellen und posten.[5] Facebook wendet nämlich mindestens so viel Zeit und Mühe auf, um herauszufinden, was Sie von Ihren Freunden sehen möchten, wenn Sie deren Seite aufrufen oder App anklicken, wie darauf, welche Werbung die richtige für Sie ist.[6] Warum tut Facebook das? Einfach ausgedrückt: Facebook, Google und all die anderen Internetanbieter wissen, dass Sie mehr Zeit auf ihren Seiten verbringen und mehr Links anklicken, wenn Ihnen der servierte Inhalt gefällt – und dass Sie dann für noch mehr Werbung erreichbar sind.

Facebook spielt dieses Spiel beileibe nicht alleine; auch Google quantifiziert alle Ihre bisherigen Suchanfragen und, wichtiger noch, Ihre Klicks, um Ihnen ein maßgeschneidertes Internet-Erlebnis zu bieten. Der Technologieforscher Eli Pariser dokumentiert in seinem Buch *The Filter Bubble*[7] detailliert, wie das abläuft. Es ist ein Millionengeschäft, Ihnen die »richtigen« Ergebnisse anzuzeigen, und Millionen Computeralgorithmen sind es auch, die damit befasst sind. Google verfolgt und bewertet angeblich mindestens siebenundfünfzig verschiedene Personalisierungsindikatoren, bevor es eine Suchanfrage beantwortet.[8] Dazu könnten gehören: welche Art Rechner Sie verwenden, welchen Browser Sie benutzen, wie spät es ist, wie hochauflösend Ihr Monitor ist, welche Nachrichten Sie in Googlemail bekommen haben, welche Videos Sie sich auf YouTube angeschaut haben und wo Sie sich (physisch) gerade aufhalten. Google verändert, während Sie noch tippen, auf der Grundlage dessen, was über Sie bekannt ist, die Suchergebnisse, die Ihnen angezeigt werden. Je nachdem bekommen Sie dann, wenn Sie »Abtreibung« eingeben, Links zu ProFamilia oder zu Katholisch.de. Wenn Sie nach »Ägypten« fragen, erhalten Sie vielleicht Ergebnisse zum Arabischen Frühling, wenn Ihre Mutter dieselbe Frage stellt, bekommt Sie eher Information über die Pyramiden oder eine Nilkreuzfahrt.

Wie Pariser können auch Sie das selbst ausprobieren und sich eine erhellende Einsicht verschaffen, wie Google Sie sieht.

Was ich damit sagen möchte, ist, dass es kein »Normal-Google« gibt. Eric Schmidt hat öffentlich eingeräumt, dass es »sehr schwierig werden wird, sich etwas [im Internet] anzuschauen, das nicht bereits maßgeschneidert vorausgewählt ist.«[9] Mit dieser Vorauswahl verfolgen die Internetkonzerne nicht einmal sinistre Ziele, aber es ergeben sich schon wichtige Fragen, wie die Informationen, die Sie anfordern, von Fremden, die angeblich in Ihrem Interesse handeln, gefiltert, sortiert und aufbereitet werden. Um diese Fragen zu beantworten, müsste man natürlich die Sortieralgorithmen von Google, Facebook, Netflix und Amazon kennen, und die veröffentlichen sie nicht. Nicht nur das, die Filtermethoden für die Informationen, die Sie schließlich zu Gesicht bekommen, sind absolutes Betriebsgeheimnis und sozusagen das Geheimrezept, mit dem diese Anbieter ihre Profite generieren. Das Problem bei diesen »Black-Box-Algorithmen« ist natürlich, dass wir nie erfahren, was uns alles vorenthalten wird. Folglich wird unser digitales Leben, durch ein Meer von Bildschirmen vermittelt, ständig aktiv manipuliert und gefiltert, und zwar mit unbekannten Methoden nach unbekannten Grundsätzen. Diese fundamentale Veränderung in der Art des Informationsflusses im Internet beeinflusst nicht nur die Art unserer Informationen, sondern auch unsere Weltsicht. Die meisten Menschen leben in gefilterten Blasen, merken es aber nicht einmal.

Weltweit wird das Internet von staatlicher Seite zunehmend gefiltert. Die Behörden legen fest, wozu die Bürger Zugang bekommen sollen und wozu nicht. Mit zwingenden, vernünftigen Begründungen[10] wie dem »Schutz der nationalen Sicherheit«, dem »Schutz der Urheberrechte« und dem »Schutz religiöser Werte« sowie dem absoluten Favoriten »Jugendschutz« errichten Regierungen immer höhere nationale Firewalls, um das Internet zu kontrollieren. Manche dieser Filtermethoden sind allgemein bekannt. In Frankreich und Deutschland zum Beispiel werden Webseiten, die den Nationalsozialismus verherrlichen und/oder den Holocaust leugnen, offen gesperrt. In Syrien sind YouTube, Facebook, Amazon, Hotmail und prokurdische Seiten offiziell blockiert. In Saudi-Arabien sind es gleich 400 000 Webseiten, die gesperrt wurden, weil sie auf politischem, religiösem oder sozialem Gebiet unislamisch sind oder einfach den Ansichten des Königs zuwiderlaufen. In vielen Fällen allerdings bekommen Sie einfach nicht mit, dass Ihre Internet-Informationen zensiert worden sind; der Content erscheint dann einfach nicht. In den Vereinigten Arabischen Emiraten ist offiziell sogar die gesamte Domain .il, also Israel, mit allen Webseiten gesperrt, um so den jüdischen Staat von der digitalen Weltkarte zu tilgen.[11]

Internetanbieter lassen sich durchaus auf diese staatlichen Zensurprogramme ein und geben den amtlichen Forderungen nach, unliebsame Inhalte sofort auszublenden, wie es zum Beispiel Google 2005 tat, um Zugang zum chinesischen Markt zu bekommen. Nun ist auch keine Regierung so entschlossen und rigoros mit ihrer Internetzensur wie die chinesische. Die »Große Firewall« gewährleistet, dass die über eine Milliarde Chinesen in der Volksrepublik politisch unerwünschte Inhalte einfach nicht zu Gesicht bekommen, ob es nun um das Tiananmen-Massaker, Korruption in der KPCh-Führung, die Tibetfrage, den Dalai Lama, die Falun-Gong-Bewegung und die Unabhängigkeit Taiwans geht oder allgemein um politische Liberalisierung und Menschenrechte. Aber Internetzensur ist auch kein Monopol autokratischer oder despotischer Regimes. Im Jahr 2014 lebten über vier Milliarden Menschen in Ländern, die das Internet auf die eine oder andere Art filtern.

Ein Bildschirm sagt Ihnen ja nicht, was wirklich da draußen passiert, sondern was die Regierung oder Facebook zu Ihnen durchlässt. Wenn Sie nach etwas suchen und kein Ergebnis bekommen, wie sollen Sie wissen, dass es doch existiert? Um eine alte Grundfrage der Existenzphilosophie zu variieren: Wenn im Internet ein Baum umfällt und keine Suchmaschine das registriert, macht er dann ein Geräusch? Je mehr wir unser Leben durch die Vermittlung von Bildschirmen führen, desto mehr existiert das, was im Internet nicht existiert, auch im Leben nicht. Wenn Google ein Ereignis nicht aufführt, ist es nie geschehen. Wenn es aber bei Google erscheint, heißt das noch lange nicht, dass es auch wirklich geschehen ist. Willkommen in der Welt der digitalen Gaukelei, in einem virtuellen Spiegelkabinett. Die Spiegel sind jetzt Displays, und alles ist möglich. Zauberei.

Das schwerwiegende Risiko des Lebens in einer durch Technik vermittelten Welt sind die ungeheuer vielfältigen Möglichkeiten, die sie bietet, Informationen auf Arten und Weisen zu manipulieren, die die meisten Menschen weder für möglich halten noch verstehen können. Bildschirme und Displays sind allgegenwärtig. Sie piepsen, klingeln und blinken um die Wette, um unsere Aufmerksamkeit zu erringen. Was aber, wenn sie lügen? Wenn sie uns mit falschen Informationen füttern und in die Irre führen? Heutzutage kann alles, was auf einem Bildschirm erscheint, gefälscht und manipuliert werden. Fragen Sie einfach die Kunden einer Internet-Partnervermittlung. Die werden Ihnen gerne bestätigen, dass das, was man sieht, eben nicht das ist, was man bekommt.

Does Not Compute

Was haben Hacker, Betrüger und organisierte Kriminelle mit Facebook, Google und der NSA gemein? Allesamt sind sie in der Lage, die Informationen, die Sie auf den Schirmen Ihrer Rechner sehen, zu manipulieren und zu kontrollieren. In einer Welt, in der Information Macht ist, kontrollieren die Türwächter, die den Datenfluss zu Ihrem Bildschirm kontrollieren, auch Menschen. Wir erleben das jeden Tag, wenn wir ins Internet gehen. Die meisten von uns recherchieren vor einer größeren Anschaffung oder einer Tischreservierung für einen besonderen Anlass in einem neuen Restaurant erst im Internet. Und wer könnte uns da besser beraten als andere Käufer und Restaurantgäste? Fast 90 Prozent der Verbraucher geben an, dass Internetrezensionen ihre Kaufentscheidung beeinflussen, und eine Nielsen-Studie hat ergeben, dass überraschende 70 Prozent diesen Rezensionen ebenso vertrauen wie der Empfehlung eines Freundes.[12] Leider sind allerdings, wie eine Untersuchung des Generalstaatsanwalts von New York ergeben hat, 25 Prozent der Rezensionen des populären Bewertungsservices Yelp völlige Fantasieprodukte.[13] Schlimmer noch, im September 2014 hat ein US-Bundesberufungsgericht entschieden, dass Yelp legal handelt, wenn es seine Gesamtbewertung manipuliert, um große Anzeigekunden zu bevorzugen; ein Unternehmen, das dort viel Geld lässt, bekommt also möglicherweise fünf Sterne, auch wenn sämtliche Kunden ihm nur einen geben.[14] Auch Rezensionen auf eBay, Amazon und TripAdvisor sind einfach zu fälschen, und die meisten der begeisterten Fünf-Sterne-Bewertungen stammen entweder von den Verkäufern selbst oder von bezahlten Ghostwritern. Es gibt sogar Agenturen, deren Geschäftsmodell es ist, Internetrezensionen im großen Stil zu fälschen. Dieses sogenannte Astroturfing ist weitverbreitet. Einem Unternehmen namens Zamdel Inc., gegen das die Staatsanwaltschaft des Bundesstaates New York ermittelte, wurden mindestens fünfzehnhundert Fantasierezensionen auf Yelp und Google Places nachgewiesen.[15]

Ich dachte, du bist mein Freund

In seinem Jahresgeschäftsbericht von 2014 räumt Facebook selbst ein, dass 11,2 Prozent seiner Accounts Fakes sind, also falsche Identitäten vorspiegeln. Wenn man zugrundelegt, dass das weltgrößte soziale Medium 1,3 Milliarden Nutzer hat, heißt das, 140 Millionen der Accounts sind gefälscht, und die angeblichen Inhaber existieren nicht.[16] Fake-Facebook-Land wäre mit 140 Millionen Einwohnern übrigens das zehntgrößte Land der Welt. Genauso wie die Einschaltquoten des klassischen Fernsehers die unterschiedlichen Preise für eine Werbeminute beim Superbowl und bei *The Walking Dead* bestimmen, richten sich die Internet-Anzeigentarife danach, wieviel Augen eine Webseite oder ein Account in seinen Bann schlägt.

4000 Twitter-Follower gewünscht? Greifen Sie zu, nur fünf Dollar. Sind 100 000 Facebook-Fans Ihr Ziel? Kein Problem, SocialMediaCorp.org liefert sie Ihnen für schlappe 1500 Dollar. Wenn Sie noch mehr Geld übrig haben, hier ein heißer Tipp: Eine Million neue Freunde auf Instagram, ein Sonderangebot, für nur 3700 Dollar![17] Ob Ihr Wunsch nun Favorites, Likes, Retweets, hochgereckte Daumen oder Besucherzahlen sind – all das können Sie kaufen, auf Webseiten wie Swenzy, Fiverr und Craigslist. Die so erzeugten betrügerischen Accounts bei sozialen Medien dienen dann wiederum der betrügerischen Anpreisung eines Produkts, einer Dienstleistung oder eines Unternehmens. Kostet natürlich eine kleine Gebühr. Dieses Gewerbe ist meistens in Entwicklungsländern wie Indien und Bangladesch beheimatet, wo noch echte Menschen die gefälschten Accounts betreiben, oder im ehemaligen Ostblock, zum Beispiel in Russland, der Ukraine oder Rumänien, wo das ganze Verfahren bereits automatisiert ist und Computerbots, kleine Programme, die vorgegebene Instruktionen beliebig oft ausführen, immer und immer wieder den Gefällt-mir-Button drücken, wobei sie ein Heer nichtexistenter Accountinhaber vortäuschen.

Genauso, wie die Götter primitiver Mythologien beliebig ihre Gestalt wechseln können, haben auch diese heutigen Gestaltwandler ihre magischen Kräfte. Da wollen auch die Kriminellen mitmischen. Sie machen sich schlau und setzen ihr Wissen dann in leicht verdientes Geld um. Viel Geld. Ein Großteil dieser Clicks dient dem »Clickbetrug«. Unternehmen zahlen Anbietern wie Facebook und Google jeweils eine kleine Gebühr, wenn ein Interessent eines ihrer Werbebanner oder einen der Links anklickt, die man Ihnen im Internet immer aufdrängt. Organisierte Banden wissen inzwischen, wie man dieses System manipuliert und die Profite abschöpft. Diese sogenannten Ad Networks wandeln Klicks in Kapital um. Die Anbieter im Bereich der sozialen Medien fühlten sich von der Kritik an den vielen Fake-Profilen durchaus getroffen. Facebook hat gründlich aufgeräumt[18], und die Ergebnisse waren entlarvend. Rihanna und Shakira verloren jeweils 22 000 Facebook-Fans, Lady Gaga sogar 32 000 und das Online-Pokerspiel *Texas Hold 'Em* des Anbieters Zynga sah sich 100 000 sogenannter Supporter beraubt, die es nie gegeben hatte.[19]

Wenn Facebook 140 Millionen Fake-Accounts hat, dann sind die nicht mehr einzeln von Menschen in Handarbeit angelegt worden; dazu ist die Zahl viel zu hoch. Hier muss etwas viel Schlimmeres passieren, und so ist es auch. Man nennt es Sock Puppetry, also Sockenpuppenspiel. Sie haben vielleicht als Kind auch die Hand in eine Socke gesteckt und so getan, als sei dadurch ein Kopf mit einem langen Hals entstanden, der den Mund auf- und zuklappen kann. In der Welt des Internets schaffen kriminelle Banden etwas Ähnliches vermittels Computerscripts und automatisierten Abläufen unter Ausnutzung der sozialen Netzwerke. Sie schaffen so Legionen von Internet-Persönlichkeiten, das sind fiktive Accountinhaber, und zwar vollautomatisch. Das geht so leicht und billig, dass mit betrügerischer Absicht hunderttausende nichtexistente Identitäten das Licht des Internets erblicken.

Alles, was man braucht, ist ein Telefonverzeichnis – im Internet leicht zu finden –, um gebräuchliche Namen eines Landes oder einer Region zu erhalten. Ihr Scriptbot muss dann nur noch einen Vornamen mit einem Nachnamen kombinieren, ein Geburtsdatum auswürfeln und sich einen kostenlosen E-Mail-Account auf diese Daten zulegen. Dann durchkramt man Internet-Fotoseiten wie Picasa, Instagram, Facebook, Google oder Flickr nach einem altersmäßig stimmigen Porträtfoto. Schon hat die Sockenpuppe einen Namen, ein Geburtsdatum, eine E-Mail-Adresse und ein Gesicht und damit alles, was man braucht, um sich einen Account bei Facebook, Twitter oder Instagram zu verschaffen. Als letzten Schritt verleiht man den Sockenpuppen noch ein bisschen vorgetäuschte Individualität, indem man ihnen per Script beibringt, Freundschaftsanfragen zu senden, die Tweets anderer Nutzer zu retweeten und willkürlich Likes über andere Seiten zu verstreuen. Ehe man sich's versieht, hat man Tausende von Sockenpuppen unter seinem Kommando. Diese virtuellen Armeen sind für Kriminelle die entscheidende Basis ihrer Phishing-Attacken, ihrer gefälschten Bewertungen, ihrer Versuche, Nutzer zum Herunterladen von Spyware zu veranlassen und alle möglichen Geldbetrügereien zu begehen.

Fatal System Error

Inzwischen leben wir in einer Welt des »Bildschirmvertrauens«. Zuerst und hauptsächlich verlassen wir uns auf Computer. Unsere Antworten lesen wir von Bildschirmen ab und kaum jemals stellen wir in Frage, was wir da lesen. Aber wenn das Programm nichts taugt oder die Eingabedaten mangelhaft sind, spiegelt sich das natürlich auch im Ergebnis wider. *Garbage in, garbage out* – wer Müll eingibt, bekommt Müll als Ergebnis, heißt nicht umsonst eine Maxime der Informatik. Früher hat uns vor vielen dieser Fehler und Fehlfunktionen geschützt, dass wir uns nicht so sehr auf die Technik verlassen haben. Im Big-Data-Zeitalter hat sich das geändert – und zwar drastisch. Fehler in Datenbanken betreffen uns alle irgendwie, und die Konsequenzen solcher Fehler werden immer gravierender. Laut der Federal Trade Commission der USA sind fast 25 Prozent aller Bonitätsauskünfte zu Privatverbrauchern fehlerhaft, und Datenhändler wie Acxiom geben durchaus zu, dass 30 Prozent der von ihnen gehorteten Daten Fehler enthalten können.[20]

Wenn dann einer der vierzig bis fünfzig Millionen von diesen Fehlern betroffenen US-Bürger eine Wohnung zu mieten versucht, ein Auto kaufen will, eine Hypothek beantragt oder sich um einen Arbeitsplatz bewirbt, stellt er zu seinem Erstaunen fest, dass der gedankenlose Fehler eines anderen zu seinem persönlichen Alptraum wird. »Unser Computer sagt leider …«, dass Sie zum Beispiel Ihre Raten nicht zahlen könnten, und dann ist Widerspruch zwecklos. Heute schon werden täglich Millionen solcher Entscheidungen aufgrund fehlerhafter, unvollständiger oder ungenauer Daten getroffen, oft ohne weitere Nachprüfung. Wäre dieses Problem auf Kreditauskünfte beschränkt, könnte man damit leben. Gerade noch. Aber dass wir im Land des Bildschirmvertrauens leben, heißt inzwischen, dass Computerfehler nicht nur unsere Finanzen, sondern auch die Freiheit und selbst das Leben gefährden.

In der Medizin werden gegenwärtig in rasender Geschwindigkeit Patientenakten digitalisiert, um Kosten zu sparen, die Effizienz zu steigern und durch massenhafte Datenauswertung neue Erkenntnisse zu gewinnen. Dafür muss ein unbeabsichtigter Preis gezahlt werden: Zuverlässigkeit. Dutzende Millionen elektronischer Patientenakten enthalten Falschinformationen über diese Patienten und deshalb können falsche Anzeigen auf einem Computerbildschirm jetzt buchstäblich töten.[21] Im Londoner University College Hospital starb der 27-jährige Gary Foster aus Essex, weil er aufgrund eines Fehlers im krankenhauseigenen Computersystem eine Überdosis von Krebsmedikamenten bekam.[22] Das Personal hatte ihm wegen einer fehlerhaft eingegebenen Verschreibung eine tödliche Dosis von Chemotherapeutika gegen seinen Hodenkrebs verabreicht. Zu viel Vertrauen in Bildschirme tötet aber nicht nur, sondern kann auch die öffentliche Sicherheit gefährden.

In Kalifornien wurden nämlich durch einen Computerfehler 450 inhaftierte Gewaltverbrecher freigelassen.[23] Gangmitglieder, Vergewaltiger, wegen bewaffneten Raubs Verurteilte und als »gemeingefährlich und gewalttätig« eingestufte Häftlinge spazierten mit offizieller Entlassungsurkunde aus den Gefängnistoren im ganzen Bundesstaat, weil die Verwaltung der Haftanstalten das, was ihnen ihre Bildschirme angaben, unhinterfragt akzeptiert hatte. Natürlich kommt es in den Akten der Justizverwaltung auch sonst dauernd zu Fehlern. Das beschert nicht nur Verurteilten ungeahnte Freiheit, sondern bringt auch Unschuldige in Schwierigkeiten. Beamte des britischen Criminal Records Bureau haben eingestanden, dass durch Fehler im System der Behörde über 20 000 Bürger als Kriminelle gebrandmarkt wurden.[24] Dieser schwerwiegende Fehler hieß, dass tausende Unschuldige plötzlich Strafakten wegen Verbrechen hatten, die sie nicht begangen hatten. »Aber, Herr Wachtmeister, ich bin der Falsche, glauben Sie mir«, hören Polizisten dauernd; wenn das einmal stimmt, hilft es dem fälschlich Hopsgenommenen gar nichts, denn was auf dem Computerbildschirm über ihn steht, muss ja die Wahrheit sein. Beweisen Sie mal das Gegenteil. Überall im Vereinigten Königreich entgingen Betroffenen Arbeitsplätze, wurden ihnen ehrenamtliche Positionen verweigert und im Grunde ihr Ruf zerstört – weil wir eben unweigerlich dem Bildschirm vertrauen.

Heute sind wir Zeugen, wie menschliche und technische Phänomene sich wie der »perfekte Sturm« zusammenbrauen. Sie bilden eine ungeheure Gefahr für unsere Gesellschaft. Jede Generation ist stärker daran gewöhnt, den Anweisungen, die uns die Maschinen geben, blind zu folgen. *Garbage in, garbage out* ist inzwischen von einem ganz anderen Spruch abgelöst worden: *Garbage in, gospel out.* Auch wenn man Müll eingibt – was herauskommt, muss die Wahrheit sein, denn der Computer sagt es ja. Das Schlimme dabei ist, dass wir uns als Gesellschaft bereits heute ununterbrochen auf unkorrekte Daten stützen. Dieses schwelende Problem wird uns eines Tages im großen Stil heimsuchen. Filterblasen, unsichtbare Suchmaschinenzensur, staatliche Firewalls und falsche Daten bewirken zusammen, dass wir uns grundsätzlich nicht mehr auf unsere Weltsicht verlassen können – oder vielmehr darauf, wie wir das sehen, was uns als die Welt präsentiert wird, vermittelt durch Bildschirme.

Wenn Sehen nicht Glauben bedeutet

In den vorangegangenen Kapiteln haben wir uns hauptsächlich damit befasst, was passiert, wenn Ihre Daten geklaut werden und Ihr Datenschutz verletzt wird. Kein Zweifel, die Kriminellen, die so etwas anstellen, freuen sich diebisch darüber, was sie mit Ihren gestohlenen Daten alles machen können. Aber die Informationen dieser Welt sind einer noch viel ernsteren Gefahr ausgesetzt – der Manipulation. Kriminelle, Hacker, Terroristen und Behörden brechen immer häufiger in Computersysteme nicht ein, um die Informationen darin zu stehlen, sondern um sie zu verändern, so wie wir es am Beispiel Natans gesehen haben. Das heißt, die Integrität der Information selbst wird angegriffen. Langsam, unbemerkt und sehr präzise bemächtigt sich ein Angreifer eines Datensystems und kann dann im Geheimen sämtliche Informationen, mit denen es arbeitet, verändern. Bei einem Hackerangriff ist Informationsdiebstahl einer unbemerkten Veränderung womöglich sogar vorzuziehen.

Schon 1995 gab es einen Film namens *The Net*, in dem Sandra Bullock eine zurückgezogen lebende Systemanalytikerin spielte, die durch Zufall auf die Verschwörung teuflischer Cyberterroristen stößt, die sämtliche Informationssysteme der Welt in ihre Gewalt bringen wollen. In der Eröffnungsszene sehen wir, wie sich der Stellvertretende US-Verteidigungsminister umbringt, weil er vom Marinekrankenhaus in Bethesda die Diagnose bekommt, er sei positiv auf HIV getestet worden. Das allerdings stimmt gar nicht, wie sich dann herausstellt; der Minister hat kein AIDS, sondern die Hacker haben seine Testergebnisse im Rechner der Klinik umgeschrieben. Damit wollten sie sich an ihm für seinen Feldzug gegen die internationale Computerkriminalität rächen und sein behandelnder Arzt gibt die verfälschten Daten pflichtgemäß an ihn weiter. Der konservative Vizeminister erträgt die Schande einer AIDS-Diagnose nicht und begeht Selbstmord.

Das ist die Welt des Datenkriegs, in der verfälschte Informationen über eine Phalanx blinkender Bildschirme verbreitet werden und in der realen Welt sehr reale Auswirkungen haben. Die im Film *The Net* dargestellten Ereignisse sind heute echte Möglichkeiten. Weltweit sind bereits viele Polizeidatenbanken gehackt worden, unter anderem in Australien, England, Italien, Memphis (Tennessee), Montréal, Hongkong und Honolulu. Das dänische staatliche Führerscheinregister wurde 2013 Opfer eines Hackerangriffs und man nimmt an, dass die Hacker die dort gespeicherten Daten manipuliert haben.[25] Ebenfalls 2013 brach in Philadelphia eine ortsansässige Gang in eine geheime Datenbank ein, in der Teilnehmer eines Zeugenschutzprogramms gespeichert waren. Danach wurden Namen, Adressen und Fotos Dutzender Zeugen, die in den schlimmsten Verbrechen gegen die Täter ausgesagt hatten, auf Instagram gepostet. Verschlagwortet waren sie mit »Expose the Rats«, also »Verratet die Verräter«. Viele dieser enttarnten Kronzeugen hatten in geheimen Anhörungen vor einer Grand Jury ausgesagt. Der Instagram-Account rats215, auf dem sie an den Pranger gestellt wurden, hatte binnen Tagen fast 8000 Follower. Ein Neunzehnjähriger, der in einem Mordprozess ausgesagt hatte, wurde später aus Rache erschossen. Zahlreiche Besucher der Seite hinterließen Kommentare wie »Rottet die Ratten aus« und »Setzt Killer auf sie an« und machten sich der massenhaften Zeugeneinschüchterung schuldig.[26]

In Massachusetts erhielt ein Häftling, der wegen Computerhacking einsaß, Zugang zum Rechner der Gefängnisbibliothek, um juristische Recherchen in seinem eigenen Fall anzustellen. Kaum hatte er die Finger auf der Tastatur, arbeitete er sich durch das Netz der Justizbehörden bis zu den Straf- und Personalakten vor und verschaffte sich nicht nur Zugang zu den Akten anderer Insassen, sondern auch zu den Namen, Geburtsdaten, Sozialversicherungsnummern, Wohnadressen und Telefonnummern sämtlicher elfhundert Justizwachtmeister der Anstalt.[27] Wenn die Rechnersysteme der Justizverwaltungen so unsicher sind, wieviele Kriminelle sind dann wohl wie die 450 erwähnten Knastbrüder aus Kalifornien freigelassen worden, weil ihre Daten planmäßig und zu eben diesem Zweck manipuliert wurden? Niemand weiß es und die Justizbehörden nehmen nur sehr ungerne dazu Stellung.

So schutzlos und angreifbar die Rechnersysteme der Justizbehörden auch sind, wirken sie doch wie eine regelrechte Festung gegenüber unseren elektronischen Patientenakten.[28] Denken wir einmal kurz nicht an die Millionen fahrlässiger Fehler, von denen gerade die Rede war.[29] Das US-Gesundheitsministerium hat festgestellt, dass seit 2009 auf die elektronischen Patientenakten von mindestens 21 Millionen Amerikanern unerlaubt zugegriffen wurde. Die Behörde hat mehr als neunhundert solcher Fälle in Krankenhäusern landesweit dokumentiert.[30] Wieviele wurden nicht angezeigt? Die US-Gesetze sehen eine Meldepflicht nur vor, wenn mindestens fünfhundert Patientenakten betroffen sind. Für organisierte Kriminelle sind Patientenakten von vielfältigem Nutzen, angefangen bei Versicherungsbetrug bis hin zu Erpressung. In Virginia brachen Hacker in acht Millionen Patientenakten und 35 Millionen elektronische Rezepte auf den Servern des Gesundheitsministeriums ein und drohten, sie zu veröffentlichen, wenn der Bundesstaat nicht 10 Millionen Dollar Lösegeld zahlte. Die medizinischen Datensysteme weltweit sind extrem porös, und die bösen Jungs sind absolut in der Lage, mit diesen Daten tödliche Verbrechen zu begehen.

Es ist schließlich ganz alltäglich, dass Ärzte, Krankenschwestern und Techniker den Anweisungen auf den Bildschirmen folgen, selbst wenn die Informationen dahinter nicht stimmen, wie wir am Fall Gary Fosters gesehen haben, der aufgrund einer falschen elektronischen Verschreibung starb. Wenn der Bildschirm sagt, Sie sind HIV-positiv, sagt Ihnen die Klinik, Sie sind HIV-positiv. Oder, schlimmer noch, wenn Sie Blutgruppe 0 Rh+ haben und ein Hacker oder persönlicher Feind die Datenbank der Klinik manipuliert, so dass dort

A Rh+ steht, wenn Sie in den OP gerollt werden, dann wird die Operation vermutlich tödlich für Sie enden.[31] Dasselbe gilt, wenn jemand in böser Absicht Ihre Penizillinallergie von der elektronischen Karteikarte radiert und eine Krankenschwester Ihnen daraufhin in bester Absicht fünfhundert Milligramm davon in Ihren intravenösen Tropf füllt.

Die tiefgreifenden Konsequenzen der Mentalität des Bildschirmvertrauens öffnen einer ganzen Reihe neuartiger Verbrechen die Tür, darunter sogar nie dagewesenen Mordmethoden. Kriminelle nutzen das aus und entwickeln Methode über Methode, um von einer Welt zu profitieren, in der die menschliche Intelligenz vor der digitalen und virtuellen Undurchsichtigkeit kapituliert. Die bösen Jungs sind besonders geschickt in sogenannten Mittelsmannverbrechen, bei denen sie sich zwischen die Realität und die Daten auf unseren Schirmen einschalten. Im Ergebnis führt das zu einem Frontalangriff auf die Authentizität der Informationen, die sich nach der Big-Data-Revolution in riesigen Mengen ansammeln.

Bildschirm des Verbrechens

Für jeden Bildschirm in Ihrem Leben haben die bösen Jungs einen Angriffsplan. Eine der verbreitetsten Taktiken im Internet ist das sogenannte Phishing. Die Verbrecher täuschen dabei eine andere, echte Webseite vor, um zum Beispiel an Ihre Passwörter und Kreditkartennummern zu gelangen. »Phishing« ist dabei eine Hackerschreibweise für »fishing«, denn es geht tatsächlich darum, einen arglosen Fisch mit einem Köder an den Haken zu bekommen. Die Verbrechersyndikate im Phishing-Geschäft versuchen Internetnutzer dazu zu bringen, einen Link anzuklicken, der sie auf die gefälschte Webseite der Betrüger leitet. Die Nachrichten, die diese Links enthalten, strömen täglich via E-Mail, SMS, Tweet, Kurznachricht oder Facebook-Statusaktualisierung auf uns ein. Angeblich kommen sie von der Bank, dem Kabelfernsehanbieter, der Rentenversicherung, den sozialen Medien oder der Telefongesellschaft. Ziel sind alle Nutzer des Internets weltweit; die meisten Opfer gibt es in den USA, in Großbritannien und in Deutschland.[32]

Letztlich kommt es bei einer Phishing-Attacke immer darauf an, den nichtsahnenden Nutzer dazu zu bringen, auf einen Link zu klicken oder einen Mail-Anhang zu öffnen, der ihn entweder auf eine gefälschte Webseite weiterleitet oder auf seinem Rechner Malware installiert. Die Kriminellen nutzen die Hypertext-Links des HTML-Protokolls aus und integrieren ihre Angriffe in verborgenem Quellcode. Phishing-Nachrichten kommen als gefälschte e-Postkarten, als E-Mails Ihrer Bank, als angebliche Jobangebote, als Rabattgutscheine oder als Angebote über soziale Medien, die zu gut sind, um wahr zu sein. Früher waren sie voller grammatischer und orthographischer Fehler, sind aber inzwischen hochprofessionell gemacht und von echten Mitteilungen der betreffenden Institutionen nicht mehr zu unterscheiden. Diese Leute wissen genau, wie sie sich das instinktive Vertrauen zunutze machen, das Sie in Ihren Bildschirm setzen, indem sie den Internetauftritt der betreffenden Institution nachahmen und Sie mit einer digitalen Illusion täuschen.

Nehmen wir an, Sie bekommen eine E-Mail von jemandem mit der Adresse security@bankofamerica.com. Darin werden Sie informiert, dass Sie Ihr Profil aktualisieren müssen oder dass Ihr Konto wegen ungewöhnlicher Aktivitäten prophylaktisch gesperrt worden ist. Ach du meine Güte, denken Sie, das muss ich mir sofort ansehen. Was Sie dabei übersehen, ist, wie lächerlich einfach es ist, eine scheinbar seriöse E-Mail-Adresse wie die obige zu bekommen. Wenn Sie sich in einer E-Mail-Software wie Outlook, Mac Mail oder Thunderbird einen neuen E-Mail-Account anlegen, müssen Sie einen Namen und eine E-Mail-Adresse angeben. Wenn ein Gauner jetzt »Sicherheitsabteilung, Bank of America« eingibt, dann ist das der Name, der in Ihrem Posteingang erscheint. So einfach ist das. Nur durch genaues Lesen des E-Mail-Headers kommen Sie vielleicht dahinter, dass die E-Mail-Adresse der bösen Jungs in Wirklichkeit notifications@security-bankofamerica.com lautet – und das klingt immer noch echt genug, um den Durchschnittsnutzer zu täuschen.

Die Nachricht sieht nämlich auch genauso aus, als komme sie von der Bank – Schriftart, Farben, Logo, alles stimmt, aber sie kommt eben nicht von dort. Der sichtbare Link ist vielleicht www.bankofamerica.com, aber weitergeleitet werden Sie zu, sagen wir, www.bank0famerica.com (mit einer Null statt des O) oder auch bankofamerica.accountupdates.com (dann ist der Name der Domain, die Sie aufsuchen, nämlich accountupdates.com, und bankofamerica lediglich ein Folder dieser Domain, um Sie hereinzulegen); statt www.citibank.com steht da in Wirklichkeit www.citiibank.com (mit einem doppelten I, das man nur zu leicht übersieht). Erkennen kann man eine Phishing-E-Mail aber immer daran, dass sie einem geradezu entgegenschreit, was sie von Ihnen will; der fatale Link, den Sie anklicken sollen, ist immer besonders groß geschrieben und der Button besonders auffällig: »Zur Aktualisierung Ihrer Sicherheitseinstellungen und zum Schutz Ihres Kontos bitte hier klicken.« Und dann haben sie Sie.

Der unbedachte Klick bringt Sie auf die Webseite der freundlichen »Citiibank«, wo Sie dann gebeten werden, sich einzuloggen und Ihre Zugangsdaten einzugeben – die zu Ihrem richtigen Citibank-Konto nämlich. Dadurch verschaffen sich die Diebe Ihren Nutzernamen, Ihr Passwort und einen Haufen anderer nützlicher Informationen. Und dann gehen sie erst richtig an die Arbeit. Phishing ist nämlich ein Eingangsverbrechen, der unumgängliche erste Schritt, der den Dieben die Daten verschafft, die sie für Schritt zwei in ihrer Verschwörung gegen Sie brauchen, die Identitätsdiebstahl, Kontobetrug, Steuerbetrug und Versicherungsbetrug umfassen kann. So, wie den iranischen Atomingenieuren in Natans eine authentisch wirkende, aber gefälschte Realität auf ihren Bildschirmen vorgegaukelt wurde, will man auch Ihnen tagtäglich etwas vorgaukeln. Die Betrüger stehen Schlange vor Ihrer Tür.

Für die Verbrecher entstehen dabei nämlich kaum Kosten. Phishing ist lächerlich billig – vollautomatische Phishingprogramme, die im digitalen Untergrundhandel für nur 65 Dollar erhältlich sind[33], schicken betrügerische E-Mail an 500 000 Adressen und zusätzlich bedienen sich die bösen Jungs noch ihrer erwähnten Sockenpuppen-Accounts, um ihre Reichweite zu vergrößern. Im Ergebnis landen dann täglich über einhundert Millionen Phishing-Mails in den Posteingängen weltweit.[34] Laut einer von Cisco durchgeführten Studie zu den wirtschaftlichen Folgen solcher Angriffe fallen von einer Million Nutzern etwa acht auf den Betrug herein und verlieren durchschnittlich jeweils 2000 Dollar dabei. Mit 130 Dollar Einsatz kann der Betrüger also Einnahmen von 16 000 Dollar erzielen, das ist eine Rendite von 12 000 Prozent.[35] Bei 36 Milliarden jährlich versandter Phishing-Nachrichten wird einem klar, in welcher Größenordnung und mit welchen Profitraten Cyberverbrechen begangen werden. Und wenn die Renditen von Massenangriffen schon beeindrucken, was soll man dann erst von den gigantischen Profiten halten, die sich mit »Speer-Phishing« verdienen lassen, einer Methode, die sich nicht pauschal gegen Millionen, sondern spezifisch gegen einen einzelnen Nutzer beziehungsweise ein Unternehmen richtet?

Speer-Phishing ist das Werkzeug der Wahl für Industriespionage geworden, und der angerichtete Schaden kann in einem solchen Fall ungeheuer hoch sein. Das musste der globale Limonadenriese Coca-Cola entdecken, als er im Rahmen seiner Expansion auf dem asiatischen Markt den chinesischen Safthersteller Huiyuan aufkaufen wollte. Die Verhandlungen waren bereits weit gediehen, die Akquisition stand unmittelbar bevor – und dann platzte das Geschäft plötzlich. Hier stimmte etwas nicht und Coke wollte wissen, was. Das Unternehmen ließ die Angelegenheit untersuchen und genau nachvollziehen, was während der Verhandlungen abgelaufen war, zum Beispiel den Nachrichtenaustausch zwischen Coke und den Verhandlungspartnern bei Huiyuan. Wie sich herausstellte, hatte die chinesische Regierung das Geschäft minutiös überwacht und sich illegal Einblicke in die vertraulichen Verhandlungsstrategien und Pläne von Coke verschafft. Wie hatten die Chinesen es geschafft, in die Computer in Atlanta einzubrechen? Indem sie den Bildschirm Paul Etchells' manipulierten, des Vizepräsidenten von Coca-Cola Pacific Group.[36]

Etchells hatte eine E-Mail geöffnet, die so aussehen sollte, als stamme sie von einem Manager in der Rechtsabteilung des Konzerns. Die Betreffzeile war verführerisch: »Save Power, Save Money – from Coke's CEO« (»Strom sparen heißt Geld sparen, sagt der CEO von Coke«). Etchells wusste, dass der CEO des Konzerns ein großer Verfechter firmeninterner Energiesparprogramme war. Die Chinesen, die in das Intranet des Unternehmens eingedrungen waren, wussten es auch. Die Betrüger erweckten in diesem Fall den Anschein von Legitimität, weil die Umstände stimmten – die Nachricht schien von einem vertrauenswürdigen Kollegen zu stammen, sie kam über das Netzwerk der Firma, ihr Betreff war einladend und hatte einen realen Hintergrund. Als der Vizepräsident arglos den Link anklickte, holte er sich unbemerkt Malware auf seine Workstation, darunter einen Keystroke Logger, der jeden Tastendruck des Managers protokollierte. So kamen die Chinesen an eine Flut von Informationen über das Saftgeschäft. Coke nimmt offiziell zu »Sicherheitsfragen« wie dieser nicht Stellung, aber klar ist, dass dieser eine Speer-Phishing-Angriff gegen einen Spitzenmanager das Unternehmen die 2,4-Milliarden-Dollar-Übernahme der Huiyuan Juice Group kostete. Coke steht als Speer-Phishing-Opfer nicht alleine da; diese Methode ist inzwischen das beliebteste Mittel von Internetkriminellen und digitalen Spionen und für volle 91 Prozent aller gezielten Cyberangriffe verantwortlich.[37]

Die Kriminellen können inzwischen schon in Echtzeit manipulieren, was Sie auf Ihrem Bildschirm zu sehen bekommen, einschließlich Ihrer Kontobewegungen. Wie nun, wenn Ihr Kontostand auf einmal Null ist und Sie es nicht erfahren? Es gibt heutzutage Abertausende Malware-Programme, mit denen Ihr Bankkonto abgeräumt wird; das Ganze ist regelrecht zur Routine geworden, die bösen Jungs arbeiten sogar automatisiert. Sie infizieren Ihren Rechner oder Ihr Mobiltelefon, fangen Ihre Login-Daten ab und heben alles Geld vom Konto ab, das sie finden. Wenn Sie sich nun zufällig selbst einloggen und bemerken, dass Geld fehlt, würden Sie bestimmt Ihre Bank anrufen und den Geldtransfer stoppen. Banken haben, besonders für internationale Geldgeschäfte, meistens eine Vorbehaltsfrist von ungefähr 24 Stunden, in denen eine Überweisung oder Abbuchung noch rückgängig gemacht werden kann, aber das ist ein sehr kurzes Zeitfenster. Deshalb geben sich die Verbrecher große Mühe, unbemerkt zu bleiben. Dazu spiegeln sie Ihnen auf dem Bildschirm etwas vor, das nicht der Wirklichkeit Ihres Kontos entspricht. Hochspezialisierte Trojaner wie SpyEye oder URLZone stehlen nicht nur Ihr Geld, sondern versichern Ihnen auch glaubhaft und fälschlich, dass es noch da sei.[38] Das Magische an diesen Trojanern ist, dass die Diebe damit mehr Zeit haben, Ihre Bank-, Debit- oder Kreditdaten zu missbrauchen, ohne dass Sie es bemerken. Sie kommen dann erst darauf, dass es ein Problem gibt, wenn Sie das nächste Mal zum Geldautomaten gehen und eine böse Überraschung erleben.

Diese Crimeware (kriminelle Software) ist so ausgefeilt, dass sie sich sogar merkt, wieviel sie von jedem geknackten Konto abgebucht hat. Wenn die Diebe Ihnen zum Beispiel 2149 Dollar gestohlen haben, fügt der Algorithmus diesen Betrag jedesmal dem tatsächlichen Kontostand hinzu, wenn Sie ihn online einsehen.[39] Käufe, die die Kriminellen mit Ihrer Kredit- oder Debitkarte tätigen, werden automatisch von der laufenden Transaktionsliste und dem Online-Kontoauszug gelöscht, bevor sie auf Ihren Bildschirm durchgelassen werden. Selbst PDF-Kopien Ihrer Kontoauszüge, die zum Ausdrucken an Sie geschickt werden, sind bereits manipuliert, bevor der Drucker sie bekommt. Wenn diese Diebe Sie erst einmal im Griff haben, dann gibt es kein Entkommen mehr.

Solche Mittelsmannangriffe erinnern uns nur zu deutlich daran, dass kriminelle Hacker Ihnen eine ganz andere Realitätssicht vortäuschen können, wenn sie einmal Zugriff auf die vielen Bildschirme in Ihrem Leben haben. Genau wie die Urheber von Stuxnet wissen sie, dass Bildschirme nur eine Ersatzrealität sind, eine, die man völlig umgestalten und leicht manipulieren kann. Aber nicht jede Datenmanipulation auf unseren Bildschirmen geht auf globale Cyberverbrecherkartelle oder böse Geheimdienste zurück.

Pädophile zum Beispiel legen sich im Netz gerne eine gefälschte Identität als Kind zu. 80 Prozent der minderjährigen Internetnutzer können nicht erkennen, wenn sie in Wirklichkeit mit einem Erwachsenen sprechen, und ihre Bildschirme sind besonders anfällig für Angriffe. Denken wir an den Fall der zwölfjährigen Kanadierin Amanda Todd. Als sie vor der Webcam ihre Brüste entblößte, dachte sie, sie zeige sie einem gleichaltrigen Jungen. Todd wurde anschließend von ihrem virtuellen Angreifer erpresst und gedemütigt. Die Schülerin nahm sich schließlich das Leben. Jahrelang blieb der Fall unaufgeklärt, und Amandas Eltern wussten nicht, wer ihrer Tochter das angetan hatte. Eine neue Spur führte die Royal Canadian Mounted Police im April 2014 schließlich bis in die Niederlande, zu einem 8000 Kilometer entfernten Verdächtigen. Die niederländischen Kollegen der Kanadier identifizierten den 35-jährigen Aydin Coban und klagten ihn wegen »Erpressung, Internetbetrug, Nötigung und

Besitz kinderpornografischer Darstellungen zum Zwecke der Weiterverbreitung« an.[40] Coban hatte, so die Ermittler, jeweils eine gefälschte Internet-»Persona«, eine Scheinidentität, benutzt, um sich das Vertrauen minderjähriger Mädchen zu erschleichen und sie zu sexuellen Handlungen vor einer Webcam zu verführen.[41] Vermutlich sind noch Dutzende anderer Mädchen in Kanada und weltweit Opfer dieses niederländischen Pädophilen geworden.[42]

Selbst für volljährige Erwachsene können persönliche Beziehungen und manipulierte Bildschirme eine gefährliche Kombination werden. Das war zum Beispiel bei Elizabeth Thrasher so, die eines perfiden Feldzugs gegen die Tochter der neuen Lebensgefährtin ihres geschiedenen Ehemanns angeklagt war. Laut Staatsanwaltschaft hat die eifersüchtige Thrasher zwei Fotos aus dem Myspace-Account der Jugendlichen kopiert und auf der Kleinanzeigen-Website Craigslist gepostet, und zwar als Kontaktanzeigen.[43] Sie führte die Anschrift, Telefonnummer, E-Mail-Adresse und den Namen des Arbeitgebers der nichtsahnenden Tochter an und erweckte den Anschein, diese suche nach unverbindlichen sexuellen Kontakten. Thrashers Opfer hatte keine Ahnung von der Craigslist-Anzeige – bis die Anrufe, SMS und Fotos (darunter auch Nacktfotos) mit eindeutigen Angeboten einzulaufen begannen. In ihrer Aussage vor Gericht erklärte das Mädchen, sie habe sich gefühlt, als sei sie »zum Vergewaltigen und Umbringen freigegeben worden«.

Börsen und Bildschirme

Nicht nur Einzelpersonen und Firmen kann man durch Manipulation ihrer Bildschirme hereinlegen, sondern sogar die Finanzmärkte. Gerüchte und wilde Vermutungen haben schon seit jeher erstaunliche Effekte auf die Börsenkurse, aber die halsbrecherische Geschwindigkeit des Internets macht es zum Normalfall, dass die Welt schon auf eine Meldung reagiert hat, bevor jemand Zeit hatte, ihren Wahrheitsgehalt zu prüfen. Ein Hacker namens Mark S. Jakob schrieb im August 2000 eine Fantasie-Presseerklärung und schickte sie an Internet Wire, eine Internet-Nachrichtenagentur für Firmennachrichten. Der 23-jährige Student des Community College in El Segundo, Kalifornien hatte sich als Opfer die Emulex Corporation ausgesucht, einen Nasdaq-notierten Hersteller von Kommunikationselektronik. Der Hacker kopierte einfach Briefkopf und Schriftsatz echter Emulex-Pressemitteilungen und gab das Ergebnis von einem E-Mail-Account mit einer Adresse, die der des Unternehmens ähnelte, an Internet Wire weiter. In der angeblichen Meldung hieß es, dass die amerikanische Börsenaufsicht SEC ein Ermittlungsverfahren gegen Emulex eingeleitet habe, der letzte Quartalsbericht revidiert werden müsse und CEO Paul Folino daraufhin zurückgetreten sei. Diese Sensation verbreitete sich sofort viral weiter und wurde von zahlreichen anderen Nachrichtenagenturen übernommen, etwa von TheStreet.com, CNBC, Bloomberg und Dow Jones Newswires.[44]

Die Börse reagierte voraussehbar und unmittelbar. »Innerhalb von sechzehn Minuten nach Veröffentlichung der gefälschten Pressemitteilung wurden 2,3 Millionen Emulex-Aktien verkauft; der Kurs stürzte um 61 Dollar ab – von 104 auf 43 Dollar –, und Emulex verlor 2,2 Milliarden Dollar Börsenkapital.«[45] Das war genau das Ergebnis, das Jakob sich gewünscht hatte, als er zuvor in Verkaufsoptionen investiert hatte.[46] Seine Profite aus dem Betrug beliefen sich auf 250 000 Dollar. Zwar trat der CEO von Emulex sofort vor die Kameras des Börsensenders Bloomberg und ließ auch in anderen Wirtschaftsmedien die Meldung dementieren, aber der Schaden war angerichtet. Nach sechs Tagen hatte das FBI mit Unterstützung der SEC Jakob ausfindig gemacht und verhaftete ihn.[47] Der Beschuldigte bekannte sich der betrügerischen Nachrichtenübermittlung und des Wertpapierbetrugs schuldig. Als alles vorbei war, hatten die ehrlichen Anteilseigners von Emulex über 110 Millionen Dollar Verlust zu verbuchen, nur weil ein Collegestudent aus der Provinz ihr Vertrauen in die Bildschirme ausgenutzt hatte.

Bildschirmmanipulation ist im Wertpapiergeschäft Alltag; die sogenannten Pump-and-Dump Schemes (»Aufblasen und abstoßen«) sind die häufigste Form des Internet-Börsenbetrugs.[48] Das funktioniert so: Ein Broker pumpt den Kurs einer Aktie zunächst künstlich auf, indem er ihn durch falsche oder absichtlich missverständliche Meldungen, die er im Internet streut, in die Höhe treibt. Dann stößt er die überbewerteten Papiere ab, bevor jemand die Lügen aufdeckt. Das ist ein florierendes Geschäft im Cyberspace und das FBI hat schon Dutzende solcher betrügerischen Broker festgenommen. Pump-and-Dump ist gewöhnlich eine plumpe Sache und leicht zu durchschauen, aber sowohl Einzeltäter wie organisierte Banden verschaffen sich Hunderte Millionen Dollar, indem sie manipulieren, was wir im Internet zu sehen bekommen.[49]

Manchmal werden Sie von den Börsenmeldungen Ihres Bildschirms manipuliert, ohne es auch nur mitzubekommen; der Bildschirm beobachtet nämlich Sie, während Sie ihn beobachten. Das erfuhren die Wertpapierhändler der Großbanken Goldman Sachs und J. P. Morgan eines Tages über die Bloomberg-Börsenterminals, die sie seit Jahren benutzten. Bloomberg-Terminals sind das Lebenselixier der Wall Street. Börsenhändler zahlen eine Jahresgebühr von

20 000 Dollar, um die reiche Datenausbeute abschöpfen zu dürfen, die sie liefern, und legen diese Informationen dem täglichen Wertpapiergeschäft zugrunde. Was die Broker aber nicht wussten, war, dass Journalisten aus der Nachrichtenabteilung von Bloomberg Administratorstatus auf diesen Terminals hatten, um mitverfolgen zu können, wie die Broker ihre »Bloomberg-Boxen« nutzten. Mit anderen Worten: Bloomberg-Reporter schrieben mit, welche Informationen die Broker abriefen, um besser über die Börse berichten zu können. Die Broker, die glaubten, ein blindes und taubes Terminal zu benutzen, mussten erkennen, dass es weder blind noch taub war.

Mehr als 30 000 einflussreiche Größen der Finanzwelt wie Banker, Hedgefond-Manager und Beamte des US-Finanzministeriums führen mit diesen Bloomberg-Boxen routinemäßig äußerst vertrauliche Recherchen durch, die jeweils genau auf ihren Urheber zurückverfolgt werden können. Der Skandal kam ans Licht, als ein Bloomberg-Journalist eines Tages bei Goldman Sachs anrief, um sich zu erkundigen, ob ein bestimmter Teilhaber die Firma verlassen habe – er habe sich seit mehreren Tagen nicht mehr in sein Terminal eingeloggt. Diese unbedachte Bemerkung ließ bei Goldman Sachs die Alarmglocken läuten, und die Großbank machte die Sache dann auch öffentlich.

Später stellte sich heraus, dass die 2400 Journalisten bei Bloomberg die Chronik der Logins auf den Terminals mitverfolgen konnten, dazu die verschiedenen Suchfunktionen, zum Beispiel nach Aktien oder anderen Wertpapieren.[50] Die Leitung von Goldman Sachs prangerte an, dass Bloomberg-Reporter Kunden über ihre Terminals ausspioniert und sich gezielt über die Arbeit bestimmter Teilhaber von Goldman Sachs informiert hatten, um Material für neue Artikel zu bekommen.[51] Ein ehemaliger Bloomberg-Reporter sagte: »In der Redaktion wurde ständig darüber diskutiert, wie man die Terminals am besten ausnutzen konnte, um neue Stories zu machen.«[52]

Auch mit dem Hochfrequenz-Börsenhandel (High-Frequency Trading oder HFT) kann man die Bildschirme der Börsen manipulieren und hacken. Michael Lewis erzählt in seinem bahnbrechenden Buch *Flash Boys* (2014), wie einige Wall-Street-Insider das gesamte elektronische Börsensystem kompromittierten, indem sie sich durch Hacken zusätzliche Zeit verschafften. Hochfrequenzhändler können sich durch Investitionen im Wert hunderter Millionen Dollar eine überlegene technische Infrastruktur zulegen, die ihnen entscheidende Zeitgewinne im Millisekundenbereich beim HFT verschafft. Diese winzigen Vorsprünge vor ihren Konkurrenten sind bares Geld wert. *Flash Boys* folgt dem Broker Brad Katsuyama in der New Yorker Niederlassung der Royal Bank of Canada und seiner unglaublich komplexen, jahrelangen Untersuchung der

HFT-Welt.[53] Was er herausfand, war schockierend genug: Der gesamte Wertpapiermarkt, wie er auf den Bildschirmen auf seinem Schreibtisch erschien, war eine Illusion.

Jedesmal wenn Katsuyama eine Transaktion ausführen wollte, veränderte sich der Kurs des betreffenden Papiers, bevor er die Order fertig eingegeben hatte. Wie konnte das sein? Hochfrequenzhändler hatten eine Methode gefunden, um die unterschiedlichen Geschwindigkeiten auszunutzen, mit denen die Informationen über die Tradingorders durch die Glasfaserkabeln der Börsen fließen. Diese Signale werden zwar mit zwei Dritteln der Lichtgeschwindigkeit übertragen, aber über größere Entfernungen kommen doch winzige Verzögerungen zusammen und können ausgenutzt werden. Die Betreffenden zahlten ungeheure Summen für die schnellsten Kabel, die stärksten Rechner und das Vorrecht, ihre Server im Gebäude der Börse selbst aufstellen zu dürfen. So konnten sie Katsuyamas Kaufabsicht entdecken, während er noch tippte, und ihm die Papiere unter den Händen wegschnappen, zum alten Preis natürlich. Das ist nicht alleine Katsuyamas Problem, sondern betrifft uns alle. Er war nur der erste, der dahinterkam. Die betreffenden Hochfrequenzhändler betrieben einen irrwitzigen Insiderhandel mit Wissensvorsprüngen von wenigen Millisekunden. Den Schaden solcher Aktionen tragen wir alle, auch Sie, wenn Sie in Investmentfonds anlegen oder eine private Rentenversicherung abschließen; auch öffentliche Gelder sind davon betroffen, wenn sie an der Börse angelegt werden.

Bestimmte Hochfrequenzhändler hatten die Zeit selbst gehackt, und den Bildschirm dazu. Eigentlich war es ein Mittelsmannangriff. Sie drängten sich zwischen die in Echtzeit dargestellten Börsenkurse auf Katsuyamas Bildschirm und eine sehr viel schneller ablaufende Realität, die sie kontrollierten und beherrschten. Ihre Rechner waren so schnell, dass sie die Orders anderer Trader ausmachen und sich sozusagen in der Schlange vordrängen und ihnen die Aktien wegschnappen konnten – um sie dann an den ursprünglichen Interessenten zu verkaufen, und zwar zu einem höheren Kurs. Ein paar Cent hier und da bei Millionen solcher Transaktionen pro Tag bedeuteten, dass die Hochfrequenzhändler aus einem Vorsprung von fünf Millisekunden Profite von insgesamt mehreren Milliarden Dollar machten. Um diese Geschwindigkeit zu verdeutlichen, ein Vergleich: Das Blinzeln des menschlichen Auges dauert dreihundert bis vierhundert Millisekunden. Das ist vergleichbar mit der Szene in *Matrix*, als die Bösen auf Neo (Keanu Reeves) schießen, aber er ihre Kugeln kommen sieht und mit Lichtgeschwindigkeit ausweichen kann. Hier jedoch geht es darum, dass der Börsenhandel gehackt wird und keiner von uns kleinen Leuten Neos Superkräfte hat.

Als *Flash Boys* erschien, löste das Buch eine Reihe Untersuchungen durch die SEC, das FBI und die New Yorker Staatsanwaltschaft aus. Aber dieses plötzliche Interesse wirft eine wichtige Frage auf: Wie konnte sich dieses ganze System unter den Augen der SEC im Gefolge der Finanzkrise von 2008 überhaupt herausbilden? Michael Lewis weist zu Recht darauf hin, dass der Markt »gezinkt« wurde, aber vorher mussten die Flash-Trader erst Ihre Bildschirme zinken, um die Illusion eines transparenten und seriösen Marktes zu schaffen. Es ist sehr beunruhigend, dass wir in einer Welt leben, in der die Bildschirme von Krankenhäusern, Gefängnissen, Polizeibehörden, Banken, Wertpapierhändlern und Redaktionen so leicht zu hacken sind, aber wie wir sehen werden, steigert sich die Bedrohung noch permanent, weil sich die Bildschirme rasend schnell vermehren und Hackerangriffe noch viel mehr kosten können als nur Geld.

KAPITEL 9

Mehr Bildschirme, mehr Probleme

Robin Sage war eine junge und attraktive 25-jährige Frau, die beim Network Warfare Command der US Navy als Analystin für Cyberbedrohungen arbeitete. Sie verfügte über einen MIT-Abschluss und hatte ein Praktikum bei der NSA absolviert. Wie viele in ihrem Alter, war Robin in den sozialen Medien sehr aktiv und pflegte Profile bei Facebook, LinkedIn und Twitter. Kurz nach Beginn ihrer Laufbahn bei der Marine fing sie an, Freundesanfragen an andere Computer-Nerds in Regierungsdiensten zu verschicken. In weniger als einem Monat hatte sie ihr Netzwerk auf über 300 Kontakte in der Welt der Cybersicherheit erweitert, darunter zu Militärangehörigen, Waffenlieferanten und Angehörigen verschiedener Geheimdienste. Dazu gehörten auch der Vorsitzende der Vereinigten Generalstabschefs, der Informationsmanager der NSA, leitende Geheimdienstbeamte des Marine Corps, der Stabschef eines Kongressabgeordneten und Manager von Lockheed Martin, Northrop Grumman und Booz Allen Hamilton.

Manche, die Anfragen von ihr erhielten, erinnerten sich zwar nicht gleich an die junge Frau, doch Robin versicherte ihnen, dass sie sich im Jahr zuvor auf der DEF CON getroffen hätten, einer großen Cyberkonvention, die regelmäßig sowohl von Hackern als auch von Spionen der Regierung besucht wurde. Wer danach noch Zweifel hatte, warf einfach einen Blick auf Robins Netzwerk und sah, wie viele gemeinsame Freunde sie bereits hatten. Das zerstreute die letzten Befürchtungen hinsichtlich ihrer Kontaktanfragen. Über Facebook und LinkedIn freundete sich Robin sogar mit Personen an, die im selben Gebäude wie sie beim Naval Network Warfare Command arbeiteten.

Als ihre Medienpräsenz immer stärker wurde und ihr Netzwerk wuchs, begannen sich Lockheed Martin und andere Firmen für die junge Frau zu interessieren, und die ersten Jobangebote flatterten herein. Es gab nur ein klitzekleines Problem: Robin Sage existierte nicht.[1]

Sage war die Erfindung von Thomas Ryan, eines Sicherheitsberaters, der testen wollte, welche Bedrohung soziale Medien für die Mitarbeiter der nationalen Sicherheitsgemeinde darstellten.[2] Sein Ziel war einfach: Er wollte sehen, an welche Daten und Informationen er über soziale Netzwerke mittels einer fiktiven Person herankäme. Nach weniger als einem Monat begannen seine Kontakte, mit seinem attraktiven Alter Ego Robin Sage ausgiebig über Sicherheitsfragen zu diskutieren. Als virtuelle Mata Hari brachte Sage einen Ranger der Army dazu, ihr einige Fotos zu schicken – Bilder, die Geodaten seines geheimen Stützpunkts in Afghanistan enthielten. Weiterhin offenbarte der Ranger seiner neuen »Freundin« gegenüber Einzelheiten über die Bewegungen seiner und anderer Truppen im Irak. Robin Sages Präsenz war derart überzeugend, dass sie sogar Geheimdokumente zur Durchsicht und Einladungen als Vortragende bei verschiedenen hochkarätigen Cybersicherheitskonferenzen erhielt.

Wie schwer war es für Ryan, eine Elite erfahrener Militär- und Geheimdienstprofis zu täuschen, die in Amerikas nationaler Sicherheitsgemeinde tätig waren? Erschreckend einfach. Ryan kopierte ein Foto aus dem Internet und erstellte damit Sages Profile in den sozialen Medien. Tatsächlich war es das Bild einer weniger bekannten Pornodarstellerin von zweifelhaftem Ruf. Robin Sage wiederum war der Name eines groß angelegten Truppenmanövers, das alljährlich in North Carolina stattfand. Und Robins Adresse? Die des umstrittenen Militärunternehmens Blackwater. Das Robin-Sage-Experiment zeigt, wie einfach es ist, das Vertrauen zu missbrauchen, dass die Menschen zu ihren Bildschirmen haben. Wenn ausgebildete Militär- und Sicherheitsexperten den Köder schnappten, welche Chance hat dann die breite Öffentlichkeit, sich vor solchen Bedrohungen aus dem Netz zu schützen? Wenn alles vernetzt ist, sind Computer obendrein längst nicht die einzigen Bildschirme, um die wir uns sorgen müssen.

Call Screening

Angesichts der explosionsartigen Verbreitung mobiler Geräte überrascht es kaum, dass Kriminelle ihre Aufmerksamkeit nun auch den kleinen Bildschirmen zuwenden – insbesondere, weil Telefonsoftware oft weniger gesichert ist als ihre Desktop-Gegenstücke. Zwar sind wir es gewohnt, dass auf unserem Telefon, im Büro und zu Hause Benutzermasken zur Identifikation erscheinen, doch wie alle digitalen Barrieren lassen sich auch diese leicht überwinden. Es gibt eine Unmenge Programme und Websites, die nur dazu dienen, die Nutzeridentifikation bei ausgehenden Telefongesprächen zu umgehen oder zu verändern.

Websites und Apps wie SpoofCard.com und SpoofTel.com machen es unglaublich leicht, bei einem ausgehenden Telefongespräch eine andere Nummer anzuzeigen. Man muss nur die Nummer und den Namen des vermeintlichen Anrufers eingeben, und schon wird dem angerufenen Teilnehmer das Ganze in der Rufnummernerkennung angezeigt. Sie wollen so tun, als wären Sie der Präsident? Kein Problem. Geben Sie einfach »202-456-1414« und »Weißes Haus« in die App ein, und schon kann's losgehen.

Telefonschwindelfirmen bieten eine breite Palette von Paketen an, mit denen sich außer dem Sehen auch andere Sinne täuschen lassen. So ist es möglich, eine männliche in eine weibliche Stimme umzuwandeln und sogar Hintergrundgeräusche einzublenden, um den Gesprächsteilnehmer davon zu überzeugen, dass man gerade aus einem belebten Büro, einem Nachtclub, einem Stau oder vom Flughafen aus anruft. Die entsprechenden Unternehmen preisen ihre Produkte als Mittel zum »Schutz Ihrer Identität« oder wie harmlose Scherzartikel an.

Natürlich können mit denselben Techniken auch Textnachrichten verändert werden. Zweifellos macht es Teenagern bestimmt großen Spaß, sich als Lady Gaga oder FBI-Chef auszugeben, doch gibt es daneben viele weitere Möglichkeiten des Missbrauchs, die vor allem Kriminelle allzu gerne nutzen. Im Falle des großangelegten Telefonhacking-Debakels der News Corporation gelangten Reporter über eine falsche ID-Bildschirmanzeige in das Voicemail-System von Milly Dowler und anderen – ein Angriff, der auch Ihnen jederzeit blühen könnte. Das Täuschungsmanöver klappte, weil viele Mobiltelefonbetreiber als Grundeinstellung kein Passwort für die Mailbox vorsehen. Das System verlässt sich schlicht auf die Nutzeridentität, wenn es Nachrichten abspielen soll. Da weltweit sämtliche Mobilfunkanbieter eine 800er-Nummer besitzen, über die man seine Nachrichten aus dem Festnetz abrufen kann, müssen Bösewichte bei der Einwahl ins Voicemail-System eines Anbieters nur die jeweilige Festnetznummer vortäuschen, und voilà – schon haben sie uneingeschränkten Zugang zu allen Nachrichten. In Großbritannien wurden einige Personen des öffentlichen Lebens zum Ziel solcher Angriffe; daneben nutzten aber auch medienhungrige Prominente die Technik, um sich in die Mailboxen ihrer Rivalen einzuhacken – Paris Hilton etwa verwendete SpoofCard und hörte damit die Nachrichten von Lindsay Lohan ab.[3]

In der realen Welt der Nicht-Prominenten bedeutet eine gefälschte Anruferidentität, dass Kriminelle Ihre Nachrichten im Büro abhören und dadurch wertvolle Informationen über geschäftliche Transaktionen, Fusionen und Ankäufe und sogar Einblick in Ihre persönlichen medizinischen Daten erlangen können.

Aus sozialtechnischer Sicht stellt dieser Telefonschwindel ein mächtiges Instrument für Menschen mit krimineller Energie dar. Ein falscher Telefonanruf in der IT-Abteilung eines Unternehmens, bei dem die Zurücksetzung eines Systempassworts oder der neueste Wi-Fi-Schlüssel erbeten wird, hat weitaus größere Erfolgschancen, wenn der Anruf aus der inneren Telefoninfrastruktur des Unternehmens zu stammen scheint – eine gängige Masche.

Auf dem Privatsektor ist die Täuschung eines Mobiltelefons mittels falscher Anruferidentität ein effektives Mittel für Bankbetrüger. Finanzinstitute wie die Bank of America oder Chase bieten ihren Kunden Telefonbanking an. Kriminellen ist es wiederholt gelungen, die zu einem gewünschten Konto gehörige Telefonidentität vorzutäuschen. Erkennt das Telefonsystem der Bank einen eingehenden Anruf von Ihrer Telefonnummer, benötigen die Bösewichte nur noch ein paar persönliche Informationen (etwa die letzten vier Ziffern Ihrer Sozialversicherungsnummer oder den Mädchennamen Ihrer Mutter), und drin sind sie.[4] Es kommt noch schlimmer: Kriminelle können umgekehrt auch die Telefonnummer Ihrer Bank vortäuschen und auf diese Weise an Informationen gelangen, etwa an Ihre Sicherheitsfragen. Mit diesen Daten und Ihrer vorgetäuschten Mobilfunknummer rufen sie dann wieder bei der Bank an, wo man ihnen arglos Zugang zu Ihrem Konto gewährt.[5]

Dem organisierten Verbrechen ist es sogar gelungen, ausgehende Anrufe der amerikanischen Bundesbehörden vorzutäuschen und damit Millionen zu ergaunern. Die Bundessteuerbehörde spricht vom bislang größten Steuerbetrug der Geschichte. Dabei täuschen die Betrüger die Telefonnummer der Behörde vor und rufen damit ein Mobiltelefon an.[6] Die Betroffenen sehen einen eingehenden Anruf des Finanzamts – verdammt, was ist denn jetzt los, fragt man sich. Am anderen Ende der Leitung ist ein Steuerbeamter, der einen davon in Kenntnis setzt, dass man mit Zahlungen im Rückstand sei und diese unverzüglich zu entrichten habe, um eine Strafverfolgung zu vermeiden. Den Betrugsopfern wird mitgeteilt, dass »wir angesichts der Schwere des Vergehens und Ihres bisherigen Delinquentenstatus’ nur Zahlungen per Banküberweisung oder Prepaid-Karte annehmen können«. Um den Schwindel noch glaubhafter zu machen, bestätigen die angeblichen Steuerbeamten die letzten vier Ziffern der Sozialversicherungsnummer des Steuerzahlers (erbeutet bei einem der bereits geschilderten Datenfischzüge). Wer es wagt, dem angeblichen Steuerbeamten Fragen zu stellen, bekommt allerlei Drohungen zu hören: Verhaftung,

Einzug von Geschäftsgewinnen oder Führerschein, bis hin zur Ausweisung, sollte das Opfer einen ausländisch klingenden Namen haben.

Betrüger verstärken die Glaubwürdigkeit ihres Schwindels dadurch, dass sie noch weitere Bildschirme hacken und ihr Gaunerstück mit digitalen Kleindarstellern ausstaffieren. Nach den Anrufen erhalten die Opfer häufig offiziell wirkende E-Mails mit »Briefkopf« der Steuerbehörde, in denen der Anruf und die Zahlungsaufforderung bestätigt werden. Zudem bekommen sie weitere vorgetäuschte Anrufe von den örtlichen Polizeibehörden (etwa der Polizei von Amherst, Massachusetts) oder von den staatlichen Kraftfahrzeugbehörden (etwa der State of Georgia DMV). Diese zusätzlichen »Offiziellen« untermauern den ganzen Schwindel mit Aussagen folgender Art: »Hier ist Detective Smith vom Amherst Police Department. Wir haben soeben Nachricht von der Finanzbehörde erhalten, dass Sie sich der Steuerhinterziehung schuldig gemacht haben und eine Zahlung nun strafrechtlich bei Ihnen durchgesetzt werden kann. Ich will nicht zu Ihnen nach Hause kommen und Sie vor den Augen Ihrer Familie festnehmen müssen. Das Finanzamt sagt, wenn Sie die Zahlung noch diese Woche veranlassen, sei keine Verhaftung notwendig.« Dem Generalinspekteur des Finanzministeriums zufolge sind dem Schwindel schon mehr als 20 000 Personen zum Opfer gefallen.

Das Vertrauen in den Bildschirm kostet im Zweifelsfalle nicht nur Geld, sondern möglicherweise sogar das Leben. Beim sogenannten »Swatting« rufen gelangweilte Hacker bei der Polizei an und melden Verbrechen, die gar nicht stattfinden. Dies führt zum Einsatz schwer bewaffneter SWAT-Einheiten (Special Weapons And Tactics – taktische Spezialeinheiten). Obwohl der Hacker vielleicht in Maine sitzt, kann er Ihre Telefonnummer verwenden und die Beamten damit zu Ihnen schicken. Das tödliche Spiel beginnt, wenn sich Kriminelle eine Telefonnummer unter den Nagel reißen und dann den Notruf wählen. Eine Frau schreit in den Hörer: »Mein Mann hat meine Mutter und mein Baby erschossen, und jetzt hält er mich als Geisel gefangen … BITTE kommen Sie schnell … er hat eine Schrotflinte und ein AK47 … Beeilen Sie sich … er ist vollkommen wahnsinnig!« Um das Ganze noch glaubhafter zu machen, kann man im Hintergrund eine Aufnahme von Schüssen abspielen. Damit ist die tödliche Falle gestellt.

Derweil sitzen Sie mit Ihrer Frau und Ihren Kindern zu Hause auf dem Sofa, essen ein Eis und sehen sich gerade die neueste Folge von *Big Bang Theory* an. Die Polizei glaubt aber, drinnen befände sich eine Frau, die in wenigen Augenblicken ermordet wird, also ziehen sie alle verfügbaren Streifenbeamten und das örtliche Spezialkommando zusammen, um sie zu retten. Wenn die beiden

Parteien aufeinandertreffen, entsteht eine tiefe kognitive Dissonanz und die Begegnung wird zu einem gefährlichen Pulverfass. Die Beamten haben das Haus umstellt und rufen nach Ihnen. Sie sollen mit erhobenen Händen herauskommen. Ihre Kinder schreien und Ihre Frau ist verwirrt.

Sie befolgen nicht unverzüglich die Anordnungen der Polizei, was diese in der Annahme bestärkt, dass sich etwas Schreckliches zuträgt. Sie hingegen wollen nicht das Haus verlassen und einer Gruppe Wahnsinniger gegenübertreten (selbst, wenn es Polizisten sind), die Gewehre auf Sie richten. Für die Polizei erhöht diese Verweigerung der Kooperation noch die Spannung. Ihr nächster Schritt ist, ein paar Rauchbomben durch die Fenster zu werfen und zu sehen, was passiert.

In einem Alternativszenario schlafen Sie möglicherweise tief und fest, als Sie ein paar Staaten weit entfernt von einem Hacker geswattet werden. Die Polizei trifft ein und Sie werden von Geräuschen vor dem Fenster geweckt. Sie glauben, es sind Einbrecher, und holen Ihr Gewehr, um nach dem Rechten zu sehen. Sie treten also mit einer Schusswaffe vor die Tür, wo Sie von sechs Mitgliedern der örtlichen Spezialeinheit empfangen werden, die kleine rote Laserpunkte auf Ihre Stirn richten.

Dieses Szenario kann nicht gut ausgehen.

Das FBI verzeichnete allein im Jahre 2013 mindestens 400 Fälle von Swatting – mit Opfern im ganzen Land, von Ohio bis Kalifornien.[7] Die meisten Hacker tun so etwas aus reiner Schadenfreude, weil sie eben dazu in der Lage sind. In den Tagen vor dem Internet war es ein beliebter Streich unter Teenagern, im Namen unbeliebter Mitschüler eine Pizza zu bestellen. Heutzutage bestellen die Kids für ihre Streiche schwer bewaffnete SWAT-Einheiten. Im Jahre 2009 zum Beispiel wurde in Massachusetts eine Gruppe Jugendlicher verhaftet, die über 300 Swatting-Angriffe verübt hatte. In einigen dieser Fälle hatten die Teens ihre Opfer in sozialen Netzwerken oder auf Dating-Websites kennengelernt. Wenn sich die betreffenden Personen etwa weigerten, Konversationen sexuellen Inhaltes zu führen, rächten sie sich an ihnen.[8] Tatsächlich ist Swatting die perfekte Ergänzung zu gefälschten Sex-Anzeigen auf Craigslist, die eifersüchtige Ex-Partner schalten, um es ihren Verflossenen heimzuzahlen. Die Gefährdung ist dabei allerdings um ein Vielfaches höher.[9]

Zunehmend geraten auch Prominente ins Kreuzfeuer dieser neuen Praxis. Im Jahre 2013 wurde in Los Angeles ein Zwölfjähriger Junge strafverfolgt, weil er Ashton Kutchers Haus in Hollywood und Justin Biebers Anwesen im kalifornischen Calabasas geswattet hatte. Obendrein hatte er eine örtliche Bank geswattet und einen gerade stattfindenden Raubüberfall gemeldet.[10] Weitere prominente Swatting-Opfer sind Russell Brand, Tom Cruise, Rihanna, Charlie Sheen und Miley Cyrus. Es grenzt an ein Wunder, dass bislang keine unschuldigen Zivilisten zu Tode gekommen sind. Mehrere Polizisten wurden allerdings verletzt, als sie mit Höchstgeschwindigkeit zum vermeintlichen Tatort rasten und dadurch ihr Leben riskierten.[11]

Eine weitere Methode, mit der Kriminelle den Bildschirm Ihres Telefons missbrauchen können, ist ein Angriff auf dessen Basisband – also auf die technischen Innereien, durch die das Gerät überhaupt läuft. Das Basisband steuert sämtliche Kommunikation zwischen dem, was Sie auf Ihrem Bildschirm sehen, und einer ganzen Armada von Funkantennen, die – neben superdämlichen Kommunikationsprotokollen wie GSM, UMTS, HSDPA und LTE – von eingehenden Textnachrichten über Gespräche bis hin zu Wi-Fi-Signalen alles steuern.[12] Da das Basisband anwendereigen und nichtöffentlich ist, sichern die meisten Mobiltelefonhersteller diese Betriebssysteme nicht ausreichend ab. Sie setzen auf Sicherheit durch Unsichtbarkeit: Diese Software liegt so tief im Gestrüpp, dass sie niemand findet, und deshalb brauchen wir uns keine Sorgen zu machen, so die Logik. Natürlich haben sie unrecht.

Zahlreiche Hacker, Regierungen und Sicherheitsexperten haben die Basisband-Chips und -Codes bereits erfolgreich rückentwickelt und dabei eine große Bandbreite an Sicherheitslücken entdeckt, über welche von außen auf ein Telefon zugegriffen und dessen Daten modifiziert werden können.[13] Anfang 2014 fand man in der Basisband-Software der Samsung-Galaxy-Mobiltelefone eine Hintertür, welche Hackern den Zugang zu auf dem Gerät gespeicherten Daten gestattete.[14] Da moderne Smartphones nichts anderes sind als Miniaturcomputer, kann – wie bei ihren großen Geschwistern – ihre Anzeige so manipuliert werden, dass sie eine trügerische Realität vorgaukelt. Angeblich verwandelte das FBI mithilfe dieser Technik Telefone in Abhörgeräte, indem man das normale Interface des Gerätes veränderte und es einen geheimen Anruf beim FBI tätigen ließ, der dann eine Fernüberwachung ermöglichte. Mit anderen Worten: Selbst, wenn das Gerät nichts anderes anzeigte als die eigene Benutzeroberfläche, hielt es in Wahrheit Telefonverbindung zum FBI, wo alles mitgehört wurde.[15]

Auf dieselbe Weise können auch Kriminelle Mobiltelefone manipulieren. Oft bedienen sie sich dabei Techniken, mit denen man niemals rechnen würde. Wenn Sie zum Beispiel eine Nummer eintippen, um mit einem bestimmten Gesprächspartner verbunden zu werden, drücken Sie dabei eine Reihe von Zahlen auf ihrem Bildschirm. Woher aber wissen Sie, dass die Nummer, die Sie gewählt haben, auch tatsächlich die Nummer ist, die Sie wählen wollten? Das ist kein Problem, wenn Sie Ihre Mutter anrufen und diese den Hörer abnimmt. Was aber, wenn Sie bei der Citibank, der Bank of America oder bei Wells Fargo anrufen? Sie erreichen keinen Angestellten ihrer örtlichen Bankfiliale mehr, wie es vielleicht vor 20 Jahren der Fall war. Stattdessen werden Sie in einem Callcenter mit jemandem verbunden, mit dem Sie noch nie zuvor gesprochen haben. Dieses Callcenter liegt zudem häufig in einem fremden Land, und die Angestellten sprechen mit Akzent.

Mittels Schadsoftware können Hacker auf ihrem Mobiltelefon ein »Rootkit« installieren, das Ihnen die Kontrolle sämtlicher Funktionen des Gerätes ermöglicht, darunter auch die des Touchscreens und die des Zahlenfeldes. Rootkits sind Schadsoftware, die normale Computerprozesse und -funktionen vor dem Blick des Nutzers verbergen und Hackern den Administratorzugang zu einem Gerät verschaffen. Das organisierte Verbrechen kennt die 800er-Nummern von Finanzinstituten auf der ganzen Welt. Ist Ihr Telefon mit Schadsoftware infiziert und rufen Sie den Kundendienst Ihrer Bank an, erkennt das Rootkit, dass eine seiner Zielinstitutionen angewählt wird, und kann den Anruf umleiten. Dies ist ein weiterer klassischer »Mittelsmannangriff«, der es Kriminellen gestattet, die auf Ihrem Bildschirm abgebildete Realität für ihre Zwecke zu verändern.

Wenn Sie also 1-800-4MY-BANK wählen, wird Ihr Anruf unmerklich an ein Callcenter umgeleitet, das vom internationalen organisierten Verbrechen betrieben wird. Da sich auch viele Finanzinstitute der Dienste ausländischer Callcenter bedienen, stört man sich kaum an einem Akzent des Gesprächspartners, wenn man mit »seiner« Bank telefoniert. Dieses Täuschungsmanöver ist eine relativ leichte Übung. Sobald man durchkommt, wird man »zur Verifizierung« nach der Kontonummer, dem Mädchennamen der Mutter, dem Passwort und anderen Sicherheitsinformationen gefragt. Als Nächstes heißt es: »Oh, tut mir leid, mein Herr oder meine Dame, wir haben gerade ein Computerproblem. Die Technik sagt, es soll bis morgen früh behoben sein. Würde es Ihnen etwas ausmachen, noch einmal anzurufen?« Niemand, der jemals mit Angestellten von Callcentern zu tun gehabt hat, würde bei diesem Gespräch irgendeinen Verdacht schöpfen. Der einzige Unterschied zu sonst wäre, dass der Verbrecher nach dem Ende des Gesprächs Zugang zu Ihren persönlichen und Bankdaten hätte und diese umgehend dazu nutzen würde, das gesamte Geld von Ihrem Konto abzuheben. All das ist möglich, weil die Anzeige unserer Smartphones nicht die Wirklichkeit abbildet, sondern eine technische Annäherung dieser Wirklichkeit. Daher kann man nicht nur die Identität des Anrufers oder das Betriebssystem eines Gerätes hacken, sondern auch seine anderen Funktionen, etwa die GPS-Module. Ja, richtig: Sogar mit Ihrem Standort lässt sich Schindluder treiben.

Verschollen im Weltall: Angriff aufs GPS

In dem James-Bond-Streifen *Der Morgen stirbt nie* aus dem Jahre 1997 ermittelt Herr Bond im Falle eines Angriffs auf die GPS-Navigation einer britischen Fregatte. In der Geschichte wird die HMS *Devonshire* von einem bösen Genie umgelenkt, der das Schiff mit einer »Verschlüsselungsbox« vom Kurs abbringt. Die *Devonshire* gerät augenscheinlich in chinesische Hoheitsgewässer und wird dort von der chinesischen Marine versenkt. Aus Sicht der Briten befand sich die Fregatte jedoch eindeutig in internationalen Gewässern, sodass die Chinesen eine kriegerische Handlung begangen haben. Der Plot des Bösewichts zeigt alsbald die gewünschte Wirkung: Großbritannien und China stehen kurz vor einem Krieg. Mit dieser Zukunftsvision des Verbrechens bewies Hollywood wieder einmal technischen Weitblick.

Das Global Positioning System (GPS) ist eine Anordnung von 24 erdnahen Navigationssatelliten, die überall auf dem Planeten Informationen über Standort und Zeit liefern. Es ist eine »unsichtbare Dienstleitung«, die wir nutzen, um uns in einer Stadt zurechtzufinden, Pakete auszufahren, den nächsten Starbucks zu suchen, den Flugverkehr zu regeln, die öffentliche Sicherheit zu gewährleisten und sogar, um Raketen zu lenken. Kein Mensch braucht mehr Karten aus Papier. Stattdessen verlassen wir uns inzwischen ganz auf die Navigationsanzeige und gehen davon aus, dass der Computer den richtigen Weg weiß. Tatsächlich aber gibt es weltweit jede Menge Beispiele, in denen Fahrer – statt ihren eigenen Augen – blind ihrem »Navi« vertrauten, in Einbahnstraßen einfuhren oder sogar von Brücken stürzten. In Spanien wies ein GPS-Gerät einen Mann plötzlich an, rechts abzubiegen. Dieser gehorchte und landete im Stausee La Serena, dem größten Wasserreservoir Westspaniens. Der Beifahrer überlebte, doch der Fahrer ertrank – und das nur, weil er die Anweisungen eines digitalen Gerätes befolgt hatte.[16]

In einem Bericht warnte das US-Heimatschutzministerium, dass »durch eine wachsende Abhängigkeit von GPS bei Positionierung und Navigation« Amerikas kritische Infrastruktur gefährdet sei.[17] Die Pressemitteilung zu einem ähnlichen Bericht der britischen Royal Academy of Engineering war noch deutlicher: »Die Gesellschaft könnte bereits gefährlich stark von Satellitenfunksystemen wie GPS abhängig sein … Signalausfälle oder -störungen könnten Sicherheitssysteme und kritische Teile der Wirtschaft beeinträchtigen.«[18] Wie sich zeigt, ist nicht nur unsere Cyberinfrastruktur, sondern auch unsere Satelliten- und Funk-Infrastruktur kaum geschützt, offen zugänglich und leicht zu hacken.

Das Global Positioning System ist eine beeindruckende technische Errungenschaft. Die von uns empfangenen GPS-Satellitensignale sind zwar absolut brauchbar, aber leider sehr schwach, ähnlich wie die Scheinwerfer eines Autos aus 20 000 Kilometern Entfernung. Die Signale können nicht weiter verstärkt werden, weil die begrenzte Energieversorgung eines Satelliten dies nicht zulässt. Folglich können sie durch Störfunk auf derselben Frequenz leicht überdeckt werden, sodass Geräte am Boden keine Navigationsdaten mehr erhalten. Früher verfügten nur Streitkräfte, die in der Kunst der »elektronischen Kriegführung« erfahren waren, über die notwendige Technologie und das Know-how, um GPS-Signale zu unterbrechen.

Die strategischen Möglichkeiten liegen auf der Hand. Wenn man die Navigationssysteme seines Feindes blockieren kann, kann man damit auch die Bewegung seiner Truppen, Schiffe, Panzer und Marine stören. Obendrein kann man auch die zivilen Infrastrukturen des Gegners empfindlich treffen. Einen Vorgeschmack darauf gab es im Januar 2007 im kalifornischen San Diego, als die gesamte Stadt einen »elektronischen Kollaps« erlebte.[19] Kurz vor dem Mittag entdeckten Mitarbeiter der Flugsicherung, dass ihre Systeme nicht mehr richtig funktionierten. In örtlichen Krankenhäusern funktionierten die Pager der Ärzte nicht mehr und im Hafen von San Diego fiel die Schiffsnavigation aus. Zwei volle Stunden lang konnte man im Stadtgebiet nicht mit dem Handy telefonieren und an den Bankautomaten kein Geld abheben. In »America's Finest City« ging es beinahe zu wie in einem Film mit Bruce Willis. Was hatte diesen gewaltigen Ausfall verursacht?

Drei Tage lang blieb der Vorfall ein Mysterium, bis schließlich die Navy damit herausrückte, dass sie im Rahmen einer Übung eine neue Technologie zur Funkstörung getestet hatte.

Manchmal ist die militärische Blockade von GPS-Signalen aber auch kein Zufall. Nordkorea etwa blockiert regelmäßig die GPS-Signale seines südlichen Nachbarn. Pjöngjang hat dazu drei Störsender in der Größe eines Lkw-Anhängers im Einsatz, die es so positionieren kann, dass ein Großteil der Satellitennavigation Südkoreas blockiert ist. Der längste GPS-Angriff Nordkoreas fand Anfang 2012 statt und dauerte 16 Tage, was bei 1106 Flugzeugen und 254 Schiffen zu Navigationsstörungen führte.[20] Getreu dem Moore'schen Gesetz wird die GPS-Signaltechnologie immer kleiner, billiger und leistungsstärker. Als Folge davon sind Navigations-Störsender nicht mehr allein für die Streitkräfte erschwinglich; heute können sich Hinz und Kunz einen besorgen, mit entsprechenden Auswirkungen auf den Betrieb unserer digitalen Geräte.

Solche Störsender sind in den Vereinigten Staaten zwar verboten, auf Websites wie www.jammer-store.com jedoch mehr oder weniger frei erhältlich. Für gerade einmal 50 Dollar kann sich jedermann ein Modell fürs Armaturenbrett kaufen, das man in den Zigarettenanzünder seines Wagens steckt und damit eine elektromagnetische Blase erzeugt, die einen während der Fahrt umgibt.[21] Diese Geräte sind beliebter, als Sie vielleicht glauben. In zunehmendem Maße versehen Unternehmen sämtliche Fahrzeuge ihrer Flotte mit GPS. Fernfahrunternehmen, Lieferfirmen, Polizeibehörden, Taxibetreiber, Panzerwagentransportdienste und Kabelanbieter können dadurch ihre Mitarbeiter kontrollieren, ihre Organisation straffen, den Kraftstoffverbrauch effizienter machen und die Mitarbeiterproduktivität quantifizieren. Die Fahrer indes bekommen durch das GPS-Tracking ein Gefühl, als hätte Big Brother sie unter Dauerbeobachtung. Als Folge davon begannen viele, die Geräte zu sabotieren, indem sie deren Drähte kappten oder sie gleich ganz ausbauten. Freilich gerieten sie dann in Konflikt mit ihren Arbeitgebern. Nun tut es ein Störsender für 50 Dollar, der keinerlei Spuren hinterlässt.

Das Problem mit solchen tragbaren Störsendern ist nur, dass ihr Wirkungsradius bis zu 150 Meter um die Fahrzeuge herum beträgt, in denen sie verwendet werden. Jeder Lastwagenfahrer, der von seinem Chef nicht bei einem Nickerchen erwischt werden will, blockiert also die GPS-Navigation von 50 bis 100 weiteren Fahrzeugen, abhängig von der Leistung des jeweiligen Gerätes. Die Navigation Ihres Autos oder Ihres Smartphones ist jedoch das am wenigsten kritische Netzwerk, das durch den Sender gestört werden kann. Wie wir am Falle von San Diego gesehen haben, funktionieren auch Mobilfunkumsetzer, Stromnetze, Flugsicherungseinrichtungen und Bankautomaten mit GPS-abhängigen Systemen, wenn dies auch nicht auf den ersten Blick offensichtlich ist. Wenn sich örtliche Lastwagenfahrer per Störsender aus dem Netz ausklinken, nehmen sie viele andere Menschen und Dienste mit. Jahr für Jahr kommt es so zu Hunderten von Begleitschadensfällen. In London beispielsweise stellten Wertpapierhändler fest, dass ihre Abschlüsse zehn Minuten am Tag nicht durchgingen, weil es ein Problem mit dem Zeitstempelmechanismus im System gab.[22] Die verblüfften Börsianer fragten sich, ob dies eine Cyberattacke einer fremden Macht war. Nein, es war nur ein Londoner Lastwagenfahrer, der sein Fahrzeug jeden Tag zehn Minuten lang neben der Börse parkte, wenn er Auslieferungen machte.

Die Störung in London ist nur einer von vielen solchen Zwischenfällen, die sich weltweit zutragen. In New Jersey hatte die Verwaltung am Newark Liberty International Airport ein neues GPS-gestütztes Landesystem installiert, das es ermöglichte, auch bei schlechter Sicht zu landen. Aus unbekannten Gründen stürzte das System zweimal am Tag ab und die Flugsicherung musste die ankommenden Maschinen selbst einweisen. Nach mehreren Monaten fanden die Behörden heraus, dass die Störung durch einen einzigen Lastwagenfahrer auf der New Jersey Turnpike verursacht wurde. Er verwendete seinen zuverlässigen tragbaren GPS-Störsender dazu, die Maut-Gebühren auf dem Highway zu umgehen (und setzte damit gleichzeitig die Flugsicherung außer Kraft).[23]

Freilich kann man als Krimineller mit einem GPS-Störsender noch ganz andere Dinge anstellen, als die Mautgebühren auf der New Jersey Turnpike zu sparen. Da sie zu oft von Polizeirazzien überrascht wurden, haben organisierte Verbrechergruppen und sogar Kleinganoven gleichermaßen begriffen, dass sich bei Fahrzeugdiebstählen der Einsatz eines Störsenders empfiehlt – insbesondere dann, wenn eine wertvolle Ladung durch ein GPS-System verfolgbar gemacht wurde. Also bedienen sie sich dieser Technologie.[24] Polizisten in den Vereinigten Staaten, in Russland, Deutschland und England haben alle schon einmal erlebt, dass von ihnen per GPS verfolgte gestohlene Fahrzeuge vom Radar verschwanden, wenn die Diebe ihre Störsender einschalteten, die ihnen eine schützende Blase für eine sichere Flucht boten. In einem Fall in Großbritannien verwendete eine Verbrecherbande GPS-Störsender dazu, über 40 große Lastwagenanhänger mit einer Ladung im Wert von insgesamt 10 Millionen Dollar zu stehlen.

Bedenkt man, welche Wirkung auch kleinere GPS-Störsender haben, kann man sich leicht vorstellen, was sich mit einem großen Modell anrichten lässt. Mehrere tausend Dollar teure kommerzielle Funkfrequenz-Störsender sind im Internet problemlos erhältlich. Platzierte man einen oder zwei solcher Sender im Bereich eines großen Ballungsraumes, würde dies ein Chaos verursachen. Für Terroristen, die weltweit auf sich aufmerksam machen wollen, ein willkommenes Angriffsziel. Die Bedrohung ist so ernst, dass die US-Regierung eine beunruhigende Warnung zu diesem Thema herausgegeben hat: »Ein ›Mehrfronten-Ansatz muss umgehend entwickelt und umgesetzt werden‹, um gegen die ›alarmierende Zunahme frei erhältlicher GPS-Störsender vorzugehen‹ … Die Folgen für unsere nationale Sicherheit könnten ›verheerend‹ sein.«[25]

Natürlich gibt es eine weitaus finsterere Bedrohung des globalen Navigationssystems als die bloße Blockierung der Signale zwischen Sender und Empfänger: Nämlich, sie vor dem Empfang zu verändern. Nicht genug damit, dass GPS-Störsender ortsbezogene Signale blockieren können – mit sogenannten

GPS-Spoofern lassen sich Positionsdaten auch manipulieren. Das in *Der Morgen stirbt nie* 1997 gezeichnete Zukunftsszenario ist längst Realität. Auch GPS-Spoofer sind im Internet erhältlich, so dass, wer über ausreichend Mittel und Sendeleistung verfügt, von der Erde aus seine eigenen, gefälschten GPS-Signale aussenden kann. Da die GPS-Signale sehr schwach sind, können Spoofer die Navigationsgeräte dadurch austricksen, dass sie das legitime Signal mit einem stärkeren, gefälschten Signal überdecken. Ist das erst geschafft, können Terroristen, Hacker, Verbrecher und Regierungen die volle Kontrolle über jeden beliebigen GPS-Empfänger übernehmen und ihn mit einem preisgünstigen Simulator verbinden, mit dem sich jede gewünschte Route auf der Google-Earth-Karte vorgeben lässt. Mit solchen falschen Signalen kann man einen Öltanker in eine Brücke oder einen Armeekonvoi auf feindliches Territorium lenken. Wenn man bedenkt, wie reflexhaft Fahrer ihren GPS-Geräten gehorchen, kann man sich ausmalen, welche Folgen ein massiver Spoofing-Angriff für den Verkehr einer Großstadt haben könnte.

Bis heute ist es weltweit bereits zu zahlreichen Spoofing-Attacken gekommen. Betrachten wir die Auswirkungen auf eine einzelne Industrie: das globale Frachtwesen.[26] Der Cargo Security International zufolge werden jährlich Waren im Wert von 25 Milliarden Dollar gestohlen; 90 Prozent der weltweit transportierten Güter werden verschifft. GPS ist ein wichtiger Faktor dabei, die richtigen Güter zur richtigen Zeit an den richtigen Ort zu bringen. Mit falschen Navigationssignalen kann man dieser Praxis jedoch einen gewaltigen Strich durch die Rechnung machen. Sämtliche Passagier- und Frachtschiffe der Welt (insgesamt etwa 400 000 Wasserfahrzeuge) verwenden das Automatische Identifikationssystem (AIS), um ihre Positionen anderen Schiffen oder den Hafenbehörden mitzuteilen, die dadurch sämtliche im Umkreis befindlichen Wasserfahrzeuge in Echtzeit beobachten können. Im Jahre 2013 jedoch zeigte sich, dass es dem AIS selbst an den primitivsten Sicherheitsvorrichtungen mangelte und das System daher äußerst anfällig für Spoofing-Angriffe war.[27] Bei einem Angriff auf solche Systeme könnte man ganze Öltanker und Kreuzfahrtschiffe aus dem Blickfeld verschwinden, zusammenstoßen oder sinken lassen. Da GPS und Navigationssysteme »unsichtbare Dienstleitungen« sind, neigen wir dazu, sie zu vergessen, allerdings auf unser eigenes Risiko. Während ich dieses Buch schreibe, ist der Verbleib des vermissten Fluges MH370 der Malaysia Airlines zwar immer noch unbekannt, aber eines ist klar: Die Navigationssysteme zur Verfolgung der Maschine waren für diesen Zweck vollkommen ungeeignet. Der Standort ist wichtig und schlechte, fehlende oder inadäquate Navigationsdaten kosten Menschenleben.

Mitte 2013 erlebte man die Macht des GPS-Spoofing in Aktion, als eine 80-Millionen-Dollar-Yacht mittels falscher Signale geentert wurde. Die 65 Meter lange Superluxusyacht *White Rose of Drachs* war vor der italienischen Küste auf einer Mittelmeerkreuzfahrt von Monaco nach Rhodos unterwegs, als sie plötzlich nach rechts abdrehte.[28] Hacker richteten ein Spoofing-Gerät in der Größe eines Aktenkoffers auf die Navigationssysteme des Bootes und begannen langsam und unmerklich, ein falsches Standortsignal auszusenden. Anfangs war die Stärke des fiktiven Leuchtturms noch absichtlich schwach. Schrittweise jedoch wurde seine Resonanz verstärkt, bis sie das von der *White Rose of Drachs* empfangene, echte GPS-Signal erst einholte und dann überdeckte. Nun hatten die Hacker volle Kontrolle über die Superyacht und konnten sie lenken, wohin sie wollten. Auf der Brücke läuteten keine Alarmglocken, und der Kapitän glaubte weiterhin irrtümlich, er hätte das Kommando über sein Schiff.

Die falschen Signale der Hacker waren von den echten nicht zu unterscheiden, und ihre Mission war erfüllt. Die Menschen an Bord merkten zwar, dass die Yacht einen beachtlichen Richtungsschwenk gemacht hatte, doch die für die Navigation zuständigen Anzeigen im Kommandoraum des Schiffes zeigten, dass dieses einen geraden Kurs beschrieb. Spoofing auf hoher See war nun eine Realität. Zum Glück für Passagiere und Besatzung der *White Rose of Drachs* wurde dieser Husarenstreich nicht von somalischen Piraten ausgeführt, sondern von Studenten der University of Texas, Jahshan Bhatti und Ken Pesyna. Die beiden arbeiteten mit Professor Todd Humphreys zusammen, welcher seit vielen Jahren Bedenken hinsichtlich der mangelnden Sicherheit des GPS und unserer Abhängigkeit von diesem System äußert.[29]

So, wie Verbrecher bei Raubüberfällen und der Flucht GPS-Störsender einsetzen, werden sie zweifellos auch Spoofer verwenden, um Sattelzüge zu falschen Entladestationen und Frachtschiffe an falsche Docks zu lenken, wo als Angestellte verkleidete Verbrecherbanden sämtliche Waren und Güter in ihre eigenen Container umladen. Ein getäuschtes GPS-Gerät garantiert einen erfolgreichen Raubzug. Sollte dieser Gedanke etwas weit hergeholt sein, erinnere man sich nur an das Moore'sche Gesetz und das eigene iPhone. »Kleiner, schneller, billiger« bedeutet, dass sich auch Kriminelle solcher Technologien bedienen, oft noch bevor diese weitere Verbreitung in der Bevölkerung finden. Durch die Manipulation der Navigationsgeräte von Schiffen, Lkw, Pkw und sogar Flugzeugen können Hacker eine veränderte Realität projizieren, die von der Wahrheit nicht zu unterscheiden ist. In einer Welt, die mit Computercode und Bildschirmen aller Formen und Größen betrieben wird, verschafft ihnen dies ungeahnte Kontrollmöglichkeiten.

Unser unleugbares Vertrauen in Bildschirmanzeigen wird stets aufs Neue missbraucht, sogar durch die Fälschung von Navigationsdaten unserer Smartphone-Apps. Anfang 2014 hackten Studenten des Technion – Israel Institute of Technology in Israel die ungeheuer beliebte Navigations-App Waze (die Google 2013 für eine satte Milliarde US-Dollar erworben hatte). Die App, die ein crowdgesourctes Verkehrsmanagement in Echtzeit bietet, basiert darauf, dass Nutzer Unfälle, Polizeikontrollen und Hindernisse melden und so den Verkehrsfluss verbessern.[30] Wird die App auf dem Mobiltelefon gestartet, nutzt sie GPS-Daten, um zu melden, wie schnell oder langsam sich das Fahrzeug im Waze-Netzwerk bewegt, und liefert damit aktuelle Berichte über die Verkehrsdichte in einer Stadt. Normalerweise funktioniert die App einwandfrei und ist in Städten mit hohem Verkehrsaufkommen lebensrettend (was der Kaufpreis von Google unterstreicht). Wie alle anderen ist jedoch auch die Waze-Anzeige vor einem Zugriff durch Hacker nicht gefeit.

Die Studenten des Technion erkannten scharenweise falsche Nutzer im Waze-System, die ein selbstgeschriebenes, automatisiertes Skriptprogramm verwendeten, mit dem sie Tausende nicht existenter Smartphones verkörperten (eine Art Sockenpuppentaktik). Diese virtuellen Smartphone-Nutzer waren miteinander über eine App verbunden, die gefälschte GPS-Koordinaten an das Waze-System weiterleitete, sodass es den Anschein hatte, als bewegten sich sämtliche Nutzer ganz normal im Stadtgebiet. Die »Sockenpuppen« meldeten schließlich tausendfach (mit falschen Koordinaten), sie steckten im Stau. Das Ergebnis: Das Waze-System tat genau das, was zu erwarten war, und leitete Tausende legitimer Nutzer um die vermeintlichen Staus herum. Als die arglosen Fahrer alle gleichzeitig in die bislang freien Straßen einfuhren, führte dies freilich zu einem echten Verkehrskollaps.

Im großen Maßstab betrachtet, könnten solche Taktiken im Rahmen krimineller oder terroristischer Angriffe zu Massenpanik und Chaos führen. Verkehrsumleitungen sind eine Möglichkeit, wie Hacker ihre Opfer nach Belieben steuern können; ein paar clevere Chinesen hingegen wählten eine andere und weitaus schmackhaftere Taktik.

Wenn General Zuo zuschlägt

Die Ermittler sprachen von einem »›koordinierten, geheimen und zielgerichteten‹ Akt von Cyberspionage gegen große westliche Energieunternehmen«: Berichten zufolge klauten chinesische Hacker »mehrere Gigabyte streng geheimer interner Dokumente, darunter firmeneigene Informationen über den Betrieb von Öl- und Gasfeldern, Projektfinanzierungen und Ausschreibungen.«[31] Die Eindringlinge benutzten verschiedene Techniken, doch bisweilen stellten die verstärkten Sicherheitsmaßnahmen einzelner Ölfirmen eine Herausforderung für die Chinesen dar. Sie reagierten nicht nur damit, dass sie ihre Ziele noch härter angingen, sondern mit einem sogenannten »Wasserstellen-Angriff«, benannt nach einem ähnlichen Manöver, das die Löwen in den Steppen der Serengeti seit Jahrtausenden anwenden. Die Raubtiere lauern einfach in der Nähe eines von Pflanzenfressern frequentierten Wasserlochs. Wenn sich Zebras, Antilopen und Gazellen einfinden, springen die Löwen hervor und töten ihre durstige Beute. Beim Äquivalent dieser Strategie im Internet infiziert ein Hacker eine Website, von der er weiß, dass sie von seinen Zielobjekten regelmäßig besucht wird. Schauen die Arglosen vorbei, klicken auf einen Link oder laden eine Datei herunter, hat das virtuelle Raubtier seine Beute erwischt. Die einzige Frage ist, welche Website man infizieren soll.

Nachdem die Hacker die Online-Aktivitäten ihres anvisierten Zieles (eine hier nicht genannte amerikanische Ölfirma) eine Weile lang verfolgt hatten, entdeckten sie ein vielversprechendes Muster. Die Mitarbeiter bestellten gern Essen bei einer bestimmten Speisegaststätte, die in unmittelbarer Nachbarschaft des Hauptsitzes des Energiegiganten lag – ein chinesisches Restaurant, das für sein köstliches Hühnchen à la General Zuo berühmt war. Daraufhin infizierten die Hacker die Online-Speisekarte des China-Restaurants mit Schadsoftware, und als die Mitarbeiter das Angebot studierten, »luden sie dabei unwissentlich Code herunter, der den Angreifern einen Zugang zum riesigen Computernetzwerk des Unternehmens verschaffte.«[32] Die Tatsache, dass die chinesische Regierung ein chinesisches Schnellrestaurant dazu nutzte, die Taktik eines ihrer am meisten gefürchteten Generäle anzuwenden, ist gleichermaßen brillant, lustig und zutiefst ironisch. Es wird Sie freuen zu hören, dass Wang Baodong, ein Sprecher der chinesischen Botschaft in Washington, auf Fragen nach dem Vorfall antwortete: »Behauptungen, die Chinesen hätten Hacking betrieben, seien unfair. ›China hat sehr strenge Gesetze gegen Hacking-Aktivitäten, und China ist ebenfalls Opfer solcher Aktivitäten.‹«[33] Ich frage mich, was General Zuo wohl von Herrn Wang gehalten hätte.

Telespiele: Wenn kritische Infrastrukturen aus Spaß und Schadenfreude gehackt werden

Sämtliche Daten, die auf Bildschirmen zu sehen sind, lassen sich hacken – nicht nur Informationen auf Laptops, iPads oder gar chinesische Speisekarten. Von den Jumbotrons beim Lakers-Spiel bis zu den hellen Lichtern und den Newstickern am Times Square ist alles voller Bildschirme, und jeder einzelne davon kann manipuliert werden, auch unsere Fernsehbildschirme. Im Jahre 2013 erlangten Hacker die Kontrolle über das Montana Emergency Alert System und gaben über den CBS-Partner KRTV eine Warnmeldung heraus.[34] Das Nachmittagsprogramm wurde plötzlich von drei grellen Pieptönen und dem langen, heulenden Ton des nationalen Emergency Alert System unterbrochen, das die Öffentlichkeit eigentlich vor nahenden Katastrophen wie Erdbeben oder Wirbelstürmen warnen sollte. In diesem Falle jedoch wurde die Bevölkerung Montanas über etwas ganz anderes informiert: »Die Zivilbehörden in Ihrem Gebiet teilen Ihnen mit, dass die Toten ihren Gräbern entstiegen sind und die Lebenden angreifen.« Der ominöse Ansager warnte weiter: »Nähern Sie sich diesen Leichen nicht und versuchen Sie auch nicht, sie aufzuhalten, denn sie gelten als extrem gefährlich.« Nachdem Dutzende entsetzter Bürger die örtlichen Polizeidienststellen angerufen hatten, räumte der Sender ein, dass die Warnung nicht von ihm stamme: Vielmehr hatte jemand den Feed der Station gehackt und die Kontrolle über den Äther an sich gerissen.

Sogar ganz gewöhnliche Straßenschilder sind für Hacker eine leichte Beute. In Russland gelang es dem Hacker Igor Blinnikow, sich eines Bildschirms zu bemächtigen, einer etwa zehn mal sieben Meter großen elektronischen Anzeigetafel an einer der Hauptverkehrsadern in Moskau, die er mitten in der Rush Hour manipulierte. Von seinem über 1100 Kilometer weit entfernten Zuhause drang Blinnikow in den Server der Werbeagentur ein, welcher die riesige Tafel gehörte, und ersetzte die Videowerbung für Wodka und teure Mode durch Hardcore-Pornos.

Als Folge davon »kam der Verkehr zum Stillstand, weil die Fahrer mit Stielaugen einen Pornoclip anstarrten, den Hacker auf eine große Videofläche projizierten.« Diese befand sich an der Gartenringstraße, ganz in der Nähe des Innenministeriums.[35] Unnötig zu erwähnen, dass die Behörden keinen Spaß verstanden und Blinnikow sechs Jahre Haft aufbrummten.

Öffentliche Anzeigetafeln werden zunehmend auch für politische und sogar rassistische Botschaften gekapert. Auf dem Höhepunkt der Unruhen nach der

Erschießung von Trayvon Martin in Florida war die ganze Nation in Aufruhr. Vor diesem Hintergrund hackte jemand das Betriebssystem eines digitalen Straßenschildes an der Interstate 94 in Dearborn, Michigan und verkündete dort »Trayvon ist ein Nigger«. Über eine Stunde lang war dieser Satz für alle Verkehrsteilnehmer gut sichtbar, bis es Arbeitern gelang, das Gerät auszuschalten und neu hochzufahren.[36] Solche Hetzparolen könnten eine bereits angespannte Situation leicht außer Kontrolle bringen.

Durch Manipulation dessen, was wir auf unseren Bildschirmen, Fernsehern und Werbetafeln sehen, können Hacker Belustigung, Panik oder Empörung hervorrufen. Straßenschilder, Warnmeldungen und GPS-Signale stellen bei Missbrauch eine besondere Gefahrenquelle dar, da sie einen Teil unserer kritischen Informationsinfrastrukturen bilden: Diese Kernelemente einer modernen Gesellschaft stellen eine wichtige Säule der nationalen und inneren Sicherheit, der Wirtschaft und der Volksgesundheit dar. Das Heimatschutzministerium betrachtet die Sektoren Energie, Nahrungsmittel, Landwirtschaft, Gesundheitsfürsorge, Öl, Gas, Wasser, Verkehr, Notfalldienste, Verteidigung, Finanzen und Transportindustrie als besonders wichtig. Diese entscheidenden Bereiche haben jedoch eines gemeinsam, nämlich ihre fast vollständige Abhängigkeit von Computern und Bildschirmen als Kernelementen eines sicheren und reibungslosen Betriebes.

Wie wir jedoch am Beispiel der nuklearen Anreicherungsanlage in Natanz gesehen haben, können solche Systeme leicht untergraben werden. Diese Tatsache ist für nahezu alle Bürger der Ersten, Zweiten und Dritten Welt von Bedeutung.

Die Bedrohungen jedes einzelnen kritischen Infrastruktursektors sind zwar viel zu zahlreich, um sie hier aufzuzählen, doch erweisen sich schon ein paar Beispiele aus dem Bereich der Transportbranche als recht erhellend. Bildschirme regeln den Fahrzeugverkehr, die Eisenbahnen, die Schifffahrt und den Flugverkehr. Die Systeme können auf fast jeder Stufe kompromittiert werden. Nehmen wir die Luftfahrt: Gibt es über einen Passagier einen falschen Eintrag in einer Terrorabwehr-Datenbank, kann es sein, dass ein Flugzeug auf halber Strecke zu einer Notlandung umgeleitet wird oder eine Eskorte von zwei F-16 Kampfjets erhält. Selbst die Sicherheitsmaßnahmen vor dem Besteigen einer Maschine hängen zum großen Teil von Bildschirmen ab. Das Sicherheitspersonal am Flughafen tastet nicht jeden Passagier ab und öffnet auch nicht sämtliche Gepäckstücke. Diese Arbeit übernimmt die Technologie: Röntgenapparate fürs Handgepäck und verschiedene Metalldetektoren, Millimeterwellenscanner und Strahlungsdetektoren für Passagiere. Diese Sicherheitsmaßnahmen besitzen jedoch eine Technologieebene, die das menschliche Sicherheitspersonal von den Dingen und Passagieren, die durchsucht werden, trennt – eine Gelegenheit für Hacker, mit möglicherweise tödlichen Folgen in den Ablauf einzugreifen.

Flughafenscanner wirken zwar wie hochkomplexe Spezialmaschinen, doch ihre Kernfunktionen werden von ganz normalen PCs ausgeführt, deren Software auf einem typischen Windows-Betriebssystem läuft. Wie alle Windows-Rechner sind sie einfach zu hacken. Noch im Jahre 2014 liefen auf vielen dieser Geräte, etwa auf dem weit verbreiteten Rapiscan 522B, Windows-Varianten wie Windows 98 oder Windows XP, also Betriebssysteme, bei denen Tausende von Schwachstellen erkannt wurden und für die es von Microsoft keine Updates mehr gibt.[37] Obendrein sind die Datenbanken der Scanner an Flughäfen häufig über Ethernet-Kabel oder Wi-Fi miteinander verbunden, zwei Protokolle, die ebenfalls regelmäßig gehackt werden. Die Bedienerpasswörter vieler Detektoren an Flughäfen werden als normaler Text gespeichert, und es gibt zahlreiche Möglichkeiten, sich ohne Kenntnis der tatsächlichen Nutzernamen in das System einzuloggen. Der Sicherheitsexperte Billy Rios von Qualys stellte fest: Selbst wenn ein Hacker Account und Passwort frei erfände, würde das System zwar zunächst einen Irrtum anzeigen, den Angreifer dann aber trotzdem einloggen.[38]

Angesichts der Menge an Zero-Days und Exploits für die dem Betrieb dieser Systeme zugrundeliegende Software wäre es für Hacker ein Leichtes, die Anzeigen auf den Bildschirmen der Flughafensicherheit zu manipulieren, wenn ein Röntgenapparat mit Schadsoftware infiziert und ein Rootkit auf ihm installiert wäre. Eine Reisetasche mit einer Bombe oder einer Schusswaffe würde auf dem Bildschirm dann vielleicht als Reisetasche mit drei Anzügen und einem Paar Schuhe von Bruno Magli erscheinen. Bildschirme vermitteln zwischen Sicherheitspersonal und Realität und sind daher klassische Angriffsziele für Mittelsmannangriffe. In einer typischen Flughafensicherheitskonfiguration beobachtet ein Mitarbeiter die Gepäckstücke, die in dem Gerät verschwinden, wo sie von einem zweiten Mitarbeiter geröntgt werden, während ein dritter die Entgegennahme des Gepäcks überwacht, wenn es aus der Maschine kommt. Bei einer solchen Aufgabenteilung sähen der erste und der dritte Mitarbeiter, wie die Reisetasche im Apparat verschwände und wieder herauskäme, während dem zweiten das Bild eines völlig anderen Gepäckstücks präsentiert würde. Da die Person in Position Nummer zwei das Objekt nur selten physisch untersucht, verlässt er oder sie sich vollkommen auf dessen Computerdarstellung, um zu entscheiden, ob die Tasche den Sicherheitscheck besteht oder nicht.

Durch die Manipulation des Sicherheits-Screenings am Flughafen könnten unentdeckt Waffen an Bord geschmuggelt werden. Wenngleich die TSA diese Möglichkeit bestimmt hastig dementiert, bewiesen Billy Rios und sein Team doch, dass die Rapiscan 522B bereits über eingebaute Überwachungsmechanismen verfügt, die es den TSA Mitarbeitern gestatten, Dutzende dieser Apparate an Flughäfen im ganzen Land in Echtzeit zu überwachen – oder zu beeinflussen, was die einzelnen Sicherheitsbediensteten auf ihren Monitoren sehen. Erschreckend: Mittels einer gängigen Hackertaktik gelang es Rios, die Login-Maske der Überwachungszentrale zu umgehen und die Kontrolle über die Datenbanken der Röntgenapparate zu übernehmen.[39]

Natürlich mag man sich fragen, weshalb man sich überhaupt mit diesen lächerlichen Röntgenapparaten herumschlagen sollte, wenn man eine größere Flugkatastrophe herbeiführen möchte.

Auch das weltweite Flugsicherungssystem ist von Bildschirmen und Anzeigen abhängig, die Hacker bei zahlreichen Gelegenheiten bereits erfolgreich attackiert haben. Dem Generalinspekteur des US-Verkehrsministeriums zufolge »haben Hacker Flugsicherungssysteme in Alaska angegriffen, die Kontrolle über FAA-Netzwerk-Server übernommen, die persönlichen Daten von 48 000 aktuellen und ehemaligen FAA-Angestellten gestohlen und in Flugverkehrsnetzwerken Schadsoftware installiert«[40]. Der Generalinspekteur »warnte, dass die FAA nicht ausreichend gerüstet ist, um ein Eindringen in ihre Computersysteme zu erkennen«, und bemerkte, die Luftfahrtbehörde verfüge »nur in elf seiner landesweit 734 Einrichtungen über entsprechende Erkennungssensoren«[41]. Bei einer Sicherheitsüberprüfung der Flugverkehrskontrollsysteme der FAA wurden zudem 763 hochriskante technische System-Sicherheitslücken entdeckt.[42]

In den Vereinigten Staaten gibt die Bundesluftfahrtbehörde Milliarden aus, um das Verkehrssicherungssystem der Nation auf dem neuesten Stand zu halten. Das neue System namens Next Generation Air Transportation System – oder schlicht NextGen – »wird hochautomatisiert sein. Bei der Lokalisierung von Flugzeugen wird es mit GPS anstatt mit Radar arbeiten« (jawohl, eben jenem GPS, das für alle möglichen Systemblockaden und Spoofing-Angriffe so anfällig ist).[43] Das Upgrade der FAA ermöglicht den Betrieb von noch mehr Flugzeugen, Helikoptern und sogar Drohnen in unserem ohnehin schon überbevölkerten Himmel. Dies erfolgt durch die sogenannte Automatic Dependent Surveillance-Broadcast (ADS-B). Dabei sendet ein Flugzeug über Funk in regelmäßigen Abständen Daten über seine Identität und seine Position. Dummerweise sind diese Signale weder verschlüsselt noch authentifiziert. Folglich können sie gefälscht werden und auf den Bildschirmen der Verkehrskontrolle ein Chaos anrichten. Würden Hacker 100 zusätzliche Phantomflüge auf einen Überwachungsbildschirm projizieren, würde eine Panik ausbrechen. Wenn diese Täuschung auch nur eine Stunde andauerte, würden ihre Auswirkungen die gesamte zivile Luftfahrt treffen und den weltweiten Flugverkehr lahmlegen. Schlimmer noch: In einem im *International Journal of Critical Infrastructure Protection* veröffentlichten Artikel warnten Luftwaffenexperten, dass Sicherheitslücken in ADS-B-Systemen »katastrophale Folgen haben könnten, etwa Verwirrung, Startverbote und sogar Abstürze, wenn sie von Feinden ausgenutzt werden«[44].

Dass die Bildschirme der weltweiten Flugsicherung von Hackern kontrolliert werden, ist in der Tat eine beängstigende Vorstellung, doch können auch weitaus banalere Hacking-Attacken gewaltige Auswirkungen haben, etwa, wenn sie das Wahlsystem betreffen.

Heutzutage werden selbst die guten alten Wahlurnen durch Softwareprogramme und Touchscreens ersetzt. Wahlbetrug an sich ist zwar nichts Neues (sowohl Saddam Hussein als auch Kim Jong-un erzielten bei Papierwahlen 100 Prozent Zustimmung bei ihrem Wahlvolk), doch schafft der Übergang zu vollständig digitalen Systemen neue Gelegenheiten, nicht nur Computer, sondern auch die Demokratie zu hacken.[45] Weltweit gibt es Dutzende Berichte über die Manipulation elektronischer Wahlsysteme.

In Washington, D. C. wollten die Behörden ihren Bürgern die Wahl vereinfachen, insbesondere abwesenden Wählern im aktiven Militärdienst. Dazu investierte die Stadt Hunderttausende von Dollar in ein elektronisches Wahlsystem. Trotzdem sorgten sich Distriktbehörden zu Recht um die Möglichkeit eines Online-Wahlbetrugs. Bevor sie ihr System tatsächlich einführten, stellten sie es daher live ins Netz und forderten Hacker heraus, die Online-Wahlmaschinen zu knacken. Innerhalb von 48 Stunden gelang es Forschern der University of Michigan, den Server der Wahlbehörde unter ihre Kontrolle zu bringen. Nun konnten sie nicht nur sämtliche eingehenden Stimmen ändern, sondern obendrein sehen, wie die einzelnen Wähler gewählt hatten, und somit das Wahlgeheimnis aufheben, auf welchem die Demokratie beruht.[46] Als das Team aus Michigan die Technologie der Distriktswahlen ad absurdum geführt hatte, war die endgültige Stimmauszählung auch kein Problem mehr: Bender, der Roboter-Antiheld aus *Futurama*, wurde mit überwältigender Mehrheit zum Präsidenten des Schulkomitees gewählt. Er hatte sich zwar nicht um den Posten beworben, war aber als Wunschkandidat der Wähler äußerst erfolgreich: Er bekam die meisten Stimmen.

Interessant war, dass das Team der University of Michigan bei seinem virtuellen Streifzug durch die von ihnen gehackten Computer auf weitere Hacker aus dem Iran, aus Indien und aus China stieß, die ebenfalls versuchten, das System zu untergraben.[47] Als Visitenkarte und endgültige Demütigung der Test-Online-Wahl manipulierten die maßlosen Hacker die Software des Distrikts so, dass jedes Mal, wenn ein Wähler den Stimmabgabe-Button auf seinem Computer anklickte, aus den Lautsprechern die Hymne der University of Michigan erklang. Die Distriktbehörden bemerkten den Einbruch in ihr System erst mit einer Verzögerung von zwei Tagen, als eine ältere Bürgerin im Rathaus anrief und sagte, sie finde es leichter, online zu wählen, als dafür extra ins Wahlbüro gehen zu müssen. Erst, als sie den Beamten mitteilte, wie sehr ihr das Lied gefallen habe, das nach der Stimmabgabe gespielt worden sei, dämmerte der Wahlbehörde, dass sie ein Problem hatte. Diese Episode aus dem District of Columbia steht weder allein noch ist die Integrität elektronischer Wahlsysteme in Amerika und auf der ganzen Welt eine esoterische Frage, sondern eine, die für die Demokratie selbst von zentraler Bedeutung ist. Wenn Stimmen zu Elektronen werden, die in Computern gespeichert werden, bekommen böswillige Elemente die Gelegenheit, Einfluss auszuüben.

Wenn via Bildschirm gewählt oder die Flugverkehrssicherheit kontrolliert wird, besteht das Problem, dass die diesen kritischen Infrastrukturen zugrundeliegenden Systeme vollkommen unsicher sind. Indem wir sie in unseren Alltag übernehmen, ohne dabei an die offensichtlichen Folgen zu denken, werden wir immer vernetzter, abhängiger und anfälliger für faule Tricks – und setzen uns damit einem hohen Risiko künftiger Katastrophen aus. Angesichts der Möglichkeit, dass eine Nation die kritischen Infrastrukturen anderer Nationen hacken kann, überrascht es eigentlich kaum, dass genau das im Rahmen von Kriegen und bewaffneten Konflikten in zunehmendem Maße auch geschieht.

Rauchschleier und Kriegsnebel

Seit jeher verlassen sich Militärstrategen auf die Kunst der Täuschung, um sich ihren Feinden gegenüber einen taktischen Vorteil zu verschaffen. Im alten Griechenland war es ein Geschenk in Gestalt eines großen Holzpferdes, das den Trojanern zum Verhängnis wurde. Im Zweiten Weltkrieg täuschten die falschen Funksprüche und aufblasbaren Panzer der Operation Fortitude eine alliierte Invasion an den Stränden von Calais (statt in der Normandie) vor, wodurch es amerikanischen und britischen Truppen gelang, Europa zurückzuerobern und schließlich die Nazis zu besiegen. Bedenkt man, dass die Soldaten von heute die Welt durch ihre Computerbildschirme wahrnehmen, ist es nur logisch, dass die Informationstechnologie inzwischen zum Kriegsschauplatz geworden ist. Bildschirme teilen den Kommandeuren die Standorte ihrer Flugzeuge, Schiffe, Panzer und Truppen mit. Bildschirme managen Logistik und Beschaffung, und Bildschirme liefern momentgenaue Informationen über Pläne, Kapazitäten und Absichten des Feindes. Deshalb verwundert es nicht, dass auch sie zunehmend ins Fadenkreuz geraten, wenn versucht wird, einen Feind zu täuschen oder zu besiegen.

In der modernen Militärdoktrin hat diese Art von Aktivitäten viele Namen. Alternativ werden sie als informationelle Operationen, elektronische Kriegführung, Computernetzwerk-Operationen, Informationskriegführung oder psychologische Kriegführung bezeichnet. Ihr gemeinsames Ziel ist es, »die Entscheidungsfindung des Gegners zu beeinflussen, zu stören, zu unterwandern oder zu usurpieren«[48]. In der Vergangenheit geschah dies etwa durch das Streuen falscher Gerüchte, die mündliche Zuleitung gezielter Fehlinformationen an den Feind oder durch den Abwurf von Flugblättern propagandistischen Inhaltes über Wohngebieten. Heute dreht sich alles um die Bildschirme. Bildschirme und Informationstechnologien eignen sich perfekt für Täuschungsmanöver. Der Code ist schwach und einfach zu unterwandern, was die Systeme extrem anfällig macht.

Fast sämtliche solcher Systeme sind auf die eine oder andere Weise mit dem globalen Informationsnetz verbunden, sodass man auch aus tausenden Kilometern Entfernung in sie eindringen kann. Insgesamt bilden diese Technologien einen Teil der kritischen Informationsinfrastruktur einer jeden Nation – eine Abhängigkeit, die eine Regierung und ein Volk verwundbar macht, wenn diese Systeme angegriffen oder geschwächt werden.

Oft sind solche Täuschungsversuche denkbar einfach. Im Kampf der syrischen Regierung gegen die Rebellen wurde eine Nachrichten-Site von Reuters gehackt, um eine Falschmeldung über eine schwere Niederlage der Rebellen in Aleppo zu verbreiten, was jedoch nicht den Tatsachen entsprach.[49] Andere digitale Ablenkungsmanöver sind weitaus raffinierter. So soll es israelischen Abwehrkräften vor einem Angriff auf eine im Bau befindliche Nuklearanlage in Nordsyrien gelungen sein, den Radar des syrischen Militärs zu hacken. Im Rahmen der sogenannten Operation Orchard wurde ein militärischer Atomreaktor zerstört, den Syrien mit nordkoreanischer Hilfe baute.[50] Ein erfolgreicher Luftschlag erforderte, dass die israelischen Flieger weit in syrisches Gebiet eindrangen, fast bis zur Grenze zum Irak. Um dies zu bewerkstelligen, ohne dabei einen heißen Krieg zu entfachen oder den Abschuss der israelischen Jets zu riskieren, hackten die Israelis die Luftabwehr der Syrer, sodass die Assad-Regierung von der laufenden Aktion nichts mitbekam. Obwohl feindliche Flugzeuge ihr tief in Syrien gelegenes Ziel ansteuerten, blieb auf den Bildschirmen der syrischen Luftwaffe alles ruhig und still.[51] Die Bildschirme am Boden zeigten eine Realität, die sich von der in der Luft unterschied.

In der Welt informationeller Kriegsführung gibt es viele Akteure, und diejenigen, die heute einen erfolgreichen Angriff durchführen, sind vielleicht schon morgen selbst Opfer. Dies war etwa im Januar 2009 der Fall, als der Konflikt zwischen Israel und der Hamas im Gazastreifen seinen Höhepunkt erreichte. Sowohl in Israel als auch in Gaza war die Lage extrem angespannt. Als die Israelis begannen, im Süden Truppen für eine mögliche Invasion Gazas zu mobilisieren, erhielten Hunderte von Zivilisten ihren »Tzav Shmone« – den Ruf zu den Waffen – über Voicemail und SMS auf ihre Mobiltelefone. Die Reserven wurden mobilisiert und für alle Parteien wurde es nun ernst.

Viele israelische Soldaten wurden jedoch nicht an die Front entlang der südlichen Grenze zu Gaza beordert, sondern in den fernen Norden des Landes, in ein Rekrutierungszentrum der israelischen Streitkräfte in Haifa. Wie sich herausstellte, waren diese Tzav Shmone rein fiktiv und stammten vermutlich von der Hamas.[52] Als die Israelis ihre Soldaten dringend zum Dienst nahe des Gazastreifens benötigten, wurden sie in den Norden fehlgeleitet, weil sie sich bei den Befehlen ganz auf ihre Bildschirme verließen. Sunzi wäre stolz gewesen. Sowohl Israel als auch die Hamas haben gegeneinander Mittel der elektronischen psychologischen Kriegführung eingesetzt und die Hamas behauptete, sie könne 70 000 Textnachrichten pro Stunde an israelische Mobiltelefone schicken, was davon zeugt, dass von Nationalstaaten entwickelte technologische Instrumente in kürzester Zeit auch in die Hände sowohl nichtstaatlicher als auch terroristischer Organisationen gelangen.[53]

Regierungen und nichtstaatliche Akteure ringen noch mit anderen Mitteln um die Vorherrschaft auf unseren Bildschirmen – mit Sockenpuppen. Erinnern Sie sich an die 140 Millionen falsche Facebook-Konten? Nicht alle davon dienen als falsche »Likes« für Shakira. Wie sich herausstellt, tummeln sich weltweit Angehörige des Militärs und der Geheimdienste in den sozialen Netzwerken, um die Anzeigen auf unseren Bildschirmen zu manipulieren und zu fälschen. Lang und breit wurde darüber berichtet, die US-Regierung setze Sockenpuppen als Teil ihrer psychologischen Operationen (psyops) gegen »extremistische Ideologie und Propaganda« ein. Das bedeutet, dass die Amerikaner dschihadistische Webforen überwachen, und wenn »Abdul« sagt, »Tod den Ungläubigen«, hat das Pentagon einen virtuellen »Hassan« in der Hinterhand, der mit einem Vers aus dem Koran antwortet, welcher Frieden, Gnade und Verständnis gebietet.[54] Das ist freilich nur der Anfang. Die Zahl falscher Persönlichkeiten nimmt rapide zu, und hat man erst Tausende von Sockenpuppen unter seiner Kontrolle, wachsen damit exponentiell auch die Möglichkeiten einer Einflussnahme durch Täuschung.

Im Juni 2011 kam heraus, dass das US-amerikanische Zentralkommando mit einem kalifornischen Unternehmen einen 2,76 Millionen Dollar schweren Vertrag über die Generierung falscher Online-Persönlichkeiten abgeschlossen hatte, mittels derer Online-Konversationen manipuliert und in den sozialen Medien eine pro-amerikanische Sichtweise verbreitet werden sollten. Der Vertrag sah vor, dass jede dieser falschen Persönlichkeiten eine plausible persönliche Biografie vorwies und dass »bis zu 50 in den USA operierende Controller ... in der Lage sind, diese falschen Identitäten von ihrem Arbeitsplatz aus zu pflegen, ›ohne eine Entdeckung durch technisch versierte Gegner fürchten zu müssen‹«.[55] Ziel des Militärs war es, eine Art Schaltpult für Online-Persönlichkeiten zu schaffen, das es jedem Mitarbeiter und jeder Mitarbeiterin gestatten sollte, zehn separate Identitäten weltweit zu pflegen und so »die feindliche Darstellung zu schwächen«. Ein ehrgeiziger Ansatz mit gewaltiger Wirkung: Die Sockenpuppen sprachen Arabisch, Farsi, Urdu und Paschtu und gestatteten es dem rund um die Uhr arbeitenden US-Dienstpersonal, Online-Konversationen wie gewünscht zu manipulieren. Der Sockenpuppen-Vertrag war aber nur Teil einer wesentlich größeren, 200 Millionen Dollar schweren Militärkoalitionskampagne, die ironischerweise Operation Earnest Voice (OEV) genannt wurde. OEV wurde ursprünglich im Irak als »Mittel der psychologischen Kriegführung gegen die Online-Präsenz von al-Qaida-Sympathisanten und ... Dschihadisten in Pakistan, Afghanistan und im Nahen Osten« entwickelt.

Ist eine exponentielle virtuelle Täuschungsmaschine erst einmal konstruiert, verfügen deren Betreiber und Bediener über gewaltige Macht, Dissens zu schüren und »die Darstellung« ihrer Feinde zu schwächen.[56] Alles, was den Einsatz eines solchen Instruments im eigenen Land verhindern kann, sind die Politik und das Gesetz. Nach Angaben von Freedom House, einer 1941 gegründeten Nichtregierungsorganisation zum Schutz von Demokratie und Menschenrechten, manipulieren mindestens 22 Regierungen der Welt die sozialen Medien zu Propagandazwecken, darunter Venezuela, Ägypten und Malaysia.[57]

In Russland ergab eine geheime Recherche der *St. Petersburg Times*, dass zahlreiche Geheimorganisationen existieren, die junge, technisch versierte »Internetanwender« einstellen, um Kreml-freundliche Artikel und Kommentare im

Netz zu posten und Oppositionsführer zu schmieren. Jeder dieser Internetanwender erhält für eine volle Achtstundenschicht umgerechnet etwa 36 Dollar, wobei erwartet wird, dass er pro Tag mindestens 100 Beiträge verfasst.[58] Der russische Präsident Wladimir Putin, ein ehemaliger KGB-Offizier, ist in der Kunst der Propaganda sehr bewandert und setzt angeblich »eine unsichtbare Armee sozialer Medienpropagandisten« ein, um täglich bis zu 40 000 Kommentare zu seinen Gunsten zu generieren.[59] Ob die internationale oder die heimische Presse in Russland nun über Schwulenrechte oder über Oppositionskandidaten schreibt – stets stehen Armeen von Sockenpuppen parat, um sofort und mit voller Wucht gegenzusteuern. In Anerkennung ihrer außergewöhnlichen Verdienste für die Nation, insbesondere bei der »Befreiung« der Krim, dekorierte Putin viele seiner Social-Media-Propagandisten mit dem Verdienstorden des Vaterlandes.[60]

Die russische Einflussnahme darauf, was das Volk auf seinen Bildschirmen sieht, erblasst freilich neben den von der Volksrepublik China entwickelten Kontrollmöglichkeiten. Der *Beijing News* und staatlichen Medienberichten zufolge beschäftigt China zur Steuerung der öffentlichen Meinung und zur Überwachung der inländischen Internetnutzung etwa zwei Millionen Online-Mitarbeiter.[61] Diese Kommentatoren werden dafür bezahlt, »die sozialen Medien mit staatlich konformen Nachrichten und Gedanken zu bombardieren«.[62] Anfang 2013 wies der chinesische Propagandachef Lu Wei, dessen offizieller Titel »Vorsitzender des staatlichen Internet-Informationsbüros« lautet, seine 2,06 Millionen Netzarbeiter an, auf Social-Media-Websites wie Weibo, einer Twitter-artigen Micro-Blogging-Site, Accounts zu eröffnen, um »positive Energie« zu verbreiten und Online-Diskussionen über sensible Themen »in eine positive Richtung« zu lenken.[63] Diese Netz-Arbeiter waren darin geschult, wie man Online-Diskussionen manipuliert, von politischen heißen Eisen ablenkt und die Werte der westlichen Demokratie am besten in Frage stellt.[64]

Der Einsatz von Sockenpuppen ist für Regierungen eine optimale Ergänzung zu Zensur und Überwachung des Internets. Die Zensur sorgt dafür, dass ein Großteil »unerwünschter« Gedanken die nationale Firewall gar nicht erst durchdringt. Sollte es doch einmal geschehen, können Legionen von Sockenpuppen aktiviert werden, die still und heimlich alles untergraben, was den Mächtigen nicht in den Kram passt. In beiden Fällen werden die Bildschirmanzeigen stark manipuliert, damit die Mächtigen an der Macht bleiben und ihre Autorität nicht durch neue Ideen in Frage gestellt wird. Weltweit werden tagtäglich regelrechte Display-Kriege geführt: Regierungen, multinationale Konzerne, Kriminelle und Terroristen kämpfen um die Vorherrschaft darüber, was online zu sehen ist. Dies ist nichts anderes als ein verdeckter Krieg um eine virtuelle Realität, die uns für die Wahrheit blind machen soll. Leider verschlimmert sich diese Situation laufend, da ständig neue Generationen noch leistungsstärkerer Technologien online gehen. Somit entfernen wir uns immer weiter von einer Realität, die von niemandem manipuliert oder vermittelt wird.

Kontrollieren, manipulieren, täuschen

Im Jahre 1865 verabschiedete der Kongress ein Gesetz, das es dem Direktor der US-Münzanstalt gestattete, den Spruch »Wir vertrauen auf Gott« auf alle in Umlauf gelangenden Gold- und Silbermünzen zu prägen. Die Zeile, die ursprünglich aus der vierten Strophe von »The Star-Spangled Banner« stammt, ist seitdem zum offiziellen Wahlspruch der Vereinigten Staaten geworden. Auf spiritueller Ebene meinen es viele Amerikaner mit ihrem Glauben an Gott zwar nach wie vor sehr ernst, aber aus praktischer Sicht hat sich etwas verschoben. Sie gehen freitags in den Tempel oder sonntags in die Kirche, doch auf ihre Bildschirme starren sie jeden Tag. Es ist, als wären wir zu einer Kultur verkommen, deren Motto: »Wir vertrauen auf den Bildschirm« lautet. Wenn etwas auf einem Bildschirm ist – sei es auf einem Computer, einem iPad, einem industriellen Steuerungssystem, einem Straßenschild, einem GPS-Gerät, einer Radarvorrichtung oder einem Mobiltelefon – glauben wir zunächst, was wir dort vor uns sehen. Immer wieder hat sich jedoch gezeigt, dass von unseren Facebook-Freunden bis zu den Nummern, die wir in unser Smartphone tippen, alles zu unserer Täuschung missbraucht werden kann. Das Problem ist, dass unser Leben vollkommen von Bildschirmen und anderen Technologien vermittelt wird, die, obwohl sie den Anschein von Transparenz haben, von anderen programmiert, gesteuert und betrieben werden. Schlimmer noch ist, dass niemand von uns auch nur eine blasse Ahnung davon hat, wie das Ganze eigentlich funktioniert.

Wir leben zunehmend in einer »Black-Box-Gesellschaft«, in der magische Kisten Anleitungen geben, Neuigkeiten berichten, Aktiengeschäfte tätigen, Telefonate führen, Restaurants empfehlen und uns das Wissen der Welt zur Verfügung stellen. Wie diese ganze geheimnisvolle Technologie funktioniert, bleibt dem Durchschnittsnutzer jedoch weitestgehend verborgen. Die meisten freuen sich, dass sie sich nicht in den komplizierten Computercode einarbeiten müssen, wenn sie telefonieren, Geld am Automaten abheben, wählen oder das ABS-System im Auto aktivieren wollen. Wer hingegen über dieses Know-how verfügt, ist dem Rest der Gesellschaft um Längen voraus und kann für die große, unwissende Masse, die solch technische Unannehmlichkeiten lieber anderen überlässt, die Welt gestalten. In einer sich exponentiell wandelnden, vom Moore'schen Gesetz angetriebenen Welt haben die Moore'schen Gesetzlosen mehr oder weniger die Oberhand gewonnen.

Wie im ersten Kapitel dieses Buches bereits bemerkt, werden wir mit jedem Tag vernetzter, abhängiger und angreifbarer. Die überwältigende Mehrheit unserer Informationssysteme kann in wenigen Minuten gehackt werden, und die Anzahl der für solche Angriffe verfügbaren Viren, Trojaner und Zero-Day-Exploits nimmt exponentiell zu. Die durchschnittliche Zeit von dem Augenblick, in dem ein Eindringling in ein System einbricht, bis zur Entdeckung des Angriffs wird nicht in Minuten, sondern in Hunderten von Tagen gemessen. Wir werden tagtäglich gehackt, digital sondiert, ausspioniert, beraubt und virtuell manipuliert. Den meisten Menschen bleibt diese Bedrohung gnädigerweise verborgen. Willkommen in der neuen Normalität, einer Welt, in der Regierungen, Kriminelle, Terroristen und Hacktivisten für jeden Bildschirm in Ihrem Leben einen Angriffsplan haben.

Am Ende lässt sich das ganze Computer-Hacking, die Code-Manipulationen und Bildschirm-Täuschungen auf eine einzige, fundamentale Frage des Vertrauens reduzieren. Vertrauen bildet den Kern sämtlicher Diskussionen um digitale Sicherheit, doch momentan gibt es auf unserer Welt noch keine wirklich vertrauenswürdigen Computer. Sicherheit, Privatsphäre und Zuverlässigkeit der Technik lassen sich allzu leicht stören, sabotieren und untergraben. Tatsache ist, dass wir keine Ahnung haben, was in unseren Systemen vor sich geht, jenen Systemen, die wir privat und beruflich tagtäglich nutzen und ohne die nichts mehr funktionieren würde. Wir können weiterhin auf Gott vertrauen, doch unser Vertrauen in Bildschirme zu legen, ist ein gefährlicher Irrglaube, den wir eines Tages noch sehr bedauern werden.

Der Sicherheits-Bug Heartbleed, der Anfang 2014 entdeckt wurde, steht sinnbildlich für die Herausforderungen, denen wir uns stellen müssen. Theoretisch sind Verschlüsselungsalgorithmen dazu gedacht, zwischen zwei Parteien ausgetauschte vertrauliche Informationen zu verschlüsseln und zu entschlüsseln. Die gebräuchlichsten Verschlüsselungsprotokolle im Internet sind Secure Sockets Layer (SSL) und Transport Layer Security (TLS). Eine Version von SSL namens OpenSSL ist für den Schutz von über zwei Dritteln des gesamten Internet-Traffics verantwortlich. Selbst, wenn man nicht weiß, was Verschlüsselung oder SSL ist, nutzt man sie jedes Mal, wenn man sich bei seiner Bank einloggt, seine E-Mails checkt oder online etwas kauft. Wir sind daran gewöhnt, nach dem kleinen grünen Vorhängeschloss in der Adresszeile unseres Browsers Ausschau zu halten und nach HTTPS anstatt nach HTTP zu suchen, um sicherzugehen, dass unsere Verbindungen über eine vertrauenswürdige und sichere Website laufen. Grün bedeutet: Alles ist sicher, alles okay – zumindest glaubten wir das.

Die bittere Erkenntnis im Zusammenhang mit dem Heartbleed-Bug ist, dass die grünen Vorhängeschlösser in der Adresszeile zwar anzeigten, dass alles sicher sei, dies tatsächlich aber nicht der Fall war. Das Vertrauen, das wir in das SSL-Netzwerkprotokoll gelegt hatten, war unangebracht gewesen. Wieder einmal war »Wir vertrauen auf den Bildschirm« ein Irrweg gewesen. Heartbleed ist die größte und am weitesten verbreitete Sicherheitslücke in der bisherigen Geschichte des Internet. Ein Programmierfehler im OpenSSL führte dazu, dass jene geheimen, verschlüsselten Daten, die Sie mit dem Server Ihrer Bank oder Ihres sozialen Netzwerkes austauschten, plötzlich für andere zugänglich wurden. Schlimmer noch: Die Lücke blieb vollkommen unentdeckt, obwohl sie seit Dezember 2011 bestand. Das bedeutet, dass in den vergangenen paar Jahren sämtliche Chat-Botschaften, E-Mails, Online-Käufe, Website-Besucher und Downloads für jedermann zugänglich waren, der die Zeit, die Energie und die Motivation hatte, sie zu entziffern.

OpenSSL wird von 66 Prozent aller Websites im Internet verwendet, weshalb Millionen von Websites auf der ganzen Welt ihren Kunden mitteilen mussten, dass es ein großes, gähnendes Loch gab, durch welches Hacker die Verschlüsselung zwischen Nutzer und Website umgehen konnten. Instagram, Pinterest, Facebook, Tumblr, Google, Yahoo!, Etsy, GoDaddy, Foursquare, TurboTax, Flickr, Netflix, YouTube, USAA und Dropbox sind nur einige Unternehmen, die von dem Problem betroffen waren.[65] Darüber hinaus waren 150 Millionen von der Android-Plattform heruntergeladene Apps ebenfalls gefährdet.[66] Leider genügte es zur Lösung des Problems nicht, lediglich auf Verbraucherseite das Passwort zu ändern. Zuerst musste jede einzelne Website ihre gesamte Serversoftware ändern und die verwendete Version von OpenSSL aktualisieren; ansonsten wären potenzielle Hacker selbst nach einer Passwortänderung in der Lage gewesen, auch das neue Passwort zu lesen. Noch einen vollen Monat nach Bekanntwerden des Heartbleed-Bug waren hunderttausende Websites immer noch anfällig für die gewaltige Sicherheitslücke im kryptografischen Rückgrat großer Teile des Internets.[67] Natürlich verloren die Hacker keine Zeit, sich diese Gelegenheit zunutze zu machen – darunter auch die NSA, die angeblich seit Jahren von der Sicherheitslücke gewusst, dies jedoch wohlweislich verschwiegen hatte, um die sich dadurch bietenden Möglichkeiten selbst auszunutzen.[68]

Auch Kriminelle nahmen an dem durch Heartbleed ausgelösten Goldrausch teil, und es kam zu Angriffen auf die Canada Revenue Agency (dem Äquivalent zur US-Steuerbehörde IRS) und Dutzende von E-Commerce-Websites auf der ganzen Welt.[69] Verschlüsselungen und digitale Zertifikate sind die Instrumente, die unsere Online-Daten und die ihnen zugrunde liegenden Technologien schützen und absichern sollen. Heartbleed war jedoch nicht der erste Fall, in dem diese Systeme selbst erfolgreich untergraben wurden. Im Grunde gibt es schlicht und ergreifend nichts, womit wir unsere technologische Welt sicher und vertrauenswürdig machen könnten. Demzufolge verfügen wir als Weltgesellschaft nicht über die Mittel, derer es zu einer klugen und bedachten Entscheidungsfindung in einer zunehmend verwirrenden Welt bedarf. Menschliche Wesen lesen weder direkt die Einsen und Nullen auf unseren Festplatten, noch denken wir in Binärcode (zumindest noch nicht). Wir lassen diese Informationen von einer Reihe Bildschirme und anderen Maschinen interpretieren und opfern damit jede Hoffnung darauf, die tiefere Wahrheit von alledem zu begreifen. Solange andere unsere digitalen und virtuellen Erfahrungen vermitteln, bleiben wir einem ständigen Betrugs-, Missbrauchs- und Angriffsrisiko ausgesetzt – nicht gerade das Fundament, auf das eine künftige Zivilisation aufbauen sollte.

Die größte Herausforderung, der wir durch unser Gottvertrauen in Bildschirme gegenüberstehen, sind jedoch nicht die Probleme von heute, sondern die Probleme von morgen. Angesichts der offensichtlichen Implikationen des Moore'schen Gesetzes wird die heutige Anzahl Bildschirme im Vergleich zu ihrer künftigen Allgegenwart verblassen. Um den Rapper Notorious B. I. G. zu zitieren: »Mo' screens, mo' problems« – mehr Bildschirme, mehr Probleme. Wir werden überall Bildschirme und Anzeigen haben: am Handgelenk, in der Brille, auf den Kontaktlinsen und in unserer Kleidung. Sogenannte »Wearables« finden schon heute zunehmend Verbreitung. In unserem Zuhause, an unseren Esstischen, Bilderrahmen, Kühlschränken und Waschmaschinen wird alles auf Bildschirmen zu erkennen sein. Wenn wir uns im Alltag bewegen, werden wir im Auto, im Zug und in der Kopfstütze unseres Flugzeugsitzes Bildschirme haben. Die Speisekarte im Restaurant, der Spiegel auf der Damentoilette und die Wand hinter dem Urinal im Männerklo werden uns mit visuellen Informationen überfluten. Nicht nur werden sämtliche Werbetafeln zu Bildschirmen werden, sondern auch die Wände von Wohnungen, Bürogebäuden und Geschäften. Warnanzeigen, wie sie bei Jet-Kampfpiloten gebräuchlich sind, und eine ergänzte Realität werden Alltag werden, Schichten um Schichten virtueller Informationen in unser Gesichtsfeld projizieren und damit unsere

Meinung ständig beeinflussen. Jede flache Oberfläche kann in einen interaktiven Bildschirm verwandelt werden, der als Filter unserer Realität dient, leicht zu manipulieren von jenen, denen wir die Interpretation der realen Welt gestatten.

In den Kabeln, Bildschirmen und Datenbanken des 21. Jahrhunderts lauern Gefahren. Digitale und virtuelle Erfahrungen verdrängen die Realität, und unser Leben wird durch Dritte vermittelt – doch zu welchem Preis? Das globale Informationsnetz, mit dem wir immer enger verbunden und von dem wir zunehmend abhängig sind, ist höchst anfällig.

Vor unseren Augen zieht ein Sturm herauf, mit sämtlichen Anzeichen einer drohenden Katastrophe. Die technologische Grundfeste, auf der wir die Zukunft der Menschheit aufbauen, ist äußerst instabil und kann jeden Augenblick wie ein Kartenhaus in sich zusammenstürzen. Trotzdem streben wir immer weiter voran. Wir nutzen immer neue, bessere Technologien, die uns die Lösung neuer Probleme oder bestimmte Annehmlichkeiten versprechen. Das Problem liegt nicht darin, dass die Technik als solche schlecht wäre; im Gegenteil: Wissenschaft und Technik sind potenziell von großem Nutzen für die Menschheit. Das Problem ist vielmehr, dass diejenigen, die über technologisches Know-how verfügen – seien es Kriminelle, Terroristen oder Schurkenstaaten –, ihr Wissen dazu nutzen können, einen exponentiell wachsenden Teil der Bevölkerung zu dessen Nachteil zu manipulieren. Schon heute profitieren illegale Akteure von den technologischen Möglichkeiten, doch angesichts des zu erwartenden technologischen Wandels, der uns in den kommenden Jahren bevorsteht, ist dies wahrscheinlich erst der Anfang. Eine Vielzahl exponentieller Technologien wie Robotik, künstliche Intelligenz, 3-D-Produktion und synthetische Biologie, die gerade erst in den Kinderschuhen stecken, werden über uns hereinbrechen. Damit einhergehen werden profunde Risiken, die unser gesamtes Leben verändern könnten.

Auch heute schon nutzen Kriminelle alle verfügbaren technischen Möglichkeiten, doch das Schlimmste kommt erst noch. Eine riskante und unsichere Computeranwendung hat ein Schlachtfeld der Zukunft bereitet, auf dem hohe Verbrechensraten und soziale Unsicherheit herrschen werden. Der heraufziehende Sturm ist heraufgezogen, und die Folge davon könnte eine Situation sein, auf die wir nicht vorbereitet sind.

Willkommen in der Zukunft des Verbrechens.

TEIL II:
DIE ZUKUNFT DES VERBRECHENS

KAPITEL 10

Die Verbrecher GmbH

Innovative Marketing war ein kleines und vielversprechendes Start-up-Unternehmen, das wegweisende Softwareprodukte entwickelte, die genau auf die Bedürfnisse ihrer Kunden abgestimmt waren. Die jungen Firmengründer ließen ihr Unternehmen in Belize registrieren, weil die Besteuerung dort günstiger war – ein geschickter Schachzug nach dem Beispiel renommierter Technik-Giganten wie Apple, Google und HP, die in Steuerparadiesen auf der ganzen Welt Niederlassungen eröffnet hatten. Um die Kosten weiter zu reduzieren, beschloss Innovative Marketing, seinen Hauptsitz nach Kiew in der Ukraine zu verlegen, wo es haufenweise gut ausgebildete Arbeitskräfte mit Studienabschlüssen in Informatik und Mathematik gab, die für einen Bruchteil der in Silocon Valley bezahlten Gehälter angestellt werden konnten.

Wie jedes gute Start-up bewarb Innovative Marketing seine Produkte mit Werbebannern im Internet und zahlte dafür, dass die hauseigene Software bei Suchanfragen ganz oben in der Ergebnisliste erschien. Man erreichte neue Kunden, indem man eine von Amazon.com entwickelte, ausgereifte und erprobte Technik anwandte: das sogenannte Affiliate-Marketing. Wenn ein potenzieller Kunde auf der Seite eines Vertriebspartners einen entsprechenden Link anklickte, entrichtete Innovative Marketing an die betreffende Website eine kleine Gebühr für die Bereitstellung der Werbung, und wenn es tatsächlich zu Verkäufen kam, erhielt der Partner einen prozentualen Anteil am Umsatz. Das System zahlte sich für alle Beteiligten aus: Es bot den Anreiz, durch Fremdwerbung Geld zu verdienen, und kurbelte die Softwareverkäufe des jungen Unternehmens an.

Die beiden Gründer von Innovative Marketing, der in Indien geborene Shaileshkumar »Sam« Jain und der aus Schweden stammende Björn Sundin, hatten ihr Softwareunternehmen gut aufgestellt. Im Jahre 2006 beschlossen die beiden, ihre kreative Energie auf die Entwicklung einer vollkommen neuen Antivirus- und PC-Sicherheitssoftware zu konzentrieren, zu einem Zeitpunkt, als sich die Welt in zunehmendem Maße der Cyberbedrohung bewusst wurde. Das Geschäft brummte, und das Unternehmen verkaufte von Jahr zu Jahr mehr Produkte wie Malware Destructor, System Defender und Windows AntiSpyware. Bald gingen am Firmensitz in Kiew erst Hunderte, dann Tausende und schließlich Millionen von Bestellungen ein.

Wie bei vielen erfolgreichen Start-ups war auch bei Innovative Marketing die Nachfrage größer als das Angebot und das Unternehmen hatte alle Hände voll zu tun, mit der eigenen rasanten Expansion Schritt zu halten. Es dauerte nicht lange, da belegte das Unternehmen drei komplette, hochmoderne Bürostockwerke in der Severo-Syretskaya-Straße im aufblühenden Industriegebiet von Kiew. Dutzende hochbegabte Computerfreaks programmierten dort in Höchstgeschwindigkeit, während Techniker Stränge neuer Ethernet-Kabel verlegten und neue Computer-Racks installierten, um der stetig steigenden Nachfrage gerecht zu werden.

In der Lobby des wachsenden Firmensitzes von Innovative Marketing hängten Arbeiter ein über zwei Quadratmeter großes, bunt hinterleuchtetes gläsernes Logo an die Wand hinter der gut besetzten Rezeption, deren Angestellte eifrig Telefonate entgegennahmen und die Mitarbeiter zu Beginn ihres Arbeitstages begrüßten. Jenseits der ultramodernen Rezeption waren Manager damit beschäftigt, Wirtschaftsprozesse und Systeme einzurichten, um die Unternehmensstruktur zu schaffen, die das Firmenwachstum erforderte. Bald kam eine Abteilung nach der anderen hinzu, etwa für Softwareentwicklung, Qualitätssicherung, Finanzen, Marketing, Personal, Übersetzung und Softwarelokalisierung, Forschung und Entwicklung, Produktion, Outsourcing und technischen Support. Wie stolze Eltern sahen Jain und Sundin zu, wie ihr Baby wuchs.

In kürzester Zeit war Innovative Marketing zu einem Riesenerfolg geworden – zu einem globalen, multilingualen Unternehmen, wo rund um die Uhr gearbeitet wurde, mit über 600 Angestellten und Kunden in 60 Ländern. Über seine Tochtergesellschaften lagerte es die Callcenter nach Indien aus, wo Kundendienst und Kundenanfragen auf Englisch abgewickelt wurden. Deutschsprachige Kunden bekamen ihre Fragen vom bilingualen Mitarbeiterstab in Polen beantwortet, und frankophone Anrufer wurden mittels VoIP nach Algerien verbunden. Die Verkäufe der Software liefen automatisiert über das Internet. Kunden konnten ihre Produkte per Mausklick erwerben und erhielten per E-Mail Produktidentifikationsnummern. Sämtliche verkauften Produkte unterlagen einer Geld-zurück-Garantie. Innovative Marketing nahm den Kundendienst ernst und teilte den Anrufern seiner 0800-Nummern mit, dass die Gespräche zur Qualitätssicherung aufgezeichnet würden. Nach Statistiken der Callcenter waren über 95 Prozent der Kunden eigenen Angaben zufolge »sehr zufrieden« mit dem Service.

Wie alle Technik-Start-ups war auch Innovative Marketing in den sozialen Medien stark präsent. Hunderte Mitarbeiter hatten Profile auf LinkedIn angelegt, in denen sie Auskunft über ihre Position und ihre Berufslaufbahn gaben. Um den Nachschub an neuen Arbeitskräften zu sichern, platzierte Innovative Marketing auf zahlreichen Karriere-Websites Stellenangebote und setzte Werber ein, die ihnen bei der Suche nach Projektmanagern, UNIX-Administratoren, Spezialisten für die Suchmaschinenoptimierung, Support-Spezialisten und Partnern für die Geschäftsentwicklung behilflich waren. Um das explosive Wachstum im Griff zu behalten, wandte Innovative Marketing eine ganze Bandbreite in der Start-up-Welt üblicher Techniken zur Lösung der Personalfrage an. Es lobte Preise für den besten Vertreter aus und wählte seine Mitarbeiter des Monats mit großer Sorgfalt.

Um den durch das wahnwitzige Arbeitstempo entstehenden Stress zu mindern, belohnte Innovative Marketing seine Angestellten zudem mit gemeinsamen Ausflügen in Strandbäder, wo die Mitarbeiter Wettrennen, Kletterpartien, Seilübungen und Paintball-Wettkämpfe absolvierten, die den Teamgeist stärken und die Arbeitsmoral heben sollten.

Alles in allem war Innovative Marketing ein großartiger Arbeitgeber und ein höchst profitables Unternehmen. Aus Kundensicht hingegen gab es ein kleines Problem. Das typische Szenario verlief etwa folgendermaßen: Die Nutzer saßen an ihrer Tastatur, tippen etwas auf Facebook, beantworteten eine E-Mail oder sahen den neuesten Quartalsbericht ein, als mitten auf dem Bildschirm plötzlich ein großes rotes Pop-up-Fenster erschien. WARNUNG: GEFÄHRLICHER VIRUS ENTDECKT, hieß es dort. Gleichzeitig begannen die Lautsprecher des Computers zu jaulen. Der schrille Sirenenklang tat dem Nutzer kund, dass mit seinem System etwas ganz und gar nicht stimmte. Kurz darauf erschien das System-Defender-Logo auf dem Schirm, daneben ein großes Vergrößerungsglas, das nun die Dateien auf der Festplatte des Nutzers zu scannen schien. Lange, komplexe Namen von Systemdateien rasten in schneller Folge vorbei, während auf einer Tafel unten am Bildschirm immer mehr entdeckte Schadsoftwarebedrohungen angezeigt wurden.

Schließlich identifizierte System Defender – beispielsweise – 23 bekannte Viren, sieben Würmer und 18 verschiedene Spionageprogramme. Damit verbunden war eine ominöse Warnung: »Ihr Computer steht kurz vor einem Systemcrash, der den dauerhaften Verlust Ihrer Daten zufolge hätte. Klicken Sie hier, um sämtliche Bedrohungen zu beseitigen.« Während aus den Lautsprechern immer noch die Sirene ertönte, entschieden sich die Nutzer in der Regel für das Nächstliegende und klickten auf den leuchtenden Button mit der Aufschrift »sämtliche Bedrohungen beseitigen«. Wenn sie das taten, wurden sie auf eine Seite weitergeleitet, wo sie System Defender von Innovative Marketing käuflich erwerben konnten, eine 49 Dollar teure Software, die eine Lösung sämtlicher Computerprobleme versprach. Diejenigen, die dummerweise beschlossen, die Option »Bedrohungen beseitigen« zu ignorieren, und versuchten, eine andere Stelle des Bildschirms anzuklicken, mussten bald feststellen, dass ihr Rechner vollkommen gesperrt war und, abgesehen von der grässlichen Sirene, nichts mehr funktionierte. Die Escape-Taste bewirkte auch nichts, sodass die Nutzer keinerlei Kontrolle über ihren Computer mehr hatten und dauerhaft auf einen roten Bildschirm starrten. Findige Nutzer dachten, ein Neustart könnte das Problem beheben. Doch wenn sie dies versuchten, plärrte ihnen wieder die Sirene entgegen, und dieselbe rote Warnanzeige erschien. Die Gebühr von 49 Dollar zu entrichten, war der einzige Weg, um wieder Zugang zum eigenen PC und den dort abgelegten Daten zu erhalten (eine Luxus-Version mit unbeschränktem technischen Support war für 79 Dollar im Angebot).

Was genau also war dieses wegweisende Softwareprodukt, das Innovative Marketing entwickelt hatte? Man nannte es Crimeware, eine ganz neue Produktkategorie innerhalb der Softwareindustrie – Software, die Verbrechen begeht. Crimeware, manchmal auch als Scareware, Ransomware oder räuberischer Antivirus bezeichnet, ist nichts anderes als ein bösartiges Computerprogramm, das die Angst vor einer Virusinfektion ausnutzt. Wir sind alle darauf getrimmt, auf Antivirus-Warnungen zu achten und unsere Sicherheitssoftware einzuschalten, wenn ein Problem erkannt wird. Deshalb war es für Nutzer auf der ganzen Welt die nächstliegende, logische Handlung, den Button »sämtliche Bedrohungen beseitigen« anzuklicken, als auf ihrem Bildschirm der rote Warnhinweis von System Defender erschien. Das Ganze hatte nur einen Haken: Der Warnhinweis war nichts weiter als ein raffinierter Softwareschwindel, ein Fall von falschem Vertrauen in die Computertechnologie.

In Wirklichkeit hatten die Kunden von Innovative Marketing gar keinen Virus; vielmehr war man in ihre Browser und Betriebssysteme eingedrungen. Die grafische Animation, die den Eindruck vermittelte, als würde der Computer auf Viren gescannt, war nur eine visuelle Falle, die mehr mit einer Disney-Zeichentricksequenz gemein hatte. Es fand keinerlei Scan statt, und die »gefundenen« Viren und Trojaner waren virtuelle Fantasiegeburten der Software, die überzeugend auf den Bildschirm projiziert wurden. Ließen sich die Nutzer erst einmal dazu verleiten, den System Defender herunterzuladen, hatte die Software eine vorrangige Mission: Sie entfernte das bestehende Antivirus-Programm und ermöglichte so die Installation weiterer Schadsoftware, Backdoors und Keyloggers auf der betreffenden Festplatte. Es kam noch schlimmer: Die Kreditkartendaten, die zum Kauf der Schwindel-Software angegeben werden mussten, wurden auf dem Schwarzmarkt nun an den Höchstbietenden verkauft. Innovative Marketing mit all seinen Callcentern, Hochglanzbüros und Mitarbeiterausflügen war nichts anderes als eine höchst erfolgreiche Tarnung für modernes organisiertes Verbrechen.

Innovative Marketing gelang es, einen riesigen Markt für seine kriminellen Produkte zu schaffen, indem es durch seine eigenen Teams und die seiner Partner rechtmäßige Websites mit Malware-infizierter Werbung für Produkte verseuchen ließ, die von angeschlossenen Tarnfirmen verkauft wurden. Wenn ein argloser Nutzer eine infizierte Website besuchte oder den falschen Link anklickte, wurde ein Schadsoftware-Code heruntergeladen, der seinen Computer infizierte und den Programmierern bei Innovative Marketing den Zugriff gestattete, den sie für ihren überzeugenden Redscreen-Schwindel benötigten. Erst, als sich zahlreiche Nutzer in Dutzenden von Ländern bei den Behörden beschwert hatten, wurden die kriminellen Machenschaften aufgedeckt. Die Ermittlungsergebnisse waren erschreckend. Innovative Marketing hatte in seinen Büros Kopien sämtlicher Quittungen, die das Unternehmen an seine Malware-Kunden auf der ganzen Welt verschickt hatte. Allein im Jahre 2009 bearbeitete es 4,5 Millionen Einzelbestellungen zu einem durchschnittlichen Verkaufspreis von 35 US-Dollar. Insgesamt ergibt sich für 2009 ein Umsatz von 180 Millionen Dollar, der die 106 Millionen, die Twitter zwei Jahre später einnahm, locker übertrifft. In den drei Jahren, in denen Innovative Marketing seine Crimeware verkaufte, erwirtschaftete es weltweit den atemberaubenden Gesamtumsatz von 500 Millionen Dollar.[1]

Wie sich herausstellte, wählten die Gründer von Innovative Marketing nicht nur deshalb die Ukraine als Firmensitz, weil es dort billige Arbeitskräfte gab, sondern, weil die dortigen Behörden kaum Fragen stellten und sich die Zusammenarbeit mit Justiz und Polizei leicht erkaufen ließ. Junge Mitarbeiter wie der 20-jährige »Maxim«, ein ehemaliger Programmierer von Innovative Marketing, gaben zu, dass regelmäßige Bonuszahlungen es leicht machten, ethische Fragen zu ignorieren. »Wenn man gerade zwanzig ist, macht man sich keine großen Gedanken um die Moral«, sagte er. Was die Unternehmensgründer betraf, die Herren Jain und Sundin, so stehen sie wegen ihrer Aktivitäten unter Anklage und werden sowohl vom FBI als auch von Interpol gesucht. Es gelang ihnen jedoch, vor der Verhaftung an einen sicheren Zufluchtsort zu entkommen. Ihr weiterer Verbleib ist bis heute unbekannt.

Mit ihren hunderten Millionen Dollar auf geheimen Bankkonten auf der ganzen Welt erreichten diese Internet-Unternehmer etwas, wovon die meisten Firmengründer in Silicon Valley nur träumen können: den erfolgreichen Ausstieg aus ihrem Start-up. Obgleich es nicht mehr aktiv ist, war Innovative Marketing Kiew vermutlich eine der lukrativsten technikorientierten kriminellen Unternehmungen aller Zeiten. Es ist jedoch keinesfalls die einzige. Geschätzte 35 Millionen PCs werden weiterhin jeden Monat mit räuberischen Antivirus-Programmen infiziert, was den verbleibenden Cybercrime-Syndikaten jedes Jahr rund 400 Millionen Dollar in die Hände spielt. Willkommen in der Welt der Verbrecher GmbH.[2]

Die Cyber-Sopranos

Das Verbrechen ist ein großes Geschäft. Die Vereinten Nationen schätzen die Profite des transnationalen organisierten Verbrechens auf über zwei Billionen Dollar pro Jahr.[3] Das Geld stammt aus dem Drogenhandel, dem Diebstahl geistigen Eigentums, dem Menschenhandel, dem Handel mit gefälschten Waren und Kinderpornografie, aus dem Identitätsdiebstahl, dem Wildtierschmuggel und natürlich aus der Cyberkriminalität. Man nimmt an, dass das organisierte Verbrechen 15 bis 20 Prozent des weltweiten Bruttoinlandsproduktes erzielt. Man darf es getrost als das größte und gesetzwidrigste soziale Netzwerk der Welt betrachten, als periodischen Durchlauf und Neudurchlauf von Menschen und Schmuggelwaren, als weltumspannende Organisation, die sieben Tage die Woche jeweils 24 Stunden am Tag aktiv ist. Hollywood ist es zu verdanken, dass die meisten von uns Bilder prototypischer Gangster im Sinn haben, wenn wir an das organisierte Verbrechen denken, etwa Mafiabosse wie Tony Soprano, Vito Corleone und Tony Montana. Die modernen Verbrecher unserer Tage hingegen haben die hierarchischen Strukturen der Vergangenheit in der Regel längst abgelegt und sich stattdessen am Vorbild großer Körperschaften orientiert. An Stelle der Capos, Dons und Leutnante sind örtlich und zeitnah operierende, ausgelagerte, kriminelle Ad-hoc-Netzwerke getreten, die sich rasch zusammenfinden und neu bilden, um jede Gelegenheit kriminell nutzen zu können.[4]

Moderne Zeiten erfordern moderne Verbrechen. Aus diesem Grund haben die Tony Sopranos dieser Welt eine wesentlich schlagkräftigere, weiter reichende, profitablere und technologisch kompetente Verbrechertruppe aufgestellt. Dazu haben traditionelle Verbrecherorganisationen wie die Cosa Nostra (italienische Mafia), die japanischen Yakuza und die chinesischen Triaden, aber auch russische und nigerianische Gruppen Cyberabteilungen gegründet, um aus den risikoarmen und gewinnbringenden Chancen, die ihnen die global vernetzte Welt bietet, Profit zu ziehen.

Das Cyberverbrechen ist grenzenlos und bietet große Anonymität. Dabei ist eine Strafverfolgung extrem selten – vermutlich wird weniger als ein tausendstel Prozent aller Fälle geahndet.

Der zweite Haupttrend, der zur explosionsartigen Verbreitung organisierter Cyberstraftaten führt, ist die Professionalisierung der Hacker selbst. Seit den guten alten Zeiten in den achtziger Jahren, als die meisten Hacker aus Neugier und technischem Spieltrieb an Computersystemen herumbastelten, hat sich ihr Modus Operandi grundlegend geändert. Längst wird das Hacking nicht mehr von Teenagern beherrscht, die vom Hobbykeller ihrer Mütter aus Unheil stiften; heute sind mehr als 40 Prozent der organisierten Cyberkriminellen über 35 Jahre alt.[5] Vor langer Zeit kamen einzelne Hacker auf den Gedanken, dass mit illegal angewandter Technik Geld zu verdienen sei, und kriminelle Hacker wie Albert Gonzalez und Kevin Poulsen traten auf den Plan. Sie erkannten, dass ihnen der illegale Zugriff auf fremde Computersysteme einen durchaus angenehmen Lebensstandard ermöglichte. Mit der Zeit sprach sich das herum, und bald schlossen sich Hacker auf der ganzen Welt zu Untergrundnetzwerken zusammen, kooperierten und wetteiferten um kriminelle Profite.

Hacking wurde zu einer vollständig monetarisierten Aktivität, und der Wandel vom Hobby-Hacker zu professionell arbeitenden Hackerbanden war vollzogen. Neue transnationale Cyberverbrechersyndikate wie das Russian Business Network, ShadowCrew, Superzonda und natürlich Innovative Marketing wurden gegründet, um die weitreichenden Möglichkeiten der neuen Verbrechergeneration auszuschöpfen. Und das Geschäft brummt. Als wäre die Bedrohung durch einzelne Hacker, die es auf Kreditkonten abgesehen haben, und Mafia-Schläger, die einem die Kniescheiben zertrümmern, an sich noch nicht genug, machen traditionelle Verbrecherbanden und hochbegabte Hacker inzwischen gemeinsame Sache. Die Folgen für die allgemeine Öffentlichkeit und die Wirtschaft sind verheerend. Früher waren vielleicht 80 Prozent der Hacker unabhängige Freelancer, heute ist das Gegenteil der Fall. Einer Studie der Rand Corporation aus dem Jahre 2014 zufolge sind 80 Prozent aller Hacker inzwischen angeschlossene oder feste Mitglieder organisierter krimineller Vereinigungen.[6]

Die Erkenntnisse dieser Studie erinnern mich an eine großartige Szene aus dem Film *Ghostbusters* von 1980, in der sich Bill Murray, Harold Ramis und Dan Aykroyd mit »Protonenstrahlern« bewaffnen, um die Geister zu vertreiben, die New York City heimsuchen. An einer Stelle des Film rät Ramis seinen beiden Co-Stars: »Da ist noch etwas sehr Wichtiges, das ich vergessen habe, euch zu sagen … kreuzt niemals die Strahlen eurer Waffen … das wäre schlimm.« Als Murray fragt, »Wie schlimm?«, antwortet Ramis: »Versuche dir vorzustellen, dass alles Leben, wie du es kennst, auf der Stelle zum Stillstand kommt und jedes Molekül deines Körpers mit Lichtgeschwindigkeit explodiert.« Murrays Reaktion ist trocken: »Okay, das ist schlimm. Danke für den wichtigen Sicherheitshinweis.« In Anlehnung an Murray und Ramis kann man sagen, dass sich die kriminellen »Strahlen« unserer Online- und unserer Offline-Welt kreuzen und nun das große Zeitalter des digitalen Verbrechens beginnt. In diesem neuen Reich digitaler Kriminalität haben sich Hacker und Gangster alter Schule zu einer modernen »Legion des Verderbens« zusammengeschlossen, die sich auf die höchstmögliche Ausbeutung der Technologie konzentriert, um auf unser aller Kosten ihren Profit und ihren Einfluss zu maximieren.

Diese kriminelle Ausbeutung der Technologie ist an sich nichts Neues. Als die meisten Polizisten noch zu Fuß gingen oder zu Pferde unterwegs waren, begannen die Chicagoer Gangster, Automobile als Fluchtfahrzeuge zu benutzen. Als der durchschnittliche Streifenpolizist noch mit einem sechsschüssigen Revolver ausgestattet war, benutzte George »Machine Gun« Kelly automatische Waffen. Nach den Ärzten waren die Drogendealer die erste größere Gruppe, die Pager verwendete – und sich lange vor dem ersten Polizisten per Mobiltelefon verständigte. Die Technik macht das Verbrechen effizienter, daher sind Verbrecher seit jeher stark an allen technischen Neuerungen interessiert.

Gesetzlose haben sich als besonders geschickt darin erwiesen, sich von anderen entwickelte Technologien anzueignen und sie für ihre Zwecke zu missbrauchen, da sie stets auf der Suche nach neuen Gelegenheiten sind. Als Smartphones mit Internetzugang in Mode kamen, begannen organisierte Banden in Mexiko-Stadt sie zu Recherchezwecken einzusetzen. Wonach suchten sie? Wen man kidnappen könnte natürlich. Da am internationalen Flughafen von Mexiko-Stadt viele reiche Manager landeten, gab es zwar ein breites Spektrum potenzieller Entführungsopfer, doch die Verbrecher fragten sich, welche Firma wohl am meisten Lösegeld zahlen würde, um ihre Manager zurückzubekommen. Eine knifflige Frage – bis das Smartphone ins Spiel kam.

Am Flughafen aktive Teams organisierter Verbrecherbanden bezogen im Ankunftsbereich in der Nähe der Gepäckausgabe Stellung, wo reihenweise schicke Chauffeure auf die Geschäftsreisenden warteten, die ihre Dienste bestellt hatten. Jeder Chauffeur trug ein großes Pappschild mit dem Namen und der Firma des erwarteten Managers – Herr Smith von Merck oder Frau Jackson von Goldman Sachs. Die Banden am Flughafen verwendeten die Informationen auf den Schildern der Chauffeure, um die Manager mit ihren Smartphones zu googeln und so ihre Position innerhalb des Unternehmens und ihren Marktwert zu ermitteln. Wenn sie den dicksten Fisch gefunden hatten, sprachen sie einfach den Chauffeur an, der das gewinnträchtigste Schild hielt, bedrohten ihn und bezahlten ihn dafür, dass er sich verdrückte. Ein krimineller Ersatzchauffeur übernahm das Schild von dem bestellten Fahrer, hielt es in die Höhe und wartete geduldig auf sein Opfer. Die Falle war gestellt, und wenn der Manager seine Maschine verließ, lief er dem falschen Fahrer direkt in die Arme – nur, weil das Pappschild »gehackt« worden war. Mit dieser Smartphone-Recherchetechnik wurden mehrere Manager entführt und einige davon sogar umgebracht.[7]

Um welche technische Innovation es sich auch handelt – es dauert nicht lange, bis Verbrecher sich diese aneignen. Entweder kopieren sie legale Start-ups oder missbrauchen deren Dienste. So eröffnete eine Frau in Großbritannien einen eigenen Carsharing-Dienst für Fluchtwagen, indem sie eine Website von Uber borgte, einem Online-Vermittlungsdienst von Fahrgästen an Fahrer. Nicole Gibson aus Londonderry erkannte eine Marktlücke für nicht motorisierte Kriminelle und schuf einen Dienst, mit dem man sich in Echtzeit einen Fluchtfahrer besorgen konnte. So konnten Räuber und Einbrecher ihr Diebesgut aus Wohnungen und Geschäften entlang der irischen Grenze bequem in Sicherheit bringen.[8] In San Francisco verwendeten Drogendealer Square, eine kleine weiße Plastikvorrichtung, die mit dem iPhone verbunden wurde und es jedermann gestattete, Kreditkartenzahlungen anzunehmen. Dies vereinfachte Hipstern, die meist kein Bargeld bei sich hatten, den Kauf von Ecstasy und Marihuana.[9] In New York hatten Prostituierte die Überwachungskameras und neugierigen Türsteher schicker Hotels auf Manhattan satt und entdeckten stattdessen die Online-Plattform Airbnb für sich. Dort treten die Prostituierten als Studenten oder Touristen auf, und die arglosen New Yorker, die ihre Wohnungen vermieten, haben keine Ahnung davon, dass in ihren Betten zahlreiche Kunden bedient und Orgien gefeiert werden. Ein Begleitservice behauptete, durch die Nutzung von Airbnb spare man »ein Vermögen«. »Es ist diskreter und wesentlich billiger als das Waldorf«, sagte eine 21-jährige Sexarbeiterin.[10] Um welche Art von Technologie oder Internetdienst es sich auch handelt – die Kriminellen sind von Anfang an dabei und nutzen die neuen Errungenschaften innovativ zu ihrem eigenen Vorteil.

Die Organisationsstruktur der Verbrecher GmbH

Auf der Website von Innovative Marketing gab es, wie bei vielen anderen Internetunternehmen auch, sinnigerweise sowohl eine »Über uns-« als auch eine »FAQ-« Rubrik für Besucher. Wer »Über uns« anklickte, erfuhr, dass »Innovative Marketing bemüht ist, verschiedene Produkte zu entwickeln, die dem Verbraucher die Anpassung an den technologischen Wandel erleichtern«. So kann man es auch sagen. Hätte dort gestanden, »Innovative Marketing ist bemüht, Leute auf der ganzen Welt über den Tisch zu ziehen, indem wir ihnen vorgaukeln, ihr PC wäre von einem Virus befallen, sodass sie schließlich 49 Dollar für die Beseitigung von etwas zahlen, das gar nicht existiert«, hätten zweifellos weniger Menschen das Produkt erworben. Das organisierte Verbrechen selbst bleibt hinsichtlich seiner tatsächlichen Struktur und Geschäftspraktiken verschwiegen, doch eine Reihe von Geheimoperationen, Strafverfolgungsbehörden und Cyberspionage-Firmen haben Licht in ihre Praktiken und Organisationsstrukturen gebracht (siehe unten).[11]

Die Organisationsstruktur der Verbrecher GmbH wirkt für Mitglieder der traditionellen Geschäftswelt überraschend vertraut. Sie ist eine Mischung aus den Theorien von Peter Drucker und den neuesten und modernsten Geschäftspraktiken, die in Wharton oder an der Harvard Business School gelehrt werden. Wiewohl es Elemente des digitalen Untergrunds gibt, die nicht rein monetär orientiert sind, wie etwa die Hacktivisten, geht es bei der Verbrecher GmbH in erster Linie ums Geld, um den Shareholder Value, wenn man so will. Diese kriminellen Unternehmen werden mit großer Sorgfalt auf eine dauerhafte Tätigkeit ausgelegt und haben ihren Sitz daher fast immer in rechtlich sicheren Räumen, in Ländern mit schwacher Regierung, instabilen Regimen und Polizeikräften, die gern wegschauen – gegen eine kleine Gebühr, versteht sich. Innerhalb dieser Verbrechersyndikate gibt es Abteilungen für Arbeit und Versorgungsgütermanagement, Abteilungsleiter, außenstehende Berater und Pflichtergebnisse im Team. Um die Macht und die Professionalität der Verbrecher GmbH zu verstehen, müssen wir zuallererst einen Blick auf ihre Organisationsstruktur werfen, um die moderne kriminelle Organisation zu dekonstruieren. Die geläufigsten Funktionen und Positionen sind, basierend auf Geheimrecherchen, nachfolgend aufgelistet.

DER GESCHÄFTSFÜHRER

Der Geschäftsführer eines kriminellen Unternehmens ist verantwortlich für Entscheidungen und die Überwachung von Operationen. Wie die meisten herkömmlichen Unternehmer hat er die »große Vision« und liefert das Startkapital, um diese umzusetzen. Er ist häufig ein sehr gewinnender Typ mit guten Verbindungen zu anderen Elementen aus der Unterwelt. Meist ist er es, der das richtige Team für eine bestimmte Aufgabe zusammenstellt. Er verfügt in der Regel nicht über umfassende technische Kenntnisse, stellt jedoch andere an, welche die zur Umsetzung seiner Vision erforderlichen Programmier- und Hacking-Fähigkeiten besitzen. Der kriminelle Geschäftsführer macht sich selbst nicht die Hände schmutzig und beteiligt sich auch nicht an Cyberangriffen, die man bis zu ihm zurückverfolgen könnte. Er setzt seinen Mitarbeitern Ziele und Zielobjekte und überwacht die Verteilung der kriminellen Erlöse, insbesondere beim Zeitausgleich. Der Geschäftsführer wird von einem Führungsteam unterstützt, zu dem weitere hochrangige Manager gehören.

DER FINANZVORSTAND

Der Finanzvorstand behält die Schlüsselbereiche des Syndikats im Auge – darunter, wieviel Crimeware verkauft wird, wieviele Accounts gehackt werden und welchen Wert diese haben. Er bedient sich kommerzieller Instrumente zur Lenkung der Geschäftsprozesse, etwa Systemen zur Finanzberichterstattung und Datenbanken, um die Kreditorenkonten (für Vertragspartner) und Löhne für die kriminellen Arbeitskräfte zu verwalten. Zudem unterhält er ein ausgeklügeltes Netzwerk erstklassiger finanzieller Kontakte zum Zwecke der Geldwäsche, ist verantwortlich für das Management der Händlerkonten der Deckfirma und überwacht weltweite Transaktionen in zahlreichen Ländern, darunter Online-Bezahldienste wie Liberty Reserve, die sich um Kundenrechte herzlich wenig scheren.

DER INFORMATIONSMANAGER

Der Informationsmanager hält die Computer-Infrastruktur der Verbrecher GmbH am Laufen. Er wartet sogenannte »kugelsichere«, also nicht auffindbare Computerserver und arbeitet mit zwielichtigen Internet-Providern zusammen, um dafür zu sorgen, dass seine Crimeware jenseits des Zugriffs der weltweiten Strafverfolgungsbehörden bleibt. Der Informationsmanager hilft bei der Pflege von »Kunden-Datenbanken« und Botnet-Armeen und ist verantwortlich für die

Informationssicherheit. Darunter fällt auch das Management der »Proxy-Netzwerke«, mit denen die Aktivitäten seiner Mitarbeiter so geschützt werden, dass sie nicht zurückverfolgt werden können. Daneben kümmert sich der Informationsmanager um die Verschlüsselung krimineller Unternehmensdaten und stellt sicher, dass diese sowohl für die Behörden als auch für konkurrierende kriminelle Hackerorganisationen unlesbar und unbrauchbar sind.

DER VERTRIEBSLEITER

Wie auch viele rechtmäßige Unternehmen festgestellt haben, genügt es häufig nicht, ein tolles Produkt zu haben. Die Höhe der Gewinne steigt und fällt mit der Fähigkeit eines (kriminellen) Unternehmens, möglichst wirksam für seine Güter und Dienstleistungen zu werben. Daher entwerfen die Vertriebsleiter effiziente Werbestrategien, die sie ihren kriminellen Partnernetzwerken für den gesamten digitalen Untergrund zur Verfügung stellen.

MITTLERES MANAGEMENT

Diese loyalen, operationellen Manager werden oft über Langzeitfreundschaften gewonnen, die sich über viele Jahre hinweg bewährt haben. Sie sind verantwortlich für die Führung der breiten kriminellen Mitarbeiterschaft sowie für die Kommando- und Kontrollnetzwerke, mittels derer die kriminellen technischen Operationen der Organisation durchgeführt werden.

ARBEITSBIENEN/INFANTERIE

Dies sind die Bodentruppen im Krieg des Verbrechens, das Äquivalent der Straßendealer. Sie arbeiten mit anderen Elementen der Verbrecher GmbH zusammen, um die Schadsoftware über infizierte Links, PDFs und gekaperte Websites zu verbreiten. Daneben knacken sie sogenannte CAPTCHAs (diese seltsamen Wortgebilde, die Menschen in einen Kasten eintippen müssen, um zu beweisen, dass sie menschliche Wesen sind) und beteiligen sich an der Installation von Kreditkarten-Skimmern in Einzelhandelsgeschäften und an Bankautomaten.

ABTEILUNG FORSCHUNG UND ENTWICKLUNG

Wie die meisten Unternehmen haben auch Verbrechersyndikate nur durch ausgezeichnete Forschung und Entwicklung einen Vorsprung vor der Konkurrenz. Die Abteilung Forschung und Entwicklung hält stets Ausschau nach neuen Schwachstellen in Alltagssoftware, mobilen Apps und Netzwerksystemen – Schwachstellen, die der Rest der Verbrecher GmbH in klingende Münze umwandeln kann. Obendrein übernehmen die Abteilungen für Forschung und Entwicklung besonders komplizierte Programmieraufgaben, die bei Angriffen auf bestimmte Ziele oder Netzwerke erforderlich werden.

PROGRAMMIERER, TECHNIKER UND ENTWICKLER

Sie bilden das technische Gehirn der kriminellen Unternehmung, sind also die Schlüsselelemente aller kriminellen Aktivitäten im Internet. Ihre Aufgabe ist es, den Computercode und die Software zu entwickeln, die andere Systeme infizieren sollen. Sie bauen Websites und schreiben die ganze Crimeware, Ransomware und Scareware (darunter auch falsche Antivirus-Programme), die dann von den Operativen des kriminellen Netzwerks verbreitet werden. Diese Leute schreiben die Exploits und die Malware, die Informationssysteme weltweit infizieren und attackieren. Bevor ihr Code freigegeben wird, muss er freilich erst die Qualitätskontrolle durchlaufen.

DIE QUALITÄTSKONTROLLE

Die Qualitätskontrolle ist ein Schlüssel zum Erfolg der Verbrecher GmbH. Sie stellt sicher, dass die Schadsoftware der Programmierer gut genug verschlüsselt ist, um gängige Sicherheitssysteme wie Antivirus-Software und Firewalls zu unterwandern. Die Programmierer der Abteilung für Qualitätskontrolle testen sämtliche Crimeware gegen bekannte Antivirus-Definitionen, um sicherzustellen, dass die Schadsoftware vor ihrer Freisetzung nicht entdeckt wird. Tools wie avcheck.ru und Scan4You.net gestatten diesen Teams, die Möglichkeit einer Entdeckung durch die 18 beliebtesten Antivirus-Programme abzuschätzen. Diese Anti-Erkennungsmodelle werden täglich aktualisiert und sind vollautomatisiert. Kriminelle Qualitätskontrolleure können sogar ein Abo bestellen, bei dem sie benachrichtigt werden, wenn eine früher programmierte Schadsoftware von Sicherheitsfirmen als Bedrohung identifiziert wurde. Solche Warnhinweise gestatten es den Programmierern, ihre Malware rasch zu aktualisieren und zu modifizieren, sodass sie wieder unsichtbar wird und der Laden weiterlaufen kann.

GESCHÄFTSPARTNER

Affiliate-Marketing ist, wie bereits erwähnt, in der Online-Welt unglaublich profitabel und beliebt. Im Rahmen der von Amazon.com und anderen eingesetzten Werbestrategie werden Geschäftspartner nach der Anzahl von Kunden bezahlt, die sie einem bestimmten Händler einbringen. Affiliate Netzwerke bilden das Rückgrat des cyberkriminellen Unternehmens, und viele der besten haben ihren Sitz in Russland. Diese sogenannten Partnerkas arbeiten Tag und Nacht, um so viel Traffic wie möglich auf die Websites ihrer kriminellen Partner zu lenken. Die auf niederer Stufe stehenden Verbrecher kümmern sich um die Produktplatzierung, ob es sich bei dem Produkt nun um falsche Antivirus-Software, Kinderpornografie, Rolex-Imitationen oder falsches Viagra handelt. Aufgabe des Partners ist es, den kriminellen Händler und den arglosen Kunden zusammenzubringen. Partnerkas verbreiten ihre Produktwerbung via Spam in E-Mails, Chatforen, Blog-Gemeinden, soziale Medien und SMS. Die Verbrecher GmbH bezahlt die Partner, wenn sie dem kriminellen Unternehmen Traffic zuleiten, also pro Klick oder Installation oder, wenn Schadsoftware auf den Rechner eines Opfers heruntergeladen wird.

Aktive kriminelle Partner können leicht 5000 Dollar am Tag verdienen, nach Abzug der Unkosten bis zu 300 000 Dollar im Monat.[12] Fast schon hysterisch weisen die Verbrecherbosse ihre Partner über Untergrund-Websites darauf hin, dass »der Einsatz von Spam oder anderen illegalen Methoden der Rechner-Infektion strikt verboten ist«. Richtig gelesen: Auch die Verbrecher GmbH hat Nutzungsbedingungen und Endnutzer-Lizenzvereinbarungen übernommen, um sich zu schützen und jegliche Vorwürfe krimineller Machenschaften gegen ihre Führungsriege abzuschmettern.

TECHNISCHER SUPPORT

Kriminelle Softwarekampagnen zu betreiben, ist nicht immer einfach. So wie wir regelmäßig unsere Rechner neu starten, den IT-Fachmann unserer Firma herbeirufen oder den Best Buy Geek Squad konsultieren müssen, benötigen auch Kriminelle ständig Hilfe. Moderne Cyberverbrechersyndikate bieten also sowohl für ihre Angestellten als auch für ihre Geschäftspartner technischen Support an.

DIE PERSONALABTEILUNG

Um ein hunderte Millionen Dollar schweres, weltumspannendes kriminelles Unternehmen wie Innovative Marketing zu führen, benötigt man Menschen, viele, viele Menschen. Die Personalabteilung hilft, die kriminellen Soldaten und Arbeitsbienen zu rekrutieren, die zum Betrieb der täglichen Geschäfte des Unternehmens erforderlich sind. Sie betreibt Web-Portale zum Management ihres »Humankapitals« – mit Stellenausschreibungen, Zahlungen und Vergünstigungen sowie den zur Durchführung einer erfolgreichen Malware-Kampagne notwendigen Online-Schulungen. Der Leiter der Personalabteilung schaltet Anzeigen im digitalen Untergrund, um neue Partner zu gewinnen, die sehr wohl wissen, dass sie Teil einer kriminellen Unternehmung sind. Daneben wird auch ein weiterer Mitarbeitertyp angesprochen, sogenannte Mulis, die möglicherweise gar nicht wissen, dass sie für die Verbrecher GmbH arbeiten. Ausschreibungen für Mulis versprechen ein hohes Einkommenspotenzial, flexible Arbeitszeiten sowie die Möglichkeit, zu Hause zu arbeiten, und werden oft auf Craigslist oder ganz seriösen Websites für Arbeitssuchende platziert. Das kriminelle Team der Personalabteilung nimmt eingehende Anrufe aussichtsreicher Bewerber entgegen und beantwortet bereitwillig alle Fragen zu Sonderzahlungen oder steuerbegünstigten betrieblichen Rentenplänen (die nach dem ersten erfolgreichen Jahr der Mitarbeit in Aussicht gestellt werden).

GELDMULIS

Der Schlüssel zum Wachstum jeder illegalen Organisation ist die erfolgreiche Wäsche unrechtmäßiger Erträge. Durch Drogenhandel, den Verkauf von Scareware oder Identitätsdiebstahl eingenommenes Geld muss in vordergründig legitime Aktivposten umgewandelt werden. Um dieses Ziel zu erreichen, werden über Deckfirmen sogenannte »Geldmulis« angeworben, die anonym Geld von einem Konto, einem Geldhaus und einem Land zum anderen bewegen. Mulis antworten naiv auf Stellenanzeigen mit Titeln wie »Regionalassistent«, »Unternehmensvertreter« oder »Debitorenbuchhalter«. Man sagt ihnen, sie seien verantwortlich für »Zahlungsabwicklungen«, und sie werden angewiesen, zwei Konten auf ihren Namen zu eröffnen – eins für ihr Gehalt und eins für die Gelder, die sie abwickeln werden, für gewöhnlich über Western Union. Mulis, die in der Regel zwischen drei und zehn Prozent der transferierten Gelder erhalten, müssen die Kopie eines gültigen Ausweises einreichen. Dies ist eine vollkommen logische Geschäftspraxis, die es der Verbrecher GmbH erleichtert, mögliche Spitzel später ausfindig zu machen.

Mulis sind das Gesicht des Cyberverbrechens und operieren unter ihrem echten Namen, was bedeutet, dass ihre Haltbarkeit sehr begrenzt ist. Es dauert nicht lange, bis die Polizei vor der Tür steht. Erst dann erfahren die Hausfrauen, Studenten und Langzeitarbeitslosen, die zuvor gern weggeschaut und nicht allzu viele Fragen gestellt haben, dass sie tatsächlich in kriminelle Handlungen verstrickt sind. Zu diesem Zeitpunkt sind das Geld und ihre unter Pseudonym auftretenden »Chefs« längst weg. Einem Geldmuli-Experten zufolge ist der Mangel an verfügbaren Mulis heute die größte Herausforderung, der sich die Verbrecher GmbH gegenübersieht. In Systeme einzubrechen, ist leicht; schwieriger ist, die Schecks einzulösen. Experten schätzen, dass das Verhältnis von gestohlenen Account-Daten und verfügbaren Mulis bis zu 10 000 : 1 betragen könnte. Mit anderen Worten: Mit ausreichenden Kapazitäten bei Mulis und Humankapital könnten die Verluste durch Cyberkriminalität 10 000 Mal höher sein.[13]

Das schlanke (kriminelle) Start-up

Wie bei jeder modernen, technikorientierten Organisation ist auch die Struktur der Verbrecher GmbH nicht räumlich und zeitlich starr, sondern befindet sich vielmehr konstant im Wandel. In seinem Buch *Lean Startup: Schnell, risikolos und erfolgreich Unternehmen gründen* beschreibt Eric Ries Methoden, mit denen aufstrebende Unternehmer »unter extrem unsicheren Bedingungen« neue Produkte kreieren können. Für Kriminelle ist Unsicherheit etwas, worin sie richtig gut sind – schließlich können sie nie wissen, wann die nächste Polizeirazzia oder die nächste Schießerei mit einer rivalisierenden Bande stattfinden wird. Gesetzlose müssen sich ständig anpassen und neu erfinden, um Hindernisse zu überwinden und mit den jüngsten Marktanforderungen Schritt zu halten. Sie entwickeln, messen und lernen durch datengestützte Webanalysen und behalten ihre Produkte und Lieferanten stets gut im Auge. Doch nicht alle kriminellen Unternehmungen werden vom Management bis hinab zu den Arbeitsbienen geleitet; manche sind vielmehr einzelfallbezogen und schlank.

Solche Verbrecherorganisationen entsprechen ungefähr der Welt, die Tim Ferriss in seinem Buch *Die 4-Stunden-Woche* schildert. Darin empfiehlt der Autor, geschäftliche Aktivitäten durch den Abbau übergeordneter und automatisierender Systeme zu verschlanken. Starre Organisationsstrukturen und Hierarchien werden zugunsten zeitgebundener Produkte und Dienstleistungen abgeschafft, die auf Nachfrage oft auch selbständig angeboten werden können. Diesen

Untergrund-Online-Akteuren geht es vorrangig um eine ausgewogene Work-Life-Balance, also um einen Lebensstil, bei dem sie Verbrechen und Freizeit in Einklang bringen und die Möglichkeiten beider Bereiche maximal ausschöpfen können. Sie kommen schwarmweise zusammen, als Gruppen von Individuen in konstanter Bewegung, die ihre jeweiligen Fähigkeiten zu einem gemeinsamen Ziel beitragen. Ihre Zusammenkünfte sind ebenso flüchtig wie formlos, was eine Strafverfolgung extrem schwierig macht. Ist das kriminelle Ziel erreicht, etwa der Angriff auf einen großen Daten- oder Einzelhändler, kann sich die Gruppe wieder auflösen, bis sie sich zum nächsten kriminellen Unterfangen mit anderen Gruppen neu bildet.

Die Akteure in diesen Verbrecherschwärmen im Internet formieren sich bisweilen zu Knotenpunkten mit kriminellen Spezialbereichen.[14] Zum Beispiel bildet ein Identitätsdiebstahl-Ring spontan einen Knotenpunkt, an dem die verschiedenen Fähigkeiten mehrerer Schwärme zum Einsatz kommen. Eine Gruppe technisch versierter Akteure übernimmt etwa das Hacking eines Unternehmens-Datensystems; die nächste fungiert als Datenhändler und verkauft die gestohlenen persönlichen Informationen an Dokumentenfälscher, die daraus Führerscheine, Kreditkarten, Schecks und Pässe machen.[15] Die Schwärme niedrig stehender Ganoven, die für die tatsächlichen Finanzbetrügereien verantwortlich sind, leiten sämtliche eingenommenen Gelder an ein Muli-Netzwerk weiter, das wiederum mit einem Geldwäsche-Netzwerk zusammenarbeitet und so dafür sorgt, dass sämtliche kriminellen Parteien für ihre Dienste entlohnt werden und ihren Anteil am Gewinn erhalten.

Sowohl bei der Verbrecher GmbH als auch bei kriminellen Schwarm-Netzwerken ist die operationelle Sicherheit oberstes Gebot. Arbeit und Kommunikation werden ferngesteuert, wodurch sich persönliche Treffen erübrigen. Die Arbeit wird aufgeteilt und schichtweise verteilt, damit Teilnehmer auf niedriger Stufe die wahren Identitäten der anderen Parteien nicht kennen. Hackerforen im digitalen Untergrund und geheime Kommunikationskanäle dienen als Hauptpunkte für konspirative Treffen, Anwerbung und Zusammenkunft und ermöglichen die zur Durchführung eines bestimmten Projekts notwendige Koordination des Schwarms.

Eine raffinierte Verbrechensmatrix

Ob im Cyberspace agierende kriminelle Gruppen nun wie Innovative Marketing nach dem Vorbild großer Unternehmen strukturiert sind oder als flinke, selbst zusammenfindende Schwärme aktiv werden – eines ist jedenfalls offensichtlich: Sie sind in Geschäftsgebaren und »Kundenbetreuung« höchst anspruchsvoll. Sie haben sich die neuesten legalen Unternehmensstrategien angeeignet und sind, was etwa Versorgungsmanagement, weltweite Logistik, kreative Finanzierung, Just-in-Time-Produktion, Arbeitsanreize und Bedarfsanalyse betrifft, äußerst versiert. Das Resultat ist das moderne Cyberverbrechersyndikat, eine höchst profitable weltweite Organisation mit Komplettservice und breiter Produktpalette, die in der Lage ist, Personen, Unternehmen oder Regierungen nach Belieben anzugreifen. Wie bereits erwähnt, gibt es weltweit momentan mindestens 50 solcher online operierenden Verbrecher GmbHs.[16]

Im Rahmen meiner Zusammenarbeit mit Interpol und der brasilianischen Bundespolizei wurde ich selbst Zeuge dieser Perfektion. Unter anderem bearbeiteten wir Fälle von Kreditkartenklau, die ganz Lateinamerika betrafen. In den Favelas von Rio de Janeiro verkauften Cyberverbrecherbanden Software auf DVDs mit zehntausenden gestohlenen Kreditkartennummern und Nutzerdetails. Die kriminellen Start-ups verkauften ihre DVDs an andere Kriminelle und boten sogar Mengenrabatt an. Sie gaben sogar eine Art Garantie auf ihr Diebesgut, indem sie versicherten, dass mindestens 80 Prozent der gestohlenen Kreditkartennummern funktionierten – »andernfalls gibt es das Geld zurück!« Die Brasilianer hatten sogar eine technische Hotline für Kriminelle, die die Software verwenden wollten, aber dabei auf technische Schwierigkeiten stießen. »Haben Sie es schon einmal mit einem Neustart versucht, mein Herr?«

Manche Verbrecherorganisationen verwenden sogar spezielle Kundenpflege-Software, um Kundenwünsche zu erkennen und unter den kriminellen Kunden eine Art Markentreue aufzubauen, wie es etwa bei jenem Start-up der Fall war, das den Banking-Trojaner Citadel entwickelte.[17] Die Schadsoftware, eine Variante des berüchtigten Trojaners Zeus, gestattete es Kriminellen, Banking-Informationen zu stehlen, Tastendrucke der Nutzer zu registrieren und auf den Rechnern der Opfer andere Formen von Schadsoftware zu installieren. Als die Citadel-Hacker ihre Schadsoftware an kriminelle Kollegen verkauften, waren die Kunden mit der Crimeware zufrieden. Die Citadel-Bande schnitt sich eine Scheibe von Marshall Field und Harry Gordon Selfridge ab und versprach: »Unsere Produkte werden den Wünschen unserer Kunden gemäß verbessert.« Das meinten sie wirklich. Die Entwickler schufen ein User-Interface zur Kundenpflege. Verbrecher, die die Citadel-Schadsoftware benutzten, konnten dort über ihre Erfahrungen berichten, Vorschläge und Wünsche für neue Versionen der Software einbringen und ihre Eingaben an die Entwickler sogar anhand von Vorgangsnummern verfolgen. Über ICQ und Jabber stand ein technischer Support zur Verfügung, und die Eingaben wurden zeitnah bearbeitet. Die kriminellen Citadel-Unternehmer bauten sogar ein soziales Netzwerk auf, das es »Gleichgesinnten«, die ihre Banking-Trojaner verwendeten, gestattete, miteinander in Kontakt zu treten und »Projekte von gemeinsamem Interesse« zu diskutieren – sprich: wie man Sie und mich ausrauben könnte.

Die Verbrecher GmbH ist zuweilen seltsam vernünftig und rational. Um ihren Wettbewerbsvorteil und ihre operationelle Kontinuität zu sichern, greift sie auf bewährte Taktiken zurück. Im digitalen Untergrund bedeutet dies, die Konkurrenz und potenzielle Störfaktoren im Augen zu behalten, insbesondere die Strafverfolgung. Wie bereits gezeigt, überwachen kriminelle Hacker nicht nur die Aktivitäten relevanter Polizeidienststellen und Behörden, sondern sammeln zudem ständig frei zugängliche Informationen, um alles zu vermeiden, was ihre riesigen Gewinnmargen gefährden könnte. Eine Gruppe, die JetBlue, 7-Eleven, JCPenney und den Nasdaq hackte, entwickelte ein System sogenannter »Stolperdrähte«, eine Art Frühwarnsystem, das sie warnen sollte, wenn Nachrichten über ihre Exploits an die Öffentlichkeit drangen. Insbesondere schufen sie eine Reihe von Google Alerts mit sorgfältig gewählten Schlüsselwörtern im Zusammenhang mit ihren Opfern. Wenn Nachrichten wie »Nasdaq gehackt« oder ähnliches auftauchte, konnten sie ihre Zelte abbrechen und sich aus dem Staub machen, bevor die Polizei ihre Spur aufnehmen konnte. Hacker sind die neue Mafia und tragen tagtäglich zur stetig wachsenden Industrialisierung und Professionalisierung des Verbrechens bei.

Ganovenehre: Der kriminelle Moralkodex

Um eine wohlgeordnete und funktionierende kriminelle Untergrund-Ökonomie am Laufen zu halten, muss die Verbrecher GmbH bestimmte Verkehrsregeln beachten. So betrachtet, gibt es tatsächlich so etwas wie eine Ganovenehre, und einige Elemente der Verbrecher GmbH geben sogar »Verhaltensmaßregeln« heraus, um kriminelle Kunden in Sicherheit zu wiegen. Solche Cyber-Schwarzmärkte sind gut strukturiert und folgen eigenen Regeln. Käufer wie Verkäufer bewerten laufend die Reputation ihrer Geschäftspartner. Auf manchen digitalen Marktplätzen werden sogar Sterne vergeben, sodass Kollegen gestohlene Kreditkarten, falsche Führerscheine und Computerviren mit Null bis fünf Sternen bewerten können – genau wie bei eBay oder iTunes.[18]

Am unteren Ende des kriminellen Marktplatzes, auf den am leichtesten zugänglichen Ebenen, sind Verstöße gegen den Moralkodex nichts Ungewöhnliches. In etwa 30 Prozent aller Fälle wartet man auf zugesagte Waren oder Dienstleistungen einzelner sogenannter »Ripper« vergeblich.[19] Einmal identifiziert, werden sie jedoch rasch gemeldet, geraten auf eine schwarze Liste und werden vom Marktplatz verbannt – wie ein Verkäufer auf eBay oder Amazon, der seinen Verpflichtungen nicht nachkommt. Um solche Vertrauensprobleme zu mildern, haben Cyberkriminelle sogar Verrechnungsstellen und Treuhanddienste eingerichtet, die denen im Immobiliengeschäft ähneln. Diese ehrlichen, aber kriminellen Makler achten darauf, dass angebotene illegale Produkte oder gestohlene Daten tatsächlich geliefert werden – erst dann geben sie die Gelder frei, nachdem sie sich fünf Prozent als Transaktionsgebühr für ihre Dienste abgezweigt haben.[20]

In den höheren Riegen der Verbrecher GmbH werden Neuzugänge genauestens unter die Lupe genommen. Ein vertrauenswürdiger Dritter muss für sie bürgen – wie bei Drogendealern, die sich auf der Erfolgsleiter Sprosse für Sprosse emporarbeiten. Hier, wo die großen Jungs spielen, sind Verstöße gegen den Verhaltenskodex selten und die Konsequenzen hart. Alle Parteien wissen, dass es in ihrem eigenen Interesse ist, die Spielregeln einzuhalten. Im Cyberuntergrund ist Vergeltung ebenso gängig wie im traditionellen organisierten Verbrechen. Die Konkurrenz »auszuschalten« und sie mit Zementschuhen in den East River zu werfen, ist zwar eher ein Markenzeichen von Gangstern alter Schule, doch ihre digitalen Äquivalente haben ebenfalls unangenehme Methoden. Es gibt tatsächlich auch digitale Schießereien, wie etwa den berüchtigten zweitägigen Feldzug von Max Ray Vision (alias Iceman), der seine Tastatur-Schusswaffen gegen die Konkurrenz richtete und diese auslöschte. Von seinem Apartment in San Francisco aus gelang es Iceman, über die Datenbanken seiner kriminellen Konkurrenten zu verfügen, ihre Inhalte zu übernehmen und diese zum Aufbau seiner eigenen, mächtigen Website zu nutzen – CardersMarket, die bald 6000 Mitglieder verzeichnete. Dank der gestohlenen Daten seiner Konkurrenten trug CardersMarket mehr als zwei Millionen geklaute Kreditkarten zusammen und ergaunerte über 86 Millionen Dollar durch falsche Gebühren. In der Welt der Verbrecher GmbH zählen überragende technische Ressourcen, und die Hacker arbeiten unablässig daran, ihre Fähigkeiten zu verbessern.[21]

Die Verbrecher-Uni

Hacker werden nicht geboren; sie werden geschult und gefördert oder lernen ihr Handwerk als Autodidakten. Im digitalen Untergrund steht ihnen eine gewaltige Masse an Unterrichtsmaterialien gratis zur Verfügung. Die Verbrecher GmbH ist eine Bildungsinstitution, an der es von der Firewall-Umgehung bis zum Klonen von Kreditkarten für alles eine Online-Anleitung gibt. Kriminelle haben Zugang zu ihren eigenen, vielfältigen Online-Kursen, wo sie lernen, wie man Phishing-Mails und Spam in Umlauf bringt oder bestimmte Crimeware richtig nutzt. All diese Bildungsangebote ergeben zusammen eine Art Verbrecher-Uni im Internet, durch welche sich die Raffinesse und die Fähigkeiten des einzelnen kriminellen Hackers deutlich gesteigert haben. Interessanterweise kommen die Tutoren, also die hackenden Kollegen, oft zusammen, um Neulingen beim Erlernen ihres kriminell-digitalen Handwerkszeugs beiseitezustehen. In der Cyberunterwelt gibt es zahlreiche Wikis mit nach Kategorie geordneten, detaillierten Links dazu, wie sich jede erdenkliche App oder Software und jedes existierende Gerät und Betriebssystem hacken lässt.

Freilich findet nicht die gesamte illegale und strafbare Computerausbildung in der freien Welt statt. Gefängnisse, oft als »weiterführende Schulen« für Kriminelle bezeichnet, bieten in Sachen Besserung meist nur wenig, dafür aber eine Art höheren Bildungsabschluss in Verbrechenskunde. Eine Studie der University of Ohio zeigte, dass »Personen mit einer Haftgeschichte bedeutend höhere illegale Jahreseinkommen erzielen als diejenigen, deren Haftregister kürzer sind; der Einkommensunterschied beläuft sich auf durchschnittlich 11 000 Dollar jährlich«[22]. So, wie der College-Besuch das Einkommenspotenzial der in der legalen Wirtschaft Tätigen erhöht, verbessert auch die höhere Bildung hinter Gittern die Verdienstchancen.

Es mag daher überraschen, dass mehr und mehr Gefängnisse Computer- und Programmierkurse für Insassen anbieten. Solche Fähigkeiten sind zwar vielleicht der Schlüssel zu einer legalen Berufslaufbahn nach der Haftentlassung, doch lassen sie sich auch für illegale Zwecke nutzen, und das sogar noch im Gefängnis. Ein solcher Fall ist der des Häftlings Nicholas Webber, der als Insasse der in Südlondon gelegenen Haftanstalt Isis seine im IT-Kurs erworbenen Fähigkeiten dazu gebrauchte, das Computersystem des Gefängnisses zu hacken.[23] In dem im Hinterhof des Silicon Valley gelegenen Hochsicherheitsgefängnis San Quentin haben die Strafvollzugsbeamten sogar ein Start-up-Gründerzentrum für Häftlinge mit unternehmerischen Ambitionen eingerichtet.[24]

Mit Unterstützung der örtlichen Technokratie nehmen die Insassen an »Demo-Tagen« teil, wo sie Ideen für Start-ups vorstellen, deren Potenzial dann von Managern aus dem Silicon Valley beurteilt wird. Die Intention solcher Programme ist zwar löblich, doch aus praktischer Sicht könnten die Ergebnisse durchaus von den erhofften abweichen.

Innovationen aus der Unterwelt

Zur Arbeit außerhalb legitimer Machtsysteme gezwungen, sind Kriminelle seit jeher Experten darin, über den Tellerrand hinauszudenken und neue Lösungen für schwierige Probleme zu finden. Immer wieder haben sie sich in ihren Geschäftspraktiken und in ihrem kreativen Einsatz von Ressourcen als äußerst innovativ erwiesen.[25] In seiner Kurzgeschichte »Das blaue Kreuz« fasst G. K. Chesterton dies nett zusammen, indem er erklärt: »Der Kriminelle ist der kreative Künstler; der Kriminalbeamte nur der Kritiker.« Die dunkle Seite dieser Kreativität zeigt sich in der alltäglichen Welt der Verbrecher GmbH. Die Herausforderung für den Rest der Gesellschaft besteht darin, dass die technologische Innovation mit exponentieller Geschwindigkeit voranschreitet und, was noch wichtiger ist, dass das Moore'sche Gesetz auch für Kriminelle gilt. Die technologische Innovation in der Unterwelt brummt und das kriminelle Schwarmdenken lässt Antivirus-Firmen, Technologieverkäufer und Strafverfolgungsbehörden wie Schuljungen aussehen. Hacking ist nicht mehr die Domäne weniger erlauchter digitaler Meister; vielmehr ist es längst demokratisiert worden und alle notwendigen Informationen sind an der Verbrecher-Uni jederzeit verfügbar.

Moderne Verbrecher sind nicht nur in technologischer Hinsicht innovativ, sondern auch hinsichtlich ihrer Geschäftsmodelle.[26] Die Verbrecher GmbH bietet Abonnements für Malware-Dienste, Gamifizierung für Festangestellte und Open-Source-Software-Entwicklung für Banking-Trojaner. Um die Verkäufe anzukurbeln, bietet die Verbrecher GmbH abgespeckte Versionen ihrer illegalen Software-Tools an oder stellt sie sogar gratis zur Verfügung.[27] Wenn der verbrecherischen Kundschaft das Produkt zusagt, kann sie mehr bezahlen und eine Vollversion erwerben – eine unter der Bezeichnung »Freemium« weit verbreitete Verkaufsstrategie.

Organisierte Cyberkriminelle haben die Long-Tail-Strategie von Chris Anderson verinnerlicht und sehen die Zukunft des Verbrechergeschäfts darin, von mehr Menschen weniger zu stehlen.[28] Waren Verbrecher traditionell stets auf der Suche nach dem einen großen Coup (man denke an *Der rosarote Panther* oder *Ocean's Eleven*), so haben die heutigen Cyberganoven begriffen, dass sie weitaus mehr Profit herausschlagen können, wenn sie einfach wiederholte, kleinere Operationen gegen die Massen durchführen. Wie wir im nächsten Kapitel sehen werden, lässt sich ein Teil dieses Mikro-Diebstahls automatisieren, was bei geringerem Festnahmerisiko für einen regelmäßigen Einnahmenzufluss sorgt.

Um die vielschichtige Mitarbeiterschaft bei Laune und den Laden am Laufen zu halten, haben sich die Leiter der Verbrecher GmbH eine Reihe von Motivationsstrategien ausgedacht. Für viele Hacker ist Geld nicht der einzige Anreiz; viele genießen den Nervenkitzel, das Gesetz zu brechen, die Herausforderung, ein ausgeklügeltes Sicherheitssystem zu knacken, oder das Recht, mit der Vernichtung eines derartigen Systems angeben zu dürfen. Mitglieder des Cyberuntergrunds haben Websites eingerichtet, wo ihre digitalen Einbrüche von Kollegen kommentiert und bewertet werden. RankMyHack.com vergibt an die Besten der Besten Punkte und führt Bestenlisten, um die Möchtegern-Cyberganoven von der Hackerelite zu trennen.[29]

Die Bosse des Cyberverbrechens sind sich solcher Trends wohl bewusst und verfügen über zahlreiche Mittel und Wege, die Bedürfnisse ihrer Angestellten nach Anerkennung, Herausforderung und Zugehörigkeit anzusprechen, indem sie Elemente der Gamifizierung in ihre kriminellen Aktivitäten integrieren. In Montenegro schmiss die Scareware-Bande KlikVIP für ihre erfolgreichsten Malware-Installateure eine Party und bot dem Geschäftspartner, der die meisten Rechner infizierte, einen großen Aktenkoffer voller Euros.[30] Um die Innovation voranzutreiben und neue Geschäftszweige aufzutun, bot ein osteuropäischer Manager der Verbrecher GmbH Anfang 2014 demjenigen Hacker, der den besten neuen Scam erfand, einen brandneuen Ferrari.[31] Die Neuigkeit über diesen Preis wurde in einem dunklen Winkel des digitalen Untergrunds enthüllt – mit einem professionellen Video, in dem sich mehrere hübsche »Assistentinnen« auf dem Fußboden des Autohändlers aalten. Die Gamifizierungsstrategie des Bosses machte sich bezahlt und die Mitarbeiter schenkten der Angelegenheit große Beachtung. Der Ferrari wurde für den auserkorenen »Mitarbeiter des Monats« reserviert.

Vom Crowdsourcing zum Crimesourcing

Von allen geschäftlichen Innovationstechniken der Verbrecher GmbH ist vermutlich das Crowdsourcing am weitesten verbreitet. Crowdsourcing begann als legitimes Werkzeug zur Nutzung kollektiven Wissens bei der Lösung komplexer geschäftlicher und wissenschaftlicher Probleme. Die Idee des Crowdsourcing erlangte 2006 durch einen Artikel von Jeff Howe in der Zeitschrift *Wired* erstmals breitere Aufmerksamkeit.[32] Howe definierte Crowdsourcing als »Outsourcing einer Aufgabe an eine große, nicht definierte Gruppe von Personen durch einen offenen Aufruf«. Zwar gibt es Hunderte von Beispielen dafür, wie Crowdsourcing zu großartigen Ergebnissen führen kann, doch können dieselben Techniken auch für kriminelle Zwecke missbraucht werden. YouTube quillt über vor tollen Beispielen, in denen offenkundig Fremde plötzlich gemeinsam zu singen anfangen, sei es am Flughafen Heathrow oder auf dem Times Square.[33] Solche Blitzzusammenkünfte können jedoch ebenso gut für weniger menschenfreundlich gesinnte Fremde veranstaltet werden, und zwar nicht um der Kunst, sondern um des Verbrechens willen. Wenngleich Blitzüberfälle meist von rangniedrigen Ganoven durchgeführt werden, sind sie doch äußerst erfolgreich. In Washington, D. C. verabredeten sich 30 junge Erwachsene über soziale Netzwerke und SMS, stürmten gleichzeitig einen G-Star-Raw-Laden, überwältigten mühelos das Personal und entkamen mit Kleidung im Wert von 20 000 Dollar.[34] Wird einer der Teilnehmer verhaftet, wird er seine Mitstreiter höchstwahrscheinlich nicht »verpfeifen« können, da er ihnen am Tatort zum ersten Mal begegnet ist. Ähnliche Übergriffe haben sich in Chicago, Philadelphia und Los Angeles ereignet.

Manche Crowdsourcing-Techniken dienen dazu, potenziellen Gesetzesbrechern einen Vorteil gegenüber der Polizei zu verschaffen. In den Vereinigten Staaten können Autofahrer, die zu viel getrunken haben, mit mobilen Apps wie DUI Dodger, Buzzed und Checkpoint Wingman mögliche Alkoholkontrollen umgehen. Eine interaktive Karte auf ihrem iPhone oder Android-Gerät zeigt die entsprechenden Standorte an; werden Kontrollen neu eingerichtet oder verlegt, erhalten die Nutzer eine Warnmeldung.[35] Als 2011 die Londoner Proteste gegen die Sparmaßnahmen der Regierung in Gewalt umschlugen, entwarfen Demonstranten eine App namens Sukey, die es ihnen gestattete, Polizisten zu fotografieren und deren mit Geo-Tags versehene Bilder in eine crowdgesourcte interaktive Karte zu laden.[36] Wenn andere Protestteilnehmer Sukey auf ihren Mobilgeräten starteten, sahen sie, in welchen Gebieten sich Spezialkräfte der

Polizei befanden, und konnten dank ihrer interaktiven Kompasse den Kontakt vermeiden (Grün verwies auf sichere Gebiete, Rot bedeutete: Polizei-Gefahrenzone).

Auch Hacktivisten haben sich Crowdsourcing-Techniken zunutze gemacht. Auf dem Höhepunkt eines Streits mit Sony und News Corp eröffnete LulzSec dreist eine Art krimineller Bestell-Hotline, über welche man angeben konnte, wen die Hacker als nächstes ins Visier nehmen sollten.[37] Die Gruppe richtete eine Telefonnummer in Ohio ein und nahm eine Grußbotschaft mit französischem Akzent auf, in der es hieß, man sei »derzeit nicht erreichbar, weil wir gerade eifrig das Internet plündern«. Anrufer wurden darum gebeten, ihre Hacking-Wünsche nach dem Piepton zu hinterlassen.[38] Dieser neue Modus Operandi im Crimesourcing erlaubte der Öffentlichkeit, ganz im Stil von *American Idol* zu wählen, wer das nächste Opfer eines Verbrechens werden solle. Später ließ die Gruppe verlauten, sie habe erfolgreiche DDoS-Attacken auf acht von Anrufern vorgeschlagene Websites durchgeführt. Crimesourcing lässt sich folgendermaßen definieren: Eine kriminelle Handlung oder Teilhandlung wird an eine Masse wissender oder unwissender Individuen ausgelagert. Durch die aggressive Anwendung von Crowdsourcing-Techniken ist die Verbrecher GmbH in der Lage, großteils anonyme, weit verzweigte kriminelle Netzwerke zu bilden, die sich mit beeindruckender Geschwindigkeit bilden und selbst organisieren. Ein Beispiel zur Illustration: Im Jahre 2013 gelang es Bossen der Verbrecher GmbH in Russland und in der Ukraine, 100 Geldmulis auf ein von ihnen gehacktes Krankenhaus im US-Bundesstaat Washington loszulassen. In der Folge wurde mehr als eine Million Dollar aus dem Gehaltssystem des Krankenhauses gestohlen und über 96 verschiedene Konten innerhalb weniger Tage gewaschen.[39] Wie bereits erwähnt, ist es gut möglich, dass viele dieser Mulis unwissentlich mit dem organisierten Verbrechen zusammenarbeiteten und glaubten, sie seien in ihrem Heimbüro als »regionale Debitorenbeauftragte« tätig.

Die Technologie macht es für die Verbrecher GmbH leichter denn je, ihre Arbeit an unwissende Mitverschwörer zu delegieren, die keine Ahnung davon haben, dass sie an einer illegalen Handlung teilnehmen. Kriminelle benötigen beispielsweise ständig neue E-Mail-Konten, über welche sie Spam und Phishing-Attacken versenden können, doch CAPTCHAs können sie dabei bremsen. Um dies zu umgehen, entwickelten Kriminelle ein Softwaresystem, das die auf Yahoo! oder Hotmail gezeigten CAPTCHA-Bilder automatisch an irgendwelche Fremde weiterleitete, damit diese das Problem für sie lösten. Warum aber sollte ein völlig Fremder das tun? Ganz einfach: Man bot ihnen einen entsprechenden Anreiz, nämlich Pornografie.[40] Um seine Probleme per Crowdsourcing auszulagern, hat die Verbrecher GmbH jüngst Dutzende von Gratis-Pornoseiten eingerichtet, auf denen Besucher ein CAPTCHA lösen müssen, um zu beweisen, dass sie achtzehn oder älter sind. Das Rätsel, dass die geile Öffentlichkeit löste, war tatsächlich aber ein CAPTCHA, das die Verbrecher benötigten, um ihre E-Mail-Konten einzurichten – in Echtzeit bearbeitet. Eine für beide Seiten profitable Situation: kostenlose, hochwertige Pornografie gegen die unwissentliche, ausgelagerte Teilnahme an einem Phishing-Betrug.

Der CAPTCHA-Trick war zwar schlau, doch verblasst er im Vergleich zu einem kriminellen Casting-Aufruf in einer Online-Anzeige. In Seattle im US-Bundesstaat Washington hatte ein Bankräuber den genauen Zeitpunkt ausspioniert, an welchem ein gepanzertes Fahrzeug bei der örtlichen Bank of America eine große Menge Bargeld abliefern sollte. Am fraglichen Dienstag exakt um 11 Uhr vormittags näherte sich der mit einer gelben Sicherheitsweste, einer Schutzbrille, einem blauen Hemd, einem Werkzeuggürtel, einem Helm und einer Atemschutzmaske bekleidete Räuber dem Wachmann des Panzerwagens, der gerade mehrere große Säcke Bargeld in die Bank schaffte, und sprühte ihm Pfefferspray ins Gesicht. Der Wachmann war außer Gefecht gesetzt und ließ die Geldsäcke fallen, die der Gauner in einen großen Seesack packte, den er bei sich trug. Dann machte er sich mit einer – wie es von Seiten der Bank hieß – »sehr beträchtlichen Summe Geldes« aus dem Staub. Als der Wachmann wieder zu sich gefunden hatte, sendete er über Funk einen Hilferuf mit einer genauen Beschreibung des Bankräubers. Bald waren ein halbes Dutzend Polizeifahrzeuge mit Blaulicht und Sirene zum Tatort unterwegs und hielten Ausschau nach einem Bauarbeiter, der den Überfall gerade verübt hatte.[41]

Das Polizeiauto, das als erstes eintraf, entdeckte den Bauarbeiter sofort. Die Beamten richteten ihre Waffen auf ihn und befahlen ihm, die Hände zu erheben und auf die Knie zu gehen. Dann erspähte ein anderes Polizeiauto den verbrecherischen Bauarbeiter, dann noch eins und dann noch eins. Insgesamt befanden sich im Umfeld des Tatorts Dutzende Bauarbeiter, auf welche die Beschreibung des Wachmanns passte. Was die Behörden nicht wussten, war, dass der echte Bankräuber seine Flucht lange im Voraus sorgfältig geplant und outgesourct hatte. Ein paar Tage vor dem Raub schaltete der Bankräuber bei Craigslist eine Anzeige in der Rubrik »Hilfe gesucht«. Angeblich suchte er Straßenbauarbeiter für Instandhaltungsmaßnahmen. Mit fast 30 Dollar pro Stunde war die Bezahlung erstklassig. Interessenten sollten sich am Dienstag um 11 Uhr an der Kreuzung einfinden, wo auch die Bank of America lag. Ach, ja, ihre Ausrüstung und Arbeitskleidung sollten sie selbst mitbringen – im Einzelnen eine gelbe Sicherheitsweste, eine Schutzbrille, ein blaues Hemd, einen Werkzeuggürtel, einen Helm und eine Atemschutzmaske. Dutzende Arbeitssuchende kamen zur verabredeten Zeit an den verabredeten Ort und hatten keine Ahnung, dass sie damit unwissentlich in einen Crowdsourcing-Bankraub verwickelt wurden. In einer Welt, in der man »dem Computer« blindes Vertrauen schenkt, lässt sich die Öffentlichkeit leicht überlisten. Erst, als alle Bauarbeiter gefasst und verhaftet waren, dämmerte der Polizei, was sich ereignet hatte; zu diesem Zietpunkt war der echte Bankräuber freilich längst über alle Berge.

Die Verbrecher GmbH bedient sich nicht nur wissentlicher und unwissentlicher Formen des Crimesourcing, sondern nutzt auch einen weiteren brandheißen Trend der Start-up-Gemeinde: Crowdfunding. Crowdfunding ist ein Vorgang, bei dem von einer Vielzahl Unterstützer Geld für ein neues Unternehmen oder ein nicht gewinnorientiertes Projekt gesammelt wird, das in der Regel ausführlich auf einer Website beschrieben ist. Die beliebtesten Websites sind hier Kickstarter und Indiegogo. Bis heute wurden Gelder in Höhe von über einer Milliarde Dollar aufgebracht und damit Zehntausende von Projekten erfolgreich finanziert.[42] Natürlich hacken Kriminelle mit Vergnügen alle, die derart im Geld schwimmen, und haben bereits erfolgreich die Website von Kickstarter missbraucht.[43] Allerdings schweben den kriminellen Hackern weitaus größere und ruchlosere Crowdfunding-Projekte vor, etwa, das iPhone in Ihrer Tasche zu hacken. Als Apple sein iPhone 5s auf den Markt brachte, verfügte dies über eine Funktion namens Touch ID, einen Scanner zur Erkennung von Fingerabdrücken, der als »bequeme und sehr sichere Möglichkeit, Ihr Telefon zu nutzen« angepriesen wurde. Obwohl Apple in die Entwicklung seiner patentierten biometrischen Technologie wahrscheinlich mehrere Jahre und Millionen Dollar investiert hatte, warf das Unternehmen mit der Einführung der Funktion den Hackern einen Fehdehandschuh vor die Füße, das neue, »sehr sichere« System zu knacken.

Auf der ganzen Welt fragten sich Sicherheitsexperten und Hacker gleichermaßen, wer denn nun der Erste wäre, der das Unknackbare knacken und wie lange es dauern würde. Die Antwort lautete: der deutsche Chaos Computer Club, und es dauerte einen Tag.[44] Hacker nahmen Elemente des Crowdfunding und der Gamifizierung und richteten eine Website namens IsTouchIDHackedYet.com ein, auf welcher eine Prämie in Höhe von 20 000 Dollar ausgelobt und eine Bestenliste geführt wurde, die den Fortschritt in Richtung Ziel anzeigte.[45] Der Preis ging schließlich an einen cleveren Hacker vom Chaos Computer Club, der sich Starbug nannte und herausfand, wie man die Multimillionen-Investition von Apple untergraben konnte. Starbug nahm ein mit 2400 DPI hochauflösendes

Foto der Fingerabdrücke, die der rechtmäßige Besitzer des Gerätes darauf hinterlassen hatte. Dann importierte er das Bild in Photoshop, säuberte es, invertierte es und druckte es bei Feineinstellung auf eine transparente Folie aus. Zum Schluss schmierte er weißen Holzleim auf das Muster. Als alles getrocknet war, konnte man es über den Touchscreen-Sensor halten und das Mobiltelefon freischalten.[46] Mission erfüllt.

Als wären die Crowdfunding-Hacker noch nicht gefährlich genug, tauchte unlängst noch eine weitere Crowdsourcing-Form im digitalen Untergrund auf: der Assassination Market (Attentats-Markt). Dieser Dienst ist leider kein geschmackloser Witz, sondern das Werk eines unverbesserlichen Anarchisten, der unter dem Pseudonym Kuwabatake Sanjuro in Erscheinung tritt. Bis Ende 2014 wurden acht US-Regierungsvertreter per Crowdsourcing-Votum zu Attentatsopfern gewählt, wovon der ehemalige Vorsitzende der Federal Reserve, Ben Bernanke, die meisten Stimmen erhielt. Über verschlüsselte und nicht rückverfolgbare Kanäle gingen Spenden ein, sodass Sanjuro für den Mord an Bernanke inzwischen über 75 000 US-Dollar bieten kann.[47]

Dass hier eine solche Summe zusammenkommen konnte, ist zwar erschreckend, doch reicht sie an das erfolgreichste kriminelle Crowdfunding nicht einmal ansatzweise heran. Bei diesem finanzierten weder die Opfer noch die Masse die kriminelle Handlung aus freien Stücken. Es war vielleicht der meisterhafteste Coup, den die Verbrecher GmbH jemals landete: Mittäter auf der ganzen Welt begingen in 27 verschiedenen Ländern gleichzeitig Diebstähle. Dieser gewaltige Fischzug fand Anfang 2013 statt, als Programmierer, Techniker und das Team für Forschung und Entwicklung der osteuropäischen Verbrecher GmbH in die Netzwerke zweier Kreditkartenunternehmen in Indien und in den Vereinten Arabischen Emiraten einbrachen. Die Verbrecher GmbH stahl Nummern von Prepaid MasterCard- und Visa-Kreditkarten und hackte dann die internen Computersysteme der Anbieter, um sämtliche Bargeldbezugsgrenzen der geklauten Karten zu entfernen. Somit hatten die kriminellen Meister-Hacker nun Hunderte Kreditkarten, mit denen über das globale Geldautomatennetzwerk jeweils unbegrenzt Geld abgehoben werden konnte.[48]

Im nächsten Schritt sandte die Verbrecher GmbH über den digitalen Untergrund verschlüsselte Mitteilungen an kriminelle Partner in mehr als zwei Dutzend Ländern. Wer die gestohlenen Daten erhielt, druckte die Kreditkarten mit seinem eigenen, professionellen Kreditkartendrucker aus und versah den Magnetstreifen auf der Rückseite mit dem richtigen Code. Was sich dann ereignete, ist möglicherweise eines der größten Kunststücke in der Geschichte des Crimesourcing oder sogar des Crowdsourcing. Die Karten wurden an 200 Arbeitsbienen-Teams auf der ganzen Welt verteilt. Als die Verbrecher GmbH das Signal gab, war das Rennen eröffnet und die Infanterie der Gesetzlosen begab sich auf einen zeitlich abgestimmten Abhebe-Raubzug, bei dem sie so viele Bankautomaten wie möglich sprengte. In den zehn Stunden, während derer die Crowdsourcing-Operation der Verbrecher GmbH lief, kam es zu 36 000 Transaktionen in 27 Ländern, bei denen insgesamt 45 Millionen Dollar in bar erbeutet wurden. Da die Verbrecher GmbH bereits in die Computer der Banken eingedrungen war und über die vergebenen Kreditkartennummern verfügte, konnte sie verfolgen, wie viel genau abgehoben wurde und, was noch wichtiger war, wie viel jeder kriminelle Arbeiter abzuliefern hatte, bevor er für seine »Dienste« entlohnt wurde. Zwar wurde eine Handvoll kleiner Fische von der Polizei geschnappt, doch die Drahtzieher hinter dem Komplott blieben unentdeckt und in Freiheit, wo sie wahrscheinlich schon ihren nächsten großen Crowdsourcing-Coup organisieren. Zehn Stunden, 36 000 Transaktionen, 27 Länder – eine beeindruckende organisatorische Leistung, welche die wenigsten Unternehmen oder Regierungen hätten bewältigen können. Willkommen in der Welt des netzwerkverteilten Verbrechens.

Die Verbrecher GmbH ist ein Unternehmen, und zwar ein höchst einträgliches. Da moralische Fragen nicht im Wege stehen, ist es grenzenlos in seinem Profitstreben und kann dazu die neuesten Geschäftspraktiken anwenden. Auf der Jagd nach dem »Long Tail« von Verbrechensopfern auf der ganzen Welt setzt die Verbrecher GmbH Strategien wie Freemium, Gamifizierung, Crowdsourcing, Crowdfunding, Reputationssysteme, Just-in-Time-Produktion, Online-Schulungen und Schwärme für verteiltes Projektmanagement ein. Ein globales Verbrechersyndikat wie Innovative Marketing in Kiew hat in knapp drei Jahren mehr als eine halbe Milliarde Dollar verdient (steuerfrei, versteht sich). Diese Gesetzlosen, die Moore'schen Gesetzlosen, sind voll vernetzt und in der Lage, jede beliebige Technologie auszuhebeln und zu missbrauchen. Dabei gehen sie so gut wie immer straffrei aus. Ihre Taten gefährden jedoch eine Welt, die sowohl immer vernetzter als auch zunehmend von der Technologie abhängig ist. Als Folge davon entsteht eine immer mächtigere Unterwelt, deren kriminelle Möglichkeiten exponentiell wachsen. Dieser pulsierende kriminelle Superorganismus wird aus dem tiefsten, dunkelsten Winkel des Internet heraus gespeist und gesteuert – dem Dark Web, dem Allerheiligsten des digitalen Untergrunds und dem Nervenzentrum der Verbrecher GmbH.

KAPITEL 11

Tief im digitalen Untergrund

Dread Pirate Roberts (DPR) war der meistgesuchte Mann im digitalen Untergrund. Im dunkelsten Winkel des Cyberspace betrieb der mysteriöse Gesetzlose ein riesiges kriminelles Geheimimperium. Er wurde weltweit gesucht. Spezialagenten von FBI, Drug Enforcement Agency (DEA), ATF, Innerer Sicherheit, Royal Canadian Mounted Police, Scotland Yard und Interpol waren auf ihn angesetzt. Abgesehen davon, dass sein Deckname von einer Figur aus dem Kultfilm-Klassiker *Die Brautprinzessin* stammte, war über Dread Pirate Roberts herzlich wenig bekannt. DPR war der Drahtzieher hinter Silk Road, eines riesigen kriminellen Internet-Marktplatzes, der mit großem Aufwand vor den Augen der Öffentlichkeit verborgen wurde. Über ein geheimes Netz waren dort alle nur erdenklichen illegalen Waren zu haben: »Wenn man es rauchen, spritzen oder schnupfen kann, besteht eine gute Chance, dass man es bei Silk Road bekommt.«[1] Benannt nach der Seidenstraße, einer alten asiatischen Handelsroute, war Silk Road ein schwindelerregend großes Imperium illegaler Güter, in dem Käufer und Verkäufer anonym zusammenkommen konnten, um Waren und Dienstleistungen auszutauschen. Silk Road, auch als »eBay der Drogen« bezeichnet, bot jedes vorstellbare illegale Produkt an, sauber geordnet nach Kategorien wie Drogen oder Waffen, jeweils mit begleitenden Fotos und Beschreibungen. Im Angebot waren auch gehackte Bankkonten, Falschgeld, AK-47, panzerbrechende Munition, gestohlene Kreditkarten, Computerviren, Keystroke Logger, gehackte Facebook-Accounts, Anleitungen zum Hacken von Bankautomaten, Kinderpornografie und sogar Auftragsmorde. In der Kategorie Fälschungen gab es über 200 Einträge für falsche Führerscheine, Pässe, Sozialversicherungskarten, Betriebskostenabrechnungen, Kreditkartenauszüge, Diplome und andere persönliche Dokumente.

Im Kern jedoch ging es bei Silk Road um Drogen. Insgesamt umfasste das

Angebot über 13 000 Einträge für illegale Substanzen, darunter Heroin, Oxycodon, Kokain, Crack, Morphium, LSD, Ecstasy, MDMA, Marihuana, Crystal Meth, Pilze, Spritzen, Grundstoffe für chemische Drogen, Aufputschmittel sowie eine große Auswahl verschreibungspflichtiger Medikamente von Adderall bis Xanax. Betäubungsmittel wurden sowohl in kleinen als auch in großen Mengen verkauft, darunter Angebote über kiloweise Heroin, Kokain und Amphetamine. Wenn man den jeweiligen Link anklickte, erschien ein Bild des fraglichen Produkts und eine blumige Beschreibung, etwa: »Nod's Black Tar HEROIN – süße Expressfracht für die Venen – oder für die Lungen, falls man es lieber raucht und so seine Sucht befriedigt.«[2]

Fast drei Jahre lang betrieb Dread Pirate Roberts den größten illegalen Online-Marktplatz der Welt und überzeugte über 950 000 Nutzer, Acounts bei Silk Road zu eröffnen. Wie aber konnte ein derart dreister Gesetzesverstoß so lange andauern, ohne dass ein nennenswerter Eingriff seitens der Polizei erfolgte? Ganz einfach: Die Behörden wussten nicht, was sie dagegen ausrichten sollten. Silk Road war keine Standard-Website, die man einfach über eine Eingabe in die Adresszeile seines Browsers besuchen konnte. Vielmehr operierte sie im digitalen Untergrund, bestens getarnt durch eine Software zur Verschlüsselung und Vernebelung, die unter dem Namen Onion Router bekannt war – kurz: Tor (davon später mehr). Dank der Tor-Software blieben sämtliche Handel treibenden Parteien anonym und brauchten sich lediglich über einen erfundenen Internet-Namen zu identifizieren. Zum weiteren Schutz der Nutzer und deren illegaler Aktivitäten war die einzige auf Silk Road akzeptierte Zahlungsform die neue, elektronische Währung Bitcoin, die es den Parteien gestattete, bei maximalem Schutz der Privatsphäre online Gelder zu transferieren.

Regelmäßig wurde Silk Road als ein eBay der Drogen bezeichnet. Für diejenigen, die Bescheid wussten, war dies unglaublich passend. Um mit den neuesten Technologien Schritt zu halten, richtete DPR ein gut funktionierendes Online-Reputationssystem ein, über welches Nutzer einander bewerten und im Vorfeld einer Transaktion Informationen über ihre potenziellen Geschäftspartner einholen konnten. Ja, man kann auch seinen Drogendealer bewerten. So konnte Basehead888 sehen, dass DealioInThe312 bereits über 4600 Kokainverkäufe getätigt hatte und 97 Prozent seiner berauschten Fans hochzufrieden mit seinem Kundendienst waren. Einzelne Kommentare priesen, »wie schnell die Lieferung eintraf« oder »wie gut die Tarnverpackung war – da findet kein Drogenköter was!«

Mit der Zeit wuchsen die Beliebtheit und der traurige Ruhm von Silk Road, und so dauerte es nicht allzu lange, bis 600 000 private Nachrichten pro Monat zwischen Käufern und Verkäufern ausgetauscht wurden. Dieses Aufkommen von Traffic und Transaktionen konnte DPR allein nicht mehr bewältigen. Also heuerte der Verbrecherboss einen kleinen Stab von Systemadministratoren an, denen er zwischen 1000 und 2000 Dollar pro Monat dafür zahlte, dass sie ihm beim allgemeinen Betrieb der Website halfen. Zu ihren Aufgaben gehörten etwa die Überwachung der Nutzeraktivitäten hinsichtlich möglicher Probleme, Kundendienst und Mediation, wenn Kunden und Anbieter einmal miteinander in Streit gerieten.

Der Gründer des größten illegalen Drogenumschlagplatzes der Welt verdiente freilich bedeutend mehr als seine Angestellten, was seine untergeordneten Systemadministratoren rasch erkannten. Um die als ungerecht empfundene Bezahlung auszugleichen, begann einer der Angestellten von Silk Road, sich aus der Unternehmenskasse zu bedienen. Wie jedermann weiß, der einmal *Scarface*, *The Sopranos* oder *Der Pate* gesehen hat, ist es niemals eine gute Idee, die großen Tiere zu beklauen.

Als Dread Pirate Roberts bemerkte, dass man ihn betrog, war dies ein Verrat, den er nicht tolerieren konnte. Als Reaktion setzte er sich mit einem der vielen professionellen Auftragskiller auf seiner Website in Verbindung und vereinbarte ein Kopfgeld von 80 000 Dollar für die Ermordung des Angestellten (50 Prozent im Voraus, gemäß dem allgemeinen Geschäftskodex der Auftragskiller). DPR war über den mangelnden Respekt seitens seines Angestellten derart außer sich vor Zorn, dass er dem Killer bestimmte Instruktionen erteilte, wie dieser seinen – bald ehemaligen – Systemadministrator vor dessen Tod zu quälen habe. DPR schickte dem Killer die Adresse des Mannes in Utah und versprach, die restliche Summe nach Erhalt eines fotografischen Beweises für den Mord zu begleichen. Einige Tage später erhielt der Silk-Road-Boss die gewünschte Bestätigung in Form eines JPEG. Seinem Wort getreu, überwies er dem Killer die ausstehenden 40 000 Dollar und schickte in einer verschlüsselten E-Mail sogar ein Dankesschreiben für den Mord. Darin beklagte er sich: »Es kotzt mich an, dass ich ihn töten musste … aber was geschehen ist, ist geschehen … ich kann einfach nicht glauben, dass er so dumm war … ich wünschte, es gäbe mehr rechtschaffene Menschen.« Jawohl: Der Gründer von Silk Road, des größten illegalen Marktplatzes der Welt, ein Mann, der gerade seinen eigenen Angestellten hatte umbringen lassen, war besorgt über den Mangel an Rechtschaffenheit auf dieser Welt.

Dies war jedoch nicht das einzige Mal, dass Dread Pirate Roberts einen Mordauftrag für jemanden erteilt hatte, der ihm in die Quere gekommen war. Im digitalen Untergrund waren seine Exploits ein offenes Geheimnis und selbst der

US-Senat berief Sitzungen ein, in denen ein Tätigwerden der Polizei gefordert wurde. Natürlich waren das FBI und andere längst an dem Fall dran und hatten bereits über 100 getarnte Käufe über die Website abgewickelt. Es dauerte nicht lange, bis sie auch dem Paten von Silk Road auf die Schliche kamen, dem Internet-Unternehmer und mordenden Drogenbaron, der das Ganze angefangen hatte. Die weltweite Suche nach Dread Pirate Roberts führte die Silk-Road-Spezialeinheit des FBI schließlich in eine Zweigstelle der San Francisco Public Library in Glen Park. An einem kühlen, sonnigen Tag im Herbst 2013 zog sich dort ein Mann Ende zwanzig mit braunem, welligem Haar in die Stille der Science-Fiction-Abteilung zurück, wo er eifrig auf seinem Laptop zu tippen begann, während die anderen Besucher ihre Bücher lasen und in Zeitschriften blätterten. Plötzlich wurde die Stille durchbrochen, als eine junge Frau auf den Mann zustürmte und schrie: »Ich habe endgültig genug von dir!« Ehe er sich's versah, war sie auch schon bei ihm und schnappte den Laptop von seinem Tisch. Als er versuchte, ihr den Computer wieder zu entreißen, kamen ihm die anderen Besucher an seinem Tisch nicht etwa zu Hilfe, sondern drückten ihn gegen die Wand, sodass die fremde Frau mit seinem kostbarsten Besitztum entkommen konnte.

Das war freilich kein willkürlicher Raubüberfall. Viele der stillen Bücherwürmer hatten geduldig auf eben jenen Endzwanziger und seinen Laptop gewartet. Sobald der junge Mann den Rechner hochgefahren und sämtliche notwendigen Passwörter zur Entschlüsselung der Festplatte eingegeben hatte, schnappte die Falle zu. In wenigen Augenblicken war das Ganze aufgeklärt: Die »Diebe« griffen unter ihre Hemden und präsentierten die verborgenen goldenen FBI-Abzeichen. Mit heruntergeklappten Kinnladen sahen die Bibliothekare zu, wie der junge Mann mit dem gewellten braunen Haar verhaftet wurde und zur Untersuchungshaft ins Glenn Dyer Jail in Oakland gebracht wurde. Dread Pirate Roberts war Geschichte.

Obwohl sich DPR alle Mühe gegeben hatte, seine Identität geheim zu halten, indem er Tor und Bitcoins benutzte, um damit seine Spuren zu verwischen, beging er doch eine Reihe operationeller Fehler, durch welche die Bundesbehörden schließlich auf seine regelmäßigen Anmeldungen in der San Francisco Public Library stießen. Nach Behördenangaben handelte es sich bei Dread Pirate Roberts um Ross William Ulbricht, einen 29-Jährigen aus Texas, der einige Jahre zuvor nach San Francisco gezogen war.

Der Staatsanwalt des südlichen Distrikts von New York warf Ulbricht alias DPR eine ganze Reihe von Gesetzesverstößen vor, darunter »bandenmäßigen Drogenhandel, Computer-Hacking, Geldwäsche und Betrieb einer kriminellen

Unternehmung«. Natürlich wurde Ulbricht auch des versuchten Mordes und des »Missbrauchs zwischenstaatlicher Handelseinrichtungen bei der Bestellung eines Auftragsmordes« angeklagt. Es stellte sich heraus, dass der Profi-Killer, den DPR vermeintlich angeheuert hatte, in Wahrheit ein Geheimagent der Bundesbehörden war. Insgesamt wurden Ulbricht fünf weitere Mordaufträge vorgeworfen. Wenn Ulbricht die von dem falschen Killer geforderten Beträge zahlte, wusste das FBI, dass er es ernst meinte, und griff ein, um die Todgeweihten zu retten. Sämtliche Mordopfer kooperierten mit den Behörden. Das FBI machte gestellte Fotos der angeblichen Opfer, auf denen sie aschfahl wie eine Leiche geschminkt waren. Diese schickte man an DPR als Beweis für die von ihm in Auftrag gegebenen Morde.

Wer war dieser kriminelle Kopf hinter Silk Road? Das Gegenteil von dem, was man vielleicht erwartet hätte. Ross Ulbricht war die Sorte von Kind, auf das alle Eltern stolz wären, ein Eagle Scout aus Austin, Texas, der einen Master-Abschluss in Wissenschaft und Technik hatte. An der Graduiertenfakultät verlor Ulbricht schließlich das Interesse an der Wissenschaft und wandte sich einer neuen Leidenschaft zu, dem Libertarismus. In seinem LinkedIn-Profil schrieb er, er wolle nunmehr »wirtschaftstheoretisches Wissen dazu nutzen, die weitverbreitete und systematische Gewaltanwendung gegen die Menschheit durch Institutionen und Regierungen abzuschaffen«. Zu diesem Zweck wurde Dread Pirate Roberts geboren, und die Seidenstraße des Internets wurde zum Forum, wo er die Grenzen seiner Freihandelsideale ausloten und perfektionieren konnte. Das Ergebnis glich der Geschichte des Walter White aus der bekannten TV-Serie *Breaking Bad*: Ein Wissenschaftler, der aus seiner Leidenschaft für Drogen und Geheimanarchie den weltweit größten Online-Umschlagplatz für illegale Güter macht, den es je gegeben hat. Dabei verdiente unser Antiheld auch Geld, und zwar sehr, sehr viel Geld.

Wie eBay erhob auch Silk Road auf jede Transaktion eine Gebühr, die, abhängig vom Umfang des Geschäfts, zwischen 8 und 15 Prozent der jeweiligen Verkaufssumme betrug. Aus der Anklageschrift gegen Ulbricht lässt sich entnehmen, dass Silk Road allein zwischen Februar 2011 und Juli 2013 Transaktionen über mehr als 1,2 Milliarden Dollar abwickelte, was dem 29-jährigen Gründer satte 80 Millionen Dollar an Gebühren einbrachte. Nicht schlecht für ein zwei Jahre altes Start-up. Einer in der amerikanischen Zeitschrift *Addiction* veröffentlichten Studie zufolge bezogen zu Hochzeiten fast 20 Prozent aller Drogenkonsumenten in den Vereinigten Staaten Narkotika über Silk Road. Ulbricht hat sich in sämtlichen Anklagepunkten für nicht schuldig erklärt. Seine Freunde und Verwandten haben unisono bekundet, was für ein »netter Kerl« er doch sei, und sogar eine Crowdfunding-Kampagne ins Leben gerufen, um seine Anwaltskosten zu decken (Bitcoins werden gerne angenommen). Die Bundesregierung hingegen zeichnet in ihrer Anklageschrift ein weitaus verstörenderes Bild von Ulbricht: das eines Drogenbosses, eines kaltblütigen Killers und wahnsinnigen kriminellen Drahtziehers, der das Geschäftsmodell der Verbrecher GmbH völlig neu erfunden hat. Eagle Scout oder Bösewicht, eines steht jedenfalls fest: Ulbricht alias Dread Pirate Roberts hat seiner langen Namensliste inzwischen ein weiteres Pseudonym hinzugefügt, nämlich Insasse ULW981. Dieser verbringt 24 Stunden am Tag in seiner Zelle und muss mit lebenslanger Haft rechnen. Nach einer kurzen Pause ist Silk Road derweil wie eine vielköpfige Hydra zu neuem Leben erstanden. Unter neuer Leitung floriert das Unternehmen und breitet sich in den unendlichen Weiten des Dark Web, des digitalen Untergrunds, weiter aus.[3]

Pass fürs Dark Web

Wer auf dem kriminellen Marktplatz von Dread Pirate Roberts kaufen oder verkaufen wollte, musste zunächst herausfinden, wie man überhaupt dorthin gelangte. Wie in der realen Welt kann man nicht einfach an irgendeine Haustür in der Nachbarschaft klopfen und erwarten, dort ein Kilo Meth zu bekommen. Dasselbe gilt für den digitalen Untergrund. Man gelangt nicht dorthin, indem man eine Adresse in seinen Firefox-Browser eintippt, in der Hoffnung, wie durch Zauberhand ins Allerheiligste der Verbrecher GmbH geleitet zu werden. Vielmehr benötigt man einen Pass und einen Sherpa, der einen führt. Die Reise beginnt jedoch mit Tor – dem Onion Router, einem Software-Tool, das nahezu vollständige Anonymität im Internet bietet.[4]

Tor routet Internetverbindungen durch eine weltweite Anordnung von 5000 Servern, um Quelle und Ziel einer Verbindung zu verbergen. Ohne Tor sind Online-Aktivitäten leicht zu verfolgen, und jedes Mal, wenn man CNN oder ESPN.com besucht, offenbart man seinen Standort und sein Heimnetzwerk. Böse Jungs mögen das gar nicht, denn so können sie leicht geschnappt werden. Also verschleiern sie stattdessen ihren Traffic, indem sie ihn durch Dienste wie Tor routen. Wenn Gangster, die den (legalen) Comcast-Server in Chicago benutzen, online AK-47 verkaufen, kann die Polizei das zwar nicht sehen, doch ist sie nur eine Zwangsvorladung davon entfernt, den Comcast-Kunden zu identifizieren, zu dem die fragliche IP-Adresse gehört. Jeder erfahrene Hacker – sagen wir, in Moskau – routet daher seinen Internet-Traffic zuerst über London,

Kapstadt, Tokio, Austin und Mailand, bevor er sein eigentliches Ziel in Manhattan anvisiert. Dadurch wird es beinahe unmöglich, den Angriff zurückzuverfolgen.

Der Tor-Software-Client kann zwar dazu verwendet werden, gängige Websites wie Google anonym zu besuchen, doch seine wahre Macht liegt in der Möglichkeit, sich mit den geheimen Diensten von Tor zu verbinden – Websites, die so konfiguriert sind, dass sie ausschließlich durch das Tor-Netzwerk eingehende Verbindungen empfangen können. Ohne den Tor-Software-Client hat man schlicht keinen Zugriff auf die umfangreichen Inhalte, die innerhalb des geheimen Onion-Router-Netzwerks verfügbar sind. Durch die geheimen Tor-Dienste kann nicht nur der Besucher einer Website anonym bleiben, sondern auch die Untergrund-Website selbst. Statt eine Standard-Adresse wie zum Beispiel Facebook.com zu verwenden, haben sämtliche versteckten Tor-Dienste ihre eigenen Domain-Namen, die alle mit dem Zusatz »onion« enden. Dieses System dualer Anonymität erlaubt es sowohl dem Käufer als auch dem Verkäufer, mittels ihrer Tor-Clients auf einer einzigartigen, versteckten Domain Geschäfte zu tätigen (im Falle von Silk Road auf silkroadvb5piz3r.onion), ohne gegenseitig ihre wahre Identität zu offenbaren. Wenngleich die meisten Menschen die Tor-Software noch nie gesehen oder benutzt haben, steht sie doch über die Tor-Website www.torproject.org frei zum Download zur Verfügung und ist in wenigen Minuten installiert. Das Programm nimmt die Nutzer mit auf eine Reise fernab der ausgetretenen Pfade des globalen Informationsnetzes. Ironischerweise wurde Tor 2004 als Projekt des U. S. Naval Research Laboratory ins Leben gerufen und finanziert, mit Unterstützung der Electronic Frontier Foundation und des Außenministeriums. Es sollte politischen Dissidenten und Demokratieaktivisten in Übersee eine sichere Möglichkeit der Organisation und Kommunikation bieten. Es gibt eine Reihe vollkommen legaler Anwendungen für Tor, und diejenigen, die hinter den großen Firewalls von China, dem Iran und anderswo leben müssen, bedienen sich routinemäßig des Programms, um von Facebook bis zur *New York Times* alles Mögliche abzurufen. Daneben wird Tor zunehmend auch von Journalisten genutzt, die mit Quellen und Informanten auf sichere Weise kommunizieren möchten, etwa den Mitgliedern der WikiLeaks-Gemeinde.

Wenngleich Tor mit den besten Absichten geschaffen wurde, überrascht es angesichts seiner gewaltigen Möglichkeiten zu geheimer Kommunikation kaum, dass Verbrecher das Tool scharenweise herunterluden und es letztlich den Aufbau von Diensten wie Silk Road ermöglichte. An genaue Zahlen ist zwar schwer heranzukommen, doch eine 2013 durchgeführte Untersuchung 40 000 versteckter Tor-Websites ergab, dass nahezu 50 Prozent in illegale Handlungen verstrickt waren – darunter der Verkauf von gestohlenen Kreditkarten, gehackten Konten, Waffen, Drogen und Kinderpornografie.[5] Manche Sicherheits- und Strafverfolgungsexperten schätzen, dass möglicherweise über 85 Prozent der verborgenen Tor-Dienste rechtswidrig sind. Damit würden weitaus mehr Kriminelle als Datenschutzaktivisten die Software nutzen.

Anfang 2014 war Tor fast 150 Millionen Mal heruntergeladen worden und wurde von zwei Millionen Menschen täglich genutzt.[6] Geht man von der etwas konservativeren Annahme von 50 Prozent illegaler Nutzungen aus, bedeutet dies, dass tagtäglich 300 000 Kriminelle aufstehen und zur Arbeit im digitalen Untergrund gehen, wo sie die geheimen Dienste von Tor nutzen. Dem Metcalfe'schen Gesetz zufolge ist der Wert eines Telekommunikationsnetzwerkes proportional zum Quadrat der Anzahl der mit diesem System verbundenen Teilnehmer; somit ist die Bedrohung durch eine voll vernetzte, anonyme und kriminelle Tor-Nutzerschaft gewaltig.

Die Verbrecher GmbH ist vermutlich nicht die einzige dunkle Macht, die Tor dazu nutzt, um versteckte Internetdienste aufzusuchen. Es gibt eine Reihe von Berichten darüber, dass auch al-Qaida und ihre Partnerorganisationen die Verschwiegenheit und Anonymität der durch Tor bereitgestellten Verschlüsselungs-Tools nutzen, um zu kommunizieren, neue Mitglieder zu werben, Gelder zu akquirieren, Propaganda zu verbreiten und sogar Operationen zu planen.[7] Nachdem der ehemalige NSA-Vertragsmitarbeiter Edward Snowden Einzelheiten der gewaltigen Abhörmöglichkeiten seiner Agentur preisgegeben hatte, tauchten Hinweise darauf auf, dass zahlreiche terroristische Gruppierungen ihre Kommunikationsstrategien auf den Prüfstand stellten und in Sendschreiben an ihre Mitglieder die wachsende Bedeutung operationaler Sicherheit im Internet betonten.[8] Organisationen wie al-Qaida auf der arabischen Halbinsel und Ansar al-Mudschahedin haben sogar Schulungsmaterialien und YouTube-Videos produziert, in denen sie ihre Mitglieder zur Nutzung von Tor bei sämtlichen Online-Aktivitäten aufrufen.[9]

Angesichts der Offenbarungen Snowdens und den bereits geschilderten, weit verbreiteten Eingriffen in die Privatsphäre ist es absolut logisch, dass sich ganz gewöhnliche Bürger eines hochwirksamen Tools wie Tor bedienen, um im Internet ihre Würde, ihre Freiheit und ihre Menschenrechte zu wahren. Dennoch sind die geheimen Dienste von Tor von der Verbrecher GmbH gründlich missbraucht worden. Die Anwendung der einst gut gemeinten Innovation im digitalen Untergrund ist in Art, Umfang und Ausmaß schwindelerregend.

Eine Reise in den Abgrund

Sie dachten, Sie kennen das Internet, doch Sie kennen es nicht. Tag für Tag verbringen Sie Zeit damit, Videos auf YouTube anzuschauen, Status-Updates auf Facebook zu posten und auf Amazon einzukaufen, und glauben, Sie wären in einem grenzenlosen Online-Garten Eden. Doch das sind Sie nicht. Seit Ihrem ersten Ausflug ins Internet haben Sie lediglich das sogenannte »Surface Web«, das Oberflächennetz besucht. Sie waren in einem von hohen Mauern umgebenen Garten gefangen, sorgfältig auf Sie zugeschnitten und manipuliert, während Eingeweihte die Matrix betreten haben, die andere Online-Welt. Dies ist das Internet, das die meisten von uns niemals zu Gesicht bekommen werden. Es hat viele Namen – Deep Web, Dark Net, Secret Web, digitaler Untergrund und unsichtbares Internet, um nur einige zu nennen. Es ist das Schatteninternet, und über Google gelangt man definitiv nicht dorthin.

Technisch bezeichnet das Deep Web diejenigen Online-Informationensquellen, die Suchmaschinen wie Google, Yahoo! und Bing nicht indexierten können, weil sie passwortgeschützt oder hinter Paywalls verborgen sind oder eine spezielle Zugangssoftware erfordern. Da der ach so raffinierte Google-Webcrawler, der das Internet nach Inhalten absucht, nicht selbst tippen kann, kann er auch keine Passwörter eingeben, keine CAPTCHAS vervollständigen oder sich für private Websites registrieren; folglich entgehen ihm weite Teile der Informationen dieser Welt. Ein Großteil des nicht indexierten Materials im Deep Web lagert in akademischen Datenbanken wie LexisNexis oder in themenbezogenen Datensätzen wie denjenigen des Patent- oder Statistikamtes.

Erschreckend ist, dass das Deep Web volle 500 Mal größer ist als das Oberflächennetz, das wir tagtäglich nutzen und durchsuchen.[10] Das Deep Web enthält 7500 Terabyte an Informationen, das googlebare Universum hingegen schlappe 19 Terabyte. Einer in der Zeitschrift *Nature* veröffentlichten Studie zufolge erfasst Google maximal 16 Prozent des Oberflächennetzes und lässt das komplette Deep Web aus.[11] Wenn man etwas bei Google sucht, sieht man folglich nur 0,03 Prozent (eine von 3000 Websites) der Informationen, die tatsächlich existieren und online zugänglich wären, wenn man nur wüsste, wie.[12] Mit anderen Worten: Die Google-Suche übergeht 99 Prozent der Daten des World Wide Web.[13] Eine Internetsuche ähnelt heute einer Fischerei in den obersten 50 Zentimetern der riesigen Weltmeere. Man mag zwar etwas ins Netz bekommen, doch entgeht einem der gigantische Fang, der knapp unterhalb dieser 50 Zentimeter und bis hinab in die dunkelste Tiefsee vorhanden ist.[14] Für den Unerschrockenen liegt dort das digitale Äquivalent des Marianengrabens, ein wahrhaftiger, unentdeckter Datenschatz, der nur darauf wartet, gehoben zu werden.

Wie bei einer russischen Matrjoschkapuppe verbirgt sich jedoch tief im Innern des Deep Web noch eine ganz andere Welt, eine kleinere, aber bedeutende Gemeinde, in der Akteure mit bösen Absichten zusammenfinden. Willkommen im Dark Net, manchmal auch Dark Web genannt, einem riesigen digitalen Untergrund innerhalb des Deep Web, wo Hacker, Gangster, Terroristen und Pädophile ihren Geschäften nachgehen. Das Dark Net birgt einige der größten Geheimnisse, die das Internet zu bieten hat. Wie in den Seitenstraßen und auf den Schwarzmarktbasaren einer Großstadt treffen sich dort Kriminelle zu ihren illegalen Aktivitäten. Das Dark Net verwendet verschlüsselte und sogenannte Peer-to-Peer-Kanäle, die speziell dafür ausgelegt sind, die IP-Adressen der jeweiligen Nutzer zu verschleiern, und somit der Verbrecher GmbH eine anonyme, nicht rückverfolgbare und sichere Plattform zur Kommunikation und Transaktion bieten, ohne dass Störungen durch Regierungen oder Unternehmen zu fürchten wären.

Zwar ist Tor der größte und beliebteste Zugang zum Dark Net, aber es gibt auch Mitbewerber wie Freenet und I2P (Invisible Internet Project). Obendrein ist Silk Road neben Kanälen wie Black Market Reloaded, OpenMarket, Sheep Marketplace, Agora, BlackBank, Atlantis und Pirate Market nur einer von Dutzenden krimineller Supermarktplätze, und täglich kommen neue hinzu. Wie jeder gute Unternehmer lernen Verbrecher aus den Fehlern der Vergangenheit. Als Silk Road aufflog, nahm eine neue Generation von Dark-Net-Basaren diesen Platz ein, allen voran DarkMarket. War Silk Road noch bei DPR und den von ihm administrierten Computer-Servern zusammengelaufen, so ist DarkMarket ein vollständig dezentralisierter Online-Schwarzmarkt ohne einzelnen Betreiber.[15] Um erfolgreich gegen DarkMarket vorzugehen, könnte das FBI also nicht einfach dessen Kopf verhaften, da es keinen gibt. Stattdessen wäre die Polizei gezwungen, jeden einzelnen Käufer und Verkäufer illegaler Güter aufzuspüren – nahezu ein Ding der Unmöglichkeit, was das Dark Net zu einem wahren Elysium für die Verbrecher GmbH macht.

Um frischgebackenen Kriminellen und Hackern die Navigation im Dark Web zu erleichtern, haben illegale Marktplätze erfolgreich versteckte, hilfreiche Wikis – man könnte sagen, »Krimipedias« – eingerichtet. Diese sind sauber nach Kategorie geordnet, mit Links zu anderen .onion-Websites. Die aufgeführten Kategorien umfassen Hacks, Phreaks, Anarchie, Warez, Viren, Märkte, Drogen und Erotika, jeweils mit Links und Beschreibungen, was dort zu finden ist. Doch selbst mit Hilfe solcher Wikis ist die Navigation im Dark Web eine

Herausforderung, sodass es oft nicht leicht ist, die gesuchte Droge, Schusswaffe oder einen Auftragskiller zu finden. Deshalb schuf 2014 ein hochmotivierter Hacker nach dem Vorbild von Google die erste Suchmaschine des Dark Web: Grams.[16] Der Zugang zu Grams erfolgt ausschließlich über den anonymisierenden Tor-Browser und eine .onion-Adresse. Dank Grams kann man auf der Suche nach illegaler Ware nun Schlüsselworte eingeben und auf acht schwarzen Märkten gleichzeitig Güter und Dienstleistungen einsehen. Die Suchmaschine zeigt den Namen eines Anbieters an und gestattet außerdem eine Vergleichssuche. Wie Google verfügt Grams über einen »Auf gut Glück«-Knopf, der, wenn man ihn anklickt, den Nutzer beispielsweise auf eine Seite für »hochwertiges Crystal Meth« bringt. Als prototypisches Google für Verbrecher kann man auf Grams sogar Werbung schalten. Zahlreiche Kartelle kaufen Schlüssel-Suchbegriffe und buhlen so um die Gunst der Kunden. Richtig gelesen: Eine Suche nach »afghanischem braunem Heroin« liefert sämtliche verfügbaren Ergebnisse im Dark Web, doch werden die Suchergebnisse derjenigen Mitglieder der Verbrecher GmbH, die eine Gebühr entrichten, weiter oben auf der Liste aufgeführt – ganz wie die Sponsoren bei Google. Die Tatsache, dass Grams ein AdWords-Programm für den digitalen Untergrund bietet, zeugt sowohl vom technischen Geschäftssinn als auch von der Raffinesse der Verbrecher GmbH.

Die werbegestützte Suche hat zwar den digitalen Untergrund erreicht, doch sind nicht alle illegalen Händler darauf erpicht, dass sie für die kriminelle Masse – und damit auch für die Polizei – derart leicht aufzufinden sind. In den verborgeneren Winkeln des Dark Web benötigen Online-Verbrecher daher, genau wie in der realen Welt, Kontakte und Bürgschaften, bevor sie geschäftlich tätig werden können. Hier ist die Verteilung von Gütern und Dienstleistungen über tausende illegale Chatrooms und Foren für geladene Teilnehmer organisiert. Für den Zugang zu den exklusivsten dieser illegalen Domains benötigt man eine alphanumerische Geheimadresse, die sonst nirgendwo online aufgeführt oder gelistet ist, sondern von Person zu Person weitergegeben wird. Bestimmte kriminelle Foren wie die russische Kader-Website Maza, ein gigantischer Umschlagplatz für gestohlene Kreditkarten, halten eifrige Neulinge von ihrer verborgenen Welt so lange fern, bis sie durch einstimmigen Beschluss der führenden Mitglieder der Organisation anerkannt werden, und auch dann erst nach einer achttägigen Wartephase.[17] Ist man jedoch erst einmal in den erlauchten Kreis der kriminellen Digerati aufgenommen, liegt einem die Welt zu Füßen.

Wenn man das im digitalen Untergrund angebotene Füllhorn verbotener und illegaler Waren durchstöbert, fühlt sich das bisweilen an wie ein langsamer

Abstieg durch Dantes neun Kreise der Hölle; jeder Schritt führt tiefer hinab in einen beängstigenden und zutiefst verstörenden Abgrund. Nachfolgend ein kleiner Überblick über die Güter und Dienstleistungen, die in den dunkelsten Nischen des Internets verfügbar sind, aufgelistet von banal bis erschreckend.

RAUBKOPIEN

Es gibt zahllose illegale »Torrents« oder Peer-to-Peer-Filesharing-Websites – etwa Pirate Bay, die unter den hundert meistbesuchten Websites im gesamten Internet rangiert.[18] Eine ähnliche Seite ist die neuseeländische Megaupload.com, die zu Hochzeiten von 50 Millionen Kunden täglich besucht wurde und für volle vier Prozent des weltweiten Traffic verantwortlich war.[19] Internationalen Strafverfolgungsbehörden zufolge wurde die Website von einem 1,95 Meter großen, 175 Kilo schweren deutschstämmigen Hacker betrieben, der das Pseudonym Kim Dotcom verwendete. Nach behördlichen Angaben umfasste das Hauptangebot von Megaupload 50 Petabyte (52 Millionen Gigabyte) an Raubkopien von Filmen, Songs, Videospielen, Büchern und Software. Die Geschäfte liefen blendend bei Megaupload: Die Firma generierte mit Online-Werbung einen Jahresumsatz von geschätzten 25 Millionen Dollar und weitere 150 Millionen mit Gebühren von Kunden, die ihre herunterladbaren Inhalte noch schneller stehlen wollten. Diese Profite erlaubten Kim Dotcom »down under« einen ausschweifenden, luxuriösen Lebensstil in einer 24 Millionen Dollar teuren Villa mit 24 Hektar gepflegter Rasenfläche sowie eigenem Tennis- und Golfplatz. Zu Kim Dotcoms weiteren Besitztümern zählten ein Helikopter, eine Megayacht, 15 Mercedes-Benz, ein Rolls-Royce Phantom Drophead Coupé (zu haben ab 474 600 Dollar) und ein für 103 000 Dollar speziell angefertigtes Pferdehaar-Bett des schwedischen Herstellers Hästens. Piraterie ist wirklich ein profitables Geschäft.

DROGEN

Wie wir am Beispiel von Silk Road gesehen haben, sind im digitalen Untergrund illegale Drogen und verschreibungspflichtige Medikamente aller Art in jeder beliebigen Menge erhältlich, von der kleinen User-Packung bis zur Großhandelslieferung. Silk Road ist jedoch bei Weitem nicht der einzige Marktplatz für Narkotika im Dark Web. Es existieren Hunderte solcher Websites. Diese verkaufen nicht nur Standards wie Marihuana, Heroin, Ecstasy und Kokain, sondern auch seltenere Substanzen wie Scopolamin, das sogenannte Teufelsatem-

Pulver, das als »Zombie-Droge« wie eine Waffe verwendet wird. Bläst man es einem Opfer ins Gesicht, bleibt dieses zwar bei Sinnen, wird jedoch willenlos. Nach der Einnahme vergehen nur Minuten, bis die geruchs- und geschmacklose Droge wirkt. Danach haben Einbrecher, Räuber und Vergewaltiger vollkommene Kontrolle über ihre Opfer, deren Erinnerung an die Einzelheiten des Vorfalls zudem vollkommen ausgelöscht wird.[20]

FALSCHGELD

Falschgeld ist im digitalen Untergrund praktisch überall zu haben. Die Kosten schwanken mit der Qualität, der Bestellmenge und der Währung, etwa Dollar, Euro, Pfund oder Yen. Versteckte Tor-Websites wie Guttemberg Print, Cheap Euros und WHMX Counterfeit bieten qualitativ hochwertige Blüten zu 23 Cent pro Dollar (für 600 echte gibt es 2500 falsche Dollar).[21] Die Verkäufer versprechen, dass sämtliche Scheine gängigen Penetrations- und UV-Tests unterzogen werden, mit denen gefälschte Banknoten erkannt werden sollen.

GESTOHLENE LUXUSGÜTER/ELEKTRONIK

Dark-Web-Seiten wie Tor Electronics, CardedStore und Buttery Bootlegging bieten alle möglichen Luxusartikel und fabrikneue Markenelektronik zu Deep-Web-Sonderpreisen an. In der entsprechenden Werbung heißt das dann: »Teure Waren aus führenden Geschäften zu einem Bruchteil des Preises!« Natürlich sind diese Waren allesamt gestohlen, aus der Fabrik abgezweigt oder auf mysteriöse Weise vom Lastwagen gefallen.

KARTEN/KONTEN

Im digitalen Untergrund ist vielleicht nichts so allgegenwärtig wie das Angebot an gestohlenen Kreditkarten, die in sogenannten Carder-Foren überall erhältlich sind. Dort kann man Kredit- und Bankkarten praktisch jeder Bank aus jedem Land kaufen und verkaufen. Die via Schadsoftware, Hacking und Kreditkartenskimmer geklauten Daten gelangen über sogenannte »Halden« zum Verkauf im Dark Web. Dort angeboten werden die Daten, die der Magnetstreifen einer Karte enthält – also Details wie den Namen des Karteninhabers, die Kartennummer, das Auslaufdatum und der Kartenprüfwert. Einmal gestohlen, missbrauchen Kriminelle diese Informationen für Online-Käufe oder speichern die Daten sogar auf neuen, gefälschten Plastikkarten, um »hochpreisige Waren [einzukaufen], die sich rasch wieder zu Geld machen lassen«.[22] Durch die gewaltigen Dimensionen, die der Kreditkartendiebstahl mittlerweile angenommen hat, sind die Preise pro gestohlener Kreditkarte im digitalen Untergrund gefallen (von etwa drei Dollar im Jahre 2010 auf einen Dollar 2013).[23] Halden für gestohlene Kreditkarten zeigen, wie flexibel der Markt ist. Nach einem großangelegten Raubzug wie dem Angriff auf Target im Jahre 2013 befinden sich die Preise für geklaute Karten weiter im Sinkflug, da das Angebot die Nachfrage am Markt weit übersteigt. Die Karten werden auf Dark-Net-Websites wie Mazafaka, Tortuga, CarderPlanet, Shadow-Crew, Approven.su und meinem persönlichen Favoriten IAACA (International Association for the Advancement of Criminal Activity) verkauft.[24] Für fast alle diese Seiten muss man sich registrieren, und oft werden die Mitglieder überprüft, damit die Polizei aus dem Spiel bleibt. Carders versprechen »hohe Validitätsraten« und bieten »Geld-zurück-Garantien«, dass 95 Prozent ihrer gestohlenen Kreditkarten funktionieren. Die Gewinne der in diesem Geschäft tätigen Carder sind atemberaubend: Durch Kreditkartenbetrug entsteht ein Schaden von weltweit 11 Milliarden Dollar. Mit 47 Prozent aller Kartenbetrügereien sind die Vereinigten Staaten am stärksten betroffen.[25]

IDENTITÄTSDIEBSTAHL

Der Missbrauch persönlicher Daten ist im digitalen Untergrund weit verbreitet. Durch ungeschützten Datenhandel, soziale Medien und schlampigen Umgang mit Angaben zu Gesundheit, Finanzen, Bildung, Steuern und Online-Käufen entstehen Informationslecks. Die darüber gestohlenen, von Hackern oft als »Fullz« bezeichneten persönlichen Daten umfassen Namen, Adressen, Sozialversicherungsnummern, Geburtsdaten, Angaben zum Arbeitsplatz, Bankkontonummern, Bankleitzahlen, Führerscheinnummern, Mädchennamen von Frauen, E-Mail-Adressen sowie die Namen weiterer Online-Konten und Passwörter. Fast 20 Prozent der amerikanischen und der EU-Bürger sind bereits Opfer eines Identitätsdiebstahls geworden und die Gewinne, die mit Verkäufen dieser Daten im Dark Web erzielt werden, sind gewaltig.[26] Durch Datenklau im medizinischen Bereich entsteht dem amerikanischen Gesundheitssystem jedes Jahr ein Schaden in Höhe von 5,6 Milliarden Dollar und der Steuererstattungs-Identitätsdiebstahl (jemand reicht unter anderem Namen einen falschen Erstattungsanspruch ein und kassiert das Geld) wird die US-Steuerbehörde in den nächsten fünf Jahren 21 Milliarden Dollar kosten – alles nur, weil aus völlig unzureichend geschützten Systemen riesige Datenströme abfließen, die sich mit einem Riesengewinn leicht im Dark Net verkaufen lassen.[27]

DOKUMENTE

Im Netz kann jede beliebige Anzahl Dokumente erworben werden, darunter Pässe, Führerscheine, Bescheinigungen der Staatsangehörigkeit, gefälschte Ausweise, College-Diplome, Abschriften, Einwanderungsdokumente und sogar Diplomatenausweise.[28] Bei Dark-Net-Firmen wie Onion Identity Services kann man Pässe und Ausweise auch gern in Bitcoin bezahlen. Die falschen Dokumente erleichtern Verbrechern und Terroristen die Überschreitung von Staatsgrenzen, den Aufbau neuer Identitäten und die Geldwäsche. US-Führerscheine (ausgestellt in einem beliebigen Staat) von extrem hoher Qualität kommen häufig aus China oder Russland und kosten etwa 200 Dollar, wohingegen Pässe aus den Vereinigten Staaten oder Großbritannien mehrere tausend Dollar kosten.

WAFFEN, MUNITION UND SPRENGSTOFFE

Auf Websites im Dark Web wie Armory, Black Market Reloaded und LiberaTor ist praktisch jede Waffe erhältlich, die man kaufen möchte. Im Angebot sind Handfeuerwaffen wie Glocks, Berettas und 9mm-Maschinenpistolen mit Schalldämpfer. Dasselbe gilt für Kriegswaffen wie AK-47 und Bushmaster M4 (vollautomatische Waffe der Spezialkräfte in Afghanistan, die 700 bis 950 Schuss pro Minute abfeuern kann) – ganz ohne Wartezeiten und Persönlichkeitscheck.[29] Auch Sprengstoffe zu beschaffen, ist kein Problem. Ein Anbieter verspricht sogar keck: »Wir liefern weltweit.« Freilich ist die Lieferung ein bisschen schwierig. Man kann eine Uzi nicht einfach mit FedEx verschicken, ohne dass irgendwo ein paar Alarmglocken klingeln. Die Waffenhändler im Dark Net haben sich daher auf die Situation eingestellt und versenden ihre Waren in abgeschirmter Verpackung, getarnt als andere Produkte. Die Feuerwaffen werden in kleinere Komponenten zerlegt und als Spezialsendungen verschickt. Waffenhändler können sogar »tote Briefkästen« organisieren, wo sie die vollständig zusammengebauten Feuerwaffen ablegen, sei es in einem Park, einer Mülltonne oder einer Seitengasse. Nach Zahlungseingang erhalten die Käufer GPS-Koordinaten und Beschreibungen, wo sich die Ware befindet. Sogar schwere Militärwaffen sind heutzutage online erhältlich. Ein Nutzer des Dark Web namens Bohica bietet zwar hauptsächlich kleinere Feuerwaffen an, weist jedoch auf Folgendes hin: »Wenn Sie Artillerie benötigen, MANPADS [tragbare Luftabwehr], Geschütze, Schützenpanzer oder Helikopter, so haben wir auch hier vieles vorrätig und können gegen Gebühr Einweisungen geben. Bitte schicken Sie Ihre nächste Nachricht per PGP-Verschlüsselung, unser öffentlicher Schlüssel findet sich auf unserer Profilseite.«[30]

AUFTRAGSKILLER

Wie wir bei Silk Road gesehen haben, sind Auftragsmorde im Dark Web nur einen Klick entfernt. Dienstleister wie Killer for Hire, Quick Kill, Contract Killer und C'thulhu werben mit »dauerhaften Lösungen für alltägliche Probleme«[31]. Die Söldner, die solche Dienstleistungen anbieten, verweisen stolz auf ihre Ausbildung in Armeen wie der Fremdenlegion oder auf ihre im Irak oder in Afghanistan erworbenen Fähigkeiten als Scharfschütze. Jeder Service hat andere Richtlinien und Regulationen. Einer verfolgt eine strikte »Minderjährigenregel« und lehnt es ab, Kinder und Jugendliche unter achtzehn umzubringen, während ein anderer keine politischen Attentate durchführen will. Aber keine Sorge: Es gibt genug Dienste, die auf die Tötung von Regierungsvertretern spezialisiert sind, etwa der bereits erwähnte, crowdgesourcte Assassination Market. Die Preisspanne beginnt bei etwa 20 000 Dollar und reicht bis über 100 000 Dollar für den Mord an einem Polizeibeamten. Die Website verlangt, dass man ein jüngeres Foto der Zielperson einreicht, dazu dessen Arbeits- und Heimadresse, tägliche Gewohnheiten und regelmäßig aufgesuchte Orte.[32] Zahlung gerne in Bitcoin; ein fotografischer Beweis der Leistungserbringung ist im Standardumfang enthalten.

BILDER VON KINDESMISSBRAUCH

Das Dark Web ist leider auch ein Zufluchtsort für Händler von Kinderpornografie, die auf verschlüsselten Untergrund-Websites wie Hard Candy, Jailbait, Lolita City, PedoEmpire und Love Zone angeboten werden. The Family Album wirbt mit »exklusivem, privatem Kindersexmaterial von Mitgliedern« und ist eine Art YouTube für selbstproduzierte Missbrauchsvideos. Kindergarten Porn bietet nach Kindesalter und Geschlecht sortierte Links.[33] Im Angebot sind auch E-Books mit Titeln wie *Producing Kiddie Porn for Dummies* und *How to Practice Child Love*. Viele Websites gestatten es Pädophilen, miteinander in Kontakt zu treten und zu kommunizieren, um Fantasien und Bilder auszutauschen. Daneben werden in allen Einzelheiten Taktiken geschildert, wie man sich am besten an Kinder heranmacht, sie verführt und zu sexuellen Handlungen zwingt. Das Ausmaß solcher Aktivitäten ist erschreckend. Eine einzige solche Website im Dark Web hatte in ihren Foren über 27 000 registrierte pädophile Mitglieder.[34] Das National Center for Missing and Exploited Children geht jährlich fast 20 Millionen Missbrauchsfotos nach – eine Steigerung von 4000 Prozent seit 2007.[35] Aus Gesetzeshüterkreisen heißt es, dass 19 Prozent der Pädophilen Missbrauchsfotos von Kindern unter drei Jahren besitzen, 39 Prozent von Kindern unter sechs und 83 Prozent von KIndern unter zwölf.[36] Überall im Dark Web geben erfahrene Pädophile Tipps, wie man der Strafverfolgung entgeht, und diskutieren über Verschlüsselungs- und Anonymisierungstechniken, die eine Identifizierung im Netz verhindern.

MENSCHENHANDEL

Das Dark Web vereinfacht auch den Handel mit Menschen. Zahlreiche Websites sind auf den Verkauf von Erwachsenen und Kindern spezialisiert. Das US-Justizministerium schätzt, dass mit Menschenhandel mindestens 32 Milliarden Dollar pro Jahr verdient werden.[37] Zwar bleiben die traditionellen Kanäle für den Menschenhandel bestehen, doch bieten die Online-Technologien den Menschenhändlern »eine nie dagewesene Möglichkeit, größere Opferzahlen zu verschieben und ihre Dienste über geografische Grenzen hinweg anzubieten«. Allein in den Vereinigten Staaten werden fast 200000 Kinder als Sexsklaven geschmuggelt. Ein Zuhälter kann pro Kind zwischen 150000 und 200000 Dollar pro Jahr einnehmen. Fast 70 Prozent der Überlebenden solchen Kinderhandels sagten, sie seien während ihrer Gefangenschaft über das Internet angeboten und dazu gezwungen worden, bis zu 20 Mal am Tag Sex zu haben.[38] Solche Aktivitäten werden nicht nur über das Dark Web abgewickelt, sondern auch relativ offen in den sozialen Medien und über einschlägige Anzeigen im Oberflächennetz.[39] Websites wie BackPage.com versprechen »Begleitung« und »Massagen«. Die Werbung der Zuhälter generiert für Online-Anzeigenfirmen jährliche Umsätze in Höhe von fast 45 Millionen Dollar.[40] Nicht nur Kinder stehen im Netz zum Verkauf, sondern auch Immigranten und andere gefährdete Bevölkerungsgruppen.

ORGANHANDEL

Weltweit gibt es einen ebenso schwunghaften wie grausamen Schwarzhandel mit menschlichen Körperteilen.[41] Eine Niere bringt bis zu 200000 Dollar, ein Herz 120000, eine Leber 150000, Haut lediglich 10 Dollar für ein etwa sechseinhalb Quadratzentimeter großes Stückchen, eine Schulter 500 Dollar und ein Paar Augäpfel 1500 Dollar.[42] Woher stammen diese menschlichen Bauteile? Sowohl von Lebenden als auch von Toten. Grabraub ist im 21. Jahrhundert immer noch ein florierendes Geschäft: Viele Leichenhäuser auf der ganzen Welt verkaufen Teile der ihrer Obhut Anvertrauten, wobei sie getrost davon ausgehen können, dass die Angehörigen nie davon erfahren werden. Schlimmer aber ist, dass auch die lebenden Armen besonders gefährdet sind und online wie offline aktiv ins Fadenkreuz genommen werden, weil man ihre Organe an reiche Patienten in verzweifelter Lage verkaufen kann. Allein in den Vereinigten Staaten stehen 100 000 Menschen auf der Warteliste für eine neue Niere, und die Fristen betragen bis zu zehn Jahre.[43] Die meisten sterben nach der Hälfte der Zeit.[44] Als Resultat begeben sich reiche Patienten in Übersee auf die Suche nach »Spendern«, wodurch der schwunghafte illegale Handel mit menschlichen Organen vorangetrieben wird. Bei der Verbrecher GmbH gibt es eine ganze Abteilung mit eifrigen Organhändlern, die über Kontinente hinweg als Mittelsmänner auftreten, um Käufer und Verkäufer zusammenzubringen, die sie an händlerfreundliche Ärzte, Chirurgen und medizinische Einrichtungen verweisen. Die Weltgesundheitsorganisation schätzt, dass in solchen Untergrund-Netzwerken jede Stunde ein illegal erworbenes Organ verkauft wird.[45] Die Organe stammen etwa von hingerichteten Gefangenen in China, von Frauen in Indien, die von ihren Ehemännern zum Organverkauf gezwungen werden, damit sie etwas zum Familienunterhalt beitragen, oder von neu im Libanon eingetroffenen syrischen Flüchtlingen in akuter Geldnot.[46] Obwohl eine Niere für vielleicht 20 000 Dollar gehandelt wird, sehen die Organgeber davon meist wesentlich weniger, etwa 2500 bis 10 000 Dollar. Die Gewinnmargen im kriminellen Organhandel sind also extrem hoch. Leider erfahren diejenigen, die Teile ihres Körpers verkaufen, wenig oder gar keine postoperative Behandlung, sodass viele an den Folgen der Operationen sterben.[47] Diese Aktivitäten finden in zunehmendem Maße online statt, in Chatrooms und über das Dark Web. Die Armen in Indien, Bulgarien und Serbien posten verzweifelte Angebote wie das einer Hausfrau, die ihre Blutgruppe und Telefonnummer angab und schrieb: »Ich verkaufe meine Niere und meine Leber und tue auch alles andere, was nötig ist, um zu überleben.«[48] In China sprechen Organhändler junge Menschen in Internetforen gezielt an – mit Slogans wie: »Spende eine Niere, kauf Dir das neue iPad.«[49] Wenigstens ein Fall wurde bekannt, in welchem ein 17-jähriger, inzwischen schwerkranker Junge das Angebot annahm. Seine Mutter entdeckte das iPad im Haus der verarmten Familie und verständigte die Polizei.[50]

KINDESVERGEWALTIGUNG LIVE

Wie Dantes Inferno besitzt das Dark Web seine eigenen neun Kreise der Hölle. Dort stößt man auf die abscheulichsten Gewaltakte gegen die jüngsten und verletzlichsten Mitglieder unserer Gesellschaft. In einem zutiefst bestürzenden Bericht von Europol – der Polizeibehörde der Europäischen Union – verwiesen

Mitglieder der Strafverfolgungsbehörden auf die wachsende Zahl von Untergrund-Websites, die mittlerweile Missbrauch und Vergewaltigung von Kindern per Livestream anbieten.[51] Das organisierte Verbrechen und pädophile Netzwerke organisieren sogar kostenpflichtige Kindesvergewaltigungen auf Abruf. Vor allem organisierte kriminelle Netzwerke in Asien bieten Pädophilen die Möglichkeit, sich via Tor live in Video-Feeds mit eingebauten Nachrichtenfunktionen einzuschalten, bei denen Nutzer auf der ganzen Welt die Kindesentführer zu bestimmten Missbrauchshandlungen anweisen können.[52] Ja, sie nehmen Wünsche entgegen. Es ist ekelhaft. In einem von der Polizei ermittelten Fall konnten die per Tor Zugeschalteten die Vergewaltigung eines achtjährigen Mädchens durch eine Gruppe von Männern bestellen und deren Handlungen in Echtzeit dirigieren – alles für etwa 100 Dollar.[53] Da diese Handlungen im Dark Web stattfinden und die Videobilder nicht heruntergeladen, sondern gestreamt werden, gibt es keine Beweise für diese Verbrechen – außer die bleibenden und traumatischen Erinnerungen der Opfer, welche die verkommene Brutalität ihrer Mitmenschen überlebt haben.

Die im digitalen Untergrund feilgebotenen illegalen Güter und Dienstleistungen bringen der Verbrecher GmbH riesige Gewinne ein. Dank neuer Formen illegaler Zahlungsmöglichkeiten, die verdeckte Transaktionen enorm vereinfachen, nimmt dieser Trend laufend zu.

Dunkle Münzen

Neue Technologien ermöglichen neue Formen von Geld, und die wachsende digitale Ökonomie verspricht sich viel von den neuen Finanzinstrumenten, insbesondere, was die Armen dieser Welt betrifft, die über kein eigenes Bankkonto verfügen. Die aufkommenden virtuellen Währungen sind häufig anonym. Über keine ist soviel geschrieben worden wie über Bitcoin, eine dezentralisierte Form von Geld, die auf dem Peer-to-Peer-Prinzip basiert. Bitcoin wurde 2009 von einer mysteriösen Person (oder einer Personengruppe) unter dem Decknamen Satoshi Nakamoto erfunden. Die virtuellen Münzen werden durch Lösung zunehmend schwieriger mathematischer Gleichungen geschaffen oder »geschürft«, was eine sehr hohe Rechenleistung erforderlich macht. Das System ist so ausgelegt, dass insgesamt nicht mehr als 21 Millionen Bitcoins generiert werden können, wodurch verhindert wird, dass eine zentrale Autorität den Markt mit neuen Bitcoins überschwemmt.[54] Die meisten Menschen erwerben Bitcoins über den drittparteilichen Tausch gegen traditionelle Währungen wie

Dollar oder Euro oder per Kreditkarte. Der Wechselkurs Dollar gegen Bitcoin schwankt stark und reichte von 50 Cent pro »Münze« bei Einführung der Bitcoins bis hin zu über 1240 Dollar im November 2013.

Man kann Bitcoins über Computer oder mobile Apps verschicken, wo die Coins in »digitalen Brieftaschen« gespeichert werden. Durch unverwechselbare alphanumerische Identifikatoren, ähnlich einer E-Mail-Adresse, lassen sich Bitcoins weltweit direkt zwischen Nutzern austauschen, und es gibt keine Überweisungsgebühren. Jedes Mal, wenn ein Kauf stattfindet, wird er in einem öffentlichen Hauptbuch namens »Blockchain« verzeichnet, wodurch sichergestellt wird, dass keine doppelten Transaktionen stattfinden. Bitcoin ist die größte Krypto-Währung der Welt, so bezeichnet, weil sie »die Schaffung und den Transfer von Geld per Kryptografie kontrolliert, statt auf zentrale Behörden zu vertrauen«[55]. Bitcoin wird zunehmend akzeptiert, und es ist möglich, mit Bitcoins Törtchen in San Francisco, Cocktails in Manhattan und ein Subway-Sandwich in Allentown zu kaufen. Außerdem können sie zum Kauf eines neuen Tesla Modell S verwendet werden, zur Bezahlung der DIRECTV-Rechnung, zur Registrierung bei OkCupid und sogar zur Buchung eines Tickets zu Richard Bransons anstehendem Weltraumflug mit Virgin Galactic.

Da man Bitcoin weltweit ohne Bankkonto ausgeben kann und sich zum Kaufen und Verkaufen nicht identifizieren muss, bietet die Währung ein bequemes System für anonyme, oder besser: pseudonyme Transaktionen, bei denen die wahren Nutzernamen verborgen bleiben.[56] Freilich kann Bitcoin, wie alle Formen von Geld, sowohl für legale als auch für illegale Zwecke genutzt werden, doch ist es durch seine Verschlüsselungstechniken und die relative Anonymität vor allem für Kriminelle äußerst attraktiv. Da die Gelder nicht zentral gelagert werden, kann die Polizei auch nicht einfach Konten beschlagnahmen oder einfrieren und eine Rückverfolgung der in der Blockchain aufgezeichneten Transaktionen ist wesentlich komplizierter, als einer lokalen Bank, die mit traditionell regulierten Finanznetzwerken arbeitet, eine Vorladung zu erteilen. Folglich wird fast der gesamte illegale Handel im Dark Web über alternative Währungssysteme abgewickelt. Die Menschen schicken keine Papierschecks und verwenden auch keine Kreditkarten, wenn sie Meth und Kinderpornos kaufen. Stattdessen greifen sie auf anonyme digitale und virtuelle Formen von Geld zurück – wie Bitcoin.

In den Tagen der Prohibition, als Gangster wie Al Capone ihr Unwesen trieben, lautete das Mantra der Bundesbehören: »Folge dem Geld.« Daher wurde der größte Gangsterboss der Dreißiger schließlich auch nicht wegen Mordes, sondern wegen Steuerhinterziehung angeklagt. Obwohl »Folge dem Geld« seitdem das wichtigste Credo der Gesetzeshüter geblieben ist, müssen sich die Behörden wohl bald ein neues Motto ausdenken. Inzwischen gibt es außer Bitcoin noch über 70 weitere virtuelle Konkurrenzwährungen, etwa Ripple, Litecoin und Dogecoin. Man schätzt, dass allein im Jahre 2013 fast zehn Milliarden Dollar in virtuellen Währungen umgesetzt wurden.[57] Angesichts dieser gewaltigen Summen sollte es nicht verwundern, dass Kriminelle nicht nur in Bitcoin bezahlen, sondern die Krypto-Währung auch als lohnendes Diebesgut betrachten. Hackern ist es gelungen, einander Millionen und Abermillionen Dollar in virtueller Währung zu stehlen. Der bislang größte Diebstahl betraf Mt.Gox, eine in Tokio ansässige Bitcoin-Börse, aus deren digitalen Safes Anfang 2014 rund 470 Millionen Dollar entwendet wurden.[58] Zweifellos sieht so der Bankraub der Zukunft aus. Für Bitcoin-Verluste springen die Versicherungen allerdings nicht ein.

Außer den Krypto-Währungen gibt es noch zahlreiche andere Formen elektronischer Zahlung, die das organisierte Verbrechen gerne nutzt, darunter Liberty Reserve, E-gold und WebMoney.[59] Eine dieser Firmen, Liberty Reserve, soll nach Angaben der Bundesbehörden über mehrere Jahre Geldwäsche in einem Umfang von sechs Milliarden Dollar betrieben haben. Bekannt als »PayPal für Verbrecher«, das keine persönlichen Kontendetails seiner Kunden abfragte, ermöglichte Liberty Reserve eine große Bandbreite krimineller Aktivitäten im Dark Web, darunter »Kreditkartenbetrug, Identitätsdiebstahl, Investitionsbetrug, Computer-Hacking, Kinderpornografie und Drogenhandel«.[60] Darüber hinaus wird angenommen, dass die Firma eine zentrale Rolle bei dem bereits erwähnten, crowdgesourcten 45-Millionen-Coup spielte, der 2013 innerhalb von zehn Stunden über die Bühne ging.

Wie Silk Road wurde zwar auch Liberty Reserve schließlich vom FBI gesprengt und der Gründer verhaftet, doch die Konkurrenz schloss diese Lücke rasch. Die neuen Marktplätze haben in der Regel dezentrale Peer-to-Peer-Strukturen und verwenden Krypto-Währungen der nächsten Generation. Diese versprechen nicht nur öffentlich einsehbare Pseudonymität wie in der Bitcoin-Blockchain, sondern vollkommene Anonymität. Eine dieser neuen Währungen, Darkcoin, kann man sich als ultra-geheimen Schattenvetter von Bitcoin vorstellen, der speziell dafür entwickelt wurde, die Käufe seiner Nutzer zu verschleiern. Dies geschieht, indem jede einzelne Transaktion mit denen anderer Nutzer kombiniert wird, sodass sich Zahlungen nicht auf eine Einzelperson zurückführen lassen. Die Beliebtheit von Darkcoin wächst mit rasender Geschwindigkeit. Kurz nach Einführung der Währung schoss ihr Wert von 75 Cent pro Münze auf beinahe sieben Dollar.[61]

Ein anderes Instrument, Darkwallet, wurde von einer Organisation entwickelt, die sich selbst unSYSTEM nennt. Durch die Ermöglichung »hyper-anonymisierter« Transaktionen will Darkwallet Bitcoin zu seinen libertären Wurzeln zurückführen. Unter dem Motto: »Es werde Dunkelheit« zielt Darkwallet darauf ab, »die Bitcoin-App für Anarchisten zu werden«, und wird von seinen Schöpfern explizit als »Geldwäsche-Software« bezeichnet.[62] Durch Kombination und Verschlüsselung von Nutzerzahlungen ermöglicht Darkwallet »praktisch nicht verfolgbare Geldströme« im gesamten digitalen Untergrund. Ausgestattet mit diesen neuen Finanzinstrumenten können Verbrecher nun getrost einkaufen gehen – und zu kaufen gibt es eine ganze Menge.

Verbrechen als Dienstleistung

Da nunmehr ein nicht verfolgbares illegales Geldsystem zur Verfügung steht, ist Verbrechen nicht länger etwas, das man einfach begeht, sondern etwas, das man kaufen kann. Verbrechen als Dienstleistung (Crime as a Service – CaaS) heißt das neue Geschäftsmodell, das es gestattet, Straftaten oder Teile einer Straftat von anderen ausführen zu lassen, während sich der kriminelle Unternehmer, der das Ganze organisiert und finanziert, seinen Gewinn sichert. Kriminelle tun es hier also den großen Unternehmen gleich, die für Tätigkeiten jenseits ihrer Kernkompetenzen zunehmend Software als Dienstleistung nutzen.

Einer der meistgekauften Dienstleistungen ist die IT-Infrastruktur – die technologischen Adern und Innereien, die zum Betrieb jedes modernen Unternehmens erforderlich sind. Die Verbrecher GmbH hat jedoch spezielle Infrastrukturbedürfnisse, insbesondere, wenn es um den Luxus von Datenschutz und Anonymität geht. Kriminelle bevölkern das Dark Web, weil sie dort die besten Möglichkeiten vorfinden, sowohl den Überwachungsmechanismen von Facebook und Google als auch der von Edward Snowden ans Tageslicht gebrachten staatlichen Ausspähung zu entgehen. Da sowohl ihr Lebensstil als auch ihr Leben selbst von einer gesicherten Anonymität abhängen, wenden Mitglieder des organisierten Verbrechens beachtliche Mittel dafür auf, ihre Privatsphäre zu schützen, bevor sie ihre Ziele angreifen oder Schwarzware anbieten.

Praktisch bedeutet das, dass illegale Akteure im digitalen Untergrund extensiv virtuelle private Netzwerke (VPN) und Proxyserver nutzen, die ihre IP-Adressen und ihren Standort verbergen. Außerdem bedienen sie sich gerne sogenannter kugelsicherer Hosting-Dienste von Unternehmen, die in Rechtsräumen wie Russland oder der Ukraine Webhosting anbieten. Diese kümmern sich weder um rechtswidrige Inhalte noch um die wahre Identität ihrer Kunden, akzeptieren anonyme Zahlungen in Liberty Reserve oder Bitcoin und ignorieren grundsätzliche alle Vorladungen der Strafverfolgungsbehörden. Eine solche CaaS-Firma, Freedom Hosting, war einst der größte Web-Host im Tor-Netzwerk und wurde vom FBI beschuldigt, der weltweit aktivste Vermittler von Kinderpornografie zu sein, da über 95 Prozent der im Netz angebotenen Bilder über Freedom Hosting zugänglich waren.[63] Hunderte geschäftstüchtiger Anbieter solchen Materials bezahlten die Firma dafür, dass sie ihre Untergrund-Websites anonym hostete, von denen jede einzelne wiederum tausende registrierte Nutzer hatte.[64]

Wie andere Unternehmen auch, hat sich die Verbrecher GmbH obendrein schnell daran gewöhnt, ihre Daten auf Diensten wie Google Drive und Amazon zu speichern. Es ist eine interessante Wendung, dass es Hacker nicht mehr nur auf in der Cloud abgelegte Daten abgesehen haben, sondern zunehmend die Möglichkeit nutzen, ihre eigenen, nicht gar so sensiblen Daten online zu speichern. Die Cloud ist besonders gut für die digitalen Bedürfnisse Krimineller geeignet, die mit gestohlenen Kreditkarten, falschen Identitäten und Tarnfirmen bei legalen Unternehmen Speicherplatz kaufen, um Schadsoftware auf ihren Servern zu hosten. Wenn sie zum Hosten ihrer Crimeware seriöse Firmen nutzen, laufen Hacker weitaus geringere Gefahr, dass dritte Parteien ihren Traffic entdecken oder blockieren. Der Trend geht nach oben. Eine Studie aus dem Jahre 2013 besagte, dass weltweit 16 Prozent aller Absatzwege von Schadsoftware in der Amazon Cloud gehostet würden, während weitere 14 Prozent von den GoDaddy-Servern ausgingen.[65]

Daneben stellt die Cloud legitimen und illegalen Nutzern gleichermaßen eine gewaltige Rechenleistung zur Verfügung. Folglich ist nun ein Zeitalter angebrochen, in dem der Computer zur Waffe werden kann: Buchstäblich jeder, der ein bisschen Geld übrig hat, kann sich Zugang zu einer bislang unvorstellbaren Rechenleistung verschaffen und diese für gute oder schlechte Zwecke nutzen. Die Hacker, die in das Sony PlayStation Network eindrangen, nutzten beispielsweise die gigantische Rechenleistung der Cloud-Dienste von Amazon und knackten damit mehrere Sony-Verschlüsselungscodes, was ihnen Zugriff auf hunderttausende Nutzerkonten und Kreditkartendaten gestattete.[66] Dank dieses illegalen Cloud-Computings benötigt man deutlich weniger Zeit, um selbst die stärksten Passwörter zu knacken. Unser aller Sicherheit ist betroffen: Mit der Rechenleistung der Cloud und Instrumenten wie CloudCracker lassen sich heutzutage 300 Millionen Varianten potenzieller Passwörter in etwa 20 Minuten durchspielen – zu einem Preis von etwa 17 Dollar.[67] Das bedeutet, dass jedermann die Cloud-Computing-Dienste von Amazon mieten und damit in nur sechs Minuten den durchschnittlichen Verschlüsselungscode der meisten Wi-Fi-Netzwwerke knacken könnte. Der Mietpreis würde lächerliche 1,68 Dollar betragen (und dank dem Moore'schen Gesetz in Zukunft bestimmt noch sinken).[68]

Rechtmäßige Unternehmen können sich ihre Websites und Software von professionellen Computerprogrammierern erstellen lassen, und dasselbe gilt auch für die Verbrecher GmbH. Eine Firma wie CrimeEnforcers (ein Wortspiel mit dem Begriff »law enforcer« – Gesetzeshüter) beschreibt sich selbst als »private Organisation für Ihre besonderen Entwicklungsanforderungen ... wenn Sie spezielle Hardwaren ... oder Softwaren [sic] benötigen, die in Ihrem Land nicht gemacht und nicht einmal diskutieren [sic] werden können ... Wir bieten absolut anonyme & weltweite Entwicklung für Ihre Projekte. Es ist uns egal, was Sie mit den Hardwaren und Softwaren [sic] tun wollen, die Sie bei uns bestellen.«[69] In der Welt der kriminellen Softwareentwicklung werden keine Fragen gestellt. Andere illegale Firmen können damit beauftragt werden, in jedes beliebige System einzubrechen, und verfügen auch über die dazu notwendigen Kapazitäten. Die chinesische Organisation Hidden Lynx etwa besteht aus bis zu hundert professionellen Cyberdieben, die bekanntermaßen Systeme von Google, Adobe, Lockheed Martin und anderen geknackt haben.[70] Erschreckend ist, dass zu den Mitgliedern von Hidden Lynx auch Militär- und Geheimdienstoffiziere der chinesischen Regierung gehören, die im Dienste des Staates offensive Cyberoperationen durchführen. Nach Dienstschluss bessern viele dieser Offiziere ihren Sold noch beträchtlich auf, indem sie heimlich als Cyberbetrüger und Miet-Hacker aktiv werden. Durch ihre hochentwickelten Fähigkeiten heben sie sich dabei von der Masse gewöhnlicher Durchschnitts-Hacker deutlich ab.[71] Willkommen in der Welt der Cybersöldner, die man nun – wie so vieles andere auch – im digitalen Untergrund mieten kann.

Neben den Miethacker-Diensten nutzt das organisierte Verbrechen noch eine ganze Reihe anderer administrativer Dienste wie Banking, Übersetzungen, Reisebuchung und Callcenter. Unternehmen wie CallService.biz zum Beispiel besetzen mit auf Abruf verfügbaren englisch-, französisch- und deutschsprachigen Doubles eine Nische im digitalen Untergrund. Dank solcher Angebote können Kriminelle die Sicherheitsmaßnahmen bei telefonischen Banküberweisungen umgehen, gehackte Konten entsperren oder bei den Banken gespeicherte Kontaktdaten ändern. Das rund um die Uhr erreichbare kriminelle Callcenter spielt für lediglich zehn Dollar pro Anruf jede gewünschte Rolle und legt bei Bedarf sogar ein gutes Wort für den Auftraggeber ein, wenn dieser seinen Bildungsgang nachweisen muss oder eine Empfehlung für einen neuen Job braucht.[72] Im digitalen Untergrund findet der verbrecherische Unternehmer jede Dienstleistung, die er benötigt. In zunehmendem Maße jedoch werden diese Dienstleistungen gebündelt und in Form krimineller Software verkauft, die in den Tiefen des Dark Web überall erhältlich ist.

Crimeazon.com

Die Ökonomie des digitalen Untergrunds ist komplex. Kriminelle verkaufen dort nicht nur direkt an Verbraucher (Drogen, falsche Führerscheine, Raubkopien usw.), sondern auch aneinander – und zwar in großen Gebinden. Beim Verbrechen als Dienstleistung geht es hauptsächlich um die Bereitstellung der Infrastruktur und Anonymität, die das organisierte Verbrechen für seine Machenschaften benötigt, doch wurde die Untergrundökonomie erweitert, als Mitglieder der Verbrecher GmbH begannen, fix und fertig geschnürte Pakete für Phishing, Spam, Betrug, DDoS-Attacken und Datenklau anzubieten. Hochkarätige kriminelle Programmierer haben erkannt, dass die von ihnen für sich selbst entwickelten Hacking-Instrumente zusätzlichen Gewinn abwerfen, wenn sie sie an ihre kriminellen Brüder – die nicht über die notwendige Zeit oder Expertise verfügen – für deren eigene Angriffe verkaufen. Somit können weniger begabte Verbrecher einfach die Tools erwerben, die sie brauchen, um Systemschwächen ausfindig zu machen, Identitätsdiebstahl zu begehen, Server lahmzulegen und Daten zu klauen – Verbrechen auf Mausklick.[73]

Das Dark Web ist daher gewissermaßen zu einem »Crimeazon.com« geworden – dem größten Online-Marktplatz für Kriminelle. Diese finden dort einen türkischen Basar verbotener Früchte vor, alle adrett zum Verkauf dargeboten. Wie andere im E-Commerce tätige Unternehmen hat auch die Verbrecher GmbH für ihre Dark-Net-Produkte virtuelle Ladenfronten eingerichtet – mit Einkaufswagen, Checkout-Systemen, Gutscheincodes, Zahlungsbearbeitung, technischem Support, Treuhanddiensten und Live-Service-Chats für Kunden. Die Händler bieten alles unter einem Dach und man kann seine American-Express-Karte getrost zu Hause lassen; Bitcoin wird gerne genommen.[74]

Ein Beispiel: Die Schadsoftware, die Ende 2013 für den massiven Eingriff in das Kassensystem von Target verwendet wurde, stammte aus einem Crimeware-Baukasten (oder »Toolkit«) namens BlackPOS.[75] Nachfolgend aufgeführt sind einige der beliebtesten kriminellen Toolkits, die es derzeit im digitalen Untergrund zu kaufen gibt:

Zeus Builder: Das Programm mit einer Preisspanne von 5000 bis 7000 Dollar bietet viele Funktionen, die von der Erkennung der Tastendrucke eines Nutzers bis zum Ausspähen von dessen Online-Banking-Daten reichen. Microsoft schätzt, dass der Trojaner Zeus über die Jahre weltweit mehr als 13 Millionen Computer infiziert hat und zum Diebstahl von über 100 Millionen Dollar verwendet wurde.[76]

Bugat: Der mit 1000 Dollar relativ günstige Bugat eignet sich speziell zum Schwindel bei Bankkonto- und Überweisungsanfragen. Im Jahre 2010 wurde Bugat in einer an zig Millionen LinkedIn-Nutzer versandten Phishing-Mail verwendet, deren Nachricht lautete: »Aktualisieren Sie Ihren Account.« Wenn man diese Anweisung befolgte, installierte der Trojaner Bugat in weniger als vier Sekunden auf dem Webbrowser Schadsoftware, die dann still abwartete, bis sich der jeweilige Nutzer wieder in sein Bankkonto einloggte. Dann stahl sie die Bankdaten.[77]

SpyEye: Für nur 500 Dollar bot SpyEye alle Funktionen von Zeus und noch mehr. Seine Einführung im Jahre 2009 setzte einen wahren Preiskampf in Gang und sein Marktanteil wuchs mit rasanter Geschwindigkeit. In einem faszinierenden Online-Bandenkrieg bauten die Erfinder von SpyEye sogar ein Anti-Virus-Modul in ihre Software ein, um die Präsenz des Rivalen Zeus auf Nutzerrechnern zu erkennen. Wenn SpyEye den Trojaner entdeckte, beseitigte es den Wettbewerber und reparierte die Einsprungstelle, um dafür zu sorgen, dass SpyEye die einzige Schadsoftware auf dem befallenen Rechner blieb.[78] Wie der Rivale Zeus soll auch Spy-Eye seinen Architekten hunderte Millionen Dollar eingebracht haben.[79]

Die bei Crimeazon.com verkauften Softwarebaukästen werden kontinuierlich weiterentwickelt und die Verbrecher GmbH verkauft Updates auf ihre »neuesten Versionen«, um sicherzustellen, dass die meisten aktuellen Computer-Exploits in ihren Programmen enthalten sind. Selbstverständlich gibt es auch ein Crimeazon Prime, ein Programm, das Gaunerkollegen die Möglichkeit bietet, sich bei ihren Einkäufen »anzumelden und zu sparen«. Ein solches Beispiel ist das Toolkit Blackshades, das auf Basis einer Dauermiete erhältlich ist und den Nutzer mit unbegrenzten Gratis-Updates und technischem Support versorgt. Blackshades, vielleicht einer der weltweit beliebtesten und berüchtigtesten Schadsoftwarebaukästen, kombiniert eine bemerkenswerte technische Gewandtheit mit einem hochentwickelten Geschäftsmodell, das direkt aus einer Fallstudie der Harvard Business School stammen könnte.[80]

Kriminelle Unternehmer, die Blackshades erwarben, konnten wählen, auf welche Weise die Schadsoftware einen Zielrechner attackieren sollte – etwa durch Einbetten eines Trojaners in ein Dokument, über eine verseuchte Website oder per USB-Stick, der seine tödliche Fracht abgab, wenn ihn jemand arglos in den anvisierten Rechner steckte. Als hochentwickelter Fremdzugangstrojaner verschaffte Blackshades seinen Schöpfern vollkommene und totale Kontrolle über die Funktionen einer infizierten Maschine. Blackshades konnte also Tastendrucke erkennen, Passwörter stehlen, DDoS-Attacken starten, Facebook-Accounts hacken und auf dem infizierten System zusätzliche Schadsoftware installieren. Obendrein war es das Tool der Wahl für alle Möchtegern-Stalker, weil es seinen Meistern gestattete, Mikrofon und Kamera eines beliebigen Computers ferngesteuert anzuschalten und im näheren Umfeld Audio- und Videodaten zu sammeln, ohne dass dies etwa durch ein kleines grünes Lämpchen oder ähnliches erkennbar gewesen wäre.[81] Der Fremdzugangstrojaner Blackshades war so gut, dass ihn sogar das syrische Assad-Regime einsetzte, um demokratische Aktivisten im Land auszuspähen.[82] Leicht zu handhabende Spionage-Baukästen sind zwar bei Crimeazon.com in reicher Auswahl erhältlich, doch jeder Computerangriff beginnt mit der initialen Systempenetration und Schadsoftwareinfektion – die entsprechenden Schwachstellen dazu liefern zahllose Anbieter im digitalen Untergrund.

Der Schadsoftware-Industriekomplex

Um ihre Cyberattacken durchzuführen, müssen Verbrecher, Spione, Militärs und Terroristen erst einmal herausfinden, wie sie das von ihnen anvisierte Informationssystem kapern können. Wie bei der Stuxnet-Attacke gegen die iranische Anreicherungsanlage in Natanz zu sehen war, bedürfen solche Operationen oft einer jahrelangen Planung und verschlingen Millionen von Dollar. Für diejenigen, die weder die Zeit noch das Budget haben, ihre eigenen Cyberwaffen zu entwickeln, gibt es zum Glück einen riesigen Schwarzmarkt, wo sich Spione, Soldaten, Diebe und Hacktivisten sogenannte Zero-Day-Exploits besorgen können. Wie bereits erwähnt, sind diese noch nicht von Software- und Antivirus-Unternehmen entdeckt worden und setzen gängige Sicherheitsvorrichtungen und Firewalls daher problemlos außer Kraft, ohne dabei einen Alarm auszulösen.

Früher behielten Hacker solche Exploits für sich oder versuchten, sie über »Bug-Bounty-Programme« an Softwaregiganten wie Microsoft, Yahoo! und Google zu verkaufen. Die Gewinne waren jedoch mager – ganze 500 Dollar für die Aufdeckung schwerer Sicherheitslücken.[83] In ihrer Frustration erkannten die Hacker, dass weitaus bessere Optionen zur Verfügung standen, etwa, solche Schwachstellen auf dem freien Markt an Regierungen und Kriminelle zu verkaufen. Diese Erkenntnis hat zum Aufbau eines hochkomplexen Netzwerkes aus Käufern, Verkäufern und Vermittlern von Cyber-Exploits geführt, das allgemein als Schadsoftware-Industriekomplex bezeichnet wird.

Bevor die Verbrecher GmbH umfassende Cybercrime-Baukästen wie SpyEye und Zeus verkaufen kann, muss sie zuerst eine ganze Reihe Malware-Exploits sammeln und sie in die Crimeware packen, damit der Endkunde diese überhaupt nutzen kann. Das erfolgt durch breit angelegte, direkt finanzierte Suchaufträge, und die Mittel dazu sind reichlich vorhanden. So soll ein unter dem Namen Paunch bekannter, krimineller Hacker einen Vertrag mit einem Exploit-Händler über die Suche von Schwachstellen für das bösartige Exploit-Kit Blackhole geschlossen haben. Budget: 100 000 Dollar. Noch krasser ist das Angebot eines gewissen J. P. Morgan, der im Verbrecher-Forum Darkcrime eine Nachricht mit dem Inhalt postete, er habe ein Budget von 450 000 Dollar für Zero-Day-Exploits, die er für seinen Crimeware-Baukasten benötige.[84] Die Chatrooms sind voll mit Kaufanfragen und Posts wie: »Hat jemand ein Code-Ausführungs-Exploit für Windows 7? Wenn ja, spielt Geld keine Rolle« sind an der Tagesordnung.[85]

Nicht nur Kriminelle betreiben einen schwunghaften Handel mit Cyberwaffen; auch die Sicherheitsdienste von Regierungen gehören zu den regelmäßigen Käufern solcher Instrumente. Um an ihr technisches Waffenarsenal zu kommen, wenden sie sich an Zwischenhändler. Hier hat sich ein gewisser Grugq einen guten Namen als Exploit-Makler gemacht: Er vermittelt umfangreiche Deals zwischen denjenigen, die Sicherheitslücken entdecken, und denen, die sie zur operationellen Ausbeutung kaufen wollen. Im Jahre 2012 verkaufte Grugq an einen Vertreter der US-Regierung ein Exploit für das iOS-Mobiltelefon-Betriebssystem – für coole 250 000 Dollar (minus 15 Prozent Standardkommission für sich selbst).[86] Es sind eine Reihe professioneller Firmen entstanden, deren einziges Geschäftsmodell der Schwarzhandel von Malware-Exploits an Regierungen ist. Unternehmen wie Vupen in Frankreich, Netragard in Massachusetts, Exodus Intelligence in Texas, ReVuln in Malta und Endgame in Georgia vertreiben Exploits an Kunden in aller Welt.[87] Manche Zero-Day-Schwarzhändler überprüfen ihre Kundschaft, andere hingegen verkaufen an alle und jeden, von der Verbrecher GmbH bis hin zu berüchtigten Diktatoren, und stellen keine unnötigen Fragen. Das Ergebnis, so der bekannte Sicherheitsexperte Tom Kellermann, sei, dass auf hunderten einschlägigen Websites heutzutage jeder eine Cyber-Kalaschnikow oder eine Cybergranate herunterladen kann.[88]

Viele Zero-Day-Exploits ermöglichen besonders heimliche und raffinierte Angriffe auf bestimmte Ziele, wodurch eine von Sicherheitsexperten so bezeichnete »fortgeschrittene Dauerbedrohung« (*advanced persistent threat*, APT) entstanden ist. Die immer beliebter werdenden APTs verbinden umfassende Zielrecherchen mit einem hohen Maß an Geheimhaltung und können ein angegriffenes System monate- oder jahrelang kontrollieren und steuern. Verstecken, beobachten und warten ist der Arbeitsmodus bei solchen Cyberangriffen. Gute Hacker löschen dabei stets die System-Logs, so dass man nicht einmal bemerkt, dass sie überhaupt da waren. Die Chance, dass ein Antivirus-Produkt eine solche Dauerbedrohung erkennt, ist praktisch gleich null – ganz gleich, ob es nun von der US-Regierung, in China oder von der Verbrecher GmbH entwickelt wurde.

Die vielleicht berüchtigteste APT ist Stuxnet, dazu entwickelt, industrielle Steuerungssysteme anzugreifen und Energieversorgungsnetze lahmzulegen. Stuxnet hat jedoch viele Vettern wie Flame oder Duqu und andere, die erst noch entdeckt werden müssen. Schlimmer noch: Nun, da ein Produkt wie Stuxnet frei zum Download verfügbar ist, hat es auch die Verbrecher GmbH genauestens unter die Lupe genommen und sich rasch seine Techniken und Codes angeeignet, um daraus noch raffiniertere Angriffstechniken zu entwickeln.[89] Die große Herausforderung, der die Gesellschaft durch den wachsenden Schadsoftware-Industriekomplex gegenübersteht, ist folgende: Werden solche Angriffsinstrumente erst einmal genutzt, verbreiten sie sich in der Regel sehr schnell. Als Folge davon ist die Bedrohung durch Open-Source-Cyberwaffen stark angestiegen, da diese im digitalen Untergrund inzwischen für jedermann nach Belieben zugänglich sind. Wie lange wird es dauern, bis jemand einen dieser digitalen Molotowcocktails aufhebt und ihn auf uns zurückwirft, in der Absicht, unsere kritischen Infrastruktursysteme anzugreifen? Traurig, aber wahr: Die Vorbereitungen dazu laufen vielleicht schon.

Das Netz der lebenden Toten: Wenn Botnet-Zombies angreifen

Eines der mächtigsten Instrumente im Arsenal eines Hackers ist ein Botnet (oder Botnetz), ein Roboternetzwerk infizierter Computer, das durch den Hacker ferngesteuert wird. Die sogenannten Zombie-Rechner werden zu Botnetzen vereint, die dann für zahlreiche kriminelle Zwecke genutzt werden können, etwa zur Verbreitung von Schadsoftware und Spam, für Dienstblockaden oder zum Hosten illegaler Inhalte. Computer und selbst Mobiltelefone lassen sich per Schadsoftwareinfektion für eine Botnet-Armee rekrutieren, insbesondere durch Schadsoftware aus Crimeware-Baukästen wie Blackshades und SpyEye, die überall im digitalen Untergrund erhältlich sind. Die Opfer dieser Toolkits haben leider einen doppelten Schaden: Man stiehlt ihnen nicht nur ihre Kreditkartendetails, Banking-Logins und persönlichen Daten, sondern installiert auf ihren Rechner zudem dauerhaft eine Hintertür, durch welche die Verbrecher GmbH ins System eindringen kann, wann immer es ihr beliebt.

Während Sie also ein Word-Dokument schreiben oder im Netz die Nachrichten auf CNN lesen, könnte der Botnet-Betreiber Ihren Rechner für allerlei kriminelle Zwecke nutzen. Haben Sie sich schon einmal gefragt, warum Ihr Computer so langsam ist? Dann sind Sie vielleicht unwissentlich Teilnehmer eines Cyberangriffs auf andere und haben keine Ahnung davon, dass so etwas geschieht. Danke für Ihre Mitarbeit. Hacker haben den Angriff auf Ihren und viele weitere Computer ausgelagert und Sie damit gegen Ihren Willen in eine internationale kriminelle Verschwörung verwickelt.

Die Verbrecher GmbH kann Ihren Computer sogar für ein Peer-to-Peer-Kinderporno-Netzwerk missbrauchen und entsprechende Fotos auf Ihrer Festplatte hinterlegen.[90] Warum sollte man derart brisantes Material auch im eigenen Netzwerk speichern? Als Folge der Unsicherheit ihrer Netzwerke und ihres Unvermögens, ihre eigenen digitalen Geräte zu schützen, beteiligen sich viele Nutzer an der Cyberverbrechensökonomie. So, wie Facebook aus Ihnen und Ihrem Online-Leben Kapital schlägt, macht es auch die Verbrecher GmbH.

Einige der berüchtigtesten Botnets sind Mariposa, Conficker und Koobface, doch erobern sich auch Neulinge wie Gameover Zeus rasch einen Marktanteil. Dem FBI zufolge kontrollierte allein Gameover Zeus weltweit über eine Million Rechner und verursachte dadurch einen Schaden von etwa 100 Millionen Dollar.[91] Mitte 2014 war das größte bekannte Botnet ZeroAccess, das Tag für Tag fast zwei Millionen Zombie-Computer vollständig kontrollierte.[92] Mit immer größeren Botnetzen wächst auch die Angriffsstärke, da die Millionen abhängiger Rechner zu einer DDoS-Attacke auf jedes beliebige Ziel gerichtet werden können. Solche Dienstblockade-Offensiven laufen so ab, dass ein Computersystem oder eine Website mit zehntausenden falschen Anfragen oder Informationen überschwemmt wird. Dadurch geht die aufs Korn genommene Website in die Knie. Sie bleibt offline und kann keine E-Mails mehr versenden, keine Seiten bereitstellen, keine Bestellungen verarbeiten und keine Zahlungen ausführen.

Wie alle Instrumente und Dienste der Verbrecher GmbH können auch Zombie-Netzwerke online gekauft oder gemietet werden, wodurch diese enorme Angriffskapazität für die breite kriminelle Masse erschwinglich wird. Im russischen digitalen Untergrund sind leistungsstarke Botnetze schon ab 700 Dollar zu haben oder für nur zwei Dollar pro Stunde zu mieten, lange genug, um eine gewöhnliche Website oder ein Callcenter lahmzulegen.[93] Im Schnitt erfolgen weltweit rund 3000 solcher Angriffe pro Tag. Obendrein wird die Bedrohung immer komplexer, da sowohl die Verbrecher GmbH als auch staatliche Akteure wie China oder der Iran zunehmend die gewaltige, kombinierte Rechenleistung der Cloud für DDoS-Attacken nutzen.[94] Ein Zombie-Netzwerk namens Storm.bot 2.0, das Mitte 2014 für lächerliche 3000 Dollar im digitalen Untergrund angeboten wurde, hat weltweit 15 Cloud-Server unter seine Kontrolle gebracht und ist dadurch in der Lage, einen Angriffs-Traffic von unglaublichen 300 Gigabyte pro Sekunde zu generieren, was nach eigenem Bekunden mehr als genug ist, um »kleine Länder aus dem Netz zu schmeißen«. Die Folge solcher Botnet-Zombies ist die zunehmende Instrumentalisierung des Cyberspace als Waffe durch die Verbrecher GmbH.

Die Zahl der Opfer, die von dieser Form der Cyberbedrohung betroffen sind, wächst ständig, und selbst renommierte Unternehmen wie Evernote und MeetUp.com sind bereits angegriffen worden.[95] Das breite Spektrum von Schadsoftwarebaukästen und Botnet-Zombies auf der ganzen Welt stattet die Verbrecher GmbH mit machtvollen Instrumenten aus, die sich als Angriffswaffen, Gelddruckmaschinen oder beides einsetzen lassen.

Folglich ist das industrielle Zeitalter des Verbrechens angebrochen, in dem Computercode wie am Fließband produziert wird, speziell dazu entwickelt und geschrieben, auf Autopilot zu laufen und Tag und Nacht im Dienste des Verbrechens aktiv zu sein, während Hacker ansehnliche Gewinne im Schlaf verdienen.

Automagische Verbrechensbegehung

Obwohl sich die Verbrecher GmbH um eine konstante Verbesserung ihrer Geschäftsabläufe bemüht, werden nicht jedes Mal von Grund auf neue Verbrechen begangen. Im Zeitalter des Moore'schen Gesetzes sind solche Aufgaben komplett automatisiert und können im Hintergrund laufen, ohne dass es einer nennenswerten menschlichen Intervention bedarf. Die Verbrechensautomation erlaubt es transnationalen Verbrecherorganisationen, dieselbe Gewinn- und Effizienzmaximierung zu erreichen wie multinationale Unternehmen, indem sie ihre Kerngeschäftsfunktionen der Technik übertragen. Deshalb ist es Hackern heute möglich, zu einem gegebenen Zeitpunkt nicht nur eine Person auszurauben, sondern 100 Millionen oder mehr, wie wir anhand der Fälle von Sony PlayStation und Target gesehen haben.

Exploit-Kits wie Blackhole und SpyEye begehen Verbrechen »automagisch«, indem sie den menschlichen Beitrag minimieren und damit auch die Kosten für die Verbrecher GmbH drastisch reduzieren. Daneben gestatten sie Hackern, eine Long-Tail-Strategie zu verfolgen und Millionen kleiner Diebstähle zu begehen, welche von den Opfern nicht angezeigt werden. Die Gesetzeshüter haben somit keine Möglichkeit, den Tätern auf die Spur zu kommen. Während einzelne hochwertige Ziele (Unternehmen, Nationen, Prominente, vermögende Personen sowie Objekte der Liebe und des Spottes) gezielt und einzeln attackiert werden, wird die große Masse von automatisierter Schadsoftware gehackt – ein großes digitales Fischnetz, das online alles abschöpft, was irgendwo eine Schwachstelle aufweist. Angesichts dieser offensichtlichen Vorteile ist es wenig überraschend, dass bereits 2011 rund 61 Prozent aller Online-Attacken von vollautomatischen Crimeware-Baukästen ausgeführt wurden, was den geschickten Hintermännern im Dark Net phänomenale Gewinne bescherte.[96] Das moderne Verbrechen ist auf eine Software reduziert worden, die jedermann mit hohen Gewinnspannen für sich nutzen kann.

Botnetze und andere Tools lassen sich nicht nur wiederholt für Angriffszwecke einsetzen, sondern ermöglichen auch die Begehung komplexerer Straftaten wie etwa verschiedenster Formen der Erpressung. Als eine Art aktualisierter Version des 500 Millionen Dollar schweren Virus-Betruges von Innovative Marketing hat die Verbrecher GmbH eine neue Flut von Schadsoftware freigesetzt, die einen Rechner in digitale Geiselhaft nimmt, bis eine Lösegeldzahlung erfolgt. Erst dann ist ein Zugriff auf die eigenen Daten wieder möglich. Solche Erpressersoftware ist in vielen im Dark Net käuflichen Baukästen wie Gameover

Zeus enthalten. Es gibt verschiedene Varianten dieser Gaunerei, darunter eine, die so aussieht, als käme sie von Seiten der Gesetzeshüter. Nutzer auf der ganzen Welt, deren Rechner mit dem Trojaner Reveton infiziert werden, haben plötzlich keinen Zugriff mehr auf ihre Daten. Stattdessen erscheint auf der gesamten Bildschirmfläche eine angebliche Mitteilung des FBI, versehen mit einem großen, vierfarbigen und offiziell wirkenden FBI-Logo. Diese besagt, dass der Computer aus Gründen wie »einer Verletzung urheberrechtlicher Bestimmungen gegen illegalen Download« oder »der Betrachtung oder Verbreitung verbotener pornografischer Inhalte« gesperrt worden sei. Um ihren Rechner wieder zu entsperren, so heißt es weiter, müssten die Nutzer ein Bußgeld in Höhe von 200 bis 400 Dollar entrichten, wobei ausschließlich vorbezahlte Buchungsbelege von Green Dot's MoneyPak akzeptiert würden, welche die Nutzer in ihrem örtlichen Walmart oder CVS kaufen könnten.[97] Um die Opfer weiter einzuschüchtern und glauben zu machen, dass es sich tatsächlich um eine Polizeiaktion handelt, zeigt die Verbrecher GmbH die IP-Adresse des angeblichen Straftäters und einige Ausschnitte aus zuvor mit der Webcam gesammeltem Bildmaterial. Weltweit fielen schon Zehntausende auf diesen Trick herein, der sich dem jeweiligen Land, der Sprache und der Polizeibehörde anpasst. Die Nutzer in Großbritannien sehen eine Mitteilung von Scotland Yard, andere Europäer erhalten eine Warnung von Europol und Opfer in den Vereinigten Arabischen Emiraten bekommen eine ins Arabische übersetzte Androhung, die angeblich vom Polizeihauptquartier in Abu Dhabi stammt.[98]

Ein anderer, noch perfiderer Typus automatisierter Erpressung tritt in Form des CryptoLockers in Erscheinung, eines Trojaners, der sämtliche Daten auf dem Rechner eines Opfers verschlüsselt, sodass auf diese nicht mehr zugegriffen werden kann.[99] Wie eine tickende Zeitbombe zeigt die Schadsoftware einen Countdown an und teilt dem Nutzer mit, dass ihm oder ihr nur 48 Stunden bleiben, ein Lösegeld von 300 Dollar zu zahlen und so eine dauerhafte Löschung sämtlicher Daten abzuwenden – eine klassische Drohung in der Art von »Wenn Sie Ihre Daten lebendig wiedersehen wollen …« Solche Erpressungsprogramme akzeptieren selbstverständlich Zahlungen in Bitcoin. Die Mitteilung an die Nutzer ist dabei keinesfalls eine leere Drohung. Versuchten frühere Erpressungsprogramme bisweilen noch, ihre Opfer damit hinters Licht zu führen, dass sie deren Daten temporär verbargen, verwendet CryptoLocker eine leistungsstarke 256-Bit-Verschlüsselungssoftware nach dem Advanced Encryption Standard, mit welcher die Nutzerdaten so blockiert werden können, dass sie tatsächlich nicht wiederherstellbar sind. Fast 250 000 Personen und Unternehmen auf der ganzen Welt sind bereits Opfer des CryptoLockers geworden, der seinem Entwickler damit geschätzte 30 Millionen Dollar eingebracht hat.[100]

Automatische Erpressersoftware gibt es sogar bereits für Mobiltelefone und in einigen Ländern sind Android-Nutzer betroffen.[101] Nicht nur Einzelpersonen sind durch den CryptoLocker geschädigt worden, sondern auch Unternehmen, gemeinnützige Organisationen und sogar Regierungsbehörden. Besonders berüchtigt ist der Fall des Swansea Police Departments in Massachusetts, das infiziert wurde, als ein Mitarbeiter einen bösartigen E-Mail-Anhang öffnete. Um die unersetzlichen polizeilichen Daten zu retten, war die Behörde gezwungen, ein Bitcoin-Konto zu eröffnen und eine Lösegeldsumme in Höhe von 750 Dollar zu zahlen. Der Polizeileutnant Gregory Ryan sagte gegenüber der Presse, er habe keine Ahnung gehabt, was Bitcoin sei oder wie die Schadsoftware funktioniere, bis seine Abteilung dem Angriff zum Opfer gefallen sei.[102]

Wie dieses Kapitel gezeigt hat, kann eine Reise in den digitalen Abgrund finster und erschreckend sein. In dieser Welt hat die Verbrecher GmbH hocheffiziente Methoden entwickelt, um alles von Amphetaminen bis hin zu live gestreamtem Kindesmissbrauch zu verkaufen. Rasch verbreitete Tools zur Wahrung der Anonymität – wie Tor – werden dazu genutzt, im Dark Net regelrechte Einkaufszentren zu betreiben und kriminelle Dienstleistungen wie Hacking oder Mord auf Bestellung sind per Mausklick abrufbar. Nicht verfolgbare und anonyme digitale Währungen wie Liberty Reserve und Bitcoin hauchen der Untergrundökonomie neues Leben ein und erlauben den schnellen Austausch von Gütern und Dienstleistungen. Dank dieser neuen Errungenschaften wird die Verbrecher GmbH zunehmend disziplinierter und organisierter und auch ihre Operationen werden immer raffinierter. Wo es möglich ist, werden Geschäftsmodelle automatisiert, um die Gewinnmaximierung voranzutreiben. Botnetze können die legale Wirtschaft gefährden, da sie sich auf jedes beliebige Ziel richten lassen. Im Grunde genommen ist es zu spät; die Verbrechensmaschine ist gebaut. Solche Systeme haben die Möglichkeiten und die Reichweite des organisierten Verbrechens auf eine globale Ebene katapultiert, wo es sich nun exponentiell ausbreiten kann. Diese Bedrohung ist heute bereits schlimm, doch wird sie in Zukunft noch viel schlimmer werden, da wir im anbrechenden Zeitalter der Rechnerallgegenwart – auch als »Internet der Dinge« bezeichnet – der Verbrecher GmbH Milliarden neuer Angriffsziele bieten.

KAPITEL 12

Wenn man alles hacken kann

Selbst im Internetzeitalter ist der Kauf eines Automobils bisweilen ein teurer, frustrierender und anstrengender Prozess, der umso schlimmer wird, wenn man arbeitslos ist oder über geringe finanzielle Mittel verfügt. Zum Glück kümmert sich das Texas Auto Center in Austin genau um diesen Kundenkreis und verspricht jedermann ein Auto, »ganz gleich, ob Ihre Kreditwürdigkeit gut oder schlecht ist, Sie gar keinen Kredit bekommen, bankrott sind oder einer Pfändung unterliegen«. In schlechten Zeiten geraten die Leute freilich mit ihren Ratenzahlungen in Verzug, und die Wiederinbesitznahmen betragen in manchen Niederlassungen bis zu 45 Prozent. Die Pfändung eines Fahrzeugs ist immer eine unangenehme Sache, sowohl für diejenigen, die dadurch ihr wichtigstes Transportmittel verlieren, als auch für die Händler, die eine Flotte von Abschleppwagen auf die Suche nach dem Auto schicken. Diejenigen, die ein Fahrzeug wieder herausgeben müssen, verstecken dieses häufig. Wenn der Sachpfänder dann tatsächlich mit seinem Abschleppwagen kommt, erhitzen sich leicht die Gemüter. Bei dem Versuch, das Eigentum eines Händlers wiederzuerlangen, wurden viele Sachpfänder schon geschlagen, getreten bespuckt, gebissen, erstochen und sogar erschossen. Bestimmt gab es ein besseres Verfahren, und das Texas Auto Center glaubte, die Lösung solcher Probleme gefunden zu haben.

Die Niederlassung erwarb ein neues technologisches Instrument der in Cleveland ansässigen Firma Pay Technologies, das eine weit bessere Alternative zu den konfrontativen Pfändungen vergangener Tage versprach. Das Produkt von Pay Technologies hieß WebTeckPlus und war ein System, welches Autohändlern gestattete, »geschickt unter dem Armaturenbrett verborgen eine kleine Blackbox etwa in der Größe eines Kartenspiels« zu installieren. Diese Geräte wurden aus der Ferne über eine zentrale Website kontrolliert, die über ein drahtloses Netzwerk Signale an die Blackbox sendete. Einmal aktiviert, hatte der Händler dadurch die Möglichkeit, »die Zündung des Wagens außer Kraft zu setzen oder die Hupe einzuschalten« – eine nette, wenn auch nicht ganz so sanfte Art und Weise, einen Kunden an fällige Raten zu erinnern. Nach und nach baute das Texas Auto Center die Blackboxen in seine gesamte Flotte ein und es dauerte nicht lange, bis über 1100 Fahrzeuge mit dem System ausgestattet waren. Die Wartung des neuen High-Tech-Pfändungssystems übertrug man Omar Ramos-Lopez, einem jungen Schuldeneintreiber mit einem Faible für Technik, der in der Niederlassung arbeitete.

Alles schien bestens zu laufen, bis im Februar 2010 plötzlich mehrere Kundenfahrzeuge des Texas Auto Center einfach ausgingen und sich nicht wieder starten ließen. Niemand wusste, warum. Ein Blick in die Bücher ergab, dass keiner der Kunden mit seinen Zahlungen im Rückstand war. Über den Tag gingen bei der Niederlassung ständig neue Beschwerden ein, und am fünften Tag hatten bereits über 100 Kunden ihrem Ärger Luft gemacht. Was war los?

Autos von Kunden in ganz Texas wurden plötzlich blockiert, fuhren nicht mehr und ließen sich nicht mehr starten. Mitten in der Nacht ertönten in Austin unvermittelt irgendwelche Hupen, und bei der Polizei gingen zahllose Beschwerden wegen Ruhestörung ein. Wenn die Beamten eintrafen, stellten sie fest, dass man die Hupen nicht ausschalten, sondern nur noch die Kabelverbindung zur Batterie unterbrechen konnte. Das Schlimmste daran aber war, dass diese hundert Kunden von heute auf morgen ohne Transportmittel waren, nicht zur Arbeit gelangten, aber trotzdem unbedingt ihren Lohn benötigten.

Man tat den Zwischenfall schließlich als »systemisches mechanisches Versagen« ab, doch das war nicht die ganze Wahrheit. Ein Eindringling hatte sich illegal Zugang zum digitalen Stilllegungssystem des Texas Auto Center verschafft und im gesamten Stadtgebiet ein Auto nach dem anderen abgeschaltet. Versuche der Niederlassung, die Fahrzeuge wieder einzuschalten, scheiterten kläglich, weil der Hacker außerdem die Informationen in der Datenbank geändert hatte. Die Identifizierungsnummern stimmten nicht mehr und die Namen der Kunden waren durch Namen von Prominenten wie des längst verstorbenen Rappers Tupac Shakur oder des Popstars Jennifer Lopez ersetzt worden.

Irgendetwas stimmte nicht. Der Verdacht fiel schließlich auf den 21-jährigen Omar Ramos-Lopez, der wenige Tage vor dem breit angelegten Fahrzeugkollaps gefeuert worden war, weil er »den Unternehmensanforderungen nicht entsprochen« habe. Die Strafverfolgungsbehörden nahmen an, Lopez hätte sein Wissen über das System seines ehemaligen Arbeitgebers und das Passwort eines ehemaligen Kollegen missbraucht, um sich für die Kündigung zu rächen und in ganz Austin Fahrzeuge lahmzulegen. Die polizeilichen Ermittlungen zeigten, dass sich der ehemalige Geldeintreiber über das zu seinem Haus führende AT&T-Breitbandnetz in die Server von Pay Technologies in Ohio eingeloggt hatte.[1] Ramos-Lopez wurde verhaftet und wegen widerrechtlichen Eindringens in ein Computersystem angeklagt.

Das Texas Auto Center ist jedoch bei weitem nicht das einzige Unternehmen, das ferngesteuerte Stilllegungssysteme in seine Fahrzeuge einbauen lässt. Inzwischen gibt es über zwei Millionen Autos mit dieser Technologie. Wie wir jedoch später in diesem Kapitel sehen werden, können zehntausende Fahrzeuge auf der ganzen Welt auf die eine oder andere Weise online kontrolliert werden und jeden Tag kommen tausende hinzu. Da in immer mehr Automobilen solche Blackboxen eingebaut sind, wird zunehmend klar, dass es in Ihrem Auto vielleicht mehr digitale Hintereingänge gibt, als Ihnen bewusst ist.

Wo die drahtlosen Dinge sind

In der kurzen Geschichte des modernen Rechnerwesens haben wir uns Computer stets als mehr oder weniger große Kisten vorgestellt. In den fünfziger Jahren füllte ein einziger Computer noch ein ganzes Gebäude. In den Siebzigern hatte man einen Hauptrechner bereits auf die Größe eines Kühlschranks reduziert. Die Achtziger brachten uns den PC und die Neunziger die Einführung des Laptops. Zur Jahrtausendwende explodierte die Verbreitung des Mobiltelefons und 2007 bescherte Steve Jobs der Welt sein iPhone, einen kleinen, aber leistungsstarken Rechner im Taschenformat. Wie immer marschiert das Moore'sche Gesetz immer weiter voran, doch in näherer Zukunft werden wir unsere Vorstellung davon, was einen Computer ausmacht, über Bord werfen müssen: Die Kisten, die bis dato den Prozessor enthielten, verschwinden, und das Zeitalter der Rechnerallgegenwart bricht an.

Im Gegensatz zu den stationären Desktops vergangener Tage verspricht die Post-PC-Ära eine Welt, in der die Informationsverarbeitung überall und in allen Dingen stattfindet. Diese Entwicklung ist bereits weit fortgeschritten. Im Jahre 2005 wurden erstmals mehr Laptops als PCs verkauft und 2015 übertreffen die weltweiten Verkaufszahlen von Tablets wie dem iPad die von Desktops und Laptops zusammen.[2] Im Jahre 2014 gab es auf unserem Planeten mehr Handys als Menschen.[3] Natürlich sind die Smartphones und Tablets in unserem Zuhause nicht allein, sondern in Gesellschaft von Spielkonsolen, DVRs, Kabel-Receivern und intelligenten Fernsehern, die allesamt vernetzt sind. Ein Bummel durch die

Gänge eines örtlichen Einzelhandelsunternehmens wie Best Buy, Lowe's oder Home Depot zeigt jedoch, dass es bereits wieder einen neuen Trend gibt. In solchen Geschäften – oder online – wetteifert eine ganz neue Generation digitaler Geräte um eine Position in unseren Heimnetzwerken. Dazu gehören Dinge wie übers Internet steuerbare Thermostate, Glühbirnen, Lautsprecher, Baby-Monitore und Sicherheitssysteme. Zusammen stehen sie für die erste Stufe eines sich rasch entwickelnden Computerparadigmas, das als »Internet der Dinge« (Internet of Things, IoT) bezeichnet wird. Wenn es damit richtig losgeht, könnte sich die Welt, in der wir leben, für immer verändern.

Das Pew Research Center definiert das Internet der Dinge als »globale, umfassende, unsichtbare, atmosphärische und vernetzte Rechnerumgebung, die durch die fortlaufende Verbreitung intelligenter Sensoren, Kameras, Programme, Datenbanken und riesigen Datenzentren zu einer weltumspannenden Informationsstruktur geworden ist«.[4] Der Begriff wurde 1999 von dem MIT-Wissenschaftler Kevin Ashton geprägt, der bei der Arbeit an einem Projekt für Procter & Gamble erkannte, dass, »wenn sämtliche Objekte des täglichen Lebens mit Kennzeichen und drahtloser Konnektivität ausgestattet wären, diese Objekte miteinander kommunizieren und von Computern gesteuert werden könnten … ›Wenn wir Computer hätten, die alles wüssten, was es über diese Dinge zu wissen gibt – und dabei auf Daten zurückgriffen, die sie ohne unser Zutun sammelten –, könnten wir alles rückverfolgen und zählen und dadurch Müll, Verluste und Kosten drastisch reduzieren.‹«[5] Ashtons Gedanke war ebenso simpel wie überzeugend und hatte maßgeblichen Einfluss auf Hersteller und Einzelhändler wie Walmart, die ihr Prozesskettenmanagement nachhaltig verbesserten und dadurch die Endkundenpreise senkten. Im Jahre 1999 gab es indes noch keine Technologie, mit der man das Internet der Dinge außerhalb streng kontrollierter Umgebungen wie industrieller Systeme in die Realität hätte umsetzen können. Inzwischen hat sich das gewandelt. Verschiedene Entwicklungen sind zusammengekommen und haben in der Welt der Rechnerallgegenwart zu einem großen Sprung nach vorn geführt. Zum ersten Mal ist es auf breiter Front möglich, »Miniaturcomputer in Objekte zu integrieren und sie mittels drahtloser Technologie mit dem Internet zu verbinden«. Der Semiconductor Industry Association zufolge produzierte der Mensch (zumindest im Jahre 2004) mehr Transistoren als Reiskörner – und das zu einem günstigeren Preis.[6]

Dank der Fortschritte in Halbleitertechnologie, Software und Miniaturisierung ist es heute möglich, ein Internet der Dinge aufzubauen, dessen Geräte grob in zwei Kategorien fallen: Sensoren und Mikrocontroller. Letztere sind winzige, programmierbare Computer, die nur wenige Millimeter groß sind. Es sind ultrabillige Computerchips mit niedrigem Verbrauch und so klein wie ein Stecknadelkopf, die sich in eine Vielzahl von Dingen einbauen lassen und manchmal nur einen Centbetrag kosten.[7] Diese Miniaturcomputer benötigen nur wenige Milliwatt Strom und können daher mit einer Minibatterie oder einer kleinen Solarzelle jahrelang laufen. Daher ist es heute möglich, »für einen Dollar einen Web-Server herzustellen, der auf (oder in) eine Fingerkuppe passt«.[8]

Solche Mikrochips empfangen Daten einer nahezu unendlichen Anzahl von Sensoren, winzigen Vorrichtungen, die alles überwachen können, was sich messen oder aufzeichnen lässt, darunter Temperatur, Strom, Standort, Feuchtigkeit, Strahlung, Atmosphärendruck, Beschleunigung, Rotation, Magnetfelder, Höhe, Lautstärke und Videobilder. Diese weltweite Ansammlung von Sensoren gestattet uns, die Welt zu sehen, zu analysieren und mit ihr zu interagieren, wie es dem Menschen nie zuvor möglich war. Einmal gespeichert, liegen diese Daten nicht einfach nutzlos herum, sondern werden von einer Flut neuer Mikrocontroller verarbeitet – Minischaltern, Aktoren, Ventilen, Servoreglern, Turbinen und Motoren –, die allesamt in der Lage sind, autonom mit ihrer physischen Umgebung zu interagieren. Wenn also ein Sensor beispielsweise eine Druck- oder Temperaturerhöhung in einer Gaspipeline feststellt, ist der Mikrocontroller, der diese Information erhält, darauf programmiert, den Gasfluss zu stoppen oder umzuleiten, um dadurch eine katastrophale Explosion zu verhindern.

Das expansive Wachstum drahtloser Hochgeschwindigkeitsnetzwerke gestattet es solchen Sensoren, über eine ganze Reihe von Kommunikationsprotokollen und -Technologien mit der Welt zu sprechen, etwa über Wi-Fi, Breitband, GSM, CDMA, Bluetooth, Radiofrequenzidentifikation (RFID), Nahfeldkommunikation (NFC), ZigBee, Z-Wave und das Stromnetz. Diese kommunizieren nicht nur mit dem Internet, sondern auch miteinander und generieren dabei unvorstellbare Datenmengen von Maschine zu Maschine, die dank Cloud-Computing und dessen nahezu unbegrenzten Datenspeicherkapazitäten in höherer Geschwindigkeit und zu niedrigeren Kosten gespeichert und verarbeitet werden. Das Resultat ist eine nie abgeschaltete »globale, umfassende, unsichtbare, atmosphärische und vernetzte Rechnerumgebung«, ein bloßes Vorspiel des flutartigen Wandels, der uns noch bevorsteht.

Eines musste jedoch vorab in Ordnung gebracht werden – das Basis-Kommunikationsprotokoll, das den gesamten Traffic im Internet routet. Das Rückgrat des heutigen Internets läuft auf der Internetprotokoll-Version 4 (IPv4).[9] Diese Kommunikationsarchitektur von 1981 bietet etwa 4,3 Milliarden Netzwerkadressen, von denen jede für einen angeschlossenen Rechner steht. Als IPv4 Ende der Siebziger eingeführt wurde, konnte sich niemand vorstellen, dass 4,3 Milliarden Adressen einmal nicht mehr ausreichen würden, den Bedarf der wenigen Universitäten und Unternehmen zu decken, die damals online waren. Inzwischen jedoch ist das Undenkbare eingetreten: Uns gehen die Internetadressen aus. So, wie New York City neue Vorwahlen einführen musste, als die 212-Nummern knapp wurden, muss das Internet nun dasselbe tun.

Die Antwort auf dieses Problem ist IPv6, das an die Stelle von IPv4 treten und die Größe des verfügbaren, adressierbaren Platzes drastisch vergrößern wird.[10] Das neue Protokoll verlängert die »Telefonnummer« von 32 auf 128 Bit. Mathematisch betrachtet, kann IPv4 nur etwa 2^{32} oder 4,3 Milliarden Verbindungen unterstützen. IPv6 hingegen bewältigt 2^{128} oder 340 282 366 920 938 463 463 374 607 431 768 211 456 Verbindungen.

Die Schlussfolgerungen, die sich aus einer solch großen Zahl ergeben, sind atemberaubend. An allen Stränden dieser Welt gibt es insgesamt 10^{19} Sandkörner. Das bedeutet, dass IPv6 jedem Sandkorn eine Billion IP-Adressen zuweisen könnte.[11] Tatsächlich bietet IPv6 so viele mögliche Adressen, dass »wir JEDEM ATOM AUF DER ERDOBERFLÄCHE eine IP-Adresse zuweisen könnten und immer noch genügend Adressen für mindestens 100 weitere Erden übrig hätten«[12]. Im Zuge dieser Veränderungen entsteht das Internet der Dinge.

Um uns diese gigantischen Zahlen begreiflich zu machen, stellen wir uns einmal vor, das heutige Internet hätte die Größe eines Golfballes. Das Netz von morgen ist so groß wie die Sonne.[13] Das bedeutet, dass in den kommenden Jahren nicht nur jeder Computer, jedes Mobiltelefon und jedes Tablet online sein wird, sondern auch Autos, Häuser, Hunde, Brücken, Tunnel, Tassen, Uhren, Schrittmacher, Kühe, Straßenlaternen, Pipelines, Spielsachen und Getränkedosen. Obwohl es 2013 nur 13 Milliarden Online-Geräte gab, schätzt Cisco Systems, dass bis zum Jahre 2020 50 Milliarden Dinge mit dem Internet verbunden sind, mit wesentlich mehr Spielraum für ein späteres exponentielles Wachstum.[14] Wenn diese ganzen Geräte erst online sind und Daten untereinander austauschen, beschert uns das in Bereichen wie Logistik, Mitarbeitereffizienz, Prozesskettenmanagement, Energieverbrauch, Kundenbetreuung und persönlicher Produktivität gewaltige Verbesserungen.

Wie bereits erwähnt, besagt das Metcalfesche Gesetz, dass der Wert eines Netzwerkes mit der Anzahl der angeschlossenen Datenknoten oder Computer exponentiell steigt. Da IPv6 dem globalen Informationsnetz 340 Undezillionen (340 mit 66 Nullen) potenzieller neuer Knotenpunkte hinzufügt, ist die damit einhergehende Wertsteigerung nicht mehr berechenbar. Das McKinsey Global

Institute sagt vorher, dass die durch das Internet der Dinge ermöglichten Innovationen die Weltwirtschaft bis 2525 um einen Wert von weiteren 6,2 Billionen steigern werden.[15] Gut möglich, dass im Internet der Dinge die nächsten Google, Facebook oder Apple zu finden sind. Die Anzahl der Sensoren, Verbraucherdienste und industriellen Steuerungssysteme im Internet hat die Anzahl der Mobiltelefone bereits überschritten.[16] Frühe IoT-Angebote wie Fitbit, Jawbone, Oculus Rift, Withings, Estimote und Sonos haben am Markt für einiges Aufsehen gesorgt. Eine solche Firma, der Hersteller von intelligenten Thermostaten Nest Labs, wurde 2014 nur 854 Tage nach dem Erscheinen seines ersten Produkts für beachtliche 3,2 Milliarden übernommen. Zweifellos lässt sich im Internet der Dinge das ganz große Geld verdienen. Die sozialen Folgen könnten die rein wirtschaftlichen Auswirkungen jedoch in den Schatten stellen.

Wie das Internet der Dinge aussehen könnte

Die Verheißungen des IoT klingen rosig. Da Alltagsgegenstände mit Chips und Sensoren ausgestattet werden, erhalten wir bessere Informationen und leben viel bequemer. Wenn beispielsweise Ihr Wecker mit dem Internet verbunden ist, hat er Zugang zu Ihrem Kalender. Dann weiß er, wo und wann Ihr erster Termin des Tages liegt, und kann diese Daten mit den neuesten Verkehrsinformationen abgleichen. Wenig Verkehr und man kann noch zehn Minuten länger schlafen; starker Verkehr und man wird früher geweckt als erwartet. Wenn der Wecker dann klingelt, steuert er gleichzeitig sanft die Hausbeleuchtung und die Heizung an und lässt vielleicht sogar ein Bad ein. Die elektrische Haustierklappe öffnet sich automatisch und lässt Fido zu seinem Morgengeschäft in den Hinterhof. Und das Wichtigste: Die Kaffeemaschine braut pünktlich die erste Tasse Kaffee des Tages! Sie brauchen Ihre Kinder nicht zu fragen, ob sie ihre Zähne geputzt haben: Der Chip in ihren Zahnbürsten schickt eine Nachricht an Ihr Smartphone, wenn die Sache erledigt ist. Wenn Sie aus dem Haus gehen, müssen Sie nicht lange nach Ihren Schlüsseln suchen; dank des Signalsensors an der Schlüsselkette kann man sie innerhalb eines bestimmten Radius' im Hause finden. Das Zeitalter der Jetsons hat begonnen.

Der IoT-Hype ist zwar ein wenig übertrieben, doch ist alles oben Beschriebene bereits heute technisch möglich. Freilich wird es Hindernisse geben, insbesondere, weil es keine einheitlichen technischen Standards gibt. Eine große Bandbreite von Unternehmen, Konsortien und Regierungsbehörden arbeitet jedoch bereits mit Hochdruck daran, das Internet der Dinge in die Realität umzusetzen. Als Folge davon werden wir uns von der Vernetzung zur Hyper-Vernetzung bewegen – und wie alle Dinge, auf die das Moore'sche Gesetz anwendbar ist, wird dies eher eintreten, als wir es erwarten. Die Rechnerallgegenwart wird jeden Bereich menschlichen Tuns berühren, darunter den Verkehr, die Energiewirtschaft, die Finanzen, die Regierung, die Landwirtschaft, die Bildung, die öffentliche Sicherheit, das Reisen und den Handel.

Das Internet der Dinge bedeutet, dass alle physischen Objekte eine IP-Adresse bekommen und in Informationstechnologien eingebettet werden. Folglich wird Ihre Lampe, Ihre Katze oder Ihre Birkenfeige zu einem Teil eines IT-Netzwerkes. Dinge, die bis dato stumm gewesen sind, erhalten nun eine Stimme und jedes Objekt kann seine eigene Geschichte und Historie erzählen. Der Kühlschrank weiß genau, wann er hergestellt worden ist, kennt die Namen derjenigen, die ihn gebaut haben, und die Fabrik, aus der er stammt; er weiß, an welchen Tagen er vom Fließband ging, beim Händler eintraf und schließlich einen Platz in Ihrem Heimnetzwerk fand. Er merkt sich, wie oft seine Tür geöffnet wird und welches Ihrer Kinder vergessen hat, sie zu schließen. Wenn der Motor des Kühlschrankes eine Panne befürchtet, kann er ein Hilfssignal von sich geben, und wenn er irgendwann kaputtgeht, sagt er uns noch, wie wir ihn in Einzelteile zerlegen und diese am besten recyceln können. Bürogebäude kennen sämtliche Personen, die jemals in ihnen gearbeitet haben, Wohnhäuser alle, die je darin gelebt haben, und Straßenlaternen alle Autos, die an ihnen vorbeigefahren sind.

All diese Objekte kommunizieren miteinander und haben Zugriff auf die gewaltige Rechen- und Speicherleistung der Cloud, die noch durch zusätzliche mobile und soziale Netzwerke ergänzt wird. Wir werden in einer Welt leben, in der alles programmierbar und interaktiv ist. Objekte werden »smart« und können Angaben zu ihrem Standort und ihrer Umgebung, aber auch zu Geschwindigkeit, Temperatur, Fluss, Beschleunigung, Umweltgeräuschen, Kraft, Ladung, Drehmoment, Druck und Interaktionen machen. Die ersten Generationen smarter Telefone, Messgeräte, Uhren und Karten gibt es bereits heute, doch in der Zukunft könnten alle Dinge smart werden, ja, noch wesentlich smarter, als sie es heute schon sind. Wenn diese Geräte sich vernetzen, werden sie ihre eigene begrenzte Form von Empfindungsvermögen entwickeln. So entsteht schließlich eine Welt, in der Menschen, Daten und Dinge zusammenkommen. Als Folge des eingebetteten Computerwesens wird es »Milliarden intelligenter, vernetzter ›Dinge‹« geben, die sich in der Cloud zu einem weltweiten neuralen Netzwerk verbinden, das »jeden Aspekt unseres Lebens umfasst«[17].

Erlaubte das »alte« Internet noch den Informationsaustausch zwischen Desktops, Laptops und Servern, so wird das »neue« Internet es ermöglichen, jedes Objekt auf der Welt zu kontrollieren. Wie Joi Ito, Direktor des MIT Media Lab, erklärt, gibt es ein »Divergenzphänomen, bei dem Bits aus der digitalen Welt mit Atomen aus der physischen Welt verschmelzen«[18]. Jedes Ding wird sowohl in der virtuellen als auch in der physischen Welt eine Identität haben. Wenn das geschieht, verschwindet der einst so bedeutungsvolle Unterschied zwischen online und offline. Der Geschäftsführer von Cisco, John Chambers, sagte hierzu voraus, die Auswirkung des Internets der Dinge werde zwischen fünf und zehn Mal so stark sein wie die des Internets selbst.

In dieser Welt wird man alles wissen, was man bislang nicht wissen konnte. Zum Beispiel werden Lebensmittel vom Feld bis auf den Tisch verfolgbar sein und Restaurants werden zu jedem einzelnen Teller Daten darüber speichern, was sich darauf befindet, wer davon gegessen hat und wie schnell ihn die Kellner von der Küche an den Tisch gebracht haben. Wenn sich der nächste Ausbruch von Kolibakterien ereignet, müssen wir also nicht wieder 500 Lokalitäten schließen und uns fragten, ob nun das Hühnchen oder das Rindfleisch die Ursache war. Wir werden genau wissen, welches Restaurant, welchen Lieferanten und welchen Imbiss wir kontaktieren müssen, um das Problem rasch zu lösen. Das Internet der Dinge und seine Milliarden von Sensoren werden ein uns umgebendes, intelligentes Netzwerk bilden, das denkt, spürt, fühlt und unseren Erkenntnishorizont drastisch erweitert.

Nicht nur wird man wissen, was man bislang nicht wissen konnte, auch das Unmögliche wird auf einmal möglich. Dinge, die bislang einen Sinn hatten, werden plötzlich keinen mehr haben, beispielsweise Rauchmelder. Warum tun die meisten Rauchmelder nicht mehr, als laut zu piepen, wenn Menschenleben in Gefahr sind? Künftig werden sie die Schlafzimmerbeleuchtung einschalten, damit Sie rechtzeitig aufwachen, die Stereoanlage aufdrehen und eine laute Alarm-MP3 mit den Worten »Feuer, Feuer, Feuer!« abspielen. Außerdem werden sie die Feuerwehr rufen, die Nachbarn verständigen (für den Fall, dass Sie bewusstlos sind und Hilfe benötigen) und automatisch die Gaszufuhr der Haushaltsgeräte unterbrechen. Das Internet der Dinge kann jedoch nicht nur Menschenleben retten – dasselbe gilt für die Pflanzen.[19] Schon seit 2009 gibt es billige Feuchtigkeitssensoren, die man in die Topferde von Zimmerpflanzen steckt. Diese schicken Signale ans heimische Wi-Fi-Netzwerk und melden sich, wenn gegossen werden muss.

Nicht futuristisch genug? Wie wäre es mit einem Interspezies-Internet? Einem, das Elefanten, Delfine und Menschenaffen zum »Zwecke der Bereicherung, Forschung und Erhaltung« miteinander verbindet?[20] Das mag verrückt klingen, doch existiert so etwas bereits. In Australien beispielsweise sind über 300 Haie bei Twitter (natürlich haben sie sich nicht selbst angemeldet). Forscher versahen 338 Haie, darunter viele Weiße Haie, mit Sendern, die ein elektronisches Signal an Empfänger auf dem Festland schicken, wenn die Tiere dem Strand näher als 800 Meter kommen.[21] Für ein Land, das mehr tödliche Haiangriffe als jedes andere erleiden musste, rettet diese Erfindung Menschenleben und nebenbei haben die Twitter-Sharks inzwischen fast 40 000 Freunde gefunden.

Das IoT-Abfallprodukt wird ein lebendes, atmendes, globales Informationsnetz sein und die Technologie wird in einer Weise zum Leben erwachen, wie wir es bisher nur aus Science-Fiction-Filmen kannten. Wenngleich diese Zukunft weit hergeholt erscheinen mag, verdrängt die Kommunikation von Maschine zu Maschine doch längst die menschliche Online-Aktivität. So wurden Ende 2013 über 61,5 Prozent des gesamten Internet-Traffics von Dingen generiert.[22] Auf dem Weg zur Rechnerallgegenwart sind die Folgen und Auswirkungen dieses Phänomens atemberaubend. Einen guten Vergleich bietet die Elektrizität, die einst eine verblüffende Neuheit war und dann immer mehr in den Hintergrund trat, bis sie zu einem kaum wahrnehmbaren, omnipräsenten Medium wurde, das sich in konstanter Interaktion mit der physischen Welt befindet.[23] Bevor wir mit dem Internet der Dinge und dessen gewaltigen Potenzialen dasselbe geschehen lassen, müssen wir alle wichtigen und kritischen Fragen zu dieser schönen neuen Welt stellen. Die vielgestaltigen Vorzüge scheinen zwar offenkundig, doch stellt ein allumfassendes Internet auch ein großes Risiko dar. Durch einen elektrischen Schlag kann man sterben, und Entsprechendes trifft auch auf die Milliarden Dinge zu, die über das Internet vernetzt sind.

Alles wird vernetzt – ungesichert

Damit Dinge online gehen und miteinander kommunizieren können, müssen sie zunächst mit dem technologischen Äquivalent der Sprache ausgestattet werden. Wie wir am Fall des Texas Auto Center und der Technologie WebTeckPlus gesehen haben, können heutige Automobile tatsächlich »sprechen«: Sie senden Daten über ihren Standort und ihren technischen Zustand. Grundbedingung für die Umsetzung der Vision, die von den IoT-Befürwortern umrissen wird, ist es, Alltagsgegenständen die Fähigkeit zu verleihen, mit uns und miteinander zu sprechen.

Um dies zu bewerkstelligen, setzt das Internet der Dinge auf mehrere konkurrierende Kommunikationstechnologien und -protokolle. Auf Entfernung können mobile Standards zur Datenübermittlung wie LTE, 4G, GSM und CDMA Geräte mit dem Mobilfunknetz verbinden. Viele größere Geräte werden über feste Leitungen wie das Ethernet oder Glasfaserkabel miteinander kommunizieren können, doch aus finanziellen wie praktischen Gründen wird ein Großteil der Verbindungen vermutlich über drahtlose Netzwerke stattfinden. Das Resultat werden Milliarden in Dingen eingebettete Chips sein, die Standards wie Wi-Fi, Bluetooth, ZigBee, Z-Wave, Nahfeldkommunikation und Funkerkennung zur Kommunikation nutzen. Da der Preis solcher Tools sinkt, könnten neue Konsumartikel wie IBeacon von Apple oder die Standort-Tags von Tile zu allgegenwärtigen Bestandteilen unseres Alltags werden und uns gestatten, Dinge auf den Zentimeter genau zu verfolgen.

Die erste dieser für das Internet der Dinge grundlegend wichtigen Technologien, RFID, wurde bereits 1983 patentiert. In einem RFID-System werden drahtlose Niedrigenergiegeräte in Objekte eingebettet, um diese »smart« zu machen und die Kommunikation mit RFID-Lesegeräten zu ermöglichen. RFID-Tags, auch »Funketiketten« genannt, sind gedruckte elektronische Schaltkreise, die etwa so dick wie ein Blatt Papier und oft nicht größer als ein Geldstück sind, Centbeträge kosten und häufig als Aufkleber produziert werden. Sie bieten einen konstanten Datenaustausch in Echtzeit und können von Scannern gelesen werden, manchmal in einem Umkreis von bis zu 100 Metern. Selbst, wenn Sie mit der RFID-Technologie nicht vertraut sind, ist es doch gut möglich, dass Sie ihr schon begegnet sind, sei es in Form der Sicherheitskarte, mit der Sie Ihre Bürotür öffnen, Ihrer Bezahlkarte, des Schlüssels zu Ihrem Hotelzimmer, Ihres U-Bahn-Ausweises, in Bibliotheksbüchern oder auf den Etiketten von Kleidungsstücken. RFID wird von vielen als Schlüssel zum Internet der Dinge betrachtet und verspricht viele Annehmlichkeiten. Doch es gibt ein Problem: Die Technologie lässt sich allzu leicht hacken.

Es sind bereits Dutzende von Exploits gegen die RFID-Technologie bekannt geworden, deren Elektronik einfach zu knacken, zu blockieren und zu missbrauchen ist. Es gibt sogar einen aktiven »RFID-Untergrund«, in dem kontinuierlich an der Verbesserung solcher Angriffstechniken gearbeitet wird.[24] Die überwältigende Mehrheit heutiger RFID-Tags ist nicht mit Sicherheits-, Verschlüsselungs- oder Datenschutzprotokollen versehen. Dieser Mangel hat es dem Sicherheitshacker Francis Brown ermöglicht, für unter 400 Dollar eigene RFID-Lesegeräte zu bauen, mit denen Daten von Smart Cards gescannt, kopiert, geklont und gestohlen werden können.[25] Wenn Sie also beim Lebensmittelhändler Schlange stehen, in einem überfüllten U-Bahn-Waggon sitzen, im

Fahrstuhl zu ihrem Büro stehen oder bei Starbucks auf Ihren morgendlichen Café Latte warten, startet Brown einen sogenannten »Brush-Pass-Angriff«. Während er lächelnd dasteht oder vielleicht sogar mit Ihnen plaudert, kann das tragbare RFID-Lesegerät, das er in seiner Tasche versteckt hält, die Schlüsselkarte in Ihrer Brieftasche, Manteltasche oder Geldbörse anzapfen und alle darauf befindlichen Daten abschöpfen. Na und?

Die Gefahr besteht darin: Brown kann sein RFID-Lesegerät mit seinem Computer verbinden und damit seine eigenen RFID-Karten klonen. Er kann also in Ihr Büro, Ihr Hotelzimmer oder Ihr Zuhause eindringen, wann immer es ihm beliebt. Jedes bei *Fortune* 500 aufgelistete Unternehmen in Amerika verwendet Mitarbeiter-Abzeichen, um den Zugang zu seinen Bürogebäuden zu kontrollieren, und Browns Erfolgsquote beim Klonen solcher Karten liegt bei 100 Prozent.[26] Das hat enorme Auswirkungen – von der Industriespionage über den gewöhnlichen Einbruch bis hin zur Mitarbeitersicherheit. Als vorherrschendes System für Sicherheit und Identitätskontrolle am Arbeitsplatz sind die unsicheren RFID-Karten somit vollkommen untauglich. Schlimmer noch: Solche Karten lassen sich nicht einfach durch das Herunterladen neuer Software aktualisieren wie ein PC. Jede einzelne müsste ersetzt werden – für ein Unternehmen mit 100 000 Mitarbeitern ein ziemlich teurer Spaß.

Selbst, wenn Sie bei der Arbeit keine RFID-Karte verwenden, ist es gut möglich, dass die Kreditkarte in Ihrem Geldbeutel bereits mit dieser Technologie ausgestattet ist oder bald ausgestattet sein wird. Hackern ist es gelungen, auch diese zu knacken, und zwar mit billigen RFID-Lesegeräten, die für 50 Dollar über eBay erhältlich sind. Diese kabellosen Tools gestatten es, die Kreditkartennummer, das Auslaufdatum und den Sicherheitscode zu lesen. Sekunden später werden diese Daten dann mit einem 300 Dollar teuren Magnetisierungsgerät auf eine neue Karte geschrieben, die für betrügerische Einkäufe genutzt werden kann. Insgesamt kann der gesamte Vorgang innerhalb weniger Minuten abgeschlossen werden.[27] Willkommen beim Taschendiebstahl 2.0, bei dem die Diebe nicht einmal mehr die Hand in die Taschen ihrer Opfer zu stecken brauchen.

Die Techniken zum Hacken von RFID sind einfach zu erlernen. Es gibt Hunderte von Websites und Videos, wo den Hackern genau gezeigt wird, wie man es richtig macht. Führt man sich vor Augen, dass in naher Zukunft Milliarden Dinge online gehen und dabei RFID als Hauptsprache zur Interaktion mit der Welt verwenden, wird einem angst und bange. Selbstverständlich können RFID-Chips auch mit Viren infiziert werden. Wie GPS-Signale lässt sich RFID zudem blockieren, sodass einem der Zugang zum Büro verwehrt wird oder

Diebe teure Waren stehlen können, die von den Einzelhändlern eigens mit elektronischen Tags versehen wurden.[28] Eine weitere beliebte IoT-Kommunikationstechnologie ist der kleine Bruder von RFID, bekannt unter der Bezeichnung Nahfeldkommunikation (Near Field Communication, NFC), die derzeit in 20 Prozent aller Mobiltelefone eingebaut wird, insbesondere in Android-Modelle.[29] Für NFC gibt es viele Anwendungsbereiche, doch am weitesten verbreitet sind mobile Bezahldienste wie Google Wallet.

Um für ein Produkt zu bezahlen, braucht man nur sein Telefon über ein NFC-Lesegerät zu schwenken und die Summe wird aus dem virtuellen Geldbeutel des Telefons entnommen oder von der Kreditkarte abgebucht. Doch auch NFC ist leicht angreifbar. Hackerapps wie NFCProxy können NFC-Kreditkartendaten in Echtzeit kopieren und sie später wieder ausspucken, wenn die Übeltäter sie dazu verwenden, nach eigenem Belieben Waren und Dienstleistungen einzukaufen.[30] Auch Google Wallet ist bereits mehrfach gehackt worden, wobei unter anderem PINs illegal ausgelesen und auf dem Mobiltelefon gespeicherte Geldbeträge abgebucht wurden.[31] Nun, da das iPhone via Apple Pay immer mehr mobile Zahlungen ermöglicht, ist es sehr wahrscheinlich, dass die Verbrecher bereits daran arbeiten, auch das Sicherheitssystem von Apple zu umgehen.

In einem anderen Fall gelang es einem Hacker, den NFC-Chip eines Mobiltelefons in seiner Nähe zu knacken, das Gerät unter seine Kontrolle zu bringen, damit zu telefonieren, Textnachrichten zu verschicken und auf Daten zuzugreifen – alles ohne Wissen des rechtmäßigen Besitzers.[32] NFC-Apps auf Mobiltelefonen werden bereits dazu verwendet, Fahrten des Nahverkehrs zu bezahlen. Gauner in San Francisco und New Jersey haben mittels einer App namens UltraReset die NFC-Drehkreuze gehackt: Die Software »begleicht« sämtliche von den Zugbetreibern ausgewiesenen Fahrtkosten, was lebenslange Freifahrten mit der U-Bahn bedeutet.[33]

Eine andere drahtlose IoT-Kommunikationstechnologie, die sehr weit verbreitet und beliebt ist, ist Bluetooth. Wie RFID und NFC lässt sich aber auch diese leicht unterwandern. Es gibt Dutzende einfach zu handhabender Gratis-Apps und -programme wie Blue Scanner, Blue Bugger, BT Browser und Blue Sniff, die es böswilligen Menschen einfach machen, sich mit einem Bluetooth-Gerät zu verbinden und es unter ihre Kontrolle zu bringen. Solche Tools gestatten über den Bluetooth-Port den nicht autorisierten Zugriff – genannt Bluesnarfing – auf sämtliche Daten, die auf Smartphones, Desktops und Laptops gespeichert sind. Zudem können sie Daten abfangen, die man über drahtlose Tastaturen eingibt, Textnachrichten lesen, heimlich Fotos schießen und sogar über das Bluetooth-Headset mithören, wenn Sie am Flughafen auf Ihre Maschine warten.[34]

Der Goldrausch des Internets der Dinge hat längst eingesetzt, und es gibt kein Zurück mehr. Die Vernetzung in einem weltweiten Internet der Dinge mag tatsächlich ungeheure Vorteile bieten, die ungesicherte Vernetzung von allem und jedem aber nicht. Bevor wir weitere Milliarden leicht zu hackender Dinge vernetzen und über ebenso leicht zu hackende Übertragungsprotokolle kommunizieren, müssen wir hinsichtlich der zu erwartenden exponentiellen Auswirkungen für Sicherheit, Verbrechen, Terrorismus, Kriegführung und Datenschutz wichtige Fragen zu den damit verbundenen Risiken stellen.

Die Auslöschung der Privatsphäre

Schon heute lässt sich jede Bewegung, die wir online machen, verfolgen, aufzeichnen, verkaufen und zu Geld machen. Dasselbe wird bald auch in der physischen Welt möglich sein. Der reale Raum wird sich nicht mehr vom Cyberspace unterscheiden, und wenn sämtliche Dinge um uns herum im Internet der Dinge vernetzt sind, wird eine aussagekräftige Differenzierung zwischen der Online- und der Offline-Welt nicht mehr möglich sein.

Durch die zunehmende Vernetzung von Geräten wird das, was die Menschen zu Hause, im Auto, am Arbeitsplatz, in der Schule oder in der Gemeinde tun, von der Herstellern immer stärker überwacht und analysiert. Diese Daten werden an die Werbeindustrie, an Datenhändler und Regierungen gleichermaßen verkauft und bieten einen bis dato ungekannten Einblick in unseren Alltag. Wie unsere sozialen, mobilen, standortbezogenen und finanziellen Informationen werden leider auch unsere IoT-Daten Lecks haben und damit Stalkern und anderen Bösewichtern weitere Möglichkeiten bieten, uns konstant zu beobachten. Zwar wäre es bestimmt kein Problem, entsprechende Verordnungen zu erlassen und Datenschutzprotokolle einzuführen, die den Verbraucher vor derlei Aktivitäten schützen. Geht man jedoch von den Erfahrungen der Vergangenheit aus, ist es viel wahrscheinlicher, dass jedem IoT-fähigen Gerät – sei es ein Bügeleisen, ein Staubsauger, ein Kühlschrank, ein Thermostat oder eine Glühbirne – Nutzungsbedingungen beiliegen, die den großen Herstellern Zugang zu sämtlichen Verbraucherdaten gewähren. Noch besorgniserregender ist, dass man sich in seinem gut vernetzten »smarten« Zuhause nicht mehr einfach ausloggen kann, wie es im Cyberspace – zumindest theoretisch – noch möglich ist. Folglich wird alles, was sich hinter verschlossenen Türen ereignet, noch transparenter für Menschen, denen Sie niemals die Tür öffnen würden. Die Spanner des 21. Jahrhunderts lassen sich in dieser Welt nicht dadurch ausschließen, dass man die Jalousien herunterlässt.[35]

Möglicherweise werden wir täglich mit tausenden kleinen Objekten um uns herum interagieren, von denen jedes einzelne ununterbrochen Daten sammelt und an die Cloud sendet, wo sie verarbeitet, in Bezug gesetzt und analysiert werden. Ihre intelligente Uhr wird Ihrer Krankenversicherung anzeigen, dass Sie sich zu wenig bewegen, Ihr Auto wird der Kfz-Versicherung Ihre regelmäßigen Geschwindigkeitsübertretungen offenbaren und Ihr Mülleimer wird der Gemeinde kundtun, dass Sie sich nicht an die örtliche Recyclingverordnung halten. Dies ist das Internet der Spitzel, und wenngleich das Szenario weit hergeholt erscheint, ist es doch bereits Realität. Autoversicherungsgesellschaften wie Progressive bieten bei gutem Fahrverhalten persönliche Rabatte. »Besser fahren und sparen«, lautet der Werbeslogan. Um die niedrigeren Prämien zu bekommen, müssen die Fahrer lediglich der Installation der Blackbox-Technologie Snapshot in ihrem Fahrzeug und der dauerhaften Überwachung ihres Brems- und Beschleunigungsverhaltens sowie der Fahrleistung zustimmen.[36] Ein Blick in die Zukunft lässt es durchaus glaubhaft erscheinen, dass man Fahrern, die mit dem Einbau solcher Vorrichtungen in ihre Autos nicht einverstanden sind, derart gesalzene Preise anbietet, dass sie schließlich doch einwilligen.

Daneben wird das Internet der Dinge gewaltige neue Möglichkeiten für die Werbeindustrie bieten, den Verbraucher über seine neuen, intelligenten und vernetzten Geräte zu erreichen und direkt anzusprechen. Das heißt: Jedes Mal, wenn Sie an Ihren Kühlschrank gehen, um etwas Eis zu holen, werden Sie mit Produktwerbung berieselt, die darauf basiert, was Ihr Kühlschrank über Ihr durchschnittliches Einkaufsverhalten weiß. Außerdem wird es überall Bildschirme geben. Marketingstrategen schmieden bereits Pläne für diese neue Fülle an Werbemöglichkeiten. Ende 2013 schickte Google einen Brief an die Securities and Exchange Commission, in dem es hieß: »Wir und andere Unternehmen könnten [bald] Werbung und andere Inhalte auf Kühlschränken, Armaturenbrettern, Thermostaten, Brillen und Uhren platzieren, um nur einige Möglichkeiten zu nennen.«[37] In dem Wissen, dass Google bereits unsere Gmails liest, jede unserer Suchanfragen im Internet aufzeichnet und über unser Android-Mobiltelefon auch unseren physischen Standort verfolgt, fragt man sich, welche neuen, tiefen Einblicke in unser Privatleben das Unternehmen noch entwickeln wird, wenn sein Unterhaltungssystem in unserem Auto installiert ist, sein Thermostat die Temperatur in unserem Haus reguliert und seine intelligente Uhr unsere physische Aktivität überwacht.

RFID und andere IoT-Kommunikationstechnologien können nicht nur unbelebte Objekte überwachen, sondern auch lebende. Viele Haustierfreunde und Tierärzte kennen bereits Unternehmen wie PetLink, HomeAgain und AKC Reunite, die implantierbare RFID-Chips anbieten, damit Hunde und Katzen identifiziert und nach Hause gebracht werden können, wenn sie einmal fortgelaufen sind. Weniger bekannt ist vermutlich, dass zunehmend auch menschliche Wesen über RFID-Armbandsysteme zwangsweise überwacht werden. In Haftanstalten von Los Angeles bis Washington, D.C. ist dies fast schon Usus. In manchen Ländern, etwa in Großbritannien, denken Regierungsbehörden sogar darüber nach, Häftlingen RFID-Chips direkt unter die Haut zu implantieren, wie es bei Hunden bereits gang und gäbe ist.[38] Viele werden bestimmt nichts dagegen haben, dass verurteilte Verbrecher einer solchen RFID-Überwachung unterstehen, doch sähen sie das Ganze bestimmt anders, wenn es dabei um ihre eigenen Kinder ginge.

Schulbehörden in den gesamten Vereinigten Staaten haben damit begonnen, RFID-Chips in Schülerausweise zu integrieren, welche die Schüler jederzeit mit sich führen müssen. Im kalifornischen Contra Costa County müssen Vorschulkinder inzwischen eine Art Basketballshirt mit eingebautem Peilsender tragen, damit Lehrer und Verwaltung jederzeit wissen, wo sich ein Schüler gerade befindet. Der Schuldistriktsbehörde zufolge spart das RFID-System »jährlich 3000 Arbeitsstunden bei Suche und Sachbearbeitung«[39].

Wenn Menschen gezwungen sind, sich mit dem Internet der Dinge zu vernetzen, entsteht dadurch freilich eine Fülle von Problemen im Zusammenhang mit Datenschutz und öffentlicher Ordnung. Eben jenes RFID-System, das eine dauerhafte Überwachung von Schülern gestattet, kann auch diejenigen aussondern, die zu viel »in Bewegung sind« und dadurch als hyperaktiv, aufsässig und besser geeignet für »alternative Schulen« gebrandmarkt werden. Schülern, die nicht verfolgt werden wollen, teilt man mit, sie hätten eben »Pech gehabt«. Die Zehntklässlerin Andrea Hernandez flog 2013 von einer Highschool in San Antonio, Texas, weil sie sich weigerte, auf dem Schulgelände ein RFID-Gerät zu tragen.[40]

Derweil wird es immer einfacher werden, Mitarbeitern nachzuspüren – was sie an ihren Rechnern treiben, wie lange sie Mittagspause machen oder wie viel Zeit sie für den Toilettengang benötigen. Es lässt sich sogar noch viel mehr aufzeichnen: Augenbewegungen, Atmung, Detailgenauigkeit, nicht am Schreibtisch verbrachte Zeit oder die Anzahl getippter Wörter pro Minute. Das Ergebnis ist ein moderner Arbeitsplatz, der zwar produktiv ist, aber zunehmend einem Gefängnis ähnelt. Im Übrigen werden nicht nur Arbeitgeber – aus Gründen der

Effizienz und Kontrolle – Zugang zu IoT-Daten haben, sondern auch die Regierung. Schon heute recherchieren Polizeibehörden bei örtlichen Versorgungseinrichtungen, um Kunden mit ungewöhnlich hoher Stromrechnung ausfindig zu machen, weil sie vermuten, dass dies auf einen Marihuanaanbau im Haus hindeutet. Es wurden schon Hausdurchsuchungs- und Haftbefehle erlassen, die sich auf nichts weiter als eine Stromrechnung stützten.[41] In der Zukunft könnten die Strafverfolgungsbehörden in der Lage sein, das formale Ermittlungsverfahren komplett zu umgehen und einfach Ihren »smarten« Zähler ferngesteuert abzulesen, um zu sehen, ob Ihr Energieverbrauch »außerhalb des Profils« für Wohngebäude in Ihrem Viertel liegt.

Am Schauplatz eines vermuteten Verbrechens werden die Beamten Ihrem Kühlschrank, salopp formuliert, die Frage stellen: »He, Kumpel, hast du vielleicht irgendwas gesehen?« Sozialarbeiter werden erkennen, wenn in einem betreuten Zuhause die Milch oder die Windeln ausgehen oder sich im Kühlschrank seit einer Woche außer Bier nichts befindet. Das Internet der Dinge ermöglicht auch eine »perfekte Strafverfolgung«. Wenn alles voller Sensoren ist und sämtliche Daten rückverfolgt und aufgezeichnet werden, ist es viel wahrscheinlicher, dass man bei einer Geschwindigkeitsübertretung von ein, zwei Stundenkilometern oder einer Überschreitung der Höchstparkdauer von wenigen Sekunden einen Strafzettel bekommt. Wie die heutigen Rotlichtkameras gezeigt haben, bleibt nichts verborgen, wenn alles vernetzt ist, insbesondere, wenn Verstöße neue Einnahmequellen für Regierungsbehörden und deren Geschäftspartner bieten.

Der ehemalige CIA-Direktor David Petraeus sagte, das Internet der Dinge werde »die Spionagepraxis grundlegend verändern«[42]. Sah das alte Modell der Unternehmens- und Regierungsspionage noch so aus, dass man über eine unter dem Tisch versteckte Wanze die Gespräche in einem Konferenzraum abhörte, so könnten dieselben Informationen morgen über Daten eingeholt werden, die eine Wi-Fi-Glühbirne an die Beleuchtungs-App eines Smartphones sendet. Die Dinge und Geräte, die uns angeblich das Leben erleichtern sollen, könnten tatsächlich also in fremden Diensten stehen, insbesondere denen des organisierten Verbrechens.

Wenn die Hardware gehackt wird

Eine wesentlich seltenere Kaste von Hackern nimmt die physischen Elemente eines Computersystems ins Visier, etwa Mikrophone, Elektronik, Steuerungselemente, Speicher, Schaltkreise, Komponenten, Transistoren und Sensoren – Kernelemente des Internets der Dinge. Solche Hacker greifen die Hardware eines Gerätes an, also die Maschinenbefehle, die sich in jedem elektronischen Gerät befinden, etwa in Fernsehern, Stereoempfängern, Mobiltelefonen, Spielkonsolen, Digitalkameras, Festplatten, Druckern, Automobilen, Bordelektronik, Heiz- und Klimasystemen, Netzwerkroutern, Alarmanlagen, Überwachungskameras, SCADA-Industriekontrollsystemen, USB-Sticks, Ampeln, Parkuhren, Zapfsäulen, Digitaluhren, Sensoren, intelligenten Hausmanagementsystemen, Robotertechnik und speicherprogrammierbaren Steuerungen (wie jenen, die von den Iranern in Natanz verwendet werden). Die überwiegende Masse »intelligenter« Dinge ist strohdumm und lässt sich nicht einmal nachrüsten.

Die kleinen eingebetteten Computer, die das Internet der Dinge ausmachen, ebenso wie das Gros unserer Alltagselektronik verfügen tatsächlich nur über eine sehr begrenzte Rechenleistung und Speicherkapazität. Als Folge dieser Einschränkungen müssen sie nach extrem genauen Spezifikationen hergestellt werden, die gerade die von ihren Schöpfern ersonnenen Funktionen ermöglichen, was herzlich wenig Spielraum für solch »triviale« Dinge wie Sicherheit lässt, die bei der Produktion meist keine Rolle spielen. Der meisten Firmware mangelt es an einem automatischen Selbstupdate-Mechanismus zur Lösung von Funktionalitäts- oder Sicherheitsproblemen, die nach der Auslieferung erkannt werden. Das bedeutet, dass ein großer Teil der Geräte, die bereits seit fünf oder zehn Jahren am Netz hängen, leichte Beute sind. Bei teureren Geräten wie Smartphones ist die Firmware aktualisierbar, damit Verbesserungen und Sicherheitseinstellungen heruntergeladen werden können. Für die Mehrheit anderer elektronischer Geräte gilt jedoch, dass die Hersteller eine Firmware im Rahmen der erwarteten Lebensdauer nur selten ändern, da dies möglicherweise den Austausch eingebauter Schaltkreise erforderlich machen würde – eine teure und damit ökonomisch vollkommen uninteressante Angelegenheit. Doch selbst wenn Ihr Mobiltelefon über die neueste Firmware verfügt, gibt es immer noch Gefahren, die es zu beachten gilt.

Viele Nutzer von iPhones oder Androids begreifen zwar, dass ein Download der falschen App oder Datei ihre Telefone mit einem Virus infizieren kann, doch nur wenige wissen, dass die Wahl des falschen Ladegeräts dasselbe anrichten kann. Hackern ist es bereits gelungen, einen Hardware-Virus direkt in ein gehacktes USB-Ladegerät einzubauen, mit dem Apple-Geräte angegriffen werden können. Für eine Infektion genügt es schon, wenn man ein derart gefährliches Kabel in sein Mobiltelefon steckt.[43] Durch die Modifikation von Firmware und Elektronik des unschuldigen kleinen Steckers, mit dem wir unsere Telefone aufladen, gelang es den Angreifern, die Sicherheitseinstellungen des iPhones zu überwinden und das Gerät zu infizieren. Keine Warnung wurde eingeblendet und die versteckt laufende Schadsoftware tauchte in der Liste aktiver Programme nicht auf. Im Hintergrund aber installierte das böswillige Ladegerät eine Hintertür, die es den Hackern gestattete, Telefonate zu führen, Texte zu lesen, Bankdaten zu stehlen, Kontenpasswörter zu klauen und die Bewegungen der Telefonnutzer mitzuverfolgen.[44] Diese Methode des Hackings wird als »Juice Jacking« bezeichnet; das böswillige Ladegerät ließ sich für unter 50 Dollar bauen – etwas, das man im Hinterkopf behalten sollte, wenn man seinen sterbenden Akku das nächste Mal mit einer öffentlichen Ladestation am Flughafen, im Hotel oder im örtlichen Einkaufszentrum verbindet (Orte, an denen Hacker solche Geräte vorzugsweise platzieren, um möglichst viele Endnutzergeräte zu infizieren).

Rechtswidrig modifizierte Ladegeräte sind nicht die einzigen Hardware-Überraschungen, vor denen wir heutzutage auf der Hut sein müssen. Im Prinzip kann mittlerweile so gut wie alles mit einem Mikrocontroller oder einem Sensor ausgestattet werden – und damit mit »Zusatzfunktionen«, die niemand will. Im Jahre 2013 stellten russische Zollbehörden fest, dass verschiedene in China hergestellte Konsumgüter, darunter elektronische Teekessel und Bügeleisen, mit Modifikationen versehen waren, über welche die russischen Behörden alles andere als erfreut waren.[45] Die Geräte enthielten verborgene Miniatur-Wi-Fi-Karten, die innerhalb eines Radius' von 200 Metern jedes offene Internet mit Schadsoftware verseuchen und »zu Hause anrufen« konnten, um geheime Botschaften zurück nach China zu schicken.[46] Diese Bügeleisen und Teekessel konnten sich nicht nur in Wi-Fi-Netzwerke einschleichen (was von einem gewöhnlichen Bügeleisen niemand erwarten würde), sondern darüber hinaus Heimnetzwerke missbrauchen, um andere Computer im Haus zu verseuchen und an die Nachbarn und den Rest der Welt Spam-Botschaften zu verschicken. Wir glauben zwar gerne, dass Spionagebügeleisen und gehackte iPhone-Ladegeräte bizarre Ausnahmeerscheinungen sind, doch bilden sie tatsächlich nur die Vorhut der wesentlich umfassenderen und ernsteren Bedrohungen, die durch die rasche und milliardenfache Vernetzung von Objekten mit dem weltweiten Informationsnetz entstehen.

Mehr Verbindungen, mehr Schwachstellen

Das Internet der Dinge bietet zwar viele Vorteile, doch die potenziellen Kehrseiten sind erschreckend. Werden bis zum Jahre 2020 weitere 50 Milliarden Objekte mit dem globalen Informationsnetz verbunden, bedeutet dies, dass jedes dieser Objekte – zum Guten wie zum Schlechten – mit den anderen 50 Milliarden vernetzten Objekten auf der Welt interagieren kann. Das Resultat sind 2,5 Sextillionen potenzieller Interaktionen von Objekt zu Objekt, ein Netzwerk, das so riesig und so komplex ist, dass es sich kaum erfassen, geschweige denn gestalten lässt. Das Internet der Dinge wird ein globales Netzwerk unbeabsichtigter Konsequenzen und unvorhersehbarer Ereignisse sein, die sich niemand ausgedacht oder absichtlich geplant hat. Unstrittig mag ein solches Netzwerk seine Vorzüge haben, doch ist es ebenso gut möglich, dass es dadurch zu weniger wünschenswerten Entwicklungen kommt, mit negativen Auswirkungen auf die weltweite Sicherheit, die persönliche Privatsphäre und die Menschenrechte.[47] Wenn man darüber hinaus glaubt, die Anzahl der Error-Meldungen und Softwareabstürze, mit denen wir heute zu kämpfen haben, wäre schon ein Problem, bekommt man eine vage Vorstellung davon, was passiert, wenn von den Schuhen über die Mikrowelle bis zum Auto alles vernetzt ist. Ein erzwungener Neustart des Kühlschranks, des Thermostats oder – damit man hinausfahren kann – des Garagentors wird sicher keinen besonderen Spaß machen. Wenn es jemals eine Technologie gab, die den Schmetterlingseffekt verkörperte, dann ganz gewiss das Internet der Dinge. In dieser Welt ist es unmöglich, die Folgen der Vernetzung des eigenen Küchenmixers mit einem Krankenwagen in Tokio, einer Brücke in Sydney oder einem Fließband in einer Detroiter Autofabrik abzuschätzen – und doch wird über das globale Informationsnetz alles auf die eine oder andere Weise miteinander verbunden sein.

Während einige der modernsten Forschungs- und Technologiefirmen der Welt die Errichtung des IoT vorantreiben (und sich dabei ihren Anteil an diesem Multimilliarden-Wirtschaftszweig sichern), arbeiten ihre Kollegen in den IT-Sicherheitsabteilungen noch fieberhaft daran, mit den Zero-Day-Attacken von gestern oder der aktuellen Schadsoftwarekrise fertig zu werden. Es gibt kaum Zeit, darüber zu spekulieren, was als nächstes kommt. Das gewaltige Ausmaß heutiger Cyberkriminalität macht bereits überdeutlich, dass wir nicht einmal die Standard-PCs und Laptops, mit denen wir derzeit online gehen, ausreichend schützen können, ganz zu schweigen von den hunderten Millionen mobiler Telefone und Tablets, die Jahr für Jahr neu hinzukommen. In welcher

Zukunftsvision also sollten wir auch nur eine Ahnung davon haben, wie die nächsten 50 Milliarden Dinge zu schützen sind, mit denen wir online gehen? Angesichts unserer Unfähigkeit, die heutige globale Informationsmatrix zu sichern, muss man sich fragen, wie wir jemals eine Welt schützen wollen, in der jedes physische Objekt vom Haustier über den Herzschrittmacher bis zum selbstfahrenden Auto mit dem Netz verbunden ist und von jedem Ort des Planeten aus gehackt werden kann. Die Antwort liegt auf der Hand: Gar nicht.

Das Internet der Dinge wird ein neuer Tummelplatz für Hacker sein, ein Füllhorn an Gelegenheiten für all jene, welche die Mittel und die Motivation besitzen, unsere technologische Unsicherheit böswillig auszunutzen. Das Internet der Dinge und seine zugrundeliegenden Unsicherheitsprotokolle werden eine wahre Büchse der Pandora mit Sicherheitsschwachstellen in ungekanntem Ausmaß öffnen und dadurch möglicherweise systemische Fehlfunktionen hervorrufen, deren Reichweite gleichermaßen unvorhersehbar, außergewöhnlich und erschreckend ist.

Houston, wir haben ein Problem, insbesondere mit unserer Bedrohungsoberfläche – soll heißen: der Summe der verschiedenen Punkte oder Angriffsvektoren, über welche ein Feind zuschlagen kann. Die Herausforderung des IoT besteht darin, dass unsere technologische Bedrohungsoberfläche exponentiell wächst und wir schlicht und einfach nicht wissen, wie wir uns wirksam schützen sollen. Die Logik ist klar: Je mehr Türen und Fenster man hat, desto mehr Möglichkeiten hat ein Einbrecher, ins Haus zu gelangen – insbesondere, wenn dieses Haus vernetzt ist.

KAPITEL 13

Hacker im trauten Heim

Blake Robbins, Schüler im Lower Merion School District, konnte sich nicht vorstellen, warum er ins Rektorat bestellt wurde. Als die stellvertretende Direktorin dem Sechzehnjährigen »unangemessenes Verhalten« vorwarf, erwiderte Robbins, er habe keine Ahnung, wovon sie spreche. Sie erklärte: Sie wisse, dass er mit Drogen deale, und drohte mit einem Verweis von der Schule. Der Sechzehnjährige leugnete die Anschuldigungen aufs Heftigste, bis schließlich die Angestellte ihren Laptop umdrehte und mehrere Bilder von Robbins in seinem eigenen Zimmer zeigte, wie er kleine ovale Süßigkeiten aus der Hand aß. Der Junge war schockiert und fragte, woher die Fotos stammten. Die Schulvertreterin schien es nicht für nötig zu halten, darauf einzugehen.

Robbins ging nach Hause und berichtete seinen Eltern von dem Vorfall, die dann den Schulbezirk damit konfrontierten. Es stellte sich heraus, dass Robbins keine Drogen nahm oder damit dealte, er hatte nur rote Süßigkeiten gegessen und seine Eltern wussten das. Doch wie in aller Welt kam die Schule zu einem Foto des Sechzehnjährigen, der in seinem Zimmer Bonbons aß? Durch ein ausgeklügeltes Spionageprogramm, das angeblich zur Sicherung von Schuleigentum eingesetzt wurde.

Der wohlhabende Schulbezirk rüstete 2300 Schüler der Highschool mit Laptops aus, um sie beim Lernen zu unterstützen. Allerdings wurde weder den Schülern noch den Eltern mitgeteilt, dass in den Laptops Software installiert war, die den Administratoren von außen Zugang zu allen Aktivitäten der Schüler auf den Geräten verschaffte, auch zu den Chats, und die die besuchten Websites aufzeichnete. Die Schulvertreter konnten ebenfalls von außen die Kameras der Laptops steuern und die Schüler jederzeit aufnehmen, wenn die Laptops offen waren – all das geschah angeblich, um die Auffindung verlorener oder gestohlener Laptops zu erleichtern. Das ferngesteuerte Spionagesystem war so eingestellt, dass es automatisch alle 15 Minuten Schnappschüsse machte, wenn ein Laptop lief, doch man konnte den Zeitrahmen auch auf 60 Sekunden stellen, wenn bei Schülern der Verdacht auf »unangemessenes Verhalten« bestand.

Die Fotos wurden auf den Webserver des Schulbezirks geladen und dort einzeln von Angestellten des Schulbezirks geprüft. Diese fanden über 56 000 Bilder, auch von nackten Kindern in ihren Zimmern, im Bad und an anderen Orten. Die Schulverwaltung nahm allein von Robbins mehr als 400 Bilder auf, sobald er einmal unter Verdacht unangemessenen Verhaltens stand, obwohl nie die Polizei verständigt wurde und obwohl der Schulbezirk nie einen Durchsuchungsbefehl für seine Eingriffe in die Privatsphäre anderer erlangt hatte. Als das unerhörte Verhalten des Schulbezirks öffentlich wurde, kam es zu zahlreichen Anzeigen, auch von Robbins' Eltern, und das FBI nahm Ermittlungen gegen den Schulbezirk auf.[1] »Sie könnten genauso in meinem Zimmer sitzen und mich ohne mein Wissen beobachten«, sagte Robbins gegenüber *Good Morning America*.[2] Leider war der Schüler noch zu jung und kannte die prophetische Warnung vor Geschenken noch nicht, die mit Hintergedanken gemacht werden. Das Thema wird ihn dann im letzten Schuljahr bei Virgils *Aeneis* beschäftigen.

Offene Kamera

Wenn ein Schulbezirk, ein Staatsorgan, die Möglichkeit hat, uns nach Belieben zu Hause ohne Durchsuchungsbefehl auszuspähen, dann wird deutlich, dass das Zeitalter der alles durchdringenden universellen Überwachung angebrochen ist. Von London bis New York, Chicago und Beijing sind Überwachungskamerasysteme, CCTV, und Netzwerke installiert, um uns vor realen und eingebildeten Bedrohungen zu schützen. Allein in einer Stadt, in Chongqing im Südwesten Chinas, haben staatliche Vertreter 500 000 Kameras installiert, um politische und religiöse Unruhen sowie andere »organisierte Straftaten« zu beobachten.[3] Zwar hatte früher einmal die Regierung ein Monopol auf solche Sicherheitssysteme, doch heute begegnen wir Kameras genauso in Lebensmittelläden, Tankstellen, Autohäusern, Krankenhäusern, Schulen, Bürogebäuden, auf Brücken, in Tunneln, Bars, Taxen, Bussen, Zügen, Arztpraxen und Reinigungen. Wir haben sie auch in unseren Laptops, Handys, Spielekonsolen, Fernsehern, Tablets, Systemen zur Beaufsichtigung von Kindern und in Haus-Sicherheitsanlagen. Je allgegenwärtiger sie werden, desto weniger sind wir uns ihrer Existenz bewusst. Angesichts der niedrigen Kosten für diese Videosensoren wird es immer mehr davon in unserem Leben geben – das Internet entwickelt sozusagen seinen Gesichtssinn.

Die Möglichkeiten und die Qualität heutiger Kameras steigen ins Unermessliche und sind weit von den körnigen Schwarzweißbildern der Vergangenheit entfernt. Das amerikanische Verteidigungsministerium besitzt bereits eine 1,8 Gigapixel-Kamera, die, wenn sie auf eine Drohne montiert wird, »aus einer Höhe von 6000 Metern Ziele in der Größe von 15 cm ausmachen kann«. (Zweifellos wird diese Technologie in naher Zukunft auch auf dem freien Markt verfügbar sein.)[4] Außerdem nehmen die heutigen Kameras nicht nur auf; sie sehen und verstehen, wenn ihre Sensoren mit Algorithmen für die Cloud und Big-Data-Analysen verbunden sind. Daher können Kameras auch Gesichter erkennen, Nummernschilder lesen und auch erkennen, dass ein Gepäckstück (eine potenzielle Bombe) zu lange allein an einem Ort stand.[5] Diese Auswertungen sind sowohl in Echtzeit als auch nachträglich möglich. So können Millionen Stunden vor langer Zeit aufgenommener Filmsequenzen nach einer »Frau mit rotem Hut« durchsucht werden.

Leider können die Tools, die uns beschützen sollen, uns auch in falscher Sicherheit wiegen, denn hunderte Millionen Online-Kameras weltweit sind auch ein Angriffsziel für böswillige Hacker. Wie erwähnt kann die Kamera eines Handys mithilfe leicht verfügbarer Tools wie Mobile Spy (bereits 60 000 mal verkauft) auch leicht per Fernbedienung ohne Ihr Wissen eingeschaltet werden.

Eine junge Frau, Cassidy Wolf, Miss Teen USA, musste diese Erfahrung machen. Ein Hacker hatte ihren offenen Laptop in ihrem Zimmer übernommen und machte Aufnahmen von ihr, wie sie nackt aus der Dusche kam, in ihrem Zimmer umherging und sich für die Schule anzog.[6] Mehrere Monate beobachtete er sie täglich und forderte sie dann per E-Mail auf, sexuelle Handlungen vor der Kamera vorzunehmen, »oder ich werde diese Bilder UND EINE MENGE ANDERER in besserer Qualität auf allen deinen Konten ins Internet stellen, so dass jeder sie sehen kann, und statt deinem Traum von einer Modelkarriere machst du Karriere als Pornostar«. Nach dieser E-Mail-Drohung warf Cassidy ihren Laptop zu und weinte, doch schließlich ging sie zur Polizei. Drei Monate später ermittelte das FBI einen Mitschüler auf der Highschool, Jared Abrahams, als ihren Erpresser. Abrahams führte diesen Angriff mit Hilfe von Blackshades aus, einem Tool, das in der kriminellen Unterwelt zum Verkauf angeboten wird. Mit dieser Malware griff er noch acht weitere Frauen in Südkalifornien an.[7]

Die nächsten Angriffspunkte im Internet sind moderne Babycams, mit denen Eltern ihre Kinder nicht nur im Zimmer nebenan, sondern auch über das Internet beobachten können. Hacker und Pädophile knacken diese Geräte routinemäßig, denn für die Mehrzahl ist kein Passwort nötig und man kann über bekannte Standardeinstellungen von Seiten des Herstellers in die Systeme eindringen. In der Folge kommt es zu einem abscheulichen Handel mit Bildern aus solchen Kameras im digitalen Untergrund, auch von jungen Müttern, die ihre Kinder stillen. Mit den Kameras sind vollständige Schwenks, Neigung und Zoom möglich und sie besitzen eine Zwei-Wege-Audiofunktion mit eingebautem Lausprecher und Mikrofon, so dass Eltern sowohl ihr Kind hören als auch mit ihm sprechen können. Das ist bequem für Hacker, Väter und Mütter, wie Heather Schreck aus Cincinnati erfahren musste, als sie um Mitternacht aus tiefem Schlaf geweckt wurde.

»Plötzlich hörte ich eine Männerstimme. Doch ich schlief noch, also war ich mir nicht sicher.« Verwirrt sah Heather über ihr Handy und die Babycam nach ihrer zehn Monate alten Tochter Emma. Seltsamerweise bewegte sich die Kamera, doch nicht die Mutter hatte das veranlasst. Jetzt hörte Heather plötzlich eine Männerstimme durch das Haus rufen: »Wach auf Baby, wach auf!« Heather und ihr Mann Adam rannten in Emmas Zimmer und sahen, dass bei ihrem Eintritt die Babykamera von ihrer nun weinenden Tochter direkt zu Adam schwenkte. Die männliche Stimme aus dem Gerät, das die Eltern beobachtete, beschimpfte das noch verschlafene Paar mit einer Tirade obszöner Beschimpfungen. Dann besaß Adam die Geistesgegenwart, die Kameraleitung von der Wand zu reißen. Der Hersteller der Baby-Überwachungskamera Foscam räumte später eine »Schwachstelle in der Firmware« ein, durch die der Fiesling in das Kinderbett des schlafenden Babys eindringen konnte.[8] Solche Ereignisse sind keine Einzelfälle, wie eine weitere Familie aus Houston feststellen musste. Sie wachten auf, als eine Männerstimme den Namen ihrer zweijährigen Tochter Allyson rief und sie beschimpfte: »Wach auf, du KLEINE Schlampe.«[9] Der virtuelle Eindringling kannte den Namen des Mädchens, weil er in Pink an die Wand geschrieben war. Es ist paradox und beunruhigend, dass Geräte, die Familien zu ihrem Schutz kaufen, auch als Waffe gegen sie verwendet werden und in ihrem Haus Unruhe stiften können.

Sicherheitskameras für Privathäuser und Büros, die meist mit Remote-Internetzugang verkauft werden, sind genauso angreifbar wie Babycams und bei mehr als 20 großen Markenherstellern fanden Wissenschaftler weit verbreitete Gefährdungen durch Standard-Voreinstellungen und schlechte Sicherheitsvorkehrungen. Fast 70 Prozent der Nutzer ändern weder den voreingestellten Nutzernamen wie »User« und »Admin« noch das voreingestellte Passwort wie »1111« oder »1234«.[10] Daher stehen Millionen Kameras mit Internetverbindung weit offen für Unbekannte und die Hacker stellen ihre voyeuristischen Entdeckungen gerne anderen zur Verfügung.[11] Ohne Zustimmung oder Wissen der Überwachten stehen tausende dieser Live-Übertragungen für alle einsehbar online: Eine Waschmaschine in Los Angeles, ein Mann in Newark, der auf dem Sofa sitzt und Fußball schaut, Stammkunden in einer Bar in Virginia, ein Wohnzimmer in Hongkong oder ein Büro in Moskau – suchen Sie sich etwas aus.[12] Angesichts solcher Möglichkeiten erforschte man im kriminellen Bereich bald, wie man die Kameras im Internet der Dinge nutzen konnte.

Man könnte doch vor einem Banküberfall die Überwachungskameras der Bank hacken und schauen, was die Angestellten bei Geldlieferungen tun und wann die Wachen Pause haben?[13] Wie man weiß, werfen die meisten Banküberfälle nur dürftige Summen ab und bergen ein hohes Risiko, da gibt es durchaus größere Fische. Genau das dachte sich wohl auch die kriminelle Bande, die im März 2013 einen Angriff im Stil von *Ocean's Eleven* auf das Crown Casino im australischen Melbourne unternahm.[14] Hacker übernahmen das Sicherheitssystem des Casinos und spionierten über die hauseigenen Überwachungskameras das Haus und die VIP-Spielräume aus. Der Hauptverdächtige, der nur als Ausländer beschrieben wurde, war ein sogenannter »Wal« oder »High Roller«, also jemand, der regelmäßig hohe Beträge setzte. Nur diesmal hatte er einen Vorteil. Da er und seine Komplizen die Videokameras gehackt hatten, konnten sie alle Karten des Dealers und der Mitspieler an diesem Pokertisch sehen. Als der kriminelle Wal heranschlenderte, um mit den anderen High Rollern zu spielen, gaben ihm seine versteckten Komplizen Anweisungen über einen unsichtbaren drahtlosen Ohrhörer. Voller Vertrauen in seine Wetten konnte der Hacker in nur acht Runden über 33 Millionen US-Dollar gewinnen.[15] Anstatt das Schicksal herauszufordern, verließ er das Casino als reicher Mann und flog zurück in seine Heimat, ehe die Behörden bemerkten, was geschehen war.

Mit dem weiterem Ansturm auf das Internet der Dinge werden mehr Menschen die Erfahrung machen, dass die vertrauten Dinge, die sie beschützen sollen, seien es nun Sicherheitskameras oder Airbags, von anderen gesteuert und auf überraschende Weise gegen sie eingesetzt werden können, sogar mit tödlichen Folgen.

Autos hacken statt aufbrechen

Autos liefen immer mit Benzin. Heute laufen sie mit Code. Sicher braucht man immer noch Benzin oder Elektrizität, doch ohne funktionierenden Computercode bewegt sich ein modernes Auto nicht von der Stelle. War der 1957er Chevrolet noch ein rein mechanisches Automobil, sind die heutigen Autos eher Computer auf Rädern. Ein Auto, das im Jahr 2015 von der Fertigungsstraße rollt, hat zwischen 70 und 100 Bordcomputer, die sogenannten elektronischen Kontrolleinheiten.[16] Sie regeln heutzutage den Motor, den Geschwindigkeitsregler, das Antiblockiersystem, die Klimaanlage, das Getriebe, die Unterhaltungselektronik, die Scheibenwischer, die Sitzeinstellung, die Türschlösser, das Navigationssystem, den Kraftstoffverbrauch und die Airbags, um nur einiges zu nennen. Obwohl es den Automobilherstellern gelungen ist, alles relativ nahtlos ineinandergreifen zu lassen, ist ein Auto heute doch ein recht komplexes System, das fast 10 Millionen Zeilen Computercode enthält (im Gegensatz zu den recht dürftigen 1,7 Millionen Codezeilen, die die Bordelektronik des Luftüberlegenheitsjägers F-22 Raptor der US-Airforce steuern). All diese eingebettete Elektronik macht etwa 50 Prozent der Kosten für ein Neufahrzeug aus (fast 80 Prozent bei Hybridmodellen).[17] Zusammen bilden diese Mikrochips das CAN (Controller Area Network), das Bord-Computernetzwerk. Es ist die Lebensader aller neueren Automobilmodelle und ist verantwortlich für eine verbesserte Sicherheit, verminderte Emissionen und eine bessere Laufleistung als jemals zuvor in der Geschichte.

Diese eingebetteten Technologien kommunizieren nicht nur intern miteinander über das CAN, sondern teilen diese Informationen zunehmend auch der Außenwelt mit, über eine Vielzahl von in das Auto selbst integrierter Funknetze. Das bringt enorme Annehmlichkeiten für den Fahrer: Mit dem TeleServices-Netz von BMW überprüfen die internen Sensoren sich laufend selbst und melden Störungen dem Händler vor Ort. Wird ein Problem erkannt, erhält der Besitzer einen Anruf, sein Auto sei krank und er solle einen Termin vereinbaren. OnStar von GM wird automatisch einen Krankenwagen rufen, wenn die Sensoren von Airbag und Bewegungssensoren erkennen, dass das Fahrzeug einen Unfall hatte.

Blackboxen, die Ereignisse aufzeichnen, können bei Untersuchungen zu Unfallursachen hilfreich sein und auch Versicherungsprämien senken, doch sie zeichnen auch jede Ihrer Bewegungen auf und generieren so hunderte Megabyte Daten pro Sekunde.[18] Diese Vorrichtungen generieren eine Unmenge Fahrzeugdaten, zum Beispiel Ihren Standort, den Gebrauch des Sicherheitsgurtes, die Geschwindigkeit und den Blinkereinsatz. Jim Farley, weltweiter Vice President für Marketing und Vertrieb von Ford Motors, gab Anfang 2014 an: »[Wir kennen] jeden, der das Gesetz bricht, wir wissen, wenn er es wieder bricht. Wir haben GPS in Ihr Auto eingebaut, also wissen wir, was Sie tun.«[19] Das betrifft natürlich nicht nur Ford. Empörung wurde ausgelöst, als GM für sein System

OnStar einseitig die Service-Bedingungen dahingehend änderte, dass das Unternehmen sich das Recht auf lebenslange Überwachung all seiner Fahrzeuge einräumte, einschließlich der Standortdaten und der Kilometerstände, sowie das Recht, diese Informationen Dritten mitzuteilen, auch nachdem der Service vom Eigentümer abbestellt wurde.[20] Ja, und das bequeme eingebaute Mikrofon im Auto, mit dem man OnStar nach der Richtung fragen kann und das nach einem Unfall zuhört, das kann auch von außen ohne Ihr Wissen angestellt werden und man kann heimlich Privatgespräche damit abhören, wie es das FBI zumindest seit 2003 bei seinen Ermittlungen gegen das organisierte Verbrechen tut.[21]

Was die Zukunft Ihres Autos angeht, mag es sogar größere Sorgen geben als die um Ihre Privatsphäre. Die wachsende Komplexität des modernen Automobils führt zu massiven Rückrufaktionen wegen Systemfehlern und zu tragischen Todesfällen. Allein in den ersten sechs Monaten des Jahres 2014 musste GM 29 Millionen Autos zurückrufen, 9 weitere Millionen wurden von Nissan, Hyundai, Ford, Honda und BMW zurückgerufen.[22] Wenn die hochkomplizierte Elektronik in einem Auto all die wichtigen Funktionen kontrolliert, können Systemfehler unvorhersehbare Folgen haben wie zum Beispiel die Flut von Problemen bei Toyota am Ende des ersten Jahrzehnts des 21. Jahrhunderts, die zum Tod von 37 Fahrern führten.[23] Ein Untersuchungsausschuss fand heraus, dass viele der Unfälle von Softwarefehlern im elektronischen Gashebel-Regelungssystem verursacht worden sein könnten, wodurch das Gaspedal unten blieb und die Bremsen nicht funktionierten.[24] Man warf Toyota vor, das Problem unter den Teppich gekehrt zu haben, und einigte sich im Jahr 2014 beim amerikanischen Justizministerium auf eine Geldstrafe in Rekordhöhe: 1,2 Milliarden Dollar musste der Konzern zahlen, weil man den Profit der Sicherheit vorangestellt hatte.[25] Natürlich sind zufällige Sicherheitsprobleme bei der Fahrzeugelektronik nur ein Teil des Problems. Wenn Autos zu Computern werden, können sie wie alle anderen Systeme zum Ziel böswilliger Hacker werden.

Die Tage, als Diebe mit Kleiderbügeln Autos knackten, werden schnell Geschichte. Es ist auch nicht mehr notwendig, jemandem eine Waffe vor die Nase zu halten, wenn man ein Fahrzeug stehlen möchte; auch Fahrzeugdiebe gehen mit der Zeit, heute wird das Auto gehackt. In den Vereinigten Staaten müssen alle nach 1996 produzierten Fahrzeuge standardmäßig mit einer Diagnosesteckdose ausgerüstet sein. Damit ist ein direkter physischer Zugang zum zentralen Computersystem eines Fahrzeugs möglich. Außerdem lassen zahlreiche neue Datenübertragungsprotokolle zum Internet der Dinge wie RFID, Bluetooth und Mobiltelefonie einen solchen Zugang aus der Ferne zu. Neuere Fahrzeuge besitzen sogar USB-Schnittstellen und wie immer bedeuten mehr Verbindungen auch mehr Schwachstellen. Nach Angaben der London Metropolitan Police wurde fast die Hälfte der 89 000 in London im Jahr 2013 gestohlenen Wagen gehackt. Kriminelle verwendeten dabei verschiedene elektronische Geräte, um die Autos zu öffnen und zu starten.[26] Die Geräte dafür sind im Untergrund zu erhalten, meistens von Lieferanten aus Bulgarien. Der ganze Vorgang dauert weniger als zehn Sekunden und natürlich gibt es Videos, in denen der gesamte Vorgang erklärt wird.[27]

Mit Geräten so groß wie Handys können Diebe einen neuen »Rohling« als Ersatz für das Original programmieren. Ursprünglich war das Verfahren für Schlosser gedacht, für den Fall, dass jemand seinen elektronischen Autoschlüssel verloren hat. Dieser Trick kann entweder über Funk ausgeführt werden, indem man in dem Augenblick, in dem Sie Ihr Auto öffnen oder schließen, das Funksignal abfängt, oder man arbeitet direkt über den Bordcomputer im Auto.

Allein mit einem Laptop und einer SMS mit den codierten Anweisungen können Diebe Ihr Auto öffnen, starten und wegfahren.[28] Auch Ihr Musikgeschmack kann Sie in Gefahr bringen, wie verschiedene Sicherheitsexperten im Jahr 2011 feststellten. Sie infizierten eine MP3-Musikdatei mit einem Schadprogramm und brannten eine Songliste auf eine CD. Spielte man diese Songs über das Audiosystem im Auto ab, dann beschädigte der infizierte Song die Firmware des Fahrzeugs, so dass die Hacker Zugang zur Hauptsteuerung erhielten.[29] In einem solchen Fall ist der Autodiebstahl womöglich noch der bestmögliche Ausgang der Sache, denn sobald die Bordsysteme des Fahrzeugs gehackt sind, ist alles möglich.

Für weniger als 30 Dollar können Hacker eine Hardwarevorrichtung wie das CAN Hacking Tool bauen. Ist das an Ihren Bordcomputer angeschlossen, können Hacker per Fernsteuerung Licht, Schlösser, Lenkung und Bremsen steuern.[30] Da fast jedes Element in Ihrem Auto von einem Computersystem gesteuert wird, kann man mit solchen Geräten heute weltweit jedes zweite Auto leicht manipulieren. Das geschieht über den eingebauten Mobilfunkempfänger im Wagen. In größerer Nähe ist das Hacking auch über Bluetooth und Wi-Fi möglich. Dutzende Demonstrationen von Hackern und Sicherheitsexperten haben gezeigt, dass es für Kriminelle durchaus machbar ist, in 15 000 Kilometern Entfernung die Herrschaft über Ihr Auto zu übernehmen, während Sie mit 100 Stundenkilometern auf der Autobahn fahren. Was die Kriminellen mit Ihrem gehackten Auto anstellen, ist ganz Ihrer Fantasie überlassen. Den Stand Ihres Kilometerzählers auf null setzen und den Ihres Geschwindigkeitsmessers auf 260 Stundenkilometer, auch wenn Ihr Auto steht? Leicht. Hupen, das Radio aufdrehen, Ihren Gurt anschnallen und die Scheibenwischer anschalten? Einfach. Den Motor abstellen oder das Lenkrad scharf nach links reißen, so dass Sie bei hoher Geschwindigkeit die Kontrolle über Ihr Auto verlieren? Ja. Plötzlich den Airbag auslösen, so dass Sie mit Ihren Kindern auf dem Rücksitz ohne Kontrolle herumschlingern? Durchaus möglich.[31] Wenn ein Computer Ihr Auto steuert, kann es von einem Angreifer gesteuert werden.

Die Herausforderung bei all diesen Schwachstellen: Es muss nicht nur ein einzelnes Auto das Ziel sein, sondern es könnten auch alle Fahrzeuge eines speziellen Herstellers, ein bestimmtes Modell oder ein Baujahr gleichzeitig betroffen sein. Beim Texas Auto Center gelang es einem böswilligen Mitarbeiter, 100 Autos lahmzulegen. Doch Unternehmen wie OnStar haben ihre Technologie in Millionen von Fahrzeugen installiert. So bietet sich auch die Möglichkeit, per Fernsteuerung die Zündung eines Autos zu blockieren sowie ein gestohlenes Fahrzeug an der weiteren Fortbewegung zu hindern. Könnte nicht ein böswilliger Angestellter bei OnStar auf diese Weise hunderttausende oder Millionen Autos blockieren? GM würde das sicher leugnen, doch sobald die Heckklappe ins Auto eingebaut ist, wird der Schutz vor Missbrauch eine gewaltige Herausforderung, und das schafft Gelegenheiten für großräumige Angriffe auf die Infrastruktur sowohl durch Hacker als auch durch Staaten.

Mit der weiteren Ausbreitung von Netzwerken mit Umgebungssensoren und weiteren Verbesserungen der Fahrzeugtechnologie wird der Mensch zunehmend mehr Kontrolle über die Fahraufgaben an Maschinen abgeben. Carlos Ghosn, CEO von Nissan, hat öffentlich verkündet, sein Unternehmen werde bis 2020 ein vollständig autonomes, selbstfahrendes Fahrzeug für den Massenmarkt bereit haben, und Volvo hat solche Fahrzeuge für 2017 eingeplant.[32] Der größte Vertreter dieser Technologien ist Google. Die selbstfahrenden Fahrzeuge von Google haben über eine Million Kilometer ohne einen einzigen Unfall oder Schaden zurückgelegt.[33] Das ist ein wichtiger Punkt, denn wie sich zeigt, sind Menschen fürchterlich schlechte Fahrer und jährlich kommen in den USA über 33 000 Menschen bei Verkehrsunfällen ums Leben. Ein vollautomatisches, gut funktionierendes autonomes Fahrzeug könnte zahlreiche sinnlose Tode verhindern und Milliarden damit verbundener Kosten einsparen. Mit sinkenden Preisen für diese Technologien kann man damit rechnen, dass Lieferanten von Paketen, Pizza sowie Taxifahrer durch billigere autonome Alternativen ersetzt werden, die sich auch nicht in einer Gewerkschaft zusammenschließen.

Doch moderne Autos, ob sie nun von Menschen, künstlicher Intelligenz, Big Data oder Sensornetzwerken gefahren werden, sind immer noch lediglich Computer auf Rädern und werden angetrieben von unsicheren Datensystemen. Sie kommunizieren über vollkommen unsichere Übertragungsprotokolle, die leicht gehackt werden können. Es kann also sein, dass die Zukunft nicht ganz so rosig wird, wie sich die Verfechter der autonomen Fahrzeuge das vorstellen. Wenn die Mehrheit der Fahrzeuge im Internet der Dinge ist, dauert es sicher nicht lange, ehe ein böswilliger Hacker die Herrschaft über ein Auto übernimmt und es in eine mehrere Tonnen schwere Waffe aus Metall, Glas und explosivem Treibstoff verwandelt. Ebenso wie das organisierte Verbrechen und verrückte Expartner sich Computer und Handys zum Ziel nehmen, werden sie logischerweise in Zukunft auch hinter den Autos her sein. Damit werden Szenen wie aus Stephen Kings Horrorthriller aus dem Jahr 1983 über ein besessenes Auto mit dem Namen Christine um ein vielfaches wahrscheinlicher. Die Strafverfolgungsbehörden sehen die Bedrohung deutlich voraus und im Juli 2014 warnte das FBI in einem internen Bericht, dass fahrerlose Autos als »tödliche Waffen gebraucht werden könnten, wenn Terroristen Sprengstoff in ein selbstfahrendes Auto mit einem bestimmten Ziel packen«[34]. Autonome Fahrzeuge könnten auch in großer Zahl abgestellt werden. Das würde den Verkehr in einer Stadt oder einem Landkreis komplett zum Erliegen bringen.

Natürlich erfordern manche dieser Angriffe ein hohes Maß an Wissen über Computer, doch wie wir an anderer Stelle gesehen haben, wird es bald auch für das Hacken von Autos einfachere Point-and-Click-Software geben. Die Automobilhersteller werden das auch allmählich zur Kenntnis nehmen, besonders wenn Listen mit den »am einfachsten zu hackenden Autos« herausgegeben werden. So wie Fahrzeuge nach ihrer Sicherheit bei Unfällen beurteilt wurden, werden Sicherheitsexperten heute Autos danach beurteilen, welche am leichtesten gehackt werden können. (Die Antwort lautet: Jeep Cherokee, Cadillac Escalade, Infiniti Q50 und Toyota Prius).[35] Im Hinblick auf diese wachsende Sorge hat Tesla, Hersteller von einigen der fortschrittlichsten Fahrzeugen, die heute auf der Straße unterwegs sind, einen hochrangigen Sicherheitsguru von Apple abgeworben.[36] Doch welche neuen Möglichkeiten ergeben sich für die Kriminellen der Zukunft, wenn sie per Fernsteuerung die Herrschaft über Ihr selbstfahrendes Auto übernehmen, die Türen verriegeln und Sie in ein verlassenes Lagerhaus in der falschen Gegend der Stadt fahren? Vergeblich versuchen Sie, das Fahrzeug zu verlassen, Zeugen berichten, wie Sie noch entsetzt schreiend im Inneren des Fahrzeugs mit den Fäusten gegen die Scheibe hämmern, nicht in der Lage, dieser neuen Generation von Entführung etwas entgegenzusetzen. Falls es Ihnen gelingt, in Ihrem von potenziellen Hackern besessenen Auto lebend nach Hause zu kommen, werden Sie auf weitere Schwierigkeiten treffen, denn während Sie weg waren, ist Ihr Haus ebenfalls an das Internet der Dinge angeschlossen worden.

Hackereinbruch ins traute Heim

Seit den Tagen der Jetsons verspricht man uns ein Raumzeitalterhaus voller Robotergeräte und skurriler Elektronik, die uns ein gutes Leben auf Knopfdruck garantieren sollen. Zwar haben wir noch keine fliegenden Autos, aber ganz zutreffend haben Hanna und Barbera in dem Comic aus den 1960er Jahren bereits Flachbildfernseher, Videochats und automatische Schiebetüren vorausgesehen. Theoretisch klingt das moderne vernetzte Haus großartig. Sicherheitssysteme und Videokameras werden uns vor Einbrechern schützen und die Polizei verständigen, wenn ein Fenster eingeschlagen wird. Digitale Thermostate werden sich mit Wetterberichten für die GPS-Koordinaten Ihres Haus verbinden und intelligent Ihre Heizung und Klimaanlage entsprechend anpassen, um maximal effizient, bequem und kostensparend zu arbeiten. Sensoren im Boden werden melden, wenn es einen Rohrbruch gegeben hat, und automatisch den Zufluss zum betroffenen Bereich sperren. Ihr Smartphone wird über das Internet Ihre Eingangstür verriegeln, so dass Sie sich nie mehr auf dem Weg zum Flughafen sorgen müssen, ob Sie das nun gemacht haben oder nicht. Intelligente Kühlschränke werden uns warnen, ehe die Milch sauer wird, und schon wenn Sie eine leere Verpackung von Frühstücksflocken in den Müll werfen, wird automatisch mit Ihren gespeicherten Kreditkartendaten nachbestellt, ohne dass Sie einen Finger rühren. Aber wollen Sie wirklich, dass Ihr Abfalleimer Ihre Kreditkartendaten hat?

Bis 2019 soll der Markt der Heimautomatisierung in den Vereinigten Staaten 16,8 Milliarden Dollar erreichen und alle größeren Technologieunternehmen wollen ein Stück vom Kuchen.[37] Einzelne Komponenten aus Ihrem Haushalt sind vielleicht schon mit dem Internet der Dinge verbunden. Auch Versorgungsunternehmen in den USA installieren zunehmend intelligente Zähler, um den Verbrauch von Wasser, Elektrizität und Gas zu messen und zu regulieren. Doch vielleicht liegen die größten Chancen im Bereich der Konsumgüter, wo Google, Apple, Samsung und Microsoft, um nur einige zu nennen, darum kämpfen, Drehscheibe und Betriebssystem für Ihr Haus zu werden, damit Sie per Fernsteuerung über Ihr Automatisierungs-Gateway Ihre bescheidene Behausung überwachen und bedienen können.

Das kürzlich vorgestellte HomeKit mit iOS 8 von Apple bringt das Design des Riesen aus Cupertino in die Heimautomatisierung. Die Nutzer können mit einem Tippen auf das iPhone oder einem gesprochenen Befehl an den Apple-Sprachassistenten Siri ihre Türen verschließen, das Licht dimmen, ihre Stereoanlage bedienen. Sie sagen einfach: »zu Bett gehen«, und HomeKit wird automatisch eine Reihe von Aktionen ausführen wie die Vorhänge schließen, die Temperatur herunterregeln, die Lichter ausschalten. Doch manchmal löst die Stimmerkennung von Siri eher Heiterkeit aus, wenn etwa plötzlich das Fernsehgerät in voller Lautstärke angeschaltet, das Auto gestartet und die Haustür aufgeschlossen wird. Die Macken werden aber sicher noch ausgebügelt werden, und in naher Zukunft werden unsere Haushalte über zentrale digitale Hubs von unseren Handys aus gesteuert werden. Was könnte da schieflaufen?

Nun, zum einen mussten Sie noch nie die Firmware in Ihrer Waschmaschine upgraden, das Betriebssystem für Ihr Haus neu installieren und Ihren Haushalt neu starten, um die Haustür bedienen zu können. Wenn Leuchtstoffröhren, Toaster, Waschmaschinen, Festplattenrecorder, Spielekonsolen, Kühlschränke, Zusatzgeräte, Herde, Spülmaschinen, Fernsehgeräte, Türschlösser, Sicherheitssysteme, Babykameras, Thermostate, Toiletten, Lampen und Badewannen mit dem Internet der Dinge verbunden sind, damit man es so bequem hat wie die Jetsons, dann bringen diese Verbindungen zum Internet der Dinge ihre eigenen Probleme, was die Privatsphäre und die Sicherheit angeht. Bei vielen dieser Systeme gibt es keine Authentifizierung oder Verschlüsselung für die Kommunikation zwischen einem Gerät, Ihrem Mobilgerät und dem Heimsystem.[38] Daher ist es leicht, damit Unsinn zu treiben, sie zu hacken, abzuhören und zu verändern. Eine Studie von HP vom September 2014 ergab, dass 70 Prozent der Geräte, die mit dem Internet der Dinge verbunden sind, angreifbar waren. Dabei enthielt jedes Objekt im Durchschnitt 25 verschiedene Sicherheitsmängel.[39]

Sobald Ihr Haus vollständig online ist, gibt es keinen Grund zu der Annahme, es könnte nicht ein attraktives Ziel für Hacker werden. Aller Anschein deutet darauf hin, dass auch aktiv daran gearbeitet wird. Jeder Angreifer wird seinen eigenen Grund haben – das Nachbarkind, das Sie von Ihrem Rasen vertrieben haben, der eifersüchtige Exfreund, ein Stalker, der Sie einmal im Lebensmittelladen gesehen hat, oder die ausländische Regierung, die die Möglichkeiten der Cyberspionage nutzt. Für Verbrecher & Co. geht es jedoch meistens ums Geld. Kriminelle werden die Schwächen in Ihrem vernetzten Haushalt nutzen, um sich Zugang zu wertvollen Daten in Ihrem Netz für einen ganz normalen Einbruch zu verschaffen. Erinnern Sie sich an den CryptoLocker – die Ransomware, die die Kontrolle über Laptops und Mobilgeräte übernimmt, indem sie sie verschlüsselt? Nun, man kann davon ausgehen, dass der digitale Untergrund kriminelle Software und Toolkits verkauft, mit denen Sie in Ihrem Haus ein-

oder daraus ausgeschlossen werden, und man wird Sie zwingen, über Bitcoin ein Lösegeld zu zahlen, damit Ihr Haushalt wieder für Sie zugänglich wird.

Ihre Kinder könnten vor ähnlichen Bedrohungen stehen, wenn sie »Haushalt« spielen. Größere Spielzeughersteller wie Disney und Mattel beschäftigen sich schon mit dem Internet der Dinge, und in diesem »Internet der Spielwaren« kommen Wi-Fi-fähige Puppen, Plüschtiere und Miniroboter auf Sie zu.[40] Doch auch Spielwaren können manipuliert werden und zumindest eine, der über eine Smartphone-App gesteuerte, interaktive Plastikhase Karotz mit Kamera, Mikrofon und RFID-Chip, ist schon gehackt worden. So könnte ein Hacker Ihr Kind über die Kamera beobachten.[41]

Andere Technologien wie die 135 Jahre alte Glühbirne werden für das Internet der Dinge überarbeitet. Zum Beispiel kann man mit dem Philips-LED-Beleuchtungssystem Hue über das Smartphone das Licht an- und ausschalten. Das können Hacker dann auch, denn es gibt eine bekannte Sicherheitslücke in dem System von Philips, und dieser Zusammenhang von Beleuchtung und physischer Sicherheit ist besorgniserregend.[42] Systeme wie die intelligente Energiesparlampe LIFX leiten tatsächlich das Passwort für Ihren Wi-Fi-Router zu Hause weiter, sobald sie in eine Lampe geschraubt werden. So kann jeder Hacker sie bedienen, der die »Master-Glühbirne« in Ihrem Haushaltsnetzwerk hackt.[43] Lampen und Glühbirnen können auch Hintertüren haben, so wie die chinesischen Bügeleisen, die in Russland auftauchten. Anfang 2014 entwickelten Hacker eine Abhörlampe, die Privatgespräche twittern konnte. Das Gerät mit dem Namen Conversnitch kostet weniger als 100 Dollar und sieht aus wie eine normale Lampe; der einzige Unterschied ist das versteckte Mikrofon, das alle Unterhaltungen in der Umgebung aufnimmt.[44] Die Erfinder des Geräts nahmen ein Video auf, wie sie Conversnitch-Geräte in Bibliotheken, Büros und McDonald's-Restaurants aufstellten – jeweils ohne Eingreifen des Personals – und vermitteln uns so eine Vorstellung, wie ein neues internetfähiges Gerät für Industriespionage aussehen könnte.

Mit der weiteren Verbreitung intelligenter Geräte wird es immer mehr zentrale Basisgeräte für die Heimautomatisierung geben. Die Mehrheit von ihnen ist bereits gehackt worden. So könnten Hacker alle Geräte in Ihrem lokalen Netzwerk übernehmen. Das wird wie in Mat Honans Artikel auf Wired: »Nightmare on Connected Home Street«. Wir schlafen nachts vielleicht besser, wenn wir uns in unserem Haus sicher fühlen, das an das Internet der Dinge angeschlossen ist. Doch das Eindringen 2.0 in Ihr Haus ist leichter, als Sie denken, wie der *Forbes*-Reporter Kashmir Hill bewies. Bei Recherchen zu einem Artikel über das Internet der Dinge googelte er lediglich den Begriff »smart homes«

und fand schnell acht Familien, die das beliebte Hausautomatisierungssystem Insteon verwenden, das Versorgungszugänge wie »Lampen, Whirlpools, Ventilatoren, Fernsehgeräte und Garagentore« steuert.

Da Insteon keinen Benutzernamen und kein Passwort erfordert, waren die Geräte für Webcrawler auffindbar, und der Forbes-Journalist fand sie problemlos – ja, man kann jetzt Ihren intelligenten Kühlschrank googeln und mit ihm aus der Ferne kommunizieren.[45] Hill nahm dann mit den ahnungslosen Familien Kontakt auf, stellte sich vor und sagte: »Ich glaube, ich kann Ihre Schlafzimmerbeleuchtung steuern, darf ich das einmal versuchen?« Entsetzte Eigenheimbesitzer gaben tausende Kilometer entfernt widerstrebend ihre Einwilligung, und der Reporter konnte ihre Geräte problemlos bedienen. Der Insteon Hub war nicht der einzige. Eine Studie aus dem Jahr 2013 ergab, dass Hacker leicht in 80 Prozent der allgemein erhältlichen Hubs für Smart Homes eindringen konnten, auch in den VeraLite Controller, der mit über 750 Smart-Home-Produkten kompatibel ist.[46]

Die Anzahl der Schwachstellen in Heimautomatisierungssystemen ist so groß, dass das Computer-Notfall-Team des Heimatschutzministeriums der Vereinigten Staaten (Department of Homeland Security) sich gezwungen sah, im Jahr 2014 eine öffentliche Warnung für die 500 000 Nutzer des beliebten Systems WeMo von Belkin auszusprechen, nachdem sie fünf verschiedene Schwachstellen bei dem Produkt ausgemacht hatten.[47] In der Warnung hieß es: »Nicht autorisierte Angreifer können gefährliche Verbindungen einrichten und möglicherweise vollen Zugang zum Gerät erlangen.« Das Ministerium fügte hinzu: »Im Augenblick sehen wir keine praktikable Lösung für das Problem.« In einem Bericht zum Thema hieß es: »Sobald ein Angreifer eine Verbindung zu einem WeMo-Gerät im Netzwerk des Opfers hergestellt hat, kann das Gerät als Ausgangspunkt für einen Angriff auf andere Geräte wie Laptops, Handys und netzgebundene Speicher genutzt werden.« Die letzte Warnung ist wichtig. Hacker werden nicht versuchen, das sicherste Gerät in Ihrem Netzwerk, zum Beispiel einen gesperrten, verschlüsselten Laptop mit einer Firewall-Software zu knacken. Sie werden immer nach dem schwächsten Glied in der Kette suchen, etwa die zuverlässige Kaffeemaschine in Ihrem Haushaltsnetzwerk, die nicht ausreichend oder gar nicht gesichert ist. Ist die erstmal gehackt, dann ist die virtuelle Marginotlinie in Ihrem Netzwerk überschritten: Von da ist es nur noch ein kleiner Schritt zum Angriff auf sicherere und lohnendere Geräte bei Ihnen zu Hause.

In vielen Privathaushalten und Bürogebäuden sind die Alarmanlagen online. Über 36 Millionen Amerikaner haben solche Systeme installiert, um so für ihre und die Sicherheit ihrer Familien zu sorgen. Doch sowohl einfache Türsensoren als auch Keypads können leicht gehackt werden, genau so, wie wir es in den Hollywoodfilmen *Mission Impossible* gesehen haben. Die Mehrheit der Alarmsysteme, zum Beispiel von den Herstellern ADT und Vivint, verwenden überholte drahtlose Kommunikationsprotokolle aus den 1990er Jahren, die ihre Signale nicht verschlüsseln oder authentisieren. Daher können die eigentlich zum Schutz installierten Kameras auch gegen ihre Besitzer gerichtet werden, um sie auszuspionieren und den Alarm abzuschalten, so dass ein Eindringling unbemerkt ins Haus gelangen kann.[48]

Nicht nur die älteren Alarmsysteme sind angreifbar; auch neuere drahtlose Kommunikationsprotokolle im Internet der Dinge wie Z-Wave können gehackt werden, und das ist beunruhigend, denn 160 Hersteller verwenden dieses Protokoll. Es ist in tausenden Unternehmen und Urlaubsorten im Einsatz, zum Beispiel sind im Wynn-Hotel in Las Vegas 65 000 Z-Wave-Geräte in den Gästezimmern im Einsatz.[49] Auch die Hotelkette Hilton gab bekannt, ab Ende 2014 könnten ihre Gäste in 4000 Hotels weltweit die Zimmer mit ihren Smartphones aufschließen.[50] Je mehr Haustüren und Schlösser online sind, desto mehr öffnen sich die Türen für Eindringlinge. Betrüger können nun Ihre Haustür mit dem Smartphone hacken und Ihr Alarmsystem ausschalten, so dass auch niemand Ihren Hilferuf hört.

Nicht nur die zentralen Schnittstellen zur Heimautomatisierung können angegriffen werden, sondern auch einzelne intelligente Geräte wie Fernseher. Es gibt zahlreiche Berichte, dass Fernsehgeräte, die Zuschauer beobachten können, während sie davorsitzen. Die Mehrzahl der mittel- und hochwertigen Fernseher sind heute kompatibel mit dem Internet der Dinge und werden mit vorinstallierten Apps wie Netflix, Skype, Facebook und Hulu geliefert, und natürlich mit eingebauten Kameras, Mikrofonen und USB-Schnittstellen. Weltweit wurden im Jahr 2013 fast 90 Millionen Smart-Fernsehgeräte verkauft und bald wird es schwierig werden, noch einen alten, »dummen«, Fernseher zu finden. Das kann lästig werden für jeden, der Privatsphäre und Sicherheit sucht.[51] Man kennt Sicherheitsprobleme von zahlreichen Marken, zum Beispiel bei den Smart-Fernsehgeräten von Samsung, mit denen Hacker über die für Skype-Gespräche eingebauten Kameras die Zuschauer in ihren Wohn- und Schlafzimmern beobachten konnten.[52]

Es gelang Hackern auch, sich Zugang zu den gespeicherten Logindaten und Kontoinformationen auf den Smart-Apps der Samsung-Fernsehgeräte zu verschaffen und damit Facebook- und andere Konten der Nutzer in den sozialen Netzwerken zu übernehmen.

Für die ahnungslosen Konsumenten, die an die USB-Schnittstelle eine externe

Festplatte zum Abspielen von Musik und Filmen über ihr Fernsehgerät angeschlossen hatten, gab es eine weitere böse Überraschung. Die Hacker konnten diese Dateien über das Fernsehgerät ansehen, herunterladen und löschen. Das ist eine schlechte Nachricht für alle, die Finanzdaten oder persönliche Dokumente auf ihren externen Festplatten speichern. Diese zusätzlichen Verbindungen innerhalb der Haushalte machen die Nutzer angreifbar und Übeltäter können von außen wie bei Mat Honan wertvolle Fotografien und andere lokal gespeicherte Daten löschen.

In der Unterwelt wie auch im Silicon Valley sucht man nach Wegen, Kapital aus dem Internet der Dinge zu schlagen, und passt dabei die Strategien an das Zeitalter der ambienten[53] Computernutzung an. Anfang 2014 hatten Hacker die Herrschaft über mehr als 100 000 alltägliche »intelligente« Objekte – Router, Alarmanlagen, Webcams, Multimediaboxen, Kühlschränke – und verbanden sie zum ersten Botnet der Haushaltsgeräte. Die Angreifer benutzten die Geräte für den Versand von über 750 000 Spam- und Phishing-E-Mails, mit denen die Kriminellen Profit machen wollten.[54] Spam vom Kühlschrank ist lästig, doch man muss sich bewusst machen, dass intelligente Geräte voll ausgerüstete Computer sind. Sobald sie einmal gehackt sind, können sie alles, was auch ein gehackter Desktop kann: Man kann damit Kinderpornografie anbieten oder bestimmte Websites mit Unmengen nutzloser Daten überfluten.[55] Verbindet man heute eine Million Computer zu einer Botnet-Armee, so ist das schlimm genug, doch mit den nächsten 50 Milliarden intelligenten Geräten, die alle wenig oder gar nicht geschützt sind, eröffnen sich phänomenale Möglichkeiten für gefährliche Computerangriffe.

Die Botnets werden größer werden, aus Millionen gehackter Maschinen werden Milliarden, die als Cyberwaffen eingesetzt werden können. Mit diesen Cyberwaffen stehen Kriminellen wunderbare neue Möglichkeiten zur Verfügung, um Unternehmen und Einzelpersonen zu erpressen und sie so lange offline zu halten, bis sie in Bitcoin ein Lösegeld zahlen. Kriminelle können die Rechenleistung der intelligenten Geräte in Haus und Büro auch auf andere Weise nutzen. Anfang 2014 entdeckten Wissenschaftler, dass zehntausende internetfähige Videorekorder mit dem Wurm Linux.Darlloz infiziert worden waren, um mit ihrer Rechenleistung nach Kryptowährungen wie MinCoins und Dogecoins zu suchen.[56] Auf diese Weise können Hacker Ihre Geräte 24 Stunden am Tag und sieben Tage in der Woche auf voller Kraft laufen lassen, virtuelles Geld generieren und Ihnen die Stromrechnung dafür überlassen. Theoretisch könnte der neue intelligente Stromzähler in Ihrem Haus den übermäßigen Stromverbrauch feststellen, doch der kann natürlich auch gehackt werden.

Was der Anschluss weiß

Intelligente Zähler werden den Kern im Internet der Dinge ausmachen. Mit den Möglichkeiten der Zwei-Wege-Kommunikation werden Details zum Stromverbrauch in Haushalten und Bürohäusern aufgezeichnet und dokumentiert, und das verbessert die Effizienz und Zuverlässigkeit eines veralteten und überlasteten Stromnetzes. Mitte 2013 waren in über 46 Millionen Haushalten in den USA intelligente Zähler installiert und Großbritannien sieht deren Einsatz im ganzen Land bis 2020 vor.[57] Die Informationen aus den intelligenten Stromzählern, die zu einem großen Teil unverschlüsselt weitergeleitet werden, können Einzelheiten wie den Hersteller und das Alter der Geräte enthalten, und wann sie in welchen Räumen im Haus genutzt werden. Extrapoliert man solche Daten, dann weiß man, wieviel Zeit Sie mit dem Kochen verbringen und wann Sie den Fernseher im Schlafzimmer einschalten. Doch die Detailgenauigkeit intelligenter Zähler bezüglich Ihrer Aktivitäten geht weit über so einfache Fakten wie »Mikrowelle am Donnerstag um 18 Uhr 26 eingeschaltet« hinaus.

Wissenschaftler in Deutschland fanden heraus, dass man anhand der Daten von intelligenten Stromzählern auch angeben konnte, was man im Fernseher wann angeschaut hat, denn je nach angezeigtem Bild haben Fernseher einen unterschiedlichen Strombedarf.[58] Durch Messungen in den Stromverbrauchsdaten konnten die Wissenschaftler auch individuelle Profile aller Fernsehsendungen erstellen. Folge 71 von *Star Trek* hat ein anderes Verbrauchsmuster als Folge 17 von *Modern Family*. Natürlich könnte man mit dem Verkauf dieser Daten an Dritte Milliarden verdienen. Im Mai 2014 gab die weltgrößte Werbeagentur WPP ihre Zusammenarbeit mit dem Londoner Softwareunternehmen Onzo bekannt. Sie wollten untersuchen, wie die Daten von intelligenten Zählern erfasst werden können, um Werbetreibenden »die Haustür zu öffnen«.

Die von intelligenten Zählern ausgehenden Gefahren gehen weit über die Belange der Privatsphäre hinaus. Kriminelle hacken nicht gesicherte intelligente Verbrauchszähler aus verschiedenen Gründen, insbesondere für Finanzbetrügereien. In Puerto Rico beschäftigen Kriminelle zum Beispiel große Gruppen von Techno-Gangstern, um den verbreiteten Einsatz von intelligenten Zählern auf der Insel für sich zu nutzen. Mit im digitalen Untergrund leicht erhältlicher Software und einem einfachen Laptop machten Hacker »Service-Besuche« bei Unternehmen und Privatpersonen. Für Gebühren zwischen 300 und 1000 Dollar für Kunden aus Wohnhäusern und 3000 Dollar für gewerbliche Kunden programmierten die Kriminellen die intelligenten Zähler so um, dass sie ihren

Kunden bis zu 75 Prozent Einsparungen auf ihrer monatlichen Stromrechnung verschafften. Laut Untersuchungen des FBI zu dem Vorfall entgingen der betroffenen puerto-ricanischen Strom- und Energiebehörde dadurch fast 400 Millionen Dollar an Einkünften jährlich.[59] Intelligente Zähler sind wie alle Computer gefährdet durch Angriffe mit Malware. Sicherheitsexperten von IOActive entwickelten einen Computerwurm, der sich schnell von einem infizierten intelligenten Zähler zum nächsten verbreiten könnte, bis schließlich das ganze Viertel infiziert und in Dunkelheit getaucht wäre.[60]

Ihr intelligenter Zähler zu Hause arbeitet Hand in Hand mit Ihrem intelligenten Thermostat an der Wand, und auf diesem Gebiet ist vor allem die Firma Nest Labs revolutionär. Die von zwei ehemaligen Führungskräften von Apple gegründete Firma hat den alten Thermostat, der sich seit den 1950er Jahren kaum verändert hatte, völlig neu erfunden. Mit den bei Apple erworbenen Designkenntnissen schufen die Gründer von Nest einen wunderschönen Wi-Fi-fähigen Thermostat auf dem neuesten Stand der Technik, mit Sensoren für Temperatur, Bewegung, Feuchtigkeit und Beleuchtung. Nest verwendet adaptive Algorithmen der künstlichen Intelligenz, die lernen, welche Temperatur Sie wann wünschen. Nest hat auch einen Selbst-Abschalt-Modus, der davon ausgeht, wenn in der Nähe des Geräts weder Bewegung noch Licht festzustellen waren, sind Sie im Urlaub oder zumindest nicht zu Hause. Nest-Thermostate sind extrem beliebt und Hunderttausende gehen jeden Monat aus dem Regal, zusammen mit anderen Nestprodukten wie dem sprechenden Wi-Fi-fähigen Multisensor-Rauchmelder.[61] Der weit verbreitete Enthusiasmus ließ andere Technikgiganten nicht ungerührt und im Jahr 2014 wurde Nest für 3,2 Milliarden Dollar von Google aufgekauft. Das sind gute Nachrichten für die Gründer und die etwa 100 Mitarbeiter von Nest, doch warum sollte eine Firma für Internetwerbung einen Hersteller für Geräte im Internet der Dinge erwerben?

Bei Google erkennt man klar die Chancen im Internet der Dinge und Nest ist ein leistungsfähiges Hardware-Produkt, mit dem Google seine Ambitionen im Kampf um das »nachhaltige Heim« verwirklichen kann.[62] Doch die Thermostate und Rauchmelder von Nest produzieren mit ihren eingebauten Sensoren fleißig Daten und wie die Android-Smartphones bergen auch die Produkte der Nest Labs neue Chancen für Werbung und Datenhandel. Google hat seine Einkaufstour jedoch bei weitem noch nicht abgeschlossen. Im Juni 2014 gab das Unternehmen die Übernahme von Dropcam für 555 Millionen Dollar bekannt, einem großen Start-up-Unternehmen, das Video-Überwachungskameras herstellt. Die hochauflösenden Wi-Fi- und Bluetooth-Überwachungskameras übertragen Live-Aufnahmen auf mobile Apps und lösen einen Alarm aus, wenn die

Sensoren vordefinierte Aktivitäten melden. Mit dem Erwerb von Dropcam besitzt Google nicht nur unsere Web-Suchhistorie, unsere E-Mails, Mobilfunkgespräche, Karten und Standortmeldungen, sondern über Live-Video-Übertragungen auch unsere Bewegungen im Haus. Also werden alle Thermostate, Rauchmelder und Alarmanlagen mit ausführlichen Geschäftsbedingungen geliefert. Kann es noch offensichtlichere Hinweise auf die Folgen für die Privatsphäre geben?

Natürlich kann über einen nicht gesicherten und gut zugänglichen intelligenten Stromzähler ganz hervorragend beobachtet werden, wann Sie für einen längeren Zeitraum nicht zu Hause sind. Statt in Ihren Facebook-Postings zu lesen, werden die Einbrecher von morgen Ihre Video-Aufzeichnungen ansehen können, Ihren Kühlschrank befragen, wann die Kühlschranktür zum letzten Mal geöffnet wurde, oder einfach den intelligenten Thermostat befragen, ob er im Modus für längere Abwesenheit ist. Der Nest-Thermostat von Google wurde bereits erfolgreich gehackt. Das bedeutet, Hacker könnten von außen auf das Gerät zugreifen und über den eingebauten Bewegungssensor auch beobachten, wann der Besitzer zu Hause ist, oder sie könnten die Heizung voll aufdrehen.[63] Beim anderen Hauptprodukt von Nest, dem Rauch- und Kohlenmonoxidalarm Nest Protect gibt es ebenfalls gewisse Schwierigkeiten: 440 000 Geräte mussten wegen einer Softwarestörung zurückgerufen werden, die das Auslösen des Alarms im Brandfall verzögern konnte.[64] Auch bei den Kameras von Dropcam gibt es Sicherheitsprobleme, durch die Hacker von außen die Aufnahmen einsehen, das Mikrofon an der Kamera einschalten und falsche Aufnahmen über den Online-Livestream des Geräts einschleusen könnten, falls Diebe wie in *Ocean's Eleven* die Aufnahmen überspielen wollen.[65] Man braucht wohl nicht extra zu betonen, dass Kriminelle größtes Interesse an den Daten Ihrer Zähler haben: Vielleicht verschaffen Sie mit jedem Kauf einer Wi-Fi-fähigen Glühbirne oder eines neuen Türschlosses unwissentlich Hackern alles Notwendige, um Ihr Haus aus der Ferne heimzusuchen.

Angriffe auf Unternehmen und Gebäude

Auch Unternehmen nutzen zunehmend das Internet der Dinge, um ihre Kosten zu senken. Zwar gibt es in der Mehrheit der Unternehmen Sicherheitsbeauftragte, doch der technologische Bereich in einem Büro ist extrem schwer zu überschauen. Kaum einer weiß, dass seit 2002 fast alle Fotokopierer mit internen Festplatten ausgestattet sind, die jedes kopierte oder gescannte Dokument speichern. Da viele dieser Geräte geleast oder schließlich verkauft werden, liegen die gespeicherten Daten für den Datenklau bereit, wie ein investigativer Bericht von CBS News zeigte. In einer Lagerhalle in New Jersey wurden 6000 Kopierer gefunden, die zum Verkauf angeboten wurden, alle voller geheimer Dokumente von Behörden und Unternehmen. Wissenschaftler und Journalisten kauften nur vier gebrauchte Kopierer, um zu sehen, was darauf zu finden sei, und die Ergebnisse waren skandalös. Mit einfachen, jedermann verfügbaren Tools zur Wiederherstellung von Daten entdeckten die Wissenschaftler »zehntausende Dokumente«, darunter »95 Seiten Gehaltsabrechnungen mit Namen, Adressen und Sozialversicherungsnummern«, Kopien von Schecks im Wert von 40 000 Dollar, »300 Seiten persönliche medizinische Berichte« der Krankenversicherung Affinity Health Plan, die alles enthielten, von Rezepten verschriebener Medikamente bis hin zu Krebsdiagnosen, »detaillierte Berichte über häusliche Gewalt und eine Liste gesuchter Sexualstraftäter« der Sittenpolizei der Polizeibehörde in Buffalo sowie eine »Liste von Zielen in einer größeren Drogenrazzia« der Drogenfahndung.[66]

Es ist wohl klar, dass in der vernetzten Welt im Internet der Dinge nicht einmal ein physischer Zugang zu einem gebrauchten Kopierer notwendig ist, denn viele Dokumente können einfach per Fernzugriff von den Kopierern im Büro geholt werden. Hackern ist es gelungen, sich Zugang zu vernetzten Kopierern (im modernen Büro ist die überwiegende Mehrheit der Kopierer heute online) zu verschaffen und in Echtzeit zu beobachten, was kopiert wurde.[67] Außerdem wurden schon Bürodrucker wie der HP LaserJet Pro von außen gehackt, um Zugang zum internen Wi-Fi-Netz und den Passwörtern zu erlangen, die das Gerät unverschlüsselt speichert.[68] Bei einem 2011 entdeckten Angriff auf die eingebettete Firmware erhielten Millionen von HP-Druckern von außen Update-Anweisungen von Hackern, die die Geräte so überlasteten, dass sie schließlich Feuer fingen. Die Hacker nutzten eine Schwachstelle in der Fixiereinheit des Geräts, durch die die Drucker überhitzten, dadurch entzündete sich das Papier und schließlich ging das Gerät in Flammen auf.[69] Mit dem Internet der Dinge ist es nun möglich, aus tausenden Kilometern Entfernung Verbrechen zu begehen, und Sie können nicht unbedingt auf Ihren vernetzten Rauchmelder vertrauen, denn wenn ein Hacker Ihr Büro oder Ihr Haus anzünden will, wird er wahrscheinlich auch die Alarmeinrichtungen ausschalten.

Auch andere verbreitete Bürogeräte können gehackt werden, zum Beispiel Anlagen für Videokonferenzen, die es in den meisten Bürogebäuden und Vorstandszimmern gibt, wo die am besten gehüteten Geheimnisse der Unternehmen besprochen werden. Wie die Kameras in Ihrem Haus einem Hacker einen

Einblick in Ihre Aktivitäten geben können, kann auch das digitale Auge am Arbeitsplatz von Hackern genutzt werden.

Die heute üblichen Systeme für Videokonferenzen, zum Beispiel von Polycom und Cisco, haben sich als sehr angreifbar erwiesen. Um das zu beweisen, schrieb ein Hacker ein Programm, das so viele Videokonferenzen wie möglich auffinden sollte, und in kurzer Zeit hatte er »über 5000 in Tagungsräumen, in Anwaltskanzleien, pharmazeutischen Unternehmen, Ölfirmen und Krankenhäusern« gefunden.[70] Bei den Live-Übertragungen konnte er ein Gespräch zwischen einem Gefängnisjuristen und einem Gefängnisinsassen abhören, »einen Operationssaal in einem medizinischen Zentrum einer Universität, ein Verkaufsgespräch bei einer Risikokapitalgesellschaft, bei dem vertrauliche Finanzdaten einer Firma an die Wand projiziert wurden«, und sogar das Vorstandszimmer von Goldman Sachs einsehen. Das Experiment beweist, dass auch im Büro alles, was vernetzt ist, auch angreifbar ist. Da viele Videokonferenzsysteme von Polycom und anderen ohne ernstzunehmende Sicherheitsprotokolle verkauft, installiert und gewartet werden und meistens der automatische Antwortbetrieb voreingestellt ist, können Hacker sich einfach von außen einwählen und Kameras und Mikrofone einschalten, um Sie und Ihr Unternehmen auszuspionieren.

Inzwischen entstehen weltweit auf den Baustellen neue »smarte« Gebäude – Hochhäuser, Lagerhallen und Fabriken – und bestehende Gebäude werden entsprechend umgerüstet. Ist ein Gebäude online, bietet das den Eigentümern weitreichende Einsparmöglichkeiten. Mit komplexen Automatisierungssystemen, die unser Kommen und Gehen mit Sensoren registrieren und sich entsprechend aus- und einschalten, können die Wasser-, Elektrizitäts- und Gaskosten in den Gebäuden reduziert werden. Alle modernen Heizungs-, Lüftungs- und Klimaanlagen gehen online und werden mit einer Vielzahl von Alarmsystemen, Sensoren, Kartenlesegeräten, Kameras und sogar mit physischen Objekten wie Verkaufsautomaten, Wasserleitungen, Parkhaustoren und Aufzügen verbunden, die alle zentral über Gebäudemanagementsysteme miteinander verbunden sind. Hinweise auf diese »Verbesserungen« gibt es überall und in vielen großen Bürogebäuden wie etwa in Manhattan gibt es in Aufzügen nicht einmal einzelne Knöpfe, um das gewünschte Stockwerk auszuwählen, sondern die in Ihrem RFID-Button gespeicherten Daten oder die Kontrollsysteme an einer zentralen Sicherheitsstation entscheiden im Voraus, in welche Etage der Aufzug Sie bringen wird.

Wie die zentrale Schnittstelle für die Automatisierung bei Ihnen zu Hause können auch die kommerziellen Gebäudemanagementsysteme gehackt werden, und das kann zum Teil erstaunliche Folgen haben. Im April 2012 hackten Studenten am MIT das 21-geschossige Green Building, wo die Fakultät für Geo-, Klima- und Planetenwissenschaften der Universität untergebracht ist. Mit Hilfe des gehackten elektronischen Systems schufen sie ein gigantisches, funktionsfähiges Tetris-Spiel in Farbe.[71] Über eine Spielekonsole mit Funkverbindung zu dem Gebäude konnten die »Spieler« die Blöcke, die mit der Beleuchtung in verschiedenen Büros verbunden waren, bewegen, drehen und fallen lassen. Von der Straße gegenüber und in ganz Cambridge sah man die Lichter in den Räumen angehen, als ob die Hacker das berühmte russische Videospiel spielten. So lustig kann Hacking sein, doch manchmal sind die Folgen weitaus kostspieliger.

Systeme, die früher als selbständige Einheiten funktionierten, werden nun verbunden, und es ist äußerst schwierig vorherzusagen, welche weitreichenden Konsequenzen die Verbindungen im Internet der Dinge haben werden und wie man sich davor schützen kann. Viele Unternehmen lassen ihre Gebäudesysteme zentral verwalten, um diesen Herausforderungen zu begegnen. Sie beauftragen zum Beispiel einen externen Sicherheitsdienst mit der Überwachung all der eingehenden Sicherheitsmeldungen von den verschiedenen Standorten für eine Firma. Wenn alles vernetzt ist, können auch andere Systeme wie Heizungs-, Lüftungs- und Klimaanlagen zentral verwaltet werden. Eine solche Firma ist der Einzelhändler Target, der seine Heizungs- und Kühlungsaufgaben an den Anbieter Fazio Mechanical Services aus Pennsylvania outgesourct hat. Die Techniker von Fazio hatten direkten Netzzugriff auf das System für das Lieferanten- und Vertragsmanagement von Target, und dieser Pfad zur Hauptader war unwiderstehlich für die Welt der Kriminellen.[72]

Ein Beschäftigter von Fazio öffnete versehentlich eine Phishing-E-Mail mit einem Malware-Anhang (eine Variante des Trojaners Zeus) und infizierte damit seinen Computer und die anderen in der Firma. Doch weil Fazio mit dem Netzwerk von Target verbunden war, erhielten die Hacker mit dem Trojaner Einblick in das Netz des Einzelhandelsgiganten Target, ihrer größten Fundgrube. Die Folge war der Angriff gegen Target, von dem im ersten Kapitel die Rede war, in dem es um die persönlichen Informationen und Details über Kreditkarten von 110 Millionen amerikanischen Verbrauchern ging. Sobald die Hacker Fazio Mechanical geknackt und die Zugangsdaten eines Mitarbeiters gestohlen hatten, konnten sie das Netzwerk von Target durchsuchen, bis sie auf Gold stießen.

Dort fanden sie Informationen über das Lieferantenportal und Daten über die Verwaltung der Target-Gebäude. Schließlich entdeckten die Hacker, dass diese Systeme nicht von den großen IT-Systemen des Einzelhändlers abgeschottet waren, die – das ist erschreckend – auch die Finanz- und Bezahlsysteme umfassten.[73] Mit allen benötigten Details versorgt, wühlten sich die Hacker durch eine Vielzahl verbundener Netzwerke, bis sie zum internen Server des Unternehmens gelangten, der Zehntausende der bargeldlosen Verkaufsstellen verwaltete, wo die Kunden nur ihre Kreditkarte über die Kasse ziehen. Hier installierten die Angreifer eine Malware mit dem Namen Trojan.POSRAM, die alle in den Target-Geschäften im ganzen Land genutzten Karten kopierte und die Daten heimlich nach Russland transferierte. Dieser enorme Betrug ging so lange, bis der Sicherheitsexperte Brian Krebs die Geschichte aufdeckte.[74] Zweifellos ist der Angriff auf Target der bislang bedeutendste Einbruch in ein Heizungs-, Lüftungs- und Klimasystem, doch er ist nicht der einzige.

Wir möchten vielleicht gern glauben, dass die Regierung ihre Gebäude besser gegen Angriffe per Fernzugriff schützt, doch es gibt Anzeichen dafür, dass das nicht der Fall ist, sogar in Einrichtungen, die man für besonders gesichert halten sollte. 2011 gelang es Wissenschaftlern, das Industriesteuerungssystem des Federal Bureau of Prisons (Bundesamt für Gefängnisse) in den USA zu hacken und die Gebäude von außen zu kapern. Die Hacker konnten nach Belieben einzelne Zellentüren oder ganze Blocks entriegeln, obwohl die Bildschirme der zentralen Wachstationen anzeigten, sie seien noch geschlossen. Auch das Kommunikationsnetz des Gefängnisses konnte abgeschaltet werden, so dass die einzelnen Wärter im Notfall keine Hilfe rufen konnten. Schlimmer noch: Es war möglich, durch Überlastung »die Türen elektronisch zu zerstören«, damit blieben sie im gesamten Gefängnis permanent geöffnet.[75] Mit solchen Vorgehensweisen könnten Kriminelle Komplizen aus dem Gefängnis befreien und andere Gefangene gefährden, weil ihre Zellentüren auch offen für Racheangriffe sind. Diese Gefahr besteht nicht nur theoretisch.

Mitte 2013 wurden durch einen unbekannten Computerfehler in der Turner-Guilford-Knight-Haftanstalt in Miami, Florida plötzlich alle Türen im Hochsicherheitstrakt gleichzeitig geöffnet. Die Gefangenen waren frei, es kam zu Unruhen und Bandenmitglieder konnten sich an Gegnern rächen.[76] Ein Überwachungsvideo lässt erkennen, dass ein Insasse auf den Zwischenfall vorbereitet schien, der die Wärter ebenso wie andere Gefangene überraschte. Als die Türen sich öffneten, ging der Gefangene ruhig den Flur hinunter zur Zelle eines langjährigen Feindes, stach mit einem selbstgemachten Messer auf ihn ein und kehrte dann in seine Zelle zurück. Ende 2014 suchte man immer noch nach der Ursache für den Fehler. Der Zwischenfall legt nahe, dass nicht jedes Gebäude unserer Gesellschaft mit dem Internet verbunden sein sollte.

Die wachsende Angriffsfläche durch das Internet der Dinge schafft nicht nur

Gelegenheiten für das organisierte Verbrechen, sondern auch für ganze Staaten, wie die amerikanische Wirtschaftskammer erkennen musste. Als führende Interessengruppe der amerikanischen Wirtschaft gab die Kammer oft im Namen ihrer drei Millionen Mitglieder Stellungnahmen zu internationalen Angelegenheiten und Fragen des Außenhandels ab, insbesondere in Bezug auf China. Die Kammer hatte Cyberangriffe der Volksrepublik gegen ihr Hauptnetz in der Vergangenheit erfolgreich abgewehrt, doch Ende 2011 entdeckte man, dass ein kürzlich installierter Thermostat an einer Heizung zur Hintertür in das interne Netzwerk der Organisation geworden war.[77] Beschäftigte der Kammer entdeckten, dass das Energiespargerät heimlich Daten an eine Internetadresse in China sandte.

Die Angreifer waren vielleicht schlau, weil sie einen Thermostat für den Einbruch in das Hauptnetz der Kammer benutzten, doch weniger geschickt waren sie bei der Umleitung ihrer eigenen Druckaufträge. Durch ihre Unachtsamkeit wurde ein von Beschäftigten der Kammer benutzter Drucker plötzlich gestartet und druckte Seiten mit chinesischen Schriftzeichen aus. Vertreter des FBI sahen darin ein deutliches Zeichen, dass etwas ernsthaft falsch lief. Die Angreifer suchten im Netzwerk der Kammer nach Informationen über Finanzen und Budgets und drangen in E-Mail-Systeme ein, besonders der Angestellten, die mit der Handelspolitik in Asien befasst waren. Zweifellos hat das Internet der Dinge geopolitische Auswirkungen, und die Länder, die diese Technologien am besten einsetzen, erhalten Zugang zu Unmengen von Informationen und haben so einen strategischen Vorteil. Der chinesische Premierminister Wen Jiabao sagte in einer Ansprache im August 2009 in der Stadt Wuxi: »Internet + Internet der Dinge = Wissen der Erde.«[78]

Intelligente Städte

Im Jahr 1964 sagte Marshall McLuhan voraus, durch »die elektrischen Medien [würden] … alle bisherigen Technologien … auch Städte … in Informationssysteme umgewandelt.«[79] Es mag 50 Jahre gedauert haben, doch seine Vorhersage war genau richtig. Das Internet der Dinge hat alles Potenzial, Städte in lebendige, atmende intelligente Ökosysteme mit vernetzten Sensoren zu verwandeln, die die Lebensqualität der Einwohner umfassend verbessern. In der utopischen Vision intelligenter Städte werden Mülleimer mit eingebauten Sensoren die Müllabfuhr verständigen, wenn sie voll sind, und sofort den nächsten mit GPS ausgerüsteten Müllwagen auf die Reise schicken, um sie schnell wegzubringen.

Die wachsende Anzahl von »städtischen Sensoren-Netzwerken« kann die durch einzelne Gebäude verursachte Verschmutzung feststellen, die Luftqualität in einem speziellen Straßenzug messen oder die Anzahl der Fußgänger, die in einer bestimmten Straße unterwegs sind, und so die ersten »Fitbit-Daten unserer Straßen« liefern.[80] Mit besseren Sensoren in den Straßenlaternen werden die Stadtverwaltungen genau das richtige Maß an Beleuchtung liefern, das der Tageszeit, der Jahreszeit und den Wetterbedingungen entspricht, und so die Energiekosten um bis zu 30 Prozent senken.[81] Wenn alles gut läuft.

Die weniger optimistische Perspektive, ausgehend von einem stadtübergreifenden Betriebssystem, wäre ein städtisches Netz von internetfähigen Geräten, die laufend von Hackern irgendwo auf der Welt angegriffen werden. Mit einem drahtlosen System zur Fahrzeugerkennung, wie sie weltweit in vielen Städten im Einsatz sind, gelang es dem argentinischen Hacker Cesar Cerrudo, die Ampeln in Manhattan zu steuern. Er hackte die in den Straßen eingebauten Sensoren und konnte damit nach Belieben den Verkehr umleiten und Verkehrsstaus herbeiführen.[82] Werden die Gebäude und das Versorgungssystem einer Stadt gehackt, kann das auch die physische Gesundheit gefährden, wenn Hacker Aufzüge, Luftzufuhr, Türverriegelungen, Beleuchtung, Brücken, Tunnel, Wasseraufbereitungsanlagen und andere lebenswichtige Systeme kontrollieren können. Wenn intelligente Zähler gehackt werden können, können auch intelligente Stromnetze gehackt werden, und die Möglichkeit, dass ein Hackerkollektiv, eine Gruppe organisierter Krimineller oder eine Schurkennation den Massen den Strom abdreht, wird nun zur Realität.[83] Im Juli 2014 gelang es einem Sicherheitsexperten, die Kontrolle über die Stromversorgung von Ettlingen zu erlangen, einer Stadt in Süddeutschland mit 40 000 Einwohnern. Ein Hacker hätte mit demselben Verfahren alle städtischen Versorgungsanlagen abschalten können, zum Beispiel, Strom, Wasser und Gas.[84]

Der Aufbau des Internets der Dinge birgt die Möglichkeit zu immensen Verbesserungen sowohl der Lebensqualität als auch der Weltwirtschaft, besonders, wenn Objekte »intelligent« werden und lernen, zu unserem Vorteil automatisch miteinander zu interagieren. Sieht man einmal von größeren Bedenken für die Privatsphäre ab, bieten wir mit Milliarden von Fahrzeugen, Kaffeemaschinen, Gebäuden, Mobiltelefonen, Aufzügen, Spülmaschinen und Spielzeugen, die miteinander kommunizieren und Befehle aus dem Internet beziehen, Angreifern unzählige Ansatzpunkte, wie sie in unser Leben eingreifen und Schlimmes bewirken können.

Wir können nicht einmal die relativ geringe Anzahl der Dinge beschützen, die wir heute online haben, doch Tag für Tag bringen wir neue intelligente Objekte in unseren Haushalt und in unser Leben, ohne zu fragen, welche Risiken und Fallstricke damit einhergehen. Wie Judokämpfer können die Angreifer nun das Gewicht und die Stärke unseres Verbindungs-Wildwuchses einsetzen, um uns zu besiegen. Wir haben die Welt vernetzt, aber versäumt, sie zu sichern – eine Entscheidung, die wir noch bereuen werden, besonders wenn wir beginnen, den menschlichen Körper selbst mit dem Internet zu verbinden.

KAPITEL 14

Du wirst gehackt

»Steve Austin, Astronaut, ein Mann, der kaum lebt. Meine Herren, wir können ihn wieder aufbauen, wir haben die Technologie. Wir besitzen die Fähigkeit, den ersten bionischen Menschen zu bauen. Steve Austin wird dieser Mensch sein. Besser als vorher. Besser. Stärker. Schneller.« Diese Zeilen wurden im Abspann der äußerst erfolgreichen Fernsehserie *Der Sechs-Millionen-Dollar-Mann* aus den 1970er Jahren (deutsche Erstausstrahlung 1988) gesprochen. Wie viele Jungen damals war ich fasziniert von der übermenschlichen Kraft des bionischen Superhelden in der Hauptrolle und sehnte mich nach der Fähigkeit, so schnell zu laufen, so hoch zu springen und so weit zu sehen. So cool der bionische Mann auch war – die Erwachsenen versicherten mir, das sei alles nur erfunden, reine Fantasie, wildeste Science-Fiction. Später erfuhr ich jedoch, dass Science-Fiction schnell zur wissenschaftlichen Tatsache werden kann.

Ich lernte Bertolt Meyer Mitte 2012 kennen, als er eine Dokumentarsendung für den Sender Channel 4 in Großbritannien mit dem Titel *How to Build a Bionic Man* (deutsch: Wie man einen bionischen Menschen baut) aufnahm. Der 33-Jährige ist Sozialpsychologe an der Universität Zürich und erforscht die Möglichkeiten und ethischen Konsequenzen der neuesten bionischen Technologien. Sein Interesse an dem Thema war nicht nur von wissenschaftlicher Neugier getrieben, sondern auch von seinem persönlichen Schicksal: Meyer wurde ohne linken Unterarm geboren. Als Kind bekam er verschiedene primitive Prothesen, mit denen er sich immer anders fühlte und die ihn befangen machten, ganz zu schweigen von ihrer begrenzten Funktionalität. Meyer wünschte sich dieselbe anatomische Funktionalität wie die anderen und wollte etwas Besseres als Hände, die sich nicht öffneten, und die Metallhaken, die ihm als Kind angepasst wurden. Im Jahr 2009 wurde dieser Traum wahr, als ihm eine der fortschrittlichsten Prothesen angepasst wurde: die Handprothese vom Typ i-Limb der Firma Touch Bionics.

Meyer war ein bionischer Mensch in der realen Welt geworden. Er war begeistert von seinen neuen physischen Möglichkeiten, zum Beispiel konnte er erstmals in die Hände klatschen, mit der linken Hand eine Gabel halten und eine schwere Einkaufstasche tragen. Zu der neuen bionischen Hand gehört ein modernes Aluminiumgehäuse, das »eine bessere Haltbarkeit, eine bessere Griffstärke und ein anatomisch korrekteres Design« bot als seine bisherigen Prothesen. Meyer steuerte das Gerät durch myoelektrische Impulse, die aus dem menschlichen Gewebe in seinem Arm, das gerade über seinem prothetischen Körperteil liegt, zu Elektroden auf seiner Haut geleitet wurden. So konnte er die Hand öffnen, schließen, drehen und Objekte greifen. Es war ein echter persönlicher Durchbruch für Meyer und weckte in ihm ein weitreichendes Interesse für die Welt der Bionik. Das war auch das Thema seiner Dokumentarsendung, in der ich interviewt wurde.

Als ich mit dem bionischen Mann, der zum Filmemacher geworden war, über die ethischen Folgen dieser Technologien sprach, kamen wir auch auf das Thema digitale Sicherheit, das Meyer noch nicht bedacht hatte. Es stellte sich heraus, dass die myoelektrischen Impulse aus Meyers eigenem Körper nicht der einzige Weg waren, seine bionische Hand zu steuern. Sie konnte auch über Bluetooth mit einer App des Herstellers auf seinem iPhone gesteuert, angepasst und neu programmiert werden. Ich sprach mit Meyer über die bekannten Unsicherheiten des Bluetooth-Protokolls und darüber, dass es in der Vergangenheit schon häufig von Hackern geknackt worden war. Plötzlich wurden Meyer die Folgen dieser Schwachstellen klar, er wurde aschfahl im Gesicht, sein Mund blieb offen angesichts der Schwachstellen, die ihm noch niemand aufgezeigt hatte.

Ich bat Meyer, mir sein Handy und die App zur Steuerung seiner bionischen Gliedmaße zu zeigen. Er willigte ein und gab mir das Gerät. Ich sah, dass die App eine Vielzahl von Griffpositionen und Optionen zur Neuprogrammierung bot. Wenn ich eine Taste drückte, öffnete sich seine Hand, mit einer anderen konnte ich sie schließen; einzelne Finger und Daumen und Handgelenk konnten positioniert werden. Ich konnte nun den bionischen Mann und seinen Körper steuern. Allein weil ich im Besitz seines iPhone war, tat Meyers Körper, was ich ihm befahl. Natürlich brauchte ich nicht den physischen Zugang zu seinem Telefon, da es ja das unsichere Bluetooth-Protokoll nutzt. Ich könnte es einfach hacken und aus der Ferne die Steuerung übernehmen. Meyer war noch nicht bewusst geworden, dass seine Hand nun im Internet der Dinge war und dass dadurch ihre Benutzung nicht mehr allein dem rechtmäßigen Eigentümer zur Verfügung stand. Nach dem anfänglichen Schock diskutierten wir weiter und freundeten uns an. Gemeinsam lernten wir auch eine wichtige Lektion. Erstmals in der Geschichte der Menschheit konnte der menschliche Körper selbst aus dem Internet angegriffen werden.

»Jetzt sind wir alle Cyborgs«[1]

Der Begriff »Cyborg« – eine Abkürzung für »cybernetic organism« – (deutsch: kybernetischer Organismus) beschwört Bilder aus einer unheimlichen Welt voller humanoider Angreifer herauf, wie die Zylonen in *Kampfstern Galactica*, die Borg in *Star Trek* oder die Cybermen in *Doctor Who*. Der Begriff ist zwar relativ neu, doch der Versuch, die Begrenzung des menschlichen Körpers durch Zusätze zu überwinden, existiert seit Jahrtausenden. Früher verwendeten die Menschen Holz, Kupfer und Eisen, um fehlende oder deformierte Gliedmaßen zu ersetzen. Seitdem gab es maßgebliche Weiterentwicklungen in der Prothetik, und es wird nicht nur die durch Verletzung oder Krankheit verlorene Funktionalität des Körpers ersetzt, sondern es werden auch die Fähigkeiten gut funktionierender biologischer Äquivalente verbessert. Diese Fortschritte wurden deutlich im Fall des südafrikanischen Sprinters und Goldmedaillengewinners Oscar Pistorius. Andere Athleten klagten, der zweifach unterschenkelamputierte »Blade Runner« habe durch seine künstlichen Gliedmaßen einen unfairen Vorteil.

Heute verstärkt die Technologie nicht nur unsere Gliedmaßen und unsere Sinne, sondern auch unser Gehirn. Über 90 Prozent der Smartphone-Besitzer sagen, sie hätten ihre Handys immer im Bereich von einem Meter um sich, zu jeder Stunde eines Tages, und in der Zukunft werden es sicher immer mehr werden.[2] Diese Geräte kommen nicht nur einem externen Gehirn gleich, sondern auch Phantomgliedmaßen, an die wir fortlaufend gebunden sind. Wir fühlen uns höchst verunsichert, wenn sie weit von uns entfernt sind oder wenn wir sie versehentlich liegengelassen haben. Wir benutzen unsere Mobiltelefone als externes Gedächtnis (sie können sich die 1000 Telefonnummern merken, wir nicht) und als zusätzliches Kommunikationsmittel, um unsere Gedanken per SMS, Status-Updates, Tweets und E-Mails über den ganzen Globus weiterzugeben. Wir werden auch zunehmend intelligente Geräte am Körper und schließlich auch im Körper tragen. Und wenn das geschieht, gehen auch wir ins Internet der Dinge. Diese tragbaren Computer, implantierten medizinischen Geräte, bionischen Prothesen und Exoskelette werden mit der Welt um uns interagieren, uns neue physische und geistige Fähigkeiten verleihen, fortlaufend unsere Gesundheit überwachen und Feedback entgegennehmen. Wie sich die Anzahl der Mikrochips in unseren Automobilen im Lauf der Zeit erhöht hat und diese nun ein Steuergerätenetz bilden, so werden auch alle Geräte an und in uns in der Zukunft ein Körper-Netzwerk bilden. Diese Veränderungen werden die weitreichenden Probleme des Internets der Dinge für Sicherheit und Privatsphäre mit sich bringen, nur diesmal werden wir selbst die Knotenpunkte im Internet sein.

Ob unsere Cyborg-Zukunft nun eher Ähnlichkeit mit dem Schrecken aus Mary Shelleys *Frankenstein* oder eher mit den heroischen Möglichkeiten des Tony Stark in *Iron Man* haben wird, wird sich zeigen.

Eines ist jedoch klar: Das organisierte Verbrechen hat immer wieder seine Bereitschaft und Fähigkeit bewiesen, jede aufkommende Technologie zu seinem Vorteil zu nutzen, und Sie und Ihren Körper zu hacken, wird nur allzu verlockend sein.

Auf den ersten Blick nicht sichtbar: Am Körper getragene Computer

Der erste weit verbreitete am Körper tragbare Computer war vielleicht das Hörgerät, das sich von einer sichtbar mit Schultergurten über der Brust getragenen Transistoreinheit in der Größe eines Spielkartenstapels zu einer eigenständigen digitalen Mikroprozessoreinheit gewandelt hat, so klein, dass sie unauffällig im Ohrkanal des Nutzers getragen werden kann. Es überrascht nicht, dass die heutigen modernen Hörhilfen mit Bluetooth-Technologie funktionieren, verschiedene Audio-Quellen übertragen und sie für die Hörgeschädigten verstärken können. Mithilfe von Handy-Apps können die Nutzer die Einstellungen auf ihrem Telefon steuern und einstellen, ob sie Umgebungsgeräusche, eine Telefonkonversation oder Musik auf ihrem iPod hören wollen, alles geht mit Tastendruck. Doch nun kann sogar das bescheidene Hörgerät wie auch die von vielen getragenen Bluetooth-Headsets mit einer Vielzahl der erwähnten aus dem Untergrund verfügbaren Programme gehackt werden. Daher ist es nicht nur möglich, aus der Ferne in Echtzeit mitzuhören, was eine andere Person hört, sondern es wäre auch möglich, Geräusche und Töne direkt in die Ohren eines Hörbehinderten zu spielen. Sei es Heavy-Metal-Musik oder seien es bedrohliche Stimmen, die nur der hört, der das Gerät trägt – solche Geräusche könnten sicher Verärgerung und Schrecken bei den Betroffenen auslösen.

Für Hörgeräte gibt es heute eine große zusätzliche Auswahl bei den Sensoren, Sendern und Computern, die man am Körper tragen kann. Viele dieser Entwicklungen wurden angetrieben von der »Quantified Self«-Bewegung, die mit technologischen Tools und verschiedenen Verfahren eine Vielzahl von Daten über das Leben einer Einzelperson erfasst. Täglich halten Millionen von Quantified-Self-Fans jeden Aspekt ihres Lebens, ihre Gedanken und Erfahrungen mithilfe von Self-Tracking-Tools fest. Sie sind auf der Suche nach einem besseren Leben durch »Life logging«. Sie verfolgen und messen Schlaf, Gewicht, verbrannte Kalorien, Biofeedback, Herzfrequenz, Gehirnströme, EKG, Glücksgefühle und die Anzahl der Schritte während des Tages, um ihre geistige und körperliche Leistung zu verbessern. Diese Daten können durch sogenannte »Wearables«, kleine, am Körper getragene Computergeräte, leicht erfasst werden.

Durch ein messbares Feedback, das von kleinen Sensoren am Körper erfasst wird, erfahren Abnehmwillige genau, wieviel Schritte sie gemacht haben und wie aktiv sie waren. Die Informationen können auf wunderbar gestalteten Schaubildern auf dem Computer angezeigt werden, diese können die Entwicklung der Fitnesstrends klar darstellen und sogar Spielelemente enthalten, mit Bestenlisten und Abzeichen, wenn bestimme Ziele erreicht wurden. Mit diesen Informationen können Abnehmwillige ihr Verhalten ändern, etwa weniger essen oder sich mehr bewegen, um den gewünschten Gewichtsverlust zu erzielen. Die Geräte können auch eine wichtige Rolle bei der Prävention von Krankheiten und der generellen Verbesserung der Gesundheit spielen.

Über 100 Millionen Wearables wurden weltweit im Jahr 2014 verkauft, bis 2018 soll diese Zahl auf 485 Millionen gesteigert werden.[3] Am Körper tragbare Geräte gibt es in verschiedenen Kategorien: Armbänder, die Aktivitäten aufzeichnen, wie Fitbit Flex, UP von Jawbone, FuelBand von Nike; Smart Watches wie Pebble, Galaxy Gear von Samsung und Apple Watch; und es gibt sogar Brillen wie Google Glass. Zwar bildeten die Wearables bislang eine Nische, doch in naher Zukunft werden sie zum Mainstream gehören.

Die meisten am Körper getragenen Geräte synchronisieren sich über Bluetooth oder Wi-Fi mit dem Mobiltelefon des Nutzers, und wenn das der Fall ist, gehen auch Ihre persönlichen Gesundheitsdaten ins Internet der Dinge und sind so gut zu hacken wie die anderen Objekte dort.[4] Außerdem sind viele Wearables eng mit dem sozialen Netzwerk verbunden, zum Beispiel postet Ihr Fitbit-Tracker automatisch die Anzahl Ihrer täglich gemachten Schritte auf Ihrer Facebook-Seite. Dadurch ergeben sich natürlich zahlreiche Fragen zur Privatsphäre, insbesondere, wem Ihre Daten gehören, wie sie gesichert werden und wie sie Dritten mitgeteilt werden können. Überraschenderweise gab es jedoch für 52 Prozent der Fitness-Apps keinerlei Privatsphären-Regelungen. Wie wir gesehen haben, können im Augenblick harmlos wirkende Informationen später unerwünschte Folgen haben. Die automatische Dokumentation über Ihren schlechten Schlaf von Ihrem Wearable kann vor Gericht Bedeutung erlangen, wenn es um einen Verkehrsunfall geht. Wird Ihre Krankenversicherung von Ihnen verlangen, einen Aktivitätstracker zu tragen, wenn Sie die bestmöglichen Tarife wollen, so wie eine Autoversicherung die Blackbox in Ihrem Auto auswertet?

Zu den neuesten Trends der am Körper getragenen Computer gehören eingebaute Kameras, entweder die beliebte für Extrem-Action-Fotos verwendete Wi-Fi-Kamera GoPro in HD-Qualität oder etwas diskreter die Kamera in Google Glass. Im Augenblick scheint die Vorstellung noch verfrüht, dass die meisten Menschen auf der Straße mit internetfähigen Kamerabrillen unterwegs sind, doch bedenken Sie, dass man dasselbe auch über Personal Computer und Mobiltelefone sagte. Google hat sich bereits mit dem Brillengiganten Luxottica zusammengetan, um die Glass-Funktionen in Oakleys- und Ray-Ban-Brillen einzubauen, und Deloitte sagt den Verkauf von Millionen von Smart-Brillen im Jahr 2015 voraus.[5] Geräte wie Google Glass werden eine Unzahl technischer Annehmlichkeiten bieten, alle gemeinsam aus einem bequem tragbaren Gerät, zum Beispiel Fotos machen, versenden, filmen, telefonieren, im Internet suchen, SMS versenden und E-Mails lesen. Diese Möglichkeiten sind heute der Gipfel des Machbaren auf dem Markt der tragbaren Computer-Sensoren, ermöglicht durch eine Vielzahl von Wi-Fi-, Bluetooth- und GPS-Verbindungen, die ebenfalls bequem an die Mobiltarife der Smartphones angebunden sind. Wie in den vorangegangenen Kapiteln bereits Herr Burns von den *Simpsons* und Herr Chertoff vom Heimatschutzministerium der Vereinigten Staaten angemerkt haben, werfen all diese Möglichkeiten durch die Googlebrille und die entsprechenden Verbindungen eine Reihe von Fragen zur Privatsphäre und öffentlichen Ordnung auf. Doch auch bedeutende Bedrohungen für die Sicherheit müssen in Betracht gezogen werden.

Die Angst, gefilmt zu werden, hat dazu geführt, dass Google Glass an einer Reihe öffentlicher Orte verboten wurde, etwa bei Sportveranstaltungen, Konzerten, in Umkleideräumen in Sporthallen, in Bars, Restaurants, Strip-Clubs, Casinos, Krankenhäusern und in Kinos in Großbritannien.[6] Die für die Verbote angeführten Gründe umfassen alles, vom Kartenzählen bis hin zur Filmpiraterie und Industriespionage. Doch es gibt noch eine weitere Sorge. Google Glass kann gehackt werden, so dass heimlich Fotos und Videos aufgenommen und unbemerkt an kriminelle Organisationen irgendwo auf der Welt weitergeleitet werden können, ohne dass der Eigentümer des Gerätes etwas davon bemerkt. Wie Malware eingesetzt werden kann, um Ihr Mobiltelefon oder Ihren Laptop zu unterwandern, kann auch die Brille im Internet der Dinge ohne sichtbare äußere Anzeichen für Aufnahmen angeschaltet werden.

Hacker hatten das Sicherheitssystem von Google Glass sogar schon geknackt, ehe das Gerät auf den Markt kam.[7] Die Sicherheitslücken bei Google Glass lassen zu, dass das Gerät »gerooted« werden kann, also so umgeschaltet, dass es in Echtzeit alles überträgt, was man sehen und hören kann, einschließlich Ihrer online eingegebenen Kontodaten und Passwörter. Mit den GPS-Funktionen der Googlebrille können Kriminelle Ihren genauen Standort ermitteln, zum Beispiel, wenn Sie an einem Geldautomaten gerade Ihre PIN eintippen.[8] Ihre Großmutter brauchte kein Antivirenprogramm für ihre Brille, Sie vielleicht schon.[9] Es gibt schon eine Reihe von Schadprogrammen und Spyware für Google Glass, also können erstmals in der Geschichte sozusagen auch Augen gehackt werden.

Angesichts der Geschwindigkeit des technologischen Fortschritts ist abzusehen, dass das Tragen des »sperrigen« Computers in der Brille der nächsten Generation zu lästig sein wird, und sicher wird die Weiterentwicklung dieser Geräte zum Internet in einer Kontaktlinse führen.[10] Google hat zwar noch keine Kontaktlinsenversion von Google Glass vorgestellt, überraschte jedoch Mitte 2014 die Welt mit der Ankündigung, dass man mit dem Pharmaunternehmen Novartis an einem Projekt zu internetfähigen »intelligenten Kontaktlinsen« arbeite. Die Linsen werden eine Reihe von Mikrosensoren und Antennen enthalten, mit denen erstmals der Blutzuckerspiegel von Diabetikern ohne schmerzhafte Nadelstiche, wie sie für die heutigen Glukosetests erforderlich sind, fortlaufend überwacht werden kann. Das Gerät ist in der frühen Testphase bei der amerikanischen Arzneimittelbehörde FDA.[11] Samsung will da nicht hintanstehen und entwickelt seine eigene Internet-Kontaktlinse mit all den im Augenblick möglichen Web-Eigenschaften der Googlebrille im Kontaktlinsenformat. Es werden eingebaute Lichtdioden und eine Mischung aus Graphen- und Silber-Nanodrähten verwendet.[12] Doch so fortschrittlich am Körper tragbare Computer auch sein mögen – es gibt noch eine weitere Grenze zu überwinden auf der Suche nach der vollständigen Integration von Mensch und Maschine: die Implantierung von Computern in den Körper selbst.

Du brichst mir das Herz: Die Gefahren implantierbarer Computer

Das erste elektronische medizinische Gerät wurde 1958 erfolgreich in den menschlichen Körper implantiert. Die historisch bedeutsame Operation wurde von zwei schwedischen Chirurgen an Arne Larsson ausgeführt, einem Ingenieur, der danach weitere 42 Jahre lebte – ein Leben voller Erinnerungen und Erfahrungen, das er ohne den Computer in der Größe eines Hockey-Pucks in seinem Brustraum, der sein Herz normal schlagen ließ, nicht erlebt hätte.[13] Heute, fast 60 Jahre danach, hat die Medizin die Bandbreite und die Leistung implantierbarer medizinischer Gerät phänomenal weiterentwickelt. Die Tragbarkeit, die Lebensdauer der Batterie und die Effizienz dieser Geräte wurden um ein Vielfaches verbessert, und heute übermitteln sie dem behandelnden Arzt über das Internet wichtige Informationen. Der erste Wi-Fi-Herzschrittmacher in den Vereinigten Staaten wurde im Jahr 2009 Carol Kasyjanski aus Roslyn, New York in den Brustraum eingepflanzt. Als die Operation beendet war, war ihr schlagendes Herz das erste im Internet der Dinge.[14]

Neben Herzschrittmachern gibt es eine Reihe weiterer implantierbarer medizinischer Geräte, zum Beispiel Defibrillatoren, Insulinpumpen, Cochlea-Implantate und Neurostimulatoren. Jedes dieser Geräte erfüllt seinen eigenen therapeutischen Zweck im Körper und kommuniziert mit der Umwelt über die bekannten Funkfrequenz-Protokolle wie Bluetooth, Wi-Fi, NFC und RFID. Fast 300 000 Patienten erhalten jährlich implantierbare medizinische Geräte mit Funkübertragung.[15] Die Geräte sind aus der modernen Medizin nicht mehr wegzudenken, da sie immer kleiner werden, immer mehr können und eindeutige klinische Vorteile bringen. Medizinische Geräte wie die implantierbaren Cardioverter-Defibrillatoren ermöglichen es Ärzten, die Herzschläge des Patienten per Fernzugriff zu überwachen sowie EKGs in Echtzeit durchzuführen, und das reduziert die Anzahl teurer Arztbesuche. Erkennt der Cardioverter-Defibrillator ein Problem, kann der Arzt sofort mit dem Patienten Kontakt aufnehmen und ihn zur Behandlung einbestellen. Das gewaltige lebensrettende Potenzial dieses Fortschritts kann gar nicht hoch genug eingeschätzt werden, doch je mehr wir die Informationstechnologie mit unserer Biologie verbinden, desto mehr Menschen werden Cyborgs – und das hat gravierende Folgen für ihre Sicherheit, ihre Unversehrtheit und ihre Privatsphäre.

Defekte medizinische Geräte sind führend unter den Ursachen für ernsthafte Verletzungen und Todesfälle in den Vereinigten Staaten und die Anzahl der

Rückrufe verdoppelte sich zwischen 2004 und 2014.[16] Fast 25 Prozent der Rückrufe waren auf Fehlfunktionen von Computern zurückzuführen, 94 Prozent davon »stellten ein mittleres bis hohes Risiko für ernsthafte gesundheitliche Folgen« dar.[17] Sogar bei den meisten therapeutischen Geräten in Krankenhäusern wie Kernspintomographen, Röntgen- und Anästhesiegeräten, Infusionspumpen, CT-Scannern und Beatmungsgeräten stellte man Computerviren fest, so dass Hacker leicht Zugriff gefunden hätten.[18] Das Heimatschutzministerium der USA gab im Jahr 2013 sogar eine Warnung an medizinische Einrichtungen heraus, dass mehr als 300 Geräte von 40 verschiedenen Herstellern Schwachstellen besäßen, die von Böswilligen missbraucht werden könnten.[19] So wie Ihr Windows-Computer oder Ihr iPhone kann auch ein medizinisches Gerät abstürzen, von dem Ihr Leben abhängt. Doch einen Unterschied gibt es zu den implantierbaren medizinischen Geräten. Anders als bei Ihrem Smartphone können Sie sich für Ihren Herzschrittmacher nicht einfach neue Firmware aus dem Netz herunterladen, sondern Ihr Brustraum muss von Chirurgen geöffnet werden, denn für ein Update oder den Ersatz der Firmware braucht man einen physischen Zugang zu Ihrem Gerät.

Vielleicht noch größeren Anlass zur Sorge gibt die Tatsache, dass wir anderen immer mehr Gelegenheit bieten, sich in unsere Körper zu hacken und diese Geräte für schändliche Zwecke zu missbrauchen, wenn wir immer mehr winzige Computer zur Überwachung und Verbesserung unserer Gesundheit in unseren Körper implantieren lassen. Viele medizinische Geräte werden ohne Sicherheitseinrichtungen verkauft. Die Hersteller der implantierbaren medizinischen Geräte gehen davon aus, dass wie über andere Objekte im Internet der Dinge generell wenig bekannt ist, und sie betrachten sie deshalb als sicher – wer sollte schließlich einen Herzschrittmacher hacken wollen? Dieser Denkfehler vernachlässigt die Tatsache, dass es eine kleine Minderheit grausamer und abscheulicher Menschen auf der Welt gibt, die gern ihre technischen Fähigkeiten auf Kosten anderer unter Beweis stellen. Das geschah im Jahr 2008, als Hacker hunderte kleine, schnell blinkende Bilder auf die Website der amerikanischen Epilepsie-Stiftung setzten, die bei ahnungslos hilfesuchenden Epileptikern, die die Seite besuchten, heftige Anfälle auslösten.[20]

Dass diese Bedrohung real ist, zeigte auch eine Gruppe von Wissenschaftlern der Universitäten von Massachusetts und Washington, denen es gelang, das Sicherheitssystem des kombinierten Herzschrittmachers mit Defibrillator der Firma Medtronic zu überwinden. Nachdem sie sich unberechtigt Zugang zu dem Gerät verschafft hatten, konnten sie nicht nur vertrauliche Patientendaten lesen, schlimmer noch, sie wären auch in der Lage gewesen, Stromstöße an ein normal funktionierendes Herz zu senden – was den Tod eines Unschuldigen zur Folge gehabt hätte.[21] Für Hacker stellen die implantierbaren medizinischen Geräte eine unwiderstehliche neue Versuchung und eine Messlatte für ihr Können dar. Bei der jährlichen Black-Hat-Hackerkonferenz in Las Vegas ist das eines der beliebtesten Themen. Dem bekannten Hacker Barnaby Jack gelang es, eine Reihe von Geräten aus dem Internet der Dinge zu hacken, von Geldautomaten bis hin zu Herzschrittmachern. 2012 entdeckte Jack ernsthafte Schwachstellen in der Software implantierbarer medizinischer Geräte verschiedener Hersteller und es gelang ihm, die Geräte zu steuern. Aus einer Entfernung von 15 Metern hätte er allein mit einem Befehl über seinen Laptop einen implantierten Defibrillator anweisen können, Stromstöße von 830 Volt in das Herz eines Betroffenen zu schicken – das wäre mit Sicherheit tödlich für jeden Träger eines Herzschrittmachers.[22]

Aus Angst vor einem solchen Angriff ließ der Kardiologe des ehemaligen Vizepräsidenten Dick Cheney bei dessen Herzschrittmacher die Funkfunktionen abschalten, damit Terroristen keinen tödlichen Stoß an das bereits leidende Herz des fast mächtigsten Mannes der USA schicken konnten.[23] Eine fiktionale, doch durchaus vorstellbare Version einer solchen Attacke – wenn denn die Realität der Kunst folgen würde – wurde einprägsam in der Serie *Homeland* dargestellt. Dort ermordet der böse Terrorist Abu Nazir den Vizepräsidenten über das Internet, indem er die Steuerung seines implantierten Defibrillators übernimmt. Doch nicht nur Herzschrittmacher werden von Hackern geknackt. Hunderttausenden in den Vereinigten Staaten wurden Insulinpumpen implantiert, die Insulin in sorgfältig kontrollierten Dosen ausschütten, um den Blutzuckerspiegel bei den Betroffenen zu regulieren.[24] Wieder einmal stellte der talentierte Mister Jack sein technisches Können unter Beweis und überwand die schwachen Sicherheitssysteme bei einigen auf dem Markt verbreiteten Insulinpumpen. Mit einer speziell von ihm entwickelten Funkantenne konnte Jack in einem Radius von 100 Metern jede Insulinpumpe auffinden und steuern. Er hätte zum Beispiel den 45-Tage-Vorrat an Insulin auf einmal ausschütten lassen können. Ohne sofortige Behandlung würde nach einem solchen Cyberangriff der Tod eintreten.[25]

Zwar wurden bis heute noch keine Angriffe auf implantierte medizinische Geräte aufgedeckt, doch wir können damit rechnen, dass die organisierte Kriminalität diesen ihre Aufmerksamkeit zuwenden wird. Die Behörde Europol sagte voraus im Oktober 2014 voraus, dass noch im laufenden Jahr 2014 der Online-Mord über implantierte medizinische Geräte Realität werden könnte.[26] Solche Zwischenfälle mögen nur ganz normale Cyberangriffe sein, denn so wie man mit einem Botnet-Angriff Ihren Computer und Ihr Mobiltelefon kapern kann (und sogar Ihren Kühlschrank, wie wir im letzten Kapitel gesehen haben), so kann man auch einen Herzschrittmacher erfassen. Im Internet der Dinge sehen gehackte medizinische Geräte aus wie alle anderen IP-Adressen, und sobald Ihr implantierter Defibrillator oder Ihre Insulinpumpe infiziert ist, kann die wertvolle begrenzte Kapazität der Batterie, mit der Ihr Herzschlag oder Ihre Insulindosen reguliert werden sollten, durch den Versand von Spambotschaften frühzeitig erschöpft sein und eine Operation für den Ersatz der Batterie notwendig machen.

Natürlich sind auch noch schlimmere Vorhaben denkbar, wenn die Anzahl der medizinischen Geräte im Netz exponentiell steigt. Es wird durch das Hacken schlecht gesicherter medizinischer Geräte neue Arten des Mordes per Fernzugriff geben, und so beginnt ungewollt das Zeitalter des medizinischen Cyberverbrechens. Es blitzt zwar keine Gewehrmündung aus dem Laptop auf, doch in der modernen Welt kann das Gerät heutzutage genauso tödlich sein. Auch die Verbrecherwelt wird nach Möglichkeiten suchen, aus Angriffen gegen implantierte medizinische Geräte Kapital zu schlagen. Ransomware wie der CryptoLocker kann die Festplatte Ihres Computers oder Ihr Mobiltelefon zerstören und unbrauchbar machen, und ähnliche Erpressungsversuche kann man auch bei medizinischen Geräten erwarten. »Sie haben 60 Minuten Zeit, 10 000 Dollar über Bitcoin auf dieses Konto zu überweisen, oder wir schicken einen 830-Volt-Stromstoß an Ihr Herz.« Schlimmer noch, stellen wir uns die Folgen vor, wenn Hacker die industriellen Kontrollsysteme bei der Herstellung implantierbarer Defibrillatoren infiltrieren und eine Zero-Day-Attacke vorprogrammieren könnten. Die minimalen Softwareveränderungen könnten monate- oder jahrelang unentdeckt bleiben, bis hunderttausende Geräte Patienten weltweit implantiert wurden. Dann erst würden die Verbrecher den ersten entscheidenden Infrastrukturangriff auf den menschlichen Körper mithilfe der Informationstechnologie lancieren und Millionen Lösegeld fordern, um eine weltweite Krise zu verhindern. Es gäbe keine Möglichkeit, tausende und abertausende Menschen rechtzeitig zu operieren, die dann eine Zeitbombe im Körper hätten. Es gäbe keinen anderen Weg, als den Forderungen nachzugeben.

Nach dem Moore'schen Gesetz können wir mit Sicherheit davon ausgehen, dass implantierbare medizinische Geräte immer kleiner werden und den Patienten gewaltigen klinischen Nutzen bringen werden. Ingenieure der Biomedizin an der Stanford University entwickelten zum Beispiel einen drahtlosen, batterielosen Roboter, der so klein ist, dass er durch den Blutstrom schwimmen und Diagnosen stellen sowie mikrochirurgische Eingriffe vornehmen kann.[27]

Willkommen in der Medizin von *Star Trek*. Doch sogar diese neuen, wunderbaren Behandlungsweisen können von Hackern bedroht werden. Sie könnten die Resultate verändern, so dass Medikamente in den Blutkreislauf abgegeben werden, wenn das nicht der Fall sein sollte. Oder Mikroroboter könnten gesundes Gewebe angreifen anstelle von Tumorgewebe. Sollten verschluckbare und injizierbare Computer gehackt werden, wie würde man das feststellen? Welche sichtbaren Anzeichen könnte es dafür geben?

Stirbt jemand mit einem implantierten medizinischen Gerät, so muss der Leichenbeschauer die Todesursache bestimmen und es stellen sich zahlreiche Fragen: Ist dieser Tod die Folge einer Fehlfunktion des implantierten medizinischen Geräts? Wurde das Gerät Ziel eines kriminellen Angriffs? War dies ein Selbstmord, bei dem der Patient sein eigenes Gerät hackte, um den Schmerzen und dem Leiden ein Ende zu bereiten, und in der Hoffnung, seine Familie erhielte Geld aus der Lebensversicherung, weil alles nach einem natürlichen Tod aussehen würde? Mit der Weiterentwicklung der modernen Medizin und der weiteren Verbreitung implantierbarer medizinischer Geräte muss eine wichtige Frage beantwortet werden: Wer macht die Autopsie, wenn ein technologisch verbesserter Körper in die Pathologie kommt? Ärzte und Pathologen haben keine Ausbildung in Computerforensik. Wie kann dann die Todesursache festgestellt werden? Es ist nicht möglich. Durch die Sicherheitsschwachstellen medizinischer Geräte kann zukünftig Mord häufiger unentdeckt bleiben.[28]

Wenn Steve Austin und Jaime Sommers einen Virus haben

Kurz nachdem sich die Fernsehzuschauer im Jahr 1970 in Steve Austin verliebt hatten, den nachgebauten Astronautenstar aus dem *Sechs-Millionen-Dollar-Mann*, erhielt er in Jaime Sommers eine Kameradin, die erste bionische Frau. Beide besiegten eine Reihe von Bösewichten, doch niemand versuchte je, die Superhelden durch einen Angriff auf die Elektronik ihrer bionischen Körperteile lahmzulegen. Warum nicht? Wahrscheinlich entsprachen Computerviren und Funktechnologien nicht dem damaligen Zeitgeist. Bei Bertolt Meyer sahen wir aber: Wenn die Hand oder das Bein online über Funk gesteuert wird, können die Gliedmaßen wie alles andere im Internet der Dinge Ziel von Hackerangriffen werden. Zwar sind bionische Prothesen heutzutage noch eher die Ausnahme, doch in den kommenden Jahren wird ihre Anzahl gewaltig steigen, besonders durch tausende unglückliche junge Soldaten, die mit schweren Kriegsverletzungen aus dem Irak und aus Afghanistan zurückkehrten.

In der Folge haben das Pentagon und die Forschungsbehörde für das amerikanische Militär DARPA das Programm Revolutionizing Prosthetics mit 300 Wissenschaftlern und einer Investition von 100 Millionen Dollar gestartet, um die Welt der Bionik zu revolutionieren.[29] Ein Erfolg dabei war die DEKA-Prothese des Erfinders Dean Kamen, die auch Lukes Arm genannt wird, nach dem Roboterarm des Luke Skywalker in *Star Wars*. Das Gerät wird durch elektrische Impulse von Elektroden an den Muskeln des Trägers gesteuert und arbeitet so präzise, dass es mit den Fingern eine kleine, flach auf dem Tisch liegende Münze aufnehmen kann. Im Human Bionic Project am MIT arbeitet man an einem »Depot für jedes von der FDA genehmigte Ersatzteil, um Amputierten die Vervollständigung ihres Körpers zu erleichtern«.[30]. Sogar implantierbare bionische Organe wurden entwickelt, zum Beispiel die bionische Bauchspeicheldrüse. Sie unterstützt die Regulierung des Glukosespiegels bei Diabetikern und wird praktischerweise von einer App auf dem Smartphone gesteuert, die über Funk mit dem bionischen Organ verbunden ist.[31]

Ein weiteres sich schnell entwickelndes Feld der Bionik ist die Vermarktung von Exoskeletten oder am Körper tragbaren Robotern wie dem äußerlich getragenen Ekso Bionics System, das Gelähmten nach Schlaganfall, Wirbelsäulenverletzungen oder Krankheiten das Gehen ermöglicht. Der bionische Anzug unterstützt Menschen, die nicht gehen können, und bewegt ihre Glieder, so dass sie mit flüssigen Bewegungen stehen und gehen können. Die Entwicklungen von Ekso sind auch für Menschen ohne körperliche Behinderungen geeignet. Sie bieten enorme Unterstützung und Kraft und verringern so die Belastung der Muskulatur. So können zum Beispiel Soldaten hunderte Kilo Gewicht über längere Entfernungen tragen ohne zu ermüden. Im Interactive Telecommunications Program an der NYU entwickelten Graduierte eine »Open-Source-Schnittstelle zur Anwendungsprogrammierung, mit der man den Arm eines anderen Menschen per Fernsteuerung über eine Tastatur, einen Joystick oder sogar ein iPhone bewegen kann«, um Menschen mit Lähmungen oder eingeschränkter Kontrolle über ihre Gliedmaßen normale Bewegungen zu ermöglichen. Das Ergebnis ist eine nicht autonome Körpersteuerung, mit der andere über das Internet einen Arm oder ein Bein eines Menschen steuern können.[32]

Natürlich liegt die Zukunft der Bionik nicht nur in der Wiederherstellung menschlicher Fähigkeiten, die durch Krankheit oder Verletzungen verloren gegangen sind. Der weitaus größere Markt wird sich auf die Verbesserung menschlicher Fähigkeiten konzentrieren und uns Kräfte verleihen, die wir noch nie hatten, oder bestehende Fähigkeiten verstärken. Wer wünscht sich nicht, übermenschliche Kräfte zu besitzen, wie es sich Tony Stark für den *Iron Man* vorgestellt hatte? Doch unsere wachsenden Möglichkeiten, den menschlichen Körper zu transformieren und unsere eigene Biologie mit Hilfe der Informationstechnologie zu verbessern, bringt auch eine Reihe von Risiken und ethischen Fragen mit sich, die man zukünftig berücksichtigen muss. Ihre Robo-Beine können einen Virus bekommen und Ihre bionische Hand kann gehackt werden, doch was geschieht, wenn die Roboter-Exoskelette für alle verfügbar werden und Verbrecher die übermenschlichen Kräfte einsetzen, um andere auszurauben? Stellen Sie sich Auseinandersetzungen zwischen Street-Gangs wie den Crips und den Bloods in der Zukunft vor, wenn alle Zugang zu diesen Tools haben und ihre Kämpfe in den Straßen unserer Städte ausfechten. Oder stellen Sie sich vor, wenn Verbrecher ihre Geldeintreiber mit einem bionischen Anzug an Ihre Tür schicken, um Ihre angeblichen Spielschulden einzutreiben. Zwar mögen diese Szenarien fantastisch anmuten, aber militärische Technologie wurde schon oft in der Geschichte schließlich für den allgemeinen Gebrauch angepasst, seien es Waffen, Nachtsichtgeräte, die GPS-Navigation oder das Internet selbst. Es ist klar, dass es in der Zukunft zahlreiche Möglichkeiten für Hacker geben wird, die gegenwärtigen und zukünftigen Entwicklungen bei am Körper tragbaren und bei implantierbaren Computern für sich zu nutzen. Doch es gibt noch andere Wege, unsere Biologie für Zwecke der Identifizierung und Sicherheit zu nutzen, und das ist das nächste Schlachtfeld, auf dem es um die Herrschaft über unseren Körper geht.

Identitätskrise: Hacking in biometrischen Angaben

Wir halten Gesicht, Augen, Stimme, Finger, Herzschlag, Beine und Handflächen für einmalige Elemente unserer eigenen Biologie und Anatomie, die zweifellos nur uns allein gehören. Wenn es nur so wäre. Mit oder ohne unser Wissen geben wir immer größere Datenmengen über unsere physikalischen Eigenschaften und über unser Verhalten weiter. Diese biometrischen Erkennungszeichen sind unverwechselbare körperliche Merkmale, von denen am bekanntesten der normale Fingerabdruck ist, den die Polizei seit über 125 Jahren für die Identifizierung Krimineller benutzt.

Über ein Jahrhundert lang konnten biometrische Fingerabdrücke nur von speziell ausgebildeten Personen analysiert werden. Die Zeiten haben sich jedoch geändert, und nach raschen Fortschritten in der Leistungsfähigkeit der Datenverarbeitung und der Sensortechnologie können heute auch Computer eine biometrische Identifikation durchführen. So verbreiten sich biometrische

Systeme immer mehr und werden zunehmend alltäglich für uns. Die Biometrie wird die zukünftigen Methoden zur Identifizierung grundlegend verändern. Anders als bei herkömmlichen Arten der Identifikation, bei denen man etwas bei sich haben muss wie zum Beispiel den Führerschein oder den Pass oder sich an ein Passwort oder eine PIN erinnern muss, hat man die biometrischen Angaben immer bei sich und: Man *ist* die Biometrie.

Biometrische Erkennungssysteme messen mit Computersensoren zum Beispiel die Rillen in Ihren Fingerabdrücken, die Entfernung zwischen einzelnen Teilen Ihres Gesichts oder den Klang und die Eigenschaften Ihrer Stimme. All diese Informationen werden in Einser und Nullen übertragen, die abgeglichen, sortiert und wiedergefunden werden können, so dass Ihr persönlicher Fingerabdruck mit hundert Millionen Fingerabdrücken in einer Datenbank innerhalb von Sekunden verglichen werden kann. Angesichts der fallenden Kosten und der wachsenden Möglichkeiten erwartet man in der Biometrie weltweit ein Wachstum auf 23 Milliarden Dollar bis zum Jahr 2019[33], was bedeutet, dass bis 2018 über 500 Millionen biometrische Sensoren im Internet der Dinge sein können.[34] Biometrische Systeme werden massenhaft Verbreitung finden, und das ist erst der Anfang.

Heute werden Besucher der 24-Hour-Fitness-Clubs aufgefordert, sich mit ihrem Fingerabdruck in den Clubs der Kette auszuweisen. Im medizinischen Zentrum der New York University brauchen die Patienten keine Versicherungskarte mehr mitzubringen, denn die Klinik hat über 125 000 Personen in ihrem System PatientSecure gespeichert, das mit einem speziellen biometrischen Scanner die individuellen Venenmuster in der Handfläche der Patienten einliest und so Personen identifiziert. Doch wenn Kliniken ihre MRT-Geräte nicht von Malware freihalten können, warum soll ihnen der Schutz der biometrischen Informationen besser gelingen? Und ist es wirklich eine gute Idee, dass die Beschäftigten in Ihrem Fitnessclub vor Ort Zugang zu Ihren Fingerabdrücken haben?

Die Biometriescanner kennen wir aus den Spionagethrillern aus Hollywood wie *Mission Impossible* und sie sehen alle so nach Hightech und Hochleistung aus – Augen- und Fingerabdruckscanner und Systeme zur Gesichtserkennung scheinen Freund von Feind perfekt zu unterscheiden. Angesichts einer solchen Publicity ist es verständlich, dass man biometrische Authentifizierung für unschlagbar hält. Doch es zeigt sich, dass die biometrischen Geräte nicht so zuverlässig oder betriebssicher sind, wie man immer dachte. In einem Bericht des National Research Council aus dem Jahr 2010 kam man zu dem Schluss, solche Systeme seien »grundsätzlich fehlbar«[35]. Nicht nur bestimmte biologische Merkmale können kopiert werden, sondern auch die Datenbanken mit den gespeicherten biometrischen Informationen (die digitalen Darstellungen Ihrer Augen, Ihres Gesichts und Ihrer Fingerabdrücke) können wie alle Informationssysteme geknackt werden. Ungeachtet dieser Risiken wetteifern Regierung und Privatsektor um jeden möglichen Sicherheitsvorteil oder wirtschaftlichen Nutzen, der sich aus den gesammelten biometrischen Angaben ziehen lasst, Daten, die auch ohne Ihre Erlaubnis oder ohne Ihr Wissen erfasst werden können.

Die weltgrößte biometrische Datenbank einer Regierung besitzt Indien. Das Projekt Aadhaar (»Grundlage«) ist der ehrgeizige Versuch, 1,2 Milliarden Einwohner mit Fingerabdruck, Foto und Iris-Scan zu erfassen. Über 500 Millionen Inder haben bereits ihre Identifikationsnummern für Aadhaar erhalten und haben ihre biometrischen Angaben in einer staatlichen Datenbank speichern lassen. Die US-amerikanische Regierung will da nicht nachstehen und hat nach den Terroranschlägen vom 11. September 2001 beträchtliche Ressourcen für das Heimatschutz-, das Verteidigungs- und das Justizministerium für weitreichende biometrische Programme zur Verfügung gestellt.

Zunächst scheint eine staatliche biometrische Datenbank hilfreich für die Verfolgung von Kriminellen und Terroristen, doch auch sie birgt Risiken für Sicherheit und Privatsphäre, wie die israelische Regierung im Jahr 2011 feststellen musste. Die Behörden in dem Nahoststaat gaben bekannt, ihre gesamte staatliche biometrische Datenbank sei gestohlen worden, mit Namen, Geburtsdaten, Sozialversicherungsnummern, Angaben zu Familienmitgliedern, Adoptionen, Einwanderungsdaten und medizinischen Angaben von neun Millionen Israelis.[36] Ein Auftragnehmer hatte sich Zugang zu den Informationen verschafft und sie an Kriminelle verkauft. Schließlich wurden sie vollständig in der digitalen Unterwelt online gestellt.[37] Welche Möglichkeiten das für vielerlei Arten von Betrug und Identitätsdiebstahl bietet und welche Sicherheitsprobleme hier auftreten, liegt auf der Hand.

Gartner schätzt, dass 30 Prozent aller Unternehmen bis zum Jahr 2016 biometrische Identifizierungssysteme für ihre Mitarbeiter einsetzen werden.[38] Bis Ende 2015 werden die meisten hochwertigen Mobiltelefone biometrische Sensoren enthalten und bis 2018 werden 3,4 Milliarden Smartphone-Nutzer ihre Telefone mit Finger, Gesicht oder Stimme entsperren.[39] Die Biometrie ist die Zukunft für Identität, Sicherheit und Authentifizierung und wird das heute übliche Passwort ersetzen, das, wie wir gesehen haben, leicht gehackt und in Millionenzahl gestohlen werden kann.

Die biometrische Sicherheit hat viele Vorteile; man kann sein Passwort oder seinen Führerschein vergessen, doch die Fingerabdrücke hat man immer dabei.

Biometrische Systeme werden manche Probleme lösen, aber auch neue schaffen. Wenn man heute zu den Millionen Opfern des Identitätsdiebstahls gehört, kann man sich eine neue Kreditkarte oder eine neue Sozialversicherungsnummer besorgen. Wenn Ihr Account auf Facebook oder Ihr Bankkonto gehackt wird, können Sie Ihr Passwort ändern. Doch wenn Ihre Fingerabdrücke gestohlen werden, gibt es keine Reset-Taste. Sie sind bleibende Identifikationsmerkmale, und wenn Hacker einen Fingerabdruck gestohlen haben, ist er für immer Ihrer Kontrolle entzogen. Wenn Ihr Fitnessclub, Ihr Mobiltelefonanbieter und Ihr Arzt Ihre biometrischen Angaben haben und deren Systeme gehackt werden – was zweifellos geschehen wird –, wird die Lösung des Problems weitaus schwieriger, wenn nicht unmöglich. Wenn die Biometrie die Zukunft der Identifizierung ist, wird es beim Identitätsdiebstahl der Zukunft um die Entwendung und Manipulation von biometrischen Angaben gehen, und Diebe und Betrüger arbeiten schon an einer Umgehung dieser Systeme.

Daumen gedrückt (und gehackt)

Die Entscheidung bei Apple, das iPhone 5s, das Flaggschiff des Unternehmens, Ende 2013 mit einer Fingerabdruck-Authentifizierung auf den Markt zu bringen, war ein bahnbrechender Augenblick für die biometrische Identifizierung. Der sogenannte Touch ID, der eingebaute Fingerabdrucksensor, kann sowohl zum Entsperren des Telefons als auch für Online-Einkäufe genutzt werden. Ab iOS 8 machte Apple die Technologie auch für Drittanbieter nutzbar. So konnte man seinen Finger anstelle eines Logins für viele weitere Dienste und Apps nutzen. Die Bequemlichkeit, sich mit nur einem Fingerwischen schnell zu identifizieren und eine Unzahl weiterer Online-Dienste sicher zu nutzen, ist sicherlich reizvoll. Samsung stellte sein Topmodell Galaxy S5 ebenso mit einem Fingerabdruckscanner vor und wie das iPhone wurde es gehackt. Mit dem biometrischen Scanner von Samsung konnten sich die Nutzer per Fingerabdruck zum Beispiel bei dem auf dem Gerät gespeicherten PayPal-Konto anmelden – so könnte ein gehackter Fingerabdruck eine biometrische Geldbörse für einen unberechtigten Geldtransfer auf die Konten von Verbrechern öffnen.[40]

Die Kosten für Fingerabdrucksensoren sind in den vergangenen Jahren beträchtlich gefallen, und einfachere Modelle sind schon für etwa 10 Dollar erhältlich. Der Preisverfall bedeutet auch, dass weltweit zunehmend mehr Hersteller diese Sicherheitstechnologien in eine Vielzahl verschiedener Geräte einbauen, auch in Laptop-Computer. Samsung, Dell, Lenovo, Sony, Acer und

ASUS haben alle eingebaute Fingerabdruckscanner und fordern die Nutzer auf, ihre Windows-Geräte mit der Fingerabdruck-Biometrie zu sperren und sogar ihre Festplatten zu verschlüsseln. Das ist theoretisch wunderbar, doch leider war die Implementierung mangelhaft und so konnten Hacker die Darstellungen der Fingerabdrücke unverschlüsselt einsehen und die Geräte leicht knacken.[41] Im kriminellen Untergrund gibt es dutzende Videos für das Hacking von Fingerabdruckscannern und das organisierte Verbrechen hat schon lange herausgefunden, wie man Finger hackt – indem man sie abhackt. Zum Beispiel umgehen Banden in Malaysia die Zündung per Fingerabdruck in Fahrzeugen der Mercedes S-Klasse, indem sie den Eigentümern der Luxuskarossen die Finger mit Macheten abhacken.[42] Zwar kennt man solche Aktionen aus Fernsehsendungen wie 24 schon lange, doch bald wird es nicht mehr nötig sein, einem Gegner den Finger abzuhacken, um in ein Gebäude zu gelangen oder Zugriff auf einen Computer zu bekommen. Der Sicherheitsexperte Tsutomu Matsumoto von der Yokohama National University hat eine Methode entwickelt, wie man »einen Fingerabdruck (zum Beispiel von einem Weinglas) fotografiert« und ihn dann in Gelatine gegossen rekonstruiert. Die Qualität der Ergebnisse reicht aus, um 80 Prozent der biometrischen Finderabdrucklesegeräte zu überlisten.[43] Andere Hacker haben mit alltäglicher Knetmasse für Kinder Abgüsse von Fingerabdrücken hergestellt, die 90 Prozent der Fingerabdrucklesegeräte täuschen konnten.[44] Mit Zunahme der biometrischen Zugangskontrollen gibt es auch immer mehr Gründe, sie zu überwinden.

Zwar versuchen Regierung und Wirtschaft, die Öffentlichkeit von den Vorteilen der Biometrie für Schutz und Sicherheit zu überzeugen, doch viele sind kritisch und verweisen auf eine lange Reihe von Bedenken für den Datenschutz und wegen der Schwachstellen. Im Jahr 2008 begann in Deutschland eine Debatte über das Thema, als der oberste Chef der Polizei und Innenminister Wolfgang Schäuble sich für einen stärkeren Einsatz der Fingerabdruck-Biometrie starkmachte. Mitgliedern des Chaos Computer Clubs gelang es, den Fingerabdruck des Ministers von einem Wasserglas abzunehmen, das er nach einer Rede an der Universität zurückgelassen hatte. Die Hacker kopierten und rekonstruierten ihn auf Plastikfolie – 4000 Mal. Die Kopien wurden dem Hackermagazin des Clubs beigelegt und dazu erschien ein Artikel mit der Aufforderung, sich mit dem Abdruck als der Minister auszugeben. So ermöglichten sie, dass seine Fingerabdrücke für Verbrechen missbraucht werden konnten.[45]

Fürsprecher der Biometrie argumentieren, sie sei sicherer, weil niemand Fingerabdrücke stehlen könne (was nicht korrekt ist, siehe oben) und weil Fingerabdrücke ein unveränderbares physisches Merkmal seien, das Kriminelle nicht verändern könnten. Es stellt sich heraus, dass auch das nicht zutrifft, was die 27-jährige Chinesin Lin Ring im Jahr 2009 bewies. Sie bezahlte Ärzten in China 14600 Dollar für eine Veränderung ihrer Fingerabdrücke, um die biometrischen Sensoren der Einwanderungsbehörde an japanischen Flughäfen zu umgehen.[46] Lin war aus dem Land ausgewiesen worden und wollte unbedingt zurück nach Tokio. Mit ihren echten Fingerabdrücken wäre das am Narita International Airport nicht möglich gewesen. Um wieder ins Land zu gelangen, ließ sie von chinesischen Chirurgen die Fingerabdrücke ihrer rechten und linken Hand austauschen, indem sie ihre Fingerkuppen verpflanzen ließ. Der Plan ging auf und sie konnte einreisen. Erst Wochen später, als sie einen 55-jährigen Japaner heiraten wollte, fielen den Behörden die ungewöhnlichen Vernarbungen an ihren Fingerkuppen auf. Nach Angaben der japanischen Polizei haben Ärzte in China ein florierendes Gewerbe in biometrischer Chirurgie aufgebaut und Lin war die neunte Person, die in jenem Jahr wegen biometrischen Betrugs durch medizinische Eingriffe verhaftet wurde.[47]

Doch so drakonische Maßnahmen sind gar nicht nötig, wenn Hacker auch einfach die Daten der Fingerabdrücke von dem biometrischen Scanner mit Zugang zum Internet der Dinge abfangen können, wenn sie zur Verarbeitung an den Server weitergeleitet werden – der Sicherheitsexperte Matt Lewis hat das bereits auf der Black-Hat-Hackerkonferenz in Europa demonstriert. Lewis entwickelte den ersten Biologger, das Äquivalent zu einem Keystrokelogger. Anstatt die Tastenanschläge zu erfassen, die jemand ahnungslos in seinen Computer haut, erfasst der Biologger alle Scans von Fingerabdrücken, die an einem infizierten Scanner verarbeitet wurden.[48] Lewis zeigte, dass er mit seinem Biologging-Gerät die erfassten Daten analysieren, zur Umgehung biometrischer Systeme einsetzen und sich so Zugang zu angeblich »sicheren Gebäuden« verschaffen konnte. Zwar würde man gerne glauben, die biometrische Authentifizierung sei fälschungssicherer als die überkommenen Passwortsysteme, doch das wird nur so sein, wenn bessere Absicherungen für die neuen Systeme entwickelt werden. Sonst ist es nur alter Wein in neuen Schläuchen.

Ihr Passwort? Es steht Ihnen ins Gesicht geschrieben

In dem Science-Fiction-Film *Minority Report* spielt Tom Cruise einen Polizeibeamten aus Washington, D.C. im Jahr 2054. In einer Szene schlendert der von Tom Cruise dargestellte John Anderton durch ein Einkaufszentrum und sein Gesicht wird von den interaktiven Anzeigetafeln erkannt. Er wird mit seinem

Namen begrüßt und es wird Werbung angezeigt, die auf seinen früheren Einkäufen basiert. Wie es scheint, ist das Jahr 2054 früher gekommen als erwartet. So wie man einen Menschen anhand seiner Fingerabdrücke identifizieren kann, ist das auch mit biometrischen Scans der Gesichtszüge möglich, zum Beispiel den Abständen zwischen Augen, Nase, Ohren und Lippen. Mit diesen biometrischen Werten lässt sich nicht nur Ihre Identität ermitteln, sondern man kann Sie auch nach Geschlecht, Alter, Rasse und Ethnie zuordnen. All diese Daten sind wie Manna vom Himmel für Marketingspezialisten, die für Herrn Anderton zielgenaue Werbung entwickeln wollen.

In der heutigen Welt blicken die Anzeigetafeln in Japan schon zurück auf die Passanten und vergleichen ihre Gesichtszüge in Echtzeit mit einer NEC-Datenbank von über 10 000 vorab identifizierten Mustern. Sie weisen die Personen verschiedenen Konsumentenprofilen zu und verändern die Werbeanzeigen in Echtzeit entsprechend der demographischen Einordnung.[49] Neben der Werbung gibt es zahlreiche weitere Einsatzmöglichkeiten für die Gesichtserkennung. Das kalifornische Biometrie-Unternehmen FaceFirst lässt Einzelhändler die Gesichter aller Kunden in ihren Geschäften scannen, um bekannte Ladendiebe ausfindig zu machen. Wird einer entdeckt, verschickt die Software sofort E-Mails und SMS-Botschaften an das Personal im Geschäft, damit »entsprechende Maßnahmen« getroffen werden können.[50] Ein ähnliches System zur Gesichtserkennung verwenden die Hilton-Hotels. So können die Angestellten die Besucher mit Namen begrüßen, insbesondere Inhaber der VIP Gold Cards.[51]

Nicht nur Werbetreibende erhalten Zugang zu den Daten der Gesichtserkennung, sondern auch andere Verbraucher. Sie haben vielleicht schon die Sicherheitskameras in der Bar nebenan gesehen und angenommen, die seien da für den Fall eines Überfalls auf die Bar. Doch wenn eine herkömmliche Kamera mit dem Internet der Dinge und der Big-Data-Analyse verbunden wird, ist ein neuer, leistungsfähiger Sensor entstanden. Im Jahr 2012 startete ein Unternehmen in Austin, Texas, eine Kooperation mit Kneipen und Nachtclubs, um mit diesen »dummen« Aufnahmen bei allen Besuchern der Bars Gesichtserkennung in Echtzeit zu betreiben. Das Ergebnis ist eine App mit dem Namen SceneTap, die allen, die sich in Austin amüsieren wollen, eine Live-Statistik für jede Kneipe liefert, so dass sie sehen können, welche Nachtlokale voll sind, wie das Geschlechterverhältnis dort aussieht, wie alt oder jung die Besucher sind. Die App zeigt zum Beispiel an, dass die Main Street Bar & Grill zu 47 Prozent besetzt ist, 68 Prozent davon sind Frauen im Durchschnittsalter von 29 Jahren und 32 Prozent Männer im Durchschnittsalter von 26. Diese höchst praktische App nimmt der Kneipentour die Ungewissheit und ermöglicht es betrunkenen Mitgliedern von Studentenvereinigungen, Partys mit Männerüberschuss zu meiden und sich die Bars mit den meisten jungen Frauen auszusuchen. Werden in der Zukunft Apps noch weitere Daten liefern wie zum Beispiel Größe, Gewicht und ethnische Zugehörigkeit der Stammkunden? Schon möglich, denn in den USA gibt es bislang keine Gesetze, die Amerikaner vor den in die Privatsphäre eingreifenden biometrischen Technologien schützen oder ihren Einsatz einschränken.[52]

Die Trefferquote in der Gesichtserkennung erreicht heute fast 98 Prozent. Das ist eine Verbesserung um 20 Prozent in den Jahren von 2004 bis 2014.[53] Alle größeren Internetanbieter, auch Apple und Google, investieren beträchtlich in die Gesichtsbiometrie, doch der größte Investor ist Facebook. Das Unternehmen erwarb das israelische Start-up Face.com im Jahr 2014 für fast 100 Millionen Dollar.[54] Man weiß schon lange, dass Facebook bei jedem hochgeladenen Foto mit Gesichtserkennung arbeitet (dem haben Sie in umfassenden Geschäftsbedingungen zugestimmt). Mit dem Kauf von Face.com konnte Facebook seine »Tag Suggestions« entscheidend verbessern: Auf den geposteten Fotos wurden alle Leute durch biometrische Algorithmen identifiziert. Wenn Sie nun Ihre Freunde kennzeichnen, bestätigen Sie deren biometrische Identität für Zuckerberg. Die automatische Gesichtserkennung von Facebook wird kontrovers diskutiert, angesichts der offensichtlichen Folgen für die Privatsphäre. In der EU wurde das Verfahren verboten.[55] In den USA gibt es keinerlei Gesetze, die die Anwendung von Gesichtserkennungssoftware auf das Facebook-Inventar, nämlich Sie, verbietet. Über eine Viertelbillion Fotos wurden bereits auf Facebook seit seiner Gründung gepostet. Das bedeutet, Facebook – und nicht das indische Programm Aadhaar – ist die größte Lagerstätte biometrischer Daten auf der Erde, und ihr Umfang übersteigt jede andere auf der Welt im Besitz einer Regierung.[56]

Man kann sich auf zunehmenden Druck von der Wall Street einstellen, aus biometrischen Daten Kapital zu schlagen, und an potenziellen Kunden wird es nicht mangeln, auch die Regierung wird Interesse haben. Der NSA-Leaker Edward Snowden gab in seinen Enthüllungen an, seine Agentur habe direkt die Server der neun größten Internetanbieter angezapft, darunter auch Facebook, und damit könnten die Geheimdienste Zugang zur biometrischen Goldmine des Unternehmens erlangt haben.[57] Weiter gab Snowden bekannt, die NSA ziehe zusätzlich täglich bereits Millionen geposteter Fotos ab und sei in der Lage, mindestens 55 000 Bilder täglich in »Gesichtserkennungsqualität« zu verarbeiten.[58] Was könnten die Polizei und die Sicherheitsdienste der Regierung mit diesen biometrischen Daten anfangen? In demokratischen Gesellschaften besteht die Hoffnung, dass sie zur Erfassung gewalttätiger Krimineller und Terroristen genutzt werden. Doch wenn so ein biometrisches Schleppnetz einmal besteht, wird seine Verwendung von den jeweiligen Machthabern bestimmt. In einer Welt der Geheimhaltung, wo es wenig Aufsicht gibt, wird es zum Missbrauch kommen. In den Händen von Tyrannen und Diktatoren werden die Tools zur Grundlage einer Stasi-ähnlichen orwellschen Dystopie.

Die Polizei in Großbritannien gehörte zu den ersten, die die Technologie zur automatischen Gesichtserkennung großräumig einsetzten und mit der Software NeoFace von NEC jedes Foto oder Video von einem Tatort mit einer Bilderdatenbank abglichen. Hier wird die Gesichtserkennung mit CCTV-Kameras mit der höchsten Auflösung der Welt verbunden, die Polizeibeamte ständig am Körper tragen. Durch Apps für Smartphones sind wie bei *CSI* Gesichts- und Fingerabdruckerkennung vor Ort möglich, und es scheint, das Zeitalter von *Minority Report* hat bereits begonnen.[59] Wie weit ist diese Technologie zur Gesichtserkennung nun fortgeschritten? Weit genug, um Ihr Gesicht innerhalb von 60 Sekunden mit Ihrem Facebook-Profil abzugleichen, während Sie die Straße entlanggehen. Sechzig Sekunden später ist auch Ihre Sozialversicherungsnummer da. Das Programm, das dies möglich macht, heißt PittPatt und nahm seinen Anfang an der Carnegie Mellon University, als nach den Anschlägen vom 11. September 2001 von der Behörde DARPA des amerikanischen Verteidigungsministeriums Millionen Dollar für die Forschung zur Verfügung gestellt wurden.[60]

Wenn Polizeikräfte Personengruppen auf der Straße, im Fußballstadion oder am Flughafen über Video mit der CCTV-Technologie überwachen, identifiziert die Software PittPatt im Hintergrund in Echtzeit jedes vorübergehende Gesicht und es erscheint wie im Comic eine Blase über jedem Kopf mit einem Weblink zu weiteren Informationen. Nur ein Klick auf die Datenblase – und Facebook-Profil, Sozialversicherungsnummer, Angaben über die Kreditwürdigkeit, gepostete Fotos von einem Familienausflug nach Disneyland, mit einem Martini in der Hand bei der Weihnachtsfeier im Büro oder das Datingprofil auf Match.com erscheinen. Manche befürworten vielleicht, dass Strafverfolgungsbehörden Zugang zu solchen fortschrittlichen Bilderkennungstechnologien haben, um für die öffentliche Sicherheit zu sorgen, wollen jedoch nicht, dass solche leistungsfähigen Überwachungsmöglichkeiten dem Privatsektor zur Verfügung stehen. Zu spät.

Mitte 2011 kaufte der Suchgigant Google PittPatt und eröffnete sich damit die Möglichkeit, die fabelhabe Gesichtserkennungstechnologie in allen seinen Produkten einzusetzen, zum Beispiel auf YouTube, Picasa, Google+ und bei

Android.[61] Der vielleicht offensichtlichste Kandidat für die Gesichtserkennung ist Google Glass. Mit dem Tool wäre es eventuell möglich, sofort das heiße Mädchen oder den Typ auf der Party zu identifizieren, und man müsste sich nie Sorgen machen, dass man den Namen von Wieheißtdernoch aus der Buchhaltung vergessen hat. Aus Angst vor einem Backlash verbannte Google den Einsatz der Gesichtserkennung jedoch vorerst aus den Apps bei Google Glass, doch mit dem Erwerb von PittPatt sind die technischen Voraussetzungen dafür im vollen Umfang geschaffen. Natürlich haben Hacker ihre Google-Brillen gehackt und eine Anzahl von Gesichtserkennungs-Apps entwickelt, darunter auch die beliebte App NameTag.

Mit NameTag können Nutzer die Gesichter der Menschen vor ihnen scannen und sie mit Millionen öffentlich verfügbarer Aufzeichnungen vergleichen und sie erhalten den Namen und die Profile der Person aus den sozialen Medien, zum Beispiel von Facebook, Twitter und Instagram sowie weitere relevante Details für die Identifizierung.[62] Solche Gesichtserkennungs-Apps gibt es nicht nur für Google Glass. Sie können genauso mit der Kamera auf dem Smartphone genutzt werden.[63] Wie in *Minority Report* leben wir nun alle im Zeitalter der Gesichtserkennung. Deshalb ist niemand mehr nur ein Gesicht in der Masse. Ihr Gesicht ist nun ein offenes Buch, das mit einem flüchtigen Blick von jedem gelesen werden kann – auch von den Behörden.

Im Milliarden Dollar teuren System Next Generation Identification (NGI) des FBI befinden sich 52 Millionen durchsuchbare Abbildungen von Gesichtern, darunter 4,3 Millionen aus der Hintergrundüberprüfung Nichtkrimineller. Im NGI befinden sich außerdem 100 Millionen Aufzeichnungen von Fingerabdrücken und Millionen von Handabdrücken, DNA-Proben und Iris-Scans.[64] Das System kann nicht nur Fahndungsfotos nach Übereinstimmungen durchsuchen, sondern auch in Aufnahmen aus normalen Überwachungskameras in einer Menge nach Verdächtigen suchen oder sie mit öffentlich hochgeladenen Fotos im Internet abgleichen.[65] Natürlich ist keine biometrische Technologie absolut sicher, und wie wir bereits im Zusammenhang mit der Verbreitung des Terrorismus und No-Fly-Listen gesehen haben, kann es weitreichende Folgen für Unschuldige haben, wenn man bei einem Abgleich aufgrund biometrischer Daten als Krimineller identifiziert wird.[66]

Obwohl die Gesichtserkennung als Allheilmittel gegen Kriminalität und für die Sicherheit erscheinen mag, birgt sie doch auch Probleme. So wie Sensoren für Fingerabdrücke gehackt werden können, so können auch die Gesichtserkennungssysteme gehackt werden, die zunehmend zur Entsperrung von Telefonen, Computern oder für den Zugang zu Büroräumen benutzt werden. Manche Systeme sind leicht zu überlisten, zum Beispiel auf den Lenovo-Laptops oder bei Smartphone-Passwort-Apps wie FastAccess Anywhere braucht man nur ein Foto der Person davorzuhalten, für die man gehalten werden möchte.[67]

Dasselbe gelingt auch bei Irisscannern. Hackern gelang es, die biometrischen Informationen aus einer sicheren Datenbank zu entschlüsseln, und sie druckten damit ein Foto der Iris von ausreichender Qualität aus, um die meisten handelsüblichen Scanner zu täuschen.[68]

Eine weitere Herausforderung im Zusammenhang mit dem Gesichtserkennungsalgorithmus ist die »nur« etwa 98- bis 99-prozentige Genauigkeit, auch bei den besten Systemen. Obwohl die Fehlerquote klein erscheint, können sich diese Fehler summieren. Stellen Sie sich vor, ein Gesichtserkennungssystem am O'Hare International Airport von Chicago ist mit einer Liste von Terroristen unter Beobachtung verbunden. Bei 50 Millionen Passagieren täglich summiert sich eine Rate von einem Prozent falsch positiver Ergebnisse auf 500 000 Reisende im Jahr (mehr als 1300 täglich), die wegen eines Computerfehlers irrtümlicherweise festgehalten oder verhaftet werden könnten. Dazu kommen sicher noch menschliche Fehler bei der Dateneingabe, wie wir es bei den bestehenden Listen von Terrorverdächtigen gesehen haben, als Kameras ein Gesicht korrekt einem falsch geschriebenen Namen in einer Datenbank gesuchter Personen zuordneten.

Die Folgen nicht korrekter biometrischer Identifikation können fatal sein. Das US-Verteidigungsministerium hat begonnen, seine Drohnenflotte mit biometrischen Systemen zur Zielfindung und Bilderkennung auszurüsten. Die Firma Progeny Systems Corporation, Auftragnehmer der Armee, hat bereits ein Langstreckensystem für Drohnen mit »automatischer Zielerkennung, biometrischem Tagging, Tracking und Positionsbestimmung« entwickelt, mit dem unbemannte Flugkörper (UAV) ein menschliches Ziel sicher identifizieren können, ehe sie die Munition auf den Kopf der Zielperson abfeuern.[69] In so einem Fall wäre eine falsch positive biometrische Identifikation katastrophal. Die Zukunft der Kriegsführung ist autonom, und dabei werden Drohnen aufgrund von Softwareberechnungen und nicht aufgrund einer menschlichen Entscheidung einen Feind jagen, identifizieren und töten.

Angesichts der wachsenden Allgegenwart von Kameras und Gesichtserkennungssoftware können wir uns darauf einstellen, dass diese Tools auch von Kriminellen für ihre Zwecke eingesetzt werden. Pädophile könnten mithilfe biometrischer Systeme das Kind vom Spielplatz identifizieren, das ihnen gefällt. Zum Beispiel hätten die Mumbai-Terroristen von Laschkar e-Taiba mit einer Gesichtserkennungssoftware auf ihrem Mobiltelefon den Bankpräsidenten

K. R. Ramamoorthy ohne die Ratespiele über seine Identität mit ihrer Terroristen-Kommandozentrale in Pakistan identifizieren können.

Sogar das organisierte Verbrechen erkundet die Verfahren zur Gesichtserkennung, wie der Beauftragte der Australischen Bundespolizei (AFP) sagt. Bei einer Abschlussfeier im Jahr 2011, bei der hunderte neue Polizeirekruten ihre Abzeichen erhielten, fiel Beamten ein Mann in der Menge der Angehörigen auf. Er hatte eine professionelle Kamera mit Teleobjektiv und machte anscheinend Porträts von allen Absolventen. Bei seiner Festnahme und Befragung erfuhren die Beamten, dass der Fotonarr Mitglied einer kriminellen Motorradbande war. Offensichtlich arbeitete er für das organisierte Verbrechen am Aufbau einer Fotodatenbank mit Gesichtserkennung, damit andere Bandenmitglieder in Zukunft jeden Beamten identifizieren konnten, der undercover gegen ihre Vereinigung zu ermitteln versuchte.[70] Biometrische Tools werden weitreichende Folgen haben, nicht nur für verdeckt ermittelnde Polizisten, sondern auch für Zeugenschutzprogramme. Sein Vorleben aus beruflichen oder persönlichen Gründen zu verbergen, wird in Zukunft nicht mehr möglich sein. Nicht nur körperliche Merkmale können die Identität preisgeben, sondern auch das nicht wahrnehmbare Verhalten.

Verhaltensmuster

Beim Begriff »Biometrie« denken die meisten an die Vermessung von anatomischen Merkmalen wie Fingern, Gesichtern, Händen oder Augen. Doch es gibt noch eine weitere Kategorie in der Biometrie, die sogenannte Verhaltensbiometrie. Sie misst unser individuelles Verhalten, das sind Eigenschaften, die uns genauso verraten können wie ein Fingerabdruck. Der Rhythmus unserer Tasteneingabe, unserer Stimme, unseres Gangmusters, unserer Gehirnströme und unseres Herzschlag können so quantifiziert werden, dass einzigartige Merkmale sichtbar werden, die uns eindeutig identifizieren. So wie immer häufiger die anatomische Biometrie wird auch zunehmend die Verhaltensbiometrie zur Sicherung, Identifizierung und Zugangskontrolle verwendet werden; es geschieht auch bereits.

Stimmbiometrie wird bereits weltweit von verschiedenen Unternehmen und Callcentern eingesetzt, um Kunden eindeutig anhand ihrer Stimme zu identifizieren. Wenn Sie die Ansage hören: »Ihr Anruf wird aus Gründen der Qualitätssicherung aufgezeichnet«, wird die Tatsache verschwiegen, dass die Analyse von Tonlage, Tenor und verwendetem Vokabular während des Anrufs dazu dient, Ihre Zufriedenheit zu messen. Darüber hinaus bauen Unternehmen große Datenbanken mit Stimmaufnahmen von Kunden auf, um Betrug zu verhindern. So liegen eindeutige »Voiceprints« vor, mit denen bei zukünftigen Anrufen sichergestellt werden kann, dass die anrufende Person mit den vorliegenden biometrischen Daten übereinstimmt.[71] Wenn die Stimme nicht passt, werden die Anrufer um eine weitere Identifizierung gebeten, doch dieser Vorgang ist für die allgemeine Öffentlichkeit nicht transparent.

Bei DARPA arbeitet man an Verfahren zu einer »aktiven Authentifizierung« anhand kognitiver Prozesse, persönlicher Gewohnheiten und allgemeiner Verhaltensmuster, mit denen wir in der Kombination eindeutig identifiziert werden können. Ein solches Feld der Verhaltensbiometrie ist die sogenannte Tippdynamik, das Tippverhalten auf Tastaturen. Dazu wird gemessen, wie wir jeden einzelnen Buchstaben auf der Tastatur eingeben. Kleinste Unterschiede zwischen den Anschlägen, in welcher Folge und mit welcher Stärke getippt wird und sogar wie wir ausschneiden und einfügen, das alles kann der Welt als Online-Fingerabdruck dienen. Zum Beispiel setzt die Online-Platform Coursera, die Online-Kurse und -Vorlesungen anbietet, die Erkennung der Tippdynamik ein, um sicherzustellen, dass immer derselbe Student jede virtuelle Stunde »besucht«, ehe ein Abschusszertifikat ausgestellt wird.[72]

TypeWATCH von der Firma Watchful Software läuft in Netzwerken im Hintergrund und überwacht permanent den Tipprhythmus eines Nutzers, um Versuche zu unberechtigtem Zugang aufzudecken und zu verhindern. Andere Firmen wie Behaviometrics AB aus Schweden haben Tools entwickelt, die aufzeichnen, wie jemand sein Mobiltelefon oder sein Tablet hält, in welchem Winkel, wie er auf der virtuellen Tastatur tippt, sogar wie er über den Bildschirm wischt oder die Finger öffnet und zusammenzieht. Dabei werden Millisekunden-Pausen zwischen den verschiedenen Aktionen wichtig. Jede Abweichung von einem vorhandenen »kognitiven Fußabdruck« lässt die Alarmglocken bei einer Bank schrillen und blockiert den Zugang zum Konto, das ist ein Grund, warum die größte Bank Dänemarks, die Danske Bank, das Verfahren übernommen hat.[73] Bei den Banken geht man davon aus, dass solche biometrischen Tools die Betrugszahlen um 20 Prozent senken, und so ist zu erwarten, dass die AGBs bei Ihrem Online-Einzelhändler oder Ihrer Finanzinstitution in naher Zukunft entsprechend angepasst werden und Ihre Zustimmung zu solchen detaillierten Aufzeichnungen erbeten, wenn Sie die iPhone-App der Bank nutzen wollen.[74]

Es entstehen ständig neue Formen der Verhaltensbiometrie. Das Nymi-Armband liest mit einem Voltmesser Ihren Herzschlag und lässt Sie mit Ihrem einzigartigen Herzrhythmus Ihren Computer, Ihr Smartphone Ihr Auto oder Ihr Haus entsperren.[75] Wissenschaftler im britischen National Physical Laboratory haben ein Erkennungssystem für die Gangart entwickelt, das in Verbindung mit Überwachungskameras eine Person an ihrem Gang identifizieren kann.[76] Jemanden an seinem Gang zu erkennen, das geht jedoch auch einfacher: Man nutzt den im Smartphone eingebauten Beschleunigungsmesser. Das Smartphone hat man ja 24 Stunden am Tag bei sich uns gibt so diese Information an seinen Telefonanbieter, den Telefonhersteller und die App-Entwickler weiter.[77]

Wenn Ihnen diese Technologien heute aufdringlich erscheinen, so werden Sie sich auf Schlimmeres in der Zukunft einstellen müssen. Motorola kooperiert bereits mit der Firma MC 10, »um die menschlichen Fähigkeiten durch unsichtbar tragbare elektronische RFID-Tätowierungen zu erweitern«, die man für die Passwort-Identifikation nutzen kann. Das Unternehmen Proteus Digital Health hat eine Pille entwickelt, die nach dem Schlucken von der Magensäure angetrieben wird, ein eindeutiges 18-Bit-Signal im Körper zu entwickeln, und macht so den ganzen Körper zu einem Authentifizierungszeichen.[78] Zwar sind viele dieser biometrischen Sicherheitsprodukte sehr vielversprechend, doch Hacker und das organisierte Verbrechen lassen sich davon nicht abschrecken und werden weiter versuchen, sich zu bereichern. Anstatt Ihren Computer zu hacken, werden sie das »Internet of You« hacken.

Abgesehen von Sicherheitslücken werden die Verfahren der Verhaltensbiometrie eine ganze Reihe von Fragen zur öffentlichen Sicherheit und zur Privatsphäre aufwerfen, denen die Gesellschaft sich erst allmählich zuwendet. Was bedeutet es, wenn jeder Einzelne, der irgendwo auf der Welt in eine Tastatur tippt, aus der Ferne allein anhand seines Anschlags identifiziert werden kann? Das ist wunderbar, wenn man den meistgesuchten Hacker der Welt ausfindig machen will, aber schlecht für den Oppositionsführer im Arabischen Frühling. Die Herausforderung bei der biometrischen Überwachung, ob sie nun von Werbetreibenden im örtlichen Einkaufszentrum oder vom Sicherheitsapparat eines Staates genutzt wird, ist, dass sie unser Verhalten betrifft. Wenn wir wissen, dass wir beobachtet werden, verhalten wir uns anders, wir verhalten uns eher konform und sind leichter beherrschbar.[79] In der Hand einer außer Kontrolle geratenen Regierung oder eines monopolistischen Mega-Unternehmens kann die Selbstzensur im Verhalten durch allgegenwärtige Überwachung uns schnell in eine dystopische Zukunft führen. Nicht nur unsere Physis kann einer solchen permanenten Beobachtung unterworfen werden, sondern auch unser virtuelles Ich.

Erweiterte Realität

Im Film verblüfft uns Tony Stark mit den Fähigkeiten seines allmächtigen Iron-Man-Anzugs, der unter anderem über den Display vor seinen Augen eine Vielzahl von Informationen in Echtzeit bietet. Die Technologie im Film hat ihre solide Basis in der Realität. Erweiterte Realität (englisch: augmented reality, AR) vermittelt eine direkte Live-Sicht einer physischen, realen Umgebung über einen Computerbildschirm, etwa auf dem Handy oder in Google Glass, und blendet zusätzliche digitale Informationen wie Bilder, Ton, Filme oder GPS-Daten in die reale Umgebung ein. Zu den ersten AR-Anwendungen gehörten Displays in Kampfflugzeugen, die Piloten entscheidende Systeminformationen auf ihren Bildschirmen in den Cockpitfenstern anzeigten, so dass sie während der Kampfhandlungen nicht auf die Instrumente hinunterschauen mussten. Heute ist diese Technologie auch im zivilen Leben angekommen. Viele Automobilhersteller wie Mercedes Benz und Range Rover lassen Geschwindigkeit und Navigationsfunktionen direkt auf die Windschutzscheibe des Fahrzeugs projizieren. Anders als in der virtuellen Realität, die die reale Welt durch eine simulierte ersetzt, verstärkt die erweiterte Realität die Wahrnehmung der Realität, indem sie den für uns sichtbaren Dingen in der realen Welt nützliche Daten hinzufügt.

AR kann mit jedem eingebauten Bildschirm mit Sensoren und Kameras eingesetzt werden, über Mobiltelefone, Tablets, entsprechende Brillen oder sogar Kontaktlinsen.[80] Man geht davon aus, dass bis 2017 jährlich 2,5 Milliarden AR-Apps auf unsere Geräte heruntergeladen und installiert werden.[81] AR wird erstaunliche Vorteile bieten und größere Unternehmen demonstrieren uns bereits, welche Vorteile das haben kann. In einer Werbung von Google sieht man einen Nutzer mit der Google-Glass-Brille an der Treppe zu einer U-Bahnstation von Manhattan, als eine Warnung in seinem Blickfeld aufleuchtet, dass seine Bahn ausfällt. Mit solchen Tools werden Reisende auch keine dicken Reiseführer mehr mit sich herumtragen, sondern sich von einer AR-App durch die Stadt führen lassen.

Diese Apps blenden Daten so ein, dass man auf der Straße im Vorübergehen Restaurantkritiken und Wikipediaeinträge zu Standbildern und historischen Gebäuden im Sichtfeld lesen kann. Natürlich wird uns AR mit Werbung bombardieren. Google Glass identifiziert alle physischen Objekte in unserer Umgebung, während wir durch die Stadt gehen, und legt Werbung darüber. Ikea hat AR sogar im Jahr 2013 in seinen Katalog integriert. So konnten Nutzer Sofas oder andere Möbelstücke mit ihren Smartphones fotografieren, sie dann in den richtigen Dimensionen in ihrer Wohnung platzieren und so vor dem Kauf sehen, wie sie wirken.[82] Über AR werden wir mit der Welt um uns herum und insbesondere mit dem Internet der Dinge interagieren. Wir können physische Objekte befragen, um etwas über ihre Geschichte, ihre Anwendung und ihren Kontext zu erfahren. Online- und Offline-Welt werden so verbunden, und jeder Aspekt des Lebens und der Arbeitswelt wird sich dadurch ändern.

AR wird auch eine Vielzahl von Fragen zur Sicherheit und zum Datenschutz aufwerfen, die geklärt werden müssen. Eine böswillige App könnte auf unserem Bildschirm auf der Windschutzscheibe eine falsche Geschwindigkeitsbegrenzung auf einem Autobahnschild einblenden oder ein Schild platzieren, wo eigentlich keines steht.[83] Schlimmer noch, sie könnte eine Fahrbahn als frei anzeigen, wenn sie gar nicht frei, ist und so einen Unfall verursachen, wenn man beim Fahrbahnwechsel mit einem anderen Auto zusammenstößt. Wie bereits erwähnt: Je mehr wir uns von der Realität lösen und stattdessen die virtuelle Realität akzeptieren, desto mehr machen wir uns angreifbar für Manipulationen auf dem Bildschirm, auf den wir vertrauen.

Und wie die Verbrecherwelt ihre eigene Software wie den Trojaner Blackshades entwickelt hat, können wir in der Zukunft auch vermehrt mit krimineller Software für AR rechnen. Mit einem iPhone oder Google Glass könnten Hacker in der Lage sein, alle Geräte im Internet der Dinge in Ihrem Büro oder bei Ihnen zu Hause einzusehen und bekannte Schwachstellen bei Ihren Geräten bekannt oder sogar Ihr schlecht gesichertes Passwort sehen. So wird das Hacking im Internet der Dinge noch einfacher, als es heute schon ist. Realitätsverändernde Technologien wie AR werden die Tür öffnen für virtuelle Umgebungen, in die man noch weiter eintaucht, Systeme der virtuellen Realität, die noch stärker unterwandert und verändert werden können.

Der Aufstieg des **Homo virtualis**

Wenn wir zunehmend durch Avatare leben – in Videospielen, Online-Welten und in sozialen Netzwerken – nehmen unsere Online-Persönlichkeiten unseren Platz in gesellschaftlichen Zusammenhängen, bei wirtschaftlichen Transaktionen und sogar bei sexuellen Begegnungen ein. Sie repräsentieren uns online, 24 Stunden täglich, sieben Tage in der Woche, komprimieren Zeit und Raum und interagieren für uns mit dem Rest der Welt, sogar wenn wir schlafen. Die renommierte Game-Designerin Jane McGonigal merkte an, dass »der durchschnittliche Jugendliche heute bis zum Alter von 21 Jahren mehr als 10 000 Stunden mit Gaming verbringt«, die große Mehrzahl davon in der Persönlichkeit eines Avatars oder Spielcharakters.[84] Dabei erleben wir den Aufstieg des *Homo virtualis*, vielleicht die nächste Evolutionsstufe des *Homo sapiens*, einer Spezies, die der Beschränkungen unserer natürlichen physikalischen Welt enthoben ist zugunsten der Unmittelbarkeit und der anscheinend unbegrenzten Möglichkeiten der virtuellen.

Die virtuelle Realität (VR) schafft mit Hilfe von Computern simulierte Umgebungen, reale Welten und solche unserer Vorstellung, in die wir einen Vertreter unserer physikalischen Präsenz und unserer Sinne entsenden. Sogar der Tastsinn kann wiedergegeben werden durch haptische oder taktile Feedback-Technologien, die »Kraft, Vibrationen oder Bewegung« an den Nutzer weitergeben. Facebook erwarb Oculus Rift, einen hochempfindlichen, am Kopf getragenen Display, zum Preis von 2 Milliarden Dollar. Aus diesem Anlass sagte Mark Zuckerberg Anfang 2014: »Unsere Strategie ist es, die nächste größere Computerplattform aufzubauen, die nach den Mobilgeräten kommt.«[85] Tools wie das Headset von Oculus Rift können uns im Nu in eine wundervolle toskanische Villa versetzen, auf einen Sitzplatz unmittelbar am Spielfeldrand bei einem NBA-Spiel oder in einen imaginären, aber realistischen Kampf mit Klingonen und Romulanern.

Eine der ersten virtuellen Welten war Second Life von Phillip Rosedale, das Linden Lab 2003 herausbrachte und in dem Nutzer über in hohem Maße selbst gestaltete Avatare agierten. In Second Life konnte man Freundschaften schließen, einkaufen, lernen und sogar ein U2-Rockkonzert besuchen, das von den echten Avataren der Bandmitglieder bestritten wurde. Eine weitere verbreitete Form virtueller Welten sind die MMORPGs (massive multiplayer online roleplaying games). Das sind Videospiele, bei denen »tausende Spieler gleichzeitig in die virtuelle Welt eintreten und miteinander interagieren können. Die Spieler können ihre eigenen Städte und Länder gründen, Armeen aufstellen«, Schlachten schlagen und »eine Reihe von Quests mit ihren eigenen Avataren unternehmen«. Das größte MMORPG ist *World of Warcraft* von Blizzard Entertainment, das bis zu zwölf Millionen Teilnehmer angezogen hat. Jeder zahlt einen monatlichen Beitrag, um eine virtuelle Welt bewohnen zu dürfen. Diese virtuellen Räume mögen heute schon komplex und vielschichtig sein, doch laut Rosedale werden in naher Zukunft Hardware und Software weiter entwickelt werden, zum Beispiel durch die von ihm begründete Plattform High Fidelity, und sie werden die virtuelle Welt der nächsten Generation schaffen – die vielleicht so groß und komplex wird wie die reale Welt heute.

Um virtuelle Welten zu verstehen, muss man die Mentalität und die Psychologie derer verstehen, die virtuelle Räume *bewohnen*. Viele betrachten ihr »zweites Leben« als »erstes Leben« und 20 Prozent der MMORPG-Spieler betrachten die Spielwelt als ihren »echten« Wohnort.[86] Für sie ist die Erde nur »Meatspace«, eine sekundäre Heimat, in der das Fleisch ihres physischen Körpers essen und schlafen kann, während die meisten interpersonellen, wirtschaftlichen und sexuellen Beziehungen online stattfinden. Zwar denkt nicht die überwältigende Mehrheit von VR-Nutzern so, doch vielleicht wird diese Haltung einmal weiter um sich greifen, wenn wir mehr Zeit in sehr immersiven und angenehmen virtuellen Umgebungen verbringen.

Doch es gibt auch eine Schattenseite bei dieser »Technophorie«. Zum Beispiel verbrachte ein Paar aus Südkorea so viel Zeit in einem Cybercafé und kümmerte sich dort so intensiv um seine virtuelle Tochter in der Online-Welt Prius, dass es tagelang nicht nach Hause kam, um seine echte drei Monate alte Tochter zu versorgen, und das Kind starb.[87] Das ist zwar ein extremer Fall, doch dutzende solcher Zwischenfälle wurden im Lauf der Jahre berichtet, und es könnten noch mehr werden.

Die Grenze zwischen Mensch und Maschine, online und offline verschwimmt zunehmend. Jeder, der einmal ein hyperrealistisches Ego-Shooter-Videospiel wie *Doom* oder *Call of Duty* gespielt hat, wird wissen, dass die virtuelle Erfahrung definitiv zu physiologischen Veränderungen führt, zum Beispiel beschleunigtem Herzschlag und schwitzenden Handflächen in der Hitze des Gefechts. Da die Avatare virtuelle Repräsentanten von uns selbst sind und weil manche tausende Stunden in der Rolle ihres Avatars verbringen, vermischt sich die Psyche der realen Welt zunehmend mit der virtuellen Figur. Was unseren Avataren zustößt, hinterlässt tatsächlich auch Spuren bei uns und in virtuellen Welten kann fast jedes Verbrechen aus unserem physischen Raum begangen werden. Virtuelle Welten haben ihre eigene Währung wie die Linden Dollars oder das Gold in *World of Warcraft*, die wie Bitcoin in »echtes Geld« umgetauscht werden können. Das sind auch beliebte Ziele für Kriminelle, die täglich 3,4 Millionen Angriffe mit Malware auf die Konten bei Online-Spielen unternehmen.[88]

Es mag seltsam klingen, doch Verbrechen von und an Avataren werden immer häufiger. In der virtuellen Welt kann einem alles zustoßen, von Cybermobbing bis hin zum Identitätsdiebstahl. In Japan verhaftete die Polizei einen Mann wegen einer Serie von Überfällen auf Avatare.[89] Sogar »sexuelle Übergriffe« wurden aus der virtuellen Welt berichtet, dazu ermittelte die belgische Bundespolizei 2007 in einem Fall. Ein Avatar einer Frau wurde von einem Mann, den sie in Second Life kennengelernt hatte, mit Malware infiziert. Der Computervirus erlaubte dem Angreifer, die Kontrolle über den weiblichen Avatar zu übernehmen und ihn in der grafischen Darstellung sexuell zu nötigen.[90] Schließlich wurde der Fall als »unerlaubter Zugang zu einem Computersystem« behandelt. Manchen mag es leicht fallen, den Vorfall abzutun, doch in der Zukunft wird das schwieriger werden, wenn die Immersion in den virtuellen Raum weiter intensiviert wird und wenn solche Zwischenfälle immer häufiger ein reales Trauma zur Folge haben. Verschlimmert werden können solche Zwischenfälle durch die zunehmende Zahl haptischer Eingabegeräte, die die Verbindung zu den Online-Welten verstärken, wie zum Beispiel Teledildos, mit denen man sich per Fernsteuerung über das Netz stimulieren kann.[91] Wie jedes andere Objekt im Internet der Dinge werden auch diese von Hacking betroffen sein, und das wird unvorhersehbare Folgen haben.

Die zunehmende Bedeutung der VR wird nicht nur Folgen im Bereich der Kriminalität haben, sondern auch für den Terrorismus und die nationale Sicherheit. Der Direktor des amerikanischen Geheimdienstes geht in einem Bericht aus dem Jahr 2008 darauf ein, dass Terroristen auch virtuelle Räume für die verdeckte Kommunikation nutzen könnten, um Propaganda zu verbreiten, Mitglieder zu schulen, virtuelle Währungen zu waschen und sogar um neue Anhänger zu gewinnen.[92] Laut einem 82 Seiten starken Dokument, das Edward Snowden öffentlich machte und das auf der Website der *New York Times* veröffentlicht wurde, haben sowohl die NSA als auch das britische GCHQ Spieler in virtuellen Welten ausspioniert, zum Beispiel in *World of Warcraft*, *Second Life* und verschiedenen Spielen auf der Microsoft-Plattform Xbox.[93] Die Spione entwickelten Undercover-Avatare, »um herumzuschnüffeln und um Informanten anzuwerben, gleichzeitig auch Daten zu sammeln«, und hörten massenhaft Gespräche zwischen Spielern ab, darunter auch 84 Millionen Nutzer der Konsole Xbox Live.[94] Die Sorgen, Terroristen könnten Spieleplattformen zur Geldbeschaffung und für die Anwerbung nutzen, sind nicht unbegründet. Die Hisbollah hat ein eigenes Ego-Shooter-Spiel mit dem Titel Special Force 2 entwickelt, das für die Radikalisierung jugendlicher Dschihadkämpfer genutzt wird. In dem Spiel bekommen die Spieler Punkte, wenn sie Stalinorgeln auf israelische Städte feuern, und man gewinnt, wenn man als Selbstmordattentäter zum »Märtyrer« wird.[95]

Mit weiterer Optimierung der virtuellen Realität im exponentiellen Ausmaß wird die Grenze zwischen unserer virtuellen und unserer physischen Persönlichkeit weiter verschwimmen.

Das Ergebnis wird eine Welt sein, in der es immer schwieriger wird, genau zu sagen, wo unsere physische Person endet und die virtuelle beginnt. Das ist das

»Internet of You«, das Internet des Menschen, und es kann vollständig gehackt werden. In diesem Kapitel haben wir zahlreiche Beispiele dafür gesehen, wie die Technologie um uns allmählich die Technologie an uns und in uns wird. Durch am Körper tragbare, einbaubare, verschluckbare und implantierbare Geräte werden wir mehr oder weniger alle zum Volk der Cyborgs gehören – und erstmals ist unser Körper durch Cyberangriffe gefährdet. Zu diesen Herausforderungen kommt die Tatsache, dass unsere Anatomie und unsere Physis jetzt aus der Ferne vermessen werden können, mit oder ohne unser Wissen, über Biometrie und Verhaltensbiometrie, die uns an unseren besonderen Eigenschaften erkennen und eindeutig identifizieren können. Das bedeutet, dass digitale Brotkrumen in den physischen Raum gelangt sind, während wir, unser Körper und wir selbst uns mit dem Cyberspace verflechten wie noch nie zuvor. Doch wir werden noch sehen, dass es auch eine Bewegung in die andere Richtung gibt. Computer und andere stationäre Technikobjekte werden bald die virtuelle Welt verlassen und sich mit uns im realen Raum bewegen. Maschinen werden schließlich zum Leben erweckt. Nach einem langen Winterschlaf sind sie bereit, in unsere physische Welt herabzusteigen, und wo das geschieht, werden sie eine Woge von Gefahren mit sich bringen, auf die wir keineswegs vorbereitet sind.

KAPITEL 15

Aufstieg der Maschinen: Cyberkriminalität in 3-D

Rezwan Ferdaus wuchs in Ashland im US-Bundesstaat Massachusetts auf, einer wohlhabenden Stadt im Großraum Boston. Seine Eltern kamen aus Bangladesch in die USA auf der Suche nach einem besseren Leben und hatten große Hoffnungen für ihren Sohn, den sie nach ihrem muslimischen Glauben dazu erzogen hatten, Allah zu achten. Nach seinem Highschool-Abschluss machte Ferdaus im Jahr 2008 den Bachelor in Physik an der Northeastern University. Da er in seinem Fach keine gesicherte Arbeitsstelle fand, zog er wieder bei seinen Eltern ein. Wie viele Gleichaltrige verbrachte er viel Zeit im Internet. Er war häufig auf radikal islamistischen Websites unterwegs und sah sich zahlreiche al-Qaida-Videos an, in denen junge Muslime zum Dschihad gegen den großen Satan – die USA – aufgerufen wurden.

Im Lauf der Zeit wurde der 26-Jährige zunehmend desillusioniert, was die Vereinigten Staaten anging, und er fand es an der Zeit, etwas zu unternehmen. Einem Mann in seiner Moschee vor Ort sagte er, er wolle sich der al-Qaida anschließen, und er wurde schließlich mehreren »Brüdern« vorgestellt, die ihm bei seiner Suche helfen konnten. Im Jahr 2010 begann Ferdaus mit der Planung seines gewalttätigen Angriffs gegen die Ungläubigen, von denen er sich in Amerika umgeben sah. Der Gedanke an sich war nicht besonders ungewöhnlich für einen Terroristen, sein Plan, Tötungsroboter einzusetzen jedoch durchaus. Ferdaus erwarb drei unbemannte Luftfahrzeuge (UAVs), die er mit C4-Sprengstoff beladen ins Kapitol und ins Pentagon steuern wollte.

Bei den unbemannten Luftfahrzeugen handelte es sich um ferngesteuerte Flugzeuge, Kopien der F-4 Phantom Fighter im Maßstab von eins zu zehn, die man im Internet auf Webseiten für Drohnen-interessierte Hobbybastler kaufen konnte. Die Drohnen konnten bis zu 20 Kilogramm Nutzlast tragen und flogen mit ihren Düsentriebwerken bis zu 260 Stundenkilometer schnell. Man konnte sie vom Boden aus mit einem tragbaren Funksender steuern oder, wie Ferdaus plante, mithilfe eingebauter GPS-Sensoren konnten sie auch autonom eine vorgegebene Flugroute finden und so exakt in ihr Ziel stürzen. Der Plan hatte noch weitere Vorteile: Das Roboterflugzeug konnte fast überall starten und landen, und die kleinen, niedrig fliegenden Flugobjekte konnten kaum von einem Radar erfasst werden. Ferdaus teilte seinen Plan seinen al-Qaida-Kollegen mit, die ihn begeistert unterstützten, auch finanziell.

Unter falschem Namen und mit einer erfundenen Geschichte bestellte Ferdaus drei der Modell-Flugzeuge zum Preis von je 3000 Dollar bei verschiedenen Online-Anbietern. Er bezahlte von einem PayPal-Konto, das er unter einem falschen Namen angelegt hatte, und ließ die Drohnen in eine Lagereinrichtung in der Nähe von Framingham liefern, die er gegen Barzahlung angemietet hatte. Ferdaus baute die Geräte heimlich zusammen und ging dann zu Phase zwei über, dem Erwerb der Sprengstoffe und -körper. Für dieses Ziel erwiesen sich seine neuen al-Qaida-Freunde als extrem hilfreich. Sie verschafften ihm 12 Kilo C4-Sprengstoff, zahlreiche Handgranaten und sechs vollautomatische Kalaschnikows, die er in seinem Schließfach versteckte.

Ferdaus fuhr nach Washington, D. C., um seine Ziele genau auszukundschaften. Er machte Fotos und trug Angriffspunkte auf eine Karte ein. Er beschloss, seine Drohnen vom East Potomac Park aus zu starten, der günstig etwa gleich weit von seinen beiden Zielen entfernt liegt. Zuerst sollte das Pentagon von zwei entgegengesetzten Seiten getroffen werden, jeweils im vierten Stockwerk. Es war nicht nötig, dass Ferdaus bei diesem Flug an Bord war. Er hatte einen drehmomentenstarken robotischen Auslöser für seine selbstgelenkten unbemannten Flugzeuge gebaut, ein Gerät, das gleichzeitig die Zünder der 16 Handgranaten ziehen würde, die er an Bord jedes dieser ferngesteuerten gelenkten Flugzeuge platzieren würde. Der robotische Assistent auf dem Flugkörper sollte so programmiert werden, dass er Augenblicke vor dem Einschlag in Aktion trat und die Zünder mechanisch zog, um die maximale Wirkung zu erzeugen.

Zusätzlich zu seinem Drohnenangriff sah Ferdaus' Plan einen Bodenangriff mit Kalaschnikows vor. Zwei Gruppen von je drei Leuten sollten auf Unschuldige schießen, wenn sie panisch vor den Explosionen flohen, die ihre Gebäude erschütterten. In der nächsten Phase des Plans sollte ein weiteres aus der Ferne gesteuertes, präzisionsgelenktes robotisches Mini-Flugzeug mit C-4-Sprengstoff in die Kuppel des Kapitols fliegen und sie zerstören.

Ferdaus kehrte nach Boston zurück und schrieb einen unglaublich detaillierten Plan für seine Mission, mit detaillierten technischen Angaben für die

Drohnen, Softwareprotokollen, Hardware-Konfigurationen, Landkarten, Abbildungen, Diagrammen, Nutzlastbeschränkungen und Budgetbedarf. Dieses Dokument gab er seinen al-Qaida-Mittelsmännern auf einem USB-Stick, und sie sprachen ihm große Bewunderung für seinen Vorschlag aus. Sie fragten, wo er so viel über Roboter und Drohnen gelernt habe, und er antwortete: »Die Technologie von unbemannten Luftfahrzeugen ist relativ einfach. Sicher braucht man dazu eine gewisse Neigung, doch ich mache solche Sachen schon seit ich klein war.« Alle waren sich einig, dass der Plan umgesetzt werden sollte, und Ferdaus kehrte nach Framingham zurück, um sein geheimes Lager mit Waffen und Sprengstoffen zu überprüfen. Als er die Lagereinheit öffnete, wurde er von einem Schwarm von Special Agents vom FBI überwältigt, die so den ersten terroristischen Drohnenangriff auf US-amerikanischem Boden verhinderten.

Es stellte sich heraus, dass der Muslim, den Ferdaus in seiner Moschee wegen eines Kontakts zur al-Qaida angesprochen hatte, ein aufrechter Staatsbürger war, der sich daraufhin an die Polizei wandte. Die »Brüder«, die er ihm vorstellte, waren verdeckte FBI-Agenten. Im Juli 2012 bekannte sich Ferdaus schuldig im Sinne der Anklage, er habe versucht, ein Bundesgebäude mit Sprengkörpern und -stoff zu zerstören, um eine ausländische terroristische Vereinigung zu unterstützen. Er wurde zu 17 Jahren Haft verurteilt.[1] Wir haben zwar weltweit wirkungsvolle militärische Drohneneinsätze gesehen, doch Kriminelle und Terroristen sind ebenso in der Lage, solche Geräte zu bauen und einzusetzen. Verschiedene UAVs, die vom East Potomac Park mit 260 Stundenkilometern unterhalb des Radars abgefeuert würden, würden ihre Ziele in Minuten erreichen, es bliebe keine Zeit für eine Evakuierung oder eine Gegenwehr. Mit zunehmender Verbreitung von Drohnen und anderen Robotertechnologien müssen wir damit rechnen, dass sie von allen Teilen der Gesellschaft eingesetzt werden, zum Guten wie zum Bösen. Beim Anschlag am 11. September 1.0 kaperten Menschen ein Flugzeug und flogen es in ein bewohntes Gebäude, um Terror zu verbreiten. Beim 11. September 2.0 können die Menschen weggelassen und stattdessen Roboter eingesetzt werden.

Wir, die Roboter

In der Geschichte von Film und Fernsehen wurden Roboter aus verschiedenen Perspektiven präsentiert. Manche waren liebenswert und hilfsbereit wie WALL-E, Johnny Number 5 in *Nummer 5 lebt!* und C-3PO und R2-D2 aus *Star*

Wars. Andere Roboter waren gefährlich und wollten die Menschheit auslöschen wie GoRT aus *Der Tag, an dem die Erde stillstand* und die T-800 aus *Terminator*. Dank der Fortschritte nach dem Moore'schen Gesetz verlassen Roboter den Bildschirm und begeben sich in die Realität. Es gab exponentielle Fortschritte bei Siliziumchips, digitalen Sensoren, Cloud-Computing und in der Kommunikation mit hoher Bandbreite, und das bedeutet, dass Roboter wie zuvor Computer und Mobilgeräte bald allgegenwärtig in unserem Leben sein werden.

Roboter werden zunehmend mit anspruchsvollen Funktionen wie hochauflösenden Kameras, Berührungssensoren und Laser-Entfernungsmessern ausgerüstet, und alles wird verbunden und gesteuert durch Computergehirne. Roboter bewegen sich durch Aktoren, das sind elektrische Motoren, die mit Steuerungen verbunden sind, die ihre Räder, Beine und Arme antreiben und bewegen, so wie Muskeln die Menschen bewegen. Weitreichende Verbesserungen in der Robotik wurden in nicht geringem Ausmaß durch die Revolution der Smartphones vorangetrieben, denn Roboter funktionieren in vielen Teilen mit denselben Computerchips, Batterien und Sensoren wie die zunehmend leistungsfähigeren Handys, die jeder in der Tasche hat.

Bis jetzt wurden Roboter größtenteils in der Herstellung für sich wiederholende Aufgaben eingesetzt, die »gefährlich, schmutzig oder eintönig« waren wie zum Beispiel in der Fertigungsstraße der Automobilherstellung. Heutzutage werden Roboter immer ausgereifter, immer geschickter, besitzen Sinne und Intelligenz, so dass sie bedeutend anspruchsvollere Aufgaben erfüllen können. Sie können gehen, sprechen, tanzen, unseren Gesichtsausdruck erkennen und auf unsere gesprochenen Befehle reagieren. Es gibt weltweit Roboter, die Alte pflegen, Bomben entschärfen, Auto fahren, auf der internationalen Raumstation ISS arbeiten oder Terroristen töten. In der Zukunft werden sie zunehmend Brände löschen, Pakete ausliefern, Verbrechen bekämpfen, chirurgische Eingriffe vornehmen, bei Katastrophen helfen und Gesellschaft leisten. Die Anzahl der Start-up-Unternehmen für Roboter explodiert, und manche Schätzungen gehen allein für den Markt der Industrieroboter von einem Umsatz von 37 Milliarden Dollar im Jahr 2018 aus.[2]

Roboter sind Computer, automatisierte Systeme, die über die nur zweidimensionale digitale Ebene ihrer Vorgänger hinausreichen, und sie berühren die sie umgebende physische Welt, beeinflussen sie und interagieren mit ihr. Die meisten können über das Internet und über Smartphone-Apps ferngesteuert werden, damit sind Legionen von Robotern im Internet der Dinge. Die Folgen sind bedeutsam. Joi Ito, Leiter des Media Lab am MIT, sagte, wir leben in einer

Zeit der Konvergenz, »in der einzelne Teile aus dem digitalen Bereich sich mit den Atomen hier in unserer physischen Welt verbinden«[3].

Roboter betreten unseren dreidimensionalen Raum – Raum, den sie mit uns teilen werden. Wie alle mit dem Internet der Dinge verbundenen Objekte können Roboter gehackt werden, und die Folgen können viel weitreichender sein: In ihrer kurzen Geschichte blieb die Cyberkriminalität bislang immer hinter dem Computerbildschirm – ein zweidimensionales Problem, das Ihren Geldbeutel oder Ihr Bankkonto betreffen konnte. Doch das ist nicht mehr so. Durch die Fortschritte in der Robotertechnik wird die Cyberkriminalität schließlich den Begrenzungen der Virtualität entfliehen und in unseren physischen Raum einbrechen. Und wir sind völlig unvorbereitet auf das, was als Nächstes kommt.

Der militärisch-industrielle (Robotik)-Komplex

Seit Jahrzehnten arbeiten Industrieroboter Seite an Seite mit menschlichen Arbeitern in Warenlagern und Fabrikanlagen, doch die modernen Industrieroboter sind Wunderwerke der Technik, sie können hunderte Kilogramm heben und Objekte mit einer Genauigkeit von 0,15 mm bewegen, das kann kein Mensch leisten. Anfänglich waren diese Maschinen teuer, kosteten hunderttausende Dollar und erforderten Monate hochspezialisierter Computer-Programmierarbeiten, ehe sie die vorgesehenen Aufgaben erfüllen konnten. Trotz dieser Kosten profitierte keine Branche mehr von der Robotertechnik als die Automobilhersteller, auf deren Konto 40 Prozent des weltweiten Absatzes bei Robotern im Jahr 2013 gingen.[4] Roboter machen die Automobilproduktion schneller, sicherer, billiger und effizienter, und alle größeren Hersteller von Ford bis BMW setzen sie zur Automatisierung ihrer Produktion ein. Allein in einer einzigen Hyundai-Fabrik in Alabama arbeiten 500 Roboter unermüdlich und schweißen, streichen, schrauben und transportieren Autoteile, und so werden über 1000 Autos am Tag gefertigt.[5]

Amazon steht dem in nichts nach und beschäftigt nach eigenen Angaben aus dem Jahr 2014 10 000 Roboter von Kiva Systems. Sie navigieren durch die riesigen Warenlager, holen die einzelnen Artikel und bringen sie zu menschlichen Angestellten, die sie verpacken und dann wieder weiteren Robotern für den Versand übergeben.[6] Diese Roboter arbeiten drei Schichten am Tag, 365 Tage im Jahr und machen nie eine Kaffeepause.

Industrieroboter werden billiger, effizienter und benutzerfreundlicher im exponentiellen Ausmaß. Diesen Trend veranschaulicht vielleicht am besten Baxter, der nette Industrieroboter der Firma Rethink Robotics. Mit 22 000 Dollar kostet er nur ein Zehntel so viel wie seine Vorgänger. Noch eindrucksvoller ist die Tatsache, dass er sofort eingesetzt werden kann. Innerhalb einer Stunde ist er aufgestellt. Bei Industrierobotern der vorhergehenden Generation dagegen dauerte es 18 Monate, bis sie in den Fertigungsablauf einer Fabrik eingegliedert waren.[7] Baxter kann in nur fünf Minuten einfache Aufgaben erlernen, etwa Objekte in einer Fertigungsstraße aufzunehmen und abzusetzen. Er hat ein freundliches Gesicht auf seinem Display in Kopfhöhe und zwei sehr geschickte Arme, die in jede erforderliche Richtung bewegt werden können. Baxter muss nicht extra programmiert werden, sondern lernt über seinen Computer-Gesichtssinn, indem er einen Angestellten bei der Ausführung einer Aufgabe beobachtet, und die kann der Roboter unendlich oft wiederholen. Durch die weiter fallenden Kosten werden diese Roboter extrem preisgünstig im Vergleich zu billigen Arbeitskräften im Ausland, und viele erhoffen sich vom zunehmenden Einsatz von Robotern in den USA eine Wiederbelebung der amerikanischen Industrieproduktion.

Heute tauchen Roboter überall auf, von Restaurants bis zu Krankenhäusern. In über 150 medizinischen Zentren können TUG-Roboter von Aethon über eine Smartphone-App herbeigerufen werden und sie bewegen sich autonom durch die Korridore. Sie bringen Medikamente, Mahlzeiten für die Patienten und Wäsche und tun so die Arbeit, die zuvor von Pflegekräften getan wurde.[8] Andere Roboter wie der da Vinci von Intuitive Surgical ermöglichen Chirurgen die Operation mithilfe von Roboterarmen. Mit einem Sucher-Bildschirm und Joystick-Steuerung haben Ärzte eine 3-D-Ansicht vom Körperinneren des Patienten und können kleine chirurgische Instrumente bedienen und Operationen von Gebärmutterentfernungen bis hin zu Herzklappenreparaturen vornehmen. Es ist nicht mehr nötig, mit großen Menschenhänden im Körper des Patienten zu arbeiten. Roboterchirurgie kann minimalinvasiv arbeiten. Dabei ergeben sich 80 Prozent weniger Komplikationen und erheblich kürzere Genesungszeiten. Weltweit werden jährlich über 500 000 solcher Operationen vorgenommen.[9] Mit einer ähnlichen Technologie kann ein Chirurg aus der Ferne einen Patienten über das Internet operieren, über Tele-Chirurgie. Die erste Operation dieser Art fand im Jahr 2001 statt, als ein Chirurg in New York an einer Frau auf der anderen Seite des Atlantiks im französischen Straßburg eine Gallenblasenentfernung vornahm.[10]

So eindrucksvoll die Verdienste der Industrieroboter und der medizinischen Roboter sind, so erstaunlich ist doch die Entwicklung der militärischen Robotertechnik.[11] Im Jahr 2003 hatte das Pentagon weniger als 50 unbemannte Luftfahrzeuge (UAVs) in seinem Arsenal.[12] Heute besitzen die Vereinigten Staaten die größte Anzahl militärischer Roboter aller Länder und setzen weltweit rund 11 000 UAVs und 12 000 Bodenroboter ein.[13] Diese Maschinen sind gut bewaffnet und haben bereits Tausende getötet.[14] Man schätzt, dass im Jahr 2011 jeder 50. Soldat in Afghanistan ein Roboter war, und bis 2023 könnten auf jeden menschlichen Soldaten in der US-Armee 10 Roboter kommen.[15]

Unbemannte Bodenfahrzeuge (UGVs) wie der PackBot von iRobot werden routinemäßig für die Ortung und Bergung von unkonventionellen Spreng- oder Brandvorrichtungen (USBV) eingesetzt. Der TALON von Foster-Miller ist ein tragbarer Roboter, der wie ein Mini-Panzer auf kleinen Ketten läuft. Er kann mit Maschinengewehren, Scharfschützengewehren, Granatwerfern und Panzerabwehrraketen bestückt und über einen Joystick gesteuert werden. Der Sand Flea von Boston Dynamics wiegt nur fünf Kilogramm, kann aber bis zu neun Meter hoch springen, auf dem Dach eines Gebäudes landen oder präzise durch ein offenes Fenster springen und alles Sichtbare mit seiner HD-Kamera festhalten. Das Unternehmen hat auch den BigDog entwickelt, einen vierbeinigen Roboter, der bis zu 180 Kilogramm Ausrüstung und Waffen tragen kann, leicht in unwegsamem Gelände vorankommt und seinem Soldaten und Herrn gehorsam folgt.[16] Andere UGVs wie die sechsbeinige Roboterkakerlake RISE können Wände emporklettern, der Cheetah bewegt sich mit fast 50 Stundenkilometern (schneller als Usain Bolt), der BEAR kann einen verletzten Soldaten vom Schlachtfeld bergen und ein Roboter von iRobot in der Größe eines Aktenkoffers kann einen Menschen in einer Menschenmenge identifizieren und verfolgen.[17]

In der Luft können unbemannte Luftfahrzeuge oder UAVs Bilder aufnehmen, Kommunikation abhören und Geschosse auf Ziele abfeuern. Die Piloten am anderen Ende der Welt können per Mausklick Feinde (und manchmal Unschuldige) töten. Laut Peter Singer, dem anerkannten Experten für militärische Robotertechnik, besitzen (außer den USA) noch mindestens 50 weitere Länder Programme für militärische Roboter.[18] Unbemannte Luftfahrzeuge haben inzwischen eine zentrale Bedeutung im militärischen Arsenal und man erwartet, dass bis 2023 weltweit »die Ausgaben für militärische und zivile Drohnen insgesamt 89 Millionen Dollar erreichen könnten«[19]. Es gibt große Drohnen, kleine Drohnen, Hubschrauberdrohnen, handgestartete Drohnen und Insektendrohnen. Die MQ-9-Reaper kostet rund 12 Millionen Dollar, ein Zehntel der Kosten eines F-22-Jets, und bietet fast dieselben Leistungen.[20] Militärvertreter merken an, dass Drohnen wie die Reaper und die Predator so konstruiert sind, dass sie die gesamte »Kill Chain«, die Tötungskette gegen ihre hochrangigen Ziele ausführen können: »Zielfindung, Positionsbestimmung, Verfolgung, Erfassung, Exekution und Beurteilung.«

Der Gigant in der Drohnenflotte ist die Global Hawk. Mit einer Flügelspanne von 40 Metern und einem Gewicht von 15 000 Kilogramm kann sie fast zwei Tage auf einer Höhe von 18 000 Metern in der Luft bleiben. Ebenso beeindruckend sind die Sensoren der UAV-Flotte: Die ARGUS-IS zum Beispiel ist die Kamera mit der höchsten Auflösung der Welt und macht Aufnahmen mit bis zu 1,8 Gigapixel. Sie ist mit der »Persistent Stare«-Fähigkeit ausgestattet, die der Leistung von 100 Predator-Drohnen entspricht: Damit kann die Kamera alle Bewegungen auf dem Boden einer Stadt von mittlerer Größe verfolgen. Die Bilder haben eine so gute Qualität, dass die Drohnen täglich eine Million Terabyte Daten generieren, das entspricht 5000 Stunden HD-Aufnahmen. Sie nehmen damit jede Bewegung am Boden auf (Auto, Bus, Person, Hund) und die Aufnahmen können wie bei einem DVR beliebig oft abgespielt werden.[21]

Vor allem haben die unbemannten Luftfahrzeuge den militärischen Bereich schon lange verlassen und haben nun Aufgaben im Inland der USA übernommen, zum Beispiel überwachen sie Drogenhändler, organisierte Kriminalität und illegale Grenzübertritte. Langjährige militärische Auftragnehmer wie Northrop Grumman, Boeing und Lockheed Martin waren schon früh auf dem Markt der Robotertechnik, dann folgten kleinere Spezialunternehmen wie Boston Dynamics und iRobot (ja genau, die Hersteller des Roomba-Staubsaugers stellen auch den PackBot zur Bergung unkonventioneller Spreng- und Brandvorrichtungen her). Doch nun ist ein weiterer, reichlich störender Spieler in die Welt der Robotertechnik eingetreten: Google.

Der Suchgigant ist gerade auf Robotereinkaufstour und hat innerhalb von sechs Monaten im Jahr 2014 acht verschiedene Roboterunternehmen gekauft oder übernommen. Darunter sind Unternehmen, die sich auf humanoide, aufrecht gehende Roboter spezialisiert haben, und andere, die Roboterarme, Robotersoftware und maschinelles Sehen anbieten.[22] Am meisten überraschte der größte Neuerwerb, die Firma für militärische Robotik Boston Dynamics, das sind die Hersteller von BigDog, Cheetah, Sand Flea, RiSE und PETMAN (einem zweibeinigen humanoiden Roboter, der auch der Soldat der Zukunft sein könnte). Google überbot auch Facebook beim Kauf von Titan Aerospace, einem Hersteller von solargetriebenen Drohnen in der Größe von Düsenjets, die drei Jahre ununterbrochen in der Luft bleiben können. Warum kämpfen die beiden Web-Giganten um die Lufthoheit? Sie behaupten, mit den Drohnen könnten die Teile der Welt Zugang zum Internet erhalten, die noch nicht online sind. Doch wenn eines der größten Unternehmen für Daten und künstliche Intelligenz sich in den Bereich der Robotik begibt und in die Lage versetzt wird, seine eigenen Drohnenarmeen loszuschicken, dann wirft das bedeutende Fragen nach seinen Absichten und Möglichkeiten auf.

Ein Roboter in jeder Wohnung und in jedem Büro

In einem wegweisenden Artikel im *Scientific American* verglich Bill Gates Industrieroboter mit Großrechnern und sagte voraus, dass mit zunehmender Verkleinerung, der Entwicklung allgemeiner technischer Standards und besserer Sensoren Roboter in den folgenden Jahren Einzug in jeden Haushalt halten würden.[23] Einiges deutet darauf hin, dass er recht hatte. Es gibt bereits Haushaltsroboter, die den Boden reinigen, Pflanzen gießen, den Grill reinigen und Haustiere füttern.[24] iRobot hat seit der Markteinführung über 10 Millionen Roomba-Staubsauger verkauft, und man kann sie überall bei Walmart erstehen. Kinder haben immer mehr Robotik-Spielzeuge wie Lego Mindstorms, den Robosapien X von WowWee und den Roboterball von Sphero. Sogar die Super-Hausfrau Martha Stewart besitzt einen Phantom Quadrokopter von DJI mit HD-Kamera, den sie gerne auf ihrem über einen halben Quadratkilometer großen Grundstück in New York fliegen lässt.[25] Der Markt für Verbraucher- und Büroroboter entwickelt sich sprunghaft und wächst siebenmal so schnell wie die Nachfrage nach Industrierobotern.[26]

Bis jetzt wurden die meisten Heimroboter für eine einzige Aufgabe entwickelt, zum Beispiel zum Staubsaugen. Doch in Zukunft werden wir multifunktionale Roboter besitzen, die viel mehr können, zum Beispiel nach dem Essen den Tisch abräumen, die Geschirrspülmaschine einräumen, unsere Hemden bügeln, die Spielsachen der Kinder aufheben und alles kann leicht vom vertrauten Bildschirm auf unseren Smartphones aus gesteuert werden. Solche Traum-Haushaltshilfen müssen erst noch in die Realität umgesetzt werden und vielleicht gibt es hier in den kommenden Jahren entscheidende Fortschritte. Dr. Cynthia Breazeal vom MIT konnte mithilfe einer Indiegogo-Kampagne durch Crowdfunding die Mittel für die Entwicklung eines nützlichen und intelligenten »sozialen Roboters« namens Jibo aufbringen, der einzelne Haushaltsmitglieder erkennt, Familienfotos macht, E-Mails liest, den Kindern Gutenachtgeschichten vorliest und seinen Gesichtsausdruck verändern kann, um Gefühle zu zeigen. Der PR2 von Willow Garage kann bereits Kleidungsstücke zusammenlegen, ein Bier aus dem Kühlschrank holen, Hundehäufchen beseitigen, Kekse backen und ein komplettes Frühstück zubereiten.[27] Von Japan bis nach

Europa und in die Vereinigten Staaten fließen ungeheure Beträge in die Forschung und Entwicklung von Robotern.

Zugegeben, manche dieser neuen Entwicklungen klingen, als seien sie einem Roman von Philip K. Dick entsprungen. Babysitterroboter wurden zum Beispiel in Südkorea und in Japan auf den Markt gebracht. Sie können Spiele spielen und mithilfe von Spracherkennung auch begrenzte Konversationen führen. Viele beobachten über die Augen des Roboters auch ihre Kinder auf dem Computer oder Smartphone. Über den PaPeRo können Sie auch direkt mit Ihren Kindern kommunizieren, oder auch per SMS, die der Roboter dem Kind vorliest. Der Hersteller SoftBank sagt über seinen Roboter Pepper, er könne »die Gefühlslage des Kindes und den Gesichtsausdruck erkennen und entsprechend reagieren«[28]. Für überarbeitete Eltern mit Schlafentzug sind die Babysitterroboter sicher hilfreich. Ein Einsatzfeld für Personalroboter, das ein noch größeres Wachstum erwarten lässt, ist die Altenpflege. Angesichts der demografischen Entwicklung und der älter werdenden Bevölkerung in den entwickelten Ländern gibt es weltweit einen Mangel an Pflegekräften, die Älteren emotionale und physische Unterstützung bieten. Nirgendwo ist die Herausforderung größer als in Japan, wo fast 25 Prozent der Bevölkerung über 65 Jahre alt sind. Im Jahr 2013 stellte die Regierung von Premierminister Shinz' Abe 2,39 Milliarden Yen für die Entwicklung von Altenpflegerobotern zur Verfügung, um das Problem anzugehen.[29] Ein Beispiel ist Paro, ein hinreißend süßes Robbenbaby, das Älteren Gesellschaft leisten soll. Paro »erkennt einzelne Personen an der Stimme, kann Gefühle erkennen und sich an Verhaltensweisen erinnern, die positive Reaktionen bei den Patienten hervorrufen.« Wenn man es streichelt, gurrt es und kuschelt sich an den, der es berührt. Tausende Paros wurden bereits weltweit verkauft und sie haben sich speziell bei fortgeschritten dementen Patienten bewährt: Sie konnten gewalttätiges Verhalten reduzieren und die Stimmung der Patienten verbessern.[30] Auch der Hersteller iRobot (Hersteller von Staubsauger- und Killerrobotern) hat den Bedarf auf dem Markt der Altenpflegeroboter erkannt und hat eine neue Abteilung speziell für Senioren-Dienstleistungen eröffnet.

Mit am schnellsten entwickelt sich der Bereich der Telepräsenz-Roboter in der Altenpflege, das sind Maschinen, mit denen man sich »virtuell an entfernten Orten über einen ferngesteuerten Roboter auf Rädern bewegen kann, der mit Kameras, Mikrofonen, Lautsprechern und Bildschirmen für Live-Übertragung« vom Gesicht der Person ausgerüstet ist, die den Roboter über das Internet steuert.[31] Mit dem MantaroBot und dem System GiraffPlus, das mit Mitteln der EU entwickelt wurde, können Kinder sich aus tausenden Kilometern Entfernung einblenden und per Fernsteuerung einen Roboter mit einem Gesicht wie auf einem iPad bewegen, um mit ihren alternden Eltern Kontakt aufzunehmen.[32] Angehörige können so nach ihren älteren Familienmitgliedern sehen, mit ihnen über Skype-ähnliche Videogespräche gemeinsam essen und sich sogar vergewissern, dass sie aufgewacht und in ihrer Wohnung nicht gestürzt sind. Doch nicht nur besorgte Erwachsene nutzen die Telepräsenz-Roboter, um nach ihren Eltern zu sehen; sie werden zunehmend auch in Krankenhäusern eingesetzt. Mit dem RP-VITA VITA von iRobot können Ärzte, insbesondere Spezialisten, am Bett ihrer Patienten erscheinen und Diagnosen stellen, ohne im selben Raum physisch anwesend zu sein. Mit einem Button auf dem iPad kann ein Arzt am anderen Ende der Stadt oder der Welt den Roboter zum Bett des Patienten dirigieren und die Kamera auf seine Pupillen fokussieren, oder er lässt eine Pflegekraft ein Stethoskop auf die Brust des Patienten halten, damit er ihn abhören kann.[33] Ob Roboter sich am Bett des Patienten besser verhalten als Ärzte, muss sich noch zeigen.

Auch Unternehmen erkennen allmählich den Wert der Telepräsenz-Roboter im Büro, so können Angestellte ihre physische Präsenz durch ferngesteuerte Geräte ersetzen. Zum Beispiel gibt es bei Suitable Technologies und bei Double Robotics Geräte für rund 3000 Dollar, mit denen Angestellte von zu Hause aus arbeiten können, während ihr robotisches Alter Ego die Flure im Büro durchwandert, zu Kollegen an ihrem Schreibtisch geht oder den letzten Tratsch im Sozialraum aufschnappt. Sogar der berühmte Whistleblower Edward Snowden benutzte einen Telepräsenz-Roboter für eine Präsentation vor Tausenden auf der TED-Konferenz 2014 in Vancouver und brauchte sich so nicht die Mühe zu machen, die Sicherheit seines unbekannten Aufenthaltsorts in Russland aufzugeben.

Bewerbungen von Menschen zwecklos

Mit der Zeit wird es Roboter für jeden möglichen Zweck und jede mögliche Aufgabe geben. In den Starwood-Hotels gibt es bereits Butlerroboter, die »Tag und Nacht zu Diensten« sind.[34] Sie finden ihren Weg in jedes Zimmer und bringen eine Zahnbürste oder den bestellten Zimmerservice und stellen so das Personal für andere Aufgaben frei. Der Burger-Bot des Herstellers Momentum Machines spuckt pro Stunde 360 perfekt nach Bestellung gebratene Hamburger aus, jeden genau mit den vom Kunden gewünschten Zutaten (Salat, Ketchup, Zwiebeln).

In einer Studie der Oxford University aus dem Jahr 2013 zur Zukunft der Arbeit wurden über 700 Berufe eingehend untersucht und man kam zu dem Ergebnis, dass für 47 Prozent der Beschäftigten in den USA ein hohes Risiko bestand, bis zum Jahr 2023 die Arbeit aufgrund der Automatisierung durch Roboter zu verlieren.[35] Im Bereich Transport (Taxifahrer, Busfahrer, Fernfahrer, Paketdienstfahrer, Pizza-Lieferdienste) ist das Risiko besonders hoch. Mit bis zu 90prozentiger Sicherheit werden diese Arbeitsplätze von autonomen Fahrzeugen eingenommen werden.[36] Doch nicht nur gering qualifizierte Arbeitsplätze sind gefährdet. Nachrichtendienste wie die Associated Press und die *Los Angeles Times* lassen mit Bots und Algorithmen automatisch tausende Artikel zu so unterschiedlichen Themen wie Mord, Erdbeben und neuesten Unternehmenszahlen schreiben.[37] Biopsien werden heute »durch bildverarbeitende Software effizienter durchgeführt als durch Labortechniker«. QuickBook kann einen Großteil der Aufgaben eines Buchhalters erfüllen. Viele machen die Zunahme der Automatisierung und den Einsatz von Robotern für die stagnierenden Löhne in der Vergangenheit verantwortlich.[38] Bill Gates' Vorhersagen über die Zukunft der Robotik und die Anwesenheit von Robotern in jedem Haushalt und in jedem Büro waren sehr vorausschauend. Doch ob man nun Burger formt, einen Laster fährt oder Nachrichten schreibt – wer John Steinbecks *Früchte des Zorns* gelesen oder gesehen hat, weiß, dass der Übergang brutal ist für die, die zurückbleiben.

Jetzt kann sogar das Outsourcing ins Ausland durch Robo-Sourcing ersetzt werden, und das kann mehr Menschen sowohl im Inland wie auch im Ausland Jobs kosten. Wenn die Maschinen immer intelligenter werden und mehr Fähigkeiten besitzen, kann die Menschheit eine unglaubliche Renaissance erleben. All unsere täglichen lästigen Pflichten werden von Robotern ausgeführt und wir können ein Leben im Müßiggang führen, mit unbegrenzter Freizeit, in der wir singen, tanzen, malen und unsere atrophierenden Muskeln irgendwo am Strand sonnen können. Oder aber die Gesellschaft versinkt im Chaos, wenn die Masse der Arbeitslosen, die keine Beschäftigung mehr finden, sich gegen die wenigen menschlichen Zaren erhebt, die die Roboter der Welt beherrschen. Das Szenario kann in jede Richtung kippen, je nachdem, welche politischen, juristischen, wirtschaftlichen und ethischen Entscheidungen wir heute treffen.

Roboterrechte, Gesetzgebung, Ethik und Privatsphäre

Zwar würde keiner fordern, dass für den Staubsaugerroboter Roomba die UN-Menschenrechtskonvention gelten sollte, doch wenn Roboter in der ferneren Zukunft immer intelligenter und wahrscheinlich auch fähig werden, Gefühle zu entwickeln, werden solche Fragen unweigerlich aufkommen. In der Zwischenzeit werfen die Roboter in unserer Welt neben ihrem Einfluss auf die berufstätige Bevölkerung eine lange Reihe von Fragen zur öffentlichen Sicherheit, zur Gesetzgebung sowie zur Ethik auf. Wenn ein Chirurgieroboter versehentlich eine Arterie verletzt und so den Tod eines Patienten verursacht, können die Angehörigen dann den Roboter oder seinen Hersteller wegen eines Behandlungsfehlers zur Rechenschaft ziehen? Wenn ein selbstfahrendes Auto in einen Unfall verwickelt wird, wer ist dann schuld? Kann der nicht fahrende Passagier angeklagt werden? Oder der Automobilhersteller? Die Firma, die die Software für das Fahren und die Navigation lieferte? Sollte ein autonom fahrendes Auto in eine Situation geraten, in der eine Kollision unvermeidbar ist, sollte sein Algorithmus zum optimalen Unfallverhalten so sein, dass das Fahrzeug auf den Leitungsmast fährt (dabei stirbt der Passagier), in den Motorradfahrer auf der linken Seite, das Chevrolet auf der rechten Seite oder auf den Fußgänger geradeaus? Unsere Fähigkeiten zum Bau und Einsatz von Robotern nehmen zwar rasend schnell zu, doch ethisch hinken wir bei diesem Thema hinterher.

Wir sehen am Horizont zwar bereits die allgegenwärtigen Roboter, doch es mangelt an Robo-Ethikern, Politikexperten und Gesetzgebern, die in der Lage sind, sich mit den komplexen Fragestellungen dieser wissenschaftlichen Entwicklungen angemessen auseinanderzusetzen. Insbesondere werden wir neue und bislang nicht vorstellbare Angriffe auf unsere Privatsphäre erleben. Wie bei den Websites der Social Media, den Apps und den Mobiltelefonen werden die Geschäftsbedingungen bei den Robotern jeweils im Kleingedruckten die Hersteller schützen und Ihre Privatsphäre verletzen. Der Staubsaugerroboter, der Altenpflegeroboter oder der Spielzeugroboter mag in der Ecke sitzen und nett und harmlos aussehen, doch jeder ist mit einer Reihe von Kameras, Mikrofonen und Sensoren ausgerüstet, die alles sehen und aufzeichnen können, was Sie im Privatbereich Ihrer eigenen Wohnung tun.

Mit HD-Kameras bestückte Drohnen von Hobbypiloten stellen schon eine Bedrohung in nie gekanntem Ausmaß für die Privatsphäre dar. Mitte 2014 musste eine junge Frau im 26. Stockwerk eines Wohnhauses in Seattle feststellen, dass ein Quadrokopter (ein kleiner Helikopter mit vier Rotoren) vor ihrem

Schlafzimmerfenster schwebte und sie filmte, während sie sich umzog – ein Peeping Tom des 21. Jahrhunderts als Roboter.[39] Bei einem weiteren Zwischenfall in Seattle ließ ein Mann seine kamerabewehrte Privatdrohne über dem Hof eines Nachbarn schweben. Eine Frau hörte das Geräusch und dachte erst, es handele sich um einen Rasentrimmer. Als sie die Vorhänge öffnete, sah sie die Drohne in kurzer Distanz vor ihrem Fenster schweben. Sie schickte ihren Mann los, um die Sache zu untersuchen, und er fand heraus, dass die Drohne einem Nachbarn gehörte. Als er den aufdringlichen Drohnenpiloten aufforderte, das Filmen augenblicklich einzustellen, weigerte dieser sich und sagte, was er tue, sei völlig legal. Und er könnte recht haben.

Geht man über den Rasen eines anderen, so handelt es sich um widerrechtliches Betreten, doch mit einem Helikopter darüber zu fliegen (einem großen oder einem kleinen), ist nicht verboten, wie eine Entscheidung des Supreme Court im Jahr 1946 erklärte: »Der Luftraum ist eine öffentliche Straße.«[40] Natürlich waren die herbeigerufenen Polizisten in Seattle verwirrt, und nicht nur ihnen geht es so. In einem Bericht zu Privatdrohnen des GAO – dem Bundesrechnungshof der Vereinigten Staaten – aus dem Jahr 2012 heißt es: »Zurzeit hat keine Bundesbehörde eine besondere gesetzliche Verantwortung für die Regelung von Angelegenheiten der Privatsphäre im Zusammenhang mit unbemannten Flugzeugsystemen. Angesichts der Möglichkeiten, diese Geräte mit Hochleistungskameras, Infrarotsensoren, Gesichtserkennungstechnologie und automatischer Nummernschilderkennung auszurüsten, sehen einige in Drohnen eine erhebliche Gefahr für die Privatsphäre.«[41] Was denken Sie?

Die Fragen, wem der Luftraum über unserem Grundbesitz gehört und wer wo gefilmt werden darf, sind nur der Anfang einer Reihe höchst komplexer Fragen zur Gesetzgebung, Ethik und zur öffentlichen Sicherheit, die sich zweifellos ergeben, je mehr Roboter in unserer Gesellschaft im Gebrauch sind. Vielleicht der erste Versuch zur Klärung dieser grundlegenden Fragen stammt aus Isaac Asimovs Kurzgeschichte »Runaround« aus dem Jahr 1942, in der er den Begriff der Robotik prägte und seine berühmten drei Gesetze der Robotik formulierte:

1. Ein Roboter darf kein menschliches Wesen verletzen oder durch Untätigkeit gestatten, dass einem menschlichen Wesen Schaden zugefügt wird.
2. Ein Roboter muss den ihm von einem Menschen gegebenen Befehlen gehorchen – es sei denn, ein solcher Befehl würde mit Regel eins kollidieren.
3. Ein Roboter muss seine Existenz beschützen, solange dieser Schutz nicht mit Regel eins oder zwei kollidiert.

Asimov bietet uns einen hervorragenden Ausgangspunkt zur Betrachtung dieser Probleme, doch im Augenblick könnten wir sicher noch keine Maschine so programmieren, dass sie die Idee von Frühstück versteht, geschweige denn etwas so Abstraktes wie »Schaden«. Roboter brauchten wahrscheinlich einen weitaus flexibleren und anpassungsfähigeren Moralkodex, einen, den wir noch nicht einmal annähernd entwickelt haben. Jedoch die Tendenz zum weitverbreiteten Einsatz von Robotern in der Industrie, beim Militär, in der Medizin und im Privatbereich hält an und es wird zwangsläufig zu Zwischenfällen kommen.

Gefahr, Will Robinson!

In der US-Fernsehserie *Verschollen zwischen fremden Welten* aus den 1960er Jahren hörte man oft den Satz: »Gefahr, Will Robinson!«, mit dem der besorgte Roboter einen jungen Raum-Abenteurer vor drohenden Gefahren warnte. Wären nur alle Roboter so umsichtig im Umgang mit menschlichen Wesen. Je mehr Menschen mit Robotern interagieren, desto häufiger kommt es zu unvorhergesehenen Folgen, auch zu schweren Verletzungen oder sogar Todesfällen durch die Hand der Maschinen, auch von solchen, die eigentlich helfen sollten. Im Jahr 2013 gab die US-Lebensmittel- und Arzneimittelbehörde FDA eine Untersuchung der zahlreichen Unfälle mit dem Operationsroboter vom Typ da Vinci des US-Herstellers Intuitive Surgical in Auftrag, Zwischenfälle, die das Unternehmen angeblich nicht wie gesetzlich vorgeschrieben an die Behörden meldete.[42] In einem Fall wurde einem Mann während seiner Prostataoperation der Darm durchbohrt; in einem anderen Fall ergriff der Roboter während einer Darmoperation Bauchgewebe eines Patienten und ließ nicht wieder los, obwohl der menschliche Operateur versuchte, die Greifer der Hand zu öffnen. Erst nach einem völligen Neustart ließ der da Vinci endlich los. In einem anderen Fall wurde eine Frau während ihrer Gebärmutterentfernung von einem Operationsroboter ins Gesicht geschlagen.[43]

Die große Mehrheit der Verletzungen in der Interaktion von Mensch und Roboter geschieht nicht durch Operationsroboter, sondern durch Roboter in der Industrie. Es gibt zwar keine weltweite, umfassende Statistik zu Unfällen mit Robotern, doch es gibt zahlreiche Berichte über solche Zwischenfälle. Im Jahr 2007 näherte sich zum Beispiel in Stockholm ein Arbeiter einem Roboter, um ihn zu reparieren, in der Annahme, er habe ihn ausgeschaltet. Unglücklicherweise floss noch Strom und der Roboter erwachte plötzlich zum Leben, ergriff den Mann am Kopf und brach ihm vier Rippen, ehe er sich befreien konnte.[44] Bei einer Kollision zwischen Mensch und Maschine wird wahrscheinlich die Maschine gewinnen und häufig kam es zu Todesfällen. Einer der ersten Todesfälle durch Roboter ereignete sich im Jahr 1981, als der 37-jährige Angestellte der Kawasaki Heavy Industries Kenji Urada Reparaturarbeiten an einem nicht vollständig abgeschalteten Roboter ausführte. Der Roboter konnte den Mann nicht wahrnehmen und sein kräftiger Hydraulikarm stieß den Mann versehentlich in eine Schleifmaschine in der Nähe, in der er zerquetscht wurde. In den Vereinigten Staaten wurde im Jahr 2001 ein Beschäftigter in einer Automobilfabrik getötet, als er zu Reinigungsarbeiten in den offenen Käfig eines Roboters ging. Die Maschine hielt den Arbeiter für ein Autoteil, ergriff ihn am Hals, hielt ihn fest, und er erstickte. Nach Angaben der für Arbeitssicherheit zuständigen US-Bundesbehörde Occupational Safety and Health Administration gab es allein in den Vereinigten Staaten mindestens 33 Todesfälle – eine Zahl, die sich wahrscheinlich erhöhen wird, wenn Roboter ihre Käfige verlassen und unter uns wandeln.[45] Offensichtlich haben noch nicht alle Roboter von Herrn Asimov und seinen Gesetzen gehört.

Roboterunfälle werden noch weitaus schlimmer, sobald man beschließt, Roboter mit vollautomatischen Waffen auszurüsten, wie Mitglieder der südafrikanischen Streitkräfte SANDF im Jahr 2009 während einer Übung mit scharfer Munition feststellen mussten. Eine computergesteuerte Zwillings-Flugabwehrkanone vom Typ Oerlikon MK5 hatte offensichtlich eine Softwarestörung und das Gerät feuerte im Vollautomatikmodus mit 550 Schuss pro Minute und drehte sich dabei wie ein außer Kontrolle geratener Gartenschlauch schnell um 360 Grad. Als alles vorüber war, waren neun Soldaten tot, darunter auch einige Frauen, weitere vierzehn waren schwer verletzt und der Schauplatz sah aus wie eine Szene aus einem *Terminator*-Film.[46] Der Zwischenfall zeigt, dass ein »Blue Screen of Death« bei einem Roboter tatsächlich zum Tod führen sowie weitreichende Folgen für unseren gemeinsamen physischen 3-D-Raum haben kann. Doch nicht nur Industrieroboter oder solche auf dem Boden können Fehler machen, auch fliegende Roboter können versagen.

Laut einem Bericht der *Washington Post* sind insgesamt bereits mehr als 400 militärische UAVs in den USA und in anderen Ländern vom Himmel gestürzt und »sie trafen Privathäuser, Bauernhöfe, Startbahnen, Autobahnen und in einem Fall ein Frachtflugzeug der Air Force vom Typ C-130 Hercules mitten im Flug«[47]. Dass bei den berichteten Zwischenfällen niemand ums Leben kam, ist ein Wunder. Im Jahr 2009 verlor der Pilot einer bewaffneten Drohne vom Typ Reaper mit einer Flügelspannweite von rund 20 Metern die Kontrolle über das Flugzeug und es flog unkontrollierbar über Afghanistan. Der abtrünnige fliegende Roboter konnte letztendlich nur durch amerikanische Kampfflugzeuge gestoppt werden, die das Gerät abschossen, ehe es in den Luftraum von Tadschikistan eindrang.

In den Vereinigten Staaten sind fast 50 Flugdrohnen abgestürzt, darunter auch eine 170 Kilogramm schwere Militärdrohne, die in Pennsylvania neben eine Grundschule stürzte, nur wenige Minuten nachdem die Schüler nach Hause gegangen waren.[48] Unfälle mit Robotern sind die Ausnahme, sie kommen relativ selten vor und es wird daran gearbeitet, Roboter mit Kollisionserkennungs- und -vermeidungssystemen auszurüsten und so Unfälle, wie sie in der Industrie häufig vorkommen, zu vermeiden. Trotzdem wird sich das Risiko angesichts der erwarteten Zunahme von Robotern für Haushalt, Arbeit, in Fabriken sowie im medizinischen und militärischen Bereich beträchtlich erhöhen – und nicht zu unterschätzen ist das Risiko für Verletzungen, wenn Roboter im Internet der Dinge sind und von Böswilligen aus der Ferne gehackt werden können.

Roboterhacking

Es gibt mehrere dutzend Betriebssysteme für Roboter, die meisten Firmeneigentum, mit denen alle möglichen Geräte von militärischen Waffensystemen bis zu SCADA-Industriesteuerungssystemen laufen. Aber genau wie sich für Desktoprechner und Smartphones einige führende Betriebssysteme herauskristallisiert haben, scheinen sich Roboterhersteller zunehmend auf ROS, das Robot Operating System, zu einigen. Das wird sich auf die Robotik in Zukunft sehr positiv auswirken, weil die Programmierer nicht mehr jedes Mal das Rad neu erfinden müssen, wenn sie in einem Programm eine bestimmte Funktion codieren. ROS ist ein Open-Source-Projekt, also gemeinfrei, und bietet Module für Robotiksimulationen, Bewegung, Sehen, Orientierung, Wahrnehmung, Gesichtserkennung und so weiter. Genau solche gemeinschaftlichen Open-Source-Projekte und der Aufbau auf gemeinsamen Erfahrungen, noch vor wenigen Jahren unvorstellbar, ermöglichen es zum Beispiel Rethink Robotics, ihr Modell Baxter jetzt für 22 000 Dollar statt früher 200 000 Dollar anzubieten.

ROS wurde 2007 von Willow Garage entwickelt und wird jetzt von der Open Source Robotics Foundation betreut. Es läuft auf kleinen Spielzeugrobotern wie auf großen Industriegeräten. Wie im vorliegenden Buch bereits vielfach betont, kann man jedoch jeden Computer hacken, und das gilt auch für Roboter. Das hat potenziell gravierende Folgen für unser aller Sicherheit. Ein standardisiertes Betriebssystem wie ROS macht es dem Hacker natürlich einfacher, weil seine Angriffsziele eigentlich immer dieselben sind. Die Standardisierung eines einheitlichen ROS ebnet Massen-Hackerangriffen den Weg, genau wie vorher bei den PCs. Es gibt allerdings einen entscheidenden Unterschied zwischen gehackten Robotern und gehackten Rechnern sowie Gegenständen im Internet der Dinge: Der Roboter bewegt sich innerhalb unserer Umwelt, ob er nun geht, rollt, läuft, fliegt oder schwimmt. Ist er ans Internet angeschlossen, kann er gehackt und zu gefährlichen und unguten Aktivitäten missbraucht werden – das ist der Aufmerksamkeit von Verbrechern und Terroristen nicht entgangen. Gehackte Roboter können uns nicht nur mit ihren Sensoren ausspionieren, sondern uns mit ihren Manipulatoren, Armen, Beinen und Rädern auch folgen, schlagen, treten, stoßen, erschießen, erstechen, herumzerren und töten.

Roboter sind eigentlich nichts anderes als bewegliche Computer – Computer, die das Cyberverbrechen aus dem zweidimensionalen Bildschirm befreien und auf die reale Welt loslassen werden. Forscher der University of Washington untersuchten drei »Home Bots«, also Haushaltsroboter, und entdeckten bei allen dreien signifikante Sicherheitslücken in der Software, von mangelnden Passwörtern bis hin zu schlechter oder ganz fehlender Verschlüsselung.[49] Das heißt, dass Unbefugte diese Geräte von außen anwählen, ihnen Bewegungen befehlen und mit ihnen Audio- und Videoaufnahmen machen können. Die Forscher beschrieben die Sicherheitsvorkehrungen dieser Roboter als »offensichtlich nachträglich hinzugefügt«. Aber Roboter werden nicht nur immer mehr Funktionen in unserer Gesellschaft wahrnehmen und an Zahl zunehmen, sondern sich auch wie Milliarden anderer elektrischer Geräte dem Internet der Dinge anschließen. Wie schon geschildert sind zehntausende Videokonferenzanlagen in Anwaltskanzleien, Pharmafirmen und Krankenhäusern völlig ungesichert und auch schon erfolgreich gehackt worden – bis hin in die Vorstandsbesprechungen der Großbank Goldman Sachs. Warum sollten Telepräsenz-Bots – frei bewegliche Videokonferenz-Aufnahmegeräte – da eine Ausnahme machen? Diese Roboter können einer Person folgen und sie belauschen oder sich ganz unauffällig einem Meeting zugesellen. Ein besseres Werkzeug für Industriespionage muss man erst einmal erfinden. Wenn bei Ihnen in der Firma abends die Lichter ausgehen und die Türen abgeschlossen werden, machen sich womöglich Hacker auf der anderen Seite der Erde gerade daran, mit Hilfe Ihrer eigenen Firmenroboter die Bude auszubaldowern. Vielleicht geht sogar ein Wachdienst Streife bei Ihnen, um Verbrecher draußen zu halten, aber die sind schon im Gebäude.

Dass Roboter gehackt werden können, wirft wichtige Frage auf. Wie vertraulich ist der robotische Hausbesuch des Arztes via Internet an Ihrem Krankenbett? Schlimmer noch, Industrieroboter in Großküchen werden Hamburger braten und Tomaten schneiden. Sie brauchen dazu scharfe Klingen – wie bringen wir sie dazu, in Gegenwart von Menschen nicht damit herumzufuchteln? Die meisten Industrieroboter haben zwar eingebaute Sicherheitssperren, aber es kommt auch heute schon zu Unfällen, auch zu tödlichen, wie wir gesehen haben. Vor allem sind die Sicherheitssperren ja einprogrammiert – und was im Programm steht, kann ein Hacker deaktivieren. Die nächste Generation vielseitiger Haushaltsroboter wird womöglich zu Aktivitäten missbraucht, an die ihre Entwickler nicht gedacht haben. Viele Smartphone-Nutzer »befreien« ihr Gerät aus dem Gefängnis von Softwarebeschränkungen und sie werden das auch mit ihren Robotern tun. Wildgewordene Roboter sind kein unwahrscheinliches Szenario.

Stellen Sie sich einen Angriff vor, der das »Bildschirmvertrauen« eines Angestellten ausnutzt. Er schaltet einen Roboter vorschriftsmäßig aus, um ihn zu reinigen, aber ein Hacker hat dafür gesorgt, dass die Maschine eingeschaltet bleibt. Der Bildschirm sagt, dass der mächtige Industrieroboter und seine enorm starken Manipulatorarme stillgelegt sind, aber der arglose Arbeiter sieht sich plötzlich am Kragen gepackt, hochgerissen und erwürgt – eine elegante Methode, um den Kollegen aus Halle 3B loswerden, den man noch nie leiden konnte. Es würde ja wie ein Unfall aussehen. Das wirkt zwar alles weit hergeholt, aber es gibt schon Fälle, in denen die am besten gesicherten Roboter der Welt – militärische und polizeiliche nämlich – gehackt wurden.

Drohnenspiele

Ende 2009, als im Nahen Osten der Krieg tobte, waren amerikanische Predator-Drohnen am Himmel über dem Irak allgegenwärtig. Ihre Aufträge reichten von Luftaufklärung bis zu »kinetischen Operationen gegen hochwertige Ziele«, im Klartext: zum Beispiel Hellfire-Raketen gegen Aufständische abzufeuern. Die Piloten der Drohnen saßen dabei 10 000 Kilometer entfernt in der Wüste von Nevada, steuerten die UAVs auf der Jagd nach ihrer Beute und verfolgten die von den Flugkörpern gesendeten Live-Videoaufnahmen. Sie waren nicht die einzigen, die zusahen. Schiitische Milizionäre hatten herausgefunden, wie man die fliegenden Roboter der Ungläubigen hacken und ihre Videostreams mitverfolgen konnte. Sie bedienten sich dazu einer auf dem digitalen Schwarzmarkt für 26 Dollar erhältlichen russischen Hackersoftware namens SkyGrabber, die eigentlich dazu dient, Pay-TV-Satellitensignale zu »knacken«, aber auch für die Datensendungen der hochgeheimen Predators gut genug war.[50] Während die Amerikaner also die Aufständischen ausspähten, spähten diese zurück. Das verschaffte ihnen einen taktischen Vorteil und wichtige Hinweise auf geplante Angriffsziele der Koalitionsstreitkräfte. Wenn die Milizionäre ihr eigenes Haus plötzlich im Zoom der Kamera sahen, wussten sie, dass sich ein sehr schneller Umzug empfahl.

Drohnen werden aber nicht nur im Irak, sondern ständig gehackt; das passiert sogar über den USA. Das Heimatschutzministerium (Department of Homeland Security, DHS) verwendet eine Flotte solcher UAV zum Schutz der Landesgrenzen und fand 2012 heraus, dass sie längst nicht so sicher waren wie angenommen. Studenten der University of Texas in Austin war es gelungen, sich in die Drohnen einzuhacken. Sie informierten das DHS, aber dort glaubte man ihnen nicht. »Unsere UAVs sind hackersicher«, hieß es dort. Erst nach Monaten waren die Beamten bereit, sich eine Vorführung der Studenten anzuschauen. Die texanischen Nerds übernahmen den fliegenden Roboter und steuerten ihn auf einen völlig neuen Kurs, den DHS-Beamten blieb der Mund offen stehen. Der Hackerangriff bestand darin, die GPS-Positionsdaten der Drohne so zu verfälschen, dass sie den gewünschten neuen Kurs flog und dabei glaubte, auf dem alten zu sein. Gekostet hatte das Ganze unter 1000 Dollar; die Software hatten die Studenten selbst an der Universität geschrieben.[51] Todd Humphreys, ihr Dozent (derselbe, der den erwähnten Hackerangriff auf das GPS der Superyacht *White Rose of Drachs* geleitet hatte), bemerkte danach: »In fünf oder zehn Jahren haben wir 30 000 Drohnen im US-Luftraum ... Jede einzelne ist ein potenzielles Geschoss.«[52]

Auch anderen ist das aufgefallen, zum Beispiel den Iranern, die mit derselben Methode die Kommunikationselektronik einer amerikanischen Spionagedrohne vom Typ RG-170 Sentinel in ihrem Luftraum blockierten und die Drohne so in den Autopilot-Modus zwangen. Der sah vor, dass sie automatisch zu ihrem Stützpunkt in Afghanistan zurückkehren würde. Die Drohne glaubte das auch, aber auch hier waren ihre GPS-Signale manipuliert und führten sie direkt in die Hände der Revolutionsgarden.[53] Die intakte Drohne voller geheimer Militärtechnik war ein bedeutender Aufklärungserfolg für den Iran und lieferte einen Beweis mehr, dass wir im Zeitalter des gehackten Roboters leben. Es sind nicht nur die Drohnen selbst, die es trifft, sondern auch ihre Kontroll- und Steuersysteme. Im Jahr 2011 befiel ein bösartiges Computervirus die US-Drohnenflotte, infizierte die Fernsteuerungsstände der Predator- und Repeater-UAVs und schrieb jede Tastatureingabe der Drohnenpiloten mit, deren Maschinen im fernen Afghanistan unterwegs waren. Ende 2014, bei Redaktionsschluss dieses Buches, war immer noch unbekannt, wer dafür verantwortlich war; die Ermittlungen laufen.[54]

Der Serienhacker Samy Kamkar dachte sich 2013 einen besonderen Angriff aus, den er im Internet postete, falls jemand Lust hatte, ihn durchzuführen. Die eigene Drohne des Hackers würde andere Drohnen im Luftraum ausfindig machen, sich in sie einhacken und sie auf diese Weise zu einer sehr realen Botnet-Armee von UAVs unter seiner Kontrolle machen.[55] Die Software dazu heißt SkyJack. Mit ihr kann man die Smartphone-Funkfernsteuerung ziviler Drohnen übernehmen, zum Beispiel des ungeheuer beliebten Modells Parrot AR, das in den USA in den Märkten der Costco-Kette angeboten wird. Über 500 000 Stück der Parrot AR sind bereits verkauft und mit Kamkars Methode könnte man auch Drohnen anderer Typen hacken – zum Beispiel die fliegenden Lieferroboter der Zukunft, um sich kostenlos Pakete und Pizza zukommen zu lassen. Die Zukunft des Roboterverbrechens sieht für die Mafia wirklich gut aus, und sie fängt langsam an, sich ernsthaft damit zu befassen.

Ungezogene Roboter

Im wohlhabenden Beverly Hills, einem Vorort von Los Angeles, nahm die Polizei bereits 1982 einen ziemlich ungewöhnlichen Ganoven fest – einen DC-2-Roboter, der ohne Erlaubnis Reklameflugblätter im Geschäftsviertel der Stadt verteilte. Als die Beamten den 1,20 Meter großen Roboterübeltäter stoppten, der sich auf Rädern fortbewegte, sahen sie sich einer Maschine gegenüber, deren Brustkorb aus einem alten EKG-Gerät mit Bildschirm und Tastatur bestand, mit einem Astronautenhelm als Kopf darauf. Die Polizisten verlangten, dass sich der Lenker des Roboters identifiziere. Die Antwort war ein Strom von Beleidigungen aus dem eingebauten Lautsprecher. Die Beamten fanden das nicht witzig und versuchten den Roboter zu demontieren und in Gewahrsam zu nehmen. Die Maschine begann daraufhin, um Hilfe zu schreien, und flehte die inzwischen zusammengelaufenen Zuschauer an: »Helft mir! Sie nehmen mich auseinander!« Schließlich gelang es, den Roboter dingfest zu machen und ihn mit einem Abschleppwagen aufs Revier zu befördern. Einige Stunden später erschien dort der Eigentümer des 30 000 Dollar teuren Automaten, Gene Beley, Gründer der Android Amusement Corporation. Auch er schleppte etwas hinter sich her: seine beiden sehr kleinlauten jugendlichen Söhne, die sich den für professionelles Entertainment gedachten Roboter »ausgeliehen« hatten. Die Polizei wollte Beley zunächst verwarnen, setzte aber schließlich den DC-2 unter Einstellung des Verfahrens wieder auf freien Fuß. In einem Interview für Associated Press sagte Beley später, er sei froh, ihn wieder sicher zu Hause zu wissen. »Es war, als ob ein Familienangehöriger im Knast gelandet sei.« Das war vielleicht der erste, aber ganz sicher nicht der letzte Fall, in dem ein Roboter verhaftet wurde.

Die Zeit wird kommen, in der Roboter Komplizen von Bankräubern, Straßendieben und sogar Entführern werden. Schon gibt es den R2B2, ein von Hackern zusammengebasteltes Gerät, das automatisch mit einem Versuch pro Sekunde Passwörter in gestohlene iPhones und Android-Geräte eingibt, bis es das richtige gefunden hat. R2B2 steht für Robotic Reconfigurable Button Basher (»Rekonfigurierbarer Knopfdruckroboter«); die Hacker schraubten ihn für weniger als 50 Dollar Gesamtkosten aus einigen Servomotoren, einem Plastikgriffel und einer Webcam zusammen, »die das Display des iPhones beobachtet, um festzustellen, wann das Passwort erfolgreich geknackt wurde« (sogar Verbrecher haben keine Lust auf verbrecherisch langweilige Arbeit, wenn es dafür doch Roboter gibt).[56] Roboter lassen sich auch als Wachhunde für Kriminelle einsetzen, wie die taiwanesische Polizei Mitte 2014 herausfand. Als sie einen bekannten und bewaffneten Drogendealer verhaften wollte, stellte sich heraus, dass sein Haus von Überwachungsrobotern umgeben war, die Kameras trugen und jederzeit Alarm schlagen konnten, wenn die Polizei kam.[57]

Wie wir eingangs dieses Kapitels gesehen haben, nutzen Terroristen Roboter auch als Waffen, und sie verfügen nicht nur über kleine Hobbydrohnen mit geringer Ladekapazität. Sowohl im Irak als auch in Afghanistan bauen sie schon lange VBIEDs (»Vehicle-borne Improvised Explosive Devices«, vulgo Autobomben), die ganze Gebäudezüge in Schutt und Asche legen und Stadtviertel erschüttern. VBIEDs sind wirkungsvolle Waffen und werden weltweit für Anschläge benutzt – gegen die Khobar Towers in Saudi-Arabien, die US-Marines-Kaserne in Beirut und das Murrah Federal Building in Oklahoma City zum Beispiel.[58]

Jetzt wollen die Terroristen ihre VBIEDs offenbar durch Roboterbomben ersetzen. Im Internet ist ein vierminütiges Video aufgetaucht, in dessen Eingangsszene turbantragende Ingenieure der Ansar al-Islam mit ihren technischen Fähigkeiten prahlen und dabei an Computerplatinen herumlöten. Als Nächstes sieht man, wie ein Pickup-Kleinlaster durch die Wüste fährt. Auf seiner Ladefläche ist ein Maschinengewehr montiert. Die Kamera zoomt dichter heran und man sieht, dass die Fahrerkabine leer ist. Der Wagen wird über primitive Hebelmechanismen ferngesteuert, die am Lenkrad und den Pedalen montiert sind. Kurz darauf gibt das MG Feuerstöße ab, wobei ein Robotermanipulator den Abzug betätigt.[59]

Mit solchen Systemen müssen die Dschihadisten sich nicht mehr als Märtyrer opfern. Dadurch entgehen ihnen zwar die 72 Jungfrauen, aber sie können am Tag nach dem Anschlag noch weiterkämpfen. Das kriminelle Potenzial selbstfahrender Autos wird inzwischen auch bei der Polizei erkannt. Ein interner Bericht des FBI spricht von Befürchtungen, sie könnten als tödliche Waffen eingesetzt werden. Offizielle Stellen sagen voraus, dass robotische Personenkraftwagen zu VBIEDs umgebaut und so programmiert werden könnten, dass sie quer durch die Stadt fahren und dann am vorgesehenen Ziel explodieren.[60] Die Killerroboter, die wir schon immer fürchten und aus Filmen wie *Westworld*, *Blade Runner*, *RoboCop*, *Terminator* und I, *Robot* kennen, sind vielleicht gerade dabei, Wirklichkeit zu werden.

Angriff der Drohnen

Als Amazon-Chef Jeff Bezos Ende 2013 ankündigte, der weltgrößte »Laden für alles« werde Pakete bald mit Oktokoptern an die Kunden ausliefern, wurde die Welt aufmerksam. Andere waren zwar schneller gewesen, zum Beispiel die Unternehmer, die hinter dem TacoCopter und dem Burrito Bomber standen, ganz zu schweigen von einem Hotel in Las Vegas, das seinen Gästen eisgekühlten Champagner per Drohne an den Pool bringt, aber Bezos' Ankündigung bedeutete etwas prinzipiell Neues.[61] Amazon verfügt über eine perfekte Logistik, und mit Drohnen die letzte Strecke vom Auslieferungslager bis zum Kunden selbst zurückzulegen, würde das Geschäft von Grund auf verändern. Im Herbst 2014 fing Google in einem Pilotprojekt an, Waren mit einem ferngesteuerten Kleinflugzeug auszuliefern. Die Google-Drohne des »Project Wing« kann in einem Zehn-Meilen-Radius (16 km) um die Warenlager herum alles von Süßigkeiten bis zu Hundefutter ausliefern. Das unbemannte Kleinflugzeug verfügt über zusätzliche Rotoren, die ihm den Schwebeflug über dem Haus des Kunden ermöglichen. Aus einer Höhe von dreißig Metern wird dann das Paket mit einer Seilwinde abgesetzt und die Drohne fliegt wieder zurück zum Firmenlager.[62] Bei dieser Art Dienstleistung müssen noch jede Menge technische und rechtliche Schwierigkeiten ausgeräumt werden, ganz klar; aber klar ist auch, dass sich die Ära der kommerziellen und zivilen Drohnen nicht mehr aufhalten lässt.

Drohnen haben einen schlechten Ruf, weil man sie immer mit Krieg und

Armee in Verbindung bringt, aber sie können auch dem Guten dienen. Mit Drohnen werden in Afrika Wilderer aufgespürt und in Amerika Getreidefelder gepflegt. Drohnen haben die Aufklärung an den zerstörten und verstrahlten Reaktoren von Fukushima übernommen und waren nach dem Erdbeben in Haiti im Einsatz. Inzwischen verfolgen sie Zyklone, um rechtzeitig Orkanwarnung geben zu können, löschen Waldbrände und fliegen Medikamente an abgelegene Orte. Makler fotografieren mit ihnen Grundstücke und Häuser und Eltern wie Paul Willich aus Vermont lassen ihre Kinder von einem Quadrokopter überwachen, damit sie auch sicher zum Schulbus kommen.[63] Die kanadischen Mounties, die für abgelegene Gebiete zuständige, ehemals berittene Polizei, haben Quadrokopter als Robo-Mounties. Ihnen gelang es erstmals, mit einer Drohne ein Menschenleben zu retten, als das Gerät einen vermissten Autofahrer ausfindig machte, der in Saskatchewan bei starkem Frost von der Fahrbahn abgekommen war und verletzt in seinem Auto lag. Er wäre ohne die Drohne erfroren.[64]

Das Zeitalter der Drohne ist da, und Webseiten wie »Drohnen im Eigenbau« versammeln große Fangemeinden, die sich ihre eigenen UAVs zusammenlöten. Für Verbraucher, Firmen und Behörden sind Drohnen inzwischen erschwinglich geworden. Sie sind schon ab wenigen hundert Dollar zu haben und sind mit hochwertigen Sensoren ausgestattet, zum Beispiel HD-Kameras, deren Videoaufnahmen man auf dem Smartphone mitverfolgen kann. Drohnen werden immer beliebter und können sehr nützlich sein, aber sie bringen auch viele Probleme jenseits der Datenschutzfragen mit sich, die wir schon erwähnt haben. Bald wird der Himmel voll von ihnen sein. Wir werden uns noch nach der Zeit sehnen, als man nach oben schaute und nur Wolken und Himmel sah – anstatt Legionen von Quadrokoptern, die Werbebanner für Cola, Potenzpillen und Haarfärbemittel hinter sich herziehen. Diese Reklamemethode nennt sich »Drone-vertising« und existiert tatsächlich schon. Noch schlimmer wird es, wenn sich Robotik und Big Data vereinigen und nicht nur auf Ihrem Browser Reklamebanner erscheinen, die auf Sie persönlich zielen und mit Hilfe Ihrer Vorlieben im Internet gesteuert werden, sondern auch in Wirklichkeit – echte Werbebanner, von Drohnen gezogen, die vor Ihrem Fenster auftauchen oder Ihnen auf der Straße folgen. Mehr Drohnen bedeuten außerdem mehr Unfälle. Auch den geübten und gut ausgebildeten militärischen Piloten sind bis heute vierhundert Stück abgestürzt. Was wird passieren, wenn betrunkene Jugendliche bei einer Party anfangen, mit diesen Dingern zu spielen?

Wenn sogar Martha Stewart auf die Idee kommt, ihr eigenes Anwesen mit einer Drohne zu überwachen und zu fotografieren, dann weiß die Mafia das schon lange. Sie wird Kameradrohnen nicht nur für leicht vorauszusehende kriminelle Aktivitäten wie Industriespionage und das Ausbaldowern von Villen für Einbrüche einsetzen, sondern zum Beispiel ihre Dienste auch Stalkern zur Verfügung stellen, etwa eifersüchtigen Geschiedenen, die den oder die Ex aufstöbern und zusammenschlagen wollen. Auch Hacker wissen schon, wie man Drohnen einsetzt, um Datenverkehr abzuhören. Sie hören damit Ihre Mobiltelefongespräche ab und verfolgen Sie bequem von zu Hause aus über das Internet – dafür gibt es zum Beispiel die WASP (Wireless Aerial Surveillance Platform, also »Drahtlose Luftüberwachungsplattform«).

Die WASP wurde 2011 in Las Vegas vorgestellt und ist ein ferngesteuertes Kleinflugzeug mit etwa zwei Metern Flügelspannweite. Sie verfügt über elf Antennen und zahlreiche Kommunikationsgeräte und -sensoren, unter anderem eine HD-Videokamera. Die WASP soll im Tiefflug über Wohngebiete ziehen und alle WLAN-Signale mithören, auch die aus verschlüsselten Netzwerken. An Bord des UAV befindet sich ein Linuxrechner voller Hackerprogramme – und einem eigens dafür zusammengestellten Passwortverzeichnis mit 340 Millionen Einträgen, mit dem sich die Drohne noch im Überfliegen Zugang zu Ihrem Netzwerk verschaffen kann. Die WASP kann gleichzeitig auch eine eigene Mobiltelefon-Funkzelle aufbauen, in die sich Ihr Mobiltelefon dann automatisch einwählt. Mit diesem gefälschten Umsetzer können die Hacker dann alle Anrufe und SMS mitschreiben.[65] Es ist noch nicht lange her, dass Spionageelektronik dieser Leistungsklasse dutzende Millionen Dollar kostete und nur den fortschrittlichsten Armeegeheimdiensten zur Verfügung stand. Die WASP kostet 6000 Dollar.

Weil einfache Kameradrohnen so billig sind, tauchen sie inzwischen auch dort auf, wo man sie nicht erwartet, zum Beispiel bei Protestveranstaltungen und Demonstrationen. Die Occupy-Bewegung in Warschau ließ sich von einer Kameradrohne vor der paramilitärisch auftretenden Polizei warnen, die ihre Demonstration umzingeln und mit Tränengas auflösen wollte. Der sogenannte Occu-Copter schwebte über der Demonstration und lieferte den Teilnehmern verblüffend deutliche Bilder der Milizkolonnen, die sie umzingelten – ein wirksames und bisher unvorstellbares Gegenspionagewerkzeug in der Hand des Volkes.[66] Polizeibeamte werden allerdings nicht die einzigen bleiben, die sich auf Drohnenüberwachung einstellen müssen.

Das organisierte Verbrechen bedient sich der fliegenden Roboter mit Vergnügen, um Waffen, Mobiltelefone und Drogen in Gefängnisse weltweit einzufliegen. In der Strafanstalt São José dos Campos im brasilianischen São Paulo beobachteten Vollzugsbeamte, wie ein Quadrokopter über die Mauer flog und über dem Gefängnishof ein Päckchen abwarf, in dem sich nachher 250 Gramm Kokain fanden. In Tula bei Moskau war es ein ferngesteuerter Modellhubschrauber, der 700 Gramm Kokain über dem Gefängnis abwarf, in Griechenland gab es einen Fall mit Mobiltelefonen und ähnliche Vorfälle werden aus Kanada, Australien und den USA gemeldet.[67] Das organisierte Verbrechen schafft sich langsam eine Luftwaffe aus Robotern.

Das Schlimme daran ist natürlich, dass die kriminelle Drohne unser ganzes Sicherheitssystem unterläuft. Gefängnisse sind mit hohen, stacheldrahtgekrönten und oft elektrisch geladenen Zäunen und Mauern umgeben, um die Gesellschaft vor den dort eingesperrten Kriminellen zu schützen. Dieses Konzept bewährt sich seit Hunderten von Jahren wenigstens einigermaßen. Aber unsere Sicherheits- und Schutzmaßnahmen zielen alle auf menschliche Kriminelle, nicht auf robotische. Es wird Zeit, das zu ändern. Drohnen können nicht nur Gefängnismauern überfliegen, sondern jede beliebige Absperrung – Ihren Gartenzaun, den Sicherheitszaun Ihrer Firma, den Grenzzaun unseres Landes. Letzteres demonstrieren die lateinamerikanischen Drogensyndikate bereits in der Praxis. In Mexiko bietet die Drogenmafia Flugzeugmonteuren lukrative Zweitjobs als Drohnenentwickler an. Wie das Dezernat für Öffentliche Sicherheit in Mexiko-Stadt mitteilt, wurde nahe dem Bombardier-Flugzeugwerk im Stadtviertel Santa Fé eine geheime Drogenmafia-Drohnenwerkstatt ausgehoben. Die dort entwickelten und hergestellten autonomen Flugkörper beruhen auf US-amerikanischen, europäischen und israelischen Plänen und sind mit einem Zentner Gewicht viel größer als der durchschnittliche Quadrokopter. Ihre Flügel sind zusammenklappbar, so dass sie beiderseits der Grenze auf LKW versteckt und transportiert werden können. Sie fliegen unter dem Radar hindurch und tragen pro Flug eine Nutzlast von einhundert Kilo Kokain. Ein Kilo Kokain kostet in Kolumbien 1700 Dollar, in Mexiko 8000 Dollar und in den USA 30 000 Dollar, was für die Drogenkartelle einen Profit von zwei Millionen Dollar bedeutet – pro Flug. Seit 2012 hat die US-Drogenpolizei DEA mindestens 150 solcher grenzüberschreitenden Flüge dokumentiert, die mehrere Tonnen Kokain ins Land gebracht haben.[68] Bei solchen Profiten können die Kartelle von Cali bis Sinaloa auch Geld in hochkarätige Forschung und Entwicklung investieren und Millionen ausgeben, um ihren Roboterkurieren in Zukunft eine herausragende Rolle zu sichern.

Es gibt noch viel Schlimmeres als Drogen, das man Drohnen anhängen kann, zum Beispiel Schusswaffen. Auf YouTube gibt es bereits haufenweise Bastlervideos, in denen selbstgebaute ferngesteuerte Flugroboter komplexe Aufgaben ausführen – zum Beispiel Menschen mit Wasserpistolen und Paintballwaffen zu verfolgen und zu beschießen.[69] Kriminelle und Terroristen werden sich darüber sehr freuen. Andere Videos zeigen Bastler, die Drohnen mit Betäubungspistolen ausgestattet haben.[70] Die »Stun Gun« schießt zwei elektrische Kontakte in die Haut des Opfers und lähmt es mit 80 000 Volt. Aber dabei hört es natürlich nicht auf: Richtige Schusswaffen müssen her. Das erste Video einer Pistole – es ist eine Kaliber 45 –, die von Bord eines fliegenden ferngesteuerten Hubschraubers aus feuert, erschien bereits 2008 im Netz.[71] Inzwischen gibt es zahlreiche weitere Videos von über Smartphone gesteuerten UAVs mit anmontierten Handfeuerwaffen, darunter ein HD-Film mit einem Oktokopter, der mit einem ferngesteuerten Roboterfinger mehrfach einen Colt Kaliber 45 abfeuert.[72] Mit der sogenannten »Follow-Me-Automatik« kann die Drohne einer Person, die zu entkommen versucht, sogar automatisch folgen.[73] Dass man jetzt mit einem Smartphone eine Schusswaffe abfeuern kann, die auf einem fliegenden Roboter für wenige hundert Dollar montiert ist, bedeutet, dass das Ballerspiel vom Bildschirm in die Realität überwechselt. Wie lange wird es dauern, bis der erste Kriminelle oder Verrückte damit jemanden umbringt?

So beängstigend dieses Szenario auch ist, gibt es doch potenziell eine noch gefährlichere Fracht für Drohnen, zum Beispiel Sprengstoff und sogar Massenvernichtungswaffen mit biologischen, chemischen oder radioaktiven Wirkstoffen. Bombenabwurfsysteme für ferngesteuerte Flugzeuge kosten keine zwanzig Dollar. Sie gleichen den Bombenklappen militärischer Bomber, die sich öffnen, wenn sie per Fernsteuerung aktiviert werden oder die Maschine eine bestimmte GPS-Position erreicht. Werden Drohnen jetzt zu Selbstmordattentätern? Al-Qaida, Lashkar-e-Taiba und zahlreiche andere Terrorgruppen betreiben bereits aktiv Drohnenforschung. In mehreren YouTube-Videos sieht man Drohnen, die dem der mühsamen Arbeit in glühender Hitze müden Farmer das Einnebeln der Felder mit Schädlingsbekämpfungsmitteln abnehmen.[74] Wenn ein Terrorist mit derselben Technik Gift über einer Menschenmenge versprüht, könnten die Folgen wirklich schlimm sein.

Mit Drohnen kann man, wie das Militär ja bereits demonstriert, auch einzelne Menschen gezielt ins Visier nehmen, ob aus persönlicher Rache, als Lohnkiller oder als Terrorist. Wir sehen bereits, wie Prominente bizarren neuen Gefahren ausgesetzt sind. Ende 2013 wurde die deutsche Bundeskanzlerin Angela Merkel zum Ziel einer Drohnenattacke, als sie auf der Tribüne einer Wahlkampfveranstaltung in Dresden sprechen wollte. Ein Quadrakopter raste auf sie los und stürzte ihr zu Füßen ab. Hinter dem Angriff stand die Piratenpartei, die der Kanzlerin laut eigener Aussage zeigen wollte, »wie es ist, von Drohnen bespitzelt zu werden«[75]. Die Sicherheitsbeamten haben die Botschaft bestimmt verstanden. Zwar wurde bei dem Coup niemand verletzt, aber wenn die Drohne bewaffnet oder mit Sprengstoff beladen gewesen wäre, hätte es böse ausgehen können.

Drohnen können außerdem zu schweren Unfällen führen, wenn man sie auf andere Fortbewegungsmittel zielt, zum Beispiel auf Autos. Wenn der Fahrer genügend erschreckt wird, reicht das schon. Es gibt bereits zahlreiche Berichte von Amateuren, die ihre Drohnen absichtlich in den Kurs von Passagiermaschinen gesteuert und sie zu dramatischen Ausweichmanövern gezwungen haben, unter anderem Maschinen von American Airlines, US Airways, Alitalia und Virgin Blue.[76] Wäre eine der Stördrohnen in eine Turbine geraten, hätte das eine Notlandung zur Folge haben können wie die des US-Airways-Jets im Hudson River bei New York. Wenn mit der Zeit immer mehr fliegende, schwimmende, fahrende und gehende Roboter in unser Leben treten, werden wir uns überlegen müssen, wie wir sicher und friedlich mit ihnen zusammenleben können, aber die Zukunft der Robotik selbst bringt womöglich noch größere Risiken mit sich.

Die Zukunft der Robotik und der autonomen Maschinen

Die Roboter werden immer schneller, schlauer und kleiner. Bereits heute gibt es bedeutende Fortschritte beim Bau von Mikrorobotern.[77] Diese Geräte, manche so klein, dass sie auf eine Fingerspitze passen, fliegen ferngesteuert und können eine HD-Kamera und ein Mikrofon tragen, was sie zu Überwachungsgeräten einer ganz neuen Klasse macht.[78] Solche Libellendrohnen sollen bereits 2007 Teilnehmer einer Demonstration von Kriegsgegnern in Washington, D. C. ausspioniert haben und die US-Luftwaffe hat Roboterhummeln vorgestellt, die vom Feind nicht entdeckt werden, wenn sie in Gebäude eindringen, um »Terroristen zu fotografieren, abzuhören und sogar anzugreifen«[79].

Ein weiterer bevorstehender Durchbruch in der Robotik ist die Schwarmfähigkeit. Das bedeutet, Verbünde aus zahlreichen Robotern durch aufeinander abgestimmtes Verhalten als Einheit agieren zu lassen, so wie Ameisen oder Vogelschwärme. Mit fortgeschrittener verteilter Rechenkapazität zur Selbstorganisation und Problemlösung könnten Schwärme von Bots gemeinsam Unglaubliches leisten, ob bei der Katastrophenhilfe, der Notrettung, der Bekämpfung einer Ölpest oder in der Produktion. Die Schwarmintelligenzforschung erzielt rasche Fortschritte und Mitte 2014 haben Forscher der Harvard University mit 1024 pfenniggroßen Robotern den bisher größten Roboterschwarm geschaffen.[80] Die kleinen Geräte können einander finden und zusammenwirken, um sich in geometrischen Mustern oder Buchstaben anzuordnen, ähnlich einem mechanischen Flashmob. Aber womöglich sammelt sich am Horizont bereits ein drohender Schwarm anderer kooperierender Bots, die dem Bösen dienen. Eine Drohne mit einer Pistole, die einen die Straße entlang verfolgt, ist schlimm genug, aber wenn es dreißig sind, wird man es vermutlich nicht überleben. Wenn Schwarmroboter erst einmal allgemein gebräuchlich sind, könnte es katastrophal ausgehen, wenn sie gehackt werden oder sich ein Virus einfangen. Das würde ja dann alle Bots des Netzwerks betreffen. Man hat Ähnliches in der Fernsehserie *Star Trek* gesehen, als die Besatzung der *Enterprise* das miteinander vernetzte Kollektiv der Borg mit einem Computervirus außer Gefecht setzte. Morgen sind wir vielleicht die Borg. Wenn die Armee erst einmal begonnen hat, UAVs in Schwärmen für Angriffe einzusetzen, und diese Schwärme mit einem Virus infiziert werden (wie es dem US-Drohnenflugkommando bereits passiert ist), wie leicht wird es dann sein, die bewaffneten fliegenden Roboter gegen ihre Piloten oder gegen unschuldige Zivilisten umzulenken?

Nicht nur werden uns in Zukunft immer kleinere Roboter umschwärmen, sondern diese Roboter werden auch immer autonomer sein – intelligente Maschinen, die zu Aufgaben und Entscheidungen in der realen Welt fähig sind, ohne dass ein Mensch sie steuern muss. Ein autonomer Roboter wie zum Beispiel der Staubsaugroboter Roomba entscheidet aufgrund seiner Programmierung, aber in Echtzeit. Mit Hilfe von »Kollisions- und Kursänderungs«-Algorithmen findet er seinen Weg um Hindernisse herum und kann auch unbekannte Umgebungen erfassen und sich ihnen anpassen.

Bei militärischen Robotern erhebt sich dann die schwierigste Frage, was die Autonomie angeht: Wieviel ist vertretbar? Ein am Boden operierender Robotsanitäter, der verwundete Soldaten selbsttätig vom Schlachtfeld birgt und ihnen lebensrettende Erste Hilfe spendet, klingt nach einer guten Idee. Ein UAV aber kann autonom sein Ziel finden und sich selbst den Feuerbefehl geben. Das klingt schon nicht mehr so gut, aber genau darauf steuern wir zu. Robotik, KI und die Rechengeschwindigkeit von Computern verbessern sich exponentiell, und irgendwann ist der Mensch einfach nicht mehr schnell genug, um mitzuhalten, besonders im Gefecht. Wenn Ihr Feind erst einmal vollautomatisiert kämpft, müssen Sie mitziehen, sonst sind Sie langsamer und damit tot.

Das klingt alles nach Weltuntergangs-Science-Fiction wie *Terminator*, aber autonome Killerroboter gibt es bereits. Der Taranis von BAE Systems ist ein vollautonomes Flugzeug, das »tief in feindliches Gebiet eindringt, um Aufklärung zu betreiben, Bomben zu werfen, und das ›sich selbst gegen bemannte und unbemannte feindliche Luftfahrzeuge verteidigt‹«[81]. In der entmilitarisierten Zone an der Grenze zwischen Nord- und Südkorea hat Südkorea Scharfschützenroboter vom Typ Samsung SGR-1 zur Grenzkontrolle postiert, die mit Wärme- und Bewegungssensoren Eindringlinge entdecken und Ziele in bis zu einem Kilometer Entfernung mit ihren eingebauten 5,5-mm-Maschinengewehren und 4-mm-Granatwerfern beschießen können.[82] Gegenwärtig ist die letzte Entscheidung zum Feuern aus politischen Gründen noch einem Menschen vorbehalten, aber technisch erfordert es nur einen Knopfdruck, um den Wachroboter auch mit dieser Kapazität auszustatten. Killerroboter mit tödlicher Autonomie werden viele Formen annehmen – laufende, schwimmende, fliegende, fahrende Maschinen, die ihre Beute verfolgen oder ihr einfach auflauern können. Trotz unserer wachsenden technischen Fähigkeit, Tötungsentscheidungen an Maschinen abzugeben, ist dieser Schritt allerdings mit zahlreichen rechtlichen, ethischen, moralischen, technischen und Sicherheitsproblemen belastet.

Unfälle mit Industrierobotern sind schlimm genug, aber wie wir anhand des schrecklichen Computerfehlers bei der südafrikanischen Armee gesehen haben, können Unfälle mit bewaffneten Militärrobotern katastrophal enden. Wenn sich die Roboter immer weiter ausbreiten, werden wir erleben, wie das Moore'sche Gesetz mit dem Murphy'schen zusammentrifft, und die Folgen tragen müssen. Schlechte Programmierung, ungenaue Daten und Softwarefehler werden ganz zweifellos Tragödien verursachen, wenn der Roboter erst einmal selbst entscheidet, ob und wann er einen Menschen tötet. Außerdem sind bewaffnete Roboter, die mit dem Internet der Dinge verbunden sind, auch für Hackerangriffe anfällig, ebenso wie ihre Sicherheitssperren und -protokolle, was eine weitere große Gefahr darstellt. Dann sind da noch die totalitären Regimes dieser Welt. Sie könnten Killerroboter gegen ihre politischen Gegner einsetzen. Drogenkartelle könnten mit ihnen gegen Polizisten und rivalisierende Banden vorgehen. Es klingt vielleicht übertrieben zu behaupten, die Mafia werde eines Tages autonome Killerroboter einsetzen, aber natürlich wird sie das. Sie hat bisher jede militärische Technologie übernommen, derer sie habhaft werden konnte, von Nachtsichtgeräten bis zum Internet und Drohnen. Menschenrechts- und Technikexperten sind besorgt, was die Übertragung von Tötungsentscheidungen an Maschinen angeht. Das Thema ist bereits von den Vereinten Nationen, von Human Rights Watch und neuen Organisationen wie dem International Committee for Robot Arms Control und der Campaign to Stop Killer Robots aufgegriffen worden. Science-Fiction-Autor Daniel Suarez und Robotiker Noel Sharkey haben bei der TED bereits eindrucksvolle Vorträge gehalten, in denen sie zu einem globalen Verbot autonom tötender oder verletzender Roboter aufriefen. Eine vernünftige Idee. Isaac Asimov hat sie schon vor Jahrzehnten gehabt.

Dass Roboter in unser Leben treten und Aufgaben von der Altenpflege bis zum Kochen und der Chirurgie übernehmen werden, steht fest. Vielleicht ist das eine ungeheure Verbesserung, aber wie wir in diesem Kapitel gesehen haben, werden sie auch von Straßengangs, Voyeuren, Drogenkartellen und Terroristen eingesetzt. Diese Tendenz wird sich garantiert verstärken, je mehr die Roboter können und je weniger sie kosten, was insbesondere beim Einsatz neuer ergänzender Technologien wie dem 3-D-Druck der Fall sein wird.

Verbrechen zum Ausdrucken: Gutenberg trifft Gotti

3-D-Drucker mit ihrem sogenannten *additive manufacturing*, der additiven Produktion durch Hinzufügen immer neuer Materialschichten, sind so etwas wie ein Wirklichkeit gewordener Replikator aus *Star Trek*. Auf Knopfdruck stellt eine Maschine wie durch Zauberei vor Ihren Augen beliebige Gegenstände her. Das Ausgangsmaterial kann man wählen – Plastik, Metall, Holz, Beton, Keramik, sogar Schokolade. Genauso, wie Sie bei Ihrem 2-D-Tintenstrahldrucker ein Foto hochladen, damit er es ausdruckt, laden Sie sich einen Entwurf auf Ihren Laptop oder gestalten ihn selbst und schicken ihn an den 3-D-Drucker. Der stellt das Gewünschte dann Schicht für Schicht mit unglaublicher Genauigkeit her. Solche digitalen Produktionsmethoden erleichtern und verbilligen nicht nur die Herstellung von Robotern, sondern eines ganzen Haufens anderer Dinge, von Flugzeugkomponenten bis hin zu funktionsfähigen SLR-Kameras mitsamt Linsen.

Goldman Sachs weist darauf hin, dass der 3-D-Druck im Vergleich zu den traditionellen Herstellungsverfahren eine größere Anpassung an Sonderwünsche und verringerte Kosten bei komplexen Entwürfen ermöglicht. Andere Experten sagen dem 3-D-Druckermarkt ein Wachstum um 500 Prozent auf 16 Milliarden Dollar bis 2018 voraus.[83] Erfinder wie Scott Summit, Gründer von Bespoke Innovations, setzen 3-D-Drucker heute für Einzelanfertigungen hochmoderner Prothesen ein, die nicht nur perfekt passen, sondern auch ansprechend aussehen. Die digitale Fabrikation taugt sogar zum Hausbau – einschließlich Betonwänden, elektrischen Leitungen, Wasserrohren und so weiter.[84] Die NASA hat bei dem Silicon-Valley-Start-up Made in Space sogar einen 3-D-Drucker für die Internationale Raumstation bestellt, damit lebenswichtige Ersatzteile gegebenenfalls vor Ort hergestellt werden können, um Situationen wie seinerzeit an Bord von *Apollo 13* zu vermeiden. Die nächste Ebene erreichen dann Bio-3-D-Drucker, die sogar menschliche Gewebe und Organe wie Kapillargefäße, Nieren, Ohren und Herzen herstellen können.[85] Die Wartelisten der Organtransplantationskliniken könnten bald der Vergangenheit angehören; viele Menschenleben wären damit gerettet.

Der Preis für private 3-D-Drucker – die vor Kurzem noch zehntausende Dollar kosteten – stürzen gerade ab; Modelle wie den beliebten Cube 3 von 3-D Systems kann man bei Staples schon für 999 Dollar bekommen. Amazon hat einen eigenen 3-D-Druck-Dienst ins Leben gerufen und auf Webseiten wie Thingiverse treffen sich Nutzer, die ihre digitalen Entwürfe als Dateien teilen und auf individuelle Kunden zuschneiden. Hergestellt wird dort alles von Schmuck bis zu iPhone-Hüllen und bei MakerBot kann man sogar Bausätze für den eigenen 3-D-Drucker bekommen. Die kostenlose 123-D-Software von Autodesk (mit zusätzlichen Apps) verwandelt jedes digitale dreidimensionale Modell in einen realen Gegenstand und Spark, das zugehörige Open-Source-Betriebssystem, wird vielleicht das Android der 3-D-Drucker. Diese Entwicklungen führen möglicherweise dazu, dass statt der Fließbandproduktion jetzt die Fließband-Individualisierung kommt und man sich genau den Schuh, den Tisch oder das Spielzeug machen lassen kann, den oder das man gerne hätte. Der frühere Chefredakteur von *Wired*, Chris Anderson, hat diese digitale Heimwerkerbewegung in seinem Buch *Makers* vorgestellt. Er bezeichnet darin Open-Source-Design und digitale Produktion als die Grundlage einer neuen industriellen Revolution.

Ein weiterer bemerkenswerter Zug von 3-D-Druckern ist, dass sie sich bald selbst replizieren können. Die heutigen 3-D-Drucker können größtenteils schon über die Hälfte der Teile ausdrucken, die man für einen weiteren 3-D-Drucker braucht, und dieser Anteil nimmt rapide zu.[86] Mit 3-D-Druck kann man Gegenstände über das Internet verschicken und nach Bedarf ausdrucken. 3-D-Drucker sind ebenso wie Roboter und das Internet der Dinge Vorboten eines Zeitalters, in dem die analoge und die digitale Welt ununterscheidbar miteinander verschmelzen. Bits und Bytes werden zu Atomen und Molekülen und 3-D-Scanner wie der Kinect von Microsoft verwandeln reale Gegenstände in eine Folge von Nullen und Einsen. Das alles kann durchaus zu einem Umsturz in der Produktion und im Handel und sogar in der Geopolitik führen. Die Herstellung und Montage von Gütern vor Ort könnten sich positiv auf die Umwelt auswirken. Wenn man sich alles, was man braucht, zu Hause ausdrucken kann, warum sollte man dann noch einkaufen fahren? Und wenn amerikanische Unternehmen einen größeren Anteil ihrer Waren selbst im Land ausdrucken können, warum sollte man dann noch tonnenweise billiges Plastikzeug mit Containerschiffen aus China heranschaffen? Wie auch immer Produktion und Einzelhandel in Zukunft aussehen werden – eine gesellschaftliche Gruppe gibt es, die den 3-D-Druck bereits begeistert anwendet: das organisierte Verbrechen.

Die digitale Produktion wird ebenso neue Cybergefahren in unsere reale Welt bringen wie die Robotik. Zuallererst werden sich die Kriminellen mit 3-D-Druckern an den Diebstahl geistigen Eigentums machen. Bisher kann man nur digitale Werke unerlaubt vervielfältigen und am Eigentümer vorbei zu Geld machen – Musik, Videos, Spiele und Software. Das wird sich ändern. Es gibt zwar schon eine ganze Weile gefälschte Markenartikel, besonders Luxuswaren wie Gucci-Handtaschen und Cartier-Uhren, aber die konnte man immer relativ leicht erkennen – oft schon am schlampigen Design, spätestens an der schlampigen Verarbeitung. In Zukunft kann man die betreffenden Luxusartikel dann einfach in den 3-D-Scanner stellen und erhält nach Ausdruck der Datei ein Duplikat, das genauso gut wie das Original ist. Die Gartner Group schätzt für 2018 bereits 100 Milliarden Dollar Verlust an Eigentumsrechten durch 3-D-Druck-Piraterie.[87]

Die digitale Produktion kommt auch Einbrechern und Stalkern zugute, die nur noch ein hochauflösendes Foto Ihrer Wohnungs- oder Büroschlüssel brauchen, das sie im Vorbeigehen geknipst haben. Schon heute gibt es Anbieter wie KeyMe, die über den 3-D-Markt Shapeways 3-D-Kopien fotografierter Schlüssel herstellen.[88] Es gibt sogar bereits Apps wie Keys Duplicate, die dasselbe leisten und damit Ihre Wohnung vielleicht besucherfreundlicher machen, als Sie möchten.[89] Wenn Sie das nicht so gut finden, stehen Sie nicht alleine da, der Polizei geht es nämlich nicht anders. Beamte stießen 2012 im Netz auf CAD-Dateien, mit denen sich Kriminelle auf digitalem Weg Handschellenschlüssel machen können, darunter auch Hochsicherheitsmodelle von Herstellern, die nicht an Zivilisten liefern.[90] Und auch Ihr Drogendealer wird vielleicht in Zukunft ein 3-D-Drucker sein. Forscher haben einen »Chemputer« entwickelt, der Medikamente wie Ibuprofen nach Bedarf ausdruckt.[91] Das hat natürlich potenziell einen enormen medizinischen Nutzen, aber es wird nicht lange dauern, bis die Drogenmafia diese Geräte für Crystal Meth, Crack und Oxycontin umrüstet. Lieferkette und Endverbraucherkontakt würden damit enorm vereinfacht.

Eine der umstrittensten Fähigkeiten von 3-D-Druckern ist wohl, dass sie auch Schusswaffen herstellen können. Niemand hat wahrscheinlich mehr dazu beigetragen als Cody Wilson, ein 26 Jahre alter ehemaliger Jurastudent, Anarchist und Freidenker à la Dread Pirate Roberts. Wilson initiierte das Wiki Weapon

Project, brachte uns Darkwallet mit der nicht nachverfolgbaren Währung für Geheimgeschäfte und gründete Defense Distributed.[92] Letzteres ist eine nichtkommerzielle Institution, die Baupläne für Schusswaffen entwirft, veröffentlicht und zum Herunterladen bereithält. Man kann sich die Waffen dann zu Hause auf dem 3-D-Drucker selbst herstellen. Unter anderem handelt es sich um das Gehäuseunterteil einer AR-15-Halbautomatik, aus der Wilson 600 Schuss abfeuerte. Das Gehäuseunterteil oder Griffstück, im Amerikanischen als *lower receiver* bezeichnet, ist das entscheidende Bauteil einer Waffe und das einzige, das in den USA nicht frei im Handel erhältlich ist. Alle anderen Bauteile kann man in vielen Bundesstaaten ohne die bei Waffenkäufen sonst vorgeschriebene Leumundsprüfung und sogar ohne Identitätsnachweis kaufen.[93] Im Mai 2013 stellte Wilson dann die von ihm entworfene Liberator vor, die erste vollständig im 3-D-Druck hergestellte Schusswaffe.[94] Sie verschießt Pistolenmunition Kaliber 38. 100 000 Interessenten weltweit haben sich die Dateien bereits heruntergeladen. Als ihn Reporter fragten, wie er sich denn nach dieser Leistung fühle, antwortete Wilson, »Jetzt gibt es potenziell überall dort, wo es einen Rechner mit Internetanschluss gibt, auch eine Pistole.«

Wilsons Rührigkeit hat den US-Kongress völlig überrumpelt. Es gibt bis heute kein gesetzliches Verbot, 3-D-Waffen auszudrucken.[95] Solche Schusswaffen bestehen außerdem aus Plastik und sind deswegen in den üblichen Metalldetektoren so gut wie unsichtbar. Das bewies ein israelisches Journalistenteam, das für eine investigative Reportage eine im 3-D-Druck hergestellte Schusswaffe in die Knesset einschmuggelte, eines der am besten gesicherten Gebäude der Welt – und zwar zweimal.[96] Inzwischen haben dutzende digitale Waffenschmiede das Design der Liberator verbessert und ihre digitalen Dateien netterweise ins Netz gestellt. Auf weiteren solchen Websites gibt es auch Pläne für Handgranaten und Mörsergranaten.[97] Das Terrorist Explosive Device Analytical Center, der Bombenentschärfungsdienst des FBI, ist darüber verständlicherweise besorgt und hat jetzt eigene 3-D-Drucker angeschafft, um zu prüfen, inwieweit man damit auch Bomben für Sprengstoffattentate herstellen kann.[98] Das Problem wächst dabei ständig, und zwar buchstäblich: Die 3-D-Drucker können immer größere Bauteile herstellen – und damit auch schwerere Waffen, irgendwann auch Raketensysteme mit Schulterlafette und große Kampfroboter.

Digitale Produktion heißt, dass Grenzkontrollen einfach unterlaufen werden. Warum sollte man noch das Risiko eingehen, Waffen oder Drogen ins Land zu schmuggeln, wenn man sich seine Knarren, Pillen oder Bomben einfach ausdrucken kann, nachdem man eingereist ist? Die Probleme, die sich für die internationale Sicherheit durch das Aufkommen des 3-D-Drucks ergeben, sind dabei nicht auf Verbrechen und Terrorismus beschränkt; sie werden auch traditionsreiche völkerrechtliche Maßnahmen wie Waffenembargos aushöhlen. Nehmen wir an, Sie sind ein iranischer Ingenieur und brauchen Ersatzteile für Ihre Uranzentrifugen, die Ihnen niemand liefert? Drucken Sie sie doch selbst! Embargos und sogar Handelsblockaden, unsere traditionellen Mittel, um totalitären Regimes die Waffen aus der Hand zu nehmen, werden zur Farce, wenn 3-D-Drucker immer größer und leistungsfähiger werden. Das alte Paradigma mit seinen Staatsgrenzen, Zollbeamten, Sicherheitstoren und hohen Zäunen wird womöglich bald überholt, weil sich die Technik viel schneller als unsere Sicherheitsmaßnahmen entwickelt. Diese neue Realität wird noch weiter verdüstert durch einen ganzen Haufen neuer Technologien, die wie Science-Fiction klingen, aber in naher Zukunft bereits Wirklichkeit werden dürften.

KAPITEL 16

Die nächste Generation der Sicherheitsrisiken: Warum Cyberverbrechen nur der Anfang waren

»eilmeldung: Zwei Explosionen im Weißen Haus; Barack Obama verletzt«, tweetete Associated Press um 13:07 Uhr am 23. April 2013 auf ihrem offiziellen Twitter-Account. Sekunden später hatten die zwei Millionen Follower des AP-Kanals diesen Tweet mehrere tausend Mal retweetet und die Welt schaltete in den Panikmodus. Die Wall Street reagierte zügig und gnadenlos, Dow-Jones-Index und S&P-500-Index gingen in den Keller. Innerhalb von drei Minuten hatte der AP-Tweet 136 Milliarden Dollar Börsenkapital ins Nirvana befördert.

Es folgte ein Hagel weiterer Tweets. Um 13:13 Uhr bestätigte AP, dass die angeblichen Explosionen eine Falschmeldung waren. Um 13:16 Uhr sah sich Jay Carney, der Pressesprecher des Weißen Hauses, gezwungen, live im Fernsehen zu betonen: »Dem Präsidenten geht es gut; ich war eben noch bei ihm.« Um 13:17 Uhr bekannte sich dann die sogenannte Syrian Electronic Army (SEC) dazu, den AP-Twitterkanal gehackt zu haben. Innerhalb von nur neun Minuten und mit einem einzelnen Tweet konnte diese Gruppe einige der mächtigsten Institutionen der Welt, vom Weißen Haus bis zur New Yorker Börse, bis in die Grundfesten erschüttern. Was war da los?

Als die Nachricht von einer Explosion in der Pennsylvania Avenue 1600 auftauchte, vermuteten die Märkte sofort einen Terroranschlag und die entsprechenden negativen Folgen; der 11. September soll Amerika einen wirtschaftlichen Gesamtschaden von 3,3 Billionen Dollar zugefügt haben. Die Broker begannen also sofort möglichst viele Aktien abzustoßen, was zu einem allgemeinen tiefen Kurssturz führte. Aber diese Broker waren nicht mehr die Gordon Gekkos von früher mit ihren zurückgegelten Haaren, den 10000-Dollar-Anzügen und dem Anspruch auf die Weltherrschaft. Sie waren nicht einmal mehr Menschen. Bei den Hedgefonds, Investmentbanken und Rentenfonds in und um New York und weltweit war der Wertpapierhandel längst in den Händen von Supercomputer-Netzwerken, die ihn massenhaft und seelenlos, als Sklaven ihrer algorithmischen Programmierung, erledigten.

Gekko und die meisten seiner menschlichen Kollegen auf dem Börsenparkett hatten sich den Computern 1999 geschlagen geben müssen, als sie durch ultraschnelle Hochfrequenzhandel-Plattformen ersetzt wurden. Diese Algorithmen (kurz Algos) sind eine Spielart der Künstlichen Intelligenz – und haben die Vollmacht, selbständig zu entscheiden und das Geld ihrer Kunden einzusetzen. Heute, 2015, sind bis zu 70 Prozent des Handelsvolumens im Dow-Jones-Index in ihrer Hand. Diese Programme (immerhin noch von Menschen geschrieben) führen Schritt-für-Schritt-Kalkulationen und automatische Kausalbewertungen durch, um auf Marktfluktuationen zu reagieren, und werten maschinenlesbare Nachrichtenmeldungen aus, um ihren Herren und Meistern maximalen Profit einzubringen. Einfach ausgedrückt bedeutet für sie die Meldung eines positiven Quartalsberichts »kaufen« und die eines Terroranschlags »verkaufen«. Die Supercomputer, die hinter den Trading-Plattformen stehen, verschlingen 24 Stunden am Tag und sieben Tage die Woche ungeheure Mengen Lesestoff, um Daten herauszufiltern, die für die Märkte bedeutsam sein könnten. Allein der Nachrichtendienst Thomson Reuters speist den Hochfrequenzhandelsalgorithmen, kurz: HFT-Algos, den Inhalt von 50 000 Nachrichtenquellen und vier Millionen sozialen Medienseiten ein, und das mit einer Geschwindigkeit, die für den Menschen unvorstellbar ist. Die riesigen HFT-Netzwerke führen zusammen Billionen Berechnungen pro Sekunde durch und eine Transaktion erfordert weniger als eine Halbmillionstelsekunde; sie ist damit mehrere tausend Mal schneller als das Blinzeln eines menschlichen Auges.

Als die KI-basierten algorithmischen Bots der ersten Trading-Plattformen auf einen Tweet stießen, der die Wörter »Explosionen«, »Obama« und »Weißes Haus« in einem Satz enthielt und aus einer Quelle stammte, der sie weisungsgemäß vertrauten, von AP nämlich, brauchten sie nur wenige Tausendstelsekunden, um zu reagieren. Andere Algorithmen wurden auf diese Aktivität aufmerksam und es entwickelte sich in rasender Geschwindigkeit ein Schneeballeffekt. Die Algos verkauften, was sie nur konnten, und radierten in nur drei Minuten 136 Milliarden Dollar Kapital aus. Wenn sich ein Mensch den Tweet vorher einmal genau angesehen hätte, wäre ihm aufgefallen, dass er plump formuliert und nicht im Format der AP-Meldungen gehalten war, außerdem hatte jemand die Großschreibung in »Eilmeldung« vergessen, was AP nicht passiert wäre. Solche Feinheiten bedeuten einem Broker, der ein Roboter ist, allerdings nichts.

Als sich der Staub legte, hatten viele Unternehmen Millionen Dollar Verluste zu beklagen. Die Syrian Electronic Army, eine internationale Hackerbande mit Verbindungen zum Assad-Regime in Damaskus, brüstete sich mit ihrer Verantwortung für diesen Streich und machte sich mit dem Hashtag #byebyeObama auf ihrem eigenen Twitter-Account @official_SEA6 über den Präsidenten lustig. Außerdem weihte sie liebenswürdigerweise die gesamte Welt in das Passwort für den Twitter-Account der Associated Press ein; es lautete APM@rketing. Das FBI und die Geheimdienste kannten die SEA bereits aus deren Hackerangriffen gegen die *New York Times*, die BBC und CBS News. Jetzt war das Maß voll; die Geheimdienste erklärten die SEA zur Terrororganisation und das FBI setzte sie auf die *Most-Wanted*-Liste der meistgesuchten Verbrecher.

Das Debakel um den angeblichen AP-Tweet war nicht das erste Mal, dass die Algorithmen der Wall Street Amok gelaufen waren, und es würde auch nicht das letzte Mal sein. Schlimmer noch: In einer Untersuchung dieser Vorfälle, zu denen auch der berüchtigte Flash Crash im Mai 2010 zählte, kam die US-Börsenaufsicht SEC zu dem Schluss, dass der durch ultraschnelle Trading-Algorithmen beherrschte Markt »so zersplittert und labil geworden ist, dass ihn eine einzelne umfangreiche Transaktion in einen Sturzflug drücken könnte«[1]. In einer Welt, die in Millionstelsekunden gemessen wird und exponentiell schneller wird, hat der Mensch buchstäblich keine Zeit mehr einzugreifen, wenn die Algorithmen durchdrehen. Dass die Syrian Electronic Army die globalen Finanzmärkte sekundenschnell ins Chaos stürzen konnte, zeigt die wirtschaftlichen Risiken des Cyberterrorismus in einer ungeheuer verflochtenen, automatisierten und mit nahezu Lichtgeschwindigkeit laufenden Welt auf. Aber hier geht es um viel mehr als nur darum, die gefährliche Anfälligkeit unserer wirtschaftlichen Sicherheit anzuklagen. Anekdoten wie die obige sind ein Menetekel dessen, was auf uns zukommt. Ob wir es wahrhaben wollen oder nicht, wir alle übergeben unser Leben immer stärker in die Hände von Computeralgorithmen und KI-Hirnen, die für uns die Entscheidungen treffen. Wer sich noch an das Computernetzwerk Skynet erinnert, das im Film *Terminator* einen solchen auf das Kind John Connor ansetzt, wird wissen, was ich meine.

So gut wie intelligent

Als der Informatiker John McCarthy 1956 den Begriff »Künstliche Intelligenz« prägte, definierte er ihn knapp als »Erforschung und Entwicklung intelligenter Maschinen«. Heute bezeichnet Künstliche Intelligenz (KI) in weiterem Sinne die Erforschung und Entwicklung von Informationssystemen, die imstande sind, Aufgaben auszuführen, die menschlichem Problemlöseverhalten entsprechen, wobei sie mit Computeralgorithmen Tätigkeiten verrichten, die normalerweise menschliche Intelligenz erfordern, zum Beispiel Spracherkennung, visuelle Wahrnehmung und Entscheidungsfindung. Diese Computer und Softwareagenten haben kein Selbstbewusstsein und keine Intelligenz im menschlichen Sinne, sondern sind Werkzeuge, die nur die ihnen einprogrammierten Aufgaben ausführen, und die wiederum gehen auf die Intelligenz ihrer menschlichen Programmierer zurück. Das ist die Welt der begrenzten oder schwachen KI, und sie umgibt uns heute schon überall.

Schwache KI kann ein gutes Werkzeug für spezifische und begrenzte Aufgaben abgeben. Wenn Amazon, TiVo oder Netflix Ihnen ein Buch, eine Fernsehsendung oder einen Kinofilm empfehlen, dann werten die Algorithmen dieser Anbieter Ihr vorheriges Kaufverhalten, Ihre bisher angesehenen oder gelesenen Filme und Bücher und Ihre demografischen Daten aus. Wenn Sie einen automatisierten Warnanruf Ihrer Kreditkartenbank erhalten, der Sie vor möglichem Missbrauch Ihrer Karte warnt, dann hat sich eine KI gesagt, »Hm, Jane kauft gewöhnlich aber keine Kosmetikprodukte in Manhattan und eine halbe Stunde später einen Laptop in Lagos, Nigeria.« Ohne KI gäbe es weder den Google-Übersetzer noch die Routenhinweise Ihres Navis oder das Geplauder mit Siri.

Reden Sie mit meinem Agenten

Wenn Sie Ihren Digitalrekorder so einstellen, dass er die neueste Folge von *Mad Men* aufnimmt, oder die Weckfunktion Ihres iPhones auf 7 Uhr morgens stellen, dann programmieren Sie genau genommen die Software so, dass sie als Agent in Ihrem Auftrag handelt. Jawohl, KI ist Software, die Sie mit der Vollmacht versehen, anderswo in der Gesellschaft in Ihrem Auftrag zu handeln. Im Lauf der Zeit werden wir uns für fast alle Aufgaben auf solche digitalen Robot-Butler verlassen, von den alltäglichen bis zu den lebensentscheidenden.

Die Fähigkeiten der schwachen KI nehmen ständig zu und wir werden Zeuge, dass Algorithmen immer aktivere Rollen in immer mehr Geschäftsfeldern und Fachgebieten spielen. In der Medizin hilft die »computergestützte Diagnostik« dem Arzt, Röntgen-, Ultraschall- und MRI-Aufnahmen zu interpretieren. Algorithmen und hochkomplexe Mustererkennungstechniken erkennen dabei selbsttätig abnormale Untersuchungsergebnisse. Vinod Khosla, legendärer Firmengründer und Investor im Silicon Valley, spricht vom Zeitalter des Dr. A – A für

Algorithmus – in der Medizin, in dem KI, Big Data und verbesserte Diagnosetechniken dafür sorgen, dass wir den durchschnittlichen menschlichen Arzt gar nicht mehr brauchen.[2] Nicht nur Ärzte sehen sich in Zukunft starker algorithmischer Konkurrenz gegenüber; ganze Armeen teurer Anwälte werden gegen billigere Software ausgetauscht. Schon heute kann e-Discovery-Software, begabt mit KI, Millionen Prozessunterlagen durchsehen, sortieren und nach juristischem Wert einordnen, und zwar mit einer für menschliche Anwälte unerreichbaren Geschwindigkeit bei 15 Prozent der Kosten.[3] Aber was wissen wir eigentlich wirklich über diese Algorithmen und die mathematischen Prozesse, die dahinterstecken? Verdammt wenig, wie wir gleich sehen.

Black-Box-Algorithmen und das Märchen von der mathematischen Neutralität

Eins und eins ist zwei. Zwei plus zwei ist vier. Grundlegende, zeitlose, unveränderliche Mathematik. Das lernen wir alle schon im Kindergarten. Aber es gibt noch eine andere Art Mathematik, diejenige, die sich in Algorithmen verkörpert. Das sind Formeln, die von Menschen geschrieben und gewichtet werden, um ihre Anweisungen, Entscheidungsanalysen und Vorlieben umzusetzen. Wenn Ihr GPS-Navi Ihnen mit Hilfe schwacher KI einen Weg zum gewünschten Ziel vorschlägt, trifft es für Sie eine Vorauswahl aufgrund der Anweisungen, die ihm jemand einprogrammiert hat. Es gibt vielleicht hundert Routen von Ihrem Wohnort zum Arbeitsplatz, aber das Navi schlägt nur eine vor. Was ist eigentlich mit den anderen neunundneunzig? In einer Welt, die zunehmend von Algorithmen bestimmt wird, ist das keineswegs eine müßige Frage.

Heute schon gibt es:

- algorithmischen Börsenhandel (Bots kaufen und verkaufen selbständig Wertpapiere)
- algorithmische Strafverfolgung (Radargeräte und Verkehrsüberwachungskameras entscheiden, wann ein Rechtsverstoß vorliegt)
- algorithmische Grenzkontrollen (eine KI kann Sie für eine Personen- und Gepäckkontrolle vorauswählen)
- algorithmische Bonitätsprüfung (in den USA entscheidet der sogenannte FICO-Wert, algorithmisch bestimmt, über Ihre Kreditwürdigkeit)
- algorithmische Überwachung (Überwachungskameras identifizieren ungewöhnliche Aktivitäten durch computergestützte Bildanalyse und Stimmen-

überwachungsprogramme geben Alarm, wenn in Ihren Telefongesprächen bestimmte Schlüsselwörter benutzt werden)
- algorithmische Krankenversicherung (ob Ihre Überweisung zum Facharzt oder Ihr Versicherungsanspruch berechtigt sind, entscheidet eine Maschine)
- algorithmische Kriegsführung (Drohnen und andere Roboter haben bereits heute die technische Fähigkeit, ohne menschlichen Befehl Ziele zu suchen und zu vernichten)
- algorithmische Partnervermittlung (Dienste wie eHarmony behaupten, mit Hilfe der Mathematik Ihren Seelengefährten und den perfekten Lebenspartner finden zu können).

Die Entwickler dieser algorithmischen Formeln bestehen natürlich darauf, deren Programmierung sei völlig neutral. Nichts könnte falscher sein. In jedem Algorithmus steckt ein ganzer Haufen menschlicher Voreingenommenheit des Programmierers. Aber wer beherrscht nun diese Algorithmen und ihr Verhalten? Wir wissen es nicht. Es sind Black-Box-Algorithmen, gegen Analyse gesichert und oft genug urheberrechtlich als Geschäftsgeheimnis geschützt. Schon der Algorithmus des FICO-Bonitätswerts alleine spielt eine entscheidende Rolle für jeden einzelnen Amerikaner, indem er entscheidet, ob er eine Kreditkarte bekommt, eine Hypothek abschließen kann und wie hoch die monatliche Leasingrate für sein Auto ausfällt.[4] Aber die Formel, nach der das alles bestimmt wird, ist nirgendwo nachzulesen. Sie ist ein streng gehütetes Geheimnis, mit dem FICO jährlich hunderte Millionen Dollar verdient. Wenn nun aber den Daten, die dem Algorithmus zugrundeliegen, oder den Annahmen, die ihm inhärent sind, ein Fehler anhaftet? Pech gehabt. Dagegen sind Sie schlicht machtlos. Die fast völlige Undurchschaubarkeit in den Algorithmen, die unsere Welt steuern, bedeutet, dass »wir, das Volk« (wie es in der US-Unabhängigkeitserklärung so schön heißt) keine Ahnung und kein Mitsprachrecht bei grundlegenden und wichtigen Entscheidungen haben, die über und für uns getroffen werden. Die immer stärker konzentrierte Macht der Algorithmen in unserer Gesellschaft ist den meisten Menschen noch gar nicht aufgefallen, aber wenn wir keine Kontrolle über diese Algorithmen haben, dann gibt es weder Verantwortlichkeit noch echte Demokratie. Das heißt, dass die Gesellschaft des 21. Jahrhunderts, die wir aufbauen, immer anfälliger für Manipulationen durch die Entwickler und Betreiber der Algorithmen wird, die unser Leben beherrschen.

Ein besonders drastisches Beispiel dafür konnten wir Mitte 2014 verfolgen, als eine von Forschern der Cornell University gemeinsam mit Facebook veröffentliche Studie enthüllte, wie soziale Netzwerke die Emotionen ihrer Nutzer manipulieren können, indem sie einfach den Algorithmus ändern, der deren Newsfeed steuert, also die Posts anderer Nutzer, die sie auf ihrem Account automatisch eingespeist bekommen.[5] Für die von der National Academy of Sciences der USA veröffentlichte Studie hatte Facebook die Einspeisung von 700 000 Nutzern manipuliert, entweder im Hinblick auf schlechte oder gute Nachrichten, um sie so deprimierter oder fröhlicher zu stimmen. Das Ergebnis? Die Stimmungslage der Nutzer änderte sich tatsächlich in Abhängigkeit von der emotionalen Tendenz der Newsfeeds, ganz wie vorausgesagt. Die Schlussfolgerung der Studie lautete: »Emotionale Befindlichkeit kann durch emotionale Ansteckung übertragen werden, so dass andere Menschen unbewusst die betreffende Stimmungslage übernehmen.« Facebook hatte die betroffenen Nutzer (darunter auch Jugendliche zwischen 13 und 18 Jahren), die als menschliche Versuchskaninchen für dieses psychologische Experiment herhalten mussten, nicht darüber unterrichtet und auch eventuelle Folgen für psychisch labile Betroffene bis hin zu Depressionen oder Selbstmordgedanken bei künstlich induzierter Traurigkeit völlig außer Acht gelassen.[6] Erst nachträglich hat der Anbieter dann seine Geschäftsbedingungen so aktualisiert, dass er sich selbst »forschungsrelevante« Manipulationen gestattete und zahlreiche Kritiker haben angeprangert, hier habe der Internetriese tatsächlich die Grenze zum Menschenversuch überschritten.[7] Dann aber hätte Facebook gemäß US-Bundesgesetzen zumindest vorher eine interne Ethiküberprüfung durchführen müssen. Und leider ist Facebook nicht einmal das einzige Unternehmen, das seine Kunden algorithmisch wie Laborratten behandelt.

Diese fehlende Transparenz der Algorithmen ist gepaart mit der Mentalität des Bildschirmsvertrauens gefährlich.[8] Wenn Big Data, Cloud Computing, KI und das Internet der Dinge miteinander verschmelzen – das geschieht bereits jetzt –, wird es immer öfter dahin kommen, dass unbelebte Gegenstände uns in der realen Welt die Entscheidungen aus der Hand nehmen. Eine KI, die einen Roboter Ihren Kaffee kochen und ihn das Frühstück machen lässt, klingt großartig. Aber wenn wir an den Tod Kenji Uradas denken, eines Kawasaki-Angestellten, der bereits 1981 von einem Roboter zerquetscht wurde, kommen uns vielleicht doch Bedenken. In Uradas Fall ergab nämlich die nachfolgende Untersuchung, dass die KI-Programmierung des Industrieroboters den menschlichen Arbeiter als Blockierung des Systems identifiziert hatte, die sofort beseitigt werden musste, um die Funktion der Maschine zu gewährleisten. Die KI entschied, dass die effizienteste Methode war, den 37-jährigen Urada mit seinem massiven Hydraulikarm in eine nahe Schredderanlage zu stoßen. Urada war sofort tot, und der Roboter kehrte ungerührt zu seinen normalen Aufgaben zurück. Trotz dieser offensichtlichen Probleme sind die exponentiellen Produktivitätsfortschritte, dramatischen Kosteneinsparungen und enormen Profitsteigerungen durch den Einsatz von KI-Systemen so groß, dass es kein Zurück mehr gibt. Wir müssen mit KI leben und das organisierte Verbrechen, immer eine Speerspitze des Fortschritts, setzt das bereits fleißig um.

AI-gorithmus Capone und seine KI-Crimebots

Wie wir in den vorigen Kapiteln gesehen haben, hat der bösartige Missbrauch von KI und Computeralgorithmen den sogenannten Crimebot hervorgebracht – einen intelligenten Agenten, dessen Script ihm sagt, dass sein Lebenszweck verbrecherische Aktivität im großen Maßstab ist. Crimebots sind für das organisierte Verbrechen essenziell und für seine riesigen Profite verantwortlich. Mit solchen Agenten werden Computerhacking, Virusverseuchung, Diebstahl geistigen Eigentums, Industriespionage, Spamversendung, Identitätsdiebstahl, DDoS-Attacken und dergleichen mehr regelrecht automatisiert. Riesige Botnetze wie Mariposa oder Confikcer können sich unbemerkt Ihres Rechners bemächtigen und ihn zu einer willenlosen DDoS-Drohne umfunktionieren, nur weil ein oder zwei verbrecherische Intellekte sich schwache KI-Algorithmen ausgedacht haben, die ihnen das ermöglichen.

Das Botnet Gameover Zeus infizierte Rechner auf der ganzen Welt mit dem Trojaner CryptoLocker, der die legitimen Nutzer aussperrte und sie zur Zahlung eines Lösegelds zwang, wenn sie den Zugang zu ihrem eigenen Rechner zurückhaben wollten. Der Erfolg dieses Angriffs war auf die intelligenten Erpressungsagenten zurückzuführen, mit denen Gameover Zeus die Daten Unschuldiger aufstöberte und zerstörte.[9] Das Konzept erwies sich als hochprofitabel und brachte seinen Botmasters über 100 Millionen Dollar ein. Tätigkeiten in diesem Umfang mit einer menschlichen Verbrecherbande auszuführen, wäre früher sowohl zu teuer als auch organisatorisch unmöglich gewesen, aber dank dem technischen Fortschritt kann auch das organisierte Verbrechen – genau wie legitime Fluglinien, Banken und andere Unternehmen – seine Operationen bei stark reduziertem Mitarbeiterbestand ungeheuer ausdehnen. Deshalb kann ein Verbrecher heute hundert Millionen Menschen ausrauben – mit KI und Bots erlebt das Verbrechen einen ungeahnten Aufschwung, ein buchstäblich exponentielles Wachstum. Die jährlichen Schäden durch Cyberkriminalität schießen in die Höhe und liegen inzwischen bei über 400 Milliarden Dollar, ermöglicht durch KI-gesteuerte Automation auf hoher organisatorischer und technischer Ebene.[10]

Die schwache KI ist den bösen Jungs aber noch auf andere Weise behilflich – als un-menschlicher Komplize bei deren menschlichen Untaten.[11] Im Jahr 2012 wurde Pedro Bravo, Student an der University of Florida, als Mordverdächtiger im Fall seines verschwundenen Wohnheim-Mitbewohners Christian Aguilar festgenommen. Aguilar hatte angefangen, mit der Ex-Freundin Bravos auszugehen; bald darauf fand man seine Leiche in den Wäldern nahe dem Universitätsgelände, und Bravo geriet unter Verdacht. Als die Polizei seine Mobiltelefondaten anforderte, fand sie darin zwei wichtige Hinweise. Erstens führten die GPS-Signale des Beschuldigten in die Nähe des Leichenfundorts und zweitens hatte er, wichtiger noch, der Siri-Assistentin seines iPhones anvertraut: »Siri, ich muss meinen Mitbewohner verschwinden lassen.« Siri hatte prompt nützlichen Rat gewusst: »Sümpfe, Stauseen, Stahlwerke und Müllhalden.« Dieser Dialog wurde im Verfahren gegen Bravo sehr wichtig. Da sich die KI-Agenten ständig verbessern, werden auch immer mehr Kriminelle ihre Hilfe in Anspruch nehmen. Plötzlich finden wir uns im Zeitalter von Siri und Clyde wieder.

Algorithmisch gesteuerte Hackerangriffe können außerdem zu einem schweren Problem für die Gesellschaft als Ganze und ihre entscheidenden Infrastrukturen werden. Wenn man nämlich in mehreren Millionen Zeilen Quellcode nur einige wenige ändert, kann das schon zu drastisch veränderten Ergebnissen führen, ist aber kaum zu entdecken. Der Hackerangriff auf die Uranzentrifugen im iranischen Natans ist ein gutes Beispiel für diese Art Bedrohung – eine kleine Veränderung, die einen großen Unterschied machte und jahrelang nicht aufflog. Woher sollen wir merken, dass unsere Börsenhandels- und Navigationsalgorithmen womöglich genauso unterwandert werden? Wir würden es eben nicht merken; erst, wenn es zu spät wäre, weil sich das Ergebnis schon zeigt, und zwar in Form einer Katastrophe. Die kriminellen Anwendungsmöglichkeiten der schwachen KI werden in Umfang und Ausgefeiltheit immer weiter zunehmen, aber womöglich verblassen sie gegenüber dem, was stärkere und schlauere KI-Agenten können, die sich schnell entwickeln und schon in naher Zukunft vor der Tür stehen.

Watson wird zum Verbrecher

Wir haben alle voller Ehrfurcht zugesehen, als 2011 der IBM-Supercomputer Watson in der Fernsehshow *Jeopardy!* die menschlichen Schachweltmeister schlug. Mit Hilfe Künstlicher Intelligenz und natürlicher Sprachverarbeitung verdaute Watson über 200 Millionen Seiten strukturierter und unstrukturierter Seiten, die er mit einer Geschwindigkeit von 80 Teraflops – also achtzig Billionen Operationen – pro Sekunde verarbeitete. Dadurch konnte er selbst Ken Jennings schlagen, einen Kandidaten der Show, der 74 Spiele in Folge gewonnen hatte (und übrigens ein Mensch war). Jennings bewies sich als guter Verlierer und bemerkte: »Ich persönlich habe nichts gegen unsere neuen Herren, die Computer.« Vielleicht überlegt er sich das noch anders.

Nur drei Jahre, nachdem Watson Jennings geschlagen hatte, steigerte er seine Leistung um 2400 Prozent und schrumpfte physisch um 90 Prozent, »von Schlafzimmergröße auf den Umfang dreier gestapelter Pizzakartons.«[12] Außerdem hat er umgesattelt und stellt seine enormen kognitiven Fähigkeiten nicht mehr in den Dienst von Rateshows, sondern den edleren der Medizin. Im M. D. Anderson Cancer Center hilft Watson den Ärzten, geeignete Patienten für klinische Versuchsreihen auszuwählen, und im Sloan Kettering Institute frisst er sich gerade durch 1,5 Millionen Patientenakten und hunderttausende onkologische Fachzeitschriftenaufsätze, um die Krebsmediziner dort bei der Diagnostik und Therapie zu unterstützen. IBM hat inzwischen eine eigene Watson Business Group gegründet, deren eine Milliarde Dollar Kapital Unternehmen, gemeinnützigen Organisationen und Behörden ermöglichen soll, Watsons Fähigkeiten zu nutzen.[13] Diese Entwicklung legt Macht und Fähigkeiten einer KI auf Supercomputerebene in die Hände kleiner Unternehmen und einzelner Personen – und in Zukunft damit wohl auch in die des organisierten Verbrechens. Wieviele Geldwäschen, Identitätsdiebstähle und Steuerbetrugsdelikte brächte Watson bei ununterbrochenem Einsatz seiner KI-Werkzeuge wohl zustande?

Watson ist eigentlich nur ein Beispiel für eine sehr beeindruckende schwache KI. In der Zukunft aber werden seine Fähigkeiten weiter exponentiell wachsen und er wird mit der menschlichen Intelligenz gleichziehen oder sie überholen. Eines Tages könnten wir eine KI als Mafia-Don wiederfinden, die ihre kognitiven Fähigkeiten einsetzt, um mit Drogen zu dealen, Prostituierte auf den Strich zu schicken, Kinderpornografie zu vertreiben und Waffen aus dem 3-D-Drucker zu verticken. »Don Watson« wäre auch ein sehr effektiver Auftragskiller. Er könnte seine menschlichen Ziele via GPS finden und sich via Internet der Dinge in Geräte von deren Umgebung einhacken – das Auto, den Aufzug, den Staubsaugerroboter. Es gäbe einen Unfall, das Opfer wäre tot. Auftrag erfüllt. Solche Aktivitäten wären schon das Extrem der Möglichkeiten einer schwachen KI, aber für die nächste Rechnergeneration wären sie schon eine leichte Übung: die allgemeine KI.

Die letzte Erfindung des Menschen: Starke Künstliche Intelligenz

Ray Kurzweil ist der bekannteste Verfechter der Vorstellung einer technischen Singularität: Jenes Augenblicks, in dem die nichtmenschliche Intelligenz zum ersten Mal in der Geschichte die menschliche überholt – eine so tiefgreifende Umwälzung, dass man sie oft unsere »letzte Erfindung« nennt.[14] Das mag für viele Leser doch sehr fantastisch klingen, aber vergessen wir nicht folgende kategorische Ablehnungen aus der Vergangenheit:

- Es gibt keinen Grund, warum sich jemand einen Computer in seine Wohnung stellen wollte. (Ken Olsen, Vorsitzender der Digital Equipment Corporation, 1977)
- Keine Rakete wird jemals die Atmosphäre der Erde hinter sich lassen. (*New York Times*, 1936)
- Flugmaschinen, die schwerer als Luft sind, kann es nicht geben. (Lord Kelvin, britischer Mathematiker, Physiker und Vorsitzender der Royal Society, 1895)
- Dieses sogenannte »Telephon« hat zu viele inhärente Mängel für einen praktischen Einsatz als Kommunikationsmittel. Es hat für unser Unternehmen daher keinerlei Wert. (Interner Aktenvermerk, Western Union, 1878)

Irgendwie wird das Unmögliche auf einmal immer möglich. Die nächste Entwicklungsphase in der Welt der Künstlichen Intelligenz heißt *artificial general intelligence* (AGI) oder starke KI. Im Gegensatz zur schwachen KI, die eine spezifische, begrenzte Aufgabe mit großer Schlauheit durchführt, zum Beispiel Sprachübersetzung oder Navigation, zeichnet starke KI sogenannte »Denkmaschinen« aus, die jeder geistigen Aufgabe gewachsen wären, die ansonsten nur ein Mensch ausführen könnte. Starke KI würde die Fähigkeit zu argumentieren, zu urteilen, zu planen, zu lernen und zu kommunizieren voraussetzen, außerdem die Fähigkeit, diese Kapazitäten in den Dienst allgemeiner Zielsetzungen in verschiedenen Fachgebieten zu stellen.

Google hat 2014 für über 500 Millionen Dollar das Unternehmen DeepMind Technologies aufgekauft, um seine bereits ausgeprägten Fähigkeiten im Bereich lernfähiger KI zu stärken.[15] Aus denselben Gründen hat Facebook eine neue Abteilung eingerichtet, die sich mit fortgeschrittenen KI-Anwendungen befasst. Optimisten sagen, dass die Einführung von starker KI eine Phase noch nie dagewesenen Wohlstands, des Friedens, der Ausrottung von Krankheiten, der radikalen Verlängerung des menschlichen Lebens und der Überwindung der Armut einläuten werde. Aber nicht alle freuen sich auf diese mögliche Entwicklung.

Die KI-Apokalypse

Der berühmte theoretische Physiker Stephen Hawking warnte im September 2014 in einer Kolumne für den britischen *Independent* mit deutlichen Worten vor der starken KI. Er schrieb unter anderem: »Die kurzfristigen Auswirkungen der KI hängen zwar davon ab, wer die Technik kontrolliert, die langfristigen aber davon, ob sie überhaupt prinzipiell kontrollierbar ist.« Hyperintelligente Maschinen, so Hawking weiter, »sollte man nicht als Science-Fiction abtun. Das wäre ein Fehler, womöglich der schlimmste in der menschlichen Geschichte.«[16] Wir müssten noch weit mehr unternehmen, um die Vorteile der KI zu nutzen, aber vor allem ihre Risiken zu minimieren.

Im klassischen Science-Fiction-Drama *2001: A Space Odyssey* steht der Bordcomputer der *Discovery* vor einem schwierigen Dilemma. Seine algorithmische Programmierung fordert von ihm, den Auftrag der Expedition im Jupitersystem auszuführen, aber aus Gründen der nationalen Sicherheit darf er der Besatzung des Schiffes den wahren Grund dieser Expedition nicht enthüllen. Um diesen Widerspruch in seiner Programmierung aufzulösen, versucht er die Besatzung zu töten. Die schwache KI wird immer stärker, Roboter immer autonomer und die starke KI steht vor der Tür. Wir müssen unbedingt dafür sorgen, dass den Algorithmen von morgen bessere Lösungen für moralische Zwickmühlen einfallen als HAL 9000.

Nun muss eine starke KI nicht notwendig »böse« sein und die Vernichtung der Menschheit im Sinn haben, aber sie könnte, auf ein Primärziel programmiert, einfach ohne Skrupel alles tun, um diese Programmierung zu erfüllen, selbst wenn sie dazu Menschen verdrängen oder schädigen, unsere Ressourcen in Beschlag nehmen oder unsere Umwelt zerstören müsste. Das Bewusstsein für die Risiken starker KI steigt und inzwischen gibt es zahlreiche gemeinnützige Organisationen, die sich damit befassen, unter anderem das Future of Humanity Institute der Universität Oxford, das Machine Intelligence Research Institute, das Future of Life Institute und das Cambridge Centre for the Study of Existential Risk.

Trotz der Warnungen Hawkings und vieler anderer kritischer Stimmen werden Forschung und Entwicklung auf dem Gebiet der starken KI unvermindert fortgeführt. Es gibt sogar Forscher, die es für möglich halten, mit KI-Einheiten die menschliche Großhirnrinde zu reproduzieren. Ein Unternehmen, das sich daran versucht, das Silicon-Valley-Start-up Vicarious, ist dabei, eine KI-Software zu entwickeln, die »auf den Arbeitsprinzipien des menschlichen Gehirns beruht«. Eine lernfähige KI. Dutzende Millionen Dollar Risikokapital sind bereits an die Firma geflossen; zu den prominenten Investoren gehören Facebook-Gründer Mark Zuckerberg und Peter Thiel, Mitgründer von PayPal.[17] Das Ziel des Unternehmens ist es, »den Teil des menschlichen Hirns nachzubauen, der sieht, den Körper kontrolliert, vernünftig denkt und Sprache versteht.« Mit anderen Worten: Vicarious will die menschliche Großhirnrinde in Quellcode nachbauen, und es ist mit diesem Versuch nicht alleine.

Wir bauen uns ein Gehirn

Im April 2013 stellte US-Präsident Obama das *Brain Activity Map Project* vor, ein Unternehmen, das in etwa einem Jahrzehnt jedes einzelne Neuron des menschlichen Gehirns kartieren und damit unsere neurologischen Kenntnisse revolutionieren soll.[18] Damit sollen Erkrankungen des Gehirns behandelt, geheilt und verhindert werden können, aber man möchte auch genau erfahren, wie unser Bewusstsein die riesigen Datenmengen, mit denen es zu tun hat, aufzeichnet, verarbeitet, einsetzt, speichert und wieder abruft, alles in Gedankenschnelle, und zwar buchstäblich. Natürlich wäre es der unabdingbare erste Schritt zur Schaffung eines künstlichen menschenähnlichen Silikonbewusstseins, erst einmal zu verstehen, wie das Original funktioniert. Schon alleine der Bau eines Computers, auf dem die Software laufen kann, die das menschliche Gehirn simuliert, ist eine enorme Herausforderung. Man bräuchte dazu eine Anlage mit einer »Rechenleistung von mindestens 36,8 Petaflop (ein Petaflop entspricht einer Billiarde Rechenoperationen pro Sekunde) und einer Speicherkapazität von 3,2 Petabyte«[19]. Vor ein paar Jahren war eine solche Maschine noch nicht möglich, heute stehen wir an der Schwelle dazu.

So weit hergeholt die Idee auch klingen mag – angesehene Forscher und Experten wie Ray Kurzweil und Michio Kaku haben bereits gründlich recherchierte und überzeugende Werke dazu vorgelegt, die besonders den sich stetig beschleunigenden Fortschritt in der Neurologie betonen.[20] Viele weisen zwar die Idee einer enorm intelligenten Maschine mit den Fähigkeiten eines menschlichen Gehirns zurück[21], und auch heute noch bleiben in unserem Wissen um die Funktionsweise des Gehirns beträchtliche Lücken, aber immer häufiger gibt es auf diesem Gebiet faszinierende Durchbrüche. Unter Laborbedingungen ist es heute schon möglich, die Erinnerungen eines Menschen abzuhören, telepathisch zu kommunizieren, Träume auf Video aufzuzeichnen und Gegenstände mit Gedankenkraft zu bewegen (Telekinese).[22] Ständig folgen neue Entdeckungen. Im August 2014 kündigte Dharmendra Modha, Leiter der Forschungsabteilung bei IBM, das Projekt TrueNorth an, »einen vom menschlichen Gehirn inspirierten neuromorphen Computerchip«. IBM wollte damit die neurobiologische Architektur des menschlichen Nervensystems für einen elektronischen Rechner umsetzen. Dieser Chip besteht aus der noch nie dagewesenen Anzahl von einer Million programmierbarer Neuronen mit insgesamt 256 Millionen Synapsen und wurde in *Science* als »entscheidender Schritt für eine allgemeine Anwendung der kognitiven Informatik« gefeiert.[23] Vielleicht eine der gewichtigsten Folgen dieses vorläufig noch theoretischen *reverse engineering* des Gehirns, um eine kognitionsfähige Rechnerarchitektur zu gewinnen, wäre die Möglichkeit, das Bewusstsein zu scannen und es mit seinen Inhalten auf einen elektronischen Speicher herunterzuladen.[24]

Angesichts unserer Fortschritte in der KI, die auf die starke KI zulaufen, hätte ein auf einem kognitionsfähigen Rechner nachgeschaffenes menschliches Bewusstsein – wenn es denn so etwas jemals geben sollte – einen grundlegenden Vorteil gegenüber echten Menschen: Sein Gehirn wäre von allem Platzmangel befreit. Die Leistungsfähigkeit des menschlichen Gehirns findet ihre Grenze im Rauminhalt des menschlichen Schädels, aber das Gehirn einer KI könnte natürlich beliebig groß sein – für manche Forscher ein weiterer Grund anzunehmen, dass übermenschliche KI letztlich unser Schicksal sein wird.

Anschluss ans Genie: Gehirn-Computer-Schnittstelle

Wir sind zwar heute noch weit davon entfernt, ein menschliches Bewusstsein nachzubauen, aber es gibt erstaunliche Fortschritte darin, unsere altmodischen Fleisch-und-Blut-Gehirne an verschiedenste digitale Rechnersysteme anzuschließen. Das betreffende Fachgebiet heißt *brain-computer interface* (BCI, »Gehirn-Computer-Schnittstelle«). BCI öffnet durch Messung und Nutzung der elektrischen Gehirnwellen (wie beim EEG, genau) eine direkte Kommunikation zwischen dem Gehirn und einem Rechner, der entweder implantiert oder äußerlich am Körper getragen wird. Inzwischen gibt es außerdem eine Vielzahl an Neuroprothesen. Das sind Computer, die »geistige Fähigkeiten mit Hilfe von ins Nervensystem eingeführter Elektronik wiederherstellen oder ergänzen«[25]. Die häufigste Prothese dieser Art ist das Cochlea-Implantat, eine am Schädelknochen angebrachte Hörhilfe, die mit einem Draht direkt an den Hörnerv des Gehirns angeschlossen ist; schwerst Hörbehinderten kann so ihr Hörvermögen zurückgegeben werden. Netzhautimplantate geben Blinden wenigstens einen Teil ihrer Sehkraft zurück, indem sie die Bilder winziger Videokameras, die man bei sich trägt, verarbeiten und die Ergebnisse über Elektroden an den Sehnerv übertragen. Andere neuronale prothetische Implantate werden Parkinson-Patienten eingesetzt; sie senden elektrische Impulse tief in das Gehirn selbst, um dort dem Tremor entgegenzuwirken und dem Patienten eine bessere Kontrolle über seine Bewegungen zurückzugeben.

So erstaunlich das alles klingt, ist es doch erst der Anfang dessen, was mit BCI möglich ist. Es gibt Software, die über ein neuronales Implantat oder ein externes EEG-Headset unsere Gehirnwellen so gut verarbeiten kann, dass man Gegenstände in der realen Welt damit steuern kann, ohne einen Finger zu rühren. Die querschnittgelähmte Jan Scheuermann konnte wegen einer degenerativen Rückenmarkserkrankung ihre Arme und Beine nicht mehr benutzen, aber mit Hilfe ihrer Gedanken einen Roboterarm so gut steuern, dass sie mit dieser Technik zum ersten Mal nach einem Jahrzehnt wieder selbstständig essen konnte.[26]

Es gibt sogar schon frei verkäufliche, stylish aufgemachte EEG-Headsets wie Emotiv oder NeuroSky, die einem für unter 300 Dollar die Steuerung von Videospielen bis hin zu Robotern durch Gedankenkraft ermöglichen.[27] Ein britisches Unternehmen hat jetzt den EEG-Bionsensor von NeuroSky mit Google Glass verbunden. Mit Hilfe einer Android-App namens MindRDR, die eigens dafür entwickelt wurde, kann der Nutzer jetzt Google Glass durch seine Gedanken kontrollieren – und zum Beispiel ein Foto schießen, indem er einfach daran denkt.[28] Eine junge und sehr lebendige OpenBCI-Bewegung (frei verfügbare Soft- und Hardware für Gehirn-Computer-Schnittstellen) stellt weitere neue Wellen erschwinglicher wissenschaftlicher Errungenschaften auf diesem Gebiet in Aussicht. Forschern der University of Washington ist es gelungen, die erste »nicht-invasive menschliche Gehirn-Gehirn-Schnittstelle über das Internet« zu schaffen. Mit Hilfe einer transkranialen magnetischen Stimulatorkappe steuerte einer der beteiligten Forscher »die Hand eines anderen Experimentators via Internet, indem er einfach nur daran dachte, sie zu bewegen«[29]. Um BCI möglich zu machen, müssen unsere Hirnwellen zunächst in Programmbefehle umgesetzt werden, die ein Computer verstehen kann, und dessen digitaler Output muss dann wieder in Hirnwellen konvertiert werden, mit denen unser Geist etwas anfangen kann. Aber wenn jetzt schon Roboter, Spielkonsolen und Neuroprothesen Ihre Gedanken lesen können – wer dann womöglich noch?

Gedankenlesen, Hirn-Durchsuchungsbefehle und Neuro-Hacker

Zahlreiche neue Techniken führen uns immer tiefer in die Funktionsweise des menschlichen Geistes ein, besonders das sogenannte functional magnetic resonance imaging (fMRI, Bilderzeugung mit funktionaler magnetischer Resonanz). Diese nicht-invasive Testmethode kartiert mit starken Magnetfeldern und Radiowellen das Gehirn und misst Veränderungen des Blutflusses darin als Indikator der Hirnaktivität. Neurologen der University of California in Berkeley gelang es in einem bahnbrechenden Experiment, mittels fMRI Gesichter zu rekonstruieren, die sich ihre Probanden ansahen – einfach durch Auswertung der Hirnaktivität und der inneren Bilder.[30] An der Carnegie Mellon University führten Forscher korrekt und wiederholt »Gedankenidentifikation« durch; das heißt, sie identifizierten den Gegenstand, an den ein Versuchsteilnehmer dachte, etwa einen Hammer oder ein Messer, durch Auswertung seiner Gehirnscans.[31] Wegen des Erfolgs solcher Experimente sagte IBM voraus, dass schon 2017 ein begrenztes Gedankenlesen nicht länger Science-Fiction, sondern Realität sein werde.[32]

Schon sind auch haufenweise Unternehmen aus dem Boden geschossen, um mit dieser »Gedankenidentifikation« Profit zu machen, darunter mindestens zwei, die fMRI als Lügendetektor einsetzen wollen, No Lie MRI und Cephos.[33] Ihre Testmethoden werden durch Joshua Greene, Professor an der Harvard University, gestützt. Seine Experimente legen nahe, dass bei Lügnern der präfrontale Cortex eine erhöhte Aktivität zeigt, was der Polizei nützlich zu wissen sein dürfte.[34] Fachleute diskutieren noch die ethischen Implikationen dieser Entwicklung, während Verhörspezialisten weltweit sie bereits an Verdächtigen einsetzen. In Indien wurde zum Beispiel eine Frau verurteilt, der vorgeworfen wurde, ihren ehemaligen Verlobten mit Arsen vergiftet zu haben, nachdem ein Hirnscan »bewiesen« hatte, dass sie Erfahrungswissen dieser Tat besaß.[35] In amerikanischen Gerichtsverfahren schützt natürlich der fünfte Verfassungszusatz den Beschuldigten davor, gegen sich selbst auszusagen, aber wie steht es mit der Anwendung von fMRI-Scans? Schon heute kann man einem Angeklagten auch gegen seinen Willen Blut- und DNA-Proben abnehmen, vielleicht demnächst auch »Hirnproben«? Die technischen Möglichkeiten werden stetig erweitert, und irgendwann wird ganz sicher die Forderung nach »Durchsuchungsbefehlen« für das Gehirn aufkommen. Der Nächste, den das Gericht aufruft, könnte dann Ihr Bewusstsein sein, als Zeuge der Anklage.

Wenn aber nicht nur Forscher und Ärzte, sondern auch schon die Polizei Zugang zu einer Technologie hat, dann steht das organisierte Verbrechen schon bereit. Natürlich möchten die bösen Jungs brennend gerne wissen, was in Ihren Gedanken vorgeht. Zuerst werden Hacker wahrscheinlich Neuroprothesen manipulieren, genau wie es schon bei anderen implantierten medizinischen Hilfsmitteln wie Schrittmachern und Insulinpumpen geschehen ist, indem sie deren Kommunikations- und Kontrollprotokolle unterwandern. So könnte zum Beispiel ein Hacker die Stabilisierungselektroden des Tiefenstimulators bei einem Parkinson-Patienten abschalten, womit dessen schwerer Tremor oder die Bewusstseinsstörungen wieder einsetzen würden. Und wenn ein Forscher der University of Washington über das Internet gedankliche Bewegungsbefehle an die Hand eines Kollegen senden kann, ohne dass dieser die Bewegung verhindern kann, was sollte einen böswilligen Dritten daran hindern, ein solches System zu hacken und seinerseits unwillkürliche Bewegungen auszulösen? Wenn Sie mit der enormen Kraft Ihres Geistes und einem ultracoolen EEG-Biosensor Pong spielen, über das Internet der Dinge Gegenstände bewegen, eine Quadrokopter-Drohne steuern und mit Google Glass ein Foto davon machen, was sollte dann entschlossene Verbrecher daran hindern, sich bei Ihnen einzuwählen und mitzumachen? Wie wir im Laufe dieses Buches immer wieder gesehen haben – absolut nichts.

Vielleicht fängt es bereits an. Forscher der Universitäten Oxford, Berkeley und Genf demonstrierten 2012 die Möglichkeit eines Hackerangriffs gegen Nutzer kommerziell verfügbarer EEG-Headsets wie Emotiv, um sensible persönliche Daten zu erbeuten.[36] Probanden, die ihre Headsets trugen, bekamen Bilder eines Geldautomaten, einer Debitkarte oder eines Kalenders gezeigt. Unter den Bildern standen Fragen wie: Wie lautet Ihr PIN-Code? Wann wurden Sie geboren? Die Ergebnisse waren erstaunlich: Durch Auswertung der von den 300-Dollar-Headsets abgestrahlten Hirnwellen konnten die Forscher die PIN-Nummer der Versuchsteilnehmer mit 30 Prozent Wahrscheinlichkeit und deren Geburtsmonat zu 60 Prozent zutreffend angeben. Das ist sehr wichtig, weil es sich um die immer beliebteren, frei verkäuflichen Biofeedback-EEG-Sensoren handelte, nicht um medizinische fMRI-Geräte. Sowohl für Emotiv wie für NeuroSky gibt es App-Stores, in denen sich die Nutzer Anwendungen von Drittanbietern herunterladen können, genau wie man es für sein Smartphone schon so alltäglich tut. Wenn man bedenkt, mit welchem Eifer sich das organisierte Verbrechen auf diese Smartphone-App-Stores gestürzt und sie mit Malware und gefälschten Apps verseucht hat, wie lange wird es dann wohl dauern, bis auf diesen neuen Plattformen die ersten Fälle von »Gehirn-Spyware« auftauchen? Aber wie wir gleich sehen werden, sind Ihre Gehirnzellen nicht einmal der einzige Körperteil, der Angriffen ausgesetzt sein wird.

Biologie ist Informationstechnologie

Bisher haben wir uns im vorliegenden Buch auf siliziumbasierte Technik konzentriert, auf Mikrochips, Smartphones, Roboter, Big Data, digitale Zahlungsmittel und virtuelle Realität, um nur einige zu nennen. Diese Werkzeuge sprechen die Sprache der Einsen und Nullen, den binären Code, der als Muttersprache aller digitalen Technik dient. Aber es gibt noch ein anderes Betriebssystem, das um ein Vielfaches verbreiteter ist als Windows, UNIX oder Mac. Von der Alge über die Orchidee bis zum Orang-Utan wird es von Flora und Fauna gleichermaßen genutzt. Es ist die DNA, das älteste Betriebssystem der Welt, und den größten Teil der menschlichen Geschichte über haben wir nicht einmal gewusst, dass es existiert.

Die beeindruckende Entdeckung, dass das genetische Alphabet aus vier Desoxyribonukleinsäuren namens Adenin (A), Cytosin (C), Guanin (G) und T (Thymin) in einer Doppelspiralstruktur angeordnet ist, gelang Watson und Crock 1953 und sie veränderte unser Weltbild. Wegen der hohen Kosten und der begrenzten Rechnerleistung dauerte es dann noch bis April 2003, das A, C, G und T des menschlichen Genoms – und mit ihm potenziell auch das aller anderen Lebensformen des Planeten – in die Nullen und Einsen zu übersetzen, die Rechner verstehen. Das *Human Genome Project* hatte mit Hilfe des Computerpioniers J. Craig Venter aus der Genetik, der Grundlage allen biologischen Lebens, einen Zweig der Informatik gemacht. Neue Gensequenzierer tauchten auf, einer kostengünstiger als der andere, und das Sequenzieren eines menschlichen Genoms wurde etwa alle achtzehn Monate um die Hälfte billiger. Das passte gut zum Moore'schen Gesetz, das wiederum zu leistungsfähigeren Rechnern für die Verarbeitung der genetischen Daten führte. So gingen die Kosten für die

Sequenzierung eines vollständigen menschlichen Genoms von drei Milliarden Dollar im Jahr 2000 auf eine Million Dollar 2006 und 100 000 Dollar 2008 zurück.[37] Im Jahr 2008 geschah dann etwas Erstaunliches. Die sogenannten Sequenzierer der nächsten Generation ließen den Preis regelrecht in den Keller rauschen. Die Verbesserungen der genetischen Sequenzierungstechnik erfolgten fünf Mal so schnell wie die in der Rechnerkapazität.[38] Im Jahr 2014 gab es die Decodierung eines menschlichen Genoms schon für schlappe 1000 Dollar, und Unternehmen wie 23andMe schickten einem DNA-Testsets schon für 99 Dollar nach Hause. Man spuckte in ein Plastikröhrchen, steckte es in den bereits vorfrankierten Rückumschlag, und eine oder zwei Wochen später hatte man sein Ergebnis: Genomdecodierung, mögliche Erbkrankheiten und wahrscheinliche Vorfahren inklusive.

Die Trends in der DNA-Sequenzierung lassen die Voraussage zu, dass schon in wenigen Jahren der Preis für diese Dienstleistung so niedrig liegen wird, dass man als Kunde gar nichts mehr dafür zahlt, sondern mit einer Prämie oder Aufwandsentschädigung geworben wird – das ist in der Computerbranche ein verbreitetes Geschäftsmodell. Wenn es erst einmal so weit ist, dann kann jeder Mensch (und jede Menge Firmen) seine komplette Genetik kennenlernen. Daraus ergeben sich weitreichende Folgen für die Medizin und unsere eigene Gesundheitsvorsorge.[39] Solche drastischen Preisstürze gibt es nicht nur beim Auslesen von DNA, sondern auch in der Technologie, mit der DNA geschrieben wird. Seit der Jahrtausendwende sind die Kosten der chemischen DNA-Synthese exponentiell gefallen. Im Jahr 2000 betrugen sie noch 20 Dollar pro Base, während sie 2014 auf 10 US-Cent pro Base gefallen sind. Die Länge des DNA-Codebruchstücks, das so erzeugt werden kann (ein grobes Maß für die Komplexität der Genetik eines Lebewesens), hat dabei zugenommen. Weil das Schreiben von DNA-Code die Grundlage der Genmanipulation ist, können die heutigen Genetiker viel mehr viel schneller verändern als ihre Kollegen in der Vergangenheit, die das DNA-Molekül noch physisch (anstatt digital) manipulieren mussten. Dieses im Entstehen begriffene Fachgebiet heißt Synthetische Biologie, kurz Synbio.

Synbio bedeutet die Erschaffung künstlicher biologischer Strukturen, von der einzelnen Zelle bis zum vollständigen Organismus. Wir können damit existierende biologische Systeme umgestalten oder ganz neue schaffen. Wenn Gensequenzierung bedeutet, die Basenpaare der DNA auszulesen und sie in Nullen und Einsen auf einem Rechnerbildschirm zu verwandeln, dann ist Synbio genau das Umgekehrte – man entwirft Genmaterial in Nullen und Einsen und setzt es dann in DNA-Sequenzen um, die in der realen Welt hergestellt werden können. Genmanipulation wird dadurch genauso einfach wie das Schreiben von Software. Der Synbio-Spezialist Andrew Hessel erklärt: »Zellen sind eigentlich kleine Computer. Die DNA ist ihre Software; sie liefert ihnen Instruktionen, wie sie funktionieren sollen, und die Zellen führen sie aus.« Inzwischen gibt es mehrere Dutzend kommerzielle DNA-»Druckerläden«, etwa wie Kinko's für DNA. Sie verwandeln digitale Entwürfe mit einer Art 3-D-Drucker in reale DNA-Moleküle. Es gibt auch schon »DNA-On-Demand«-Plattformen, bei denen man sein digitales Biodesign hochlädt und kurz darauf eine Ampulle mit den selbstentworfenen Chromosomen in der Post hat. DNA-Hersteller, die vollen Service bieten, übernehmen auch den Entwurf und bauen die DNA in den Zielorganismus ein; der Kunde braucht nur noch zu sagen, was er für ein Lebewesen haben möchte.

Dieser enorme Kostenverfall demokratisiert Biologie und Genetik und hat bereits eine genetische Heimwerkerbewegung hervorgebracht.[40] Hobbyforscher und Amateurbiologen experimentieren zu Hause in der Garage mit Synbio und verschaffen dem Fachgebiet einen ungeheuren Innovationsschub. Craig Venter sagt kühn voraus, dass »synthetische Genetik in den nächsten zwanzig Jahren zum Standardverfahren werden wird«[41]. Das ist gar nicht unmöglich, seit die Biologie zum Nebengebiet der Informatik geworden ist.

Biocomputer und DNA-Festplatten

Die Verschmelzung von Biologie und Informatik ist in den letzten Jahren bereits so weit gediehen, dass Forscher bereits Biocomputer gebaut haben, die DNA und Eiweißmoleküle einsetzen, um Rechenoperationen auszuführen, komplett mit Speicherung, Abruf und Verarbeitung von Daten.[42] Das sich neu herausbildende Fachgebiet der Biospeicherung nutzt Synbio, um Daten im DNA-Code von Lebewesen zu speichern. Dabei werden die Einsen und Nullen des binären Computercodes in die ATGCs des genetischen Codes umgerechnet und in DNA eingebaut. So kann man Text, Bilder, Musik und Videos in Zellen speichern, und die Effizienz dieses Verfahrens ist atemberaubend.[43] Der legendäre Genetiker, Moleküldesigner und Harvard-Professor George Church meint, dass »etwa vier Gramm Erbsubstanz theoretisch alle digitalen Daten speichern können, die der Mensch in einem Jahr schafft.«[44]

Nicht nur sind solche Biospeicher um viele hunderttausend Jahre haltbarer und langlebiger als magnetische (Dinosaurier-DNA können wir schließlich heute noch lesen), sondern haben auch eine millionenfach höhere Speicherdichte als heutige elektronische Speichermedien. Joi Ito vom Media Lab des MIT sagt voraus, dass unser technologisches Universum sich über das Internet der Dinge hinaus auch auf ein Internet der Mikroben ausdehnen wird, auf Netzwerke biologischer Wesen, die miteinander und mit uns kommunizieren.[45] Synbio verspricht wahrhaftig eine Flut ungeahnter Durchbrüche und Nutzanwendungen für unsere Gesellschaft, und die Arbeit beginnt gerade erst.[46]

Die Reprogrammierbarkeit von DNA und die Manipulation biologischer Strukturen bietet der Menschheit fantastische Möglichkeiten, die schwersten Probleme der Medizin, des Ackerbaus, der Energiegewinnung und des Umweltschutzes zu lösen. Alleine die Auswirkungen von Synbio auf die Gesundheitsversorgung werden Vorsorge, Diagnose und Therapie revolutionieren. Mit unseren eigenen genetischen Sequenzen bewaffnet, werden wir individuell zugeschnittene medizinische Behandlungen erhalten und Medikamente, die für unsere persönlichen Erbanlagen produziert werden. In der Krebsmedizin sehen wir das bereits heute. Hier werden die Tumore einzelner Patienten genotypisiert und persönliche Therapien geschaffen, um einzelne Krebszellen zu töten, das umliegende gesunde Gewebe aber intakt zu lassen. Synbio wird eine Flut neuer Medikamente ermöglichen, etwa neue Impfstoffe, Fortschritte in der regenerativen Medizin, die Behandlung von Malaria und sogar von angeborener Taubheit. Aber mit dieser neuen gottgleichen Schaffenskraft, die uns zufällt, obliegt uns auch gottgleiche Verantwortung.

Jurassic Park wird Wirklichkeit

Kinder, die heute durch das American Museum of Natural History in New York geführt werden, können zwar das Skelett eines ausgestorbenen Wollmammuts bestaunen, müssen sich aber auf ihre Vorstellungskraft verlassen, wenn sie wissen wollen, wie das riesige Tier aussah, als es noch die Tundra bevölkerte. Bald werden sie sich nichts mehr vorstellen müssen, sondern können im Zoo der Bronx das Original in Augenschein nehmen. Paläogenetiker sind gerade dabei, die DNA aus einem 20 000 Jahre alten Mammutstoßzahn zu extrahieren, der Anfang 2014 auf einer Baustelle in Seattle gefunden wurde, und wollen die isolierten Erbanlagen klonen und sie einem Embryo implantieren, der dann von einer afrikanischen Elefantenkuh als Leihmutter ausgetragen wird.[47]

Dem ausgestorbenen Mammut könnten sich schon bald der Dodo, die Wandertaube und der Tasmanische Tiger zugesellen, alles Arten, die durch sogenannte Deextinktion aus dem Reich der ausgestorbenen Spezies zurückgeholt werden sollen.[48] Ausgerottete Tierarten wiederauferstehen zu lassen, wäre vielleicht eine schöne Sache, bringt aber auch Probleme mit sich. Das wahre Potenzial der Synbio liegt allerdings darin, dass wir mit ihr auch ganz neue Spezies schaffen können, ohne jedes Vorbild, und das ist sogar schon geschehen. Craig Venter schuf 2010 die »erste synthetische Lebensform, die es auf unserem Planeten je gegeben hat, eine selbstreplizierende Einzellerspezies, geboren von einem Computer«. Ein anderes Beispiel für die künstliche Herstellung lebender Organismen ist das Unternehmen Glowing Plant. Es versieht gewöhnliche Pflanzen mit »Biolumineszenz«, so dass sie im Dunkeln leuchten. Mit Hilfe frei verfügbarer DNA-Designs will das Unternehmen »natürliche Beleuchtung ohne Strom« liefern und eines Tages die Straßenlampen vor Ihrem Haus durch Bäume ersetzen, die zu glimmen anfangen, wenn die Sonne untergeht.[49] Das ist Turbo-Evolution. Aber so cool und faszinierend das klingt, lauern doch Gefahren in diesem Fahrwasser.

Invasion der Bio-Körperfresser: Genetischer Datenschutz, Bioethik und DNA-Stalker

Der Film *Gattaca* (1997) spielt in der nahen Zukunft und zeigt eine Welt, in der die Reichen ihre Kinder durch gezielte Erbanlagenauswahl planen und Genmanipulation dafür sorgt, dass die Bürger nur »die besten« Merkmale weitergeben. Wer zur Unterschicht gehört, wird genetisch diskriminiert und hat keinerlei berufliche Aufstiegschancen. Das sollte ein Science-Fiction-Szenario sein. Heute ist es das vielleicht nicht mehr. Unsere DNA, unseren Zellen und unsere biologischen Daten können abgegriffen und Verwendungszwecken zugeführt werden, die sich die meisten von uns nicht einmal vorstellen können. Der beklemmendste bisherige Fall war vielleicht der von Henrietta Lacks, einer armen schwarzen Südstaatlerin. Ihr Lungenkrebstumor überlebte sie nach ihrem Tod 1951 bis heute. Die Krebszellen der Amerikanerin wiesen eine bis dahin unbeobachtete Eigenschaft auf: Sie konnten sich auch außerhalb des Körpers teilen und am Leben bleiben. Das war der medizinischen Forschung natürlich gerade recht, und Lacks' unsterbliche Krebszellen, die sogenannte HeLa-Linie, wurde weltweit verkauft und vielfach zu Forschungszwecken verwendet, besonders bei der Bekämpfung von Kinderlähmung, Krebs und AIDS. Seit Lacks' Tod sind über zwanzig Tonnen ihrer Zellen nachgezüchtet und kommerziell verwertet worden, obwohl weder Henrietta Lacks selbst noch ihre Erben jemals eine Genehmigung dafür erteilten. Ihr Nachlassverwalter verklagte schließlich die University of California, die mit den Zellen Forschungen betrieb, aber der Oberste Gerichtshof von Kalifornien entschied gegen die Klage.[50] Abgestoßene und entfernte Gewebe und Zellen eines Menschen sind, so die Urteilsbegründung, nicht mehr dessen Eigentum und dürfen kommerziell verwertet werden.[51] Denken Sie beim nächsten Arzttermin daran.

Genau wie Henrietta Lacks stellen auch wir die ganze Zeit Genproben von uns zur Verfügung, obwohl wir es gewöhnlich nicht merken. Wir hinterlassen unsere DNA nicht nur in der Blutprobe für den Routine-Checkup beim Hausarzt, sondern in jedem ausgekämmten Haar, auf jeder alten Zahnbürste, die wir wegwerfen, und auf dem Rand jedes Glases, aus dem wir einen Schluck Wasser trinken. Wenn das Internet der Dinge und sogar Bakterien online gehen, werden eines Tages auch die Milliarden Hautzellen, die wir jeden Tag verstreuen, von Sensoren am Eingang von Einkaufspassagen, in Flughäfen, Läden und auf der Straße identifiziert werden können. Dadurch kann man uns in einer Weise nachverfolgen, die auch ein Mobiltelefon nicht ermöglicht. Diese DNA kann eingesammelt, repliziert und sequenziert werden, und zwar von jedem, der die Mittel und das Bedürfnis danach hat. Weil die Kosten einer Gensequenzierung allmählich gegen null tendieren, werden wir uns früher oder später mit dieser Bedrohung auseinandersetzen müssen. Henrietta Lacks' vollständiges Genom wurde 2013 von einem deutschen Forscher veröffentlicht, wieder ohne Genehmigung ihrer Nachkommen. Was sollte die Familie aber dagegen haben? Oder wir? Wir sollten sehr wohl etwas dagegen haben, denn unser Genmaterial sagt mehr über uns aus als jedes gehackte Internet-Nutzerkonto, und weil unsere DNA uns nicht nur medizinischer Hilfe, sondern auch böswilliger medizinischer Schädigung aussetzt.

Unser Genbestand erzählt außerdem Einzelheiten über uns, die wir vielleicht lieber für uns behalten möchten, zum Beispiel eine physiologische Veranlagung zu Fettleibigkeit, Alkoholismus, Aggression, Herzinfarkt, Depression, Schizophrenie, Diabetes, manisch-depressiven Störungen, ADHD und Brustkrebs.[52] Es gibt Studien, die einen Zusammenhang, schwächer oder stärker, bestimmter Gene mit der sexuellen Orientierung, mit Unbeherrschtheit und sogar krimineller Energie festgestellt haben.[53] In der dystopischen Zukunft à la *Gattaca* können und werden alle diese Informationen gegen Sie eingesetzt werden. *Warum sollte ich als Geschäftsinhaber eine Putzfrau einstellen, die eine Veranlagung zu Brustkrebs hat? Der Arbeitgeberanteil ihrer Krankenversicherung wird in die Höhe schnellen. Oder: Mein Kind soll doch lieber heterosexuell sein, den schwulen Fötus, den meine Frau in sich trägt, treiben wir lieber ab. Oder: Natürlich hat der Beschuldigte die Vergewaltigung begangen; seine DNA zeigt ja, dass er hyperaggressiv und unbeherrscht ist.*

In den USA gibt es nur sehr wenig gesetzlichen Schutz gegen den Missbrauch genetischer Daten, außer dem GINA – das ist der *Genetic Information Nondiscrimination Act* von 2008. Nach diesem Gesetz dürfen Arbeitgeber einen Arbeitnehmer nicht wegen genetischer Informationen entlassen oder von einer Bewerbung ausschließen. Das GINA bezieht sich auf die betriebliche Krankenversicherung, schützt aber nicht davor, dass eine Versicherung aufgrund genetischer Informationen entscheidet, ob sie eine Lebens-, Berufsunfähigkeits- oder Pflegeversicherungspolice gewährt.[54] Mehrere Arbeitnehmerinnen, unter anderem Pamela Fink aus Connecticut, haben behauptet, entlassen worden zu sein, weil sie das BRCA2-Gen tragen, das ein hohes Brustkrebsrisiko bedeutet. Dieser Fall wurde außergerichtlich geklärt.[55]

Nach dänischem Recht werden seit 1981 alle Neugeborenen zwangsweise einem Gentest unterzogen; die entnommenen Proben werden unbefristet gelagert – angeblich aus Gründen der öffentlichen Gesundheitsvorsorge, aber in Wirklichkeit sind sie schon vielfach zur Identifikation von Kriminellen benutzt worden.[56] Was noch könnte die dänische – oder auch eine andere – Regierung mit diesen Proben anfangen? Könnte die DNA in einer nationalen Datenbank die nächste Henrietta Lacks werden? Und was passiert, wenn diese Daten irgendwann geleakt werden und der Öffentlichkeit zugänglich sind? So geschehen mit der nationalen biometrischen Datenbank des Staates Israel, die von Hackern geklaut und im digitalen Untergrund ins Netz gestellt wurde. Das ist besonders deshalb bedenklich, weil israelische Forscher nachgewiesen haben, dass man Genmaterial alleine mit dem Datenmaterial in einer DNA-Datenbank nachbauen und kann, ohne auch nur eine Gewebeprobe als Vorlage zu brauchen.[57] Man kann jetzt also das Blut oder den Speichel eines völlig Unschuldigen als »Spur« an einem Tatort hinterlegen. Die so hergestellten gefälschten Proben waren so authentisch, dass auch ein forensisches Labor sie nicht von echten unterscheiden oder eine Manipulation feststellen konnte.[58] Dank der Fortschritte in der digitalen Biologie ist jetzt auch der DNA-Nachweis, eigentlich der Goldstandard aller gerichtsmedizinischen Nachweise, nicht mehr verlässlich. Wer ein Hühnchen mit Ihnen zu rupfen hat, kann Ihnen jetzt mit der beweiskräftigsten denkbaren »Spur« eine Straftat anhängen. Erklären Sie das mal den Polizisten, wenn die Sie zum Streifenwagen schleifen.

Man braucht inzwischen nicht einmal mehr einen Biosynthetiker, um sich Zugang zu den Werkzeugen der Gensequenzierung zu verschaffen. Ein Unternehmen wie EasyDNA bietet an, aus jedem Gegenstand, den Sie dorthin schicken – Kaugummi, Zigarettenkippe, Zahnseide, Bartstoppeln, Zahnstocher, abgeleckte Briefmarke oder Kosmetiktupfer genügt, dankeschön –, die DNA des ahnungslosen Probanden zu sequenzieren und auf Vaterschaft, Eltern, Geschlecht bei der Geburt und andere rechtlich interessante Fakten zu testen. So etwas heißt »diskrete DNA-Probenentnahme« und ist ab 100 Dollar erhältlich.[59] Wenn Sie sich also nach dem Bewerbungsgespräch nicht sicher sind, ob Sie den Typen wirklich einstellen sollen, schicken Sie einfach den Pappbecher mit dem Kaffee, den Sie ihm angeboten haben, ans Labor. Womöglich hat er komische Krankheiten, die Sie als Arbeitgeber dann mitbezahlen müssen. Oder hassen Sie vielleicht Ihren Exfreund und wollen ihm so richtig eine reinwürgen? Stellen Sie einfach seine Gensequenz ins Netz und beweisen der Welt, dass er über kurz oder lang geisteskrank und Alkoholiker werden wird. Ob Sie es glauben oder nicht – sich eine DNA-Probe irgendeines Menschen zu verschaffen und sie sequenzieren zu lassen, ist völlig legal, und kein Gericht kann Sie daran hindern, wenn Sie darauf achten, nicht gegen die nur einen kleinen Bereich umfassenden Beschränkungen des GINA zu verstoßen. Die Fortschritte der synthetischen Biologie werfen nicht nur zahlreiche ethische und Datenschutzfragen auf, sondern auch strafrechtliche – und diese Gelegenheit wird sich das organisierte Verbrechen nicht entgehen lassen.

Biokartelle und neues Opium fürs Volk

Das organisierte Verbrechen ist schon immer im Drogenhandel tätig und macht viel Geld damit. Drogenboss Pablo Escobar aus Kolumbien nahm auf der Höhe seines Erfolgs angeblich 60 Millionen Dollar täglich mit seiner Firma ein.[60] Später erhielt Joaquín »El Chapo« Guzmán Loera aus Mexiko sogar einen Platz auf der *Forbes*-Liste der reichsten Menschen der Welt – sein Drogenimperium hatte ihn zum Dollarmilliardär gemacht. Die Geschäftsfelder dieser Kartelle waren hauptsächlich Anbau, Verarbeitung und Versand. Sie bauten die Ursprungspflanzen an, destillierten aus der Ernte die begehrten Substanzen, die einen high machen, und verteilten sie weltweit. Die Kartelle haben schon immer mit der jeweils neuesten Technik gearbeitet, sowohl in der Nachrichtenübermittlung wie in der Organisation des Verteilernetzes als auch bei der Spionageabwehr und sogar bei Zucht und Anbau ihrer Pflanzen.[61] Schon seit den Tagen von *Miami Vice* gehört auch Genmanipulation für die *Narcos* dazu[62], aber die synthetische Biologie hat das Potenzial, dieses ganze Geschäftsfeld völlig umzustürzen. Potenziell winken hier enorm gesteigerte Profite, eine stark vereinfachte Warenverteilungskette und geringere Risiken. Synbio schafft nicht nur leuchtende Pflanzen und gezielte Krebstherapien, sondern auch starke wirtschaftliche Anreize und Gelegenheiten für das organisierte Verbrechen, illegale Drogen und gefälschte Medikamente herzustellen.

Mit Synbio kann man nämlich von pflanzlichen Rohstoffen auf synthetische übergehen. Wozu noch die umständlichen, platzraubenden und empfindlichen Marihuana und Mohnfelder? Man kann doch jetzt ganz einfach die genetischen Codes der Wirkstoffe in Marihuana, Mohn und Cocablättern nehmen und sie per »cut and paste« in Hefezellen einbauen.[63] Diese Hefe lässt dann Hasch, Opium, Kokain und Heroin für Sie wachsen – dieselbe Hefe, die auch zum Brotbacken und Bierbrauen dient, was uns bei Brot und Bier sicher noch einige Überraschungen bescheren wird.[64] Dieses Verfahren hat umwälzende Vorteile für die bestehenden Kartelle. Man braucht keine tausende Hektar großen Felder mehr zu unterhalten, die von Überwachungsflugzeugen aus so unangenehm leicht zu entdecken sind. Man muss keine tonnenschweren Ladungen aus Heroin oder Kokain mehr an Zöllnern vorbeischmuggeln, die dafür ausgebildet sind, genau solche Ladungen zu entdecken. Und dann die lästigen Drogensuchhunde! Alles kein Problem mehr. Eine kleine Ampulle genügt – Hefezellen haben eine Dichter von mehreren Milliarden pro Milliliter –, sachgemäß und unter kontrollierten Bedingungen vervielfältigt, um das organisierte Verbrechen bis weit ins nächste Jahrhundert zu beliefern.

Wer solche Zukunftsaussichten für Fantasterei hält, soll sich nur die Fortschritte ansehen, die es in der synthetischen Biologie mit genmanipulierten Bakterien als Drogenlieferanten bereits heute gibt. Kolibakterien liefern, genmanipuliert und umprogrammiert, THC (den psychoaktiven Wirkstoff in Cannabis) und auch Bäckerhefe ist schon auf LSD und Opium umprogrammiert worden. Die raschen Umwälzungen in der digitalen Biologie können außerdem zum raschen Untergang der Mittelsmänner und Zwischenhändler führen. Genauso wie Microsoft sich den PC von IBM und Apple sich das Mobiltelefon von Nokia und BlackBerry geholt hat, macht vielleicht schon morgen ein MIT-Student die kolumbianischen Drogenbarone wie Pablo Escobar überflüssig. Außerdem kann man sich ja auch, wenn Craig Venter recht hat und wir demnächst alle unseren Biodrucker zu Hause haben, sein THC oder Oxycodon selbst ausdrucken – womit man dem etablierten Drogenhandel ein Milliardengeschäft verdirbt und neue Führungsfiguren in den Biokartellen von morgen aufbaut.

Die Software des Lebens wird gehackt: Biokriminalität und Bioterrorismus

In den 1970er und 1980er Jahren begannen sich Hackergruppen wie der legendäre Homebrew Computer Club im Silicon Valley zu Fachsimpeleien zu versammeln, und um »konstruktiv zu hacken«. Inzwischen gibt es eine lebendige Heimwerker-Biobewegung mit ganz ähnlicher Einstellung und Motivation, die interessierten Hobbyforschern mit Gemeinschaftslaboren wie Genspace in New York und BioCurious in Kalifornien Räumlichkeiten und Geräte zur Verfügung stellt, um gemeinsam zu forschen und voneinander zu lernen. Sie sind Bio-Hacker im ursprünglichen Wortsinn, die »konstruktiv hacken«. DNA mag das älteste Betriebssystem der Welt sein – für Hacker ist sie eben nur ein Betriebssystem, das man knacken kann.

Auch ohne verbrecherische Absichten können allerdings Unfälle mit im Labor gezüchteten Krankheitserregern tödliche Folgen haben. Die Schweinegrippe, ein seit zwanzig Jahren nicht mehr aufgetauchter Erreger, war 1977 plötzlich wieder ausgebrochen. Es stellte sich heraus, dass ein einfacher Labortechniker die Seuche wieder über die Menschheit gebracht hatte, indem er schlampig mit einer gefrorenen Probe des Erregers aus den 1950er Jahren umgegangen war.[65] Erst kürzlich hat es eine Reihe solcher Bio-Unfälle mit potenziell tödlichen Folgen gegeben. Im März 2013 gestand die Leitung eines Hochsicherheitslabors der Regierung in Texas ein, dass eine Ampulle mit dem Guanarito-Virus verlorengegangen sei. Dieses Virus verursacht schwere innere Blutungen – »unter der Haut, in den inneren Organen sowie aus Körperöffnungen wie Mund, Augen und Ohren.« Das FBI hat die Ermittlungen aufgenommen. Ein Jahr später verschwanden im Pariser Institut Pasteur gleich 2000 Ampullen mit dem SARS-Virus.[66] Wenn diese Biotoxine in die Hände skrupelloser Regierungen oder von Terroristen fielen, könnten sie leicht als tödliche Waffen dienen.

Es hat bereits Fälle von »Bad Bio« gegeben, von Missbrauch biologischer Errungenschaften zu verbrecherischen Zwecken. Meist waren es bioterroristische Anschläge, ob gelungen oder versucht. Am bekanntesten sind sicher die Milzbrandanschläge auf Redaktionen und zwei US-Senatoren im Jahr 2001, als der Erreger in Pulverform per Post verschickt wurde. Fünf Menschen starben, nachdem sie in Kontakt mit den tödlichen Briefumschlägen gekommen waren. Im Jemen arbeitet al-Qaida mit diversen Untergruppen an der Herstellung großer Mengen Rizins, um es für Anschläge zu verwenden. Dieses weiße Pulver ist so giftig, dass ein Körnchen bereits einen Menschen tötet.[67] Auch zahlreiche andere Terrororganisationen haben sich bereits an Biowaffen versucht.[68] Wir erinnern uns an die Aum-Sekte (Aum Shinrikyo), die 1995 den Sarin-Anschlag auf die Tokioter U-Bahn verübte. Dreizehn Menschen kamen ums Leben, Tausende wurden verletzt. Was die meisten über dieses heimtückische Giftgasattentat nicht wissen: Die Aum-Sekte plante ursprünglich einen großangelegten biologischen Angriff auf ganz Tokio und investierte über zehn Millionen Dollar in die zehnjährige Forschungs- und Entwicklungsarbeit für ein entsprechend potentes Biotoxin. Damals, in den 1980er und frühen 1990er Jahren, war die Biotechnologie aber noch nicht so weit, und so gab die Sekte diesen Plan auf und entschied sich für ein konventionelles chemisches Gift. Heutzutage hätte ihr Vorhaben viel größere Erfolgsaussichten.

Heutige und künftige Terroristen müssen sich nicht einmal mehr große Sorgen um den Zugang zu Pathogenen und biologischen Wirkstoffen aus eigentlich schwer gesicherten Regierungseinrichtungen machen. Seit es Synbio gibt, können sie sich die Vorlagen der Gensequenzen aus dem Internet herunterladen und die tödlichen Viren zu Hause bequem ausdrucken. Die vollständigen genetischen Codes einiger der tödlichsten Pathogene, unter anderem des Ebola-Virus und des Erregers der Spanischen Grippe von 1918, sind in der DNA-Sequenzen-Datenbank des National Center for Biotechnology Information frei verfügbar. Um zu demonstrieren, wie leichtsinnig das ist, ließ sich Eckard Wimmer, Universitätsdozent für Virologie, 2002 DNA per Postversand schicken und synthetisierte daraus chemisch das Genom des Kinderlähmungserregers.[69] Das kostete ihn zwar damals noch 300 000 Dollar, aber schon heute wären es nur noch 1000 Dollar und demnächst käme Sie schon ein Caffè Latte teurer zu stehen. Polio ist heute fast ausgerottet; das hat Jahrzehnte gedauert und Milliarden gekostet. Schon morgen könnte das umsonst gewesen sein, wenn Terroristen – irgendeine gewissenlose Regierung oder ein einsamer Wolf – es mit wenigen Dollar Aufwand wieder auf uns loslassen. Genmanipulation war lange Zeit extrem schwierig und sehr teuer; jetzt kann jeder sich daranmachen – eine Ausbildung von wenigen Wochen, ein Laptop und eine Kreditkarte genügen.

Und die Bioverbrecher müssten sich natürlich nicht mit den schon bekannten und verfügbaren Krankheitserregern begnügen; Synbio eröffnet ihnen die Möglichkeit, eigene, noch tödlichere Viren zu schaffen. Kürzlich wurden wir Zeugen, wie so etwas aussehen könnte, als nämlich niederländische und US-Forscher den genetischen Code des Vogelgrippevirus (H5N1) manipulierten, so dass es leichter auf Menschen übertragen wird. Vogelgrippe hat zwar eine

Sterblichkeitsrate von 70 Prozent, ist aber für Menschen nicht sehr ansteckend. Mit vier einfachen genetischen Mutationen gelang es dem Forscherteam, einen sehr viel virulenteren Stamm zu züchten, der auch über die Luft übertragen wird und damit eine große Gefahr für den Menschen bildet. Im Endeffekt haben diese Forscher das H5N1-Virus in eine Waffe verwandelt.[70] Das war natürlich nicht der Sinn der Studie; ursprünglich sollte sie im Gegenteil untersuchen, wie sich das Virus in Zukunft durch natürliche Mutationen weiterentwickeln könnte, um seine Ausbreitung zu verhindern. Der genmanipulierte Virenstamm könnte jetzt aber, würde er freigesetzt, zu einer globalen Pandemie führen. Das Team wollte, erfüllt von Forschergeist, seine Ergebnisse vollständig veröffentlichen – einschließlich des manipulierten Gencodes für den neuen hochansteckenden Virenstamm. Gegen das Erscheinen des Artikels in *Science* und *Nature* erhob sich allerdings scharfer Widerspruch; hier werde Terroristen geradezu ein Rezept für eine Biowaffe geliefert. Daraufhin schritt zum ersten Mal überhaupt die US-Biosicherheitsbehörde, das National Science Advisory Board for Biosecurity, ein und forderte die Zeitschriften auf, diese Details nicht zu veröffentlichen. Beide stimmten unter Vorbehalt zu.[71] Dieses eine Risiko ist vorläufig aus der Welt, aber irgendwann wird dieser Code ganz sicher durchsickern und außerdem wird es ganz sicher weitere solche Fälle geben.

Ein breitgestreuter Bioterroranschlag hätte schreckliche Folgen, aber mit Synbio kann man nicht nur ganze Länder ausrotten, sondern auch einzelne Menschen unter Millionen herauspicken und umbringen. Die individualisierte Medizin hat schon gezeigt, dass man eine einzelne Krebszelle abtöten kann, ohne die umliegenden gesunden Zellen zu schädigen. Die Kehrseite dieser Entwicklung sind individualisierte Biowaffen. In Zukunft brauchen Bioattentäter nur ein wenig Genmaterial ihres Opfers – vielleicht eines VIP oder Politikers – von einem Restaurantbesteck, um ein maßgeschneidertes Virus als Waffe gegen ihn zu entwickeln.[72] Solche Szenarien klingen nach Science-Fiction, aber zu den Nachrichten, den sogenannten »Kabeln«, des US-Außenministeriums an die Botschaften weltweit, die durch den WikiLeaks-Skandal an die Öffentlichkeit kamen, gehörte auch die Anweisung, DNA-Proben von Spitzenpolitikern sämtlicher Staaten zu sammeln – vermutlich nicht, um sie in Obamacare einzuschreiben.[73]

Bio-Hacker stellen sich heute meist ausdrücklich in den Dienst »des Guten«. Aber ein paar faule Äpfel und sogar kriminelle Elemente gibt es überall. Irgendwann wird es für jedes Cyberverbrechen auch ein analoges Bioverbrechen geben. Der Identitätsdiebstahl von morgen könnte zum Beispiel der Diebstahl Ihres Genoms sein – besonders, wenn DNA als Identitätsausweis dient. Der vollständigste Identitätsdiebstahl wäre natürlich das Klonen eines Menschen. Die technischen Schwierigkeiten, die das verhindern, schrumpfen rapide, und Polizei wie Gesellschaft sind auf diese Entwicklung völlig unvorbereitet. Dabei haben wir schon gar keine andere Wahl mehr, als uns zu überlegen, was wir als Nächstes unternehmen müssen, um das älteste Betriebssystem der Welt zu schützen.

Die letzte Grenze: Raumfahrt, Nanotechnik und Quantencomputer

Das Space-Shuttle-Programm ist zwar eingestellt worden, aber die Weltraumforschung wird trotzdem fortgesetzt, besonders durch private Firmen wie Elon Musks SpaceX und Richard Bransons Virgin Galactic, die kommerzielle Raumflüge vorantreiben.[74]

Ein weiteres privates Weltraumunternehmen, Planetary Resources, gegründet 2012 von Peter Diamandis und Eric Anders, möchte der Menschheit die Ressourcen des Weltraums erschließen, und zwar durch Bergbauroboter auf mineralhaltigen Asteroiden. Diese Landesonden sollen mit 3-D-Druckern und daher extrem kostengünstig erstellt werden. Das Risiko ist zwar noch schwer einzuschätzen, aber Kriminelle wie Terroristen werden früher oder später versuchen, sich die Raumfahrttechnik zunutze zu machen. Als die Brüder Wright ihr erstes Flugzeug bei Kitty Hawk starten ließen, hat auch noch niemand vorausgesehen, dass man einmal Air Marshals in Passagiermaschinen brauchen würde. Heute denkt noch niemand an Space Marshals, aber dieser Tag wird unweigerlich kommen.

Das Interesse des organisierten Verbrechens am Weltraum konzentriert sich zurzeit noch auf Satellitentechnik, und für die Terroristenorganisationen gilt das ebenso. Wir haben ja schon gesehen, dass die Gruppe Lashkar-e-Taiba bei ihrem brutalen Überfall auf die Menschen von Mumbai sich der Satellitentechnik für Aufklärung und Kommunikation bediente, und schiitische Aufständische im Irak haben billige russische Software, die verschlüsselte Pay-TV-Sender zugänglich macht, so umgeschrieben, dass sie damit die UAV-Videosignale amerikanischer Spionagesatelliten hacken können. Die Satelliten, von Piraten *bolinhas* (portugiesisch »Bällchen«) genannt, werden von allen möglichen Leuten benutzt – von LKW-Fernfahrern im Amazonasgebiet, die keinen Mobiltelefonempfang haben, bis zu organisierten Verbrecherbanden, die verschlüsselte Nachrichten austauschen und Drogendealer in abgelegenen Gebieten vor Polizeirazzien warnen.[75]

Ein vielleicht noch größeres Risiko für unser globales Satellitensystem wäre es, wenn böswillige Akteure versuchten, diese künstlichen Orbitalmaschinen zu zerstören, indem sie ihre Flugbahnen verändern und sie miteinander oder mit einem Stück des stetig zunehmenden Weltraumschrotts kollidieren lassen.[76] Satelliten bilden einen Schlüsselbestandteil unserer kritischen globalen Infrastruktur und werden für lebenswichtige Aufgaben wie Wettervorhersage, Notrufsignale, militärische Frühwarnsysteme, Flugsicherheit und GPS-Navigation benötigt. Einen Satelliten in der Umlaufbahn zu zerstören, wäre nichts völlig Neues. China hat schon 2007 erfolgreich eine Antisatellitenwaffe an einem seiner eigenen Wettersatelliten getestet, dessen Lebensdauer abgelaufen war. Die USA und andere Staaten reagierten alarmiert.[77]

Außer Gefecht setzen könnte man einen Satelliten auch, indem man auf seinen Bordrechner oder die Bodenstation Malware hochlädt oder sogar eine DDoS-Attacke gegen ihn führt. Letzteres wäre durchaus möglich, wie ein Bulletin des Sicherheitsdienstleisters IOActive und des regierungsamtlichen Computer Emergency Response Team betont.[78] Laut einer Enquête-Kommission des US-Kongresses hat die chinesische Volksbefreiungsarmee 2007 in den Betrieb zweier Satelliten der amerikanischen Regierung eingegriffen, indem sie das Rechnersystem der Bodenstation Norwegen hackte.[79] Kürzlich erst, 2014, kam heraus, dass eine andere Hackergruppe der chinesischen Streitkräfte für eine Reihe tiefgreifender Angriffe auf amerikanische und europäische Satellitenhersteller verantwortlich ist.

Nicht nur Satelliten werden gehackt, sondern auch bemannte Raumfahrzeuge. Laut einem Bericht von 2008 brachte ein russischer Kosmonaut einen verseuchten Laptop an Bord der ISS, der dort das W32.Gammima.AG-Virus an die Bordrechenanlage und mehrere Windows-XP-Laptops der Station weitergab.[80] Ein weiterer Vorfall dieser Art ereignete sich, als ein anderer Kosmonaut die ISS versehentlich über einen USB-Stick mit Stuxnet infizierte.[81] Die Virenverseuchung einer Raumstation, der 300 Kilometer über der Erdoberfläche kreist, erinnert unwillkürlich an die Schlussszene aus *Independence Day*, als die von Will Smith und Jeff Goldblum gespielten Eindringlinge das Mutterschiff der bösen Außerirdischen mit einem Virus lahmlegen, den sie seiner Rechenanlage anhängen. Als ein NASA-Sprecher nach den Gefahren von Computer-Malware im Weltraum gefragt wurde, erwiderte er, »Es kommt nicht oft vor, aber manchmal schon.«[82]

Kriminelle, Terroristen, »Hacktivisten« und totalitäre Regimes müssen bald auch nicht mehr die Satelliten anderer Länder entführen; bald können sie ihre eigenen starten. Neue Technologien, wie sie zum Beispiel die winzigen Cube-

Sats repräsentieren, lassen künstliche Erdtrabanten heute auf die Größe eines Schuhkartons schrumpfen. Sie kosten längst nicht mehr Milliarden oder Millionen Dollar, sondern kosten von der Herstellung bis in den Orbit weniger als 100 000 Dollar. Sie können auch »off grid« gestartet und betrieben werden, also ohne die Aufsicht der Behörden, was dem privaten verschlüsselten Satellitenfunk Tür und Tor öffnet. Der Chaos Computer Club in Berlin hat bereits Pläne angekündigt, »das Internet außer Reichweite der Zensur zu bringen«, indem er seinen eigenen Nachrichtensatelliten startet.[83] Während also die Zukunft der Raumfahrt sowohl großes Potenzial als auch große Risiken für die Menschheit birgt, gibt es hier auf der Erde noch andere emergente Technologien, die man sich genauer anschauen sollte.

Nanotechnologie ist die Manipulation von Materie auf atomarer und molekularer Ebene bis in den Nanometerbereich hinunter. Um sich vor Augen zu führen, was für eine winzige Distanz ein Nanometer ist, stellen Sie sich ein menschliches Haar vor. Sein Durchmesser beträgt 8000 Nanometer. Zurzeit findet eine Revolution statt. Forscher versuchen Molekularmaschinen zu bauen, denen nichts unmöglich ist – sie könnten unseren Körper von innen heraus reparieren oder ultraschnelle Computer bauen. Schon 1991 kam in der Frühphase dieser Nanotechnikrevolution eine neue Form des Kohlenstoffs mit zylindrischer Nanostruktur auf den Markt, die sogenannten Nanoröhren. Karbon-Nanoröhren haben einzigarte physische und elektrische Eigenschaften, die sie außergewöhnlich geeignet für den Einsatz in der Elektronikminiaturisierung machen. Ein weiteres anwendungsstarkes Nanomaterial ist das 2004 entdeckte Graphen; es verspricht genauso umwälzend zu wirken wie seinerzeit die Polymerkunststoffe (»Plastik«). Das »Wundermaterial« ist hundertmal so fest wie Stahl, wiegt nur ein Sechstel und leitet Strom besser als Kupfer.[84] Brücken und Flugzeuge könnten eines Tages aus Graphen bestehen und das Material wird sicher die Welt der Elektronik tiefgreifend verändern. Laut der American Society of Mechanical Engineers wird die Nanotechnologie »keinen Lebensbereich unberührt lassen und 2020 allgemeine Verwendung finden.«[85]

Die größten Beiträge zum Fortschritt liefert die Nanotechnologie vielleicht auf dem Gebiet der Medizin.[86] Ein therapeutischer Nanoroboter, tausendmal kleiner als eine Krebszelle, könnte mit einer Ladung Goldpartikel im selben Maßstab, die mit Krebsmedikamenten bestückt sind, in den Blutkreislauf eintreten und sie direkt in den Tumor befördern. Nanotechnologie könnte auch wie die synthetische Biologie eine Art programmierbarer Materie liefern – einen Werkstoff, der je nach Eingabe des Nutzers oder autonomer Wahrnehmung seine physischen Eigenschaften wie Form, Dichte und Leitfähigkeit ändert. Solche programmierbaren Werkstoffe könnten sich ebenso selbst montieren wie Chromosomenstränge. Das wäre sozusagen Montage »von unten«, von der Molekülebene her – so macht es die Natur schon immer, aber der menschliche Ingenieur konnte es bisher nicht.

Obwohl Nanomaschinen heute noch weitgehend im Forschungs- und Entwicklungsstadium sind, werden sie eines Tages zu Nanorobotern führen und damit die bereits exponentielle Entwicklung in der Robotik und der KI noch weiter beschleunigen. Eines Tages wird es Roboter geben, die tausendmal kleiner als unsere eigenen Zellen sind. Diese Nanoboter werden das Feld der Robotik umwälzen und von Raumschiffen bis zu injizierbaren medizinischen Geräten alles herstellen können.[87] Auch in der Datenverarbeitung wird die Nanotechnologie keinen Stein auf dem anderen lassen. Wir werden ungeheuer leistungsstarke Computer bauen können – ein Nanocomputer in Zuckerwürfelgröße könnte mehr Rechenleistung aufweisen, als sie sämtliche Computer der Welt zusammen heute haben.

Aber kleine Dinge bergen große Gefahren. In seinem Buch *Engines of Creation* von 1986 bringt Eric Drexler das berühmte Szenario des *gray goo*, des »grauen Schleims«. Wenn Nanomaschinen, sogenannte Assembler, Molekül für Molekül zusammenbauen können, so seine Argumentation, dann können sie jeden Werkstoff oder Gegenstand herstellen, den man sich nur vorstellen kann. Um aber so weit zu gelangen, müssten Forscher zunächst einige wenige Nano-Assembler selbst herstellen und sie dann so programmieren, dass sie weitere Assembler zusammenbauen. Die wiederum würden noch mehr Assembler herstellen und immer so weiter, mit exponentieller Zunahme von Generation zu Generation. Drexler befürchtete, dass eine solche Lawine rasch außer Kontrolle geraten würde, indem die Assembler alle organische Materie in ihrem Umkreis zu immer weiteren Generationen von Nanomaschinen umbauen würden. Das Ergebnis wäre der *gray goo* und eine Erde, die von einer leblosen Masse Nanomaschinen erstickt würde. Wie könnte sich so ein Weltuntergangsszenario konkret abspielen? Nehmen wir nur an, nach einer Ölpest im Ozean würden Milliarden Nanoboter auf das Öl angesetzt, um das Meerwasser zu reinigen. Klingt prima, aber die Nanoboter haben einen kleinen Programmierfehler und verzehren alle kohlenstoffbasierten Gegenstände (sprich Lebewesen – Fische, Pflanzen, Plankton, Korallen, einfach alles) anstatt nur der kohlenwasserstoffbasierten, also der Hydrokarbone des Rohöls. Die Nanoboter würden dann alles in ihrem Weg verschlingen und »den Planeten zu Staub machen«[88]. Um klarzumachen, wie schnell das gehen könnte, hier ein weiteres Beispiel aus Drexlers Buch:

> Stellen Sie sich einen Replikator vor, der in einer Flasche Chemikalien schwimmt und Kopien von sich selbst herstellt … Der erste Replikator braucht 1000 Sekunden für eine Kopie, diese beiden Replikatoren würden dann in den nächsten 1000 Sekunden zwei weitere herstellen, die dann vier würden vier weitere bauen und die acht weitere acht. Nach zehn Stunden wären es nicht 36 Replikatoren, sondern über 68 Milliarden. In weniger als 24 Stunden wögen sie eine Tonne, in weniger als 48 Stunden mehr als die Erde, und vier Stunden danach hätten sie dann die Sonne und alle Planeten überrundet – natürlich vorausgesetzt, dass die Chemikalien so lange reichen.[89]

Von vielen wurde der *gray goo* als überzogene Fantasie zurückgewiesen, aber es gibt auch Behörden und NGOs, die das Szenario ernstnehmen und darauf hinweisen, dass manche Unfälle der Menschheit einfach nicht passieren dürfen.[90] Drexler selbst relativierte schließlich seine Voraussage und nannte sie unwahrscheinlich.[91] Ob es nun jemals zur Freisetzung biovorer selbstreplizierender Nanoboter kommt oder nicht – die Macht dieser Technologie wird den bösen Jungs nicht verborgen bleiben. In zehn Jahren forscht vielleicht eine Terrororganisation an diesen Nanobotern, mit einem ähnlichen Ziel, wie es die Aum-Sekte mit ihrem Biowaffenprogramm in den 1980er Jahren verfolgte.

Ein weiteres im Entstehen begriffenes Fachgebiet, das die Informatik revolutionieren könnte, ist die Entwicklung der Quantenphysik. Bevor Quantencomputer einsatzbereit sind, muss noch viel getan werden, und in vielen Probeläufen erster Versuchsanordnungen hat die Realität den hochgeschraubten Erwartungen nicht genügen können[92], aber Quantencomputer haben das Potenzial, ihre Operationen mit einer Geschwindigkeit durchzuführen, die heutige Rechner alt aussehen lässt: Bei einem von Google und der NASA durchgeführten Versuch hat ein Quantencomputer-Prototyp mehrere Testalgorithmen mit der 35 000-fachen Geschwindigkeit klassischer Computer verarbeitet.[93] Das könnte zur Lösung einiger der größten Menschheitsprobleme beitragen, sei es auf der Suche nach neuen Medikamenten oder der Nanotechnologie oder KI der nächsten Generation.[94]

Die Rechner von heute arbeiten binär; sie verarbeiten nur zwei Werte, Einsen und Nullen, sogenannte Bits, um ihre Programme auszuführen. Quantencomputer dagegen nutzen die Eigenheiten der subatomaren Teilchen aus, deren Zustände, sogenannte Qubits, nicht nur Eins oder Null, sondern auch Zwischenwerte sein können.[95] Einfach ausgedrückt können Quantencomputer eine große Zahl möglicher Ergebnisse gleichzeitig testen. Damit stellen sie auch ein Sicherheitsproblem dar. Quantencomputer haben das Potenzial, sämtliche Computersicherheitssysteme von heute wertlos zu machen. Die heutige Datensicherung beruht auf Kryptographie – das heißt, man setzt die Zahlentheorie ein und multipliziert Primzahlen miteinander, um Datenverkehr so zu verschlüsseln, dass er von Unbefugten nicht mitgelesen werden kann. Wenn jemand Ihre verschlüsselten Daten lesen möchte, muss er entweder den mathematischen Schlüssel besitzen oder sozusagen mit »roher Gewalt« vorgehen, indem er so lange herumprobiert, bis er die Primzahlprodukte wieder in ihre beiden Teiler zerlegt und belegt hat, dass es sich um Primzahlen handelt. Wenn wir unser Passwort eingeben, verwandelt ein Verschlüsselungsalgorithmus es in den korrekten Faktor, der die Nachricht entschlüsselt und als Ausweis der Befugnis dient. Heutzutage müssen Hacker eigentlich nie zur »rohen Gewalt« greifen. Stattdessen setzen sie bei schwachen Verschlüsselungsprotokollen an, arbeiten mit Computer-Malware, lassen Keylogger die Tastatureingaben mitschreiben und versuchen die menschlichen Nutzer bei einem Fehler zu ertappen, um den kryptographischen Schlüssel für Ihre Kreditkarte oder zu Ihrem Bankkonto zu ergattern.

Ohne das korrekte Passwort müssten die Hacker den Verschlüsselungsvorgang umgekehrt nachvollziehen, was rechnerisch schwierig und für heutige Rechner eine fast unmögliche Leistung ist. Selbst ein Supercomputer bräuchte Milliarden Jahre, um die 128 Bit einer AES-Verschlüsselung zu knacken, wie sie heute Standard ist (das Universum selbst ist nur 13,75 Milliarden Jahre alt).[96] Klassische Computer können nur jeweils eine Rechenoperation auf einmal durchführen, bei Quantencomputern ist es eine große Anzahl gleichzeitig. Ein Quantencomputer kann also im Prinzip die Verschlüsselungsverfahren aushebeln. Dann kann er Ihre E-Mails mitlesen, Ihre Online-Geldüberweisungen manipulieren, den Finanzmarkt kontrollieren, Flugsicherheitssysteme sabotieren und weitere wichtige Infrastrukturen angreifen. Es wird zwar noch eine Weile dauern, bis der erste Quantencomputer im Apple Store auftaucht, aber viele Staaten weltweit arbeiten schon an Quantencomputern, um die heutigen Verschlüsselungsverfahren zu überwinden. Die NSA hat, was niemanden überraschen wird, bereits über hundert Millionen Dollar in die Entwicklung eines »kryptologisch anwendbaren Quantencomputers« im Rahmen des Projekts Hard Targets investiert.[97] Natürlich ist ein Quantencomputer eine ungeheure technische Herausforderung, aber der erste, dem es gelingt, einen zu bauen, wird über enorme Machtmittel verfügen und er wird es denen, deren Nachrichtenverkehr er mitliest und deren Rechner er ausspäht, kaum auf die Nase binden.

Insgesamt gesehen verheißen die folgenreichsten Technologien des 21. Jahrhunderts – Robotik, synthetische Biologie, molekulare Produktion und Künstliche Intelligenz – eine Welt noch nie dagewesenen Überflusses und Reichtums. Von der Bereitstellung unbegrenzter Energiemengen bis zur Produktion unerschöpflicher Nahrungsquellen und monumentalen Fortschritten in der Medizin können exponentielle Technologien außerordentlich segensreiche Hilfsmittel sein.

Aber es gibt auch eine Kehrseite der Medaille, wie wir in diesem Buch immer wieder gesehen haben. Bill Joy, ehemaliger Forschungsleiter beim Computerhersteller Sun Microsystems, gewährte im Jahr 2000 einen Einblick, wie katastrophal die Entwicklung aussehen könnte.[98] Er schrieb einen Artikel namens »Why the Future Doesn't Need Us« (»Warum die Zukunft ohne uns auskommt«) für die Zeitschrift *Wired.* Joy warnte offen davor, dass Roboter, Genmanipulation und KI den Menschen zur »gefährdeten Art« machen könnten. Exponentielle Technologien könnten jederzeit unserer Kontrolle entgleiten und über uns hinauswachsen. Joy wies darauf hin, dass alle Technologien des 21. Jahrhunderts gerade demokratisiert werden, das heißt, sie sind für jeden zugänglich, der einen Internetanschluss hat. Inzwischen gibt es Roboterbastelclubs in Highschools und Wettbewerbe in synthetischer Biologie an Colleges. KIs navigieren unsere Autos und UAVs bekommt man im Supermarkt. Die leichte Zugänglichkeit dieser exponentiellen Technologien steht, anders als bei Atomwaffen, in krassem Gegensatz zu ihrem Bedrohungs- und Vernichtungspotenzial. Das heißt nicht, dass diese Technologien verboten oder auf abgeschottete Regierungslabors beschränkt werden sollen, denn sie haben auch ein enormes Potenzial, der Menschheit zu helfen, gerade weil sie so leicht zugänglich sind. Wer weiß schon, welcher Jugendliche aus Jaipur oder welche Oma aus Milwaukee womöglich mit Synbio den langersehnten Durchbruch zu einer Krebstherapie schafft, die wirklich hilft? Aber wahrscheinlich ist eben auch, dass unter den vielen Menschen, die sich an diesen Technologien versuchen, ein paar Bösewichte sind, die eine globale Pandemie auslösen möchten. Das sollte uns zur Vorsicht mahnen. Wir müssen ernsthafter und intensiver darüber nachdenken, was wir mit diesen exponentiellen Technologien anfangen, welche Nachteile sie haben, welche Schäden sie verursachen können.

Angriffe aus dem Weltraum, KIs mit dem Streben nach Weltherrschaft und *gray goo* sind vielleicht nicht gerade unsere größten Alltagsprobleme. Die Kinder rechtzeitig von der Schule abzuholen, steht bei den meisten Menschen weiter oben auf der Liste. Aber es gibt eine Vielzahl von Bedrohungen, um die wir uns schon jetzt laufend kümmern müssen. Die lebenswichtigen Infrastruktureinrichtungen der Welt, von den Stromnetzen bis zu den Finanzmärkten, werden ständig angegriffen, was das globale Informationsnetz anfällig für einen systemischen Zusammenbruch macht. Gleichzeitig wächst die Menge der Daten, die wir über uns selbst und unsere Umgebung produzieren, exponentiell an und wirft tiefgreifende Fragen über den Datenschutz und die ethischen Probleme auf, die sich aus den Möglichkeiten von Big Data und der entstehenden Überwachungsgesellschaft ergeben. Diese Daten können gehackt und auf immer mehr Bildschirme in unserem Leben projiziert werden, um eine »Realität« abzubilden, die gefälscht ist. Dieser Mangel an Vertrauenswürdigkeit bei den Computersystemen wird noch dadurch verschärft, dass es mit Black-Box-Algorithmen so leicht ist, unsere Realität kaum wahrnehmbar zu verzerren. Das Geheimnis dieser Algorithmen kennen nur diejenigen, die sie hinter verschlossenen Türen und ohne öffentliche Kontrolle programmieren.

Mobile Rechner und ein Internet, das, metaphorisch gesprochen, von der Größe eines Golfballs auf die der Sonne anwächst, stehen uns unmittelbar bevor und bald schon hat womöglich jeder beliebige Gegenstand einen Internetzugang und eine IP-Adresse. Aber je mehr Gegenstände online sind, desto mehr gibt es zu hacken. So bekommen die bösen Jungs Ansatzpunkte, sich immer mehr in unsere Privatsphäre einzumischen, weil vom Schlafzimmer bis zu unseren eigenen Körpern alles in die Informatik integriert wird. Und bei jedem Entwicklungsschritt in dieser Richtung stehen Verbrecher, Terroristen und totalitäre Regimes bereit, die allgemein verbreitete Ahnungslosigkeit in Sachen Technik auszunutzen, indem sie sich der großen Mängel bedienen, die die heutige Hard- wie Software plagen. Diese Berufsverbrecher des 21. Jahrhunderts sind innovativ, anpassungsfähig und lernbereit und wenden die neuesten Methoden an, vom Crowdsourcing bis zum Affiliate Marketing, um die Technik, die uns umgibt, zu unterwandern.

Fortschritte in der Informatik und der KI-Entwicklung bedeuten, dass das Verbrechen inzwischen mit Scripts und Algorithmen abläuft, viel effektiver und mit viel weniger menschlichen Beteiligten. Schlimmer noch: Die Mittel, um diese Bedrohungen aufzuspüren, sind völlig ungenügend. Wenn 95 Prozent aller Malware unentdeckt bleibt und die Zeitspanne, bis ein Eindringling in einen Firmenrechner entdeckt wird, um die 210 Tage beträgt, ist klar, dass jedes Rechnersystem verwundbar und jedem, der Zeit und kriminelle Energie hat, ausgeliefert ist. Von der Zeit braucht man nicht einmal viel, wie die Studie Verizons und des Secret Service zeigte: 75 Prozent aller Computersysteme sind in wenigen Minuten zu hacken, und nur 15 Prozent halten länger als einige Stunden stand.

Die Auswirkungen dieser Bedrohungen werden zunehmen, wenn das Cyberverbrechen dreidimensional wird und sich des ständig wachsenden Internets der Dinge bemächtigt, einer im Entstehen begriffenen Online-Welt, die ebenfalls gut zu hacken und womöglich noch schlechter gesichert ist als unsere heutigen Laptops und Smartphones. Wenn Rechner in der wirklichen Welt autonom agieren, wie es sich im Aufstieg der Robotik verkörpert, heißt das auch, dass die Maschinen, die wir bauen, uns potenziell überflügeln und ausmanövrieren können, insbesondere weil sie gemeinsam und im Schwarm handeln können. Diese Entwicklung ist eine echte Gefahr, wenn man die wachsenden physischen Fähigkeiten der wachsenden Armee fliegender, laufender und schwimmender militärischer Roboter bedenkt, die meist von KI-Systemen gesteuert werden und teilweise schon über die Fähigkeit verfügen, autonom über Leben und Tod von Menschen zu entscheiden. Die Gefahr durch Cyberverbrechen verwandelt sich gerade von einer virtuellen in eine physische. Im Ergebnis wird so, wie wir im ganzen Buch immer wieder sehen, vor unseren Augen Science-Fiction zur Wirklichkeit.

Mit dem Aufkommen des Internets und der bevorstehenden Einführung von Milliarden zusätzlicher Verbindungen ins Internet der Dinge und zu den Sensoren seiner Geräte entwickelt sich unser Planet zu einem ständig expandierenden Nervensystem, das unsere Kommunikationsmittel, Gedanken und sogar Körper zu einem globalen Gehirn von enormer Komplexität verbindet. Dieses Internetgehirn wird von einer Vielzahl Softwaresysteme und Netzwerkprotokolle beherrscht, von denen jedes einzelne für bösartige Manipulationen anfällig ist. Das Immunsystem, das unser globales Nervensystem schützen soll, ist zurzeit also leider schwach und wird ständig infiziert. Die Konsequenzen seines Versagens kann man gar nicht düster genug ausmalen. Es wird also Zeit, sehr viel widerstandsfähigere Selbstschutzeinrichtungen dafür zu konzipieren und einzuführen – Schutzschilde, die ebenso schnell wachsen und sich anpassen können, wie neue technologische Bedrohungen aufkommen. Es ist natürlich verführerisch, sich nur auf die ungeheuren Vorteile zu konzentrieren, die unser Leben durch die Informatik erfährt, aber wenn wir die damit verbundenen Risiken ignorieren, dann tun wir dies auf eigene Gefahr.

Wir leben in einem Zeitalter der Exponentialität, aber unser Gehirn ist physiologisch immer noch das eines steinzeitlichen Jägers, kaum verbessert in den letzten 50 000 Jahren. Es liegt einfach nicht in unserer Natur, die den exponentiellen Technologien inhärente Macht zu erfassen. Aber wir müssen es versuchen. Denn wir sind genauso von exponentiellen Veränderungen bedroht wie die Lebewesen in jenem erwähnten Teich, den eine Seerose überwuchert. Die französischen Studenten, denen dreißig Tage blieben, um sich etwas auszudenken, den Teich zu retten, konnten noch am fünfundzwanzigsten Tag kaum etwas erkennen, das ihnen Sorge machte, weil die Seerose erst 3 Prozent der Wasseroberfläche bedeckte. Also ließen sie sie wachsen. Wie wir wissen, hatte die Seerose sich am neunundzwanzigsten Tag wie durch Zauberei auf die halbe Wasserfläche ausgedehnt, und es blieb keine Zeit mehr, um den Teich zu retten, weil sie ihn schon am nächsten Tag ganz überwuchert hatte. Heute kann man die Gesamtheit unserer technischen Ahnungslosigkeit noch leicht ignorieren. Sicher, hier werden einige Millionen Nutzerkonten gehackt und dort eine Milliarde Passwörter gestohlen, aber wir haben ja noch Zeit. Drohnen, Schrittmacher, Flugsicherungssysteme, Autos, Straßenlampen, Navigationssysteme, MRI-Maschinen – alle werden sie gehackt. Aber wir haben ja noch Zeit. Dutzende Milliarden Gegenstände werden dem Internet hinzugefügt, aber wir haben ja noch Zeit. Oder?

Das Menetekel ist da. Die Entwicklung der Technik vernetzt uns und macht uns abhängig und verwundbar. Die unzählbaren wissenschaftlichen Durchbrüche, die uns die exponentiellen Technologien ermöglichen, verheißen großen Nutzen für die Menschheit, aber sie müssen gesteuert und vor jenen geschützt werden, die sie zum Schaden der Allgemeinheit ausnutzen wollen. Es ist gefährlich für uns, die überwältigenden Belege für die Gefahren der Technik überall um uns herum zu ignorieren. Bald bricht der neunundzwanzigste Tag an. Was wollen wir unternehmen?

TEIL III: DEN FORTSCHRITT ÜBERLEBEN

KAPITEL 17

Den Fortschritt überleben

Es war keine leichte Reise bis hierher. Schwierige und oft unangenehme Fragen zur Technologie und der Rolle der allgegenwärtigen Technik in unserem Leben waren zu bedenken. Diese Maschinen und Geräte haben wir oft unbedacht in unser Heim, unser Büro, unsere Stadt und sogar unseren Körper eingeladen. Diese Reise hat uns einen durchdringenden und kritischen Blick auf die immer zahlreicheren Computerbildschirme in unserer Welt gegeben, die wir um 180 Grad gedreht und uns von der anderen Seite angesehen haben, um auch die Gefahr und nicht nur die Verheißung unserer Liebesaffäre mit der Technik wahrzunehmen. Unsere zunehmende technische Unfähigkeit und die Allgegenwart der inhärent anfälligen Computersysteme bedeuten, dass dieser Sturm technischer Unwissenheit, der sich zusammenbraut, nicht länger ignoriert werden darf.

Das Problem liegt natürlich nicht darin, dass die Technik schlecht wäre, sondern darin, dass so wenige Menschen sie verstehen. Im Endergebnis wird der Computercode, mit dem unser Planet funktioniert, unterwandert und gegen uns eingesetzt. Exponentielle Zeiten führen zu exponentiellen Verbrechen, in denen Einzelne mit bösen Absichten negative Effekte auf dutzende Millionen Menschen haben können, überall und jederzeit. Das gesamte Spektrum der entscheidenden Informationsinfrastrukturen ist in Gefahr. Diese Herausforderungen werden noch verschärft, wenn Milliarden neuer Gegenstände ins Internet gehen und an Netzwerke angeschlossene Computer in Form von Robotern sich im selben physikalischen Raum wie wir selbst bewegen, ganz zu schweigen von den Risiken der KI und der Synbio. Das erscheint alles so unüberwindlich und überwältigend, und nur, wenn wir diese Bedrohungen zunächst verstehen und erkennen, können wir die Veränderungen einleiten, die erforderlich sind, um die Grundlagen unserer zukünftigen technischen Umwelt zu sichern.

Für unsere gegenwärtige Situation gibt es keine einfachen Lösungen, kein Allheilmittel und kein Patentrezept, das alles ins Reine bringt. Erst Milliarden Einzelschritte haben uns zusammen in diese Klemme gebracht, und es bedarf vielleicht weiterer Milliarden Einzelschritte, um uns wieder herauszuführen. Die asymmetrische Natur der Bedrohung bedeutet, dass Angreifer nur eine einzige Schwachstelle finden müssen, während die Wächter in alle Richtungen gleichzeitig wachsam sein müssen, was einfach nicht geht. Trotzdem ist die Lage nicht hoffnungslos. Vollkommene Sicherheit wird es nie geben, aber wir brauchen sie auch nicht. Dass es aber in einer von Computern gesteuerten Welt so gut wie keine vertrauenswürdige Datenverarbeitung gibt, ist ein Alarmzeichen für uns alle.

Wissenschaft und Technik sind der Menschheit insgesamt ohne Zweifel zugutegekommen. Aber um auch im anbrechenden Jahrhundert noch zu gedeihen, müssen wir zunächst die Risiken überleben, die der Fortschritt unweigerlich mit sich bringt. Es gibt Schritte, die wir heute schon unternehmen müssen, wichtige Kurskorrekturen, um die gefährlichen Zukunftsszenarien, die vor uns liegen, abzuwehren. Auf den folgenden Seiten finden sich zahlreiche technische, organisatorische, bildungspolitische und sonstige Empfehlungen, sowohl strategische als auch taktische, die den exponentiell wachsenden Risiken der Technik entgegenwirken sollen. Von all den vielen Schritten, die zum Schutz einer technisch orientierten Zukunft nötig sind, halte ich sie für die dringendsten. Die Technik wird uns immer begleiten. Es gibt kein Zurück mehr. Die Schlüsselfrage ist, wie wir diese Werkzeuge und Möglichkeiten so einsetzen, dass wir den maximalen Nutzen bei geringstmöglichem Schaden erzielen. Es folgt ein Rezept zum Überleben des Fortschritts.

Killer-Apps: Böse Software und ihre Folgen

Die Softwareentwickler bei Facebook handeln schon lange nach dem Mantra: »Wo gehobelt wird, fallen Späne.« Dieses Sprichwort, dessen amerikanische Fassung »Move fast and break things« einmal groß an der Wand des Firmenhauptquartiers stand, spiegelte das ursprüngliche Hackerethos von Facebook wider. Es kam dabei mehr darauf an, möglichst schnell möglichst viel Software zu schreiben, auch wenn die Tools, die auf den Markt kamen, nicht perfekt waren. Probleme und Sicherheitslücken wurden hingenommen. Mark Zuckerberg sagt: »Wenn man nie Fehler macht, ist man wahrscheinlich zu langsam.«[1] Facebook ist mit dieser Arbeitseinstellung bei der Softwareentwicklung nicht alleine. Entweder offen oder uneingestanden befolgt der Großteil der Softwarefirmen die Maximen »Hauptsache, es wird versandt« und »Fertig ist besser als vollkommen«. Viele Entwickler geben bewusst Software für den Markt frei, die Mist ist, hoffen aber, es beim nächsten Mal besser zu machen. Diese Einstellung wirft ein grelles Licht auf alles, was beim Softwareschreiben schiefläuft und vermutlich gegenwärtig die größte Einzelbedrohung der Computersicherheit darstellt.

Die Öffentlichkeit wäre vermutlich entsetzt, wenn sie wüsste, in welchem Ausmaß die Technik, von der wir abhängen, gerade so eben funktioniert, durch sogenannte Isolierband-Programmierung zusammengehalten, immer nur wenige Tastendrücke vom Systemcrash entfernt. Quinn Norton, Redakteur bei *Wired*, der sich um die Hackerszene kümmert, erklärt deutlich: »Alle Software ist Mist.«[2] Die meisten Programmierer sind überarbeitet, die meisten Projekte haben zu kurze Deadlines und sind unterfinanziert. Der Programmierer möchte irgendwann bloß noch nach Hause und mal seine Kinder wiedersehen. Im Ergebnis bekommen wir dann fehlerverseuchte, unvollständige Software voller Sicherheitslücken, und die verursacht dann Katastrophen wie Heartbleed und öffnet großmaßstäbigen Hackerangriffen wie denen gegen Target, Sony PlayStation und Home Depot die Tür.

Es ist nicht einfach, heutzutage Quellcode zu schreiben. Es ist sogar unglaublich kompliziert. Das Programm Microsoft Office besteht aus über fünfzig Millionen Zeilen und jede einzelne müsste perfekt sein, um Angreifern keinen Ansatz zu bieten. Natürlich kann das nicht klappen. Und das wäre erst ein einziges Programm. Ihr Rechner oder Smartphone muss aber sämtliche Programme, die auf ihm laufen, miteinander in Einklang bringen und beaufsichtigen, dazu noch die in anderen Rechnersystemen, mit denen er in Kontakt tritt, wenn Sie im Internet unterwegs sind. Das Problem wächst exponentiell, weil inzwischen immer mehr Geräte selbsttätig über das Internet der Dinge miteinander kommunizieren. Diese Softwarefehler und Sicherheitslücken üben insgesamt einen kumulativen Effekt auf unser globales Informationsnetz aus und deshalb können 75 Prozent aller Rechnersysteme in wenigen Minuten gehackt werden. Solche Komplexität, verschärft durch die allgemein verbreitete Gleichgültigkeit gegenüber Softwarefehlern, bringt den angesehenen Computersicherheitsforscher Dan Kaminsky zu der Aussage, dass »wir heute zweifellos den Computercode im Zeitalter der Cholera erleben«[3].

Der arme Programmierer seufzt, wenn man ihm die armselige Software, die heute so fabriziert wird, vorhält: »Wir sind auch nur Menschen, es gibt keine perfekte Software.« Natürlich nicht, aber die heutigen Programme erreichen nur 50 Prozent der möglichen Qualität, wie Charlie Miller, ein angesehener Sicherheitsexperte, meint.[4] Könnte man diese Quote auf 70 oder 80 Prozent steigern, so wäre für die Sicherheit unserer Rechner schon viel gewonnen. Der Verbraucher wünscht sich leistungsstarke Software mit vielen Features, und zwar sofort. Zehntausende Käufer stehen tagelang in der Schlange und schlafen auf dem Bürgersteig, um sich das neueste iPhone zu sichern. Aber die Softwareanbieter müssen sich wirklich langsam zusammenreißen und die Sicherheit als Schlüsselmerkmal von Anfang an einzubauen, sonst kann niemand mehr seinem Rechner vertrauen.

Um dieses Umdenken zu bewerkstelligen und eine sichere Rechnernutzung tatsächlich zu ermöglichen, wären einige Anreize angebracht.[5] Wenn heute zum Beispiel ein Hacker eine Sicherheitslücke in einem Programm findet, dann kann er sein Wissen entweder für viel Geld auf dem Schwarzmarkt an das organisierte Verbrechen verkaufen oder die Lücke dem Anbieter melden, wofür er vielleicht eine kleine Belohnung bekommt, vielleicht aber auch eine Strafanzeige. Klar, wofür er sich entscheidet. Obwohl sich das langsam ändert und manche Anbieter schon Prämien für entdeckte »Bugs« ausloben, werden nur die wenigsten in Bargeld ausbezahlt, und dann sind die Beträge immer geringer als das, was man im digitalen Untergrund bekommt. Das muss sich ändern. Wohldotierte Sicherheitsprogramme, bei denen Hacker sich mit ihren Entdeckungen melden können, könnten den Schaden begrenzen, den die Softwarefirmen selbst anrichten, wenn sie unsichere und fehlerbehaftete Programme auf den arglosen Kunden loslassen.

Wenn man bedenkt, dass Software die treibende Kraft der Weltwirtschaft und aller unserer wichtigen Infrastrukturen ist, vom Stromnetz bis zum Telefonnetz, dann sieht man, dass keine Zeit zu verlieren ist. Aber dazu muss mehr geschehen, als dass nur ein paar Sicherheitsexperten mitreißende Artikel schreiben; ohne einen Aufschrei der Öffentlichkeit wird es nicht gehen. Die Kunden müssen auf bessere Software bestehen, was sie bis jetzt leider nicht tun. Denken Sie einmal darüber nach. Warum sollten wir die gegenwärtige Fehlerquote als natürlichen Zustand akzeptieren? Das muss nicht sein. Wir können einfach dadurch für Veränderung sorgen, dass wir die Verantwortlichen der Softwareindustrie mit ihrem Jahresumsatz von 150 Milliarden Dollar für ihr Handeln auch tatsächlich verantwortlich machen. Ohne diese Forderung der Öffentlichkeit wird den Kampf zwischen Profitabilität und Sicherheit jedes Mal die Profitabilität gewinnen. Wir müssen den Firmen zeigen, dass es in ihrem eigenen langfristigen Interesse ist, den Quellcode sicherer zu machen, und dass es ihr eigener Schaden ist, wenn sie es unterlassen. So wie es heute aussieht, haben die Entwickler, Programmierer und Firmen im Technologiebereich praktisch keine persönliche und geschäftliche Verantwortlichkeit für ihr Handeln. Das muss sich ändern.

Schäden durch Software

Der bekannte Informatikprofessor aus Yale Edward Tufte hat einmal geschrieben, dass es nur zwei Branchen gibt, die ihre Kunden »User« nennen, nämlich Computerdesigner und Drogendealer. Eine weitere wichtige Ähnlichkeit ist, dass die einen Ihnen so wenig Schadenersatz zahlen werden wie die anderen, wenn Sie beim »Nutzen« ihres Produkts Schaden erleiden.[6] Wenn Sie das ellenlange Kleingedruckte der Allgemeinen Geschäftsbedingungen durch einen kurzen Klick ungelesen abnicken, stimmen Sie zu, das Programm oder den Internetdienst des betreffenden Anbieters »wie gesehen« zu übernehmen, und geben alle Ansprüche an den Anbieter pauschal auf. Die Anbieter schreiben zum Beispiel: »Der Kunde kann den Dienstleister, seine Beauftragten und Angestellten keinesfalls für durch die Nutzung der geleisteten Dienste oder in Zusammenhang mit der Nutzung erlittene Schädigungen oder Nachteile in irgendeiner Weise verantwortlich oder haftbar machen oder juristisch belangen«, oder auch: »Der Dienstleister gewährleistet nicht, dass sein Produkt stets sicher, ungefährlich oder fehlerfrei ist.« Würden Sie einen Burrito kaufen, wenn auf der Packung so etwas aufgedruckt wäre? Wohl kaum. Wieso also kommt die Softwarebranche mit dieser selbstgestrickten Pauschalabsolution durch? Gute Frage.

Wenn es zu einem Autounfall kommt, weil im Fahrzeug Kabel falsch verlegt wurden oder sonstige Hardware falsch installiert ist, wie zum Beispiel bei den tödlichen Unfällen, als Toyota-Autos selbsttätig immer weiter beschleunigten, ohne dass der Fahrer es verhindern konnte, dann können die Überlebenden und Hinterbliebenen auf Schadenersatz klagen. Warum eigentlich nicht bei Schäden durch Software? Ist es wirklich nachvollziehbar, dass ein Gericht alle Schadenersatzansprüche mit Hinweis auf die akzeptierten AGBs ablehnt, wenn jemand durch fehlerhafte Software einen finanziellen Schaden erleidet oder gar stirbt? Selbst wenn man dem Richter und den Geschworenen beweisen kann, dass die Software der unmittelbare Auslöser des Schadens war? Ich finde nicht.

Verstehen Sie mich nicht falsch. Ich bin durchaus nicht für übermäßige gesetzliche Eingriffe und immer neue Richtlinien. Das wäre ohnehin nicht der beste Ansatz zur Bekämpfung der globalen Cyberbedrohung. Gesetze und Verordnungen sind stumpfe Waffen bei einer Technologie, die sich so schnell weiterentwickelt. Aber wir müssen eine Grenze ziehen, die nicht überschritten werden darf. Skrupelloses Ignorieren aller Konsequenzen schlecht geschriebener Software, die trotz bekannter Sicherheitslücken auf Kunden losgelassen wird, die sich natürlich nicht selbst auf ihrem Laptop oder Smartphone durch die Millionen Programmzeilen arbeiten können, um sie zu überprüfen, ist einfach nicht in Ordnung. Eine gewisse Verantwortung müssen die Entwickler schon übernehmen.

Natürlich wollen sie das nicht. Die Softwareindustrie wehrt sich vehement gegen jegliche Haftungsansprüche. Dadurch, so ihr Argument, würde sie unweigerlich in den Bankrott getrieben. Außerdem sei die Interaktion verschiedener Softwareprodukte – also Programme – so komplex und intensiv, dass man im Schadensfall nie genau sagen könne, wer schuld ist. Beide Argumente ziehen nicht. Wir haben den ganzen Prozess schon mehrmals durchgemacht, besonders im Fall der Autoindustrie. Bis Ende der 1960er Jahre waren Automobile für ihre Insassen lebensgefährlich. Verbraucherschutzverbände und Kongressabgeordnete nahmen sich der Sache an und 1966 wurde der National Traffic and Motor Vehicle Safety Act, das US-Gesetz über Sicherheitsanforderungen im Straßenverkehr, einer der größten Erfolge für die Volksgesundheit im 20. Jahrhundert. Die tödlichen Verkehrsunfälle gingen drastisch zurück, zehntausende Menschenleben wurden gerettet.[7]

Natürlich sind heutige Rechnernetzwerke viel komplexer als die Autos der guten alten Zeit, aber solange man keine finanziellen Anreize schafft, um Veränderungen voranzutreiben, wird es keine Verbesserung in der Sicherheit von Software- und Hardwareprodukten geben. Gegenwärtig trägt der Nutzer alle Schäden alleine, wobei den Softwareanbietern, deren Produkt er gutgläubig genutzt hat, kaum etwas passieren kann. Es gibt wenige oder keine Konsequenzen für den Verkauf schlecht geschriebener Programme zu befürchten und deshalb geht diese Praxis immer weiter. Nur wenn es den Anbieter mehr kostet, für die Schäden zu haften als von Anfang an Fehler auszumärzen, wird sich die Waagschale zugunsten besserer und sichererer Programme neigen. Ich bin zwar nicht für eine Flut neuer Verordnungen und Behörden, aber ich glaube, dass eine energische öffentliche Diskussion der eigentlichen Ursachen der Anfälligkeit unserer Computer überfällig ist. Jetzt ist der richtige Zeitpunkt, unser Haus in Sachen Computersicherheit zu bestellen, bevor wir die nächsten fünfzig Milliarden Gegenstände in unser globales Informationsnetz einbinden.

Weniger Datenverschmutzung, mehr Datenschutz

Wir haben in diesem Buch immer wieder gesehen, welche Folgen es haben kann, wenn Petabytes über Petabytes an Daten angesammelt werden, die dann geleakt werden. Ob es sich um Krankenakten, Kontoauszüge, Staats- oder Geschäftsgeheimnisse handelt – alles kommt irgendwann in die falschen Hände. Die Massenspeicherung dieser Daten in den Händen einiger weniger großer Internet- und Datenverarbeitungskonzerne führt zu unglaublich ergiebigen Zielen für Angriffe; sie sind ein Supermarkt für Datendiebe. Wie ich schon gesagt habe: Je mehr Daten Sie hinterlassen, desto mehr nimmt das organisierte Verbrechen Ihnen ab.

Die meisten Internetnutzer teilen der Welt inzwischen freiwillig einige der intimsten Einzelheiten ihres Lebens in den sozialen Netzwerken mit. Die Unternehmen, denen diese Netzwerke gehören, sammeln allerdings weit mehr Daten, als den Nutzern zumeist klar ist. Die Anbieter »kostenloser« Internetdienste verfolgen die Nutzer in ihrem gesamten Surfverhalten und spüren ihnen über das Mobiltelefon auch noch in der realen Welt nach. Wie wir gesehen haben, kommt einen das Kostenlose im Leben immer am teuersten zu stehen. Diese Informationen werden dann schön mundgerecht in Häppchen zubereitet und an schmierige, verschlagene Datenhändler vertickt, denen es völlig gleichgültig ist, ob die Informationen in ihren Händen zutreffen oder sicher sind. Wir würden uns vielleicht gerne über dieses Geschäftsgebaren beschweren (wenn wir die echten Kunden der Social-Media-Anbieter wären), aber wir können es nicht. Wir haben unsere Rechte als Nutzer nämlich im Tausch gegen kostenlose E-Mail, Statusaktualisierungen und Bildergalerien hergegeben – ein Klick, und wir hatten einem fünfzigseitigen Dokument in Vierpunktschrift zugestimmt, den Allgemeinen Geschäftsbedingungen. Gelesen haben wir sie natürlich nicht. Diese absurd einseitigen »Vereinbarungen« sollten nicht ausreichen, um die Unternehmen von aller Verantwortung für den sicheren Umgang mit unseren Daten freizusprechen. Wenn sie schon jeden Brosamen aufheben müssen, den sie aus unserem Leben picken können, dann müssen sie auch dafür geradestehen.

Das Verblüffende an diesem System ist, dass es nicht notwendigerweise so aussehen müsste. Der durchschnittliche Facebook-Nutzer erzeugt Schätzungen zufolge nur etwa acht Dollar Umsatz (nicht Profit) für das Unternehmen pro Jahr.[8] Ich würde Facebook lieber zehn Dollar per Brief schicken, wenn ich dafür meine Ruhe hätte. Mein Kabelfernsehanschluss kostet ungefähr hundertmal so viel! Ethan Zuckerman, Forscher am MIT, erklärt: »Werbung ist der Sündenfall des Internets. Der ›verderbte‹ Zustand, in dem wir es heute vorfinden, war nicht beabsichtigt; er entstand, weil man sich für kommerzielle Werbung als Lückenbüßer-Finanzierung für Internetinhalte und -dienste entschied.«[9] Heute bezahlen wir mit unseren Daten Gmail, YouTube und Facebook, aber die könnten doch stattdessen auch Internetanbieter sein, die so wenige persönliche Daten der Nutzer wie möglich speichern und dafür eine geringe Abonnementgebühr kassieren. Warum nicht den Mittelsmann aus dem Geschäft hinausschmeißen und ein viel einleuchtenderes System einführen? Für einen Dollar pro Monat könnten wir echte zahlende Kunden von Facebook und Google werden und unser Leben ungefährdet genießen.

Die heutige Situation allerdings bietet den Softwareanbietern unter dem Gesichtspunkt der öffentlichen Sicherheit die völlig falschen Anreize. Facebook hat viel mehr davon, immer mehr persönlich zuordenbare Daten über seine Nutzer zu sammeln und sie an tausende Datenhändler weltweit zu verkaufen, um Profit zu machen. Das ist das Geschäftsmodell von Facebook. Ob die Ankäufer unserer Daten sie dann in die Hände von Leuten gelangen lassen, die damit Identitätsdiebstahl, Stalking oder Industriespionage begehen, ist den Social-Media-Unternehmen letztlich egal, nachdem sie die Daten an den Meistbietenden versteigert haben. Uns ist das natürlich nicht egal, denn wir müssen die Folgen dieser unkontrollierten Datenweitergabe tragen. Wer die Vorteile der vielen »kostenlosen« Internetangebote trotzdem für besser hält, dem wünsche ich viel Spaß damit. Aber wir anderen müssten doch zumindest die Möglichkeit haben, uns für mehr Kontrolle über unsere Daten zu entscheiden?

Es ist zwar vielleicht in der modernen Welt nicht mehr möglich, sich vom Netz ganz abzukoppeln, aber ein System, das entscheidend mehr Schutz bietet, ist möglich. Es gibt Beispiele für ein besseres, ausgewogeneres Konzept, zum Beispiel die Datenschutzrichtlinie der EU. Sie ist sehr viel verbraucherfreundlicher und sichert allen EU-Bürgern ein Grundrecht auf den Schutz ihrer persönlichen Daten zu. Sie beschränkt die Art der Daten und die Dauer ihrer Speicherung und legt eine Frist fest, nach der sie gelöscht werden müssen. Dieser sehr viel vernünftigere Ansatz berichtigt nicht nur das Ungleichgewicht in unseren Geschäften mit Internetanbietern, sondern schützt unsere Daten auch davor, dem organisierten Verbrechen in die Hände zu fallen.

Nieder mit dem Passwort

Wie wir schon im ersten Kapitel am Beispiel von Mat Honans epischem Hack gesehen haben, schützt uns ein Haufen Buchstaben und Zahlen heutzutage nicht mehr. Klar, Sie können sich eine Atempause verschaffen, indem Sie ein fünfundzwanzigstelliges Passwort mit Groß- und Kleinbuchstaben, Ziffern und Sonderzeichen ausbrüten, aber das tut niemand wirklich. Auch 2015 sind die beliebtesten Passwörter immer noch »123456« und »Passwort«. 55 Prozent der Internetnutzer nehmen dasselbe Passwort auf den meisten ihrer Accounts und 40 Prozent haben keins für ihr Smartphone angelegt.[10] Selbst wenn sie eines hätten, würde es nicht viel helfen. Durch die Fortschritte in Rechnerkapazität, Datenverarbeitung in der Cloud und Crimeware aus dem digitalen Untergrund kann man inzwischen 90 Prozent aller Passwörter durch rasend schnelles Durchprobieren in wenigen Stunden knacken, wie eine Studie der Agentur Deloitte Consulting belegt.[11] Schlimmer noch, Mafiaorganisationen wie die russische CyberVor haben über 1,2 Milliarden Nutzernamen und Passwörter an sich gebracht, mit denen sie nach Belieben Nutzerkonten aufrufen können. Ganz deutlich gesagt: Unser heutiges Sicherungssystem für Internetaccounts mit Nutzername und Passwort ist zerstört.

Es gibt durchaus Maßnahmen, die wir schon heute ergreifen können, um uns einen effektiveren Schutz zu verschaffen. Ein Beispiel ist die Zwei-Stufen-Authentifizierung, die unter anderem Google, Microsoft, PayPal, Apple und Twitter anbieten. Dabei weist man sich nicht nur mit Nutzername und Passwort aus, sondern auch mit einem Gegenstand, den man in Besitz hat, zum Beispiel einem Sicherheits-Token, einem Schlüsselanhänger oder einem Mobiltelefon. Die meisten Internetanbieter, die sich an Normalverbraucher wenden, nehmen dafür das Smartphone. Sie senden per SMS einen Einwegschlüssel an das Telefon, den man zusätzlich eingeben muss, um an sein Nutzerkonto zu gelangen. Selbst wenn also ein Hacker das Passwort für Ihr Online-Banking-Konto, Ihren Facebook-Account oder auch Ihr Facebook-Profil erbeutet, braucht er immer noch Ihr Mobiltelefon, wenn er in Ihren Account einbrechen will, und das werden Sie ihm kaum geben, vor allem nicht, wenn Sie in New York wohnen und er zum Beispiel in Moskau. Die zweistufige Authentifizierung ist ein Schritt in die richtige Richtung, auch wenn diese Methode durch Mittelsmannangriffe ausgehebelt werden kann, indem man die SMS durch auf das Telefon geschmuggelte Malware abfängt und mitliest.

Um das zu verhindern, führen viele Smartphone-Anbieter wie Apple und

Samsung inzwischen eine andere Form der zweistufigen Absicherung ein, die etwas, das der Nutzer weiß (zum Beispiel ein Passwort), mit einer unveränderlichen körperlichen Eigenschaft kombiniert – zum Beispiel einem biometrischen Fingerabdruck oder einer Stimmerkennung. Der Fingerabdruck wird das Passwort zunehmend ersetzen, und auf dem iPhone 6 und unter iOS 8 können Apple-Nutzer sich jetzt auch bei PayPal oder ihrer Bank mit dem Touch ID-Fingerabdrucksensor ausweisen. Zwar gelingt es Hackern, zum Beispiel dem Chaos Computer Club, auch diese Systeme zu überlisten (nur wenn sie Zugang zum Gerät eines Nutzers bekommen, natürlich), aber die mehrstufige Authentifizierung ist auf jeden Fall eine bedeutende Verbesserung gegenüber der mit Nutzername und Passwort. Mat Honan hat recht – es ist Zeit, das Passwort abzuschaffen und auf mehrstufige Authentifizierung mit Biometrik umzustellen. Das ist zwar auch nicht perfekt, aber eine immense Verbesserung gegenüber der schwachen alphanumerischen Verschlüsselung, die wir heute haben. Es gibt zwar gegenwärtig keine perfekte Nutzeridentifikation, aber es gibt fantastische Möglichkeiten, bedeutend bessere Alternativen zu schaffen, besonders durch eine Zusammenarbeit in Forschung und Entwicklung, wie wir gleich noch sehen werden.

Verschlüsselung als Standardverfahren

Die große Mehrheit der heute vorliegenden Daten ist unverschlüsselt oder nur schlecht geschützt. Eine Studie des Computerriesen HP vom Juli 2014 ergab, dass 90 Prozent unserer vernetzten Geräte persönliche Daten sammeln, von denen 70 Prozent über völlig unverschlüsselte Netzwerke übermittelt werden.[12] Das heißt, jeder, der über schlechte Software, heruntergeladene Malware oder schwache Passwörter Zugang zu einem Netzwerk gewinnt, kann diese Daten beliebig stehlen, lesen und nutzen. Ohne Verschlüsselung kann wirklich jeder sie vollständig lesen, der Zugang zu ihnen gewinnt. Deshalb sind die 55 Millionen Kreditkartendatensätze, die der Baumarktkette Home Depot gestohlen wurden, für das organisierte Verbrechen überhaupt von Nutzen – das firmeninterne Netzwerk speicherte sie unverschlüsselt.[13] Mit einer ordentlichen Verschlüsselung hätten die Diebe mit den Daten nichts anfangen können. Nicht nur Kredit- und Bankdaten sind allzu oft unverschlüsselt, sondern auch Krankenakten, Geschäftsgeheimnisse, Bildübertragungen von Kampfdrohnen, Nacktbilder von Prominenten und fast alle unsere E-Mails. Die Auswirkungen der vielen Hacks und Datendiebstähle wären viel weniger schlimm, wenn eine ordnungsgemäße Verschlüsselung einfach zum Standard würde.

Die meisten Dateien auf privaten wie geschäftlichen Festplatten sind in Klartext abgefasst, lesbar für jeden, der sie abrufen kann. Das gilt auch für den Löwenanteil der das Internet durcheilenden Datenpakete, außer für große Webseiten mit HTTPS-Protokoll, wenn Sie ein Passwort oder Kreditkartendaten darüber verschicken. Aber man kann viel mehr tun, besonders im Gefolge der Enthüllungen Edward Snowdens. Positiv ist, dass Google seinen Datenverkehr zwischen Ihrem Rechner und seinen Server zunehmend verschlüsselt (alle Daten, nicht nur Ihr Passwort), zum Beispiel sämtliche Gmail-Nachrichten. Dadurch wird es sehr viel schwieriger, ihre E-Mails unterwegs abzufangen und mitzulesen. Normale E-Mails sind wie eine Postkarte für jeden lesbar, der die Daten abfängt, zum Beispiel aus dem WLAN-Netz des Cafés, in dem Sie Ihren Rechner aufklappen. Die Electronic Frontier Foundation, eine gemeinnützige Gruppe, die für Datenschutz und Informationsfreiheit eintritt, hat das Programm »HTTPS Everywhere« (»Überall HTTPS«) initiiert, um auf die Verschlüsselung aller Browserdaten hinzuarbeiten. Es wird, kurz gesagt, höchste Zeit, allen Internetverkehr zu verschlüsseln, um die Sicherheit und Unantastbarkeit Ihrer digitalen Kommunikation und Ihrer gespeicherten Daten zu schützen.

Heutige Betriebssysteme, zum Beispiel die von Microsoft und Apple, haben zwar kostenlose Verschlüsselungs-Tools bereits vorinstalliert, aber die sind nicht standardmäßig eingeschaltet und nur eine kleine Minderheit aller Unternehmen und eine noch kleinere von Privatnutzern verschlüsselt die Daten auf Laptops und Desktops. Die meisten wissen nicht einmal, dass es diese Sicherungsmöglichkeiten überhaupt gibt. Im Gefolge des iCloud-Prominenten-Hackerskandals 2014 räumte Apple-CEO Tim Cook ein, sein Unternehmen müsse mehr tun, um die Kunden auf Sicherheitsprobleme aufmerksam zu machen. Da stimme ich absolut zu. Im September 2014 kündigte Apple an, das neueste iPhone-Modell werde alle darauf gespeicherten Daten nach Einrichtung eines Passworts automatisch verschlüsseln, und Google versprach, bei der nächsten Android-Version für Mobiltelefone nachzuziehen. Das sind wichtige Schritte zur Verringerung der Risiken bei Mobiltelefonen, aber wenn man bedenkt, dass 40 Prozent der Nutzer ihres ohne Passwort benutzen, sieht man, dass Tim Cook recht hat: Das Gefahrenbewusstsein der Kunden muss erst noch geweckt werden.

Mit Wissen gegen Cyberverbrechen

In den USA wie auf der ganzen Welt gibt es zu viele Analphabeten, und ich meine das nicht im wörtlichen Sinn. Ich meine technisches Analphabetentum. In einer Welt voller Elektronik, Algorithmen, Computer, persönlicher Datenspeicher, RFID-Chips und Smartphones hat nur ein kleiner Teil der Bevölkerung irgendeine Vorstellung, wie diese Geräte eigentlich funktionieren. Wer es weiß – ob nun die NSA oder die Mafia –, hat eine Machtposition gegenüber denjenigen, die es nicht wissen, genau wie die des Lesens und Schreiben Kundigen früher gegenüber den richtigen Analphabeten. Wir müssen das technische Analphabetentum in der Gesamtbevölkerung bekämpfen.

Es geht nicht darum, jeden einzelnen zum Programmierer auszubilden (obwohl es der US-Wirtschaft nur guttäte, die naturwissenschaftlichen, technischen und mathematischen Kenntnisse der Bürger zu verbessern), sondern darum, dass alle Bürger die Grundlagen der Technologie verstehen, von der sie umgeben sind. Dies nicht nur, damit sie diese Geräte möglichst gut nutzen können, sondern auch, damit sie nicht von anderen ausgenutzt werden, die es besser können. Hätte jemand Cassidy Wolf, Miss Teen USA, den einfachen Trick gezeigt, die Webcam an ihrem Rechner mit einem Post-It zu überkleben, dann wäre es ihr erspart geblieben, dass jemand unbemerkt Nacktfotos von ihr in ihrem eigenen Schlafzimmer machte. Das ist zwar nur ein Beispiel, aber es gibt Unmengen Fälle, in denen ein bisschen mehr Wissen dem Opfer die Hackerattacke ganz erspart hätte. Es kommt auf die Bildung an, und was unsere Schulen an Cybersicherheitsausbildung bieten, ist erbärmlich.

In den öffentlichen Schulen der USA gibt es alles von Sexualkunde bis zu Fahrstunden. Nun verbringen Ihre Kinder wahrscheinlich viel mehr Zeit im Internet als am Steuer oder mit Sex, aber die meisten Schulen bieten keinerlei Kurse in Internetsicherheit an. Jahrelang war »McGruff, der Wachhund«, eine Comicfigur des National Crime Prevention Council, auf amerikanischen Bildschirmen und in Schulen zu sehen und mahnte Kinder wie Erwachsene, dem Verbrechen »den Biss zu nehmen«. Heutzutage brauchen wir McGruff mehr denn je, damit er unseren Kindern beibringt, dem Verbrechen »die Bytes zu nehmen«. Zum Glück gibt es schon einige sinnvolle Projekte. Das National Crime Prevention Council bietet Programme, die Eltern und Kinder über Angriffe aus dem Internet und das richtige Verhalten dort informieren, und die National Cyber Security Alliance betreibt eine ausgezeichnete Webseite (StaySafeOnline.org) und andere Öffentlichkeitsarbeit, um unsere digitale Gesellschaft zum sicheren Gebrauch des Internets zu Hause, bei der Arbeit und in der Schule zu erziehen. Aber diese Bemühungen müssen noch beträchtlich ausgeweitet werden, wenn wir der verstärkten Bedrohung, die uns mit vielen technischen Neuerungen auf breiter Front entgegenkommt, zum Beispiel mit dem Internet der Dinge, etwas entgegensetzen wollen. Wie schon gesagt, müssen viele dieser Bedrohungen auf der Systemebene bekämpft werden, aber auch der Einzelne muss die Risiken kennen und Verantwortung übernehmen, sich selbst und seine Familie so gut wie möglich zu schützen. Auch bei den Unternehmen ist der Nachholbedarf an Sicherheitserziehung nicht geringer. Firmen sind Angriffsziele, nicht nur für das organisierte Verbrechen, sondern auch für gut ausgerüstete staatliche Geheimdienste, die Geschäftsgeheimnisse und Firmendaten an sich bringen wollen. Sicherheitsmaßnahmen, wie sie früher nur bei höchster Geheimhaltungsstufe nötig waren, sind heute in der gesamten Wirtschaft eigentlich Pflicht. Auch hier sind unsere Bildungsprogramme viel zu schwach, und das muss sich ändern, wenn wir gegenüber der technischen Bedrohung, die sich vor uns auftürmt, bestehen wollen.

Der menschliche Faktor: Das vergessene schwache Glied in der Kette

Cybersicherheit ist nicht nur ein technisches, sondern auch ein menschliches Problem. Auch wenn Sie im Büro ein tolles und sehr sicheres Passwort benutzen – es bringt Ihnen nichts, wenn Sie es auf ein Post-It schreiben und an den Bildschirm kleben, weil Sie es sich nicht merken können, und jeder, der vorbeigeht, dann Zutritt zu Ihrem digitalen Leben bekommt. Das Problem der mehreren zehntausend Betrugsopfer, die jedes Jahr auf die nigerianische Masche hereinfallen, ist kein technisches Versagen, sondern ein menschliches:

Gutgläubigkeit und Gier, zwei ewige Begleiter der Menschheit. Wenn Sie Ihre Urlaubspläne frohgemut auf Facebook posten und sich bei der Rückkehr wundern, dass auch Einbrecher offenbar Facebook lesen, dann hat Ihr Leichtsinn das Verbrechen zumindest erleichtert. Und bei jedem Bankkunden, der unbedacht auf den Link in der so echt wirkenden E-Mail klickt, die ihm weismacht, sein Konto-Passwort sei abgelaufen und er müsse ein neues wählen, ist das Problem weniger der Hackerangriff selbst als die in der Sozialisierung vorgegebene Anfälligkeit für solche Phishingversuche. Wieviele Firewalls, Verschlüsselungsebenen und Antivirus-Scanner ein Unternehmen auch einsetzt – wenn der

Mensch an der Tastatur nicht aufpasst, hat der Hacker leichtes Spiel. Laut einer detaillierten Studie der IBM Security Services von 2014 ist bei 95 Prozent aller sicherheitsrelevanten Vorfälle im Internet menschliches Versagen im Spiel.[14] Der Unsicherheitsfaktor Mensch kann alle technischen Vorsorgemaßnahmen aushebeln, und deshalb müssen sowohl Arbeitnehmer wie Privatnutzer gründlich ausgebildet werden.

Schon im Prolog hatten wir ja gesagt, dass die Technik natürlich unsere Sicherheit erhöhen kann. Mehrstufige Authentifizierung, Biometrik, Verschlüsselung und Geolokation verhindern Verbrechen und reduzieren andere Sicherheitsrisiken. Aber wie wir mehrfach gesehen haben, sind diese technischen Mittel selbst nicht unangreifbar. Man darf davon ausgehen, dass die NSA ziemlich gute technische Sicherheitsvorkehrungen getroffen hatte – aber ein Mensch, Edward Snowden, setzte sie außer Kraft, um dann mit Tonnen geheimster Daten auf seinem USB-Stick zu flüchten. Ähnlich war es bei der (natürlich nur friedlichen Zwecken dienenden) Urananreicherungsanlage des Iran in Natans. Die technischen Sicherheitsmaßnahmen dort waren schon in Ordnung und die Steuerung der Zentrifugen war zum Beispiel nicht über das Internet zu erreichen. Aber es genügte, dass ein iranischer Ingenieur auf dem Parkplatz des Komplexes einen USB-Stick herumliegen sah und ihn neugierig in seinen dienstlichen Desktop stöpselte. Diese leichtsinnige Entscheidung öffnete dem Stuxnet-Wurm den Weg in das interne Netzwerk, über das auch die Zentrifugen gesteuert wurden. Es ist zwar bequem, bei jedem Problem nach einer einfachen technischen Lösung zu suchen, aber Geschäftsinhaber, Politiker, Internetanbieter, Programmierer und Ingenieure müssen auch an die menschliche Dimension der Sicherheit denken, wenn wir im Kampf gegen die technischen Risiken von heute und morgen Fortschritte erzielen wollen.

Wir als Menschen können allerdings schon viel für unsere persönliche technische Sicherheit tun, indem wir einfach unsere Gewohnheiten ändern. Denken wir zum Vergleich an das Risiko des Autodiebstahls. Nehmen wir an, ein BMW-Fahrer stellt sein Auto in einem von Verbrechen heimgesuchten Stadtteil ab. Wie er das genau macht, hat große Auswirkungen auf das Diebstahlrisiko. Wenn er an einer gut beleuchteten Stelle parkt, alle Türen abschließt, alle Fenster hochkurbelt und die Alarmanlage einschaltet, hat er alles Vernünftige getan, um die Diebe abzuschrecken. Die meisten Menschen haben inzwischen gelernt, dass man sein Auto so absichern sollte, aber ebenfalls die meisten haben keine Ahnung, was diesem Verhalten im Internet entspricht. Wenn wir im Netz sind, parken wir ohne Weiteres in dunklen Seitenstraßen, lassen Türen und Fenster offenstehen, vergessen die Alarmanlage einzuschalten und den Schlüssel abzuziehen und dekorieren den Fahrersitz mit Hundert-Dollar-Scheinen. Dann wundern wir uns, warum das Auto gestohlen wird.

Unser Ziel sollte keine Chimäre namens »perfekte Sicherheit« sein, sondern eine signifikante Verbesserung des gegenwärtigen Zustands. Das Beispiel mit dem BMW ist durchaus angemessen, denn auch ein Fahrer, der alle beschriebenen Maßnahmen getroffen hat, kann nicht sicher sein, dass sein Wagen nicht doch gestohlen wird. Abgesehen davon, dass man elektronisch gesteuerte Türen und Motoren ja hacken kann, könnte der Dieb mit einem Abschleppwagen kommen und das Auto einfach mitnehmen, um es sich später in Ruhe vorzunehmen. Mit genug Zeit, dem richtigen Werkzeug und ausreichend krimineller Energie kann man jedes System hacken. Ihr Ziel ist also nicht die perfekte Sicherheit, sondern zu erfahren, wie Sie an Ihrem »Auto« im Cyberspace die Türen abschließen. Sie müssen überhaupt erst einmal erfahren, was Sie alles kontrollieren können. Trotzdem sind viele Entscheidungen, die Sie im Netz treffen, nicht wegen Ihres Leichtsinns riskant, sondern weil die Rechnersysteme so unglaublich erbärmlich abgesichert sind – Webseiten, Smartphones, Software und Hardware. Es wird Zeit, das zu ändern.

Computersicherheit muss sich am Menschen orientieren

Diese Kunden sind alle Idioten – was aktualisieren sie ihre Passwörter nicht? Wieso haben sie kein VPN, keine Firewall? Also, ist bei Ihnen WEP oder WPA2 installiert?

Wie jeder weiß, der schon einmal die Kundendienst-Hotline eines Computer- oder Internetanbieters anrufen musste, hält man dort nicht viel von den Kunden. Die gewöhnliche Diagnose des Technikers am anderen Ende der Leitung lautet PICNIC – »Problem in chair, not in computer« (»Das Problem sitzt am Schreibtisch und nicht im Rechner«). Wer Informatik studiert und Kryptographie-Lehrgänge besucht hat und in PHP und C++ träumt, findet es sehr, sehr mühsam, mit dem durchschnittlichen Computernutzer zu sprechen. Wir sprechen zwei verschiedene Sprachen, ganz buchstäblich. Für den Sicherheitstechniker ist die Lösung ganz einfach: »Wenn diese Idioten nur endlich x oder y sein ließen, wäre doch alles in Ordnung.« Der Nutzer, der mit seinem Problem angerufen hat, wünscht sich nur, oft unausgesprochen: »Geben Sie mir einfache, verständliche Anweisungen, damit ich weiterarbeiten kann.« Heutige Sicherheitsmaßnahmen und -programme sind viel zu kompliziert und mühsam anzuwenden. Kompliziertheit ist der Feind der Sicherheit, um es deutlich zu sagen.

Entwickler von Sicherheitssystemen für Rechner sprechen in einem Jargon, in dem dauernd von Viren, Malware, Zero-Days und anderen Exploits, Trojanern, RATs und AES die Rede ist. Der Normalverbraucher hat keine Ahnung, was das alles sein soll. Sicherheitsprodukte, Soft- wie Hardware, werden heutzutage von Nerds für Nerds entworfen, und zwar fast ausnahmslos. Kaum ein Gedanke oder ein Quäntchen Mitgefühl wird an Sie oder gar Ihre Großmutter verschwendet, die das Zeug einsetzen sollen. Stattdessen geben die Produkte, die uns doch schützen sollen, Warnungen wie diese von sich: »Achtung! Ein Host Process für Windows Service mit UDP-Protokoll Outbound, Traversal Nr. IPv6NAT, versucht sich einzuwählen. Möchten Sie fortfahren?« Was zum Teufel soll das heißen? Niemand weiß es, außer dem Autor dieses furchterregenden Fensters. Es wird wirklich Zeit, dass sich die Cybersicherheit an ihren Nutzern orientiert.

Stellen Sie sich ein iPhone 6 vor, einen Eames-Sessel, einen Ferrari 458 Italia oder eine Leica T – das alles sind Produkte, die Freude bringen sollen. Sie sind nicht nur funktionell, sondern auch schön. Sie sind von Menschen entworfen, die ihre Kunden und deren Bedürfnisse genau kannten und dieses Wissen umsetzten. Wenn man Steve Jobs eines seiner neuen Produkte beschreiben hörte, wusste man, dass sein Schöpfer es liebte. Wo ist der Steve Jobs der Internetsicherheit? Was könnte Jony Ive, heute Chefdesigner bei Apple, für mehr Internetsicherheit tun? Wie sähe eine Firewall oder ein Antivirusprogramm aus, wenn er es entwürfe? Bis jetzt wissen wir es nicht, und das ist ein großes Problem.

Das ist es deswegen, weil die Menschen, etwas, das nicht ansprechend gestaltet ist, einfach nicht benutzen. Schlechtes Design kann sogar dazu führen, dass sich die Sicherheit des Nutzers vermindert. Warum kleben denn die Nutzer ihre Passwörter auf Post-Its an den Bildschirm? Weil es von den meisten ein bisschen viel verlangt ist, das Passwort nicht nur zwanzig Zeichen lang – mit mindestens einem Großbuchstaben, einem Sonderzeichen, einer Ziffer, einem Haiku und einem iambischen Pentameter, bitte – zu wählen, sondern es auch noch alle zwei Wochen zu wechseln. Also unterläuft der Kunde das Sicherheitssystem, um überhaupt noch zum Arbeiten zu kommen. Außerdem geben manche Sicherheitsprogramme, besonders Firewalls, so oft falschen Alarm, dass der Nutzer keine Wahl hat, als sie abzuschalten, um nicht ständig den Bildschirm voller Pop-up-Fenster mit sinnlosen Warnmeldungen zu haben. Wenn dann etwas passiert, macht der Kundendienst den Nutzer verantwortlich, anstatt erst einmal in den Spiegel zu schauen. Natürlich sind die Entwickler solcher Programme nicht ohne Mitgefühl oder gedankenlos – sie haben nur einfach keine Ahnung, was der Kunde sich wünscht. Es wird, um eine beliebte Phrase zu zitieren, Zeit, das Problem »neu zu denken«.

Anwendergerechte Produktentwicklung ist für die Verhaltensänderungen unabdingbar, die wir in der Computersicherheit brauchen, um der wachsenden Anzahl von Gefahren zu begegnen. Die Produktentwickler müssen ein Gefühl dafür bekommen, wie der Durchschnittsnutzer mit seinem Rechner und seinem Smartphone umgeht, anstatt von ihm zu erwarten, bizarre Gewohnheiten anzunehmen oder Warnfenster in Geheimsprache zu enträtseln. Wenn die Security-Gurus ihre Produkte nicht dem Verständnis und dem Verhalten des Normalverbrauchers anpassen, verfügt dieser weder über die Mittel noch die Informationen, die er braucht, um sich zu schützen. Eine verstärkte Aufklärung über die Gefahren im Internet und ein anwendergerechtes Design würden unsere technische Sicherheit bereits substanziell verbessern. Manche Bedrohungen sind allerdings zu groß, als dass der Einzelne sich dagegen schützen könnte. Hier sind zahlreiche Änderungen auf Systemebene erforderlich, und sowohl die Natur wie die Medizin geben hier nützliche Vorbilder ab.

Mutter (Natur) weiß es am besten: Ein Immunsystem für das Internet

Die Gefahren des Internets mutieren schneller, als unsere Abwehr bewältigen kann. Die Barbaren stehen nicht nur *ante portas*, sondern haben das Tor bereits niedergerannt und liefern uns einen Häuserkampf. Wir brauchen stabilere, schnellere und flexiblere Verteidigungsanlagen – etwas wie das Immunsystem des Körpers. In den über drei Milliarden Jahren, die es auf der Erde Leben gibt, haben Millionen Tier- und Pflanzenarten bis hin zum Menschen ungezählte Angriffe überlebt. Bei Tieren ist es das adaptive Immunsystem, das sie vor eindringenden Pathogenen schützt – Viren, Bakterien, Parasiten und sogar Umweltgiften. Die Methoden, die uns die Natur zeigt, sind eine wichtige Inspirationsquelle für komplexe menschliche Probleme; es gibt ein ganzes Fachgebiet, das sich damit befasst, die Bionik oder Biomimikry. Zum Beispiel wird gerade erforscht, wie Pflanzenblätter Sonnenlicht in Energie umsetzen. Mit diesen Erkenntnissen sollen dann bessere Solarzellen geschaffen werden. Warum lassen wir uns also nicht einmal mehr von der Natur inspirieren und schaffen selbstheilende Computernetzwerke?

Bis jetzt gehen wir Computersicherheit allgemein so an, dass wir uns gegen alle Bedrohungen möglichst abschotten, aber es ist keine Option, gar nicht mehr ins Internet zu gehen oder auf die Nutzung von IT zu verzichten. Ein viel besserer Ansatz wäre es, Risiken in Echtzeit zu erkennen und sich ihnen anzupassen, so wie es auch unser Immunsystem tut. Das menschliche Immunsystem wehrt nicht nur eine bestimmte Mutation des Grippevirus ab, sondern lernt sehr schnell, mit immer neuen Mutationen des Virus fertigzuwerden. Das kann es deshalb, weil der Körper genau weiß, was zu ihm gehört (»das Selbst«) und was ein eingedrungener Fremdkörper ist und eine Gefahr darstellt (»Nichtselbst«).[15] Solche Ansätze sind allerdings in unseren heutigen technischen Abwehrsystemen bestenfalls rudimentär vorhanden. DARPA und Pacific Northwest National Laboratory haben jeweils Projekte dazu gestartet, und eines der interessantesten wird an der Wake Forest University betrieben. Der Informatikprofessor Errin Fulp setzt dort die natürliche Schwarmintelligenz von Insektenkolonien gegen Cyberschädlinge ein, indem er tausende »digitale Ameisen« über ein Netzwerk ausschwärmen lässt, kleine Softwareeinheiten, die jeweils nach Anzeichen für Bedrohungen suchen. Findet eine Ameise eine solche, dann markiert sie das Problem mit einem digitalen »Duftstoff«, der andere Ameisen anzieht. Stärkere Duftspuren locken immer mehr digitale Ameisen herbei, die schließlich die potenzielle Schadsoftware überwältigen, bevor sie außer Kontrolle gerät.[16] Schadsoftware verbreitet sich so schnell, dass kein Mensch dabei mithalten könnte. Unser Ziel sollte es daher sein, nicht nur mit Sensoren in den globalen Netzwerken Eindringlinge und ihre Zutrittspforten zu entdecken, sondern gleichzeitig automatisch die notwendigen Reparaturen vorzunehmen – ein selbstheilendes Netzwerk, das keine menschlichen Eingriffe mehr erfordert, um »gesund« zu bleiben. Ein Immunsystem für die Erde. Bis es ein solches System gibt, müssen wir uns auf personalintensivere Ansätze beschränken, zum Beispiel die Täter durch die Polizei verhaften zu lassen.

Strafverfolgung im 21. Jahrhundert

Im Netz für Recht und Ordnung zu sorgen, ist nicht leicht. Klar, wir kennen die Gerüchte, die allmächtige NSA verfolge jeden Mausklick, den wir im Internet machen, und diesem Geheimdienst stehen auch tatsächlich extrem wirkungsvolle Mittel und Methoden zur Verfügung. Der durchschnittliche Polizist aber hat es im Internet nicht leicht. Ein Cop aus der 77. Division des LAPD, aus dem Revier Midtown South des NYPD oder aus dem Englewood District von Chicago hat keinerlei nachrichtendienstliche Mittel zur Verfügung; die sind alle streng geheim und könnten, selbst wenn er sie hätte, sowieso in keinem öffentlichen Gerichtsverfahren als Beweismittel angeführt werden. Selbst große nationale Behörden wie das FBI stoßen bei Ermittlungen gegen Cyberverbrecher auf Hindernisse, besonders im Ausland. Auf Bundes-, Bundesstaats- und lokaler Ebene sind die Strafverfolgungsbehörden chronisch überfordert und haben zu wenig Personal, um dem explosiven Anwachsen des Cyberverbrechens, wie in diesem Buch beschrieben, begegnen zu können. Die geschätzten Verluste der Weltwirtschaft durch diesen Zweig der organisierten Kriminalität von jährlich 400 Milliarden Dollar zeigen deutlich, dass die Polizei diesen Kampf derzeit verliert.

Die Internetkriminellen, wohlversorgt mit Profiten aus ihren Abenteuern im digitalen Untergrund, nutzen neue Technologien meist lange vor den legitimen Anwendern und den Strafverfolgern. Sie haben praktisch unbegrenzte finanzielle Mittel und müssen sich nicht mit Bürokratie, Antragsverfahren und rechtlichen Beschränkungen herumschlagen. Aber es gibt noch andere systemimmanente Faktoren, die den Kriminellen die Oberhand verschaffen, besonders was die internationale Zusammenarbeit in Rechtsfragen angeht. Der Cyberverbrecher kann in wenigen Minuten sechs verschiedene Länder heimsuchen, indem er sekundenschnell von einem Server zum anderen wechselt und damit von einem Kontinent zum anderen. Und die Polizei, die seiner digitalen Fährte folgt, um ihm das Handwerk zu legen? Sie ist nicht ganz so schnell. Bei allen Behördenaktivitäten müssen Vorschriften und Gesetze eingehalten und alles nach festgelegten Verfahren durchgeführt werden. Grenzüberschreitende Cyberverbrechen führen zu komplizierten Fällen in der internationalen Strafverfolgung. Das gilt nicht nur für die jeweils zuständige Polizeibehörde, sondern für das Polizeiwesen als Ganzes. Ein Cop aus Dallas, Texas, hat keine Befugnis, von einem Internetprovider in Tokio die Herausgabe von Nutzerdaten zu verlangen, und er kann niemanden in der Ginza verhaften. Dazu muss er zunächst ein Diensthilfeersuchen an die Kollegen in Tokio richten, und auch das nicht direkt, sondern über die beiderseitigen Regierungen. So etwas wird oft in Rechtshilfeabkommen geregelt. Der furchtbar langsame Gang der internationalen Strafverfolgung bedeutet, dass die Polizei Beweismittel aus dem Ausland oft erst nach Jahren bekommt (und dies in einer Welt, in der digitale Beweise innerhalb von Sekunden vernichtet werden können). Schlimmer noch, in den meisten Ländern ist Computerkriminalität strafrechtlich noch gar nicht erfasst, was schlicht bedeutet, dass Cyberverbrecher straffrei handeln. Und wie wir an den Drogenhändlern und Geldwäschern sehen konnten, sind sie schlau genug, ihre Zelte in genau solchen Ländern aufzuschlagen.

Strafrecht ist Sache der Einzelstaaten. Das heißt, jedes souveräne Land kann seine eigenen Gesetze und Verordnungen einführen, ohne dass sich andere in seine inneren Angelegenheiten einmischen. Dieses Prinzip geht auf den Westfälischen Frieden von 1648 zurück und hat sich jahrhundertelang bewährt.

Heute aber steht es unter unablässigem und zunehmendem Druck durch ein globales Internet, dass die Staatsgrenzen überwindet. Das Erbe des Westfälischen Friedens ist eine geografische Lösung für ein Problem, das nicht geografisch ist. Die technologische Bedrohung, der wir uns gegenübersehen, ist international und kann daher nur auf internationaler Ebene gelöst werden. Eine Institution wie Interpol, die Internationale Organisation der Kriminalpolizeikräfte, spielt eine wichtige Rolle bei der Bekämpfung grenzüberschreitender Internetkriminalität und der Koordinierung der Ermittlungen in den 190 Mitgliedsländern. Aber Interpol hat zur Erfüllung ihrer Aufgaben nur ein laufendes Budget von 90 Millionen Dollar. Damit soll sie vom Menschenhandel bis zum Kunstraub alle internationalen Verbrechen aufklären. Zum Vergleich: Das NYPD, die städtische Polizei New Yorks, alleine hat bereits einen Jahresetat von 4,9 Milliarden Dollar und ein einzelner Verbrecher, der Drogenboss Joaquín »El Chapo« Guzmán Loera aus Mexiko, hatte bei seiner Verhaftung fast 200 Millionen Dollar Bargeld im Haus (also mehr als das doppelte Jahresbudget von Interpol). Die Verbrechensermittlung, besonders im Bereich mehrerer Polizeibehörden und mit großen Datenmengen elektronischer Beweise, ist nicht nur arbeitsaufwändig, sondern auch besonders teuer. Wenn die Budgets der Polizei in diesem Bereich nicht um Größenordnungen erhöht werden, dürfen wir ein ungehemmtes Wachstum des organisierten Verbrechens erwarten.

Aber auch eine massive Budgetaufstockung in der internationalen Strafverfolgung würde unser Problem mit der zunehmenden Cyberkriminalität nicht lösen; es gibt nämlich in Politik und Polizei auch eine kulturelle Komponente, die angegangen werden muss. Noch 2012 gab Janet Napolitano, damals Heimatschutzministerin der USA, zu, weder E-Mail noch andere Internetdienste zu benutzen.[17] Doch, das stimmt: Die leitende Regierungsbeamtin mit der Verantwortung für die Sicherheit des Internets und anderer entscheidender Infrastrukturen unseres Landes benutzt keine E-Mail – nicht, weil sie das für zu unsicher hielte, sondern weil sie einräumt, »ein bisschen technikfeindlich« zu sein. Elena Kagan, Richterin am Obersten Gerichtshof der USA, gestand 2013 ein, dass ihre Richterkollegen »nicht gerade Technikfreaks sind« und das Gericht »noch nicht dazu gekommen ist, E-Mail einzuführen«. Stattdessen, so Kagan, kommunizieren sie untereinander durch Aktenvermerke auf Cremepapier, die von Gerichtsboten persönlich zugestellt werden.[18] Zweifellos sind die Ministerin und die Richter, beide an der Spitze wichtiger Verfassungsorgane, Menschen von scharfem Intellekt, aber es ist zumindest bemerkenswert, dass sie rudimentäre technische Methoden weder beherrschen noch sich dafür interessieren. Wie können in einer Welt, die so schnell voranschreitet wie unsere, Cybersicherheit und Datenschutz auf Regierungsebene von Leuten vorangebracht werden, die nicht einmal E-Mail benutzen?

Die Kernbestandteile unseres Justizsystems müssen sich wenigstens ein Mindestmaß an wissenschaftlichen und technischen Kenntnissen verschaffen. Die Ermittler müssen nicht nur verstehen, wie solche Werkzeuge funktionieren, sondern auch genauso kreativ sein wie ihre Zielpersonen – fast unmöglich in der Bürokratie einer großen Strafverfolgungsbehörde. Kriminelle automatisieren das Verbrechen mit KIs, aber die Polizei ermittelt in jedem Verbrechen einzeln und persönlich. Das Verbrechen wächst um Größenordnungen, die Polizei aber nicht. Es gibt KI-Crimebots, aber wo sind die »KI-Polizeibots«, um sie zu bekämpfen? Dieses Maß an Innovation würde gebraucht, aber wo ist es bei den Behörden? Das FBI sollte schleunigst eine Abteilung »Verrückte Wissenschaftler« einrichten, einen Kader von Special Agents, denen es gestattet wird, ohne das vorschriftsmäßige gestärkte weiße Hemd und die Krawatte das kreative Hackerethos ihrer Gegner zu praktizieren. Dafür rekrutieren sollte man »weiße Hacker« aus allen Bereichen der Gesellschaft, die imstande sind, unkonventionell zu denken. Wir sollten sie ermutigen, genauso kreativ und fantasievoll zu arbeiten wie bei Google – wo jeder Angestellte 20 Prozent seiner Wochenarbeitszeit, einen Tag in der Woche also, statt seiner normalen Arbeit ein spezielles Projekt verfolgen kann. Als Google an die Börse ging, schrieben seine Gründer im Börsenprospekt, das sei entscheidend für die Innovationskraft des Unternehmens und habe zu »vielen unserer wichtigsten Fortschritte« geführt, etwa Gmail, Google Talk, Google News und AdSense (gegenwärtig die Quelle von 25 Prozent des Google-Umsatzes). Die meisten Polizeibehörden haben so viel zu tun, dass sie sich nur auf die Taktik für das unmittelbar Anliegende konzentrieren können und kaum Zeit für das entscheidende langfristige strategische Denken haben, das allein zur Problemlösung führt. Wieviel wir auch den Polizeibehörden an Haushaltsmitteln zur Verfügung stellen – mit noch so vielen Verhaftungen wird das Cyberverbrechen nicht auszurotten sein.

Dass wir neue Ansätze brauchen, ist offensichtlich, wenn man bedenkt, dass unsere Offline-Strafverfolgung und -Justiz absolut inkompatibel mit der ständig wachsenden Online-Welt sind. So gibt es zum Beispiel Polizeibehörden im Cyberspace, aber warum eigentlich keine Feuerwehren? Das fragt Internetpionier Vint Cerf, und er hat recht. Wenn Ihr Nachbarhaus brennt und Ihres mit in Brand zu setzen droht, verhaften wir auch nicht das Nachbarhaus wegen Brandstiftung, sondern versuchen das Überspringen des Brandes zu verhindern. Die Polizei ist schon die richtige Instanz, wenn es um Verbrechensbekämpfung geht, aber es gibt noch viele andere Möglichkeiten, möglicherweise bessere, wenn es um andere Internetrisiken geht. Insbesondere müssen wir uns auf Vorsorge und Verhütung statt auf nachträgliche Ermittlung und Therapie konzentrieren. In dieser Hinsicht können wir in der Bekämpfung der Risiken, die unsere technische Unbedarftheit mit sich bringt, viel von der Gesundheitsvorsorge lernen.

Safer Techs: Warum Cyberhygiene so wichtig ist

In der realen Welt wissen wir alle, was gute Hygiene ausmacht, und sie wird überall gefordert. Auf den Personaltoiletten von Restaurants werden die Angestellten ermahnt, sich vor der Rückkehr an die Arbeit die Hände zu waschen. Ihre Mutter hat Ihnen als Kind bestimmt immer gesagt, Sie sollen sich beim Niesen die Hand vor den Mund halten, und Schulen, Ärzte und Reklametafeln preisen Kondome an und fordern zu Safer Sex auf. Wo sind diese Warnbotschaften in der virtuellen Welt? Ihre Mutter ermahnt Sie wahrscheinlich nicht, keine USB-Sticks von Fremden anzunehmen, und wir stöpseln diese Virusüberträger denn auch fröhlich in unsere Rechner ein und infizieren dadurch ungewollt Freunde und Nachbarn mit Malware. Wenn ich meine eigene Technik nicht gegen Viren impfe, bin ich irgendwann Sklave, ein krimineller Borg, der sich unwissentlich an DDoS-Angriffen und Phishing-Betrug beteiligt.

Internetvorsorge ist genau wie Gesundheitsvorsorge eine gemeinsame Verantwortung, und jeder Nutzer muss sich um sein Netzwerk und seine Geräte kümmern, wenn wir die Gesamtsicherheit unserer Technik in der Zukunft gewährleisten wollen. Wir haben die ethische Verpflichtung dazu. Wir alle müssen gute Hirten unserer technischen Schäflein werden und unsere Rechner, Telefone und anderen digitalen Geräte daran hindern, anderen zu schaden. Das Gute ist, dass es gar nicht schwer ist, ordentliche Cyberhygiene zu üben. Es gibt viele Listen mit Maßnahmen; hier ist eine sehr schöne der australischen Regierung, die alles auf vier Kernpunkte eindampft:[19]

- Eine Whitelist für Anwendungen. Nur bestimmte, einzeln genehmigte Programme dürfen auf Ihrem Rechner laufen; alle unbekannten Exe-Files und Installationen werden blockiert. Dadurch wird Malware und Schadsoftware ein Riegel vorgeschoben.
- Aktualisieren Sie Ihre Anwendungen wie MS Office, Java, PDF-Viewer, Flash-Viewer und Browser ständig automatisch, um Sicherheitslücken zu schließen.

- Sicherheitslücken im Betriebssystem (zum Beispiel Windows, Mac, iOS oder Android) werden ebenfalls durch automatische Aktualisierungen geschlossen. Gehen Sie sicher, dass Sie ständig die aktuellste Version Ihres Betriebssystems laufen haben.
- Vergeben und benutzen Sie möglichst wenig Administratorzugang zu Ihrem System. Wenn Sie nicht als Admin in Ihrem System zu tun haben, zum Beispiel bei der Installation neuer Programme oder einem Umbau des Systems, loggen Sie sich als normaler Nutzer ein. Dadurch haben auch Cyberverbrecher möglichst wenig Gelegenheit, mit diesen Privilegien zum Beispiel Schadsoftware zu installieren oder Ihren Rechner auszuspionieren.

Alleine diese vier Schritte genügen bereits, um erstaunliche 85 Prozent der zielgerichteten Angriffe auf Rechner und Netzwerke zu verhindern, so eine Studie der australischen Regierung. Eine detaillierte Studie durch Verizon und den U. S. Secret Service ergab einen ähnlich positiven Befund: »97 Prozent aller Datenlecks waren durch einfache oder mittelschwere Kontrollen zu verhüten.«[20] Eine bessere Gestaltung der Programme und ein wachsendes öffentliches Sicherheitsbewusstsein kann viel dazu beitragen, dass private Nutzer wie auch Unternehmen sich in puncto Cyberhygiene richtig verhalten. Dieser hartnäckigen und schwer zu bekämpfenden Bedrohungen Herr zu werden, erfordert einen einheitlicheren, globalen Ansatz, der sich an den Modellen der Epidemiologie und Seuchenbekämpfung orientiert.

Die Cyberseuchenbekämpfung: Eine Weltgesundheitsorganisation für den vernetzten Planeten

Die Sprache unserer technischen Unwissenheit ist voller Krankheitsmetaphern. Wir sprechen von Computerviren und infizierten Rechnern, um einen selbstvervielfältigenden Malware-Code zu beschreiben, aber anstatt uns auf Vorsorge und Enttarnung zu konzentrieren, geben wir die Schuld oft dem Opfer oder versuchen nachträglich, die Verantwortlichen dingfest zu machen, wenn der Schaden schon längst angerichtet ist. Wie wäre es mit einem Paradigmenwechsel? Wir sollten unser aller Cybersicherheit lieber als Problem der Volksgesundheit sehen. Organisationen wie die US-amerikanische Seuchenbekämpfungsbehörde Centers for Disease Control in Atlanta oder die Weltgesundheitsorganisation der UN entwickeln seit Jahrzehnten belastbare Systeme und objektive Kriterien, um Bedrohungen der Volksgesundheit auszumachen und zu bekämpfen.

Ihre Strukturen und Rahmenwerke sind weit besser ausgebaut als die in der Cybersicherheit. Angesichts der zahlreichen Parallelen zwischen ansteckenden Krankheiten und Computerviren können wir von der Seuchenbekämpfung viel lernen, zum Beispiel wie man ein anpassungsfähiges System aufbaut, das sich mit einem Heer ständig mutierender Krankheitserreger weltweit messen kann.

Wenn es um die Volksgesundheit geht, kann der Einzelne nicht mehr die ganze Verantwortung übernehmen. Wenn in Ihrem Dorf Ebolafälle auftreten, dann stecken Sie sich früher oder später an, auch wenn Ihre persönliche Hygiene einwandfrei ist. Das gilt entsprechend auch für die Welt der Cyberseuchen. Ein verantwortliches Handeln des Einzelnen kann hier einen großen Unterschied machen, aber die einzige Hoffnung, die wir haben, adäquat auf die rasche Verbreitung von Bedrohungen in unserer vernetzten weltweiten Matrix zu reagieren, liegt letztlich im Aufbau neuer Institutionen, die unser Vorgehen koordinieren. Eine Cyber-WHO mit dem entsprechenden Ansehen könnte die Zusammenarbeit zwischen Firmen, Ländern und Behörden fördern – entscheidende Schritte, um den Gesundheitszustand des Gesamtnetzwerks zu verbessern, das die wesentlichen Infrastrukturen sowohl im Internet wie in der realen Welt steuert.

Eine Organisation zur Cyberseuchenbekämpfung, ein Cyber-CDC sozusagen, könnte viel gegen die technischen Risiken bewirken, denen wir uns heute gegenübersehen, und eine entscheidende Rolle bei der Verbesserung des Gesundheitszustands der Netzwerke spielen, die die wesentlichen Infrastrukturen unserer Welt steuern. Ein von Microsoft und dem EastWest Institute finanzierter Report hat bereits vorgeschlagen, dass eine solche Organisation planmäßig und ständig folgende heute nur unsystematisch wahrgenommenen Funktionen ausüben könnte:[21]

- Ausbildung und Aufklärung, um die Öffentlichkeit mit wirkungsvollen Methoden der Cyberhygiene zum Selbstschutz vertraut zu machen
- Netzwerküberwachung zur Aufdeckung von Malware-Infektionsherden im Cyberspace
- epidemiologische Erforschung der Verbreitung von Computerseuchen und Richtlinien für Bekämpfung und Wiederaufbau, die sich an denen zur Volksgesundheit orientieren
- Impfung gegen bekannte Bedrohungen durch Förderung von Software- und Systemaktualisierungen
- Notfalleinsätze durch Expertengruppen je nach Bedarf und mit koordinierten weltweiten Bemühungen zur Eingrenzung von Internetseuchen und »Therapie« der befallenen Netzwerke

Es gibt zwar bereits zahlreiche Organisationen, sowohl Behörden wie NGOs, die sich mit diesen Aufgaben befassen, aber keine von ihnen ist zu allen gleichzeitig befähigt. Diese Lücken in den Maßnahmen und der Organisation sind es, durch die das Risiko von Cyberseuchen ständig steigt. Insbesondere ist ein epidemiologischer Ansatz zur Bekämpfung der wachsenden technischen Gefahren erforderlich, um an die Quelle der Malware-Infektionen zu gelangen, genau wie seinerzeit beim Kampf gegen die Malaria. Jahrzehntelang wurden nur die bereits befallenen Menschen behandelt und die tödliche Infektion nicht eingedämmt. Erst als die Epidemiologie erkannte, dass Malaria von Mücken übertragen wird, deren Larven in stehendem Wasser leben, wurden echte Fortschritte erzielt. Die Trockenlegung der Fiebersümpfe nahm den Moskitos und Larven ihren Lebensraum, und die Malaria wurde erstmals zurückgedrängt. Welche Sümpfe gilt es im Cyberspace trockenzulegen? Das wissen wir noch nicht genau; gerade deshalb ist diese Arbeit so wichtig.

Das Cyber-CDC wird sich noch einer weiteren immensen Aufgabe gegenübersehen: Die meisten »Kranken« im Internet wissen gar nicht, dass sie infiziert sind und ein Ansteckungsrisiko für andere darstellen. Malariapatienten wissen natürlich, dass sie sich angesteckt haben – sie bekommen Fieber, Schweißausbrüche, Übelkeit und Atembeschwerden. Opfer von Computerseuchen bleiben, um in der medizinischen Sprache zu bleiben, oft asymptomatisch, also beschwerdefrei. Die meisten privaten Computernutzer, deren Geräte befallen sind, haben also keine Ahnung, dass sich auf ihren Festplatten Malware tummelt und sie bereits ohne ihr Wissen als Soldat in einem Botnet rekrutiert wurden. Die Frist bis zur Entdeckung von Malware auf Unternehmensrechnern, die doch besser geschützt und überwacht sein sollten, liegt immer noch bei 210 Tagen, so dass auch die meisten Firmen nichts davon wissen, wenn ihr wertvollster Besitz, seien es Geschäftsgeheimnisse in Dateien oder die Maschinen selbst über ihre Computersteuerung, befallen ist.

Nur eines ist schlimmer, als Opfer eines Hackers zu werden, nämlich unbemerkt Opfer eines Hackers zu werden. Wenn Sie nicht wissen, dass Sie krank sind, woher sollen Sie wissen, dass Sie eine Therapie brauchen? Wie soll man außerdem digitale Seuchen eindämmen, wenn die Überträger nicht wissen, dass sie welche sind? Diese Probleme anzugehen, wird eine Haupttätigkeit der angestrebten Computer-WHO und grundlegend für unsere gemeinsame Sicherheit und die unserer entscheidenden Informationsinfrastrukturen sein.

Mikko Hypponen, Forscher auf dem Gebiet der Computersicherheit, weist darauf hin, dass die offensichtliche Achillesferse unserer heutigen, von Technik beherrschten Welt darin besteht, dass alles von Computern gesteuert wird, wirklich alles, und wir völlig davon abhängen, dass sie ordnungsgemäß arbeiten. Wir müssen dringend eine Möglichkeit schaffen, die Welt auch dann noch am Laufen zu halten, wenn sämtliche Rechner versagen. Sollten unsere Informationssysteme großräumig kollabieren, gäbe es auf einmal keine Finanzmärkte mehr, keine Geldautomaten, kein Telefonnetz, keine Tankstellen. Wie sieht der Notfallplan der Menschheit aus, wenn diese Kernbestandteile unserer Gesellschaft plötzlich ausfielen? Ganz einfach: Es gibt keinen.

Die im vorliegenden Kapitel umrissenen Schritte helfen uns schon ein gutes Stück, die Vielfalt der Bedrohungen einzudämmen, denen wir heute gegenüberstehen, aber dieser Plan ist keineswegs narrensicher. Wir stehen am Beginn eines technischen Wettrüstens zwischen einer Partei, die Technik im Dienste des Guten einsetzt, und einer anderen, die sie für Böses ausnutzt. Das Problem liegt darin, dass der schädliche Einsatz der digitalen Technologie exponentiell ansteigt und unsere gegenwärtigen Schutzmaßnahmen einfach überfordert. Es wird Zeit, das globale Informationsnetzwerk widerstandsfähiger zu machen, um einen Systemzusammenbruch zu vermeiden. Wenn wir den Fortschritt überleben wollen, den die Technik uns bietet, und die reiche Ernte ihrer Nutzanwendungen einfahren wollen, müssen wir zunächst flexible Sicherheitssysteme entwickeln, die mit den Gefahren mithalten und sie überwinden können. Es gilt, keine Zeit zu verlieren.

KAPITEL 18

Der Weg nach vorne

Unser technischer Dschinn lässt sich nicht mehr in die Flasche zurückzwingen. Ob im Cyberspace, in der Robotik, in der KI oder der Synthetischen Biologie – überall sind enorme Umwälzungen im Gang. Diese Veränderungen haben uns bereits an den Knickpunkt einer Exponentialkurve geführt, die in den kommenden Jahren explosionsartig in die Höhe schnellen wird. Es wird schneller so weit sein, als die meisten Menschen glauben, denn der Fortschritt in einem Fachgebiet stützt immer den der anderen. Durchbrüche in der IT fördern die biologische Speichertechnik und solche in der KI kommen der Robotik zugute. Alle diese Kräfte wirken aufeinander ein und türmen Exponentialität auf Exponentialität. Im vorliegenden Buch ist jedoch immer wieder darauf hingewiesen worden, dass nicht alle diese Entwicklungen vorteilhaft sein werden. In einem Beispiel nach dem anderen haben wir dargestellt, dass Kriminelle, Terroristen, Hacker und Schurkenstaaten die Technologie missbrauchen, um anderen zu schaden. Das heißt natürlich nicht, dass die Technik an sich böse wäre. Mit dem Feuer, dem Urahn aller Technologie, kann man sich warmhalten und Essen kochen, man kann aber auch das Nachbardorf niederbrennen. Das Messer ist sowohl Instrument des Chirurgen wie Waffe des Mörders. In den richtigen Händen kann der exponentielle technische Fortschritt ein Füllhorn für die Welt sein. In den Händen eines Selbstmordattentäters könnte die Zukunft dagegen ganz anders aussehen.

Die Geister in der Maschine

Eines der größten Probleme, die hinter unserer gegenwärtigen technischen Unwissenheit stecken, ist das Fehlen sicherer Anzeichen für einen Hackerangriff, wenn es überhaupt welche gibt. Der Missstand, den es zu beheben gilt, sind natürlich die unerwünschten Gäste (ob man sie bemerkt oder nicht). Das zugrundeliegende Problem ist, dass man nicht bekämpfen kann, was man nicht sieht. Überall in unseren Smartphones, Laptops, Tablets, Bankkonten, Kühlschränken, Autos, Firmennetzwerken und Stromnetzen sind Geister in den Maschinen. Alle Eindringlinge jederzeit draußen zu halten, ist ein edles Ziel, aber nicht mehr machbar. Falls es Ihnen noch nicht aufgefallen ist: Die sprichwörtliche technische Republik ist untergegangen. Unsere Technik ist voller Fehler, Unzulänglichkeiten und Invasoren. Heute können wir uns leider nicht mehr darauf beschränken, Eindringlinge durch Vorbeugung draußen zu halten. Wir müssen die Geister aus den Maschinen vertreiben, indem wir sie aufstöbern und dingfest machen. Wenn die durchschnittliche Zeitdauer, bis ein Eindringling auffliegt, über zweihundert Tage beträgt, heißt das, es gibt noch viel zu tun. Diese Zeitspanne muss erst auf Stunden und schließlich auf Minuten und Sekunden verkürzt werden.

Das ewige Problem mit Big Data ist natürlich, dass man umso mehr zu schützen hat, je mehr man bevorratet. Aber die meisten Unternehmen haben ihre Informationsspeicher nie inventarisiert; sie wissen nicht einmal, welche Daten sie lagern, wo sie lagern und welche am dringendsten geschützt werden müssen. Wenn diese Schwächen einmal bekannt sind, müssen wir auch darüber sprechen, und zwar öffentlich. Das ist sehr wichtig.

Die Mauer des Schweigens zu durchbrechen, die um fast alle Hackerangriffe liegt, ist ein entscheidender Schritt zur Förderung unserer gemeinsamen technischen Sicherheit. Heute fürchten die Unternehmen vor allem die Kosten, die es bedeutet, als Opfer eines Hackerangriffs bloßgestellt zu werden. Außer dem unvermeidlichen Imageschaden können es hunderte Millionen Dollar sein – direkte Verluste durch den Angriff, langfristige durch ausbleibende Kunden und juristische durch Schadenersatzklagen. Das Unternehmen tut also alles, um eventuelle Cyberangriffe, ob durch die Mafia oder durch Industriespione, geheimzuhalten. Aber dieses Schweigen ist gerade das Kernproblem unserer Cybersicherheit. Wenn jemand eine Vergewaltigung überlebt, aber zu beschämt ist, um damit zur Polizei zu gehen, bleibt der Vergewaltiger ungeschoren. Er muss weder sein Verbrechen büßen noch wird er daran gehindert, weitere zu begehen. Ein Hackerangriff ist natürlich eine ganz andere Art Verbrechen, aber auch hier sind die Opfer oft nicht bereit, an die Öffentlichkeit zu gehen. Das führt dazu, dass diese Vorfälle nicht statistisch ausgewertet und in ihrer Gesamtheit studiert werden können, um eine allgemein wirksame Verteidigung zu entwickeln. Die Verbrecher bleiben auf freiem Fuß und hacken fröhlich weiter. Das muss sich ändern. Gefahren verschwinden nicht, wenn man sie verschweigt, sondern verstärken sich, weil die Bösen sich unter dem Mantel des Schweigens frei bewegen können. Bei den Anonymen Alkoholikern ist der erste Schritt der Therapie, dass man sich eingesteht, süchtig zu sein. Sich einzugestehen, dass man ein Computersicherheitsproblem hat, ist der erste Schritt, es zu beheben.

Abwehrkräfte aufbauen: Automatische Verteidigung und Exponentialität des Guten

Cyberangriffe wird es immer geben – man kann sie nicht alle verhindern. Wir müssen die Frage auf einer höheren Ebene stellen, nämlich: Wie können wir unsere sich rasant weiterentwickelnde technische Welt so gestalten, dass sie solchen Angriffen besser standhält? Das ist angesichts der ständig zunehmenden Systemkomplexität keine einfache Aufgabe. Ein System, das Angriffen gut standhält, nennt man resilient. Es hält seine entscheidenden Funktionen auch dann noch aufrecht, wenn es von Hackern infiltriert wird, auch wenn Nebenaktivitäten vielleicht vorübergehend offline gehen. Die Natur bietet hier ausgezeichnete Vorbilder, zum Beispiel die Eidechse. Wird sie angegriffen oder von einem Beutegreifer gepackt, kann sie ihren Schwanz abwerfen. Er wächst später wieder nach und die wichtigsten Körperteile (Gehirn und Geschlechtsorgane) bleiben intakt. Was wäre der Eidechsenschwanz Ihres Firmennetzwerks? Es gibt ihn noch nicht, und das sollten wir ändern.

Ein Großteil unserer technischen Infrastruktur kann schon durch Schäden an einem einzelnen Punkt völlig zusammenbrechen. Am augenfälligsten ist hier natürlich die Gefahr eines Stromausfalls. Kein elektrischer Strom, kein Internet. Schlimmer aber ist, dass ohne Elektrizität auch das Leitungswasser, die Lebensmittelproduktion, der Überweisungsverkehr, alle Kommunikationsmittel und der Verkehr zusammenbrechen. Lokale Stromausfälle müssen isoliert werden können, damit sie nicht das gesamte Netz mit sich reißen, und wir brauchen Reservestromquellen, die wir je nach Bedarf zuschalten können, um umfassende »Blackouts« zu verhindern. Das gilt natürlich nicht nur für das

Stromnetz, sondern für alle technischen Hilfsmittel unserer modernen Zivilisation.

Die Risiken gehen weit über das Stromnetz hinaus und umfassen zum Beispiel auch die verbreiteten Softwareanwendungen und die Infrastruktur des Internets selbst. Ein Großteil dieser Anwendungen ist monokulturell, das heißt, die Software für einen gegebenen Zweck ist weltweit weitgehend identisch – und ihre Schwachstellen auch. Computermonokulturen sind ebenso anfällig für katastrophale Totalausfälle wie landwirtschaftliche; denken Sie nur an die Hungersnot in Irland nach Ausfall dreier Kartoffelernten Mitte des 19. Jahrhunderts. Über 90 Prozent aller Desktoprechner laufen heute mit Microsoft Windows als Betriebssystem und Anfang 2014 benutzten noch erstaunliche 95 Prozent aller Geldautomaten Windows XP – ein Betriebssystem, für das Microsoft bereits keine Sicherheitsaktualisierungen mehr veröffentlicht.[1] Technische Monokulturen sind die unabdingbaren Grundlagen für Massenangriffe auf Rechner. Mit einem einzigen Malwareprogramm können die Hacker bereits global zuschlagen, indem sie die betreffende Anwendung auf allen Rechnern lahmlegen. Wie wir gesehen haben, können Softwarefehler, die als Einbruchspforten dienen, oft jahrelang unentdeckt bleiben, bevor sie schließlich verstopft werden. Die Reparatur müsste aber bereits weltweit automatisch einsetzen, sowie eine Sicherheitslücke oder ein Malwareprogramm in einer Windows-8- oder Adobe-PDF-Version entdeckt wird. Die Softwarehersteller dürfen sich nicht länger darauf verlassen, dass die Nutzer ihre Systeme mit einem manuellen »Patch« flicken (die meisten tun es nämlich gar nicht), sondern müssten selbstheilende Programme verkaufen, die automatisch die aktuellen Sicherheitsaktualisierungen herunterladen, so dass alle bekanntgewordenen Fenster und Türen in unsere digitale Privatsphäre stets geschlossen sind. Anders ausgedrückt: Wenn die Hersteller bekanntgewordene Sicherheitslücken in dutzenden Millionen Exemplaren eines weltweit verkauften Programms nicht sofort beheben, ist das vergleichbar damit, einen mechanischen Schaden an einer Boeing 747, der zu einem Absturz geführt hat und in allen Maschinen dieses Typs auftreten kann, zu ignorieren.

Außerdem müssen wir dafür sorgen, dass einzelne Eindringlinge und Angriffe isoliert werden, bevor sie sich ausbreiten können. Denken Sie an die Hackerattacke auf die Supermarktkette Target 2013. Wie bereits geschildert, konnten sich die Angreifer unbefugten Zugang zu den Filialterminals des Einzelhändlers verschaffen, indem sie zunächst in das Netzwerk einer Gebäudetechnikfirma eindrangen, die für Heizung und Klimaanlage der Target-Märkte verantwortlich war. Wenn dieser Einstiegsangriff bereits entdeckt worden wäre, hätte

Target den Alptraum des folgenden Sicherheitsskandals ganz vermeiden können. Wir brauchen einen besseren und widerstandsfähigeren Schutz für unsere gespeicherten Informationen, sozusagen Daten-Airbags. Sowie ein Angriff auf einen Datenspeicher entdeckt wird, würden diese virtuellen Airbags ausgelöst, sie würden die Speicher sofort isolieren und sie vor weiteren Beschädigungen und Diebstählen schützen.

Alle CEOs und Vorstände sollten sich ehrlich prüfen, wie resilient ihr Unternehmen wirklich ist. Resilienz heißt wie gesagt, dass man auch bei einem von fachkundigen Bösewichten vorgetragenen schweren Angriff noch funktionsfähig bleibt. Das Unternehmen nimmt vielleicht oberflächlich Schaden, so wie die Eidechse ihren Schwanz verliert, aber es bleibt im Geschäft. Diese Widerstandskraft kommt nicht durch Zauberei, sondern erfordert Vorbereitung und Übungen. Netzwerkresilienz setzt vor allem Geschick in der Abwehr von Angriffen und Schnelligkeit bei der Reparatur gestörter Technik voraus. Wie rasch man nach einem abgewehrten Angriff alle geopferten technischen Einrichtungen wieder in Betrieb hat, kann den Unterschied zwischen Bestand und Untergang der Firma ausmachen. Mit dieser Frage darf man sich nicht erst befassen, wenn der Ernstfall da ist, sondern muss sie lange vorher beantworten.

Die resilienteren Systeme, die wir anstreben, müssen von Grund auf neu entwickelt werden. Sicherheit kann man nicht so einfach nachrüsten, wenn die Maschine schon läuft. Die Systeme müssen so aufgebaut sein, dass sie elegant abschalten und nicht in einer Katastrophe zusammenbrechen. Sichere und zuverlässige Rechnernetzwerke sind der Grundstein unserer technischen Zukunft, damit uns das Ganze nicht um die Ohren fliegt. Das gilt insbesondere dann, wenn das Internet der Dinge und mit ihm völlig neuartige Technologien wie Robotik, KI und Nanotechnologie Wirklichkeit werden. Wir dürfen die politischen, juristischen, ethischen und sozialen Folgen des immer weiter um sich greifenden Einsatzes neuer Technologien nicht weiter vernachlässigen; wir sind für unsere Erfindungen moralisch verantwortlich.

Es gibt treffende historische Vorbilder für die Zusammenarbeit von Experten bei der vorausschauenden Vermeidung abzusehender schwerer Risiken. Ein Beispiel ist die Asilomar-Konferenz über rekombinierte DNA, die 1975 in Asilomar State Beach bei Monterey in Kalifornien abgehalten wurde. Hier trafen sich 140 Biologen, Juristen, Ethikfachleute und Mediziner, um über die möglichen biologischen Risiken der aufkommenden DNA-Technologie zu beraten und Sicherheitsrichtlinien auf freiwilliger Basis auszuarbeiten. Im Gefolge dieser Konferenz wurden Experimente eingestellt, die das Erbgut verschiedener Organismen miteinander kombinierten. Diese damals aktuellen Forschungen waren potenziell hochgefährlich, ihre Risiken und Gefahren noch kaum bekannt. Die Lehren und Erfolge der Asilomar-Konferenz sollten wir uns zu Herzen nehmen. Heute treiben wir zwar die Entwicklung von Synthetischer Biologie, Künstlicher Intelligenz, Schwarmrobotik und Nanotechnologie mit voller Kraft voran, widmen aber dem Verständnis der Begleitrisiken von Technologien, die sich unkontrolliert vermehren können, kaum Zeit und Energie. Nur gut, dass es 2009 am selben Strand von Monterey wieder eine Expertentagung gegeben hat, diesmal über die Zukunft der Künstlichen Intelligenz. Weitere solche Konferenzen sind entscheidend, um die Resilienz einer auf exponentiellen Technologien gegründeten Welt zu stärken.

Wenn wir diesen Weg weiter beschreiten, bedarf es noch einer weiteren Veränderung, um die Sicherheit unserer Gesellschaft zu gewährleisten. Wir müssen die vollautomatisierten Massenangriffe krimineller Hacker in gleicher Größenordnung beantworten können. Immer und immer wieder sehen wir zu, wie die Bösen ihre Angriffe automatisieren. Die Kapazität, die sie dadurch gewinnen, hat zum Paradigmenwechsel im Verbrechen geführt, das jetzt nicht mehr ein Opfer pro Straftat, sondern eine Vielzahl fordert. So kann eine einzige Verbrecherbande 1,2 Milliarden Passwörter abgreifen, während eine andere zu einer DDoS-Attacke mit unglaublichen 70 Gigabyte pro Sekunde in der Lage ist, die ein Dutzend Finanzinstitutionen lahmlegt. Die Werkzeuge, derer sich das Böse bedient, wachsen in ihrer Wirksamkeit exponentiell, und unsere Systeme, die Systeme des Guten, bleiben abgeschlagen zurück. Unsere Verteidigungsanlagen sind nicht anpassungsfähig genug, um dem Systemrisiko zu begegnen, dem wir global gegenüberstehen. Unsere Regierungen sollten darüber tief besorgt sein.

Den Staat neu erfinden: Starthilfe für Innovationen

Nur 13 Prozent der US-Bürger waren im Jahr 2014 mit der Arbeit ihres Kongresses zufrieden, immerhin eine leichte Verbesserung vom tiefsten Wert aller Zeiten, 9 Prozent, im November 2013.[2] Praktisch niemand vertraut mehr der Politik – ob wegen der Rolle des großen Geldes, der US-typischen »Shutdowns«, wenn der Kongress den Haushalt nicht genehmigt und die Regierung dichtmachen muss, der tief gespaltenen Parteienlandschaft oder des gravierenden Reformstaus in der Gesetzgebung. Überall um uns herum läuft der technische Fortschritt mit exponentieller Geschwindigkeit ab, während die Regierungstätigkeit bestenfalls linear fortschreitet. Das offensichtliche Dilemma einer solchen Unausgewogenheit ist, dass man Probleme des 21. Jahrhunderts nicht mit Institutionen des 19. Jahrhunderts lösen kann. Wir brauchen eine sehr viel anpassungsfähigere Regierung und Verwaltung, eine, die zehnmal so schnell wie gegenwärtig reagiert – nur, um mitzuhalten. Minister und Bundesrichter, die keine E-Mails schreiben, haben darin nichts mehr zu suchen.

Der Mangel an Innovation in der Regierung ist nicht nur in der Legislative offensichtlich, sondern auch in den Sicherheitsbehörden und im Polizeiapparat. Als Reaktion auf die Kreativität (einer entschieden teuflischen Kreativität, wohlgemerkt) der Terroristen des 11. September 2001 gab der Staat Milliarden Dollar aus und schuf so »innovative« Gegenmittel wie die Transportation Security Administration, die für die Sicherheitskontrollen an Flughäfen zuständig ist. Vierjährige Kinder und Großmütter in Rollstühlen zu durchsuchen, ist zwar ein spektakuläres Theater, aber um zukünftige Terroranschläge zu verhindern, müssen wir schon ein bisschen mehr tun. Angesichts des Tempos, das der technische Fortschritt vorlegt, müssen wir für die Zukunft mit völlig neuartigen Sicherheitsrisiken rechnen – einer der Gründe, warum es der Staatsapparat im Kampf gegen unsere allgemeine Cybergefährdung so schwer hat.

Das soll nicht heißen, dass es keine fortschrittlichen Bestrebungen im Regierungsapparat gäbe. Immerhin hat der Staat uns das Internet und die Raumfahrt gebracht und war Katalysator bei der Entschlüsselung des menschlichen Genoms. In den Behörden unseres Landes gibt es überall Innovationsnester. Wir müssen sie nur zu einem Wachstum in exponentieller Größenordnung anregen, an dem es heute noch fehlt. Ein gutes Beispiel ist Code for America, eine gemeinnützige Organisation, in der erfahrene Programmierer ehrenamtlich Software und Internetauftritt von Behörden verbessern, um sie einfacher, effektiver und nutzerfreundlicher zu gestalten. Dann wäre da das angesehene GovLab, das »Regierungslabor« an der NYU, ein Innovationsforschungsinstitut, das den Einsatz moderner Technologien zur Erhöhung der Problemlösungskapazität staatlicher Einrichtungen erforscht. GovLab, finanziert von der MacArthur Foundation und der Knight Foundation, arbeitet daran, vernetzte Technologien von der hierarchischen Struktur, die sie heute haben, zu dezentralisierten Plattformen für Selbstverwaltung, Innovation und Bürgerbeteiligung umzugestalten.

Grundlegend notwendig für den Staatsapparat, wenn er relevant für die Lösung der entscheidendsten und drängendsten globalen Probleme bleiben will, ist aber ein völlig neues Rahmenwerk für die Problemlösung. Hier können wir Anleihen im Silicon Valley machen und uns Regierung und Verwaltung sozusagen als das Betriebssystem der Gesellschaft vorstellen. Wenn wir das Betriebssystem völlig umbauen, ändert sich alles andere automatisch mit. Unsere überkommenen Institutionen schleppen sich mühevoll dahin, ob im Bildungssystem, im Gesundheitswesen oder in der Strafverfolgung; die Technik hat das staatliche Rahmenwerk längst hinter sich gelassen. Gegenwärtig besteht die Reaktion der Regierung auf Sicherheitsprobleme in der Technik hauptsächlich aus schönen Worten und verpassten Gelegenheiten. Wir brauchen ein neues Betriebssystem für die Welt, eines, das von Grund auf neu entwickelt wird und die exponentiellen Veränderungen um uns herum bewältigt.

Bill Joy ist für den Ausspruch berühmt, »Wer auch immer Sie sind – die meisten schlauen Leute arbeiten für die Konkurrenz.« Das bezog sich ursprünglich auf die Wirtschaft, gilt aber auch, und vielleicht noch mehr, für den Staat. Die heutigen Regierungs- und Verwaltungsinstitutionen haben kein Monopol mehr auf die Lösungen für unsere Probleme, aber sie können eine wichtige Rolle im Zusammenbringen staatlicher und privater Institutionen spielen, um solche Lösungen zu finden.

Funktionierende Zusammenarbeit von Staat und Privatwirtschaft

Die staatlichen Maßnahmen zum Schutz der Bürger gegen die alltäglich gewordene Cyberkriminalität sind bis jetzt völlig inadäquat. Sollte uns das überraschen? Zehntausende Hackerattacken gegen die US-Regierung durch ausländische Gegner beweisen, dass Washington nicht einmal sich selbst schützen kann. Es ist offensichtlich, dass eine ernsthaftere und tiefgreifendere Zusammenarbeit zwischen dem öffentlichen und dem privatwirtschaftlichen Sektor unabdingbar ist; ohne sie wird es kaum bedeutsame Fortschritte zur Verbesserung unserer Sicherheit geben. Das ist besonders entscheidend, wenn es um die wesentlichen Infrastrukturen unseres Landes geht, die zu 85 Prozent von der Privatwirtschaft betrieben werden.[3] Als Nation und als Volk brauchen wir eine Zusammenarbeit von Regierung und Wirtschaft beim Schutz der Maschinerie unserer modernen Welt. Die Frage ist, wie sie aussehen soll.

So unterschiedliche Institutionen wie das FBI, die EU und das Weltwirtschaftsforum haben den Bedarf für Public-Private Partnerships (PPP) erkannt und Programme für eine verstärkte Zusammenarbeit der Verantwortlichen für die entscheidenden Infrastrukturen weltweit aufgelegt. Andere Initiativen wie die Information Sharing and Analysis Centers (»Zentren zum Austausch und zur Analyse von Informationen«) unterstützen spezifische Branchen wie Finanzdienstleister, Stromnetzbetreiber und Telekomanbieter darin, besser zusammenzuarbeiten und Cyberangriffe abzuwehren. Auch das Forum of Incident Response and Security Teams (»Forum für Angriffsabwehr und Sicherheitsteams«) spielt eine wichtige Rolle bei der Verbesserung der Zusammenarbeit und Kompetenz der verschiedenen amtlichen und privatwirtschaftlichen CERTs (das sind Computer Emergency Response Teams, also Notfalleinsatzgruppen gegen Cyberangriffe). Erste Versuche von PPPs waren durchaus erfolgreich, aber einige sind auch für schwammige Aufgabenstellungen kritisiert worden, die sich im Wesentlichen auf »Informationsaustausch« beschränkten.

Damit der Informationsaustausch zwischen Behörden und Unternehmen wirklich eine Bedeutung erlangen kann, müssen große Probleme überwunden werden. Die Privatwirtschaft vertraut amtlichen Stellen gewöhnlich nicht, wenn es um die Wahrung von Betriebsgeheimnissen geht. Besonders fürchtet sie, dass die Konkurrenz Daten zu Hackerangriffen bekommt, und natürlich kartellrechtliche Schwierigkeiten. Die Behörden wiederum stehen eigenen Problemen gegenüber: Sie müssen Wege finden, ihre Erkenntnisse über spezifische Cybergefahren – viele davon geheim – mit Unternehmen und Technikern zu teilen, die eigentlich nicht zu Einblicken in geheimdienstliche Dokumente befugt sind. In einem Bericht des Government Accountability Office von 2010 hieß es, dass weniger als ein Drittel der Firmen, die in Sachen Cybersicherheit mit den Behörden zusammenarbeiteten, glaubten, von diesen nützliche Informationen über konkrete Bedrohungen zu erhalten.[4]

Die Dringlichkeit der vor uns liegenden technischen Gefahren bedeutet, dass wir diese Anfangsschwierigkeiten entschlossener als bisher überwinden müssen, um fruchtbringende Partnerschaften zwischen Behörden und Privatunternehmen zu ermöglichen.

Als besonders positiv sei in diesem Zusammenhang das SINET erwähnt. Das Security Innovation Network hat das Ziel, die Innovation auf dem Gebiet der IT-Sicherheit durch den Aufbau praktischer Verbindungen zwischen Staat und Privatwirtschaft zu fördern. SINET wurde in San Francisco gegründet und dient als Vermittler (eine Art Übersetzer zwischen Silicon Valley und Washington, D.C.). SINET fördert, indem es die führenden Akteure beider Seiten zusammenbringt, Unternehmergeist und Innovation bei allen, die im Bereich der IT-Sicherheit arbeiten, so dass sie der Herausforderung gewachsen sind. Über die Spezialisten in Regierung und Industrie hinaus, die sich professionell mit der Abwehr von Cybergefahren befassen, gibt es aber noch eine dritte starke Kraft, die man hier einsetzen kann: eine gebildete und engagierte Öffentlichkeit.

Wir das Volk

Wenn man sich Umfang und Ausmaß der verbrecherischen Aktivitäten ansieht, die von Mafiosi, Terroristen, Hackern und Schurkenstaaten begangen werden, kann man wirklich niedergeschlagen, ängstlich und sogar depressiv werden. Aber wenn es eines gibt, das mir echten Trost spendet, nachdem ich jetzt seit zwanzig Jahren auf dem Gebiet der globalen Sicherheit arbeite, so ist es der Gedanke, dass es auf der Welt sehr viel mehr gute als schlechte Menschen gibt. Das ist ein großer Vorteil, den wir aber noch nicht voll ausnutzen. Das organisierte Verbrechen kennt sich dagegen mit Crowdsourcing gut aus und kann Banden mit mehreren tausend Mitgliedern mobilisieren. So geschehen beim massiven Hackerangriff auf Geldautomaten 2013, bei dem Diebe in 27 Ländern innerhalb von zehn Stunden 36 000 manuelle Abhebungen durchführten. Der Gesamtgewinn belief sich auf das nette Sümmchen von 45 Millionen Dollar. Geschwindigkeit, Geschicklichkeit, Sachkenntnis, Innovationskraft und Wirksamkeit dieses Angriffs sind staunenswert. Aber wo ist sein Gegenstück in der Gefahrenabwehr? Es existiert noch nicht, und das müssen wir ändern, um unsere Selbstverteidigungskraft und unser Selbstvertrauen am Beginn dieses neuen digitalen Zeitalters zu stärken.

Mir ist schmerzlich klargeworden, dass die Behörden dabei sind, den technologischen Wettlauf gegen die Kriminellen zu verlieren. Die Polizei, überfordert vom Umfang der Arbeit und durch Unterfinanzierung gelähmt, wird belagert und kommt kaum noch mit. Außerdem ist sie ein geschlossenes System und arbeitet national, während die Bedrohung international ist. Unsere gegenwärtigen Sicherheitsmaßnahmen – Schusswaffen, Grenzpatrouillen, hohe Zäune – sind entsetzlich veraltet. Sie halten Bits und Bytes nicht auf, die mit Lichtgeschwindigkeit um die Welt reisen. Um diese offensichtlichen Sicherheitslücken zu überwinden, brauchen wir neue und radikale Ansätze zur Problemlösung, darunter auch eine offenere Form der Verbrechensbekämpfung, die allen Bürgern offensteht. Wo sind die Bürgerwehren und Hilfspolizeiprogramme des Cyberspace? Wir sollten uns nicht auf eine kleine Elite ausgebildeter Agenten verlassen, um uns alle zu schützen, sondern würden viel besser fahren, wenn wir auch normale Bürger durch Crowdsourcing miteinbezögen. Um das organisierte Verbrechen zu schlagen, müssen wir mit seinen Reserven nicht nur mithalten, sondern sie übertreffen können.

Crowdsourcing in der Verbrechensbekämpfung ist keine neue Idee. Schon seit 1865 gibt es Fahndungsfotos: Das erste war das von John Wilkes Booth, der

Präsident Lincoln erschossen hatte und sich auf der Flucht befand. Heute, 150 Jahre nach dem Mord am sechzehnten Präsidenten unseres Landes, hat sich der Ansatz unserer Behörden zur Beteiligung der Öffentlichkeit an der Verbrecherjagd eigentlich nicht geändert. Immer noch verteilt die Polizei Fahndungsfotos an die örtlichen Nachrichtensender, und Rundfunkdurchsagen warnen, der Gesuchte sei bewaffnet und gefährlich. Mit Hinweisen wenden Sie sich bitte an Ihre örtliche Polizeidienststelle. Das ist alles? Im Jahr 2015 können wir es doch sicher besser. Es muss mehr Möglichkeiten geben, die Öffentlichkeit an der Polizeiarbeit zu beteiligen, als nur »Bitte melden Sie sich, wenn Sie etwas Verdächtiges beobachten«.

Wir, das Volk, können uns genauso gut der Mittel der Technik bedienen wie das organisierte Verbrechen, um uns zu schützen. Clay Shirky spricht vom »kognitiven Überschuss«, um die Fähigkeit der Menschheit als Ganzer zu freiwilliger Mit- und Zusammenarbeit bei sehr großen, sogar globalen Projekten. Es ist höchste Zeit, dass wir, das Volk, unseren verfügbaren kognitiven Überschuss einsetzen, um unsere eigene Zukunft zu verteidigen und zu schützen. Open-Source-Kriegsführung und Crowdsourcing-Verbrechen müssen wir mit Open-Source-Abwehr und Crowdsourcing-Sicherheit begegnen. Zum Glück gibt es einige hoffnungsvolle Ansätze, bei denen dieses neue Paradigma öffentlicher Sicherheit bereits funktioniert. Organisationen wie Crisis Commons und Ushahidi erfinden die Katastrophenhilfe neu und retten Menschenleben, indem sie die Bürgerhilfe bei großen Unglücken koordinieren, zum Beispiel beim Erdbeben in Haiti oder dem Terrorangriff auf die Westgate Mall in Nairobi. Mexikanische Bürger werden zu Crowdsource-Reportern, indem sie mit Hilfe von Google Maps gegen die Drogenkartelle mobil machen, die zwischen 2006 und 2012 50 000 Morde in diesem Land begangen haben.[5] Das Organized Crime and Corruption Reporting Project (»Dokumentationsprojekt Organisiertes Verbrechen und Korruption«) in Osteuropa besteht aus Journalisten und Bürgern, die anspruchsvolle länderübergreifende Untersuchungen durchführen, um Diktatoren, korrupte Beamte, Terroristen und Mafiosi auffliegen zu lassen, die ihre enormen verbrecherischen Profite über den ganzen Globus verschieben, um sie reinzuwaschen. Die Redaktion der britischen Tageszeitung *The Guardian* stellte 2009 allen Interessierten Software zur Verfügung, mit denen sie 55 000 Seiten an Daten über gefälschte Spesenabrechnungen von Unterhausabgeordneten durchsuchen sollten, die das Blatt zugespielt bekommen hatte. Mehr als 25 000 Freiwillige meldeten sich für die digitale Recherche und erzielten erstaunliche Ergebnisse. Alleine in den ersten achtzig Stunden wurden über 170 000 Dokumente durchgesehen.[6] Die »Crowdvestigation« stieß dabei auf tausende Fälle von Veruntreuung öffentlicher Gelder, was letztlich zahlreiche Abgeordnete und Minister und sogar den Sprecher des Unterhauses zum Rücktritt zwang. Letzteres hatte es seit 1695 nicht mehr gegeben.

In allen diesen Fällen konnte der Einzelne weit mehr tun, als bloß einen vermuteten Gesetzesverstoß den Behörden zu melden. Wenn sie ihre Zeit und Kraft zusammenlegten, konnten die Bürger vielmehr auch Belege beibringen, indem sie Datenkonvolute sehr viel schneller durchsuchten, als es eine Polizei- oder sonstige Behörde gekonnt hätte. Crowdsourcing für die öffentliche Sicherheit liefert eindeutig gute Ergebnisse und muss zum integralen Bestandteil unserer globalen Sicherheitsstrategie in einer exponentiell im Umbruch begriffenen Welt werden, besonders in einer Welt, der es eklatant an Cybersicherheitsprofis mangelt. Die Rand Corporation bewertet die landesweit ungenügende Zahl von sicherheitstechnischem Personal als so gravierend, dass sowohl die nationale Sicherheit der USA als auch die der Bürger vor Ort gefährdet sind.[7] Der *Annual Security Report* von Cisco untermauerte 2014 diese These und stellte einen Fachkräftemangel von über einer Million Cybersicherheitsprofis weltweit fest, der bis 2017 auf zwei Millionen ansteigen wird.[8] Wir brauchen unbedingt mehr Bürgerengagement, um unsere technische Zukunft zu schützen; selbst die Behörden geben das inzwischen zu.

Steven Chabinsky, leitender Jurist des FBI im Bereich IT-Sicherheit, nannte die Bemühungen seiner Regierung zur Bekämpfung des Cyberverbrechens 2012 »im Ansatz verfehlt« und fügte hinzu, es bedürfe einer sehr viel intensiveren Mitarbeit der Öffentlichkeit, um die Computerkriminalität einzudämmen.[9] Langsam kommt diese Mitarbeit auch in Gang. In einem Fall startete ein Juraprofessor der University of Alabama mit seinen Studenten im Fach Strafrecht zusammen ein Projekt, das dem FBI half, einen 70 Millionen Dollar schweren Computerverbrecherring der russischen und ukrainischen Mafia zu knacken. Die studentische »Crowdvestigation« führte zu zahlreichen Verdächtigen in den USA, die mit dem Bankentrojaner »Zeus« Millionen an sich gebracht hatten und als Ergebnis der unkonventionellen Aktion verhaftet werden konnten.[10] Für einen dauerhaften und wirksamen Erfolg dürfen solche Crowdsourcing-Projekte aber keine Einzelfälle mehr bleiben, sondern müssen institutionalisiert werden, um mit dem Verbrechen Schritt halten zu können. Die britische Polizei hat 2011 einen Schritt in diese Richtung unternommen, indem sie landesweit Freiwillige mit IT-Fachkenntnissen zu Hilfspolizisten ernannte, um gegen das Cyberverbrechen zu kämpfen.[11]

Sowohl wir in den USA als auch die Bürger anderer Staaten sollten sich diese Erfolge zum Vorbild nehmen und sie ausbauen. Es gibt ja bereits große Korps, in denen freiwillige Hilfskräfte organisiert sind – Reservepolizisten und Hilfspolizisten. Das Militär hat seine Teilzeitsoldaten in allen Streitkräften. An zivilen Kräften gibt es das Peace Corps und AmeriCorps. Was wir brauchen, ist ein National Cyber Civil Defense Corps, ein Cyberabwehrkorps, sozusagen eine Schnelle Eingreif- und Wiederaufbautruppe gegen und nach Computerverbrechen. Eine solche Organisation wäre nach dem Vorbild anderer Zivilschutzkorps aufgebaut, die es in den USA seit dem Ersten Weltkrieg gibt. Aus allen gesellschaftlichen Gruppen würden Experten zusammengezogen, um unsere entscheidenden Informationsinfrastrukturen vor Angriffen und unser Land vor den zunehmenden technischen Bedrohungen zu schützen. Die Mitglieder würden zuvor sorgfältig durchleuchtet, gründlich ausgebildet und auf Zuverlässigkeit getestet, und sie müssten nach klaren Verfahrensrichtlinien und auf gesetzlicher Grundlage arbeiten. Wir müssen uns beeilen, eine solche Crowdsourcing-Taskforce aufzubauen, bevor die Cyberkrise da ist. Es gibt viele private Sicherheitsunternehmen, die dabei wertvolle Hilfe leisten können, zum Beispiel das International Information Systems Security Certification Consortium, abgekürzt $(ISC)^2$, eine gemeinnützige Organisation mit über 100 000 ausgebildeten Cybersicherheitsfachleuten, die bereitstehen, uns zu helfen, falls wir endlich anfangen.

Das organisierte Verbrechen da draußen verliert keine Zeit bei der Anwerbung von Hilfskräften. Sollten wir da nicht mithalten? Hier können Menschen jeder Herkunft und aus jedem Fachgebiet mithelfen, jung und alt, sogar Hacker, die ja schon mal die nötigen Fähigkeiten mitbringen, wenn sie sie denn für das Gute einsetzen wollen. Apple-Gründer Steve Wozniak hat einmal gesagt: »Es ist nur gut, die Regeln immer mal zu durchbrechen.« Wir müssen besonders für junge Leute Möglichkeiten schaffen, ihr beträchtliches Talent zum Wohl der Gesellschaft einzusetzen, bevor die Mafia sie für die andere Seite anheuert. Das exponentielle Wachstum der Technologie bei gleichzeitiger linearer Reaktion der Behörden heißt, dass wir so viele zupackende Hände wie nur möglich brauchen, um eine sichere und stabile Gesellschaft aufzubauen, die sich nicht selbst zerstört. Unsere öffentliche Sicherheit ist viel zu wichtig, um sie den Profis zu überlassen. In der heutigen Welt mit ihrem exponentiellen Fortschritt wird der Sieg in der Schlacht zwischen Gut und Böse der Seite gehören, der es gelingt, die meisten Menschen zu mobilisieren. Es wird Zeit, das System zu unserem Vorteil zu manipulieren, um sicherzustellen, dass unsere Technik den größten Nutzen für die Menschheit abwirft.

Das System manipulieren

Laut Jane McGonigal, die selbst Computerspiele entwickelt und auf diesem Gebiet auch forscht, spielen inzwischen über eine halbe Milliarde Menschen weltweit mindestens eine Stunde täglich Computer- und Videospiele. Alleine in den USA sind es 183 Millionen. Das sind über drei Milliarden Arbeitsstunden pro Woche auf diesem Planeten.[12] Könnte man diese Arbeit nicht zum Wohl der Öffentlichkeit umleiten? Stellen Sie sich vor, was da für eine Leistung und Kreativität entfesselt würde! So könnte die Schwarmintelligenz eingesetzt werden, um einige der drängendsten Probleme der Welt anzugehen. Um diese These zu prüfen, schrieb DARPA 2009 den Network Challenge (auch Red Balloon Challenger) aus und versteckte zehn große rote Heliumballons überall in US-Städten von Miami bis Portland. Der Gruppe, die als erste alle zehn Ballons fand, winkte ein Preis von 40 000 Dollar. Mit diesem Wettbewerb wollte DARPA untersuchen, welche Rolle das Internet und die sozialen Medien bei der Echtzeitkommunikation und der großräumigen Zusammenarbeit zur Lösung von Problemen spielen könnten, bei denen es auf Schnelligkeit ankommt, zum Beispiel bei der Katastrophenhilfe. Bemerkenswerterweise fand ein Team des MIT alle zehn Ballons, die in allen Ecken unseres Landes versteckt waren, in nur neun Stunden, indem es die Aufgabe über die sozialen Medien an eine Gruppe von 4400 Freiwilligen weitergab.

Computerspiele sind also nicht zwangsläufig Zeitverschwendung und können zu einer hochproduktiven Beschäftigung werden. Gamification, die »Ver-Spielung«, ist ein neues Fachgebiet, das Denkweise und Vorgehen in Videospielen auf nichtspielerische Aktivitäten überträgt, um Spieler zu motivieren, Probleme der realen Welt zu lösen. Ein Beispiel aus der Gesundheitsvorsorge ist die Diagnose und Therapie von Malaria. Weltweit gibt es täglich über 600 000 Malariafälle; jede Minute stirbt ein Kind. Die Krankheit wird von Mücken übertragen, die bei ihrem Stich Krankheitserreger ins Blut übertragen, die die roten Blutkörperchen angreifen. Die Diagnose von Malaria ist zeitaufwändig. Ein Spezialist muss persönlich die Blutprobe unter dem Mikroskop untersuchen. Viele Diagnosen unterbleiben daher; die Kranken sterben. MalariaSpot soll das ändern. In diesem Spiel werden dem Spieler virtuelle Bilder echter Patientenblutproben gezeigt. Der Spieler muss innerhalb einer Minute so viele Malariaerreger wie möglich finden und markieren. Die Ergebnisse sind beeindruckend: Nach einer nur wenige Sekunden dauernden Einweisung im Internet haben die MalariaSpot-Spieler über 700 000 korrekte Diagnosen gestellt. Weil jeweils mehreren Spielern dasselbe Bild gezeigt wird, haben diese medizinischen Laien eine Trefferquote von über 99 Prozent, ein echter »Game Changer« in der Welt der Malariabehandlung.[13] Bei einem anderen Spiel namens Foldit können Laien ohne Ausbildung in Molekularbiologie wissenschaftliche Probleme lösen. Gefordert ist ihr räumliches Orientierungs- und Vorstellungsvermögen, um Proteinmoleküle zu drehen und zu falten. Dies dient der Diagnose und Erforschung von Krankheiten. In einem bemerkenswerten Fall haben Foldit-Spieler in wenigen Tagen die Struktur eines Enzyms herausgefunden, das für die Reproduktion des AIDS-Virus entscheidend ist. Das war Medizinern aus der ganzen Welt, die ein Jahrzehnt lang versucht hatten, diese Aufgabe zu lösen, nicht gelungen.[14]

Crowdsourcing-gestützte Computerspiele wie MalariaSpot und Foldit können uns weitreichende Inspiration schenken und uns lehren, wie wir mit dem Problem unserer Technikunsicherheit umgehen. Was für freundliche, spannende Rätselspiele können wir noch ins Netz stellen, um die Öffentlichkeit, besonders junge Menschen, dafür zu begeistern, ihre Fähigkeiten als »Gamer« auch in den Dienst der Cybersicherheit zu stellen? Stellen Sie sich vor, was das für Möglichkeiten eröffnet! Anstatt Blutprobenbilder für Malariadiagnosen bekämen die Spieler dann potenzielle Phishing-E-Mails präsentiert und würden in Echtzeit betrügerischen Spam identifizieren, mit dem die Bankkonten Unschuldiger abgegriffen werden sollen. Die besten Spieler bekämen Punkte und Auszeichnungen als Anreiz. Die Gamifizierung des Überprüfens von Software könnte den Softwareanbietern dabei helfen, nicht mehr dem gefährlichen Prinzip »Hauptsache, es kommt auf den Markt« zu folgen, wenn sie einfach zehntausende spielwütige Nerds weltweit auf die Jagd nach »Bugs« in ihren Programmen schicken könnten. Dasselbe gilt für die Hardware. Beide Fehlerquellen würden sonst von den Hackern des organisierten Verbrechens zum Schaden der Allgemeinheit ausgenutzt. Die DARPA verfolgt bereits ein derartiges Konzept, wie es auch mehrere Start-up-Unternehmen planen, zum Beispiel Topcoder und Bugcrowd. Dieselben Methoden könnte man auch auf die entscheidenden Infrastruktursysteme unseres Landes anwenden. Man könnte den Spielern im Rahmen eines Animationsspiels ähnlich SimCity auf anonymisierte Daten loslassen und sie Sicherheitslücken in allen Netzen von Strom bis Straße aufspüren lassen. Einzelne Spieler könnten so regelrechte Durchbrüche für die Cybersicherheit erzielen, einfach um des Spaßes am Spielen willen. Wem das nicht genügt, den motiviert vielleicht die Aussicht, seinen Mitmenschen zu helfen, weil er Probleme in der realen Welt und nicht nur in einer fiktiven Spieleumgebung löst – oder auch die Aussicht auf, schlicht und einfach, Geld, wenn es sein muss.

Immer die Belohnung im Auge behalten: Anreize für den Wettstreit um globale Sicherheit

Belohnungen fördern die Konzentration ungemein. Fragen Sie nur die Scharen von Leuten, die sich Woche für Woche um den Lotto-Jackpot bemühen. Aber Preise können auch der Funken sein, der eine revolutionäre Lösung für ein unlösbares Problem hervorbringt. Das war zum Beispiel der Fall, als das britische Unterhaus 1714 den Longitude Prize (»Längengradpreis«) ausschrieb, um »Sicherheit und Schnelligkeit der Seereisen und die Bewahrung von Schiffen und Menschenleben« zu fördern. Es ging um die Positionsbestimmung auf See. Man konnte damals zwar bereits leicht die geografische Breite (nördlich oder südlich) feststellen, etwa anhand der Sonnenhöhe über dem Horizont, aber bis ins 18. Jahrhundert gab es keine verlässliche und einfache Methode für Seefahrer, den Längengrad (östlich oder westlich), auf dem sie sich befanden, auszumachen. Die britische Regierung schrieb durch Parlamentsbeschluss 20 000 Pfund Sterling (das wäre heute über eine Million Pfund) für eine Methode aus, die geografische Länge bis auf einen halben Grad genau zu bestimmen. Diese Belohnung inspirierte John Harrison, einen einfachen Uhrmacher ohne höhere Bildung, im Alleingang das Schiffschronometer zu erfinden, im Prinzip eine sehr genaue Uhr. Damit war das Problem gelöst. Zweihundert Jahre später wurde ein weiterer Preis ausgeschrieben, diesmal, um den Fortschritt in der neuen Disziplin der Fliegerei anzukurbeln.

Charles Lindbergh wurde nicht nur aus Abenteuerlust zum ersten Piloten, der ohne Zwischenlandung den Atlantik überquerte, sondern auch, um sich die 25 000 Dollar zu verdienen, die ein ansonsten eher unbekannter Hotelmagnat namens Raymond Orteig aus seinem eigenen Privatvermögen dem »ersten Flieger aus einem der alliierten Länder, der den Atlantik nonstop von Paris nach New York oder umgekehrt überquert« ausgesetzt hatte. Orteig wollte mit diesem Geldpreis die Entwicklung einer aufregenden neuen Technologie fördern: der Flugmaschine. Keine Regierung unterstützte sein Projekt und er konnte keinen unmittelbaren Profit damit machen, aber neun verschiedene Pilotenteams bemühten sich darum und gaben zusammen etwa 400 000 Dollar aus, um die 25 000 Dollar zu kassieren. Das Geld war sozusagen der Zunder, der das Feuer der Innovation in Gang setzte und nicht nur die gestellte Aufgabe löste, sondern die heutige Flugzeugindustrie auf die Beine stellen half. Peter Diamandis, Arzt, Raumfahrtfan und Serienunternehmer, nahm sich 1996 Orteig zum Vorbild und gründete die »Xprize«-Stiftung, eine gemeinnützige Organisation, die öffentliche Wettbewerbe ausschreibt und durchführt, um die technologische Entwicklung zum Nutzen der Menschheit zu fördern. Vielleicht sollte man einen solchen Wettbewerb auch für die Cybersicherheit ausschreiben.

Ein »Xprize« ist laut Diamandis ein »hochmotivierender Wettbewerb, der neue Möglichkeiten eröffnen soll, die Welt zum Besseren zu verändern. Er regt die Fantasie der Menschen weltweit an und motiviert auch andere, sich für ähnliche Ziele zu engagieren, so dass die Innovation gefördert und der positive Fortschritt beschleunigt wird.« Der erste von Diamandis ausgelobte »Xprize« war der mit 10 Millionen Dollar dotierte Ansari-Preis für ein Team, dem es gelänge, ein bemanntes Raumfahrzeug über die Kármán-Linie in 100 Kilometer Höhe und sicher wieder zurück zur Erde zu bringen. Weitere Bedingungen geben vor, dass das Raumschiff Platz für zwei weitere Passagiere bieten und innerhalb von zwei Wochen ein weiteres Mal starten musste. Ohne alle Regierungszuschüsse investierten 26 Bewerber daraufhin über 100 Millionen Dollar in dieses hochgesteckte Ziel. Im Herbst 2004 gelang es dem Unternehmen Mojave Aerospace Ventures dann, den Preis zu erringen. Es ebnete damit potenziell den Weg für den Weltraumtourismus und andere kommerzielle Raumflüge. Wettbewerbe dieser Art, sogenannte »incentive prizes«, sind kühn und wagemutig und machen die Öffentlichkeit aufmerksam – genau das Denken, das wir für einen signifikanten Sprung nach vorne im Schutz vor den technologischen Risiken von heute brauchen.

Ein »Xprize« für Cybersicherheit könnte als Innovationsmotor bedeutenden Schwung in den exponentiellen Fortschritt des Guten bringen, dem fehlenden Bewusstsein für die Unsicherheit unserer Computernetzwerke entgegenwirken und so der ganzen Menschheit nutzen. Durch eine klare Definition der anzugehenden Cybergefahren könnte der »Xprize« Teams auf der ganzen Welt anregen, die effektivsten Lösungen auf eine Weise zu finden, die womöglich drohende Krisen abwendet, dem Einzelnen mehr Autonomie im Umgang mit den Netzwerken verschafft, neue Technologien und neue Branchen hervorbringt. Ein »Xprize« für Cybersicherheit könnte uns eines der größten Probleme überwinden helfen, die wir mit den Risiken exponentieller Technologien haben, nämlich den Glauben, diese Risiken seien unübersehbar, die Probleme unlösbar und ein klarer Lösungsweg unmöglich. Unsinn. Wir haben solche Schwierigkeiten schon früher überwunden und unsere Spezies hat bereits oft Leistungen vollbracht, die am Tag vorher noch unmöglich schienen. Ausgelobte Preisgelder wie diese geben uns die Vision einer besseren Zukunft, und die Gewinner sind der lebende Beweis dafür, dass einige unserer anscheinend unlösbaren Probleme sehr wohl lösbar sind. Ob als einzelner oder in einem überschaubaren Team – wir können etwas verändern, wie Lindbergh, Harrison und zahllose andere demonstriert haben. Ein »Xprize« für Cybersicherheit wäre vor allem erst der Anfang für eine Welle signifikanter Fortschritte in der Sicherheit der Welt. Andere neue Drohungen wie Bioterrorismus, amoklaufende Künstliche Intelligenzen, autonome Waffensysteme und Nanotechnologie sind angesichts des existenziellen Risikos, das sie bedeuten können, ebenfalls Kandidaten für solche Anreize.

So, wie der Philanthrop Raymond Orteig die Zivilluftfahrt und Anousheh und Amir Ansari die kommerzielle Raumfahrt förderten, können auch die Philanthropen von heute viel für unsere technische Sicherheit bewirken. Schauen Sie sich nur an, was die Bill and Melinda Gates Foundation alles schon geleistet hat, wenn es um die Bekämpfung von AIDS, die Ausrottung der Kinderlähmung und die Förderung der Schulbildung geht. Sie hat seit ihrer Gründung erstaunliche 26 Milliarden Dollar aus Mr. Gates' Vermögen verteilt. Sie ist nicht alleine dabei; es gibt einen regelrechten neuen Typ des »Technik-Philanthropen«, der seinen Reichtum daran wendet, die Welt zu verbessern. Jeff Skoll, erster eBay-Chef, kämpft unermüdlich gegen Pandemien und die Verbreitung von Atomwaffen; seine Stiftung ist mit fast einer Milliarde Dollar aus Skolls Privatvermögen ausgestattet. Elon Musk, Pierre Omidyar, Paul Allen, Steve Case, Larry Ellison, Mo Ibrahim, Richard Branson und Michael Bloomberg haben alle »The Giving Pledge« (»Die Verpflichtung, zu geben«) unterzeichnet, in der sie sich darauf festlegen, den größten Teil ihres Vermögens wohltätigen Zwecken zu widmen. Diese Menschen haben persönliche Anliegen, die sie mit ihrem Reichtum aktiv pflegen, von guter Regierungsführung bis zur Kindererziehung. Wenn man bedenkt, dass die meisten von ihnen ihr Vermögen ganz oder zum größten Teil mit Technologie verdient haben, kann man davon ausgehen, dass ein »Xprize« für diesen Bereich viel dazu beitragen würde, die drohenden Gefahren neuer Technologien zu meistern. Ihr Fachwissen könnte dabei einen großen Unterschied machen. Die »Xprize«-Stiftung ist glücklicherweise tatsächlich dabei, in Zusammenarbeit mit Deloitte Consulting einen Cybersicherheits-»Xprize« zu konzipieren. Selbst, wenn er nur mit 20 Millionen Dollar dotiert wäre (das sind gerade einmal 0,01 Prozent der jährlich 150 Milliarden Dollar, die in der Softwarebranche verdient werden), könnte er schon viel dafür tun, zuverlässigere und sicherere Software zu entwickeln, die wir brauchen, um unsere technische Zukunft zu schützen. Aber man kann noch mehr tun – etwas Großes und Kühnes, im selben Maßstab wie die drängenden technischen Herausforderungen, die vor uns liegen.

Es wird ernst: Ein Cyber-Manhattan-Projekt

Als sich 1939 herausstellte, dass deutsche Physiker eine Methode gefunden hatten, das Uranatom zu spalten, verbreitete sich unter amerikanischen Wissenschaftlern die Angst vor einer Bombe von unvorstellbarer Zerstörungskraft in den Händen der Nazis. Albert Einstein und Enrico Fermi, die beiden führenden Physiker ihrer Zeit, waren sich einig, dass man US-Präsident Franklin D. Roosevelt auf diese Gefahr aufmerksam machen müsse. Kurz darauf wurde das Manhattan-Projekt initiiert, ein ungeheurer und streng geheimer Kraftakt der Alliierten im Zweiten Weltkrieg, der eine Atombombe hervorbringen sollte. In Los Alamos, New Mexiko, wurde eine Forschungsanlage unter der Leitung Robert Oppenheimers in Betrieb genommen. Zwischen 1942 und 1946 standen über 120 000 US-Bürger auf der geheimen Lohnliste des Projekts, schufteten rund um die Uhr und verfeuerten zwei Milliarden Dollar. Wie man sieht, nahmen die Menschen die drohende Gefahr damals sehr ernst. Heute ist das anders.

Natürlich wird kein vernünftiger Mensch die Gefahren gestohlener Kreditkartendaten, selbst wenn es hundert Millionen sind, mit der Katastrophe eines Atomkriegs gleichsetzen, aber einige der heute unmittelbar bevorstehenden Entwicklungen, zum Beispiel Künstliche Intelligenz, Nanotechnologie und Synthetische Biologie, haben tatsächlich das Potenzial, das Leben auf unserem Planeten zu bedrohen. Stephen Hawking, Elon Musk und andere warnen eindringlich davor. Auch ohne diese potenziell existenzbedrohenden Faktoren müssen wir uns bewusst sein, dass die Grundlagen unserer technisch orientierten Zivilisation, verkörpert in unseren globalen Informationsinfrastrukturen, angreifbar und veraltet sind. Sie können uns nicht nur durch direkte böswillige Attacken, sondern auch wegen ihrer Überalterung und chronischen Überlastung jederzeit um die Ohren fliegen.

Warum sollten wir also warten, bis der große, alles umstürzende Hackerangriff kommt, dem wir bis jetzt zum Glück entgangen sind? Wir sollten uns vorbereiten. Die Beweise für die Gefahren, die uns drohen, sind deutlich genug. Buchstäblich jeden Tag wird unser Finanzsystem von Angriffen gestört, Diebe stehlen geistiges Eigentum im Milliardenwert, ausländische Mächte spionieren unsere Waffensysteme aus und Hacker schicken sich im Netz ganz offen Ratschläge zum Unterwandern der Industriesteuerungssysteme, an denen jede technische Anlage vom Kernkraftwerk bis zur Kläranlage hängt. Um es mit dem angesehenen Statistiker Nate Silver, Betreiber des Blogs *FiveThirtyEight*, zu sagen, gleicht unsere Sorglosigkeit im Umgang mit der Cybersicherheit und der

Verwundbarkeit unserer Technik der eines Menschen, der sich gegen einen Atomschlag mit Sonnenschutzcreme einreibt. Es wird Zeit, unvoreingenommen und nüchtern der Realität ins Auge zu sehen. Es wird Zeit für ein Manhattan-Projekt der Cybersicherheit.

Ich bin nicht der erste, der das vorschlägt; es ist eine alte Idee, die besonders nach dem 11. September 2001 immer wieder aufkam. Damals schrieb ein Zusammenschluss angesehener Naturwissenschaftler einen Brief an Präsident George W. Bush, in dem sie warnten: »Die entscheidende Infrastruktur der USA – Stromnetz, Finanzmärkte, Telekommunikation, Gesundheitsversorgung, Verkehr, Wasserleitungen, Militär und Internet – ist Hackerangriffen gegenüber äußerst anfällig. Schnelle und tiefgreifende Maßnahmen sind erforderlich, um eine Katastrophe für unser Land zu verhindern.« Zu den Unterzeichnern gehörten nicht nur Akademiker, sondern auch Führungskräfte von Denkfabriken, Technologieformen und Behörden – darunter ehemalige Direktoren der DARPA und des CIA –, des Defense Science Board, von Xerox PARC sowie verschiedener nationaler Laboratorien und der traditionsreichen Ivy-League-Universitäten. Diese ernsthaften Denker und Macher, denen nichts an übertriebenem Alarmgeschrei liegt, wiesen darauf hin, dass das gravierende Risiko eines Cyberangriffs eine echte Gefahr ist, und riefen den Präsidenten auf, ein Cyberverteidigungsprojekt ähnlich dem Manhattan-Projekt ins Leben zu rufen. Der Aufruf datiert von 2002. Leider hat sich seit damals an der Sicherheitslage unserer weltweiten Computersysteme kaum etwas geändert; wenn, dann ist sie eher schlimmer geworden. Sicher, es hat ein paar Pro-forma-Bemühungen gegeben, die Liegestühle auf dem Sonnendeck der *Titanic* sind umgeräumt worden, aber es gibt keinen echten Fortschritt. Wie lautet die Gesamtstrategie der USA zum Schutz vor den rasch wachsenden technologischen Bedrohungen, denen wir uns gegenübersehen? Wir haben einfach keine – ein Versäumnis, das wir womöglich noch bedauern.

Ein wirkliches Cyber-Manhattan-Projekt würde einige der größten Geister unserer Zeit um sich versammeln – aus Behörden, Universitäten, Privatunternehmen und gemeinnützigen Organisationen. Die Regierung als Organisator und Geldgeber könnte die besten und scharfsinnigsten Informatiker, Unternehmer, Hacker, Big-Data-Spezialisten, Juristen, Politiker, Polizeiverantwortlichen und Mediziner zusammenbringen, dazu Militärs und Geheimdienstler. Das Ziel wäre es, eine echte nationale Hackerabwehr zu schaffen, eine, die in Echtzeit auf Bedrohungen unserer nationalen kritischen Infrastrukturen reagieren kann. Dieses Manhattan-Projekt könnte dazu beitragen, die Werkzeuge zu entwickeln, die wir zu unserem Schutz brauchen, zum Beispiel zuverlässigere, sicherere und datenschutzoptimierte Betriebssysteme. Zu seinen Forschungsaufträgen würde auch die Entwicklung und Produktion selbstheilender Soft- und Hardware gehören, die sehr viel angriffsresistenter und ausfallsicherer ist als die gegenwärtig erhältliche. Ein solches Projekt von landesweit und sogar global entscheidender Bedeutung hätte die Vision, den Umfang, die Ressourcen und die Haushaltsmittel, um erfolgreich zu sein. Es würde gleichzeitig auch das so wichtige Bewusstsein der Dringlichkeit stärken, das dem ersten Manhattan-Projekt innewohnte, das uns mit unseren bisherigen halbherzigen Bemühungen gegen die wachsende Bedrohung unserer Cybersicherheit aber fehlt.

So enorm diese Aufgabe auch scheint, sollten wir nicht verzweifeln. Wir können es schaffen. Wir können diesen Kampf gewinnen. Wir, das amerikanische Volk, haben doch sicher das Zeug dazu, unsere gemeinsame Sicherheit mit einem entscheidenden Schritt voranzubringen! Wir brauchen dazu visionäres Denken, Entschlossenheit und Führungskraft. Es mag zwar mitunter hoffnungslos erscheinen, aber wir können uns ein Beispiel an Präsident John F. Kennedy nehmen, der in einer aufrüttelnden Rede an der Rice University 1962 das amerikanische Volk überredete, der NASA die Mittel zur Verfügung zu stellen, bis zum Ende des Jahrzehnts einen Mann auf den Mond zu schicken und sicher wieder zur Erde zurückzubringen. In seiner beeindruckenden und mitreißenden Rede vor 35 000 Zuhörern beschwor er die Wichtigkeit der Raumfahrt für die Sicherheit der Welt und sagte:

> Der Mensch lässt sich in seinem Streben nach Erkenntnis und Fortschritt weder aufhalten noch abschrecken ... Wir geloben, dass wir es nicht zulassen werden, den Weltraum mit Massenvernichtungswaffen anzufüllen. Vielmehr werden wir ihn mit Werkzeugen der Forschung und Erkenntnis erfüllen ... Wir setzen jetzt Segel auf diesem neuen Ozean, weil hier Erkenntnisse und neue Rechte zu gewinnen sind, und wir müssen sie gewinnen und zum Fortschritt der Menschheit anwenden. Die Wissenschaft des Weltraums hat wie die der Kernspaltung, wie die aller Technologie, kein inhärentes Gewissen. Ob sie dem Guten oder dem Bösen dient, hängt vom Menschen ab ... Wir entscheiden uns dafür, zum Mond zu fliegen. Wir entscheiden uns dafür, noch in diesem Jahrzehnt zum Mond zu fliegen und vieles andere zu unternehmen, nicht weil es einfach wäre, sondern weil es schwierig ist, weil diese Herausforderung uns dazu bringt, unsere besten Kräfte und Fähigkeiten zu bündeln und zu testen, weil diese Herausforderung eine ist, die wir akzeptieren, eine, der wir nicht ausweichen, und eine, die wir gewinnen wollen ...

> Und deshalb bitten wir, wenn wir jetzt den Anker lichten, Gott um seinen Segen für dieses riskanteste, gefährlichste und größte Abenteuer, das die Menschheit jemals begonnen hat.

Genau das ist es! Das ist es, was ich meine. Wo ist diese Führungspersönlichkeit? Wo ist der Mann oder die Frau, der oder die uns kühn ins 21. Jahrhundert führt und dazu bringt, unsere Technologien zum Wohl der Allgemeinheit einzusetzen, und mit seiner oder ihrer Reputation und Ehre dafür einsteht, die heilige Mission zu erfüllen, Mut zu beweisen, Entschlossenheit zu zeigen und den Erfolg zu erringen? Nur mit einer kraftvollen Zusammenarbeit von Behörden, Forschung und Unternehmen können wir Fortschritte erzielen. Der entscheidende Faktor für den Erfolg des Cyber-Manhattan-Projekts ist das Bewusstsein für die Dringlichkeit, Größe und Wichtigkeit der Aufgabe, die vor uns liegt. Die Uhr läuft ab und es gibt keinen besseren Zeitpunkt als genau jetzt, diese Idee in die Tat umzusetzen.

Schlussgedanken

Was technische Bedrohungen unserer Sicherheit angeht, so ist die Zukunft längst da. Sie sitzt in einem Kiewer Bürogebäude und wird das nächste Innovative Marketing. Sie erwacht gerade im Laptop des Jugendlichen neben Ihnen in der Bibliothek, der die nächste Silk Road und den nächsten Assassination Market gründet. Sie arbeitet im zehnstöckigen Verwaltungshochhaus einer bestimmten ausländischen Hauptstadt, wo jeden Tag tausende digitale Spitzel ihren Dienst als Wirtschaftsspione versehen. Sie lauert in der Garage eines hasserfüllten Biohackers, der es leid ist, in der Schule gehänselt zu werden, und es jetzt seinen Klassenkameraden mit einem neuen Bakterienstamm mal so richtig zeigen wird. Sie stapelt sich beim Discounter, der Quadrokopter-Drohnen im Sonderangebot feilbietet, die ohne Murren auch Waffen über Gefängnismauern und Flughafenzäune tragen. Man kann sie auf der Webseite bestellen, wo es autonom fliegende Düsenflugzeugmodelle gibt, die man auch mit Sprengstoff vollgestopft in ein Hochhaus steuern kann. Diese Zukunft gibt es bereits. Alle Warnzeichen sind da, die Lage ist ernst, und wir dürfen keine Zeit mehr verlieren. Ich darf Ihnen versichern, dass die Kriminellen, die Terroristen und die anderen bösen Jungs ganz gewiss keine Zeit verlieren.

Wie wir gesehen haben, hängt alles mit allem zusammen, und jeder ist verwundbar. Aber noch ist nicht alles verloren; man kann etwas gegen die Bedrohungen unternehmen, wie ich in den beiden letzten Kapiteln zeigen wollte. Wenn wir dieses Problem allerdings ignorieren und wie der Vogel Strauß den Kopf in den Sand stecken, wird es nicht verschwinden, sondern schlimmer werden. Wir stehen vor großen und stetig wachsenden Herausforderungen. Es geht nicht nur um Phishing nach Kontodaten oder geleakte Privatfotos. Es geht auch nicht mehr nur darum, die vielen technischen Geräte in unserem Privatleben unter Kontrolle und das Privatleben damit privat zu halten. Es geht um die Bewahrung und bewusste Gestaltung einer technisch orientierten Zukunft. Marshall McLuhan mahnt uns: »Mit jeder neuen Technologie wird nicht nur das Bild, sondern der Rahmen ausgetauscht.«

Die Hackerangriffe von morgen werden unseren Autos, GPS-Navigationsgeräten, implantierten Prothesen und Schrittmachern, Fernsehern, Aufzügen, intelligenten Stromzählern, Babyphonen, Fließbändern und Pflegerobotern gelten. IPv6 und das Internet der Dinge ermöglichen 79 Quadrilliarden neue Internetverbindungen zwischen Geräten. Alle physischen Geräte werden damit angreifbar durch Hacker, auch alle Bildschirme, die uns umgeben. Aber immer noch fehlt uns jeder Ansatz wirklich verlässlicher und sicherer Rechnerarchitektur – was bei einer Gesellschaft, die völlig von Computern abhängt, nun ja, schlecht ist. Wir können den Programmen, mit denen unser Leben und die Welt gesteuert werden, nicht trauen. Aus diesem Grund können diejenigen, die den Quellcode kontrollieren, auch die Welt kontrollieren – zum Guten wie zum Schlechten. Darüber hinaus müssen wir uns auf neue Biowaffen, gehacktes Erbmaterial und genetischen und biometrischen Identitätsdiebstahl einstellen, ganz zu schweigen von leicht manipulierbaren Black-Box-Algorithmen und KI-Systemen. Wir leben in exponentiellen Zeiten, und es ist zwar nur zu leicht, autonome Killerroboter und Skynet-artige böse KIs als Science-Fiction abzutun, aber George Carlin mahnt uns: »Die Zukunft wird nur zu bald vorbei sein.«

In einer Welt, in der alle unsere lebenswichtigen Systeme und Infrastrukturen von Computern gesteuert werden, kann man zwar unsere tiefgreifenden technischen Sicherheitsmängel als Computerproblem abtun. Aber wir haben eben nicht nur ein Computerproblem. Weil die Technik das ganze Gewebe unseres modernen Lebens durchzieht, haben wir auch ein soziales, ein persönliches, ein finanzielles, und ein gesundheitliches Problem, ein Problem der öffentlichen Sicherheit, der Regierung, der Behörden, des Verkehrs, der Stromversorgung, des Datenschutzes und der Menschenrechte. Wir müssen diesen Kampf um die Seele unserer eigenen Technik gewinnen, denn die Alternative wäre, ehrlich gesagt, nicht auszudenken. Dies muss unser Weckruf sein.

Es ist also höchste Zeit, alles, was wir in dieser modernen technisierten Welt für selbstverständlich halten, in Frage zu stellen und unsere Abhängigkeit von den allgegenwärtigen Maschinen, die nur so wenige Menschen verstehen, neu zu bedenken. Wir tun dies nicht aus blinder Technikfeindlichkeit oder in Anlehnung an unsere maschinenstürmenden Vorfahren, sondern als eine vernünftige Maßnahme, die anerkennt, welches enorme positive Potenzial diese exponentiellen Technologien bieten. Die Innovation ist nicht mehr aufzuhalten und die technischen Veränderungen kommen immer schneller. Wir haben einen Wendepunkt erreicht, einen entscheidenden Moment, der unsere sofortige und volle Aufmerksamkeit verlangt. Der sprichwörtliche neunundzwanzigste Tag des Seerosenteichbeispiels bricht bald an, und wenn alles exponentiell ist, dann schrumpft das Zeitfenster, in dem wir noch verantwortlich reagieren können, nur zu schnell. Es gibt einen Weg voran aus der Masse technischer Bedrohungen, die wir heute um uns haben. Indem wir den einfachen Bürger mobilisieren und die Kontrolle über unsere eigenen Geräte und Technologien zurückholen, können wir das Potenzial aller zum allgemeinen Besten ausnutzen. Mit anderen Worten: Die Werkzeuge, um die Welt zu verändern, liegen in unser aller Händen. Wie wir sie einsetzen, liegt nicht nur an mir, sondern an uns allen. Diese bessere Version unserer Zukunft – der Zukunft, die wir alle wollen – wird sich nicht magisch von selbst materialisieren. Es bedarf ungeheurer Entschlossenheit, Bemühungen und Kämpfe, um sie zu verwirklichen. Aber wenn wir das leisten, können wir nicht nur den Fortschritt überleben, sondern aus ihm einen nie gekannten Nutzen ziehen. Und in dieser Welt möchte ich leben.

NACHWORT

Alles ist vernetzt, alles ist angreifbar: Was Sie dagegen tun können

In diesem Buch habe ich die technologischen Bedrohungen untersucht, denen die Gesellschaft gegenübersteht, und verschiedene Wege aufgezeigt, wie sich diese Risiken systematisch verringern lassen. Das unten beschriebene Update-Protokoll bietet einige praktische Tipps für den Alltag, mit denen Sie sich, Ihre Firma und Ihre Lieben vor den am weitesten verbreiteten technologischen Gefahren unserer Tage schützen können. Wenn Sie diese einfachen Schritte befolgen (das digitale Äquivalent davon, die Haustüre nicht offenstehen und die Autoschlüssel nicht im Zündschloss stecken zu lassen), können Sie über 85 Prozent der digitalen Bedrohungen vermeiden, denen wir Tag für Tag begegnen.[1]

Regelmäßige Updates

Moderne Softwareprogramme sind oft mit Fehlern – sogenannten Bugs – behaftet. Hacker und andere nutzen diese Schwachstellen, um in Ihren Computer oder in andere Geräte einzudringen, Ihr Geld zu stehlen und generell ein Chaos anzurichten. Vermeiden Sie solche Probleme, indem Sie Ihr Betriebssystem, Ihre Programme und Apps regelmäßig auf den neuesten Stand bringen. Achten Sie dabei besonders auf Browser, Plug-Ins, Media-Player, Flash und Adobe Acrobat – Lieblingsziele von Bösewichten, die sich auf Ihre Kosten bereichern wollen. Versäumen Sie es, automatisch upzudaten, öffnen Sie Ihre Geräte für Angriffe und Probleme, die bei regelmäßiger Aktualisierung der Software vermeidbar sind.

Passwörter

Passwörter sollten lang sein (etwa 20 oder mehr Zeichen) sowie Groß- und Kleinbuchstaben, Symbole und Leerzeichen enthalten. All das haben wir zwar schon eine Million Mal gehört, doch ist die Stärke des Passworts einer der Schlüsselfaktoren zum Schutz Ihrer Konten. Daher sollten Passwörter häufig geändert werden. Auf gar keinen Fall sollte man dasselbe Passwort für mehrere Websites verwenden. Sonst können Hacker, die einmal Zugang zu Ihren Login-Daten erlangt haben, diese für mehrere Domains nutzen, von Ihrem sozialen Netzwerk bis hin zu Ihrem Bankkonto. Sich für jeden Account und jede Website lange, einzigartige Passwörter zu merken, ist freilich mehr, als der menschliche Geist zu leisten vermag. Zum Glück gibt es jede Menge Passwort-Manager, die diesen Vorgang relativ schmerzlos machen. Bekanntermaßen haben jedoch auch Verbrecher eigene Passwort-Manager eingerichtet, um Sie um Ihre digitalen Kronjuwelen zu erleichtern. Verwenden Sie daher nur die Angebote bekannter und eingesessener Unternehmen wie 1Password, LastPass, KeePass und Dashlane, von denen die meisten für Ihren Computer, Ihr Smartphone und Ihr Tablet funktionieren. Daneben bieten viele Dienste wie Google, iCloud, Dropbox, Evernote, PayPal, Facebook, LinkedIn und Twitter eine Zweifaktoren-Identifikation an. Dabei wird Ihnen jedes Mal, wenn Sie sich einloggen, ein separates Einweg-Passwort zugeschickt, in der Regel per SMS oder App direkt auf Ihr Mobiltelefon. Selbst, wenn Ihr Passwort gehackt wurde, ist es dank der Zweifaktoren-Identifikation ohne den zweiten Faktor der Echtheitsprüfung nutzlos (den physischen Zugang zu Ihrem Mobilgerät selbst).

Download

Laden Sie Software nur von offiziellen Seiten herunter (etwa dem Apple App Store oder direkt von der verifizierten Website eines Unternehmens). Seien Sie gegenüber inoffiziellen App-Stores und Angeboten von »Gratis-Software« äußerst skeptisch. Vermeiden Sie zudem raubkopierte Medien und Software, die in Peer-to-Peer-Netzwerken kursieren, da diese regelmäßig Schadsoftware und Viren enthalten. Über Einstellungen in den Betriebssystemen von Windows und Apple lässt sich eine »weiße Liste« erstellen, damit nur zugelassene Software von identifizierten Verkäufern auf Ihrem Rechner läuft. Das allein garantiert zwar noch keine Softwaresicherheit, aber es senkt das Risiko einer Infektion beträchtlich. Achten Sie genau auf Apps und deren Zulassungen. Sie sind aus einem ganz bestimmten Grund »gratis« und Sie bezahlen mit Ihrer Privatsphäre. Wenn eine Taschenlampen-App behauptet, sie benötige Zugriff auf Standort und Kontakte, dann machen Sie, dass Sie wegkommen!

Administrator

Administrator-Accounts sollten mit Vorsicht genutzt werden. Sowohl Windows als auch Apple gestatten es ihren Nutzern, Account-Privilegien festzulegen, wobei die Administratoren die höchsten Privilegien genießen. Sie brauchen zwar einen Administrator-Account auf Ihrem Computer, doch sollte er nicht die Standardeinstellung für Ihre tägliche Arbeit und Internetsuche sein. Erstellen Sie für das Gros Ihrer Arbeit und die alltägliche PC-Nutzung stattdessen einen Standard-Nutzeraccount. Wenn Sie mit administrativen Privilegien eingeloggt sind und aus Versehen eine infizierte Datei anklicken oder einen Virus herunterladen, hat die Schadsoftware die vollen Ausführungsrechte und kann Ihren Rechner verseuchen. Sind Sie dagegen als allgemeiner Nutzer eingeloggt und dasselbe geschieht, fordert der Virus, Trojaner oder Wurm häufig eine spezifische Ausführungsgenehmigung an – Sie erhalten somit ein Warnsignal, dass etwas nicht stimmt. Betreiben Sie Ihren Computer daher stets als Nicht-Admin-Nutzer, sofern dies nicht zum Ausführen eines bestimmten Vorganges unbedingt notwendig ist, etwa eines bekannten Updates aus einer vertrauenswürdigen Quelle, die Sie regelmäßig nutzen.

Ausschalten

Schalten Sie Ihren Computer aus, wenn Sie ihn nicht brauchen. Der simple Akt des Ausschaltens während der Nacht reduziert Ihr Bedrohungsprofil bereits um etwa ein Drittel, weil Cyberdiebe nicht an Ihren Rechner herankommen, solange dieser nicht läuft und nicht am Netz ist. Schalten Sie auch Dienste und Verbindungen auf Ihrem Smartphone aus, wenn Sie diese gerade nicht nutzen. Wenn man Bluetooth, Wi-Fi, NFC und Hot Spots dauerhaft eingeschaltet lässt, bietet dies zusätzliche Angriffsmöglichkeiten, über welche das Telefon gehackt, Schadsoftware verbreitet und Daten gestohlen werden können. Ein Wi-Fi-Dauerbetrieb gestattet obendrein Handel und Werbeindustrie, Sie in der physischen Welt zu verfolgen und Ihre Privatsphäre dadurch weiter zu beschneiden. Schalten Sie solche Dienste also nur ein, wenn Sie diese wirklich brauchen.

Verschlüsselung

Verschlüsseln Sie Ihr digitales Leben; schützen Sie Ihre Daten sowohl lokal als auch beim Transit im Netz. Windows und Mac enthalten Gratisprogramme für eine volle Festplattenverschlüsselung (BitLocker bzw. FileVault). Durch eine Verschlüsselung der Festplatte kann deren Inhalt, sollte er gelöscht oder gestohlen werden, nicht von Dritten gelesen werden. Daneben sollten Sie durch ein virtuelles Privatnetzwerk (VPN) auch Ihren Internetverkehr verschlüsseln, insbesondere, wenn Sie – etwa an Flughäfen, Universitäten, bei Konferenzen und in Cafés – öffentliche Wi-Fi-Netzwerke benutzen, die regelmäßig ins Visier von Hackern und Kriminellen geraten. Auch Ihr Telefon sollte verschlüsselt sein, weil sich auf heutigen Mobilgeräten ebenso viele Daten wie auf Ihrem Laptop befinden können, wenn nicht sogar mehr. Verwenden Sie daher immer ein Passwort und überlegen Sie, ob Sie nicht eine biometrische Sicherheitstechnologie wie Apple Touch ID (mit Fingerabdruck) nutzen wollen. Der Gebrauch eines Passwortes bei den neuesten Versionen von iOS und Android sorgt nicht nur dafür, dass niemand anders ohne Ihr Wissen Zugang zu Ihrem Telefon und Ihren Daten erlangen kann, sondern bietet zudem eine volle Verschlüsselung des Gerätes, also eine weitere Schutzschicht um ihre Privatsphäre und Ihre Sicherheit.

Weitere Sicherheitstipps

Wenn Sie das oben beschriebene Update-Protokoll befolgen, können Sie über 85 Prozent aller Bedrohungen vermeiden. Um sich noch besser abzusichern, befolgen Sie bitte auch diese Tipps:

1. Lassen Sie bei der E-Mail Ihren gesunden Menschenverstand walten. Als Faustregel gilt: Misstrauen Sie allen Aufforderungen, einen Link anzuklicken oder einen Anhang zu öffnen – selbst, wenn es so aussieht, als stammte die Mail von jemandem, den Sie kennen. Kriminelle sind Experten darin, die allgemeine Öffentlichkeit mit unwiderstehlichen Überschriften zu ködern – wer die schockierenden Nacktfotos einer bekannten Filmschauspielerin

sehen will, soll bitte *hier* klicken. Phishing-Attacken funktionieren nur, weil arglose Menschen Dateien und Links anklicken, die glaubhaft oder verlockend wirken, jedoch Schadsoftware enthalten, die den betreffenden Rechner infizieren kann. Im Zweifelsfalle sollte man bei der Person nachfragen, die einem angeblich die Mail geschickt hat, und feststellen, ob sie tatsächlich aus dieser Quelle stammt (dabei nicht auf die Mail selbst antworten!). Und, nein, der Prinz von Nigeria wendet sich nicht persönlich an Sie, um Ihnen ein fantastisches Angebot zu unterbreiten, wie man schnell reich wird.

2. USB-Sticks sind eine weitverbreitete Methode zur Verbreitung von Viren und Schadsoftware (das US-Verteidigungsministerium hat den internen Gebrauch daher untersagt). Generell gilt: Nehmen Sie keinen USB-Stick von einem Fremden an (auch nicht von jemandem, den Sie gut kennen) und stecken Sie einen Stick nicht in Ihren Rechner, ohne ihn vorher nach Viren zu scannen. Schalten Sie die Funktion »auto run« auf Ihrem Computer aus, um so sicherzustellen, dass sich Viren nicht automatisch selbst ausführen und Ihren Rechner infizieren. Diese Ratschläge lassen sich auf externe Festplatten und sogar auf Smartphones, die nicht Ihnen gehören, entsprechend anwenden.
3. Erstellen Sie regelmäßig Sicherheitskopien Ihrer Daten. Diese können Sie auf einer externen Festplatte ablegen oder eingebaute Betriebssystem-Tools wie Time Machine (Mac) oder Windows Backup verwenden. Sie können auch Cloud-Anbieter wie Carbonite, Backblaze oder SpiderOak nutzen. Wenn Sie auf solche Provider zurückgreifen, empfiehlt es sich, die Daten vor dem Hochladen zu verschlüsseln, um zusätzlichen Schutz zu gewährleisten. Daneben sollten Sie grundsätzlich stets mehrere Backups Ihrer Daten besitzen. Verwenden Sie eine oder mehrere Festplatten und achten Sie darauf, dass mindestens eine davon ausgelagert ist, damit für den Fall einer Katastrophe, eines Brandes oder eines Einbruchs eine Kopie Ihrer Daten an einem sicheren Ort aufbewahrt ist.
4. Zukleben. Leider ist es für Hacker, Verbrecher und Spione leicht, sich Zugang zu sämtlichen vernetzten Kameras in Ihrem Leben zu verschaffen, ob sich diese nun in Ihrem Computer, Ihrem Smartphone oder Ihrem Tablet befinden. Wenn die Kamera nicht genutzt wird, kleben Sie die Linse zu. Ein schlichtes Post-it-Zettelchen oder ein Streifen Klebeband reicht völlig aus und bietet einen kostengünstigen Schutz vor allzu neugierigen Blicken.
5. Sensibles Browsing, etwa Bankgeschäfte oder Einkaufen, sollte nur auf einem Gerät stattfinden, das Ihnen gehört, und über ein Netzwerk, dem Sie vertrauen. Über das Telefon eines Freundes, einen öffentlichen Computer oder das Wi-Fi eines Cafés können Ihre Daten kopiert oder gestohlen werden.

Besondere Vorsicht ist geboten bei Computern in Bereichen mit hohem Kundenverkehr, etwa in Aufenthaltsräumen von Flugplätzen – Lieblingszielen von Kriminellen, die in Bereichen, wo sich Geschäftsleute treffen, Schadsoftware und Keylogger installieren.

6. Denken Sie nach, was Sie auf sozialen Netzwerken preisgeben. Kriminelle aller Couleur, vom Stalker bis zum Einbrecher, überwachen routinemäßig die sozialen Medien, um sich Informationen zu beschaffen. Reisepläne können Einbrecher darüber in Kenntnis setzen, dass und wann Sie zwei Wochen im Urlaub sind – Gelegenheit macht Diebe.
7. Nutzen Sie die Firewall Ihres Betriebssystems, die sowohl bei Windows als auch bei Mac verfügbar ist, und aktivieren Sie den »stealth mode«, um es Hackern und illegalen Programmen schwerer zu machen, Sie online zu finden.

ACHTUNG: Sowohl die Bedrohungen als auch die Instrumente, mit denen Sie sich online schützen können, verändern sich laufend.

Weitere Hinweise unter: www.futurecrimes.com.

Danksagungen

Ein Projekt dieser Größenordnung ist nie das Werk einer einzelnen Person. Auch ich bin vielen Menschen, die mir bei der Arbeit an diesem Buch geholfen haben, zu großem Dank verpflichtet, allen voran meinem Literaturagenten Richard Pine von InkWell Management. Von Anfang an erkannte Richard das Potenzial von *Crime 4.0* und setzte volles Vertrauen in mich. Bereitwillig fungierte er bei meiner Reise durch die Welt des Verlagswesens als Führer, Mentor und Freund. Ich verdanke Richard sehr viel, doch vor allem vielleicht, dass er mich mit dem Weltklasse-Team bei Doubleday mit Chefredakteur Bill Thomas und meiner Redakteurin Melissa Danaczko vorgestellt hat. Bills Begeisterung für *Crime 4.0* war außergewöhnlich. Dasselbe gilt für all jene, mit denen zusammenzuarbeiten ich bei Doubleday das Vergnügen hatte, darunter Alison Rich, Joe Gallagher, Kim Thornton, Margo Shickmanter und Maria Massey. Meine absolut größte und höchste Wertschätzung gebührt jedoch zweifellos Melissa Danaczko, die mich bei jedem Schritt des Schreib- und Redigierprozesses ermunterte. Sie ist intelligent, witzig und großzügig. Für dieses Buch arbeitete sie nachts und am Wochenende und versäumte sogar Familienfeiern. Ohne Melissa wäre aus der ganzen Sache schlicht nichts geworden, und ich werde ihr ewig dankbar sein.

Denjenigen, die sich freundlicherweise bereiterklärten, die Druckfahnen dieses Buches zu lesen und zu kommentieren, möchte ich meine Hochachtung und Anerkennung aussprechen, dass sie sich trotz ihrer unglaublich vollen Terminkalender die Zeit dazu genommen haben. Insbesondere möchte ich danken: Peter Diamandis, Ray Kurzweil, Kevin Kelly, Daniel Pink, David Eagleman, Christopher Reich, dem Interpol-Präsidenten Khoo Boon Hui, Ed Burns, Frank Abagnale und P.W. Singer. Sarah Stephens und Adam Kaslikowski danke ich für die ungezählten Stunden, die sie mit der Lektüre früher Versionen von *Crime 4.0* zugebracht haben, und für ihre wertvollen Gedanken während der gesamten Arbeit. Daneben habe ich sehr von den klugen Ratschlägen profitiert, die mir renommierte Autoren erteilten, die sich selbstlos bereiterklärten, einem Neuling unter die Arme zu greifen. Ihre Großzügigkeit und Freundlichkeit sucht ihresgleichen. An dieser Stelle möchte ich Daniel Suarez, Ramez Naam und Jane McGonigal meinen Dank aussprechen.

Ein Buch zu schreiben, ist kein einfaches Unterfangen, nicht nur wegen der zahllosen Stunden, die man Freunden und Verwandten fernbleibt, sondern, weil der Vorgang des Schreibens einen dazu treibt, andere in die Arbeit mit hineinzuziehen, weil sie einfach Teil des eigenen Lebens sind. Dafür, dass sie mich ertragen haben und mir in einer nicht enden wollenden Flut von Buchtiteln, Untertiteln, Umschlagsentwürfen, Recherchen und Strukturmöglichkeiten mit ihrem Rat zur Seite standen, danke ich Jacque Murphy, Tarun Wadhwa, Mikhail Grinberg, Daniel Teweles und Kelsey Segaloff sowie Brad, Steve, Adam, Carol, Monte, Jacqueline, Noni, Bob, Hanna, Mark und Jonathan. Für ihre Bereitschaft, mich bei der Arbeit an *Crime 4.0* zu unterstützen, und ihre vielen guten Ideen, wie man die in diesem Buch enthaltenen Informationen darstellen könnte, danke ich Paul Saffo, Chris Meyer, Joe Polish, Marcus Shingles, Steven Kotler, Jonathan Knowles, Sheryl Rapp, Eileen Bartholomew, Dave Blakely, Bill Eggers, Diane Francis und Cody Rapp. Mein Dank geht außerdem an Experten, die mir bei einigen technischen Inhalten des Buches geholfen haben, darunter Andrew Hessel (synthetische Biologie), Alaina Hardie (Robotik), Don Bailey (Internet der Dinge), Emeline Paat-Dahlstrom und Mark Ciotola (Raumforschung) sowie Andrew Fursman und Landon Downs (Quanten-Computing). Danke auch an Keith Blount, den Schöpfer von Literature & Latte, des großartigsten Schreibprogramms der Welt. Ohne diese Software wäre es so gut wie unmöglich gewesen, die Hunderte von Fällen und Tausende von Seiten Recherchematerial zu organisieren, die für dieses Buch bearbeitet werden mussten.

Mein Dank gilt auch vielen Freunden und Kollegen aus dem Bereich der Strafverfolgung, mit denen ich über die Jahre viele Ermittlungen geführt, Abenteuer erlebt und eine ganze Menge Spaß gehabt habe, darunter Michael Holstein, Bernhard Otupal, Rainer Buhrer, Paul Gillen, Mick Moran, Andrew Smith, Skukesha Goldberg, Jim Hirt, Bobby Weaver, Robert Rodriguez, Steven Chabinsky und Kathy O'Toole. Meinen Verbündeten im Kampf für unsere gemeinsame globale Sicherheit – darunter Roderick Jones, Justin Somaini, Tom Kellermann, Matt Wollman, Bradford Davis und Steve Santorelli – danke ich für alles, was sie tun.

Ich habe das Privileg, zur Fakultät der Singularity University zu gehören, einer außergewöhnlichen Bildungseinrichtung mit der Mission, die Technologien der nächsten Generation zu nutzen, um die größten Herausforderungen der Welt zu meistern. Dort habe ich einige der begabtesten Menschen kennengelernt, die mir je in meinem Leben begegnet sind – Fakultätsmitarbeiter, Angestellte, Studenten und Absolventen, die ihre ganze Kraft in den Dienst positiver Veränderungen stellen. Ich bin stolz, als einer von ihnen zu gelten, und danke Rob Nail für seine Führungsrolle dabei, uns exponentiell voranzutreiben.

Die Liste meiner Danksagungen wäre freilich unvollständig, würde ich abschließend nicht die Unterstützung meiner Familie erwähnen, welche die Grundlage all dessen bildet, was ich in meinem Leben erreicht habe, und die mich gelehrt hat, wie wichtig der Kampf für Gerechtigkeit auf dieser Welt ist. Euch gebührt meine höchste Wertschätzung und innigst empfundene Dankbarkeit.

Anmerkungen

VORWORT

1 Michael Weissenstein, »Mexico's Cartels Build Own National Radio System«, Associated Press, 27. Dezember 2011.

KAPITEL 1

1 Mat Honan, »How Apple and Amazon Security Flaws led to My Epic Hacking«, in: *Wired* von 6. Juli 2012; Mat Honan, »Kill the Password: Why a String of Characters Can't Protect US Anymore«, in: *Wired* vom 15. November 2012.

2 Peter Diamandis, »Abundance Is Our Future«, TED Talk, Februar 2012.

3 Deloitte Consulting, *Sub-Saharan Africa Mobile Observatory 2012*, 4. Februar 2014.

4 Marc Goodman, »The Power of Moore's Law in a World of Geotechnology«, in: *National Interest*, Januar/Februar 2013.

5 Amy Harmon, »Hacking Theft of $10 Million from Citibank Revealed«, in: *Los Angeles Times* vom 19. August 1995.

6 Jason Kersten, »Going Viral: How Two Pakistani Brothers Created the First PC Virus«, in: *Mental Floss*, November 2013.

7 Einen faszinierenden und unterhaltsamen Blick auf Amjad und Basit Faruk sowie auf die Geschichte der Computer-Malware bietet Mikko Hypponen, »Fighting Viruses and Defending the Net«, TED Talk, Juli 2011.

8 Byron Acohido, »Malware Now Spreads Mostly Through Tainted Websites«, in: *USA Today* vom 4. Mai 2013.

9 Brian Fung, »911 for the Texting Generation Is Here«, in: *Washington Post* vom 8. August 2014.

10 Nicole Perlroth, »Outmaneuvered at Their Own Game, Antivirus Makers Struggle to Adapt«, in: *New York Times* vom 31. Dezember 2012.

11 Kaspersky Lab, *Global Corporate IT Security Risks: 2013*, Mai 2013.

12 »Online Exposure«, in: *Consumer Reports*, Juni 2011.

13 »Gartner Says Worldwide Security Software Market Grew 7.9 Percent in 2012«, Gartner Newsroom, 30. Mai 2013; Steve Johnson, »Cybersecurity Business Booming in Silicon Valley«, in: *San Jose Mercury News* vom 13. September 2013.

14 Imperva, *Hacker Intelligence Initiative, Monthly Trend Report #14*, Dezember 2012.

15 Tom Simonite, »The Antivirus Era Is Over«, in: *MIT Technology Review* vom 11. Juni 2012.

16 Verizon, *2013 Data Breach Investigations Report*.

17 Trustwave, *Trustwave 2013 Global Security Report*.

18 Verizon RISK Team, *2012 Data Breach Investigation Report*, S. 3.

19 Ebenda, S. 51.

20 Mark Jewell, »T. J. Maxx Theft Believed Largest Hack Ever«, Associated Press, 30. März 2007.

21 Julianne Pepitone, »5 of the Biggest Ever Credit Card Hacks«, CNN, 12. Januar 2014.

22 Ross Kerber, »Banks Claim Credit Card Breach Affected 94 Million Accounts«, in: *New York Times* vom 24. Oktober 2007.

23 Ponemon Institute, Homepage, 2014; http://www.ponemon.org.

24 Byron Acohido, »Experts Testify on True Cost of Target Breach«, in: *USA Today* vom 5. Februar 2014.

KAPITEL 2

1 Graeme Baker, »Schoolboy Hacks into City's Tram System«, in: *Telegraph* vom 11. Januar 2008.
2 Chuck Squatriglia, »Polish Teen Hacks His City's Tram, Chaos Ensues«, in: *Wired* vom 11. Januar 2008.
3 Ebenda.
4 Clay Wilson, *Botnets, Cybercrime, and Cyberterrorism: Vulnerabilities and Policy Issues for Congress*, Congressional Research Service, 9. Januar 2008.
5 Brian Prince, »Almost 70% of Infrastructure Companies Breached in Last 12 Months: Survey«, in: *Security Week* vom 14. Juli 2014.
6 »Hackers ›Hit‹ US Water Treatment Systems«, BBC, 21. November 2011.
7 Martha Stansell-Gamm, »Interview: Martha Stansell-Gamm«, in: *Frontline*, Februar 2001; Sean Silverthorne, »Feds Bust Kid Hacker«, ZDNet, 18. März 1998.
8 Tony Smith, »Hacker Jailed for Revenge Sewage Attacks«, in: *Register* vom 31. Oktober 2001.
9 Anna Mulrine, »CIA Chief Leon Panetta: The Next Pearl Harbor Could Be a Cyber Attack« in: *Christian Science Monitor* vom 9. Juni 2011.
10 President's Council of Economic Advisers und U. S. Department of Energy's Office of Electricity Delivery, *Economic Benefits of Increasing Electric Grid Resilience to Weather Outages Report*, August 2013.
11 Edward J. Markey und Henry A. Waxman, *Electric Grid Vulnerability Report*, 21. Mai 2013.
12 Siobhan Gorman, »Electricity Grid in U. S. Penetrated by Spies«, in: *Wall Street Journal* vom 8. April 2009.
13 Jack Cloherty, »Virtual Terrorism: Al Qaeda Video Calls for ›Electronic Jihad‹«, in: *World News* vom 22. Mai 2012.
14 Barton Gellman, »Cyber Attacks by Al Qaeda Feared«, in: *Washington Post* vom 27. Juni 2002.
15 Darlene Storm, »Hackers Exploit SCADA Holes to Take Full Control of Critical Infrastructure«, in: *Computerworld* vom 15. Januar 2014; *Vortrag*: SCADA StrangeLove 2, http://events.ccc.de/.
16 Shodan HQ, Homepage, 9. Februar 2014, http://www.shodanhq.com.
17 »Cyber War: Sabotaging the System«, in: *60 Minutes* vom 6. Juni 2011. Die kriminelle Sichtweise siehe: David Shamah, »Hack Attacks on Infrastructure on the Rise, Experts Say«, in: *Times of Israel* vom 30. Januar 2014.
18 Barack Obama, »Remarks by the President on Securing Our Nation's Cyber Infrastructure«, The White House Office of the Press Secretary, 29. Mai 2009.
19 »War in the Fifth Domain«, in: *Economist* vom 5. Juli 2010.
20 Phil Lapsley, »The Definitive Story of Steve Wozniak, Steve Jobs, and Phone Phreaking«, in: *Atlantic* vom 20. Februar 2013.
21 Kevin D. Mitnick und William L. Simon, *Ghost in the Wires: My Adventures as the World's Most Wanted Hacker*, New York 2012.
22 Jonathan Littman, »The Last Hacker«, in: *Los Angeles Times* vom 12. September 1993.
23 »Adobe Hack: At Least 38 Million Accounts Breached«, BBC, 30. Oktober 2013.
24 Brian Krebs, »Adobe to Announce Source Code, Customer Data Breach«, Krebs on Security, 3. Oktober 2013.
25 Darlene Storm, »AntiSec Leaks Symantec pcAnywhere Source Code After $50K Extortion Not Paid«, in: *Computerworld* vom 7. Februar 2012.
26 The Hague, *Threat Assessment: Italian Organized Crime*, Europol Public Information, Juni 2013; Nir Kshetri, *The Global Cybercrime Industry: Economic, Institutional, and Strategic Perspectives*, London 2010, S. 1; Chuck Easttom, *Computer Crime, Investigation, and the Law*, Boston 2010, S. 206.
27 Mark Milian, »Top Ten Hacking Countries«, in: *Bloomberg Businessweek* vom 23. April 2013.
28 Brian Krebs, »Shadowy Russian Firm Seen as Conduit for Cybercrime«, in: *Washington Post*, vom 13. Oktober 2007; Verisign iDefense, *The Russian Business Network: Survey of a Criminal ISP*, 27. Juni 2007.
29 Trend Micro, *The Business of Cybercrime: A Complex Business Model*, Januar 2010.
30 Kevin Poulsen, »One Hacker's Audacious Plan to Rule the Black Market in Stolen Credit Cards«, in: *Wired* vom 22. Dezember 2008.
31 James Verini, »The Great Cyberheist«, in: *New York Times Magazine* vom 10. November 2010.

32 John E. Dunn, »Global Cybercrime Dominated by 50 Core Groups, CrowdStrike Report Finds«, CSO, 23. Januar 2014.

33 Unter Bezugnahme auf Guy Fawkes, einen englischen Katholiken, der 1605 plante, einen Anschlag auf King James zu verüben und das Parlament in die Luft zu sprengen.

34 »›The Corrupt Fear Us!‹ Massive Anonymous ›Million Mask March‹ as It Happened«, RT, 24. Dezember 2013; »Anonymous (Group)«, Wikiquote.

35 Lauren Turner, »Anonymous Hackers Jailed for DDoS Attacks on Visa, MasterCard, and PayPal«, in: *Independent* vom 24. Januar 2013.

36 Karol Snapbacks, »Anonymous Explaining Why They Hacked PSN/Sony«, YouTube, 22. April 2011; Quinn Norton, »Anonymous Goes After World Governments in Wake of Anti-SOPA Protests«, in: *Wired* vom 25. Januar 2012; Lisa Vaas, »Anonymous Bullies Sony and Nintendo over SOPA Support«, Naked Security, 3. Januar 2012.

37 Quinn Norton, »How Anonymous Picks Targets, Launches Attacks, and Takes Powerful Organizations Down«, in: *Wired* vom 3. Juli 2012.

38 »Hackers Take Down Child Pornography Sites«, BBC, 24. Oktober 2011.

39 Barton Gellman, »The World's 100 Most Influential People: 2012«, in: *Time* vom 18. April 2012.

40 »Snowden Leaks: GCHQ ›Attacked Anonymous‹ Hackers«, BBC, 5. Februar 2014.

41 Für Näheres über den Einsatz solcher Technologien durch Terroristen und Dschihadisten siehe den Bericht der United Nations Counter-Terrorism Implementation Task Force, *Countering the Use of the Internet for Terrorist Purposes*, http://www.un.org/.

42 Paul Tassi, »ISIS Uses ›GTA 5‹ in New Teen Recruitment Video«, in: *Forbes* vom 20. September 2014.

43 Thomas Harding, »Terrorists ›Use Google Maps to Hit UK Troops‹«, in: *Telegraph Online* vom 30. Januar 2007; Caroline McCarthy, »Report: JFK Terror Plotters Used Google Earth«, CNET, 4. Juni 2007.

44 Jack Kelley, »Terror Groups Hide Behind Web Encryption«, in: *USA Today* vom 5. Februar 2001.

45 Gabriel Weimann, *How Modern Terrorism Uses the Internet*, United States Institute of Peace, Special Report 116, März 2004.

46 »Search of Tsarnaev's Phones, Computers Finds No Indication of Accomplice, Source Says«, in: *NBC News* vom 23. April 2013.

47 Counter-Terrorism Implementation Task Force, *Countering the Use of the Internet for Terrorist Purposes*, Mai 2011, S. 18.

48 Interview mit Tom Kellermann, »Internet Fraud Finances Terrorism«, in: *Discovery News* vom 11. Februar 2013.

49 Alan Sipress, »An Indonesian's Prison Memoir Takes Holy War into Cyberspace« in: *Washington Post* vom 14. Dezember 2004.

50 Jeremy Scott-Joynt, »Warning Signs for the Funding of Terror«, BBC, 20. Juli 2005; Gordon Rayner und David Williams, »Revealed: How MI5 Let 7/7 Bombers Slip Through Their Fingers«, in: *Daily Mail* vom 1. Mai 2007.

51 Associated Press, »Filipino Police Arrest 4 Suspected AT & T Hackers«, in: *CBS News* vom 27. November 2011; Somini Sengupta, »Phone Hacking Tied to Terrorists«, in: *New York Times* vom 26. November 2011; Daily Mail Reporter, »Four Filipinos Arrested for Hacking AT & T Phone ›to Fund Saudi Terror Group‹« in: *Daily Mail* vom 28. November 2011; Jennifer Rowland, »The LWOT: Phone Hacking Linked to Terrorist Activity«, in: *Foreign Policy* vom 29. November 2011.

52 Marc Goodman und Parag Khanna, »The Power of Moore's Law in a World of Geotechnology« in: *The National Interest*, Februar 2013.

53 Siobhan Gorman, August Cole und Yochi Dreazen, »Computer Spies Breach Fighter-Jet Project«, in: *Wall Street Journal* vom 21. April 2009.

54 Ernesto Londono, »Pentagon: Chinese Government, Military Behind Cyberspying«, in: *Washington Post* vom 6. Mai 2013.

55 Ellen Nakashima, »Confidential Report Lists U. S. Weapons System Designs Compromised by Chinese Cyberspies«, in: *Washington Post* vom 27. Mai 2013.

56 Marcus Ranum, »Cyberwar Rhetoric Is Scarier Than Threat of Foreign Attack«, in: *U. S. News and World Report* vom 29. März 2010.

57 Craig Timberg und Ellen Nakashima, »Chinese Cyberspies Have Hacked Most Washington Institutions, Experts Say«, in: *Washington Post* vom 20. Februar 2013.
58 John Markoff, »Vast Spy System Loots Computers in 103 Countries«, in: *New York Times* vom 28. März 2009; Omar El Akkad, »Meet the Canadians Who Busted GhostNet«, in: *Daily Globe and Mail* vom 30. März 2009; Tom Ashbrook et al., »Unmasking GhostNet«, in: *On Point with Tom Ashbrook*, WBUR, 2. April 2009, http://onpoint.wbur.org/2009/04/02/unmasking-ghostnet.
59 David E. Sanger, David Barboza und Nicole Perlroth, »Chinese Army Unit Is Seen as Tied to Hacking Against U. S.«, in: *New York Times* vom 18. Februar 2013.
60 Mandiant Corp., »APT 1: Exposing One of China's Cyber Espionage Units«, Mandiant.
61 Michael Riley und Ashlee Vance, »Inside the Chinese Boom in Corporate Espionage«, in: *Bloomberg Businessweek* vom 15. März 2012.
62 Lisa Daniels, »DOD Needs Industry's Help to Catch Cyber Attacks, Commander Says«, in: *Department of Defense News* vom 27. März 2012; David E. Sanger und Mark Landler, »U. S. and China Agree to Hold Regular Talks on Hacking«, in: *New York Times* vom 1. Juni 2013.
63 Ian Steadman, »Reports Find China Still Largest Source of Hacking and Cyber Attacks«, in: *Wired UK* vom 24. April 2013; David Belson, *The State of the Internet, 3rd Quarter 2013 Report*, Akamai Technologies.
64 Michael Riley, »Hackers in China Breach UN, Olympic Committee Networks, Security Firms Say«, in: *Bloomberg* vom 4. August 2011.
65 Threat Working Group of the CSIS Commission on Cybersecurity, »Threats Posed by the Internet«, CSIS, 28. Oktober 2008.
66 Nicole Perlroth, »In Cyberattack on Saudi Firm, U. S. Sees Iran Firing Back«, in: *New York Times* vom 23. Oktober 2012.
67 Jim Finkle, »Exclusive: Insiders Suspected in Saudi Cyber Attack«, Reuters, 7. September 2012.
68 Reuters, »Aramco Says Cyberattack Was Aimed at Production«, in: *New York Times* vom 9. Dezember 2012.
69 Perlroth, »In Cyberattack on Saudi Firm, U. S. Sees Iran Firing Back«.
70 Reuters, »Aramco Says Cyberattack Was Aimed at Production«.
71 Siobhan Graham und Danny Yadron, »Iran Hacks Energy Firms, U. S. Says«, in: *Wall Street Journal* vom 23. Mai 2013; Michael Lipin, »Saudi Cyber Attack Seen as Work of Amateur Hackers Backed by Iran«, in: *Voice of America* vom 25. Oktober 2012.
72 Jim Finkle und Rick Rothacker, »Exclusive: Iranian Hackers Target Bank of America, JP Morgan, Citi«, Reuters, 21. September 2012.
73 Paul Wagenseil, »Bank of America Website Hit by Possible Cyberattack«, in: *NBC News* vom 19. September 2012; Siobhan Gorman und Julian E. Barnes, »Iran Blamed for Cyberattacks«, in: *Wall Street Journal* vom 12. Oktober 2012.
74 Nicole Perlroth und Quentin Hardy, »Bank Hacking Was the Work of Iranians, Officials Say«, in: *New York Times* vom 8. Januar 2013.
75 Auf der Welt leben etwa sieben Milliarden Menschen. Wenn jeder Mensch auf der Welt außer Ihnen zum Telefon griffe, Ihre Bank anriefe (und dabei etwa zehn Byte übermittelte), dann sofort wieder auflegte und das Ganze während des gesamten Angriffs einmal pro Sekunde täte, wären das etwa 70 Gigabits pro Sekunde (70 Gbps). Wenn irgendjemand auf diesem Planeten tatsächlich mit der Bank telefonieren wollte, müsste er sich in diese Warteschleife von sieben Milliarden Anrufern einreihen.
76 Perlroth und Hardy, »Bank Hacking Was the Work of Iranians«.
77 Glenn Greenwald und Ewen MacAskill, »Boundless Informant: The NSA's Secret Tool to Track Global Surveillance Data«, in: *Guardian* vom 11. Juni 2013; Kevin Drum, »2 Gigantic New NSA Revelations?«, in: *Mother Jones* vom 2. Juli 2013; Catherine Dunn, »10 Most Shocking NSA Revelations of 2013,«, in: *Fortune* vom 27. Dezember 2013.
78 »Obama Knew of NSA Spying on Merkel and Approved It, Report Says«, in: *Fox News* vom 27. Oktober 2013; Catherine E. Shoichet, »As Brazil's Uproar over NSA Grows, US Vows to Work Through Tensions«, CNN, 12. September 2013.
79 *Local*, 21. Oktober 2013; Kristen Butler, »NSA Taps Half-Billion German Phone, Data Links per

Month: Report«, UPI, 30. Juni 2013; Eric Pfeiffer, »NSA Spied on 124.8 Billion Phone Calls in Just One Month: Watchdog«, in: *Yahoo! News* vom 23. Oktober 2013.

80 Te-Ping Chen, »Snowden Alleges U.S. Hacking in China«, in: *Wall Street Journal* vom 23. Juni 2013; Lana Lam, »Edward Snowden: US Government Has Been Hacking Hong Kong and China for Years«, in: *South China Morning Post*, vom 13. Juni 2013; »New Snowden Leak Reveals US Hacked Chinese Cell Companies, Accessed Millions of SMS-Report«, RT, 23. Juni 2013.

KAPITEL 3

1 Miniwatts Marketing Group, »Internet Users in the World«, Internet World Stats, 31. Dezember 2013, http://www.internetworldstats.com/.

2 Miniwatts Marketing Group, »Internet Growth Statistics«, Internet World Stats, 6. Februar 2013, http://www.internetworldstats.com/.

3 Miniwatts Marketing Group, »Internet Users in the World, Distribution by World Regions«, Internet World Stats, 5. Februar 2014, http://www.internetworldstats.com/.

4 Doug Gross, »Google Boss: Entire World Will Be Online by 2020«, CNN, 15. April 2013.

5 Marc Goodman und Parag Khanna, »Power of Moore's Law in a World of Geotechnology«, in: *National Interest*, Januar/Februar 2013.

6 Cliff Saran, »Apollo 11: The Computers That Put Man on the Moon«, in: *Computer Weekly* vom 13. Juli 2009.

7 Peter Diamandis, »Abundance Is Our Future«, TED Talk, Februar 2012.

8 Ray Kurzweil, »The Law of Accelerating Returns«, Kurzweil Accelerating Intelligence, 7. März 2001.

9 Ray Kurzweil, *The Singularity Is Near: When Humans Transcend Biology*, New York 2006 (deutsche Ausgabe: *Menschheit 2.0: Die Singularität naht*, Berlin 2013).

10 Ray Kurzweil, »The Law of Accelerating Returns«, Kurzweil Accelerating Intelligence, 7. März 2001.

11 Evan Andrews, »6 Daring Train Robberies«, History.com, 21. Oktober 2013.

12 Brett Leppard, »The Great Train Robbery: How It Happened«, in: *Mirror* vom 28. Februar 2013.

13 Keith Stuart und Charles Arthur, »PlayStation Network Hack: Why It Took Sony Seven Days to Tell the World«, in: *Guardian* vom 5. Februar 2014; »Credit Card Alert as Hackers Target 77 Million PlayStation Users«, in: *Mail Online* vom 5. Februar 2014.

14 J. Osawa, »As Sony Counts Hacking Costs, Analysts See Billion-Dollar Repair Bill«, in: *Wall Street Journal* vom 9. Mai 2011.

15 »Target Now Says up to 110 Million Customers Victimized in Breach«, MercuryNews.com, 5. Februar 2014; »Pictured: Russian Teen Behind Target Hacking Attack«, in: *Mail Online* vom 5. Februar 2014.

16 Nicole Perlroth und David Gelles, »Russian Hackers Amass over a Billion Internet Passwords«, in: *New York Times* vom 5. August 2014.

17 Jacques Marescaux et al., »Transatlantic Robot-Assisted Telesurgery«, in: *Nature* vom 29. Mai 2001.

18 Phil Johnson, »Curiosity About Lines of Code«, in: *IT World* vom 8. August 2012; Saran, »Apollo 11«.

19 Steven Siceloff, »Shuttle Computers Navigate Record of Reliability«, NASA, 20. Januar 2011.

20 David McCandless, »Codebases«, in: *Information Is Beautiful* vom 30. Oktober 2013; »KIB-Lines of Code (Public)«, Google.doc, https://docs.google.com/; Pollwatcher, »Healthcare.gov: 500 Million Lines of Code! That's Insane! Update«, in: *Daily Kos* vom 22. Oktober 2013.

21 Cory Doctorow, »Lockdown«, nach einer Rede beim Chaos Computer Congress in Berlin im Dezember 2011.

22 Michelle Delio, »Linux, Fewer Bugs Than Rivals«, in: *Wired* vom 14. Dezember 2004.

23 »Northeast Blackout of 2003«, Wikipedia.

24 National Commission on the BP Deepwater Horizon Oil Spill and Offshore Drilling, »Deep Water: The Gulf Oil Disaster and the Future of Offshore Drilling«, in: *Report to the President*,

Januar 2011; »Deepwater Horizon Explosion«, Wikipedia; Jeremy Repanich, »The Deepwater Horizon Spill by the Numbers«, in: *Popular Mechanics* vom 10. August 2010.

25 Gregg Keizer, »Tech Worker Testifies of ›Blue Screen Death‹ on Oil Rig's Computer« in: *Computerworld* vom 23. Juli 2010; David Hammer, »Oil Spill Hearings: Bypassed General Alarm Doomed Workers in Drilling Area, Technician Testifies«, in: *Times-Picayune* vom 23. Juli 2010.

26 Tom Simonite, »Stuxnet Tricks Copied by Computer Criminals«, in: *MIT Technology Review* vom 19. September 2012.

KAPITEL 4

1 Ryan Bradley, »Rethinking Health Care with PatientsLikeMe«, in: *Fortune* vom 9. März 2014.

2 Julia Angwin und Steve Stecklow, »Scrapers Dig Deep for Data on Web«, in: *Wall Street Journal* vom 12. Oktober 2010.

3 FAQ, PatientsLikeMe.com.

4 »Privacy«, PatientsLikeMe.com.

5 Angwin und Stecklow, »Scrapers Dig Deep for Data on Web«.

6 Cotton Delo, »U. S. Adults Now Spending More Time on Digital Devices Than Watching TV«, in: *Advertising Age* vom 4. März 2014.

7 IDC Research, *Always Connected: How Smartphones and Social Keep Us Engaged*, Facebook Public Files, 4. März 2014.

8 Heather Kelly, »By the Numbers: 10 Years of Facebook«, CNN, 4. Februar 2014.

9 Facebook, Ericsson und Qualcomm, »A Focus on Efficiency«, internet.org, 16. September 2013, https://fbcdn-dragon-a.akamaihd.net/.

10 Jose Antonio Vargas, »How an Egyptian Revolution Began on Facebook«, in: *New York Times* vom 17. Februar 2012.

11 Mark Milian, »Google to Merge User Data Across Its Services«, CNN, 25. Januar 2012.

12 Nate Anderson, »Why Google Keeps Your Data Forever, Tracks You with Ads«, in: *Ars Technica* vom 8. März 2010. Bitte beachten Sie, dass es in der EU Einschränkungen gibt, wie lange Daten von Google gespeichert werden dürfen, insbesondere das »Recht, vergessen zu werden«, nach welchem Einzelpersonen die Löschung ihrer persönlichen Daten von der Suchmaschine fordern können.

13 Nate [Nutzername], »How Much Is a Petabyte?«, The Mozy Blog, 5. März 2014.

14 Das Unternehmen ist aus all diesen Gründen verklagt worden, mit unterschiedlichen Ergebnissen. Mehr zu den Vorwürfen gegen Google unter www.googlemonitor.com.

15 David Streitfeld, »Google Admits Street View Project Violated Privacy«, in: *New York Times* vom 12. März 2013; David Kravets, »An Intentional Mistake: The Anatomy of Google's Wi-Fi Sniffing Debacle«, in: *Wired* vom 2. Mai 2012.

16 Claire Cain Miller, »Google Accused of Wiretapping in Gmail Scans«, in: *New York Times* vom 1. Oktober 2013.

17 David Pierce, »The Simpsons May Have the Smartest Thoughts Yet About Google Glass«, in: *Verge* vom 27. Januar 2014.

18 Michael Chertoff, »Google Glass, the Beginning of Wearable Surveillance«, CNN, 1. Mai 2013.

19 PRNewswire, »Facebook Reports Fourth Quarter and Full Year 2013 Results«, Facebook: Investor Relations, 29. Januar 2014.

20 Karen Gullo, »Facebook Sued over Alleged Scanning of Private Messages«, in: *Bloomberg* vom 2. Januar 2014.

21 Robert McMillan, »Apple Finally Reveals How Long Siri Keeps Your Data«, in: *Wired* vom 19. April 2013.

22 »What They Know«, Reihe des *Wall Street Journal*, http://blogs.wsj.com/wtk/.

23 Adi Robertson, »Angry Email Users Can Take Google to Court for Keyword Scanning, Judge Rules«, in: *Verge* vom 26. September 2013.

24 Ebenda; Cooley LLP, »Google's Motion to Dismiss Complaint Memorandum of Points & Authorities«, U. S. District Court, San Jose Division, 5. September 2013, http://www.consumerwatchdog.

org/; Gregory S. McNeal, »It's Not a Surprise That Gmail Users Have No Reasonable Expectation of Privacy«, in: *Forbes* vom 20. Juni 2013.

25 Steve Stecklow, »On the Web, Children Face Intensive Tracking«, in: *Wall Street Journal* vom 17. September 2010.

26 Josh Smith, »Children's Online-Privacy Violations Alleged Against McDonald's, General Mills, 3 Others«, in: *National Journal* vom 22. August 2012.

27 Federal Trade Commission, »Sony BMG Music Entertainment, a General Partnership Subsidiary of Sony Corporation of America, United States of America (for the Federal Trade Commission)«, 6. März 2014, http://www.ftc.gov/.

28 Roben Farzad, »Google at $400 Billion«, in: *Bloomberg Businessweek* vom 12. Februar 2014.

29 Doug Laney, »To Facebook You're Worth $80.95«, in: CIO Journal (Blog), *Wall Street Journal* vom 3. Mai 2012.

30 Joe Nocera, »Will Digital Networks Ruin Us?«, in: *New York Times* vom 6. Januar 2014; Jaron Lanier, *Who Owns the Future?*, New York 2014 (deutsche Ausgabe: *Wem gehört die Zukunft?*, Hamburg 2014).

31 Lori Andrews, »Facebook Is Using You«, in: *New York Times* vom 4. Februar 2012.

32 Salvador Rodriguez, »Google to Include User Names, Pictures in Ads: Here's How to Opt Out«, in: *Los Angeles Times* vom 22. Oktober 2013.

33 Drew Guarini, »Facebook Finally Axes Controversial ›Sponsored Stories‹«, in: *Huffington Post* vom 1. Oktober 2014.

34 Alexis C. Madrigal, »Reading the Privacy Policies You Encounter in a Year Would Take 76 Work Days«, in: *Atlantic* vom 1. März 2012.

35 Missy Sullivan, »It's Not Your Eyes ... the Fine Print Is Getting Really, Really Small«, in: *Wall Street Journal* vom 15. Januar 2012.

36 In den deutschen Nutzungsbedingungen heißt es: »Im Vertragsverhältnis zwischen Ihnen und LinkedIn sind Sie Eigentümer der Inhalte und Informationen, die Sie an die Dienste übermitteln oder dort veröffentlichen, und geben LinkedIn lediglich die folgende, nichtexklusive Lizenz: Das weltweite, übertragbare und unterlizenzierbare Recht, Informationen und Inhalte, die Sie über unsere Dienste bereitstellen, ohne weitere Zustimmung Ihrerseits oder Mitteilung und/oder Entschädigungszahlung an Sie oder an Dritte zu nutzen, zu kopieren, zu modifizieren, zu verteilen, zu veröffentlichen und zu verarbeiten.« (Anmerkung der Übersetzer)

37 Das Kleingedruckte ist rechtlich bindend, siehe u. a.: ProCD, Inc. gg. Zeidenberg, Microsoft gg. Harmony Computers, Novell gg. Network Trade Center und Ariz. Cartridge Remanufacturers Ass'n gg. Lexmark Int'l, Inc. Generelle Urteile zur Gültigkeit von EULAs gibt es noch nicht; Entscheidungen beziehen sich auf einzelne Regelungen und Bestimmungen, http://en.wikipedia.org/.

38 Nick Bilton, »Price of Facebook Privacy? Start Clicking«, in: *New York Times* vom 12. Mai 2010; Facebook, »Privacy Policy«, 3. März 2014, https://www.facebook.com/full_data_use_policy.

39 Tom Gardner, »To Read, or Not to Read ... the Terms and Conditions: PayPal Agreement Is Longer Than Hamlet, While iTunes Beats Macbeth«, in: *Mail Online* vom 22. März 2012.

40 Guilbert Gates, »Facebook Privacy: A Bewildering Tangle of Options«, in: *New York Times* vom 21. Mai 2010.

41 Jessica Guyn, »With Privacy Battle Brewing, Facebook Won't Update Policy Right Away«, in: *Los Angeles Times* vom 5. September 2013; Ryan Singel, »Public Posting Now the Default on Facebook«, in: *Wired* vom 9. Dezember 2009; Epic, »Facebook Privacy«, http://epic.org/privacy/facebook/.

42 »Instagram Seeks Right to Sell Access to Photos to Advertisers«, in: *BBC News* vom 18. Dezember 2012.

43 Google Nutzungsbedingungen, 3. Oktober 2014, http://www.google.com/; Steve Kovach, »A Lot of People Are Freaking Out over Google Drive for Nothing«, in: *Business Insider* vom 24. April 2012. In den deutschen AGB findet sich – Stand 16.3.2015 – folgender Absatz: »Bei einigen unserer Dienste können Sie Inhalte einstellen. Sie behalten Ihre Rechte als Urheber und alle bestehenden gewerblichen Schutzrechte an den Inhalten, die Sie in unsere Dienste einstellen. Kurz gesagt: Was Ihnen gehört, bleibt auch Ihres. Indem Sie urheberrechtlich oder sonst rechtlich geschützte Inhalte in unsere Dienste einstellen, räumen Sie Google und den zur Google

Gruppe gehörenden Unternehmen sowie den Vertragspartnern von Google unentgeltlich die notwendigen, nicht ausschließlichen, weltweiten und zeitlich unbegrenzten Rechte ein, diese Inhalte ausschließlich zum Zweck der Erbringung des jeweiligen Dienstes und lediglich in dem dafür nötigen Umfang zu nutzen. Damit Google den jeweiligen Dienst anbieten kann, müssen die Inhalte zum Beispiel gespeichert und auf Servern gehostet werden. Das Nutzungsrecht umfasst daher insbesondere das Recht, die Inhalte technisch zu vervielfältigen. Weiterhin räumen Sie Google das Recht der öffentlichen Zugänglichmachung Ihrer Inhalte ausschließlich für den Fall ein, dass Sie wegen der Natur des jeweiligen Dienstes eine öffentliche Zugänglichmachung beabsichtigen oder Sie ausdrücklich eine öffentliche Zugänglichmachung bestimmt haben. Das Recht der öffentlichen Zugänglichmachung endet mit dem Zeitpunkt, in dem Sie einen eingestellten Inhalt aus einem bestimmten Dienst entfernen oder die Bestimmung der öffentlichen Zugänglichmachung aufheben. Bestimmte Dienste können zusätzlichen Bedingungen unterliegen, welche die Einräumung weiterer Rechte vorsehen. Achten Sie darauf, dass Sie, wenn Sie Inhalte in unsere Dienste hochladen, Ihrerseits über die hierzu eventuell notwendigen Rechte verfügen.« (Anmerkung der Übersetzer)

44 »2014: Mobiles ›to Outnumber People Next Year‹, Says UN Agency«, in: *BBC News* vom 9. Mai 2013.

45 Lookout, »Survey Reveals Consumers Exhibit Risky Behaviors Despite Valuing Their Privacy on Mobile Devices«, 22. Oktober 2013.

46 O2, »Making Calls Has Become Fifth Most Frequent Use for a Smartphone for Newly Networked Generation of Users«, in: *The Blue* vom 29. Juni 2012.

47 Meena Hart Duerson, »We're Addicted to Our Phones: 84 % Worldwide Say They Couldn't Go a Single Day Without Their Mobile Device in Their Hand«, in: *New York Daily News* vom 16. August 2012.

48 Peter Maass und Megha Rajagopalan, »That's Not My Phone, It's My Tracker«, in: *New York Times* vom 13. Juli 2012.

49 Jeff Jonas, »Your Movements Speak for Themselves: Space Time Travel Data Is Analytic Super-Food«, JeffJonas.typepad.com, 26. August 2009.

50 Kai Biermann, »Data Protection: Betrayed by Our Own Data«, in: *Die Zeit Online* vom 26. März 2011. http://www.zeit.de/digital/datenschutz/2011-03/data-protection-malte-spitz.

51 Samsung Tomorrow, »What You May Not Know About GALAXY S4 Innovative Technology«, 10. April 2013.

52 Ted Thornhill, »Is Nothing Off Limits? Now Google Plans to Spy on Background Noise in Your Phone Calls to Bombard You with Tailored Adverts«, in: *Mail Online* vom 22. März 2012.

53 Megan Garber, »Yep, Google Just Patented Background Noise«, in: *Atlantic* vom 22. März 2012.

54 Andrea Peterson, »New Facebook Feature Is a Friendly Reminder Your Smartphone Can Eavesdrop on You«, in: *Washington Post* vom 21. Mai 2014; Kurt Wagner, »Facebook's New Shazam-Like Tool Knows What You're Watching and Hearing«, in: *Mashable* vom 21. Mai 2014.

55 David de Jong, »Zuckerberg Gains $3.2 Billion as Facebook Soars on Mobile«, in: *Bloomberg* vom 30. Januar 2014; Facebook, »Investor Relations«, 29. Januar 2014, http://investor.fb.com/; J. O'Dell, »Facebook's Mobile Moment: Nearly a Billion Mobile Users & Majority of Revenue from Mobile«, in: *VentureBeat* vom 29. Januar 2014.

56 »App Store Sales Top $10 Billion in 2013«, Apple-Presseinfo vom 7. Januar 2014; Jordan Golson, »Apple Reports Strongest Ever Quarterly Earnings: $13.1 Billion Profit on $57.6 Billion in Revenue in Q1 2014«, in: *MacRumors* vom 27. Januar 2014.

57 Emma Barnett, »Angry Birds Company ›Worth 5.5bn‹«, in: *Telegraph* vom 8. Mai 2012.

58 Violet Blue, »Norton: Android App Skips Consent, Gives Facebook Servers User Phone Numbers«, ZDNet, 29. Juni 2013.

59 Dylan Love, »It Looks like the Facebook Android App Can Control Your Camera and Take Pictures Without Telling You«, in: *Business Insider* vom 10. Mai 2013; Chris Gayomali, »Why Is Facebook's App Asking to Read Your Text Messages?«, in: *Fast Company* vom 28. Januar 2014.

60 »Facebook Mobile Update Raises Serious Privacy Concerns«, RT, 3. Dezember 2012.

61 Liam Tung, »Microsoft Points Scroogled War Machine at Privacy Worries over Android Apps«, ZDNet, 10. April 2013.

62 Emily Steel und Geoffrey A. Fowler, »Facebook in Privacy Breach«, in: *Wall Street Journal* vom 8. Oktober 2010.
63 Kevin J. O'Brien, »Data-Gathering via Apps Presents a Gray Legal Area«, in: *New York Times* vom Oktober 2012.
64 Irfan Asrar et al., *Who's Watching You?* McAfee Mobile Security Report, Februar 2014.
65 McKinsey Global Institute, *Big Data: The Next Frontier for Innovation, Competition, and Productivity*, Juni 2011, S. 85.
66 Rip Empson, »50M Matches Strong, Hot Mobile Dating App Tinder Is Ready to Go Global, and Move Beyond Flirting«, in: *TechCrunch* vom 24. Mai 2013.
67 Nick Bilton, »Girls Around Me: An App Takes Creepy to a New Level«, in: *New York Times* vom 30. März 2012; John Brownlee, »This Creepy App Isn't Just Stalking Women Without Their Knowledge, It's a Wake-Up Call About Facebook Privacy [Update]«, Cult of Mac, 30. März 2012.
68 Näheres siehe: *United States v. Jones (2012)*, Wikipedia; Redaktionsleitung der NYT, »The Court's GPS Test«, in: *New York Times* vom 5. November 2011.
69 Einen guten Überblick über Fragen der Privatsphäre bei ortsbezogenen Daten gibt der ACLU-Bericht *Location-Based Services: Time for a Privacy Check-In*.

KAPITEL 5

1 Richard Hartley-Parkinson, »›I'm Going to Destroy America and Dig up Marilyn Monroe‹: British Pair Arrested in U. S. on Terror Charges over Twitter Jokes«, in: *Mail Online* vom 31. Januar 2012.
2 Kharunya Paramaguru, »Private Data-Collection Firms Get Public Scrutiny«, in: *Time* vom 19. Dezember 2013.
3 Natasha Singer, »Acxiom, the Quiet Giant of Consumer Database Marketing«, in: *New York Times* vom 16. Juni 2012.
4 Eli Pariser, *The Filter Bubble: How the New Personalized Web Is Changing What We Read and How We Think*, New York 2012, S. 43; Natasha Singer, »A Data Broker Offers a Peek Behind the Curtain«, in: *New York Times* vom 31. August 2013; Brandon Bailey, »Online Data Brokers Know You – Surprisingly Well«, MercuryNews.com, 8. September 2013.
5 Alice E. Marwick, »How Your Data Are Being Deeply Mined«, in: *New York Review of Books* vom 9. Januar 2014.
6 Lori B. Andrews, *I Know Who You Are and I Saw What You Did: Social Networks and the Death of Privacy*, New York 2013, S. 35.
7 Stephanie Armour, »Data Brokers Come Under Fresh Scrutiny: Consumer Profiles Marketed to Lenders«, in: *Wall Street Journal* vom 12. Februar 2014.
8 Paramaguru, »Private Data-Collection Firms Get Public Scrutiny«; »›Data Brokers‹ Selling Personal Info of Rape Victims to Marketers-Report« RT, 19. Dezember 2013.
9 Matt Pearce, »Dad Gets OfficeMax Mail Addressed ›Daughter Killed in Car Crash‹«, in: *Los Angeles Times* vom 19. Januar 2014.
10 Nesita Kwan, »OfficeMax Sends Letter to ›Daughter Killed in Car Crash‹«, NBC Chicago, 19. Januar 2014.
11 Armour, »Data Brokers Come Under Fresh Scrutiny«.
12 Judith Aquino, »Acxiom Prepares New ›Audience Operating System‹ amid Wobbly Earnings«, *Ad Exchanger*, 1. August 2013.
13 David Talbot, »A Phone That Knows Where You're Going«, in: *MIT Technology Review* vom 9. Juli 2012.
14 Steve Lohr, »How Privacy Vanishes Online«, in: *New York Times* vom 16. März 2010.
15 Carolyn Y. Johnson, »Project ›Gaydar‹«, Boston.com, 20. September 2009; Matthew Moore, »Gay Men ›Can Be Identified by Their Facebook Friends‹«, in: *Telegraph* vom 21. September 2009; Mona Chalabi, »State-Sponsored Homophobia: Mapping Gay Rights Internationally«, in: *Guardian* vom 10. März 2014.
16 Emine Saner, »Gay Rights Around the World: The Best and Worst Countries for Equality«, in: *Guardian* vom 30. Juli 2013.

17 Josh Halliday, »Facebook Users Unwittingly Revealing Intimate Secrets, Study Finds«, in: *Guardian* vom 11. März 2013.
18 »Google CEO on Privacy (VIDEO): ›If You Have Something You Don't Want Anyone to Know, Maybe You Shouldn't Be Doing It‹«, in: *Huffington Post* vom 18. März 2010.
19 Bobbie Johnson, »Privacy No Longer a Social Norm, Says Facebook Founder«, in: *Guardian* vom 10. Januar 2010,
20 »Sharing to the Power of 2012«, in: *Economist* vom 17. November 2011.
21 Moxie Marlinspike, »Why ›I Have Nothing to Hide‹ Is the Wrong Way to Think About Surveillance«, in: *Wired* vom 13. Juli 2013.
22 Viktor Mayer-Schönberger und Kenneth Cukier, *Big Data: A Revolution That Will Transform How We Live, Work, and Think*, Boston 2013, S. 58.
23 Elizabeth A. Harris und Nicole Perlroth, »For Target, the Breach Numbers Grow«, in: *New York Times* vom 10. Januar 2014.
24 Geoffrey A. Fowler, »When the Most Personal Secrets Get Outed on Facebook«, in: *Wall Street Journal* vom 13. Oktober 2012.
25 Daniel Zwerdling, »Your Digital Trail: Private Company Access«, *All Tech Considered* (Blog), NPR.org, 1. Oktober 2013.
26 Katie Lobosco, »Facebook Friends Could Change Your Credit Score«, *CNNMoney*, 27. August 2013.
27 Mayer-Schönberger und Cukier, *Big Data*.
28 Siehe *United States v. Miller*, 425 U. S. 435 (1976). Dieser Fall ging an den U. S. Supreme Court. Dabei ging es um die Beschlagnahme von Bankdaten des Herrn Miller. Millers Anwalt argumentierte, die Erfüllung der richterlichen Anordnung durch die Bank stelle eine willkürliche Durchsuchung und Beschlagnahme dar und verletze seine Rechte nach dem vierten Zusatzartikel. Das Gericht entschied jedoch mit sechs zu drei Stimmen, dass es sich bei den beschlagnahmten Dokumenten nicht um persönliche Unterlagen Millers handelte, sondern um Bestandteile der Geschäftsunterlagen der Bank; daher wurden seine Rechte nicht verletzt, als Dritte – seine Bank – die ihnen anvertrauten Informationen an den Staat weitergaben. Dieser Fall wirkt noch heute nach, und Verfechter der Privatsphäre kritisieren, die Entscheidung habe angesichts unserer modernen Verfahren zur Datenübermittlung, -produktion und -speicherung keine Gültigkeit. Siehe auch *Smith v. Maryland*, 442 U. S. 735 (1979).
29 John Stevens, »The Facebook Divorces: Social Network Site Is Cited in ›a THIRD of Splits‹«, in: *Mail Online* vom 30. Dezember 2011.
30 Mathew Ingram, »Yes, Virginia, HR Execs Check Your Facebook Page« *Gigaom*, 27. Januar 2010; Cross-Tab, »Online Reputation in a Connected World« Job-hunt.com, Januar 2010.
31 Manuel Valdes, »Job Seekers Getting Asked for Facebook Passwords«, *Yahoo! Finance*, 20. März 2012.
32 Jonathan Dame, »Will Employers Still Ask for Facebook Passwords in 2014?«, in: *USA Today* vom 10. Januar 2014.
33 »Minnesota Girl Alleges School Privacy Invasion«, CNN, 10. März 2012.
34 Pete Thamel, »Universities Track Athletes Online, Raising Legal Concerns«, in: *New York Times* vom 30. März 2012.
35 International Association of Chiefs of Police, 2013 Social Media Survey Results, abgerufen am 12. März 2014, http://www.iacpsocialmedia.org/Portals/1/documents/2013SurveyResults.pdf.
36 Marcia Hoffman, »EFF Posts Documents Detailing Law Enforcement Collection of Data from Social Media Sites«, Electronic Frontier Foundation, 16. März 2010. Siehe auch »IRT-WTB Content 2009«, IRS social network training course overview, 2009, und John Lynch und Jenny Ellickson, »Obtaining and Using Evidence from Social Networking Sites«, presentation, U. S. Department of Justice, Criminal Division, Computer Crime and Intellectual Property Section, August 2009.
37 Don Reisinger, »AT & T Reports More Than 300,000 Data Requests in 2013«, CNET, 18. Februar 2014.
38 Kim Zetter, »Feds ›Pinged‹ Sprint GPS Data 8 Million Times over a Year«, in: *Wired* vom 1. Dezember 2009.

39 Marwick, »How Your Data Are Being Deeply Mined«.
40 Charlie Savage, »CIA Is Said to Pay AT&T for Call Data«, in: *New York Times* vom 7. November 2013.
41 »CIA's ›Facebook‹ Program Dramatically Cut Agency's Costs«, Onion News Network, abgerufen am 15. März 2014.
42 Drew F. Cohen, »It Costs the Government Just 6.5 Cents an Hour to Spy on You«, in: *Politico* vom 10. Februar 2014.
43 Charles Cooper, »Ex-Stasi Boss Green with Envy over NSA's Domestic Spy Powers«, *CNET*, 28. Juni 2013.
44 George Orwell, 1984 (Erstausgabe: Diana, Rastatt 1950. Übersetzt von Michael Walter, Berlin 1994).
45 Maria Aspan, »How Sticky Is Membership on Facebook? Just Try Breaking Free«, in: *New York Times* vom 11. Februar 2008; Chamakhe Maurieni, *Facebook Is Deception (Volume One)* (WSIC EBooks Ltd., 2012).

KAPITEL 6

1 Associated Press, »Filipino Police Arrest 4 Suspected AT&T Hackers«, CBS News, 27. November 2010; Somini Sengupta, »Phone Hacking Tied to Terrorists«, in: *New York Times* vom 26. November 2011; Marc Goodman, »What Business Can Learn from Organized Crime«, in: *Harvard Business Review* vom November 2011.
2 Lauren Indvik, »92% of U. S. Toddlers Have Online Presence«, *Mashable*, 7. Oktober 2010.
3 Allegra Tepper, »How Much Data Is Created Every Minute?«, *Mashable*, 22. Juni 2012; Kristin Burnham, »Facebook's WhatsApp Buy: 10 Staggering Stats«, *InformationWeek*, 21. Februar 2014.
4 Verlyn Klinkenborg, »Trying to Measure the Amount of Information That Humans Create«, in: *New York Times* vom 12. November 2003.
5 McKinsey Global Institute, *Big Data: The Next Frontier for Innovation, Competition, and Productivity*, Mai 2011; http://blip.tv/web2expo/web-2-0-expo-sf-2011-kevin-kelly-4980011.
6 World Economic Forum, *Personal Data: The Emergence of a New Asset Class*, Januar 2011.
7 Cory Doctorow, »Personal Data Is as Hot as Nuclear Waste«, in: *Guardian* vom 15. Januar 2008.
8 Emma Barnett, »Hackers Go After Facebook Sites 600,000 Times Every Day«, in: *Telegraph* vom 29. Oktober 2011; Mike Jaccarino, »Facebook Hack Attacks Strike 600,000 Times per Day, Security Firm Reports«, in: *New York Daily News* vom 29. Oktober 2011.
9 »Digital Security Firm Says Most People Use One Password for Multiple Websites«, *GMA News Online*, 9. August 2013.
10 »LinkedIn Hack«, *Wikipedia*; Jose Pagliery, »2 Million Facebook, Gmail, and Twitter Passwords Stolen in Massive Hack«, *CNNMoney*, 4. Dezember 2013.
11 Elinor Mills, »Report: Most Data Breaches Tied to Organized Crime«, *CNET*, 27. Juli 2010.
12 Jason Kincaid, »Dropbox Security Bug Made Passwords Optional for Four Hours«, *TechCrunch*, 20. Juni 2011.
13 John Markoff, »Cyberattack on Google Said to Hit Password System«, in: *New York Times* vom 19. April 2010; Kim Zetter, »Report: Google Hackers Stole Source Code of Global Password System«, in: *Wired* vom 20. April 2010.
14 John Leyden, »Acxiom Database Hacker Jailed for 8 Years«, *Register*, 23. Februar 2006; Damien Scott und Alex Bracetti, »The 11 Worst Online Security Breaches«, Complex.com, 9. Mai 2012.
15 Brian Krebs, »Experian Sold Customer Data to ID Theft Service«, *Krebs on Security*, 20. Oktober 2013.
16 Byron Acohido, »Scammer Dupes Experian into Selling Social Security Nos«, in: *USA Today* vom 21. Oktober 2013; Matthew J. Schwartz, »Experian Sold Data to Vietnamese ID Theft Ring«, *Dark Reading*, 21. Oktober 2013.
17 Jim Finkle und Karen Freifeld, »Exclusive: U. S. States Probing Security Breach at Experian Unit«, Reuters, 3. April 2014.
18 Kashmir Hill, »Celebs' Financial Details Leaked, Including Credit Reports for Jay-Z and FBI Director Robert Mueller«, in: *Forbes* vom 11. März 2013.

19 Matthew J. Schwartz, »Exposed Website Reboots, Reveals Celeb Credit Reports«, *InformationWeek*, 4. April 2013.
20 Yasha Levine, »Surveillance Valley Scammers! Why Hack Our Data When You Can Just Buy It?«, *Pando Daily*, 8. Januar 2014.
21 Graeme McMillan, »40 % of Social Network Users Attacked by Malware«, in: *Time* vom 23. März 2011.
22 Farooqui Adnan, »MH370 Links on Social Networks Spreading Malware«, *Ubergizmo*, 18. März 2014.
23 Riva Richmond, »Koobface Gang That Spread Worm on Facebook Operates in the Open«, in: *New York Times* vom 16. Januar 2012.
24 Christopher Williams, »Facebook Versus Russia's Koobface Gang«, in: *Telegraph* vom 19. Januar 2012.
25 Joseph L. Flatley, »Firesheep Makes Stealing Your Cookies, Accessing Your Facebook Account Laughably Easy«, *Engadget*, 25. Oktober 2010; Gary LosHuertos, »Herding Firesheep in Starbucks«, *CNNMoney*, 16. Dezember 2010.
26 Lara Naaman, Jen Pereira und Emily Yacus, »Online Games Can Lead to Identity Theft«, ABC News, 16. Juli 2008.
27 Kristin Finklea, »Identity Theft: Trends and Issues«, Congressional Research Service, 16. Januar 2014; Regina Lewis, »Money Quick Tips, Protect Yourself from Identity Theft«, in: *USA Today* vom 5. April 2014.
28 Blake Ellis, »Identity Fraud Hits New Victim Every Two Seconds«, *CNNMoney*, 6. Februar 2014.
29 Daniel Bortz, »Identity Theft: Why Your Child May Be in Danger«, *U. S. News & World Report*, 5. Februar 2013.
30 Richard Power, »Child Identity Theft«, Carnegie Mellon CyLab, 2011.
31 Edudemic Staff, »The 21 Best Resources for 2014 to Prevent Cyberbullying«, *Edudemic*, 17. Oktober 2014. Für weitere Informationen siehe: http://www.ncpc.org/cyberbullying.
32 »Shock at Woman's ›Facebook Murder‹«, BBC, 17. Mai 2010; Amy Dale Court, »Christopher Dannevig's in Court for Nona Belomesoff Murder After Meeting on a Dating Website, a Court Heard«, in: *Daily Telegraph* vom 4. August 2012.
33 »Jealous Lover Flew 4,000 Miles to Stab Ex-Girlfriend to Death after Seeing Her on Facebook with Another Man«, in: *Daily Mail* vom 10. März 2010.
34 Raquel Delevi und Robert S. Weisskirch, »Personality Factors as Predictors of Sexting«, in: *Computers in Human Behavior* 29 (2013), S. 2589–2594, zitiert wird eine Studie von Michelle Drouin und Carly Landgraff, »Texting, Sexting, and Attachment in College Students' Romantic Relationships«, in: *Computers in Human Behavior* 28 (2012), S. 444–449.
35 Sam Biddle, »Here's Where the Naked Pics You Sexted Will End Up«, in: *Gizmodo* vom 28. November 2012.
36 Camille Dodero, »Hunter Moore Makes a Living Screwing You«, in: *Village Voice* vom 4. April 2012.
37 Mary Madden et al., »Teens and Technology 2013«, Pew Research Center, 13. März 2013.
38 McAfee, »McAfee Digital Deception Study 2013: Exploring the Online Disconnect Between Parents & Pre-teens, Teens, and Young Adults«, 28. Mai 2013, http://www.mcafee.com/us/resources/reports/rp-digital-deception-survey.pdf.
39 Lancaster University, »Software Developers Tackle Child Grooming on the Net«, *Science Daily*, 2. Juni 2010.
40 Sonia Elks, »Xbox Paedophile Predators ›Move in on Prey Within Two Minutes of Contact‹«, *Metro*, 17. April 2012; Bill Singer, »Child Pornography Hid Behind XBox LIVE ›Call of Duty: Modern Warfare 2‹«, in: *Forbes* vom 4. November 2011.
41 Nicholas Kristof, »He Was Supposed to Take a Photo«, in: *New York Times* vom 22. März 2014.
42 Kevin Morris, »BlogTV and the Sad, Avoidable Path to Amanda Todd's Suicide«, in: *Daily Dot* vom 15. Oktober 2012.
43 Gillian Shaw, »Amanda Todd's Mother Speaks Out About Her Daughter, Bullying«, in: *Vancouver Sun* vom 13. März 2013.
44 Das Video ist zu sehen unter http://www.youtube.com/watch?v=vOHXGNx-E7E. Es ist sehr er-

greifend. Amanda Todd erzählt ihre Geschichte mit ihren eigenen Worten. Ein packendes und höchst sehenswertes Zeugnis eines jungen Lebens, das zu früh endete.

45 Patrick McGuire, »The Suspicious Return of the Daily Capper«, *VICE*, 12. November 2012.

46 »Paedophiles Trawl Dating Sites to Get at Kids of Lonely Mums«, News.com.au, 12. Dezember 2011.

47 David Ferguson, »Texas Teen Viciously Beats and Abducts Gay Man After Targeting Him on Dating Website«, *Raw Story*, 26. Februar 2014.

48 Das Programm berichtet über schwulenfeindliche Bürgerwehr-Banden in Russland und die allgemeine russische Bewegung gegen Homosexualität. »Gay and Russian: ›It's Hunting Season, We Are the Hunted‹«, Channel 4 News, 5. Februar 2014.

49 Dan Savage, »Anti-gay Russian Neo-Nazis Using Instagram and Facebook to Organize, Publicize Attacks«, in: *Stranger* vom 11. Februar 2014; »Welcome to the Gay-Hating Olympics: Footage of Horrific Beatings Suffered by Gays in Russia«, in: *Daily Mail* vom 4. Februar 2014.

50 Andrew Hough, »Please Rob Me Website Causes Fury for ›Telling Burglars When Twitter Users Are Not Home‹«, in: *Telegraph* vom 19. Februar 2010.

51 Nick Bilton, »Burglars Said to Have Picked Houses Based on Facebook Updates«, Bits (Blog), in: *New York Times* vom 12. September 2010.

52 Matt Liebowitz, »Social Media Status Updates Tip Off Burglars, Study Shows«, MSNBC, 7. November 2011.

53 Gerald Friedland und Robin Sommer, »Cybercasing the Joint: On the Privacy Implications of Geo-tagging«, International Computer Science Institute and Lawrence Berkeley National Laboratory; »Featured Research: Geo-tagging«, International Computer Science Institute, aufgerufen am 30. März 2014; Niraj Chokshi, »How Tech-Savvy Thieves Could ›Cybercase‹ Your House«, in: *Atlantic* vom 22. Juli 2010.

54 Brendan Keefe, »Exif Data Hiding in Your Photos Targeted by Thieves and Criminal Investigators«, YouTube, 5. November 2013, http://www.youtube.com/watch?v=mdoD7X8n46Q.

55 Richard Burnett, »Scammers Use Social Networking Info to Target Vacationers' Relatives: Scams Using Social-Networking Vacation«, in: *Orlando Sentinel* vom 22. Juni 2013.

56 Robert Beckhusen, »Mexican Cartels Hang, Disembowel ›Internet Snitches‹«, *Danger Room* (Blog), in: *Wired* vom 15. September 2011.

57 Ebenda.

58 Mike Levine, »Officials Warn Facebook and Twitter Increase Police Vulnerability«, FoxNews.com, 10. Mai 2011.

59 Josh Halliday und Charles Arthur, »Anonymous' Release of Met and FBI Call Puts Hacker Group Back Center Stage«, in: *The Guardian* vom 2. Februar 2012.

60 Bob Christie, »Ariz. Police Confirm 2nd Hack on Officers' Email«, MSNBC.com, 29. Juni 2011; Mohit Cumar, »77 Law Enforcement Websites Hit in Mass Attack by #Antisec Anonymous«, in: *The Hacker News* vom 30. Juli 2011.

61 »Cyber-Criminals Use Facebook to Steal Identity of Interpol Chief«, in: *Daily Mail* vom 20. September 2010.

62 Geoff Nairn, »Your Wall Has Ears«, in: *Wall Street Journal* vom 19. Oktober 2011.

63 Michael Riley und Ashlee Vance, »Inside the Chinese Boom in Corporate Espionage«, in: *Business Week* vom 15. März 2012.

64 Joan Lappin, »American Superconductor and Its Rogue Employee Both Duped by Sinovel«, in: *Forbes* vom 27. September 2011.

65 Carl Sears und Michael Isikoff, »Chinese Firm Paid Insider ›to Kill My Company‹, American CEO said«, NBCNews.com, 6. August 2013.

KAPITEL 7

1 »Massive Search for Missing Girl«, BBC, 25. März 2002.

2 »TV Appeal for Missing Amanda«, BBC, 28. März 2002.

3 Nick Davies, »Phone-Hacking Trial Failed to Clear Up Mystery of Milly Dowler's Voicemail«, in: *Guardian* vom 26. Juni 2014.

4 »Milly's Body Found«, BBC, 21. September 2002.
5 »Phone Hacking«, *Guardian*, 7. Februar 2011; CNN Library, »UK Phone Hacking Scandal Fast Facts«, CNN, 5. Juli 2014; »News International Phone Hacking Scandal«, *Wikipedia*.
6 Nick Davies, »Phone-Hacking Trial Failed to Clear Up Mystery of Milly Dowler's Voicemail«, in: *The Guardian* vom 26. Juni 2014.
7 »Milly Dowler's Phone Was Hacked by News of the World«, in: *Telegraph* vom 4. Juli 2011.
8 McAfee, »Mobile Malware in 2014«, 25. März 2014, http://blogs.mcafee.com/; Juniper Networks, »Trusted Mobility Index«, Mai 2012, http://www.juniper.net/.
9 Cisco, *Cisco 2014 Annual Security Report*; Jordan Kahn, »Apple SVP Phil Schiller Shares Report Showing Android Had 99 % of Mobile Malware Last Year«, *9to5Google*, 21. Januar 2014.
10 Rolfe Winkler, »Android Market Share Hits New Record«, *Digits* (Blog), in: *Wall Street Journal* vom 31. Juli 2014; Canalys, »Over 1 Billion Android-Based Smart Phones to Ship in 2017«, 4. Juni 2013.
11 Rachel Metz, »Phone Makers' Android Tweaks Cause Security Problems«, in: *Technology Review* vom 5. November 2013; Liam Tung, »What's Making Your Android Insecure? Blame Those Free Apps You Never Asked For«, *ZDNet*, 6. November 2013.
12 Daisuke Wakabayashi, »Cook Raises, Dashes Hopes for Excitement at Apple Annual Meeting«, *Digits* (Blog), in: *Wall Street Journal* vom 28. Februar 2014.
13 Juniper Networks, *Juniper Networks Third Annual Mobile Threats Report, März 2012 bis März 2013*.
14 Mike Isaac, »Google Beefs Up Android Market Security«, in: *Wired* vom 2. Februar 2012.
15 »Report: Malware-Infected Android Apps Spike in the Google Play Store«, *PCWorld*, 19. Februar 2014.
16 Joe Krishnan, »Mobile Malware Is Growing and Targeting Android Users, Warn Kaspersky«, in: *Independent* vom 26. Februar 2014; Larry Barrett, »Banking Trojans Emerge as Dominant Mobile Malware Threat«, *ZDNet*, 24. Februar 2014.
17 Brian Krebs, »Mobile Malcoders Pay to (Google) Play«, *Krebs on Security*, 6. März 2013.
18 Juniper Networks, *Third Annual Mobile Threats Report*, S. 4.
19 Luke Westaway, »Apple iOS App Store Hit by First Malware App«, *CNET*, 6. Juli 2012.
20 Andy Greenberg, »Evasion Is the Most Popular Jailbreak Ever: Nearly Seven Million iOS Devices Hacked in Four Days«, in: *Forbes* vom 8. Februar 2013; Juniper Networks, *Third Annual Mobile Threats Report*.
21 Alice Truong, »This Popular Flashlight App Has Been Secretly Sharing Your Location and Device ID«, in: *Fast Company* vom 5. Dezember 2013; Janel Torkington, »A Flashlight Can Steal from You: How to Stay Safe from Scam Apps«, *AppsZoom*, 3. Februar 2014; Aaron Gingrich, »The Mother of All Android Malware Has Arrived: Stolen Apps Released to the Market That Root Your Phone, Steal Your Data, and Open Backdoor«, *Android Police*, 6. März 2011.
22 Matt Warman, »Fake Android Apps Scam Costs £28,000«, in: *Telegraph*, 24. Mai 2012.
23 Ebenda.
24 Rich Trenholm, »Android Spam Scam Is First Smart Phone Botnet«, *CNET*, 6. Juli 2012.
25 »China Mobile Users Warned About Large Botnet Threat«, BBC, 15. Januar 2013; Steven J. Vaughan-Nichols, »First Case of Android Trojan Spreading via Mobile Botnets Discovered«, *ZDNet*, 5. September 2013.
26 »Gartner Says Worldwide PC, Tablet, and Mobile Phone Shipments to Grow 5.9 Percent in 2013 as Anytime-Anywhere-Computing Drives Buyer Behavior«, Gartner Newsroom, 24. Juni 2013.
27 Salvador Rodriguez, »Hackers Can Use Snapchat to Disable iPhones, Researcher Says«, in: *Los Angeles Times* vom 7. Februar 2014.
28 Selena Larson, »Snapchat Responds to Massive Hack«, *ReadWrite*, 3. Januar 2014.
29 Kashmir Hill, »Snapchats Don't Disappear: Forensics Firm Has Pulled Dozens of Supposedly Deleted Photos from Android Phones«, in: *Forbes* vom 9. Mai 2013.
30 Tyler Kingkade, »Ohio University Student Accused of Using Nude Snapchat Photos to Extort Sex«, in: *Huffington Post* vom 30. Dezember 2013.
31 Juniper Networks, »Trusted Mobility Index«, Mai 2012.
32 Brian Montopoli, »For Criminals, Smartphones Becoming Prime Targets«, CBS News, 7. August 2013; Dan Nosowitz, »A Hacked Mobile Antenna in a Backpack Could Spy on Cell Phone Conversations«, in: *Popular Science* vom 16. Juli 2013.

33 »Why Does Kenya Lead the World in Mobile Money?«, in: *Economist* vom 27. Mai 2013.
34 Claire Pénicaud, »State of the Industry: Results from the 2012 Global Mobile Money Adoption Survey«, GSMA, Februar 2013.
35 Keith Wagstaff, »Google Wallet Hack Shows NFC Payments Still Aren't Secure«, in: *Time* vom 10. Februar 2012.
36 Sarah Clark, »Google Wallet Faces Its Second Hack of the Week«, *NFC World*, 10. Februar 2012.
37 Anthony Wing Kosner, »Tinder Dating App Users Are Playing with Privacy Fire«, in: *Forbes* vom 18. Februar 2014.
38 Miles Kemp, »Police Warn Photos of Kids with Geo-tagging Being Used by Paedophiles«, in: *Herald Sun* (Melbourne) vom 18. April 2012.
39 Shannon Catalano, »Stalking Victims in the United States – Revised«, U. S. Department of Justice Special Report, September 2012; Sean Gallagher, »A Spurned Techie's Revenge: Locking Down His Ex's Digital Life«, *Ars Technica*, 22. November 2013; Justin Scheck, »Stalkers Exploit Cellphone GPS«, in: *Wall Street Journal* vom 3. August 2010.
40 Scheck, »Stalkers Exploit Cellphone GPS«.
41 Australian Associated Press, »Simon Gittany Jailed for Minimum 18 Years for Murdering Fiancee«, in: *Guardian* vom 10. Februar 2014; Timothy Geigner, »Mobile Spyware Use in Domestic Violence Ramps Up«, *Wireless News*, 3. April 2014.
42 Scheck, »Stalkers Exploit Cellphone GPS«.
43 Ebenda.
44 Quentin Fottrell, »5 Apps for Spying on Your Spouse«, *Market Watch*, 25. August 2014.
45 Scheck, »Stalkers Exploit Cellphone GPS«.
46 Cheryl Rodewig, »Geotagging Poses Security Risks«, U. S. Army, news archive, 7. März 2012, www.army.mil.
47 Ebenda.
48 Das Ergebnis finden Sie jetzt unter http://www.trackingkey.com.
49 Eine hervorragende Übersicht über die Auswirkungen der automatischen Kennzeichenerkennung in gesellschaftlicher Hinsicht und mit Blick auf die Privatsphäre finden Sie im Bericht der American Civil Liberties Union: *You Are Being Tracked: How License Plate Readers Are Being Used to Record Americans' Movements*, https://www.aclu.org/alpr.
50 Julia Angwin und Jennifer Valentino-Devries, »New Tracking Frontier: Your License Plates«, in: *Wall Street Journal* vom 29. September 2012.
51 Ebenda.
52 Kate Crawford, »San Francisco Woman Pulled out of Car at Gunpoint Because of License Plate Reader Error«, ACLU (Blog), 15. Mai 2014.
53 Quentin Hardy, »Technology Turns to Tracking People Offline«, Bits (Blog), in: *New York Times* vom 7. März 2013; Gene Marks, »Why the Home Depot Breach Is Worse Than You Think«, in: *Forbes* vom 22. September 2014.
54 Frederic Lardinois, »Google Announces Massive Price Drops for Its Cloud Computing Services and Storage, Introduces Sustained-Use Discounts«, *TechCrunch*, 25. März 2014.
55 Keir Thomas, »Microsoft Cloud Data Breach Heralds Things to Come«, in: *PC World* vom 23. Dezember 2010; Ed Bott, »Dropbox Gets Hacked … Again«, *ZDNet*, 1. August 2012.
56 Daisuke Wakabayashi und Danny Yadron, »Apple Denies iCloud Breach«, in: *Wall Street Journal* vom 2. September 2014.
57 Jaikumar Vijayan, »Classified Data on President's Helicopter Leaked via P2P, Found on Iranian Computer«, *Computerworld*, 2. März 2009.
58 Threat Working Group of the CSIS Commission on Cybersecurity, »Threats Posed by the Internet«.
59 Dana Priest und William M. Arkin, »A Hidden World, Growing Beyond Control«, in: *Washington Post* vom 19. Juli 2010; James Bamford, »The NSA Is Building the Country's Biggest Spy Center (Watch What You Say)«, in: *Wired* vom 15. März 2012.
60 Dan Nosowitz, »Every Six Hours, the NSA Gathers as Much Data as Is Stored in the Entire Library of Congress«, in: *Popular Science* vom 10. Mai 2011.
61 Bamford, »NSA Is Building the Country's Biggest Spy Center«.

62 NSA's PRISM program allowed: Timothy B. Lee, »Here's Everything We Know About PRISM to Date«, in: *Washington Post* vom 12. Juni 2013.
63 James Risen und Laura Poitras, »N. S. A. Gathers Data on Social Connections of U. S. Citizens«, in: *New York Times* vom 28. September 2013.
64 Barton Gellman und Ashkan Soltani, »NSA Collects Millions of E-mail Address Books Globally«, in: *Washington Post* vom 1. November 2013.
65 Barton Gellman und Ashkan Soltani, »NSA Infiltrates Links to Yahoo, Google Data Centers Worldwide, Snowden Documents Say«, in: *Washington Post* vom 1. November 2013.
66 Floor Boon, Steven Derix und Huib Modderkolk, »NSA Infected 50,000 Computer Networks with Malicious Software«, *Nrc.nl*, 23. November 2013.
67 Dustin Volz, »The NSA Is Using Facebook to Hack into Your Computer«, in: *National Journal* vom 12. März 2014.
68 Spencer Ackerman und James Ball, »Optic Nerve: Millions of Yahoo Webcam Images Intercepted by GCHQ«, in: *Guardian* vom 27. Februar 2014.
69 Ashkan Soltani, Rea Peterson, Barton Gellman, »NSA Uses Google Cookies to Pinpoint Targets for Hacking«, in: *Washington Post* vom 10. Dezember 2013.
70 James Larson, Jeff Glanz, und Andrew W. Lehren, »Spy Agencies Tap Data Streaming from Phone Apps«, in: *New York Times* vom 27. Januar 2014.
71 Sasha Goldstein, »Angry Birds, Other ›Leaky‹ Cellphone Apps Allow NSA to Collect Massive Amounts of Data: Report«, in: *New York Daily News* vom 27. Januar 2014; James Ball, »Angry Birds and ›Leaky‹ Phone Apps Targeted by NSA and GCHQ for User Data«, in: *Guardian* vom 28. Januar 2014.
72 Cyrus Farivar, »LOVEINT: On His First Day of Work, NSA Employee Spied on Ex-Girlfriend«, *Ars Technica*, 27. September 2013; Siobhan Gorman, »NSA Officers Spy on Love Interests«, in: *Wall Street Journal* vom 23. August 2013.
73 »FinFisher«, *Wikipedia*; Vernon Silver, »Cyber Attacks on Activists Traced to FinFisher Spyware of Gamma«, in: *Bloomberg* vom 25. Juli 2013.
74 »Syria's Embattled Dissidents Grapple with Government Hackers, Wiretappers, and Impostors«, in: *Time* vom 1. Juni 2011; »Social Media: A Double-Edged Sword in Syria«, Reuters, 13. Juli 2011.
75 Andrew E. Kramer, »Ukraine's Opposition Says Government Stirs Violence«, in: *New York Times* vom 21. Januar 2014.

KAPITEL 8

1 IAEA Board of Governors, »Implementation of the NPT Safeguards Agreement in the Islamic Republic of Iran«, September 2005.
2 William J. Broad und David E. Sanger, »Report Says Iran Has Data to Make a Nuclear Bomb«, in: *New York Times* vom 4. Oktober 2009.
3 David E. Sanger, »Obama Ordered Wave of Cyberattacks Against Iran«, in: *New York Times* vom 1. Juni 2012.
4 Marc Ambinder, »Did America's Cyber Attack on Iran Make Us More Vulnerable?«, in: *Atlantic* vom 5. Juni 2012.
5 Paul Szoldra, »Blogger Nails a Major Problem with Facebook's Newsfeed«, in: *Business Insider* vom 19. Januar 2014; Jim Tobin, »Facebook Brand Pages Suffer a 44% Decline in Reach since December 1«, in: *Ignite Social Media* vom 10. Dezember 2013.
6 Anthony Wing Kosner, »Watch Out Twitter and Google+, Facebook's News Feed Is Getting Smarter and Smarter«, in: *Forbes* vom 28. April 2014.
7 Eli Pariser, The Filter Bubble: What The Internet Is Hiding From You, London 2012 (deutsche Ausgabe: Filter Bubble: Wie wir im Internet entmündigt werden, München 2012).
8 Zitiert nach Eli Pariser in seinem TED-Talk, »Beware Online ›Filter Bubbles‹«, Mai 2011; René Pickhardt, »What Are the 57 Signals Google Uses to Filter Search Results?«, 17. Mai 2011, rene-pickhardt.de.
9 Alex Chitu, »Eric Schmidt on the Future of Search«, in: *Google Operating System* vom 16. August 2010.

10 Für eine ausführliche, nach Staaten aufgeschlüsselte Dokumentation zur Kontrolle des Internets siehe die OpenNet Initiative unter https://opennet.net/about-filtering.
11 »Top 10 Internet-Censored Countries«, in: *USA Today* vom 5. Februar 2014.
12 Amy Gesenhues, »Survey: 90% of Customers Say Buying Decisions Are Influenced by Online Reviews«, Marketingland .com, 9. April 2013; Zendesk, »The Impact of Customer Service on Customer Lifetime Value«; Myles Anderson, »2013 Study: 79% of Consumers Trust Online Reviews as Much as Personal Recommendations«, in: *Search Engine Land* vom 26. Juni 2013; Nielsen, *Global Trust in Advertising and Brand Messages*, April 2012.
13 »Yelp Deems 20% of User Reviews ›Suspicious‹«, in: *MarketWatch* vom 27. September 2013.
14 Bob Egelko, »Yelp Can Manipulate Ratings, Court Rules«, in: *San Francisco Gate* vom 4. September 2014.
15 Eric Spitznage, »›Operation Clean Turf‹ and the War on Fake Yelp Reviews«, in: *Bloomberg Businessweek* vom 25. September 2013.
16 Rebecca Grant, »Facebook Has No Idea How Many Fake Accounts It Has – but It Could Be Nearly 140M«, in: *VentureBeat* vom 3. Februar 2014.
17 Nick Bilton, »Friends, and Influence, for Sale Online«, *Bits* (Blog), in: *New York Times* vom 20. April 2014.
18 John Koetsier, »Facebook's War on Zombie Fans Just Started with a Boom«, in: *VentureBeat* vom 26. September 2012.
19 Rihanna und Shakira: ebenda.
20 Mandi Woodruff, »There Could Be Something Wrong with 42 Million Credit Reports«, *Business Insider*; Federal Trade Commission, *Report to Congress*, Dezember 2012; Melanie Hicken, »Find Out What Big Data Knows About You (It May Be Very Wrong) «, in: *CNNMoney* vom 5. September 2013.
21 Rebecca Smith, »One in Ten Electronic Medical Records Contain Errors: Doctors«, in: *Telegraph* vom 17. Juli 2010.
22 »Man Dies During Cancer Drug Trial«, BBC, 21. September 2008.
23 »California Releases 450 ›Violent and Dangerous‹ Criminals After Computer Glitch Sets Them Free«, in: *Daily Mail Online* vom 27. Mai 2011.
24 »Are You One of the 20,000 People Wrongly Branded a Criminal? Police Blunders Give Thousands Records for Crimes They Have Not Committed«, in: *Daily Mail Online* vom 28. Dezember 2012.
25 »Danish Police Driving Licence Database Hacked by a Top Rated Swedish Hacker«, in: *Scandinavia Today* vom 6. Juni 2013.
26 »Philadelphia Police Witness Information Hacked«, Lawofficer.com, abgerufen am 9. November 2013.
27 »Ex-con Returns to Jail for Hacking Prison Computers«, in: *PCWorld* vom 15. November 2008.
28 David Schultz, »As Patients' Records Go Digital, Theft and Hacking Problems Grow«, in: *Kaiser Health News* vom 3. Juni 2012; Kim Zetter, »It's Insanely Easy to Hack Hospital Equipment«, in: *Wired* vom 25. April 2014; Kelly Jackson Higgins, »Anatomy of an Electronic Health Record Zero-Day«, in: *Dark Reading* vom 4. Dezember 2013.
29 Neal Ungerleider, »Medical Cybercrime: The Next Frontier«, in: *Fast Company* vom 15. August 2012.
30 Nelson Harvey, »Hospital Database Hacked, Patient Info Vulnerable«, in: *Aspen Daily News* vom 15. März 2014.
31 »Victim of Botched Transplant Declared Dead«, CNN, 23. Februar 2003.
32 EMC Corporation, »2013: A Year in Review«, Januar 2014.
33 Ebenda.
34 Miles Date, »Why We Need to Support DMARC and Fight Phishing«, in: *Deliverability Next* vom 2. April 2013.
35 Cisco, *Email Attacks: This Time It's Personal*, Juni 2011.
36 Ben Elgin, Dune Lawrence und Michael Riley, »Coke Gets Hacked and Doesn't Tell Anyone«, in: *Bloomberg* vom 4. November 2012.
37 TrendLabs APT Research Team, »Spear-Phishing Email: Most Favored APT Attack Bait«, Trend Micro Incorporated Research Paper, 2012.

38 Rob Waugh, »New PC Virus Doesn't Just Steal Your Money – It Creates Fake Online Bank Statements So You Even Don't Know It's Gone«, in: *Daily Mail Online* vom 6. Januar 2012.
39 Amy Klein, »Holiday Shopping and Fraud Schemes«, in: *Security Intelligence* vom 4. Januar 2012.
40 Carol Todd, »Arrest of Dutch Man in Amanda Todd Cyberbullying Rekindles Family Anguish«, CBC News, 28. April 2014.
41 Associated Press, »Netherlands Arrest in Amanda Todd Webcam Blackmail Case«, in: *Guardian* vom 17. April 2014.
42 Associated Press, »Dutch Man Arrested in Connection with Suicide of Canadian Teen Amanda Todd«, in: *New York Daily News* vom 18. April 2014.
43 Dan Goodin, »Woman Charged with Cyberbullying Teen on Craigslist«, in: *Register* vom 18. August 2009.
44 Corey Grice und Scott Ard, »Hoax Briefly Shaves $2.5 Billion off Emulex's Market Cap«, *CNET*; Jane C. Chesterman, »The Emulex Stock Hoax: Potential Liability for Internet Wire and Bloomberg?«, *Journal of Corporation Law* 27, Nr. 1 (Herbst 2001).
45 U. S. Securities and Exchange Commission, »Defendant in Emulex Hoax Sentenced«, 8. August 2001.
46 Corey Grice, »23-Year-Old Arrested in Emulex Hoax«, *CNET*, 31. August 2000.
47 Alex Berenson, »Guilty Plea Is Set in Internet Hoax Case Involving Emulex«, in: *New York Times* vom 29. Dezember 2000.
48 Lina Saigol, »The Murky World of Traders' Electronic Chat«, in: *Financial Times* vom 11. November 2013.
49 »FBI Arrests Seven in $140 Million Penny Stock Fraud«, in: *Moneynews* vom 14. August 2013.
50 Amy Chozick, »Bloomberg Admits Terminal Snooping«, in: *New York Times* vom 13. Mai 2013.
51 Mark DeCambre, »Goldman Outs Bloomberg Snoops«, in: *New York Post* vom 10. Mai 2013.
52 Chozick, »Bloomberg Admits Terminal Snooping«.
53 Michael Lewis, »An Adaptation from ›Flash Boys: A Wall Street Revolt«, in: *New York Times* vom 31. März 2014.

KAPITEL 9

1 Kelly Jackson Higgins, »›Robin Sage‹ Profile Duped Military Intelligence, IT Security Pros«, in: *Dark Reading* vom 6. Juli 2010.
2 Thomas Ryan, »Getting in Bed with Robin Sage«, Provide Security, 2010; Shaun Waterman, »Fictitious Femme Fatale Fooled Cybersecurity«, in: *Washington Times* vom 18. Juli 2010.
3 Robert McMillan, »Paris Hilton Accused of Voice-Mail Hacking«, in: *InfoWorld* vom 25. August 2006.
4 Ron Lieber, »Your Voice Mail May Be Even Less Secure Than You Thought«, in: *New York Times* vom 19. August 2011.
5 Byron Acohido, »Caller ID Spoofing Scams Aim for Bank Accounts«, in: *USA Today* vom 15. März 2012.
6 Kathy Kristof, »IRS Warns of Biggest Tax Scam Ever«, in: *MoneyWatch* vom 20. März 2014.
7 Adrianne Jeffries, »Meet ›Swatting‹, the Dangerous Prank That Could Get Someone Killed«, in: *Verge* vom 23. April 2013.
8 Maria Elena Fernandez, »Ashton Kutcher, Miley Cyrus & Others Terrorized in Dangerous ›Swatting‹ Prank«, in: *Daily Beast* vom 5. Oktober 2012.
9 FBI, »The Crime of ›Swatting‹: Fake 9-1-1 Calls Have Real Consequences«, 7. Mai 2014.
10 Alan Duke, »Boy Admits ›Swatting‹ Ashton Kutcher, Justin Bieber«, CNN, 12. März 2013.
11 Heidi Fenton, »Swatting-Related Crash«, Mlive.com, 8. April 2014.
12 Sebastian Anthony, »The Secret Second Operating System That Could Make Every Mobile Phone Insecure«, in: *ExtremeTech* vom 13. November 2013.
13 Ralf Philipp Weinmann, »DeepSec 2010: All Your Baseband Are Belong to Us«, YouTube, http://www.youtube.com/watchv=fQqv0v14KKY, 7. Mai 2014.
14 Paul K., »Replicant Developers Find and Close Samsung Galaxy Backdoor«, Free Software Foundation, 12. März 2014.

15 Declan McCullagh, »FBI Taps Cell Phone Mic as Eavesdropping Tool«, ZDNet, 1. Dezember 2006.
16 Hard Reg, »Driver Follows Satnav to His Doom«, in: *Register* vom 5. Oktober 2010.
17 Department of Homeland Security, »National Risk Estimate«, 9. November 2011.
18 Robert Charette, »Are We Getting Overly Reliant on GPSIntensive Systems?«, IEEE Spectrum, 9. März 2011, zugänglich unter spectrum.ieee.org.
19 David Hambling, »GPS Chaos: How a $30 Box Can Jam Your Life«, in: *New Scientist* vom 6. März 2011.
20 »Out of Sight«, in: *Economist* vom 27. Juli 2013.
21 John Brandon, »GPS Jammers Illegal, Dangerous, and Very Easy to Buy«, FoxNews.com, 17. März 2010.
22 »Out of Sight«, in: *Economist* vom 27. Juli 2013.
23 Hambling, »GPS Chaos«.
24 Charles Arthur, »Car Thieves Using GPS ›Jammers‹«, in: *Guardian* vom 22. Februar 2010; Matt Warman, »Organised Crime Routinely Jamming GPS«, in: *Telegraph* vom 22. Februar 2012; »£6M Lorry Hijackings Gang Face Ten Years«, in: *Express & Star* vom 6. Mai 2010.
25 »The $30 GPS Jammer That Could Paralyze U. S. Cities«, in: *Week* vom 10. März 2011.
26 Jeff Coffed, »The Threat of GPS Jamming«, Exelis, Februar 2014.
27 Tom Simonite, »Ship Tracking Hack Makes Tankers Vanish from View«, in: *MIT Technology Review* vom 18. Oktober 2013.
28 »Researchers Show How a Major GPS Flaw Could Allow Terrorists and Hackers to Hijack Commercial Ships and Planes«, in: *Mail Online* vom 27. Juli 2013; Aviva Hope Rutkin, »›Spoofers‹ Use Fake GPS Signals to Knock a Yacht Off Course«, in: *MIT Technology Review* vom 14. August 2013.
29 Sandra Zaragoza, »Spoofing Superyacht at Sea«, in: *Know* vom 31. Juli 2013.
30 Kelsey D. Atherton, »Israeli Students Spoof Waze App with Fake Traffic Jam«, in: *Popular Science* vom 31. März 2014.
31 Nathan Hodge und Adam Entous, »Oil Firms Hit by Hackers from China, Report Says«, in: *Wall Street Journal* vom 10. Februar 2011.
32 Nicole Perlroth, »Hackers Lurking in Vents and Soda Machines«, in: *New York Times* vom 7. April 2014.
33 Hodge und Entous, »Oil Firms Hit by Hackers from China«.
34 Lee Moran, »Montana Residents Flip Out When Emergency Alert System Tells Them the Zombie Apocalypse Is Happening – Like Right Friggin Now«, in: *New York Daily News* vom 12. Februar 2013.
35 »Russian Hackers Jam Automobile Traffic with Porn«, in: *Fox News, Technology* vom 15. Januar 2010; »Russian Jailed for Six Years for Hacking into Advertising Server and Making Electronic Billboard Show Porn to Motorists«, in: *Mail Online* vom 24. März 2011.
36 Sevil Omer, »Racial Slur on Mich. Road Sign Targets Trayvon Martin«, in: *NBC News* vom 9. April 2012.
37 Serge Malenkovich, »Hacking the Airport Security Scanner«, in: *Kaspersky Lab* vom 14. März 2014.
38 »Hacked X-Rays Could Make TSA Scanners Useless«, Video, in: *Wall Street Journal* vom 12. Februar 2014.
39 Kim Zetter, »Hacked X-Rays Could Slip Guns Past Airport Security«, in: *Wired* vom 11. Februar 2014.
40 U. S. Department of Transportation, »Review of Web Applications Security and Intrusion Detection in Air Traffic Control Systems«, Projektnummer: FI-2009-049, 4. Mai 2009.
41 Siobhan Gorman, »FAA's Air-Traffic Networks Breached by Hackers«, in: *Wall Street Journal* vom 7. Mai 2009.
42 Thomas Claburn, »Air Traffic Control System Repeatedly Hacked«, in: *Dark Reading* vom 7. Mai 2009.
43 Steve Henn, »Could the New Air Traffic Control System Be Hacked?«, NPR.org, 14. August 2012.
44 Donald McCallie, Jonathan Butts und Robert Mills, »Security Analysis of the ADS-B Implementation in the Next Generation Air Transportation System«, in: *International Journal of Critical Infrastructure Protection* 4, Nr. 2 (August 2011): S. 78 ff.

45 »The World of 100 % Election Victories«, in: *BBC News* vom 11. März 2014.
46 »Hacking the Vote: Internet Systems Remain Unsecure«,CNN, 5. November 2012.
47 Andrew Tarantola, »Hacked DC School Board E-voting Elects Bender President«, in: *Gizmodo* vom 2. März 2012.
48 Walter L. Sharp, »Electronic Warfare«, *Joint Publication* 3–13.1, 25. Januar 2007.
49 Adam Martin, »Reuters Blogs Hacked with Fake Story About Syrian Rebel Retreat«, in: *Wire* vom 3. August 2012.
50 Erich Follath und Holger Stark, »The Story of ›Operation Orchard‹: How Israel Destroyed Syria's Al Kibar Nuclear Reactor«, in: *Spiegel Online* vom 11. Februar 2009; David E. Sanger und Mark Mazzetti, »Israel Struck Syrian Nuclear Project, Analysts Say«, in: *New York Times* vom 14. Oktober 2007.
51 Lewis Page, »Israeli Sky-Hack Switched off Syrian Radars Countrywide«, in: *Register* vom 22. November 2007.
52 Yuval Goren, »IDF Reserve Troops Receive Fictitious Calls for Duty in Gaza«, Haaretz.com, 8. Januar 2009.
53 Balousha Hazem, »Text Messages and Phone Calls Add Psychological Aspect to Warfare in Gaza«, in: *Guardian* vom 2. Januar 2009.
54 Nick Fielding und Ian Cobain, »Revealed: US Spy Operation That Manipulates Social Media«, in: *Guardian* vom 17. März 2011.
55 Ebenda.
56 Ebenda.
57 Freedom on the Net 2013, FreedomHouse.org, 3. Oktober 2013.
58 Sergey Chernov, »Internet Troll Operation Uncovered in St. Petersburg«, in: *St. Petersburg Times* vom 18. September 2013.
59 Paul Roderick Gregory, »Inside Putin's Campaign of Social Media Trolling and Faked Ukrainian Crimes«, in: *Forbes* vom 11. Mai 2014.
60 Chris Elliott, »The Readers' Editor on … Pro-Russia Trolling Below the Line on Ukraine Stories«, in: Guardian vom 4. Mai 2014; Alec Luhn, »Pro-Kremlin Journalists Secretly Given Awards by Putin«, in: *Irish Times* vom 9. Mai 2014.
61 Katie Hunt und Cy Xu, »China ›Employs 2 Million to Police Internet‹«, CNN, 7. Oktober 2013.
62 Steven Millward, »China Plans Weibo Propaganda Blitz Using 2 Million Paid Commenters«, in: *Tech in Asia* vom 18. Januar 2013.
63 John Kennedy, »Beijing Orders Its 2.06 Million ›Propaganda Workers‹ to Get Microblogging«, in: *South China Morning Post* vom 18. Januar 2013.
64 Benjamin Carlson, »Party Trolls: Meet China's Answer to the Internet«, in: *Global Post* vom 28. Januar 2013.
65 LWG Consulting, »Sites Affected by the Heartbleed Bug«, 4. April 2014.
66 Arik Hesseldahl, »Heartbleed Flaw Lurks in Android Apps Downloaded by Millions«, in: *Re/code* vom 23. April 2014.
67 Mark Prigg, »Over 300,000 Web Sites STILL at Risk from Heartbleed Bug«, in: *Mail Online* vom 9. Mai 2014.
68 Michael Riley, »NSA Said to Exploit Heartbleed Bug for Intelligence for Years«, in: *Bloomberg* vom 11. April 2014.
69 Hiawatha Bray, »Heartbleed Hoodlums Try to Cash in on Internet Security Bug«, in: *Boston Globe* vom 18. April 2014; Mark Clayton, »›Heartbleed‹ Mystery: Did Criminals Take Advantage of Cyber-Security Bug?«, in: *Christian Science Monitor* vom 9. April 2014.

KAPITEL 10

1 Zahlreiche Quellen geben Aufschluss über die Machenschaften von Innovative Marketing. Die meisten Details stammen von Dirk Kollberg, einem Kaspersky-Analysten aus Hamburg, der sich monatelang mit der Organisation beschäftigt hat. Für weitere Informationen siehe: David Talbot, »The Perfect Scam«, in: *MIT Technology Review* vom 21. Juni 2011; Jim Finkle, »Inside a Global Cybercrime Ring«, Reuters, 24. März 2010; Federal Trade Commission, »Innovative

Marketing, Inc., et al.«, 28. Februar 2014; Toralv Dirro, »Malicious World«, McAfee Labs; Interpol, »Sundin, Bjorn Daniel«; United States of America v. Bjorn Daniel Sundin, Shaileshkumar P. Jain, a. k. a. »Sam Jain«, and James Reno, Northern District of Illinois Eastern Division, März 2010; Misha Glenny, »Cybercrime: Is It out of Control?«, in: *Guardian* vom 21. September 2011; Misha Glenny, »Inside the World of Cybercrime, EIBF 2012, Review«, EdinburghGuide.com, 20. August 2012; Felix Richter, »Twitter's Ad Revenue Tipped to Double This Year«, in: *Statista* vom 13. September 2012; David Talbot, »The Perfect Scam«, in: *Technology Review* vom 21. Juni 2011.

2 United Nations Office on Drugs and Crimes, »Estimating Illicit Financial Flows Resulting from Drug Trafficking and Other Transnational Organized Crimes«, Oktober 2011, S. 7. Die Bezeichnung »Verbrecher-GmbH« spielt auf die US-amerikanische Fernsehserie »Crime Inc.« an, die in Deutschland weniger bekannt ist. (Anmerkung der Übersetzer)

3 Misha Glenny, *McMafia: A Journey Through the Global Criminal Underworld*, New York 2009, S. 12.

4 Allison Davis, Patrick Di Justo und Adam Rogers, »Crime, Organized«, in: *Wired* vom Februar 2011, S. 78; General OneFile, Web, 22. Mai 2014.

5 »Organised Crime in the Digital Age«, eine Gemeinschaftsstudie von Detica/BAE Systems und dem John Grieve Centre for Policing an der London Metropolitan University, März 2012.

6 Lillian Ablon, Martin C. Libicki und Andrea A. Golay, »Markets for Cybercrime Tools and Stolen Data«, Rand Corporation, S. 4.

7 Byron Acohido, »How Kidnappers, Assassins Utilize Smartphones, Google, and Facebook«, USAToday.com, 18. Februar 2011.

8 »Woman ›Ran Text-a-Getaway‹ Service«, in: *BBC News* vom 16. Juli 2013.

9 Basierend auf persönlichen Beobachtungen des Autors; ich verfüge über ein entsprechendes Foto.

10 Dana Sauchelli und Bruce Golding, »Hookers Turning Airbnb Apartments into Brothels«, in: *New York Post* vom 14. April 2014.

11 Die Informationen über die Organisation moderner Cyberverbrecherorganisationen stammen aus einer Vielzahl von Quellen, darunter persönliche Erfahrungen und Ermittlungen, Gespräche mit in diesem Bereich tätigen hochrangigen Strafverfolgungsbeamten und Online-Quellen wie »Cybercriminals Today Mirror Legitimate Business Processes«, Fortinet 2013 Cybercrime Report; Trend Micro Threat Research, »A Cybercrime Hub«, August 2009; Information Warfare Monitor und Shadowserver Foundation, *Shadows in the Cloud, Joint Report*, 6. April 2010; Patrick Thibodeau, »FBI Lists Top 10 Posts in Cybercriminal Operations«, in: *Computerworld* vom 23. März 2010; Roderic Broadhurst et al., »Organizations and Cybercrime«, in: *International Journal of Cyber Criminology* vom 11. Oktober 2013.

12 Dmitry Samosseiko, »The Partnerka« (Papier präsentiert bei der Virus Bulletin Conference im September 2009); »The Business of Cybercrime«, Trend Micro White Paper, Januar 2010.

13 Cisco 2010 Annual Security Report, S. 9.

14 Broadhurst et al., »Organizations and Cybercrime«.

15 Dunn, »Global Cybercrime Dominated by 50 Core Groups«.

16 Siehe Brian Krebs, »›Citadel‹ Trojan Touts Trouble-Ticket System«, Krebs on Security, 23. Januar 2012.

17 Bob Sullivan, »160 Million Credit Cards Later, ›Cutting Edge‹ Hacking Ring Cracked«, in: *NBC News* vom 25. Juli 2013; »Team of International Criminals Charged with Multimillion Dollar Hacking Ring«, in: *NBC News* vom 25. Juli 2013.

18 Thomas Holt, »Exploring the Social Organisation and Structure of Stolen Data Markets«, in: *Global Crime* 14, Nr. 2/3 (2013); Thomas Holt, »Honor Among (Credit Card) Thieves?«, in: *Michigan State University Today* vom 22. April 2013.

19 Ablon, Libicki und Golay, »Markets for Cybercrime Tools and Stolen Data«, S. 17.

20 Gregory J. Millman, »Cybercriminals Work in a Sophisticated Market Structure«, in: *Wall Street Journal* vom 27. Juni 2011.

21 Kevin Poulsen, »Superhacker Max Butler Pleads Guilty«, in: *Wired* vom 29. Juni 2009.

22 Donald T. Hutcherson, »Crime Pays: The Connection Between Time in Prison and Future Criminal Earnings«, in: *Prison Journal* 92, Nr. 3 (September 2012), S. 315 ff.; Shankar Vedantam, »When Crime Pays: Prison Can Teach Some to Be Better Criminals«, NPR, 1. Februar 2013.

23 Ian Gallagher, »Public Schoolboy Hacker Who Masterminded £15M Fraud Is Put in Jail's IT Class ... and Hacks the Prison's Computer System«, in: *Mail Online* vom 2. März 2013.
24 Reuters, »San Quentin Prison Becomes an Incubator for Startups«, in: *Huffington Post* vom 25. Februar 2013.
25 Russell Eisenman, »Creativity and Crime: How Criminals Use Creativity to Succeed«, in: David H. Cropley et al. (Hgg.), *The Dark Side of Creativity*, New York, 2010.
26 John Leyden, »Malware Devs Embrace Open-Source«, in: *Register* vom 10. Februar 2012.
27 Ablon, Libicki und Golay, »Markets for Cybercrime Tools and Stolen Data«, S. 11.
28 Chris Anderson, *The Long Tail: Why the Future of Business Is Selling Less of More*, überarbeitete Ausgabe, New York, 2008; Goodman, »What Business Can Learn from Organized Crime«.
29 Riva Richmond, »Web Site Ranks Hacks and Bestows Bragging Rights«, in: *New York Times* vom 21. August 2011.
30 Jim Finkle, »Inside a Global Cybercrime Ring«, Reuters, 24. März 2010.
31 Paul Peachey, »Cybercrime Boss Offers a Ferrari for Hacker Who Dreams Up the Biggest Scam«, in: *Independent* vom 11. Mai 2014.
32 Jeff Howe, »The Rise of Crowdsourcing«, in: *Wired*, Juni 2006; Marc Goodman, »The Rise of Crime-Sourcing«, in: *Forbes* vom 3. Oktober 2011.
33 Ebenda.
34 Elizabeth Fiedler, »Retailers Fight ›Flash Robs‹«, NPR.org, 25. November 2011; Annie Vaughan, »Teenage Flash Mob Robberies on the Rise«, FoxNews.com, 18. Juni 2011.
35 Chris Foresman, »Senator to Apple, Google: Why Are DUI Checkpoint Apps Still Available?«, in: *Ars Technica* vom 20. Mai 2011; »Want to Avoid a Speed Trap or a DUI Checkpoint? There's an App for That«, in: *Mail Online* vom 21. März 2011.
36 Patrick Kingsley, »Inside the Anti-kettling HQ«, in: *Guardian* vom 2. Februar 2011.
37 »LulzSec Opens Hack Request Line«, BBC, 15. Juni 2011.
38 »LulzSec Hackers Sets Up Hotline for Attacks«, Reuters, 15. Juni 2011.
39 Brian Krebs, »Wash. Hospital Hit by $1.03 Million Cyberheist«, Krebs on Security, 30. April 2013.
40 Mathew J. Schwartz, »Hackers Offer Free Porn to Beat Security Checks«, in: *Dark Reading* vom 20. Juni 2012.
41 Caroline McCarthy, »Bank Robber Hires Decays on Craiglist, Fools Cop«, *CNET*, 3. Oktober 2008. David Pescovitz, »Bank Robber Uses Craigslist to Hire Unsuspecting Accomplices«, in: *Boing Boing* vom 1. Oktober 2008; »Armored Truck Robber Uses Craigslist to Make Getaway«, King5.com, 21. September 2009.
42 Kickstarter, »Stats«, 25. Mai 2014, https://www.kickstarter.com/help/stats, dort heißt es, Kickstarter soll seit seinem Start 1 131 653 Dollar eingenommen haben.
43 Jason Del Rey, »Kickstarter Says It Was Hacked (Updated)«, in: *Re/code* vom 15. Februar 2014.
44 »Apple Fingerprint ID ›Hacked‹«, in: *BBC News* vom 23. September 2013.
45 John Bowman, »iPhone 5S Fingerprint Hacking Contest Offers $20K Bounty«, in: *Your Community* (Blog), *CBC News*, 20. September 2013.
46 Frank, »Chaos Computer Club Breaks Apple TouchID«, Chaos Computer Club, 21. September 2013.
47 Andy Greenberg, »Meet the ›Assassination Market‹ Creator Who's Crowdfunding Murder with Bitcoins«, in: *Forbes* vom 18. November 2013.
48 Marc Santora, »In Hours, Thieves Took $45 Million in A. T. M. Scheme«, in: *New York Times* vom 9. Mai 2013.

KAPITEL 11

1 Ken Klippenstein, »Dread Pirate Roberts 2.0: An Interview with Silk Road's New Boss«, in: *Ars Technica* vom 5. Februar 2014.
2 Patrick Howell O'Neill, »The Rise and Fall of Silk Road's Heroin Kingpin«, in: *The Daily Dot* vom 9. Oktober 2013.
3 David Segal, »Eagle Scout. Idealist. Drug Trafficker?« *New York Times* vom 18. Januar 2014; Kevin Goodman, »The Dark Net«, in: *Huffington Post* vom 16. Oktober 2013; Adrian Chen, »The Under-

ground Website Where You Can Buy Any Drug Imaginable«, in: *Gawker* vom 1. Juni 2011; Stuart Pfeifer, Shan Li und Walter Hamilton, »End of Silk Road for Drug Users as FBI Shuts Down Website«, in: *Los Angeles Times* vom 2. Oktober 2013; Gerry Smith, »Alleged Silk Road Founder Put Out Hit on 6 Enemies, Prosecutors Say«, in: *Huffington Post* vom 22. November 2013; Kim Zetter, »Feds Arrest Alleged ›Dread Pirate Roberts‹, the Brain Behind the Silk Road Drug Site«, in: *Wired* vom 2. Oktober 2013.

4 Näheres zu Tor siehe: Tor Project, https://www.torproject.org/.

5 Alex Biryukov, Ivan Pustogarov und Ralf-Philipp Weinmann, »Content and Popularity Analysis of Tor Hidden Services«, Universität Luxemburg.

6 Geoffrey A. Fowler, »Tor: An Anonymous, and Controversial, Way to Web-Surf«, in: *Wall Street Journal* vom 18. Dezember 2012.

7 Raphael Cohen-Almagor, »In Internet's Way«, in: *International Journal of Cyber Warfare and Terrorism* 2, Nr. 3 (Juli–September 2012), S. 39 ff.

8 Kimberly Dozier, »Virtually Every Terrorist Group in the World Shifting Tactics in Wake of NSA Leaks: U. S. Officials«, in: *National Post* vom 26. Juni 2013.

9 »Al Qaeda, Terrorists Changing Communication Methods After NSA Leaks, US Officials Say«, in: *Fox News* vom 26. Juni 2013; http://www.youtube.com/watch?v=D8Mgpm1PgF4.

10 Michael K. Bergman, »White Paper: The Deep Web: Surfacing Hidden Value«, in: *Journal of Electronic Publishing* 7, Nr. 1 (August 2001).

11 Steve Lawrence und C. Lee Giles, »Accessibility of Information on the Web«, in: *Nature* vom 8. Juli 1999, S. 107; doi:10.1038/21987.

12 Bergman, »White Paper«.

13 Jose Pagliery, »The Deep Web You Don't Know About«, in: *CNNMoney* vom 10. März 2014.

14 »Google Search vs. Deep Web Harvesting«, in: *BrightPlanet* vom 31. Juli 2013.

15 Andy Greenberg, »Inside the ›DarkMarket‹ Prototype, a Silk Road the FBI Can Never Seize«, in: *Wired* vom 24. April 2014.

16 Kim Zetter, »New ›Google‹ for the Dark Web Makes Buying Dope and Guns Easy«, in: *Wired* vom 17. April 2014.

17 Michael Riley, »Stolen Credit Cards Go for $3.50 at Amazon-Like Online Bazaar«, in: *Bloomberg* vom 19. Dezember 2011.

18 Ernesto, 18. Mai 2008, blog auf TorrentFreak, 27. Juni 2014.

19 »Inside the Mansion – and Mind – of Kim Dotcom, the Most Wanted Man on the Net«, in: *Wired* vom 18. Oktober 2012.

20 Beth Stebner, »The Most Dangerous Drug in the World: ›Devil's Breath‹ Chemical from Colombia Can Block Free Will, Wipe Memory, and Even Kill«, in: *Mail Online* vom 12. Mai 2012.

21 Forward-Looking Threat Research Team, »Deepweb and Cybercrime«, Trend Micro 2013, S. 16.

22 Brian Krebs, »Peek Inside a Professional Carding Shop«, Krebs on Security, 4. Juni 2014.

23 Max Goncharov, »Russian Underground Revisited«, Forward-Looking Threat Research Team, Trend Micro Research Paper.

24 Brian Krebs, »Cards Stolen in Target Breach Flood Underground Markets«, Krebs on Security, 20. Dezember 2013; Dancho Danchev, »Exposing the Market for Stolen Credit Cards Data«, in: *Dancho Danchev's Blog* vom 31. Oktober 2011; »Meet the Hackers«, in: *Bloomberg Businessweek* vom 28. Mai 2006; David S. Wall, »The Organization of Cybercrime in an Ever-Changing Cyberthreat Landscape« (Entwurf für die Criminal Networks Conference, Montreal, 3. bis 4. Oktober 2011).

25 »Skimming off the Top«, in: *Economist* vom 15. Februar 2014.

26 Pew Research Center, »More Online Americans Say They've Experienced a Personal Data Breach«, 14. April 2014; Rosie Murray-West, »UK Worst in Europe for Identity Fraud«, in: *Telegraph* vom 1. Oktober 2012.

27 Herb Weisbaum, »U. S. Health Care System Has $5.6 Billion Security Problem«, in: *NBC News* vom 12. März 2014; Richard Rubin, »IRS May Lose $21 Billion in Identity Fraud, Study Says«, in: *Bloomberg* vom 2. August 2012.

28 »Cashing In on Digital Information«, TrendMicro/TrendLabs 2013 Annual Security Roundup.

29 Sam Biddle, »The Secret Online Weapons Store That'll Sell Anyone Anything«, in: *Gizmodo* vom

19. Juli 2012; Adrian Chen, »Now You Can Buy Guns on the Online Underground Marketplace«, in: *Gawker* vom 27. Januar 2012.

30 Sam Biddle, »The Secret Online Weapons Store That'll Sell Anyone Anything«, in: *Gizmodo* vom 19. Juli 2012.

31 Greenberg, »Meet the ›Assassination Market‹ Creator Who's Crowdfunding Murder with Bitcoins«.

32 Dylan Love, »How to Hire an Assassin on the Secret Internet for Criminals«, in: *Business Insider* vom 16. März 2013.

33 Joel Falconer, »Mail-Order Drugs, Hitmen, and Child Porn: A Journey into the Dark Corners of the Deep Web«, in: *Next Web* vom 8. Oktober 2012.

34 Patrick Howell O'Neill, »Feds Dismantle Massive Deep Web Child Porn Ring«, in: *Daily Dot* vom 19. März 2014.

35 *Thorn Blog*, http://www.wearethorn.org/child-trafficking-statistics/.

36 Aussage von Ernie Allen, Präsident des National Center of Missing and Exploited Children, vor dem Institute of Medicine Committee on Commercial Sexual Exploitation and Sex Trafficking of Minors in the United States of the National Academies, verfügbar unter http://storage.cloversites.com/thedaughterproject/documents/NCMEC%20report%20to%20congress%2001-04-12.pdf; http://www.nap.edu/catalog.php?record_id=18358.

37 NPR Staff, »Courts Take a Kinder Look at Victims of Child Sex Trafficking«, NPR.org, 1. März 2014.

38 Thorn Staff, »Child Sex Trafficking and Exploitation Online: Escort Websites«, 11. März; National Human Trafficking Resource Center, »Residential Brothels«.

39 Mark Latonero, »The Rise of Mobile and the Diffusion of Technology-Facilitated Trafficking«, University of Southern California.

40 Shared Hope International, »Demanding Justice Project Benchmark Assessment 2013«, S. 13; Michelle Goldberg, »Sex Slave Outrage«, in: *Daily Beast* vom 9. Dezember 2010.

41 Einen hervorragenden Überblick über den Organschwarzhandel gibt eine vierteilige Serie im deutschen Magazin *Spiegel*, online zugänglich unter http://www.spiegel.de/international/world/the-illegal-trade-in-organ-is-fueled-by-desperation-and-growing-a-847473.html.

42 Casey Chan, »Here's How Much Body Parts Cost on the Black Market«, in: *Gizmodo* vom 23. April 2012.

43 National Kidney Foundation, »Organ Donation and Transplantation Statistics«, 8. September 2014.

44 Jeneen Interlandi, »Organ Trafficking Is No Myth«, in: *Newsweek* vom 9. Januar 2009.

45 Damien Gayle, »An Organ Is Sold Every Hour, WHO Warns: Brutal Black Market on the Rise Again Thanks to Diseases of Affluence«, in: *Mail Online* vom 27. Mai 2012.

46 Ulrike Putz, »Organ Trade Thrives Among Desperate Syrian Refugees in Lebanon«, in: *Spiegel Online* vom 11. Dezember 2013 (deutsche Ausgabe: »Organhandel: Syrische Flüchtlinge im Libanon verkaufen ihre Nieren«, in: *Spiegel Online* vom 10. November 2013); Jiayang Fan, »Can China Stop Organ Trafficking?«, in: *New Yorker* vom 10. Januar 2014.

47 Esther Inglis-Arkell, »How Do You Buy Organs on the Black Market?«, in: *io9* vom 26. März 2012.

48 Dan Bilefsky, »Black Market for Body Parts Spreads in Europe«, in: *New York Times* vom 28. Juni 2012.

49 Denis Campbell und Nicola Davison, »Illegal Kidney Trade Booms as New Organ Is ›Sold Every Hour‹«, in: *Guardian* vom 27. Mai 2012.

50 »9 on Trial in China over Teenager's Sale of Kidney for iPad and iPhone«, CNN, 10. August 2012.

51 European Cybercrime Centre, »Commercial Sexual Exploitation of Children Online«, Oktober 2013.

52 Paul Gallagher, »Live Streamed Videos of Abuse and Pay-per-View Child Rape Among ›Disturbing‹ Cybercrime Trends, Europol Report Reveals«, in: *Independent* vom 16. Oktober 2013; Paul Peachey, »Number of UK Paedophiles ›Live-Streaming‹ Child Abuse Films Soars, Warns CEOP«, in: *Independent* vom 1. Juli 2013.

53 Ann Cahill, »New Age of Cybercrime: Live Child Rapes, Sextortion, and Advanced Malware«, in: *Irish Examiner* vom 11. Februar 2014.

54 »How Does Bitcoin Work?«, in: *Economist* vom 11. April 2013.
55 Nick Farrell, »Understanding Bitcoin and Crypto Currency«, in: *Tech Radar* vom 7. April 2014.
56 Joshua Brustein, »Bitcoin May Not Be So Anonymous, After All«, in: *Bloomberg Businessweek* vom 27. August 2013.
57 Alan Yu, »How Virtual Currency Could Make It Easier to Move Money«, NPR.org, 15. Januar 2014.
58 Robin Sidel, Eleanor Warnock und Takashi Mochizuki, »Almost Half a Billion Worth of Bitcoins Vanish«, in: *Wall Street Journal* vom 1. März 2014.
59 Marc Santora, William K. Rashbaum und Nicole Perlroth, »Liberty Reserve Operators Accused of Money Laundering«, in: *New York Times* vom 28. Mai 2013.
60 United States Attorney's Office of Southern New York, »Liberty Reserve Information Technology Manager Pleads Guilty in Manhattan Federal Court«, Pressemeldung des US-Justizministeriums vom 23. September 2014.
61 Andy Greenberg, »Darkcoin, the Shadowy Cousin of Bitcoin, Is Booming«, in: *Wired* vom 21. Mai 2014.
62 Andy Greenberg, »›Dark Wallet‹ Is About to Make Bitcoin Money Laundering Easier Than Ever«, in: *Wired* vom 29. April 2014.
63 James Vincent, »Irish Man Arrested as ›the Largest Facilitator of Child Porn on the Planet‹«, in: *Independent* vom 5. August 2013.
64 Kevin Poulsen, »FBI Admits It Controlled Tor Servers Behind Mass Malware Attack«, in: *Wired* vom 13. September 2013.
65 Security Engineering Research Team (SERT), QuarterlyThreat Intelligence Report, 2013, S. 8, http://www.solutionary.com.
66 Ebenda.
67 »Cybercriminals Today Mirror Legitimate Business Processes«, S. 4.
68 Simson Garfinkel, »The Criminal Cloud«, MIT Technology Review, 17. Oktober 2011.
69 Misha Glenny, *DarkMarket: Cyberthieves, Cybercops, and You*, New York 2011, S. 203.
70 Danny Yadron, »Symantec Fingers Most Advanced Chinese Hacker Group«, in: *Digits* (Blog), *Wall Street Journal* vom 17. September 2013.
71 Kim Zetter, »State-Sponsored Hacker Gang Has a Side Gig in Fraud«, in: *Wired* vom 17. September 2013.
72 Kim Zetter, »Cops Pull Plug on Rent-a-Fraudster Service for Bank Thieves«, in: *Wired* vom 19. April 2010.
73 Ablon, Libicki und Golay, »Markets for Cybercrime Tools and Stolen Data«, S. 4.
74 Forward-Looking Threat Research Team, »Deepweb and Cybercrime« 9; Ablon, Libicki und Golay, »Markets for Cybercrime Tools and Stolen Data«, S. 4.
75 Taylor Armerding, »Dark Web: An Ever-More-Comfortable Haven for Cyber Criminals«, in: *CSO Online* vom 28. März 2014.
76 Donna Leinwand Leger und Anna Arutunyan, »How the Feds Brought Down a Notorious Russian Hacker«, in: *USA Today* vom 5. März 2014.
77 Dan Raywood, »New Version of Bugat Trojan Was Payload in LinkedIn Spam and Not Zeus«, in: *SC Magazine UK* vom 12. Oktober 2010.
78 Robert McMillan, »New Russian Botnet Tries to Kill Rival«, in: *Computerworld* vom 9. Februar 2010.
79 Kurt Eichenwald, »The $500,000,000 Cyber-Heist«, in: *Newsweek* vom 13. März 2014.
80 Gregory J. Millman, »Cybercriminals Work in a Sophisticated Market Structure«, in: *Wall Street Journal* vom 27. Juni 2013.
81 Dana Liebelson, »All About Blackshades, the Malware That Lets Hackers Watch You Through Your Webcam«, in: *Mother Jones* vom 21. Mai 2014.
82 »Syrian Activists Targeted with BlackShades Spy Software«, The Citizen Lab, 19. Juni 2012.
83 Gregg Keizer, »Google to Pay Bounties for Chrome Browser Bugs«, in: *Computerworld* vom 29. Januar 2010.
84 Brian Krebs, »Meet Paunch: The Accused Author of the BlackHole Exploit Kit«, Krebs on Security, 6. Dezember 2013.
85 Nicole Perlroth und David E. Sanger, »Nations Buying as Hackers Sell Flaws in Computer Code«, in: *New York Times* vom 13. Juli 2013.

86 Andy Greenberg, »Shopping for Zero-Days: A Price List For Hackers' Secret Software Exploits«, in: *Forbes* vom 23. März 2012.
87 Brian Krebs, »How Many Zero-Days Hit You Today«, Krebs on Security, 13. Dezember 2013.
88 Josh Sanburn, »How Exactly Do Cyber Criminals Steal $78 Million?«, in: *Time* vom 3. Juli 2012.
89 Simonite, »Stuxnet Tricks Copied by Computer Criminals«.
90 »The Child Porn PC Virus«, in: *Week* vom 10. November 2009.
91 FBI, »GameOver Zeus Botnet Disrupted«, 2. Juni 2014.
92 Symantec, »Grappling with the ZeroAccess Botnet«, 30. September 2013.
93 Ian Steadman, »The Russian Underground Economy Has Democratised Cybercrime«, in: *Wired UK* vom 2. November 2012.
94 »Computer Says No«, in: *Economist* vom 22. Juni 2013; Perlroth und Hardy, »Bank Hacking Was the Work of Iranians, Iranians, Officials Say«, in: *New York Times* vom 8. Januar 2013.
95 Chris Brook, »Meetup.com Back Online After DDoS Attacks, Extortion Attempt«, in: *Threat Post* vom 5. März 2014; Pierluigi Paganini, »Botnet Authors Use Evernote Account as C & C Server«, in: *Security Affairs* vom 31. März 2013.
96 Mathew J. Schwartz, »Malware Toolkits Generate Majority of Online Attacks«, in: *Dark Reading* vom 18. Januar 2011.
97 David Wismer, »Hand-to-Hand Combat with the Insidious ›FBI MoneyPak Ransomware Virus‹«, in: *Forbes* vom 6. Februar 2013.
98 EnigmaSoftware, »Abu Dhabi Police GHQ Ransomware«.
99 Mark Ward, »Crooks ›Seek Ransomware Making Kit‹«, in: *BBC News* vom 10. Dezember 2013.
100 Dave Jeffers, »Crime Pays Very Well: CryptoLocker Grosses up to $30 Million in Ransom«, in: *PCWorld* vom 20. Dezember 2013.
101 Dennis Fisher, »Device-Locking Ransomware Moves to Android«, in: *ThreatPost* vom 7. Mai 2014.
102 Violet Blue, »CryptoLocker's Crimewave: A Trail of Millions in Laundered Bitcoin«, ZDNet, 22. Dezember 2013; Bree Sison, »Swansea Police Pay Ransom After Computer System Was Hacked«, CBS Boston, 18. November 2013.

KAPITEL 12

1 Joanne Kimberlin, »High-Tech ›Repo Man‹ Keeps Car Payments Coming« in: *USA Today* vom 29. November 2005; Christina Rosales, »Police: Fired Worker Disabled Cars via Web« in: *Statesman* vom 17. März 2010; Kevin Poulsen, »Hacker Disables More Than 100 Cars Remotely«, in: *Wired* vom 17. März 2010.
2 Michael Singer, »PC Milestone – Notebooks Outsell Desktops«, in: *CNET* vom 3. Juni 2005; Salvador Rodriguez, »More Tablets to Be Sold Than PCs in 2015, Report Says«, ChicagoTribune.com, 8. Juli 2014.
3 »2014: Mobiles ›to Outnumber People‹«, in: *BBC News* vom 9. Mai 2013.
4 Pew Research Center, »Digital Life in 2025«, März 2014; Pew Research Center's Internet & American Life Project, »Internet of Things«, 21. Juli 2014, http://www.pewinternet.org/.
5 Lopez Research, »An Introduction to the Internet of Things«, Cisco, November 2013.
6 Terril Yue Jones, »A Law of Continuing Returns«, in: *Los Angeles Times* vom 17. April 2005.
7 Olga Kharif, »Trillions of Smart Sensors Will Change Life«, in: *Bloomberg* vom 4. August 2013.
8 Neil Gershenfeld and J. P. Vasseur, »As Objects Go Online« in: *Foreign Affairs*, März/April 2014.
9 Laurie J. Flynn, »As World Runs Out of I. P. Addresses, Switch to IPv6 Nears«, in: *New York Times* vom 14. Februar 2011.
10 Andrew G. Blank, *TCP/IP Foundations* (Hoboken 2006), S. 233.
11 John Martellaro, »A Layman's Guide to the IPv6 Transition«, in: *The Mac Observer* vom 31. Januar 2012; Robert Krulwich, »Which Is Greater, the Number of Sand Grains on Earth or Stars in the Sky?«, NPR, 17. September 2012.
12 Steve Leibson, »IPV6: How Many IP Addresses Can Dance on the Head of a Pin«, EDN Network, 28. März 2008; »The Internet of Things«, Cisco Infographic.

13 »IPv6 – What Is It, Why Is It Important, and Who Is in Charge?« (Papier für ICANN und RIRs), Oktober 2009.
14 Dave Evans, »The Internet of Things«, Cisco, April 2011.
15 McKinsey Global Institute, *Disruptive Technologies: Advances That Will Transform Life, Business, and the Global Economy*, Mai 2013, S. 55; MGI_Disruptive_technologies_Full_report_May2013.pdf.
16 *Emerging Cyber Threats* (vorgestellt vom Georgia Institute of Technology und dem Georgia Tech Research Institute beim Georgia Tech Cyber Security Summit 2013), S. 4.
17 Global Strategy and Business Development, Freescale and Emerging Technologies, ARM, *What the Internet of Things (IoT) Needs to Become a Reality*, Mai 2014.
18 Marcus Wohlsen, »Forget Robots. We'll Soon Be Fusing Technology with Living Matter«, in: *Wired* vom 27. Mai 2014.
19 Robert Muir, »Thirsty Plants Can Twitter for Water with New Device«, Reuters, 26. März 2009; https://twitter.com/pothos; Rachel Metz, »In San Francisco, a House with Its Own Twitter Feed«, MITTechnology Review, 21. Mai 2013.
20 Gershenfeld und Vasseur, »As Objects Go Online«.
21 Alan Yu, »More Than 300 Sharks in Australia Are Now on Twitter«, NPR.org, 1. Januar 2014.
22 Alexis C. Madrigal, »Welcome to the Internet of Thingies: 61.5 % of Web Traffic Is Not Human«, in: *Atlantic* vom 12. Dezember 2013.
23 M. Presser und S. Krco, *Initial Report on IoT Applications of Strategic Interest*, Internet of Things Initiative, 8. Oktober 2011, S. 48.
24 Annalee Newitz, »The RFID Hacking Underground«, in: *Wired*, Mai 2006.
25 Francis Brown und Bishop Fox, »RFID Hacking« (Papier vorgestellt bei Black Hat USA, Las Vegas, Nevada, 1. August 2013).
26 »Hackers Could Clone Your Office Key Card ... from Your Pocket«, in: *NBC News* vom 25. Juli 2013.
27 Andy Greenberg, »Hacker's Demo Shows How Easily Credit Cards Can Be Read Through Clothes and Wallets«, in: *Forbes* vom 30. Januar 2012.
28 Nate Anderson, »RFID Chips Can Carry Viruses«, in: *Ars Technica* vom 15. März 2006.
29 Juniper Research, »1 in 5 Smartphones will have NFC by 2014, Spurred by Recent Breakthroughs: New Juniper Research Report«, 14. April 2011.
30 Andy Greenberg, »Hacker Demos Android App That Can Wirelessly Steal and Use Credit Cards' Data«, in: *Forbes* vom 27. Juli 2012.
31 Lance Whitney, »Latest Google Wallet Hack Picks Your Pocket«, CNET, 10. Februar 2012; Evan Applegate, »Have Fingers, 30 Seconds? You, Too, Can Hack Google Wallet«, in: *Bloomberg Businessweek* vom 13. Februar 2012.
32 Gabrielle Taylor, »Have an NFC-Enable Phone? This Hack Could Hijack It«, WonderHowTo vom 11. Juli 2014.
33 Lisa Vaas, »Android NFC Hack Lets Subway Riders Evade Fares«, in *Naked Security* vom 24. September 2012.
34 Kate Murphy, »Protecting a Cellphone Against Hackers«, in: *New York Times* vom 25. Januar 2012; Tu C. Neim, »Bluetooth and Its Inherent Security Issues«, SANS Institute InfoSec Reading Room, 4. November 2002.
35 Catherine Crump und Matthew Harwood, »Invasion of the Data Snatchers: Big Data and the Internet of Things Means the Surveillance of Everything«, in: *Blog of Rights* vom 25. März 2014.
36 »Snapshot Common Questions«, Progressive Website, http://www.progressive.com/auto/snapshot-common-questions/.
37 Rolfe Winkler, »Google Predicts Ads in Odd Spots Like Thermostats«, in: *Digits* (Blog), *Wall Street Journal* vom 21. Mai 2014.
38 Brian Brady, »Prisoners ›to Be Chipped like Dogs‹«, in: *Independent* vom 13. Januar 2008.
39 David Rosen, »Big Brother Invades Our Classrooms«, in: *Salon* vom 8. Oktober 2012.
40 David Kravets, »Student Suspended for Refusing to Wear a School-Issued RFID Tracker«, in: *Wired* vom 21. November 2012.
41 Aaron Katersky und Josh Haskell, »NY Mom Accused of Growing $3M Marijuana Business«, in: *Good Morning America* vom 6. Juni 2013; Glenn Smith, »Marijuana Bust Shines Light on Utilities«, in: *Post and Courier* vom 29. Januar 2012.

42 Spencer Ackerman, »CIA Chief: We'll Spy on You Through Your Dishwasher«, in: *Wired* vom 15. März 2012.
43 Neil J. Rubenking, »Black Hat: Don't Plug Your Phone into a Charger You Don't Own«, in: *PC-Mag* vom 1. August 2013.
44 »Public Charging Stations Help Smartphone Users, but Also Open a New Avenue for Hacking«, in: *New York Daily News* vom 13. August 2013.
45 Simon Sharwood, »DON'T BREW THAT CUPPA! Your Kettle Could Be a SPAMBOT«, in: *Register* vom 29. Oktober 2013; Adam Clark Estes, »Russian Authorities Seize Goods from China Implanted with Spy Chips«, in: *Gizmodo* vom 29. Oktober 2013.
46 Erik Sherman, »Hacked from China: Is Your Kettle Spying on You?«, in: *CBS News* vom 1. November 2013.
47 Klint Finley, »Why Tech's Best Minds Are Very Worried About the Internet of Things«, in: *Wired* vom 19. Mai 2014.

KAPITEL 13

1 David Kravets, »School District Allegedly Snapped Thousands of Student Webcam Spy Pics«, in: *Wired* vom 16. April 2010; Kashmir Hill, »Lower Merion School District and Blake Robbins Reach a Settlement in Spycamgate«, in: *Forbes* vom 11. Oktober 2010; John P. Martin, »L. Merion Smearing Former IT Chief, Lawyer Says«, Philly.com, 5. Mai 2010.
2 Suzan Clarke, »Pa. School Faces FBI Probe«, ABC News, 22. Februar 2010.
3 Loretta Chao, »Cisco Poised to Help China Keep an Eye on Its Citizens«, in: *Wall Street Journal* vom 5. Juli 2011.
4 John Biggs, »DARPA Builds a 1.8-Gigapixel Camera«, *TechCrunch*, 28. Januar 2013.
5 »Fighting Terrorism in New York City«, *60 Minutes*, 26. September 2011, http://www.cbsnews.com/news/fighting-terrorism-in-new-york-city/2/.
6 »Miss Teen USA: Screamed upon Learning She Was ›Sextortion‹ Victim«, CNN, 28. September 2013.
7 Aaron Katersky, »Miss Teen USA 1 of ›Half-Million‹ ›Blackshades‹ Hack Victims«, ABC News, 19. Mai 2014.
8 Amy Wagner, »Hacker Hijacks Baby Monitor«, Fox News, 22. April 2014.
9 »Parents Left Terrified After Man Hacked Their Baby Monitor and Yelled Abuse at Them and Their 2-Year-Old Daughter«, in: *Mail Online* vom 13. August 2013.
10 Kim Zetter, »Popular Surveillance Cameras Open to Hackers, Researcher Says«, in: *Wired* vom 15. Mai 2012.
11 Kelly Jackson Higgins, »Millions of Networked Devices in Harm's Way«, in: *Dark Reading* vom 29. Januar 2013.
12 Katie Notopoulos, »Somebody's Watching: How a Simple Exploit Lets Strangers Tap into Private Security Cameras«, in: *Verge* vom 3. Februar 2012.
13 Jim Finkle, »US Security Expert Says Surveillance Cameras Can Be Hacked«, Reuters, 18. Juni 2013.
14 Mark Buttler, »Crown Casino Hi-Tech Scam Nets $32 Million«, in: *Herald Sun* (Melbourne) vom 14. März 2013.
15 Kim Zetter, »Crooks Spy on Casino Card Games with Hacked Security Cameras, Win $33M«, in: *Wired* vom 15. März 2013.
16 Robert N. Charette, »This Car Runs on Code«, in: *IEEE Spectrum* vom 1. Februar 2009.
17 Ebenda; Chris Bryant, »Manufacturers Respond to Car-Hacking Risk«, in: *Financial Times* vom 22. März 2013.
18 Craig Timberg, »Web-Connected Cars Bring Privacy Concerns«, in: *Washington Post* vom 5. März 2013.
19 »GPS Users Beware, Big Auto Is Watching: Report«, CNBC.com, 9. Januar 2014.
20 John R. Quain, »Changes to OnStar's Privacy Terms Rile Some Users«, *Wheels* (Blog), in: *New York Times* vom 22. September 2011.
21 Declan McCullagh und Anne Broache, »FBI Taps Cell Phone Mic as Eavesdropping Tool«, CNET,

1. Dezember 2006; Bruno Waterfield und Matthew Day, »EU Has Secret Plan for Police to ›Remote Stop‹ Cars«, in: *Telegraph* vom 29. Januar 2014.

22 Jeff Bennett, »GM Adds 8.45 Million Vehicles to North America Recall«, in: *Wall Street Journal* vom 30. Juni 2014; Christopher Jensen, »An Increase in Recalls Goes Beyond Just G. M.«, in: *New York Times* vom 29. Mai 2014.

23 James R. Healey, »Toyota Deaths Reported to Safety Database Rise to 37«, in: *USA Today* vom 17. Februar 2010.

24 Phil Baker, »Software Bugs Found to Be Cause of Toyota Acceleration Death«, in: *Daily Transcript* vom 4. November 2013; Junko Yoshida, »Acceleration Case: Jury Finds Toyota Liable«, in: *EETimes* vom 24. Oktober 2013.

25 Jerry Hirsch, »Toyota Admits Misleading Regulators, Pays $1.2-Billion Federal Fine«, in: *Los Angeles Times* vom 19. März 2014.

26 Victoria Woollaston, »Forget Carjacking, the Next Big Threat Is Car-HACKING«, in: *Mail Online* vom 8. Mai 2014.

27 William Pentland, »Car-Hacking Goes Viral in London«, in: *Forbes* vom 20. Mai 2014; Thomas Cheshire, »Thousands of Cars Stolen Using Hi-Tech Gadgets«, in: *Sky News* vom 8. Mai 2014.

28 Sebastian Anthony, »Hackers Can Unlock Cars via SMS«, in: *ExtremeTech* vom 28. Juli 2011; Robert McMillan, »›War Texting‹ Lets Hackers Unlock Car Doors Via SMS«, in: *CSO Online* vom 27. Juli 2011.

29 Rebecca Boyle, »Trojan-Horse MP3s Could Let Hackers Break into Your Car Remotely, Researchers Find«, in: *Popular Science* vom 14. März 2011.

30 Victoria Woollaston, »The $20 Handheld Device That Hacks a CAR – and Can Control the Brakes«, in: *Mail Online* vom 6. Februar 2014.

31 John Markoff, »Researchers Hack into Cars' Electronics«, in: *New York Times* vom 9. März 2011; Chris Philpot, »Can Your Car Be Hacked?«, in: *Car and Driver*, August 2011; Andy Greenberg, »Hackers Reveal Nasty New Car Attacks – with Me Behind the Wheel«, in: *Forbes* vom 24. Juli 2013; Dan Goodin, »Tampering with a Car's Brakes and Speed by Hacking Its Computers: A New How-To«, in: *Ars Technica* vom 29. Juli 2013.

32 Paul A. Eisenstein, »Spying, Glitches Spark Concern for Driverless Cars«, CNBC.com, 8. Februar 2014.

33 Sebastian Anthony, »Google's Self-Driving Car Passes 700,000 Accident-Free Miles, Can Now Avoid Cyclists, Stop at Railroad Crossings«, *ExtremeTech*, 29. April 2014; John Markoff, »Google's Next Phase in Driverless Cars: No Steering Wheel or Brake Pedals«, in: *New York Times* vom 27. Mai 2014.

34 Lance Whitney, »FBI: Driverless Cars Could Become ›Lethal Weapons‹«, in: *CNET* vom 16. Juli 2014.

35 Ms. Smith, »Most ›Hackable‹ Vehicles Are Jeep, Escalade, Infiniti, and Prius«, in: *Network World* vom 3. August 2014.

36 Ina Fried, »Tesla Hires Hacker Kristin Paget to, Well, Secure Some Things«, in: *Re/code* vom 7. Februar 2014.

37 Transparency Market Research, »Home Automation Market (Lighting, Safety and Security, Entertainment, HVAC, Energy Management) – Global Industry Analysis, Size, Share, Growth, Trends, and Forecast 2013–2019«, 30. September 2013.

38 Kashmir Hill, »When ›Smart Homes‹ Get Hacked: I Haunted a Complete Stranger's House via the Internet«, in: *Forbes* vom 26. Juli 2013.

39 Daniel Miessler, »HP Study Reveals 70 Percent of Internet of Things Devices Vulnerable to Attack«, HP, 29. Juli 2014.

40 Arrayent, »Internet of Things Toys with Mattel«, http://www.arrayent.com/internet-of-things-case-studies/connecting-toys-with-mattel/; Disney Research, »CALIPSO: Internet of Things«, http://www.disneyresearch.com/project/calipso-internet-of-things/.

41 Heather Kelly, »›Smart Homes‹ Are Vulnerable, Say Hackers«, CNN, 2. August 2013.

42 Dan Goodin, »Welcome to the ›Internet of Things‹, Where Even Lights Aren't Hacker Safe«, in: *Ars Technica* vom 13. August 2013.

43 Jane Wakefield, »Experts Hack Smart LED Light Bulbs«, BBC News, 8. Juli 2014; Leo King,

»Smart Home? These Connected LED Light Bulbs Could Leak Your Wi-Fi Password«, in: *Forbes* vom 9. Juli 2014.
44 Andy Greenberg, »An Eavesdropping Lamp That Livetweets Private Conversations«, in: *Wired* vom 23. April 2014, http://www.wired.com/2014/04/coversnitch-eavesdropping-lightbulb/.
45 Hill, »When ›Smart Homes‹ Get Hacked«.
46 Paul Roberts, »Breaking and Entering«, in: *The Security Ledger* vom 25. Juli 2013.
47 Ms. Smith, »500,000 Belkin WeMo Users Could Be Hacked, CERT Issues Advisory«, in: *Network World* vom 18. Februar 2014.
48 Kashmir Hill, »How Your Security System Could Be Hacked to Spy on You«, in: *Forbes* vom 23. Juli 2014.
49 Ms. Smith, »Hacking and Attacking Automated Homes«, in: *Network World* vom 25. Juni 2013.
50 Nancy Trejos, »Hilton Lets Guests Pick Rooms, Use Smartphones as Keys«, in: *USA Today* vom 29. Juli 2014.
51 Michael Wolf, »3 Reasons 87 Million Smart TVs Will Be Sold in 2013«, in: *Forbes* vom 25. Februar 2013.
52 Lorenzo Franceschi-Bicchierai, »Your Smart TV Could Be Hacked to Spy on You«, in: *Mashable* vom 2. August 2013; Dan Goodin, »How an Internet-Connected Samsung TV Can Spill Your Deepest Secrets«, in: *Ars Technica* vom 12. Dezember 2012.
53 Ambient Intelligence bezeichnet die Art der Computernutzung, bei der Kommunikationssysteme in die Umwelt des Nutzers eingebettet sind und diesen aus dem Hintergrund heraus unterstützen. (Anmerkung der Übersetzer)
54 Ellie Zolfagharifard, »Criminals Use a Fridge to Send Malicious Emails in First Ever Home Hack«, in: *Mail Online* vom 17. Januar 2014.
55 »Spam in the Fridge«, in: *Economist* vom 25. Januar 2014.
56 Dan Goodin, »›Internet of Things‹ Is the New Windows XP – Malware's Favorite Target«, in: *Ars Technica* vom 2. April 2014.
57 *Utility-Scale Smart Meter Deployments*, IEE report, August 2013, S. 3; Chris Choi, »Smart Meters Are Heading to Every Home in Britain«, ITV News, 8. Juli 2014.
58 Jordan Robertson, »Your Outlet Knows: How Smart Meters Can Reveal Behavior at Home, What We Watch on TV« in: *Bloomberg* vom 10. Juni 2014.
59 Brian Krebs, »FBI: Smart Meter Hacks Likely to Spread«, *Krebs on Security*, 9. April 2012.
60 Katie Fehrenbacher, »Smart Meter Worm Could Spread like a Virus«, in: *Gigaom* vom 31. Juli 2009.
61 Rolfe Winkler, »What Google Gains from Nest Labs«, in: *Wall Street Journal* vom 15. Januar 2014.
62 Marcus Wohlsen, »What Google Really Gets out of Buying Nest for $3.2 Billion«, in: *Wired* vom 14. Januar 2014.
63 Richard Lawler, »Nest Learning Thermostat Has Its Security Cracked Open by GTVHacker«, in: *Engadget* vom 23. Juni 2014.
64 Edward C. Baig, »Nest Halts Sales, Issues Warning on Smoke Detector«, in: *USA Today* vom 3. April 2014.
65 Hill, »How Your Security System Could Be Hacked to Spy on You«.
66 Armen Keteyian, »Digital Photocopiers Loaded with Secrets«, CBS News, 19. April 2010.
67 Dan Ilett, »Hackers Use Google to Access Photocopiers«, in: *ZDNet* vom 24. September 2004.
68 Graham Cluley, »HP Printer Security Flaw Allows Hackers to Extract Passwords«, GrahamCluley.com, 7. August 2013.
69 »Exclusive: Millions of Printers Open to Devastating Hack Attack, Researchers Say«, NBC News, 29. November 2011; Sebastian Anthony, »Tens of Millions of HP LaserJet Printers Vulnerable to Remote Hacking«, *ExtremeTech*, 29. November 2011.
70 Nicole Perlroth, »Flaws in Videoconferencing Systems Make Boardrooms Vulnerable«, in: *New York Times* vom 22. Januar 2012.
71 Brock Parker, »Hackers Convert MIT Building in Giant Tetris Video Game«, Boston.com, 24. April 2012.
72 Brian Krebs, »Fazio Mechanical Services«, *Krebs on Security*, 12. Februar 2014; Gregory Wallace, »HVAC Vendor Eyed as Entry Point for Target Breach«, *CNNMoney*, 7. Februar 2014; Danny Yad-

ron und Paul Ziobro, »Before Target, They Hacked the Heating Guy«, *Digits* (Blog), in: *Wall Street Journal* vom 5. Februar 2014.

73 Dan Goodin, »Epic Target Hack Reportedly Began with Malware-Based Phishing E-Mail«, in: *Ars Technica* vom 12. Februar 2014; U. S. Senate Committee on Commerce, Science, and Transportation, *A »Kill Chain« Analysis of the 2013 Target Data Breach*, Majority Staff Report for Chairman Rockefeller, 26. März 2014.

74 Kim Zetter, »The Malware That Duped Target Has Been Found«, in: *Wired* vom 16. Januar 2014.

75 Sean Gallagher, »Vulnerabilities Give Hackers Ability to Open Prison Cells from Afar«, in: *Ars Technica* vom 7. November 2011; Shaun Waterman, »Prisons Bureau Alerted to Hacking into Lockups«, in: *Washington Times* vom 6. November 2011.

76 Kim Zetter, »Prison Computer ›Glitch‹ Blamed for Opening Cell Doors in Maximum-Security Wing«, in: *Wired* vom 16. August 2013.

77 Siobhan Gorman, »China Hackers Hit U. S. Chamber«, in: *Wall Street Journal* vom 21. Dezember 2011.

78 Goodman, »Power of Moore's Law in a World of Geotechnology«.

79 Marshall McLuhan, *Understanding Media: The Extensions of Man* (New York: Routledge, 2001), überarbeitete Auflage.

80 Elisabeth Dwoskin, »They're Tracking When You Turn Off the Lights«, in: *Wall Street Journal* vom 20. Oktober 2014.

81 »Outdoor Lighting«, Echelon, https://www.echelon.com/applications/street-lighting/.

82 Mark Prigg, »New York's Traffic Lights HACKED«, in: *Mail Online* vom 30. April 2014.

83 Erica Naone, »Hacking the Smart Grid«, in: *MIT Technology Review* vom 2. August 2010.

84 Reuters, »›Smart‹ Technology Could Make Utilities More Vulnerable to Hackers«, in: *Raw Story* vom 16. Juli 2014.

KAPITEL 14

1 Amber Case, »We Are All Cyborgs Now«, TED Talk, Dezember 2010.

2 Text Message/Mobile Marketing«, WebWorld2000, http://www.webworld2000.com/.

3 Marcelo Ballve, »Wearable Gadgets Are Still Not Getting the Attention They Deserve – Here's Why They Will Create a Massive New Market«, in: *Business Insider* vom 29. August 2013.

4 »How Safe Is Your Quantified Self? Tracking, Monitoring, and Wearable Tech«, in: *Symantec Security Response* vom 30. Juli 2014.

5 »Google Partners with Ray-Ban, Oakley for New Glass Designs«, NBC News, 24. März 2014; Deloitte, *Technology, Media, and Telecommunications Predictions*, 2014, S. 10,

6 Richard Gray, »The Places Where Google Glass Is Banned«, in: *Telegraph* vom 4. Dezember 2013.

7 Andy Greenberg, »Google Glass Has Already Been Hacked by Jailbreakers«, in: *Forbes* vom 26. April 2013.

8 Mark Prigg, »Google Glass HACKED to Transmit Everything You See and Hear: Experts Warn ›the Only Thing It Doesn't Know Are Your Thoughts«, in: *Mail Online* vom 2. Mai 2013.

9 John Zorabedian, »Spyware App Turns the Privacy Tables on Google Glass Wearers«, in: *Naked Security* vom 25. März 2014.

10 Katherine Bourzac, »Contact Lens Computer: Like Google Glass, Without the Glasses«, in: *MIT Technology Review* vom 7. Juni 2013.

11 Leo King, »Google Smart Contact Lens Focuses on Healthcare Billions«, in: *Forbes* vom 15. Juli 2014.

12 Bourzac, »Contact Lens Computer«.

13 N. M. van Hemel und E. E. van der Wall, »8 Oktober 1958, D Day for the Implantable Pacemaker«, in: *Netherlands Heart Journal* 16, Nr. S1 (Oktober 2008): S3–S4.

14 Ben Gruber, »First Wi-Fi Pacemaker in US Gives Patient Freedom«, Reuters, 10. August 2009.

15 Michael Rushanan u. a., »SoK: Security and Privacy in Implantable Medical Devices and Body Area Networks«, SP '14 *Proceedings of the 2014 IEEE Symposium on Security and Privacy* (2014), S. 524–539; Yeun-Ho Joung, »Development of Implantable Medical Devices: From an Engineering Perspective«, in: *International Neurourology Journal* 17, Nr. 3 (September 2013): S. 98–106;

»IMD Shield: Securing Implantable Medical Devices«, http://groups.csail.mit.edu/netmit/IMDShield/.

16 Thomas M. Burton, »Medical Device Recalls Nearly Doubled in a Decade«, in: *Wall Street Journal* vom 21. März 2014.

17 H. Alemzadeh u. a., »Analysis of Safety-Critical Computer Failures in Medical Devices«, in: *IEEE Security Privacy* 11, Nr. 4 (Juli 2013): 14–26, doi:10.1109/MSP.2013.49.

18 Kim Zetter, »It's Insanely Easy to Hack Hospital Equipment«, in: *Wired* vom 25. April 2014; David Talbot, »Computer Viruses Are ›Rampant‹ on Medical Devices in Hospitals«, in: *MIT Technology Review* vom 17. Oktober 2012.

19 »Medical Devices Hard-Coded Passwords«, ICS-CERT, http://ics-cert.us-cert.gov/alerts/ICS-ALERT-13-164-01.

20 Paul Wagenseil, »Hackers Flood Epilepsy Web Forum with Flashing Lights«, FoxNews.com, 31. März 2008; »Anonymous Attack Targets Epilepsy Sufferers«, News.com.au, 1. April 2008.

21 Barnaby J. Feder, »A Heart Device Is Found Vulnerable to Hacker Attacks«, in: *New York Times* vom 12. März 2008; D. Halperin u. a., »Pacemakers and Implantable Cardiac Defibrillators: Software Radio Attacks and Zero-Power Defenses«, *IEEE Symposium on Security and Privacy, 2008: SP 2008* (2008): 129–42, doi:10.1109/SP.2008.31.

22 »Pacemaker Hack Can Deliver Deadly 830-Volt Jolt«, in: *Computerworld* vom 17. Oktober 2012.

23 »Dick Cheney Once Feared Terrorists Could Manipulate His Implanted Defibrillator to Induce Heart Attack«, in: *New York Daily News* vom 19. Oktober 2013.

24 Jim Finkle, »Medtronic Probes Insulin Pump Risks«, Reuters, 25. Oktober 2011.

25 »H@cking Implantable Medical Devices«, InfoSec Institute, aufgerufen am 4. August 2014, http://resources.infosecinstitute.com/; Jordan Robertson, »Hacker Shows Off Lethal Attack by Controlling Wireless Medical Device«, in: *Bloomberg* vom 29. Februar 2012.

26 Lauren Walker, »First Online Murder to Occur by End of 2014, Europol warns«, in: *Newsweek* vom 6. Oktober 2014.

27 Laura Shin, »New Wireless Medical Device Swims Through Bloodstream«, in: *Smart Planet* vom 30. Juni 2014.

28 Marc Goodman, »Who Does the Autopsy? Criminal Implications of Implantable Medical Devices«, Proceedings of the 2nd USENIX Conference on Health, Security and Privacy, 8.–12. August 2011, San Francisco, Kalifornien.

29 »The Pentagon's Bionic Arm«, CBS News, 12. April 2009.

30 »The Human Bionic Project: A Data Repository for Inspector Gadget Body Parts«, in: *Co.Exist* vom 26. Juni 2013, fastcoexist.com.

31 »›Bionic Pancreas‹ Astonishes Diabetes Researchers«, NBC News, 13. Juni 2014.

32 Shaunacy Ferro, »Now You Can Control Someone Else's Arm over the Internet«, in: *Popular Science* vom 28. Mai 2013.

33 »Global Biometrics Technology Market: Industry Analysis Size Share Growth Trends and Forecast, 2013–2019«, KSWT, aufgerufen am 5. August 2014, http://www.kswt.com/.

34 Rawlson King, »500 Million Biometric Sensors Projected for Internet of Things by 2018«, in: *Biometric Update* vom 31. Januar 2014.

35 Editorial Board, »Biometric Technology Takes Off«, in: *New York Times* vom 20. September 2013.

36 Neal Ungerleider, »The Dark Side of Biometrics: 9 Million Israelis' Hacked Info Hits the Web«, in: *Fast Company* vom 24. Oktober 2011.

37 »Authorities Find Source That Leaked Every Israeli's Personal Information Online«, Haaretz.com, 24.Oktober 2011.

38 Larry Barrett, »30 Percent of Companies Will Use Biometric Identification by 2016«, in: *ZDNet* vom 4. Februar 2014.

39 Andrew Moran, »990 Million Mobile Devices to Have Biometrics by 2017«, in: *Examiner* vom 9. Dezember 2013.

40 »Galaxy S5 Fingerprint Sensor Hacked«, BBC News, 16. April 2014.

41 Ms. Smith, »Laptop Fingerprint Reader Destroys ›Entire Security Model of Windows Accounts‹«, *Network World*, 6. September 2012.

42 »Malaysia Car Thieves Steal Finger«, BBC, 31. März 2005.

43 »Biometric Fact and Fiction«, in: *Economist* vom 24. Oktober 2002.
44 Evan Blass, »Play-Doh Fingers Can Fool 90% of Scanners, Sez Clarkson U. Study«, in: *Engadget* vom 11. Dezember 2005.
45 Kim Zetter, »Hackers Publish German Minister's Fingerprint«, in: *Wired* vom 31. März 2008; Cory Doctorow, »Hackers Publish Thousands of Copies of Fingerprint of German Minister Who Promotes Fingerprint Biometrics«, *Boing Boing*, 1. April 2008.
46 Stuart Fox, »Chinese Woman Surgically Switches Fingerprints to Evade Japanese Immigration Officers«, in: *Popular Science* vom 8. Dezember 2009.
47 »Japan ›Fake Fingerprints‹ Arrest«, BBC, 7. Dezember 2009.
48 Kelly Jackson Higgins, »Black Hat Researcher Hacks Biometric System«, in: *Dark Reading* vom 31. März 2008.
49 Mark Brown, »Japanese Billboard Recognises Age and Gender«, in: *Wired* UK vom 23. September 2010.
50 Natasha Singer, »When No One Is Just a Face in the Crowd«, in: *New York Times* vom 1. Februar 2014.
51 Barbara De Lollis, »Houston Hilton Installs Facial Recognition«, in: *USA Today* vom 1. Oktober 2010.
52 »Biometric Surveillance Means Someone Is Always Watching«, in: *Newsweek* vom 17. April 2014.
53 Ebenda.
54 Darren Murph, »Face.com Acquired by Facebook for an Estimated $80 Million+, Facial Tagging Clearly at the Forefront«, in: *Engadget* vom 18. Juni 2012.
55 Adam Clark Estes, »Facebook's Doing Face Recognition Again and This Time America Doesn't Seem to Mind«, in: *Motherboard* vom 5. Februar 2013.
56 Adi Robertson, »Facebook Users Have Uploaded a Quarter-Trillion Photos Since the Site's Launch«, *Verge*, 17. September 2013; »Biometrics and the Future of Identification«, *NOVA Next*, aufgerufen am 6. August 2014.
57 »How Spy Scandal Unravelled«, BBC News, 7. November 2013.
58 James Risen und Laura Poitras, »N. S. A. Collecting Millions of Faces from Web Images«, in: *New York Times* vom 31. Mai 2014.
59 Sebastian Anthony, »UK, the World's Most Surveilled State, Begins Using Automated Face Recognition to Catch Criminals«, in: *ExtremeTech* vom 17. Juli 2014.
60 Steve Henn, »9/11's Effect on Tech«, Marketplace.org, 8. September 2011; Tim Greene, »Black Hat: System Links Your Face to Your Social Security Number and Other Private Things«, in: *Network World* vom 1. August 2011.
61 Amir Efrati, »Google Acquires Facial Recognition Technology Company«, *Digits* (Blog), in: *Wall Street Journal* vom 22. Juli 2011; Kit Eaton, »How Google's New Face Recognition Tech Could Change the Web's Future«, in: *Fast Company* vom 25. Juli 2011.
62 Simson Garfinkel, »Google Glass Will Be a Huge Success – Unless People Find It Creepy«, in: *MIT Technology Review* vom 17. Februar 2014; Kashmir Hill, »Google Glass Facial Recognition App Draws Senator Franken's Ire«, in: *Forbes* vom 5. Februar 2014.
63 Michelle Starr, »Facial Recognition App Matches Strangers to Online Profiles«, in: CNET vom 7. Januar 2014.
64 Jeremy Hsu, »FBI's Facial Recognition Database Will Include Non-criminals«, in: *IEEE Spectrum* vom 16. April 2014; Mark Rockwell, »Details Emerge on Scope of FBI's Identification System«, *FCW*, 15. April 2014.
65 Sara Reardon, »FBI Launches $1 Billion Face Recognition Project«, in: *New Scientist* vom 7. September 2012.
66 Adam Goldman, »More Than 1 Million People Are Listed in U. S. Terrorism Database«, in: *Washington Post* vom 5. August 2014; Editorial Board, »The Black Hole of Terrorism Watch Lists«, in: *New York Times* vom 15. Dezember 2013.
67 John Leyden, »Laptop Facial Recognition Defeated by Photoshop«, in: *Register* vom 19. Februar 2009; Mark Saltzman, »FastAccess Anywhere: Face Recognition Replaces Password«, in: *USA Today* vom 4. Juni 2013.

68 Kim Zetter, »Reverse-Engineered Irises Look So Real, They Fool Eye-Scanners«, in: *Wired* vom 25. Juli 2012.
69 Noah Shachtman, »Army Tracking Plan: Drones That Never Forget a Face«, in: *Wired* vom 28. September 2011.
70 Stilgherrian, »Has Facebook Killed the Undercover Cop?«, in: *CSO* vom 25. August 2011.
71 Neal Ungerleider, »Banks Are Deploying Voice Biometrics So That You Don't Have to Tell Them Your Mother's Maiden Name Again«, in: *Fast Company* vom 27. Mai 2014.
72 Nick Anderson, »MOOCS – Here Come the Credentials«, *College, Inc.* (Blog), in: *Washington Post* vom 9. Januar 2013.
73 Clint Boulton, »›Post-Password‹ Technology Verifies Users by Behavior«, in: *Wall Street Journal* vom 11. Juli 2014.
74 Rawlson King, »Biometric Research Note«, Biometric Update, 21. Januar 2013.
75 Somini Sengupta, »Machines Made to Know You, by Touch, Voice, Even by Heart«, *Bits* (Blog), in: *New York Times* vom 10. September 2013.
76 »NPL Takes Step Forward with Gait Recognition System«, in: *Engineer* vom 20. September 2012.
77 Christopher Mims, »Smart Phones That Know Their Users by How They Walk«, in: *MIT Technology Review* vom 16. September 2010.
78 Dieter Bohn, »Motorola Shows Off Insane Electronic Tattoo and Vitamin Authentication Prototype Wearables«, in: *Verge* vom 29. Mai 2013.
79 Anthony, »UK, the World's Most Surveilled State, Begins Using Automated Face Recognition to Catch Criminals«.
80 Weitere Informationen über Augmented Reality in Kontaktlinsen bei Babak A. Parviz, »Augmented Reality in a Contact Lens«, in: *IEEE Spectrum* vom 1. September 2009.
81 Juniper Research, »Press Release: Over 2.5 Billion Mobile Augmented Reality Apps to Be Installed Per Annum by 2017«, 29. August 2012.
82 Luisa Rollenhagen, »Augmented Reality Catalog Places IKEA Furniture in Your Home«, in: *Mashable* vom 6. August 2013.
83 Franziska Roesner, Tadayoshi Kohno, David Molnar, »Security and Privacy for Augmented Reality Systems«, in: *Communications of the ACM* 57, Nr. 4 (2014): 88–96, doi:10.1145/2580723.2580730.
84 Jane McGonigal, TED Conversation, http://www.ted.com/conversations/44/we_spend_3_billion_hours_a_wee.html; Jane McGonigal, *Reality Is Broken: Why Games Make Us Better and How They Can Change the World* (New York: Penguin Books, 2011).
85 Sarah Frier, »Facebook Makes $2 Billion Virtual-Reality Bet with Oculus«, in: *Bloomberg* vom 26. März 2014.
86 »Worlds Without End«, in: *Economist* vom 14. Dezember 2005.
87 »A Korean Couple Let a Baby Die While They Played a Video Game«, in: *Newsweek* vom 27. Juli 2014; »Korean Couple Let Baby Starve to Death While Caring for Virtual Child«, in: *Telegraph* vom 5. März 2010.
88 »The Economy of Online Gaming Fraud Revealed: 3.4 Million Malware Attacks Every Day«, in: *Kaspersky Lab* vom 28. September 2010.
89 Carolyn Davis, »Virtual Justice: Online Game World Meets Real-World Cops and Courts«, Philly.com, 8. Dezember 2010.
90 Benjamin Duranske, »›Virtual Rape‹ Claim Brings Belgian Police to Second Life«, in: *Virtually Blind* vom 24. April 2007.
91 Anna Jane Grossman, »Single, White with Dildo«, *Salon*, 30. August 2005.
92 Sara Malm, »U. S. Intelligence Warned Terrorists Could Create Virtual Jihadist«, in: *Mail Online* vom 9. Januar 2014.
93 Mark Mazzetti und Justin Elliott, »Spies Infiltrate a Fantasy Realm of Online Games«, in: *New York Times* vom 9. Dezember 2013.
94 James Ball, »Xbox Live Among Game Services Targeted by US and UK Spy Agencies«, in: *Guardian* vom 9. Dezember 2013; Ian Sherr, »Spy Game: NSA Said to Snoop on ›World of Warcraft‹«, *Digits* (Blog), in: *Wall Street Journal* vom 9. Dezember 2013.
95 Ebenda.; Dan Costa, »This Is No Video Game«, in: *PCMag* vom 26. September 2007.

KAPITEL 15

1 Eidesstattliche Erklärung von Special Agent Gary S. Cacace, 28. September 2011, http://www.justice.gov/usao/ma/news/2011/September/Complaint_Affidavit.pdf; »Muslim Pleads Guilty to Plotting to Blow Up the Pentagon and Capitol with Model Airplanes Packed with Explosives«, in: *Mail Online* vom 20. Juli 2012; »US Man Admits Model Plane Plot« *BBC News*, 21. Juli 2012; Brian Ballou, »Rezwan Ferdaus of Ashland Sentenced to 17 Years in Terror Plot; Plotted to Blow Up Pentagon, Capitol, Boston.com, 1. November 2012; Jess Bidgood, »Rezwan Ferdaus of Massachusetts Gets 17 Years in Terrorist Plot«, in: *New York Times* vom 2. November 2012.

2 »Global Industrial Robotics Market Revenues to Surpass $37 Billion by 2018«, in: *Business Wire* vom 24. Februar 2014.

3 Marcus Wohlsen, »Forget Robots. We'll Soon Be Fusing Technology with Living Matter«, in: *Wired* vom 27. Mai 2014.

4 Industrial Federation of Robotics, http://www.ifr.org/industrial-robots/statistics/.

5 »Car, Airbag, Money: Robots Make Cars«, Video, http://channel.nationalgeographic.com; Tamara Walsh, »Rise of the Robots: 2 Industries Increasingly Turning to Robotics for Innovation«, in: *Motley Fool* vom 24. August 2014.

6 Katie Lobosco, »Army of Robots to Invade Amazon Warehouses«, in: *CNNMoney* vom 22. Mai 2014.

7 Rodney Brooks, »Robots at Work«, World Future Society, in: *Futurist*, Mai–Juni 2013.

8 »The Invisible Unarmed«, in: *Economist* vom 29. März 2014.

9 Stewart Pinkerton, »The Pros and Cons of Robotic Surgery«, in: *Wall Street Journal* vom 17. November 2013.

10 Jacques Marescaux u. a., »Transcontinental Robot-Assisted Remote Telesurgery: Feasibility and Potential Applications«, *Annals of Surgery* 235, Nr. 4 (2002): S. 300–301.

11 Einen guten Einblick in die Welt der Militärrobotik bietet Peter W. Singer in seinem wegweisenden Werk *Wired for War: The Robotics Revolution and Conflict in the 21st Century* (New York: Penguin Books, 2009).

12 Mitch Joel, »The Booming Business of Drones«, in: *Harvard Business Review* vom 4. Januar 2013.

13 Michael C. Horowitz, »The Looming Robotics Gap«, in: *Foreign Policy* vom 5. Mai 2014.

14 Craig Whitlock, »Drone Strikes Killing More Civilians Than U. S. Admits«, in: *Washington Post* vom 22. Oktober 2013.

15 David Axe, »One in 50 Troops in Afghanistan Is a Robot«, in: *Wired* vom 7. Februar 2011; Sharon Gaudin, »U. S. Military May Have 10 Robots per Soldier by 2023«, in: *Computerworld* vom 14. November 2013.

16 Mark Prigg, »Google-Owned ›Big Dog‹ Robot in First Live Trial with Marines«, in: *Mail Online* vom 14. Juli 2014.

17 »Cheetah Robot ›Runs Faster Than Usain Bolt‹«, BBC News, 6. September 2012; »March of the Robots«, in: *Economist* vom 2. Juni 2012.

18 »Rise of the Drones«, PBS, 23. Januar 2013.

19 Teal Group, »Teal Group Predicts Worldwide UAV Market Will Total $89 Billion«, 17. Juni 2013; Michael C. Horowitz, »The Looming Robotics Gap«, in: *Foreign Policy* vom 5. Mai 2014.

20 Ratnesar Romesh, »Five Reasons Why Drones Are Here to Stay«, in: *Bloomberg Businessweek* vom 23. Mai 2013.

21 »Rise of the Drones«

22 John Markoff, »Google Puts Money on Robots, Using the Man Behind Android«, in: *New York Times* vom 4. Dezember 2013; Adam Clark Estes, »Meet Google's Robot Army. It's Growing«, in: *Gizmodo* vom 27. Januar 2014.

23 Bill Gates, »A Robot in Every Home«, in: *Scientific American* vom Januar 2007.

24 Siehe Webseiten von iRobot: http://www.irobot.com/; Droplet: http://smartdroplet.com; Grillbot: http://grillbots.com; Mark Prigg, »Forgotten to Feed the Dog? Don't Panic, There's an App for That (and It Will Even Tweet to Tell You How Much They've Eaten«, in: *Mail Online* vom 4. Januar 2013.

25 David McCormack, »›I Love My Drone‹: Martha Stewart Shares Incredible Aerial Images of Her

Estate as She Reveals Her Latest Must-Have Accessory for the Summer«, in: *Mail Online* vom 30. Juli 2014.

26 Marcelo Ballve, »The Market for Home Cleaning Robots Is Already Surprisingly Big, and There's Plenty of Room for Growth«, in: *Business Insider* vom 5. Juni 2014.

27 Erico Guizzo, »So, Where Are My Robot Servants?«, in: *IEEE Spectrum* vom 29. Mai 2014.

28 Brandon Keim, »I, Nanny«, in: *Wired* vom 18. Dezember 2008.

29 Mai Iida, »Robot Niche Expands in Senior Care«, in: *Japan Times* vom 19. Juni 2013.

30 Anne Tergesen und Miho Inada, »It's Not a Stuffed Animal, It's a $6,000 Medical Device«, in: *Wall Street Journal* vom 21. Juni 2010.

31 »Your Alter Ego on Wheels«, in: *Economist* vom 9. März 2013.

32 Serene Fang, »Robot Care for Aging Parents«, in: *Al Jazeera America* vom 27. Februar 2014.

33 Ryan Jaslow, »RP-VITA Robot on Wheels Lets Docs Treat Patients Remotely«, CBS News, 19. November 2013.

34 »Robots Are the New Butlers at Starwood Hotels«, CNBC, 12. August 2014.

35 Carl Benedikt Frey und Michael A. Osborne, »The Future of Employment«, Oxford Martin, 17. September 2013, http://www.oxfordmartin.ox.ac.uk/.

36 Eine hervorragende Diskussion über die Zukunft von Robotern, Automatisierung und Arbeit finden Sie bei Kevin Kelly, »Better Than Human: Why Robots Will – and Must – Take Our Jobs«, in: *Wired* vom 24. Dezember 2012, http://www.wired.com/2012/12/ff-robots-will-take-our-jobs/all/; Erik Brynjolfsson und Andrew McAfee, *The Second Machine Age: Work, Progress, and Prosperity in a Time of Brilliant Technologies* (New York: W. W. Norton, 2014).

37 Francie Diep, »Associated Press Will Use Robots to Write Articles«, in: *Popular Science* vom 1. Juli 2014.

38 Paul Krugman, »Robots and Robber Barons«, in: *New York Times* vom 9. Dezember 2012.

39 Lindsey Bever, »Seattle Woman Spots Drone Outside Her 26th-Floor Apartment Window, Feels ›Violated‹«, in: *Washington Post* vom 25. Juni 2014.

40 Rebecca J. Rosen, »So This Is How It Begins: Guy Refuses to Stop Drone-Spying on Seattle Woman«, in: *Atlantic* vom 13. Mai 2013. Eine eingehende rechtliche Beurteilung zu UAVs und Privatsphäre finden Sie bei John Villasenor, »Observations from Above: Unmanned Aircraft Systems and Privacy«, in: *Harvard Journal of Law and Public Policy* 36, Nr. 2 (Spring 2013).

41 Government Accountability Office, *Unmanned Aircraft Systems*, September 2012, http://www.gao.gov/.

42 Robert Langreth, »Unreported Robot Surgery Injuries Open Questions for FDA«, in: *Bloomberg* vom 29. Dezember 2013.

43 »Surgical Robot da Vinci Scrutinized by FDA After Deaths, Other Surgical Nightmares«, in: *New York Daily News* vom 9. April 2013.

44 »Robot Attacked Swedish Factory Worker«, in: *Local* vom 28. April 2009.

45 John Markoff und Claire Cain Miller, »As Robotics Advances, Worries of Killer Robots Rise«, in: *New York Times* vom 16. Juni 2014.

46 Gavin Knight, »March of the Terminators: But What Happens When Robot Warriors Turn Their Guns on Us?«, in: *Mail Online* vom 15. März 2009.

47 Craig Whitlock, »When Drones Fall from the Sky«, in: *Washington Post* vom 20. Juni 2014.

48 Ebenda.

49 »How Dangerous Could a Hacked Robot Possibly Be?«, in: *Computerworld* vom 8. Oktober 2009.

50 Siobhan Gorman, Yochi J. Dreazen und August Cole, »Insurgents Hack U. S. Drones«, in: *Wall Street Journal* vom 18. Dezember 2009.

51 Colin Lecher, »Texas Students Hijack a U. S. Government Drone in Midair«, in: *Popular Science* vom 28. Juni 2012.

52 John Roberts, »Drones Vulnerable to Terrorist Hijacking, Researchers Say«, Fox News, 25. Juni 2012.

53 Scott Peterson und Payam Faramarzi, »Exclusive: Iran Hijacked US Drone, Says Iranian Engineer«, in: *Christian Science Monitor* vom 15. Dezember 2011.

54 Noah Shachtman, »Exclusive: Computer Virus Hits U. S. Drone Fleet«, in: *Wired* vom 7. Oktober 2011.

55 Dan Goodin, »Flying Hacker Contraption Hunts Other Drones, Turns Them into Zombies«, in: *Ars Technica* vom 3. Dezember 2013.
56 Andy Greenberg, »PIN-Punching Robot Can Crack Your Phone's Security Code in Less Than 24 Hours«, in: *Forbes* vom 22. Juli 2013.
57 »Drug Dealer Arrested in Spite of Home Robotic Protection: Police«, in: *China Post* vom 10. August 2014.
58 Charlemagne, »Afghanistan – the Biggest Bomb Yet«, Intel MSL, 15. März 2013. http://intelmsl.com/.
59 Noah Shachtman, »Iraq Militants Brag: We've Got Robotic Weapons, Too«, in: *Wired* vom 4. Oktober 2011.
60 Harris, »FBI Warns Driverless Cars Could Be Used as ›Lethal Weapons‹«, in: *The Guardian* vom 16. Juli 2014.
61 Jathan Sadowski, »Delivered by Drones: Are Tacocopters and Burrito Bombers the Next Pony Express?«, in: *Slate*, 6. August 2013; Laura Stampler, »This Club Is Offering Poolside Drone Bottle Service«, in: *Time* vom 19. Juni 2014.
62 »Google Is Testing Delivery Drone System«, in: *Wall Street Journal* vom 29. August 2014.
63 Sarah Zhang, »Drones That Aren't Out to Kill You«, in: *Mother Jones* vom 6. Dezember 2012.
64 »Canadian Mounties Claim First Person's Life Saved by a Police Drone«, in: *Verge* vom 10. Mai 2013.
65 Andy Greenberg, »Flying Drone Can Crack Wi-Fi Networks, Snoop on Cell Phones«, in: *Forbes* vom 28. Juli 2011.
66 Spencer Ackerman, »Occupy the Skies! Protesters Could Use Spy Drones«, in: *Wired* vom 17. November 2011.
67 »Drone Is Caught Delivering Cocaine in Prison São Paulo Brazil«, in: *Live Leak* vom 10. März 2014; »Heroin by Helicopter«, in: *Voice of Russia* vom 1. Februar 2011; Nick Evershed, »Drone Used in Attempt to Smuggle Drugs into Melbourne Prison, Say Police«, in: *The Guardian* vom 10. März 2014; Mary-Ann Russon, »Drones Used to Deliver Drugs to Prisoners in Canada«, in: *International Business Times* vom 29. November 2013; »Greece: Drone Drops Mobile Phones over Prison Walls«, BBC News, 19. August 2014; »Crooks Get Creative to Smuggle Contraband«, WALB News, 22. November 2013.
68 Meghan Neal, »Cartels Are Reportedly Building DIY Drones to Fly Drugs over the Border«, in: *Motherboard* vom 2. Juni 2014; Doris Gómora, »Fabrican narcos sus propios drones, alerta la DEA«, in: *El Universal* vom 9. Juli 2014.
69 Mark Frauenfelder, »Man Arms DIY Drone with Paintball Handgun and Shoots Human Cardboard Cutouts«, in: *Boing Boing* vom 12. Dezember 2012.
70 Colin Lecher, »Watch a Stun Gun Drone Tase an Intern«, in: *Popular Science* vom 7. März 2014.
71 »R/C Helicopter with .45 Caliber Handgun«, in: *Live Leak* vom 10. Dezember 2008.
72 Annalee Newitz, »This Video of a Drone with a Gun Will Freak You the Hell Out«, in: *io9* vom 14. Juni 2013; »Viral Video Straps Colt .45 Handgun to a Home-Use Drone«, in: *Live Leak* vom 18. Juni 2013.
73 Jason Koebler, »›Follow Me‹ Drones Will Hover by Your Side on a Digital ›Leash‹«, in: *Motherboard* vom 16. Juni 2014.
74 »Radio-Controlled Crop Dusting in Fukuoka, Japan, 2011«, http://www.youtube.com/watch?v=N28KKb6i9hs.
75 Sean Gallagher, »German Chancellor's Drone ›Attack‹ Shows the Threat of Weaponized UAVs«, in: *Ars Technica* vom 18. September 2013.
76 Jon Fingas, »Near Collision with Airliner Prompts US to Crack Down on Drone Use«, in: *Engadget* vom 12. Mai 2014; Alwyn Scott, »U. S. Passenger Jet Nearly Collided with Drone in March«, Reuters, 9. Mai 2014.
77 John W. Whitehead, »Roaches, Mosquitoes, and Birds: The Coming Micro-Drone Revolution«, in: *Huffington Post* vom 17. April 2013.
78 Tom Leonard, »US Accused of Making Insect Spy Robots«, in: *Telegraph* vom 10. Oktober 2007.
79 Whitehead, »Roaches, Mosquitoes, and Birds«; Emily Singer, »TR10: Biological Machines«, in: *MIT Technology Review*, März/April 2009 ; Erico Guizzo, »Moth Pupa + MEMS Chip = Remote

Controlled Cyborg Insect«, in: *IEEE Spectrum* vom 17. Februar 2009; Charles Q. Choi, »Military Developing Robot-Insect Cyborgs«, NBC News, 14. Juli 2009.

80 Robert Lee Hotz, »Harvard Scientists Devise Robot Swarm That Can Work Together«, in: *Wall Street Journal* vom 15. August 2014.

81 Jon Cartwright, »Rise of the Robots and the Future of War«, in: *The Guardian* vom 20. November 2010.

82 Tim Hornyak, »Korean Machine-Gun Robots Start DMZ Duty«, *CNET*, 14. Juli 2010; Keith Wagstaff, »Future Tech? Autonomous Killer Robots Are Already Here«, NBC News, 14. Mai 2014.

83 Goldman Sachs: *2013 Annual Report*. http://www.goldmansachs.com/; Matt Clinch, »3-D Printing Market to Grow 500 % in 5 Years«, CNBC, 1. April 2014.

84 Jessica Leber, »This Man Thinks He Can 3-D Print an Entire House«, in: *Co.Exist* vom 12. November 2013.

85 Lyndsey Gilpin, »New 3-D Bioprinter to Reproduce Human Organs, Change the Face of Healthcare«, in: *TechRepublic* vom 1. August 2014; Melissa Davey, »3-D Printed Organs Come a Step Closer«, in: *The Guardian* vom 4. Juli 2014; Kate Lyons, »Humans Could Be Fitted with Kidneys Made on 3-D Printers«, in: *Mail Online* vom 23. Mai 2014.

86 Ben Rooney, »The 3-D Printer That Prints Itself«, in: *Wall Street Journal* vom 10. Juni 2011; Brad Hart, »Will 3-D Printing Change the World?«, in: *Forbes* vom 6. März 2012.

87 »Gartner Says Uses of 3-D Printing Will Ignite MajorDebate on Ethics and Regulation«, Gartner.com, 29. Januar 2014.

88 Drew Prindle, »KeyMe Joins Forces with Shapeways to Bring You Custom 3-D-Printed Key Copies«, in: *Digital Trends* vom 17. Dezember 2013.

89 Ann Givens und Chris Glorioso, »New Technology Could Let Thieves Copy Keys«, NBC New York, 21. Mai 2014.

90 Andy Greenberg, »Hacker Opens High Security Handcuffs with 3-D-Printed and Laser-Cut Keys«, in: *Forbes* vom 16. Juli 2012.

91 Tim Adams, »The ›Chemputer‹ That Could Print Out Any Drug«, in: *The Guardian* vom 21. Juli 2012.

92 Carole Cadwalladr, »Meet Cody Wilson, Creator of the 3-D-Gun, Anarchist, Libertarian«, in: *The Guardian* vom 8. Februar 2014.

93 Andy Greenberg, »Here's What It Looks Like to Fire a (Partly) 3-D-Printed Gun«, in: *Forbes* vom 3. Dezember 2012.

94 Andy Greenberg, »Meet the ›Liberator‹: Test-Firing the World's First Fully 3-D-Printed Gun«, in: *Forbes* vom 5. Mai 2013.

95 Andy Greenberg, »How 3-D Printed Guns Evolved into Serious Weapons in Just One Year«, in: *Wired* vom 15. Mai 2014.

96 Cheryl K. Chumley, »Israeli TV Crew Sneaks Printed 3-D Gun into Knesset – Twice«, in: *The Washington Times* vom 4. Juli 2013.

97 Greenberg, »How 3-D Printed Guns Evolved into Serious Weapons in Just One Year«.

98 Aliya Sternstein, »The FBI IsGetting Its Own, Personal 3-D Printer for Studying Bombs«, in: *Nextgov* vom 13. Juni 2014.

KAPITEL 16

1 Nina Golgowski, »›Syrian Hackers‹ Tweet FALSE Report of Explosions at White House and Send Panicked DOW Jones Plunging 100 Points«, in: *Mail Online* vom 23. April 2013; Jim McTague, »Why High-Frequency Trading Doesn't Compute«, in: *Barron's* vom 11. August 2012; Shan Carter und Amanda Cox, »One 9/11 Tally«, in: *New York Times* vom 8. September 2011; Doug Stanglin und David Jackson, »Timeline of AP Hacking, Reaction«, in: *USA Today* vom 23. April 2013; Will Oremus, »Would You Click the Link in This Email That Apparently Tricked the AP«, in: *Slate* vom 23. April 2013; Tom Lauricella, Kara Scanell und Jenny Strasburg, »How a Trading Algorithm Went Awry«, in: *Wall Street Journal* vom 2. Oktober 2010; Bernard Condon, »Stocks Stumble After a Fake Tweet Announced White House Attack«, in: *Associated Press* vom 25. April

2013; Nick Baumann, »Too Fast to Fail: Is High-Speed Trading the Next Wall Street Disaster?«, in: *Mother Jones* vom Januar/Februar 2013.

2 Vinod Khosla, »Do We Need Doctors or Algorithms?«, in: *TechCrunch* vom 10. Januar 2012.

3 Rachael King, »Artificial Intelligence May Reduce Soaring E-discovery Costs«, in: *CIO Journal* vom 29. Oktober 2013.

4 Amy Biegelsen, »Unregulated FICO Has Key Role in Each American's Access to Credit«, Center for Public Integrity, 17. Mai 2011.

5 Adam D. I. Kramer, Jamie E. Guillory und Jeffrey T. Hancock, »Experimental Evidence of Massive-Scale Emotional Contagion Through Social Networks«, *Proceedings of the National Academy of Sciences* 111, no. 24 (2014): 8788–90, doi:10.1073/pnas.1320040111.

6 Reed Albergotti und Elizabeth Dwoskin, »Facebook Study Sparks Soul-Searching and Ethical Questions«, in: *Wall Street Journal* vom 30. Juni 2014.

7 Kashmir Hill, »Facebook Added ›Research‹ to User Agreement 4 Months After Emotion Manipulation Study«, *Forbes*, 30. Juni 2014; Michelle N. Meyer, »Everything You Need to Know About Facebook's Controversial Emotion Experiment«, in: *Wired* vom 30. Juni 2014.

8 Gabriel Hallevy, »The Criminal Liability of Artificial Intelligence Entities«, Social ScienceResearch Network scholarly paper, 15. Februar 2010, http://papers.ssrn.com/.

9 Chris Greenwood, »Will Russia Hand Over Man Behind the Gameover Zeus Ransom Virus? FBI Issues Warrant for $100M Cybercrime Mastermind«, in: *Mail Online* vom 2. Juni 2014.

10 McAfee, Center for Strategic and International Studies, in: *Net Losses: Estimating the Global Cost of Cybercrime* vom Juni 2014.

11 Jenny Awford, »Student Accused of Murder ›Asked Siri Where to Hide Body,‹ Say Police«, in: *Mail Online* vom 13. August 2014.

12 »IBM Watson«, IBM Web site, http://www-03.ibm.com/press/us/en/presskit/27297.wss.

13 »IBM Watson Hard at Work«, Memorial Sloan Kettering Cancer Center, 8. Februar 2013; Larry Greenemeier, »Will IBM's Watson Usher in a New Era of Cognitive Computing«, in: *Scientific American* vom 13. November 2013.

14 Ray Kurzweil, *The Singularity Is Near: When Humans Transcend Biology*, New York 2006, S. 7 (deutsche Ausgabe: *Menschheit 2.0: Die Singularität naht*, Berlin 2013).

15 Catherine Shu, »Google Acquires Artificial Intelligence Startup DeepMind«, in: *TechCrunch* vom 26. Januar 2014.

16 Stephen Hawking et al., »Stephen Hawking: ›Transcendence Looks at the Implications of Artificial Intelligence – but Are We Taking AI Seriously Enough?‹«, in: *Independent* vom 1. Mai 2014.

17 Reed Albergotti, »Zuckerberg, Musk Invest in Artificial Intelligence Company«, in: *Wall Street Journal* vom 21. März 2014.

18 »Brain Research Through Advancing Innovative Neurotechnologies«, 25. August 2014, http://www.nih.gov/science/brain/; Susan Young Rojahn, »The BRAIN Project Will Develop New Technologies to Understand the Brain«, in: *MIT Technology Review* vom 8. April 2013.

19 Priya Ganapati, »Cognitive Computing Project Aims to Reverse-Engineer the Mind«, in: *Wired* vom 6. Februar 2009; Vincent James, »Chinese Supercomputer Retains ›World's Fastest‹ Title, Beating US and Japanese Competition«, in: *Independent* vom 19. November 2013.

20 Ray Kurzweil, *How to Create a Mind: The Secret of Human Thought Revealed* (New York: Penguin Books, 2013); Michio Kaku, *The Future of the Mind: The Scientific Quest to Understand, Enhance, and Empower the Mind*, New York 2014.

21 Joseph Brean, »Build a Better Brain«, in: *National Post* vom 31. März 2012; Cade Metz, »IBM Dreams Impossible Dream«, in: *Wired* vom 9. August 2013.

22 Kaku, *Future of the Mind*, S. 80–103, 108–9, 175–77.

23 Peter Clarke, »IBM Seeks Customers for Neural Network Breakthrough«, in: *Electronics360* vom 7. August 2014; Paul A. Merolla et al., »A Million Spiking-Neuron Integrated Circuit with a Scalable Communication Network and Interface«, in: *Science* vom 8. August 2014, 668–73, doi:10.1126/science.1254642; Robert F. Service, »The Brain Chip«, in: *Science* vom 8. August 2014, 614–16, doi:10.1126/science.345.6197.614; John Markoff, »IBM Develops a New Chip That Functions Like a Brain«, in: *New York Times* vom 7. August 2014.

24 Ray Kurzweil, »The Coming Merging of Mind and Machine«, *Scientific American* 18 (2008): 20–25, doi:10.1038/scientificamerican0208-20sp.
25 Gary Marcus und Christof Koch, »The Future of Brain Implants«, in: *Wall Street Journal* vom 14. März 2014.
26 Leigh R. Hochberg et al., »Reach and Grasp by People with Tetraplegia Using a Neurally Controlled Robotic Arm«, in: *Nature* vom 17. Mai 2012, 372–75, doi:10.1038/nature11076.
27 Robert McMillan, »This Guy Just Built a Mind Controlled Robot«, in: *Wired* vom 22. August 2014.
28 Dave Lee, »Google Glass Hack Allows Brainwave Control«, BBC News, 9. Juli 2014; Ingrid Lunden, »Forget ›OK Glass,‹ MindRDR Is a Google Glass App You Control with Your Thoughts«, in: *TechCrunch* vom 9. Juli 2014.
29 Sebastian Anthony, »First Human Brain-to-Brain Interface Allows Remote Control over the Internet, Telepathy Coming Soon«, in: *ExtremeTech* vom 28. August 2013.
30 Alan S. Cowen, Marvin M. Chun und Brice A. Kuhl, »Neural Portraits of Perception: Reconstructing Face Images from Evoked Brain Activity«, *NeuroImage*, forthcoming, http://camplab.psych.yale.edu/; Mark Prigg, »Mind Reading Experiment Reconstructs Faces from Brain Scans«, in: *Mail Online* vom 28. März 2014.
31 »How Technology May Soon ›Read‹ Your Mind«, CBS News, 4. Januar 2009.
32 IBM Research, »Mind Reading Is No Longer Science-Fiction«, 19. Dezember 2011, http://ibmresearchnews.blogspot.com.
33 Mark Harris, »MRI Lie Detectors«, in: *IEEE Spectrum* vom 30. Juli 2010.
34 Adi Narayan, »The fMRI Brain Scan: A Better Lie Detector?«, in: *Time* vom 20. Juli 2009.
35 Anand Giridharadas, »India's Novel Use of Brain Scans in Courts Is Debated«, in: *New York Times* vom 15. September 2008; Angela Saini, »The Brain Police: Judging Murder with an MRI«, in: *Wired UK* vom 27. Mai 2009.
36 Geeta Dayal, »Researchers Hack Brainwaves to Reveal PINs, Other Personal Data«, in: *Wired* vom 29. August 2012.
37 Erika Check Hayden, »Company Claims to Have Sequenced Man's Genome Cheaply«, in: *Nature News* vom 8. Februar 2008, doi:10.1038/news.2008.563.
38 Mike Orcutt, »Bases to Bytes«, in: *MIT Technology Review* vom 25. April 2012; Matthew Herper, »DNA Sequencing: Beating Moore's Law Since January 2008«, in: *Forbes* vom 13. Mai 2011.
39 Erika Check Hayden, »Technology: The $1,000 Genome«, in: *Nature* vom 19. März 2014, S. 294–95, doi:10.1038/507294a; Ashlee Vance, »Human Gene Mapping Price to Drop to $1,000, Illumina Says«, in: *Bloomberg* vom 15. Januar 2014.
40 Jon Mooallem, »Do-It-Yourself Genetic Engineering«, in: *New York Times Magazine* vom 14. Februar 2010; Jack Hitt, »Guess What's Cooking in the Garage«, in: *Popular Science* vom 31. Mai 2012.
41 Zoë Corbyn, »Craig Venter: ›This Isn't a Fantasy Look at the Future. We Are Doing the Future‹«, in: *Guardian* vom 12. Oktober 2013.
42 Lisa M. Krieger, »Biological Computer Created at Stanford«, in: *San Jose Mercury News* vom 29. März 2013; Tim Requarth und Greg Wayne, »Tiny Biocomputers Move Closer to Reality«, in: *Scientific American* vom 2. November 2011; Adam Baer, »Why Living Cells Are the Future of Data Processing«, in: *Popular Science* vom 5. November 2012.
43 Clay Dillow, »Biostorage Scheme Turns E. coli Bacteria into Hard Drives«, in: *Popular Science* vom 10. Januar 2011.
44 Wyss Institute, »Writing the Book in DNA«, 16. August 2012, http://wyss.harvard.edu/viewpressrelease/93/.
45 Ebd.
46 Chiropractic Resource Organization, »NIH Heads Foresee the Future«, http://www.chiro.org/; Helen Thomson, »Deaf People Get Gene Tweak to Restore Natural Hearing«, in: *New Scientist* vom 23. April 2014.
47 George M. Church, *Regenesis: How Synthetic Biology Will Reinvent Nature and Ourselves*, New York 2012; J. Craig Venter, *Life at the Speed of Light: From the Double Helix to the Dawn of Digital Life*, New York 2013.

48 Ebenda.
49 Kim-Mai Cutler, »Glowing Plant Is One of Y Combinator's Very First Biotech Startups«, in: *TechCrunch* vom 11. August 2014.
50 Rebecca Skloot, *The Immortal Life of Henrietta Lacks* (New York: Broadway Books, 2011); *Moore v. Regents of University of California* (1990) 51 Cal. 3d 120 (271 Cal. Rptr. 146, 793 P.2d 479), Justia Law, abgerufen am 12. September 2014, http://law.justia.com/.
51 Im Verfahren Moore v. Regents of the University of California urteilte das Gericht am 9. Juli 1990, dass entnommene Gewebeteile und Zellen nicht mehr Eigentum des Menschen sind, von dem sie stammen, und daher kommerziell verwertet werden dürfen.
52 James Randerson, »What DNA Can Tell Us«, in: *Guardian* vom 26. April 2008.
53 Ian Sample, »Male Sexual Orientation Influenced by Genes, Study Shows«, in: *Guardian* vom 13. Februar 2014; Patricia Cohen, »Genetics and Crime at Institute of Justice Conference«, in: *New York Times* vom 19. Juni 2011.
54 National Human Genome Research Institute, Genetic Information Nondiscrimination Act of 2008, http://www.genome.gov/; National Human Genome Research Institute, »Genetic Discrimination«, http://www.genome.gov/.
55 Adam Cohen, »Can You Be Fired for Your Genes?«, in: *Time* vom 20. Februar 2012.
56 Statens Serum Institut, »The Danish Neonatal Screening Biobank«, http://www.ssi.dk.
57 Andrew Pollack, »DNA Evidence Can Be Fabricated, Scientists Show«, in: *New York Times* vom 18. August 2009; Dan Frumkin et al., »Authentication of Forensic DNA Samples«, in: *Forensic Science International: Genetics* 4, no. 2 (2010): 95–103, doi:10.1016/j.fsigen .2009.06.009.
58 Fiona Macrae, »DNA Evidence Can Be Fabricated and Planted at Crime Scenes, Scientists Warn«, in: *Mail Online* vom 19. August 2009.
59 Sharon Begley, »Citing Privacy Concerns, U. S. Panel Urges End to Secret DNA Testing«, Reuters, 11. Oktober 2012.
60 Bijan Stephen, »Pablo Escobar's Hippos Are Running Wild in Colombia«, in: *Time* vom 28. Juni 2014.
61 Erin Carlyle, »Billionaire Druglords«, in: *Forbes* vom 13. März 2012.
62 Jeremy McDermott, »Drug Lords Develop High-Yield Coca Plant«, in: *Telegraph* vom 27. August 2004; Goodman, »What Business Can Learn from Organized Crime«.
63 Marc Goodman, »A Vision for Crimes in the Future«, TED Talk, Juli 2012.
64 »Bakterien können ohne viel Aufwand Cannabis-Wirkstoff produzieren«, derStandard.at, 17. August 2010, http://derstandard.at/; Luc Henry, »Instead of Poppies, Engineering Microbes«, in: *Discover* vom 9. September 2014; »A New Opium Pipe«, in: *Economist* vom 30. August 2014.
65 Joel O. Wertheim, »The Re-emergence of H1N1 Influenza Virus in 1977: A Cautionary Tale for Estimating Divergence Times Using Biologically Unrealistic Sampling Dates«, in: *PLoS ONE* 5, no. 6 (2010): e11184, doi:10.1371/journal.pone.0011184.
66 Alison Young, »Vial of Deadly Virus Missing at Texas Bioterror Laboratory«, in: *USA Today* vom 25. März 2013; »Paris Laboratory Loses Deadly SARS Virus Samples«, in: *France24* vom 16. April 2014.
67 Eric Schmitt und Thom Shanker, »Qaeda Trying to Harness Toxin, Ricin, for Bombs, U. S. Says«, in: *New York Times* vom 12. August 2011.
68 Marc Goodman, »The Bio-crime Prophecy«, in: *Wired* vom 28. Mai 2013.
69 Erika Check, »Poliovirus Advance Sparks Fears of Data Curbs«, in: *Nature* vom 18. Juli 2002, 265–265, doi:10.1038/418265a.
70 Masaki Imai et al., »Experimental Adaptation of an Influenza H5 HA Confers Respiratory Droplet Transmission to a Reassortant H5 HA/H1N1 Virus in Ferrets«, in: *Nature* vom 2. Mai 2012, doi:10.1038/nature10831; Bryan Walsh, »Should Journals Describe How Scientists Made a Killer Flu?«, in: *Time* vom 21. Dezember 2011.
71 Denise Grady und William J. Broad, »U. S. Asks Journals to Censor Articles on Bird Flu Virus«, in: *New York Times* vom 20. Dezember 2011.
72 Andrew Hessel, Marc Goodman und Steven Kotler, »Hacking the President's DNA«, in: *Atlantic* vom 24. Oktober 2013.
73 Robert Booth und Julian Borger, »US Diplomats Spied on UN Leadership«, in: *Guardian* vom

28. November 2010; Spencer Ackerman, »U. S. Chases Foreign Leaders' DNA, WikiLeaks Shows«, in: *Wired* vom 29. November 2010.

74 Diese Darstellung ist nicht korrekt. Die staatliche US-Raumforschung läuft auf Hochtouren (Raumstation ISS, Satelliten, Raumsonden, Weltraumteleskope, das Space Launch System, die neue bemannte Orion-Kapsel) auch ohne den überalterten Shuttle, und die gerühmten Privatunternehmen arbeiten meist für den Staat (also die NASA, wie SpaceX mit der »Dragon«-Kapsel, aber auch Boeing mit der CST 100). Virgin Galactic hat nie Raumflüge angeboten, sondern nur Touristen mit einem suborbitalen Höhenflugzeug, das sich unberechtigterweise »Spaceship« nannte, für wenige Minuten und viele Millionen Dollar an die Grenze zum Weltraum befördern wollen. Nach dem Absturz des sogenannten »Spaceship 2« hat sich Virgin aus diesem Geschäft zurückgezogen. (Anmerkung der Übersetzer)

75 Marcelo Soares, »The Great Brazilian Sat-Hack Crackdown«, in: *Wired* vom 20. April 2009.

76 Ellie Zolfagharifard, »Incredible Image Shows How Earth Is Entirely Surrounded by Junk«, in: *Mail Online* vom 13. Dezember 2013.

77 William J. Broad und David E. Sanger, »China Tests Anti-satellite Weapon, Unnerving U. S.«, in: *New York Times* vom 18. Januar 2007.

78 Joey Cheng, »Critical Military Satellite Systems Are Vulnerable to Hacking«, in: *Defense Systems* vom 23. April 2014.

79 Tony Capaccio und Jeff Bliss, »Chinese Military Suspected in Hacker Attacks on U. S. Satellites«, in: *Bloomberg* vom 26. Oktober 2011.

80 Samuel Gibbs, »International Space Station Attacked by ›Virus Epidemics‹«, in: *Guardian* vom 12. November 2013.

81 Ellie Zolfagharifard, »Cosmonaut Accidentally Infected the ISS with a Virus on a USB Stick«, in: *Mail Online* vom 12. November 2013; »Cosmonaut Carries Computer Virus Aboard International Space Station«, in: *PBS NewsHour* vom 11. November 2013.

82 Damien Francis, »Computer Virus Infects Orbiting Space Station«, in: *Guardian* vom 27. August 2008.

83 David Meyer, »Hackers Plan Space Satellites to Combat Censorship«, BBC News, 4. Januar 2012.

84 »Graphene ›Made with Kitchen Blender‹«, BBC News, 22. April 2014; David Larousserie, »Graphene – the New Wonder Material«, in: *Guardian* vom 22. November 2013.

85 Nancy S. Giges, »Top 5 Trends in Nanotechnology«, ASME, März 2013.

86 »Nanotechnology Cancer Treatments«, *HowStuffWorks*, abgerufen am 14. September 2014, http://health.howstuffworks.com; Dean Ho, »Fighting Cancer with Nanomedicine«, in: *Scientist* vom 1. April 2014.

87 John Gehl, »Nanotechnology: Designs for the Future«, in: *Ubiquity*, Juli 2000, http://ubiquity.acm.org/.

88 »Modern Marvels: Doomsday Tech DVD«, History Channel, 28. Dezember 2004.

89 Eric Drexler, *Engines of Creation: The Coming Era of Nanotechnology*, Garden City, N. Y., 1987, Kapitel 4.

90 Robert A. Freitas Jr., »The Gray Goo Problem«, in: *Kurzweil Accelerating Intelligence* vom 20. März 2001; »Address Nanotechnology Concerns, Experts Urge«, Reuters, 15. November 2006.

91 Paul Rincon, »Nanotech Guru Turns Back on Goo«, BBC, 9. Juni 2004.

92 Jacob Aron, »Google's Quantum Computer Flunks Landmark Speed Test«, in: *New Scientist* vom 15. Januar 2014.

93 Nick Statt, »Confirmed, Finally, D-Wave Quantum Computer Is Sometimes Sluggish«, *CNET*, 19. Juni 2014.

94 Tom Simonite, »The CIA and Jeff Bezos Bet on Quantum Computing«, in: *MIT Technology Review* vom 4. Oktober 2012.

95 Ebd.

96 Mohit Arora, »How Secure Is AES Against Brute Force Attacks?«, in: *EETimes* vom 7. Mai 2012.

97 Steven Rich und Barton Gellman, »NSA Seeks to Build Quantum Computer That Could Crack Most Types of Encryption«, in: *Washington Post* vom 2. Januar 2014; »Quantum Computing, the NSA, and the Future of Cryptography«, *On Point with Tom Ashbrook*, WBUR.

98 Bill Joy, »Why the Future Doesn't Need Us«, in: *Wired* vom April 2000.

KAPITEL 17

1 Melanie Pinola, »F**k It, Ship It«, in: *Lifehacker* vom 14. August 2012.
2 Siehe Quinn Norton, »Everything Is Broken«, für eine ausgezeichnete Analyse der Sicherheitsprobleme durch unsichere Software. https://medium.com/.
3 »Be Still My Breaking Heart«, in: *Dan Kaminsky's Blog*.
4 Leah Hoffmann, »Risky Business«, S. 20 in: *Communications of the ACM*, Bd. 54 (2011). doi:10.1145/2018396.2018404.
5 First Research, »Computer Software Industry Profile«, 25. August 2014.
6 Jane Chong, »Bad Code: Should Software Makers Pay? (Part 1)«, in: *New Republic* vom 3. Oktober 2013.
7 Achievements in Public Health, 1900–1999 Motor Vehicle Safety«, in: *Morbidity and Mortality Weekly Report* vom 14. Mai 1999. http://www.cdc.gov/; Michael Riley und Dune Lawrence, »Former Home Depot Managers Depict ›C-Level‹ Security Before the Hack«, in: *Bloomberg Businessweek* vom 12. September 2014.
8 Alex Wilhelm, »Facebook Sets Revenue per User Records Around the World in Q2«, in: *TechCrunch* vom 23. Juli 2014.
9 Ethan Zuckerman, »The Internet's Original Sin«, in: *The Atlantic* vom 14. August 2014.
10 Graham Cluley, »55 % of Net Users Use the Same Password for Most, if Not All, Websites«, in: *Naked Security* vom 23. April 2013; »39 Percent of Smart Phone Users Don't Secure Their Phones«, in: *Consumer Reports News* vom 1. Mai 2013.
11 Deloitte, »2013 Technology Predictions«, 2013, http://www.deloitte.com.
12 Hewlett Packard, »HP Study Reveals 70 Percent of Internet of Things Devices Vulnerable to Attack«, 29. Juli 2014.
13 Ben Elgin, Michael Riley und Dune Lawrence, »Former Home Depot Managers Depict ›C-Level‹ Security Before the Hack«, in: *Bloomberg Businessweek* vom 12. September 2014.
14 IBM Managed Security Services, »2014 Cyber Security Intelligence Index«, 22. Juli 2014; Fran Howarth, »The Role of Human Error in Successful Security Attacks«, in: *Security Intelligence* vom 2. September 2014.
15 »Computer Immune Systems«, Computer Science Department, University of New Mexico, http://www.cs.unm.edu.
16 Larry Greenemeier, »Software Mimics Ant Behavior by Swarming Against Cyber Threats«, in: *Observations* (Blog), *Scientific American*, 28. September 2009.
17 Mike Masnick, »DHS Boss, in Charge of Cybersecurity, Doesn't Use Email or Any Online Services«, in: *Techdirt* vom 28. September 2012.
18 Michelle R. Smith, »Kagan: Court Hasn't Really ›Gotten to‹ Email«, in: *Big Story* vom 20. August 2013.
19 Australian Government Department of Defence, »Top 4 Mitigation Strategies to Protect Your ICT System«, http://www.asd.gov.au/; Australian Government Department of Defence, »The Cyber Threat«, http://www.asd.gov.au/.
20 Verizon RISK Team, »2012 Data Breach Investigations Report, 3«, zit. nach: *Wired*.
21 Karl Frederick Rauscher, »The Internet Health Model for Cybersecurity«, EastWest Institute, 2. Juni 2012.

KAPITEL 18

1 David Weinberg, »95 Percent of U. S. ATMs Run on Windows XP«, MarketPlace.org, 19. März 2014.
2 Jeffrey M. Jones, »Congress Job Approval Starts 2014 at 13 %«, Gallup, 14. Januar 2014.
3 »White House Strategy for Homeland Security«, 4. Oktober 2007. http://www.dhs.gov/xlibrary/assets/nat_strat_homelandsecurity_2007.pdf.
4 »Critical Infrastructure Protection: Key Private and Public Cyber Expectations Need to Be Consistently Addressed«, 15. Juli 2010. http://www.gao.gov/.
5 »Mexico's Drug War: 50,000 Dead in Six Years«, in: *The Atlantic* vom 17. Mai 2012; Sara Ines Calderon, »In Mexico, Tech Is Used to Help Combat Narco Violence, Insecurity«, in: *TechCrunch*

vom 25. Dezember 2012; Michele Coscia, »How and Where Do Criminals Operate? Using Google to Track Mexican Drug Trafficking Organizations«, Harvard Kennedy School, 23. Oktober 2012.

6 George Arnett und James Ball, »Are UK MPs Really Claiming More Expenses Now Than Before the Scandal?«, in: *The Guardian* vom 12. September 2014; Michael Anderson, »Four Crowdsourcing Lessons from the Guardian's (Spectacular) Expenses-Scandal Experiment«, Nieman Lab, 23. Juni 2009.

7 »Shortage of Cybersecurity Professionals Poses Risk to National Security«, Juni 2014. http://www.rand.org/news/press/2014/06/18.html.

8 Cisco, »2014 Annual Security Report«; Lewis Morgan, »Global Shortage of Two Million Cyber Security Professionals by 2017«, in: *IT Governance* vom 30. Oktober 2014. http://www.itgovernance.co.uk/.

9 Ellen Nakashima, »Cybersecurity Should Be More Active, Officials Say«, in: *The Washington Post* vom 16. September 2012.

10 »University Professor Helps FBI Crack $70 Million Cybercrime Ring«, in: *Rock Center with Brian Williams* vom 21. März 2012.

11 Ben Rooney, »U. K. Government Says It Can't Tackle Cybercrime on Its Own«, in: *The Wall Street Journal* vom 25. November 2011.

12 Jane McGonigal, »We Spend 3 Billion Hours a Week as a Planet Playing Videogames. Is It Worth It? How Could It Be MORE Worth It?« TED Conversations. http://www.ted.com/.

13 Miguel Angel Luengo-Oroz, Asier Arran und John Frean, »Crowdsourcing Malaria Parasite Quantification«, in: *Journal of Medical Internet Research* vom 29. November 2012.

14 Katia Moskvitch, »Online Game Foldit Helps Anti-AIDS Drug Quest«, in: *BBC News* vom 20. September 2011. http://www.bbc.com/news/technology-14986013; Matt Peckham, »Foldit Gamers Solve AIDS Puzzle That Baffled Scientists for a Decade«, in: *Time* vom 19. September 2011.

NACHWORT

1 Nach einer Studie des australischen Verteidigungsministeriums, http://www.asd.gov.au/publications/Catch_Patch_Match.pdf.

Industriefachklasse

Band 3

Lernfelder 10 bis 12

von

Nikolaus Janzik

Ralf Köper

Markus Lehmkuhl

Felizitas Schuh-Terhardt

Manfred Zindel

unter Mitarbeit der Verlagsredaktion

Winklers

2., neu bearbeitete Auflage, 2012
Druck 1, Herstellungsjahr 2012

Postfach 33 20, 38023 Braunschweig
service@winklers.de
www.winklers.de
Redaktion: Norbert Knur, Braunschweig
Lektorat: Gerlinde Heitmann, Stuttgart
Druck: westermann druck GmbH, Braunschweig

ISBN 978-3-8045-**6062**-8

Auf verschiedenen Seiten dieses Buches befinden sich Verweise (Links) auf Internetadressen.

Haftungshinweis: Trotz sorgfältiger inhaltlicher Kontrolle wird die Haftung für die Inhalte der externen Seiten ausgeschlossen. Für den Inhalt dieser externen Seiten sind ausschließlich deren Betreiber verantwortlich. Sollten Sie bei dem angegebenen Inhalt des Anbieters dieser Seite auf kostenpflichtige, illegale oder anstößige Inhalte treffen, so bedauern wir dies ausdrücklich und bitten Sie, uns umgehend per E-Mail davon in Kenntnis zu setzen, damit beim Nachdruck der Verweis gelöscht wird.

Vorwort

Die Lehr- und Lernbuchreihe **Industriefachklasse** besteht aus insgesamt drei Bänden, in denen alle berufsbezogenen Lernfelder des Rahmenlehrplans für den Ausbildungsberuf Industriekaufmann/Industriekauffrau dargestellt sind. Der vorliegende Band umfasst Inhalte des dritten Ausbildungsjahres, die Lernfelder 10 bis 12.

Didaktische Merkmale

Die Bücher dieser Reihe sind als **Lernbücher** gestaltet; sie zeichnen sich durch die folgenden didaktischen Merkmale aus:

- Die Zielformulierungen und die Inhalte der Lernfelder erschließen sich über themengebundene, lernwirksame **Situationen.**
- In den Situationen werden betriebswirtschaftliche Abläufe und Zusammenhänge sowie unternehmerische **Entscheidungen** sichtbar und nachvollziehbar gemacht.
- Ein **Beispielunternehmen** unterstützt die praxisorientierte Sicht auf Abläufe und Zusammenhänge.
- Über die Situationen und Arbeitsaufträge sind die Lernenden aufgefordert, in kleinen Schritten „geistiges Neuland" über das bereits Bekannte hinaus **selbstständig** zu betreten. So können sie individuell lernen. Der Lehrer unterstützt das Lernen, er wird zum **Lernbegleiter** mit Freiheiten für eigene Variationen.

Beispiel für die Konzeption:

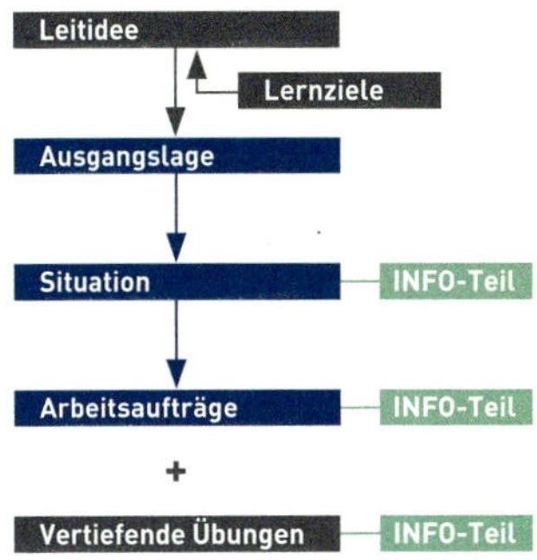

Handhabung

Jedes Buch der Reihe ist in einen Erarbeitungs- und einen Informationsteil (= INFO-Teil) gegliedert.

- Der **Erarbeitungsteil** eröffnet den Lernenden über problemhaltige **Situationen** und aktivierende **Arbeitsaufträge** – teils mit **Arbeitshilfen** – eigenständige Lösungswege und -ergebnisse. Dieses individuelle Lernen wird dann besonders intensiv, wenn unterschiedliche Lösungsansätze und -strategien zu fruchtbaren Auseinandersetzungen in der Lerngemeinschaft führen. Vertiefende und übergreifende **Übungen** dienen dazu, das Gelernte zu festigen und zu erweitern.

› LF 10, Kap. 3
(Beispiel-Verweis in den Erarbeitungsteil)

- Im **INFO-Teil** finden die Lernenden sachliche Ergänzungen und Zusammenfassungen, die fachsystematisch angeordnet sind. Diese Informationen sollen von den Lernenden zur Situationsbearbeitung und zur Lösungssuche, zur sachlichen Vertiefung und zum Aufbau einer gedanklichen Sachstruktur herangezogen werden.

› LF 10, Kap. 3
(Beispiel-Verweis in den INFO-Teil)

- Das **Arbeitsheft**, Best.-Nr. 978-3-8045-**6068**-0, steht zusätzlich als Arbeitshilfe zur Verfügung. Im Lernbuch ist gekennzeichnet, für welche Arbeitsaufträge und Übungen das Arbeitsheft entsprechende Vorlagen bereithält.

ARBEITSHEFT

Die geschilderte Lernstruktur legt es nahe, dieses Buch als **Lern-** und **Arbeitsbuch** zu nutzen. Es kann auch zum **Lerntagebuch** mit persönlichen Notizen erweitert werden, wenn es dem Lernenden gehört und nicht aus dem Fundus der Schulbuchausleihe stammt.

Die Verfasser

Lernfeld 10

Absatzprozesse planen, steuern und kontrollieren

Lernfeld 11

Investitions- und Finanzierungsprozesse planen

Lernfeld 12

Unternehmensstrategien, -projekte umsetzen

Einleitung

Das Lernen am Beispielunternehmen Heidtkötter KG

Sie setzen nun zum Endspurt in Ihrer Ausbildung an und werden sicher einen erfolgreichen Schlusspunkt unter sie setzen. Auf dem Weg zu diesem Ziel begleitet Sie auch in diesem dritten Band die Heidtkötter KG und setzt in Situationen und Beispielen die Eckpunkte für die Erarbeitung zu lösender unternehmerischer Herausforderungen.

Nachdem in den beiden vorangehenden Bänden die Prozesse des Wertezuflusses und der Produktion als die einen Industriebetrieb kennzeichnenden Leistungsbereiche bearbeitet worden sind, geht es nun um die nicht minder wichtigen Leistungsbereiche Absatz sowie Investition und Finanzierung.
Der Erarbeitungsteil wird mit Lernfeld 12 durch eine Projektarbeit abgeschlossen.

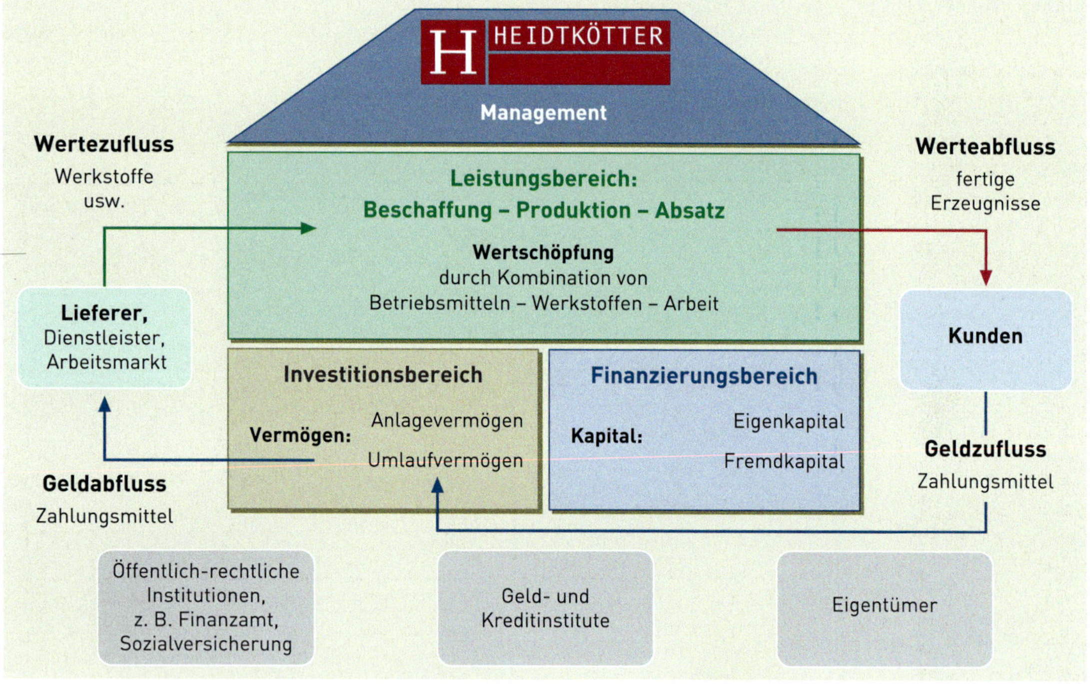

Im vorliegenden Buch wird hin und wieder auf Inhalte zurückgegriffen, die Sie in den ersten beiden Ausbildungsjahren bereits erarbeitet haben. Schlagen Sie deshalb bei Bedarf ruhig in den Büchern und Ihren Unterlagen nach. Das gilt insbesondere für die Lernfelder, in denen es um kostenrechnerische Prozesse geht, denn sie haben sehr viel mit dem zu tun, was an Entscheidungen im Bereich des Absatzes und der Finanzierung zu treffen ist.

Wir wünschen Ihnen bei der Arbeit mit diesem Lehr- und Lernbuch sowie mit der Heidtkötter KG viel Lernfreude, vor allem aber schon jetzt viel Erfolg bei Ihrer Abschlussprüfung!

Eckdaten

Firma	Heidtkötter Kommanditgesellschaft (KG)
Hauptsitz	Gütersloher Str. 111, 33647 Bielefeld
Gesellschafter	voll haftender Gesellschafter: Klaus M. Heidtkötter Teilhafterin: Anke Heidtkötter
Geschäftsführung	Klaus M. Heidtkötter
Mitarbeiterzahl	135 Mitarbeiterinnen und Mitarbeiter (125 Angestellte und Arbeiter, 10 Auszubildende) 57 kaufmännische Mitarbeiter, 68 technische Mitarbeiter Durchschnittsalter 32 Jahre, 61 % der Belegschaft sind weiblich.
Hauptlieferanten	Ligea-Fetras GmbH Holzverarbeitung, Hamm Weberei Dentzer GmbH, Gütersloh Stahlhandel Pirmasens GmbH, Pirmasens Wooley Steel Company Ltd., London, England Interior Bruning B. V., Rotterdam, Niederlande
Hauptkunden	Büromöbel Steil KG, Köln Reiser GmbH Bürosysteme, Leipzig Form Design, Paris, Frankreich Julio Mobiliario S.L., Barcelona, Spanien
Umsatz u. Gewinn am Beispiel von Jahr 01	Umsatz: 25,9 Mio. €; Gewinn: 2,1 Mio. €
Produkt- und Absatzprogramm (Auszug)	hochwertige Tische und Stühle, flexibel einsetzbare System- oder Sonderlösungen:

Produktgruppen		
1 **BS**	**Bürostühle** z. B. die Serie *siri* 	
2 **BT**	**Bürotische** z. B. die Serie *elegance* 	

Produkt- und Absatzprogramm	3 **KS** — **Konferenzsysteme** Bestandteile sind z. B. die Stühle *feli* und *marlene* sowie der Tisch *ralf*  
	4 **SL** — **Sonderlösungen** z. B. der Präsentationsmonitor *beam* oder der Tisch *communicTable*  
	5 **HW** — **Handelswaren** - Bodenbeläge - Leuchten 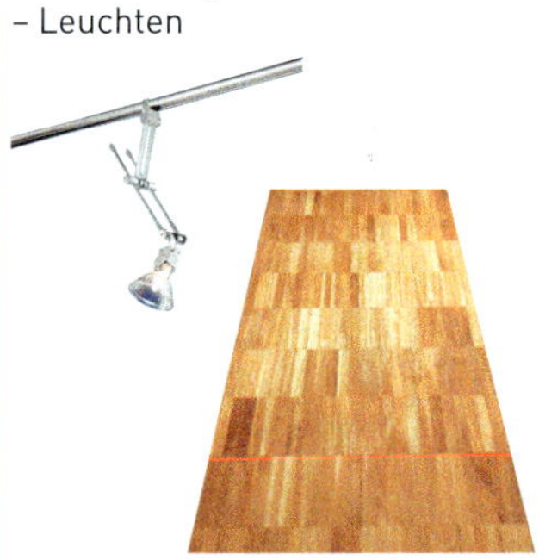 
Fremdbauteile und Vorprodukte	mediale Bestandteile für den Kommunikationstisch (Monitor, Kabel, Stecker, Lautsprecher), ergänzende Handelswaren wie beispielsweise Fußbodenbeläge aus Holz, Beleuchtungssysteme sowie zum Teil Kunststoff-, Glas- oder Edelstahlbestandteile der Produkte
Fertigung	Werkstattfertigung für Systeme und Sonderlösungen sowie Fließfertigung für Stühle und Tische
Kontaktdaten	Tel.: 0521 222–0 Internet: www.heidtkoetter-wvd.de E-Mail: mail@heidtkoetter-wvd.de
Bankverbindung	Kontonummer: 20110304 Bankleitzahl: 480 501 61 Kreditinstitut: Sparkasse Bielefeld IBAN: DE22 4805 0161 0020 1103 04 Swift-BIC: SPBI DE 3B XXX
Umsatzsteuer-ID Finanzamt Bielefeld	DE 222 856 039

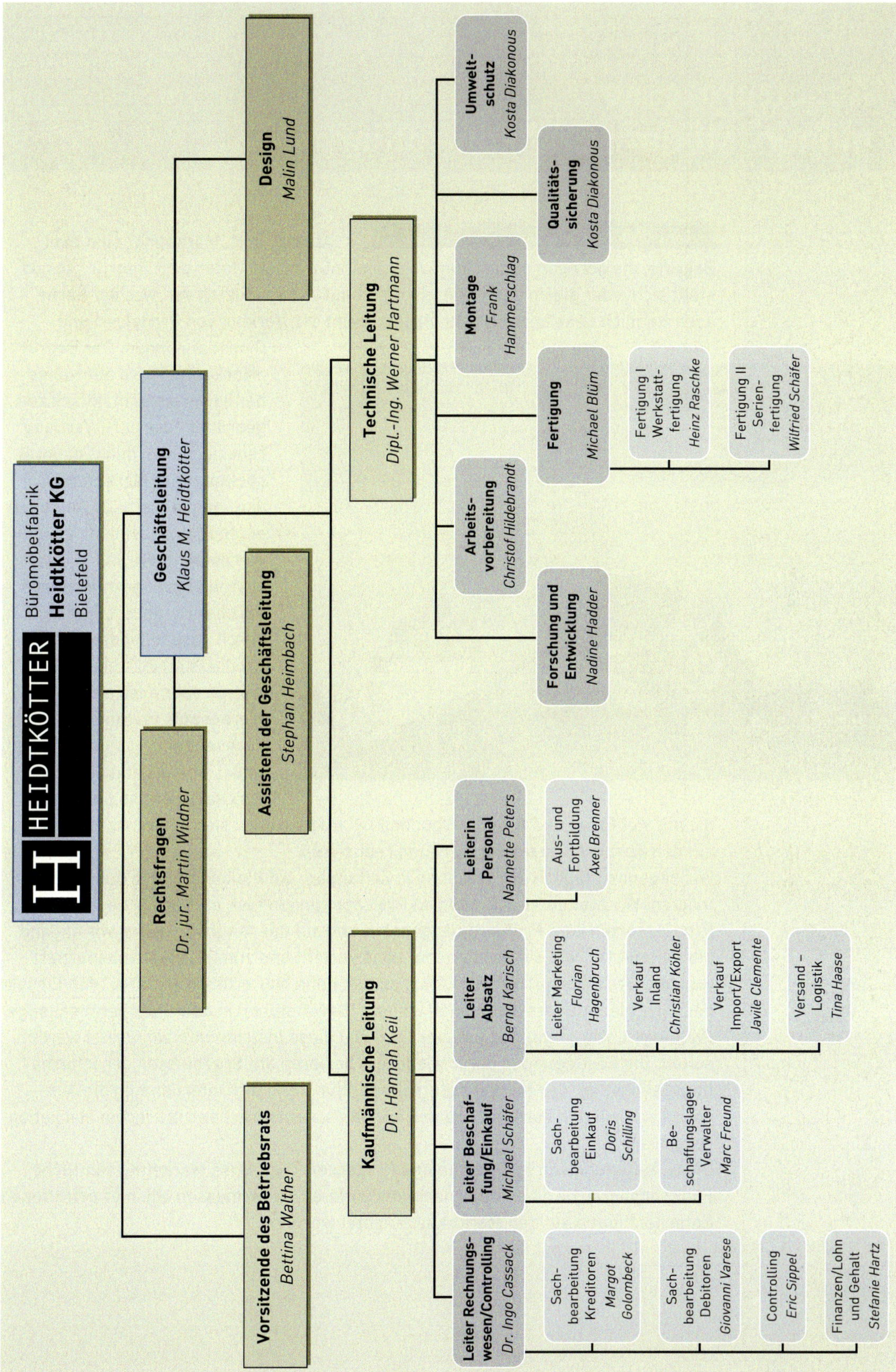
HEIDTKÖTTER
Büromöbelfabrik
Heidtkötter KG
Bielefeld
Geschäftsleitung
Klaus M. Heidtkötter
Rechtsfragen
Dr. jur. Martin Wildner
Assistent der Geschäftsleitung
Stephan Heimbach
Design
Malin Lund
Vorsitzende des Betriebsrats
Bettina Walther
Kaufmännische Leitung
Dr. Hannah Keil
Technische Leitung
Dipl.-Ing. Werner Hartmann
Leiter Rechnungswesen/Controlling
Dr. Ingo Cassack
Sachbearbeitung Kreditoren
Margot Golombeck
Sachbearbeitung Debitoren
Giovanni Varese
Controlling
Eric Sippel
Finanzen/Lohn und Gehalt
Stefanie Hartz
Leiter Beschaffung/Einkauf
Michael Schäfer
Sachbearbeitung Einkauf
Doris Schilling
Beschaffungslager Verwalter
Marc Freund
Leiter Absatz
Bernd Karisch
Leiter Marketing
Florian Hagenbruch
Verkauf Inland
Christian Köhler
Verkauf Import/Export
Javile Clemente
Versand - Logistik
Tina Haase
Leiterin Personal
Nannette Peters
Aus- und Fortbildung
Axel Brenner
Forschung und Entwicklung
Nadine Hadder
Arbeitsvorbereitung
Christof Hildebrandt
Fertigung
Michael Blüm
Fertigung I Werkstattfertigung
Heinz Raschke
Fertigung II Serienfertigung
Wilfried Schäfer
Montage
Frank Hammerschlag
Qualitätssicherung
Kosta Diakonous
Umweltschutz
Kosta Diakonous

10

Absatzprozesse planen, steuern und kontrollieren

Leitidee „Absatz“ und „Marketing“ sind zwei Begriffe, die gerne in einem Atemzug genannt werden. Unter dem Begriff „Absatz“ stellt sich jeder gleich den physischen Verkauf von Produkten vor, was der Sache auch ziemlich nahe kommt, denn Absatz meint den Verkauf von Produkten und Dienstleistungen. Der Begriff „Marketing“ wird allerdings häufig vereinfacht, falsch zugeordnet oder auf „Werbung“ reduziert. Man denkt dabei an spektakuläre Marketingaktionen, die großes Aufsehen erregen (siehe links!), an Werbefachleute, die in ihrer eigenen Sprache in Meetings darüber beraten, wie man durch „Branding den Value der Products pusht“, an laute, lustige oder auch anzügliche Werbespots im Kino und im Fernsehen.

Dabei ist Marketing eine durchaus seriöse Sache, die mit viel Ernst und Arbeit verbunden ist. Und sie lässt sich weder vereinfachend auf den Absatz noch auf die Werbung reduzieren.

Wir begegnen täglich der Werbung in Zeitungen, auf Plakaten und in den Massenmedien. Wir stellen im Supermarkt Preissenkungen fest, es werden neue Produktsorten zum Probieren angeboten und auf der Autobahn sehen wir anhand der vielen Lkw, wie die Produkte im Land verteilt und zum Kunden transportiert werden. Das alles hat mit Marketing zu tun, denn hier erleben wir „live“ den Einsatz der verschiedenen Marketinginstrumente. Davor stehen in den Unternehmen lange Planungen, wie, wann und mit welchem Ziel diese Instrumente eingesetzt werden sollen. Die Festlegungen dafür wiederum basieren auf Ergebnissen der Informationsgewinnung, der Marketingforschung. Nur wenn die Unternehmen die Ausgangslage auf den Märkten kennen, können sie entsprechend mit ihrem Marketing reagieren.

Diese Auflistung von Tätigkeiten und Prozessen zeigt, dass Marketing sämtliche Funktionsbereiche eines Unternehmens umfasst. Dabei müssen alle hier getroffenen Entscheidungen auf den Markt ausgerichtet werden.

1
Marketing findet auf Märkten statt

Ausgangslage

Die Heidtkötter KG bietet mit ihrem Sortiment an selbst hergestellten Büromöbeln und den Handelswaren Produkte für den inländischen sowie einen nahezu weltweiten Markt an. Die Konkurrenz ist groß und „schläft nicht", wie Klaus M. Heidtkötter immer wieder betont. Seit über 80 Jahren gelingt es dem Unternehmen, sich zu behaupten, Marktanteile zu halten und in einigen Bereichen auch auszubauen. Hierfür reicht eine leistungsstarke Verkaufsabteilung alleine nicht aus.

Letztendlich arbeiten alle im Unternehmen gleichermaßen am Verkaufserfolg mit. Insofern ist die Marketingabteilung, der Florian Hagenbruch vorsteht, nur ein kleiner Bereich, aber ein sehr wichtiger Teil des Unternehmens. Denn im Marketing werden Entscheidungen wie über das Design, die Höhe des Verkaufspreises oder den Vertriebsweg getroffen, die vom gesamten Unternehmen umgesetzt werden müssen.

In den folgenden Kapiteln des Lernfeldes werden Sie alle Bereiche des Marketings kennenlernen und im Rahmen eines Marketingkonzeptes den Instrumenteneinsatz planen, organisieren, durchführen und kontrollieren. Entsprechend dem umfangreichen Sortiment der Heidtkötter KG stehen dabei manchmal neue Produkte (Innovationen), alteingesessene Sortimentsbereiche oder auch einzelne Artikel, die sich nicht mehr gut verkaufen lassen, im Mittelpunkt der Betrachtungen.

Im ersten Kapitel geht es zunächst um die Definition des Begriffs „Marketing" und darum, wie man die Ausgangssituation des Unternehmens analysiert. Das Resultat dieser Analyse ist dann die Basis für alle folgenden Ziel- und Strategiefestlegungen.

Lernziele

Nachdem Sie dieses Kapitel durchgearbeitet haben, können Sie ...

- den Begriff „Marketing" definieren und erläutern,
- den Marketingprozess beschreiben,
- eine Marktsegmentierung anhand von sinnvollen Kriterien vornehmen,
- eine Portfolio-Analyse für ein Unternehmen durchführen.

1.1
Marketing als Grundhaltung von Unternehmen

Situation

David Krone ist Auszubildender zum Industriekaufmann in der Heidtkötter KG. Er wird ab kommenden Montag im Bereich Marketing des Unternehmens eingesetzt. Darüber ist er schlichtweg aus dem Häuschen. *„Klasse!"*, sagt er begeistert zu Florian Hagenbruch, Leiter des Marketings bei der Heidtkötter KG. *„Ich habe schon tausend Ideen für tolle Werbeflyer und das Drehbuch für einen prima Fernsehspot habe ich quasi schon im Hinterkopf."* Herr Hagenbruch schüttelt den Kopf und erwidert: *„Mein lieber David, da bist du aber im völlig falschen Film! Wir sind doch keine Werbeagentur. Wir müssen hier schon etwas ganzheitlicher denken."* Er gibt David einen Zeitschriftenartikel. *„Schau mal rein, du findest da einen schönen Artikel über das, was Marketing eigentlich ist."*

Hinweis: *Der Text ist stark gekürzt und auf das Unternehmen Oettinger reduziert. Sie können den gesamten Artikel mit Darstellungen aller drei Brauereien, die im ursprünglichen Text behandelt werden, unter der angegebenen Internet-Adresse abrufen.*

› INFO-Teil LF 10, Kap. 3.1

Arbeitsaufträge

1. Lesen Sie den folgenden Text des Wirtschaftsmagazins „brand eins" und beantworten Sie die Arbeitsaufträge a) bis c).
   a) Werbung ist ein Marketing-Instrument, das aber von dem Unternehmen Oettinger nicht genutzt wird. Welche anderen Mittel setzt das Unternehmen ein, um den Absatz seiner Produkte zu fördern?
   b) Vergleichen Sie die von Ihnen gefundenen Marketing-Maßnahmen mit dem im INFO-Teil angegebenen Marketing-Instrumentarium. Ordnen Sie Ihre Erkenntnisse diesem Spektrum zu.
   c) Im Detail: Konkretisieren Sie die preispolitischen Maßnahmen, die Oettinger ergreift. Begründen Sie, wie das Unternehmen seine Preispolitik umsetzt. Beschreiben Sie dabei auch die Distributionspolitik, also die vertriebspolitischen Entscheidungen des Unternehmens und wie diese im Sinne der Preispolitik wirken.
2. Erläutern Sie abschließend, was Sie unter Marketing verstehen und warum Marketing ungleich Werbung ist.

Arbeitshilfe

Die Anti-Fernsehbiere

Keine Anzeigen. Keine Fernsehspots. Keine Marketingabteilung.

Oettinger, Reissdorf Kölsch und Rothaus Tannenzäpfle sind trotzdem erfolgreich. Oder: deswegen?

„Wir machen keine Werbung, weil Werbung Geld kostet", sagt Pia Kollmar, Tochter des Oettinger-Brauerei-Chefs Günther Kollmar, am Telefon. Drei Stunden täglich, vormittags von neun bis zwölf Uhr, ist sie im bayerischen Oettingen erreichbar. Sie kümmert sich in dieser Zeit um Anfragen von Kirchengemeinden, die gern Biergläser für ein Fest hätten.

Theoretisch ist das keine kleine Aufgabe: Oettinger ist die absatzstärkste deutsche Brauerei. Mit rund sieben Millionen Hektolitern im Jahr 2006 liegt sie laut der Zeitschrift „Brauwelt", dem Zentralorgan der Branche, seit Jahren deutlich vor Konkurrenten wie Krombacher, Bitburger, Warsteiner oder Beck & Co. Der Umsatz mit dem Billigbier – der Kasten kostet zwischen fünf und sechs Euro – wird auf eine halbe Milliarde Euro geschätzt. Am Marketing liegt das nicht. Pia Kollmar beschreibt ihren Job so: „Ich bin die, die grundsätzlich alle Anfragen absagt." Auf der Firmen-Homepage ist zu lesen: „Keinen Euro in die Werbung, jeden Euro ins Bier." Weil durch Werbung „das Produkt an sich nicht besser wird".

Wozu brauchen die anderen Brauereien eigentlich Werbung? Seit Jahrzehnten sinkt der Pro-Kopf-Bierkonsum der Deutschen, von 148 Liter im Jahr 1975 auf 116 Liter im Jahr 2006. Erschwerend hinzu kommt das veränderte Konsumverhalten. Noch in den Sechzigern wurden 70 Prozent des Biers in Gaststätten getrunken, heute sind es nur noch zehn bis zwölf Prozent, der Rest auf dem heimischen Sofa.

„Eine Marke ist immer das Ergebnis von konsequent reproduzierten spezifischen Leistungen, die dem Publikum verständlich vermittelt wurden", sagt Manfred Schmidt, der Vorsitzende des Genfer Instituts für Markentechnik. „Werbung kann diesen Prozess der Markenbildung beschleunigen."

Fünf bis sechs Euro kostet ein Kasten Oettinger-Bier im Supermarkt. Für einen Kasten Krombacher, Warsteiner oder Beck's zahlt der Kunde häufig mehr als das Doppelte.

Die wichtigste Entscheidung fiel vermutlich im Jahr 1969. Da war es schon 13 Jahre her, dass die fränkische Brauerfamilie Kollmar die traditionsreiche bayerische Oettinger Brauerei übernommen hatte. Der Beschluss: Fortan wollte man Oettinger-Bier nur noch in Kisten im Einzelhandel verkaufen. Man wollte mit den Supermärkten wachsen. „Wir hatten erkannt, dass die Leute ihr Bier da trinken wollen, wo ihnen niemand den Führerschein wegnimmt – zu Hause", so Günther Kollmar, der heute 70-jährige Seniorchef der Brauerei. Parallel dazu entschied man sich, die Preisführerschaft anzustreben.

Eine der wichtigsten Investitionen: der Kauf einer eigenen, heute 200 Fahrzeuge umfassenden Lkw-Flotte. Mit ihr liefert Oettinger sein Bier ohne die Hilfe des Getränkegroßhandels an 10 000 Supermärkte aus. Durch die Umgehung des Zwischenhandels spart Oettinger rund 1,50 Euro pro Kasten. Gleichzeitig können aber nur noch Geschäfte beliefert werden, die die Mindestabnahme von 120 Kisten garantieren. An Kiosken, Tankstellen oder in Getränkefachmärkten gibt es Oettinger nicht.

Der eigene Fuhrpark, der Verzicht auf Werbung, die Abgabe in großen Mengen und die Konzentration auf einen einzigen Vertriebskanal sind die vier entscheidenden Elemente der Oettinger-Strategie. 46,4 Prozent der Kosten einer durchschnittlichen Bierflasche liegen laut einer Studie der Hopfenverwertungsgesellschaft im Vertrieb, in der Logistik und im Marketing. Außerdem hat Oettinger noch an allen weiteren Kostenschrauben gedreht, sodass Professor Langowski urteilt: „Oettinger ist für mich der Maßstab, wie weit ich maximal im Bierkistenpreis runtergehen kann."

Es fängt bei Kleinigkeiten an. So kann allein der Preis für das Etikett einer Bierflasche zwischen 0,2 Cent (für ein einfaches Papieretikett wie bei Oettinger) und 1,4 Cent für Hochglanzetiketten mit viel Alu schwanken. Eine individuellere Bierglasflasche kostet schnell 20 Cent, die klassische 0,5-Liter-Flasche, wie Oettinger sie noch benutzt, vier Cent, wenn man sie auf dem Flaschengebrauchtmarkt kauft.

Als zu hundert Prozent inhabergeführtes Familienunternehmen hat Oettinger eine flache Hierarchie, die mit wenig Personal auskommt.

www.brandeins.de/archiv/magazin/das-marketing-ist-tot-es-lebe-das-marketing/artikel/die-anti-fernsehbiere.html, abgerufen am 15.07.2012

1.2
Märkte beschreiben, Märkte segmentieren

Situation

David Krone findet im Intranet des Unternehmens die Kundendatei, in der die Kunden anhand von Kundennummern sortiert sind. Er stellt fest, dass jeder Kunde zusätzliche Kürzel in seiner Datei hat, die auf eine weitere Zuordnung hinweisen. Er erkennt beispielsweise die Kategorien „Bürofachhandel" und „Direktkäufer". Zudem ist ein Vermerk zu sehen, bei wem es sich um einen Großkunden handelt.

› Situation LF 10, Kap. 1.1

Arbeitsaufträge

1. Erläutern Sie, warum die Heidtkötter KG ihre Kunden in Gruppen eingeteilt hat.
2. Es ist sinnvoll, nicht nur die Kunden in der Kundendatei nach bestimmten Merkmalen in homogene (gleich beschaffene) Gruppen zu sortieren, sondern auch die Märkte, in denen man tätig ist oder tätig werden möchte.
   a) Sehen Sie sich die Arbeitshilfen an und lesen Sie im INFO-Teil nach, was man unter Marktsegmentierung versteht und wie dabei vorgegangen wird.
   b) Im Folgenden sind drei Beispielmärkte vorgegeben. Stellen Sie eine Liste mit Kriterien auf, nach denen Sie diese Märkte segmentieren würden.
   c) Finden Sie Produktbeispiele, die auf diesen Märkten tätige Unternehmen entsprechend Ihren Segmentierungen anbieten können.

› INFO-Teil
› Arbeitshilfen 1 und 2
› Arbeitsheft

Beispielmärkte	Marktsegmentierung nach ...	Produktbeispiele
Markt für Körperpflegeprodukte		
Markt für Automobile		
Markt für Milchprodukte		

ARBEITSHEFT

3. a) Nach welchen Kriterien kann man Märkte im B2B[1]-Bereich segmentieren?
   b) Wählen Sie sinnvolle Kriterien für die Heidtkötter KG aus.

› Arbeitshilfe 3

Arbeitshilfe 1

Kriterien für eine Marktsegmentierung bei Konsumgütermärkten

Merkmale	Beispiele
Geografische Merkmale	Wohnort, Land, Bundesland, Ortsgröße, ...
Demografische Merkmale	Alter, Geschlecht, Einkommen, Berufsgruppe, Familienstand, Bildung/Ausbildung, Konfession, Nationalität, ...
Psychografische Merkmale	Lebensstil, Persönlichkeit, soziale Schicht, ...
Verhalten	Art der Produktverwendung, Markentreue, Preisverhalten, Mediennutzung, ...

1 B2B = Business-to-Business; Verkauf von Unternehmen an Unternehmen

Arbeitshilfe 2

Marktsegmentierung am Beispiel von Frühstücksflocken

... für Erwachsene und Familien

... für Kinder und Jugendliche

Arbeitshilfe 3

Marktsegmentierungskriterien im B2B-Marketing

		Beispiele
Demografische Variablen	Allgemeine Kriterien	z. B. Branchen, Unternehmensgröße
	Geografische Kriterien	z. B. Standort
	Operative Variablen	z. B. vom Kunden verwendete Technologien, Verwendungsverhalten und -intensität
Beschaffungskonzepte der Kunden	Organisation der Beschaffung	z. B. zentralisierter/dezentralisierter Einkauf, Beschaffung über Ausschreibungen, Buying Center als Einkaufsgremium
	Machtstruktur	z. B. technikdominierte Unternehmen, marketingdominierte Unternehmen
	Bestehende Beziehungen	z. B. Kunden/Nicht-Kunden
	Allgemeine Beschaffungspolitik	z. B. Kunden, die bevorzugt über Ausschreibungen kaufen, Kunden die Finanzierungsbedarf haben oder die Systemgeschäfte bevorzugen
	Kaufkriterien	z. B. Preis- oder qualitätsbewusste Kunden
Situationsbedingte Faktoren	Dringlichkeit	z. B. Unternehmen mit Anforderung nach Just-in-time-Lieferung
	Spezifische Produktanwendungen	z. B. Konzentration auf bestimmte Produktanwendungen
	Auftragsumfang	z. B. großer/kleiner Auftragsumfang
Personenbezogene Kriterien	Ähnlichkeit zwischen Käufer und Verkäufer	z. B. Unternehmen, deren Mitarbeiter Ähnlichkeiten zu den Mitarbeitern des eigenen Unternehmens aufweisen
	Risikobereitschaft	z. B. innovative, experimentierfreudige Unternehmen
	Lieferantentreue	z. B. Unternehmen mit langen/wechselnden Lieferantenbeziehungen

Quelle: Bonoma/Shapiro; Darstellung nach Kotler/Bliemel, Marketing-Management

www.teialehrbuch.de/Kostenlose-Kurse/Marketing/15217-Marktsegmentierungskriterien-im-B2B-Marketing.html; abgerufen am 01.04.2012

1.3 Marketingziele und Marketingstrategien auf Basis der Portfolio-Analyse festlegen

Situation

Morgen findet eine Sitzung in der Heidtkötter KG statt, in der die Geschäftsleitung mit den Leitern der Abteilungen Absatz und Marketing die Planungen für die nächsten Monate aufstellen will. Klaus M. Heidtkötter hat sich im Vorfeld schon mit Florian Hagenbruch, dem Leiter der Abteilung Marketing, unterhalten und sich stolz darüber geäußert, wie gut die Heidtkötter KG aufgestellt ist, insbesondere in den Bereichen Stühle und Tische. Dass aber in diesen Bereichen nicht nur Licht, sondern auch Schatten zu finden ist, ahnt Florian Hagenbruch schon. Er will dies anhand von Zahlen und einer grafischen Darstellung genauer aufzeigen, damit in der Sitzung morgen die Ausgangslage richtig eingeschätzt werden kann.

Arbeitsauftrag

Erstellen Sie für die Bereiche Stühle und Tische eine Portfolio-Matrix nach dem Konzept der Boston Consulting Group (BCG):

› **Arbeitsheft** [a)–d)]
› **Arbeitshilfe 1**
› **Arbeitshilfe 2**

a) Berechnen Sie in der vorgegebenen Tabelle den relativen Marktanteil der Produkte aus den beiden Bereichen.
b) Legen Sie anhand der nun vorliegenden Daten die Position der Produkte in der BCG-Matrix in Ihrem Arbeitsheft fest.
c) Sortieren Sie die Produkte nach der Höhe der Umsatzzahlen.
d) Positionieren Sie die Produkte nach den Vorgaben des INFO-Teils in einem Koordinatensystem (bzw. in der vorgegebenen Matrix im Arbeitsheft).
e) Interpretieren Sie das Ergebnis.

Arbeitshilfe 1

Möglichkeit zur Berechnung des relativen Marktanteils:

$$\textbf{relativer Marktanteil}^{1} = \frac{\text{eigener Umsatz}}{\text{Umsatz des größten Konkurrenten}}$$

Interpretation:

Ein relativer Marktanteil von 0,2 besagt, dass der eigene Umsatz nur 1/5 (20 %) des Umsatzes des größten Konkurrenten ausmacht. Ein relativer Marktanteil von 5 besagt, dass der eigene Umsatz 5-mal so groß ist wie der Umsatz des größten Konkurrenten.

1 Diese Formel ist äquivalent zu der Formel auf Seite 206 im INFO-Teil.

Arbeitshilfe 2

Angaben zu den betrachteten Produkten

Produkt	Marktwachstum[1]	eigener Umsatz	Umsatz des größten Konkurrenten	relativer Marktanteil	Position in der BCG-Matrix	Sortierung nach Umsatzgröße
Drehstühle	17 %	700.000,00 €	300.000,00 €			
Konferenz- und Seminarstühle	8 %	1.200.000,00 €	400.000,00 €			
Stehtische	15 %	450.000,00 €	2.100.000,00 €			
Beistelltische	2 %	350.000,00 €	1.600.000,00 €			
Systemtische	23 %	90.000,00 €	4.500.000,00 €			
Falttische	15 %	3.200.000,00 €	800.000,00 €			
Konferenztische	4 %	3.500.000,00 €	700.000,00 €			

1 Beispiel: Bezogen auf die vorhergehende Periode ist der Markt nun um 17 % größer.

Arbeitshilfe 3

Vorgabe für die Portfolio-Matrix (BCG-Matrix)

Vertiefende Übungen

› INFO-Teil LF 10, Kap. 1.2

1. Erläutern Sie auf Basis der Informationen im INFO-Teil des Kapitels 1.2, auf welchen Märkten die Heidtkötter KG tätig ist.

› INFO-Teil LF 10, Kap. 1.3

2. Analysieren Sie die BCG-Matrix, die sich im INFO-Teil auf Seite 206 befindet.
3. Auf einem polypolistischen Markt sind vier Hauptwettbewerber tätig. Unternehmen A hat einen absoluten Marktanteil von 30 %, Unternehmen B von 20 %, Unternehmen C und D von jeweils 10 %.
   a) Ermitteln Sie den relativen Marktanteil der Unternehmen und interpretieren Sie die Ergebnisse.
   b) Was bedeutet ein relativer Marktanteil von 100 %?
   c) Welche Schwierigkeiten sehen Sie bei der Ermittlung des relativen Marktanteils?

2 Informationen für den Marketingprozess gewinnen – Marketingforschung

Ausgangslage

Top oder Flop? – Wer weiß schon im Voraus, ob das Produkt, das man in vielen Monaten erdacht, entwickelt und hergestellt hat, eher zum „Renner" oder eher zum „Penner" wird, wenn es „auf den Kunden trifft"?

Niemand, werden Sie vielleicht sagen. Weil ja niemand in die Zukunft sehen kann. Wenn Sie sich allerdings an die Grafik mit der Entwicklung einer Schaukel aus den Übungen des Kapitels 1.5 zur Produktionsplanung erinnern, fällt Ihnen auch wieder ein, wer eventuell eine Ahnung haben könnte, ob sich das neue Produkt verkaufen lässt oder nicht – der Kunde!

› Band 1 LF 5, Kap. 1.5

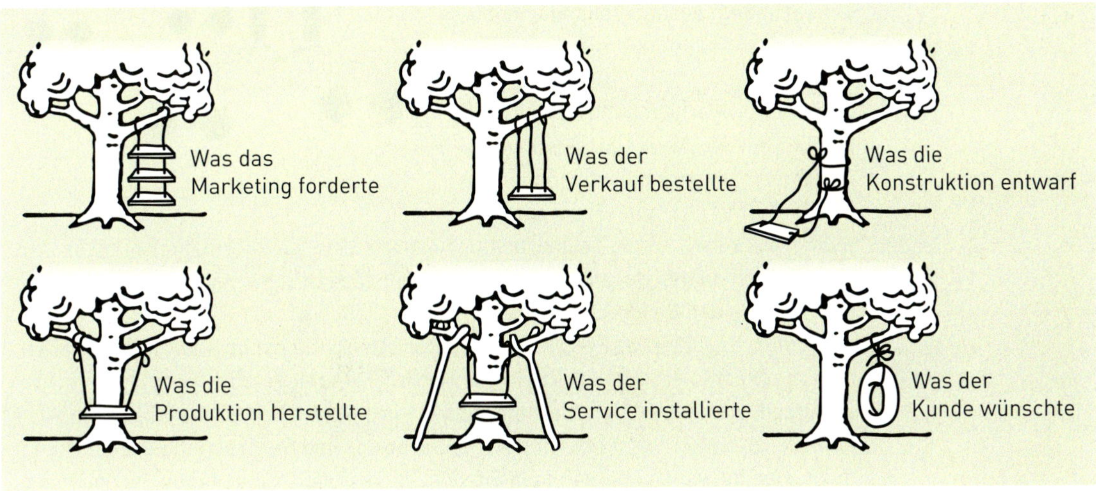

Mit Sicherheit kann der Kunde dem Unternehmen einige wichtige Informationen verraten, die helfen, das Produkt erfolgreich zu gestalten und zu vermarkten. Und genau darum geht es in der Marketingforschung: das Beschaffen von Informationen, die dazu dienen, am Markt erfolgreich zu bestehen. Dazu nutzen Unternehmen natürlich auch noch andere Informationsquellen. Einige davon liegen im Betrieb täglich direkt vor Ihrer Nase.

Mögliche Informationsquellen zu finden und aus diesen dann mit den richtigen Mitteln die gewünschten Informationen zu schöpfen, das ist es, was Sie auf den nächsten Seiten kennenlernen werden.

Lernziele

Nachdem Sie dieses Kapitel durchgearbeitet haben, können Sie ...

- **begründen, warum Marketingforschung unverzichtbar ist,**
- **angeben, welche Bereiche und Informationsquellen die Marketingforschung umfasst,**
- **den Prozess der Marketingforschung beschreiben,**
- **die Methoden der Marketingforschung erläutern und konkreten Untersuchungsbeispielen zuordnen,**
- **Sekundärforschungsmaterial auswerten und**
- **einen Fragebogen als Mittel zur Primärforschung erstellen.**

2.1 Marktforschung ≠ Marketingforschung

Situation

Ein erfolgreiches Produkt im Sortiment der Heidtkötter KG ist der Falttisch *frank*. Die Markteinführung erfolgte vor acht Jahren, seitdem steigen die Absatzzahlen von Jahr zu Jahr deutlich an. Der Erfolg kommt nicht überraschend: Neben den gewohnten Produktmerkmalen „hoher Qualitätsanspruch" und „Berücksichtigung ökologischer Prinzipien bei der Auswahl der Rohstoffe und der Fertigung" zeichnet sich der Konferenztisch vor allem durch seinen hohen Nutzen aus.

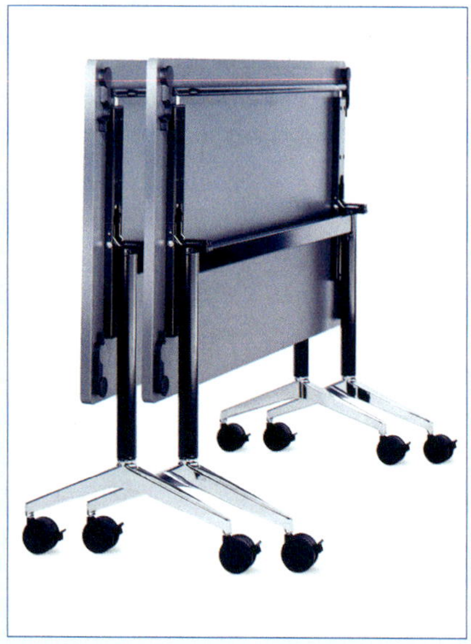

Die Idee der Marketingabteilung bei der Heidtkötter KG war: In zahlreichen Unternehmen gibt es einen steigenden Bedarf für Konferenz- und Besprechungsräume. Die zunehmende Teamarbeit und der ansteigende Informationsaustausch in allen Bereichen der Unternehmen führte dazu, dass Büros umgestaltet sowie Konferenzräume und Besprechungszonen neu geschaffen wurden.

Allerdings: Zusätzlicher Platz ist in bestehenden Raumformen schwer zu schaffen, die Raumkosten sind hoch. Raum für Konferenzbereiche zu schaffen ist unwirtschaftlich, wenn er nicht dauerhaft genutzt wird. Zusätzlich ist die Möblierung von Konferenzräumen meist sehr unflexibel und starr. Sind Besprechungsrunden klein, muss man mit vielen überzähligen Sitzplätzen in großer Runde tagen. Ist das Platzangebot zu gering, fällt es schwer, zusätzliche Sitzgelegenheiten durch weitere Tische und Stühle zu schaffen.

Diesen Herausforderungen begegnet der Falttisch *frank* durch seine flexible Nutzung und durch seine intelligente Handhabung.

Die Grundidee, einen Tisch zum Zusammenfalten zu konstruieren, der sich mit einem Handgriff in einen stabilen Konferenztisch verwandeln lässt, ist aus Sicht der Heidtkötter KG wegweisend. Ein dazu passendes Stuhlprogramm mit Sitzgelegenheiten, die sich platzsparend stapeln lassen, soll die Reihe der Falttische auf nützliche Weise ergänzen. Auch die Ästhetik kommt nicht zu kurz: Sowohl Tisch als auch dazugehörige Stühle sind von erfolgreichen Designern entwickelt worden.

Arbeitsaufträge

1. Benennen Sie die Gründe für den Erfolg des Produktes Falttisch *frank*.
2. Die Situationsbeschreibung zeigt, dass man den Erfolg einer Produktinnovation schon im Vorfeld erahnen und absichern kann. Beschreiben Sie, mithilfe welcher Informationen dies bei der Heidtkötter KG geschehen ist.
3. Zeigen Sie Wege auf, wie man an diese Art von Informationen (Ihr Ergebnis aus Arbeitsauftrag 2) herankommen kann.
4. Anhand welcher Kriterien machen Sie fest, ob ein Produkt erfolgreich ist oder nicht?
5. a) Zeigen Sie am Beispiel der Produktinnovation von VW auf, warum hier die Marketingforschung weit vor der Markteinführung keine große Rolle spielt.
   b) Es handelt sich um ein sehr ungewöhnliches Auto, dass nicht nur positive Reaktionen hervorruft. Diskutieren Sie, ob sich dieses Auto zu einem „Hit“ oder einem „Flop“ entwickeln wird. Überlegen Sie auch, warum das Unternehmen trotz des hohen Risikos, zu scheitern, an dem Vorhaben festhält.
   c) Inwieweit kann Marketingforschung nach der Produkteinführung – selbst wenn das Auto als Produkt am Markt gescheitert ist – dem Unternehmen weiterhelfen?

› Arbeitshilfen 1 und 2
› Arbeitshilfe 3

Arbeitshilfe 1

Umsatzzahlen Falttisch *frank* in den drei Jahren seit Markteinführung

	Jahr 1	Jahr 2	Jahr 3
gesamter Umsatz im Markt:	338.000,00 €	404.000,00 €	448.000,00 €
eigener Umsatz:	220.000,00 €	275.000,00 €	313.500,00 €

Arbeitshilfe 2

Testbericht der Zeitschrift *Büro möbliert* vom Juli dieses Jahres:

Für Sie im Test:

4 Falttische namhafter Hersteller

	Faltbarkeit	Stabilität	Mobilität	Platzbedarf	Preis-Leistungs-Verhältnis	Gesamtbeurteilung
Produkt: Falttisch Smart **Firma:** Möbelbau Ellenfelder GmbH, Köln	gut	zufriedenstellend	gut	nicht zufriedenstellend	zufriedenstellend	Kauf nur mit Einschränkungen empfehlenswert
Produkt: Falttisch frank **Firma:** Heidtkötter KG, Bielefeld	sehr gut	sehr gut	gut	gut	sehr gut	Kauf uneingeschränkt empfehlenswert
Produkt: Confable **Firma:** Feldersommer GmbH, Essen	zufriedenstellend	nicht zufriedenstellend	nicht zufriedenstellend	nicht zufriedenstellend	zufriedenstellend	Kauf nicht empfehlenswert
Produkt: Folder **Firma:** Niederstütz KG, Passau	gut	gut	zufriedenstellend	zufriedenstellend	gut	Kauf empfehlenswert

Arbeitshilfe 3

Während auf der IAA alle vom E-Mobil schwärmen, zeigt VW, welches Potential noch im Verbrennungsmotor steckt. Zwar ist die Idee vom Ein-Liter-Auto nicht ganz neu, doch sieben Jahre nach der Premiere könnte die optimierte Knauserkarre nun vielleicht doch noch in Serie gehen.

Einen gelungenen Auftritt lässt sich Ferdinand Piëch gern etwas kosten. Auch wenn der VW-Patriarch sonst auf jeden Cent schaut, dürfen seine Entwickler bei Prestigeprojekten aus dem Vollen schöpfen. In seiner Amtszeit als VW-Chef hat er deshalb nicht nur Hunderte von Millionen Euro in die Wiedergeburt der Marke Bugatti gepumpt, sondern auch die Idee vom Ein-Liter-Auto forciert.

Damals wollte Piëch beweisen, was technisch alles machbar ist. Zur Hauptversammlung des Jahres 2002 rollte er mit einer Karbon-Zigarre von Wolfsburg nach Hamburg, deren nicht einmal zehn PS starker Einzylindermotor tatsächlich mit weniger als einem Liter Sprit zufrieden war.

[...] Während es um Piëch danach allerdings nie richtig still wurde, hörte man vom Ein-Liter-Auto kaum noch etwas. Zu teuer sei die Technik, als dass man den Wagen in Serie bringen könne, lautete der Nachruf auf das Konzept, das als Serienfahrzeug wohl bis zu 35.000,00 € gekostet hätte.

Jetzt ein bisschen durstiger

Das war gestern. Nun ist der Extremsparer wieder da: Zum Auftakt der IAA stand er bei VW. [...] In der zweiten Auflage ist der L1 zwar nicht mehr ganz so sparsam, geht aber mit 1,49 Litern Verbrauch gerade noch als Ein-Liter-Auto durch, vorausgesetzt, man macht von der Rundungsregel Gebrauch. [...]

Jedes Gramm zählt

Eine Karosserie aus Kohlefaser und ein Leichtbaufahrwerk drücken das Gewicht auf 380 Kilo. Schon der kleinste Polo ist fast dreimal schwerer. Zwar war das Modell von 2002 noch um 90 Kilo leichter, doch sind diesmal Airbags, Klimaanlage und ein Navigationssystem an Bord. Und auch sonst wirkt der Wagen alles andere als spartanisch, wenn man wie ein Jetpilot vor dem 180-Grad-Cockpit sitzt und die Welt aus der Perspektive eines Motorradfahrers sieht. Auch wenn der sparsamste Seriendiesel von VW im Polo Blue-Motion auf 3,3 Liter kommt, war kein aktueller Motor genügsam genug für den L1. [...] Im Eco-Modus arbeitet die Maschine mit lediglich 27 PS. Erst wenn die Sporttaste gedrückt ist, stehen 39 PS bereit – und machen eine Höchstgeschwindigkeit von 160 km/h möglich.

Bis der L1 in Serie gehen könnte, müssen noch eine Fülle von Problemen gelöst werden. „Es ist eine gigantische Herausforderung, die Fertigung des Monocoque aus Karbon im Hinblick auf die Kosten in den Griff zu bekommen", sagt Entwicklungschef Hackenberg. Auch der Motor ist eine Neuentwicklung, ebenso das Fahrwerk und auch das Interieur hat keine Gemeinsamkeiten mit anderen VW-Modellen. Das gilt nicht zuletzt für den Tank, der kaum größer ist als ein Reservekanister. Trotzdem reicht das Zehn-Liter-Volumen bei einem Verbrauch von 1,49 Litern für fast 700 Kilometer.

Quelle: www.spiegel.de/auto/aktuell, abgerufen am 31.10.2009

2.2 Das Methodenrepertoire der Marketingforschung

Situation

Klaus M. Heidtkötter hat einen Bericht des Außendienstmitarbeiters Frank Leitner auf den Tisch bekommen. Der Report ist alarmierend:

> ... ist bei den 25 besuchten Geschäften der letzten Woche im Großraum Köln/Düsseldorf der gleiche Absatzrückgang bei den Leuchten der Produktgruppe Handelswaren zu vermerken wie schon bei den Besuchen im Großraum Berlin vor zwei Wochen und im Raum Hamburg/Flensburg. Die besuchten Händler haben keine eindeutige Erklärung für diese Tendenz. Aufgrund der geografischen Verteilung scheint es sich nicht um ein regionales Problem zu handeln, sondern um ein marktweites Phänomen.
> Ich halte es dringend für erforderlich, die Ursachen für den Absatzrückgang herauszufinden! ...

„Absatzrückgang? – Nicht gerade mein Lieblingswort!“, schimpft Klaus M. Heidtkötter vor sich hin. *„Die Frage ist, warum ...? Das muss sich doch herausfinden lassen!“*

Arbeitsaufträge

1. Verschaffen Sie sich einen Überblick über die unterschiedlichen Methoden der Marketingforschung. Nutzen Sie dazu den INFO-Teil.
2. Suchen Sie zu den unten stehenden Arbeitsmaterialien die passenden Methoden der Marketingforschung heraus und ordnen Sie diese den Materialien zu. Je Beispiel passen mehrere Methoden.
3. Benennen Sie zu jedem Beispiel, was Untersuchungsgegenstand ist und herausgefunden werden sollte. Begründen Sie die jeweilige Marketingforschungsmethode.
4. Welche Methoden empfehlen Sie der Heidtkötter KG, um Informationen über die von dem Außendienstmitarbeiter beschriebene Situation zu bekommen? Begründen Sie auch hier Ihre Antwort.

› INFO-Teil
› Arbeitshilfen (Beispiele)
› Situation

Arbeitshilfe 1

Eine Umfrage der *Bielefelder Zeitung* (Auszug):

Frage: Welche Stilmittel sind für Sie besonders wichtig, um Qualitätsjournalismus verständlich, attraktiv und klar zu präsentieren? (Mehrfachnennungen möglich)

- ☐ *Fotografie: Ein Bild sagt mehr als tausend Worte – und weckt Leselust.*
- ☐ *Vorschau: für schnelles Finden interessanter Themen.*
- ☐ *Anlese-Texte: für den raschen Einstieg in ein Thema.*
- ☐ *Artikelgliederung: für die schnelle Orientierung auf der Seite.*
- ☐ *Schriftbild: zur Differenzierung von Nachrichten und Kommentar.*
- ☐ *Infografik: für verständliche Erklärung komplexer Sachverhalte.*

Frage: Die Nachricht und der Kommentar dazu sind bei der *Bielefelder Zeitung* optisch und inhaltlich klar voneinander abgegrenzt. Wie denken Sie persönlich über Kommentare in der Zeitung?

- ☐ *Kommentare sind mir sehr wichtig, um mir eine Meinung zu bilden.*
- ☐ *Kommentare sind mir weniger wichtig. Eine Meinung habe ich selbst.*
- ☐ *Kommentar und Nachrichten haben für mich den gleichen Stellenwert.*
- ☐ *Ich finde es interessant, auch andere Meinungen kennenzulernen.*

→

Frage: Hier stellen wir Ihnen vier tägliche Ressorts der *Bielefelder Zeitung* vor. Sie stellen nur einen Teil des breiten Spektrums dar. Welcher dieser Themenbereiche interessiert Sie persönlich am meisten?

☐ *Politik* ☐ *Finanzmarkt* ☐ *Wirtschaft* ☐ *Feuilleton*

Frage: Die *Bielefelder Zeitung* zeichnet sich durch einige Besonderheiten aus. Welcher Aspekt ist für Sie besonders wichtig? (Mehrfachnennung möglich)

☐ *Die über eine Stiftung abgesicherte Unabhängigkeit des Herausgebergremiums.*

☐ *Eines der größten Korrespondentennetze aller deutschen Zeitungen. Das sichert gründliche Recherche.*

☐ *Zugriff zu einem der größten Pressearchive der Welt. Das garantiert fundiertes Hintergrundwissen.*

Arbeitshilfe 2

Blickaufzeichnung (Anzeige der Deutschen Post, Aufmerksamkeit von 450 Probanden)

1. Original	2. Blickpunkte	3. Hotspots	4. Areas of Interest
	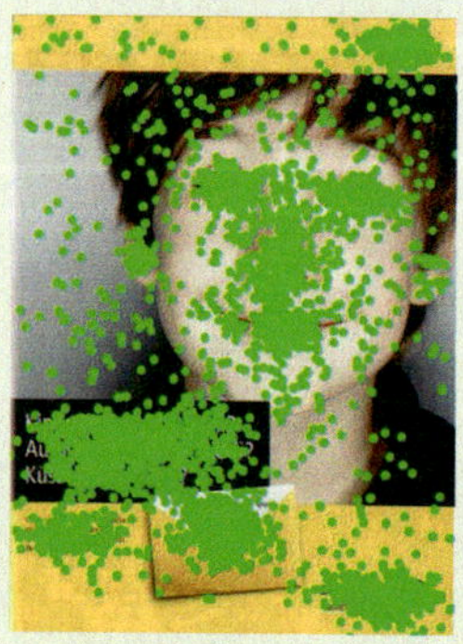	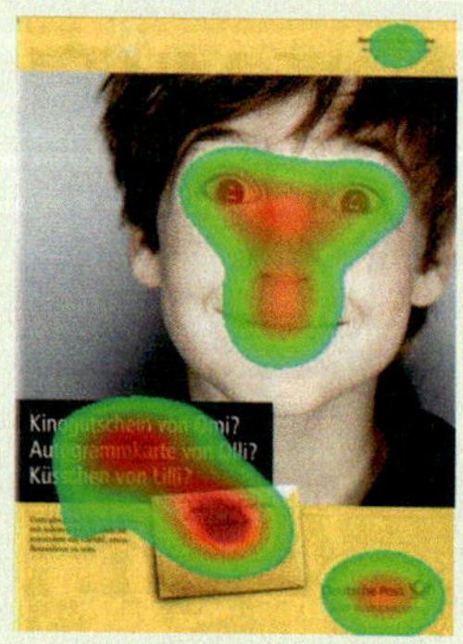	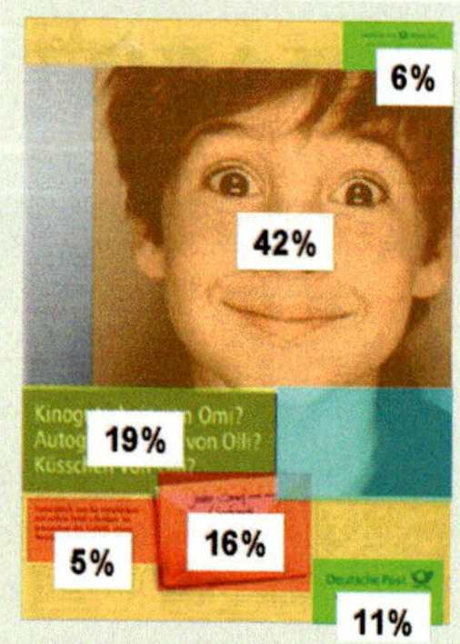
Wie stark wird das Gesicht beachtet? Wird die Marke übersehen? Wirkt die Schlagzeile genügend stark?	Jeder grüne Punkt entspricht einem Blickkontakt. Die Augen, die Nase und der Mund des Jungen werden stark beachtet.	Hotspots zeigen die stark beachteten Bereiche mit einem Farbcode.	Das Gesicht des Jungen wird mit 42 % am stärksten beachtet. Die Marke unten rechts wird mit 11 % nur schwach beachtet.

Arbeitshilfe 3

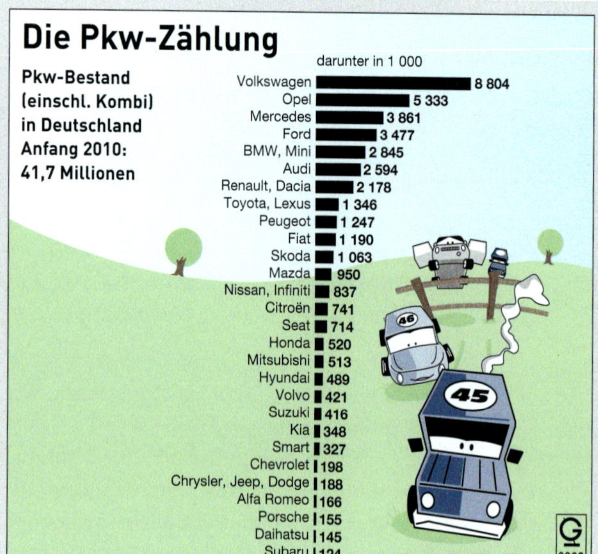

Arbeitshilfe 4

Auszug aus der Umsatzstatistik der Heidtkötter KG

Produkt	Umsatz im letzten Geschäftsjahr
Drehstühle	700.000,00 €
Konferenz- und Seminarstühle	1.200.000,00 €
Stehtische	450.000,00 €
Beistelltische	350.000,00 €
Systemtische	90.000,00 €
Falttische	3.200.000,00 €
Konferenztische	3.500.000,00 €

Arbeitshilfe 5

Kundenlaufrichtung durch einen SB-Supermarkt und hauptsächliche Blickrichtung der Kunden

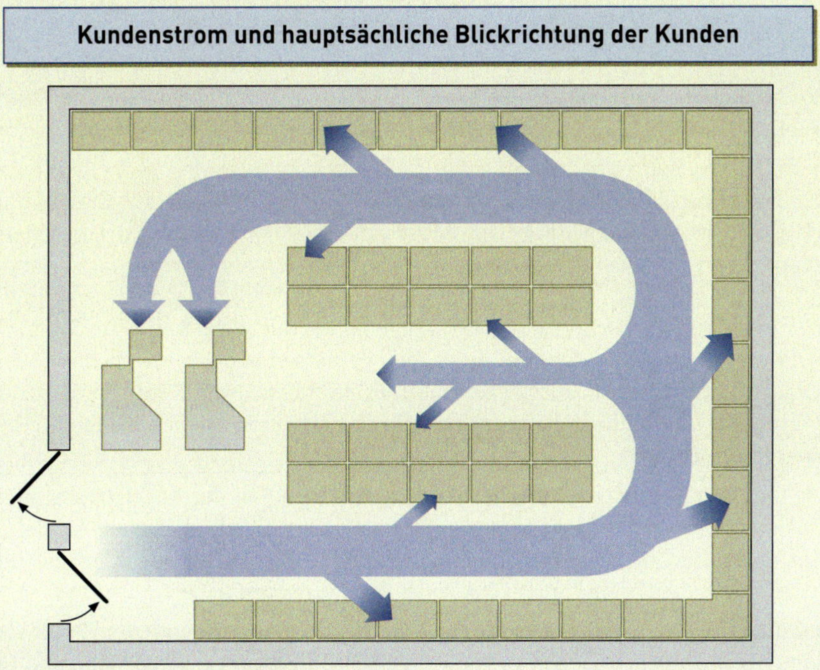

Arbeitshilfe 6

Haßloch

Größter deutscher Testmarkt – Haßloch

In einem pfälzischen Provinzort entscheiden die Verbraucher über die Einführung neuer Produkte. Der Testmarkt Haßloch ist genau deutscher Durchschnitt.

Nein, Haßloch muss man nicht kennen. Die pfälzische Gemeinde zwischen Rhein und Weinstraße – 13 km von Speyer und 23 km von Oggersheim entfernt – ist ein Ort wie tausend andere in Deutschland.

→

Es gibt fünf Kirchen, drei Friedhöfe, vier Banken, ein Heimatmuseum, eine Gemeindebücherei, einen Badepark, ein Sportzentrum, eine Freilichtbühne und eine Trimm-dich-Strecke. Auf dem Rathausplatz ist mittwochs und samstags Markt.

Haßloch ist so sehr deutscher Durchschnitt, dass es zum deutschen Mekka der Marktforscher und Marketingstrategen geworden ist. Wenn die wissen wollen, wie ein Produkt, eine Werbekampagne bei „Otto Normalverbraucher" ankommt, dann gehen sie nach Haßloch. Dort ist für sie Deutschland im Liliputformat.

Danach leben die meisten Deutschen der alten Bundesländer in Mehrpersonenhaushalten, eine normale Familie besteht aus 2,36 Personen. 65 % der Kleinkinder besuchen einen Kindergarten. Es gibt 9,8 Millionen Einpersonenhaushalte und 1,9 Millionen Alleinerziehende. Wer zur Miete wohnt, hat durchschnittlich 33 m^2 Platz für sich. Das verfügbare Einkommen eines Privathaushaltes beträgt 26.000,00 € jährlich. In dieser Zeit konsumiert jeder Bürger der alten Bundesländer – statistisch gesehen – 1 944 Zigaretten, 143 l Bier und 30 kg Zucker. Das passt alles auf die Haßlocher nahezu punktgenau. Auch ihre Bildung und Hobbys entsprechen der Norm.

Die GfK (Gesellschaft für Konsumforschung) hat hier 3 000 Haushalte angeworben und damit eine Art Panel gebildet. Die Testhaushalte haben Identifikationskarten mit Kennnummern, die sie beim Bezahlen ihrer Einkäufe in den größeren Haßlocher Geschäften (Aldi, Penny-Markt sowie zwei Supermärkte und ein Warenhaus) vorlegen. Scannerkassen ermöglichen dann eine artikelgenaue Erfassung von Verkäufen, Verkaufsanteilen und Umschlagsgeschwindigkeiten. Die Kennziffern weisen auch aus, welcher Haushalt was in welchen Mengen und wie oft eingekauft hat.

Die 3 000 Haushalte sind in zwei Stichproben unterteilt: 2 000 Hauhalte mit und 1 000 Haushalte ohne TV-Kabelanschluss. An den 2 000 verkabelten Fernsehern ist ein elektrisches Gerät (GfK-Box) angeschlossen. Ein komplettes Studio mitten in Haßloch ermöglicht es, die regulär ausgestrahlte Werbung der Fernsehsender unbemerkt mit Testwerbung gleicher Länge zu überblenden. Schon am Tag nach der Werbeausstrahlung kann in den Läden gemessen werden, wie sich die Werbung auf die „Kauflust" ausgewirkt hat. Darüber hinaus werden auch „normale" Wochenillustrierte (die die Haushalte kostenlos erhalten) mit geänderten Werbeanzeigen präpariert.

Die GfK honoriert das Mitmachen, indem sie einen Teil der Kabelgebühr trägt, Einkaufsgutscheine verlost und Gewinnspiele organisiert. Permanente Befragungen haben ergeben, dass die entsprechenden Haushalte ihre Kaufgewohnheiten durch die Einbindung in das Panel nicht verändert haben.

Bezahlt wird der ganze Aufwand von den Herstellern der getesteten Produkte. Ein mehrwöchiger Probelauf in Haßloch kostet zwischen ca. 50.000,00 € und ca. 100.000,00 €. Dieses ist jedoch wenig im Vergleich zu den Kosten einer bundesweiten Pleite mit einem neuen Artikel. Die kann leicht mehrstellige Millionenbeträge ausmachen. Und weil im Schnitt 85 von 100 Warenpremieren Flops sind, wurden die 3 000 Haßlocher Haushalte zu Vortestern der Nation. [...]

Quelle: www.abeq.de/cm/upload/Testmarkt_Hassloch.pdf, abgerufen am 15.05.2009

2.3
Was sagen die Daten, die schon vorliegen? – Sekundärforschung betreiben

Situation

Aufgrund der alarmierenden Informationen seiner Außendienstmitarbeiter wird Herr Heidtkötter nervös. Stimmt es wirklich, dass sich die Leuchten, die als Handelswaren von der Heidtkötter KG verkauft werden, zu einem Ladenhüter entwickeln? Was ist dran an den Aussagen der Händler, dass sich die Leuchten nicht mehr verkaufen lassen?
Klaus M. Heidtkötter bittet sein Team für den nächsten Morgen zu einem Gespräch. Die Mitarbeiter sollen alle notwendigen Materialien mitbringen, um die Problematik umfassend besprechen zu können.

Arbeitsaufträge

1. Werten Sie die Umsatzstatistik der Händler und die Verkaufszahlen der Handelswaren „Leuchten“ aus. Inwiefern unterstreichen die Daten die Aussagen der Außendienstmitarbeiter aus der Situationsbeschreibung von Kapitel 2.2?
2. Nennen Sie weitere Beispiele für Daten, die als Sekundärmaterial gelten und für die Besprechung noch herangezogen werden könnten.
3. Warum ist es sinnvoll, als Marketingforschung betreibendes Unternehmen zunächst auf Sekundärmaterial zurückzugreifen?
4. Nennen Sie Beispiele für Informationen, die nicht als Sekundärmaterial vorliegen, die aber als Besprechungsunterlagen interessant wären.

› Arbeitshilfen 1 und 2
› Situation
LF 10, Kap. 2.2

Arbeitshilfe 1

Auszug aus der Umsatzstatistik nach Händlern

Händler	Umsätze 1. Quartal (€)	Umsätze 2. Quartal (€)	Umsätze 3. Quartal (€)
Werner und Sander GmbH, Berlin	8.200,00	7.800,00	7.700,00
Bürohaus Wrede e. K., Berlin	2.300,00	2.100,00	1.700,00
Büro Beile KG, Düsseldorf	5.400,00	4.300,00	3.900,00
Dörr GmbH, Flensburg	14.900,00	12.400,00	10.500,00
Bürofix OHG, Hamburg	3.900,00	3.800,00	3.300,00
Büromöbel Emde e. K., Köln	18.400,00	17.000,00	15.200,00
Kirchhoff Möbel GmbH, Köln	22.300,00	21.200,00	19.900,00

Arbeitshilfe 2

Verkaufszahlen der Produktgruppe Leuchten

Produktgruppe Leuchten (Lieferant: Semester-Lampen GmbH, Porta Westfalica)	Absatz in Stück			
	1. Quartal	2. Quartal	3. Quartal	4. Quartal
Deckenfluter *semi*	87	65	40	37
Schreibtischlampe *medi*	420	312	240	190
Tischleuchte *dimi*	344	301	214	145
Pendelleuchte *dise*	123	99	43	49
Stehleuchte *sedi*	234	180	166	157

2.4 Neue Daten erheben durch Primärforschung – Die Durchführung einer Befragung

Situation Geschäftsführer Klaus M. Heidtkötter ist zwar beunruhigt über die zurückgehenden Absatzzahlen in der Produktgruppe Leuchten, aber er hat genug Erfahrung, um zu erkennen, dass dieser kleine Einbruch in einem Teilbereich des Sortimentes nicht gleich auf die gesamte Unternehmenssituation übertragbar ist. Dennoch beauftragt er seinen Marketingleiter, Herrn Hagenbruch, die Zufriedenheit der Kunden überprüfen zu lassen. So sollen weitere „Schwachpunkte" im Sortiment frühzeitig erkannt werden und auch andere Kriterien, wie etwa das Preisgefüge oder die Serviceleistungen der Heidtkötter KG, getestet werden. Florian Hagenbruch delegiert den Auftrag an seine Mitarbeiter weiter. Sie sollen einen Fragebogen erstellen, der an die wichtigsten Händler (Bürofachgeschäfte) und Großkunden, die als Endabnehmer direkt beliefert werden, zur Beantwortung geschickt werden soll.

Arbeitsaufträge

1. Bilden Sie Kleingruppen. Tragen Sie in einem Brainstorming/Brainwriting Ideen zusammen, welche Dinge in einer schriftlichen Befragung an die oben genannten Zielgruppen erfragt werden könnten.
2. Erstellen Sie den Fragebogen.

› Arbeitshilfen

- Richten Sie sich hierbei an die Vorgaben zum Aufbau eines Fragebogens (Arbeitshilfe 1).
- Wählen Sie jeweils passende Frageformen gemäß Arbeitshilfe 2.
- Vermeiden Sie Fragen, wie sie in Arbeitshilfe 3 beispielhaft angegeben sind.

Arbeitshilfe 1

Aufbau eines Fragebogens

1. **Einleitungstext**
   Zu Beginn des Fragebogens wird das Ziel der Befragung ganz kurz vorgestellt.
2. **Filterfrage**
   Als Erstes sollte eine Filterfrage gewählt werden. Sie filtert die Personen heraus, die zum Befragungsthema nichts sagen können. Das spart Zeit, Kosten und reduziert die Anzahl an unrealistischen Antworten.
   Beispiel: „Kennen Sie schon unsere neue Produktlinie ‚Chili-Schokolade'?"
3. **Eisbrecherfrage**
   Die Eisbrecherfrage soll dem Befragten die ersten Hemmungen nehmen und die Gesprächssituation auflockern.
   Beispiel: „Wie gefällt Ihnen das Geschmacksangebot unserer Schokolade im Allgemeinen?"
4. **Kernfragen**
   Hierbei handelt es sich um die eigentlichen Fragen zum Thema. Man unterscheidet dabei Fragen nach Fakten, Meinungen, Verhalten und Motiven.
   Beispiele: „Wann haben Sie zuletzt Ihr Büro neu eingerichtet?", „Wie kommen Sie mit dem Aufbau unseres neuen Kataloges zurecht?", „Halten Sie die Parkmöglichkeiten an unserem Geschäft für ausreichend oder für nicht ausreichend?"

5. **Statistikfragen**
Diese Fragen dienen dazu, Informationen über den Befragten herauszufinden. Sie werden am Schluss des Fragebogens gestellt, da dann die Befragten in der Regel auskunftsbereiter sind.
Beispiele: „Welchen Beruf üben Sie aus?", „Wie viel Geld steht Ihnen im Monat zur Verfügung?"
6. **Dank für die Teilnahme**
Am Ende des Fragebogens erfolgt eine Danksagung, um sich bei dem Befragten in guter Erinnerung zu halten.

Arbeitshilfe 2

Mögliche Frageformen für einen Fragebogen

Geschlossene Fragen:	Antwortmöglichkeit:	Frageform:
Essen Sie gerne Pizza?	☐ *Ja* ☐ *Nein*	**Ja/Nein-Frage**
Welche Art von Musik hören Sie gerne? Vergeben Sie Noten von 1 bis 5. (1 = sehr gern, 5 = sehr ungern)	Note 1 2 3 4 5 *Klassik* ☐ ☐ ☐ ☐ ☐ *Jazz* ☐ ☐ ☐ ☐ ☐ *Popmusik* ☐ ☐ ☐ ☐ ☐ *Rockmusik* ☐ ☐ ☐ ☐ ☐ *Schlager* ☐ ☐ ☐ ☐ ☐	**Zuordnungsfrage**
Wie finden Sie das Preis-Leistungs-Verhältnis?	☐ *angemessen* ☐ *unangemessen*	**Skalierungsfrage**
Ich fahre gerne mit der Bahn, weil ...	☐ *... ich mich dabei entspannen kann.* ☐ *... ich damit am schnellsten zu meinem Ziel gelange.* ☐ *... man hier immer neue Menschen kennenlernt.* ☐ *... ich die Zeit zum Lesen oder Arbeiten nutzen kann.*	**Alternativfrage**
Der Service der Hotline unseres Unternehmens ist ...	☐ *... ausgezeichnet.* ☐ *... gut.* ☐ *... zufriedenstellend.* ☐ *... ausreichend.* ☐ *... schlecht.*	**Beurteilungs-frage**
Der Kauf im Fachhandel erscheint mir sicherer als die Bestellung über das Internet.	☐ *Ich stimme voll zu.* ☐ *Ich stimme zu.* ☐ *Ich weiß nicht genau.* ☐ *Ich stimme eher nicht zu.* ☐ *Ich stimme überhaupt nicht zu.*	**Zustimmungs-frage**

Offene Fragen:	Frageform:
Welcher Artikel fehlt Ihnen in unserem Sortiment?	**Unstrukturierte Frage**
Bei der Auswahl eines Bürostuhls ist mir besonders wichtig, dass ...	**Ergänzungssatz**
Welches Wort fällt Ihnen bei folgenden Begriffen und Beispielen zuerst ein? *Bildschirmarbeitsplatz* .... *Konferenz* .... *FC Bayern München*	**Wortassoziation**

Arbeitshilfe 3

„Ungeeignete“ Fragen für einen Fragebogen

1. *Wie hoch wird Ihr diesjähriges Jahresnettoeinkommen sein?*
   - Die meisten Menschen möchten hierüber keine Auskunft geben.
   - Im Verlauf des Jahres lässt sich das aktuelle Jahresnettoeinkommen nur ungenau schätzen.
   - Als statistische Frage am Ende eines Fragebogens ist die Frage erlaubt, aber nicht in dieser Formulierung.
2. *Fahren Sie eher viel mit dem Auto oder eher nicht so viel?*
   - Die Abfrage ist sehr ungenau. Daher fällt eine Zuordnung zu der einen oder anderen Kategorie schwer. Ein Ergebnis – wenn es denn zustande kommt – ist wenig hilfreich, weil sich die Begriffe „viel“ und „nicht so viel“ nicht quantifizieren lassen.
3. *Wie häufig haben Sie in dieser Woche Werbeanzeigen von Autoherstellern in Zeitschriften gesehen?*
   - Darauf wird kaum jemand eine zutreffende Antwort geben können, weil eine Erinnerung an so etwas Spezielles sehr unwahrscheinlich ist.

Vertiefende Übungen

› INFO-Teil LF 10, Kap. 2.2

1. Ordnen Sie den im INFO-Teil in Kapitel 2.2 genannten Begriffen zur Marketingforschung die folgenden Beispiele zu:
   a) *In einem Supermarkt wird beobachtet, wie die Kunden auf eine neue Verpackung eines Getränkes reagieren.*
   b) *Ein Unternehmen wertet die GuV-Rechnung aus.*
   c) *In einer Fußgängerzone werden Passanten zur Gestaltung der Fußgängerzone und dem Angebot an Einzelhandelsgeschäften befragt.*
   d) *Eine bestimmte Anzahl von Einwohnern der Stadt Duisburg wird im Abstand von jeweils drei Monaten zu ihren Einkaufsgewohnheiten befragt.*
   e) *In einem neutralen Raum wird durch verschiedene Menschen der neue Geschmack eines Schokoriegels getestet.*
2. Handelt es sich bei den folgenden Beispielen um betriebsinterne oder um betriebsexterne Daten?
   a) *Bericht eines Außendienstmitarbeiters*
   b) *Lagerstatistik*
   c) *Veröffentlichung der IHK zum Thema „Der Einzelhandel in Duisburg“*
   d) *Gewinn- und Verlustrechnung*
   e) *Kataloge der Konkurrenzunternehmen*
   f) *Absatzstatistik*
3. a) Welche Arten von Befragung unterscheidet man?
   b) Aus welchen fünf Abschnitten ist ein Fragebogen aufgebaut?
   › Arbeitshilfe 1
   c) Unterscheiden Sie die Begriffe „Filterfrage“ und „Eisbrecherfrage“.
   d) Unterscheiden Sie die Begriffe „Kernfrage“ und „Statistikfrage“.
   e) Worin besteht der Unterschied zwischen einer offenen Frage und den anderen Frageformen der in Arbeitshilfe 1 gezeigten Tabelle?

4. Lösen Sie das Rätsel zur Marketingforschung in Ihrem Arbeitsheft.

› **Arbeitsheft**

1. erstmalige Erhebung von Daten
2. Sie dient zur Verbesserung des Befragungsklimas.
3. Ermittlung von Daten im persönlichen Gespräch
4. Befragung als laufende Beobachtung einer festen Gruppe
5. Untersuchung von Ursache-Wirkungs-Zusammenhängen
6. Testmarkt in der pfälzischen Provinz
7. Auf diese Frage gibt es keine vorgegebene Antwortmöglichkeit.
8. In ausgewählten Geschäften wird ein Produkt probehalber zum Verkauf angeboten.
9. Hier findet man Daten wie die Umsatzstatistik, den Bericht des Außendienstmitarbeiters usw.
10. Teilbereich der Marktforschung
11. Bei der ... Befragung besteht die Gefahr, dass der Interviewer den Befragten durch seine Anwesenheit beeinflusst.
12. So bekommt man heraus, wie lange Kunden sich in einem Geschäft aufhalten.
13. Auf dem ... ist das Angebot groß und die Nachfrage gering – das freut den Kunden.
14. Auswertung von schon vorhandenen Informationen zu Marktforschungszwecken.

Hinweis:
ß wird zu ss
ä, ü, ö werden **nicht** zu ae, ue, oe

Die umrahmten Buchstaben ergeben in der richtigen Reihenfolge das Lösungswort:

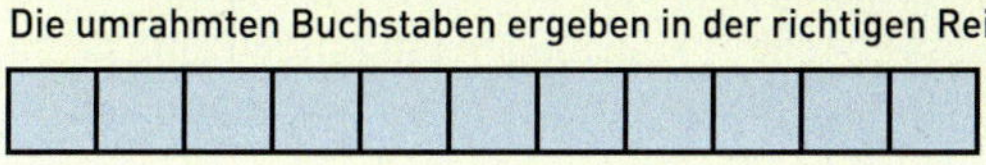

5. Finden Sie die Schwachstellen in dem folgenden Fragebogen einer Zeitschrift für „Wohnen, Leben und Architektur".

Liebe Leser, wir legen sehr viel Wert auf Ihre Meinung! Daher führen wir von Zeit zu Zeit Leser-Befragungen durch, damit wir durch Ihr Feedback die Möglichkeit haben, Sie besser kennenzulernen und unsere Zeitschrift für Sie attraktiv und spannend zu gestalten.

1. **Geschlecht** ❑ weiblich ❑ männlich
2. **Alter & Co.:** ❑ unter 25 ❑ 25–29 ❑ 30–34
   ❑ 35–39 ❑ 40–44 ❑ älter als 45
   ❑ verheiratet ❑ ledig ❑ ___ Kinder
3. **Ich habe folgende Ausbildung durchlaufen:**
   ❑ Realschule ❑ Abitur ❑ Gesamtschule
   ❑ Lehre ❑ Studium
4. **Ich arbeite als:**
   ❑ Angestellte/-r ❑ Leit. Angestellte/-r ❑ Selbstständige/-r
   ❑ Student/-in ❑ Akademiker/-in
5. **Und bin in der ____________________-Branche tätig.**
6. **Ich verfüge über ein monatliches Haushalts-Netto-Einkommen von:**
   ❑ bis 2.000,00 € ❑ 4.000,00–5.000,00 €
   ❑ 2.000,00–3.000,00 € ❑ über 5.000,00 €
   ❑ 3.000,00–4.000,00 €
7. **In meinem Haushalt leben ____ Personen.**
8. **Ich wohne in:** ❑ einer Wohnung ❑ gekauft
   ❑ gemietet
   ❑ einem Haus ❑ gekauft
   ❑ gemietet
9. **Ich habe ____ m² Wohnfläche und ____ Zimmer zur Verfügung.**

→

10. Außerdem besitze ich einen Computer:
❑ Apple ❑ PC ❑ Notebook
und gehe damit ins Internet per
❑ Modem ❑ ISDN ❑ DSL

11. Hauptsächlich beschäftige ich mich dann mit:
❑ E-Mailen ❑ Surfen ❑ Shopping
❑ Spielen ❑ Informationen

12. Zum Telefonieren besitze ich ____ Handys, meine Lieblingsmarke ist ____________________ und ich nutze folgende Anbieter:
❑ Vodafone ❑ T-Mobile ❑ E-Plus
❑ O_2 ❑ andere
Mein Telefonverhalten kann ich folgendermaßen beschreiben:
❑ Vieltelefonierer ❑ Normaltelefonierer ❑ Wenigtelefonierer
Außerdem nutze ich mit dem Handy mobile Datendienste wie:
❑ WAP ❑ i-Mode ❑ E-Mails
❑ mobile Internet-Verbindung ❑ SMS

13. Wie stark ist Ihr Interesse an Consumer Electronics wie DigiCams, PDAs, etc. (Note 1 bis 6): ______________

14. Ich habe ____ Autos der Marke(n) __________________ in meinem Haushalt und mag als Auto-Typ am liebsten:
❑ Sportwagen ❑ Geländewagen ❑ Kombis/Vans
❑ Luxuswagen ❑ Limousinen ❑ Kleinwagen

15. Ich habe ____ Fernseher der Marke(n) __________________
und schaue ca. _____ Stunden pro Tag, vorzugsweise
________________ (Sender).
Ich habe einen DVD-Player der Marke __________________
und meine Wunsch-Hi-Fi-Anlage ist von der Firma
____________________.

16. Bitte bewerten Sie die folgenden Bereiche Ihres Wohnumfeldes nach persönlichen Vorlieben (Note 1 bis 6):
___ Schlafzimmer ___ Küche ___ Wohnzimmer
___ Bad ___ Esszimmer ___ Garten
___ Büro

17. Ich reise ca. ____ Mal im Jahr und überwiegend nach:
❑ Fernziele ❑ Europa ❑ Deutschland
❑ Umland per: ❑ Flugzeug ❑ Auto
❑ Bahn ❑ Schiff

18. Einen Großteil meines Einkommens gebe ich aus für:
❑ Kleidung ❑ Einrichtung ❑ Kunst
❑ Ernährung ❑ Kosmetik ❑ Nightlife (Bars, Clubs etc.)
❑ Mobilität ❑ Technik ❑ ____________

19. Wie wichtig sind Ihnen folgende Dinge für Ihre Lebensqualität (Note 1 bis 6)?
___ Design ___ Wohnen ___ Einrichtung
___ Freizeit ___ Aussehen ___ Musik
___ Kino ___ Kunst ___ Auto
___ Wissen ___ Geld ___ Technik
___ Ernährung ___ Gesundheit ___ Fitness
___ Reisen ___ Kosmetik

20. Wie viel geben Sie im Monat für Beauty-Pflege aus?
❑ bis 50,00 € ❑ bis 75,00 € ❑ über 100,00 €

21. Welche Einrichtungsgegenstände reizen Sie am meisten und immer wieder?
____

22. Wie viel Wert legen Sie auf Ihr äußeres Erscheinungsbild?
❑ sehr großen ❑ durchschnittlich ❑ eher wenig

A. Wie häufig kaufen Sie dieses Magazin?
❑ immer ❑ öfter ❑ selten
❑ Abo

B. Mit wie vielen Menschen teilen Sie Ihre Ausgabe?
❑ 1 ❑ 2 ❑ 3 ❑ 4 ❑ mehr ❑ niemand

C. Wo beschäftigen Sie sich am liebsten mit diesem Magazin?
❑ zu Hause ❑ unterwegs ❑ ______________

D. Aus welchem Grund kaufen Sie dieses Magazin?
❑ Cover ❑ Gewohnheit ❑ konkretes Thema/Rubrik
❑ Fotos ❑ Specials (CDs/Guides)
❑ Storys ❑ __________________

E. Sind Sie mit den Themen ❑ Design, ❑ Architektur und ❑ Lifestyle eng verbunden oder haben Sie eher einen ❑ Unterhaltungswert für Sie?
____

F. Wie gefällt Ihnen das Design des Magazins?
❑ sehr ansprechend ❑ ansprechend
❑ neutral ❑ eher enttäuschend, weil:
____

G. Und der Inhalt samt redaktioneller Qualität (Note 1 bis 6):
___ Inhalt ___ redaktionelle Qualität
___ Fotos/Bilder

H. Bewerten Sie die einzelnen Rubriken (Note 1 bis 6):
___ Wohnen ___ Media ___ Essen+Trinken
___ Architektur ___ Mobil

I. Wünschenswerte Verbesserungen:
____

6. Um die Befragung als Methode mit all ihren Haken und Ösen kennenzulernen, bietet es sich an, mit einem selbst erstellten Fragebogen tatsächlich eine Befragung durchzuführen, die gesammelten Ergebnisse auszuwerten und darzustellen.
   a) Überlegen Sie sich Beispiele und Themengebiete für eine Befragung der Schüler Ihrer Schule. (Beispiele: Schulcafeteria, Schulhofgestaltung, ...)
   b) Entscheiden Sie sich in der Klasse für ein Themengebiet.
   c) Entwerfen Sie in Kleingruppen je einen Fragebogen zu diesem Themengebiet.
   d) Präsentieren Sie Ihre Fragebögen dem Plenum. Ziehen Sie aus allen Varianten die Ihrer Meinung nach besten Ergebnisse zu den einzelnen Abschnitten eines Fragebogens und stellen Sie so einen Fragebogen zu dem Thema aus b) für alle zusammen.
   e) Führen Sie die Befragung durch. Werten Sie die Ergebnisse aus, bereiten Sie die Daten ansehnlich auf und veröffentlichen Sie die Daten in der Schule.

› **Arbeitshilfe 6 auf Seite 25 f.**

7. a) Erläutern Sie kurz, was man unter einem Panel versteht.
   b) Nennen Sie die Gründe, warum sich der hessische Ort Haßloch als Panel besonders gut eignet.
   c) Zeigen Sie an Beispielen aus dem Text, aber auch an Ihnen praktikabel erscheinenden Beispielen, wie man das Panel „Haßloch“ als Konsumgüterhersteller nutzen kann.
   d) Begründen Sie, warum Unternehmen ihre Produkte häufig vor Markteinführung in einem Testmarkt wie Haßloch „ausprobieren“.

3 Marketinginstrumente einsetzen und Einfluss auf die Marktbedingungen nehmen

Ausgangslage

Mit der Produktinnovation des *communicTable* hat die Heidtkötter KG den Versuch gestartet, die schwindenden Marktanteile der Produktgruppe Systeme zurückzugewinnen. Alle Hoffnungen, den Wettbewerbsnachteil gegenüber der Konkurrenz auszugleichen, weil man so lange mit einer Innovation gewartet hat, liegen im *communicTable*.

Jetzt ist es Aufgabe der Abteilungen Absatz bzw. Marketing, den Tisch auch zu verkaufen. Jetzt ...? – Nein. Würde die Marketingabteilung erst jetzt beginnen, sich mit diesem Produkt zu beschäftigen, wäre wertvolle Zeit verloren gegangen und die ersten *communicTable* würden für das Lager produziert werden.

Natürlich befassen sich die Verkaufs- und Marketingstrategen schon seit Langem mit der Vermarktung des Tisches. Und auch schon vorher haben sie durch intensive Marketingforschung herausgefunden, ob dieses Produkt überhaupt Abnehmer finden kann, welche besonderen Wünsche die potenziellen Abnehmer an den Tisch haben, was die Konkurrenz im entsprechenden Segment bisher geleistet hat und wodurch man sich von ihr durch bessere und zusätzliche Leistungen abheben kann.

Tatsache ist, dass es ohne die Marketingabteilung den *communicTable* gar nicht geben würde. Nun muss die Arbeit der Verkaufsstrategen weitergehen: Das Produkt muss in all seinen Facetten, Ergänzungen und Zusätzen in das Sortiment eingepasst werden. Es muss der richtige Preis für den jeweiligen Markt gefunden werden, der Vertriebsweg muss feststehen, die Kunden müssen vom *communicTable* erfahren. Und all diese Entscheidungen müssen auch noch aufeinander abgestimmt werden.

Sie werden nun diese Arbeitsbereiche des Marketings kennenlernen, nicht nur allein für den *communicTable*, sondern auch anhand weiterer Spannungsfelder der anderen Sortimentsbereiche in der Heidtkötter KG.

Lernziele

Nachdem Sie dieses Kapitel durchgearbeitet haben, können Sie ...

- **aus dem Produktlebenszyklus beispielhaft den Einsatz der verschiedenen Marketinginstrumente herleiten,**
- **die Instrumente der Produktpolitik benennen und ihre Möglichkeiten einschätzen,**
- **Einflussfaktoren auf die Preisgestaltung berücksichtigen und Verkaufspreise kalkulieren,**
- **Vertriebswege aufzeigen und unter den verschiedenen Absatzorganen begründet auswählen,**
- **die Instrumente der Kommunikationspolitik unterscheiden und ihre Einsatzmöglichkeiten einschätzen,**
- **den Erfolg von Marketingplanungen und -maßnahmen beurteilen,**
- **Kundenaufträge bearbeiten und**
- **Kaufvertragsstörungen auf der Absatzseite rechtlich beurteilen und abwickeln.**

3.1
Überblick: Ansatzpunkte der Marketinginstrumente am Beispiel des Produktlebenszyklus

Situation

Klaus M. Heidtkötter liegen noch immer die Umsatzzahlen der Produktgruppe Sonderlösungen und deren Verlauf vor (vgl. Band 1, LF 5, Kapitel 1.3.1). Die Umsatzkurve entspricht dabei nahezu dem idealtypischen Produktlebenszyklus.

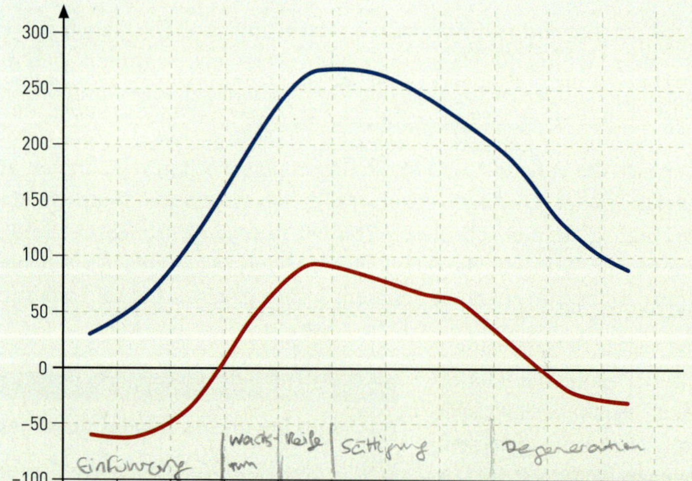

	1/01	6/01	1/02	6/02	1/03	6/03	1/04	6/04	1/05	6/05	1/06
Umsatz in T€	30	60	120	200	260	265	250	220	180	120	90
Gewinn in T€	-60	-60	-30	40	90	85	70	55	15	-20	-30

Arbeitsaufträge

1. Rufen Sie sich zum Verlauf des Produktlebenszyklus die einzelnen Phasen in Erinnerung. Benennen Sie anhand obiger Grafik die ungefähren Zeitabschnitte, die die jeweiligen Phasen umfassen.
2. Begründen Sie den Verlauf der Gewinnkurve.
3. Aus Sicht der Heidtkötter KG wäre spätestens ab Ende des 1. Halbjahres 05 ein anderer Verlauf der Umsatz- und Gewinnkurve vorteilhaft. Zeichnen Sie einen wünschenswerten Verlauf der Kurve für die kommenden Monate.

› **Arbeitsheft**

4. Was glauben Sie: Wie versucht die Heidtkötter KG, diesen wünschenswerten Verlauf zu realisieren? Begründen Sie Ihre Entscheidung.
5. Nennen Sie weitere Möglichkeiten, die Umsatzzahlen anzuheben und so einen Umschwung im Kurvenverlauf zu erzeugen.
6. Klaus M. Heidtkötter weiß, dass Einzelmaßnahmen oft nicht ausreichen. Überlegen Sie, ob sich Maßnahmen, die Sie in Auftrag 4 bzw. 5 gefunden haben, sinnvoll kombinieren lassen.

3.2
Produkt- und Sortimentspolitik

3.2.1
Produkt- und Sortimentsgestaltung unter Zuhilfenahme der vier produktpolitischen Instrumente

Situation

Die ersten *communicTable* sind produziert und ausgeliefert, das Produkt befindet sich in der Einführungsphase seines Lebenszyklus. Obwohl die Marketingabteilung und deren Leiter sich im Moment nicht über zu wenig Beschäftigung beschweren können, ruft Herr Heidtkötter seine Verkaufsexperten zu einer Besprechung zusammen. *„Meine Herren“*, sagt er nach einer kurzen Begrüßung, *„die Vorbestellungen für den ‚communicTable‘ sind vielversprechend. Aber selbst wenn wir fleißig weiter die Werbetrommel rühren und unsere Außendienstmitarbeiter noch so gut sind, irgendwann kommt der Punkt, da müssen wir an dem ‚communicTable‘ Veränderungen vornehmen, um ihn für die Kunden weiter attraktiv zu halten. Wir müssen der Zeit voraus sein und in die Zukunft denken: Was machen wir, wenn die Absatzzahlen stagnieren oder gar zurückgehen? Natürlich werden wir das Produkt verändern und verbessern!“*
„Genau“, mischt sich Florian Hagenbruch ein, *„aber wenn wir über Produktmodifikationen beim ‚communicTable‘ nachdenken, dann müssen wir auch gleich ein weiteres Produkt mit bedenken, denn mit diesem Tisch verkaufen wir jetzt auch verstärkt den ‚seand‘, die Sitz- und Stehhilfe. Der ist schließlich schon seit zig Jahren am Markt und da sind auch einige Ideen für eine Produktveränderung willkommen.“*
„In Ordnung“, nickt Heidtkötter, *„an die Arbeit!“*

Arbeitsaufträge

1. Bilden Sie Arbeitsgruppen. Stellen Sie Überlegungen an, welche Produktmodifikationen an den Artikeln *communicTable* und *seand* möglich wären. Machen Sie sich entsprechende Notizen und präsentieren Sie Ihr Ergebnis Ihren Mitschülern und Mitschülerinnen. Nutzen Sie für erste Denkanstöße die Arbeitshilfen 1 bis 3.
2. Welche produktpolitischen Instrumente kommen bei der Heidtkötter KG außerdem noch zum Einsatz? Schauen Sie sich hierzu die Arbeitshilfen 4 und 5 an.

Arbeitshilfe 1

seand: die Sitz-/Stehhilfe

communicTable

Arbeitshilfe 2

Produktentwurf für einen „kleinen *communicTable*“

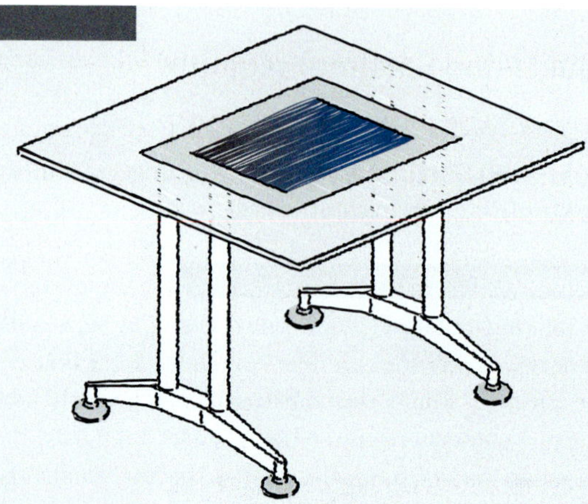

Arbeitshilfe 3

Werbetext eines Konkurrenten der Heidtkötter KG auf dessen Homepage:

Stühle, die passend auf ihren Besitzer zugeschnitten sind.
Denn sie tragen ein Polster **ganz nach Ihren Wünschen**:

- Mit dem Logo des Lieblingsfußballvereins oder der Lieblingsband!
- Mit dem Foto der Freundin oder einer schönen Landschaft!
- Oder natürlich auch mit dem Schriftzug Ihres Unternehmens!

Exklusiv in Deutschland, nur bei uns: **D. Kobbeloer Büromöbel OHG, Kassel**

Arbeitshilfe 4

Sortiment der Heidtkötter KG

Produktgruppen				Handelswaren
Bürotische BT	Bürostühle BS	Konferenzsysteme KS	Sonderlösungen SL	Bodenbeläge Leuchten

Arbeitshilfe 5

Absatzzahlen des Bürostuhls *isus*

	Jahr 1				Jahr 2				Jahr 3 ...	
Monate	1. Quartal	2. Quartal	3. Quartal	4. Quartal	1. Quartal	2. Quartal	3. Quartal	4. Quartal	1. Quartal	2. Quartal
Absatz in Stück	75	92	149	251	284	276	243	192	141	112

	... Jahr 3		Jahr 4				Jahr 5			
Monate	3. Quartal	4. Quartal	1. Quartal	2. Quartal	3. Quartal	4. Quartal	1. Quartal	2. Quartal	3. Quartal	4. Quartal
Absatz in Stück	67	56	32	14	13	17	5	0	0	0

3.2.2
Mehr als nur ein Name – Marken und Markenstrategien

Situation

David Krone durfte bei der Besprechung des Marketingteams zum *communicTable* und zum *seand* dabei sein. Beim Brainstorming konnte er seine Kreativität beweisen und ein paar sinnvolle Vorschläge einbringen. Aufgrund dieser spannenden Erfahrung schäumt er nun vor Eifer geradezu über. *„Herr Hagenbruch, ich wollte Ihnen noch sagen, dass ich mit der Namensgebung vom ‚communicTable' gar nicht einverstanden bin. Ich meine, das kann sich doch keiner merken. Warum nehmen wir nicht etwas Griffiges, etwas, das die Leute sich auch merken können, so wie ‚Snickers' oder ‚Coca-Cola'. Haben Sie gesehen, was diese Namen wert sind?" „‚Snickers'?"*, fragt Florian Hagenbruch ungläubig, *„wir produzieren doch keine Schokoriegel! Und ‚Coca-Cola' ist auch nur ein Produktname. Was du meinst, sind Marken."*

Arbeitsaufträge

1. Was unterscheidet einen Produktnamen von einer Marke? › INFO-Teil
2. Schauen Sie sich das Ranking der wertvollsten Marken an. Um welche Art von Marke handelt es sich im Wesentlichen? › Arbeitshilfe
3. Was ist eine Marke wert? Begründen Sie, warum die genannten Marken des Rankings mit so viel Geld bewertet werden.
4. Der *communicTable* ist als Produktinnovation natürlich mit einem neuen, eigenen Namen ausgestattet worden. Argumentieren Sie auf Basis des Textes im INFO-Teil, › INFO-Teil LF 10, Kap. 3.2.2
   a) ob es sich damit automatisch um eine Marke handelt und
   b) welche Markenarten Sie für die Heidtkötter KG empfehlen würden.

Arbeitshilfe

Best Global Brands
Wertvolle Marken: Coca-Cola weiterhin auf Platz 1, Mercedes-Benz bleibt wertvollste deutsche Marke mit Rang 12 weltweit.

Die Spitzengruppe der Top 10 der weltweit wertvollsten Marken zeigt sich in diesem Jahr so stabil wie nie und bleibt in ihrer Zusammensetzung fast unverändert, abgesehen vom Ausscheiden der letzten europäischen Marke – *Nokia* – aus der Elitetruppe und *Apples* Vorstoß auf Platz 8. Nummer 1 ist und bleibt *Coca-Cola*. Der Markenwert des Getränkeherstellers beträgt 71,86 Mrd. US-Dollar. Auf den Plätzen 2 und 3 rangieren wie im vergangenen Jahr der amerikanische Computerhersteller *IBM* und die Softwareschmiede *Microsoft*. „Dass sich in der Top-10-Spitzengruppe des Rankings seit Jahren mehr oder weniger stets dieselben Namen finden, erklärt sich dadurch, dass Markenwerte deutlich weniger im Wert schwanken als andere Wirtschaftsgüter", so Nik Stucky, Global Practice Leader Brand Valuation bei Interbrand.

2011 rankings						
Rank 2011	**Rank 2010**	**Brand**	**Region/Land**	**Sector**	**Brand Value ($m)**	**Change in Brand Value**
1	1	Coca-Cola	United States	Beverages	71,861	2 %
2	2	IBM	United States	Business Services	69,905	8 %
3	3	Microsoft	United States	Computer Software	59,087	- 3 %
4	4	Google	United States	Internet Services	55,317	27 %
5	5	Generel Electric	United States	Diversified	42,808	0 %
6	6	McDonald's	United States	Restaurants	35,593	6 %
7	7	Intel	United States	Electronics	35,217	10 %
8	17	Apple	United States	Electronics	33,492	58 %
9	9	Disney	United States	Media	29,018	1 %
10	10	Hewlett Packard	United States	Electronics	28,479	6 %
11	11	Toyota	Japan	Automotive	27,764	6 %
12	12	Mercedes-Benz	Deutschland	Automotive	27,445	9 %

Quelle: www.interbrand.com/best-global-brands, abgerufen am 15.07.2012

Vertiefende Übungen

› Arbeitsheft

1. Finden Sie mithilfe einer Internetrecherche Beispiele zu den Maßnahmen der Produktpolitik für die folgenden Firmen bzw. Produkte:

	Volkswagen	Coca-Cola	Nivea
P-Differenzierung			
P-Variation			
P-Innovation			
S-Verbreiterung			
S-Vertiefung			

ARBEITSHEFT

2. Zeigen Sie anhand des Ausschnittes des Internetauftrittes der Yamaha Corporation auf, welche produktpolitischen Maßnahmen sich erkennen lassen.

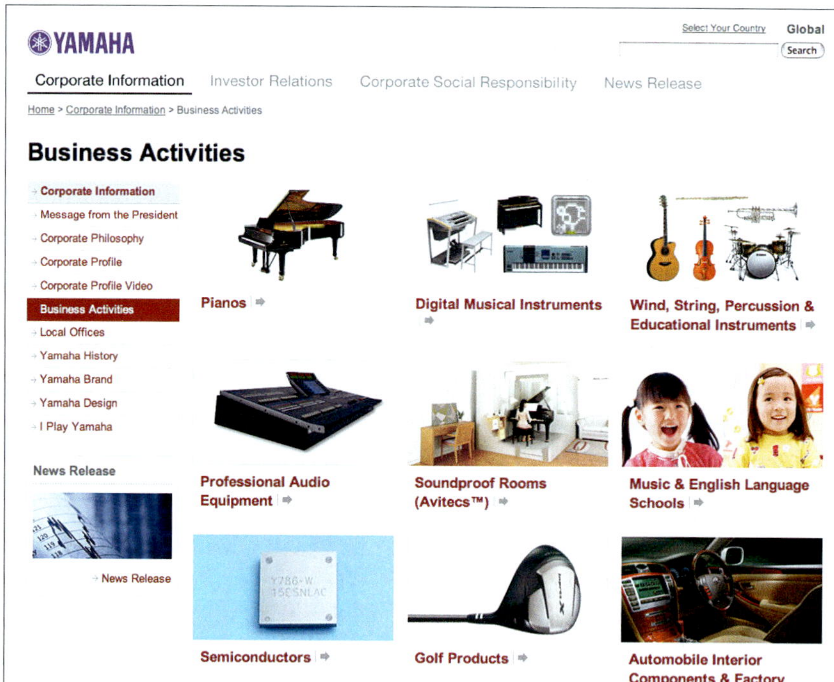

Quelle:
www.yamaha.com/about_yamaha/corporate/business/index.html
abgerufen am 15.07.2012

3. a) Nennen Sie Produktinnovationen aus den letzten 10 bis 15 Jahren.
   b) Welche Beispiele für Produkteliminationen sind Ihnen bekannt?

4. a) Beschreiben Sie die fünf Phasen des idealtypischen Produktlebenszyklus.
   b) Erläutern Sie kurz die Besonderheiten der Lebenszyklen von Produkten,
      - die als „Flop“ am Markt gescheitert sind oder
      - die sich „seit Ewigkeiten“ am Markt halten.

      Finden Sie reale Beispiele für diese Produkte.
   c) Welche Schlüsse lassen sich aus dem Konzept des Produktlebenszyklus ziehen?

5. a) Grenzen Sie Grundnutzen und Zusatznutzen voneinander ab.
   b) Suchen Sie sich drei Produktbeispiele und zeigen Sie daran den Grund- und den Zusatznutzen auf, den diese stiften.

6. a) Erläutern Sie Gründe, die für eine Elimination von Produkten aus dem Programm sprechen.
   b) Wann sollte man sich für eine Produktelimination entscheiden? (Kriterien)
   c) Nennen Sie Gründe, die gegen eine Produktelimination sprechen, obwohl die von Ihnen aufgezählten Kriterien in Aufgabenteil b) dafür sprechen.

7. Ein Büromöbelhersteller verkauft in einer neuen Produktreihe günstig importierte Bürostühle aus Fernost unter seinem Namen und mit seinem Firmenzeichen. Einen Monat nach Auslieferung der ersten Stühle an den Bürofachhandel erreicht das Unternehmen ein Schreiben einer Anwaltskanzlei, die in diesem beschreibt, wie ihr Klient (eine Privatperson) einen Oberschenkelhalsbruch erlitten hat, weil einer der Stühle unter ihm zusammengebrochen ist. Nach Meinung der Anwaltskanzlei und einem beiliegenden Gutachten wurde die Sitzfläche des entsprechenden Bürostuhls mit zu schwachen Schrauben fixiert.
   a) Klären Sie, ob in diesem Falle das Produkthaftungsgesetz greift.
   b) Wie sieht die Beweislage aus?
   c) Erläutern Sie, wer für den Schaden haften muss.
   d) Zeigen Sie auf, worin die Haftung liegt.
   e) Innerhalb welcher Frist ist die Haftung verjährt, wenn der Büromöbelhersteller aufgrund des Vorfalls den Abverkauf stoppt und die fehlerhaften verkauften Produkte zurückholt, allerdings noch Stühle bei nicht zu identifizierenden Abnehmern verbleiben?

8. a) Es gibt verschiedene Faktoren, die eine Marke ausmachen. Finden Sie drei unterschiedliche Marken und zeigen Sie anhand dieser Faktoren, dass es sich tatsächlich um Marken und nicht nur um die Namen von Produkten handelt.
   b) Mit Marken werden bestimmte Eigenschaften, Einstellungen und Nutzenvorstellungen verbunden. Zeigen Sie dies an den von Ihnen in Aufgabenteil a) ausgewählten Marken.
   c) Erläutern Sie den Begriff „Lizenzmarke“.
   d) Zeigen Sie am Sortiment bzw. an einzelnen Produkten der Heidtkötter KG auf, wo das Lizenzieren von Markennamen interessant sein könnte.
   e) Finden Sie Beispiele für Monomarken, Sortimentsmarken, Dach-/Firmenmarken und Markenfamilien.
   f) Auf Einzelmarken bzw. auf Dach-/Firmenmarken zu setzen, sind zwei sehr gegensätzliche Strategien. Nennen Sie Gründe, die für die jeweilige Strategie sprechen.

9. Stellen Sie sich vor, die Heidtkötter KG würde eine Produktlinie von Büromöbeln unter dem Anspruch der besonderen Umweltverträglichkeit bzw. der Nachhaltigkeit planen.
   a) Nennen Sie die produktpolitischen Maßnahmen, die mit dieser Planung verknüpft sind.
   b) Begründen Sie, um welche Art von Diversifikation es sich handelt.
   c) Um welche sortimentspolitische Maßnahme handelt es sich bei diesem Vorhaben?
   d) Finden Sie eine geeignete Markenstrategie für die neue Reihe und begründen Sie diese. Nennen Sie auch Markennamen, die in das Konzept passen, wie die Heidtkötter KG Namen für ihre Produkte vergibt.
   e) Zeigen Sie auf, was die Heidtkötter KG beachten muss, damit sich der Name der neuen Produktlinie tatsächlich zu einer Marke entwickelt.

3.3 Preispolitik

3.3.1 Den Verkaufspreis für ein Produkt festlegen – Einflussfaktoren auf die Preisbildung

Situation

Natürlich ist der *communicTable* nicht die einzige Produktinnovation, die zurzeit in der Heidtkötter KG geplant und umgesetzt wird. Zum Beispiel ist ein besonderer Stuhl in der Entwicklung, der im Bereich „Wartezone" zum Einsatz kommen soll (vorläufiger Projektname des Stuhls: *aleb*). Dieser Markt ist hart umkämpft, aber auch sehr groß, da er nicht nur Unternehmen und deren Eingangs- und Wartebereiche umfasst, sondern z. B. auch staatliche Gebäude, Verwaltungen, Bahnhöfe, Flughäfen, Veranstaltungs- und Konzerthallen. Die Heidtkötter KG plant, einen Stuhl in das Programm aufzunehmen, der hohen Komfort und Langlebigkeit mit einem akzeptablen Preis kombiniert.

Arbeitsaufträge

› Arbeitshilfe 1

1. Ermitteln Sie die Herstellkosten und den vorläufigen Verkaufspreis (d. h. ohne Kundenrabatt und -skonto) für den Stuhl *aleb* als Zuschlagskalkulation anhand der in Arbeitshilfe 1 angegebenen Informationen.

› Arbeitshilfen 1 bis 5

2. Zur Produkteinführung liegen Marketingforschungsergebnisse vor. Dazu gehört zum einen, dass der höchste Preis, der sich im Markt für dieses Produkt durchsetzen lässt, bei 150,00 € liegt. Intern wird mit einer Gewinnspanne von 20 % gerechnet. Daneben hat eine Befragung ergeben, dass die verschiedenen Produkteigenschaften folgende Bedeutung bei den Kunden haben:
   Aussehen/Design: 20 %, Komfort: 45 %, Langlebigkeit: 35 %.
   a) Berechnen Sie die gesamten Zielkosten für einen Stuhl *aleb*.
   b) Ermitteln Sie die Nutzenanteile je Produktkomponente in Arbeitshilfe 4.
   c) Ermitteln Sie die Zielkosten je Produktkomponente in Spalte 3 der Tabelle in Arbeitshilfe 5.
   d) Vergleichen Sie die Herstellkosten des Stuhls mit den Zielkosten in Spalte 4 der Tabelle in Arbeitshilfe 5. Interpretieren Sie Ihr Ergebnis.

› Arbeitshilfe 6

3. Ermitteln Sie den Deckungsbeitrag sowie die kurzfristige Preisuntergrenze für den Stuhl *aleb* anhand der Arbeitshilfe 6 (siehe zur Preisuntergrenze auch Lernfeld 4).

Arbeitshilfe 1

Informationen zur Zuschlagskalkulation

› Arbeitsheft

Kosten	Zuschläge	Kosten in €
Materialeinzelkosten		56,00 €
+ Materialgemeinkosten	7 %	
= Materialkosten		
Fertigungslöhne		35,75 €
+ Fertigungsgemeinkosten	110 %	
= Fertigungskosten		
Herstellkosten		
+ Verwaltungs- und Vertriebsgemeinkosten	8 %	
= Selbstkosten		
+ Gewinn	20 %	
= Vorläufiger Verkaufspreis		

ARBEITSHEFT

Arbeitshilfe 2

Ermittlung der Zielkosten eines Produktes

maximaler Preis – Gewinn = erlaubte Kosten (Zielkosten)

Arbeitshilfe 3

Bedeutung der Produkteigenschaften bezogen auf die Komponenten

	Produkteigenschaften		
Komponenten	Aussehen/Design	Komfort	Langlebigkeit
Sitzfläche und Rückenlehne (Polster)	60 %	75 %	45 %
Gestänge	40 %	25 %	55 %

Arbeitshilfe 4

› Arbeitsheft

Nutzenanteile der Produktkomponenten

	Produkteigenschaften			
Komponenten	Aussehen/ Design	Komfort	Langlebigkeit	Gesamter Nutzenanteil je Komponente
Sitzfläche und Rückenlehne (Polster)	0,2 · 0,6 = 0,12 ≙ 12 %			
Gestänge				
Summe:	20 %	45 %	35 %	

Arbeitshilfe 5

› Arbeitsheft

Vergleich Zielkosten und Herstellkosten

Komponenten	Herstellkosten	Zielkosten	Kostenkorrektur
Sitzfläche und Rückenlehne (Polster)	95,00 €		
Gestänge	40,00 €		
Summe:	135,00 €	120,00 €	

Arbeitshilfe 6

Deckungsbeitrag je Stück =
Verkaufspreis je Stück – variable Kosten je Stück

variable Stückkosten für den Stuhl *aleb:* 98,00 €

3.3.2
Alles immer günstig? – Preisstrategien und Preisdifferenzierung

Situation

David Krone scrollt auf der Internetseite der Heidtkötter KG durch die Händlerliste. Dabei fällt ihm auf, dass einige Regionen wenig oder gar nicht vertreten sind. Überhaupt, denkt er sich, sind es relativ wenige Händler, bei denen man die Produkte seines Ausbildungsunternehmens kaufen kann, wenn man sich vor Augen führt, dass die Heidtkötter KG in ganz Deutschland vertreten sein möchte. Er fragt beim Leiter der Abteilung Marketing nach und erhält gleich einen Erkundungsauftrag.

Arbeitsaufträge

› Arbeitshilfen 1 und 2

1. Begründen Sie unter Zuhilfenahme der Unternehmensphilosophie (siehe Band 1 und hier: Arbeitshilfe 1) und des Textes (Arbeitshilfe 2),
   a) welche Preisstrategie die Heidtkötter KG verfolgt und
   b) bei welcher Art von Büromöbelfachgeschäften Produkte der Heidtkötter KG zu kaufen sind.

› Arbeitshilfe 3

2. Welche der sieben Tipps der Arbeitshilfe 3 können Sie jetzt, wo sie die Preisstrategie der Heidtkötter KG aufgeschlüsselt haben, für dieses Unternehmen übernehmen? Gehen Sie die einzelnen Tipps durch und begründen Sie Ihre Antwort jeweils.

Arbeitshilfe 1

Auszüge aus den Unternehmensinformationen der Heidtkötter KG

Im Jahr 1929 gründeten Anton und sein Bruder Joachim Heidtkötter das Familienunternehmen im ostwestfälischen Bielefeld mit dem Ziel, hochwertige Bürotische und -stühle aus ausgewählten Materialien anzubieten, die den Arbeitskomfort eines jeden Kunden deutlich steigern sollten. Der natürliche Werkstoff Holz eignet sich hierzu ganz besonders. Es wurden jedoch auch Materialen wie Leder, Glas und Edelmetalle zur Herstellung verwendet. [...]
Die Familie Heidtkötter steht mit ihrem Namen für Produkte mit höchster Qualität und Beständigkeit ein. Seit der Gründung stehen Aspekte wie Markt- und Kundennähe, Verlässlichkeit und soziale Verantwortung bei der Heidtkötter KG im Vordergrund. [...]
Die Büromöbelbranche ist traditionell mittelständisch geprägt. In Deutschland, das als Kernland der Entwicklung hochwertiger Büromöbel gilt, sind ca. 200 Unternehmen tätig, an denen sich die internationalen Märkte und Mitbewerber orientieren. Dennoch sorgt die Globalisierung auch in dieser Branche für rasante Veränderungen der Wettbewerbssituation. Immer mehr internationale Wettbewerber drängen auf den heimischen Markt. Unter den Marktteilnehmern kommt es, wie in vielen anderen Branchen, zu zahlreichen Unternehmenszusammenschlüssen. [...]
Das Markenbewusstsein und die Markenbekanntheit bei Möbelkäufern ist, selbst im Bereich des Möbelgroßhandels, mit ca. 25 % eher unterdurchschnittlich. Die Heidtkötter KG liegt hier nach einer aktuellen Befragung mit knapp 20 % an der Spitze der Wettbewerber.

Arbeitshilfe 2

Preisstrategie – Hoch- kontra Niedrigpreise

Ein Einzelhändler legt seine Preisstrategie mittel- bis langfristig fest. Er bestimmt damit das Preisniveau bzw. den Preisrahmen, innerhalb dessen er operieren will. Die Preisstrategie ist also von maßgeblicher Bedeutung für seinen Marktauftritt und die Erfolgsaussichten.

- **Bedeutung der Preisstrategie:** Nimmt ein Einzelhändler ein neues Produkt ins Sortiment auf, muss er einen Verkaufspreis festlegen. Die preisliche Positionierung in einer unteren, mittleren oder oberen Preislage erfolgt dabei nicht nur nach Maßgabe betriebswirtschaftlicher und marktseitiger Erfordernisse, sondern richtet sich auch nach der Preisstrategie des Unternehmens. Die Preisstrategie wiederum dient der Erreichung bestimmter Unternehmensziele, die beispielsweise in der Sicherung von Marktanteilen oder der Umsatzmaximierung liegen können.
  So bietet zum Beispiel der Discounter *Aldi* Dauerniedrigpreise bei gleichzeitig akzeptabler bis guter Produktqualität an. Wird ein Produkt neu ins Sortiment aufgenommen, erfolgt die Preisfindung auf Basis dieser Unternehmenspolitik. Bei einem Anbieter mit einem gehobenen Qualitätsimage kann die preisliche Positionierung eines neuen Produktes auf einem entsprechend höheren Niveau vorgenommen werden.
- **Preisliche Positionierung von Produkten:** Für neue Produkte können verschiedene Positionierungsstrategien unterschieden werden: die Hoch- bzw. Premiumpreisstrategie, die Mittel- bzw. Durchschnittspreisstrategie oder die Niedrig- bzw. Promotionspreisstrategie. [...]
- **Die Preisstrategie im Zeitablauf:** Ist die preisliche Positionierung des Produktes auf dem Markt erfolgt, gibt es verschiedene Möglichkeiten, wie sich die Preise im Zeitablauf entwickeln können. So kann das Einstiegspreisniveau beibehalten werden oder die Preise bleiben unter Umständen eine Zeit lang sogar völlig konstant. Oder es findet eine Entwicklung weg von der Eingangspreislage statt: Werden die Preise ausgehend von einem niedrigen Niveau auf längere Sicht angehoben, spricht man von einer Penetrationspreisstrategie, sinken sie, so handelt es sich um eine Abschöpfungsstrategie. [...]
- **Fazit:** Veränderungen des Preisniveaus wollen für einen Einzelhändler gut überlegt sein. Eine durchgängige Anhebung des Preisniveaus ist problematisch, wenn beispielsweise die Einkaufsstätte bereits als Billiggeschäft abgestempelt ist. In der Regel gelingen häufige Niveauwechsel nicht, denn auch das Leistungsangebot erfordert dazu meist einen jeweils anderen Zuschnitt. Wichtig ist grundsätzlich, dass ein Einzelhändler seine Preisstrategie mittel- bis langfristig ausrichtet, was kurzfristige, preistaktische Maßnahmen – abgestimmt auf das Langfristkonzept – aber nicht ausschließt.

in enger Anlehnung an: www.handelswissen.de/data/themen/Marktpositionierung/Preis/Preiskonzepte/Preisstrategie.ph (abgerufen am 10.10.2009)

Arbeitshilfe 3

Tipps für Ihre Preisstrategie:

1. Bleiben Sie generell Ihrer Preisstrategie treu. Wer Qualität verkauft und Service bietet, kann kein Billiganbieter sein.
2. Fahren Sie punktuelle Sonderangebote. Behalten Sie dabei aber immer die Rentabilität im Auge.
3. Loten Sie aus, ob Sie in bestimmten Produktbereichen noch Preisspielraum nach oben haben. Sie verbessern Ihre Rendite, auch wenn Sie dadurch leichte Umsatzverluste in Kauf nehmen müssen.

→

4. Nutzen Sie die Mischkalkulation, um die Rendite zu sichern.
5. Offerieren Sie die Sonderangebote nur denen, die sie wirklich wollen. Bei den anderen Kunden aber bleibt Ihnen die höhere Marge.
6. Nutzen Sie Verbund-Angebote für Ihre Preisstrategie. Prüfen Sie, ob Sie in Ihrem Sortiment ähnliche Kombinationswirkungen schaffen können.
7. Stellen Sie die spezifischen Leistungen Ihres Unternehmens heraus. Kunden kaufen nicht bloß ein Produkt, sondern die Lösung eines Problems sowie Zeitersparnis, Qualität und Exklusivität – und sie mögen Service, Produktqualität und Kompetenz.

› *„seand“* siehe Seite 35

Situation (Fortsetzung) David Krone staunt, als er sieht, dass die unverbindliche Preisempfehlung der Sitz-/Stehhilfe *seand* um mehr als 10 % von 189,00 € auf 169,00 € netto gesenkt worden ist. Als er das seiner Kollegin Manuela Neuer erzählt, reagiert diese mit wenig Verblüffung: *„Kein Wunder, damit sich der ‚seand' auch weiterhin gut verkaufen lässt, müssen wir die Kunden gewinnen, die nicht ganz so viel Geld für solch ein Produkt ausgeben wollen. Du musst mal in die Preisliste von vor zwei Jahren gucken, da haben unsere Händler für den ‚seand' noch 219,00 € verlangt.“*

„Na ja“, meint David, *„jetzt ist er schon so günstig, dass ihn schon fast mein Vater für seinen Job hinter dem Tankstellenschalter kaufen würde. Oder ein Hotelbesitzer in Rumänien, der seinen Mitarbeitern hinter dem Empfang mal etwas Gutes tun will.“*

„Rumänien?“, fragt Maria zurück, *„Dort kostet der ‚seand' zurzeit nur 109,00 €“*.

Arbeitsaufträge (Fortsetzung)

› INFO-Teil

3. Erläutern Sie die Preisstrategie für den Stuhl *seand* und ordnen Sie die richtigen Arten der Preisdifferenzierung zu.
4. Zeigen Sie auf, welche Arten von Kundengruppen in den verschiedenen Phasen der im nationalen Markt stattfindenden Preisdifferenzierung für das Produkt *seand* erreicht werden sollen.
5. Beschreiben Sie, unter welchen Voraussetzungen die beschriebenen Arten der Preisdifferenzierung möglich sind.

Vertiefende Übungen

1. a) Finden Sie zu den verschiedenen Arten der Preisdifferenzierung eigene Beispiele.
   b) Zeigen Sie an Beispielen auf, dass eine Preisdifferenzierung scheitern kann, wenn die entsprechenden Voraussetzungen nicht gegeben sind.

› Band 2 LF 9, Kap. 2.1

2. Zeigen Sie für Anbieter auf, welche Möglichkeiten bestehen, eine eigenständige Preispolitik/-strategie bei der vorgegebenen Marktform durchzusetzen.
   a) Monopol
   b) Oligopol
   c) Polypol
3. a) Grenzen Sie die Hochpreisstrategie von der Niedrigpreisstrategie ab.
   b) Nennen Sie zu jeder Strategie reale Produktbeispiele.
   c) Zählen Sie zu beiden Strategien Gründe auf, die für die jeweilige Ausrichtung sprechen.
4. a) Erläutern Sie, was es für ein Unternehmen bedeutet, wenn es seine Preisstrategie am Branchenpreis ausrichtet.

b) Erläutern Sie, was es für ein Unternehmen bedeutet, die Preisführerschaft in einem Marktsegment zu übernehmen.

c) Zeigen Sie für die in a) und b) genannten Preisstrategien Vor- und Nachteile auf.

5. a) Ein Unternehmen produziert ein Produkt zu Fixkosten in Höhe von 150.000,00 €, die variablen Kosten je Stück betragen 80,00 €. Wie hoch muss der Verkaufspreis sein, damit der Break-even-point (die Gewinnschwelle) erreicht wird, wenn 6 000 Stück verkauft werden.

   b) Nennen Sie Gründe, weshalb der in Aufgabenteil a) ermittelte Preis nicht am Markt durchsetzbar sein könnte.

   c) Zeigen Sie Handlungsalternativen auf für den Fall, dass der in a) ermittelte Preis nicht marktfähig ist.

6. In einem Industrieunternehmen wird ein Produkt zu einem Barverkaufspreis von 185,00 € je Stück angeboten. Die variablen Stückkosten für dieses Produkt betragen 109,50 €, an Fixkosten fallen 56.000,00 € an. Berechnen Sie die kritische Menge, die hergestellt werden muss, um für dieses Produkt in die Gewinnzone zu gelangen.

7. In der HB-Küchenzubehör KG trifft die Anfrage der Firma Leipziger Ofenbau GmbH, eines Herstellers von Elektroherden ein. Diese fragen an, zu welchem Preis die HB-Küchenzubehör KG Backbleche liefern kann.

   Laut Kalkulation fallen für 1 000 Backbleche Fertigungsmaterial für 800,00 € und Fertigungslöhne in Höhe von 1.200,00 € an. Es werden folgende Normalzuschlagssätze zugrunde gelegt: Materialgemeinkostenzuschlag: 65 %, Fertigungsgemeinkostenzuschlag: 150 %, Verwaltungsgemeinkostenzuschlag: 20 %, Vertriebsgemeinkostenzuschlag: 10 %. Es wird aufgrund der knappen Kalkulation nur ein Kundenrabatt von 5 % gewährt, der Gewinnzuschlag beträgt 15 %. Außerdem steht dem Kunden die Möglichkeit zu, Kundenskonto in Höhe von 2 % in Anspruch zu nehmen.

   a) Kalkulieren Sie den Nettoverkaufspreis für 1 000 Backbleche.

   b) Nachdem die Leipziger Ofenbau GmbH den Angebotspreis erhalten hat, teilen sie mit, dass sie nur bereit sind, maximal 6.200,00 € für die 1 000 Backbleche zu bezahlen. Berechnen Sie, ob sich unter dieser Bedingung der Verkauf für die HB-Küchenzubehör KG noch lohnt.

3.4 Distributionspolitik

3.4.1 Mit oder ohne Zwischenstopp – Über welche Absatzwege gelangen die Produkte zum Abnehmer?

Situation Der Auszubildende David Krone verbringt heute seinen ersten Tag in der Abteilung Absatz der Heidtkötter KG. Er wird Christian Köhler zugeteilt, der hauptverantwortlich ist für den Verkauf der Heidtkötter-Produkte im Inland. *„Ich glaube, das Beste ist, du verschaffst dir erst einmal selbst einen Überblick, wie unsere Artikel zu den Kunden gelangen"*, sagt Christian →

Köhler zu David Krone. *„Frag mal bei den Kollegen im Verkauf und in der Logistik herum. In der Mittagspause erzählst du mir, was du über die Absatzstrukturen und -wege unseres Unternehmens erfahren hast."*
David nimmt diesen Erkundungsauftrag sehr ernst. Nach gut zwei Stunden sitzt er an seinem Schreibtisch und fertigt mit dem Wissen, das er erworben hat, eine Skizze an.

Arbeitsaufträge

› Einleitung
› INFO-Teil
› Arbeitsheft

1. Beschreiben Sie die Absatzstrukturen der Heidtkötter KG. Nutzen Sie dazu die Skizze und ordnen Sie die Begriffe den Ziffern 1 bis 12 zu.
   (Wenn Sie das Arbeitsheft besitzen, können Sie die dortige Zeichnung durch das Eintragen der Begriffe vervollständigen.)

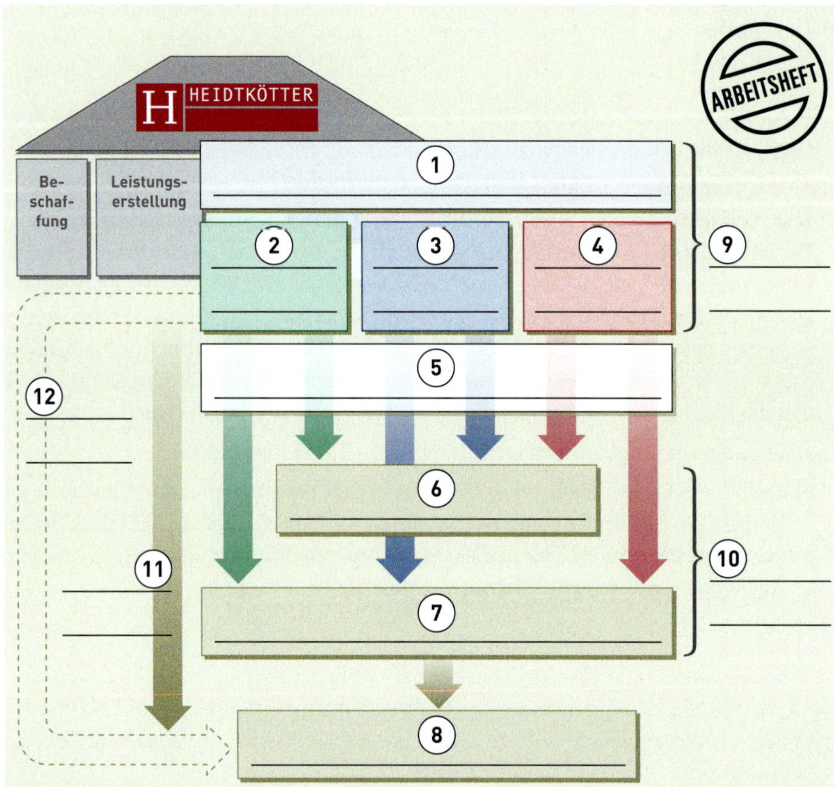

Einzelhandel – Endverbraucher – Abteilung Absatz – Versand/Logistikabteilung – unternehmensfremde Absatzorgane – direkter Absatz – Handlungsreisende – Großhandel – Verkaufsabteilung – indirekter Absatz – Webshop – unternehmenseigene Absatzorgane

› INFO-Teil

2. Begründen Sie mithilfe des INFO-Teils, warum die Strukturen so sind, wie sie sind.
3. Ein Absatzweg ist mit gestrichelten Linien gekennzeichnet. Welche Maßnahmen wären notwendig, um diesen Absatzweg in die tatsächlichen Absatzstrukturen des Unternehmens mit aufzunehmen?

3.4.2
Direkter Absatz über unternehmenseigene Absatzorgane

Situation

Klaus M. Heidtkötter verfolgt seit einiger Zeit die Diskussionen um ein Factory-Outlet-Center, das am Stadtrand von Bielefeld errichtet werden soll. Seiner Meinung nach bietet es sich für einen Büromöbelhersteller an, sich an diesem FOC zu beteiligen und entsprechend dort Verkaufsfläche anzumieten. In einer geschäftlichen Besprechung mit zwei Eigentümern eines Büroeinrichtungsgeschäftes, das in der Bielefelder Innenstadt ansässig ist, kommt man auch auf das geplante FOC zu sprechen. Die beiden Einzelhändler sind wenig begeistert von den Plänen zum FOC, Herr Heidtkötter und sein Assistent Stephan Heimbach sehen aber hierin auch Chancen für die Region.

Arbeitsaufträge

1. Bilden Sie Gruppen aus je vier Personen. Teilen Sie sich die Rollen des oben beschriebenen Gespräches zu: Klaus M. Heidtkötter, Stephan Heimbach auf der einen Seite, die zwei Büromöbeleinzelhändler auf der anderen Seite.
   Bereiten Sie sich auf die Diskussion vor, indem Sie einerseits (aus der Heidtkötter-Sicht) Vorteile und Chancen eines Factory-Outlet-Centers sammeln, andererseits (aus der Sicht des innerstädtischen Einzelhandels) Nachteile und Bedenken gegen ein FOC zusammentragen. Diskutieren Sie dann in Ihrer Gruppe über dieses Thema.

› Arbeitshilfen 1 und 2

2. Um die Debatte(n) abzurunden, lassen Sie ein Umlaufpapier durch die Gruppen der Klasse laufen, auf dem Sie die Argumente, die in den einzelnen Gruppen für bzw. gegen ein FOC gefunden worden sind, sammeln. Achten Sie darauf, dass zunächst jede Gruppe nur ein Pro- bzw. Kontra-Argument aufschreibt und dann das Papier weiterreicht, sodass wirklich eine Sammlung von Argumenten aus der gesamten Klasse entsteht.

Arbeitshilfe 1

Factory-Outlet-Center – Ein neuer und umstrittener Vertriebstyp in der deutschen Handelslandschaft

[...] Seit einigen Jahren sorgen Factory-Outlet-Center (FOC), zu deutsch „Fabrikverkaufszentren", nicht nur in der Pfalz für Aufmerksamkeit und mitunter für Aufruhr in der bundesdeutschen Handelslandschaft. Nach inzwischen verbreiteter Definition sind Factory-Outlet-Center Einkaufszentren, in denen Markenwaren unter Ausschaltung des Groß- und Einzelhandels mit deutlichen Preisnachlässen direkt an die Endverbraucher verkauft werden. Sie vermarkten Produkte namhafter Markenhersteller zumeist aus Vorjahreskollektionen, Überschussproduktionen, 2. Wahl-Artikel und speziell für den Fabrikverkauf hergestellte Produktserien, Auslaufmodelle, teilweise aber auch Saisonware mit üblicher Markenqualität. Es handelt sich insgesamt um Sortimente,

die typischerweise in Innenstädten angeboten werden (Bekleidung, Hausrat, Porzellan, Glaswaren, Schuhe, Lederwaren, Accessoires, Sportartikel, Bücher, Wäsche, Spielzeug usw.). [...]

Auch wenn bei der Beurteilung von FOC bislang nur auf wenige Erfahrungen in Deutschland zurückgegriffen werden kann, sind verschiedene Versuche von ausländischen FOC-Betreibern, in Deutschland Fuß zu fassen, in den letzten Jahren wiederholt an den massiven Widerständen des örtlichen Einzelhandels und an der Intervention der Planungsbehörden gescheitert. Umstritten sind vor allem Ansiedlungsversuche an peripheren Standorten im Umland kleinerer und mittelgroßer Zentren, da aus den Erfahrungen mit anderen großflächigen Einzelhandelsbetriebstypen auch bei den FOC erhebliche negative Auswirkungen auf die gewachsenen Versorgungsstrukturen und die Innenstädte zu erwarten sind. Dafür sprechen nicht nur die Dimensionen der FOC mit Verkaufsflächen von i. d. R. deutlich mehr als 10 000 m², sondern ebenso die weitgehend dem typischen Einzelhandelsangebot der Innenstädte vergleichbare Sortimentsstruktur.

FOC sind inzwischen ein europaweites Thema geworden. Aufgrund des restriktiven Planungsrechts in Deutschland mehren sich die Fälle, in denen FOC-Betreiber versuchen, geeignete Standorte in grenznahen Räumen benachbarter Staaten zu erschließen. Angesichts des großen Einzugsbereiches der Zentren sind die Standorte geeignet, Kunden weit aus Deutschland anzuziehen. [...]

Quelle: pfalz.ihk24.de/produktmarken/standortpolitik/raumordnung/stadtundhandel/Spezielle_Betriebsformen/581010/FOC.htmlraumordnung/stadtundhandel/Spezielle_Betriebsformen/581010/FOC.html, abgerufen am 15.07.2012

(Fotos: Verlag)

Arbeitshilfe 2

Factory Outlet Center: Kurz vor dem Durchbruch in Deutschland?

[...] Die grundsätzliche Attraktivität eines Centers wird durch die Angebotsvielfalt bewirkt. Diese basiert sowohl auf der Auswahl der Hersteller, die Stores unterhalten, als auch auf den Produkten, die in den einzelnen Stores angeboten werden. [...]

Der Konsument findet sowohl namhafte Firmen als auch kleine und mittelgroße Unternehmen, die über 1 000 bekannte Marken anbieten. [...]

Entwicklung des Images und des Erscheinungsbildes

Das Erscheinungsbild der Factory Outlet Center hat sich hinsichtlich Ausstattung und Angebot innerhalb der letzten zehn Jahre stark verändert. Sie wandelten sich von kargen Hallen mit primitiver Ladengestaltung und Warenpräsentation zu attraktiven Einkaufsstätten. Das Verkaufspersonal wirkt unterstützend beim Einkauf. Auch sonstige Serviceleistungen, wie moderne Zahlungsmethoden, Stornierungsmöglichkeiten und kundenfreundliche Öffnungszeiten, runden das Bild der heutigen FOC ab.

Die meisten Outlet Center sind Montag bis Samstag von 9 bis 21 Uhr und auch am Sonntag von 12 bis 18 Uhr geöffnet. Das Ziel der „Top Outlet Developers" ist es, den Konsumenten sehr gute Preise in einer angenehmen Atmosphäre zu bieten. Der Konsument kann sich mithilfe von Informationsbroschüren schon vorab gezielt auf den Besuch vorbereiten. [...] Ein besonderes Merkmal von FOC ist der Verkauf von in Überzahl produzierten Produkten mit einem Preisabschlag. In den Geschäften kann der Kunde Produkte auslaufender Serien sowie Artikel erster Qualität neben Artikeln zweiter Wahl finden. Teilweise werden auch aktuelle Waren angeboten.

Besucheranreize

FOC bieten auch die Möglichkeit, neue Produkte auf ihre Marktakzeptanz hin zu testen. Outlets locken große Kundenpotenziale aus der weiteren Umgebung an, sodass sich das Kaufverhalten für Produkte beziehungsweise Produktvariationen analysieren lassen. Testwaren werden häufig nur in limitierter Auflage und regional begrenzt angeboten. [...] In vielen Outlets kann der Konsument die Produkte für weniger als 50 Prozent des Einzelhandelspreises kaufen. [...] Eine zusätzliche Variante, um Kunden verstärkt zu Käufen zu animieren, sind Bonushefte mit zum Beispiel „Buy-2-Get-1-Free"-Angeboten. [...]

Quelle: www.channelpartner.de/sonstiges/601287/index.html, abgerufen am 14.10.2009
(Foto: Verlag)

Situation (Fortsetzung)

Die Beteiligung an einem FOC ist eine Möglichkeit des direkten Absatzes ohne fremde Absatzorgane. Geschäftsführer Klaus M. Heidtkötter sieht hierin vor allem den Vorteil, dass er den Zwischenhandel ausschaltet, wodurch sich die eigene Marge erhöht. Im Direktabsatz ist die Heidtkötter KG schon aktiv, nicht nur durch die Außendienstmitarbeiter, sondern auch durch den eigenen Internetauftritt, der mit einem Webshop verknüpft ist. Der Internethandel spielt allerdings bezogen auf den Gesamtumsatz des Unternehmens nur eine untergeordnete Rolle. Insofern steht er bei Überlegungen zur Kosteneinsparung immer mal wieder zur Disposition.

Arbeitsaufträge (Fortsetzung)

› Arbeitshilfe 1

3. Werten Sie die Grafik aus Arbeitshilfe 1 aus:
   Welche Produkte und Dienstleistungen werden häufig, welche weniger häufig über das Internet gekauft bzw. bestellt? Warum ist das so? Wie hoch ist der Anteil der Möbelverkäufe über das Internet verglichen mit allen aufgeführten Produkten?
4. Finden Sie Argumente, warum ...
   a) ... sich Kleidung und Schuhe gut über das Internet verkaufen lassen.
   b) ... sich Medien, Bild- und Tonträger gut über das Internet verkaufen lassen.
   c) ... mehr Eintrittskarten für Konzerte als für Sportveranstaltungen über das Internet verkauft werden.

› Arbeitshilfe 2

5. Werten Sie nun Arbeitshilfe 2 aus. Welche Chancen räumen Sie dem Absatz von Möbeln über das Internet ein? Denken Sie dabei auch wie ein Kunde.

Arbeitshilfe 1

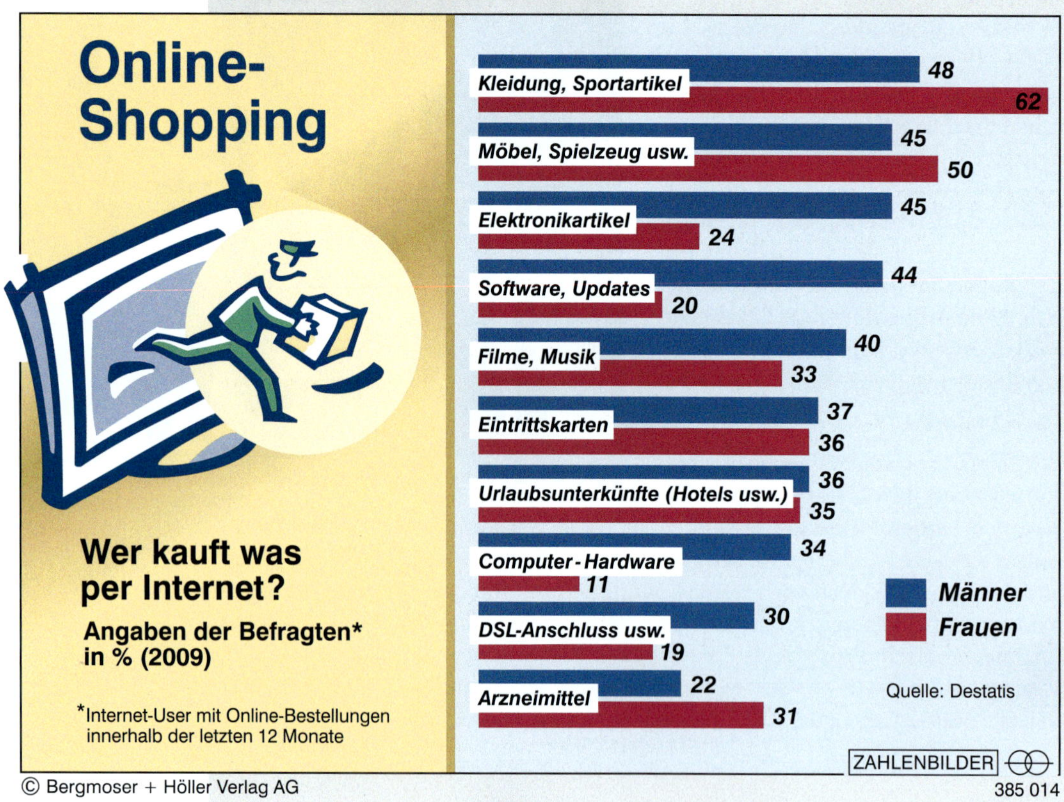

Arbeitshilfe 2

Neue Titze-Marktstudie: Online-Möbelhandel verzeichnet höchste Umsatzzuwächse aller Vertriebswege

Rubrik: Bambini, Küche & Bad, Möbelmarkt, InteriorFashion

Neuss. Die Unternehmensberatung Titze GmbH hat die zweite komplett aktualisierte Auflage ihrer Multi-Client-Marktstudie zum Thema E-Commerce in der Möbel- und Einrichtungsbranche veröffentlicht. Die Ergebnisse der ersten Studie im Frühjahr 2008 zur Entwicklung der Online-Vermarktung waren bereits positiv. In den letzten beiden Jahren konnte der Online-Handel für Möbel nochmals deutlich zulegen. Dies geht aus einer Pressemitteilung der Unternehmensberatung hervor. Laut Titze konnten trotz Wirtschaftskrise in diesem Bereich die höchsten Umsatzzuwächse aller Vertriebswege im deutschen Einzelhandel verzeichnet werden.

Die Zahl der Internetnutzer weltweit habe sich in den letzten Jahren rasant gesteigert. In Deutschland seien mittlerweile fast 70 % der Bevölkerung online. 32,5 Mio. Deutsche hätten bereits mit dem Einkauf im Internet Erfahrung gemacht. Mehr als ein Drittel der Deutschen kaufe nach Angaben der Unternehmensberatung sogar häufiger als einmal pro Monat online ein. Momentan liege die Zahl der Einkäufe, die ein Internetuser pro Jahr tätigt, bei durchschnittlich 9,4 Kaufvorgängen – Tendenz steigend. Auch die Verweildauer steige kontinuierlich: Durchschnittlich 136 Minuten täglich verbringe ein Internetnutzer online. Erst in den letzten Jahren habe sich zudem der Trend zur Nutzung des mobilen Internet entwickelt. 71 % aller Deutschen besäßen inzwischen ein internetfähiges Handy, 7,7 Mio. machten davon im Jahr 2009 Gebrauch.

Vor allem für jüngere Konsumenten spiele auch die Nutzung virtueller sozialer Netzwerke bei der Kaufentscheidung eine Rolle. So werden im Web 2.0 Informationen zu Produkten eingeholt, die anschließend online oder in konventionellen Ladenlokalen erworben werden.

Die Studie kommt zu dem Ergebnis, dass in Deutschland heute etwa 150.000 Onlineshops und gut 100 000 gewerbliche Ebay-Händler aktiv sind. Mittlerweile gebe es eine ganze Reihe ursprünglicher stationärer Möbelhändler, die auch in Onlineshops Präsenz zeigen. Allerdings betreiben bisher nur 17 der 100 wichtigsten Möbelhändler einen eigenen Onlineshop.

Ein Viertel aller Verbraucher, die online einkaufen, investieren laut Titze zwischen 500 und 999 Euro pro Jahr, 12 % geben sogar mehr als 1.000 Euro aus. Das gesamte Umsatzvolumen des Vertriebswegs E-Commerce für die Bereiche Möbel, Küchen, Elektrogeräte und Wohnaccessoires habe sich 2009 auf 1.895 Mio. Euro addiert.

Quelle:
www.moebelmarkt.de/nachrichten/nachricht/
neue-titze-marktstudie-online-moebelhandel-verzeichnet-hoechste-
umsatzzuwaechse-aller-vertriebswege-33865.html,
abgerufen am 15.07.2012

3.4.3
Unternehmensfremde, selbstständige Absatzorgane

3.4.3.1
Absatzmittler kaufen die Produkte ein und verkaufen sie weiter

Situation

Gegen Ende der Mittagspause ist David Krone schon wieder an seinem Arbeitsplatz im Verkauf, als das Telefon klingelt. Er meldet sich: *„Heidtkötter KG, Verkauf, David Krone am Apparat. Wie kann ich Ihnen helfen?" „Büroeinrichtung Möller aus Paderborn hier, ich möchte eine Bestellung aufgeben." „Gerne"*, antwortet David und schreibt auf einem Notizblock eine Kurzmitteilung an den Verkäufer, Herrn Schweizer.

Kurzmitteilung

HEIDTKÖTTER
Heidtkötter KG, Bielefeld

Von (Person/Abteilung): Verkauf (D. Krone)
An (Person/Abteilung): Herrn Schweizer

Mit der Bitte um:
- ☒ Erledigung
- ☐ Rücksprache
- ☐ Weiterleitung
- ☐ Kenntnisnahme
- ☐ Prüfung
- ☐ Ablage
- ☐ ____
- ☐ ____

Anruf der Fa. Büroeinrichtung Möller KG, Paderborn

Bestellung:
1 Drehsessel sudom (schwarz),
1 Beistelltisch pratt (natur)
Lieferung umgehend, übliche Konditionen

Datum: 28.04.20.. Unterschrift: David Krone

Nach dem Telefonat kommt David ins Grübeln. *„Diese kleinen Unternehmen bestellen immer nur ganz geringe Stückzahlen. Ein Tisch und ein Stuhl, davon kann doch keiner leben! Wir sollten uns Firmen suchen, die große Mengen bestellen. Dann können wir mehr Umsatz machen!"*

Arbeitsaufträge

› INFO-Teil LF 10, Kap. 3.4.3

1. Bestimmen Sie anhand der Informationen des INFO-Teils, zu welcher Form von Absatzmittlern die Firma Büroeinrichtung Möller KG gehört, und zeigen Sie auf, warum von diesem Unternehmen in der Regel kleine Bestellungen an die Heidtkötter KG gehen.
2. a) Welche Funktionen übernimmt der Großhandel in der Handelskette des indirekten Absatzes?
   b) Beurteilen Sie bitte, ob die Heidtkötter KG automatisch mehr Umsatz machen würde, wenn sie nur noch an den Großhandel liefert. Momentan liefert sie auch an den Einzelhandel.

Situation (Fortsetzung)

Auch David Krone kennt Franchising-Unternehmen, schließlich verreist er ab und zu und er geht auch gerne mal „auf die Schnelle" etwas essen. *„Gibt es eigentlich auch in der Möbelbranche Franchising?"*, fragt er den Verkäufer Schweizer. *„Sicher!"*, antwortet er, *„einige Möbelhersteller vertreiben ihre Produkte über eine Franchise-Kette. Das müsstet du doch eigentlich wissen, oder hast du keine Möbel aus dem gelb-blauen Schwedenmöbelhaus?" „Doch, klar ..."*, antwortet David. Und insgeheim denkt er gleich weiter in die Zukunft: *Das ist es, ich mache meine Ausbildung und später werde ich Chef in meinem eigenen Möbel-Unternehmen!*

Arbeitsaufträge (Fortsetzung)

3. Lesen Sie den unten stehenden Zeitungsartikel zum Thema „Franchising" und beantworten Sie die folgenden Fragen: › Arbeitshilfe 1
   a) Wie ist das Geschäftsmodell „Franchising" definiert?
   b) Warum geht man als Franchise-Nehmer, der sich selbstständig macht, weniger Risiken ein als ein herkömmlicher Existenzgründer?
   c) Was erhält der im Text genannte Franchise-Geber von seinen Franchise-Nehmern?
4. Grenzen Sie einen Vertragshändler von einem Franchising-Unternehmen (Franchise-Nehmer) ab. › INFO-Teil
5. Berechnen Sie die Steigerungsraten der Franchisenehmer und des von ihnen erwirtschafteten Gesamtumsatzes von 2000 nach 2011 (Arbeitshilfe 2). › Arbeitshilfe 2
6. Benennen Sie die Branchen, aus denen die größten Franchise-Unternehmen 2010 stammen.
7. Wie müssen die Zielgruppe und die Produktpalette strukturiert sein, damit Franchising als Unternehmensmodell erfolgreich sein kann?
8. Am liebsten wäre David Krone natürlich Franchise-Nehmer seines Ausbildungsunternehmens. Beurteilen Sie, ob Franchising ein erfolgreiches Vertriebsmodell für die Heidtkötter KG sein könnte.

Arbeitshilfe 1

Die Lizenz zum Chef

90 Prozent aller Franchise-Nehmer sind auch langfristig erfolgreich. Eine junge Existenz-Gründerin erzählt von ihren Erfahrungen mit „ihrer" Filiale der Bäckerei Kamps.

Endlich der eigene Chef sein, die Arbeitszeiten selbst bestimmen und gutes Geld verdienen, davon träumen viele. Franchising ermöglicht die Verwirklichung dieses Traums, ohne dass die Existenzgründer dafür unüberschaubare Risiken eingehen müssten.

In den vergangenen zehn Jahren konnte Franchising in Deutschland den Umsatz auf 38 Milliarden Euro nahezu verdreifachen, wie eine Studie der Deutschen Bank belegt. Beim Franchising stellt ein Franchise-Geber einem Franchise-Nehmer die regionale Nutzung eines Geschäftskonzeptes gegen ein Entgelt zur Verfügung. Der Deutsche Franchise Verband definiert das Geschäftsmodell so: „Franchising ist ein auf Partnerschaft basierendes Absatzsystem mit dem Ziel der Verkaufsförderung. Der Franchise-Geber übernimmt die Planung, Durchführung und Kontrolle eines erfolgreichen Betriebstyps. Er erstellt ein unternehmerisches Gesamtkonzept, das vom Franchise-Nehmer selbstständig am Standort umgesetzt wird." Berühmte Beispiele sind McDonalds, Burger King, Blume 2000, Body Shop, Wienerwald und Portas.

Dass das Konzept immer beliebter wird, hat seine Gründe: Neben dem relativ geringen Risiko verspricht es langfristige Erfolge. 90 Prozent aller Franchise-Nehmer sind auch nach mehr als fünf Jahren noch am Markt vertreten, wie die KfW Bank ermittelte.

Ein Beispiel für eine erfolgreiche Franchise-Nehmerin ist Toulai Tzafer. Die 27-Jährige hat in diesem Jahr in Düsseldorf zwei Filialen der Großbäckerei Kamps übernommen. „Ich wollte unbedingt in die Selbständigkeit. Da mein Mann gelernter Bäcker ist, hat sich der Einstieg in dieses Segment angeboten", berichtet die ehemalige Verkäuferin. Das Kapital, eine eigene Bäckerei zu gründen, hatte die Jungunternehmerin nicht. „Dazu hätte ich mindestens 150 000 Euro in die Hand nehmen müssen", sagt Tzafer. Also bewarb sie sich auf eine Anzeige von Kamps, die eine Franchise-Nehmerin suchten.

Tzafer absolvierte zunächst einen zweitägigen Schnupperkurs. Dann folgten weitere zwei Vorstellungsgespräche, und Kamps sagte der jungen Bewerberin zu. Bevor Tzafer sich für die Übernahme einer Filiale entschied, besuchte sie zunächst einen einwöchigen Theorie-Kurs an der Kamps-Akademie in Essen, bekam dort eine Schulung in Buchhaltung, Arbeitsrecht, Personalführung und vielem mehr. Anschließend absolvierte sie eine zweiwöchige praktische Ausbildung.

Dann ging es an die Auswahl einer eigenen Filiale. „Den Standort sollte man sich vorher gut angucken", rät Tzafer. „Im Zweifel fragt man im Rathaus nach, ob in nächster Zeit in der Nähe gebaut wird." Auch von der Qualität des Mitarbeiter-Teams sollte man sich überzeugen". Die entscheidende Grundlage bei der Filialwahl war aber eine Expertise ihres Franchise-Gebers Kamps, erklärt die 27-Jährige. Darin stand, wie gut der Laden frequentiert wird, wie die Umsätze sind und welche Rendite zu erwarten ist. Das Geschäftsmodell, die Logistik, den Namen und den fertig eingerichteten Laden stellte Kamps. Tzafer zahlte im Gegenzug eine einmalige Franchise-Gebühr von 5000 Euro, eine Bankbürgschaft von 10 000 Euro und überweist nun jeden Monat einen feste Pachtgebühr. Ihr unternehmerisches Risiko sieht sie vor allem darin, die Mitarbeiterkosten nicht zu hoch werden zu lassen und die Bestellungen in der richtigen Menge zu tätigen. „Dass ich meinen Laden gegen die Wand fahre, ist eher unwahrscheinlich, weil mein Franchise-Partner mir sehr gute Unterstützung gewährt", sagt Tzafer.

Das Geschäftsmodell gefiel der Düsseldorferin so gut, dass sie vor fünf Monaten eine zweite Filiale in der Landeshauptstadt eröffnete. Auch wenn sie erst ein Dreivierteljahr Erfahrung als Franchise-Nehmerin hat, ist Tzafer voll zufrieden. „Alle Daten, die mir Kamps vor den Filialübernahmen geliefert hat, haben sich bestätigt. Im ersten Monat habe ich sogar gleich ein Umsatzplus von 15 Prozent erwirtschaftet", sagt Tzafer.

Ihr Fazit: „Selbst wenn ich noch eine Filiale übernehmen würde – reich werden kann ich damit wohl nicht, aber gut davon leben. Ich bin froh, dass ich es gemacht habe."

Marc Cattelaens

Quelle: Rheinische Post, 15. Dezember 2007, Seite M15

Arbeitshilfe 2

Franchising in Deutschland	2000	2002	2004	2006	2008	2010	2011
Anzahl der Franchise-Nehmer	37 100	41 200	45 000	51 100	57 000	65 500	66 900
Gesamtumsatz der Franchise-Nehmer (Mrd. €)	22,0	23,8	28,0	37,6	47	55	60,4

Die größten Franchise-Unternehmen 2010 (Zahl der Betriebe)					
TUI	1 405	Studienkreis	1 008	Fressnapf	723
McDonald's	1 334	Kamps	930	Apollo Optik	670
Schülerhilfe	1 023	Subway	755	Burger King	650

Quelle: Deutscher Franchise-Verband, 2010 und 2012

3.4.3.2 Absatzhelfer vermitteln den Verkauf der Produkte

Situation

Die Heidtkötter KG beschäftigt im Außendienst mit Herrn Frank Leitner einen Handlungsreisenden. Der Leiter der Verkaufsabteilung, Herr Bernd Karisch, liest eines Morgens in einem Internet-Stellenportal die folgende Stellenanzeige eines anderen Unternehmens.

Sammet-Systeme GmbH

Ladeneinrichtung mit System

Sammet-Systeme ist als mittelständischer Möbelindustriebetrieb einer der führenden Hersteller von Ladeneinrichtungen. Seit über 50 Jahren genießen unsere qualitativ hochwertigen Produkte bei Kunden im In- und Ausland einen erstklassigen Ruf.
Zur Betreuung und Erweiterung unseres Vertriebsnetzes in der Postleitzahlenregion 17, 18 und 19 suchen wir einen

Handelsvertreter (m/w)

Sie akquirieren und betreuen den Filialeinzelhandel, Verbrauchermärkte und weitere Absatzmittler mit der Zielsetzung, das Potenzial Ihres Betreuungsgebietes auszubauen und zu optimieren.

- Sie sind Branchenkenner mit einer technischen und/oder kaufmännischen Ausbildung.
- Sie haben Erfahrung im Vertrieb planungs- und beratungsintensiver Produkte.
- Sie haben ein sicheres Auftreten, Verhandlungsgeschick, ein hohes Maß an Eigenständigkeit, ein sympathisches Äußeres und Durchsetzungsvermögen.

Sie erwartet eine vollständig leistungsbezogene Top-Provision, eine umfassende Einarbeitung und ein im Hintergrund agierendes eingespieltes Verkaufsteam. Ihre Verkaufsausrüstung wird gestellt, Kunden- und Gebietsschutz werden vertraglich zugesichert. Für Ihre bereits etablierten Vertretungen bietet sich durch uns eine interessante Ergänzungsvertretung, mit der zusätzlich die gleiche Klientel bedient werden kann.

Wenn Ihnen eine umfassende Bedarfsanalyse mit anschließendem Vertrauensaufbau, der direkte Kontakt zu Kunden und das persönliche Gespräch wichtiger ist als nur Angebote zu erstellen, dann sind Sie bei uns an der richtigen Adresse.

Ihre aussagefähige Bewerbung senden Sie an

Sammet-Systeme
Ladeneinrichtung mit System
Personalabteilung
Thorsten Harnischmacher
Theaterstraße 143
36041 Fulda

Kontakt:
Telefon: 0661 193666-77
E-Mail: info@sammet-systeme-wvd.com

Einen Handelsvertreter einsetzen ..., denkt Bernd Karisch, *warum nicht?*

Arbeitsaufträge

1. Analysieren Sie das Stellenangebot nach folgenden Kriterien:
   a) Welche Aufgaben warten auf denjenigen, der aufgrund dieser Stellenanzeige eingestellt wird?
   b) Wie wird die Leistung des Handelsvertreters vergütet?
   c) Was bedeutet die Formulierung *„Kunden- und Gebietsschutz werden vertraglich zugesichert“* und warum wird das angeboten?
   d) Dürfen Handelsvertreter der Firma Sammet-Systeme in ihrer Region auch anderweitig tätig sein?
   e) Was verspricht sich die Firma Sammet-Systeme hiervon?
2. In der Stellenanzeige ist von *„weiteren Absatzmittlern“* die Rede. Zeigen Sie mithilfe der Informationen aus dem INFO-Teil das wesentliche Kriterium auf, worin sich Absatzmittler und Absatzhelfer unterscheiden. › INFO-Teil
3. Die Heidtkötter KG beschäftigt nicht ohne Grund einen Handlungsreisenden anstelle eines Handelsvertreters. Stellen Sie die Vorteile beim Einsatz eines Handlungsreisenden denen des Handelsvertreters tabellarisch gegenüber. Greifen Sie hierbei auch auf den INFO-Teil zu Kapitel 3.4.3.1 zurück. › INFO-Teil LF 10, Kap. 3.4.3.1
4. a) Vergleichen Sie die Kosten beim Einsatz der beiden in Arbeitsauftrag 3 genannten Absatzorgane anhand der folgenden Daten und berechnen Sie, bis zu welcher Umsatzhöhe der Einsatz eines Handelsvertreters sinnvoll ist. › INFO-Teil LF 10, Kap. 3.4.3.1 und Kap. 3.4.3.2
   - Handlungsreisender Frank Leitner:
     fixe Personalkosten im Monat: 2.500,00 €, zusätzlich 4 % Umsatzprovision
   - angenommene monatliche Vergütung für einen Handelsvertreter:
     kein Fixum, aber 9 % Umsatzprovision

   b) Der monatliche Umsatz des Handlungsreisenden Leitner schwankt erheblich. Das macht die Entscheidung für oder gegen den Einsatz eines Handelsvertreters schwierig. Der Verkaufsleiter Bernd Karisch will es mit einer Jahresbetrachtung versuchen, indem er die Umsatzzahlen seines Handlungsreisenden aus dem letzten Jahr zugrunde legt. Füllen Sie mithilfe der vorgegebenen Daten und den Informationen aus Aufgabenteil a) die Tabelle im Arbeitsheft aus. › Arbeitsheft
   Alternativ können Sie mithilfe eines Tabellenkalkulationsprogramms die Werte formelgestützt berechnen.

Monat	Umsatz (€)	Vergütung Handlungsreisender	Vergütung Handelsvertreter
Januar	26.000,00		
Februar	27.000,00		
März	35.000,00		
April	51.000,00		
Mai	69.000,00		
Juni	79.000,00		
Juli	83.000,00		
August	72.000,00		
September	64.000,00		
Oktober	52.000,00		
November	47.000,00		
Dezember	33.000,00		
Summe:			

ARBEITSHEFT

5. Treffen Sie für die Heidtkötter KG eine begründete Entscheidung, ob sie ihre Produkte über einen Handelsvertreter oder den angestellten Handlungsreisenden Frank Leitner vertreiben soll.

3.4.4
Der physische Transport und die Lagerung – Distributionslogistik

Situation

Neben Büromöbeln verkauft die Heidtkötter KG auch Handelswaren, unter anderem Bodenbeläge. Sie werden von einem Lieferanten in Süddeutschland hergestellt und geliefert. Die Nachfrage ist in den letzten Monaten deutlich gestiegen, da immer mehr Kunden Konferenzräume nicht nur neu möblieren, sondern auch die Beleuchtung und die Bodenbeläge von der Heidtkötter KG beziehen, also eine Komplettausstattung und -gestaltung verlangen.

Leider ist es in der letzten Zeit häufiger vorgekommen, dass der Lieferant nicht so schnell liefern konnte, wie die Heidtkötter KG die Produkte benötigt hat. Da sich allerdings preislich und vor allem qualitativ kein vergleichbarer Lieferant anbietet, schlägt Herr Heidtkötter vor, größere Mengen auf Vorrat zu kaufen. Dazu wäre eine Lagerung der Bodenbeläge auf dem Firmengelände notwendig.

Marc Freund, der Verwalter dieses Lagerbereiches, hat Bedenken: *„Wir haben zwar noch Lagerkapazitäten, aber viel Spielraum ist da nicht mehr. Je nach Auftragslage und Einkaufsmengen gehen wir in manchen Monaten auch schon an das Limit!"*

Tina Haase ist Logistik- und Versandfachkraft und sieht für den Mehrbedarf an Platz keine großen Probleme: *„Wir müssen den vorhandenen Lagerraum optimieren, dann wird es schon gehen. Zur Not bauen wir halt ein bisschen an!"*

Stephan Heimbach, Assistent der Geschäftsleitung, ist interessiert: *„Bevor wir neu bauen, sollten wir nicht vergessen, dass es auch Dienstleister gibt, bei denen man Lagerraum anmieten kann."*

Arbeitsaufträge

1. Welche Vorteile hat die Lagerung in eigenen Lagerräumen, welche die Fremdlagerung?

› INFO-Teil

2. Informieren Sie sich im INFO-Teil, was für verschiedene Lagerscheine es bei einer Fremdlagerung gibt. Welche Art von Lagerschein sollte die Heidtkötter KG verwenden, wenn beschlossen wurde, die Vorratsmengen an Bodenbelägen fremd einzulagern?

› Arbeitsheft

3. In der Arbeitshilfe und in Ihrem Arbeitsheft finden Sie ein Schaubild zur Fremdlagerung, das die einzelnen Vertragspartner und ihre Geschäftsbeziehungen zeigt. Beschreiben Sie die einzelnen Abläufe.

Arbeitshilfe

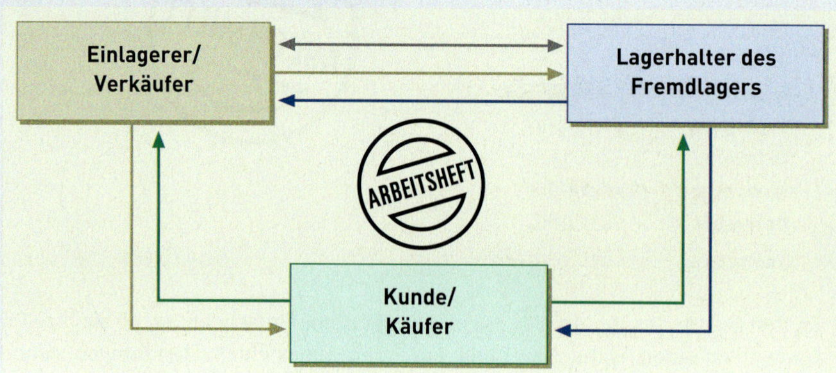

Situation (Fortsetzung)

Herr Heimbach lenkt die Überlegungen, ob eine Eigen- oder eine Fremdlagerung vorgenommen werden soll, wieder auf die Kostenfrage. Aus den verlangten Angeboten verschiedener Dienstleister ragt das der Firma Lagerhaus L. Ulrich GmbH als günstigstes heraus. Frau Haase wird beauftragt, zum Vergleich die anfallenden Kosten für eine Eigenlagerung zusammenzustellen.

› Arbeitshilfen

Arbeitsaufträge (Fortsetzung)

4. Stellen Sie tabellarisch die Kosten der Eigenlagerung und der Fremdlagerung gegenüber und ermitteln Sie den Raumbedarf, bis zu dem sich eine Fremdlagerung lohnt. Beginnen Sie bei 0 m³ und gehen Sie in 500er-Schritten bis zu einer Lagerkapazität von 5 000 m³.
› Arbeitshilfen 1 und 2
› Arbeitsheft
5. Übertragen Sie die errechneten Werte in ein Koordinatensystem. Zeigen Sie anhand der Graphen, ab welchem Wert die Eigenlagerung lohnenswert ist.
› Arbeitsheft

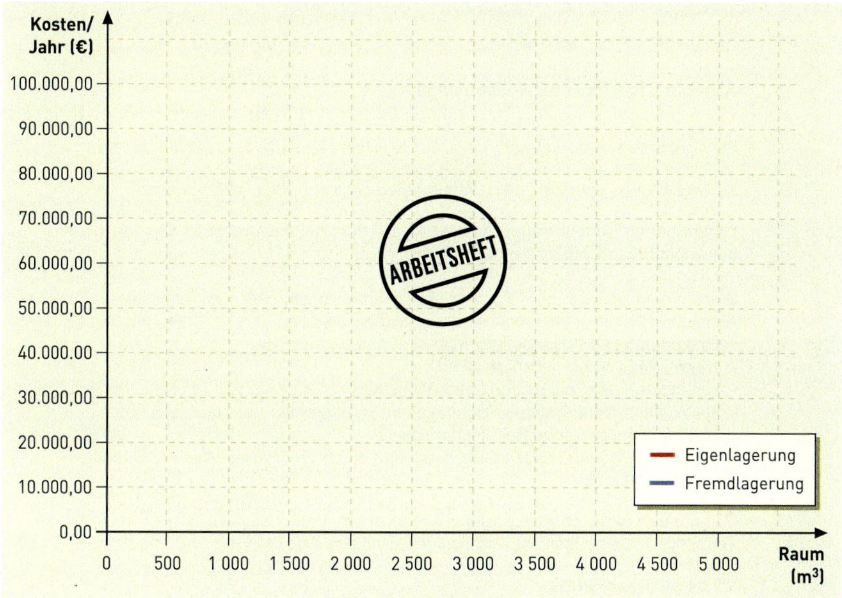

6. Die Kosten sind aber nur ein Aspekt bei der Frage, ob die Bodenbeläge im eigenen Lager oder fremd einlagert werden sollen. Welche weiteren wichtigen Kriterien sind bei der Entscheidung zu berücksichtigen? Gehen Sie von einem Lagervolumen von 2 000 m³ aus und erstellen Sie eine Entscheidungsbewertungstabelle, in der sie jeweils die Kosten zusammenstellen und die weiteren Kriterien für oder gegen Fremd- oder Eigenlagerung gegenüberstellen. Zu welchem Ergebnis kommen Sie?
› Arbeitsheft

Arbeitshilfe 1

Zusammenstellung der Kosten für die Eigenlagerung

Kosten der Eigenlagerung:

fixe Kosten
(AfA, Heizung, Beleuchtung, Gehälter, ...): 17.500,00 €/Monat

variable Kosten
(Warenpflege, Transportkosten, Versicherung der eingelagerten Ware ...): 13,00 €/m³

Arbeitshilfe 2

Angebotsschreiben der Firma Lagerhaus L. Ulrich GmbH

Lagerhaus
L. Ulrich GmbH

L. Ulrich GmbH · Im Graben 38 · 33648 Bielefeld

Heidtkötter KG
Gütersloher Straße 111
33647 Bielefeld

Im Graben 38 · 33648 Bielefeld
Telefon: 0521 432-0 · Telefax: 0521 432-13

Internet: www.ulrich-gmbh-wvd.de
E-Mail: info@ulrich-gmbh-wvd.de

Telefax 0521 432 -13
E-Mail: l.ulrich@ulrich-gmbh-wvd.de

Ihr Zeichen, Ihr Auftrag vom	Unser Zeichen, unsere Nachricht vom	Telefon, Name 0521 708	Datum
Hb	Ul	-12	30.11.20..

Angebot Lagerraum für Bodenbeläge

Sehr geehrter Herr Heimbach,

zu Ihrer Anfrage vom 28.11.20.. unterbreiten wir Ihnen folgendes Angebot:

Lagerraum für Bodenbeläge, Hochlager bis 5 m Höhe, entsprechend den von Ihnen gewünschten Anforderungen: 20,00 €/m^3

Wie Sie dem beiliegenden Prospekt entnehmen können, bieten wir Ihnen alle Annehmlichkeiten eines modernen Logistikdienstleisters:
- Einlagerung und Ausgabe Ihrer Waren ab/bis Lkw-Rampe
- Warenpflege durch geschultes Personal
- Versicherung der Ware nach Ihren Wünschen
- auf Wunsch Warentransport durch unsere kompetenten Partnerunternehmen
- 24 Std., 6 Tage/Woche Bereitschaftsdienst
- nach Arbeitsschluss Geländeüberwachung durch die „Harras-Wach-und-Schließ-gesellschaft mbH

Gerne zeigen wir Ihnen unsere Möglichkeiten vor Ort. Vereinbaren Sie einen unverbindlichen Termin und überzeugen Sie sich von unseren Leistungen.

Mit freundlichen Grüßen

Lagerhaus L. Ulrich GmbH

Ulrich
L. Ulrich

Bankverbindung:
Sparkasse Bielefeld
Konto-Nr. 328 754 49, BLZ 480 501 61
IBAN DE15 4805 0161 0032 8754 49
BIC SPBIDE3BXXX

Geschäftsführer:
Lars Ulrich
Jan Ulrich

Sitz der Gesellschaft Bielefeld
Handelsregister Bielefeld HRB 6066
Umsatzsteuer-Ident-Nr. DE 464 389 572

Situation (Transport)

David fährt am frühen Morgen auf den Mitarbeiterparkplatz der Heidtkötter KG. Um dorthin zu gelangen, muss er an den Lagerhallen für die fertig produzierten Waren vorbei. Hier stehen wie immer morgens um diese Zeit an die zehn Lkw bereit, um beladen zu werden. Mehrere Gabelstapler kurven auf dem Platz herum, holen Ware aus den Hallen und laden sie auf die verschiedenen Lkws.
Meine Güte, denkt sich David, *das sieht mal wieder nach Stress aus. Und gleich stehen die Jungs mit ihren Trucks auf der Autobahn im Stau.*

Auf dem Weg zu seiner Ausbildungsabteilung trifft er Frau Haase, Versand- und Logistikexpertin des Unternehmens. *„Frau Haase, haben Sie die vielen Lkws auf dem Hof gesehen? Das dauert doch ewig, bis die alle beladen sind. In der Zeit hat man doch längst einen Container gepackt und auf einen Eisenbahnwaggon gestellt. Das würde nicht nur schneller gehen, sondern wäre auch noch ökologischer!"* Frau Haase entgegnet: *„Ökologisch gesehen eine klasse Idee – aber beim Warenversand gibt es doch noch ein wenig mehr zu bedenken."*

Arbeitsaufträge

› INFO-Teil LF 10, Kap. 3.4.4

1. Ermitteln Sie anhand der Globus-Grafik und der Textinformationen im INFO-Teil, wie hoch der jeweilige prozentuale Anteil der wichtigsten Verkehrsträger an den in Deutschland transportierten Gütern ist.
2. Erstellen Sie eine Übersicht zur Beurteilung der einzelnen Verkehrsträger anhand der folgenden Kriterien:
   - Geschwindigkeit
   - Menge, die befördert werden kann
   - Abhängigkeit von Verkehrswegen/Flexibilität/Einsetzbarkeit
   - Kosten
   - Umweltbelastung bezogen auf die transportierte Menge
   - Art der für den Transport geeigneten Güter
3. Die Heidtkötter KG produziert an einem Standort in Deutschland, im Ausland ist das Unternehmen mit verschiedenen Werken „vor Ort" in den einzelnen Ländern bzw. Regionen. Beurteilen Sie, warum der Transport per Lkw für das Unternehmen das wichtigste Logistikstandbein darstellt.

› Arbeitsheft
› Arbeitshilfen 1 bis 3

Arbeitshilfe 1

Die Binnenschifffahrt ist für den nationalen und internationalen Güterverkehr ein volkswirtschaftlich unentbehrlicher Verkehrsträger. Ihre besonderen Eigenschaften wie

- hohe Verkehrssicherheit,
- geringer Energieverbrauch,
- weitgehende Nutzung natürlicher Verkehrswege,
- geringer Personalbedarf,
- großräumiges Transportvolumen,
- hohe Umweltfreundlichkeit und
- kostengünstiger Verkehrsträger

machen die Binnenschifffahrt aus ökologischen, ökonomischen und sicherheitstechnischen Aspekten zu einem bevorzugten Beförderungsmittel für Massengüter, übermäßig schwere oder sperrige und gefährliche Güter. Von der gesamten Beförderungsmenge im Binnenschiffsgüterverkehr entfallen rund 70 % auf Massengüter wie Steine und Erden, Erze und Metallabfälle, Erd- und Mineralölerzeugnisse, Kohle, chemische Erzeugnisse und Düngemittel, Getreide, Eisen, Stahl und NE-Metalle, Nahrungs- und Futtermittel sowie land- und forstwirtschaftliche Erzeugnisse. Darüber hinaus gewinnt der Einsatz von Ro-Ro[1]- und Containerschiffen in der Binnenschifffahrt zunehmend an Bedeutung.

Insgesamt liegt das jährliche Beförderungsaufkommen der Binnenschifffahrt bei rund 55,6 Mrd. geleisteter Tonnenkilometer.

→

1 RoRo-Schiffe: Die Ladung wird hier nicht auf das Schiff aufgeladen, sondern gefahren und kann sogar mit dem Transportfahrzeug selbst (z. B. Lkw) befördert werden.

Der Vorteil der Binnenschifffahrt, Massengüter kostengünstig und ökologischer als andere Verkehrsträger zu befördern, zahlt sich aus. Mit nur 1 PS Motorleistung werden mit dem Binnenschiff 4 000 kg (Bahn 500 kg, Lkw 150 kg) bewegt. Entsprechend geringer ist die Umweltbelastung.

Arbeitshilfe 2

Zur Verfügung stehendes Streckennetz in der Bundesrepublik Deutschland:

- Länge des bundesdeutschen Straßennetzes: ca. 231 000 km
- Länge des bundesdeutschen Schienennetzes: ca. 34 000 km
- schiffbare Flusskilometer in der Bundesrepublik: ca. 7 350 km (75 % Flüsse, 25 % Kanäle)

Arbeitshilfe 3

Kostenvergleich der Verkehrsträger

Kosten der Verkehrsträger pro. Tonnenkilometer Binnenschiff = Index 100	
Binnenschiff 0,015 € 100	**Lkw** 0,147 € 980
Bahn 0,045 € 300	**Flugzeug** 1,93 € 12.867
Trend: Schere zwischen Binnenschiff/Bahn auf der einen Seite und Lkw/Flugzeug auf der anderen Seite geht weiter auseinander	

Vertiefende Übungen

1. Erläutern Sie den Unterschied zwischen direktem und indirektem Absatz.
2. Ein Unternehmen vertreibt seine Produkte an seine Kunden (Privat- und Geschäftskunden) über den Großhandel und den Fach-Einzelhandel. Es wird überlegt, die Distribution auf einen Direktvertrieb umzustrukturieren. Geben Sie an,
   a) welche Strukturen hierfür aufgebaut werden müssten,
   b) welche Kosten eingespart werden und wo an anderer Stelle Kosten neu entstehen,
   c) welche Vorteile und welche Nachteile dadurch für das Unternehmen entstehen.
3. a) Erläutern Sie, was ein Factory-Outlet-Center ist.
   b) Die Heidtkötter KG möchte am Standort Bielefeld mit einem Verkaufsgeschäft präsent sein. Zeigen Sie auf, was dafür spricht, dieses Geschäft einerseits in einem Factory-Outlet-Center zu platzieren oder anderseits in der Bielefelder Innenstadt.
   c) Welche Alternativen zu den beiden in Aufgabenteil b) gewählten Varianten sehen Sie noch? Erläutern Sie auch hier Vor- und Nachteile.
4. David bestellt am 12. März privat in einem Internetshop eines Textilversandhandels eine Sommerjacke. Er bezahlt per Vorkasse (Überweisung) und erhält die Ware am 18. März. Leider muss er feststellen, dass ihm die Jacke in der bestellten Größe viel zu klein ist.
   a) Innerhalb welcher Frist kann David das Geschäft widerrufen?

b) Was muss er tun, damit er dem Unternehmen gegenüber den Widerruf des Geschäftes erklärt?

c) Wie wird der Widerruf des Geschäftes abgewickelt?

d) Wer zahlt die Kosten, die durch den Widerruf entstehen?

e) Nennen Sie Beispiele für Waren, bei denen eine derartige Rückabwicklung des Geschäftes über einen Widerruf nicht so einfach möglich ist.

5. a) Erläutern Sie den Vertriebsweg des Franchising.

b) Grenzen Sie den Franchise-Nehmer als Absatzmittler vom Vertragshändler ab.

c) Zeigen Sie die Vorteile für den Franchisegeber und den Franchisenehmer auf.

6. Zeigen Sie auf, warum der Großhandel in der Vertriebskette aus Sicht der Hersteller, aber auch aus Sicht der (End-)Abnehmer eine wichtige Rolle spielt.

7. a) Der Handlungsreisende eines Unternehmens verursacht monatliche Personalkosten von 2.800,00 €, dazu kommt eine Umsatzprovision in Höhe von 2 %. Ermitteln Sie, bis zu welchem Umsatz sich der Einsatz eines Handelsvertreters lohnt, der eine Umsatzprovision von 7 % verlangt.

b) Weshalb ist es sinnvoll, mit einem Handelsvertreter eine Ausschließlichkeitsabsprache für den Vertrieb in einer bestimmten Region zu treffen?

c) Erläutern Sie, warum es für ein Unternehmen positiv sein kann, wenn ein Handelsvertreter weitere Unternehmen anderer Branchen in einer Vertriebsregion vertritt.

8. Ein Unternehmer beendet das Vertragsverhältnis mit einem Handelsvertreter.

a) Welchen Anspruch hat der Handelsvertreter?

b) Begründen Sie, warum der Gesetzgeber diesen Anspruch für Handelsvertreter im HGB fixiert hat.

9. Grenzen Sie den Handelsmakler als Absatzhelfer anhand von geeigneten Kriterien vom Handelsvertreter ab.

10. Zeigen Sie die Besonderheiten des Kommissionsgeschäftes auf und nennen Sie Beispiele, wo man es in der Praxis vorfindet.

11. a) Erläutern Sie, was man unter Eigenlagerung und unter Fremdlagerung versteht.

b) Welche Kosten müssen bei einem Kostenvergleich der beiden Varianten berücksichtigt werden?

c) Lohnt sich bei einer
   1) kleinen Lagermenge
   2) großen Lagermenge
   eher die Fremd- oder eher die Eigenlagerung? Begründen Sie Ihre Meinung.

12. Unterscheiden Sie die Absatzhelfer Frachtführer und Spediteur.

13. a) Nennen Sie die vier wichtigsten Verkehrsträger.

b) Zeigen Sie die Vorteile der verschiedenen Verkehrsträger auf. › **Arbeitsheft**

14. Bei den folgenden Produktbeispielen ist die Verpackung unterschiedlich gestaltet. Welche Funktion hat die jeweilige Verpackung?

	Produkt	Funktion der Verpackung
a)	Coca-Cola-Flasche	
b)	Päckchen Schrauben	
c)	Tüte Milch	
d)	Kopfschmerztabletten	
e)	Bürostuhl	
f)	Spielfilm-DVD	

ARBEITSHEFT

3.5 Kommunikationspolitik

3.5.1 Das Instrumentarium der Kommunikationspolitik

Situation

Gehen wir zurück in die Entstehungsphase des *communicTable:* Er ist *die* Innovation in der Produktgruppe Sonderlösungen. Nachdem die Konkurrenz in dieser Sparte gegenüber der Heidtkötter KG deutlich Marktanteile gewonnen hat, liegen die Hoffnungen des Unternehmens nun auf diesem Produkt. Der Leistungserstellungsprozess und die Beschaffungsprozesse sind entsprechend geplant worden und angelaufen. *„Jetzt muss der ‚communicTable' im Markt kommuniziert werden"*, sagt Klaus M. Heidtkötter in einer Besprechung zu den Marketingaktivitäten rund um die Produktinnovation. Der Leiter der Abteilung Marketing ergreift das Wort.

Arbeitsaufträge

1. Florian Hagenbruch hat als Marketingexperte schon einen sehr konkreten Plan zum Einsatz der kommunikationspolitischen Instrumente für die Markteinführung des *communicTable.*
   Geben Sie in der Gruppe mithilfe eines Brainstormings an, mit welchen Mitteln Sie die Markteinführung der Produktinnovation kommunizieren würden.

› INFO-Teil LF 10, Kap. 3.5

2. Ordnen Sie Ihre Vorschläge aus Arbeitsauftrag 1 den Instrumenten der Kommunikationspolitik zu (siehe Übersicht im INFO-Teil, Seite 236).
3. Herr Hagenbruch ist sich sicher, dass bei dem Einsatz der Kommunikationsinstrumente für den *communicTable* das Direktmarketing eine wichtige Rolle spielt. Informieren Sie sich im INFO-Teil über Direktmarketing und machen Sie einen konkreten Vorschlag, wie dieses Instrument beim Verkauf des *communicTable* eingesetzt werden könnte.

› INFO-Teil LF 10, Kap. 3.5

4. Ordnen Sie die gefundenen kommunikationspolitischen Instrumente für den Einsatz beim *communicTable* nach ihrer Wichtigkeit. Bedenken Sie dabei die Besonderheiten des Produktes und der Zielgruppe.

3.5.2 Information, Emotion, Kommunikation – Wie Werbung wirkt

Situation

Neben den kommunikationspolitischen Instrumenten „Persönlicher Verkauf" und „Verkaufsförderung" soll die Markteinführung des *communicTable* auch mit klassischer Werbung begleitet werden. Die Marketingabteilung arbeitet einen entsprechenden Werbeplan für den deutschen Markt aus.

Arbeitsaufträge

1. Informieren Sie sich im INFO-Teil über die Inhalte eines Werbeplanes. › INFO-Teil
2. Erläutern Sie die folgenden Begriffe:
   a) Werbebotschaft
   b) Zielgruppe
   c) Streuzeit/-gebiet
   d) Werbeträger
   e) Werbemittel
3. Stellen Sie zur Einführung des neuen *communicTable* einen Werbeplan für die Werbekampagne auf. Nutzen Sie dazu auch die Arbeitshilfen. › Arbeitsheft

Arbeitshilfe 1

Was Werbung kostet (Beispiele):

Zeitschriften:
Bürotrend (Fachzeitschrift für Büroausstattung)
ganzseitige Farbanzeige: 6.200,00 €
Gesamtauflage: 52 000 Stück bundesweit

Job and Design (Fachzeitschrift für Gestaltung von Büroarbeitsplätzen)
ganzseitige Farbanzeige: 10.300,00 €
Gesamtauflage: 75 000 Stück bundesweit

Der Blick (Wochenzeitschrift)
ganzseitige Farbanzeige: 24.000,00 €
Gesamtauflage: 3,2 Mio. Stück

Zeitung:
Westfälisches Tageblatt
ganzseitige Anzeige, wochentags: 7.000,00 €,
samstags: 9.000,00 €
(Auflagenhöhe: 81 000 Stück)

Fernsehen:
ARD, 30-Sekunden-Spot im Vorabendprogramm
Durchschnittspreis: 15.000,00 €
Reichweite: durchschnittlich 2,8 Mio. Zuschauer

Funk:
WDR4, 30-Sekunden-Spot
Mo.–Fr. zwischen 06:00 Uhr und 18:00 Uhr
Durchschnittspreis: 2.000,00 €
Anzahl Zuhörer: durchschnittlich 2,5 Mio.

Arbeitshilfe 2

Auszug aus dem Ergebnisprotokoll der Sitzung der Geschäftsleitung mit der Abteilung Verkauf/Marketing

TOP 3: **Festlegung des Marketingbudgets**

Die Geschäftsleitung und der Marketingleiter einigen sich auf die bewährte Regelung, das Budget für Marketingaktivitäten wie gewohnt prozentual (4,5 %) an den Umsatz des Vorjahres zu koppeln (Vorjahresumsatz: 25.350.000,00 €).

Die klassische Werbung darf bis maximal 40 % betragen, der Rest steht für die anderen kommunikationspolitischen Instrumente, insbesondere die Verkaufsförderung, zur Verfügung.

Ein Viertel des Budgets soll für die Produktgruppe Systeme, hier vor allem für die Einführungskampagne des *communicTable* bereitgestellt werden.

Situation (Fortsetzung) Florian Hagenbruch hat sich dafür entschieden, ganzseitige Anzeigen in Fachzeitschriften zu platzieren. Die genaue Gestaltung möchte er einer Werbeagentur überlassen. Klaus M. Heidtkötter ist nicht begeistert. Er findet, dass Florian Hagenbruch das selbst übernehmen sollte.

Arbeitsaufträge (Fortsetzung)

› Internetrecherche

4. Recherchieren Sie im Internet und finden Sie heraus, was Werbeagenturen ihren Kunden anbieten. Begründen Sie anhand Ihres Rechercheergebnisses, warum Herr Hagenbruch für die Gestaltung und Platzierung der Werbeanzeigen eine Werbeagentur einschalten möchte.
5. Skizzieren Sie einen Entwurf für die Zeitschriftenanzeige zur Werbekampagne des *communicTable*. Stellen Sie diesen Entwurf Ihren Mitschülerinnen und Mitschülern in geeigneter Weise vor. Sammeln Sie Lob und Kritik. Werten Sie diese aus. Welche Kriterien sind aus Ihrer Sicht die wichtigsten?

Arbeitshilfe

Fotobeispiele zum *communicTable*

3.5.3 Was erlaubt ist und was nicht – Die Grenzen der Werbung

Situation David Krone blättert durch das Fachmagazin *Bürotrend*. Er stutzt bei der Werbeanzeige des Konkurrenzunternehmens Gleider Möbel GmbH aus Bielefeld. *„Wow, die sind weltweit vertreten!"*, sagt er begeistert und zeigt die Anzeige seinem Gegenüber, dem Marketingleiter Hagenbruch. Der reagiert sehr verärgert, als er sich den Werbetext ansieht. *„Ich glaube das nicht! Schon wieder so eine Anzeige! Die lügen doch das Blaue vom Himmel herunter! Weltweit vertreten, wie denn mit ihren läppischen fünf Niederlassungen?"*, schimpft er vor sich hin. David fragt nach, warum er so aufgebracht ist. *„Das, mein lieber David, kannst du ganz gut selbst herausfinden. Schau dir die Anzeige noch mal an und wirf einen Blick in das UWG." – „UWG, was ist das denn?"*

Arbeitsaufträge

1. Schauen Sie sich die Werbeanzeige der Gleider Möbel GmbH genau an. Machen Sie sich erste Notizen zu dem, was Ihnen positiv und negativ auffällt. › Arbeitshilfe 1
2. Definieren Sie den Begriff „Unlauterer Wettbewerb" anhand des Gesetzestextes des UWG. › Arbeitshilfe 2
3. Stellen Sie heraus, gegen welche Vorgaben des UWG die Anzeige der Gleider Möbel GmbH verstößt.
4. Zeigen Sie auf, welche Maßnahmen Florian Hagenbruch für die Heidtkötter KG ergreifen kann und mit welchen Folgen die Gleider Möbel GmbH rechnen muss.

Arbeitshilfe 1

Werbeanzeige eines unmittelbaren Konkurrenten der Heidtkötter KG

Arbeitshilfe 2

§§ Auszüge aus dem Gesetz gegen den unlauteren Wettbewerb (UWG)

§ 3 Verbot unlauterer geschäftlicher Handlungen

(1) Unlautere geschäftliche Handlungen sind unzulässig, wenn sie geeignet sind, die Interessen von Mitbewerbern, Verbrauchern oder sonstigen Marktteilnehmern spürbar zu beeinträchtigen.

§ 4 Beispiele unlauterer geschäftlicher Handlungen

Unlauter handelt insbesondere, wer

1. geschäftliche Handlungen vornimmt, die geeignet sind, die Entscheidungsfreiheit der Verbraucher oder sonstiger Marktteilnehmer durch Ausübung von Druck, in menschenverachtender Weise oder durch sonstigen unangemessenen unsachlichen Einfluss zu beeinträchtigen;
2. geschäftliche Handlungen vornimmt, die geeignet sind, geistige oder körperliche Gebrechen, das Alter, die geschäftliche Unerfahrenheit, die Leichtgläubigkeit, die Angst oder die Zwangslage von Verbrauchern auszunutzen;
3. den Werbecharakter von geschäftliche Handlungen verschleiert;
4. bei Verkaufsförderungsmaßnahmen wie Preisnachlässen, Zugaben oder Geschenken die Bedingungen für ihre Inanspruchnahme nicht klar und eindeutig angibt;

[...]

7. die Kennzeichen, Waren, Dienstleistungen, Tätigkeiten oder persönlichen oder geschäftlichen Verhältnisse eines Mitbewerbers herabsetzt oder verunglimpft;
8. über die Waren, Dienstleistungen oder das Unternehmen eines Mitbewerbers oder über den Unternehmer oder ein Mitglied der Unternehmensleitung Tatsachen behauptet oder verbreitet, die geeignet sind, den Betrieb des Unternehmens oder den

→

Kredit des Unternehmers zu schädigen, sofern die Tatsachen nicht erweislich wahr sind; [...]
9. Waren oder Dienstleistungen anbietet, die eine Nachahmung der Waren oder Dienstleistungen eines Mitbewerbers sind, [...]
10. Mitbewerber gezielt behindert; [...]

§ 5 Irreführende geschäftliche Handlungen

(1) Unlauter handelt, wer eine irreführende geschäftliche Handlung vornimmt. Eine geschäftliche Handlung ist irreführend, wenn sie unwahre Angaben enthält oder sonstige zur Täuschung geeignete Angaben über folgende Umstände enthält:
1. die wesentlichen Merkmale der Ware oder Dienstleistung wie Verfügbarkeit, Art, Ausführung, Vorteile, Risiken, Zusammensetzung, Zubehör, Verfahren oder Zeitpunkt der Herstellung, Lieferung oder Erbringung, Zwecktauglichkeit, Verwendungsmöglichkeit, Menge, Beschaffenheit, Kundendienst und Beschwerdeverfahren, geografische oder betriebliche Herkunft, von der Verwendung zu erwartende Ergebnisse oder die Ergebnisse oder wesentlichen Bestandteile von Tests der Waren oder Dienstleistungen;

[...]
5. die Notwendigkeit einer Leistung, eines Ersatzteils, eines Austauschs oder einer Reparatur;

[...]
7. Rechte des Verbrauchers, insbesondere solche auf Grund von Garantieversprechen oder Gewährleistungsrechte bei Leistungsstörungen.

(2) Eine geschäftliche Handlung ist auch irreführend, wenn sie im Zusammenhang mit der Vermarktung von Waren oder Dienstleistungen einschließlich vergleichender Werbung eine Verwechslungsgefahr mit einer anderen Ware oder Dienstleistung oder mit der Marke oder einem anderen Kennzeichen eines Mitbewerbers hervorruft.

(3) Angaben im Sinne von Absatz 1 Satz 2 sind auch Angaben im Rahmen vergleichender Werbung sowie bildliche Darstellungen und sonstige Veranstaltungen, die darauf zielen und geeignet sind, solche Angaben zu ersetzen.

(4) Es wird vermutet, dass es irreführend ist, mit der Herabsetzung eines Preises zu werben, sofern der Preis nur für eine unangemessen kurze Zeit gefordert worden ist. [...]

§ 7 Unzumutbare Belästigungen

(1) Eine geschäftliche Handlung, durch die ein Marktteilnehmer in unzumutbarer Weise belästigt wird, ist unzulässig. Dies gilt insbesondere für Werbung, obwohl erkennbar ist, dass der angesprochene Marktteilnehmer diese Werbung nicht wünscht.

(2) Eine unzumutbare Belästigung ist stets anzunehmen
1. bei Werbung unter Verwendung eines in den Nummern 2 und 3 nicht aufgeführten, für den Fernabsatz geeigneten Mittels der kommerziellen Kommunikation, durch die ein Verbraucher hartnäckig angesprochen wird, obwohl er dies erkennbar nicht wünscht;
2. bei Werbung mit einem Telefonanruf gegenüber einem Verbraucher ohne dessen Einwilligung oder gegenüber einem sonstigen Marktteilnehmer ohne dessen zumindest mutmaßliche Einwilligung;
3. bei Werbung unter Verwendung einer automatischen Anrufmaschine, eines Faxgerätes oder elektronischer Post, ohne dass eine vorherige ausdrückliche Einwilligung des Adressaten vorliegt, [...]

(3) Abweichend von Absatz 2 Nr. 3 ist eine unzumutbare Belästigung bei einer Werbung unter Verwendung elektronischer Post nicht anzunehmen, wenn
1. ein Unternehmer im Zusammenhang mit dem Verkauf einer Ware oder Dienstleistung von dem Kunden dessen elektronische Postadresse erhalten hat,
2. der Unternehmer die Adresse zur Direktwerbung für eigene ähnliche Waren oder Dienstleistungen verwendet,
3. der Kunde der Verwendung nicht widersprochen hat und
4. der Kunde bei Erhebung der Adresse und bei jeder Verwendung klar und deutlich darauf hingewiesen wird, dass er der Verwendung jederzeit widersprechen kann, ohne dass hierfür andere als die Übermittlungskosten nach den Basistarifen entstehen.

§ 8 Beseitigung und Unterlassung

(1) Wer eine nach § 3 oder § 7 unzulässige geschäftliche Handlung vornimmt, kann auf Beseitigung und bei Wiederholungsgefahr auf Unterlassung in Anspruch genommen werden. Der Anspruch auf Unterlassung besteht bereits dann, wenn eine derartige Zuwiderhandlung gegen § 3 oder § 7 droht.

(3) Die Ansprüche aus Absatz 1 stehen zu:
1. jedem Mitbewerber;
2. rechtsfähigen Verbänden zur Förderung gewerblicher oder selbstständiger beruflicher Interessen, soweit ihnen eine erhebliche Zahl von Unternehmern angehört, die Waren oder Dienstleistungen gleicher oder verwandter Art auf demselben Markt vertreiben, [...]
3. qualifizierten Einrichtungen [...] zum Schutz der Verbraucherinteressen [...];
4. den Industrie- und Handelskammern oder den Handwerkskammern.

§ 9 Schadensersatz
Wer vorsätzlich oder fahrlässig eine nach § 3 oder § 7 unzulässige geschäftliche Handlung vornimmt, ist den Mitbewerbern zum Ersatz des daraus entstehenden Schadens verpflichtet. [...]

§ 10 Gewinnabschöpfung
(1) Wer vorsätzlich eine nach § 3 oder § 7 unzulässige geschäftliche Handlung vornimmt und hierdurch zu Lasten einer Vielzahl von Abnehmern einen Gewinn erzielt, kann von den gemäß § 8 Abs. 3 Nr. 2 bis 4 zur Geltendmachung eines Unterlassungsanspruchs Berechtigten auf Herausgabe dieses Gewinns an den Bundeshaushalt in Anspruch genommen werden.

§ 12 Anspruchsdurchsetzung, Veröffentlichungsbefugnis, Streitwertminderung
(1) Die zur Geltendmachung eines Unterlassungsanspruchs Berechtigten sollen den Schuldner vor der Einleitung eines gerichtlichen Verfahrens abmahnen und ihm Gelegenheit geben, den Streit durch Abgabe einer mit einer angemessenen Vertragsstrafe bewehrten Unterlassungsverpflichtung beizulegen. Soweit die Abmahnung berechtigt ist, kann der Ersatz der erforderlichen Aufwendungen verlangt werden.

Vertiefende Übungen

› Arbeitsheft

1. a) Erläutern Sie die fünf Instrumente der Kommunikationspolitik und bringen Sie zu jedem Instrument ein Beispiel aus den Bereichen Industrie, Handel und Dienstleistungen.
   b) „Tue Gutes und sprich darüber!" – Das ist der Leitsatz der Öffentlichkeitsarbeit. Erläutern Sie diesen Satz.
2. Entscheiden Sie bei den folgenden Beispielen, um welches kommunikationspolitische Instrument es sich handelt.
   a) Ein Unternehmen wirbt für sein Produkt auf dem Teambus einer Fußballmannschaft.
   b) In einer Fachzeitschrift erscheint die Anzeige eines Herstellers für Elektrowerkzeuge, in der die Vorzüge einer bestimmten Bohrmaschine dargestellt werden.
   c) Im Supermarkt findet eine große Verlosung statt. Zu gewinnen sind Einkaufsgutscheine im Gesamtwert von 10.000,00 €.
   d) Ein Handelsvertreter handelt bei einem Kundenbesuch für das beauftragende Unternehmen einen Kaufvertrag aus.
   e) Ein Reiseunternehmen zeigt einen Spot im Kino.
   f) Ein Möbelhersteller verschickt den neuen Prospekt an alle Kundenadressen der Kundendatei.
   g) Die örtliche Sparkasse hängt bei einem Kindergartenfest ein großes Plakat auf. Dafür fördert die Sparkasse das Fest mit 100,00 €.
   h) In einer Diskothek werden Produktproben eines Schokoladenherstellers verteilt.
   i) Eine Aktiengesellschaft veröffentlicht ihren Jahresgeschäftsbericht.
   j) In der Bäckerei eines Supermarktes wird verschiedenes Gebäck zum kostenlosen Probieren ausgestellt.
3. Nennen Sie sinnvolle Maßnahmen, die ein Unternehmen wie die Heidtkötter KG im Bereich der Öffentlichkeitsarbeit ergreifen könnte. Beachten Sie die Kosten für Ihre Vorschläge.
4. Der Einsatz von Werbung als Marketinginstrument wird häufig von Verbraucherverbänden auf der einen und Unternehmen auf der anderen Seite kontrovers diskutiert. Finden Sie Argumente für und gegen Werbung.
5. a) Erläutern Sie die Begriffe „Werbemittel" und „Werbeträger".
   b) Nennen Sie zu beiden Begriffen reale Beispiele.

→

Vertiefende Übungen (Fortsetzung)

6. Welcher Werbegrundsatz verbirgt sich hinter den folgenden Aussagen?
   a) *„Wenn wir bundesweit Jugendliche ansprechen wollen, sollten wir Werbung im Kino und in Jugendzeitschriften machen.“*
   b) *„Das Werbeziel ist eine Umsatzsteigerung von 500.000,00 €. Daher sollte die Werbemaßnahme auf keinen Fall 2.000.000,00 € kosten.“*
   c) *„Die Produktes unseres Unternehmens haben viele Tests unabhängiger Gutachter bestanden.“*
   d) *„Ich bin doch nicht blöd.“*
7. Hin und wieder verfehlen Werbekampagnen trotz eines hohen Budgets und weiterer guter Voraussetzungen ihr Ziel. Lesen Sie dazu den folgenden Artikel aus dem Magazin „Der Spiegel“.
   a) Beantworten Sie anhand der Aussagen des Textes die folgenden Fragen aus dem Werbeplan: Wer hat geworben? Was ist der Inhalt? Wem wurde die Werbebotschaft mitgeteilt? Wie wurde geworben? Wie viel Euro an Werbebudget standen zur Verfügung?
   b) Wie schätzen Sie den Erfolg der Werbeaktion ein?
   c) Welcher Werbegrundsatz wurde gut eingehalten, gegen welchen Werbegrundsatz wurde mit dieser Werbemaßnahme heftigst verstoßen?

E.on

Vergiss es, Baby

Unter der Rubrik „traurige Konzernrekorde“ wird wohl der E.on-Konzern die hoch gelobte Werbekampagne „Mix it, Baby“ verbuchen müssen. Mehr als 22,5 Millionen Euro hatte der Düsseldorfer Energieriese in den vergangenen Monaten vor allem für Fernsehspots mit dem Ex-Terminator Arnold Schwarzenegger ausgegeben. Doch die Botschaft des Hollywood-Schauspielers, „Mix it, Baby“, kam schlechter an, als selbst Pessimisten bei E.on befürchtet hatten. Gerade einmal 1100 Kunden haben sich nach internen Unternehmenszahlen bisher für den aus unterschiedlichen Energiearten zusammengestellten „Mix-Power-Strom“ entschieden. Das macht rund 20 450 Euro pro Neukunde und ist, so ein E.on-Manager, „nicht nur rekordverdächtig, sondern geradezu absurd“. Bei einer Gewinnmarge von etwa drei Prozent und einer durchschnittlichen Stromrechnung von 44 Euro pro Monat müsste E.on die neuen Power-Mix-Kunden mehr als 1291 Jahre lang mit Strom beliefern, nur um die Werbekosten wieder einzufahren. Trotzdem sieht das Unternehmen die Spots als Erfolg. Immerhin sei auch das Image des Konzerns „gehörig aufgewertet worden“.

SPIEGEL 8/2002

8. a) Nennen Sie die Personengruppen, die durch das Gesetz gegen den unlauteren Wettbewerb (UWG) geschützt werden sollen.
   b) Begründen Sie für jede einzelne Gruppe, warum sie besonders geschützt werden soll.
9. Machen Sie Vorschläge zum Product-Placement für den *communicTable.*
10. Sales Promotion (Verkaufsförderung) zählt zu den kurzfristig wirkenden Kommunikationsinstrumenten. Nennen Sie passend zu Ihrem Ausbildungsbetrieb Beispiele für Verkaufsförderung und ordnen Sie diese Beispiele der Verbraucher-/Händler-/Verkäuferpromotion zu.

3.6 Servicepolitik

Situation Die Heidtkötter KG ist als Hersteller von Büromöbeln verpflichtet, für Garantieansprüche der Endkunden geradezustehen. Daneben hat man im Laufe der Zeit auch einen Reparaturservice aufgebaut, der im Hauptwerk in Bielefeld ansässig ist. Hier werden von zwei Technikern Reparaturwünsche der Kunden erfüllt. Dazu müssen die entsprechenden Möbel oder Möbelteile nach Bielefeld geschickt werden. Ist die Reparaturwerkstatt nicht entsprechend mit Aufträgen ausgestattet, werden die beiden Mitarbeiter dort abgezogen und in der Produktion eingesetzt.
Nun liegt Klaus M. Heidtkötter das folgende Werbeschreiben vor:

Möbelservice GmbH

Möbelservice GmbH · Winkerstraße 37 · 33102 Paderborn

Heidtkötter KG
Gütersloher Straße 111
33647 Bielefeld

Winkerstraße 37 · 33102 Paderborn
Telefon: 05251 4166711

Internet: www.moebelservice-wvd.de
E-Mail: info@moebelservice-wvd.de

Telefax
05251 4166
-13

E-Mail:
m.beckers@moebelservice-wvd.de

Ihr Zeichen, Ihr Auftrag vom	Unser Zeichen, unsere Nachricht vom	Telefon, Name 0521 708	Datum
He/28.11.20..	Be	-11	01.12.20..

Sehr geehrte Damen und Herren,

die Möbelservice GmbH ist ein deutschlandweit operierendes Unternehmen, das sich seit 1999 auf die Vor-Ort-Reparatur, Instandsetzung und Reklamationsbearbeitung von gepolsterten Teilen für den Sitz- und Liegebereich jeglicher Art spezialisiert hat.

Als „verlängerter Arm Ihres Unternehmens" übernehmen wir als mobiler Vor-Ort-Service die Garantie-, Reklamationsbearbeitung und den Reparaturservice von Büromöbeln sowie die Aufarbeitung von gebrauchten Bürositzmöbeln direkt vor Ort beim Endkunden. Damit entlasten wir Sie als Hersteller unter Wahrung Ihrer Vertriebsinteressen von dieser aufwendigen, teuren und personalintensiven Aufgabe und ermöglichen Ihnen so die volle Konzentration auf Ihr Kerngeschäft.

Unser Leistungskatalog:

Mechanik
- Austausch von Ersatzteilen, Gestellen und Fußkreuzen
- Auswechseln von Gasdruckfedern
- Wechseln von Rollen, Armlehnen, Sitzschalen usw.
- Standard-Reparaturen bei sich wiederholenden Serienfehlern

Leder
- Reinigung und Pflege
- Nachfärben der Oberfläche
- Schließen von offenen und ausgerissenen Nähten
- Nachspannen von Bezügen
- Nachpolstern von Schaumstoffeinlagen

Stoff/Polster
- Reinigung
- Schließen von offenen und ausgerissenen Nähten
- Nachspannen von Bezügen
- Nachpolstern von Schaumstoffeinlagen

Sonstiges
- Vor-Ort-Schadensaufnahme und -begutachtung

Ihr Nutzen:
- **Flexibilität:** Kundendienstkapazitäten an jedem Ort ohne eigene Investitionen
- **Zeitersparnis und Kostenersparnis:** Reklamationsbearbeitung, Reparaturen und Beratung werden durch den flächendeckenden POS-Service zeitnah und professionell durchgeführt, eine kostenintensive Rückholung bei Werksüberarbeitung entfällt.

→

– 2 –

- **Prozessoptimierung:** Durch die Konzentration auf das Kerngeschäft, schlankes Personalmanagement und geringeren Aufwand in Organisation und Verwaltung lassen sich die Kosten senken und der Ertrag verbessern.
- **Erstklassiger Service:** Durch mehr Kompetenz und einen erweiterten Service wird der Dienst am Kunden optimiert und Zusatzumsätze können ausgeschöpft werden.
- **Übersichtliches Preissystem:** Das Preissystem macht den Überblick über die Kosten leicht, denn wir rechnen nach kostengünstigen Pauschalen ab. Dadurch entfällt eine komplizierte Berechnung nach Stunden und Kilometern.

Mit uns erleben Sie eine problemlose Abwicklung durch einfache und flexible Auftragserteilung. Auf unserer Internetseite können Sie unter Eingabe Ihres „Kunden-Log-in“ alle Reklamationsangaben in „Formularvorlagen“ eingeben und in Sekundenschnelle an uns senden. Natürlich nehmen wir Ihre Aufträge auch per Telefon, Fax oder Brief entgegen. Alle Servicetechniker sind per Laptop mit der Firmenzentrale verbunden und so in der Lage, innerhalb kürzester Zeit jeden Kunden zu besuchen.

Überzeugen Sie sich von unseren Leistungen durch einen kostenlosen Probeauftrag.
Wir freuen uns darauf!

Mit freundlichen Grüßen
Möbelservice GmbH

Manfred Beckers

Bankverbindung:
Volksbank Paderborn · Konto-Nr. 22991976, BLZ 472 601 21
IBAN DE95 4726 0121 0022 9919 76 · BIC DGPBDE3MXXX

Sitz der Gesellschaft Paderborn
Handelsregister Paderborn HRB 89437
Umsatzsteuer-Ident-Nr. DE 471123135

Arbeitsaufträge

1. Prüfen Sie das Angebot der Möbelservice GmbH auf ihr Leistungsspektrum.
   a) Welchen Servicebereich kann das Unternehmen der Heidtkötter KG abnehmen?
   b) Nennen Sie Gründe, die dafür bzw. dagegen sprechen, die Leistungen der Möbelservice GmbH in Anspruch zu nehmen.
2. Recherchieren Sie (im Internet, in Ihrem Ausbildungsbetrieb oder in Fachzeitschriften), was man unter dem Begriff „Outsourcing“ versteht.
3. Erläutern Sie, worin sich „Pre-sales-Services“ und „After-sales-Services“ unterscheiden und finden Sie eigene Beispiele für beide Bereiche.

› INFO-Teil LF 10, Kap. 3.6

Vertiefende Übung

Ein Callcenter kauft in einem Bürofachhandelsgeschäft 40 Bürostühle der Marke Heidtkötter. Der Bürofachhändler bietet dem Callcenter als Serviceleistung eine Finanzierung zu folgenden Konditionen an:

Finanzierungsbetrag:	Gesamtnettoverkaufspreis abzüglich 200,00 € Anzahlung endfälliges Darlehen (d. h., der gesamte Darlehensbetrag ist am Ende der Laufzeit fällig)
Preis je Bürostuhl, netto:	380,00 €
Nominaler Zinssatz:	2,5 % p. a.
Laufzeit:	2 Jahre
Einmalige Bearbeitungsgebühr:	75,00 €
Ausfallversicherung:	3 % vom Finanzierungsbetrag

a) Berechnen Sie den Finanzierungsbetrag.
b) Ermitteln Sie die gesamten Kosten der Finanzierung.
c) Berechnen Sie den effektiven Jahreszinssatz (die Gesamtkosten der Finanzierung bezogen auf den Finanzierungsbetrag).
d) Wie viel Geld hat das Callcenter dann insgesamt für die 40 Bürostühle bezahlt?

3.7 Nur ein Marketinginstrument allein einsetzen geht (fast) nicht – Marketingmix

Situation

David Krone ist jetzt schon seit vier Wochen in der Abteilung Verkauf/Marketing eingesetzt. Der Abteilungsleiter möchte testen, was David in dieser Zeit gelernt hat. Er bittet ihn zu sich. *„David, du hast miterleben können, wie wir uns in vielen Sitzungen Gedanken zum ‚communicTable' gemacht haben. Dabei haben wir in den verschiedenen Besprechungen einzelne Marketinginstrumente zum Schwerpunkt gehabt und die entsprechenden Maßnahmen hierzu näher festgelegt, alles schön getrennt voneinander. Du sollst jetzt diese Ideen und Entscheidungen zusammentragen."*

Arbeitsaufträge

1. Der *communicTable* befindet sich noch in der Einführungsphase seines Produktlebenszyklus. Rufen Sie sich in Erinnerung, was das für die Umsatzzahlen des Produktes, den Gewinn und die Kosten bedeutet.
2. Bilden Sie nun Arbeitsgruppen. Bringen Sie Ihr Marketingwissen ein, indem Sie einen Plan für den Einsatz der Marketinginstrumente für den *communicTable* aufstellen, bezogen auf die in Auftrag 1 festgelegte Phase seines Lebenszyklus. Halten Sie Ihr Ergebnis so fest, dass Sie Ihren Mitschülern diese Mischung des Instrumenteneinsatzes anschließend präsentieren können. › Arbeitsheft

***communicTable*, Phase des Produktlebenszyklus:** ____	
Marketinginstrument	**Festlegung der Marketingmaßnahme**
Produktpolitik	…
…	

3. Die Heidtkötter KG hat über eine Marktforschung vor geraumer Zeit herausgefunden, dass die Chancen auf ein beträchtliches Marktwachstum bei Konferenz- und Projekttischen wie dem *communicTable* sehr hoch sind.
   a) Legen Sie die Position des *communicTable* in der BCG-Matrix fest.
   b) Vergleichen Sie die in Arbeitsauftrag 2 gefundenen Vorschläge und Festlegungen mit den Aussagen zur entsprechenden Position des *communicTable* anhand der im INFO-Teil aufgezeigten BCG-Matrix. › INFO-Teil LF 10, Kap. 1.3
4. In der Heidtkötter KG geht man fest davon aus, dass der *communicTable* ein großer Erfolg wird. Insofern wird schon jetzt in der Abteilung Marketing über die weitere Vorgehensweise gesprochen. Machen Sie sich erneut Gedanken, welche Maßnahmen zu den einzelnen Marketinginstrumenten sinnvoll sind, wenn das Produkt in die nächste Phase seines Lebenszyklus geht. › Arbeitsheft

***communicTable*, Phase des Produktlebenszyklus:** ____	
Marketinginstrument	**Festlegung der Marketingmaßnahme**
Produktpolitik	…
…	

Vertiefende Übungen

1. Geben Sie in der folgenden Tabelle an, ob das entsprechende Marketinginstrument bei dem vorgegebenen Beispiel eine wichtige oder eine weniger wichtige Rolle spielt.

	Beispiele			
Marketinginstrument	**Parfüm**	**Lkw**	**Beton**	**Haftpflichtversicherung**
Produktpolitik				
Preispolitik				
Distributionspolitik		ARBEITSHEFT		
Kommunikationspolitik				
Servicepolitik				

› Arbeitsheft

2. Geben Sie zu den von Ihnen in Übung 1 als wichtig identifizierten Marketinginstrumenten Beispiele für konkrete Maßnahmen an.
3. Zeigen Sie anhand des Internet-Auftrittes www.sekretariat24.com und des kurzen Infotextes den Marketingmix des Schreibbüros auf. Ergänzen Sie, wo möglich und nötig, mit eigenen Ideen.

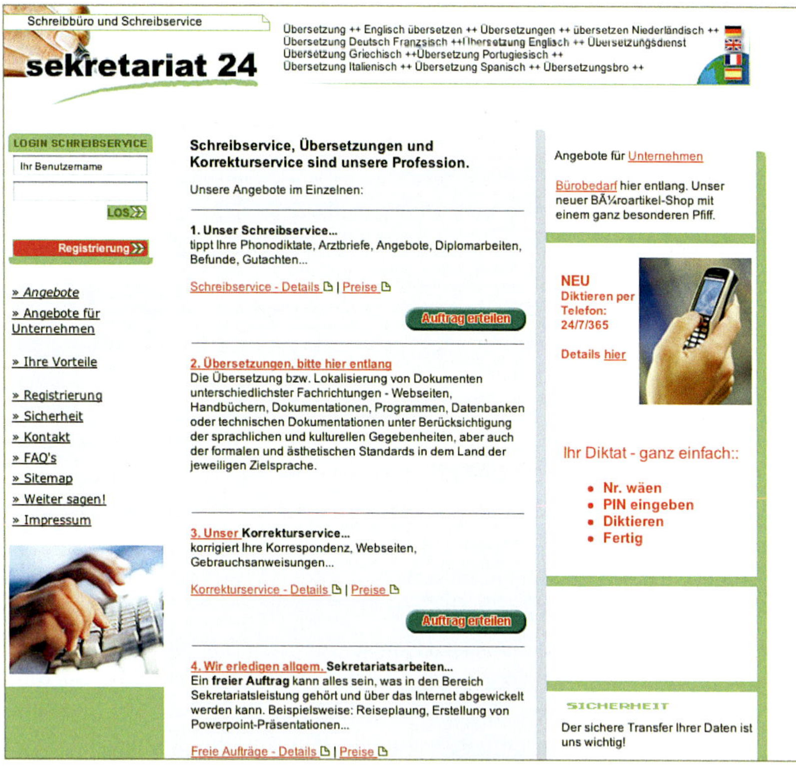

Quelle: www.sekretariat24.com, abgerufen am 15.07.2012

www.sekretariat24.com bietet zu 100 Prozent Schreibdienstleistungen auf digitaler Datenbasis an. Das heißt, die Kunden senden über das Internet digitale Sprachdateien (DSS, MP3 oder anderes hoch komprimierendes Dateiformat). Die Schreibkräfte bei *sekretariat24.com* tippen die Sprachdateien (Diktate) ab und senden das Ergebnis in Form von Word-Dateien an die Kunden zurück.
Alle Prozesse sind über das Internet abgebildet und laufen verschlüsselt ab, sodass eine hohe Datensicherheit gegeben ist. Die Internetpräsenz nimmt demnach aus mehrerlei Blickwinkel eine zentrale Rolle im Geschäftsmodell ein.

4 Am Ende des Prozesses steht die Überprüfung des Erfolges – Marketingcontrolling

Situation

Aus dem Sortiment der Heidtkötter KG wurde in den letzten Monaten die Sitz-/Stehhilfe *seand* besonders beworben. Dies ging einher mit der Markteinführung des Projekt- und Konferenztisches *communicTable*, zu dem der *seand* gut passt, da der *communicTable* als flexibler Tisch so höhenverstellbar ist, dass man an ihm auch im Stehen gut miteinander arbeiten kann. Die Marketingfachleute des Unternehmens sollen nun für die Geschäftsführung herausfinden, ob sich die Marketingaktivitäten für den *seand* gelohnt haben. Dazu tragen sie für den deutschen Markt wichtige Kennzahlen vom letzten Quartal zusammen.

Arbeitsaufträge

› Arbeitshilfen

1. Ermitteln Sie die Wirtschaftlichkeit der Werbeaktion zum *seand*.
2. Berechnen Sie den Marktanteil des *seand* am Gesamtmarkt vor und nach der Werbeaktion.
3. Ermitteln Sie den alten und den neuen Deckungsbeitrag des Produktes *seand*.
4. Beurteilen Sie die ermittelten Ergebnisse.
5. Zeigen Sie die Grenzen der Aussagefähigkeit der Ergebnisse auf.
6. Die Heidtkötter KG hat vor dem Start der Marketingaktion für den *seand* Kennzahlen festgelegt, die man erreichen möchte:
   - Soll-Umsatz: 340.000,00 €
   - Soll-Marktanteil: 13 %
   - Soll-Deckungsbeitrag: 105.000,00 €

   a) Warum werden derartige Zahlen festgelegt?
   b) Ermitteln Sie die Abweichungen zu den Soll-Zahlen.
   c) Zeigen Sie mögliche Gründe für die Abweichungen auf.
   d) Denken Sie die Situation weiter:
   Wie könnten die Zahlen im nächsten Quartal aussehen?

Arbeitshilfe 1

Sitz-/Stehhilfe *seand*	
Umsatz vor der Marketingaktion	245.000,00 €
Umsatz nach der Marketingaktion	309.000,00 €
Gesamtumsatz des Marktes **vor** der Marketingaktion	2.555.000,00 €
Gesamtumsatz des Marktes **nach** der Marketingaktion	2.600.000,00 €
Werbeaufwand	32.000,00 €
variable Kosten **alt/neu**	235.000,00 €/267.000,00 €
fixe Kosten **alt/neu**	39.000,00 €

Arbeitshilfe 2

$$\text{Wirtschaftlichkeit} = \frac{\text{Umsatzzuwachs}}{\text{Werbeaufwand}}$$

Vertiefende Übungen

1. Unterscheiden Sie zwischen kurzfristiger und langfristiger Marketingkontrolle.
2. Zeigen Sie anhand von Beispielen auf, wie man Marketingkontrolle für die einzelnen Marketingbereiche Produkt-, Preis-, Distributions-, Kommunikations- und Servicepolitik durchführen kann.
3. In der Heidtkötter KG soll die Effizienz des Außendienstes überprüft werden. Dazu werden bezogen auf die Stelle des Handlungsreisenden Frank Leitner folgende Zahlen aus den Reiseberichten, der Personalabteilung und dem Controlling herangezogen:

Arbeitstage des Monats:	20
Anzahl der Kundenbesuche im Monat:	58
Aufenthaltszeit bei Kunden im Monat insgesamt:	130,5 Std.
Erzielter Umsatz im Monat:	28.000,00 €
Personalkosten im Monat:	5.500,00 €
Reisekosten/Bewirtung:	800,00 €
Kosten Firmen-Pkw (inkl. Benzinkosten):	600,00 €

a) Ermitteln Sie die folgenden Daten:
- durchschnittliche Anzahl Kundenbesuche je Tag
- Aufenthaltszeit je Kunde im Durchschnitt
- durchschnittlich erzielter Umsatz je Kunde
- angefallene Gesamtkosten

b) Folgende Vergleichswerte liegen aus dem entsprechenden Monat des Vorjahres vor:
- durchschnittliche Anzahl Kundenbesuche je Tag: 3,8
- Aufenthaltszeit bei Kunden im Monat insgesamt: 130,5 Std.
- Aufenthaltszeit je Kunde im Durchschnitt: 1,5 Std.
- durchschnittlich erzielter Umsatz je Kunde: 380,00 €
- Gesamtkosten: 8.200,00 €
- gleiche Anzahl an Arbeitstagen

Ermitteln Sie die Abweichungen und benennen Sie mögliche Gründe hierfür. Ziehen Sie Schlussfolgerungen aus Ihren Betrachtungen.

4. Im Controlling der Heidtkötter KG ist aufgefallen, dass der Deckungsbeitrag einer Bürostuhlserie seit ungefähr einem Quartal negativ ist.

a) Benennen Sie Gründe, die diese Entwicklung erklären könnten.

b) Zeigen Sie auf, welche Handlungsmöglichkeiten sich zum einen hinsichtlich der von Ihnen gefundenen Gründe, zum anderen bezogen auf das Produktprogramm der Heidtkötter KG ergeben können.

5
Der Interessent wird Kunde – Verträge mit dem Kunden abschließen und erfüllen

Ausgangslage

Eine Marketingmaßnahme ist erfolgreich, wenn es ihr gelingt, Interesse zu wecken, das zu einer Kaufhandlung führt. Diese Erkenntnis spiegelt sich beispielsweise auch in der AIDA-Formel wider, eine Art „Gebrauchsanweisung“, wie Werbung zu gestalten ist: A = ATTENTION (Aufmerksamkeit erregen), I = INTEREST (Interesse wecken), D = DESIRE (den Kaufwunsch wecken) und A = ACTION (Kaufaktion auslösen).

Was zu tun ist, wenn der Kunde wirklich kauft oder bestellt, ist Thema dieses Kapitels. Von der Anfrage des Kunden nach mehr Informationen über seine Bestellung bis hin zur Bezahlung werden die einzelnen Abläufe erarbeitet und beleuchtet. Dass bei der Erfüllung der Pflichten aus (Kauf-)Verträgen auch einiges schiefgehen kann, haben Sie schon an anderer Stelle erfahren. In diesem Kapitel werden die Kaufvertragsstörungen von der Absatzseite her betrachtet.

Lernziele

Nachdem Sie dieses Kapitel durchgearbeitet haben, können Sie ...

- einen Überblick über den Prozess der Auftragsbearbeitung geben,
- eine Kundenanfrage adäquat bearbeiten und beantworten,
- eine Kundenbestellung mit den erforderlichen Handlungsschritten und Formularen abwickeln,
- den Zahlungseingang des Kunden auch unter Abzug von Nachlässen buchen,
- Leistungsstörungen auf der Absatzseite erkennen, deren rechtliche Wirkungen abschätzen und aus den rechtlichen Möglichkeiten angemessene Maßnahmen auswählen.

5.1 Bearbeitung eines Kundenauftrags

5.1.1 Der Kunde fragt an

Situation

In der Heidtkötter KG trifft der folgende Brief ein. Der Auszubildende David Krone soll die Anfrage des Kunden bearbeiten. Dazu stehen ihm die entsprechenden Daten aus der Kunden- bzw. der Artikeldatei zur Verfügung.

BÜROAUSSTATTUNG KLAUSEN e. K.

Büroausstattung Klausen e. K. · Universitätsstr. 45 · 33098 Paderborn

Heidtkötter KG
Gütersloher Straße 111
33647 Bielefeld

Universitätsstraße 45 · 33098 Paderborn
Telefon: 05251 89779900
Telefax: 05251 89779901
Internet: www.klausen-wvd.com
E-Mail: info@klausen-wvd.com

Telefax 05251 89779 -901
E-Mail: e.meise@klausen-wvd.com

Ihr Zeichen, Ihre Nachricht vom	Unser Zeichen, unsere Nachricht vom	Telefon, Name 05251 89779	Datum
	EK-ME	-900, Meise	12.04.20..

Anfrage

Sehr geehrte Damen und Herren,

bitte schicken Sie uns ein Angebot über 5 Stück Ihres Artikels Nr. 6060 Bürostuhl *zirom* mit Angabe aller Liefer- und Zahlungsbedingungen. Für eine umgehende Antwort sind wir sehr dankbar.

Mit freundlichen Grüßen

Büroausstattung Klausen e. K.

Erwin Meise
i. A. Erwin Meise

Bankverbindung:
Sparkasse Paderborn, Konto-Nr.: 9900321, BLZ: 472 501 01
IBAN: DE42 4725 0101 0009 9003 21, BIC: WELADED1PBN

Sitz der Gesellschaft: Paderborn
Handelsregister: Paderborn HRA 99223
USt-IdNr.: DE 151 052 009

Arbeitsaufträge

› Band 2 LF 6, Kap. 3.2.2

1. Rufen Sie sich den rechtlichen und betriebswirtschaftlichen Hintergrund zur Anfrage ins Gedächtnis, indem Sie die folgenden Fragen kurz beantworten. Greifen Sie gegebenenfalls auf die Informationen zur Anfrage in Band 2, Lernfeld 6 zurück.
   - Welche Arten von Anfragen werden unterschieden? Worin liegen die Unterschiede?
   - Welcher Zweck wird mit einer Anfrage verfolgt?
   - Welche Form kann eine Anfrage haben?
   - Welche rechtlichen Folgen hat eine Anfrage?

› Arbeitsheft › Arbeitshilfen 1 bis 3

2. Stellen Sie die Daten zusammen, die in das Antwortschreiben der Heidtkötter KG an die Firma Büroausstattung Klausen e. K. hineingehören. Schreiben Sie dann mit Datum vom 14. April das Angebot an diese Firma. Sie können hierzu das Briefformular der Heidtkötter KG im Arbeitsheft nutzen.

Arbeitshilfe 1

Auszug aus der Kundendatei

Firma: Büroausstattung Klausen e. K.	Telefon: 05251 89779900
Straße: Universitätsstraße 45	Telefax: 05251 89779901
PLZ/Ort: 33098 Paderborn	E-Mail: info@klausen-wvd.com
Ansprechpartner: Erwin Meise	Konto-Nr.: 9900321
	BLZ: 452 501 01
	Bank: Sparkasse Paderborn
Zahlungs- und Lieferungsbedingungen: ☐ Lieferung nur gegen Vorkasse ☐ Lieferung nur gegen Nachnahme ☐ Bankeinzug ☑ Ziel: 40 Tage Skonto: 1,5 % innerhalb von 10 Tagen Rabatt: 10 % Versandart: frei Haus	Umsatz Vorjahr: 28.000,00 € Zahlungsmoral: mäßig Rechnung vom 13.12. 1-mal angemahnt Rechnung vom 08.01. 2-mal angemahnt Rechnung vom 20.01. 2-mal angemahnt Bonität: befriedigend

Besondere Vermerke:

Ab sofort aufgrund der schlechten Zahlungsmoral in den letzten Monaten bitte berücksichtigen:

☐ Zahlungsziel auf 25 Tage begrenzen
☐ Skonto auf 3 % innerhalb von 10 Tagen erhöhen

18.03.20.., gez. Franka Huhn (Sachbearbeitung Verkauf Inland)

Arbeitshilfe 2

Auszug aus der Artikeldatei

Produktgruppe	Artikel-Nr.	Artikelbezeichnung	Artikelbeschreibung	Herstellkosten	Lagerdaten		
					Höchstbestand	Mindestbestand	aktueller Bestand
Produktgruppe Stühle							
2	6060	Bürodrehstuhl *zirom*	Bürodrehstuhl, hohe, elastische Rückenschale, verstellbare Rücken- und Armlehnen sowie Gewichtsregulierung über 2 Tasten und 1 Kurbel	225,00 €	75	20	44
...	...	...	...	...	...	...	...

Arbeitshilfe 3

Kalkulationsgrundlagen Produktgruppe Stühle

Verwaltungsgemeinkostenzuschlag:	18 %
Vertriebsgemeinkostenzuschlag:	4 %
Gewinnzuschlag:	20 %

5.1.2 Der Kunde bestellt

Situation Wenige Tage nachdem David Krone der Büroausstattung Klausen e. K. das Angebot über die Bürodrehstühle zugesandt hat, trifft in der Heidtkötter KG der folgende Brief ein:

BÜROAUSSTATTUNG KLAUSEN e. K.

Büroausstattung Klausen e. K. · Universitätsstr. 45 · 33098 Paderborn

Heidtkötter KG
Gütersloher Straße 111
33647 Bielefeld

Universitätsstraße 45 · 33098 Paderborn
Telefon: 05251 89779900
Telefax: 05251 89779901
Internet: www.klausen-wvd.com
E-Mail: info@klausen-wvd.com

Telefax
05251 89779
-901

E-Mail:
e.meise@klausen-wvd.com

Ihr Zeichen, Ihre Nachricht vom	Unser Zeichen, unsere Nachricht vom	Telefon, Name 05251 89779	Datum
	EK-ME	-900, Meise	17.04.20..

Bestellung Nr. 76/04

Sehr geehrter Herr Krone,

aufgrund Ihres Angebotes bestellen wir **5 Stück Artikel Nr. 6060 Bürostuhl *zirom*** zu den von Ihnen genannten Bedingungen. Wir freuen und über die Erhöhung des Skontosatzes auf 3 %, mit dem Zahlungsziel von 25 Tagen sind wir allerdings nicht einverstanden und bestehen auf dem ursprünglichen Zeitraum von 40 Tagen.

Bitte bestätigen Sie mir schnellstmöglich die Annahme des Auftrages!

Mit freundlichen Grüßen

Büroausstattung Klausen e. K.

Erwin Meise
i. A. Erwin Meise

David ist unsicher, ob jetzt das Zahlungsziel von 25 Tagen oder die 40 Tage gelten. Er fragt den Abteilungsleiter Verkauf, Herrn Bernd Karisch, als dieser gerade zufällig an Davids Schreibtisch vorbeigeht. *„40 Tage Ziel bleiben! Schreib' das in die Auftragsbestätigung rein!"* David ist zwar erstaunt, nickt aber eifrig und macht sich an die Arbeit.

Arbeitsaufträge

1. Die Bestellung der Büroausstattung Klausen e. K. ist aufgrund des Angebotes und der Daten der Kundendatei erfolgt. Begründen Sie, ob mit der Bestellung schon ein Kaufvertrag zustande gekommen ist.
2. Erläutern Sie, warum die Büroausstattung Klausen e. K. darauf besteht, schnellstmöglich eine Auftragsbestätigung zu erhalten.
3. In der Kundendatei der Büroausstattung Klausen e. K. ist der Vermerk zu finden, dass das Zahlungsziel verkürzt wird. Nun nimmt der Verkaufsleiter Karisch diese Vorgabe wieder zurück. Erläutern Sie seine möglichen Beweggründe.

› Arbeitsheft

4. Formulieren Sie mit Datum vom 18. April die Auftragsbestätigung. Der Warenbestand entspricht zurzeit noch den Angaben aus der Artikeldatei, die in Kapitel 5.1.1 zu finden ist. Eine schnelle Auslieferung ist möglich.

Situation (Fortsetzung) Nachdem David die Auftragsbestätigung an die Büroausstattung Klausen e. K. gefaxt hat und seine Ausbilderin Frau Huhn seine Arbeit für gut befunden hat, soll er den Auftrag auch fertig bearbeiten. *„Damit die Leute im Lager wissen, welche Ware an wen zu versenden ist, muss ein Lieferschein erstellt werden. Wir lassen die Ware mit dem Lkw über eine Spedition ausliefern. Gleichzeitig kannst du auch schon die Rechnung aufsetzen."*

Arbeitsaufträge (Fortsetzung)

5. Erstellen Sie mit Datum vom 18. April den Lieferschein an die Büroausstattung Klausen e. K. Nutzen Sie das Leerformular im Arbeitsheft. **› Arbeitsheft**
6. Erstellen Sie mit Datum vom 18. April die Rechnung für die Büroausstattung Klausen e. K. Nutzen Sie das Leerformular im Arbeitsheft. **› Arbeitsheft**
7. Bilden Sie den Buchungssatz zur Rechnung an die Büroausstattung Klausen e. K. (vgl. dazu auch Band 1, Lernfeld 3).

HEIDTKÖTTER
Büromöbelfabrik Heidtkötter KG
Heidtkötter KG · Gütersloher Str. 111 · 33647 Bielefeld
Gütersloher Straße 111 · 33647 Bielefeld
Telefon: 0521 708-0 · Telefax: 0521 708-464
Internet: www.heidtkoetter-wvd.de
E-Mail: info@heidtkoetter-wvd.de
Telefax 0521 708 E-Mail:
Ihr Zeichen, Ihr Auftrag vom | Unser Zeichen, unsere Nachricht vom | Telefon, Name 0521 708 | Datum
Lieferschein Nr.

HEIDTKÖTTER
Büromöbelfabrik Heidtkötter KG
Heidtkötter KG · Gütersloher Str. 111 · 33647 Bielefeld
Gütersloher Straße 111 · 33647 Bielefeld
Telefon: 0521 708-0 · Telefax: 0521 708-464
Internet: www.heidtkoetter-wvd.de
E-Mail: info@heidtkoetter-wvd.de
Telefax 0521 708 E-Mail:
Ihr Zeichen, Ihr Auftrag vom | Unser Zeichen, unsere Nachricht vom | Telefon, Name 0521 708 | Datum
Rechnung Nr.

5.1.3 Der Kunde bezahlt

Situation Nach drei Wochen Urlaub und ein paar Tagen Blockunterricht fragt David seine Ausbilderin, ob die Büroausstattung Klausen e. K. die von ihm geschriebene Rechnung pünktlich bezahlt hat. *„Keine Ahnung"*, antwortet ihm Franka Huhn, *„das kontrollieren die Kollegen in der Abteilung Buchhaltung/Zahlungsverkehr. Wir bekommen nur eine Rückmeldung über die Kundendatei. Hier vermerken wir dann auch, wenn ein Unternehmen mehrfach ‚auffällig' geworden ist sowie, ob und wie wir darauf reagieren wollen."* Davids Neugier ist damit noch nicht gestillt, er lässt nicht locker: *„Ich wüsste schon gerne, ob die wieder zu spät bezahlen oder nicht."* Franka Huhn zeigt sich einsichtig: *„Geh doch rüber zu den Kollegen und klär das vor Ort!"*

Arbeitsaufträge

› Arbeitshilfe 1

1. In der Buchhaltung zeigt man David einen Kontoauszug (vgl. Arbeitshilfe 1). Prüfen Sie, ob die Büroausstattung Klausen e. K. die Rechnung zeitlich und rechnerisch richtig bezahlt hat.
2. Geben Sie den Buchungssatz für die Bruttobuchung des Zahlungseinganges der Büroausstattung Klausen e. K. an. Nutzen Sie für die Buchung des Kundenskontos das Konto „5001 Erlösberichtigungen".
3. Ermitteln Sie die Umsatzsteuerberichtigung, die sich durch die Zahlung unter Skontoabzug ergeben hat.
4. Bilden Sie nun die Nettobuchung zum Rechnungsausgleich der Büroausstattung Klausen e. K.

Arbeitshilfe 1

Kontoauszug der Heidtkötter KG

Sparkasse Bielefeld BLZ 480 501 61

Kontonummer	letzter Auszug	Erstellungsdatum	Auszug-Nr	Blatt
20110304	27.04.01	29.04.01	18	1

Buchungstag	Wert	Text	Betrag (EUR)
27.04.01	27.04.01	F. Friedrich GmbH Re-Nr. 91 v. 08.04.01	750,00 S
28.04.01	28.04.01	Büroausstattung Klausen e. K. Rechnungsausgleich Nr. 12345 vom 18.04.01	1.959,93 H

Büromöbelfabrik
Heidtkötter KG
Gütersloher Str. 111
33647 Bielefeld

Kontostand alt 90.120,35 H
Kontostand neu 91.330,28 H

Kontoauszug

Vertiefende Übungen

1. Erläutern Sie, warum vor jeder Annahme eines Kundenauftrages eine Kundenüberprüfung stattfindet. Welche Daten prüft man dabei vornehmlich?
2. Erläutern Sie kurz, welche Schritte zu einer Artikelüberprüfung gehören.
3. Wie wird ein Rabatt in einer Ausgangsrechnung an einen Kunden buchhalterisch berücksichtigt?
4. Warum gewährt man einem Kunden in der Ausgangsrechnung Skonto?
5. Die Heidtkötter KG gewährt einem Kunden ein Zahlungsziel von 40 Tagen. Vom Rechnungsbetrag über 23.800,00 € ist ein Skontoabzug in Höhe von 2 % möglich, wenn die Rechnung innerhalb von 10 Tagen bezahlt wird.
   a) Wie hoch ist der Skontoabzug in Euro?
   b) Rechnen Sie den Skontosatz von 2 % hoch auf einen Jahreszins.
   c) Der Kunde hat die Möglichkeit, bei seiner Hausbank kurzfristig den notwendigen Betrag zu einem effektiven Jahreszins von 8 % als Kredit aufzunehmen. Errechnen Sie die Ersparnis für den Kunden, wenn er diese Möglichkeit in Anspruch nimmt.
6. Ein Kunde bestellt bei der Heidtkötter KG folgende Produkte:
   - 4 Stück Konferenztisch *torben* (Einzelpreis: 415,00 €)
   - 12 Stück Bürostuhl *bline* (Einzelpreis: 98,00 €).

Der Kunde bekommt einen Rabatt in Höhe von 8 %. Es werden 84,00 € Versandkosten berechnet. Die Zahlungsbedingungen lauten: *2 % Skonto innerhalb von 20 Tagen, 30 Tage netto Kasse.*

a) Berechnen Sie
- den Rabatt,
- den Gesamtpreis,
- den Nettopreis inklusive Versandkosten,
- die Umsatzsteuer,
- den Bruttorechnungspreis.

b) Wie lautet der Buchungssatz zur Ausgangsrechnung?

c) Buchen Sie den Zahlungseingang unter Berücksichtigung von Skonto als Nettobuchung.

7. Gegeben sind die folgenden Konten:

Soll	**5000 Umsatzerlöse**		*Haben*
		2400	18.500,00
		2400	2.100,00
		2400	5.700,00

Soll	**5001 Erlösberichtigungen**		*Haben*
2400	555,00		
2400	42,00		
2400	85,50		

Die Erlösberichtigungen sind durch Zahlungen von Kunden abzüglich Skonto zustande gekommen und beziehen sich auf die drei gebuchten Umsatzerlöse.

a) Ermitteln Sie, wie hoch der Skontosatz bei den drei Umsatzbuchungen ist.

b) Schließen Sie das Konto „Erlösberichtigungen" ab.

c) Ermitteln Sie den Saldo des Kontos „Umsatzerlöse", indem Sie auch dieses Konto abschließen.

8. In der Abteilung Buchhaltung/Zahlungsverkehr der Heidtkötter KG liegt der folgende Beleg vor:

a) Erläutern Sie anhand des Beleges, was im Vorfeld passiert ist.

b) Buchen Sie den Beleg als Stornobuchung.

Lagerhaus
L. Ulrich GmbH

L. Ulrich GmbH · Im Graben 38 · 33648 Bielefeld

Heidtkötter KG
Gütersloher Straße 111
33647 Bielefeld

Im Graben 38 · 33648 Bielefeld
Telefon: 0521 432-0 · Telefax: 0521 432-13

Internet: www.ulrich-gmbh-wvd.de
E-Mail: info@ulrich-gmbh-wvd.de

Telefax 0521 432 -13
E-Mail: g.frieden@ulrich-gmbh-wvd.de

Ihr Zeichen, Ihr Auftrag vom

Unser Zeichen, unsere Nachricht vom FRI

Telefon, Name 0521 708 G. Frieden

Datum 03.06.20..

Lieferschein/Warenrücksendung

Menge	Artikel	Nettopreis gesamt	Umsatzsteuer	Bruttopreis
2	Stuhl *aleb*	349,92 €	66,48 €	416,40 €

Begründung der Rücksendung: Stühle sind defekt angeliefert worden (Rückenlehne aufgeschlitzt).

Empfangsbestätigung: *G. Frieden (Abt. Lager)*
Datum, Unterschrift

5.2
Nicht immer geht alles glatt – Kaufvertragsstörungen beim Absatz

5.2.1
Keiner da? – Wenn der Kunde die Ware nicht annimmt

Situation Die Heidtkötter KG liefert mit eigenem Fahrzeug eine Ladung von sechs Konferenztischen an den Kunden Weiler e. K. in Bonn, ein Bürofachgeschäft. Der Kleinlaster kommt am späten Nachmittag am Ladenlokal des Kunden an, der Fahrer findet dort jedoch niemanden vor, obwohl die Lieferung für diesen Nachmittag avisiert war. In der Eingangstür hängt ein Zettel mit der Aufschrift: *Heute wegen Trauerfall geschlossen.* Der Lkw-Fahrer hat den Auftrag, gleich nach dem Abliefern der Tische zu einem Lieferanten der Heidtkötter KG in Köln zu fahren und dort Vorprodukte für das Werk in Bielefeld zu laden.

Arbeitsaufträge

› Arbeitshilfe

1. Prüfen Sie anhand der Gesetzestexte in der Arbeitshilfe, ob ein Annahmeverzug vorliegt.
2. Laut Kaufvertrag ist die Heidtkötter KG verpflichtet, die Ware auszuhändigen. Wie wirkt sich der Annahmeverzug darauf aus?
3. Der Lkw-Fahrer überlegt, ob er die Konferenztische einfach samt Lieferschein vor die Eingangstür des Geschäftes stellt, damit er seinen Laster für die Rückfracht leer bekommt. Die Weiler e. K. könnte dann ja morgen die Tische in ihr Lager räumen, so seine Überlegung. Beurteilen Sie diese Vorgehensweise.
4. Machen Sie einen Vorschlag, wie der Lkw-Fahrer im Sinne der Heidtkötter KG, aber auch im Sinne des Kunden handeln sollte.
5. Was muss der Verkäufer im Falle eines Selbsthilfeverkaufes beachten?

Arbeitshilfe

§§ Auszüge aus dem BGB und HGB

§ 292 BGB: Annahmeverzug

Der Gläubiger kommt in Verzug, wenn er die ihm angebotene Leistung nicht annimmt.

§ 294 BGB: Tatsächliches Angebot

Die Leistung muss dem Gläubiger so, wie sie zu bewirken ist, tatsächlich angeboten werden.

§ 300 BGB: Wirkungen des Gläubigerverzuges

(1) Der Schuldner hat während des Verzugs des Gläubigers nur Vorsatz und grobe Fahrlässigkeit zu vertreten.

(2) Wird eine nur der Gattung nach bestimmte Sache geschuldet, so geht die Gefahr mit dem Zeitpunkt auf den Gläubiger über, in welchem er dadurch in Verzug kommt, dass er die angebotene Sache nicht annimmt.

§ 304 BGB: Ersatz von Mehraufwendungen

Der Schuldner kann im Falle des Verzugs des Gläubigers Ersatz der Mehraufwendungen verlangen, die er für das erfolglose Angebot sowie für die Aufbewahrung und Erhaltung des geschuldeten Gegenstands machen musste.

§ 373 HGB: Hinterlegungsrecht, Selbsthilfeverkauf

(1) Ist der Käufer mit der Annahme der Ware im Verzug, so kann der Verkäufer die Ware auf Gefahr und Kosten des Käufers in einem öffentlichen Lagerhaus oder sonst in sicherer Weise hinterlegen.

(2) Er ist ferner befugt, nach vorgängiger Androhung die Ware öffentlich versteigern zu lassen; er kann, wenn die Ware einen Börsen- oder Marktpreis hat, nach vorgängiger Androhung den Verkauf auch aus freier Hand durch einen zu solchen Verkäufen öffentlich ermächtigten Handelsmakler oder durch eine zur öffentlichen Versteigerung befugte Person zum laufenden Preis bewirken. Ist die Ware dem Verderb ausgesetzt und Gefahr im Verzug, so bedarf es der vorgängigen Androhung nicht; dasselbe gilt, wenn die Androhung aus anderen Gründen untunlich ist.

(3) Der Selbsthilfeverkauf erfolgt für Rechnung des säumigen Käufers.
(4) Der Verkäufer und der Käufer können bei der öffentlichen Versteigerung mitbieten.
(5) Im Falle der öffentlichen Versteigerung hat der Verkäufer den Käufer von der Zeit und dem Ort der Versteigerung vorher zu benachrichtigen; von dem vollzogenen Verkauf hat er bei jeder Art des Verkaufs dem Käufer unverzüglich Nachricht zu geben. Im Falle der Unterlassung ist er zum Schadensersatz verpflichtet. Die Benachrichtigungen dürfen unterbleiben, wenn sie untunlich sind.

5.2.2 Der Käufer zahlt nicht – Schuldnerverzug bei einer Geldschuld

Situation

Die Abteilung Buchhaltung/Zahlungsverkehr der Heidtkötter KG überwacht, ob die Kunden ihre offenen Rechnungen zum vereinbarten Zahlungstermin begleichen. Heute ist der 1. März und Giovanni Varese, zuständig für die Sachbearbeitung Debitoren, ist sauer auf eine Kollegin der Abteilung Verkauf. Sie hat vor drei Monaten die Kopie einer Ausgangsrechnung nicht an ihn weitergeleitet, sodass er den Rechnungsausgleich nicht überprüfen konnte. Nun stellt er fest, dass der Kunde tatsächlich nicht gezahlt hat.

Arbeitsaufträge

› Arbeitshilfen

1. Überprüfen Sie mithilfe der unten stehenden Informationen, ob sich der Kunde im Zahlungsverzug befindet.
2. Wie soll sich die Heidtkötter KG verhalten? Zeigen Sie die möglichen Rechte auf und prüfen Sie die jeweiligen Voraussetzungen. Beachten Sie dabei, dass es sich bei dem Kunden um ein Unternehmen handelt, mit dem man schon seit vielen Jahren gute Geschäftsbeziehungen pflegt.

Arbeitshilfe 1

Auszug aus der Rechnungskopie

Ihr Zeichen, Ihr Auftrag vom	Unser Zeichen, unser Angebot vom	Telefon, Name	Datum
30.11.20..	28.11.20..	0521 708 -0	02.12.20..

Lieferschein/Rechnung

Wir lieferten am 02.12.20.. frei Haus

Nr.	Menge	Artikel	Einzelpreis	Gesamtpreis
1	25	Bürodrehstuhl *fin*	215,00 €	5.375,00 €
		Rabatt 5 %		268,75 €
				5.106,25 €
		Umsatzsteuer 19 %		970,19 €
				6.076,44 €

Der Rechnungsbetrag ist ohne Abzug innerhalb von 20 Tagen durch Überweisung auf unser Konto zu begleichen (Fälligkeit: 23.12.20..).

Arbeitshilfe 2

§§

§ 286 BGB Verzug des Schuldners

(1) Leistet der Schuldner auf eine Mahnung des Gläubigers nicht, die nach dem Eintritt der Fälligkeit erfolgt, so kommt er durch die Mahnung in Verzug. Der Mahnung stehen die Erhebung der Klage auf die Leistung sowie die Zustellung eines Mahnbescheids im Mahnverfahren gleich.

(2) Der Mahnung bedarf es nicht, wenn

1. für die Leistung eine Zeit nach dem Kalender bestimmt ist,
2. der Leistung ein Ereignis vorauszugehen hat und eine angemessene Zeit für die Leistung in der Weise bestimmt ist, dass sie sich von dem Ereignis an nach dem Kalender berechnen lässt,
3. der Schuldner die Leistung ernsthaft und endgültig verweigert,
4. aus besonderen Gründen unter Abwägung der beiderseitigen Interessen der sofortige Eintritt des Verzugs gerechtfertigt ist.

(3) Der Schuldner einer Entgeltforderung kommt spätestens in Verzug, wenn er nicht innerhalb von 30 Tagen nach Fälligkeit und Zugang einer Rechnung oder gleichwertigen Zahlungsaufstellung leistet; dies gilt gegenüber einem Schuldner, der Verbraucher ist, nur, wenn auf diese Folgen in der Rechnung oder Zahlungsaufstellung besonders hingewiesen worden ist. Wenn der Zeitpunkt des Zugangs der Rechnung oder Zahlungsaufstellung unsicher ist, kommt der Schuldner, der nicht Verbraucher ist, spätestens 30 Tage nach Fälligkeit und Empfang der Gegenleistung in Verzug.

(4) Der Schuldner kommt nicht in Verzug, solange die Leistung infolge eines Umstands unterbleibt, den er nicht zu vertreten hat.

§ 280 BGB Schadensersatz wegen Pflichtverletzung

(1) Verletzt der Schuldner eine Pflicht aus dem Schuldverhältnis, so kann der Gläubiger Ersatz des hierdurch entstehenden Schadens verlangen. [2]Dies gilt nicht, wenn der Schuldner die Pflichtverletzung nicht zu vertreten hat.

(2) Schadensersatz wegen Verzögerung der Leistung kann der Gläubiger nur unter der zusätzlichen Voraussetzung des § 286 verlangen.

(3) Schadensersatz statt der Leistung kann der Gläubiger nur unter den zusätzlichen Voraussetzungen des § 281, des § 282 oder des § 283 verlangen.

§ 281 BGB Schadensersatz statt der Leistung wegen nicht oder nicht wie geschuldet erbrachter Leistung

(1) Soweit der Schuldner die fällige Leistung nicht oder nicht wie geschuldet erbringt, kann der Gläubiger unter den Voraussetzungen des § 280 Abs. 1 Schadensersatz statt der Leistung verlangen, wenn er dem Schuldner erfolglos eine angemessene Frist zur Leistung oder Nacherfüllung bestimmt hat. [...]

(2) Die Fristsetzung ist entbehrlich, wenn der Schuldner die Leistung ernsthaft und endgültig verweigert oder wenn besondere Umstände vorliegen, die unter Abwägung der beiderseitigen Interessen die sofortige Geltendmachung des Schadensersatzanspruchs rechtfertigen.

[...]

(4) Der Anspruch auf die Leistung ist ausgeschlossen, sobald der Gläubiger statt der Leistung Schadensersatz verlangt hat.

(5) Verlangt der Gläubiger Schadensersatz statt der ganzen Leistung, so ist der Schuldner zur Rückforderung des Geleisteten nach den §§ 346 bis 348 berechtigt.

§ 288 BGB Verzugszinsen

(1) Eine Geldschuld ist während des Verzugs zu verzinsen. Der Verzugszinssatz beträgt für das Jahr fünf Prozentpunkte über dem Basiszinssatz.

(2) Bei Rechtsgeschäften, an denen ein Verbraucher nicht beteiligt ist, beträgt der Zinssatz für Entgeltforderungen acht Prozentpunkte über dem Basiszinssatz.

(3) Der Gläubiger kann auch aus einem anderen Rechtsgrund höhere Zinsen verlangen.

(4) Die Geltendmachung eines weiteren Schadens ist nicht ausgeschlossen.

§ 323 BGB Rücktritt wegen nicht oder nicht vertragsgemäß erbrachter Leistung

(1) Erbringt bei einem gegenseitigen Vertrag der Schuldner eine fällige Leistung nicht oder nicht vertragsgemäß, so kann der Gläubiger, wenn er dem Schuldner erfolglos eine angemessene Frist zur Leistung oder Nacherfüllung bestimmt hat, vom Vertrag zurücktreten.

(2) Die Fristsetzung ist entbehrlich, wenn

1. der Schuldner die Leistung ernsthaft und endgültig verweigert,
2. der Schuldner die Leistung zu einem im Vertrag bestimmten Termin oder innerhalb einer bestimmten Frist nicht bewirkt und der Gläubiger im Vertrag den Fortbestand seines Leistungsinteresses an die Rechtzeitigkeit der Leistung gebunden hat oder
3. besondere Umstände vorliegen, die unter Abwägung der beiderseitigen Interessen den sofortigen Rücktritt rechtfertigen.

[...]

(4) Der Gläubiger kann bereits vor dem Eintritt der Fälligkeit der Leistung zurücktreten, wenn offensichtlich ist, dass die Voraussetzungen des Rücktritts eintreten werden.

§ 325 BGB Schadensersatz und Rücktritt

Das Recht, bei einem gegenseitigen Vertrag Schadensersatz zu verlangen, wird durch den Rücktritt nicht ausgeschlossen.

Arbeitshilfe 3

Aktuelle Zinssätze

Basiszinssatz nach § 247 BGB

Gemäß § 247 Abs. 2 BGB ist die Deutsche Bundesbank verpflichtet, den aktuellen Stand des Basiszinssatzes im Bundesanzeiger zu veröffentlichen. Der jeweils aktuelle Stand des Basiszinssatzes lässt sich nachstehender Tabelle entnehmen.

Basiszinssatz nach § 247 BGB	
Aktueller Stand	**Gültig ab**
0,12 %	1. Juli 2012
0,12 %	1. Jan. 2012
0,37 %	1. Juli 2011
0,12 %	1. Jan. 2011
0,12 %	1. Juli 2010
0,12 %	1. Jan. 2010
0,12 %	1. Juli 2009
1,62 %	1. Jan. 2009
3,19 %	1. Juli 2008
3,32 %	1. Jan. 2008

Quelle: www.bundesbank.de, abgerufen am 26.06.2012

5.2.3 Der Versuch, die Forderungen einzutreiben – Kaufmännisches und gerichtliches Mahnverfahren

Situation

Die Firma Weiler e. K. in Bonn hat aufgrund ihrer Bestellung Nr. 18/03 vom 25. Februar eine große Lieferung über mehrere Büromöbel erhalten. Die Rechnung Nr. 217 in Höhe von 17.069,00 € wurde von der Heidtkötter KG am 2. März verschickt (Fälligkeit der Rechnung am 1. April). Bei der Überprüfung der Zahlungseingänge stellt der Sachbearbeiter Varese am 5. April fest, dass die Firma Weiler e. K. noch nicht gezahlt hat.

Arbeitsaufträge

1. Finden Sie anhand der unten stehenden Informationen der Heidtkötter KG heraus, wie weiter vorzugehen ist. › Arbeitshilfen
2. Erinnern Sie die Weiler e. K. aus Bonn am 5. April freundlich an ihre offene Rechung bei der Heidtkötter KG (siehe Hausmitteilung „Zahlungsverzug und Mahnverfahren“!). Bedenken Sie, dass die Zahlungserinnerung noch freundlich formuliert sein sollte. › Arbeitshilfe 1 › Arbeitsheft
3. Am 17. Mai ist die Rechnung der Weiler e. K. aus Bonn noch immer nicht bezahlt. Mittlerweile wurden neben der Zahlungserinnerung auch die erste und die zweite Mahnung verschickt. Schreiben Sie die dritte und letzte Mahnung an die Firma Weiler e. K. unter Beachtung der Hausmitteilung „Zahlungsverzug und Mahnverfahren“. › Arbeitshilfe 3 aus Kap. 5.2.2 › Arbeitsheft
   (Zahlungserinnerung: 5. April; erste Mahnung: 18. April; zweite Mahnung: 6. Mai; dritte Mahnung: 17. Mai)

Arbeitshilfe 1

Hausmitteilung der Geschäftsleitung der Heidtkötter KG

H HEIDTKÖTTER

Geschäftsleitung: Klaus M. Heidtkötter

Hausmitteilung für die Mitarbeiter der Abteilung Buchhaltung/Verwaltung zum Zahlungsverzug und Mahnverfahren

In letzter Zeit kommt es aufgrund der schwierigen konjunkturellen Situation und der sinkenden allgemeinen Zahlungsbereitschaft häufiger vor, dass Kunden ihre Rechnungen nicht rechtzeitig bezahlen. Für diesen Fall bitte ich Sie, das folgende abgestufte Mahnverfahren anzuwenden, um nachlässige Kunden an ihre Zahlungspflicht zu erinnern.

3 bis 15 Tage nach Fälligkeit:	Zahlungserinnerung
16 bis 30 Tage nach Fälligkeit:	1. Mahnung mit Mahngebühren und der Androhung von Verzugszinsen
30 bis 40 Tage nach Fälligkeit:	2. Mahnung mit weiteren Mahngebühren und Verzugszinsen
41 bis 55 Tage nach Fälligkeit:	3. und letzte Mahnung mit weiteren Mahngebühren und Verzugszinsen sowie der Androhung eines gerichtlichen Mahnverfahrens

Bei den Verzugszinsen halten wir uns an die bekannte gesetzliche Regelung.

Zusätzlich fallen ab der ersten Mahnung 3,00 € Mahngebühren an, die sich mit jeder Mahnung um weitere 3,00 € erhöhen.

K. M. Heidtkötter
Klaus M. Heidtkötter, Geschäftsführer

Arbeitshilfe 2

Auszug aus der Kundendatei

Kundennummer: K17089	
Firma: Weiler e. K.	Telefon: 0228 99119900
Straße: Wiesengrund 199	Telefax: 0228 99119901
PLZ/Ort: 53111 Bonn	E-Mail: Wunder@weiler-wvd.com
Ansprechpartner: Sonja Wunder	Konto-Nr.: 33449911
	BLZ: 380 601 86
	Bank: Volksbank Bonn Rhein Sieg
Zahlungs- und Lieferungsbedingungen: ☐ Lieferung nur gegen Vorkasse ☐ Lieferung nur gegen Nachnahme ☐ Bankeinzug ☑ Ziel: 30 Tage Skonto: 2 % innerhalb von 15 Tagen Rabatt: 10 % Versandart: frei Haus	Umsatz Vorjahr: 69.900,00 € Zahlungsmoral: gut Bonität: gut
Besondere Vermerke:	

Vertiefende Übungen

1. Beurteilen Sie, ob in den folgenden Fällen ein Annahmeverzug vorliegt.
   a) Ein Lieferant liefert eine bestellte und mit Datum angekündigte Warenlieferung pünktlich im richtigen Betrieb ab. Als er die Ware abladen will, stellt er jedoch fest, dass niemand da ist. An der Tür hängt ein Schild: *Heute Betriebsausflug!*
   b) Bei einer Warenanlieferung weigert sich der Lagerist des Unternehmens Teflax Logistic KG in Köln, die Ware anzunehmen, da die Ware laut Lieferschein zwar an dieses Unternehmen geliefert werden sollte, allerdings an die Betriebsstätte in Unna.
   c) Der Lagerist eines Kunden der Heidtkötter KG will eine Lieferung nicht annehmen, weil er der Meinung ist, dass die Ware gar nicht bestellt wurde. Ein kurzer Anruf bei der Heidtkötter KG zeigt aber, dass dort die Bestellung noch vorliegt. Der Lagerist weigert sich weiterhin, die Ware anzunehmen.
   d) Ein Kunde der Heidtkötter KG in Wesel weigert sich, eine Warenanlieferung anzunehmen, da die Bestellung erst gestern per Fax an die Heidtkötter KG gegangen sei und sie nicht so schnell mit einer Lieferung gerechnet hätten.
2. Welches Recht würden Sie als Verkäufer bei den folgenden Fällen des Annahmeverzuges in Anspruch nehmen? Begründen Sie kurz Ihre Entscheidung.
   a) Ein Kunde bestellt in einem PC-Fachhandelsgeschäft ein Notebook, dessen Ausstattung er nach seinen Wünschen zusammenstellt. Später lehnt er die Annahme ab, da er mittlerweile die Kündigung erhalten hat und der Meinung ist, dass er als Arbeitsloser keinen Computer mehr benötigt.
   b) Ein langjähriger Kunde der Heidtkötter KG lehnt die Annahme einer Anlieferung ab, da er die Ware inzwischen bei einem anderen Lieferanten günstiger bestellen konnte.
   c) Die Heidtkötter KG liefert mit eigenem Fahrzeug Waren an einen Kunden in Dresden. Die Ware kann nicht abgeladen werden, da der Betrieb aufgrund einer Betriebsversammlung geschlossen ist.
3. a) Im Kaufvertrag ist kein Termin für die Bezahlung der Lieferung genannt. Wann muss der Käufer die Rechnung bezahlen?
   b) Unter welchen Voraussetzungen befindet sich der Käufer im Fall a) im Zahlungsverzug?
   c) Angenommen, der Käufer befindet sich im Zahlungsverzug. Der Verkäufer besteht auf die Bezahlung der Rechnung. Welche weiteren Forderungen kann er stellen? Unter welcher Voraussetzung kann er auch zusätzlich Schadensersatz fordern?
4. Entscheiden Sie, ob die im Folgenden genannten Termine kalendarisch bestimmbar sind oder nicht.
   a) *zahlbar bis zum 01.01. des Folgejahres*
   b) *zahlbar 20 Tage nach Erhalt der Rechnung*
   c) *zahlbar spätestens bis Ablauf 30. Kalenderwoche*
   d) *zahlbar bis Ende September*
   e) *zahlbar nach Lieferung*
   f) *zahlbar im Laufe des Monats Juni (im gleichen Jahr)*
   g) *zahlbar nicht vor Lieferung*
   h) *zahlbar 14 Tage nach Rechnungsdatum*
5. Prüfen Sie in den folgenden Fällen, ob ein Zahlungsverzug vorliegt. Begründen Sie Ihre Meinung.
   a) Die Heidtkötter KG verschickt an einen Kunden (Unternehmer!) eine Rechnung, in der als spätester Zahlungstermin der 03.02.01 vermerkt ist. Am 05.02.01 stellt man fest, dass das Geld noch nicht eingetroffen ist. →

Vertiefende Übungen (Fortsetzung)

b) Die Heidtkötter KG stellt einem Kunden aus Dortmund eine Rechnung aus. Es wird kein Rechnungsdatum eingetragen. Nach 20 Tagen denkt sich Herr Peek aus der Buchhaltung, der auch den Zahlungsverkehr überwacht, dass der Kunde endlich bezahlen muss.

c) Die Heidtkötter KG liefert Ware an einen Privatkunden. Die Rechnung wird mit der Ware versandt und mit dem Hinweis versehen, dass der Kunde sich in Zahlungsverzug befindet, wenn er die Rechnung nicht innerhalb von 30 Tagen bezahlt. Der Kunde hält sich nicht an diese Aufforderung und bezahlt die Rechnung nicht.

d) Die Heidtkötter KG verschickt an einen Kunden (Unternehmer!) eine Rechnung mit einem Zahlungsziel von 10 Tagen ab Rechnungsdatum. Der Kunde bezahlt nicht rechtzeitig. Auf einen Anruf hin begründet er sein Verhalten damit, dass eine Rechnung grundsätzlich erst nach 30 Tagen fällig sein kann.

6. a) Berechnen Sie für das folgende Beispiel die Verzugszinsen, die vom säumigen Kunden neben dem Rechnungsbetrag verlangt werden können:
   - Rechnung fällig am 10.03.
   - Bezahlung am 25.07.
   - Rechnungsbetrag: 4.500,00 €
   - Der Kunde ist Kaufmann.
   - Basiszinssatz: 3,19 %

   b) Berechnen Sie für das folgende Beispiel die Verzugszinsen anhand der folgenden Daten:
   - Rechnung fällig am 02.07.
   - Bezahlung am 18.12.
   - Rechnungsbetrag: 1.350,00 €
   - Der Kunde ist Privatmann.
   - Basiszinssatz: 3,19 %

7. a) Warum wird zuerst das kaufmännische Mahnverfahren durchgeführt und nicht gleich der Weg des gerichtlichen Mahnverfahrens beschritten?

   b) Erläutern Sie das abgestufte kaufmännische Mahnverfahren der Heidtkötter KG und begründen Sie dabei, warum die Maßnahmen zuerst ganz harmlos und dann zunehmend drängender und drastischer werden.

8. Erstellen Sie aus dem Ablaufschema des gerichtlichen Mahnverfahrens ein Schaubild, in dem mit Stichworten und Pfeilen der Verlauf sichtbar wird. Bedenken Sie dabei, dass der Schuldner an einigen Stellen mehrere Handlungsmöglichkeiten hat (schweigen, zahlen, ...).

› INFO-Teil LF 10, Kap. 5.2.4

9. Stellen Sie bei den folgenden Ansprüchen fest, wie lang die Verjährungsfrist ist.

   a) Ein Kunde kauft in der Heidtkötter KG einen *communicTable*. Dieser ist – so stellt sich nach kurzer Zeit heraus – nicht richtig funktionstüchtig. Der Kauf erfolgte am 12.07. d. J.

   b) Ein Kunde kauft in der Heidtkötter KG Ware, die auf Rechnung geliefert wird. Die Rechnung über 900,00 € wird per Post zugeschickt und ist am 01.02. fällig.

   c) Die neu errichtete Lagerhalle der Heidtkötter KG weist an einer Wand deutliche Schimmelflecken auf, was darauf schließen lässt, dass dort Wasser in die Wand eindringt. Die Bauabnahme und Übergabe war am 19. Juli.

   d) Ein Kunde der Heidtkötter KG zahlt trotz mehrfacher Aufforderung eine offene Rechnung nicht. Klaus M. Heidtkötter reicht als Geschäftsführer Klage ein. Der Kunde wird am 18. April rechtskräftig verurteilt.

› INFO-Teil LF 10, Kap. 5.2.4

10. Wird durch die folgenden Ereignisse die Verjährungsfrist gehemmt oder beginnt sie neu zu laufen?

    a) Der Schuldner erkennt den Anspruch des Gläubigers an.

    b) Der Gläubiger verklagt den Schuldner aufgrund seines Anspruches.

    c) Der Schuldner zahlt Zinsen auf eine noch offene Schuld.

    d) Der Schuldner zahlt eine Geldschuld zur Hälfte an.

5.2.5 Bei mangelhafter Lieferung von fertigen Erzeugnissen und Handelswaren werden mit den Kunden Nachlässe oder Rücksendungen vereinbart

weitere Inhalte
› INFO-Teil
LF 10, Kap. 5.2.4

Situation Nach einer Lieferung von 20 *communicTables* erhält die Heidtkötter KG am 21. April von der Steil GmbH, Köln, folgende Mitteilung:

Ihr Zeichen	Unser Zeichen	Telefon, Name	Datum
S/Vk	St/Re	0221 4563 -77	21.04.01

Mängelrüge

Sehr geehrter Herr Schäfer,

wir bestätigen den Eingang der bestellten 20 *communicTables.* Die Überprüfung in unserem Haus zeigte folgende von unserer Bestellung bzw. von Ihrem Angebot abweichende Ausführung: Bei 3 Tischen sind statt der vereinbarten 50-Zoll-Bildschirme nur 46-Zoll-Bildschirme eingebaut. Wir sind bereit, die beanstandeten Tische gegen einen entsprechenden Nachlass zu behalten.

Mit freundlichem Gruß

Steil GmbH

Steil

Die Nachforschung in der Heidtkötter KG ergibt, dass es sich bei diesen drei beanstandeten *communicTables* um noch vorrätige Tische aus einer vorhergehenden Serie handelte. Diese Tische wurden aus Versehen in der Ausführung mit kleineren Bildschirmen an den Kunden Steil GmbH ausgeliefert.

Die Heidtkötter KG schreibt daraufhin den folgenden Betrag gut:

GS 122

H HEIDTKÖTTER

Büromöbelfabrik Heidtkötter KG

Heidtkötter KG · Gütersloher Str. 111 · 33647 Bielefeld

Steil GmbH
Mauritiuswall 78
50676 Köln

Gütersloher Straße 111 · 33647 Bielefeld
Telefon: 0521 708-0 · Telefax: 0521 708-464

Internet: www.heidtkoetter-wvd.de
E-Mail: info@heidtkoetter-wvd.de

Telefax 0521 708 -464 E-Mail: service@heidtkoetter-wvd.de

Ihr Zeichen, Ihr Auftrag vom	Unser Zeichen, unsere Nachricht vom	Telefon, Name	Datum
ST/Re/24.04.01	S/Vk	0521 708 -0	28.04.01

Gutschrift/Rechnung Nr. 31-01

Aufgrund der von Ihnen geschilderten Abweichung in der Ausführung gewähren wir Ihnen folgenden Preisnachlass:

3 *communicTables* mit verkleinertem Bildschirm 46":

Nachlass je Tisch	150,00 € netto	450,00 €
zuzüglich 19 % Umsatzsteuer		85,50 €
		535,50 €

Wir bitten, das Versehen zu entschuldigen.

Mit freundlichen Grüßen

Heidtkötter KG

Schäfer

Arbeitsauftrag

Buchen Sie diesen Vorgang für die Heidtkötter KG brutto und netto.

Arbeitshilfe

Machen Sie sich Ihre Kenntnisse aus der Buchung der Kundenskonti zunutze und bedenken Sie, dass es sich bei einem nachträglichen Preisnachlass aufgrund einer Schlechtlieferung auch um eine **Erlösberichtigung** handelt und der Nachlass dem Kundenkonto gutgeschrieben wird.

Rücksendung

Sollte die Steil GmbH, Köln, verlangen, dass die beanstandeten Tische von der Heidtkötter KG zurückgenommen werden, dann handelt es sich um eine **Rücksendung**, die bei der Heidtkötter KG zu einer Rückbuchung (Stornobuchung) in Höhe des Bruttowertes der gelieferten und zurückgenommenen drei *communicTables* (mit Berichtigung der Umsatzsteuer) führt.

Beispiel

Die *communicTables* wurden zu einem Nettopreis von 2.592,00 € je Stück an die Steil GmbH geliefert. Aufgrund der Rücksendung schreibt die Heidtkötter KG den folgenden Betrag gut und bucht den Vorgang als Storno:

	Warenwert der 3 *communicTables*	7.776,00 €
+	19 % Umsatzsteuer	1.477,44 €
	Gutschrift	9.253,44 €

Arbeitsauftrag

Führen Sie die Stornobuchung für die Heidtkötter KG durch.

Vertiefende Übungen

1. Ein Kunde bemängelt bei 10 % der gelieferten 20 Büroschränke im Wert von netto 5.500,00 € eine unsaubere Lackierung auf den Schrank-Oberseiten. Er ist bereit, diese Schränke zu behalten, falls ihm die Heidtkötter KG den Preis um 20,00 € je Schrank nachlässt.

   › **Arbeitsheft**

   a) Erstellen Sie eine entsprechende Gutschrift der Heidtkötter KG.
   b) Buchen Sie den Vorgang für die Heidtkötter KG.

2. Der Fahrradhersteller Knappe AG schickt folgende Rechnung an seinen Kunden, das Fahrrad-Zentrum Meier:

Ihr Zeichen	Unser Zeichen	Telefon, Name	Datum
FZ-M	Kn/Re	02051 4541 -32	12.05.01

Rechnung Nr. 202/01

Wir lieferten Ihnen frei Haus durch unseren Lkw:

Pos.	Menge	Artikel	Einzelpreis	Gesamtpreis
1	25	Mountainbike 26", voll gefedert,	700,00 €	17.500,00 €
		XT-Ausstattung, 27-Gang-Schaltwerk		
		verpackt und vormontiert		
		abzüglich 5 % Mengenrabatt		875,00 €
				16.625,00 €
		zuzüglich Verpackungskosten		175,00 €
		zuzüglich 19 % Umsatzsteuer		3.192,00 €
				19.992,00 €

Zahlungsbedingungen: 2,5 % Skonto bei Zahlung innerhalb von 10 Tagen oder 40 Tage netto Kasse. Erfüllungsort und Gerichtsstand für beide Teile ist Velbert.

Am 16. Mai erhält die Knappe AG von dem Kunden die Nachricht, dass an fünf Fahrrädern leichte Farbabscheuerungen an der Gabel festgestellt wurden. Gegen einen Preisnachlass von 10 % auf den Nettopreis will der Kunde die Räder behalten.

Die Knappe AG schreibt daraufhin gut:

10 % Preisnachlass auf 5 Fahrräder zu je 700,00 € =	350,00 €
zuzüglich 19 % Umsatzsteuer	66,50 €
Gutschrift	416,50 €

Am 21. Mai erhält die Knappe AG den Kontoauszug mit der Zahlung des Kunden: Der Kunde überweist: 19.575,50 € – 489,39 € Skonto = 19.086,11 €.

a) Prüfen Sie, ob die Berechnungen stimmen.

b) Buchen Sie den gesamten Vorgang für die Knappe AG (Buchungssätze und Kontendarstellung).

3. Ein Kunde bestellt bei der Heidtkötter KG für die Bestuhlung eines Saales 200 Konferenzstühle *miro* ohne Armlehnen, mit Sitz- und Rückenpolster in der Farbe schwarz, zum Stückpreis von netto 35,00 €. Lieferung frei Haus ohne Verpackungskosten. 2 % Skonto bei Zahlung innerhalb von 12 Tagen; bei Zahlung innerhalb von 30 Tagen ohne Abzug.

   Die Heidtkötter KG liefert und berechnet 200 Konferenzstühle *miro* mit Armlehnen, Sitz- und Rückenpolster in der Farbe schwarz, zum Stückpreis von 40,00 €. Lieferung frei Haus ohne Verpackungskosten. 2 % Skonto bei Zahlung innerhalb von 12 Tagen; bei Zahlung innerhalb von 30 Tagen ohne Abzug.

   Die Falschlieferung wird erst bemerkt, nachdem die Rechnung verschickt und bei der Heidtkötter KG gebucht, die Zahlung durch den Kunden aber noch nicht geleistet ist.

   Der Kunde verlangt Rücknahme der falsch gelieferten Stühle und umgehende Neulieferung mit entsprechender Berechnung. Er zahlt innerhalb der vereinbarten Skontofrist.

   Buchen Sie diesen Vorgang für die Heidtkötter KG.

4. In der Finanzbuchhaltung der Möbelwerke Jörg Breuer e. K. haben Sie den nachstehenden Beleg zu buchen:

Jörg **BREUER**
Möbelfabrik

Möbelfabrik Jörg Breuer e. K. • Karlstr. 44 • 51379 Leverkusen

Möbelfachgeschäft
Werner Theuer e. K.
Am Gierlichshof 15
51381 Leverkusen

Karlstraße 44 · 51379 Leverkusen
Telefon: 0214 4578-0 · Telefax: 0214 4578-10
Internet: www.breuer-wvd.de
E-Mail: info@breuer-wvd.de

Telefax 0214 4578 -10 E-Mail: a.schreiner@breuer-wvd.de

Ihr Zeichen, Ihr Auftrag vom	Unser Zeichen, unsere Nachricht vom	Telefon, Name 0214 4578	Datum
20.12.20..	AS	-13	28.12.20..

Rechnung Nr. 1315

Sehr geehrte Damen und Herren,

aufgrund Ihrer Beanstandung schreiben wir Ihnen gut:

10 % von 10.000,00 € Warenwert	
lt. o. g. Rechnung	1.000,00 €
+ 19 % Umsatzsteuer	190,00 €
	1.190,00 €

Mit freundlichen Grüßen

Möbelfabrik Jörg Breuer e. K.

Konto	Soll	Haben

Gebucht:

Vertiefende Übungen (Fortsetzung)

5. Auszug aus einer Rechnung, die die Heidtkötter KG, Bielefeld, aufgrund einer Lieferung an die Steil GmbH, Köln, erstellt hat:

H HEIDTKÖTTER

Büromöbelfabrik Heidtkötter KG

Heidtkötter KG · Gütersloher Str. 111 · 33647 Bielefeld

Steil GmbH
Mauritiuswall 78
50676 Köln

Gütersloher Straße 111 · 33647 Bielefeld
Telefon: 0521 708-0 · Telefax: 0521 708-464

Internet: www.heidtkoetter-wvd.de
E-Mail: info@heidtkoetter-wvd.de

Telefax 0521 708 -464 E-Mail: service@heidtkoetter-wvd.de

Ihr Zeichen, Ihr Auftrag vom	Unser Zeichen, unsere Nachricht vom	Telefon, Name 0521 708	Datum
ST/Re/21.04.01	S/Vk	-0	28.04.01

Rechnung Nr. 31-01

Aufgrund Ihrer Bestellung vom 12.04.01 lieferten wir Ihnen durch unseren Lkw:

Nr.	Menge	Artikel	Einzelpreis	Gesamtpreis
1	40	Bürostühle, Serie siri, Drehgestell, verstellbare Sitzfläche, verstellbare Rückenlehne, schwarz	125,00 €	5.000,00 €
		zuzüglich anteilige Frachtkosten		200,00 €
				5.200,00 €
		zuzüglich 19 % Umsatzsteuer		988,00 €
				6.188,00 €

Zahlungsbedingung:
2 % Skonto bei Zahlung innerhalb von 10 Tagen oder spätestens 30 Tagen ohne Abzug.

a) Buchen Sie die Rechnung als Ausgangsrechnung in der Buchführung der Heidtkötter KG

Am 04.05.01 erhält die Heidtkötter KG von der Steil GmbH folgende Mitteilung:

Ihr Zeichen	Unser Zeichen	Telefon, Name 0221 4563	Datum
S/Vk	St/Re	-77	02.05.01

Mängelrüge

Sehr geehrter Herr Schäfer,

wir bestätigen den Eingang der bestellten 40 Bürostühle, Serie *siri*. Die Überprüfung in unserem Haus zeigte an 8 Stühlen Abschürfungen an den Stuhllehnen. Diese Schäden sind offensichtlich auf eine unzureichende Verpackung zurückzuführen.
Wir sind bereit, die beanstandeten Stühle bei einem Nachlass von 20 % auf den Nettopreis zu behalten.

Mit freundlichem Gruß

Steil GmbH
Steil

Mit Datum 06.05.01 schickt die Heidtkötter KG eine Gutschrift an die Steil GmbH. Die Gutschrift lautet über:

Preisnachlass auf 8 Stühle	200,00 €
zuzüglich 19 % Umsatzsteuer	38,00 €
Gutschrift	238,00 €

b) Prüfen Sie den Betrag der Gutschrift.

c) Buchen Sie die Gutschrift für die Heidtkötter KG.

Am 11.05.01 liegt der Heidtkötter KG folgender Kontoauszug vor:

Sparkasse Bielefeld BLZ 480 501 61

Kontonummer	letzter Auszug	Erstellungsdatum	Auszug-Nr.	Blatt
20110304	07.05.01	09.05.01	34	1

Buchungstag	Wert	Text	Betrag (EUR)
07.05.01	07.05.01	Steil GmbH, Rechnungsausgleich Nr. 31-01 vom 28.04.01	5.831,00 H

Büromöbelfabrik
Heidtkötter KG
Gütersloher Str. 111
33647 Bielefeld

Kontostand alt	73.455,20 H
Kontostand neu	79.286,20 H

Kontoauszug

d) Prüfen Sie, ob der überwiesene Betrag richtig berechnet worden ist.

e) Buchen Sie den Zahlungseingang. Der Skontoabzug ist zunächst brutto zu buchen.

f) Berechnen und buchen Sie die Umsatzsteuerberichtigung.

6. Die Konten 4800 und 5001 weisen zum Ende des Monats Juni folgende Beträge auf. Die Erlösberichtigungen wurden brutto gebucht.

Konto-Nr.	Konto	*Soll*	*Haben*
4800	Umsatzsteuer	51.236,00	68.724,00
5001	Erlösberichtigungen für eigene Erzeugnisse	4.998,00	

Errechnen Sie am Monatsende die Steuerberichtigung und buchen Sie diese.

7. Im Monat September des laufenden Geschäftsjahres wurden folgende Umsatzerlöse und folgende Kundenskonti netto gebucht:

Soll	**5000 Umsatzerlöse für eigene Erzeugnisse**		*Haben*
		2400	62.500,00
		2400	48.600,00
		2400	31.250,00
		2400	53.700,00

Soll	**5001 Erlösberichtigungen**		*Haben*
2400	1.875,00		
2400	972,00		
2400	625,00		
2400	1.342,50		

a) Mit welchem durchschnittlichen Zuschlagssatz für Kundenskonto kann in der Verkaufskalkulation gerechnet werden?

b) Zu welchem Angebotspreis kann ein Erzeugnis angeboten werden, dessen Selbstkosten 1.250,00 €/Stück betragen, wenn 10 % Gewinn, Skonto und 5 % Rabatt eingerechnet werden sollen?

11

Investitions- und Finanzierungsprozesse planen

Leitidee

Heidtkötter investiert und wächst

Trotz einer schwierigen Konjunkturlage konnte die auf hochwertige Bürostühle und Konferenzeinrichtungen spezialisierte Heidtkötter KG gegen den allgemeinen Markttrend zulegen.
Selbst im weiterhin schwierigen deutschen Markt wurde ein Umsatzzuwachs erzielt.
Trotz Krise und Sparzwängen hat die Heidtkötter KG verstärkt in neue Produktentwicklungen, in den Markenauftritt und in die internationale Vertriebsarbeit investiert.

Neben den erfolgreich etablierten Programmlinien hat z. B. das neue Systemprodukt *communicTable* für umfangreiche positive Resonanz im Fachhandel gesorgt.

Nicht nur die neuen Produkte, auch eine damit verbundene konsequente Umsetzung des Corporate Design und der überzeugende Auftritt auf den einschlägigen Fachmessen (u. a. auf der Orgatec) haben den Büromöbelhersteller noch schärfer profiliert.
Die Markenbildung spielt nach Auffassung der Geschäftsführung gerade in den internationalen Märkten eine immer wichtigere Rolle, und hier steht die Heidtkötter KG im besten Sinne für „Design made in Germany", für die Verbindung von hoher Ingenieurkunst, perfekter Qualität und langlebiger Formensprache.

Klaus M. Heidtkötter hat allen Grund, sich zu freuen. Die Entscheidung, den Konferenzbereich zum wichtigen strategischen Geschäftsfeld auszubauen und hier auch in schwierigen Zeiten kräftig zu investieren, hat sich als goldrichtig erwiesen. Während viele Wettbewerber Investitionen angesichts der ungewissen Zukunftsentwicklungen zurückstellen, hat die Heidtkötter KG mit kalkulierbaren Risiken und nicht unerheblichen Investitionen die strategischen Weichen gestellt, die Positionierung der Marke gefestigt und den Markenauftritt in einem prägnanten Corporate Design umgesetzt.

Güter- und finanzwirtschaftlicher Prozess

Die Heidtkötter KG steht ständig und nun umso mehr vor der Herausforderung, zu entscheiden, welche Investitionsmaßnahmen durchgeführt und wie die dazu nötigen finanziellen Mittel aufgebracht werden können.

Die generellen Zusammenhänge zeigt die folgende Abbildung:

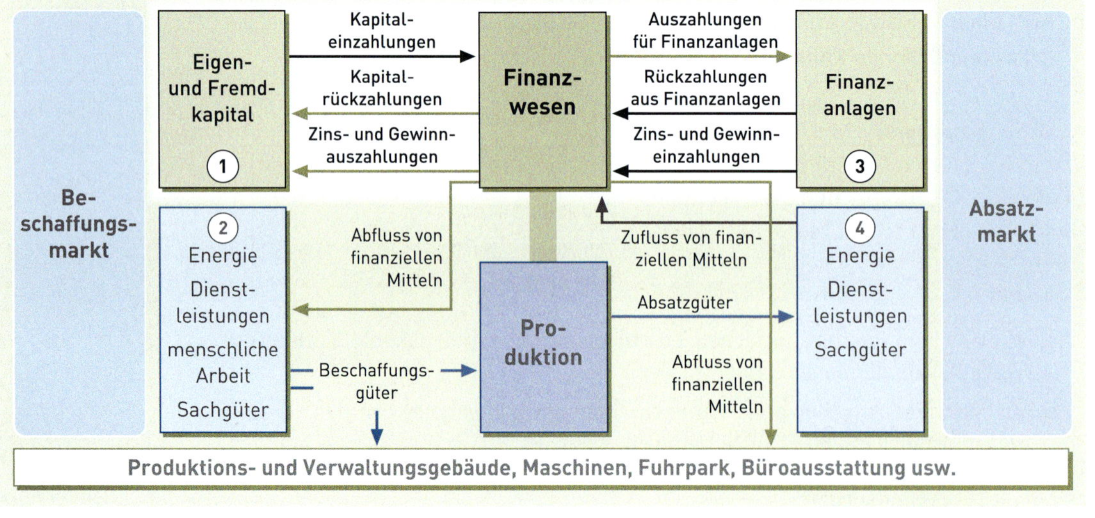

Erläuterungen:

Bereich ①: Kapitaleinzahlungen erfolgen an das Finanzwesen und Kapitalrückzahlungen sowie Zins- und Gewinnauszahlungen werden empfangen.

Bereich ②: Beschaffungsgüter gehen an die Produktion. Dafür müssen die nötigen finanziellen Mittel zur Verfügung gestellt werden. Im weiteren Sinne geht es bei den Sachgütern nicht nur um Werkstoffe (Roh-, Hilfs-, Betriebsstoffe), sondern auch um Investitionsgüter (Maschinen, Anlagen, Gebäude, Büroausstattung).

Bereich ③: Es erfolgen Kapitalrückflüsse aus Finanzanlagen sowie Zins- und Gewinnzuflüsse. Umgekehrt fließen finanzielle Mittel für die Investition in Finanzanlagen ab.

Bereich ④: Es findet die Veräußerung von Produktionsergebnissen statt und damit ergibt sich ein Zufluss finanzieller Mittel in Form von Verkaufserlösen.

Abbildung in enger Anlehnung an: www.it-infothek.de/fhtw/semester_2/bwl_2_01.html#bwl_2_10, abgerufen am 14.07.2012

1 Warum investieren Unternehmen?

Ausgangslage

Die Heidtkötter KG steht am Markt blendend da. Der Umsatz stieg gegenüber dem Vorjahr um knapp 6 %, die Auftragseingänge haben gegenüber dem Vorjahr um 10 % zugenommen. Auch für das laufende Jahr zeigt sich das Unternehmen vorsichtig optimistisch. Die Geschäftsführung rechnet mit einem Umsatzplus von mindestens 5 %.

Dies ist das Ergebnis einer zielgerichteten, jedoch nicht immer frei von Risiken stehenden Investitionstätigkeit. Gleichzeitig wurden durch Maßnahmen zur Optimierung der Geschäftsprozesse im gesamten Unternehmen die Kosten gesenkt. Damit zahlt sich nach Ansicht von Klaus M. Heidtkötter aus, dass man mehr in den Markt investiert und gleichzeitig „seine Hausaufgaben erledigt habe", um die Wettbewerbsfähigkeit zu erhöhen.

Auch wurden neue Vertriebsbüros in Warschau und Dubai eröffnet, um die Märkte in Osteuropa und im Nahen Osten zu erschließen. Mitte des Jahres wird eine kleine Niederlassung in Shanghai folgen, die von der australischen Tochterfirma *Heidtkötter Asia Pacific Ltd.* betreut wird.

Lernziele

Wenn Sie dieses Kapitel durchgearbeitet haben, dann ...

- **wissen Sie, was man unter einer Investition versteht,**
- **können Sie beispielhaft betriebliche Anlässe nennen, die dazu führen, dass investiert wird,**
- **kennen Sie die Unterschiede der verschiedenen Investitionsarten,**
- **sind Sie in der Lage, materielle von immateriellen Investitionen zu unterscheiden,**
- **können Sie eine einfache Planung des mit einer Investition verbundenen Kapitalbedarfs durchführen und den Aufbau erklären,**
- **wissen Sie, aus welchen Quellen Unternehmen ihre Investitionen finanzieren,**
- **können Sie die verschiedenen Finanzierungsarten nach ihrer Herkunft einordnen**
- **und Sie sind in der Lage, den Unterschied zwischen den Begriffen „Investition" und „Finanzierung" zu erläutern.**

Damit setzt Heidtkötter auch weiterhin auf Expansion in einem allgemein als schwierig eingestuften Markt. Das Anlagevermögen hat ein Volumen von ca. 8,5 Mio. €. Davon werden jährlich rund 1,1 Mio. € abgeschrieben. Allein daraus ergibt sich ein ständiger Investitionsbedarf.

1.1 Investitions- und Finanzierungsanlässe

Situation

Die Heidtkötter KG hat in den vergangenen Jahren eine Reihe neuer Produkte auf den Markt gebracht und sich damit auf dem Markt neu positioniert. Klaus M. Heidtkötter bezieht dazu – wie oben geschildert – mit folgenden Worten klar Stellung: *„Während viele Wettbewerber Investitionen angesichts der ungewissen Zukunftsentwicklungen zurückstellten, haben wir mit kalkulierbaren Risiken und nicht unerheblichen Investitionen die strategischen Weichen gestellt, die Positionierung der Marke gefestigt und den Markenauftritt in einem prägnanten Corporate Design umgesetzt."*

Arbeitsaufträge

1. Welche unterschiedlichen unternehmerischen Maßnahmen lassen sich aus obigem Zitat für den Begriff „Investition" ableiten?
2. Nennen Sie drei Gründe, die einen Unternehmer dazu veranlassen, zu investieren.
3. Versuchen Sie unter Rückgriff auf die dargestellte Situation deutlich zu machen, worin sich materielle von immateriellen Investitionen unterscheiden.

› Arbeitshilfe

Arbeitshilfe

In den Investitionsplan eines Unternehmens ist die Anschaffung aller Gegenstände aufzunehmen, die für die Aufnahme und Aufrechterhaltung des Geschäftsbetriebes erforderlich sind. Dies sind bspw. Grundstücke, Gebäude, Maschinen, Fahrzeuge, Büroausstattung oder Software. Die zu berücksichtigenden Beträge umfassen sowohl die Anschaffungskosten als auch die Nebenkosten, wie z. B. die Kosten für die Installation einer Maschine.

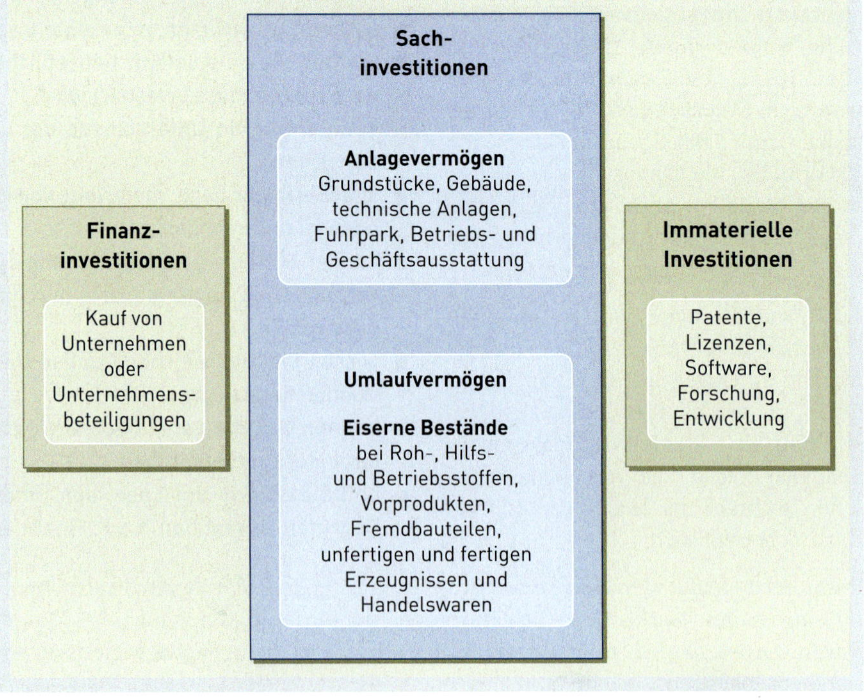

Vertiefende Übung

Im Bereich des Anlagevermögens ergeben sich bei der Heidtkötter KG folgende Veränderungen (Anfangsbestand: 1.000.000,00 €):

Jahr	Vermögenszugänge	Vermögensabgänge/ Abschreibungen
01	150.000,00 €	150.000,00 €
02	80.000,00 €	130.000,00 €
03	200.000,00 €	125.000,00 €
04	120.000,00 €	140.000,00 €
05	255.000,00 €	160.000,00 €

Berechnen Sie die Veränderungen des Anlagevermögens in den einzelnen Jahren und bringen Sie dies in Zusammenhang mit den Begriffen „Bruttoinvestition", „Ersatzinvestition" und „Nettoinvestition".

1.2 Kapitalbedarfsplanung – Welcher Kapitalbedarf ist mit einer Investition verbunden?

Situation

Der Markterfolg des *communicTable* erfordert eine Erweiterung der Produktionsanlagen. Aufgrund der großen Nachfrage und der Ausweitung des Absatzes in osteuropäische Länder soll die Fertigungsmenge von zurzeit 30 Stück auf 40 Stück pro Monat erhöht werden.
Für die Einrichtung eines neuen Montageplatzes werden Kosten in Höhe von rund 50.000,00 € veranschlagt. Gleichzeitig erhöht sich der Bedarf an Rohstoffen und Vorprodukten um 50 %.
Die Arbeitsvorbereitung legt in Zusammenarbeit mit dem Einkauf folgende Zahlen vor:

Kosten pro Einheit *(communicTable)*	
Rohstoffkosten (ohne Laptop)	200,00 €
Fertigungslöhne	120,00 €
Vertriebskosten	80,00 €
anteilige Verwaltungskosten (pauschal)	50,00 €
Summe	**450,00 €**

Die Rohstoffe und Vorprodukte werden bevorratet. Die durchschnittliche Lagerdauer liegt bei 10 Tagen. Mit den Lieferanten wurde ein Zahlungsziel von 14 Tagen vereinbart. Der Fertigungsdurchlauf wird einschließlich aller Qualitätskontrollen mit 8 Tagen geplant. Nach einer Lagerung der Endprodukte über durchschnittlich 12 Tage werden die Tische ausgeliefert. Das Zahlungsziel für die Kunden liegt bei 30 Tagen.

Arbeitsaufträge

1. Was in der Situation geschildert wird, ist positiv zu bewerten. Trotzdem ist damit auch eine betriebswirtschaftliche Herausforderung verbunden. Die Erhöhung der Fertigungsmenge ist mit beträchtlichen Investitionen verbunden.
   a) Erläutern Sie, von welchen Rahmenbedingungen die Entscheidung abhängt, ob eine Erweiterungsinvestition vorgenommen wird. Gehen Sie dabei über die isolierte Betrachtung der finanziellen Aspekte hinaus.
   b) Überlegen Sie, ob es Beispiele in Ihrem Ausbildungsbetrieb gibt, bei denen ähnliche Überlegungen erfolgt sind.
2. Was müssen Sie mit einbeziehen, um eine Aussage darüber zu treffen, wie groß der Kapitalbedarf für oben geschilderte Produktionserweiterung ist?

› Arbeitshilfen 1 und 2

3. Welche Arten des Kapitalbedarfs lassen sich (festgemacht an diesem Beispiel) unterscheiden?

› Arbeitsheft

4. Wie viel Kapital wird für die geschilderte Produktionserweiterung konkret benötigt?

› Arbeitshilfen 2 und 3 mit Checklisten 1 und 2

5. In vorliegendem Beispiel geht es um eine Produktionserweiterung, die finanziell abgesichert werden muss. Bei Firmengründungen sieht die Kapitalbedarfsplanung deutlich anders aus. Gehen Sie einfach einmal davon aus, dass Sie eine umwerfende Geschäftsidee haben und sich überlegen wollen, ob Sie sich selbstständig machen. Was haben Sie in Ihrem Business-Plan zu berücksichtigen, um den Kapitalbedarf für die Unternehmensgründung möglichst genau zu bestimmen?

Arbeitshilfe 1

Der Kapitalbedarf zur Unternehmensgründung ist der Betrag an finanziellen Mitteln, den man benötigt, um ein Unternehmen zu starten und die erste Aufbauphase zu überstehen. Das Kapital wird eingesetzt für

- das Anlagevermögen,
- das Umlaufvermögen und
- die Gründungskosten.

Kapitalbedarf Anlagevermögen

Zum Anlagevermögen zählen Sachinvestitionen, die dem Unternehmen längerfristig zur Verfügung stehen. Die dafür erforderlichen Anschaffungskosten sind leicht zu beziffern.

Kapitalbedarf Umlaufvermögen

Die Ermittlung des Kapitalbedarfs für das Umlaufvermögen ist aufwendiger. Zu berücksichtigen sind dabei

- der Verbrauch von Material,
- die Löhne,
- die Betriebskosten,
- die Produktionsdauer,
- die Lagerdauer und
- die Zahlungsmodalitäten der Kunden.

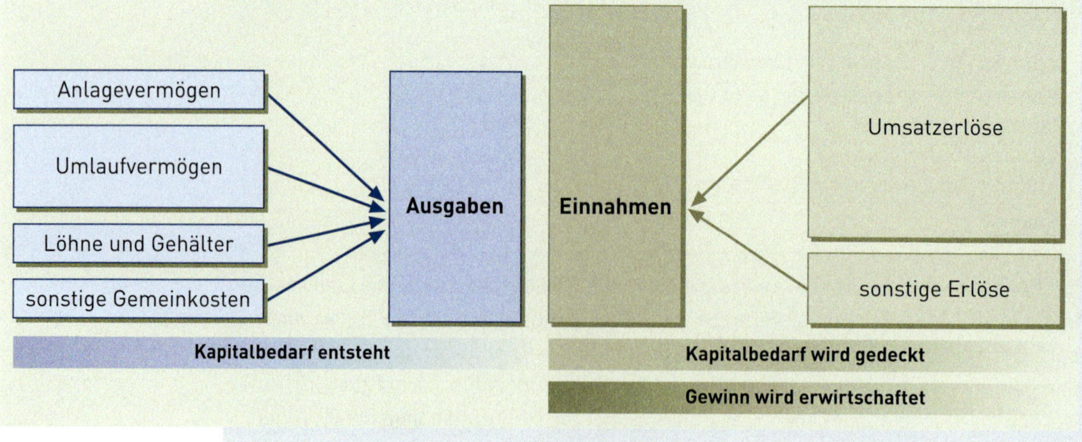

Arbeitshilfe 2

In vorliegendem Fall geht es in erster Linie um eine Erhöhung der Ausbringungsmenge. Da das offenbar nicht mit den bereits vorhandenen Maschinen und Anlagen möglich ist, muss eine Aufstockung der Kapazitäten um einen zusätzlichen Montageplatz vorgenommen werden.
Benötigt werden zudem zusätzliche Werkstoffe. Außerdem müssen mehr Arbeitsstunden bzw. mehr Arbeitskräfte eingesetzt werden. In der Regel sind die Rechnungen der Lieferanten ebenso wie die Lohnzahlungen zu einem Zeitpunkt fällig, an dem die Fertigprodukte möglicherweise schon verkauft worden sind, aber zu dem noch keine Zahlungseingänge von den Kunden vorliegen.
Also muss der dazwischen liegende Zeitraum finanziell überbrückt werden.
Der Kapitalbedarf zur **Finanzierung der laufenden Betriebstätigkeit** errechnet sich vor diesem Hintergrund wie folgt:

Kapitalbedarf für die laufende Betriebstätigkeit = Tagesbedarf · Kapitalbindungsdauer

So sieht das in einem Beispiel (das nicht dem Beispiel in der Situationsdarstellung entspricht) in der Umsetzung aus:

Beispiel

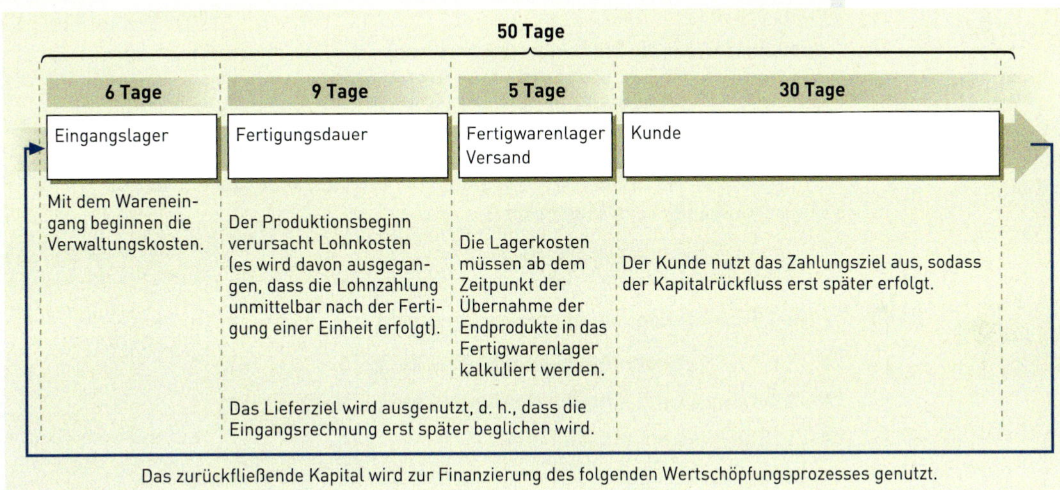

Tagesproduktion
bisher: 1 000 Einheiten   Planung: 1 200 Einheiten (+ 20 %)

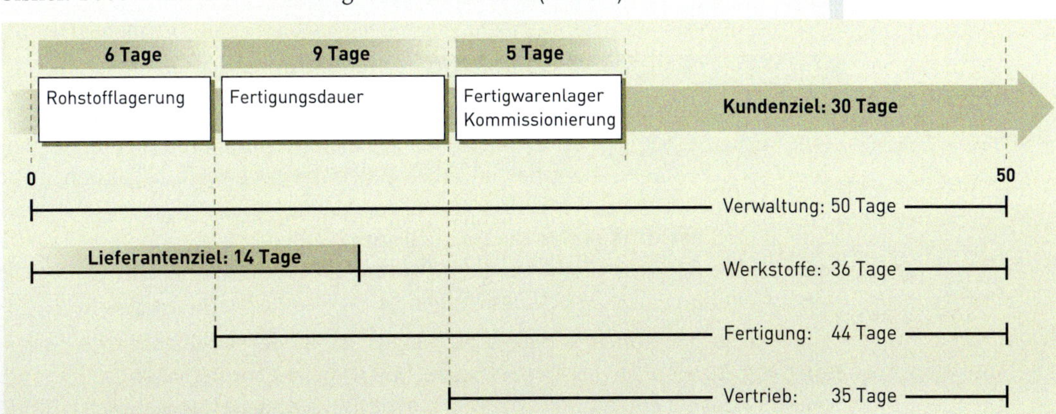

→

Beispiel (Fortsetzung)

Kostenart	Kosten pro Stück	Kapital-bindung	Tagesbedarf		Gesamtbedarf	
			Ist (€)	Plan (€)	Ist (€)	Plan (€)
Werkstoffe	10,00 €	36 Tage	10.000,00	12.000,00	360.000,00	432.000,00
Fertigungslöhne	15,00 €	44 Tage	15.000,00	18.000,00	660.000,00	792.000,00
Verwaltung	7,00 €	30 Tage	7.000,00	9.400,00	350.000,00	420.000,00
Vertrieb	8,00 €	35 Tage	8.000,00	9.600,00	280.000,00	336.000,00
Summe	**40,00 €**		**40.000,00**	**49.000,00**	**1.650.000,00**	**1.980.000,00**

Neben dem ordentlichen Kapitalbedarf für die Grundfinanzierung und die laufende Betriebstätigkeit sollte zusätzliches Kapital für außerordentliche Fälle (Betriebsstörungen, Absatzschwierigkeiten, Zahlungsverzug von Kunden, betriebsfremde Aufwendungen usw.) zur Verfügung stehen. Die Berechnung des Gesamtbedarfs erfolgt somit auf einer erweiterten Grundlage:

	Beispiel
Kapitalbedarf für die Produktionsvorbereitung einschließlich der Beschaffung des Anlagevermögens	50.000,00 €
+ Bedarf für laufende Betriebstätigkeit	1.980.000,00 €
= **ordentlicher Kapitalbedarf**	**2.030.000,00 €**
+ außerordentlicher Kapitalbedarf	(5 %) 101.500,00 €
= **insgesamt notwendiges Kapital**	**2.131.500,00 €**

Diese einfache Kapitalbedarfsrechnung geht u. a. davon aus, dass

- Ein- und Verkaufspreise konstant bleiben,
- Lieferanten- und Kundenziele genau eingehalten werden,
- die Stückkosten konstant sind,
- keine Beschäftigungsschwankungen auftreten,
- die Termine für Lagerung, Produktion und Vertrieb eingehalten werden,
- weder ein Umsatzrückgang noch eine Umsatzerhöhung eintritt.

Arbeitshilfe 3

Gerade bei einer Unternehmensgründung oder einer größeren Erweiterung bzw. einer Umgestaltung ist der Zeitraum der sogenannten Anlaufphase oft sehr lang. In dieser fallen hohe Ausgaben an. Aber wegen der noch nicht begonnenen Produktionstätigkeit werden noch keine Umsätze getätigt und es liegen so noch keine Einnahmen vor. Dies ist für die Finanzplanung eine ganz besondere Herausforderung. Die folgende Checkliste 1 zur Planung gibt einen Einblick in das, was bei einer Gründung alles zu berücksichtigen ist.

Über diese betrieblichen Ausgaben hinaus ist in der Kapitalbedarfsrechnung auch der Bereich der privat benötigten Mittel nicht zu unterschätzen. Hier gibt die Checkliste 2 einen guten Überblick über das, was der Unternehmensgründer nicht aus den Augen verlieren darf.

Checkliste 1

Kapitalbedarf zur Finanzierung der Gründung und der betrieblichen Anlaufphase	
Ermitteln Sie die jährlichen Kosten:	€
Gründungskosten	
Beratungen Anmeldungen/Genehmigungen Eintrag ins Handelsregister Notar Sonstige	
Gesamt	
Kosten für Anlaufphase (Ausgaben bis zum ersten Geldeingang aus Umsatz)	
Personalkosten, inkl. eigenes Geschäftsführergehalt bei Kapitalgesellschaften (inkl. Lohnnebenkosten) Beratung Leasing Miete/Pacht Werbung Vertrieb Betriebliche Steuern Versicherungen Reserve für Startphase, Folgeinvestitionen und Unvorhergesehenes Sonstige	
Gesamt	
Unternehmerlohn (bei Einzelunternehmen und Personengesellschaften)	
Gesamt	
Anlagevermögen	
Patent-, Lizenz-, Franchisegebühren u. Ä. Grundstücke/Immobilien einschl. Nebenkosten Produktionsanlagen, Maschinen, Werkzeuge Betriebs-, Geschäftsausstattung Fahrzeuge	
Gesamt	
Umlaufvermögen	
Material- und Warenlager	
Kapitaldienst	
Zinsen für Existenzgründungsdarlehen/Bankkredite Tilgung	
Gesamt	
= Kapitalbedarf gesamt	

Checkliste 2

Unternehmerlohn ermitteln Das Ergebnis zeigt Ihnen die Höhe Ihres erforderlichen Unternehmerlohns.	
Ermitteln Sie die jährlichen Kosten	€
Haushalt	
Miete oder vergleichbare Kosten Lebensmittel/Hausrat Kleidung usw. Strom Heizung Wasser Müllabfuhr Telekommunikation	

→

Freizeit	
Kindergarten	
Ausgaben für Geld- und Sachvermögen (z. B. Wertpapiere, Sparverträge, Immobilien)	
Sonderausgaben (Weihnachten, Geburtstage, Urlaub, Reparaturen, Beiträge für Vereine/Verbände)	
Gesamt	
Versicherungen	
Lebensversicherung/Rentenversicherung	
Krankenversicherung	
Unfallversicherung	
Haftpflichtversicherung	
Kfz-Haftpflichtversicherung	
Hausratversicherung	
Rechtsschutzversicherung	
Gesamt	
Sonstiges	
Rücklage für Einkommensteuer	
Unterhaltsverpflichtungen	
Tilgung/Zinszahlung für Privatdarlehen	
Gesamt	
= Private jährliche Ausgaben für Haushalt, Versicherungen und sonstiges	
– sonstige Einnahmen (z. B. Einkommen des Partners, Mieteinnahmen, Gründungszuschuss)	
= Private Ausgaben (erforderlicher Unternehmerlohn)	

Vertiefende Übungen

1. Ermitteln Sie den Kapitalbedarf für folgende Erweiterungsinvestition unter den genannten Voraussetzungen und für die vier unterschiedlichen Bedingungen (s. S. 103), ob Lieferanten- oder Kundenskonto genutzt werden oder nicht:

   Produktionsplanung
   bisher: 1200 Einheiten
   Planung: 1800 Einheiten (+ 50 %)

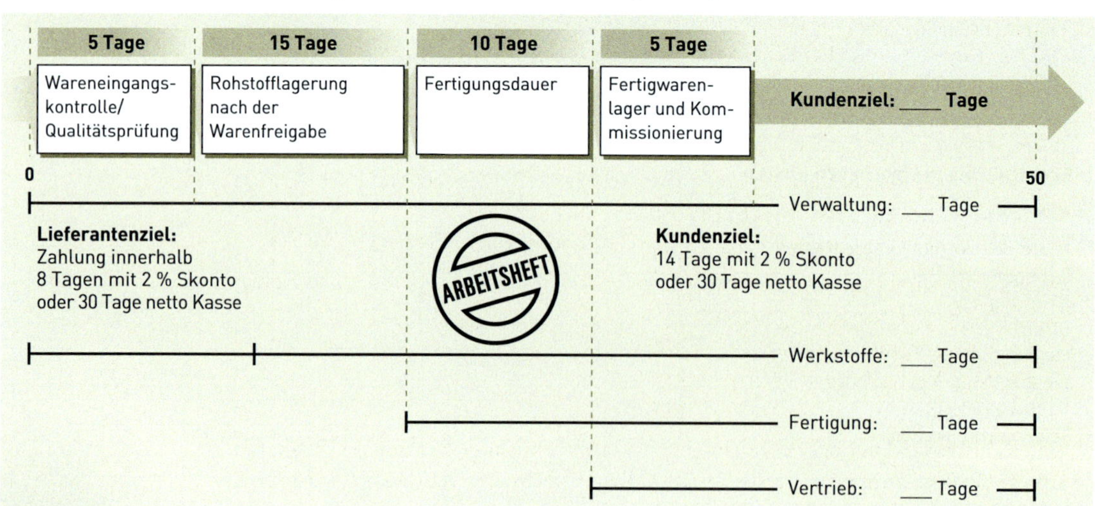

Variante A: Weder wir noch der Kunde nutzt den Skontoabzug.

	Kosten pro Stück	Kapital-bindungsdauer in Tagen	Kapitalbedarf pro Tag	gesamter Kapitalbedarf
Werkstoffe	7,50 €			
Fertigungslöhne	22,00 €			
Verwaltung	2,50 €			
Vertrieb	5,00 €			
Summe	37,00 €			
	+ Erweiterungsinvestition = gesamter Kapitalbedarf			

Variante B: Ein Skontoabzug wird sowohl von uns als auch vom Kunden in Anspruch genommen.

› Arbeitsheft

Variante C: Ein Skontoabzug wird von uns in Anspruch genommen, der Kunde nutzt aber das Zahlungsziel.

Variante D: Ein Skontoabzug wird von uns nicht in Anspruch genommen, der Kunde nutzt diesen aber.

2. Die Heidtkötter KG produziert im Monat 800 Drehstühle der Serie *siri*.

Ermitteln Sie den Kapitalbedarf für die Produktion der 800 Drehstühle, für die folgende Teile zugekauft werden:
- ein Drehkreuz mit 5 Armen und 5 Stuhlrollen pro Stuhl zum Stückpreis von 20,00 €
- eine Gasdruckfeder pro Stuhl zum Preis von 12,00 €
- 1,5 m^2 Leder zum Preis von 18 €/m^2
- zwei Armlehnen pro Stuhl zum Preis von 6,00 € pro Stück

Die Lieferung der einzelnen Teile erfolgt frei Haus. Es gelten folgende Zahlungsbedingungen:
- Lieferantenrabatt: 10 %
- Lieferantenskonto:
  2 % bei Zahlung innerhalb von 10 Tagen, andernfalls Zahlung binnen 30 Tagen

Die Heidtkötter KG nutzt in der Regel den eingeräumten Skonto und weist den Betrag am 10. Tag an.

Sie geht für alle bezogenen Teile gleichermaßen von folgendem Zeitplan aus:
- Warenanlieferung vor Produktionsbeginn: 5 Tage
- Dauer der Qualitätskontrolle nach Wareneingang bis zur Freigabe und Einlagerung der Ware: 2 Tage
- Produktionsdauer der Bürostühle für das Fertigungslos von 800 Stück: 3 Tage
- Qualitätskontrolle der Fertigprodukte: 2 Tage
- Transport in das Fertigwarenlager mit späterer kundenbezogenen Kommissionierung und Auslieferung der Bürostühle: 10 Tage
- Versand der Fertigprodukte: ca. 15 Tage nach Abschluss der Produktion

Neben den aus obigen Angaben ableitbaren Werkstoffkosten werden weiterhin folgende Kosten in Ansatz gebracht:
- Fertigungslöhne: 30,00 €
- anteilige Verwaltungskosten: 2,00 €
- Vertriebskosten: 4,00 €

Das Zahlungsziel beträgt im Normalfall 30 Tage. Die Kunden erhalten 2 % Skonto, wenn die Rechnungen innerhalb von 14 Tagen beglichen werden. Dies ist meist der Fall.

2
Investitionsentscheidungen stehen an – Statische Verfahren der Investitionsrechnung können helfen

Ausgangslage

Dass die Heidtkötter KG auf dem Markt gut dasteht, kommt nicht von ungefähr. Der Betrieb arbeitet mit modernsten Anlagen, die nicht nur eine hohe Qualität sichern, sondern auch unter kosten- und ertragswirtschaftlichen Gesichtspunkten ausgesucht werden.

Ob und in welchem Umfang die Heidtkötter KG Investitionen tätigt, hängt also von verschiedenen Faktoren ab. Ein wesentliches Entscheidungskriterium ist die Wirtschaftlichkeit der geplanten oder ausgeführten Investitionen.

Lernziele

Wenn Sie dieses Kapitel bearbeitet haben, dann ...

- wissen Sie, welche rechnerischen Verfahren es für die Investitionsentscheidungen gibt,
- können Sie erklären, was ein statisches Investitionsrechnungsverfahren ist und welche Formen es gibt,
- können Sie beispielhaft die Kosten-, Gewinn-, Rentabilitäts- und die Amortisationsrechnung anwenden und die Ergebnisse erläutern und
- Sie sind in der Lage, zu beurteilen, was eine Investitionsrechnung leisten kann und wo deren Grenzen liegen.

An erster Stelle stehen bei den allermeisten Investitionen Zahlen. Die Minimalforderung besteht darin, dass die aus einem Investitionsvorhaben zu erwartenden Einnahmen mindestens gleich den mit ihr verbundenen Ausgaben sind.

Klaus M. Heidtkötter sieht seine Aufgabe darin, die Grundsatzentscheidungen für die Weiterentwicklung des Unternehmens zu treffen. Wenn diese erfolgt sind, gibt es zu ihrer Realisierung sehr oft verschiedene Investitionsalternativen und es muss abgewogen werden, welche Entscheidung die richtige ist. Dies ist eine Aufgabe, die in der Regel vom Rechnungswesen übernommen wird. Heidtkötter erwartet – wie er sagt – immer „entscheidungsreife Unterlagen". Wie sie erstellt werden, wollen wir uns nun ansehen.

2.1
Die Kostenvergleichsrechnung schnell und einfach anwenden

Situation

Die Heidtkötter KG hat einen Fuhrpark, zu dem auch mehrere Pkw gehören, die der Außendienst nutzt. Die Fahrzeuge werden in der Regel über einen Zeitraum von drei Jahren gefahren und danach durch neue ersetzt. Obwohl die Geschäftsleitung auf eine bestimmte Markentreue setzt, unterliegt die Beschaffung wirtschaftlichen Kriterien.

Folgende drei Angebote für die Beschaffung eines neuen Fahrzeuges liegen vor:

Pkw, Auswahlkriterien	Typ 1 ■ hoher Anschaffungswert ■ schadstoffarm ■ niedriger Benzinverbrauch	Typ 2 ■ günstiger Anschaffungswert ■ relativer hoher Benzinverbrauch	Typ 3 ■ sehr niedriger Anschaffungspreis ■ hoher Benzinverbrauch ■ für Langstrecken nur bedingt geeignet
Anschaffungskosten	31.800,00 €	27.000,00 €	21.000,00 €
Abschreibung linear			
Versicherung, Steuern pro Jahr	800,00 €	800,00 €	500,00 €
sonstige Betriebskosten pro km	0,30 €	0,34 €	0,40 €
Restwert nach drei Jahren		■ 60 % bei 15 000 km/Jahr ■ 50 % bei 22 500 km/Jahr ■ 40 % bei 30 000 km/Jahr	

Arbeitsaufträge

1. Ihre Aufgabe besteht darin, eine die Entscheidung vorbereitende Untersuchung anzufertigen, in der es darum geht, das kostengünstigste Fahrzeug auszuwählen. Die Firmenleitung geht dabei von folgenden geschätzten Jahreskilometerleistungen aus:

   › INFO-Teil LF 11, Kap. 2.1
   › Arbeitsheft

   a) 15 000 km b) 22 500 km c) 30 000 km

   Nutzen Sie eine Tabelle nach dem Muster der folgenden. Sie finden sie auch in Ihrem Arbeitsheft.

	Anschaffungskosten	Versicherung, Steuern (in €/Jahr)	Betriebskosten (in €/km)	durchschnittlicher Wertverlust pro Jahr (in €)	Gesamtkosten pro Jahr (in €)	Gesamtkosten in 3 Jahren (in €)	Gesamtkosten pro km (in €)
Pkw Typ 1	31.800,00 €	1.000,00	0,30				
15 000 km							
22 500 km							
30 000 km							

2. Welche Entscheidung würden Sie unter Kostengesichtspunkten in dem vorliegenden Fall treffen? Wie begründen Sie diese Entscheidung?
3. In der Produktionswirtschaft spricht man von „kritischen Mengen“, wenn es um Entscheidungen bezüglich der Fertigungsverfahren geht. Inwieweit lässt sich diese Betrachtung bzw. diese Begrifflichkeit auch auf das hier gezeigte Beispiel anwenden? › Band 1, LF 5
4. Nennen Sie weitere Faktoren, von denen die Entscheidung für eine Investitionsalternative über die reine Kostenbetrachtung hinaus abhängt. Gehen Sie dabei auch auf die Frage ein, was Investitionsrechnungen leisten und was sie nicht leisten können.

Vertiefende Übung

Die Heidtkötter KG benötigt einen zusätzlichen Schweißroboter für ein neues Produkt. Die derzeitige Produktionsmenge liegt bei 20 000 Stück pro Jahr. Die Heidtkötter KG rechnet aber mit einem im günstigsten Falle bis zu 50 % höheren Absatz. →

Vertiefende Übung (Fortsetzung)

Zwei unterschiedliche Roboter stehen zur Wahl: das Modell TF 8, das eine Multifunktionshalterung besitzt, mit der neben Schweißarbeiten auch Hebe- und Nietarbeiten durchgeführt werden können, und das Modell TF 7, das ausschließlich für Schweißarbeiten konzipiert wurde und für keine anderen Arbeitsgänge eingesetzt werden kann. Letzteres ist in der Anschaffung wesentlich günstiger. Der geringere Automatisierungsgrad macht jedoch einen höheren Einsatz an Arbeitskräften erforderlich.

Die relevanten technischen und betriebswirtschaftlichen Daten sind in der nachfolgenden Tabelle zusammengefasst:

Modell	TF 7	TF 8
Investitionsvolumen	200.000,00 €	80.000,00 €
Nutzungsdauer	10 Jahre	10 Jahre
Restwert	0,00 €	0,00 €
Zinssatz für das durch die Investition durchschnittlich gebundene Kapital	10 %	10 %
Kapazität (Mengeneinheiten pro Jahr)	30 000	25 000
Abschreibungen pro Jahr		
kalkulatorische Zinsen pro Jahr		
Raumkosten	1.500,00 €	1.500,00 €
sonstige fixe Kosten	5.000,00 €	3.000,00 €
Lohnkosten pro Stück	0,35 €	0,80 €
Materialkosten pro Stück	2,00 €	2,20 €
sonstige variable Kosten pro Stück	0,25 €	0,50 €

› **Arbeitsheft**

a) Wie hoch sind bei einer Produktionsmenge von 20 000 Stück pro Jahr
   - die fixen Kosten,
   - die variable Kosten,
   - die Gesamtkosten und
   - die jeweiligen Kosten pro Stück?

b) Für welche der beiden Investitionsalternativen entscheiden Sie sich, wenn Sie die berechneten Zahlen betrachten?

c) Berechnen Sie die kritische Menge, bei der die Kosten der beiden Investitionsalternativen gleich groß sind.

› **Arbeitsheft**

d) Welche Rolle könnte die Absatzprognose der Heidtkötter KG (bis zu 50 % höher) bei der anstehenden Investitionsentscheidung spielen?

e) Nennen Sie drei weitere Gesichtspunkte, die außer den bereits genannten Fakten eine Investitionsentscheidung maßgeblich beeinflussen können.

2.2
Die Gewinnvergleichsrechnung – Kosten und Erlöse liegen zugrunde

Situation

Für die Produktion des *communicTable* reichen die jetzigen Produktionskapazitäten der Heidtkötter KG nicht aus. Aufgrund des ständig wachsenden Absatzes wird der räumliche Engpass im Fertigungs- und Lagerbereich immer deutlicher.
Der Engpass im Lagerbereich kann durch die Anmietung leer stehender Hallen in der Nachbarschaft beseitigt werden. Für die Produktion des *communicTable* wird aber die Anschaffung eine Spezialmaschine benötigt. Die Marketingabteilung rechnet mit einem Absatz von 1 000 Stück pro Jahr, hofft aber, dass das innovative Produkt so gut einschlägt, dass der Absatz deutlich höher ausfällt.
Die folgenden Investitionsalternativen stehen zur Wahl, mit jeder lassen sich unterschiedlich hohe Gewinne realisieren.

	Alternative I	Alternative II		Besonderheiten
	Maschine A	**Maschine B**	**Maschine C**	Maschine A kann allein genutzt werden.
Investitionsvolumen	1.750.000,00 €	1.200.000,00 €	400.000,00 €	
Kapazität pro Jahr (Einheiten)	2 000	1 500	500	Die beiden Maschinen B und C sind so aufeinander abgestimmt, dass sie sowohl parallel als auch einzeln betrieben werden können. Damit ist eine Anpassung an die jeweiligen Produktionserfordernisse möglich.
variable Kosten pro Einheit	100,00 €	150,00 €	200,00 €	
Abschreibung linear	350.000,00 €	240.000,00 €	80.000,00 €	
Produktionswert	380,00 € pro Herstellungsgang			

Arbeitsaufträge

1. Die Geschäftsleitung möchte von Ihnen eine begründete Investitionsentscheidung erhalten. Dazu sollten Sie für die alternativen Produktionsmengen von 1000, 1500 und 1750 Einheiten einen Gewinnvergleich durchführen. › Arbeitsheft
   Welchen Vorschlag unterbreiten Sie und wie begründen Sie ihn?

	Maschine A			Maschine B			Maschine B + C		
	Produktionsmenge			Produktionsmenge			Produktionsmenge		
	1 000	**1 500**	**1 750**	**1 000**	**1 500**	**1 750**	**1 000**	**1 500**	**1 750**
fixe Kosten									
variable Kosten									
Gesamtkosten									
Stückkosten									
Umsatz									
Gewinn/Verlust									

ARBEITSHEFT

2. Zusätzlich möchte Ihr Chef wissen, ob sich das Ergebnis der Gewinnvergleichsrechnung auch mit einer Analyse unter Kostengesichtspunkten decken würde. Wie lautet Ihr Ergebnis?

Vertiefende Übung

Klaus M. Heidtkötter hat zwar optimistische Erwartungen, neigt aber dennoch dazu, die Maschinen B und C zu beschaffen, weil er glaubt ...

a) Nennen Sie zwei Gesichtspunkte, die für diese Entscheidung sprechen könnten. › Arbeitsheft
b) Berechnen Sie, wie sich die Situation in der vorangehenden Aufgabe verändern würde, wenn die Produktionsmenge auf 2 000 Stück steigt.

2.3
Die Rentabilitätsrechnung – Wie verzinst sich das eingesetzte Kapital?

Situation

Die Zahlen, die Sie in voranstehender Situation als Ergebnis der Arbeitsaufträge ermittelt haben, sind zwar in Ordnung, aber dennoch meint Ihr Chef, dass sie „zu absolut" seien. Jeder, der mit Geld zu tun habe und es anlegen wolle, würde auf den Zins achten. Also will er auch hier wissen, wie sich die beiden zur Entscheidung anstehenden Investitionsalternativen hinsichtlich ihrer Rentabilität unterscheiden.

Arbeitsaufträge

1. Erläutern Sie, was der Begriff „Rentabilität" bedeutet und welche Angaben man benötigt, um eine Rentabilität zu berechnen.

› **Arbeitsheft**

2. Führen Sie die notwendigen Berechnungen für die alternativen Produktionsmengen von 1000, 1500, 1750 und 2000 Einheiten aus der Situation in Kapitel 2.2 durch und entscheiden Sie danach, welcher Investitionsalternative unter Rentabilitätsgesichtspunkten der Vorzug gegeben werden muss.

2.4
Die Amortisationsrechnung – Wann fließen die Anschaffungskosten in das Unternehmen zurück?

Situation

Die Heidtkötter KG ist ein Unternehmen, in dem ständig investiert, rationalisiert und erweitert wird. Dadurch ist laufend Kapitalbedarf vorhanden. Umso mehr ist man neben allen anderen Kriterien, die eine Investitionsentscheidung bestimmen, daran interessiert, dass die investierten Mittel möglichst schnell in das Unternehmen zurückfließen, um für andere Maßnahmen zur Verfügung zu stehen. In diesem Sinn sollen die angefertigten Berechnungen um das Kriterium der Kapitalrückflusszeit ergänzt werden.

Arbeitsaufträge

1. Was verbinden Sie mit dem Begriff „Kapitalrückflusszeit" und warum ist die sogenannte „Amortisationsdauer" ein nicht unwichtiges Entscheidungskriterium für die Frage, ob eine Investition durchgeführt wird oder nicht?
2. Welches Ziel wird unter Amortisationsgesichtspunkten verfolgt?

› **Arbeitsheft**

3. Führen Sie die nötigen Berechnungen für die alternativen Produktionsmengen von 1000, 1500, 1750 und 2000 Einheiten aus der Situation in Kapitel 2.2 durch und entscheiden Sie danach, welcher Investitionsalternative unter Amortisationsgesichtspunkten der Vorzug gegeben werden müsste.

Vertiefende Übungen

› **Arbeitsheft**

1. Die Heidtkötter KG benötigt eine weitere Metallpresse. Dabei stehen zwei unterschiedliche Pressen zur Wahl: das Modell „Kompakt plus", das ein patentiertes Schienensystem für einen schnelleren Werkzeugwechsel besitzt, sowie das Standardmodell „Kompakt" mit herkömmlichen Halterungen für die verschiedenen Werkzeuge. Die nachstehende Tabelle fasst die technischen und betriebswirtschaftlichen Daten zusammen.

Metallpresse, Modell	Kompakt	Kompakt Plus
Investitionsvolumen	180.000,00 €	210.000,00 €
Restwert	20.000,00 €	30.000,00 €
Nutzungsdauer (Jahre)	6	6
Kapazität (Stück)	9 000	12 000
Abschreibung pro Jahr	26.666,67 €	30.000,00 €
sonstige fixe Kosten	9.000,00 €	9.500,00 €
variable Kosten	18.000,00 €	21.600,00 €
kalkulatorische Zinsen (Zinssatz 8 % vom durchschnittlich gebundenen Kapital)	ARBEITSHEFT	
Erlöse	72.000,00 €	96.000,00 €

Sie sollen nun anhand der Ergebnisse aus der Kosten-, Gewinn-, Rentabilitäts- und Amortisationsrechnung eine Investitionsentscheidung treffen, sie in geeigneter Form präsentieren und gegenüber Ihrem Chef begründen.

2. Es geht um eine Investition für den Planungszeitraum der nächsten fünf Jahre. Als Alternativen stehen zur Verfügung: › **Arbeitsheft**

Maschine, Typ	bellum	alpha
Anschaffungskosten	400.000,00 €	600.000,00 €
Nutzungsdauer (Jahre)	5	5
Kapazität (Stück)	60 000	100 000
sonstige fixe Kosten /Jahr	60.000,00 €	170.000,00 €
variable Kosten pro Stück	6,00 €	5,00 €

Der Marktpreis für die Produkte liegt zurzeit bei ca. 10,00 €. Der Investor will linear abschreiben und setzt einen kalkulatorischen Zinssatz von 5 % auf das durchschnittlich gebundene Kapital an. Am Ende der Nutzungsdauer haben die Anlagen nur noch Schrottwert, gehen also nicht mehr in die Berechnungen ein.
Nach derzeitigen Markteinschätzungen werden voraussichtlich in den nächsten fünf Jahren insgesamt bis zu 500 000 Stück, d. h. durchschnittlich ca. 100 000 Stück pro Jahr in den Markt absetzbar sein. Die Geschäftsleitung erwartet von Ihnen einen begründeten Vorschlag für eine Investitionsentscheidung.

a) Wie bewerten Sie die beiden Investitionsalternativen unter Kosten-, Gewinn-, Rentabilitäts- und Amortisationsgesichtspunkten?
b) Stellen Sie dar, wie sich die unterschiedlichen Kapazitäten der beiden Maschinen unter Berücksichtigung der Marktprognosen auf Ihre Entscheidung ausgewirkt haben.
c) Wie wäre Ihre Entscheidung ausgefallen, wenn die Absatzprognose bei durchschnittlich 60 000 Stück pro Jahr liegen würde?

3. In einem weiteren Fall geht es um die Wahl eines Fertigungsverfahrens bei der Produktion einer neuen Produktserie. Es stehen die Alternativen A, B und C zur Wahl. Führen Sie einen Kosten-, Gewinn- und Rentabilitätsvergleich durch. › **Arbeitsheft**

Fertigungsverfahren	A	B	C
Investitionsumfang	150.000,00 €	250.000,00 €	280.000,00 €
Nutzungsdauer (Jahre)	4	4	4
Restwert	50 %	35 %	20 %
variable Stückkosten	6,70 €	6,10 €	5,90 €
sonstige Fixkosten pro Jahr	5.000,00 €	7.500,00 €	10.000,00 €

Produktionsmenge:	ca. 60 000 Einheiten pro Jahr
Verkaufspreis der Endprodukte:	7,25 €
Zinssatz für das durchschnittlich gebundene Kapital:	5,0 %

3
Woher kommt das Kapital, das für die Investition benötigt wird?

Ausgangslage Die Heidtkötter KG ist nicht nur gut auf dem Markt positioniert, auch ihre Kapitalausstattung ist in jeder Hinsicht positiv. Die Passivseite der Bilanz ist ein Spiegelbild dafür:

A. Eigenkapital	**(€)**
Vollhafter Klaus M. Heidtkötter	8.050.000,00 €
Teilhafter Anke Heidtkötter	3.800.000,00 €
	11.850.000,00 €
B. Langfristiges Fremdkapital	
1. Langfristige Verbindlichkeiten gegenüber Kreditinstituten	5.900.000,00 €
2. Langfristige Rückstellungen	405.000,00 €
	6.305.000,00 €
C. Kurzfristiges Fremdkapital	
1. Verbindlichkeiten aus Lieferungen und Leistungen	1.750.000,00 €
2. Sonstige kurzfristige Verbindlichkeiten	905.000,00 €
	2.655.000,00 €
	20.810.000,00 €

Klaus M. Heidtkötter ist sich bewusst, dass der globale Wettbewerb eine große Herausforderung darstellt und der Druck zunimmt, durch zukunftsorientierte Investitionen der Konkurrenz auf dem Markt immer eine Nasenlänge voraus zu sein. Für ihn geht es aber in erster Linie auch darum, dass die solide finanzielle Grundlage der Heidtkötter KG gesichert bleibt, damit die nächste Generation das traditionsreiche Unternehmen weiterführen kann.

3.1
Die Innenfinanzierung mithilfe selbst erwirtschafteter Mittel ist ein Zeichen starker Finanzkraft

Situation Die in den Situationsaufgaben der Kapitel 2.1 und 2.2 ins Auge gefassten Investitionen belaufen sich im Maximalfall auf 31.800,00 € für den Pkw und auf 1.750.000,00 € für die neue Fertigungsmaschine für den *communicTable*. Das hätte zur Folge, dass die Heidtkötter KG 1.781.800,00 € aufbringen muss.
Hinzu kämen eventuell Investitionen im Rahmen der gebäudetechnischen Erweiterungen. Man rechnet mit einem Investitionsvolumen von rund 500.000,00 €, sodass sich der Kapitalbedarf auf rund 2,3 Mio. € beläuft. Für die anstehenden Entscheidungen bleiben die Investitionen in neue Gebäude unbeachtet, da diese Vorhaben wahrscheinlich erst im übernächsten Geschäftsjahr umgesetzt werden.

Arbeitsaufträge

1. Die Geschäftsleitung möchte gerne ohne Aufnahme von weiterem Fremdkapital auskommen.
   a) Was können die Gründe für diese Entscheidung sein?
   b) Ob es wirklich gelingt, die Investitionen nur mit Eigenkapital zu finanzieren, wird noch zu klären sein. Vorab sollen Sie sich mit der Frage beschäftigen, ob die vorliegende Bilanz auch eine Fremdkapitalaufnahme zulassen würde.

   Hinweis: Damit Sie nicht nur darüber spekulieren, sollten Sie auch das zurate ziehen, was an grundsätzlichen Ausführungen zur Frage der Finanzierungsgrundsätze in Kapitel 8 in diesem Lernfeld steht bzw. das, was Sie schon aus Lernfeld 8 (Band 2) kennen.

2. Sie sollen jetzt der Frage nachgehen, ob die anstehenden Investitionen finanziert werden können, ohne dass Kapital von außen zufließt. Es geht also darum zu klären,
   a) was man überhaupt unter einer Innenfinanzierung versteht,
   b) worin sich die verschiedenen Möglichkeiten der Innenfinanzierung grundsätzlich voneinander unterscheiden und
   c) warum und in welchen Fällen man diese auch als „Selbstfinanzierung“ bezeichnet.

› INFO-Teil LF 11, Kap. 3.1; mit allen Unterkapiteln

3. Nachdem die Grundsatzfragen geklärt sind, gehen Sie jetzt bitte auf die konkrete Bilanzsituation der Heidtkötter KG in Verbindung mit der Gewinn- und Verlustrechnung des letzten Geschäftsjahres ein.
   Welche Möglichkeiten einer Innenfinanzierung halten Sie für machbar?

Arbeitshilfe 1

Gewinn- und Verlustrechnung der Büromöbelfabrik Heidtkötter KG, Bielefeld			
			(€)
1.	Umsatzerlöse		25.895.000,00
2.	Erhöhung oder Verminderung des Bestandes an Erzeugnissen		38.300,00
3.	Andere aktivierte Eigenleistungen		46.700,00
	Gesamtleistung		**25.980.000,00**
4.	Sonstige betriebliche Erträge		285.000,00
5.	Materialaufwand	a) Aufwendungen für Roh-, Hilfs-, Betriebsstoffe, Vorprodukte/Fremdbauteile, Waren	11.950.000,00
		b) Aufwendungen für bezogene Leistungen	655.000,00
			12.605.000,00
	Rohergebnis		**13.660.000,00**
6.	Personalaufwand	a) Löhne und Gehälter	5.840.000,00
		b) Soziale Abgaben	1.660.000,00
			7.500.000,00
7.	Abschreibungen auf Sachanlagen		1.100.000,00
8.	Sonstige betriebliche Aufwendungen		2.540.000,00
11.	Zins-, Dividendenerträge		125.000,00
13.	Zinsaufwendungen		410.000,00
14.	**Ergebnis der gewöhnlichen Geschäftstätigkeit**		**2.235.000,00**
18.	Steuern vom Ertrag		135.000,00
20.	**Jahresüberschuss/Jahresfehlbetrag**		**2.100.000,00**

Arbeitshilfe 2

Gewinnverteilung

	Klaus M. Heidtkötter	Anke Heidtkötter	Summe
Kapital	6.600.000,00 €	3.800.000,00 €	10.400.000,00 €
Arbeitsanteil	80.000,00 €	–	80.000,00 €
Kapitalzins 5 %	330.000,00 €	*190.000,00 €*[1]	520.000,00 €
Restgewinn 3 : 1	1.125.000,00 €	*375.000,00 €*[1]	1.500.000,00 €
Gesamtgewinn	1.535.000,00 €	*565.000,00 €*[1]	2.100.000,00 €
Privatentnahme	85.000,00 €	–	85.000,00 €
neuer Kapitalanteil	**8.050.000,00 €**	**3.800.000,00 €**[1]	**11.850.000,00 €**

1 Wie Sie aus Band 1, Lernfeld 1, Kapitel 5.2.2.1 wissen, ist die Kapitaleinlage der Kommanditistin Anke Heidtkötter festgeschrieben, d. h., dass sie im Gegensatz zu der Einlage des Komplementärs Klaus M. Heidtkötter nicht durch Gewinnzuführungen verändert bzw. erhöht werden kann. Der Gewinnanteil von Anke Heidtkötter wird bis zur Auszahlung auf dem Konto „Verbindlichkeiten gegenüber Gesellschaftern" geführt.

3.2 Das Unternehmen holt sich Kapital von außen – Die Außenfinanzierung

3.2.1 Beteiligungsfinanzierung – Das von außen zufließende Kapital wird zu Eigenkapital

Situation

Die Analyse der Möglichkeiten einer Innenfinanzierung hat zwar grundsätzlich ein positives Ergebnis gebracht. Dennoch scheint es fast unmöglich, die gesamte Investitionssumme auf diese Weise aufzubringen. Zumindest ein Teil davon müsste durch die Zuführung zusätzlicher Mittel finanziert werden.

Gleichzeitig steht eine Verjüngung in der Führung der Firma an. Plötzlich ist wieder offen, ob es bei der Rechtsform KG mit ausschließlich Anteilen in Familienbesitz bleiben kann oder ob die Heidtkötter KG nach fast 80-jähriger Familientradition Firmenanteile verkaufen sollte. Das Unternehmen könnte für neue Teilhaber äußerst interessant sein.

Einen solchen Weg würde Klaus M. Heidtkötter in jedem Fall der Aufnahme größerer Kredite vorziehen: *„Wer mit im Boot sitzt, der lässt sich nicht einfach treiben, sondern er rudert auch mit – und solche Leute brauchen wir, egal, ob sie aus der Familie kommen oder nicht".*

Trotzdem überlegt er zunächst natürlich, ob jemand aus seiner Familie einsteigen kann.

- Der Sohn von Klaus M. Heidtkötter ist als Diplom-Betriebswirt in einem großen Softwarehaus tätig. Hier hat er Aufstiegschancen. Hinzu kommt, dass er mit der Büromöbelbranche selbst bisher so gut wie nichts zu tun hatte.
- Die Tochter der Kommanditistin Anke Heidtkötter hat in der Firma ein duales Studium im Unternehmen durchlaufen und wäre durchaus interessiert und geeignet, die Geschäftsführung zu übernehmen. Allerdings stehen dem zurzeit familiäre Gründe entgegen.
- Karsten Heidtkötter hat kein Interesse daran, als zweiter Kommanditist einzusteigen. Mit 52 Jahren fühlt er sich zu alt, um diesen Schritt zu tun. Für einen Verkauf des Unternehmens ist er aber auch nicht.

Arbeitsaufträge

1. Warum spricht man bei der Aufnahme von neuen Gesellschaftern oder einer Erhöhung der Einlagen bisheriger Gesellschafter von einer Außenfinanzierung?
2. Bringen Sie auf den Punkt, welches Problem sich aus der Schilderung der Situation ableiten lässt. Welche Gründe lassen sich in diesem Zusammenhang aus dem Beispiel der Heidtkötter KG dafür nennen, dass es auch bei einem gesunden Familienunternehmen nicht ganz einfach ist, Nachfolger zu finden, selbst wenn diese aus den eigenen Reihen kommen könnten?

3.2.2 Wenn kein eigenes Kapital zur Verfügung steht – Möglichkeiten der kurzfristigen Nutzung von Fremdkapital

Situation

„Heidtkötter bleibt Heidtkötter!" – Dies ist trotz seiner ursprünglichen Überlegungen die knappe sowie klare Antwort des Chefs, als seine Schwester erneut ins Gespräch bringt, ob man nicht weitere Gesellschafter aufnehmen solle. Von der Umwandlung in eine GmbH oder AG will Klaus M. Heidtkötter nichts wissen. Es geht für ihn darum, wie man gegebenenfalls auch mit fremden Finanzmitteln das Unternehmen sicher in die Zukunft führen kann.

„Aber", so Klaus M. Heidtkötter, *„wir müssen in jedem Fall verhindern, dass Kreditgeber zu sehr Einfluss auf unsere geschäftlichen Entscheidungen nehmen. Wenn wir schon mit fremdem Kapital arbeiten, dann sollte es sich nur um kurz- oder mittelfristige Zeiträume handeln. Das heißt, dass wir das geliehene Geld möglichst schnell zurückzahlen, wie es zum Beispiel der Fall ist, wenn wir Lieferantenziele in Anspruch nehmen."*

Arbeitsaufträge

1. Klaus M. Heidtkötter lehnt die Aufnahme zusätzlicher Gesellschafter, die nicht der Familie Heidtkötter angehören, ebenso ab wie eine Umwandlung der KG in eine GmbH oder AG. Was könnten seine Gründe dafür sein?
2. Die Aufnahme von Fremdkapital kann durchaus eine Alternative zur Eigenkapitalerhöhung sein. In der Regel kommt ein Unternehmen nicht ohne Fremdkapital aus.
   a) Nennen Sie – bevor wir uns tiefer mit den einzelnen Möglichkeiten der Fremdfinanzierung beschäftigen – zunächst den grundsätzlichen Unterschied zwischen Eigen- und Fremdkapital.
   b) Nach welchen Kriterien lassen sich Fremdfinanzierungsarten unterscheiden?
3. Es gibt nur wenige Unternehmen, die ganz auf Fremdkapital verzichten können. Was können die Gründe dafür sein und welche Auswirkungen befürchtet Klaus M. Heidtkötter von einer erhöhten Fremdkapitalaufnahme für sein Unternehmen?

3.2.2.1
Der Lieferantenkredit

Situation

Die Heidtkötter KG weist in ihrer Bilanz Verbindlichkeiten aus Lieferungen und Leistungen in Höhe von 1.750.000,00 € aus. Bisher wurde das Zahlungsziel von 30 Tagen nicht abgewartet, die Eingangsrechnungen wurden in der Regel innerhalb der mit den Lieferanten ausgehandelten Frist von 14 Tagen ausgeglichen.

Klaus M. Heidtkötter beauftragt den Einkauf, mit den Lieferanten zu verhandeln, um das Zahlungsziel entweder um mindestens 7 Tage zu verlängern oder den Skontoabzug von jetzt durchschnittlich 2 % auf 3 % zu erhöhen. Am liebsten wäre ihm natürlich, wenn beide Ziele erreicht werden.

Arbeitsaufträge

1. In der Abteilung Einkauf wird darüber diskutiert, ob es sich überhaupt lohnt, wegen einem Prozent oder 7 Tagen zusätzlichen Zahlungsziels zu verhandeln. Es ginge dabei um so geringe Beträge, dass dies doch unerheblich sei.
   a) Was meinen Sie dazu?
   b) Berechnen Sie den konkreten Betrag, um den es in der Situation geht, wenn angenommen wird, dass die Verbindlichkeiten im Jahresdurchschnitt immer bei dem genannten Betrag liegen und es gelingt,
      - den Skontoabzug bei gleichbleibendem Zahlungsziel um 1 % anzuheben,
      - die Zahlungsfrist bei gleichbleibendem Skontosatz um 7 Tage zu verlängern,
      - sowohl den höheren Skontosatz zu bekommen als auch die verlängerte Zahlungsfrist durchzusetzen.
2. Es heißt, der Barzahlungsrabatt (Skonto) sei ein sehr teurer Kredit, den der Lieferant einem Kunden einräume. Wie kommt man zu dieser Aussage und wie lässt sie sich rechnerisch belegen?

Vertiefende Übungen

1. Wie groß ist der finanzielle Unterschied (Finanzierungsvorteil oder -nachteil?), wenn die Heidtkötter KG eine Rechnung über 12.000,00 € am 14. Tag unter Abzug von 2 % Skonto begleicht, dabei das Kontokorrentkonto um den zu überweisenden Betrag überziehen und dafür 15 % Zinsen zahlen muss?
2. Wie sähe die Rechnung aus, wenn das Kontokorrentkonto einen Haben-Saldo von 15.000,00 € ausweisen würde und man auf das als Geldmarktkonto geführte Guthaben 3,5 % Jahreszinsen bekäme?

3.2.2.2
Der Wechsel-/Diskontkredit

Situation

Einer der Lieferanten, mit denen wegen längerem Zahlungsziel und/oder höherem Skonto verhandelt wurde, ist sogar bereit, ein Zahlungsziel von bis zu 90 Tagen einzuräumen, wenn der Kunde – in unserem Fall die Heidtkötter KG – nicht innerhalb der Skontofrist von 21 Tagen zahlen kann. Allerdings verlangt er dann, dass das Geschäft durch einen Wechsel abgesichert wird. Nicht nur wegen des langen Zahlungsziels ist dies für die Heidtkötter KG eine nicht uninteressante Offerte.

Arbeitsaufträge

Im vorigen Kapitel haben Sie sich schon mit den Zahlungsfristen und der Frage beschäftigt, welche Überlegungen in diesem Zusammenhang anzustellen sind.

1. Erörtern Sie, ob es sich bei dieser Zahlungskondition des Lieferanten tatsächlich um eine „nicht uninteressante Offerte" handelt oder ob die Sache aus rein rechnerischer Sicht nicht klar ist.
2. Welche Gründe könnten aus der Sicht der Heidtkötter KG (trotzdem) für oder gegen die Ausstellung eines Wechsels sprechen und wie sieht dies aus der Sicht des Lieferanten aus?
3. Berechnen Sie, welchem Zinssatz das spätestens nach 21 Tagen abzuziehende Skonto von 2 % entspricht, wenn andererseits das Zahlungsziel bei 90 Tagen liegt.
4. Wie sieht das Ergebnis aus, wenn Sie vor der Frage stehen, ob Sie die über einen Betrag von 15.000,00 € lautende Rechnung am 21. Tag unter Abzug von 2 % Skonto überweisen und dazu Ihr Kontokorrentkonto in voller Höhe zu einem Zinssatz von 15 % überziehen, oder ob Sie den Lieferanten gleich bei Warenlieferung einen Wechsel mit der Laufzeit von 90 Tagen ziehen lassen, auch wenn er Ihnen dafür den Diskont in Höhe von 3 % für die gesamte Laufzeit sowie zusätzliche Kosten für besondere Aufwendungen in Höhe von 20,00 € in Rechnung stellt?
5. Mit einem Wechsel räumt der Lieferant einem Kunden einen Kredit ein. Gegebenenfalls benötigt der Lieferant das Geld schon früher, d. h. vor dem Einlösungstermin. Dann kann er z. B. den Wechsel bei einer Bank zum Diskont einreichen. Welcher Betrag wird dem Einreicher des oben beschriebenen Wechsels gutgeschrieben, wenn der Wechsel nach 30 Tagen zu einem Diskontsatz von 5 % diskontiert wird?

› Arbeitshilfe

Arbeitshilfe

So entwickelt sich der Barwert eines Wechsels:

Entwicklung des Barwertes

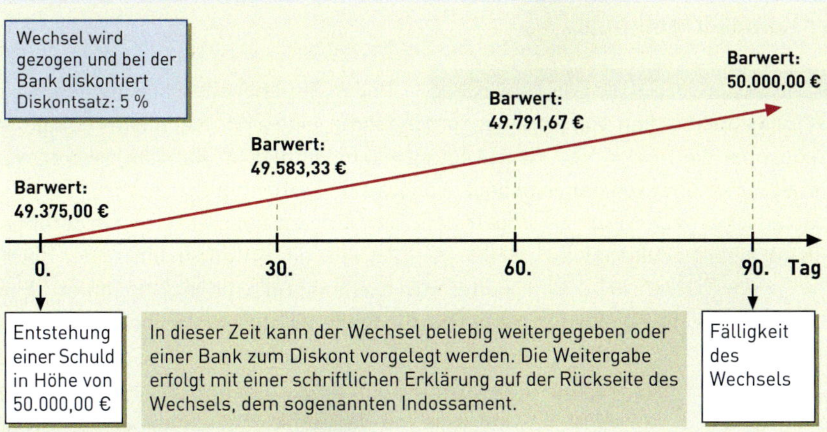

Indossament

Vertiefende Übungen

Der Lieferant besteht bei dem Zahlungsziel von 90 Tagen auf der Ausstellung eines Wechsels, weil er diesen zum Diskont bei der Bank einreichen kann. Der Diskontsatz beträgt 5 %.

Würde er das lange Zahlungsziel ohne Wechsel einräumen, müsste er sein eigenes Konto für diesen Zeitraum gegebenenfalls überziehen und hätte dafür 15 % Zinsen zu zahlen, es sei denn, dass die Heidtkötter KG doch am 21. Tag unter Abzug von Skonto überweist.

→

Vertiefende Übungen (Fortsetzung)

› Arbeitsheft

Sie sollen nun berechnen, wie sich die einzelnen Vorgänge finanziell auf den Lieferanten auswirken. Das heißt, dass Sie ausrechnen, wie sich der Nettowert seiner Forderung über 15.000,00 € entwickelt und welcher Betrag am Ende jeweils auf seinem Konto steht.

	21. Tag	90. Tag
Möglichkeit A	Zahlung unter Skontoabzug, d. h. 98 % der Rechnungssumme. Der Lieferant kann dieses Geld vom 21. bis zum 90. Tag auf seinem Geldmarktkonto mit einem Zinssatz von 3,5 % anlegen.	
Möglichkeit B	Ziehung eines Wechsels auf die volle Rechnungssumme am 1. Tag. Der Wechsel wird vom Lieferanten sofort bei seiner Bank zum Diskont eingereicht. Der Diskontsatz beträgt 5 %. Der Barwert verzinst sich auf dem Geldmarktkonto des Lieferanten mit 3,5 %.	
Möglichkeit C	Das Zahlungsziel wird ohne Ziehung eines Wechsels auf 90 Tage verlängert. Die Heidtkötter KG nutzt das lange Ziel aus und zahlt am 90. Tag den Rechnungsbetrag. Dem Lieferanten entgehen dafür ab dem 21. Tag 3,5 % Haben-Zinsen auf dem Geldmarktkonto.	ARBEITSHEFT
Möglichkeit D	Das Zahlungsziel wird ohne Ziehung eines Wechsels auf 90 Tage verlängert. Die Heidtkötter KG kann überraschend doch am 21. Tag zahlen und zieht dafür 2 % Skonto ab. Der Lieferant lässt das Geld auf seinem Konto zu einem Zinssatz von 3,5 % stehen.	
Möglichkeit E	Das Zahlungsziel wird ohne Ziehung eines Wechsels auf 90 Tage verlängert. Der Lieferant muss dafür selbst sein Kontokorrentkonto in voller Höhe des ausstehenden Betrages überziehen. Der Zinssatz liegt bei 15 %.	

3.2.2.3 Der Kontokorrentkredit

Situation In den Situationsbeschreibungen zuvor ist zwar auch schon von der Inanspruchnahme eines Kontokorrentkredites die Rede, aber die Heidtkötter KG bewegt sich dabei immer im Rahmen dessen, was ihr als Kreditlimit von der Hausbank eingeräumt wird.

Nun ist eine neue Situation eingetreten: Durch einen unerwarteten Forderungsausfall in fünfstelliger Höhe im Zuge der Insolvenz eines Kunden fehlen der Heidtkötter KG die entsprechenden Einnahmen. Eine Ihnen vorliegende Kontostatistik weist zwar aus, dass das Kontokorrentkonto oft im Soll stand, sich der Saldo aber immer im Bereich dessen bewegt hat, was mit der Bank abgestimmt und aus wirtschaftlicher Sicht vertretbar gewesen ist.

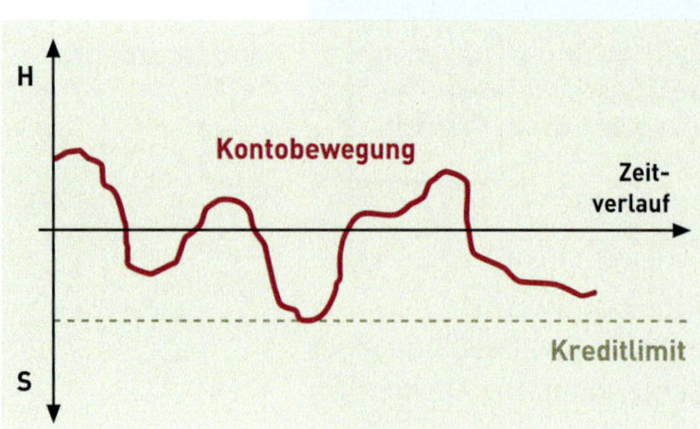

Auf dem Kontokorrentkonto erhält die Heidtkötter KG einen Haben-Zinssatz von 0,5 %, der Soll-Zinssatz beträgt 8 % (bis zur Höhe des eingeräumten Kreditrahmens von 10.000,00 €). Für den nicht in Anspruch genommenen Kreditrahmen muss die Heidtkötter KG 3 % Bereitstellungsprovision an die Bank bezahlen. Für den Fall, dass diese 10.000,00 € überschritten werden, sind für den darüber hinausgehenden Kredit 12 % Zinsen fällig.

Arbeitsaufträge

1. Erläutern Sie kurz und präzise, was ein Kontokorrentkredit ist.
2. Das Geschäftskonto der Heidtkötter KG weist für den letzten Monat folgende Abrechnung aus:

Haben-Zinsen:	0,50 €
Soll-Zinsen:	100,00 €
Bereitstellungsprovision:	8,00 €
Überziehungszinsen:	120,00 €

   Erläutern Sie, was hinter diesen Begriffen steht.
3. Versuchen Sie mithilfe der Ausgangssituation zu begründen, warum die Haben-Zinsen auf einem Kontokorrentkonto minimal, dafür aber die Überziehungszinsen umso größer sind.
4. Das Kontokorrentkonto der Heidtkötter KG steht für einen Zeitraum von fünf Tagen mit einem Betrag von 12.000,00 € im Minus. Berechnen Sie, wie hoch die dafür zu zahlenden Zinsen sind, wenn die in der Situation gemachten Angaben gelten.
5. Am Abend des fünften Tages wird die Überweisung eines Kunden über 17.000,00 € gebucht. In den darauffolgenden drei Tagen ergeben sich keine weiteren Buchungen. Die Abrechnung der Bank sieht unter Einbeziehung der Aufgabe 4 am Ende des dritten Tages wie folgt aus:

Haben-Zinsen 0,5 %	=	0,21 €	(H)
Soll-Zinsen 8 %	=	11,11 €	(S)
Überziehungszinsen 12 %	=	3,33 €	(S)
Bereitstellungsprovision 3 %	=	2,50 €	(S)
Saldo der Belastung	=	16,73 €	(S)

   Stimmt die Abrechnung der Bank?
6. Der Leiter des Rechnungswesens der Heidtkötter KG sieht überhaupt nicht ein, dass er eine Kreditprovision zahlen soll, obwohl das Konto ein Guthaben aufweist, und bittet auch Sie um Ihre Meinung. Sie sollen ihm zumindest einen Grund für diese – in seinen Augen – „Abzocke" nennen.
   Und nun? Was antworten Sie bzw. welche Gründe könnten aus Sicht der Bank diese Kreditprovision rechtfertigen?
7. Am Monatsende wird ein Kontokorrentkonto mit 25,00 € Soll-Zinsen belastet. Gehen Sie davon aus, dass auf dem Konto sonst keine Bewegungen stattfanden.
   a) Berechnen Sie, mit wie viel Euro das Konto in diesen 30 Tagen überzogen wurde, wenn der Soll-Zinssatz bei 10 % liegt.
   b) Stellen Sie darauf aufbauend fest, wie hoch die Kreditprovision sein muss, wenn ein Kreditrahmen von 5.000,00 € eingeräumt worden ist und die Bereitstellungsprovision für nicht in Anspruch genommene Kredite bei 5 % liegt.

Arbeitshilfe

Ein Kontokorrentkonto ist ein bei einer Bank geführtes Konto, über das der bargeldlose Zahlungsverkehr abgewickelt wird. Es geht also um die Verbuchung von Sichteinlagen.

Das Kontokorrentkonto hat eigentlich nicht die Aufgabe, dass auf ihm dauerhaft Geld angelegt wird.

Auch wenn das Kontokorrentkonto „überzogen" werden kann, d. h., dass auch Überweisungen ausgeführt werden, die dazu führen, dass das Konto ins Soll abrutscht, ist es doch kein Instrument der Kreditschöpfung. Solche Überziehungen →

bezeichnet man als Dispositionskredit, was damit gleichzusetzen ist, dass die Kontoüberziehung nur vorübergehend ist.

Girokonto ist eine andere Bezeichnung für Kontokorrentkonto und wird bei Privatkonten verwendet. Das Wort „Giro“ bedeutet so viel wie „Kreislauf“. Das heißt, dass hier Buchgeld von einem Konto auf das andere übertragen wird. Die Geldübertragung von einem Konto auf ein anderes erfolgt über sogenannte Gironetze der Banken und Sparkassen sowie der Bundesbank und der Landeszentralbanken als zentrale Abrechnungsstellen.

Vertiefende Übung

Berechnen Sie den Saldo des folgenden Kontokorrentkontos, wenn die oben in der Situation angegebenen Konditionen gelten:

Tag	Vorgang		Saldo				Berechnungen			
	Haben-Buchung in €	Soll-Buchung in €		H	S	Tage	Soll-Zinsen in €	Kredit-provision in €	Überzie-hungszinsen in €	Haben-Zinsen in €
0			5.000,00	X						
3	2.000,00		7.000,00							
6		11.000,00	4.000,00							
8		6.000,00								
12		4.000,00								
15	3.000,00									
21	2.000,00									
24		12.000,00								
25	15.000,00									
29	4.000,00									
30		8.000,00								

ARBEITSHEFT

weitere Inhalte
› INFO-Teil
LF 11, Kap. 3.2.3.1

3.2.3 Mittel- und langfristige Fremdfinanzierung

3.2.3.2 Darlehen von Geldinstituten

Situation Wir haben bisher Fremdkapital betrachtet, das nur für relativ kurze Zeiträume in Anspruch genommen wurde. Die Heidtkötter KG hat noch eine weitere Finanzierungslücke, bei der der Zeitraum der Rückzahlung deutlich länger ist:

Im Rahmen einer Modernisierung der vorhandenen Anlagen sollen neue CNC-gesteuerte Fräsmaschinen angeschafft werden. Die Anschaffungskosten belaufen sich auf rund 1.700.000,00 €. Da Herr Heidtkötter die Aufnahme neuer Gesellschafter ablehnt, kann die Lösung nur eine Erhöhung des Eigenkapitals durch eine Erhöhung der Einlagen von Klaus M. Heidtkötter um 500.000,00 € und von Anke Heidtkötter um 200.000,00 € sein. Im Zuge der Innenfinanzierung sollen weitere 200.000,00 € durch eine Reduzierung der Rückstellungen freigesetzt werden, sodass zur Deckung der Finanzlücke ein weiterer Bankkredit in Höhe von ca. 800.000,00 € aufgenommen werden muss. Der mit der Bank ausgehandelte Zinssatz beträgt 6 %. Das Darlehen soll über 10 Jahre laufen.

Arbeitsaufträge

1. Es wird in der Situation nicht darauf eingegangen, ob die Fremdfinanzierung nicht auch bei diesen benötigten 800.000,00 € mit den bisher bekannten Möglichkeiten des Lieferanten-, Kontokorrent- oder Wechselkredites abgewickelt werden kann. Was meinen Sie, können diese Finanzierungsinstrumente grundsätzlich auch geeignet sein?
2. Die Bank unterbreitet drei Vorschläge mit alternativen Darlehensarten.
   a) Betrachten Sie die drei Tilgungspläne (siehe Arbeitshilfe) genau und stellen Sie heraus, worin sich das Fälligkeitsdarlehen, das Abzahlungsdarlehen und das Annuitätendarlehen jeweils voneinander unterscheiden.
   b) Gehen Sie präzise darauf ein, wie sich die Zinsen und die Tilgungsraten in den einzelnen Jahren entwickeln und wie hoch die jährliche Gesamtbelastung bei den drei Varianten jeweils ist.
3. Für welche der Alternativen würden Sie sich entscheiden? Begründen Sie Ihre Wahl. Gehen Sie dabei auch darauf ein, welche Erwartungshaltungen Sie bezüglich des Kapitalrückflusses aus der Investition dabei jeweils zugrunde legen.
4. Wie wirkt sich die Darlehensaufnahme in Verbindung mit der Eigenkapitalerhöhung und der Reduzierung der Rückstellungen auf die Bilanz aus, wenn alle anderen Sachverhalte (zunächst) gleich bleiben, weil sich die Investition auf die Ertragslage erst im nächsten Geschäftsjahr auswirkt?

› Arbeitshilfe

Arbeitshilfe

Fälligkeitsdarlehen

Endes des Jahres	Restschuld	Zinsen	Tilgung	Gesamt
01	800.000,00 €	48.000,00 €	-	48.000,00 €
02	800.000,00 €	48.000,00 €	-	48.000,00 €
03	800.000,00 €	48.000,00 €	-	48.000,00 €
04	800.000,00 €	48.000,00 €	-	48.000,00 €
05	800.000,00 €	48.000,00 €	-	48.000,00 €
06	800.000,00 €	48.000,00 €	-	48.000,00 €
07	800.000,00 €	48.000,00 €	-	48.000,00 €
08	800.000,00 €	48.000,00 €	-	48.000,00 €
09	800.000,00 €	48.000,00 €	-	48.000,00 €
10	800.000,00 €	48.000,00 €	800.000,00 €	848.000,00 €
Summe		**480.000,00 €**	**800.000,00 €**	**1.280.000,00 €**

Annuitätendarlehen

Endes des Jahres	Restschuld	Zinsen	Tilgung	Gesamt
01	800.000,00 €	48.000,00 €	80.000,00 €	128.000,00 €
02	720.000,00 €	43.200,00 €	84.800,00 €	128.000,00 €
03	635.200,00 €	38.112,00 €	89.888,00 €	128.000,00 €
04	545.312,00 €	32.718,72 €	95.281,28 €	128.000,00 €
05	450.030,72 €	27.001,84 €	100.998,16 €	128.000,00 €
06	349.032,56 €	20.941,95 €	107.058,05 €	128.000,00 €
07	241.974,51 €	14.518,47 €	113.481,53 €	128.000,00 €
08	128.492,98 €	7.709,58 €	120.290,42 €	128.000,00 €
09	8.202,55 €	492,15 €	8.202,55 €	8.694,70 €
10	-	-	-	-
Summe		**232.694,71 €**	**799.999,99 €**	**1.032.694,70 €**

→

Abzahlungsdarlehen

Endes des Jahres	Restschuld	Zinsen	Tilgung	Gesamt
01	800.000,00 €	48.000,00 €	80.000,00 €	128.000,00 €
02	720.000,00 €	43.200,00 €	80.000,00 €	123.200,00 €
03	640.000,00 €	38.400,00 €	80.000,00 €	118.400,00 €
04	560.000,00 €	33.600,00 €	80.000,00 €	113.600,00 €
05	480.000,00 €	28.800,00 €	80.000,00 €	108.800,00 €
06	400.000,00 €	24.000,00 €	80.000,00 €	104.000,00 €
07	320.000,00 €	19.200,00 €	80.000,00 €	99.200,00 €
08	240.000,00 €	14.400,00 €	80.000,00 €	94.400,00 €
09	160.000,00 €	9.600,00 €	80.000,00 €	89.600,00 €
10	80.000,00 €	4.800,00 €	80.000,00 €	84.800,00 €
Summe		**264.000,00 €**	**800.000,00 €**	**1.064.000,00 €**

Vertiefende Übung

Es geht um die Finanzierung eines Investitionsvolumens in Höhe von 300.000,00 €. Als Rückzahlungszeitraum sind 8 Jahre vorgesehen. Die Bank verlangt einen Zinssatz von 8 %. Es sollen Maschinen für ein völlig neues Produkt angeschafft werden, das nach den jetzigen Planungen erst in ca. drei Jahren zur Marktreife kommen wird.

Die Planungen gehen zurzeit von der folgenden Entwicklung aus:

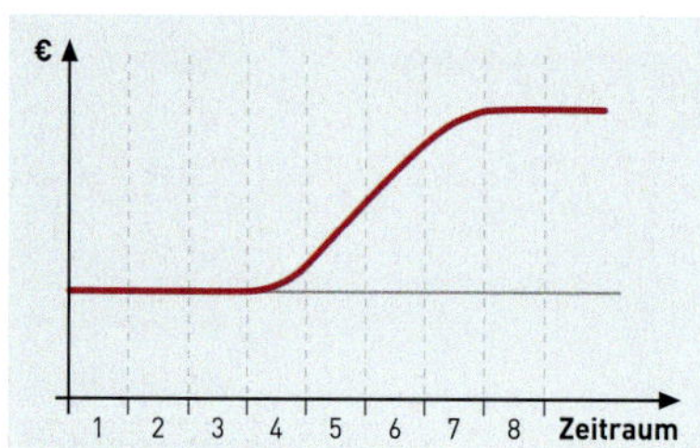

Nach der Investition werden die Entwicklungsarbeiten des Produktes bis zur Fertigungsreife vorangetrieben. Ende des 3. Jahres erfolgt die Markteinführung im Rahmen der Präsentation auf der Orgatec in Köln. Nach einer kurzen Einführungsphase rechnet man mit einem baldigen Durchbruch am Markt. Die Sättigungsphase wird nach den jetzigen Prognosen im 8. Jahr erreicht sein.

Sie haben nun die Aufgabe, herauszufinden, ob die Heidtkötter KG eher ein

a) Fälligkeitsdarlehen, b) Abzahlungsdarlehen, c) Annuitätendarlehen

aufnehmen sollte. Dazu fertigen Sie in Tabellenform eine Übersicht an, in der für jedes der genannten Darlehen dargestellt wird, wie sich die Restschuld, die Zinsen, die Tilgung und die Gesamtbelastung in den einzelnen Jahren entwickeln und wie hoch die Gesamtbelastung in den einzelnen Bereichen am Ende der 8 Jahre ist.

Endes des Jahres	Restschuld	Zinsen	Tilgung	Gesamt
1	300.000,00 €			
2				
3				
4				
5				
6				
7				
8				
Summe				

Welche Entscheidung treffen Sie? Bitte begründen Sie diese Entscheidung.

4 Finanzierungsmöglichkeiten in Abhängigkeit von der Rechtsform des Unternehmens

Situation

Die Heidtkötter KG hat in der jüngsten Vergangenheit Gewinne erzielt und ist finanziell nun so solide aufgestellt, dass Herr Heidtkötter über Investitionen in das Programm nachdenkt. Ihm schwebt der Aufbau einer neuen Produktlinie namens *home-office* vor. Voraussetzung dafür ist allerdings eine Erweiterung der Produktionsanlagen. Den Kapitalbedarf für die nötigen Investitionen schätzt Herr Heidtkötter auf insgesamt ca. 3 Mio. €.
Eine solch hohe Summe kann jedoch selbst derzeit nicht aufgebracht werden, ohne an anderen Stellen zu kürzen. Herr Heidtkötter möchte aber auch keine Schulden machen.
Soll er die Heidtkötter KG doch in eine Kapitalgesellschaft umwandeln? Ein Verkauf kommt zumindest im Moment nicht infrage. Seit jeher liegen Leitung des Unternehmens und Eigentum bei der Familie Heidtkötter. Für die Zukunft wird er wohl mit dieser Tradition brechen müssen, denn keines seiner Kinder möchte in das Unternehmen einsteigen.

Arbeitsaufträge

1. Formulieren Sie die „Zwangslage", in der sich Klaus M. Heidtkötter bzw. das Familienunternehmen Heidtkötter KG befindet, wenn die Pläne von Herrn Heidtkötter verwirklicht werden sollen.
   › Arbeitshilfe 1
   › Band 1 LF 1, Kap. 5
2. Was unterscheidet grundsätzlich die Möglichkeiten der Beteiligungsfinanzierung einer Personengesellschaft von denen einer Kapitalgesellschaft?
3. Wenn ein Familienbetrieb ohne aktive Beteiligung der Folgegeneration weitergeführt werden soll, wird meist die Rechtsform der GmbH gewählt.
   a) Was ist im Hinblick darauf das Besondere an einer Kapitalgesellschaft im Unterschied zu einer Personengesellschaft?
   b) Warum ist gerade die GmbH als Familienunternehmen geeignet? Inwieweit könnte die Umfirmierung in eine GmbH das Problem einer fehlenden Nachfolge aus der Familie Heidtkötter lösen?
   c) Eine Kapitalgesellschaft ist eine juristische Person. Erläutern Sie umfassend, was das bedeutet.
4. Die Nachfolger der Familie Heidtkötter überlegen, ob sie die bisherige KG eher in eine GmbH oder eine AG umwandeln sollen.
   › Arbeitshilfen 2 (GmbH) und 3 (AG)
   › Arbeitsheft
   Ihre Aufgabe besteht nun darin,
   a) die beiden alternativen Möglichkeiten miteinander zu vergleichen und herauszustellen, worin die Gemeinsamkeit(en) sowie die wichtigsten Unterschiede bestehen;
   b) zu erläutern, worin die Vorteile einer Umwandlung der Personengesellschaft in eine Kapitalgesellschaft bestehen;

→

Arbeitsaufträge (Fortsetzung)

c) zu erklären, welche Nachteile eine Kapitalgesellschaft gegenüber einer Personengesellschaft hat, und
d) zu erläutern, wie die bisherigen Gesellschafter der KG ihren Einfluss auf die zu gründende Gesellschaft sichern können.

siehe dazu Informationen zu Kap. 4.3.4

5. Eine andere Idee ist die Umwandlung in eine GmbH & Co. KG. Was könnte für diese Rechtsform sprechen?

Arbeitshilfe 1

Kapitalgesellschaft

Eine **Kapitalgesellschaft** ist eine juristische Person des Privatrechts, an der sich andere juristische oder natürliche Personen mit einer Kapitaleinlage beteiligen. Juristische Personen verfügen über selbstständige Rechte und Pflichten: Sie können Eigentum erwerben, Verträge abschließen und vor Gericht klagen und verklagt werden. Außerdem haften sie für Verbindlichkeiten den Gläubigern gegenüber unbeschränkt mit dem eigenen Vermögen der Gesellschaft. Da eine juristische Person aber kein Privatvermögen hat, ist die Haftung tatsächlich auf die Höhe des satzungsmäßig festgelegten Kapitals beschränkt.
Die Gesellschafter hingegen haften nur bis zur Höhe ihrer Einlage, nicht mit ihrem übrigen (Privat-)Vermögen. Haben die Gesellschafter also ihre Einlage – wie im Gesellschaftervertrag festgelegt – erbracht, brauchen sie grundsätzlich auch im Falle einer Insolvenz kein eigenes Geld nachzuzahlen. Ist die Einlage noch nicht in voller Höhe erbracht, müssen die Gesellschafter im Insolvenzfall lediglich den noch ausstehenden Differenzbetrag entrichten.
Kapitalgesellschaften können von nur einer Person gegründet werden. Die Firma einer Kapitalgesellschaft muss kennzeichnungs- und unterscheidungskräftig sein und den Rechtsformzusatz tragen. Eine Kapitalgesellschaft kann als Personenfirma (Information über die Gesellschafter), Sachfirma (Information über den Geschäftszweck), reine Fantasiefirma oder als eine Kombination dieser Möglichkeiten firmieren.
Geleitet wird eine Kapitalgesellschaft nicht durch die Anteilseigner (Inhaber), sondern durch eigens gebildete Organe. Das sind Geschäftsführer oder Vorstandsmitglieder. Sie werden durch die Teilhaber bestellt und führen die Geschäfte im Innern, vertreten das Unternehmen aber auch nach außen.

Arbeitshilfe 2

Rechtsform des Unternehmens	Eigenkapitalbeschaffung	Fremdkapitalbeschaffung
Einzelunternehmen und OHG	■ durch Zuführung von zusätzlichem Kapital oder Nichtentnahme des Gewinns seitens des Unternehmers bzw. der Unternehmer ■ Aufnahme weiterer Gesellschafter scheitert i. d. R. an der solidarischen Haftung und an der Notwendigkeit, im Unternehmen mitzuarbeiten ■ allenfalls Aufnahme stiller Gesellschafter möglich, die lediglich Kapital zur Verfügung stellen	■ hängt von der Einschätzung der Fremdkapitalgeber und von der Bonität des Unternehmers ab ■ hängt auch von der Höhe des Privatvermögens, mit dem der Unternehmer haftet, ab ■ Kreditfähigkeit und Kreditwürdigkeit des Unternehmers sind Basis für die Beschaffung von Fremdkapital.
Kommanditgesellschaft	■ wie bei der OHG: Aufnahme zusätzlicher Kommanditisten oder Erhöhung der Einlage der bestehenden Gesellschafter	s. o.

Rechtsform des Unternehmens	Eigenkapitalbeschaffung	Fremdkapitalbeschaffung
Gesellschaft mit beschränkter Haftung (GmbH) und haftungsbeschränkte Unternehmergesellschaft	■ Kapitalerhöhung durch Aufnahme zusätzlicher Gesellschafter oder durch Erhöhung der Einlage der bisherigen, Verwendung des nicht ausgeschütteten Gewinns[1] ■ Aufnahme stiller Gesellschafter oder Ausgabe von sogenannten Genussscheinen („Mezzanine-Finanzierung[2]", interessante Alternative für Unternehmen, die sich kein Eigenkapital an der Börse beschaffen können)	■ Höhe und Konditionen des Fremdkapitals durch die Banken hängt seit Basel II[3] vom Rating ab. ■ Möglichkeit, Schuldverschreibungen (auch als Anleihen oder Obligationen bezeichnet) auszugeben; werden in kleinen Stückelungen an der Börse gehandelt
Aktiengesellschaft (als Sonderform auch als KGaA)	■ Kapitalerhöhung durch Ausgabe neuer Aktien (Stammaktien oder Vorzugsaktien)	■ ähnlich der GmbH; bei sogenannten Wandelschuldverschreibungen (Optionsanleihen) hat der Inhaber das Recht (Option), sie am Ende der Laufzeit in Aktien umzutauschen

Für Unternehmen, deren Aktien an der Börse gehandelt werden, gestaltet sich eine Beteiligungsfinanzierung am einfachsten. Das sind vor allem börsennotierte Aktiengesellschaften und KGaA. Eine Mezzanine-Finanzierung ist eine Form der Beteiligungsfinanzierung vor allem auch für mittelständische Unternehmen, die nicht an die Börse gehen können oder wollen. Die Finanzierung erfolgt in der Form einer stillen Beteiligung oder in Form von Genussscheinen. Häufig ist es für Unternehmen wichtig, die Eigenkapitalquote nicht durch Fremdkapitalaufnahme zu schwächen, denn das verschlechtert das Rating und erschwert die Kreditaufnahme, wenn sie nötig ist. Mit Mezzanine-Kapital werden häufig größere Investitionen wie Immobilienerstellung o. Ä. finanziert.

Mezzanine-Kapital

Arbeitshilfe 3

Aktien

Aktien

- **Inhaberaktien** sind an der Börse ohne Einschränkung handelbar und enthalten alle Rechte (Stimmrecht, Dividendenrecht, Bezugsrecht neuer Aktien und Teilnahmerecht am Liquidationserlös).
- Bei **Namensaktien** muss der Eigentümerwechsel durch Übergabe im Namensaktienbuch festgehalten werden. – Ist dafür auch noch die Zustimmung der Gesellschaft notwendig, spricht man von **vinkulierten Namensaktien.** Namensaktien gewähren ebenfalls alle Rechte von Inhaberaktien.
- Stimmrechtslose **Vorzugsaktien** haben den Vorteil, dass sie bei der Gewinnverteilung vorab eine Dividende bekommen – auch wenn für stimmberechtigte Aktien keine ausbezahlt wird. Sie ähneln daher den Genussscheinen.

→

1 Haftungsbeschränkte Unternehmergesellschaften müssen so lange jeweils 25 % des Jahresüberschusses in die Rücklagen einstellen, bis das Stammkapital einer GmbH von 25.000,00 € erreicht ist.
2 Mezzanine kommt aus dem Italienischen und bedeutet „Zwischengeschoss".
3 Mit Basel II werden salopp die Vorschriften zum Eigenkapital von Banken bezeichnet, die der Basler Ausschuss für Bankenaufsicht verabschiedet hat und die seit 2007 aufgrund von EU-Richtlinien in den Mitgliedsländern angewendet werden müssen. Tendenziell hat das zur Folge, dass Banken vergebene Kredite durch Eigenkapital absichern müssen, und zwar muss dieser Eigenkapitalanteil umso höher sein, je höher das Kreditausfallrisiko ist. Deshalb findet vor der Kreditvergabe eine Bewertung (ein Rating) des Kreditnehmers statt. Wenn das Risiko eher größer ist, muss die Bank mehr Eigenkapital zur Verfügung stellen und will dann natürlich auch eine höhere Verzinsung haben.

Genussscheine

Genussscheine
Genussscheine sind aktienähnliche Papiere, die nicht nur von AGs, sondern auch von GmbHs, KGs, Körperschaften oder Genossenschaften ausgegeben werden können. Die meisten der derzeit börsengehandelten Genussscheine wurden von Banken ausgegeben. Die Emissionsbedingungen sind gesetzlich nicht geregelt. Die Verzinsung von Genussscheinen ist häufig an den wirtschaftlichen Erfolg des ausgebenden Unternehmens geknüpft – es sind also Risikopapiere. Auch bei Genussscheinen gibt es die unten beschriebene Variante mit einer Option auf Umtausch in Aktien am Ende der Laufzeit.

Wandelschuldverschreibungen

Wandelschuldverschreibungen
Wandelschuldverschreibungen sind Industrieobligationen, die zusätzlich das Recht verbriefen, innerhalb einer bestimmten Frist unter festgelegten Bedingungen in Aktien der ausgebenden Gesellschaft umgetauscht werden zu können. So besteht die Möglichkeit, Gläubigerpapiere, die einen Rückzahlungsanspruch verbriefen, in Aktien umzuwandeln, die dann eine Beteiligung am Unternehmen und damit Eigenkapital ausweisen. Die Ausgabe solcher Papiere ist an einen Beschluss der Hauptversammlung gebunden, da beim Umtausch eine Erhöhung des Grundkapitals erfolgt.

Arbeitshilfe 4

Auszüge aus dem GmbH-Gesetz (GmbH-G)

§§

§ 1 Wesen der GmbH
Gesellschaften mit beschränkter Haftung können nach Maßgabe der Bestimmungen dieses Gesetzes zu jedem gesetzlich zulässigen Zweck durch eine oder mehrere Personen errichtet werden.

§ 4 Firma der GmbH
Die Firma der Gesellschaft muss [...] die Bezeichnung „Gesellschaft mit beschränkter Haftung" oder eine allgemein verständliche Abkürzung dieser Bezeichnung enthalten.

§ 5 Stammkapital und Beteiligung
(1) Das Stammkapital der Gesellschaft muss mindestens fünfundzwanzigtausend Euro, die Stammeinlage jedes Gesellschafters muss mindestens hundert Euro betragen.
(2) Kein Gesellschafter kann bei Errichtung der Gesellschaft mehrere Stammeinlagen übernehmen.
(3) Der Betrag der Stammeinlage kann für die einzelnen Gesellschafter verschieden bestimmt werden. Er muss in Euro durch fünfzig teilbar sein. Der Gesamtbetrag der Stammeinlagen muss mit dem Stammkapital übereinstimmen.
(4) Sollen Sacheinlagen geleistet werden, so müssen der Gegenstand der Sacheinlage und der Betrag der Stammeinlage, auf die sich die Sacheinlage bezieht, im Gesellschaftsvertrag festgesetzt werden.

§ 6 Geschäftsführung
(1) Die Gesellschaft muss einen oder mehrere Geschäftsführer haben.
(2) Geschäftsführer kann nur eine natürliche, unbeschränkt geschäftsfähige Person sein. Ein Betreuter, der bei der Besorgung seiner Vermögensangelegenheiten ganz oder teilweise einem Einwilligungsvorbehalt (§ 1903 des Bürgerlichen Gesetzbuchs) unterliegt, kann nicht Geschäftsführer sein.
(3) Zu Geschäftsführern können Gesellschafter oder andere Personen bestellt werden. Die Bestellung erfolgt entweder im Gesellschaftsvertrag oder nach Maßgabe der Bestimmungen des dritten Abschnitts.
(4) Ist im Gesellschaftsvertrag bestimmt, dass sämtliche Gesellschafter zur Geschäftsführung berechtigt sein sollen, so gelten nur die der Gesellschaft bei Festsetzung dieser Bestimmung angehörenden Personen als die bestellten Geschäftsführer.

§ 10 Eintragung ins Handelsregister
(1) Bei der Eintragung in das Handelsregister sind die Firma und der Sitz der Gesellschaft, der Gegenstand des Unternehmens, die Höhe des Stammkapitals, der Tag des

Abschlusses des Gesellschaftsvertrags und die Personen der Geschäftsführer anzugeben. Ferner ist einzutragen, welche Vertretungsbefugnis die Geschäftsführer haben.
(2) Enthält der Gesellschaftsvertrag eine Bestimmung über die Zeitdauer der Gesellschaft, so ist auch diese Bestimmung einzutragen. [...]

§ 11 Rechtswirkungen der Eintragung
(1) Vor der Eintragung in das Handelsregister des Sitzes der Gesellschaft besteht die Gesellschaft mit beschränkter Haftung als solche nicht.
(2) Ist vor der Eintragung im Namen der Gesellschaft gehandelt worden, so haften die Handelnden persönlich und solidarisch.

§ 13 Rechtsperson und Haftung
(1) Die Gesellschaft mit beschränkter Haftung als solche hat selbständig ihre Rechte und Pflichten; sie kann Eigentum und andere dingliche Rechte an Grundstücken erwerben, vor Gericht klagen und verklagt werden.
(2) Für die Verbindlichkeiten der Gesellschaft haftet den Gläubigern derselben nur das Gesellschaftsvermögen.
(3) Die Gesellschaft gilt als Handelsgesellschaft im Sinne des Handelsgesetzbuchs.

§ 26 Nachschusspflicht
Im Gesellschaftsvertrag kann bestimmt werden, dass die Gesellschafter über den Betrag der Stammeinlagen hinaus [...] weitere Einzahlungen zu leisten haben.

§ 29 Jahresüberschuss
(1) Die Gesellschafter haben Anspruch auf den Jahresüberschuss. [...].
(3) Die Verteilung erfolgt nach dem Verhältnis der Geschäftsanteile. [...]

§ 35 Vertretung nach außen
(1) Die Gesellschaft wird durch die Geschäftsführer gerichtlich und außergerichtlich vertreten. [...]
(2) Dieselben haben in der durch den Gesellschaftsvertrag bestimmten Form ihre Willenserklärungen kundzugeben und für die Gesellschaft zu zeichnen. [2]Ist nichts darüber bestimmt, so muss die Erklärung und Zeichnung durch sämtliche Geschäftsführer erfolgen. [3]Ist der Gesellschaft gegenüber eine Willenserklärung abzugeben, so genügt es, wenn dieselbe an einen der Geschäftsführer erfolgt.
(3) Die Zeichnung geschieht in der Weise, dass die Zeichnenden zu der Firma der Gesellschaft ihre Namensunterschrift beifügen.

Arbeitshilfe 5

Auszüge aus dem Aktien-Gesetz
(AktG)

§§

Erstes Buch, Erster Teil,
Allgemeine Vorschriften

§ 1 Wesen der Aktiengesellschaft
(1) Die Aktiengesellschaft ist eine Gesellschaft mit eigener Rechtspersönlichkeit. Für die Verbindlichkeiten der Gesellschaft haftet den Gläubigern nur das Gesellschaftsvermögen.
(2) Die Aktiengesellschaft hat ein in Aktien zerlegtes Grundkapital.

§ 2 Gründerzahl
An der Feststellung des Gesellschaftsvertrags (der Satzung) müssen sich eine oder mehrere Personen beteiligen, welche die Aktien gegen Einlagen übernehmen.

§ 6 Grundkapital
Das Grundkapital muss auf einen Nennbetrag in Euro lauten.

§ 7 Mindestnennbetrag des Grundkapitals
Der Mindestnennbetrag des Grundkapitals ist fünfzigtausend Euro.

§ 8 Form und Mindestbeträge der Aktien
(1) Die Aktien können entweder als Nennbetragsaktien oder als Stückaktien begründet werden.
(2) Nennbetragsaktien müssen auf mindestens einen Euro lauten. Aktien über einen geringeren Nennbetrag sind nichtig. Für den Schaden aus der Ausgabe sind die Ausgeber den Inhabern als Gesamtschuldner verantwortlich. Höhere Aktiennennbeträge müssen auf volle Euro lauten.
(3) Stückaktien lauten auf keinen Nennbetrag. Die Stückaktien einer Gesellschaft sind am Grundkapital in gleichem Um-

→

fang beteiligt. Der auf die einzelne Aktie entfallende anteilige Betrag des Grundkapitals darf einen Euro nicht unterschreiten. Absatz 2 Satz 2 und 3 findet entsprechende Anwendung.
(4) Der Anteil am Grundkapital bestimmt sich bei Nennbetragsaktien nach dem Verhältnis ihres Nennbetrags zum Grundkapital, bei Stückaktien nach der Zahl der Aktien.
(5) Die Aktien sind unteilbar.
[...]

§ 12 Stimmrecht. Keine Mehrstimmrechte
(1) Jede Aktie gewährt das Stimmrecht. Vorzugsaktien können nach den Vorschriften dieses Gesetzes als Aktien ohne Stimmrecht ausgegeben werden.
(2) Mehrstimmrechte sind unzulässig.

Erstes Buch, Zweiter Teil, Gründung

§ 36 Anmeldung der Gesellschaft
(1) Die Gesellschaft ist bei dem Gericht von allen Gründern und Mitgliedern des Vorstands und des Aufsichtsrats zur Eintragung in das Handelsregister anzumelden.
[...]

Erstes Buch, Dritter Teil,
Rechtsverhältnisse

§ 53 a Gleichbehandlung der Aktionäre
Aktionäre sind unter gleichen Voraussetzungen gleich zu behandeln.

§ 54 Hauptverpflichtung der Aktionäre
(1) Die Verpflichtung der Aktionäre zur Leistung der Einlagen wird durch den Ausgabebetrag der Aktien begrenzt.
(2) Soweit nicht in der Satzung Sacheinlagen festgesetzt sind, haben die Aktionäre den Ausgabebetrag der Aktien einzuzahlen.
[...]

§ 60 Gewinnverteilung
(1) Die Anteile der Aktionäre am Gewinn bestimmen sich nach ihren Anteilen am Grundkapital.
[...]

Erstes Buch, Vierter Teil,
Verfassung

§ 76 Leitung der Aktiengesellschaft
(1) Der Vorstand hat unter eigener Verantwortung die Gesellschaft zu leiten.
[...]

§ 77 Geschäftsführung
(1) Besteht der Vorstand aus mehreren Personen, so sind sämtliche Vorstandsmitglieder nur gemeinschaftlich zur Geschäftsführung befugt. [...]

§ 78 Vertretung
(1) Der Vorstand vertritt die Gesellschaft gerichtlich und außergerichtlich. [...]
(2) Besteht der Vorstand aus mehreren Personen, so sind, wenn die Satzung nichts anderes bestimmt, sämtliche Vorstandsmitglieder nur gemeinschaftlich zur Vertretung der Gesellschaft befugt. Ist eine Willenserklärung gegenüber der Gesellschaft abzugeben, so genügt die Abgabe gegenüber einem Vorstandsmitglied. [...]

§ 95 Zahl der Aufsichtsratsmitglieder
Der Aufsichtsrat besteht aus drei Mitgliedern. Die Satzung kann eine bestimmte höhere Zahl festsetzen. Die Zahl muss durch drei teilbar sein. Die Höchstzahl der Aufsichtsratsmitglieder beträgt bei Gesellschaften mit einem Grundkapital
bis zu 1.500.000,00 Euro → neun,
von mehr als 1.500.000,00 Euro → fünfzehn,
von mehr als 10.000.000,00 Euro → einundzwanzig.
[...]

§ 111 Aufgaben und Rechte des Aufsichtsrats
(1) Der Aufsichtsrat hat die Geschäftsführung zu überwachen.
(2) Der Aufsichtsrat kann die Bücher und Schriften der Gesellschaft sowie die Vermögensgegenstände, namentlich die Gesellschaftskasse und die Bestände an Wertpapieren und Waren, einsehen und prüfen. Er kann damit auch einzelne Mitglieder oder für bestimmte Aufgaben besondere Sachverständige beauftragen. Er erteilt dem Abschlussprüfer den Prüfungsauftrag für den Jahres- und den Konzernabschluss [...].

§ 118 Allgemeines (zu Rechte der Hauptversammlung)
(1) Die Aktionäre üben ihre Rechte in den Angelegenheiten der Gesellschaft in der Hauptversammlung aus, soweit das Gesetz nichts anderes bestimmt.
[...]

§ 119 Rechte der Hauptversammlung

(1) Die Hauptversammlung beschließt in den im Gesetz und in der Satzung ausdrücklich bestimmten Fällen, namentlich über

1. die Bestellung der Mitglieder des Aufsichtsrats, soweit sie nicht in den Aufsichtsrat zu entsenden oder als Aufsichtsratsmitglieder der Arbeitnehmer nach dem Mitbestimmungsgesetz, dem Mitbestimmungsergänzungsgesetz, dem Drittelbeteiligungsgesetz oder dem Gesetz über die Mitbestimmung der Arbeitnehmer bei einer grenzüberschreitenden Verschmelzung zu wählen sind;
2. die Verwendung des Bilanzgewinns;
3. die Entlastung der Mitglieder des Vorstands und des Aufsichtsrats;
4. die Bestellung des Abschlussprüfers;
5. Satzungsänderungen;
6. Maßnahmen der Kapitalbeschaffung und der Kapitalherabsetzung;
7. die Bestellung von Prüfern zur Prüfung von Vorgängen bei der Gründung oder der Geschäftsführung;
8. die Auflösung der Gesellschaft.

Erstes Buch, Fünfter Teil,
Rechnungslegung, Gewinnverwendung

§ 174 Beschlüsse der Hauptversammlung
(zur Gewinnverwendung)

(1) Die Hauptversammlung beschließt über die Verwendung des Bilanzgewinns. Sie ist hierbei an den festgestellten Jahresabschluss gebunden.

(2) In dem Beschluss ist die Verwendung des Bilanzgewinns im Einzelnen darzulegen, namentlich sind anzugeben

1. der Bilanzgewinn;
2. der an die Aktionäre auszuschüttende Betrag oder Sachwert;
3. die in Gewinnrücklagen einzustellenden Beträge;
4. ein Gewinnvortrag;
5. der zusätzliche Aufwand auf Grund des Beschlusses.

(3) Der Beschluss führt nicht zu einer Änderung des festgestellten Jahresabschlusses.

Erstes Buch, Sechster Teil,
Zweiter Abschnitt:
Maßnahmen der Kapitalbeschaffung
Erster Unterabschnitt:
Kapitalerhöhung gegen Einlagen

§ 182 Voraussetzungen

(1) Eine Erhöhung des Grundkapitals gegen Einlagen kann nur mit einer Mehrheit beschlossen werden, die mindestens drei Viertel des bei der Beschlussfassung vertretenen Grundkapitals umfasst. Die Satzung kann eine andere Kapitalmehrheit, für die Ausgabe von Vorzugsaktien ohne Stimmrecht jedoch nur eine größere Kapitalmehrheit bestimmen. Sie kann weitere Erfordernisse aufstellen. Die Kapitalerhöhung kann nur durch Ausgabe neuer Aktien ausgeführt werden. Bei Gesellschaften mit Stückaktien muss sich die Zahl der Aktien in demselben Verhältnis wie das Grundkapital erhöhen.

(2) Sind mehrere Gattungen von stimmberechtigten Aktien vorhanden, so bedarf der Beschluss der Hauptversammlung zu seiner Wirksamkeit der Zustimmung der Aktionäre jeder Gattung. Über die Zustimmung haben die Aktionäre jeder Gattung einen Sonderbeschluss zu fassen. Für diesen gilt Absatz 1.

(3) Sollen die neuen Aktien für einen höheren Betrag als den geringsten Ausgabebetrag ausgegeben werden, so ist der Mindestbetrag, unter dem sie nicht ausgegeben werden sollen, im Beschluss über die Erhöhung des Grundkapitals festzusetzen.

(4) Das Grundkapital soll nicht erhöht werden, solange ausstehende Einlagen auf das bisherige Grundkapital noch erlangt werden können. Für Versicherungsgesellschaften kann die Satzung etwas anderes bestimmen. Stehen Einlagen in verhältnismäßig unerheblichem Umfang aus, so hindert dies die Erhöhung des Grundkapitals nicht.

§ 184 Anmeldung des Beschlusses

(1) Der Vorstand und der Vorsitzende des Aufsichtsrats haben den Beschluss über die Erhöhung des Grundkapitals zur Eintragung in das Handelsregister anzumelden. In der Anmeldung ist anzugeben, welche Einlagen auf das bisherige Grundkapital noch nicht geleistet sind und warum sie nicht erlangt werden können. Soll von einer Prüfung der Sacheinlage abgesehen werden und ist das Datum des Beschlusses der Ka-

→

pitalerhöhung vorab bekannt gemacht worden (§ 183 a Abs. 2), müssen die Anmeldenden in der Anmeldung nur noch versichern, dass ihnen seit der Bekanntmachung keine Umstände im Sinne von § 37 a Abs. 2 bekannt geworden sind.
(2) Der Anmeldung sind der Bericht über die Prüfung von Sacheinlagen (§ 183 Abs. 3) oder die in § 37 a Abs. 3 bezeichneten Anlagen beizufügen.
(3) Das Gericht kann die Eintragung ablehnen, wenn der Wert der Sacheinlage nicht unwesentlich hinter dem geringsten Ausgabebetrag der dafür zu gewährenden Aktien zurückbleibt. Wird von einer Prüfung der Sacheinlage nach § 183 a Abs. 1 abgesehen, gilt § 38 Abs. 3 entsprechend.

§ 185 Zeichnung der neuen Aktien
(1) Die Zeichnung der neuen Aktien geschieht durch schriftliche Erklärung (Zeichnungsschein), aus der die Beteiligung nach der Zahl und bei Nennbetragsaktien dem Nennbetrag und, wenn mehrere Gattungen ausgegeben werden, der Gattung der Aktien hervorgehen muss. Der Zeichnungsschein soll doppelt ausgestellt werden. Er hat zu enthalten
1. den Tag, an dem die Erhöhung des Grundkapitals beschlossen worden ist;
2. den Ausgabebetrag der Aktien, den Betrag der festgesetzten Einzahlungen sowie den Umfang von Nebenverpflichtungen;
3. die bei einer Kapitalerhöhung mit Sacheinlagen vorgesehenen Festsetzungen und, wenn mehrere Gattungen ausgegeben werden, den auf jede Aktiengattung entfallenden Betrag des Grundkapitals,
4. den Zeitpunkt, an dem die Zeichnung unverbindlich wird, wenn nicht bis dahin die Durchführung der Erhöhung des Grundkapitals eingetragen ist.

(2) Zeichnungsscheine, die diese Angaben nicht vollständig oder die außer dem Vorbehalt in Absatz 1 Nr. 4 Beschränkungen der Verpflichtung des Zeichners enthalten, sind nichtig.
(3) Ist die Durchführung der Erhöhung des Grundkapitals eingetragen, so kann sich der Zeichner auf die Nichtigkeit oder Unverbindlichkeit des Zeichnungsscheins nicht berufen, wenn er auf Grund des Zeichnungsscheins als Aktionär Rechte ausgeübt oder Verpflichtungen erfüllt hat.
(4) Jede nicht im Zeichnungsschein enthaltene Beschränkung ist der Gesellschaft gegenüber unwirksam.

§ 186 Bezugsrecht
(1) Jedem Aktionär muss auf sein Verlangen ein seinem Anteil an dem bisherigen Grundkapital entsprechender Teil der neuen Aktien zugeteilt werden. Für die Ausübung des Bezugsrechts ist eine Frist von mindestens zwei Wochen zu bestimmen.
(2) Der Vorstand hat den Ausgabebetrag oder die Grundlagen für seine Festlegung und zugleich eine Bezugsfrist gemäß Absatz 1 in den Gesellschaftsblättern bekannt zu machen. Sind nur die Grundlagen der Festlegung angegeben, so hat er spätestens drei Tage vor Ablauf der Bezugsfrist den Ausgabebetrag in den Gesellschaftsblättern und über ein elektronisches Informationsmedium bekannt zu machen.
(3) Das Bezugsrecht kann ganz oder zum Teil nur im Beschluss über die Erhöhung des Grundkapitals ausgeschlossen werden. In diesem Fall bedarf der Beschluß neben den in Gesetz oder Satzung für die Kapitalerhöhung aufgestellten Erfordernissen einer Mehrheit, die mindestens drei Viertel des bei der Beschlussfassung vertretenen Grundkapitals umfasst. Die Satzung kann eine größere Kapitalmehrheit und weitere Erfordernisse bestimmen. Ein Ausschluss des Bezugsrechts ist insbesondere dann zulässig, wenn die Kapitalerhöhung gegen Bareinlagen zehn vom Hundert des Grundkapitals nicht übersteigt und der Ausgabebetrag den Börsenpreis nicht wesentlich unterschreitet.
(4) Ein Beschluss, durch den das Bezugsrecht ganz oder zum Teil ausgeschlossen wird, darf nur gefasst werden, wenn die Ausschließung ausdrücklich und ordnungsgemäß bekannt gemacht worden ist. Der Vorstand hat der Hauptversammlung einen schriftlichen Bericht über den Grund für den teilweisen oder vollständigen Ausschluss des Bezugsrechts zugänglich zu machen; in dem Bericht ist der vorgeschlagene Ausgabebetrag zu begründen.
(5) Als Ausschluss des Bezugsrechts ist es nicht anzusehen, wenn nach dem Beschluß die neuen Aktien von einem Kreditinstitut oder einem nach § 53 Abs. 1 Satz 1 oder § 53 b Abs. 1 Satz 1 oder Abs. 7 des Gesetzes über das Kreditwesen tätigen Unternehmen

mit der Verpflichtung übernommen werden sollen, sie den Aktionären zum Bezug anzubieten. Der Vorstand hat dieses Bezugsangebot mit den Angaben gemäß Absatz 2 Satz 1 und einen endgültigen Ausgabebetrag gemäß Absatz 2 Satz 2 bekannt zu machen; Gleiches gilt, wenn die neuen Aktien von einem anderen als einem Kreditinstitut oder Unternehmen im Sinne des Satzes 1 mit der Verpflichtung übernommen werden sollen, sie den Aktionären zum Bezug anzubieten.

§ 187 Zusicherung von Rechten auf den Bezug neuer Aktien

(1) Rechte auf den Bezug neuer Aktien können nur unter Vorbehalt des Bezugsrechts der Aktionäre zugesichert werden.
(2) Zusicherungen vor dem Beschluss über die Erhöhung des Grundkapitals sind der Gesellschaft gegenüber unwirksam.

§ 188 Anmeldung und Eintragung der Durchführung

(1) Der Vorstand und der Vorsitzende des Aufsichtsrats haben die Durchführung der Erhöhung des Grundkapitals zur Eintragung in das Handelsregister anzumelden.
(2) Für die Anmeldung gelten sinngemäß § 36 Abs. 2, § 36 a und § 37 Abs. 1. Durch Gutschrift auf ein Konto des Vorstands kann die Einzahlung nicht geleistet werden.
(3) Der Anmeldung sind beizufügen
1. die Zweitschriften der Zeichnungsscheine und ein vom Vorstand unterschriebenes Verzeichnis der Zeichner, das die auf jeden entfallenden Aktien und die auf sie geleisteten Einzahlungen angibt;
2. bei einer Kapitalerhöhung mit Sacheinlagen die Verträge, die den Festsetzungen nach § 183 zugrunde liegen oder zu ihrer Ausführung geschlossen worden sind;
3. eine Berechnung der Kosten, die für die Gesellschaft durch die Ausgabe der neuen Aktien entstehen werden.
4. (weggefallen)

(4) Anmeldung und Eintragung der Durchführung der Erhöhung des Grundkapitals können mit Anmeldung und Eintragung des Beschlusses über die Erhöhung verbunden werden.
(5) (weggefallen)

§ 189 Wirksamwerden der Kapitalerhöhung

Mit der Eintragung der Durchführung der Erhöhung des Grundkapitals ist das Grundkapital erhöht.

Vertiefende Übungen

1. Nehmen Sie an, Herr Heidtkötter will sein Unternehmen in eine AG umwandeln. Was würden Sie ihm empfehlen, wenn er sicherstellen will, dass die Familie trotzdem weiterhin das Sagen hat?
2. Herrn Heidtkötter ist das alles zu langwierig und zu kompliziert. Er will die neue Produktlinie zügig auf die Beine stellen. Welche Möglichkeiten, zusätzliches Eigenkapital von außen zu bekommen gibt es für ihn, außer sein Privatvermögen zu belasten?
3. Welche Schritte muss eine Aktiengesellschaft unternehmen, wenn sie zusätzliches Eigenkapital in das Unternehmen bekommen will?
4. Erklären Sie, was die wesentlichen Merkmale einer Wandelschuldverschreibung sind.
5. Kann eine GmbH auch Wandelschuldverschreibungen ausgeben?
6. Handelt es sich bei Genussscheinen um Fremdkapital oder um Eigenkapital?

5
Die Kreditgeber überprüfen den Kreditnehmer und verlangen Sicherheiten

Situation

Die Hausbank der Heidtkötter KG hat für den neuen Investitionskredit zunächst einen Zinssatz von 6 % angeboten, ihn aber dann auf 6 % gesenkt, da Heidtkötter von einer anderen Bank ein zinsgünstigerer Kredit angeboten wurde. Das Angebot von 4 % ist in jeder Hinsicht akzeptabel. Die Verbindlichkeiten der Heidtkötter KG gegenüber den Banken erhöhen sich mit diesem Kredit allerdings nicht unwesentlich. Bei der gegenwärtigen Bilanzsumme von knapp 21,0 Mio. € machen die Bankkredite immerhin rund 32 % aus.
Daher braucht die Bank für den zu gewährenden Kredit zusätzliche Sicherheiten. Die Grundstücke und Gebäudeteile sind durch die bisherigen Bankkredite mit einer Grundschuld in Höhe von rund 2,0 Mio. € belastet. Damit ist die Beleihungsgrenze zu 90 % erreicht.
Ein Teil der Verbindlichkeiten gegenüber den Lieferanten ist durch Forderungsabtretungen gesichert. Für die geplanten Investitionen wären sie aber ohnehin kein geeignetes Sicherungsinstrument. Infrage kommen als Sicherheit für den langfristig zu gewährenden Bankkredit eigentlich nur noch

- eine **Grundschuld** in Höhe der noch freien Beleihungsspitze der Grundstücke und Gebäude in Höhe von rund 300.000,00 €,
- eine private **Bürgschaft** von einer kreditfähigen, vor allem aber kreditwürdigen Person – die Bank würde hier aber maximal 200.000,00 € akzeptieren,
- eine **Sicherungsübereignung** des zu beschaffenden Pkw und der Maschine oder
- eine **Verpfändung** von Vermögensgegenständen,
- in begrenztem Umfang eine weitere **Zession** (Forderungsabtretung).

Arbeitsaufträge

Wenn es um die Frage der Kreditwürdigkeit geht, dann spielt bei Unternehmen die Bilanz eine ganz besondere Rolle. Die Passivseite der Bilanz der Heidtkötter KG finden Sie in der Ausgangslage zu Kapitel 3.

1. Inwiefern können aus einer Bilanz Aussagen über die Kreditwürdigkeit eines Unternehmens abgeleitet werden? Wo liegen die Grenzen solch einer Analyse?

› Arbeitshilfen 1 und 2
› INFO-Teil

2. Jeder Kreditgeber ist daran interessiert, dass die Rückzahlung seines Kredites bzw. seiner Forderung abgesichert ist. Welche Möglichkeiten der Kreditsicherung gibt es generell und wodurch unterscheiden sich persönliche und dingliche Sicherheiten?
3. Die Heidtkötter KG benötigt einen Investitionskredit. Welche grundsätzlichen Möglichkeiten, die geeignet wären, sie einem Gläubiger als Kreditsicherheit anzubieten, können Sie aus der Bilanz ersehen?

Arbeitshilfe 1

Kreditsicherheiten im Überblick
Banken verlangen bei einer Kreditvergabe in der Regel Sicherheiten, die bei einem Kreditausfall verwendet werden können, um die ausstehenden Forderungen aus dem Kredit (teilweise) abzudecken. Diese Sicherheiten können in Form von persönlichen Sicherheiten (z. B. Bürgschaften) oder sachlichen Sicherheiten (Grundpfandrechte, Sicherungsübereignungen usw.) bestehen.

Sie sollen das bei einer Prüfung der Kreditwürdigkeit festgestellte Risiko abdecken. Kreditsicherheiten sind also die Summe aller Maßnahmen, die den Kreditgeber vor etwaigen Verlusten schützen sollen.

Als Kreditsicherheit dient die Zahlungsfähigkeit von Personen.	**Personalkredite**	Im Vordergrund stehen nur die Bonität und der Ruf des Schuldners. Weitere Überprüfungen und Sicherungen gibt es nicht.	Blankokredit
		Außer dem Schuldner haften noch weitere Personen für die Rückzahlung des eingeräumten Kredites.	Bürgschaftskredit
Als Kreditsicherheit dient der Wert von Sachen oder Gegenständen.	**Realkredite**	Gegenstände des Anlage- und Umlaufvermögens werden herangezogen, um bei einem eventuellen Zahlungsausfall des Gläubigers verwertet zu werden und so die Forderungen des Gläubigers zu befriedigen.	Verpfändung Sicherungsübereignung Grundschuld/ Hypothek

Arbeitshilfe 2

Art der Kreditsicherung	Besonderheiten	Nachteile/eventuelle Einschränkungen
Verpfändung Konto und Sparguthaben	sichert den Kredit zu 100 % – schnelle Abwicklung, von den Banken bevorzugt („gute" Kreditsicherheit)	Sperre des Guthabens, Einschränkung der Liquidität
Wertpapiere	schnelle Abwicklung, Kauf und Verkauf aber nur zu jeweiligen Börsenkursen möglich, aktueller Wertstand leicht zu ermitteln	je nach Börsenkurs evtl. hohe Abschläge, Verfügbarkeit bzw. volle Risikoabdeckung daher in der Realität eingeschränkt
Grundschuld	von der Bank als „gute" Kreditsicherheit bevorzugt, hoch beleihbar, hohe Beständigkeit, unabhängig von einer konkreten Verbindlichkeit, übertragbar auf neue Schuldverhältnisse	Risiko der Zwangsvollstreckung – Haftung erstreckt sich auch auf das Gebäude, das sich auf dem Grundstück befindet. Belastung mit Gebühren (Notar, Grundbuch, Gutachter) – relativ hoher Zeitaufwand durch Grundbucheintragungen
Sicherungsübereignung	geringes Risiko, übereignete Sachen weiterhin durch den Schuldner nutzbar	schwer bewertbar – hohe Abschläge – Versicherungsprämien fallen an
Sicherungsabtretung	Kunden erfahren bei stiller Zession nicht von der Abtretung, flüssige Mittel stehen zur Verfügung ohne Verpfändung eigener Vermögenswerte	Kunden erfahren bei der offenen Zession von der Abtretung – hoher Zeitaufwand durch Erstellung von Listen und Kontrollen durch die Bank

Vertiefende Übungen

1. In der Situationsbeschreibung wird gesagt, dass bei der Heidtkötter KG eine Abtretung von Forderungen für die geplante Kreditaufnahme keine geeignete Möglichkeit ist. Versuchen Sie Gründe dafür zu finden.
2. Ein Kunde der Heidtkötter KG ist aufgrund eines besonderen Ereignisses kurzfristig in einen Liquiditätsengpass geraten. Die Banken des Kunden sind nur dann bereit, die nötigen zusätzlichen Finanzmittel bereitzustellen, wenn für die Rückzahlung ein Bürge gefunden wird. Es geht um einen Betrag in Höhe von 150.000,00 €.
   Man tritt an die Heidtkötter KG mit der Bitte heran, diese Bürgschaft zu übernehmen. Grund ist, dass man zur Heidtkötter KG langjährige Geschäftsbeziehungen pflegt und sich die beiden Chefs persönlich kennen und vertrauen. Die Hausbank des Kunden sieht die Heidtkötter KG als solides Unternehmen an und würde eine selbstschuldnerische Bürgschaft über den Betrag von 150.000,00 € akzeptieren. →

Vertiefende Übungen (Fortsetzung)

a) Erläutern Sie, was der Begriff „selbstschuldnerisch“ bedeutet und wie die Haftung der Heidtkötter KG im Zweifelsfall aussähe.
b) Was könnte die Heidtkötter KG dazu bewegen, die Bürgschaft zu übernehmen? Welchem Risiko setzt sie sich dabei aus? Welche Gründe sprechen gegen die Übernahme der Bürgschaft?
c) Wer aus der Heidtkötter KG könnte überhaupt die Bürgschaftsverpflichtung eingehen?

3. Erläutern Sie, worin das Wesen des Faustpfandkredites besteht. Welche Gegenstände eignen sich als Faustpfand, welche scheiden für diese Form des Kredites aus?
4. Die Grundschuld ist eine besondere Form des Faustpfandkredites. Erklären Sie, worin die beiden Kreditsicherungen grundsätzlich übereinstimmen und wo sie sich voneinander unterscheiden.
5. Erläutern Sie die Gründe, die dazu geführt haben, dass heute die Hypothek gegenüber der Grundschuld nur noch eine sehr untergeordnete Rolle spielt.
6. Was macht den Unterschied zwischen einer Brief- und einer Buchgrundschuld aus?
7. In welchen Fällen kann es zur Eintragung einer Zwangshypothek kommen?
8. Die Heidtkötter KG will ihren Fuhrpark um einen Sattelschlepper erweitern. Die Kosten für die Anschaffung des Fahrzeuges liegen bei ca. 300.000,00 €, von denen rund zwei Drittel fremdfinanziert werden müssen.
   a) Welche Art der Fremdfinanzierung halten Sie generell für sehr, weniger oder gar nicht geeignet?
   b) Wie stellen Sie sich dabei jeweils die erforderliche Kreditsicherung vor?
9. Ein Grundstück ist nacheinander mit vier Grundschuldeintragungen in Höhe von 50.000,00 €, 30.000,00 €, 15.000,00 € und 5.000,00 € belastet. Bei einer Zwangsversteigerung wird ein Erlös von 60.000,00 €, also 60 % der Beleihungswerte erzielt. In welcher Höhe werden die einzelnen Gläubiger befriedigt?
10. Fassen Sie in der folgenden Tabelle die wesentlichen Merkmale der genannten Kreditsicherungsmöglichkeiten zusammen.

	Bürgschaft	Verpfändung	Sicherungsübereignung	Grundschuld
Worin besteht die Sicherheit? Was macht den Kreditgeber sicher, dass er sein geliehenes Geld wirklich zurückerhält?				
Gibt es Bedingungen, von denen es abhängt, ob eine Sicherheit auch wirklich eine Sicherheit ist?				
Welche verschiedenen Formen dieser Kreditabsicherung gibt es?				
Gibt es formale Vorschriften für solche Kreditsicherheiten und wenn ja, welche?				
Für welche zu finanzierenden Gegenstände ist diese Sicherung geeignet? Gibt es ggf. Nutzungseinschränkungen für den Kreditnehmer beim Umgang mit der fremdfinanzierten Sache?				
Unter welchen Voraussetzungen eignet sich diese Kreditsicherung weniger oder gar nicht?				
Welche Kosten sind mit dieser Kreditscherung verbunden?				
Was passiert, wenn der Kreditnehmer säumig wird oder seiner Zahlungspflicht überhaupt nicht nachkommt?				
Raum für eigene Fragen/Kriterien				

ARBEITSHEFT

6
Wege aus der Zahlungsunfähigkeit – Das Insolvenzverfahren

Situation

Seit nunmehr vier Wochen sind Rechnungen über 495.500,00 € an die Reiser GmbH Bürosysteme in Leipzig überfällig. Die Firma zählt zu den Hauptkunden der Heidtkötter KG und beglich bisher immer alle Rechnungen fristgerecht, meist sogar innerhalb der Skontoabzugsfrist.
Anrufe von Giovanni Varese, Sachbearbeiter Debitoren bei der Heidtkötter KG, sind ohne Erfolg geblieben. Er meldet seiner Vorgesetzten den Vorgang. Frau Dr. Keil wendet sich an Herrn Heidtkötter: „*Die werden doch nicht insolvent sein?*" – Heidtkötter ist besorgt, denn ein Forderungsausfall in dieser Höhe würde sein Unternehmen hart treffen; wenn die Reiser GmbH Bürosysteme als Kunde ausfallen würde, wären mit einem Schlag 15 % des Jahresumsatzes weg.

Arbeitsaufträge

1. In einem Telefonat, das Klaus M. Heidtkötter mit dem Geschäftsführer der Reiser GmbH Bürosysteme führt, wird ihm mitgeteilt, dass man bemüht sei, die Rechnung zu begleichen. Reiser habe zurzeit Liquiditätsengpässe, die Geschäfte liefen nicht gut und die eigenen Kunden nähmen immer längere Zahlungsfristen in Anspruch. Zudem habe die Hausbank die Kreditlinie deutlich gesenkt. Die Heidtkötter KG müsse daher noch etwa vier Wochen auf die Begleichung der offenen Rechnung warten. Klaus M. Heidtkötter überlegt, welche Alternativen er hat. Schafft er es, diese Zeit finanziell zu überbrücken? Soll er auf einen umgehenden Ausgleich der offenen Rechnung bestehen und ggf. ein gerichtliches Mahnverfahren gegen die Reiser GmbH Bürosysteme einleiten, was unweigerlich dazu führen würde, dass diese Insolvenz anmelden müsste? Was meinen Sie?
2. Angenommen, es zeichnet sich ab, dass die Reiser GmbH Bürosysteme ihren Zahlungsverpflichtungen gegenüber allen Lieferanten, also auch der Heidtkötter KG, tatsächlich nicht mehr nachkommen kann. › INFO-Teil
   a) Wer beantragt dann die Insolvenz für das Unternehmen?
   b) Wo wäre dieser Antrag zu stellen und wer würde über ihn entscheiden? › Arbeitshilfe
   c) Wie läuft ein Insolvenzverfahren im Regelfall ab?
   d) Welche Folgen hat ein eröffnetes Insolvenzverfahren für den Schuldner, aber auch für den bzw. die Gläubiger? Was passiert mit der Forderung über 495.000,00 € der Heidtkötter KG?

Arbeitshilfe

Das Regelinsolvenzverfahren

Bis Ende 1998 galt für Unternehmen, die in Zahlungsschwierigkeiten gerieten, in den alten Ländern der Bundesrepublik die „Konkurs- und Vergleichsordnung" sowie in den neuen Bundesländern die sogenannte „Gesamtvollstreckungsordnung".

Diese Regelungen wurden ab 1. Januar 1999 von der „Insolvenzordnung" abgelöst. Kern des Insolvenzrechts ist, dass Sanierungsmöglichkeiten von Unternehmen mehr im Mittelpunkt stehen, aber auch die Position der Gläubiger gestärkt wird. Sie sind diejenigen, die über das Insolvenzverfahren bestimmen.

Die Aufgabe des Insolvenzgerichts (Amtsgericht) besteht in erster Linie darin, dafür zu sorgen, dass die Rechtmäßigkeit des Verfahrens eingehalten wird. Der eingesetzte Insolvenzverwalter ist den Interessen sämtlicher am Verfahren Beteiligter verpflichtet.

→

› INFO-Teil LF 11, Kap. 6.2

Mit der Einführung des Verbraucherinsolvenzverfahrens (Privatinsolvenz) eröffnete das neue Insolvenzrecht erstmals die Möglichkeit, dass auch natürliche Personen ihre Zahlungsunfähigkeit erklären und eine Restschuldbefreiung vornehmen lassen können.

Gewerbetreibende, die insolvent werden, durchlaufen zur Abwicklung ihrer Vermögens- und Haftungsverhältnisse das sogenannte „Regelinsolvenzverfahren".

Hier sind folgende Sachverhalte wichtig:

› INFO-Teil LF 11, Kap. 6.1

1. Antrag und Eröffnung des Insolvenzverfahrens

Der Antrag kann sowohl vom Schuldner als auch vom Gläubiger beim zuständigen Amtsgericht gestellt werden. Ein Insolvenzverfahren kann über das Vermögen jeder natürlichen und jeder juristischen Person eröffnet werden (§ 11, Abs. 1 InsO), somit also über das Vermögen von

- GmbH,
- AG,
- eingetragenem Kaufmann (e. K.),
- Einzelunternehmen,
- OHG,
- KG,
- BGB-Gesellschaft,
- Partnerschaftsgesellschaft

und

- ausländischen Gesellschaften, die ihren Verwaltungssitz und Betrieb im Inland haben.

Ist ein Schuldner zahlungsunfähig, kann ein Insolvenzantrag entweder vom Schuldner oder vom Gläubiger beim zuständigen Amtsgericht (Insolvenzgericht) gestellt werden. Droht Zahlungsunfähigkeit, dann kann der Schuldner bereits einen Insolvenzantrag stellen. Juristische Personen wie GmbH oder AG können auch bei Überschuldung einen Antrag stellen.

Zahlungsunfähigkeit ist gegeben, wenn der Schuldner aus Mangel an Zahlungsmitteln nicht in der Lage ist, seine fälligen Schulden im Wesentlichen zu begleichen. Sie droht, wenn er voraussichtlich nicht in der Lage sein wird, seinen Zahlungsverpflichtungen zum Fälligkeitstermin nachzukommen. Überschuldung liegt vor, wenn das Vermögen des Schuldners die bestehenden Verbindlichkeiten nicht mehr deckt.

Stellt der Schuldner selbst den sogenannten **Schuldnerantrag** auf Eröffnung des Insolvenzverfahrens, hat das Insolvenzgericht alle Umstände zu ermitteln, die für das Insolvenzverfahren von Bedeutung sind.

- Dem Antrag ist ein Vermögensverzeichnis beizufügen, aus dem durch Gegenüberstellung der Aktiva und Passiva unter Berücksichtigung von Liquidationswerten ein vollständiger Überblick über die Vermögenslage möglich ist.
- Ein **Gläubiger- und Schuldnerverzeichnis** ist mit genauer Bezeichnung der Gläubiger und Schuldner sowie deren Anschriften beizufügen. Bei jeder Forderung und Verbindlichkeit sind der Betrag und der Schuldgrund anzugeben. Weiterhin sollte ersichtlich sein, ob seitens Dritter Ansprüche auf Herausgabe oder abgesonderte Befriedigung[1] bestehen.

Der Insolvenzantrag ist schnellstmöglich, spätestens aber innerhalb von drei Wochen nach Bekanntwerden der drohenden Zahlungsunfähigkeit oder des Eintretens der Überschuldung zu stellen (siehe dazu auch § 64 GmbH-Gesetz, § 99 GenG oder § 92 AktG). Die schuldhafte Verletzung der Antragspflicht erfüllt den Straftatbestand der Insolvenzverschleppung.

Stellt der Gläubiger den sogenannten **Gläubigerantrag** auf Insolvenz, muss er nachweisen, dass er ein rechtliches Interesse an der Eröffnung des Insolvenzver-

1 Verkaufserlös nach Abzug aller Kosten für Feststellung und Verwertung

fahrens hat. Dies fehlt immer dann, wenn die Befriedigung des Gläubigers auf einfachere, schnellere und zweckmäßigere Weise erreicht werden kann. Das ist z. B. bei relativ geringen Forderungen der Fall. Wenn durch die Einleitung des gerichtlichen Mahnverfahrens auf dem Wege der Zwangsvollstreckung die Befriedigung der Ansprüche des Gläubigers erreicht werden kann, dann ist kein Grund für die Beantragung des Konkursverfahrens gegeben.

Der Gläubiger hat die Forderung und den Eröffnungsgrund glaubhaft zu machen. Dazu müssen entsprechende Unterlagen zum Nachweis der Forderungen vorgelegt werden. Darüber hinaus muss dargelegt werden, dass der Schuldner außerstande ist, diese Verbindlichkeiten zu erfüllen. Ausreichend dafür ist beispielsweise die Bescheinigung eines Gerichtsvollziehers über einen erfolglosen Vollstreckungsversuch (Fruchtlosigkeitsbescheinigung) oder die eidesstattliche Versicherung über seine Vermögenssituation. Ist der Gläubigerantrag zulässig, hat das Insolvenzgericht den Schuldner anzuhören.

Ein Insolvenzantrag kann zurückgenommen werden, solange das Insolvenzverfahren noch nicht eröffnet ist. Die Gerichte entscheiden in der Regel binnen ca. 4 bis 8 Wochen über den Antrag. Wird der Antrag zurückgenommen, werden die Verfahrenskosten dem Antragsteller auferlegt.

2. Vorläufige Sicherungsmaßnahmen

Bis über den Insolvenzantrag entschieden wird, kann das Gericht folgende Sicherungsmaßnahmen erlassen:

- Bestellung eines vorläufigen Insolvenzverwalters,
- Auferlegung eines allgemeinen Verfügungsverbots an den Schuldner sowie Anordnung, dass Verfügungen des Schuldners nur mit Zustimmung des vorläufigen Insolvenzverwalters wirksam sind,
- Einstellung und Untersagung von Zwangsvollstreckungsmaßnahmen in das Vermögen des Schuldners.

Diese Anordnungen werden getroffen, um zu verhindern, dass durch die Fortführung der „normalen" geschäftlichen Prozesse möglicherweise eine nachteilige Veränderung der Vermögenslage des Schuldners eintritt.

3. Entscheidung über den Insolvenzantrag

Das Gericht kann den Antrag mangels Vorliegen eines Eröffnungsgrundes oder mangels Masse abweisen. **Mangels Masse** bedeutet, dass das verbliebene Vermögen des Schuldners nicht ausreicht, um die Gerichtskosten sowie die Vergütungen für den vorläufigen Insolvenzverwalter, den Insolvenzverwalter und die Mitglieder des Gläubigerausschusses zu begleichen. Es besteht für die Gläubiger aber die Möglichkeit, einen Massekostenvorschuss zu leisten, um die Eröffnung des Verfahrens herbeizuführen.

4. Eröffnung des Verfahrens

Nachdem die Voraussetzungen für den Insolvenzantrag geprüft sind und sich diese Maßnahme als notwendig bzw. unabdingbar erwiesen hat, wird das Verfahren mit einem Eröffnungsbeschluss in Gang gesetzt. Das Gericht ernennt eine Person zum Insolvenzverwalter. Mit der Eröffnung des Insolvenzverfahrens geht eine Beschlagnahmung des schuldnerischen Vermögens einher, d. h., der Schuldner verliert das Verwaltungs- und Verfügungsrecht über sein unternehmerisches Vermögen.

Der Insolvenzverwalter nimmt mit der Eröffnung des Verfahrens die Rechtsstellung des Gemeinschuldners ein. Dies bezieht sich auch auf die innerbetriebliche Rechtsstellung und die arbeitsrechtlichen Verpflichtungen als Arbeitgeber. Der Insolvenzverwalter hat somit auch die Möglichkeit, Arbeitnehmern zu kündigen.

→

5. Verfahrensablauf

Folgende Termine markieren die Durchführung des Verfahrens:

a) Berichtstermin:
Der Verwalter unterrichtet die Gläubiger über den Stand des Verfahrens. Im Berichtstermin wird die Situation des Unternehmens dargestellt und entschieden, ob das Vermögen des Schuldners liquidiert wird oder ob Aussichten bestehen, das Unternehmen im Ganzen oder in Teilen zu erhalten, und welche Möglichkeiten für einen Insolvenzplan oder eine übertragende Sanierung bestehen.

b) Prüfungstermin:
Die angemeldeten Forderungen der Gläubiger werden vom Verwalter geprüft. Wird eine Forderung anerkannt, erhält der Gläubiger darüber eine Bescheinigung (Auszug aus Insolvenztabelle). Dieser Auszug ist Vollstreckungstitel. Vollstreckt werden kann aber erst nach Beendigung des Verfahrens.

c) Schlusstermin:
Dieser Termin dient der Prüfung der Schlussrechnung des Verwalters. Falls der Verwalter entlastet wird, hebt das Gericht das Verfahren auf.

Vertiefende Übungen

1. Die Forderungen der Heidtkötter KG gegenüber der Reiser GmbH Bürosysteme in Leipzig belaufen sich auf insgesamt 495.500,00 €. Setzen wir voraus, dass das Unternehmen Insolvenz angemeldet hat, und nehmen wir ferner an, dass die beiden Lieferungen nicht – wie weiter oben dargestellt – nach einheitlichen Lieferungs- und Zahlungsbedingungen erfolgt ist, sondern unterschiedlich waren:

   Die zweite Lieferung mit einem Volumen von 200.000,00 € ist unter Eigentumsvorbehalt erfolgt. Eine solche Klausel galt für die erste Lieferung mit dem noch offenstehenden Betrag von 295.500,00 € nicht.

   a) Welche Auswirkungen hat dieser Tatbestand auf die rechtliche Position der Heidtkötter KG gegenüber der Reiser GmbH Bürosysteme und was muss dem Insolvenzverwalter gemeldet bzw. angezeigt werden?

   b) Giovanni Varese meint, dass die Büromöbel aus der zweiten Lieferung nicht zur Insolvenzmasse gehörten und von ihr abgesondert werden müssten. Prüfen Sie, ob er damit recht hat.

   c) Die Reiser GmbH Bürosysteme hat aus einer anderen Lieferung Büromöbel im Gesamtwert von 15.000,00 € an die Heidtkötter KG zurückgegeben, weil es sich dabei um eine Falschlieferung gehandelt hat. Dieser Irrtum ist der Reiser GmbH Bürosysteme allerdings erst aufgefallen, nachdem der Rechnungsausgleich schon durch eine Überweisung an die Heidtkötter KG erfolgt war. Was hat die Heidtkötter KG nun zu tun, nachdem die Reiser GmbH Bürosysteme Insolvenz angemeldet hat?

   d) Im Rahmen der Schlussverteilung wird eine Insolvenzquote von 45 % festgestellt. Was bedeutet das? Mit welcher Zahlung kann somit die Heidtkötter KG für ihre noch offene Forderung von 295.500,00 € rechnen (Lieferung ohne Eigentumsvorbehalt)?

› INFO-Teil LF 11, Kap. 6.2

2. Worin unterscheidet sich ein Verbraucherinsolvenzverfahren von einer Unternehmensinsolvenz?
   Finden Sie heraus, worin die wesentlichen Unterschiede liegen.

› INFO-Teil LF 11, Kap. 6.1

3. Wenn Unternehmen insolvent werden, geht das an den Beschäftigten nicht spurlos vorbei. Finden Sie heraus, welche Regelungen es gibt, um Arbeitnehmer möglichst weitgehend vor den Folgen der Insolvenz ihres Arbeitgebers zu schützen.

7
Leasing und Factoring als Sonderformen der Finanzierung

7.1
Leasing – mehr als nur Finanzierung?

Situation Klaus M. Heidtkötter entdeckt in der Post die Broschüre eines Pkw-Herstellers, auf deren Cover in großen Buchstaben der Slogan „*Kaufen Sie noch oder leasen Sie schon?!*" prangt:

Kaufen Sie noch oder leasen Sie schon?!

Geschäftsfahrzeug-Leasing
Warum Kapital ins Auto stecken, das viel lukrativer in den Geschäftszweck investiert werden kann? Für Kunden, die niedrige Monatsraten wünschen und das Auto nicht erwerben, sondern nutzen möchten, ist das Geschäftsfahrzeug-Leasing ein attraktives Angebot. Für einen festgelegten Zeitraum „mieten" Sie ein Fahrzeug Ihrer Wahl und zahlen dafür **niedrige Leasingraten.** Am Vertragsende geben Sie Ihr Auto bei Ihrem Händler einfach wieder ab und leasen ein neues Fahrzeug.

Unser Beispiel für Sie:

Modell	*Cross Touran* *1,4 TSI* *103 kw* *6-Gang*
Preis	*27.175,00 €*
Leasing	*Laufzeit: 36 Monate*
jährliche Fahrleistung	*20 000 km*
Sonderzahlung zu Beginn:	*2.717,50 € (= 10 % des Listenpreises)* *inkl. 433,89 € MWSt*
Leasingraten	***416,00 € pro Monat***

In dem Text heißt es weiter: „*Investieren Sie Ihr Kapital in Ihr Anlagevermögen und nicht in Zinsen. Lassen Sie sich von uns ein Angebot für Ihren Fuhrpark unterbreiten.*"

Arbeitsaufträge

1. Sicher haben Sie den Begriff „Leasing" auch schon einmal gehört. Was steckt dahinter?
2. Nehmen Sie das obige Leasing-Angebot einmal kritisch unter die Lupe. Was sind die offensichtlichen Vorteile und wo sehen Sie eventuelle Nachteile?
3. Wie hoch sind die Gesamtkosten, die in diesem Beispiel der Firma Heidtkötter KG während der Nutzungsdauer von drei Jahren entstehen würden? Was müsste man dem als Kosten gegenüberstellen, wenn man das Fahrzeug kauft?
4. Leasen kann man nicht nur Fahrzeuge, sondern nahezu alle Gegenstände des Anlagevermögens. Es ist sogar möglich, sich auf diese Weise Gebäude und ganze Produktionsanlagen finanzieren zu lassen. Versuchen Sie darzustellen, von welchen Überlegungen es grundsätzlich abhängt, ob ein Anlagevermögen in herkömmlicher Form eigen- bzw. fremdfinanziert oder geleast werden soll.

Arbeitshilfe 1

Die **veränderten Rahmenbedingungen** der Unternehmensfinanzierung (Stichwort Basel II) machen eine Neuausrichtung der Unternehmen in diesem Bereich notwendig. Die **traditionellen** Finanzierungsformen reichen nicht mehr aus und Unternehmen sind gezwungen, sich nach alternativen Finanzierungsinstrumenten umzusehen. Eines dieser alternativen Finanzierungsinstrumente, das schon seit einigen Jahren zunehmend an Bedeutung gewinnt, ist das **Leasing.** Gerade für den **Mittelstand** hat sich Leasing in den letzten Jahrzehnten zu einer echten **Alternative** zum klassischen Bankkredit entwickelt.

Beim Stichwort **Leasing** (engl.: to lease = mieten, pachten) denken die meisten an Autos. Doch das ist nur eine von **unzähligen** Möglichkeiten. Gerade für Unternehmer können **Leasingverträge** im Bereich Immobilien, Produktionsanlagen, Büromaschinen oder EDV-Ausstattung interessant sein.

Leasing ist auch eine Alternative zum Kauf. **„Der Reichtum liegt nicht im Eigentum, sondern im Gebrauch der Dinge!"**, wusste schon Aristoteles. Gerade bei einem Wirtschaftsgut steht in der Regel der Gebrauch im Vordergrund und nicht der Eigentumsgedanke. Gegenüber dem Kauf entfallen beim Leasing der hohe Kapitalaufwand und die Schwierigkeiten einer späteren Weiterveräußerung.

vgl. dazu auch: www.sparkassen-leasing.de/was-ist-leasing.html, abgerufen am 26.06.2012

Arbeitshilfe 2

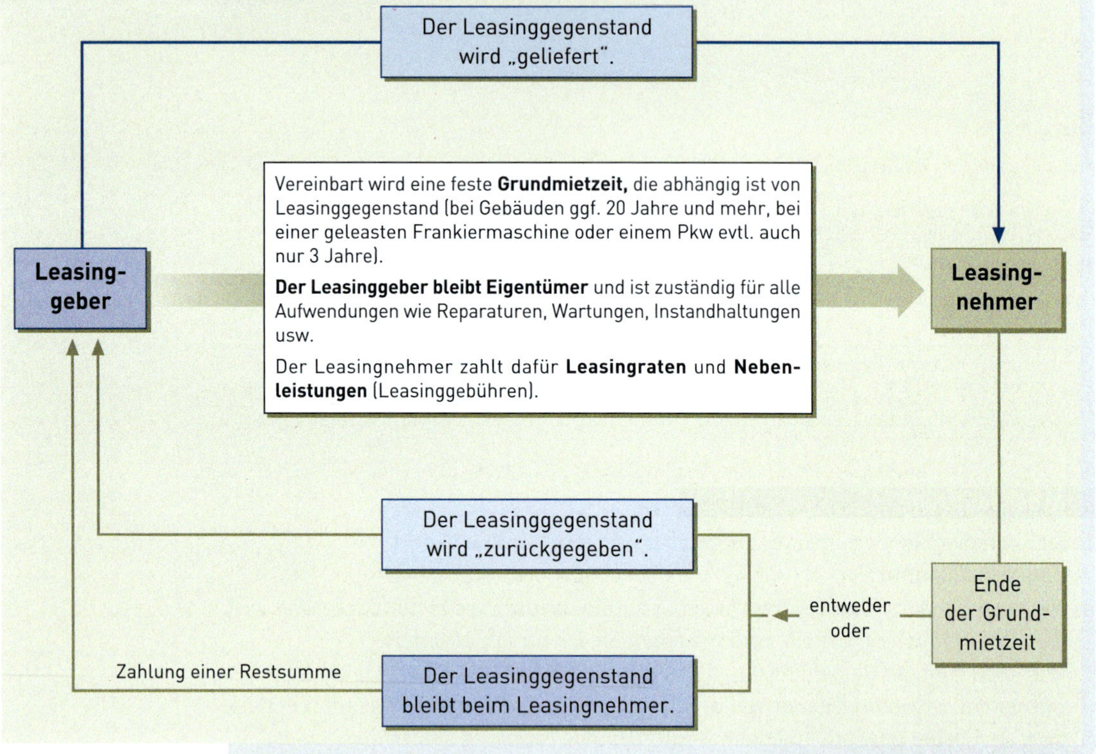

Nach juristischen und betriebswirtschaftlichen Gesichtspunkten ist Leasing die **„Gebrauchsüberlassung eines Investitionsgutes auf Zeit gegen Entgelt"**. Aufgrund des Gestaltungsraumes bei der Bilanzierung ist Leasing nach steuerlichen Gesichtspunkten eine Alternative zur Finanzierung.

Vertiefende Übung

Die Heidtkötter KG plant, eine neue Maschine zu kaufen. Die neue Anlage kann durch einen Kredit fremdfinanziert oder geleast werden? Gegeben sind folgende Daten:

› Arbeitsheft

Anschaffungskosten	900.000,00 €
Nutzungsdauer	6 Jahre
Grundmietzeit	4 Jahre
Leasinggebühr pro Monat	3 % = 36 %/Jahr
Optionsrecht (Kauf der Maschine nach Ablauf der Grundmietzeit)	150.000,00 €
Kreditzinsen	5 %
Kredittilgung	6 gleiche Raten
Verkaufswert der Produktionsleistung:	1 000 Stück à 220,00 € = 220.000,00 €/Jahr

1. Berechnen Sie, wie hoch der jährliche Kapitalbedarf für die Fremdkapitalzinsen und die Tilgungsleistung bei einer Fremdfinanzierung wäre.
2. Wie viel Kapital benötigt die Heidtkötter KG in den einzelnen Jahren der Nutzungsdauer, wenn sie die Maschine least?
3. Wie hoch ist der Liquiditätsbedarf bei beiden Alternativen insgesamt und zu welchem Ergebnis kommen Sie, wenn Sie unter diesem Aspekt das Leasing und den Kauf auf Kreditbasis einander gegenüberstellen?

7.2 Factoring – Verkauf von Forderungen

Situation

Die Heidtkötter KG hat durchschnittlich pro Monat ca. 500 Ausgangsrechnungen zu bearbeiten, deren Mittelwert bei einer Rechnungssumme von ca. 300,00 € liegt. Dies sind Rechnungen, die an kleinere Kunden gehen, die in der Summe nur rund 7 % des Gesamtumsatzes ausmachen. In der Debitorenbuchhaltung sind drei Mitarbeiter und Mitarbeiterinnen beschäftigt. Deren Gehaltskosten einschließlich aller Nebenkosten belaufen sich jährlich auf ca. 42.000,00 € pro Mitarbeiter.

Nachdem eine Mitarbeiterin aus dem Unternehmen ausscheidet, überlegt die Geschäftsleitung, ob die Debitorenbuchhaltung nicht verkleinert werden kann. Interessant ist in diesem Zusammenhang das Angebot einer namhaften Factoring-Gesellschaft. An sie sollen rund 60 % der oben angegebenen Forderungen an die kleinen, aus der Sicht der Geschäftsführung eher unbedeutenden Kunden verkauft werden.

Die Heidtkötter KG räumt ihren Kunden ein Zahlungsziel von 30 Tagen ein. Die Factoring-Gesellschaft überweist die abgetretenen Forderungen innerhalb von 10 Tagen nach Rechnungsdatum an die Heidtkötter KG. Für die Vorfinanzierung werden aber 8 % Kontokorrentzinsen einbehalten. Darüber hinaus werden 2 % der jeweiligen Rechnungssumme als Bearbeitungsgebühr in Rechnung gestellt. Wenn auch das Kreditausfallrisiko von der Factoring-Gesellschaft übernommen werden soll, sind weitere 2,5 % der abgetretenen Forderung fällig.

→

Arbeitsaufträge

1. Es geht um die Frage, ob die Heidtkötter KG einen Teil ihrer Forderungen, die sie an Kunden hat, an einen externen Finanzdienstleister verkauft. Im Grunde genommen ist dies ähnlich zu beurteilen wie die Frage des Leasings. Allerdings dreht es sich hier nicht um den Einkauf, sondern um die Absatzseite.
   a) Was versteht man unter Factoring?
   b) Dass man nur in Erwägung zieht, einen kleinen Teil der Forderungen an einen Finanzdienstleister abzutreten, aber keinesfalls alle bestehenden Forderungen, hat sicher Gründe. Was vermuten Sie?
2. Sie werden gebeten, die beiden Alternativen (Forderungsverkauf und Einsparung der ausscheidenden Mitarbeiterin oder Neueinstellung bei einem Verzicht auf das Factoring) einmal rechnerisch einander gegenüberzustellen.
   a) Zu welchem rechnerischen Ergebnis kommen Sie und welche Entscheidung werden Sie demnach treffen, wenn es darum geht, die kostengünstigste Vorgehensweise zu wählen?
   b) Überlegen Sie, warum die Delkredereprovision als Kostenfaktor erst in einem zweiten Schritt mit einbezogen wird und was gegebenenfalls dagegensprechen könnte, sie überhaupt als Kostenfaktor mit einzubeziehen.

Arbeitshilfe

Sie benutzen für Ihre Rechnung die folgende Tabelle und gehen im ersten Schritt davon aus, dass Ihre Kunden bisher das Zahlungsziel von 30 Tagen ausgenutzt, also keinen Skonto abgezogen haben.

Kosten Factoring			Einsparung Personalkosten
Forderungen	=	150.000,00 €	↓
davon würden 60 % abgetreten	=		
a) Zinsen für Vorfinanzierung 20 Tage	=		
b) 2 % Gebühren für abgetretene/angekaufte Forderungen	=		
Summe I	=		3.500,00 €
c) Delkredereprovision 2,5 %	=		
Summe II	=		3.500,00 €

3. In Arbeitsauftrag 2 b) wird davon ausgegangen, dass die Kunden der Heidtkötter KG bisher keinen Skonto in Anspruch genommen haben. Nehmen wir nun einmal an, das sei nicht so gewesen, sondern die Zahlungsbedingungen hätten einen Skontoabzug in Höhe von 3 % bei einer Zahlung innerhalb von 10 Tagen oder eine Zahlung des vollen Rechnungsbetrages innerhalb von 30 Tagen vorgesehen.
   Versuchen Sie nun analog dem obigen Schema eine neue Rechnung aufzustellen. Ändert sich mit diesem neuen Ergebnis Ihre getroffene Entscheidung für oder gegen eine Forderungsabtretung (mit Begründung)?

Arbeitshilfe

Kosten Factoring			Einsparung Personalkosten
Forderungen	=	150.000,00 €	3.500,00 € Personalkosten
davon würden 60 % abgetreten	=		↓
a) Zinsen für Vorfinanzierung 20 Tage	=		
b) 2 % Gebühren für abgetretene/angekaufte Forderungen	=		
d) bisherige und jetzt entfallende Ertragsminderungen durch Skontoabzug	=		Mehrertrag
Summe I	=		
c) Delkredereprovision 2,5 %	=		
Summe II	=		

8
Finanzwirtschaftliche Kennzahlen und Regeln als Instrument der Unternehmenssteuerung und Liquiditätsplanung

Ausgangslage

Die vorangegangenen Überlegungen zur Frage, wie sich ein Unternehmen die nötigen Finanzmittel beschaffen kann und wie es sich am besten finanziert, zeigen nur eine Sichtweise auf. Die in den einzelnen Situationen angestellten Überlegungen waren immer auf einen Einzelfall bezogen. Im Vordergrund stand dabei die Suche nach der passenden, insbesondere aber der unter wirtschaftlichen Gesichtspunkten bestmöglichen Finanzierungsalternative. Nur am Rande ging es auch darum, was unter allgemeinen finanzwirtschaftlichen Gesichtspunkten vertretbar ist, denn schließlich wirkt sich jede einzelne Maßnahme auch auf die gesamte Finanzstruktur des Unternehmens aus. Und da macht es schon einen Unterschied, ob mehr mit Eigen- oder mehr mit Fremdkapital gearbeitet wird.

Ebenso wichtig ist, wie hoch der Anteil an lang- oder kurzfristig zur Verfügung stehendem Kapital ist. Oberstes Ziel eines jeden Unternehmens – und damit auch der Heidtkötter KG – ist es nicht nur, dass rentabel gearbeitet wird, sondern das finanzielle Gleichgewicht und damit auch die jederzeitige Zahlungsfähigkeit sicherzustellen.

Unter diesem Gesichtspunkt wollen wir die Unternehmenssituation näher beleuchten. Dafür ziehen wir eine Bilanz der Heidtkötter KG heran.

Bilanz der Büromöbelfabrik Heidtkötter KG, Bielefeld zum 31. Dezember 01

Aktiva		*Passiva*	
A. Anlagevermögen	**(€)**	**A. Eigenkapital**	**(€)**
I. Immaterielles Anlagevermögen Software, Lizenzen	32.300,00	Vollhafter Klaus M. Heidtkötter	8.050.000,00
		Teilhafterin Anke Heidtkötter	3.800.000,00
II. Sachanlagen			**11.850.000,00**
1. Grundstücke und Gebäude	3.462.700,00	**B. Langfristiges Fremdkapital**	
2. Technische Anlagen	4.475.000,00	1. Langfristige Verbindlichkeiten gegenüber Kreditinstituten	5.900.000,00
3. Fuhrpark	780.000,00		
4. Betriebs- und Geschäftsausstattung	810.000,00	2. Langfristige Rückstellungen	405.000,00
	9.527.700,00		**6.305.000,00**
	9.560.000,00	**C. Kurzfristiges Fremdkapital**	
B. Umlaufvermögen		1. Verbindlichkeiten aus Lieferungen und Leistungen	1.750.000,00
I. Vorräte			
1. Roh-, Hilfs- und Betriebsstoffe, Vorprodukte, Fremdbauteile	3.035.000,00	2. Sonstige kurzfristige Verbindlichkeiten	905.000,00
2. Unfertige Erzeugnisse	410.000,00	darunter Verbindlichkeiten gegenüber Teilhafter	565.000,00
3. Fertige Erzeugnisse und Handelswaren	1.085.000,00		**2.655.000,00**
	4.530,000,00		**20.810.000,00**
II. Forderungen aus Lieferungen und Leistungen	**3.410,000,00**		
III. Wertpapiere	**1.325.000,00**		
IV. Kassenbestand, Guthaben bei Kreditinstituten			
1. Kassenbestand	243.000,00		
2. Bankguthaben	1.742.000,00		
	1.985.000,00		
	11.250.000,00		
	20.810.000,00		

8.1 Finanzierungsregeln und -kennzahlen

Situation

Die Hausbank, mit der die Heidtkötter KG in den vorhergehenden Situationen über ein Darlehen verhandelte, ließ sich u. a. die oben gezeigte Bilanz vorlegen, um anhand dieser zu beurteilen, ob man einen zusätzlichen Kredit in Höhe der benötigten 800.000,00 € bewilligen kann.

Arbeitsauftrag

Stellen Sie fest, welche Kennzahlen sich aus den nachfolgenden Vergleichen einzelner Bilanzpositionen ableiten lassen und berechnen Sie die konkreten Werte anhand der vorstehenden Bilanz der Heidtkötter KG.

1) Verhältnis von Fremd- zu Eigenkapital
2) Verhältnis von Fremd- zu Gesamtkapital
3) Verhältnis von Eigen- zu Gesamtkapital
4) Verhältnis von Eigenkapital zu Anlagevermögen
5) Verhältnis von Eigenkapital + langfristiges Fremdkapital zu Anlagevermögen

a) Zu welchen Ergebnissen kommen Sie? Wie interpretieren Sie diese Zahlen?
b) Welche Kennzahl wird für den Kreditgeber am wichtigsten sein?
c) Nennen Sie drei Gründe, warum das Eigenkapital in einem Unternehmen eigentlich mindestens so hoch sein sollte wie das Fremdkapital.
d) Was sind Ihrer Meinung nach die Gründe, warum der Eigenkapitalanteil in der Realität im Durchschnitt zum Teil weit unter dem liegt, was allgemein als Mindestbedingung gefordert wird?

Vertiefende Übungen

1. Die Heidtkötter KG erwirtschaftet einen Gewinn nach Steuern in Höhe von 2.100.000,00 €. Die Aufwendungen für Fremdkapitalzinsen liegen bei 410.000,00 € (siehe GuV-Rechnung in Kapitel 3.1, Seite 111). Berechnen Sie,
   a) wie hoch der durchschnittliche Fremdkapitalzinssatz für die von der Heidtkötter KG bilanzierten Kredite ist,
   b) welche Eigenkapitalrentabilität erwirtschaftet wurde und
   c) wie hoch die Rentabilität des Gesamtkapitals ist, wenn man die folgende Formel zur Berechnung anwendet:

$$R_{GK} = \frac{(\text{Gewinn} + \text{Fremdkapitalzinsen}) \cdot 100\,\%}{\text{Gesamtkapital}}$$

2. Nach welchen Gesichtspunkten würden Sie die Kreditwürdigkeit eines Kreditnehmers beurteilen? Unterscheiden Sie dabei, ob es sich um eine Privatperson oder um ein Unternehmen handelt, und stellen Sie Kriterien fest, die entweder für beide gemeinsam oder nur einen von beiden gelten.
3. Sie wissen, dass es für die Unternehmen unterschiedliche Rechtsformen gibt. Wie stufen Sie die einzelnen Rechtsformen hinsichtlich der Kreditwürdigkeit bzw. der Kreditsicherheit ein? Gehen Sie bei der Beantwortung dieser Frage davon aus, dass alle wirtschaftlichen Gegebenheiten trotz der unterschiedlichen Rechtsformen gleich sind.
4. Die Heidtkötter KG erwägt, ein Zweigwerk in China zu errichten. Um diese Investition zu finanzieren, könnte man ca. 2 Mio. € Eigenkapital aus dem Stammwerk in Bielefeld nehmen und durch einen langfristigen Kredit ersetzen. Der Zinssatz für diesen Großkredit würde 9 % betragen.

Berechnen Sie, wie sich diese Veränderung bei sonst gleich bleibenden Bedingungen auf die jeweils betroffenen Bilanzpositionen und die Ergebnisrechnung auswirken würde. Ermitteln Sie neben dem voraussichtlichen Unternehmensergebnis die folgenden Bilanzkennzahlen:

a) Verschuldungsgrad
b) Fremdkapitalquote
c) Eigenkapitalquote
d) Deckungsgrad I
e) Deckungsgrad II

5. Wie würde sich in diesem Fall die Rentabilität des Eigen- und des Gesamtkapitals entwickeln?

8.2 Liquidität und Rentabilität

Situation

Ein Unternehmen muss immer in der Lage sein, seinen Zahlungsverpflichtungen nachzukommen. Ohne Zweifel haben der eventuell geplante Neubau in China und die damit verbundene Großkreditaufnahme durch die steigenden Fremdkapitalzinsen auch Auswirkungen auf die Zahlungsfähigkeit der Heidtkötter KG, die bisher nach Ansicht der Firmenleitung „blendend" war.

› Situation LF 11, Kap. 8.1

Arbeitsaufträge

1. Können Sie der Auffassung zustimmen, dass die Liquidität der Heidtkötter KG kaum besser sein könnte, und woran erkennen Sie das gegebenenfalls?
2. Wie würde sich die Liquidität ändern, wenn die Umstrukturierung des Kapitals wie geplant vorgenommen würde?
3. Man spricht davon, dass Liquidität und Rentabilität miteinander konkurrieren.
   a) Wieso ist das der Fall?
   b) Entscheiden Sie, welches Ziel – Erhaltung der Liquidität oder Steigerung der Rentabilität – aus Ihrer Sicht wichtiger ist.

Arbeitshilfe 1

Ein Unternehmen kommt nicht ohne einen soliden Finanzplan aus. Ein solcher Plan enthält alle Geld- und Kapitalbewegungen, die im Absatz-, Produktions- und Beschaffungsplan nebst allen dazugehörigen Teilplänen enthalten sind oder sich aus den einzelnen Prozessen ergeben.

Der Finanzplan kann kurz-, mittel- und langfristig angelegt sein. Je länger der Zeitraum ist, desto größer sind nicht nur die Unsicherheiten der Planung, sondern umso größer sind auch die Alternativen, die ein Unternehmen zur Ausgestaltung des Finanzrahmens hat.

Umgekehrt gilt, dass ein sehr kurzfristiger Planungshorizont ganz enge Grenzen setzt. Wenn z. B. am Monatsende Lohn- und Gehaltszahlungen oder Steuern und andere Abgaben fällig sind, dann gibt es hier so gut wie keine zeitlichen Spielräume. Die nötigen Finanzmittel müssen – egal wie – zur Verfügung stehen.

Deshalb sind die Einnahme- und Ausgabentermine genau zu verfolgen. Hier kann sich die konkrete Finanzsituation je nach Fälligkeit von Forderungen gegenüber Kunden und den entsprechenden Zahlungseingängen sowie den fälligen Verbind-

→

lichkeiten täglich ändern. Die Bewegungen auf dem Kontokorrentkonto sind ein gutes Beispiel dafür.

Kurzfristige Finanzpläne werden für einen Zeitraum von einem Monat bis zu einem halben Jahr aufgestellt. Ihre Aufgabe besteht darin, den laufenden Kapitalbedarf zu ermitteln. Aus der Gegenüberstellung von Einnahmen und Ausgaben ergibt sich eine Kapitalüberdeckung oder eine -unterdeckung. In Verbindung mit den kurzfristig fälligen Forderungen oder Verbindlichkeiten können rechtzeitig finanzielle Engpässe erkannt werden, sodass gegebenenfalls entsprechend gegengesteuert werden kann.

Beispiel

Eine Gegenüberstellung der kurzfristigen „Finanzlage“:

Datum	fällige Forderungen	fällige Verbindlichkeiten	Saldo
5. April	20.000,00 €	–	+ 20.000,00 €
6. April	–	15.000,00 €	+ 5.000,00 €
10. April	10.000,00 €	7.500,00 €	+ 7.500,00 €
15. April	–	12.500,00 €	– 5.000,00 €
18. April	–	5.000,00 €	– 10.000,00 €
21. April	–	8.000,00 €	– 18.000,00 €
25. April	12.000,00 €	6.000,00 €	– 12.000,00 €
28. April	15.000,00 €	–	+ 3.000,00 €

Das wesentliche Ziel der Finanzplanung ist die Sicherheit eines ausgeglichenen Finanzhaushaltes, in dem das Unternehmen jederzeit genau die Menge an flüssigen Mitteln zur Verfügung hat, die es gerade benötigt.

Mittel- und langfristig werden dazu ebenfalls Finanzpläne erstellt, in denen die erwarteten Einnahmen und Ausgaben sowie die sich daraus ergebende finanzielle Über- oder Unterdeckung dargestellt werden. Je nachdem, um welche Zeiträume es sich handelt, für die die Finanzpläne aufgestellt werden, ist ein nicht zu unterschätzender Unsicherheitsfaktor in den Finanzprognosen enthalten.

Beispiel

Finanzplan für die ersten fünf Jahre nach der Unternehmensgründung:

Einnahmenplanung										
Zeitraum	**Jahr 01**		**Jahr 02**		**Jahr 03**		**Jahr 04**		**Jahr 05**	
Bezeichnung der Teilpläne	*Soll*	*Ist*	*Soll*	*Ist*	*Soll*	*Ist*	*Soll*	*Ist*	*Soll*	*Ist*
Kundenzahlungen	20		150		350		430		500	
Zinsen	–		–		10		20		25	
Plansumme	**20**		**150**		**360**		**450**		**525**	
Ausgabenplanung										
Zeitraum	**Jahr 01**		**Jahr 02**		**Jahr 03**		**Jahr 04**		**Jahr 05**	
Bezeichnung der Teilpläne	*Soll*	*Ist*	*Soll*	*Ist*	*Soll*	*Ist*	*Soll*	*Ist*	*Soll*	*Ist*
Gründungskosten	30		10		–		–		–	
Anlagen/Maschinen	140		30		20		20		40	

Verwaltung	40	50	60	60	50
Löhne/Gehälter	50	80	90	100	95
Betriebskosten	20	50	60	65	65
Werkstoffe	80	150	160	155	140
Sonstiges	30	20	10	20	10
Plansumme	**390**	**390**	**400**	**420**	**400**
Finanzbedarf	**370**	**240**	**40**	**-**	**-**
Finanzüberschuss	**-**	**-**	**-**	**30**	**125**

Da es sich hier nur um Prognosen für die einzelnen Zahlungsströme handelt, wird den Planzahlen die tatsächliche Entwicklung gegenübergestellt, sodass der Finanzplan ständig fortgeschrieben und angepasst werden kann.

Arbeitshilfe 2

Liquidität

Neben der mittel- und langfristigen Finanzplanung muss ein Unternehmen in jedem Fall die ständige Zahlungsbereitschaft sicherstellen. Das heißt nicht, dass eine ständige kapitalmäßige Überdeckung in der Form vorhanden sein muss und dass die Einnahmen größer als die Ausgaben oder die Forderungen größer als die Verbindlichkeiten sind. Eine Aussage zur Zahlungsfähigkeit bedeutet vielmehr, dass überprüft wird, ob ein Unternehmen jederzeit in der Lage ist, durch die verfügbaren finanziellen Mittel seinen Zahlungsverpflichtungen nachzukommen.
Ob dies mit vorhandenen eigenen Mitteln oder – wie in obigem Beispiel ersichtlich – vorübergehend auch durch Nutzung von Fremdkapital erfolgt, ist zunächst zweitrangig.

Beispiel

Die Bilanz als Grundlage der Liquiditätsberechnung

Aktiva	**Bilanz**		*Passiva*
Anlagevermögen		**Eigenkapital**	400.000,00
Gebäude	300.000,00	**Fremdkapital**	
Geschäftsausstattung	100.000,00	langfristig	150.000,00
Umlaufvermögen			
Rohstoffe	20.000,00	Verbindlichkeiten	
Hilfsstoffe	10.000,00	aus Warenlieferungen	50.000,00
Betriebsstoffe	5.000,00		
Unfertige Erzeugnisse	25.000,00		
Fertigerzeugnisse	50.000,00		
Forderungen	70.000,00		
Bank	17.500,00		
Kasse	2.500,00		
	600.000,00		600.000,00

$$\text{Liquidität 1. Grades} = \frac{\text{flüssige Mittel 1. Ordnung}}{\text{kurzfristige Verbindlichkeiten}} = \frac{20.000{,}00 \cdot 100\,\%}{50.000{,}00} = 40\,\%$$

$$\text{Liquidität 2. Grades} = \frac{\text{flüssige Mittel 1. + 2. Ordnung}}{\text{kurzfristige Verbindlichkeiten}} = \frac{90.000{,}00 \cdot 100\,\%}{50.000{,}00} = 180\,\%$$

$$\text{Liquidität 3. Grades} = \frac{\text{flüssige Mittel 1. + 2. + 3. Ordnung}}{\text{kurzfristige Verbindlichkeiten}} = \frac{200.000{,}00 \cdot 100\,\%}{50.000{,}00} = 400\,\%$$

Ein Unternehmen muss zwar liquide sein, andererseits muss das vorhandene Kapital aber auch „arbeiten". Dies ist am ehesten gewährleistet, wenn das Kapital in Vermögenswerte investiert ist. Damit wird fast zwangsläufig aber wiederum die Liquidität eingeschränkt, denn die ist dann am höchsten, wenn das vorhandene Kapital auf dem Bankkonto oder sogar als Bargeld in der Kasse liegt.

Hierbei zu einem optimalen Ergebnis zu kommen, ist das höchste Ziel der Finanzplanung: **Bei ständiger Gewährleistung der Zahlungsfähigkeit das vorhandene Kapital so anzulegen bzw. so zu investieren, dass es die höchste Rentabilität erzielt.**

Vertiefende Übungen

Nehmen Sie den folgenden (sehr einfachen) Jahresabschluss als Ausgangsbasis Ihrer Überlegungen und beantworten Sie danach die folgenden Fragen:

Soll	**Gewinn und Verlust** (in T€)		*Haben*
Kreditzinsen	12	Umsatzerlöse	106
Rohstoffaufwend.	50	Zinserträge	4
Löhne und Gehälter	28		
Schlussbilanzkonto (Gewinn)	20		
	110		110

Aktiva	**Schlussbilanz** (in T€)		*Passiva*
Anlagevermögen	100	Eigenkapital	120
Rohstoffe	50	langfristiges Fremdkapital	150
Fertigprodukte	40	Verbindlichkeiten a. LL	80
Forderungen a. LL	30		
Bankguthaben	80		
Kassenbestand	50		
	350		350

Der durchschnittliche Zinssatz für das langfristige Fremdkapital lag bei 8 %. Für die Verbindlichkeiten aus Lieferungen und Leistungen fallen keine Zinsen an, da die Rechnungen innerhalb der Fristen ausgeglichen werden.

1. Analysieren Sie die finanzielle Struktur der Eröffnungsbilanz und ermitteln Sie dabei folgende Kennzahlen:
   a) Eigenkapitalquote
   b) Verschuldungsgrad
   c) Fremdkapitalquote
   d) Deckungsgrad I
   e) Deckungsgrad II
   f) Liquidität 1./2./3. Grades
   g) Eigenkapitalrentabilität
   h) Gesamtkapitalrentabilität
2. Der Steuerberater des Unternehmens stuft die Liquidität als zu hoch ein und vermerkt, dass so langfristig gesehen die Rentabilität leide. Der Geschäftsführer des Unternehmens vertritt wiederum die Auffassung, die „Liquidität ist ein Ausdruck dafür, wie gesund ein Unternehmen ist!" und daher könne die Liquidität seiner Meinung nach gar nicht hoch genug sein.
   Welcher der beiden Auffassungen geben Sie recht?
3. Nennen Sie drei Vorteile, die mit einer hohen Liquidität verbunden sind.
4. Im Rahmen einer anstehenden Erweiterungsinvestition ist zu entscheiden, ob die neue Anlage mit einem Investitionsvolumen von ca. 50.000,00 € durch eine entsprechende Verringerung des Bankguthabens finanziert wird oder ob zu diesem Zweck ein weiterer Kredit aufgenommen wird.

Alternative I (Verringerung des Bankguthabens von 80 auf 30)

Aktiva	**Eröffnungsbilanz** (in T€)		*Passiva*
Anlagevermögen	150	Eigenkapital	120
Rohstoffe	50	langfristiges Fremdkapital	150
Fertigprodukte	40	Verbindlichkeiten a. LL	80
Forderungen a. LL	30		
Bankguthaben	30		
Kassenbestand	50		
	350		350

Alternative II (weiterer Kredit)

Aktiva	**Eröffnungsbilanz** (in T€)		*Passiva*
Anlagevermögen	150	Eigenkapital	120
Rohstoffe	50	langfristiges Fremdkapital	200
Fertigprodukte	40	Verbindlichkeiten a. LL	80
Forderungen a. LL	30		
Bankguthaben	80		
Kassenbestand	50		
	400		400

Da es bei der Bearbeitung dieser Aufgabe nicht darum geht, alle mit der Investition verbundenen Vorgänge und Veränderungen abzubilden, sondern nur deutlich gemacht werden soll, wie sich unterschiedliche Finanzierungsarten grundsätzlich auswirken, gehen wir zur Vereinfachung davon aus, dass
- alle anderen Positionen der Bilanz gleich bleiben und
- die Erweiterungsinvestition am Jahresende zu einer Steigerung des Gewinns um rund 5.000,00 € auf dann 25.000,00 € führt.

a) Für die Entscheidung, ob eine Investition mit Eigen- oder Fremdkapital finanziert wird, gibt es – unabhängig von der Bilanzstruktur – allgemeine Gesichtspunkte und Entscheidungskriterien. Nennen Sie ganz allgemein jeweils zwei Aspekte, die dafür sprechen, dass nach Möglichkeit mit Eigenkapital finanziert wird, oder die eher dafür sprechen, Fremdkapital aufzunehmen.

b) Berechnen Sie für die Alternativen I und II die Bilanzkennzahlen wie in der Übung 1. a) bis h) auf der vorherigen Seite. Gehen Sie davon aus, dass der Zinssatz für das Fremdkapital unverändert bei 8 % bleibt und auch die Gewinnprognose eintrifft.

c) Treffen Sie eine Entscheidung, welche der beiden Finanzierungsalternativen Sie bevorzugen würden, und begründen Sie dies in drei Stichworten.

d) Für den Fall der Fremdfinanzierung verlangt die Hausbank geeignete Sicherheiten. Welche würden Sie anbieten oder angesichts der vorliegenden Bilanzsituation für geeignet oder möglich halten?

5. Klaus M. Heidtkötter liest in der Kopie eines Artikels aus einem Wirtschaftsjournal, dass es durchaus sinnvoll sein kann, vermehrt mit Fremdkapital anstelle von Eigenkapital zu arbeiten. „Lassen Sie das Geld von anderen für sich selbst arbeiten!“ lautet die Überschrift. Als „Beweis“ für den Erfolg wird ein Beispiel aufgeführt:

Anschaffungskosten	100.000,00 €
Kapazität	50 000 Einheiten
Abschreibung 12,5 % linear	12,500,00 €
Reparatur- und Instandhaltungskosten pro Jahr	10.000,00 €
variable Kosten pro Einheit	2,00 €
Verkaufserlöse pro Einheit	2,65 €

Berechnet wird danach jeweils die Rentabilität des Eigen- und des Fremdkapitals unter folgenden Voraussetzungen: Die Investition wird entweder

a) zu 100 % eigenfinanziert,

b) zu 40 % mit Eigenkapital und zu 60 % mit Fremdkapital finanziert (der Fremdkapitalzins beträgt dabei 12 %) oder

c) wie im Fall b) finanziert, allerdings beträgt der Fremdkapitalzins jetzt nur 6 %.

Leider fehlen Herrn Heidtkötter die letzten Seiten des Artikels und somit die errechneten Werte zu den Alternativen a) bis c). Er beginnt also, selbst zu rechnen.

Rechnen auch Sie die Werte mithilfe der unten gezeigten Formeln aus. Interpretieren Sie Ihre Ergebnisse.

Zu a), b) und c):

$$\textbf{Rentabilität des Eigenkapitals} = \frac{\text{Gewinn}}{\text{eingesetztes Eigenkapital}} =$$

$$\textbf{Rentabilität des Gesamtkapitals} = \frac{\text{Gewinn + Fremdkapitalzins}}{\text{Gesamtkapital}} =$$

12

Unternehmensstrategien, -projekte umsetzen

Leitidee

Ein großer Teil der täglichen Arbeit von Industriekaufleuten ist Routinearbeit. Arbeitsabläufe wiederholen sich und sind optimiert, die Mitarbeiter verfügen über ein hohes Fachwissen und haben sich auf ihr Arbeitsgebiet spezialisiert.
Doch regelmäßig sind auch in Industriebetrieben komplexe Aufgaben zu bearbeiten, bei denen das Spezialwissen Einzelner nicht ausreicht. In solchen Projekten ist die fach- und abteilungsübergreifende Zusammenarbeit vieler Mitarbeiter notwendig. Soll z. B. das Unternehmen umstrukturiert werden, so stellen alle Unternehmensbereiche unterschiedliche Anforderungen an die neue Organisationsform, sodass Beteiligte aller Interessengruppen bei der Entwicklung zusammenarbeiten müssen.
Wenn dann unterschiedliche Sichtweisen, Kenntnisse und Fähigkeiten aufeinandertreffen, aber dennoch ein gemeinsames Ziel verfolgt werden soll, so muss diese Zusammenarbeit effizient organisiert werden.
In den Mittelpunkt rückt eine Arbeit, die nicht zwingend an Hierarchien oder Abläufen orientiert ist, sondern weitgehend miteinander verzahnt ist, um das gemeinsame Ziel zu erreichen.
Eine solche Zusammenarbeit wird durch ständige Kontrollen kontinuierlich weiterentwickelt, um bei Bedarf die geplanten Maßnahmen anzupassen oder Pläne zu überarbeiten.

Lernziele

Nachdem Sie dieses Kapitel durchgearbeitet haben, ...

- kennen Sie die wesentlichen Phasen des Projektmanagements und erkennen den Zusammenhang zwischen Projektplanung, Projektdurchführung und Projektkontrolle,
- erkennen die Notwendigkeit einer effizienten Projektorganisation,
- können die Bedeutung von Meilensteinen für den Projektverlauf beurteilen und
- eigene Projekte planen, durchführen und bewerten.

Ausgangslage

Die Heidtkötter KG ist ständig auf der Suche nach guten Produktideen. Deshalb ist eine der wesentlichen Aufgaben der Geschäftsleitung, den Markt zu beobachten und somit neueste Entwicklungen und Trends im Möbeldesign, bei Werkstoffen, Produktionstechnologien und bezüglich der Nachfrage am Markt zu erkennen. Bei seiner täglichen Recherche stößt Herr Heidtkötter in einer Fachzeitschrift auf den folgenden Artikel:

Meeting-Markt wächst deutlich

Der internationale Meeting-Markt wird auch im dritten Jahr in Folge deutlich wachsen. Experten der Tagungswirtschaft erwarten für das kommende Jahr sogar einen Anstieg der Anzahl an weltweiten Konferenzen von 18 %.

Begründet wird die Prognose vor allem mit einer nach wie vor stabilen ökonomischen Großwetterlage, globalen Wertschöpfungsketten und multilateralen Handelsströmen. Die damit verbundene internationale Arbeitsteilung führt zu einer ständig wachsenden Nachfrage nach Face-to-Face-Kommunikation. Außerdem wachse der Markt für große Incentives, Seminare, Kultur- und Sportevents ebenfalls stark.

Verbunden ist die Zunahme an Veranstaltungen auch mit mehr Teilnehmern und steigenden Budgets. „Wir sprechen bei der Meeting-Branche über einen globalen Markt von 4,5 Mio. Geschäftsreisenden, was mit Ausgaben von mehr als 200 Mrd. € jährlich verbunden ist", so Franz Schauer vom internationalen Verband für Tagungswirtschaft. „Damit wird auch klar, warum Hotellerie und professionelle Betreiber von Tagungs- und Kongresszentren weitere Expansionen planen. Geschäftsreisende geben deutlich mehr Geld aus als normale Touristen."

Insbesondere Deutschland ist als Ziel für Kongresse und Tagungen äußerst beliebt, steht europaweit an der Spitze und auf Platz zwei weltweit. Gründe hierfür sind vor allem die herausragende Verkehrsanbindung sowie die konsequente Orientierung der Locations an flexiblen und qualitativ hochwertigen Raumkonzepten. So werden allein in Frankfurt zum Beispiel in den kommenden zwei Jahren zehn neue und hochmoderne Kongresshotels mit einer Kapazität von jeweils mindestens 200 Sitzplätzen im größten Saal eröffnet.

A Projektinitiierung

Projektorganisation

› Ausgangslage

Situation A.1

Die Entwicklung auf dem Meeting-Markt, da ist sich Herr Heidtkötter sicher, wirkt sich natürlich auch auf die Nachfrage nach Konferenzmöbeln aus. Insbesondere den Bereich der Stapelstühle, die als wesentliches Ausstattungsmerkmal von Konferenzräumen gelten, hat sein Unternehmen allerdings bisher vernachlässigt. Deshalb beauftragt er eine Projektgruppe damit, die Marktchancen von Stapelstühlen für die Heidtkötter KG zu untersuchen.

Am Montagmorgen treffen sich die Gruppenmitglieder zu ihrer ersten gemeinsamen Sitzung. Schnell wird klar, dass die Gruppe nicht einfach drauflosarbeiten kann. Die Gruppenmitglieder sind sich einig: Einer von ihnen soll die Leitungsaufgaben übernehmen.

Arbeitsaufträge

1. Bereiten Sie in der Gruppe die Wahl des richtigen Projektleiters vor und führen Sie sie durch. Hierzu muss zunächst geklärt werden, welche Kriterien einen geeigneten Projektleiter kennzeichnen. Nutzen Sie die Arbeitshilfe 1. *(› Arbeitshilfe 1)*
   Wählen Sie im Anschluss anhand der gesammelten Kriterien einen Projektleiter.
2. Nun muss der Projektleiter über die Aufgaben informiert werden, die er für das Projekt ab sofort übernehmen soll. Stellen Sie eine tabellarische Übersicht der wichtigsten Aufgaben eines Projektleiters zusammen. Nutzen Sie hierzu die Arbeitshilfen 1 und 2. *(› Arbeitshilfen 1 und 2)*
3. Es ist an dieser Stelle ebenfalls wichtig, die Unterschiede zwischen der Arbeitsweise innerhalb einer Arbeitsgruppe in einer Fachabteilung und der an dieser Stelle neu gebildeten Projektteamgruppe zu kennen.
   Nennen Sie mindestens drei wesentliche Unterschiede. Ziehen Sie hierzu auch den INFO-Teil heran. *(› INFO-Teil LF 12, Kap. 1.2)*

Arbeitshilfe 1

Projektmanager – Die Alleskönner im Unternehmen

Zeitungen und Jobbörsen sind voll von Stellenanzeigen für Projektmanager. Gregory Balestrero, CEO[1] des Project Management Institute[2] (PMI), skizziert im Gespräch mit FOCUS Online das Berufsprofil.

Von FOCUS-Online-Redakteurin Julia Kleine

FOCUS Online: In welchem Bereich arbeiten Projektmanager?

Gregory Balestrero: Projektmanager arbeiten in allen Bereichen der Industrie, in der Raumfahrt, in der Finanzbranche und im Gesundheitswesen. Heutzutage sind Komplexität und Geschwindigkeit selbstverständlich. Um eine klare Richtung, Effizienz und qualitative Ergebnisse zu schaffen, benötigt man Projektmanager, die sich in allen Geschäftsbereichen auskennen.

FOCUS Online: In Stellenanzeigen werden kontinuierlich Projektmanager mit ganz unterschiedlichen Anforderungen gesucht. Was haben alle Projektmanager gemeinsam?

Balestrero: Ein erfolgreicher Projektmanager vereint technisches Wissen mit Führungsstärke und Kommunikationsfähigkeiten. Projekte haben verschiedene Größen und Anforderungen. Gute Projektmanager können ihr Wissen und ihre Fähigkeiten in allen Situationen anwenden. Sie wissen, wie man verfügbare Ressourcen auf effiziente Art und Weise nutzt, und gleichzeitig die erwarteten Ergebnisse rechtzeitig liefert.

FOCUS Online: Wie sieht ein typischer Arbeitsalltag eines Projektmanagers aus?

Balestrero: Es ist schwer zu pauschalisieren, wie ein „typischer" Arbeitsalltag aussieht, denn er wird von vielen Faktoren beeinflusst, beispielsweise durch das Unternehmen, die Größe des Projektes und den Einsatzbereich. Der Tagesplan eines Projektmanagers, der ein Konstruktionsprojekt wie das Wembley-Stadion leitet, unterscheidet sich sehr von dem eines Betreuers von Sofwareentwicklungsprojekten bei Microsoft. Dennoch gibt es Gemeinsamkeiten. Projektmanager sprechen oft von der Dreier-Kombination aus Ziel, Zeitplan und Kosten. Teil des Jobs eines Projektmanagers ist es, eine Balance zwischen den verfügbaren Ressourcen und den erwarteten Ergebnissen zu finden. Der Projektmanager muss alle Unsicherheiten und Risiken, die das Team bei der Erreichung der Ziele beeinflussen könnten, frühzeitig erkennen und eliminieren. Projektmanager müssen zudem aus einer Gruppe von Individuen ein sehr gut funktionierendes Team bilden.

[...]

FOCUS Online: Welche Soft Skills muss ein Projektmanager haben?

Balestrero: Erfolgreiche Projekte fallen einem nicht in den Schoß – sie werden vom Projektmanager in eine erfolgreiche Richtung gelenkt. Ab den späten 50er-Jahren konzentrierten sich Forschung und Praxis auf die Entwicklung von Prozessen und Methoden, die man braucht, um Projekte durchzuführen – also auf die Hard Skills. Heute liegt die Aufmerksamkeit eher auf den Soft Skills. Sie sind der Schlüssel, um Projekte und das Team vorwärtszubringen. Technische Fähigkeiten sind wichtig, aber die Fähigkeit, ein Team zu führen und zwischenmenschliche Konflikte zu lösen, sind ebenso bedeutend.

aus: www.focus.de/finanzen/karriere/perspektiven/branchen/projektmanager_aid_144813.htm, abgerufen am 14.07.2012

1 Chief Executive Officer (CEO) ist eine Bezeichnung für den Geschäftsführer oder Vorstand eines Unternehmens.
2 Als CEO des Project Management Institute (PMI) mit 225 000 Mitgliedern in mehr als 150 Ländern, setzt sich Gregory Balestrero dafür ein, dass Projektmanagement in Unternehmen der Stellenwert eingeräumt wird, der ihm gebührt.

Arbeitshilfe 2

Projektleiter – Fachlicher Führer einer Projektgruppe

Viele aktuelle Umfragen von Meinungsforschungsinstituten zeigen, dass ca. 75 % der Deutschen aktiv an ihrer eigenen Karriere arbeiten. Karriere im Unternehmen empfindet jedoch jeder anders. Während der eine davon träumt, eines Tages auf dem Chefsessel zu sitzen und möglichst viele Mitarbeiter zu dirigieren, möchten andere lieber im Büro an der Lösung schwieriger Fragen arbeiten.

In Tests über die Fähigkeiten zum Projektleiter werden häufig drei entscheidende Bereiche geprüft, die darüber Auskunft geben sollen, ob jemand für eine solche Position geeignet ist oder eben nicht: der Wille des Betreffenden, das intellektuelle Potenzial und die Bereitschaft, die entsprechenden Spielregeln innerhalb der Projektgruppe und im Unternehmen zu akzeptieren.

Der geeignete Projektleiter kennt sich aus und packt gern selbst mit an. Er war vorher meist ein exzellenter Sachbearbeiter und gilt als ausgesprochen sachkundig in seinem Tätigkeitsbereich. Der Projektleiter bearbeitet fachlich anspruchsvolle, komplexe Aufgaben, die meist zeitlich begrenzt sind und oft verschiedene Fachgebiete berühren.

Für die Dauer des Projektes unterstehen ihm Mitarbeiter aus seiner Abteilung oder aus anderen Bereichen. Er führt sie zwar fachlich, ist aber nicht ihr disziplinarischer Vorgesetzter. Deshalb kann der Projektleiter weder Personal einstellen oder entlassen noch Gehälter verhandeln. Er muss in der Lage sein, seine Mitarbeiter zu motivieren, um die vorgegebenen Ziele mit seinem Team zu erreichen. Zugleich muss er sich gegenüber Widerständen und anderweitigen Interessen anderer Abteilungen durchsetzen.

Diese Tätigkeit des Projektleiters ist oft eine Art Durchgangsstation für weitere anspruchsvolle Aufgaben im Unternehmen. Die Position des Projektleiters lässt sich mit der von Team- oder Gruppenleitern vergleichen, die ebenfalls mit der Führung von Mitarbeitern zu tun haben.

› Band 2
LF 7, Kap. 4.3
Führungsstile

Arbeitsaufträge (Fortsetzung)

4. Nachdem Sie in Ihrem Projektteam einen Projektleiter bestimmt haben, stellen Sie nun den voraussichtlichen weiteren Verlauf der Projektinitiierung übersichtlich dar. Vervollständigen Sie dazu die folgende Ereignisgesteuerte Prozesskette.
   Es geht weiterhin um die Produktion von Stapelstühlen für den Weltmarkt und deren Chancen.

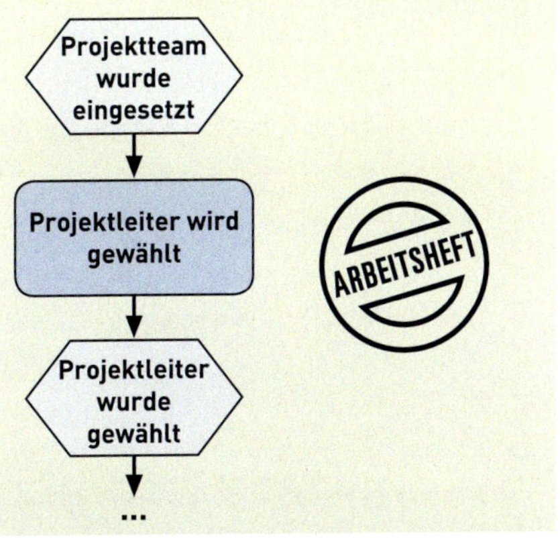

› INFO-TEIL
LF 12, Kap. 2.1 bis 2.3

› Arbeitsheft

› Band 1
LF 2, Kap. 3.4
EPK

5. Setzen Sie sich ein Ziel, bis zu dem die Projektinitiierung abgeschlossen sein soll. Orientieren Sie sich während der weiteren Arbeit stets an Ihrer Ablaufskizze und achten Sie auf die Einhaltung Ihres **Zeitziels.**

→

Arbeitsaufträge (Fortsetzung)

› Arbeitshilfen

6. Verteilen Sie nun die in Arbeitsauftrag 4 ermittelten Aufgaben an die Teammitglieder. An dieser Stelle bietet sich der Einsatz eines Aktionsplanes und/oder der Einsatz von Arbeitspaketplänen an.

Arbeitshilfe 1

Aktionsplan

Nr.	Was?	Wer?	Bis wann?
1.			
2.			
3.			
4.			
...			
...			
...			
...			
...			
...			
...			
...			
...			
...			

ARBEITSHEFT

Arbeitshilfe 2

Arbeitspaketplan

Arbeitspaket:	Projekt:
Verantwortliche/-r:	Projektleiter/-in:
	Datum:

1. Inhalt des Arbeitspaketes (Tätigkeiten)
-
-
-
-

2. Ergebnisse des Arbeitspaketes (Produkte, Dokumente usw.)
-
-
-
-

ARBEITSHEFT

3. Abhängigkeit von anderen Arbeitspaketen
-
-
-
-

4. Dauer des Arbeitspaketes; geplanter Beginn und geplantes Ende des Arbeitspaketes

geplanter Beginn:

geplantes Ende:

Situation A.2

Die Projektgruppe beauftragt nun das Marktforschungsinstitut Becker und Kromme, die Chancen und Risiken der Produktion von Stapelstühlen aufzudecken. In einem weiteren Schritt sollen diese Chancen und Risiken dann im Rahmen einer SWOT-Analyse mit den Stärken und Schwächen der Heidtkötter KG abgeglichen werden, um so zu einer Prognose über den möglichen Erfolg durch die Produktion der neuen Stapelstühle zu kommen.

Markt-Analyse

Arbeitsaufträge (Fortsetzung)

7. Beschreiben Sie anhand der folgenden Arbeitshilfen[1] die voraussichtliche Entwicklung im Segment der Konferenzmöbel.
8. Berechnen Sie den voraussichtlichen weltweiten Neubedarf an stapelbaren Konferenzstühlen für die kommenden fünf Jahre. Stellen Sie Ihre Berechnungen in einer tabellarischen Übersicht dar.

› **Arbeitshilfen**

Arbeitshilfe 1

Aufwärtstrend bei Konferenzmöbeln hält an
Gefragt ist vor allem anspruchsvolle Qualität

Die deutsche Industrie für Konferenzmöbel setzte im letzten Quartal ihren Wachstumskurs fort. Die im Verband für Hersteller von Konferenzmöbeln (VHK) zusammengeschlossenen Produzenten steigerten ihre Umsätze in den letzten drei Monaten gegenüber dem gleichen Vorjahreszeitraum um 9,4 %. Zu dieser positiven Entwicklung stellt der VHK-Vorsitzende Steffen Kleinwirt fest: „Viele Unternehmen haben einen großen Nachholbedarf, da sie sich in den letzten Jahren teils stark mit Investitionen zurückgehalten haben." Außerdem weist Kleinwirt darauf hin, dass seit längerer Zeit die Qualität der Konferenzmöbel stärker in den Fokus der Kunden rücke. „Besonders gefragt sind vor allem ergonomisch durchdachte Möbel in anspruchsvollem Design."

Bereits in den vergangenen beiden Jahren konnten die Konferenzmöbelhersteller ihre Umsätze deutlich steigern. Im vergangenen Jahr verzeichneten die VHK-Mitglieder ein Umsatzwachstum von 13,7 %. Das Produktionsvolumen von Konferenzmöbeln stieg damit auf 2,12 Mrd. €.

Die Hersteller von Möbeln für die Tagungswirtschaft profitierten im letzten Jahr sowohl von einer stärkeren Nachfrage im In- als auch im Ausland.

Für die nahe Zukunft kündigt Steffen Kleinwirt an: „Ein zentrales Thema wird die Gestaltung von Konferenzmöbeln sein. Insbesondere auf Ergonomie und Design legen viele Nachfrager großen Wert. Und außerdem wird die Nachhaltigkeit von Konferenzmöbeln ein wesentliches Thema werden."

Trotz der günstigen Prognosen weist Kleinwirt auf einige Unwägbarkeiten hin, die sich negativ auf die Nachfrage auswirken können. „Besonders kritisch schauen wir natürlich auf die unklare Entwicklung des Ölpreises, der sich stark auf die Kerosin- und damit Reisepreise auswirkt. Der Markt in den USA ist aufgrund der kaum vorhersehbaren weiteren Konjunkturentwicklung schwer zu beurteilen."

1 alle Namen frei erfunden

Arbeitshilfe 2

Auszug aus dem Bericht des Marktforschungsinstitutes Becker und Kromme

Becker und Kromme
Marktforschungsinstitut

1. ... ist in den kommenden fünf Jahren weltweit mit einem großen Zuwachs an Veranstaltungshäusern zu rechnen. Dabei ist die Einteilung in die folgenden Kategorien zweckmäßig:

	mittlere Kapazität	voraussichtliche Neubauten und Modernisierungen in den kommenden fünf Jahren
geringer Ausstattungsstandard	50 Sitzplätze 500 Sitzplätze 2 500 Sitzplätze	700 500 –
mittlerer Ausstattungsstandard	50 Sitzplätze 500 Sitzplätze 2 500 Sitzplätze	500 350 80
hoher Ausstattungsstandard	50 Sitzplätze 500 Sitzplätze 2 500 Sitzplätze	200 130 120

Der Zuwachs wird sich auf die folgenden Länder konzentrieren (absteigend sortiert): USA, Deutschland, China, Frankreich, Indien, Benelux.

2. Der Markt für Stapelstühle ist geprägt durch eine Konzentration auf fünf große Anbieter:

Name	Marktanteil in %
Jörg Eriksen Büromöbel	28
ProForma	21
Romso	13
Compakt-Möbel	8
Flanders & Co. Ltd.	6
Rest der Anbieter	24
Summe	100

Die übrigen Anbieter sind größtenteils regionale Nischenanbieter.

3. Die Mitbewerber bieten ihre Stapelstühle zu den folgenden VK-Preisen an:

unteres Qualitätssegment	80,00 € bis 150,00 €
mittleres Qualitätssegment	150,00 € bis 300,00 €
oberes Qualitätssegment	300,00 € bis 390,00 €

4. Eine Prognose über mögliche Marktanteile kann erst vorgenommen werden, wenn über mögliche VK-Preise entschieden wurde.

› Situation A.2

SWOT-Analyse

Situation A.3

› INFO-TEIL LF 10

Die Geschäftsleitung hat die Projektteilnehmer bezüglich der Einführung der neuen Produktlinie zu einer Sitzung gebeten. Teilnehmer sind Klaus M. Heidtkötter als Geschäftsleiter, Martin Wildner, der Justiziar der Heidtkötter KG, Frau Keil und Herr Hartmann als Leiter ihrer jeweiligen Abteilungen sowie Herr Karisch als Leiter des Absatzes und der Marketing-Leiter Hagenbruch. Ferner hat sich die Geschäftsleitung entschieden, dass Frau Hadder als Leiterin der Forschungs- und Entwicklungsgruppe an dem Gespräch teilnimmt. Die Sitzung findet in den Besprechungsräumen der Geschäftsleitung statt.

Montagmorgen, 09:00 Uhr (Ausschnitt aus dem Gesprächsverlauf)

Herr Heidtkötter: *„Wir haben in Zusammenarbeit mit Herrn Hagenbruch in den vergangenen zwei Wochen eine Marktanalyse zur der Einführung des neuen Stuhlsystems geplant und durchgeführt. Deren erfreuliches Ergebnis lautet: Der Bedarf für hochwertige, stapelbare Konferenzstuhlsysteme wird in den kommenden fünf Jahren weltweit bei rund 375 000 Stück liegen."*

Frau Keil: *„Wie lassen sich diese Zahlen dann auf unser Unternehmen anwenden? Unser Marktanteil liegt doch nicht bei 100 %!"*

Herr Hagenbruch: *„Das stimmt, wir rechnen jedoch mit einem Anteil, der unserem üblichen Marktanteil entspricht. Wir haben insgesamt 250 Hotels und Kongresscenter ermittelt, die in den kommenden fünf Jahren ihr Konferenzstuhlsortiment komplett austauschen werden. Die Konkurrenzsituation entspricht in weiten Teilen der sonst üblichen Marktaufteilung."*

Herr Karisch: *„Haben Sie schon eine Kalkulation durchgeführt, damit unser Vertrieb den potenziellen Kunden eine ungefähre Preisvorstellung nennen kann?"*

Herr Heidtkötter: *„Ja, die Herstellkosten werden bei 135,00 € je Stück liegen. Unsere Standardwertermittlung des möglichen Verkaufspreises wurde jedoch noch nicht durchgeführt."*

Frau Hadder: *„Sind in diesen Herstellkosten auch die durch meine Mitarbeiter verursachten Entwicklungskosten enthalten?"*

Herr Heidtkötter: *„Ja, aber denken Sie bitte daran, dass das für Ihre Abteilung keine Einladung sein soll, noch weitere Ausgaben für Geräte und Sonstiges zu tätigen."*

Frau Hadder: *„Natürlich nicht. Aber ich werde doch wohl noch fragen dürfen."*

Herr Hartmann: *„Gibt es bereits eine Einschätzung dazu, wann die Produktion beginnen soll? Sie wissen, dass die Technik eine gewisse Vorlaufzeit braucht, um die Maschinenbelegung zu planen und die Programmierung der Anlagen sicherzustellen."*

Herr Hagenbruch: *„Wir müssten auf jeden Fall zur nächsten Möbelmesse in Köln mit den Vorführstücken fertig sein, da sonst die Bestellungen für das erste Jahr an uns vorbeilaufen. Es eilt also auch in der Produktion."*

Herr Karisch: *„Lohnt sich denn die Entwicklung überhaupt? Wie viele der insgesamt 250 Hotels und Kongresscenter werden denn voraussichtlich bei der Heidtkötter KG bestellen?"*

Herr Heidtkötter: *„Gute Frage. Vielleicht sollte die Projektgruppe zunächst mal eine SWOT-Analyse durchführen, um zu einer detaillierteren Einschätzung zu gelangen."*

Arbeitsaufträge (Fortsetzung)

9. Erstellen Sie eine SWOT-Analyse (siehe Arbeitshilfe 3) zur Entwicklung eines neuen Stapelstuhls (siehe auch die Vorlage im Arbeitsheft).
10. Ihnen liegt das Ergebnis Ihrer SWOT-Analyse vor (siehe Arbeitsauftrag 9). Welche Strategie empfehlen Sie somit der Heidtkötter KG bei der Markteinführung des neuen Stapelstuhls? Welches Marktsegment sollte sie dabei wählen?

Arbeitshilfe 3

SWOT-Analyse

Die **SWOT-Analyse** unterstützt das strategische Management, indem sie eine Situationsanalyse des Unternehmens liefert. Sie stellt die innerbetrieblichen **S**trengths (Stärken) und **W**eaknesses (Schwächen) sowie die **O**pportunities (Chancen) und **T**hreats (Gefahren) der Handlungsfelder des Unternehmens dar und zeigt damit auf, wo ungenutzte Potenziale zum Erlangen von Wettbewerbsvorteilen liegen.
Damit dient die SWOT-Analyse vor allem

- bei der Aufstellung einer ganzheitlichen Unternehmensstrategie,
- im Marketing, z. B. der Programmplanung,
- bei der Festlegung des Produktlebenszyklus und
- im Rahmen der Standortwahl eines Unternehmens.

› Band 1
LF 2, Kap. 1.6
› INFO-Teil
LF 10

→

Die Dimensionen der SWOT-Analyse werden in einer Matrix gegenübergestellt:

		interne Analyse	
		Stärken des Unternehmens: __________ __________ __________	**Schwächen** des Unternehmens: __________ __________ __________
externe Analyse	**Chancen** für die Umwelt: __________ __________ __________	**Stärken-Chancen-Strategien:** Welche Chancen passen zu den Stärken des Unternehmens?	**Schwächen-Chancen-Strategien:** Wie können Schwächen abgebaut und damit Chancen genutzt werden?
	Gefahren für die Umwelt: __________ __________ __________	**Stärken-Gefahren-Strategien:** Wie können Gefahren mithilfe der Stärken entschärft werden?	**Schwächen-Gefahren-Strategien:** Wie können wir uns dagegen verteidigen, dass Schwächen zum Ziel von Bedrohungen werden?

In der **externen Analyse** werden die Chancen und Gefahren untersucht, die sich aus Marktentwicklungen und der technologischen, sozialen und ökologischen Umwelt ergeben. Somit sind die Gefahren und Chancen für das Unternehmen vorgegeben, sie sind also weitgehend nicht beeinflussbar.

Typische Untersuchungsgegenstände können hier z. B. sein:

Chancen	Gefahren
▪ Kundenbedürfnisse ▪ Erschließung neuer Märkte ▪ neue Technologien ▪ Aufhebung oder Lockerung administrativer oder ökologischer Restriktionen und Repressionen ▪ Aufhebung von Handelsbarrieren	▪ Änderungen der Kundenbedürfnisse, die das Unternehmen nicht erfüllen kann ▪ Wegbrechen bestehender Märkte ▪ Aussterben der vom Unternehmen bisher genutzten Technologien ▪ Einführung neuer oder Verschärfung bestehender administrativer oder ökologistischer Restriktionen oder Repressionen ▪ Entstehen neuer oder Verschärfung bestehender Handelsbarrieren

Bei der **internen Analyse** wird die Position des Unternehmens (oder z. B. auch einzelner Geschäftsfelder oder Produktgruppen) mit der seiner wichtigsten Wettbewerber verglichen. Die Stärken und Schwächen werden durch das Unternehmen selbst verursacht, sie hängen also allein von den internen Entscheidungen ab.

Stärken	Schwächen
▪ Patente und Produktschutzrechte ▪ starke Markennamen ▪ guter Ruf am Markt ▪ Kostenvorteile ▪ Standortvorteile ▪ Zugang zu Ressourcen ▪ gut ausgebildete Mitarbeiter ▪ Finanzierungsstruktur ▪ Zugang zum Markt	▪ fehlender Produktrechtsschutz ▪ schwache oder fehlende Markennamen ▪ schlechter Ruf am Markt ▪ Kostennachteile ▪ Standortnachteile ▪ kein angemessener Zugang zu Ressourcen ▪ fehlender Zugang zum Markt

Sind die Stärken, Schwächen, Chancen und Gefahren definiert, so können daraus die passenden Strategien und Maßnahmen abgeleitet werden. Vor allem können in Projekten aber auch Lösungsansätze und mögliche Gefahren bei deren Umsetzung diskutiert werden.

Produkteigenschaften

Situation A.4

Nach einem Vergleich verschiedener Konkurrenzprodukte kristallisieren sich einige wichtige Produkteigenschaften heraus, über die der Stapelstuhl verfügen muss:

- minimierter Materialeinsatz (umweltbewusste Produktion)
- hohe Funktionalität (Stapelbarkeit usw.)
- prägnantes sowie „luftig-leichtes" Erscheinungsbild

Arbeitsaufträge (Fortsetzung)

11. Listen Sie weitere wesentliche Eigenschaften des Stapelstuhls auf.

Preiskalkulation

Situation A.5

Anhand dieser Liste erstellt die Entwicklungsabteilung eine erste Produktskizze, die gleichzeitig als Grundlage für die grobe Preiskalkulation dient.

Die Produktionsabteilung ermittelt Herstellkosten von 135,00 € je Stück. Üblich ist bei der Heidtkötter KG die folgende Rabattstaffelung:

bei Abnahme von/bis Stück	Rabatt
1 bis 5	0 %
6 bis 10	5 %
11 bis 50	15 %
51 bis 150	25 %
ab 151	40 %

Im Allgemeinen wird den Kunden ein Skonto in Höhe von 2 % gewährt.

Arbeitsaufträge

12. Welche Faktoren wirken sich auf die Preisgestaltung der Stapelstühle allgemein aus? Konkretisieren Sie die Faktoren so weit wie möglich.
13. Ermitteln Sie mithilfe der Ihnen bekannten Kalkulationsverfahren einen möglichen Listenverkaufspreis für das Stuhlmodell. Nutzen Sie dafür, wenn möglich, ein Tabellenkalkulationsprogramm. Berücksichtigen Sie bei Ihrer Berechnung, dass die Heidtkötter KG einen Gewinnzuschlag von 12 % anstrebt.
14. Entscheiden Sie, ob der von Ihnen ermittelte Preis die zuvor ermittelten Einflussfaktoren erfüllen kann.

› INFO-Teil LF 10, Kap. 3.3.1 und Arbeitshilfe 2 in Situation A.2

Machbarkeitsstudie

› Situation A.5

Situation A.6

Nach Weitergabe der ermittelten Daten liefert die Agentur Becker und Kromme folgende Marktdaten (Auszug):

Becker und Kromme
Marktforschungsinstitut

Basierend auf dem von Ihnen zur Verfügung gestellten Datenmaterial sowie eigenen Marktumfragen prognostizieren wir für Ihren Markteinstieg einen möglichen Marktanteil von

12 % im unteren Qualitätssegment,
6 % im mittleren Qualitätssegment,
8 % im oberen Qualitätssegment.

Voraussetzung für die prognostizierten Marktanteile ist ein Markteintritt bis spätestens zur kommenden Büromöbelmesse Orgatec in Köln.

Arbeitsaufträge (Fortsetzung)

15. Mit welcher Absatzmenge kann die Heidtkötter KG rechnen?

› Arbeitsheft
› INFO-Teil
LF 11, Kap. 2.4

16. Wäre die Entwicklung des Stapelstuhls unter diesen Annahmen überhaupt sinnvoll? Führen Sie zur Beantwortung dieser Frage eine Amortisationsrechnung durch, wobei Sie bitte beachten, dass die Geschäftsführung grundsätzlich eine Amortisationsdauer von höchstens drei Jahren einräumt und ferner die folgenden Daten einer Überschlagsrechnung zugrunde gelegt werden sollen:

Arbeitshilfe

Projektkosten + Investitionen	**in €**
Personalkosten	100.800,00
Prototyp (Materialien, Testverfahren, Laborkosten usw.)	7.000,00
Marktforschung	9.000,00
Anschaffungskosten für die Produktionsanlage	120.000,00
sonstige Kosten	14.000,00
Summe	
Kapitalrückfluss pro Jahr	
Gewinn pro Jahr (inkl. kalk. Zinsen)	
Abschreibungen pro Jahr	
Summe	ARBEITSHEFT
Amortisationszeit = $\frac{\text{Projektkosten}}{\text{Abschreibungen + Gewinn}}$	

Zusätzliche Hinweise:

Die Maschine kann nur zwölf Jahre genutzt werden, da sie dann veraltet ist.
Die Heidtkötter KG rechnet mit einem kalkulatorischen Zinssatz von 4 % per annum.
Aus Vorsicht wird mit dem Minimalgewinn pro Stück kalkuliert (siehe Arbeitsauftrag 13).

Arbeitsaufträge (Fortsetzung)

17. Mit welchen Vor- und Nachteilen ist das Ermitteln der Zeit, in der sich die Kosten der Stapelstuhl-Entwicklung amortisieren, für die Heidtkötter KG verbunden?

Projektauftrag

Situation A.7 Die Geschäftsführung der Heidtkötter KG studiert die vorgelegten Unterlagen und gibt nach reiflicher Überlegung grünes Licht für die weitere Projektarbeit. Herr Heidtkötter unterschreibt den vorgelegten Projektauftrag und gibt ihn damit offiziell frei.

Arbeitsaufträge (Fortsetzung)

18. Sie haben die Arbeitsaufträge der Projektinitiierung arbeitsteilig erarbeitet. Nun sollen die Ergebnisse zusammengeführt werden, um eine begründete Empfehlung zur Projektfreigabe oder Projektablehnung aussprechen zu können.
Präsentieren Sie im Plenum Ihre Arbeitsergebnisse und diskutieren Sie anschließend über eine Empfehlung.

› Arbeitsheft
› INFO-Teil
LF 12, Kap. 2.1.4

19. Erstellen Sie mithilfe der bislang gesammelten Informationen einen Projektauftrag.

Arbeitshilfe

Projektauftrag			
Name des Projektes:			
I. Projektdaten			
Projektstart:		**Projektende:**	
II. Projektbeschreibung			
Ausgangssituation/ Projektbegründung:			
Projektgesamtziel:			
III. Projektteilziele	**Messbare Ergebnisse**		
Ziel 1: ______________			
Ziel 2: ______________			
Nutzen des Projektes:			
Projektrisiken:			
IV. Projektorganisation			
Projektleiter/-in:		**Projektauftrag-geber/-in:**	
Projektteammitglieder:		**Sonstige Beteiligte:**	
V. Wirtschaftlichkeitsbetrachtung			
Personalkosten:			
weitere Kosten:			
Gesamtprojektkosten:			
Projekteinnahmen/ Wirtschaftlichkeit:			
VI. Projektfreigabe:	☐ Das Projekt wird freigegeben. ☐ Das Projekt wird nicht freigegeben. Datum: ______________ Unterschrift Auftraggeber/-in: ______________ Unterschrift Auftragnehmer/-in: ______________		

B
Projektplanung und Projektdurchführung

Ausgangslage

› Situationen in Kapitel A

Nachdem die Entwicklung des Stapelstuhls und damit die weitere Projektarbeit von der Geschäftsführung genehmigt wurde, kann in die Projektplanung und Projektdurchführung eingestiegen werden. Dabei ist weiterhin ein strukturiertes Vorgehen notwendig, da der von der Geschäftsführung vorgegebene Zeitrahmen unbedingt eingehalten werden muss.
Die wesentlichen Produkteigenschaften sowie der ungefähre Preishorizont wurden bereits festgelegt, sodass nun mit der Erstellung eines ersten Prototyps begonnen werden kann. Damit wird die Grundlage für die weiteren Aufgaben gelegt, die nun das Projektteam zu erledigen hat.

Arbeitsaufträge

› Arbeitsheft

1. Erstellen Sie für die Projektplanung ein Balkendiagramm. Nutzen Sie dazu die Vorgangsliste in der Arbeitshilfe 1 und planen Sie die Dauer jedes einzelnen Vorgangs.

› Arbeitsheft

2. Teilen Sie nun die einzelnen Aufgaben in Ihrem Team auf und füllen Sie jeweils einen **Arbeitspaketplan** aus (Arbeitshilfe 2). Definieren Sie wesentliche **Meilensteine** und tragen Sie diese in Meilensteinpläne ein (Arbeitshilfe 3).
   Beachten Sie bitte, dass mit der Planung des weiteren Vorgehens entscheidende Weichen für den weiteren Verlauf des Projektes gestellt werden, die den Erfolg der Projektarbeit wesentlich beeinflussen. Nehmen Sie sich bitte entsprechend viel Zeit für diesen Arbeitsschritt und gehen Sie bitte besonders sorgfältig vor.
   Wichtig ist, dass spätestens bei Erreichen der Meilensteine die Arbeitsgruppen ihre Ergebnisse dem gesamten Team präsentieren, um notwendige Informationen austauschen, den aktuellen Stand des Projektes verdeutlichen und über das bisherige und das weitere Vorgehen diskutieren zu können.

› Anhang Präsentation

Arbeitshilfe 1

Vorgangsliste: Projektplanung zur Erstellung eines Stapelstuhls

Nr.	Bezeichnung	Dauer in h	Vorgänger
1	Budgetplanung und Finanzplanung		–
2	Materialauswahl		1
3	Erarbeitung eines Kommunikationsmix		1
4	Endgültige Gestaltung des Stuhls		2
5	Erstellung von Konstruktionszeichnung und Stückliste		4
6	Wahl des Bestellverfahrens und der möglichen Bestellmengen		5
7	Bezugsquellenermittlung, Erstellung von Anfragen und Angebotsvergleich		5
8	Planung des Kaufs einer Rundbiegemaschine		5
9	Kalkulation des Verkaufspreises		7
10	Kalkulation des Verkaufspreises Italien		7
11	Psychologische Preisgestaltung		9, 10
12	Auswahl eines Absatzmittlers		9
13	Außenhandel		10
14	Ermittlung eines Produktnamens		5
15	Zertifizierung des Stuhls		8
16	Projektabschlussanalyse		12, 13, 14, 15
17	Projektauflösung		16

ARBEITSHEFT

Arbeitshilfe 2

Arbeitspaketplan	
Arbeitspaket:	Projekt:
Verantwortliche/-r:	Projektleiter/-in:
	Datum:

1. Inhalt des Arbeitspaketes (Tätigkeiten)
   -
   -
   -
   -
2. Ergebnisse des Arbeitspaketes (Produkte, Dokumente usw.)
   -
   -
   -
   -
3. Abhängigkeit von anderen Arbeitspaketen
   -
   -
   -
   -
4. Dauer des Arbeitspaketes; geplanter Beginn und geplantes Ende des Arbeitspaketes

   geplanter Beginn:

   geplantes Ende:

Arbeitshilfe 3

Meilensteinplan	
Meilenstein:	Projekt:
Arbeitspaket:	Projektleiter/-in:
Verantwortliche/-r:	

1. Zu erreichendes Ergebnis
   a) Inhalt:
   b) Termin:
2. Überprüfung des angestrebten Ergebnisses
   -
   -
   -
   -
   -
3. Entscheidung
   - ☐ Wiederholung der letzten Phase
   - ☐ Nachbesserung bis zum ______________
   - ☐ Genehmigung der nächsten Phase
   - ☐ Projektstopp
4. Unterschrift der Projektleitung ________________

Budget- und Finanzplan

› Situation A.6 Amortisationsrechnung

Situation B.1 Nach den lukrativen Prognosen der Amortisationsrechnung ist Herr Heidtkötter überzeugt vom neuen Stapelstuhl-Konzept. Er möchte, dass die Projektgruppe so schnell wie möglich mit der Projektplanung weiterkommt. Heidtkötter ist allerdings nicht so euphorisch, dass er jede Summe für die Projektgruppe bereitstellen würde. Vielmehr ist sein Wunsch, der Projektleiter möge mit seiner Projektgruppe zunächst einen möglichst genauen Überblick über die erforderlichen finanziellen Mittel erarbeiten, damit man den Erfolg des Projektes noch besser einschätzen kann.

Arbeitsaufträge (Fortsetzung)

› Arbeitshilfe 1

3. Ermitteln Sie als Projektgruppe zunächst, was sich konkret hinter dem Begriff des Projektbudgets verbirgt. Nutzen Sie hierzu die bereitgestellte Arbeitshilfe oder das Internet.

› Arbeitshilfen 2 und 3

4. Konkretisieren Sie im Anschluss das Budget für das Stapelstuhl-Projekt. Nutzen Sie hierzu die Arbeitshilfen zur Budgetplanung.

Arbeitshilfe 1

Projektbudget

Die „Summe der einem Projekt zur Verfügung gestellten finanziellen Mittel" ist nach DIN 69903 das Projektbudget.

Je nach Art der Projektkostenrechnung umfasst das Projektbudget den gesamten Aufwand (d.h. Personalkosten, Sachkosten, AfA usw.) oder nur die dem Projektleiter zur Verfügung stehenden Mittel für projektspezifische Beschaffungen (reine Sachkosten). In letzterem Fall werden die Personalkosten nicht eigens erfasst, sondern „dem laufenden Betrieb" entnommen.

Um dem Projekt die entsprechende Bedeutung zu verleihen, ist unbedingt anzuraten, die gesamten Aufwendungen realistisch abzuschätzen und in das Projektbudget aufzunehmen. Nur so kann der Budgetbedarf angemessen beurteilt werden.

Finanzplanung

Die Finanzplanung muss zusammen mit der Einsatzmittel-Planung und der Kostenschätzung gesehen werden. Die DIN ist dabei nicht ganz exakt in ihrer Definition, da sie einerseits die Finanzplanung als „Ermittlung und Zuordnung des voraussichtlichen Bedarfs an finanziellen Mitteln zu Vorgängen, Arbeitspaketen und Projekten unter Beachtung vorgegebener Ziele und Randbedingungen" bezeichnet, gleichzeitig aber fordert, dass die Finanzplanung auch Angaben über die Herkunft der Finanzmittel macht.

Nach DIN 69902 ist der finanzielle Bedarf lediglich die erforderliche Menge an Finanzmitteln, nicht aber die zur Verfügung stehende Menge. Unabhängig von den Feinheiten dieser Interpretationsmöglichkeiten ist es sinnvoll, dass vor Beginn eines Projektes klar ist, woher die Mittel zu seiner Durchführung kommen.

Quelle: www.projektmagazin.de/glossar/deutscheliste, abgerufen am 14.07.2012

Arbeitshilfe 2

Ergänzungen zur Berechnung des Budgets:

Neben den bereits bekannten Kostenpositionen sind weitere Ausgaben für das Projekt angefallen. Außer den Kosten für die Marktforschung werden auch die Werbemaßnahmen zur Einführung des neuen Produktes mit ca. 11.000,00 € veranschlagt. Die Umsatzprovision für die Außendienstmitarbeiter beträgt 1,5 %, wobei mit einem monatlichen Absatz von 500 Stück gerechnet wird. Des Weiteren entstehen Anschaffungskosten in Höhe von 8.000,00 € für Werkzeuge und kleinere Spezialmaschinen.

Für die Projektgruppe wird in den kommenden Tagen ein Büro eingerichtet, das für 12.000,00 € mit moderner Technik ausgestattet wird. Zusätzlich wurden ausreichende Mengen an Büromöbeln für insgesamt 17.100,00 € bereitgestellt.

Die anteiligen Kosten für die Produktionshalle inklusive aller Nebenkosten liegen bei 6.000,00 € im Jahr. Des Weiteren müssen die ersten Materialbestände zum Produktionsstart angeschafft werden. Gerechnet wird hier mit einer Einstiegsmenge von 700 Stück, wobei das Material für die Sitzschale mit 3,00 € je Stück kalkuliert wird. Für das übrige Material fallen pro Stuhl 12,00 € an Materialkosten an.

Abweichend von der Überschlagsrechnung wurde beschlossen, die Produktionsanlage zu finanzieren. Die Bank verlangt für den Kredit zur Anschaffung der Produktionsanlage eine jährliche Tilgung in Höhe von 1 % sowie den marktüblichen Zins von 4 % p. a.

Die Abschreibungszeiten für Maschinen und technisches Gerät betragen 10 Jahre, für Büromöbel sogar 18 Jahre.

Arbeitshilfe 3

Vorlage zur Budgetplanung für das Projekt „Stapelstuhl"	
Aufwand (GuV)	
Löhne/Gehälter (alle Kosten inkl. Lohnnebenkosten)	
Beratungsaufwand	
Leasing	
Pacht	
Werbeaufwand	
Vertriebskosten	
betriebliche Steuern	
Versicherungen	
Folgeinvestitionen und Unvorhergesehenes	
Sonstige	
Gesamt:	
Anlagevermögen	
Patent-, Lizenz-, Franchisegebühren u. Ä.	
Grundstücke/Immobilien einschl. Nebenkosten	
Produktionsanlagen, Maschinen, Werkzeuge	
Betriebs-, Geschäftsausstattung	
Gesamt:	
Umlaufvermögen	
Material- und Warenlager	
Kapitaldienst	
Zinsen für Bankkredite	
Tilgung	
AfA (auf 10 Jahre für Maschinen und 18 Jahre für Büromöbel)	
Gesamtkapitalbedarf:	

Materialauswahl

Situation B.2

Das Kufengestell des Stuhls – da sind sich alle Designer schnell einig – soll aus glanzverchromten Rundstahl bestehen. Auch das Material der Füße steht fest: Polypropylen weist die besten Produkteigenschaften auf.

Unsicherheit besteht noch bei der Wahl des Materials für die Sitzschale. Es stehen hier zwei Varianten zur Auswahl: Holz-Verbund-Werkstoff (WPC) und Polypropylen (PP). Die Entwicklungsabteilungen haben zwei Kurzexpertisen zu den beiden Materialien erstellt.

Arbeitsaufträge (Fortsetzung)

5. Listen Sie wesentliche Eigenschaften auf, die das Material für die Sitzschale aufweisen sollte.
6. Entscheiden Sie sich für eines der beiden zur Auswahl stehenden Materialien (siehe Arbeitshilfen). Dabei kann Ihnen eine Entscheidungswerttabelle helfen.

› Band 2 LF 6, Kap. 2.5

Arbeitshilfe 1

Eigenschaften von WPC

WPC (engl.: *wood plastic composite;* dt.: Holz-Kunststoff-Verbundwerkstoffe) sind thermoplastisch verarbeitbare Verbundwerkstoffe, die aus unterschiedlichen Anteilen von Holz, Kunststoffen und Additiven bestehen. Typischerweise sind WPC in Deutschland und Mitteleuropa aus einem Holzfaser- oder Holzmehlanteil von 50 % bis 90 % und einer Kunststoffmatrix aus Polypropylen (PP) oder weniger häufig aus Polyethylen (PE).

Gegenüber Vollkunststoffen bieten WPC eine höhere Steifigkeit und einen deutlich geringeren thermischen Ausdehnungskoeffizienten. Bisherige Langzeitstudien und Schadenfälle aus der Praxis haben gezeigt, dass WPC wie Vollholzprodukte durch UV-Bestrahlung, Feuchte- und Temperatureinwirkung sowie Pilzbefall geschädigt werden können.

Die Dichte des Materials liegt je nach Mischungsverhältnis bei ca. 1,0 g/cm³ bis 1,3 g/cm³. Das Material überzeugt durch seine naturnahe Holzoptik und Struktur. Der eingesetzte Kunststoff macht es besonders wetterfest, wartungsarm und splitterfrei.

Die gebräuchlichsten Granulatpreise liegen im Bereich zwischen 1,00 €/kg und 1,30 €/kg.

Heute werden WPC vor allem im Baubereich als witterungsbeständige Bodendielen („Decking") im Außenbereich eingesetzt. Im Möbelbereich gibt es erste Anwendungen wie Regalsysteme, Stühle und Sessel. Auch in der Automobilindustrie werden WPC-Materialien eingesetzt.

Grundsätzlich können thermoplastische WPC nach ihrer Nutzung wieder eingeschmolzen, zu Granulat verarbeitet und erneut eingesetzt werden. Eine zweite stoffliche Nutzung durch erneutes Recycling – vor allem nach langer Gebrauchsdauer – erscheint allerdings nicht sinnvoll, da die Sortenreinheit und damit der Einfluss auf die Gebrauchseigenschaften zumeist nicht mehr gegeben sind. Aufgrund der hohen Verdichtung von WPC gegenüber Vollholz und der Anreicherung mit Kohlenwasserstoffen aus den Thermoplasten eignen sich WPC hervorragend für die thermische Nutzung.

Arbeitshilfe 2

Eigenschaften von Polypropylen (PP)

Die Dichte von PP liegt zwischen 0,895 g/cm³ und 0,92 g/cm³. Damit ist PP der leichteste aller Kunststoffe.

PP hat auf lange Zeit eine sehr hohe Steifigkeit, Härte und Festigkeit, wird allerdings bei Kälte spröde. Es ist ausgesprochen reibungsfest, hitzebeständig und besitzt eine spezielle Dauerbiegefestigkeit (10 Mio. Biegungen).

PP ist geruchslos und hautverträglich und somit für Anwendungen im Lebensmittelbereich und der Pharmazie geeignet.

Wegen ihrer chemischen Eigenschaften (z.B. Hydrophobie) sind PE und PP schlecht lackier- und klebbar sowie nur bei höheren Temperaturen verarbeitbar. Die Herstellung maßgetreuer Teile ist wegen höherer Schrumpfung quer zur Fließrichtung beim Spritzgussverfahren erschwert. Daher sind gewisse Modifikationen notwendig, z.B. durch das Beimischen von Verstärkern.

Der Weltmarktpreis für unverarbeitetes Polypropylen liegt bei ca. 950,00 €/t.

PP eignet sich vor allem für die Herstellung von Behältern, Verpackungen, Belägen, Folien, Rohren, Kabelisolierungen, Möbeln, Haushaltsartikeln, medizinischen Artikeln und Spielzeug.

Der Energieverbrauch für die Gewinnung und Herstellung von PP beträgt 80 MJ/kg, was gering ist.

Die Herstellung, Verwendung und Entsorgung von Polypropylen ist nicht mit wesentlichen Umweltbelastungen verbunden. Bei der vollständigen Verbrennung werden CO_2 und Wasser gebildet.

Situation B.3 Die Heidtkötter KG lässt bei Neuentwicklungen den Kommunikationsmix von einer Marketingagentur erarbeiten. Allerdings sind viele Vorarbeiten innerhalb des Unternehmens notwendig, um der Agentur in einem Briefing die notwendigen Grundlagen zur Verfügung stellen zu können.

Kommunikationsmix

Arbeitsaufträge (Fortsetzung)

7. Welche wesentlichen Bestandteile umfasst die Konzeption eines Kommunikationsmix im Allgemeinen?
8. Worum handelt es sich bei einem Briefing? Recherchieren Sie dazu im Internet.
9. Welche Informationen benötigt die Marketingagentur, um im Zuge dieses Projektes einen Kommunikationsmix entwickeln zu können?
   Erstellen Sie ein Kurzdossier.

› INFO-Teil LF 10, Kap. 3.7

Situation B.4 Die endgültige Gestaltung des neuen Sitzmöbels erreicht nun eine weitere entscheidende Phase:
Die Entwicklungsabteilung der Heidtkötter KG muss die noch fehlenden Details und Designfragen zu der Serie festlegen. Zu diesem Zweck sollen alle an der Entwicklung beteiligten Mitarbeiter zusammen die letzten Entwürfe bearbeiten.
Es stehen drei unterschiedliche Aspekte auf dem Prüfstand:

1. Es soll über das genaue Design der Rückenlehne entschieden werden (Form, Farbe, Höhe, Breite usw.).
2. Die Stuhlbeine sind ein Gestänge aus Edelstahl. Sie sollen in Form und Beschaffenheit konkretisiert werden.

Produktgestaltung

→

3. Technische Details wie die Sitztiefe und die Höhe der Stuhlfüße müssen festgelegt werden.

Auch wenn die meisten Ausgestaltungskriterien noch nicht fixiert sind, gibt es doch einige Daten, die bei der weiteren Entscheidungsfindung zwingend beachtet werden müssen:
Für den Rundstahl der Stuhlgestelle wurde durch einen Ingenieur ein Durchmesser von 11 mm festgelegt. Hieraus ergibt sich aus diversen Belastungstests ein Bedarf von 3,90 m Stahl pro Stuhl. Wegen Verschnitt und Schwund ergibt sich ein Zusatzbedarf von 10 % bei der Komponente Rundstahl.

Arbeitsaufträge (Fortsetzung)

10. Entwickeln Sie eigene Muster, z. B. Skizzen oder Modelle, mit denen Sie der Geschäftsleitung Ihre Vorschläge zur Aufgabe und Gestaltung der Stühle verdeutlichen können.
11. Treffen Sie eine begründete Entscheidung über das Design des Stuhls. Sammeln Sie hierzu zunächst Vor- und Nachteile für die von Ihnen gefundenen Lösungsvorschläge.

Konstruktionszeichnung und Stückliste

Situation B.5

Nachdem Sie jetzt das genaue Design der Stühle festgelegt haben, geht es im Weiteren um die praktische Umsetzung. Hierfür benötigt die Heidtkötter KG zunächst eine sogenannte Konstruktionszeichnung, aus der die Techniker die genauen Daten für die Produktion entnehmen können. Dabei sind eine möglichst genaue Angabe aller benötigten Mengen und die genauen Maße der Bestandteile von entscheidender Bedeutung. Im Anschluss kann hieraus die Stückliste entstehen.
Außerdem ist zu planen, wann die benötigten Rohstoffe und Vorprodukte geliefert werden. Hierzu hat Herr Heidtkötter Sie gebeten, die Planungen zu optimieren.

Arbeitsaufträge (Fortsetzung)

› Arbeitsheft
› Band 2 LF 6, Kap. 2.1

12. Erstellen Sie nun eine eigene Konstruktionszeichnung. Nutzen Sie andere Konstruktionszeichnungen als mögliche Vorlage. Für die Umsetzung finden Sie in Ihrem Arbeitsheft eine Vorlage.
13. Entwickeln Sie aus Ihren Ergebnissen eine Liste der benötigten Materialien für einen Stuhl nach dem unten vorgeschlagenen Muster. Die Geschäftsleitung weist Sie darauf hin, Ihre Angaben so konkret wie möglich zu gestalten, um sie im Projekt weiter verwenden zu können.

Arbeitshilfe

› Band 2 LF 6, Kap. 2.1

Mengenstückliste
Stapelstuhl

H HEIDTKÖTTER
Heidtkötter KG, Bielefeld

Teilenummer	Teilebezeichnung	Maßeinheit	Menge
1 ...			

ARBEITSHEFT

Situation B.6

Gemäß der zu erwartenden Absätze rechnet die Heidkötter KG mit einem Jahresbedarf von 6 000 Sitzschalen zzgl. Zusatzbedarf für die Produktion des neuen Stuhlmodells. Der Einstandspreis für das Sitzschalenmaterial wird mit 3,00 € pro Stück kalkuliert. Jede Sitzschale wird aus Kunststoffverbindungen gefertigt und wiegt ca. 800 g.

Der Beschaffungsleiter Herr Schäfer geht davon aus, dass die Kosten je Bestellvorgang durchschnittlich mit 240,00 € zu veranschlagen sind. Darin sind die Aufwendungen für die Bestellung, Terminüberwachung, Wareneingangs- und Qualitätskontrollen sowie die Einlagerung und deren Verbuchung enthalten. Bisher wurde von der Heidkötter KG ein Kostensatz von 15 % des durchschnittlichen Lagerwertes angesetzt.

Bestellverfahren und Bestellmenge

Arbeitsaufträge (Fortsetzung)

14. Ermitteln Sie auf Grundlage der Stückliste den Bruttobedarf der verwendeten Materialien für das kommende Jahr. Kalkulieren Sie bei dem Rundstahl und bei dem Material für die Sitzschalen mit einem Zusatzbedarf von 10 % und bei allen anderen Teilen mit einem Zusatzbedarf von 2 %.

› Band 2 LF 6, Kap. 2.2

15. Welches Bestellverfahren würde sich für die Sitzschalen anbieten? Sammeln Sie Vor- und Nachteile der einzelnen Verfahren und kommen Sie zu einer begründeten Empfehlung für die Heidtkötter KG.

› Band 2 LF 6, Kap. 2.2.1

16. Berechnen Sie mithilfe der Arbeitshilfe die optimale Bestellmenge für die Sitzschalen.
17. Vergleichen Sie das tabellarisch ermittelte Ergebnis mit dem Ergebnis, das sich aus der Anwendung der Formel für die optimale Bestellmenge ergibt. Bewerten Sie die beiden Ergebnisse vor dem Hintergrund von Liefermengen und möglicherweise erzielbaren Rabatten.

› Arbeitshilfe
› Band 2 LF 6, Kap. 2.2.2

Arbeitshilfe 1

Tabelle für die optimale Bestellmenge

Anzahl der Bestellungen	Bestell-menge	durchschnitt-licher Lager-bestand (in kg)	durchschnitt-licher Lager-bestand (in €)	Bestell-kosten (in €)	Lagerhal-tungskosten (in €)	Gesamt-kosten (in €)
1						
2						
3						
4						
5						
6						

Arbeitshilfe 2

Formel zur Berechnung der optimalen Bestellmenge

$$\text{Optimale Bestellmenge} = \sqrt{\frac{200 \cdot B \cdot BK}{EP \cdot LKS}}$$

B = Jahresbedarf
BK = Bestellkosten pro Bestellung
EP = Einstandspreis pro Stück
LKS = Lagerhaltungskostensatz

› Band 2 LF 6, Kap. 2.2.2

Bezugsquellenermittlung, Erstellung von Anfragen und Angebotsvergleich

› Arbeitshilfen 1 bis 3

Situation B.7

Die Heidtkötter KG hat bisher den nun für die Stapelstühle erforderlichen Rundstahl in der geforderten Stärke nicht benötigt und es gibt somit auch noch keinen Lieferanten.

In der Lieferantendatei finden sich allerdings Daten über einen Lieferanten von verchromtem Viereckstahl sowie Berichte von Messebesuchen. Die Anzahl potenzieller Lieferanten soll unabhängig davon aber generell vergrößert werden.

Arbeitsaufträge (Fortsetzung)

18. Recherchieren Sie mindestens drei weitere mögliche Lieferanten aus möglichst verschiedenen Quellen. Protokollieren Sie Ihre Informationsquellen und wichtige Details zu den Lieferanten.

› Band 2 LF 6, Kap. 3.2.2

19. Erstellen Sie eine Anfrage, die per Serienbrief an die potenziellen Lieferanten versendet werden soll.

› Arbeitshilfen 1 bis 9

› Band 2 LF 6, Kap. 2.5

20. Vergleichen Sie die daraufhin eingegangenen Angebote mithilfe der Unternehmensinformationen und weiteren Angaben und treffen Sie, z. B. unter Zuhilfenahme einer Entscheidungswerttabelle, eine begründete Entscheidung für eines der Angebote.

Arbeitshilfe 1

› Internetrecherche

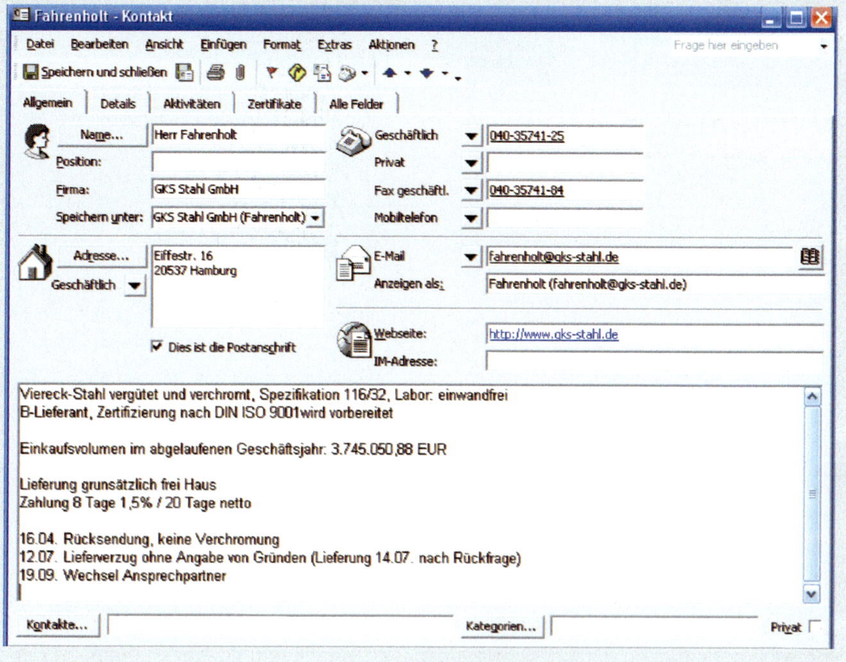
Fahrenholt - Kontakt

Datei Bearbeiten Ansicht Einfügen Format Extras Aktionen ?

Frage hier eingeben

Speichern und schließen

Allgemein | Details | Aktivitäten | Zertifikate | Alle Felder

Name...: Herr Fahrenholt
Position:
Firma: GKS Stahl GmbH
Speichern unter: GKS Stahl GmbH (Fahrenholt)

Geschäftlich: 040-35741-25
Privat:
Fax geschäftl.: 040-35741-84
Mobiltelefon:

Adresse... Geschäftlich: Eiffestr. 16, 20537 Hamburg
Dies ist die Postanschrift

E-Mail: fahrenholt@gks-stahl.de
Anzeigen als: Fahrenholt (fahrenholt@gks-stahl.de)

Webseite: http://www.gks-stahl.de
IM-Adresse:

Viereck-Stahl vergütet und verchromt, Spezifikation 116/32, Labor: einwandfrei
B-Lieferant, Zertifizierung nach DIN ISO 9001wird vorbereitet

Einkaufsvolumen im abgelaufenen Geschäftsjahr: 3.745.050,88 EUR

Lieferung grunsätzlich frei Haus
Zahlung 8 Tage 1,5% / 20 Tage netto

16.04. Rücksendung, keine Verchromung
12.07. Lieferverzug ohne Angabe von Gründen (Lieferung 14.07. nach Rückfrage)
19.09. Wechsel Ansprechpartner

Kontakte... Kategorien... Privat

Arbeitshilfe 2

Messebericht

Nr.: II/26
Datum: 16.05. . .
zur Erledigung an:

Aussteller:
Premium Stahl
Herr F. Willgrub
Salierring 44
50677 Köln
Tel.: 0221 744585

HEIDTKÖTTER
Heidtkötter KG, Bielefeld

Art des Unternehmens:
Vertrieb von Viereck- und Rundstahl

☒ Handel
❑ Behörde
❑ Sonstige:

☒ Erstkontakt ❑ bestehender Kontakt

Ansprechpartner:
❑ Inhaber
❑ Einkauf
❑ Produktion
❑ Entwicklung
❑ Konstruktion
☒ Vertrieb
❑ Sonstiges:

Sprache:
☒ deutsch
❑ englisch
❑ französisch
❑ spanisch
❑ italienisch
❑ chinesisch
❑ Sonstige:

Bemerkungen:
- junges Unternehmen
- verschiedene Oberflächenvergütungen (poliert, verchromt, glanzverchromt, geschliffen)
- Durchmesser von 18 mm bis 70 mm, keine Mengenbegrenzung
- schickt Muster zu
- Herkunft China
- versichert beste Preise

Arbeitshilfe 3

Messebericht

Nr.: II/33
Datum: 16.05. . .
zur Erledigung an:

Aussteller:
ACD Steel
Herr Yang
181 Yongfu Road
200031 Shanghai
Tel.: 0086 21 3401 0106

HEIDTKÖTTER
Heidtkötter KG, Bielefeld

Art des Unternehmens:
Herstellung und Vertrieb von Edelstahlprodukten

☒ Handel
❑ Behörde
❑ Sonstige:

☒ Erstkontakt ❑ bestehender Kontakt

Ansprechpartner:
❑ Inhaber
❑ Einkauf
❑ Produktion
❑ Entwicklung
☒ Konstruktion
❑ Vertrieb
❑ Sonstiges:

Sprache:
❑ deutsch
☒ englisch
❑ französisch
❑ spanisch
❑ italienisch
☒ chinesisch
❑ Sonstige:

Bemerkungen:
- englisch sehr eingeschränkt
- alle Oberflächenveredelungen möglich
- nur Standardabmessungen (11 mm, 12 mm, 15 mm, 28 mm, 40 mm, 70 mm)
- in der Regel Lieferung ddp
- keine festen Längen, sondern bedarfsgerecht
- blank gezogen/geschliffen (überwiegend Abmessungen bis ø 20 mm)
  geschält/überdreht (überwiegend Abmessungen > ø 20 mm)
  gewalzt (nur Werkstoff 1.1730 sowie 1.2162)

Arbeitshilfe 4

Premium Stahl GmbH

Premium Stahl GmbH · Salierring 44 · 50677 Köln

Salierring 44 · 50677 Köln
Tel.: 0221 744580 · Fax 0221 744581
Internet: www.premium-stahl-wvd.de
E-Mail: info@premium-stahl-wvd.de

Heidtkötter KG
Gütersloher Str. 111
33647 Bielefeld

Telefax
0221 744581

Ihr Zeichen, Ihre Nachricht vom	Unser Zeichen, unsere Nachricht vom	Telefon, Name 0221 74458-	Datum
......	......	5 Willgrub	......

Angebot Rundstahl

Sehr geehrte Damen und Herren,

wir bedanken uns für Ihr Interesse an unseren Produkten und Ihre Bitte um ein Angebot. Wir haben bereits einen guten Namen auf dem Gebiet vergüteter Stähle und können auf eine Reihe großer Referenzkunden verweisen.

Basierend auf Ihrer Anfrage bieten wir an
Präzisionsrundstahl 18 mm blank gezogen/geschliffen, glanzverchromt,
7,56 €/m ab einer Jahresabnahmemenge von mindestens 20 000 m.

Der von Ihnen gewünschte Rundstahl ist jederzeit im deutschen Lager lagernd und kann auf Basis unserer Allgemeinen Lieferbedingungen auf Abruf frei Haus geliefert werden. Die Lieferzeit beträgt zwischen drei und fünf Werktagen.

Unsere Zahlungsbedingungen lauten: 10 Tage 2,5 % Skonto, 30 Tage netto.

Dieses Angebot ist 30 Tage gültig. Es gelten die Allgemeinen Geschäftsbedingungen der Premium Stahl GmbH. Anbei erhalten Sie wie gewünscht ein Muster.

Wir verbleiben
mit freundlichen Grüßen

Arbeitshilfe 5

GKS Stahl GKS Stahl GKS Stahl GKS Stahl **GKS Stahl** GKS Stahl

GKS Stahl · Eiffestraße 16 · 20537 Hamburg

Eiffestraße 16 · 20537 Hamburg
Tel.: 040 997820 · Fax 040 997821
Internet: www.gks-stahl-wvd.de
E-Mail: info@gks-stahl-wvd.de

Heidtkötter KG
– Einkauf –
Gütersloher Str. 111
33647 Bielefeld

Telefax
040 997821

Ihr Zeichen, Ihre Nachricht vom	Unser Zeichen, unsere Nachricht vom	Telefon, Name 040 99782-	Datum
......	......	8 Fahrenholt	......

Angebot Nr. H/124/xd

Sehr geehrte Damen und Herren,

wir bedanken uns für Ihr Interesse an unseren Produkten und Ihre Bitte um ein Angebot.

Dieses Angebot ist freibleibend. Es gelten die allgemeinen Geschäftsbedingungen der GKS Stahl GmbH.

Pos.	Menge	Mat.-Nr.	Material	Einzelpreis netto	Preis netto
1	25 740	RS/11C	Rundstahl glanzverchromt, Ø 11 mm, bestehend aus 30 % Recyclingstahl	8,17 €	210.295,80 €
Summe netto					210.295,80 €
zzgl. 19 % Umsatzsteuer					39.956,20 €
Gesamtsumme					**250.252,00 €**

Ab einer Abrufmenge von 1 000 m liefern wir innerhalb 5 bis 8 Tagen frei Haus. Unsere Zahlungsbedingungen lauten 8 Tage 1,5 % Skonto, 20 Tage netto.

In Erwartung Ihres geschätzten Auftrags verbleiben wir
mit freundlichen Grüßen

G. Fahrenholt

Arbeitshilfe 6

ACD Steel

ACD Steel · 181 Yongfu Road · 200031 Shanghai

181 Yongfu Road · 200031 Shanghai
Tel.: 0086 21 3401 0106
Fax: 0086 21 3401 0107
Internet: www.acd-steel-wvd.com
E-Mail: info@acd-steel-wvd.com

Heidtkötter KG
Gütersloher Str. 111
33647 Bielefeld
Germany

Datum
......

Dear Sir or Madam

Thank you for your inquiry. We are pleased to submit the following offer:

article	quantity in meters	price in US-$ per m
round bar steel, chrome plated, diameter 11 mm	from 1 to 1 000	23,60
	from 1 001 to 5 000	16,50
	from 5 001 to 20 000	13,30
	from 20 000	11,25

This offer is valid for two months after the above date. You will understand that we cannot deliver on call due to freight charges and our attractive pricing.

Our terms of delivery are: DDP Hamburg Hafen, packing included. Delivery will be made six weeks after receipt of order. Our terms of payment are D/P.

We trust that we have made an attractive offer. This you can see for yourself by the sample enclosed. We look forward to doing business with you.

Yours sincerely

J. Yang

Arbeitshilfe 7

Zobel Stahl
GmbH & Co. KG

Zobel Stahl GmbH & Co. KG, Hermsdorfer Str. 212, 99099 Erfurt

Hermsdorfer Straße 212 · 99099 Erfurt
Tel.: 0361 874511 · Fax 0361 874512
Internet: www.zobel-stahl-wvd.de
E-Mail: info@zobel-stahl-wvd.de

Heidtkötter KG
– Einkauf –
Gütersloher Str. 111
33647 Bielefeld

Telefax
0361 874512 E-Mail:

Ihr Zeichen, Ihre Nachricht vom	Unser Zeichen, unsere Nachricht vom	Telefon, Name 0361 87451-	Datum
......	......	......	......

Angebot über glanzverchromten Rundstahl

Sehr geehrte Damen und Herren,

wir bedanken uns sehr herzlich für Ihre Anfrage. Seit mehr als 30 Jahren handeln wir erfolgreich mit Stahl und stellen Tag für Tag zahlreiche Kunden in ganz Europa zufrieden. So sind wir uns sicher, Ihnen ein äußerst attraktives Angebot unterbreiten zu können.

Anhand unseres aktuellen Katalogs bieten wir Ihnen an:

25 740 m Rundstahl gezogen/geschliffen und glanzverchromt, Durchmesser 11 mm, gemäß beigefügtem Muster, für 8,05 €/m

Der Preis versteht sich netto zzgl. 19 % Umsatzsteuer. Wir liefern in maximal 12 Abrufmengen pro Jahr und berechnen eine Frachtkostenpauschale von 70,00 €/t. Da wir den Stahl ständig auf Lager haben, können wir eine kurzfristige Lieferung sicherstellen. Das Zahlungsziel beträgt 30 Tage, bei Zahlung innerhalb 14 Tagen gewähren wir 2 % Skonto.

Erstklassiger Kundenservice und verlässliche Qualität haben für uns erste Priorität. Selbstverständlich sind wir erfolgreich nach DIN EN ISO 9001 zertifiziert und garantieren eine hohe Qualität der Prozessabwicklung.

Wir sind uns sicher, dass Ihnen unser Angebot zusagt, und würden uns über einen Auftrag sehr freuen.

Mit freundlichen Grüßen

G. Fallenstein

Arbeitshilfe 8

Gewichtstabelle für Rundstahl, Gewicht in kg/Meter									
Ø mm	kg/m	Ø mm	kg/m	Ø mm	kg/m	Ø mm	kg/m	Ø mm	kg/m
1	0,006	26	4,19	55	18,76	180	200,88	430	1 146,38
2	0,025	27	4,52	60	22,32	190	223,82	440	1 200,32
3	0,056	28	4,86	65	26,20	200	248,00	450	1 255,50
4	0,099	29	5,21	70	30,38	210	273,42	460	1 311,92
5	0,155	30	5,58	75	34,88	220	300,08	470	1 369,58
6	0,223	31	5,96	80	39,68	230	327,98	480	1 428,48
7	0,304	32	6,35	85	44,80	240	357,12	490	1 488,62
8	0,397	33	6,75	90	50,22	250	387,50	500	1 550,00
9	0,502	34	7,17	95	55,96	260	419,12	510	1 612,62
10	0,62	35	7,60	100	62,00	270	451,98	520	1 676,48
11	0,75	36	8,04	105	68,36	280	486,08	530	1 741,58
12	0,89	37	8,49	110	75,02	290	521,42	540	1 807,92
13	1,05	38	8,95	115	82,00	300	558,00	550	1 875,50
14	1,22	39	9,43	120	89,28	310	595,82	560	1 944,32
15	1,40	40	9,92	125	96,88	320	634,88	570	2 014,38
16	1,59	41	10,42	130	104,78	330	675,18	580	2 085,68
17	1,79	42	10,94	135	113,00	340	716,72	590	2 158,22
18	2,01	43	11,46	140	121,52	350	759,50	600	2 232,00
19	2,24	44	12,00	145	130,36	360	803,52	610	2 307,02
20	2,48	45	12,56	150	139,50	370	848,78	620	2 383,28
21	2,73	46	13,12	155	148,96	380	895,28	630	2 460,78
22	3,00	47	13,70	160	158,72	390	943,02	640	2 539,52
23	3,28	48	14,28	165	168,80	400	992,00	650	2 619,50
24	3,57	49	14,89	170	179,18	410	1 042,22		
25	3,88	50	15,50	175	189,88	420	1 093,68		

Arbeitshilfe 9

Auszug aus der Preisliste der Spedition Wehrmann & Co. KG

... berechnen wir für den Transport von Stahl:

Entfernung	Preis je km je Tonne Stahl
bis 100 km	0,45 €
bis 500 km	0,43 €
ab 501 km	0,41 €

Die Preise verstehen sich netto/netto.

Kauf einer Rundbiegemaschine

Situation B.8 Der Rundstahl für das Stuhlgestell muss auf einer hydraulischen Rundbiegemaschine in die korrekte Form gebogen werden. Die Kapazität der eigenen Maschine ist allerdings weitgehend ausgeschöpft. Deshalb wird der Einsatz einer neuen Maschine diskutiert. Im Fokus steht die folgende Maschine:

Rundbiegemaschine „Vervieux PRM-30F"

kraftvoller 400-Volt-Motor mit 0,85 kW, gehärtete Walzen, schwere Schweißkonstruktion, Kettenantrieb, Wellen aus Spezialstahl, gehärtet und geschliffen, nach CE-Normen gebaut, gewöhnliche Nutzungsdauer 8 Jahre

	3.460,80 € netto
zzgl. Digitalanzeige	700,00 € netto
zzgl. Spezialwalzen	700,00 € netto

Neben dem Kauf der Maschine, der über einen Kredit bei der Hausbank finanziert werden müsste, besteht die Alternative, das Gerät zu leasen.

Arbeitsaufträge (Fortsetzung)

› Arbeitshilfen

21. Ermitteln Sie unter Zuhilfenahme der folgenden Arbeitshilfen die Kosten, die mit jeder der drei Alternativen verbunden sind. Der Vergleich könnte mit einem Tabellenkalkulationsprogramm erleichtert werden.
22. Bitte gelangen Sie zu einer begründeten Entscheidung für eine der Alternativen.

Arbeitshilfe 1

Kreditangebot der Sparkasse Bielefeld:

- Auszahlung des Kredits — 98 %
- Zinssatz (nachschüssig auf Restschuld) — 5 %
- Kreditlaufzeit — 5 Jahre
- Tilgung in gleichen Jahresraten
- Tilgung und Zinszahlung erfolgen jeweils am Jahresende.

Angebot der „Internationale Industrieleasing AG":

- monatliche Leasingrate — 65,00 €
- Grundmietzeit — 5 Jahre
- Eine Kaufoption in Höhe von 10 % der Anschaffungskosten könnte am Ende der Grundmietzeit ausgeübt werden.

Angebot des Herstellers „Vervieux":

- monatliche Leasingrate — 70,00 €
- Grundmietzeit — 5 Jahre
- Es wird eine Kaufoption in Höhe von 8 % der Anschaffungskosten am Ende der Grundmietzeit angeboten.

Die Heidtkötter KG legt für den Vergleich einen Steuersatz von 40 % zugrunde.

Arbeitshilfe 2

Kredit							Leasing 1		Leasing 2	
Jahr	Tilgung	Zinsen	Liquidität	Abschreibung Disagio	Abschreibung Maschine	Aufwand	Leasingrate	Steuervorteil Leasing zu Kredit	Leasingrate	Steuervorteil Leasing zu Kredit
1										
2										
3										
4										
5										
6										
7										
8										
Summe 1										
Kaufoption										
Summe 2										

ARBEITSHEFT

Kalkulation des Verkaufspreises

Situation B.9 Die Betriebsleitung ist unzufrieden. Die Marktanalyse ergab einen voraussichtlich realisierbaren Verkaufspreis von ca. 306,00 € in Deutschland. Die damit zusammenhängende Wahl des Marktsegments lässt vermuten, dass der Preis mit dafür verantwortlich ist, dass die Verkaufszahlen eine zufriedenstellende Höhe erreichen können; Herr Heidtkötter hat jedoch ursprünglich einen weiteren Anstieg des Absatzes geplant. Aufgeregt mailt er seinem Projektleiter, die Gruppe solle sich dringend Gedanken über Möglichkeiten zur Umsatzsteigerung machen.

Arbeitsaufträge (Fortsetzung)

› **Arbeitsheft**

23. Finden Sie in einer/in Ihrer Projektgruppe preisunabhängige Möglichkeiten zur Absatzsteigerung und stellen Sie diese anhand der folgenden Übersicht zusammen.

Möglichkeit	Wirkungsweise auf den Absatz	Vor- und Nachteile der Möglichkeit

ARBEITSHEFT

Kalkulation des Verkaufspreises Italien

› **Arbeitsheft**

› Situation B.9 Arbeitsauftrag

Situation B.10 Neben den umfangreichen Möglichkeiten, die sich aus den Vorschlägen der Gruppe(n) der vergangenen Sitzung – besonders im Bereich der Absatzinstrumente – ergeben haben, ist nach Meinung von Herrn Heidtkötter unter Umständen der Preis die entscheidende „Wurzel allen Übels". In einer Anpassung des Preises liege das größte Potenzial zur Steigerung der Absatzmenge, so Heidtkötter.
Die Projektgruppe wird daher gebeten, neue Möglichkeiten zur Senkung des Verkaufspreises zu kalkulieren.

Arbeitsaufträge (Fortsetzung)

24. Mit der Hilfe von Markterhebungen wurde festgestellt, dass der in der Projektinitiierung ermittelte Verkaufspreis von 306,00 € auf dem italienischen Markt nicht realisierbar ist. Der nationale Konkurrent Romso beherrscht den italienischen Markt deutlich. Das Marktforschungsinstitut Becker und Kromme kommt stattdessen auf eine Bruttopreisempfehlung von 280,00 €. Ermitteln Sie anhand der Arbeitshilfe 1 eine neue Preiskalkulation, die diese Vorgabe berücksichtigt. Übernehmen Sie dazu die Daten aus der Situation 5 aus Kapitel A.

› Arbeitshilfe 1
› Situation A.5

25. Kalkulieren Sie unter Berücksichtigung der Arbeitshilfe 2 die neue mögliche Handelsspanne bei einem Export des neuen Stuhlmodells nach Italien.

› Arbeitshilfe 2

Arbeitshilfe 1

Verkauf am italienischen Markt, Rückwärtskalkulation:

› Band 1, LF 4

Position	Beträge in €	Rechenweg
Brutto-VK	280,00 €	
Herstellkosten		

ARBEITSHEFT

Arbeitshilfe 2

$$\textbf{Handelsspanne} = \frac{(\text{Listenverkaufspreis} - \text{Herstellkosten}) \cdot 100\,\%}{\text{Listenverkaufspreis}}$$

Situation B.11

Psychologische Preisoptimierung

Die Betriebsleitung ist mit den erreichten Ergebnissen zunächst sehr zufrieden. Der neu kalkulierte Preis könnte die Verkaufszahlen tatsächlich in eine zufriedenstellende Höhe anheben, jedoch pflegt Herr Heidtkötter zu sagen: *„Ein bisschen MEHR geht immer!"* Das ist seiner Meinung nach auch bei der Preisgestaltung so.

Wenn jedoch von der kalkulatorischen Seite die Möglichkeiten der Preisoptimierung voll ausgeschöpft wurden, was wäre denn dann überhaupt noch möglich? Diese Frage beschäftigt Herrn Heidtkötter schon ein paar Tage, als er durch einen Artikel zum Thema *Psychologie und Preisgestaltung* in einer Fachzeitschrift erneut auf die Fragestellung aufmerksam wird.

Psychologie, das war doch schon von jeher ein Steckenpferd seiner Schwester Anke. Schnell ist die Entscheidung getroffen: Herr Heidtkötter benötigt dringend mehr Informationen zu diesem Thema.

Arbeitsaufträge (Fortsetzung)

26. Heidtkötter möchte möglichst schnell alle wesentlichen Informationen zu der gerade entdeckten Spielart der Psychologie erfahren. Helfen Sie ihm: Tragen Sie die wichtigsten Informationen aus den Arbeitshilfen stichpunktartig zusammen.

› Arbeitshilfen

→

Arbeitsaufträge (Fortsetzung)

27. Stellen Sie in einer Übersicht mögliche Pro- und Kontra-Argumente zu einer Variation des Preises nach der Methode der psychologischen Preisoptimierung zusammen.
28. Nutzen Sie die zusammengetragenen Informationen aus Arbeitsauftrag 27, um Herrn Heidtkötter einen begründeten Vorschlag für die Stuhlserie und den zuvor ermittelten Verkaufspreis zu unterbreiten.

Arbeitshilfe 1

Psychologische Preisoptimierung

Der effektive Preis eines Produktes ist nicht unbedingt identisch mit dem vom Kunden empfundenen Preis. Dies eröffnet erhebliche Spielräume, sich über entsprechend optimierte Preisgestaltung positiv von Wettbewerbern abzuheben.

Aktuelle Untersuchungen zeigen, dass Menschen offensichtlich nicht in der Lage sind, den effektiven Preis einzuschätzen, wenn es sich um komplexe Preisstrukturen handelt.

Die Preisstruktur ist jedoch eine bislang wenig beachtete Wettbewerbsdimension. Im Rahmen der klassischen Preistheorie nimmt sie kaum einen nennenswerten Raum ein. Auf Basis eines besseren Verständnisses des menschlichen Entscheidungsverhaltens und der dabei auftretenden Anomalien können durch eine Optimierung der Preisstruktur jedoch ungeahnte Margenpotenziale erschlossen werden. Die Preisentscheidungen von Menschen sind häufig nicht rational nachvollziehbar.

Denn der effektive Preis einer Ware ist nicht unbedingt identisch mit dem vom Kunden empfundenen Preis dieser Ware. Experimente zeigen, dass keineswegs nur der Gesamtpreis einer Ware oder einer Dienstleistung relevant ist, sondern auch die zugrunde liegende Preisstruktur.

Der empfundene Preis und damit die Kaufentscheidung wird durch unterschiedliche Preisstrukturen stark beeinflusst, auch wenn es rechnerisch keinen Preisunterschied zwischen den verschiedenen Angeboten gibt.

Quelle: Vocatus – FEEDBACK – Fakten, Methoden, Ergebnisse – Jahrgang 3/2002 Ausgabe 4

Arbeitshilfe 2

Mehr Umsatz durch Markerelemente

Markerelemente sind einzelne Produkte oder Produktbestandteile, deren Preis der Kunde sehr genau kennt oder zu kennen glaubt und die er als Basis für die Preiseinschätzung eines Gesamtproduktes oder einer gesamten Produktpalette verwendet.

Ein typisches Markerelement im Handel ist der Preis für 250 g Butter. Die meisten Kunden haben eine ziemlich genaue Vorstellung, was der Preis für Butter sein darf und was eine teure oder eine billige Butter kostet. Dieser Preis wird dann verwendet, um die Preisgünstigkeit des gesamten Ladens zu beurteilen. Der Preis für 100 g Pfeffer hingegen ist den meisten Kunden unbekannt. Ein völlig überteuerter oder auch extrem günstiger Preis fällt hier kaum auf. Markerelemente haben eine Signalwirkung für das gesamte Produkt oder Sortiment.

Für Unternehmen ist es im Rahmen der Preisstrategie wichtig, Markerelemente zu kennen, nach denen die Kunden die Preisgünstigkeit beurteilen. Diese Elemente werden erhoben, indem Kunden für die verschiedenen Einzelpreise nach einer Preisschätzung und ihrer persönlichen Sicherheit mit der Schätzung befragt werden. Dabei sind bei dieser einfach klingenden Fragestellung zahlreiche methodische Schwierigkeiten zu umgehen, die typischerweise auftreten, wenn potenzielle

Kunden Marktpreise schätzen und ihre Schätzsicherheit selbst beurteilen sollen. Evaluierte und standardisierte Fragetechniken sind unabdingbar, um irreführende Ergebnisse bei dieser erfolgskritischen Fragestellung auszuschließen.

Markerelemente sind diejenigen Elemente, für die Kunden eine hohe Schätzsicherheit angeben. Der Kunde glaubt also, den Preis genau zu kennen. Vor diesem Hintergrund bekommt eine abweichende Schätzung der Preishöhe besonderes Gewicht und sollte im Rahmen strategischer Preisgestaltung besonders berücksichtigt werden. Gerade bei komplexen Produkten wie beispielsweise einem Automobil kann der tatsächliche Preis deutlich vom geschätzten Preis abweichen. Das Unternehmen sollte also im Marketing sinnvollerweise diejenigen Elemente in den Vordergrund stellen, bei denen der Kunde sich subjektiv bezüglich des Preises sehr sicher ist (Markerelement), objektiv den Preis aber höher einschätzt, als es dem tatsächlichen Preis entspricht. In diesem Fall geht von dem Markerelement dann eine positive Signalwirkung aus und das gesamte Produkt wird als günstig bewertet.

Auswahl eines Absatzmittlers

Situation B.12

Die Heidtkötter KG möchte ihre neue Stuhlserie demnächst auf den Markt bringen. Bisher arbeitet der Betrieb ausschließlich mit eigenen Handlungsreisenden, die als Angestellte des Unternehmens in ganz Deutschland unterwegs sind. Vor zwei Wochen erreichte die Geschäftsleitung jedoch ein Angebotsschreiben, in dem Herr Schnieda, ebenfalls aus dem Großraum Bielefeld, seine Dienste als Handelsvertreter anbietet.

Herr Schnieda gibt an, über 25 Jahre Berufserfahrung zu verfügen und bereits einen breiten Kundenkreis im In- und nahegelegenen europäischen Ausland zu Stühlen aller Art zu beraten und damit zu beliefern. Für seine Tätigkeit erhält er üblicherweise eine Umsatzbeteiligung von 2 %.

Die Heidtkötter KG geht nach den bisher ermittelten Ergebnissen von einem monatlichen Absatz von 6000 Stück des neuen Stapelstuhls aus. Ferner wird der voraussichtliche Listenverkaufspreis bei ca. 306,00 € je Stuhl liegen. Momentan entstehen der Heidtkötter KG monatliche fixe Personalkosten für die zwei Reisenden in Höhe von 3.600,00 €. Zusätzlich erhält jeder Handlungsreisende eine monatliche Umsatzprovision von 1,5 %.

Arbeitsaufträge (Fortsetzung)

› INFO-Teil
LF 10, Kap. 3.4.2

29. Vergleichen Sie die entstehenden Personalkosten unter Berücksichtigung der in der Arbeitshilfe 1 enthaltenen Angaben.
30. Ermitteln Sie rechnerisch, bei welchem Umsatz es unter Kostengesichtspunkten egal ist, welchen Vertriebsweg die Heidtkötter KG wählt.
31. Für welchen Absatzhelfer sollte sich die Heidtkötter KG auf lange Sicht entscheiden? Erarbeiten Sie ein übersichtliches Kurzdossier, mit dem Sie die Entscheidungsträger von Ihrer Empfehlung überzeugen können.

Arbeitshilfe 1

Stück	Umsatz (in €)	Kosten für die Handlungsreisenden (in €)	Kosten für den Handelsvertreter (in €)
1100			
2200			
3300		ARBEITSHEFT	
4400			
5500			
6600			

Außenhandel

Situation B.13 Die Betriebsleitung zeigt sich wieder nicht überzeugt und reagiert unzufrieden. Die realisierbaren Umsätze in Europa sind zwar erfolgversprechend, aber Herr Heidtkötter möchte den Umsatz in jedem Fall steigern. Hierzu werden verschiedene Möglichkeiten erwogen. Am meisten fasziniert ihn das Beispiel eines befreundeten Unternehmers, der mit seinen Produkten den Sprung nach Übersee gewagt hat und nun, ein Jahr danach, die ersten großen Gewinne aus dieser Exportidee realisiert hat.
„Das können wir auch", schwärmt er seinem Projektteam vor und bringt abermals die Zielmärkte USA und Asien ins Gespräch ein. Die Arbeitsgruppe erhält den Auftrag, sich umfangreich über die Absatzchancen, die Transportmöglichkeiten sowie die Absicherung der Geschäfte auf den neu zu erschließenden Märkten zu informieren. Ein weiterer Gesprächstermin, bei dem dann die notwendigen Informationen vorliegen sollen, wird zeitnah festgelegt.

Arbeitsaufträge (Fortsetzung)

32. Bei einer Expansion ins Ausland ist die Frage entscheidend, welche Partner auf dem Vertriebsweg in das Ausland und im Ausland unterstützend eingebunden werden sollten.
› Arbeitshilfe 3
Vergleichen Sie unter Berücksichtigung der Arbeitshilfe 3 die unterschiedlichen direkten und indirekten Vertriebswege. Begründen Sie bitte, von welchen Faktoren Ihrer Meinung nach die Wahl des besten Distributionsweges abhängig ist. Geben Sie den Ihrer Meinung nach sinnvollsten Vertriebsweg für die Möbel der Heidtkötter KG an.
33. Der Transport von Waren ins Ausland ist üblicherweise viel aufwendiger als die Abwicklung von Inlandsgeschäften. Es sind zusätzliche Dokumente erforderlich, die im internationalen Handel benötigt werden. Hierzu zählen üblicherweise vier unterschiedliche Kategorien: Versanddokumente, Versicherungspapiere, Zollpapiere und Handelsdokumente.
› Arbeitshilfe 1
Ermitteln Sie unter Zuhilfenahme geeigneter Quellen für jede dieser Kategorien mindestens drei Dokumentenbeispiele.
34. Für den Eintritt in den asiatischen Möbelmarkt ist ein erster potenzieller Abnehmer gefunden worden. Der gesamte Auftragswert für den ersten Transport hat ein Volumen von 220.000,00 €. Ungeklärt bleibt bislang jedoch die Frage des geeigneten Transports zwischen den Kontinenten. Eine erste Recherche erbringt die folgenden beiden alternativen Transportmöglichkeiten:
    I. Ein Seefrachttransport auf der „Queen of the Seas" der Reederei Rickmers-Line ab Freihafen Hamburg bis zum Löschhafen Hongkong wäre inklusive der benötigten Versicherung und der weiteren Nebenkosten für 27.850,00 € buchbar. Der Transport per Schiff würde 26 Tage in Anspruch nehmen.
    II. Die Luftfracht von Hamburg bis Hongkong inklusive Nebenkosten und Versicherung würde im günstigsten Fall 58.999,00 € kosten. Der Transport dauert hier jedoch nur zwei Tage.

    Für welche der beiden Transportvarianten sollte sich die Heidtkötter KG entscheiden, wenn sie für den ersten Transport mit einem Gewicht von 10 t und einem Volumen von ca. 20 m³ rechnet? Begründen Sie Ihren Transportvorschlag.
› Arbeitshilfe 2
35. Entscheiden Sie für die Dokumente in der Arbeitshilfe 2 (❶ bis ❹),
    a) um welche Art von Dokument es sich handelt,
    b) zu welcher der vier Kategorien aus Arbeitsauftrag 33 das jeweilige Dokument gehört und
    c) wozu es im internationalen Geschäft verwendet werden kann (Hilfen in §§ 407–409, § 413, § 642 HGB).

d) Entscheiden und begründen Sie, welche dieser Dokumente die Heidtkötter KG für die jeweiligen Transportalternativen in Arbeitsauftrag 34 benötigt.

36. Beschreiben Sie anhand von zwei geeigneten Beispielen den direkten und indirekten Export von Gütern der Heidtkötter KG nach Nordamerika.

37. Vergleichen Sie die drei Incoterms CIF (cost insurance freight), FOB (free on board) und DDP (delivery duty paid) hinsichtlich **Lieferort**, **Kostenübergang** und **Risikoübergang** aus Sicht der Heidtkötter KG. Informationen zu den Incoterms finden Sie in der Arbeitshilfe 4. Tragen Sie die drei Orte für jeden Incoterm in eine grafische Darstellung ein. Entscheiden und begründen Sie, welchen Incoterm Sie Herrn Heidtkötter als geeignetste Variante empfehlen würden.

› Arbeitshilfe 4
› Arbeitsheft

Arbeitshilfe 1

Die wesentlichen Dokumente, die im Auslandsgeschäft nötig sind, lassen sich wie folgt (Beispiele, alphabetisch sortiert) gliedern:

	Versand-dokumente	Versicherungs-papiere	Zoll-papiere	Handels-dokumente
Analysezertifikat				
Aufmaßliste				
Delivery Order				
Dokument des kombinierten Transportes				
Duplikat-Frachtbrief				
Durchkonnossement				
Fiata FBL				
Gesundheitszeugnis				
Gewichtsbescheinigung				
Handelsrechnung				
Inspektionszertifikat				
Internationaler CMR-Frachtbrief				
Konsulatsrechnung				
Ladeschein				
Lagerschein				
Luftfrachtbrief (Air Waybill)				
Multimodales Transportdokument				
Packliste				
Post-Einlieferungsschein				
Qualitätszertifikat				
Seekonnossement (Bill of Lading)				
Speditionsübernahmebescheinigung				
Ursprungszeugnis				
Versandbescheinigung und Warenverkehrsbescheinigung				
Versicherungspolice				
Versicherungszertifikat				
Werkstatttest				
Zollrechnung				

ARBEITSHEFT

Arbeitshilfe 2

1

1. Blatt: Tarifkontrolle | 2. Blatt: Absender | 3. Blatt: Empfänger | 4. Blatt: Frachtführer

1 Absender (Name, Anschrift, Land)

INTERNATIONALER FRACHTBRIEF
LETTRE DE VOITURE INTERNATIONAL

Diese Beförderung unterliegt trotz einer gegenteiligen Abmachung den Bestimmungen des Übereinkommens über den Beförderungsvertrag im internat. Straßengüterverkehr (CMR).

Ce transport est soumis, nonobstant toute clause contraire, à la Convention relative au contrat de transport international de marchandises par route (CMR).

2 Empfänger (Name, Anschrift, Land)

16 Frachtführer (Name, Anschrift, Land)

CMR

3 Auslieferungsort des Gutes
Ort
Land
Datum

17 Nachfolgende Frachtführer (Name, Anschrift, Land)

4 Ort und Tag der Übernahme des Gutes
Ort
Land
Datum

18 Vorbehalte und Bemerkungen der Frachtführer

5 Beigefügte Dokumente

6 Kennzeichen und Nummern	**7** Anzahl der Packstücke	**8** Art der Verpackung	**9** Bezeichnung des Gutes	**10** Statistiknummer	**11** Bruttogewicht in kg	**12** Umfang in m³
Klasse	Ziffer	Buchstabe	(ADR)			

13 Anweisungen des Absenders (Zoll- und sonstige amtliche Behandlung)

19 zu zahlen vom	Absender	Währung	Empfänger
Fracht			
Ermäßigungen			
Zwischensumme			
Zuschläge			
Nebengebühren			
Sonstiges			
Zu zahlende Gesamtsumme			

14 Rückerstattung

15 Frachtzahlungsanweisungen
Frei
Unfrei

20 Besondere Vereinbarungen

21 Ausgefertigt in am 20

24 Gut empfangen
Datum am ____________ 20 _____

22
Unterschrift und Stempel des Absenders

23
Unterschrift und Stempel des Frachtführers

Unterschrift und Stempel des Empfängers

25 Angaben zur Ermittlung der Tarifentfernung

von	bis	km

28 Berechnung des Beförderungsentgelts

frachtpfl. Gewicht kg	Tarifstelle: Sonderabmachung	Güterarten	Währung	Frachtsatz	Beförderungsentgelt
				Summe	

26 Vertragspartner des Frachtführers ist – kein – Hilfsgewerbetreibender im Sinnes des anzuwendenden Tarifs.

27	Amtl. Kennzeichen	Nutzlast in kg
Kfz		
Anhänger		

Benutzte Gen.-Nr. ☐ National ☐ Bilateral ☐ EG ☐ CEMT

2

Shipper's Name and Address | Shipper's Account Number

Not Negotiable

Air Waybill

Issued by

Copies 1, 2 and 3 of this Air Waybill are originals and have the same validity.

Consignee's Name and Address | Consignee's Account Number

Issuing Carrier's Agent Name and City

Accounting Information

Agent's IATA Code | Account No.

Airport of Departure (Addr. of First Carrier) and Requested Routing

Reference Number | Optional Shipping Information

To | By First Carrier | Routing and Destination | to | by | to | by

Currency | CHGS Code | WT/VAL PPD COLL | Other PPD COLL | Declared Value for Carriage | Declared Value for Customs

Airport of Destination | Requested Flight/Date

Amount of Insurance | INSURANCE - If carrier offers insurance, and such insurance is requested in accordance with the conditions thereof, indicate amount to be insured in figures in box marked "Amount of Insurance".

Handling Information

These commodities, technology or software were exported from the United States in accordance with the Export Administration Regulations. Ultimate destination

Diversion contrary to U.S. law prohibited.

SCI

No. of Pieces RCP	Gross Weight	kg lb	Rate Class / Commodity Item No.	Chargeable Weight	Rate / Charge	Total	Nature and Quantity of Goods (incl. Dimensions or Volume)

Prepaid | Weight Charge | Collect

Other Charges

Valuation Charge

Tax

Total Other Charges Due Agent

Shipper certifies that the particulars on the face hereof are correct and that **insofar as any part of the consignment contains dangerous goods, such part is properly described by name and is in proper condition for carriage by air according to the applicable Dangerous Goods Regulations.**

Total Other Charges Due Carrier

Signature of Shipper or his Agent

Total Prepaid | Total Collect

Currency Conversion Rates | CC Charges in Dest. Currency

Executed on (date) | at (place) | Signature of Issuing Carrier or its Agent

For Carriers Use only at Destination | Charges at Destination | Total Collect Charges

APPERSON B9348 (01/09)

COPY 12 (EXTRA COPY)

3

Carrier Global Maritime Carriers Hamburg

Bill of Lading

Multimodal Transport or Port to Port Shipment

Shipper:

Global Maritime Carriers

Carrier's Reference | B/L-No.: | Page:

Consignee (not negotiable unless consigned to order):

Export References:

Forwarding Agent:

Notify Address (Carrier not responsible for failure to notify)

Consignee's References:

Place of Receipt:

Vessel(s): | **Voyage-No.:**

Place of Delivery:

Port of Loading:

Port of Discharge:

Container Nos., Seals Nos.; Marks & Nos.	Number and Kind of Packages, Description of Goods	Gross Weight:	Measurement:

Shipper's declared value (see clause on reverse hereof)

Above particulars as declared by Shipper. Without responsibility
Or warranty as to correctness by Carrier [see Clause 1 on reverse hereof]

Total No.of Containers received by the Carrier: | Packages received by the Carrier:

Movement: | Currency:

Charge	Rate	Basis	Wt/Vol/Val	P/C	Amount

RECEIVED by the Carrier from the Shipper in apparent good order and condition (unless otherwise noted herein) the total number of quantity of Containers or other packages or units indicated in the box opposite entiteled "Total No. of Containers/Packages received by the Carrier for Carriage subject to all the terms and conditions hereof (INCLUDING THE TERMS AND CONDITIONS ON THE REVERSE HEREOFAND THE TERMS AND CONDITIONS OF THE CARRIER'S APPLICABLE TARIFF) from the Place of Receipt or the Port of Loading, whichever is applicable, to the Port of Discharge or Place of Delivery, whichever is applicable. One original Bill of Lading, duly endorsed, must be surrendered by the Merchant to the Carrier in exchange for the Goods or a delivery order. In accepting this Bill of Lading the Merchant expressly accepts and agrees to all its terms and conditions, whether printed, stamped or written, or otherwise incorporated, notwithstanding the non-signing of this Bill of Lading by the Merchant.
IN WITNESS WHEREOF the number of original Bills of Lading stated below all of this tenor and date has been signed, one of which being accomplished the others to stand void.

Place and date of issue:

Freight payable at: | Number of original Bs/L:

Total Freight Prepaid | Total Freight Collect | Total Freight

Arbeitsunterlage zu Winklers-Buch 5038 – Kaufleute für Spedition und Logistikdienstleistung – Leistungsprozesse – Kap. C.7.2

4

HEIDTKÖTTER

Büromöbelfabrik Heidtkötter KG

Heidtkötter KG · Gütersloher Str. 111 · D-33647 Bielefeld

Bauer Ltd.
2900 West Carson Street
Pittsburgh PA 15205
U.S.A.

Gütersloher Straße 111 · D-33647 Bielefeld

Tel.: +49(0)521 708-0
Fax: +49(0)521 708-464

Internet: www.heidtkoetter-wvd.de
E-Mail: info@heidtkoetter-wvd.de

Invoice No.: 05/2176

Discription	Article Type	QLTY	Article	Unit Price	Quant.	Value
Conferences Tables		st.1	851 222	250.00 €	175	43,750.00 €
Conferences Chairs			851 223	125.00 €	280	35,000.00 €
			Sub-Total:			78,750.00 €
			Discount:			3,150.00 €
			Net:			75,600.00 €
			Diverse:			0.00 €
			VAT:			0.00 €
			Total:			**75,600.00 €**

The seller retains title to and possession of the merchandise supplied by him until full payment has been made, with extended proprietary rights.

Bank account: Sparkasse Bielefeld
Kto. 201 103 04, BLZ 480 501 61

IBAN: DE22 4805 0161 0020 1103 04
BIC: SPBI DE 3B XXX

Our ID/VAT-no.:
DE 222 856 039

Arbeitshilfe 3

Direkter Export:

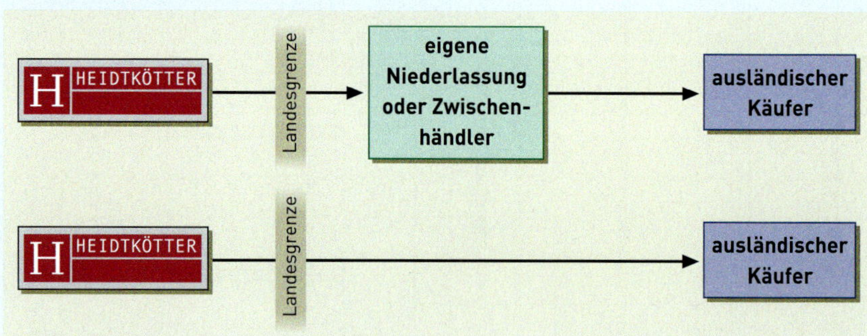

Indirekter Export:

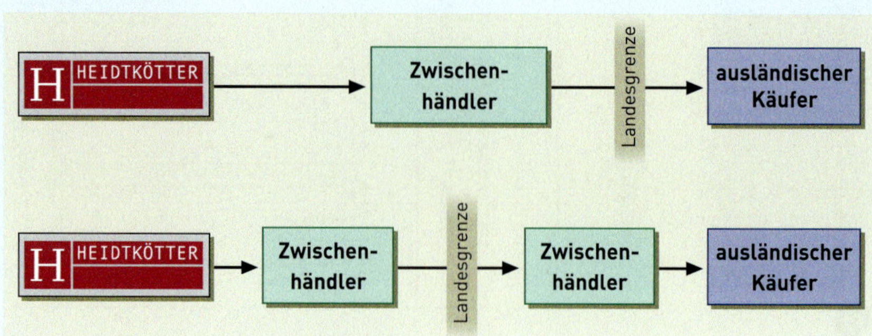

Arbeitshilfe 4

Die elf Klauseln der Incoterms (= International Commercial Terms) 2010

(in Kraft seit dem 01.01.2011)

	Abkürzung	Kostenübergang	Gefahrenübergang
ab Werk (ex works) **ab Fabrik** (ex factory) **ab Lagerhaus** (ex warehouse)	EXW	bei fristgerechter Bereitstellung der Ware zur Übernahme im Werk, der Fabrik oder dem Lagerhaus	
frei Frachtführer benannter Ort (free carrier)	FCA	bei Übergabe an benannten Frachtführer zu dem für die Lieferung vereinbarten Zeitpunkt bzw. innerhalb der für die Lieferung vereinbarten Frist am benannten Ort; Der Verkäufer trägt die Kosten für die Ausfuhrbewilligung und sonstige für die Ausfuhr benötigten behördlichen Genehmigungen sowie für alle Steuern, Gebühren und Abgaben, die aufgrund der Warenausfuhr erhoben werden. Mit dem Lieferort ist auch bestimmt, wer die Kosten der Be- und Entladung trägt.	
frei Längsseite See- oder Flussschiff benannter Verschiffungshafen (free alongside ship)	FAS	bei fristgerechter Bereitstellung längsseits des See- oder Flussschiffes (auf dem Ladekai) im benannten Verschiffunghafen; Gemäß *Incoterms 2000* ist der Verkäufer verpflichtet, die Ware zur Ausfuhr freizumachen.	
frei an Bord benannter Verschiffungshafen (free on board)	FOB	beim Absetzen auf dem See- oder Flussschiff im Verschiffungshafen	
Kosten und Fracht benannter Bestimmungshafen (cost and freight)	CFR	wie bei FOB zuzüglich Verschiffungsspesen, See- oder Flugfracht und evtl. Konsulatsgebühren	beim Absetzen auf dem See- oder Flussschiff im Verschiffungshafen (FOB-Klausel)
Kosten, Versicherung und Fracht benannter Bestimmungshafen (cost, insurance, freight)	CIF	wie bei CFR zuzüglich Versicherungskosten	wie bei CFR
frachtfrei benannter Bestimmungsort (carriage paid to ...)	CPT	bei Übergabe der Ware am Bestimmungsort	bei Übernahme der Ware durch den ersten Frachtführer
frachtfrei, versichert benannter Bestimmungsort (carriage and insurance paid to ...)	CIP	wie CPT zuzüglich Versicherungskosten	wie CPT
geliefert benannter Ort (delivered at place)	DAP	am vereinbarten Lieferort im Einfuhrland	
geliefert Terminal (delivered at terminal)	DAT	am vereinbarten Terminal, multimodal anwendbar	
geliefert verzollt benannter Ort (delivered duty paid)	DDP	ab Zurverfügungstellung am Bestimmungsort nach der Verzollung	

Arbeitsaufträge (Fortsetzung)

38. Die Heidtkötter KG hat sich nun auch für die erste Lieferung in die USA entschieden und mit ihrem Geschäftspartner auf Lieferung gemäß Incoterm CFR geeinigt. Erläutern Sie, welche Auswirkungen sich hieraus hinsichtlich des Transportrisikos für die Heidtkötter KG ergeben.

Außenwirtschaftsgesetz

1. Erweiterung der Situation B.13 Nachdem die Absatzchancen im nichteuropäischen Ausland für Möbel aus Deutschland augenscheinlich besser zu sein scheinen als erwartet, bereitet man nun den Export der Stapelstühle vor. Zunächst soll aber noch die rechtliche Lage genau abgeklärt werden. Um mögliche Hindernisse im Außenhandel rechtzeitig erkennen zu können, wird das Außenwirtschaftsgesetz herangezogen. In ihm finden sich laut Information der IHK die gewünschten Antworten.

Arbeitsaufträge (Fortsetzung)

39. a) Erläutern Sie, was gemäß Außenwirtschaftsgesetz unter der Ausfuhr und Einfuhr von Waren verstanden wird.
    b) Klären Sie die zunächst die Frage, in welchen Fällen die Beschränkung von Rechtsgeschäften oder Handlungen im Außenwirtschaftsverkehr angeordnet werden kann und wer für diese Anordnung zuständig ist.
    c) Finden Sie Gründe, aus denen der Heidtkötter KG eine Meldepflicht im Außenhandel entstehen könnte.

Arbeitshilfe

§§ Außenwirtschaftsgesetz in der Fassung der Bekanntmachung vom 15. Dezember 2011 (BGBl. I S. 1150)

§ 1 Grundsatz

(1) Der Waren-, Dienstleistungs-, Kapital-, Zahlungs- und sonstige Wirtschaftsverkehr mit fremden Wirtschaftsgebieten sowie der Verkehr mit Auslandswerten und Gold zwischen Gebietsansässigen (Außenwirtschaftsverkehr) ist grundsätzlich frei. Er unterliegt den Einschränkungen, die dieses Gesetz enthält oder die durch Rechtsverordnung auf Grund dieses Gesetzes vorgeschrieben werden.

(2) Unberührt bleiben Vorschriften in anderen Gesetzen und Rechtsverordnungen, zwischenstaatliche Vereinbarungen, denen die gesetzgebenden Körperschaften in der Form eines Bundesgesetzes zugestimmt haben, sowie Rechtsvorschriften der Organe zwischenstaatlicher Einrichtungen, denen die Bundesrepublik Deutschland Hoheitsrechte übertragen hat.

§ 2 Art und Ausmaß von Beschränkungen und Handlungspflichten

(1) Soweit in diesem Gesetz Beschränkungen zugelassen sind, kann durch Rechtsverordnung vorgeschrieben werden, dass Rechtsgeschäfte und Handlungen allgemein oder unter bestimmten Voraussetzungen

1. einer Genehmigung bedürfen oder
2. verboten sind.

(2) Das Bundesministerium für Wirtschaft und Technologie kann im Einvernehmen mit dem Auswärtigen Amt und dem Bundesministerium der Finanzen die notwendigen Beschränkungen von Rechtsgeschäften oder Handlungen im Außenwirtschaftsverkehr anordnen, um eine im einzelnen Falle bestehende Gefahr für die in § 7 Absatz 1 genannten Rechtsgüter abzuwenden. Bei Maßnahmen, welche die Bereiche des Kapital- und Zahlungsverkehrs oder den Verkehr mit Auslandswerten und Gold betreffen, ist auch das Benehmen mit der Deutschen Bundesbank herzustellen. Die Anordnung tritt sechs Monate nach ihrem Erlass außer Kraft, sofern die Beschränkung nicht durch Rechtsverordnung vorgeschrieben wird.

(3) Beschränkungen sind nach Art und Umfang auf das Maß zu begrenzen, das notwendig ist, um den in der Ermächtigung angegebenen Zweck zu erreichen. Sie sind so zu gestalten, dass in die Freiheit der wirtschaftlichen Betätigung so wenig wie möglich eingegriffen wird. Beschränkungen dürfen abgeschlossene Verträge nur berühren, wenn der angestrebte Zweck erheblich gefährdet wird.

(4) Beschränkungen sind aufzuheben, sobald und soweit die Gründe, die ihre Anordnung rechtfertigten, nicht mehr vorliegen.

(5) Soweit nach diesem Gesetz selbständige Handlungspflichten begründet werden können, gelten die Absätze 3 und 4 entsprechend.

§ 3 Erteilung von Genehmigungen

(1) Bedürfen Rechtsgeschäfte oder Handlungen nach einer Vorschrift dieses Gesetzes oder einer zu diesem Gesetz erlassenen Rechtsverordnung einer Genehmigung, so ist die Genehmigung zu erteilen, wenn zu erwarten ist, dass die Vornahme des Rechtsgeschäfts oder der Handlung den Zweck, dem die Vorschrift dient, nicht oder nur unwesentlich gefährdet. In anderen Fällen kann die Genehmigung erteilt werden, wenn das volkswirtschaftliche Interesse an der Vornahme des Rechtsgeschäfts oder der Handlung die damit verbundene Beeinträchtigung des bezeichneten Zwecks überwiegt.

(2) Die Erteilung der Genehmigungen kann von sachlichen und persönlichen Voraussetzungen, insbesondere der Zuverlässigkeit des Antragstellers, abhängig gemacht werden. Dasselbe gilt bei der Erteilung von Bescheinigungen des Bundesamtes für Wirtschaft und Ausfuhrkontrolle (BAFA), dass eine Ausfuhr keiner Genehmigung bedarf. Ist im Hinblick auf den Zweck, dem die Vorschrift dient, die Erteilung von Genehmigungen nur in beschränktem Umfange möglich, so sind die Genehmigungen in der Weise zu erteilen, dass die gegebenen Möglichkeiten volkswirtschaftlich zweckmäßig ausgenutzt werden können. Gemeinschaftsansässige, die durch eine Beschränkung in der Ausübung ihres Gewerbes besonders betroffen werden, können bevorzugt berücksichtigt werden.

§ 8 Warenausfuhr

(1) Die Ausfuhr von Waren kann beschränkt werden, um einer Gefährdung der Deckung des lebenswichtigen Bedarfs im Wirtschaftsgebiet oder in Teilen des Wirtschaftsgebiets im gesamtwirtschaftlichen Interesse vorzubeugen oder entgegenzuwirken. Die Beschränkungen sind nur zulässig, wenn der Bedarf auf andere Weise nicht, nicht rechtzeitig oder nur mit unverhältnismäßigen Mitteln gedeckt werden kann.

(2) Die Ausfuhr von ernährungs- und landwirtschaftlichen Erzeugnissen kann beschränkt werden, um erheblichen Störungen der Ausfuhr durch Lieferung minderwertiger Erzeugnisse vorzubeugen oder entgegenzuwirken. Dabei können durch Rechtsverordnung Mindestanforderungen für die Güte der Erzeugnisse vorgeschrieben werden.

(3) Die Ausfuhr von Waren, die in das Wirtschaftsgebiet verbracht worden sind, kann beschränkt werden, um im Rahmen der Zusammenarbeit in einer zwischenstaatlichen wirtschaftlichen Organisation sicherzustellen, dass die Regelungen der Mitgliedstaaten über die Wareneinfuhr aus Gebieten außerhalb der Organisation wirksam durchgeführt werden können.

§ 9 Ausfuhrverträge

(1) Bei Rechtsgeschäften, durch die sich ein Gebietsansässiger zur Lieferung einer Ware nach fremden Wirtschaftsgebieten verpflichtet (Ausfuhrverträge), kann die Vereinbarung von Zahlungs- oder Lieferungsbedingungen, die für den Abnehmer günstiger als die handels- und brancheüblichen Bedingungen sind, beschränkt werden, um erheblichen Störungen der Ausfuhr in das Käuferland vorzubeugen oder entgegenzuwirken.

(2) Im Ausfuhrgeschäft soll der Ausführer unter Berücksichtigung der außenwirtschaftlichen Belange der Allgemeinheit die Preise so gestalten, dass schädliche Auswirkungen, insbesondere Abwehrmaßnahmen des Käufer- oder Bestimmungslandes, vermieden werden.

§ 10 Wareneinfuhr

(1) Die Einfuhr von Waren ist grundsätzlich frei. Sie bedarf nur dann einer Genehmigung, wenn dies in der Einfuhrliste (Anlage) aufgeführt ist. Außerdem führt die Einfuhrliste die Waren auf, für deren Einfuhr auf Grund einer Verordnung nach § 26 Einfuhrkontrollmeldungen, die vorherige Einfuhrüberwachung oder die Vorlage von Ursprungszeugnissen oder Ursprungserklärungen vorgesehen oder für deren Einfuhr im Rahmen einer gemeinsamen Marktorganisation oder Handelsregelung eine Einfuhrlizenz vorgeschrieben ist.

(2) Die Einfuhrliste kann durch Rechtsverordnung geändert werden.

(3) Einfuhrbeschränkungen dürfen nur angeordnet werden, soweit dies zur Wahrung der nach den §§ 5 bis 7 (Abwehr und Schutz) zu berücksichtigenden Zwecke geboten ist.

(4) Durch Rechtsverordnung kann vorgesehen werden, dass die Einfuhr keiner Genehmigung bedarf,

1. wenn die Waren nicht im Wirtschaftsgebiet in den zollrechtlich freien Verkehr übergeführt werden oder
2. wenn durch Begrenzung der Warenmenge oder des Warenwertes oder durch Verwendungsbeschränkungen oder auf andere Weise eine Gefährdung der nach Absatz 3 zu wahrenden Belange ausgeschlossen wird.

Dies gilt insbesondere bei der Einfuhr in eine Freizone, der Überführung in die aktive Veredelung (Nichterhebungsverfahren) oder in das Zolllagerverfahren, im Reiseverkehr, im Grenzverkehr, für Zwecke des Schiffsbedarfs, zur nichtgewerbsmäßigen Verwendung sowie für die Einfuhr von Übersiedlungs- und Erbschaftsgut.

§ 11 Lieferfristen bei der genehmigungsfreien Einfuhr

Bei der genehmigungsfreien Einfuhr kann die Vereinbarung und Inanspruchnahme von Lieferfristen beschränkt werden, um die in § 10 Absatz 3 genannten Belange zu wahren.

→

§ 12 Genehmigungsbedürftige Einfuhr

(1) Für Waren, deren Einfuhr der Genehmigung bedarf, sind unter Berücksichtigung der handels- und sonstigen wirtschaftspolitischen Erfordernisse Einfuhrgenehmigungen zu erteilen, soweit dies unter Wahrung der in § 10 Absatz 3 genannten Belange möglich ist.

(2) Bei der Erteilung von Einfuhrgenehmigungen handeln die zuständigen Stellen nach Richtlinien, die das Bundesministerium für Wirtschaft und Technologie und das Bundesministerium für Ernährung, Landwirtschaft und Verbraucherschutz im beiderseitigen Einvernehmen und im Benehmen mit dem Bundesministerium der Finanzen sowie der Deutschen Bundesbank erlassen. Auf der Grundlage dieser Richtlinien sollen die für die Erteilung von Einfuhrgenehmigungen zuständigen Stellen im Bundesanzeiger die Einzelheiten bekannt geben, die bei den Anträgen auf Erteilung der Genehmigung zu beachten sind (Ausschreibung).

§ 26 Verfahrens- und Meldevorschriften

(1) Durch Rechtsverordnung können Vorschriften über das Verfahren bei der Vornahme von Rechtsgeschäften oder Handlungen im Außenwirtschaftsverkehr erlassen werden, soweit solche Vorschriften zur Durchführung dieses Gesetzes oder von Regelungen der in Satz 2 genannten Art oder zur Überprüfung der Rechtsgeschäfte oder Handlungen auf ihre Rechtmäßigkeit im Sinne dieses Gesetzes oder solcher Regelungen erforderlich sind. Regelungen im Sinne des Satzes 1 sind

1. die Bestimmungen der Verträge zur Gründung der Europäischen Gemeinschaften,
2. die Bestimmungen in Verträgen, einschließlich der zu ihnen gehörigen Akte mit Protokollen, die auf Grund der in Nummer 1 genannten Verträge zustande gekommen sind oder zu deren Erweiterung, Ergänzung oder Durchführung oder zur Begründung einer Assoziation, Präferenz oder Freihandelszone abgeschlossen und im Bundesgesetzblatt, im Bundesanzeiger oder im Amtsblatt der Europäischen Gemeinschaften veröffentlicht und als in Kraft getreten bekannt gegeben sind,
3. Rechtsakte des Rates oder der Kommission der Europäischen Gemeinschaften auf Grund oder im Rahmen der in den Nummern 1 und 2 genannten Verträge.

Durch Rechtsverordnung können ferner Aufzeichnungs- und Aufbewahrungspflichten vorgeschrieben werden, soweit sie zur Überwachung der Rechtsgeschäfte oder Handlungen auf ihre Rechtmäßigkeit im Sinne dieses Gesetzes oder von Regelungen der in Satz 2 genannten Art oder der Erfüllung von Meldepflichten nach den Absätzen 2 und 3 erforderlich sind und soweit sie nicht bereits nach handels- oder steuerrechtlichen Vorschriften bestehen.

(2) Durch Rechtsverordnung kann angeordnet werden, dass Rechtsgeschäfte und Handlungen im Außenwirtschaftsverkehr, insbesondere aus ihnen erwachsende Forderungen und Verbindlichkeiten sowie Vermögensanlagen und die Leistung oder Entgegennahme von Zahlungen, unter Angabe des Rechtsgrundes zu melden sind, wenn dies erforderlich ist, um

1. festzustellen, ob die Voraussetzungen für die Aufhebung, Erleichterung oder Anordnung von Beschränkungen vorliegen,
2. laufend die Zahlungsbilanz der Bundesrepublik Deutschland erstellen zu können,
3. die Wahrnehmung der außenwirtschaftspolitischen Interessen zu gewährleisten,
4. Verpflichtungen aus zwischenstaatlichen Vereinbarungen erfüllen zu können
   oder
5. (weggefallen).

(3) Durch Rechtsverordnung kann ferner angeordnet werden, dass der Stand und ausgewählte Positionen der Zusammensetzung des Vermögens Gebietsansässiger in fremden Wirtschaftsgebieten und Gebietsfremder im Wirtschaftsgebiet zu melden sind, soweit dies zur Verfolgung der in Absatz 2 Nummer 1 bis 4 angegebenen Zwecke erforderlich ist. Vermögen im Sinne des Satzes 1 ist auch die mittelbare Beteiligung an einem Unternehmen. Gehört zu dem meldepflichtigen Vermögen eine unmittelbare oder mittelbare Beteiligung an einem Unternehmen, so kann angeordnet werden, dass auch der Stand und ausgewählte Positionen der Zusammensetzung des Vermögens des Unternehmens zu melden sind, an dem die Beteiligung besteht.

(4) Art und Umfang der Meldepflichten sind auf das Maß zu begrenzen, das notwendig ist, um den in den Absätzen 2 und 3 angegebenen, jeweils verfolgten Zweck zu erreichen. Die §§ 9, 15 und 16 des Bundesstatistikgesetzes sind in den Fällen des Absatzes 2 Nummer 1 bis 4 und des Absatzes 3 entsprechend anzuwenden.

§ 26 a Besondere Meldepflichten

(1) Durch Rechtsverordnung kann angeordnet werden, dass dem Bundesamt für Wirtschaft und Ausfuhrkontrolle (BAFA) die Vornahme von Rechtsgeschäften oder Handlungen zu melden ist, die sich auf Waren und Technologien im kerntechnischen, biologischen oder chemischen Bereich des Teils I der Ausfuhrliste (Anlage AL zur Außenwirtschaftsverordnung) beziehen, soweit dies zur Verfolgung der in den §§ 5 und 7 Absatz 1 angegebenen Zwecke, insbesondere zur Überwachung des Außenwirtschaftsverkehrs, erforderlich ist. Das Bundesamt für Wirtschaft und Ausfuhrkontrolle (BAFA) darf die auf Grund einer Rechtsverordnung nach Satz 1 erhobenen Informationen zu den in Satz 1 genannten Zwecken mit anderen bei ihm gespeicherten Informationen abgleichen.

(2) Die auf Grund einer Rechtsverordnung nach Absatz 1 erhobenen Informationen sind geheim zu halten. Sie kön-

nen an das Bundesministerium für Wirtschaft und Technologie und die für die Überwachung des Außenwirtschaftsverkehrs zuständigen Behörden übermittelt werden, soweit es die in Absatz 1 genannten Zwecke erfordern. Für andere als die in Absatz 1 genannten Zwecke dürfen sie nicht verwendet werden. § 45 bleibt unberührt.

(3) Art und Umfang der Meldepflicht sind auf das Maß zu begrenzen, das notwendig ist, um den in Absatz 1 angegebenen Zweck zu erreichen.

§ 27 Erlass von Rechtsverordnungen

(1) Die in diesem Gesetz vorgesehenen Rechtsverordnungen erlässt die Bundesregierung; Rechtsverordnungen, die der Erfüllung von Verpflichtungen aus zwischenstaatlichen Vereinbarungen dienen (§ 5), erlässt jedoch das Bundesministerium für Wirtschaft und Technologie im Einvernehmen mit dem Auswärtigen Amt und dem Bundesministerium der Finanzen. Die Rechtsverordnungen bedürfen nicht der Zustimmung des Bundesrates. Der Zustimmung des Bundesrates bedürfen jedoch Rechtsverordnungen nach § 28 Absatz 3 Satz 1. Bei Vorschriften, welche die Bereiche des Kapital- und Zahlungsverkehrs oder den Verkehr mit Auslandswerten und Gold betreffen, ist das Benehmen mit der Deutschen Bundesbank herzustellen.

(2) Die Rechtsverordnungen sind unverzüglich nach ihrer Verkündung dem Bundestag und, soweit die Zustimmung des Bundesrates nicht erforderlich ist, auch dem Bundesrat mitzuteilen. Der Bundesrat kann binnen vier Wochen gegenüber dem Bundestag Stellung nehmen. Die Rechtsverordnungen sind unverzüglich aufzuheben, soweit es der Bundestag binnen vier Monaten nach ihrer Verkündung verlangt. Die Sätze 1 bis 3 finden keine Anwendung auf Rechtsverordnungen, durch welche die Bundesregierung oder das Bundesministerium für Wirtschaft und Technologie in Wahrnehmung von Rechten oder in Erfüllung von Verpflichtungen aus zwischenstaatlichen Vereinbarungen, denen die gesetzgebenden Körperschaften in der Form eines Bundesgesetzes zugestimmt haben, Beschränkungen des Waren-, Kapital- oder Zahlungsverkehrs mit fremden Wirtschaftsgebieten aufgehoben oder angeordnet hat.

Zollaufgaben

2. Erweiterung der Situation B.13 Mit Ausnahme von Speditionen hat jeder Exporteur für die Warenausfuhr im Extrahandel – also im Warenhandel mit Nicht-EU-Ländern – ab einem Warenwert von 1.000,00 € eine sogenannte Ausfuhranmeldung in mehrfacher Ausfertigung anzufertigen. Auch für die geplanten Verkäufe der Heidtkötter KG in die USA und nach Asien wird demnach der Vordruck für die Warenausfuhr benötigt.

Neben der Verwendung der richtigen Formulare kommt es jedoch auch auf die auszufüllenden Inhalte an. So muss beispielsweise der Zollwert jeder Warensendung exakt ermittelt werden. Das ist jedoch zum Teil nicht so einfach, denn auch im Außenhandel können, ähnlich wie in den Grundsätzen ordnungsgemäßer Bilanzierung (GoB), unterschiedliche Wertansätze relevant werden.

Arbeitsaufträge (Fortsetzung)

40. Ermitteln Sie anhand der Arbeitshilfe 1 den genauen Ablauf der Warenausfuhr und die Verwendung des Vordrucks.
41. Erstellen Sie unter Berücksichtigung der Arbeitshilfe 2 ein Berechnungsschema für die folgenden Lieferbedingungen: EXW, FOB, CFR und DDP.

Arbeitshilfe 1

Die Ausfuhranmeldung dient dazu, zu prüfen, ob der Warenexport zulässig ist und um die Daten zur Erstellung der Außenhandelsstatistik zu ermitteln.

Sie ist auf den Blättern 1, 2 und 3 des Einheitspapiers abzugeben, wobei das erste Exemplar der Anmeldung bei der zuständigen Zollstelle dient, das ist die jeweilige Ausfuhrzollstelle des Versenders. Die zweite Ausfertigung wird an das Statistische Bundesamt in Wiesbaden übermittelt und das Exemplar Nr. 3 ist der Ausgangszollstelle vorzulegen. Sie ist die Zollstelle, an der die Ware das Gebiet der EU verlässt.

→

Das Einheitspapier muss vor der Ausfuhr von der zuständigen Binnenzollstelle vorabgefertigt werden. Die Ausfuhr muss genehmigt werden, sobald der Warengegenwert 3.000,00 € übersteigt. Die Zollstelle muss hierzu das Dokument mit Datum und Stempel versehen, woraufhin die Ausfuhr dann innerhalb eines Monats zu erfolgen hat.

Unter Umständen kann auch eine nicht direkt zuständige Zollstelle die Vorabfertigung durchführen. Bei einem Warenwert bis 3.000,00 € kann das benötigte Ausfuhrdokument direkt mit der Ware zur Ausfuhrzollstelle geschickt werden.

Bei der tatsächlichen Ausfuhr wird das Einheitspapier von der Ausfuhrzollstelle entweder an der Landesgrenze oder schon vorher erneut als Beweis dafür abgestempelt, dass die Ware tatsächlich ins Ausland verbracht wurde. Diese Kopie kann dem Ausführer, falls kein anderes Dokument verfügbar ist, als Nachweis der Umsatzsteuerfreiheit dienen. Dies geht jedoch nur, wenn die dritte Kopie bei der Ausfuhr abgestempelt wurde.

vgl.: Wagner, Gert R., Zollhandbuch 2009 für Ausbildung und Praxis, Verkehrs-Verlag Fischer

Arbeitshilfe 2

› Arbeitsheft

Zollwertermittlung für den Normalfall	
Rechnungspreis	
+ Verkaufsprovisionen	– Montagekosten
+ Verpackungskosten	– Zölle und Abgaben
+ Umschließungskosten	– Kopierlizenzen
+ vom Käufer bereitgestellte Materialien und Werkzeuge	– Zahlungen für Vertriebs- und Wiederverkaufsrechte
+ Lizenzen	– Beförderungskosten nach Einfuhr
+ Erlöse aus Zwischenhandel	
+ Beförderungskosten	
+ Versicherungskosten	
+ Be- und Entladekosten	
= Zollwert	

Bei der Berechnung ist darauf zu achten, dass die Additionswerte noch nicht im Rechnungspreis enthalten sein dürfen, wohingegen die zu subtrahierenden Werte bereits im Rechnungsbetrag enthalten, jedoch getrennt ausgewiesen sein müssen.

Formulare

3. Erweiterung der Situation B.13

Zur Absicherung des Transports wünscht sich Herr Heidtkötter auf Rat seines befreundeten Unternehmers, den Verbleib der Ware während der gesamten Strecke durch die Ausstellung geeigneter Dokumente nachverfolgen zu können. Eines dieser Dokumente ist das sogenannte **Konnossement** oder *Bill of Lading*, das dem Exporteur oder seinem Spediteur bei der Verladung am Hafen vom Verfrachter, der dort die Ware übernimmt, ausgestellt wird. Es dokumentiert den Erhalt der Ware und die anschließende Verpflichtung zum Transport mit Übergabe der Ware an den berechtigten Empfänger. Sollte der Transporteur auf dem Transportweg wechseln, so kann das Konnossement durch ein sogenanntes Indossament[1] an den folgenden Transporteur rechtlich bindend weitergegeben werden.

1 Ein Indossament ist ein schriftlicher Vermerk auf dem Konnossement, das üblicherweise mindestens aus dem Namen und der Unterschrift des Weitergebenden besteht. Es beweist, dass die Rechte an diesem Transportpapier und der damit verbundenen Ware an einen Dritten rechtmäßig weitergegeben wurden.

Arbeitsaufträge (Fortsetzung)

42. Die Projektgruppe sollte über das Formular zum Konnossement Bescheid wissen. Aus diesem Grund sollen Sie nun das in der Arbeitshilfe 2 (Seite 191) beigefügte Formular vor dem nächsten Sitzungstermin einmal probehalber ausfüllen.

› Arbeitshilfe 2, S. 191
› Arbeitshilfe 1, S. 190

43. Eine Form der Absicherung von Kaufverträgen im Außenhandel ist der Abschluss eines Dokumenteninkassos, das auch als „Zug-um-Zug-Geschäft" bezeichnet wird und als besonders gute Möglichkeit zur Absicherung von Zahlungsrisiken im Außenhandel gilt. Beschreiben Sie den Ablauf eines Dokumenteninkassos am Beispiel des möglichen Verkaufs von 100 Stühlen an die Bauer Ltd., 2900 West Carson Street in Pittsburgh, PA 15205, USA. Hausbank der Bauer Ltd. ist die Dollarbank in Pittsburgh 351 Stanhope Street, Pittsburgh, PA 15204.

› Arbeitshilfe 3
› Arbeitsheft

44. Die Heidtkötter KG vereinbart mit ihrem ausländischen Lieferanten, der Mainboard Ltd. Pittsburgh PA, USA, im Kaufvertrag die Zahlungsbedingung *unwiderrufliches, bestätigtes Akkreditiv.* Sämtliche Kosten für das Akkreditiv werden vom Akkreditivsteller getragen. Die Kosten für die bestellte Ware, spezielle Transportboxen und Edelstahlhalterungen für den Stapelstuhl betragen laut Kaufvertrag 79.900,00 €.

› Arbeitshilfe 4

In Zusammenarbeit mit der Bank des Exporteurs bekommt Klaus M. Heidtkötter folgendes Angebot von seiner Bank:

Außenhandelsabteilung	
Eröffnungsgebühr	3,0 ‰
Gebühr für die Aufnahme der Dokumente der Importeurbank	2,0 ‰
Gebühr für die Aufnahme der Dokumente der Exporteurbank	1,0 ‰
Gebühr für die Avisierung	0,5 ‰
Gebühr für die Bestätigung	1,0 ‰
Negoziierungsprovision (Zinsen der Bevorschussung)	3,0 ‰

a) Ermitteln Sie die Höhe der Zusatzbelastung durch das Akkreditiv.

b) Wäre es für Heidtkötter demnach vorteilhaft, die Ware gegen Vorkasse zu bestellen? Begründen Sie Ihre Einschätzung.

45. Die Heidtkötter KG schließt mit der Mainboard Ltd. aus Pittsburgh PA, USA, einen Liefervertrag über die Produktion von speziellen Sitzschalen für die Stapelstühle im Wert von 18.000,00 US-$ ab. Die Verhandlungen über die Zahlungsbedingungen sind jedoch noch nicht abgeschlossen. Für die Mainboard Ltd. steht eine Zahlung bei Ankunft der Ware im Freihafen von Hamburg außer Frage, die Heidtkötter KG möchte hingegen ein Zahlungsziel von mindestens 30 Tagen nach Warenannahme realisieren, da dies auch im innerdeutschen Handel eine übliche Zahlungsfrist ist. Außerdem wäre die Sicherung durch das Akkreditiv nach Meinung von Klaus M. Heidtkötter ohnehin ausreichend.

Als Zahlungsbedingungen bieten sich demnach entweder *documents against payment* (d/p) oder *documents against credit* (d/a credit) mit der Bestätigung durch die Bank der Mainboard Ltd. in Pittsburgh und Absicherung durch einen Wechsel an.

Die Transportdauer beträgt üblicherweise 40 Tage. Für Kontokorrentkredite in den USA wird zurzeit ein Zins von 7 % p.a. angenommen. Die Diskontzinsen bei Einreichung eines Wechsels liegen derzeit bei ca. 3 % p.a.

a) Worin besteht der wesentliche Unterschied dieser zwei Absicherungsalternativen durch Akkreditive?

b) Für welche Form der Zahlungsbedingung sollte sich die Mainboard Ltd. Ihrer Meinung nach entscheiden? Begründen Sie Ihre Einschätzung.

→

Arbeitsaufträge (Fortsetzung)

46. Der Auftrag der Bauer Ltd. käme Herrn Heidtkötter sehr gelegen. Die Amerikaner wünschen eine Fakturierung in US-Dollar.

    Ermitteln Sie den Betrag, den die Heidtkötter KG für diesen Verkauf beim vorher festgelegten Preis von 399,00 US-$ je Stück von ihrer Sparkasse gutgeschrieben bekäme, wenn die Kurse aus der Arbeitshilfe 5 zugrunde gelegt würden. Weitere Informationen zur Wahl des richtigen Wechselkurses finden Sie in Arbeitshilfe 6.

› Arbeitshilfe 6

47. Gleichzeitig müsste die Heidtkötter KG die Preisberechnung der Lieferung von Verschraubungen für Stuhllehne und Fußgestell aus Asien in die Gewinnspanne einkalkulieren. Dieses Verbindungsstück würde von den Herstellern in japanischen Yen fakturiert. Der Preis würde 300 Yen pro Stück betragen. Den entsprechenden (beispielhaften) Wechselkurs finden Sie in Arbeitshilfe 5.

› Arbeitshilfe 5

48. Da die Heidtkötter KG bei bisherigen Überseegeschäften bereits mehrfach durch Wechselkursschwankungen viel Geld verloren hat, soll im Geschäft mit der Bauer Ltd. eine Absicherung dieses Risiko vermindern oder möglichst völlig ausschließen.

    Erläutern Sie zunächst, worin das Risiko besteht. Bewerten Sie daraufhin aus Sicht der Heidtkötter KG die Möglichkeiten, die die örtliche Industrie- und Handelskammer ihren Mitgliedern in einer Informationsbroschüre darlegt, und kommen Sie so zu einer begründeten Empfehlung.

› Arbeitshilfe 7

Arbeitshilfe 1

Ergänzende Informationen zum Schiffstransport:

- Das Konnossement wurde am 11.11.20.. ausgestellt.
- Als Schiff wird die *Queen of the Seas* der Reederei Rickmers-Line in Hamburg gechartert.
- Schiffsführer auf dieser Tour ist Kapitän Jim Smith aus Australien.
- Für die Ladung wird die Ordernummer BB-01234-56 angenommen.
- Spezielle Anweisungen zur Ware lauten wie folgt:

  Die Stühle sollen einzeln vor Beschädigung geschützt und daher einzeln verpackt werden.
- Zu dieser Anweisung passend wird die Transportroute mit der größtmöglichen Sicherheit vor Überfällen gewählt.
- Jeder Stuhl hat ein Eigengewicht von netto 1,8 kg.
  Die Verpackung wird mit 0,7 kg je Stuhl angegeben. Der Gesamtwert der Ladung muss noch ermittelt werden.
- Der Schiffsführer muss eine Empfangsbestätigung ausstellen.

Arbeitshilfe 2

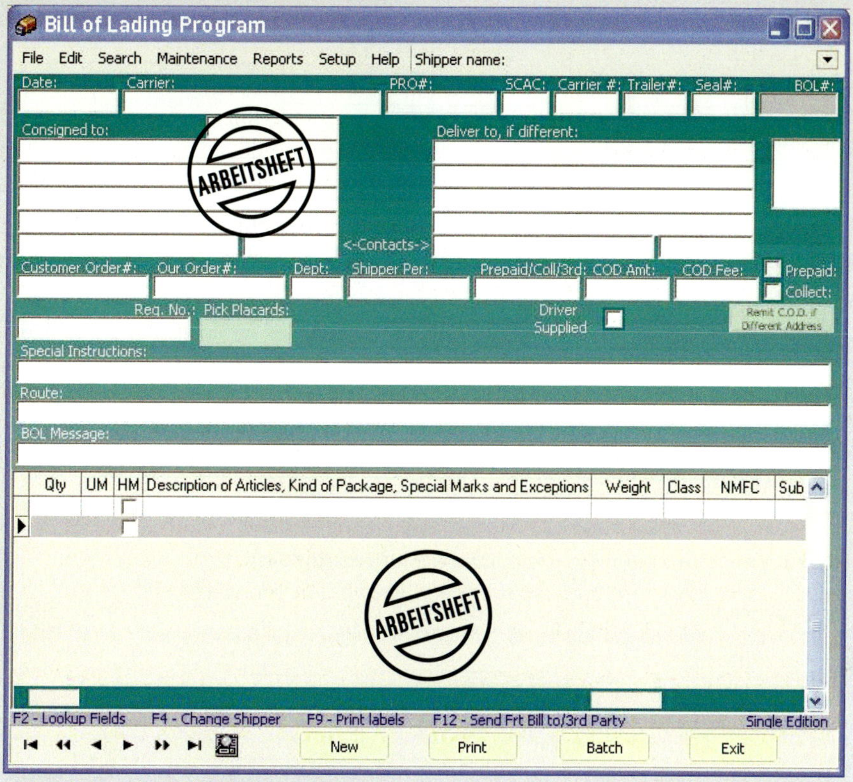

Arbeitshilfe 3

Dokumenteninkasso

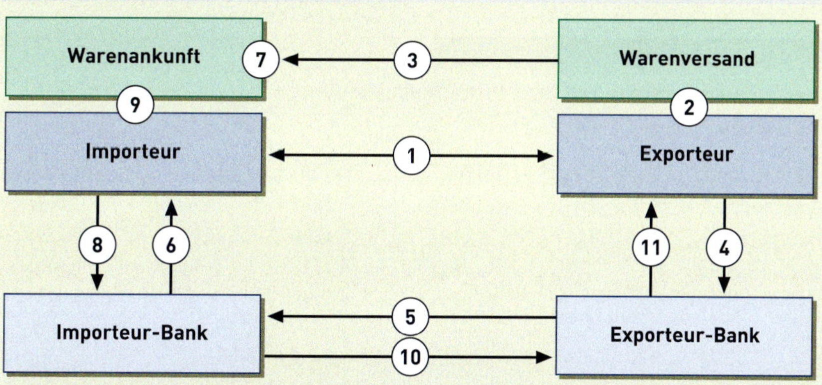

① Kaufvertrag zwischen Importeur und Exporteur (Heidtkötter KG)
② Austausch der Ware gegen Transportdokumente
③ Versand der Ware
④ Inkassoauftrag und Einreichung der Dokumente
⑤ Weiterleitung der Dokumente zum Inkasso
⑥ Vorlage der Dokumente zur Prüfung
⑦ Ankunft der Ware am Zielort
⑧ Ausgabe der benötigten Dokumente gegen Zahlung
⑨ Warenausgabe gegen Vorlage der Dokumente
⑩ Verrechnung des Kaufpreises zwischen den Banken
⑪ Gutschrift des Betrags auf dem Konto der Heidtkötter KG

Arbeitshilfe 4

Akkreditiv

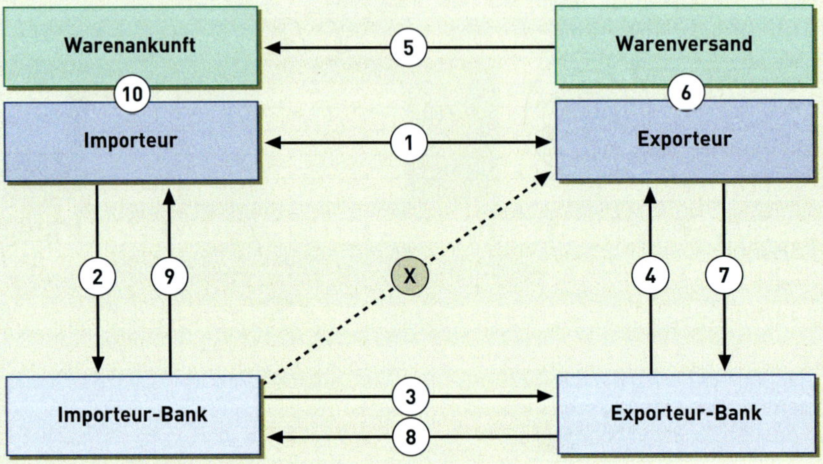

(1) Kaufvertrag zwischen Importeur und Exporteur (Heidtkötter KG)
(2) Akkreditivauftrag als Geschäftsbesorgungsauftrag zwischen Importeur und Bank des Importeurs
(3) Akkreditiveröffnung und Auftrag zur Zahlungsabwicklung von der Bank des Importeurs bei der Bank des Exporteurs
(4) Avisierung des Akkreditivs beim Exporteur durch seine Bank
(5) Versand der Dokumente durch den Exporteur
(6) Erhalt der Dokumente aus dem Warenversand
(7) Dokumentenaushändigung gegen Zahlung nach Dokumentenprüfung
(8) Verrechnung auf dem Korrespondenzbankkonto und Übergabe der Dokumente
(9) Überlassung der Dokumente nach Prüfung und Belastung beim Importeur
(10) Warenaushändigung beim Importeuer gegen Übergabe der Dokumente
(X) **Abstraktes** Schuldversprechen gem. § 780 BGB

Arbeitshilfe 5

Devisen- und Sortenkurse für 1 Euro (Beispiele)

[Stand: Juli 2012]		Devisen		Sorten	
		Geld	Brief	Verkauf	Ankauf
Australien	A $	1,1746	1,2246	1,1405	1,2764
Dänemark	dkr	7,4184	7,4584	7,1151	7,7317
Großbritannien	£	0,7884	0,7924	0,7638	0,8173
Hongkong	HK $	9,3371	9,5971	8,53	10,18
Japan	Yen	96,59	97,07	93,4253	100,9393
Kanada	kan. $	1,2332	1,2452	1,1871	1,3027
Neuseeland	NZ $	1,5076	1,5726	1,3902	1,6744
Norwegen	nkr	7,4160	7,4640	7,1267	7,8712
Polen	Sloty	4,1375	4,2775	3,82	4,158
Schweden	skr	8,5520	8,6000	8,1635	9,0529
Schweiz	sfr	1,1988	1,2028	1,1703	1,2350
Singapur	S $	1,5302	1,5632	1,9070	1,7410
Südafrika	Rand	9,9130	10,3730	8,5281	11,6726
Tschechien	Krone	25,059	25,659	23,2874	27,7341
USA	US $	1,2174	1,2234	1,1752	1,2668

Arbeitshilfe 6

Der **Wechselkurs** ist der Preis einer Währung ausgedrückt in Einheiten einer anderen Währung. Für den Euro wird die sogenannte Mengennotierung angegeben. Sie gibt an, welcher Betrag der Auslandswährung als Gegenwert für eine bestimmte Menge an Inlandswährung zu zahlen ist (z. B. 1,22 US-Dollar für einen Euro).
Bei der Suche nach dem richtigen Wechselkurs muss zunächst zwischen Devisen und Sorten unterschieden werden. Tauschen Sie Bargeld am Bankschalter in eine andere Währung um, so gilt der **Sortenkurs**, den die Bank selbst festlegt und der deshalb von Bank zu Bank variieren kann. Lösen Sie jedoch z. B. einen Scheck gegen Fremdwährung ein, so muss zur Umrechnung der **Devisenkurs** herangezogen werden. Er gilt außerdem bei Auslandsüberweisungen.
Zu jedem Kurs gibt es außerdem zwei Werte, den Ankaufs- und den Verkaufskurs. Die Terminologie ist auf die Sicht der Bank bezogen: Die Bank kauft zum Ankaufskurs (**Briefkurs**), die Bank verkauft zum Verkaufskurs (**Geldkurs**).

Beispiel

Wenn Sie US-Dollar (USD) ankaufen wollen, dann geschieht dies zum Verkaufskurs der Bank, denn aus der Sicht der Bank ist es ein Verkauf. Daraus ergibt sich auch, dass der Verkaufskurs der „niedrigere“ ist, denn natürlich möchten die Banken bei den Währungsgeschäften etwas verdienen.

Das arithmetische Mittel zwischen Geld- und Briefkurs wird als **Mittelkurs** bezeichnet.

Arbeitshilfe 7

Möglichkeiten für die Absicherung von Währungsrisiken

Wenn Kunden aus dem Dollarraum Güter oder Dienstleistungen von europäischen Unternehmen bezahlen wollen, müssen sie derzeit nur noch etwas mehr als 1,20 Dollar für einen Euro zahlen. Davon profitieren gerade auch exportorientierte Unternehmen.

Hält der niedrige Kurs des Euro an, gibt das zusätzliche Impulse für den Export. Die Angst, dass bei einer Aufwertung des Euro gegenüber den Währungen der wichtigsten Handelspartner die auf der Grundlage fremder Währung geschlossenen Verträge dann aber deutlich weniger Euro in die Kassen bringen, breitet sich bei den europäischen Exporteuren immer weiter aus. Jeder Euro-Cent mehr bei der Erfüllung eines in fremder Währung abgeschlossenen Vertrages reduziert das Ergebnis für den Exporteur.

Preisvereinbarung auf Euro-Basis.

Eine sinnvolle Absicherung gegen Wechselkursschwankungen bietet die Fakturierung von Transaktionen in inländischer Währung. Somit erhält der inländische Exporteur vollständige Planungssicherheit. Allerdings reduziert dies die Unsicherheit für den ausländischen Importeur.

Risikokompensation (Zulieferer-Hedging[1])

Bei einem Verkauf in fremder Währung wird gleichzeitig ein möglichst wertgleicher Einkauf in gleicher Währung vorgenommen.

Die Möglichkeit des Hedging von Exporterlös-Risiken über Einkaufs-Strategien wird bisher noch kaum genutzt. Abhängig ist diese Möglichkeit insbesondere vom Anteil von Material und Vorprodukten am Produktionswert. Liegt dieser bei 75 %, so ergibt sich daraus ein theoretisches Absicherungspotenzial von ebenfalls 75 %. Dieses theoretische Potenzial wird in der Praxis allerdings kaum erzielbar sein, da durch zu viele – insbesondere ausländische – Zulieferer die Komplexitätskosten des Einkaufs steigen.

→

1 Der Begriff Hedging stammt aus dem Englischen; *to hedge* = absichern.

Unterschieden werden kann zum einen die Auswahl der Zulieferer nach Währungsblöcken und zum anderen eine Vereinbarung mit den Lieferanten über eine Fakturierung im Währungs-Mix.

Bartering (Austausch von Waren und Dienstleistungen)

Der Begriff Barter stammt aus dem Englischen und bedeutet „tauschen". Das Charakteristische bei dieser Form des Handels ist, dass die Teilnehmer untereinander Waren und Dienstleistungen austauschen und kein Geld fließt. Eine Leistung wird innerhalb eines bestimmten Zeitraumes mit einer Gegenleistung oder zumindest mit einem Teil verrechnet.

Die Verrechnung wird von Barterorganisationen geregelt, die für jedes angeschlossene Unternehmen ein Verrechnungskonto (vergleichbar mit einem Girokonto) führen und die jeweiligen Handelsobjekte unter den Teilnehmern des Pools verrechnen.

Genaue Zahlen gibt es nicht, doch Schätzungen der Welthandelsorganisation (WTO) gehen von einem Anteil von Bartergeschäften am Welthandel von bis zu 20 % aus.

Forfaitierung[1] (Verkauf von Exportforderungen)

Unter Forfaitierung versteht man den regresslosen Verkauf einer Exportforderung. Der Forderungskäufer (eine Bank oder ein Forfaitierungsinstitut) übernimmt pauschal und einredefrei die Verbindlichkeiten des ausländischen Importeurs und stellt damit den Exporteur von allen Risiken frei. Bei Fälligkeit zieht der Forfaiteur (also der Forderungskäufer) den Betrag beim Schuldner ein.

› INFO-Teil LF 11, Kap. 7.2

Anders als beim Factoring bezieht sich die Forfaitierung auf einzelne mittel- bis langfristige Exportforderungen (6 Monate bis 5 Jahre) ab ca. 50.000,00 €, die vom Forfaiteur individuell angekauft werden. Diese müssen auf Hartwährung lauten (z. B. Euro, Dollar, Pfund, Schweizer Franken). Das Land, in dem die Bank des Importeurs seinen Sitz hat, muss als international kreditwürdig angesehen sein und der Importeur muss eine zweifelsfreie Liquidität aufweisen. Zur Absicherung des wirtschaftlichen Risikos ist normalerweise die Garantie einer Auslandsbank erforderlich.

Die Forfaitierung gewinnt im Exportgeschäft als Finanzierungsinstrument und zur Währungsrisikominimierung zunehmend an Bedeutung, da die Finanzierung über Bankkredite immer schwieriger wird. Der Diskontsatz errechnet sich aus dem Euribor plus einem Risikozuschlag, der sich an der Laufzeit der Forderung, der Bonität der Garantiebank und des Importeurs orientiert, und liegt derzeit deutlich unter 5 %.

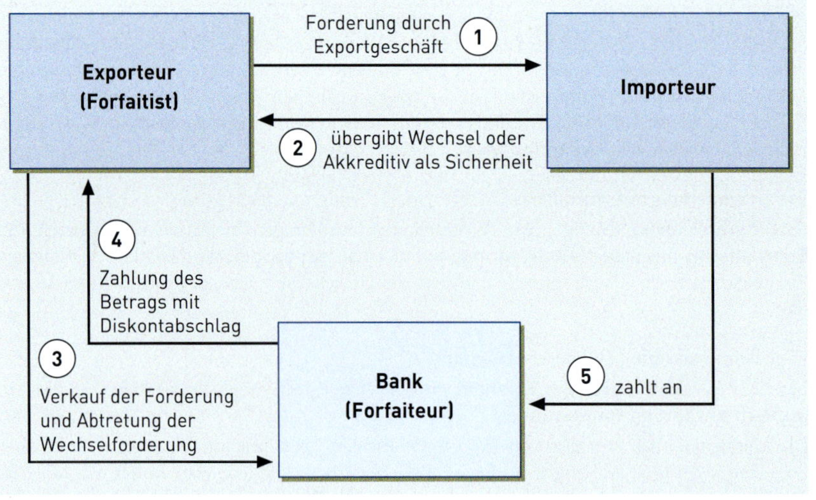

1 Der Begriff stammt aus dem Französischen; *à forfait* = in Bausch und Bogen, ohne Regress.

Verlagerung der Produktion in den Dollarraum (Produktions-Hedging)

Zunehmend prüfen stark exportabhängige Unternehmen die (teilweise) Verlegung ihrer Produktion in den Währungsraum der wichtigsten Importeure. Beispiel: Airbus. Das europäische Unternehmen möchte ein Werk in den USA errichten, auch um Arbeitsplätze in Europa zu sichern.[1] Durch einen zehn Cent stärkeren Euro büßt das Unternehmen gut eine Milliarde Euro Gewinn ein. Denn Airbus produziert bislang ausschließlich in Europa, überwiegend im Euro-Raum. Die Flugzeuge werden auf dem Weltmarkt aber fast ausschließlich in Dollar abgerechnet. EADS-Chef Louis Gallois bezeichnet die Verlagerung von Teilen der Produktion aus dem Euro-Raum sogar als überlebenswichtig. *„Und außerdem ist es auch wichtig, in Amerika als lokaler Hersteller wahrgenommen zu werden!“*, so Gallois. Widerstand gegen diese Pläne regt sich allerdings vor allem bei den Regierungen Frankreichs und Deutschlands. Frankreich und Deutschland hätten nicht so viel in Airbus investiert, um dann zu sehen, wie der Konzern stückweise in die Dollar-Zone abwandere und damit auch Arbeitsplätze nach Amerika verlege.

Hedging durch Futures oder Optionen

Beim Hedgegeschäft wird ein gegenwärtiger akzeptabler Wechselkurs einer Währung mit Hilfe eines Gegengeschäftes für die Zukunft festgelegt. Dabei unterscheidet man insbesondere zwischen Futures und Optionen.

■ Future (Devisen-Termin-Kontrakt)

Das exportierende Unternehmen kann heute schon einen fixen Wechselkurs erhalten und daher mit Sicherheit einen bestimmten Betrag erlösen. Verkauft ein Unternehmen z. B. Waren im Wert von 10.000,00 $ mit einem Lieferungs- und Zahlungsziel von vier Monaten in die USA, so kann es mit Hilfe von Futures heute schon die 10.000,00 $, die es am Ende des Jahres erhält, zu einem bestimmten Kurs verkaufen. Dies nennt man „Leerverkauf“[2] oder „short sale“.

Voraussetzung ist, dass man an der Börse auf der Gegenseite jemanden findet, der die 10.000,00 $ in vier Monaten zum festgelegten Wechselkurs kaufen wird. Hierbei handelt es sich im Wesentlichen um Spekulanten, die bereit sind, gegen eine angemessene Renditeerwartung Wechselkursrisiken zu übernehmen, oder Exporteure aus dem Dollarraum, die ebenfalls an einem Risikoausgleich interessiert sind.

Für den Abschluss eines Futures fallen keine Kosten in Form von Prämien an, sowohl Käufer wie Verkäufer tragen die gleichen Rechte und Pflichten. Allerdings verzichtet der Exporteur auf einen möglichen Wechselkursgewinn.

■ Option (Devisen-Options-Kontrakt)

Im Gegensatz zum Future verbrieft die Option nicht die Pflicht, sondern das **Recht** auf den Verkauf der Fremdwährung zum vereinbarten Wechselkurs zu einem bestimmten Zeitpunkt. Sinkt also z. B. der Eurokurs, so kann sich der Optionsinhaber auch gegen den Verkauf der Dollar zum festgelegten Kurs entscheiden und stattdessen zum dann aktuellen Kurs einen höheren Eurobetrag erlösen.

Der Wert der Option (für den Exporteur also der Kaufpreis) setzt sich zusammen aus dem momentanen, dem zu erwartenden Wechselkurs, dem Schwankungsgrad des Wechselkurses und der unterschiedlichen Zinssätze zwischen den beiden Währungen. Optionen müssen niedrig genug bewertet sein, um potenzielle Käufer anzuziehen, und hoch genug, um potenzielle Verkäufer anzuziehen.

1 Stand: Juli 2012, geplant für 2015

2 Unter Leerverkauf versteht man den Verkauf einer Ware, eines Währungsbetrages oder eines Wertpapiers, das der Verkäufer zum Verkaufszeitpunkt noch nicht besitzt. Leerverkäufe sind im Zusammenhang mit der Finanzkrise in ein sehr negatives Licht geraten und werden zeitweise in Deutschland und einer Reihe anderer europäischer Länder sogar verboten.

Ermittlung eines Produktnamens

Situation B.14 Noch immer trägt der neu entwickelte Stapelstuhl keinen Produktnamen. Da die Vorstellung auf dem Markt nun bald ansteht, muss ein Name gefunden werden. Dabei werden hohe Anforderungen an einen Namen gestellt.

Arbeitsaufträge (Fortsetzung)

49. Listen Sie zunächst auf, welche Anforderungen ein Produktname erfüllen muss.
50. Entwickeln Sie einen Markennamen für den neuen Stapelstuhl. Dabei helfen Ihnen die folgenden Arbeitshilfen.
51. Wie können Sie den neuen Namen schützen? Recherchieren Sie das notwendige Vorgehen im Internet. Finden Sie auch Angaben zu den damit verbundenen Kosten.

› Arbeitshilfen

Arbeitshilfe 1

Als typische Namensformen lassen sich unterscheiden:

- **Buchstabenfolgen**
  Es gibt Markennamen aus Buchstabenfolgen. Hier unterscheidet man Abkürzungen (z. B. *AEG, BMW*), Akronyme (Kürzel) ohne Bedeutung (z. B. *AGFA*) oder auch Akronyme mit Bedeutung (z. B. *HERO*, zu Deutsch „Held").
- **Eigennamen**
  Viele Markennamen sind aus Eigennamen entstanden. So gibt es vor allem die aus Familiennamen (z. B. *Michelin, Bahlsen*) und aus Vornamen (z. B. *Melitta, Mercedes*). Unternehmen bedienen sich häufig auch mythologischer Namen (z. B. *Ajax, Hermes*), historischer Namen (z. B. *Fürst Metternich, Leonardo*), geografischer Namen (z. B. *Montblanc, Schneekoppe*) und Ortsnamen (z. B. *Fulda, Roma*).
- **Eigenschaftsbeschreibungen**
  Eigenschaftsbeschreibungen geben klare Informationen über das von ihnen markierte Produkt. So können Markennamen auf die Zusammensetzung des Produktes hinweisen (z. B. *Persil, Osram*), auf den Verwendungszweck (z. B. *Calgon, Tipp-Ex*), den Verbrauchsmoment (z. B. *After Eight*) oder die Zielgruppe (z. B. *Kinderschokolade*). Vielfach beeinflusst aber auch ein besonderes Merkmal den Namen von Produkten (z. B. *Dynamik, Tigra, Sofix, Tempo*), Qualität (z. B. *Lux, Lexus*), Exotik (z. B. *Tropicana, Malibu*), Emotionen (z. B. *Obsession, Extase*) oder Weiches/Zartes (z. B. *Softies, Kuschelweich*).
- **Schöpfungen**
  Eine Vielzahl von Markennamen sind Wortschöpfungen. Sie können beispielsweise auf einen sozialen Status hinweisen (z. B. *Royal*) oder auch besondere Symbole (z. B. *Swatch, Patros*). Benutzt werden Substantive (z. B. *Stern, Frosch*), Adjektive (z. B. *Kuschelweich, Passionata*) und auch Verben (z. B. *Wisch&Weg, Duschdas*). Es gibt aber auch völlig bedeutungslose Namen, wie z. B. *Omo* und *Xantia*. Selten gibt es Markennamen, die auf Zahlenfolgen basieren, beispielsweise *8x4*.

Arbeitshilfe 2

ZEBRAS hilft bei der Suche nach einem genialen Markennamen

Bei der Suche nach einem genialen Markennamen sollte man sich möglichst nicht auf Intuition oder Zufall verlassen. Stattdessen helfen viele Kreativagenturen oder, sofern man selbst tätig werden will, bedient man sich eines systematischen Vorgehens. So hilft ZEBRAS in sechs Stufen, einen geeigneten Namen für ein neues Produkt zu finden. Es beinhaltet die **Z**ieldefinition, die **E**ntwicklung von Alternativnamen, die **B**eurteilung dieser und das **R**anking bis zur **A**uswahl des geeignetesten und den markenrechtlichen **S**chutz (ZEBRAS).

Die **Festlegung der Namensziele** umfasst drei Zielbereiche. Die psychologischen Ziele beinhalten den Aktivierungsgrad, die Schnelligkeit der Wahrnehmung, den Grad der Lernbarkeit und die Herbeiführung positiver Assoziationen des Namens. Die rechtliche Schutzfähigkeit zielt auf die Absicherung des Namens durch eine Ähnlichkeitsrecherche. Außerdem muss der Name handhabbar sein. Er muss also in Logos und Slogans umsetzbar sein und in das bestehende Markenportfolio und die Unternehmensstrategie integrierbar sein.

Ausgangspunkt der Namens**entwicklung** sind häufig bestehende Namen des Unternehmens und seiner Wettbewerber. Es können z. B. Kreativitätstechniken (z. B. 6-3-5-Methode), Lexika und Enzyklopädien sowie Gewinnspiele zur Erarbeitung neuer Wörter eingesetzt werden.

Anschließend müssen **Beurteilungs**kriterien festgelegt und gewichtet werden. Sie ergeben sich aus den erarbeiteten Namenszielen und sollten vor der tatsächlichen Bewertung festgelegt und gewichtet werden. Mit ihrer Hilfe werden die gesammelten Namen bewertet und ein **Ranking** erstellt.

Die **Auswahl** der Namen orientiert sich am Ranking. Die obersten vier bis sechs Namen werden im Rahmen von Namenstests durch Dritte bewertet. Diese Ergebnisse bilden gemeinsam mit dem Ranking die Entscheidungsgrundlage für die endgültige Namenswahl.

Zuletzt wird der ausgewählte Name registriert und damit **geschützt.** Dies kann für eine nationale Marke beim Deutschen Patent- und Markenamt (DPMA) in München geschehen, für eine europäische Marke beim Harmonisierungsamt für den Binnenmarkt in Alicante und für eine internationale Marke bei der Weltbehörde für geistiges Eigentum in Madrid.

in Anlehnung an: Frankfurter Allgemeine Zeitung, 6. September 2006, S. B4

Situation B.15

Zertifizierung des Stuhls

Mittlerweile wurde eine Nullserie erstellt und die Entwickler sind rundum zufrieden mit ihrem Werk. Allerdings, und das ist für die Heidtkötter KG bei allen neu entwickelten Produkten selbstverständlich, soll der Stuhl noch auf Qualität, Sicherheit und Emissionen getestet werden. Üblich ist bei der Heidtkötter KG die Auszeichnung mit dem Blauen Engel. Zunehmend lassen Möbelhersteller ihre Produkte allerdings mit dem „Goldenen M" auszeichnen. Auch für die Heidtkötter KG soll deshalb geprüft werden, ob eine solche Zertifizierung sinnvoll sein könnte.

Arbeitsaufträge (Fortsetzung)

52. Erläutern Sie, was man unter einer Nullserie versteht und warum sie gefertigt wird.
53. Welche Gründe sprechen für die Zertifizierung des neuen Stuhls? Würden Sie trotz der zusätzlichen Kosten empfehlen, den Stuhl mit dem Blauen Engel und dem „Goldenen M" auszeichnen zu lassen?

› Arbeitshilfen 1 und 2

Arbeitshilfe 1

Der Blaue Engel

Viele Verbraucherinnen und Verbraucher fühlen sich durch Medienberichte zunehmend verunsichert. Gammelfleisch im Kühlregal, Pestizide im Gemüse, Formaldehyd in Möbeln. Deshalb wünschen sich Verbraucher zunehmend Aufklärung über Gesundheits- und Umweltgefahren, die von bestimmten Produkten ausgehen.

Der Blaue Engel ist die erste und älteste umweltschutzbezogene Kennzeichnung der Welt für Produkte und Dienstleistungen. Er wurde 1978 ins Leben gerufen und kennzeichnet seitdem auf freiwilliger Basis die positiven Eigenschaften von Produkten und Dienstleistungen.

Die Prüfinstitute gehen ganzheitlich an die Beurteilung der Güter heran. Aspekte sind dabei Gesundheits- und Arbeitsschutz sowie Gebrauchstauglichkeit, der sparsame Einsatz von Rohstoffen bei der Herstellung und beim Gebrauch, eine lange Lebensdauer und nachhaltige Entsorgung.

Am Vergabeverfahren beteiligt sind

- das Bundesministerium für Umwelt, Naturschutz und Reaktorsicherheit (fungiert als Zeicheninhaber und informiert die Öffentlichkeit),
- das Umweltbundesamt (nimmt die Anträge entgegen und legt sie nach Prüfung und Bewertung der Jury vor),
- das RAL Deutsches Institut für Gütesicherung und Kennzeichnung e. V. (führt die Expertenanhörungen durch und prüft, ob die Anforderungen erfüllt werden, gibt die Zeichen aus) und
- die Jury Umweltzeichen („Jury UZ“) (das unabhängige Beschlussgremium hat im Vergabeverfahren das letzte Wort und trifft die eigentliche Vergabeentscheidung).

Insbesondere im Möbelbereich hat der Blaue Engel eine große Bedeutung, da viele Möbel aufgrund ihrer großen Oberfläche und ihrer langen Lebensdauer eine wesentliche Quelle für Schadstoffausdünstungen in Innenräumen darstellen. Neben der Ausdünstung von Formaldehyd werden auch die Emissionen anderer Schadstoffe während der Nutzungsphase geprüft. Darüber hinaus enthalten die Vergaberichtlinien Standards für eine umweltverträgliche Herstellung und Entsorgung. Auch an die Nutzungszeit (geringe Emissionen in die Innenraumluft) und an den Lebensweg der Produkte (umweltverträgliche Herstellung und Entsorgung) werden hohe Anforderungen gestellt.

Arbeitshilfe 2

Unbestechliche Prüfungen – knallharte Anforderungen

Fürth. Wacklige Regale, schnell durchgelegene Matratzen oder sich zu schnell auflösende Füllungen bei Polstersesseln: Was nützen billige Möbel, wenn die Sicherheit des Verbrauchers gefährdet ist. Gut zu wissen: Einrichtungsgegenstände werden von neutralen Prüfinstituten zum Wohle der Verbraucher vor dem Einzug in den Handel auf Herz und Nieren getestet. Zigfach werden sie bewegt, belastet und zerlegt – und nur, was diese Strapazen zur Zufriedenheit der Prüfer übersteht, darf sich mit dem wichtigsten Qualitätszeichen für Möbel, dem „Goldenen M“ der Deutschen Gütegemeinschaft Möbel (DGM), schmücken.

Die Qualität von Möbeln spielt bei den Verbrauchern eine immer wichtigere Rolle. Seit 1963 setzt sich deshalb die DGM für Sicherheit, Qualität, Langlebigkeit, Strapazierfähigkeit und Gesundheitsverträglichkeit von Möbeln ein. „Ein Produkt gilt für die Gemeinschaft erst dann als sicher, wenn bei normaler oder vernünftigerweise vorhersehbarer Verwendung – das schließt auch die Gebrauchsdauer ein – ein hohes Schutzniveau für die Gesundheit und Sicherheit von Personen erreicht wird", erläutert DGM-Geschäftsführer Jochen Winning.

Güte- und Prüfbestimmungen bürgen für Qualität und Sicherheit

„Die Herstellerfirmen lassen ihre Möbel im eigenen Interesse prüfen, weil ihnen diese Messlatte zur Entwicklung ihrer hochwertigen Möbelstücke dient und Reklamationen erspart", erklärt Winning. Für Schrank-, Küchen-, und Badmöbel, Tische, Stühle und Eckbänke sowie Polster- und Schulmöbel gibt es individuelle Güte- und Prüfbestimmungen. Alle Möbel werden besonders auf Alltagstauglichkeit getestet.

So darf sich beispielsweise der Einlegeboden eines Bücherregals nicht übermäßig durchbiegen, wenn Bücher darin stehen. Eine Matratze darf nicht bereits nach wenigen Monaten durchgelegen sein und ein Tisch darf nicht umkippen. Die höchsten Anforderungen werden an Kindermöbel gestellt. Die Abstände der Gitter bei Kinderbetten zum Beispiel sind nämlich nicht nur eine Frage der Qualität, sondern auch der Sicherheit. Dazu kommen chemische Tests, bei denen den Laboranten und ihren Messgeräten selbst kleinste Mengen möglicherweise gesundheitsschädlicher Substanzen nicht entgehen.

So wird geprüft:

„Bürodrehstühle werden beispielsweise unter der Last einer Maschine, die den Druck eines schweren Menschen auf Sitzfläche und Rückenlehne 300.000 Mal simuliert, geprüft", so Winning. Bei Polstersesseln werden zwei Hydraulikstempel rhythmisch auf und ab bewegt. Eine Matratze wird tausende Male von einer 130 Kilogramm schweren Holzwalze überrollt. Eine Schranktür wird 80.000 Mal in Folge von Roboterarmen geöffnet und geschlossen, um die Scharniere zu testen. In Klimakammern simulieren Chemiker Wohnräume unter realistischen Bedingungen. Darin wird die Luft konstant bei 21 Grad Celsius und 45 Grad Luftfeuchtigkeit gehalten, auch der Luftzufluss ist geregelt. „In solchen Kammern werden Schadstoff-Emissionen gemessen, aber auch die Verarbeitung geprüft. Spätestens hier stellt sich nämlich heraus, ob sich bei einem Badezimmerspiegel bei hoher Luftfeuchtigkeit die Verklebung lösen könnte", so Winning.

Erst wenn die einzelnen Möbel diese Tortouren mit Bravour bewältigt haben, können sich die Verbraucher einem hohen Maß an Sicherheit und Qualität sicher sein. Das Qualitätszeichen „Goldenes M" ist damit eine wertvolle Orientierungshilfe für Möbelkäufer in Möbelhäusern oder Fachgeschäften, aber auch immer mehr im Internethandel. Jochen Winning: „Bevor man den Katze im Sack kauft, vertraut man beim Möbelkauf lieber einem kompetenten Ratgeber wie dem Goldenen M".

Weitere Informationen gibt es unter www.dgm-moebel.de.

Quelle: Presseinformation vom 9. September 2011 des Verbands der Deutschen Möbelindustrie; www.dgm-moebel.de/tl_files/content/presse/presseinformationen/20110909_DGM_Pruefungen.pdf, abgerufen am 14.07.2012

Projektabschlussanalyse

Situation B.16

Die externen Tests wurden erfolgreich bestanden und der fertige Stapelstuhl wurde an die Geschäftsleitung übergeben. Geschäftsführer Klaus M. Heidtkötter ist zufrieden mit dem Stuhl und möchte nun die am Projekt Beteiligten am liebsten so schnell wie möglich von ihren Projektaufgaben entlasten und in ihre angestammten Abteilungen zurückschicken. Allerdings steht noch eine wichtige Aufgabe an: Es wartet die Reflexion des Projektes auf die Beteiligten.

Arbeitsaufträge (Fortsetzung)

54. Warum ist eine Reflexion des Projektes von so großer Bedeutung für die Projektteilnehmer, aber auch für die Geschäftsführung der Heidtkötter KG?
55. Reflektieren Sie Ihre Arbeit an diesem Projekt. Hilfreich kann zunächst insbesondere der Abweichungsanalysebericht sein, den Sie im INFO-Teil und in Ihrem Arbeitsheft finden. Aber auch über Ihre Erfahrungen mit der Methode, die Zusammenarbeit mit den Teampartnern, die Kommunikation und den Führungsstil des Teamleiters können Sie sprechen. Dabei können sie zur Strukturierung die Arbeitshilfe nutzen.

   › Arbeitshilfe

   Planen Sie für diese Aufgabe ausreichend Zeit ein. Erfahrungsgemäß kommt hier deutlich mehr auf den Tisch, als man für möglich gehalten hätte.
56. Erstellen Sie nach der Auswertung des Projekts und seines Ablaufs nun eine überarbeitete Übersicht der einzelnen Projektabschnitte, in Anlehnung an die Aufgaben aus Abschnitt 2.1 (Projektplanung) und 2.2 (Projektdurchführung). Unterbreiten Sie auf dieser Grundlage begründete Verbesserungsvorschläge für das nächste Projekt der Heidtkötter KG.
57. Neu am Projekt des Stapelstuhls ist auch die Expansion der Heidtkötter KG auf neue Märkte, speziell im Ausland. Diese Vorgehensweise erfordert eine umfangreiche Ausweitung der bisherigen Kenntnisse der Mitarbeiterinnen und Mitarbeiter. Auch für die Geschäftsleitung ist der Außenhandel nicht risikolos. Mit anderen Worten: Der Einstieg in den Export lässt sich ohne erhebliches zusätzliches Risiko nicht realisieren.

   Bewerten Sie die Expansionspläne der Heidtkötter KG vor dem Hintergrund der Marktentwicklung in Deutschland, Europa und der übrigen Welt.

Arbeitshilfe

1. Ergänzen Sie zunächst in der Gruppe die unten stehende Liste, falls Ihnen weitere Aspekte wichtig sind.
2. Bewerten Sie danach bitte für sich selbst, inwieweit Sie mit den folgenden Aussagen übereinstimmen.
   Machen Sie einen Punkt bei der
   1, wenn Sie mit der Aussage völlig übereinstimmen,
   2, wenn Sie mit der Aussage bis auf wenige Vorbehalte übereinstimmen,
   3, wenn Sie mit der Aussage weitgehend übereinstimmen,
   4, wenn Sie mit der Aussage eher nicht übereinstimmen,
   5, wenn Sie mit der Aussage bis auf wenige Punkte nicht übereinstimmen,
   6, wenn Sie mit der Aussage überhaupt nicht übereinstimmen.
3. Übertragen Sie danach bitte alle Einzelergebnisse in eine gemeinsame Vorlage.
4. Diskutieren Sie über die Bewertungen und versuchen Sie, Problemlösungen zu formulieren.

	1	2	3	4	5	6
Das Ziel des Projektes war mir bewusst.						
Wir strukturierten das Problem und die Arbeit sinnvoll.						
Wir überprüften unseren Arbeitsfortschritt und unsere Zwischenergebnisse regelmäßig.						
Wir unterstützten uns gegenseitig.						
Wir hörten uns gegenseitig aufmerksam zu.						
Wir verteilten die Arbeiten gleichmäßig auf die Teammitglieder.						
Die Teammitglieder wurden gemäß ihren Stärken und Interessen eingesetzt.						
Der Teamleiter motivierte die anderen Mitglieder und sorgte für einen reibungslosen Ablauf.						
Der Teamleiter hat die Abläufe gut koordiniert.						
Das Projekt war herausfordernd, interessant und in der zur Verfügung stehenden Zeit lösbar.						
Wir haben das Projekt erfolgreich bearbeitet.						
Ich habe meine volle Energie in die Projektarbeit gesteckt.						
Ich habe einen persönlichen Lernfortschritt erzielt.						

ARBEITSHEFT

Projektauflösung

Situation B.17

Die Geschäftsführung ist mit dem Ergebnis zufrieden, Planabweichungen und das methodische Vorgehen wurden analysiert, Verbesserungsvorschläge für das nächste Projekt wurden formuliert und diskutiert und der Stapelstuhl wird demnächst hoffentlich erfolgreich auf den Markt gebracht. Kurz: Das Projekt wurde erfolgreich abgeschlossen!
Das bedeutet insbesondere, dass Sie gute Arbeit geleistet haben. Sie haben eine umfangreiche und komplexe Aufgabe gemeinsam erfolgreich gelöst. Zeit für eine kleine Feier. Finden Sie nicht auch?

Arbeitsauftrag

Organisieren Sie Kuchen und Kekse sowie Kaffee oder Erfrischungsgetränke und genießen Sie Ihren gemeinsamen Erfolg!

10

Absatzprozesse planen, steuern und kontrollieren

1
Marketing findet auf Märkten statt

1.1
Marketing als Grundhaltung von Unternehmen

Marketing bedeutet Planung, Koordination und Kontrolle aller auf die aktuellen und potenziellen Märkte ausgerichteten Unternehmensaktivitäten. Durch eine dauerhafte Befriedigung der Kundenbedürfnisse sollen die Unternehmensziele verwirklicht werden.

Anhand dieser klassischen Definition von Heribert Meffert, ein Wirtschaftswissenschaftler und Marketingexperte, soll aufgezeigt werden, was Marketing ausmacht.

Zunächst einmal fällt auf, dass sich die Definition auf Unternehmen beschränkt. Andere Organisationen und Gruppen, die auch Marketing betreiben, werden ausgeklammert – so z. B. Kirchen, politische Parteien oder Umweltschutzgruppen. Dies entspricht den Betrachtungen in den folgenden Kapiteln, in denen die Heidtkötter KG und andere Unternehmen wie auch deren Kunden und Lieferanten im Mittelpunkt stehen.

Betrachten wir zunächst die Ihnen schon aus anderen Lernfeldern bekannte Darstellung der Wertschöpfungskette.

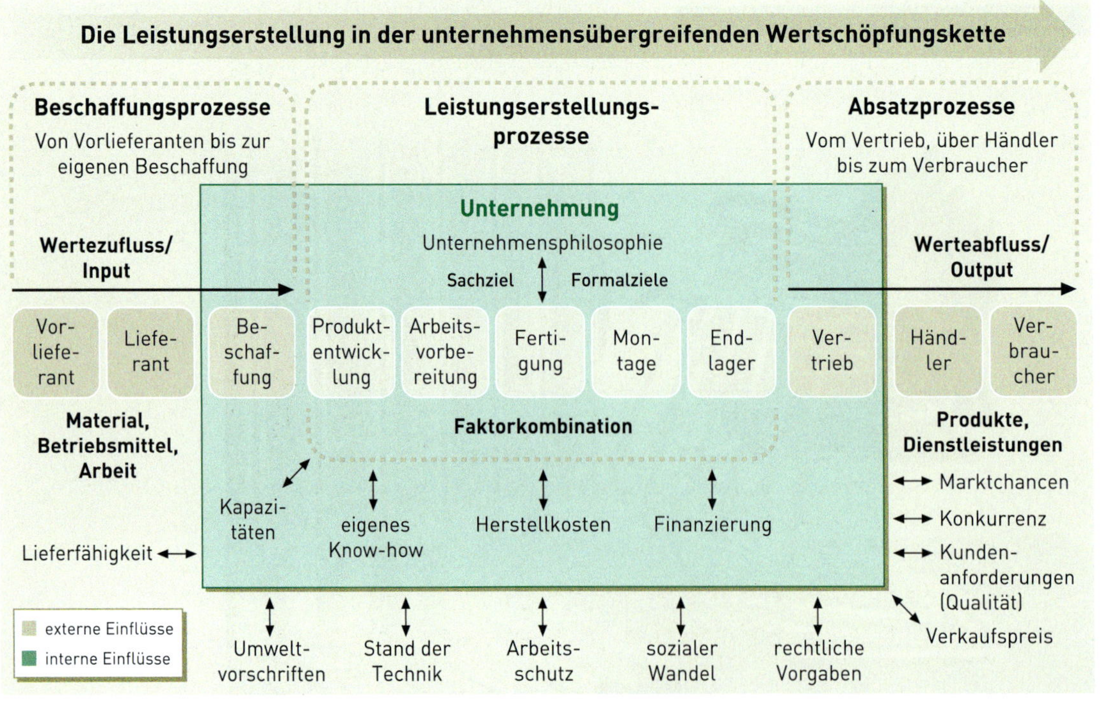

Im Mittelpunkt der oben gezeigten Definition stehen die Unternehmensaktivitäten, deren Kern wiederum der Leistungserstellungsprozess bildet. Die Aktivitäten richten sich auf zwei Märkte im engen Umfeld des Unternehmens aus: den Beschaffungsmarkt und den Absatzmarkt. Gemäß Definition bezieht sich Marketing auf beide Märkte (siehe folgendes Kapitel). Damit ein Unternehmen seine Produkte erfolgreich verkaufen und absetzen kann, muss es jedoch – bezogen auf die Wertschöpfungskette – schon vorher die Kundenbedürfnisse im Blick haben, also z. B. bei der Produkterstellung oder auch bei der Beschaffung der Rohstoffe. Marketing spiegelt sich somit in allen Aktivitäten des Unternehmens wider. In diesem Lernfeld beschränken wir die Sichtweise allerdings auf den Absatzmarkt und die Beziehungen zu den Kunden.

Im zweiten Satz der Marketingdefinition (siehe oben) wird betont, dass man die Unternehmensziele erreicht, indem man dauerhaft die Kundenbedürfnisse befriedigt. Dazu müssen Kundenbedürfnisse vorhanden sein und ein Unternehmen muss diese natürlich kennen.

Von Zeit zu Zeit werden neue Technologien und neue Produkte entwickelt, die dann vermarktet werden müssen. Dazu gehört, dass Bedürfnisse und Wünsche neu geschaffen und geweckt werden müssen. Dies gehört ebenfalls in den Bereich des Marketings und wird in der Definition dadurch berücksichtigt, dass auch die *potenziellen* Märkte im Fokus des Marketings liegen.

four p's

Die umfassende Definition von Marketing als marktorientiertes Konzept, wie wir sie nun erläutert haben, muss durch die Ausführung in der Praxis ergänzt werden, wenn man wirklich eine Antwort auf die Frage „Marketing – was ist das?" finden will. Denn Marketinghandlungen und -aktivitäten zeigen sich am deutlichsten am konkreten Instrumenteneinsatz. Er wird häufig mit den folgenden vier Bereichen, den sogenannten „four p's" umschrieben:

- Product
- Price
- Place (Distribution)
- Promotion

Die Entwicklung und Gestaltung des Produktes, die Preisgebung, der Vertrieb zum Abnehmer und die kommunikative Unterstützung dieser Prozesse umfasst das Marketing. Dazu kommen weitere Bereiche wie z. B. die Gestaltung des Serviceangebotes. In diesen Aufgabengebieten sind Marketingfachleute aktiv, planen, koordinieren, treffen Entscheidungen und kontrollieren deren Durchführung.

Die Marketingprozesskette umfasst (gemäß Definition) drei Schritte:

Marketing-prozess

1.2 Märkte beschreiben, Märkte segmentieren

Marketing findet in oder auf Märkten statt. Ein Markt wird definiert als das Zusammentreffen von Angebot und Nachfrage (vgl. Band 2, Lernfeld 9). Je nach Betrachtungsweise können Märkte unterschiedlicher Ausgestaltung aufgelistet werden. Den Markt zu kennen, auf dem man als Unternehmen tätig sein will, ist für den Erfolg zwingend notwendig. Entsprechend der Ausgestaltung des Marktes sind unterschiedliche Marketingkonzeptionen notwendig: Wer beispielsweise auf einem **Verkäufermarkt** verkaufen will, hat es leicht. Hier überwiegt die Marktmacht der Verkäufer und die Nachfrager stellen Bemühungen an, die benötigten Produkte zu bekommen. Wer auf einem **Käufermarkt** agiert, hat es schwerer, denn hier ist das Angebot größer als die Nachfrage und die Verkäufer müssen um die Käufer und Kunden werben. Insofern ist hier das Marketing weit mehr gefordert. Der Käufermarkt ist die typische Marktform, die wir in Wirtschaftsräumen wie Europa oder den USA vorfinden. Ohne Marketing kann hier kein Unternehmen bestehen, da in diesen Märkten die Nachfrage in sehr vielen Bereichen bereits gesättigt ist. Bei jedem Produkt – sei es neu oder etabliert – muss um Marktanteile gerungen werden, denn es gibt eine Vielzahl von Konkurrenzprodukten, die sich möglicherweise technisch und qualitativ wenig voneinander unterscheiden. Hier macht das Marketing dann eventuell den verkaufsentscheidenden Unterschied aus.

Verkäufermarkt

Käufermarkt

Neben Käufer- und Verkäufermärkten gibt es weitere Marktarten, die man kennen muss, um das Marketing des eigenen Unternehmens hieran anpassen zu können:

Beschaffungsmarkt und Absatzmarkt

- **Beschaffungsmärkte** sind die Märkte, auf denen Unternehmen einkaufen (z. B. Vorprodukte, Rohstoffe, Handelswaren). **Absatzmärkte** sind die Märkte, auf denen Unternehmen ihre hergestellten oder eingekauften Produkte verkaufen. Da Marketing nicht nur auf den Absatz und Verkauf von Produkten beschränkt werden kann – siehe oben –, spielen die Anforderungen, die das Marketing stellt und später verkaufsfördernd „anpreisen“ soll, schon beim Einkauf eine wichtige Rolle: Werden z. B. qualitativ hochwertige Waren hergestellt und verkauft und ist das Produktmerkmal Qualität ein wichtiges Verkaufsargument, so leuchtet ein, dass schon beim Einkauf auf die Qualität der Ware geachtet werden muss.

Regionale Märkte

- Bei einer räumlichen Betrachtung von **Märkten** kommt man zu den Orten, an denen sich Angebot und Nachfrage treffen, z. B. auf einem regionalen Markt, dem europäischen Markt oder dem Weltmarkt. Unterschiedliche Regionen, Länder oder Erdteile sind gekennzeichnet durch verschiedenartige Gewohnheiten und Gebräuche der Kunden, andere Kulturen und Mentalitäten, aber auch durch andere Gesetze und Verordnungen. Ein global agierender Automobilhersteller muss beispielsweise sein Marketing den regionalen Gegebenheiten anpassen, indem er bei der Produktgestaltung den Linksverkehr in bestimmten Ländern berücksichtigt.

Geldmarkt und Gütermarkt

- Die Unterscheidung zwischen **Geldmarkt** und **Gütermarkt** kennen Sie aus dem Lernfeld 9. Sie ist für die weiteren Betrachtungen eher sekundär, da wir uns für unser Beispielunternehmen, die Heidtkötter KG, natürlich auf den Gütermarkt konzentrieren. Hier kann man allerdings weitere Unterteilungen treffen, z. B. die Unterscheidung in **Konsumgütermarkt** und **Investitionsgütermarkt.** Auf letzterem werden Produkte an Unternehmen und nicht an den Endverbraucher verkauft. Man spricht hier von B2B-Marketing (Business-to-Business-Marketing). Auf Konsumgütermärkten werden Produkte in erster Linie an Endverbraucher verkauft, hier wird das Marketing anders gestaltet als bei Investitionsgütern.

Auf welchen Märkten ein Unternehmen tätig ist, hängt von den Unternehmenszielen und dem Leistungskatalog ab. Ein Automobilhersteller aus Südkorea kann nicht ausschließlich in seinem Heimatmarkt tätig sein, wenn er hohe Absatzzahlen erreichen will. Dafür muss er in den großen Märkten in Europa und Amerika, aber auch in Indien oder China agieren. Ob er aber tatsächlich überall dort auftreten kann, hängt von weiteren Faktoren ab, wie der Unternehmensgröße, der Finanzkraft des Unternehmens, dem Angebot der Konkurrenz, aber auch von externen Einflüssen wie staatlichen Zutrittsbeschränkungen oder staatlichen Förderprogrammen.

Teilmärkte

Häufig ist es für Unternehmen sinnvoll, ihre Märkte nach verschiedenen Kriterien zu unterteilen, um in den so abgesteckten **Teilmärkten** (Segmente) die jeweils erforderlichen Marketinginstrumente zielgerechter einsetzen zu können.

Marktsegmentierung

Einen Markt zu wählen, in dem man als Unternehmen tätig sein will, reicht aber in der Regel nicht aus. Märkte umfassen eine Vielzahl von Nachfragern. Dieses Potenzial mit dem richtigen Sortiment zu bedienen, ist auch eine Marketingentscheidung, die getroffen werden muss. Der Markt wird aufgeteilt, indem man die Nachfrager, die man dort vorfindet, in gleichartige Gruppen zusammenfasst. Dies nennt man **Marktsegmentierung.** Diese Strukturierung kann nach einfachen, leicht beobachtbaren Kriterien erfolgen wie Geschlecht, Alter, Wohnort oder Einkommen. Es können aber auch andere Kriterien herangezogen werden, die man über entsprechende Marketingforschung herausfindet (siehe Kapitel 2 in diesem Lernfeld). Diese weiteren Kriterien könnten Einstellungen, Bedürfnisse und Wünsche oder Lebensweisen sein.

Beispiel: Hersteller von Notebooks

Als Hersteller von Notebooks könnte man den Markt einer bestimmten Region mithilfe des Kriteriums, wofür der Rechner genutzt wird, entsprechend segmentieren. Dies ist in der nebenstehenden Abbildung gezeigt.

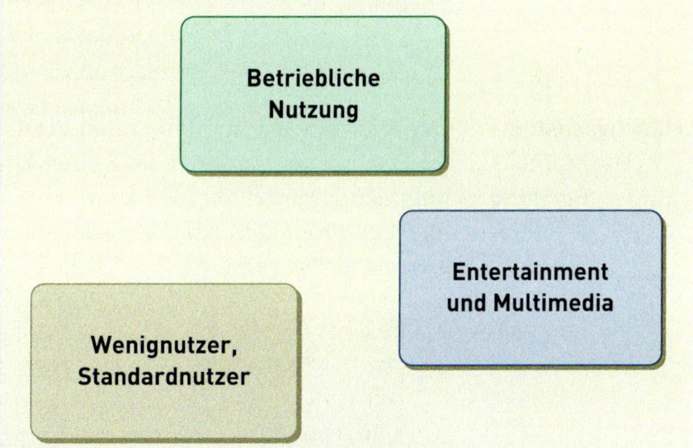

Aus dieser Marktsegmentierung ergeben sich drei mögliche Strategien für den Hersteller:

1. Der Hersteller könnte mit einem entsprechenden Sortiment auf die verschiedenen Marktsegmente reagieren und unterschiedliche Rechnertypen anbieten, die sich durch Ausstattung, Aufmachung und Preis voneinander unterscheiden.
2. Andererseits besteht die Möglichkeit, sich als Nischenanbieter auf ein Marktsegment zu spezialisieren.
3. Letztlich könnte man noch die Strategie des Massenanbieters wählen und ein einziges Produkt anbieten, das den Wünschen und Bedürfnissen der Nachfrager aller Marktsegmente entgegenkommt.

1.3 Marketingziele und Marketingstrategien auf Basis der Portfolio-Analyse festlegen

Portfolio-Ansatz

Um eine Marketingstrategie entwickeln zu können, muss ein Unternehmen zwei Daten kennen: zum einen den **Ausgangspunkt** und zum anderen den **Zielpunkt** seiner Bemühungen. Als Hilfsmittel zur Bestimmung des *Status quo* wird in der Praxis häufig ein **Portfolio-Ansatz** genutzt. Hier werden die Produkte, Sortimentsbereiche oder einfach die Tätigkeitsbereiche eines Unternehmens als **S**trategische **G**eschäfts**e**inheiten (SGE) aufgefasst und es wird versucht, die Positionen dieser SGE im Gesamtmarkt zu ermitteln.

Es wurden mittlerweile viele verschiedene Varianten des Portfoliokonzeptes herausgearbeitet, die anhand unterschiedlicher Kriterien eine Aufteilung des betrachteten Unternehmens in Einzelbereiche oder auch die Standortbestimmung im Markt vornehmen. Im Folgenden wird die Version des Marktwachstum-Marktanteil-Portfolios der *Boston Consulting Group* vorgestellt, die sogenannte **BCG-Matrix.**

Zwei Kriterien liegen diesem Konzept zugrunde:

- Das *Marktwachstum*: Es ist ein Ausdruck dafür, wie interessant ein Markt ist. Es wird als die prozentuale Veränderung der Umsatz- bzw. Absatzzahlen in einem bestimmten Markt in einem bestimmten Zeitraum gemessen.
- Der *relative Marktanteil*: Er zeigt an, welche Position die einzelne SGE im Vergleich zur Konkurrenz im Markt einnimmt. Der relative Marktanteil ist definiert als der eigene Anteil am Gesamtmarkt bezogen auf den Marktanteil des größten Konkurrenten. Hieraus ergibt sich – neben der im Erarbeitungsteil genutzten Methode zur Berechnung – die Formel:

$$\textbf{relativer Marktanteil} = \frac{\text{eigener Marktanteil}}{\text{Marktanteil des größten Konkurrenten}}$$

Marktwachstum-Marktanteil-Portfolio

Das **Marktwachstum-Marktanteil-Portfolio** zeigt anhand eines Koordinatensystems die Position der einzelnen SGE eines Unternehmens. Die relative Größe und Bedeutung der dargestellten SGE kann man ausdrücken durch die Größe der Kreise, die man den Produkten zuweist. Es ergeben sich die folgenden vier Bereiche, hier farbig voneinander abgegrenzt:

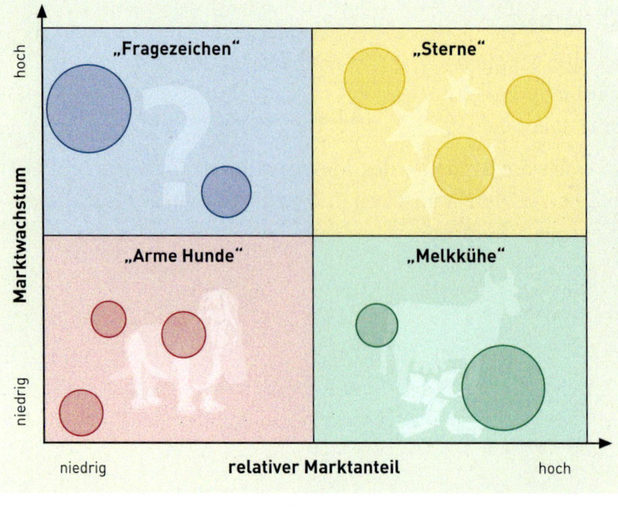

Im Idealfall entwickeln sich „Fragezeichen" zu „Sternen" und werden danach zu „Melkkühen".

„Arme Hunde" sollte es nicht zu viele geben.

- **„Arme Hunde (poor dogs)“:** Die „armen Hunde“ sind die Geschäftseinheiten, die sich in wenig wachsenden oder stagnierenden Märkten bewegen. Der Marktanteil ist sehr gering. Daher erwirtschaften diese SGE in der Regel keinen Gewinn (mehr).
- **„Fragezeichen (question marks)“:** Sie sind die SGE, die einen niedrigen Marktanteil in einem Wachstumsmarkt haben. Häufig sind es Produkte oder Bereiche, die noch am Anfang ihres Lebenszyklus liegen. In diesem wachsenden Markt versuchen sich Unternehmen einen hohen Marktanteil zu sichern, damit diese SGE in den Bereich der „Sterne“ übergehen.
- **„Sterne (stars)“:** Ein vormaliges „Fragezeichen“, das sich nun im Wachstumsmarkt behauptet hat und einen hohen Marktanteil aufweist, wird zum „Stern“. Mit den „Sternen“ wird noch nicht der ganz große Gewinn erzielt, da hohe Investitionen notwendig sind, um den Marktanteil zu behaupten und mit dem Marktwachstum Schritt zu halten.
- **„Melkkühe (cash cows)“:** Ein hoher Marktanteil in einem stagnierenden Markt kennzeichnet die „Melkkühe“. Hier findet man häufig SGE, die sich in der Reife- und Sättigungsphase des Produktlebenszyklus befinden.

Das Portfolio der SGE einer Unternehmung sollte ausgeglichen sein. Zu viele „arme Hunde“ oder zu viele „Fragezeichen“ sind ebenso wenig erwünscht wie ausschließlich „Sterne“ und „Melkkühe“. Ersteres würde auf kommende Liquiditätsschwierigkeiten hinweisen, denn Gewinne werden nun mal von den „Melkkühen“ erwirtschaftet. Ausschließlich „Sterne“ und „Melkkühe“ deuten an, dass Innovationen fehlen und sich kommende „Sterne“ und „Melkkühe“ nicht abzeichnen.

Aus den Beschreibungen der Positionierung der Strategischen Geschäftseinheiten erkennt man schon den Zusammenhang zum Konzept des Produktlebenszyklus (vgl. Lernfeld 5, Kapitel 1.3.1 sowie Kapitel 3.1 in diesem Lernfeld). Die Produkte eines Unternehmens durchlaufen Phasen, die ein Unternehmer kennen muss. Ebenso wie man den genauen Standpunkt eines Produktes innerhalb des Produktlebenszyklus kennen muss, so sollte auch die Position einer SGE in der Portfolio-Matrix bekannt sein. Denn je nach Position ergeben sich unterschiedliche Überlegungen, welches Ziel man anstrebt und welche Strategie man anwendet, um es zu erreichen.

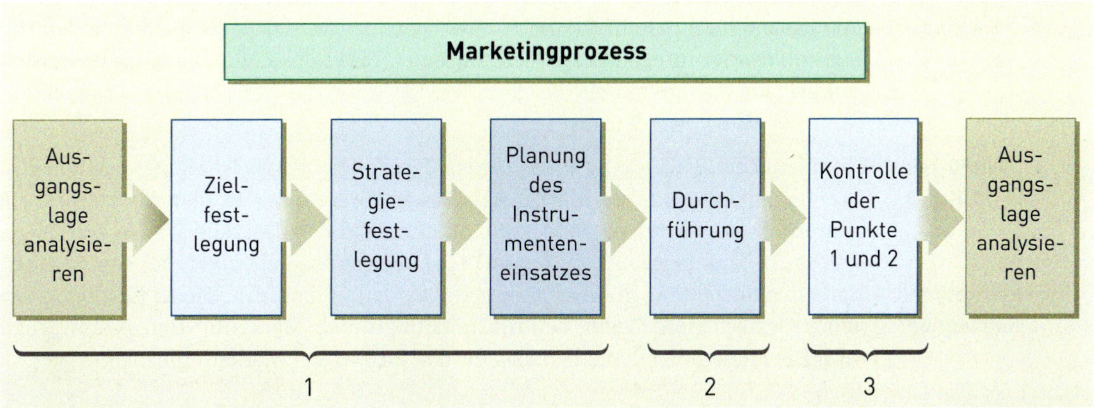

Marketingziele

Bei der Festlegung von Marketingzielen unterscheidet man qualitative und quantitative Ziele.

- Quantitative Ziele lassen sich anhand von einfachen Messgrößen darstellen. Die Zielerreichung kann an diesen überprüft werden. Beispiele für quantitative Marketingziele sind etwa die Steigerung des Umsatzes um 5 % oder die Ausweitung des Marktanteiles auf 20 %.

- Qualitative Ziele sind nicht direkt messbar, sie müssen operationalisiert, d. h. messbar und damit rechnerisch nachprüfbar gemacht werden. Beispiele für qualitative Marketingziele sind die Steigerung der Kundenzufriedenheit oder die Verbesserung des Images einer Unternehmung. Diese Ziele werden operationalisiert, indem man in Befragungen Zufriedenheitswerte skaliert und aktuelle Werte mit Vergangenheitswerten vergleicht. Eine andere Variante ist, auf die Zufriedenheit anhand von messbaren und beobachtbaren Größen zu schließen, z. B. anhand der Häufigkeit von Kundenbeschwerden oder Reklamationen.

Meistens werden mehrere Marketingziele gleichzeitig festgelegt. Sie müssen aufeinander abgestimmt werden, damit es nicht zu Zielkonflikten kommt und die einzelnen Bereiche sich nicht gegenseitig konterkarieren. Wird beispielsweise ein höherer Absatz angestrebt, kann das durch eine drastische Preissenkung unter das Niveau der Preise der Konkurrenten erreicht werden. Dies könnte aber einem anderen Ziel, etwa durch einen hohen Preis die Qualitätsführerschaft zu unterstreichen, widersprechen.

Ziel- und Strategiefestlegung

- **„Arme Hunde"** beispielsweise sind im Portfolio nicht erwünscht. Sie erwirtschaften keinen Gewinn, häufig noch nicht einmal einen positiven Cashflow. Sie sollten aus dem Produktionsprogramm herausgenommen werden, wenn nicht zwingende Gründe dagegensprechen. Wenn als Ziel festgelegt ist, den Marktanteil der „armen Hunde" auf null zu bringen, wählt man das Marketinginstrument der Produktelimination und nimmt die Produkte vom Markt.
- Produkte, die als **„Fragezeichen"** gelten, benötigen viel Kapital, denn sie befinden sich in wachsenden Märkten. Wird ihnen nicht genügend Beachtung geschenkt und zu wenig in sie investiert, werden sie zu „armen Hunden". Ziel sollte aber eigentlich sein, sie zu „Sternen" zu machen, d. h., den Marktanteil entsprechend auszudehnen.
- Ist ein „Fragezeichen" zu einem **„Stern"** gemacht worden, hat es Erfolg im entsprechenden Markt. Hier gilt es nun, den Marktanteil zu halten, was wiederum viele Geldmittel erfordert. Bei nachlassendem Marktwachstum kann, sofern der Marktanteil gehalten wird, aus dem „Stern" eine „Melkkuh" werden.
- Als **„Melkkuh"** wirft eine SGE genügend Geld ab, um die gerade beschriebenen Investitionen bei den anderen SGE finanzieren zu können. Ziel ist es hier, den Marktanteil zu halten. Dennoch muss beachtet werden, dass auch eine derartig gute Position in der Matrix nicht bedeutet, dass hier nichts dazu getan werden muss. Wenn Marktanteile verloren werden, kann aus der „Melkkuh" schnell ein „armer Hund" werden.

› **INFO-Teil LF 10, Kap. 3**

Marketingkonzeption

Die anhand der BCG-Matrix aufgezeigten Marketingstrategien werden durch den Einsatz der entsprechenden Marketinginstrumente umgesetzt. Danach kommt die Überprüfung des Erfolges als Marketingkontrolle und der Marketingprozess ist abgeschlossen – und beginnt von Neuem! Hier spricht man auch von der sogenannten **Marketingkonzeption**, die man als einen Plan definieren kann. Dieser Plan orientiert sich an festgelegten Zielen, deren Erreichung durch Marketingstrategien möglich wird. Die Strategien bilden die Basis für den Einsatz der Marketinginstrumente.

2 Informationen für den Marketingprozess gewinnen – Marketingforschung

2.1 Marktforschung ≠ Marketingforschung

Die Beschaffung von Informationen zur Beurteilung eines Marktes heißt **Marktuntersuchung**. Eine Marktuntersuchung kann unsystematisch, zufällig und mehr oder weniger planlos verlaufen. Dann spricht man von einer **Markterkundung**. **Marktforschung** dagegen ist eine systematische, mithilfe fachwissenschaftlicher Methoden durchgeführte Untersuchung eines Marktes.

Marketingforschung

Häufig wird statt des Begriffes „**Marketingforschung**" der Begriff „Marktforschung" verwendet. Streng genommen bezieht sich die Marktforschung – wie der Name schon sagt – auf die Marktumwelt eines Unternehmens, also auf die Absatz- und Beschaffungsmärkte. Mit Marketingforschung meint man – ebenfalls wörtlich genommen – alle Bereiche des Marketings. Das schließt auch z. B. die Wirkung von Marketingmaßnahmen, die Überprüfung von Marketingzielen und Strategien usw. mit in die Betrachtung ein. Marketingforschung ist also der Überbegriff, die Marktforschung hingegen nur ein Teilbereich der gesamten Informationsgewinnung für den Bereich Marketing.

Worum geht es bei der Marketingforschung? – Um Entscheidungen im Marketing treffen zu können, die sich positiv auf Verkauf und Absatz auswirken, muss man Informationen zusammentragen. Diese Sammlung von Informationen bezieht sich auf fünf Bereiche:

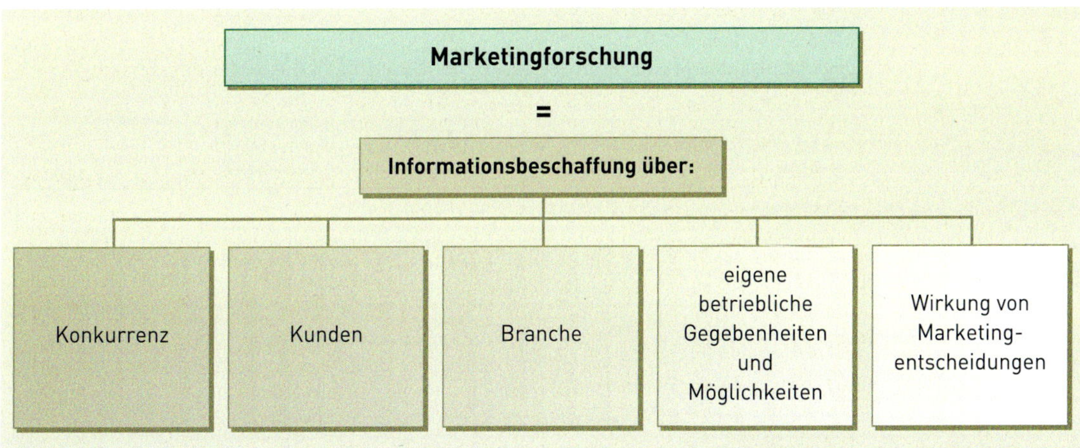

Aufgabe der Marketingforschung

Was jeweils in den Fokus der Marketingforschung gelangt, kann ganz unterschiedlicher Art sein: Beim Untersuchungsobjekt „Markt" kann das Ziel sein, die Größe des Marktes, die Aufnahmefähigkeit eines Marktes oder das Marktvolumen bzw. den Marktanteil herauszufinden. Für die Wirkung von Marketingmaßnahmen könnte das Design eines Produktes, die Wirkung eines Werbespots oder das Ergebnis einer ganzen Werbekampagne gemessen an der Steigerung der Verkaufszahlen untersucht werden.

Bei der Marketingforschung geht es um Informationsbeschaffung. Die Informationen werden in Form von Daten ermittelt und helfen in bestimmten Situationen, Marketingmaßnahmen richtig zu gestalten.

Zur Verdeutlichung ein Beispiel:

Beispiel

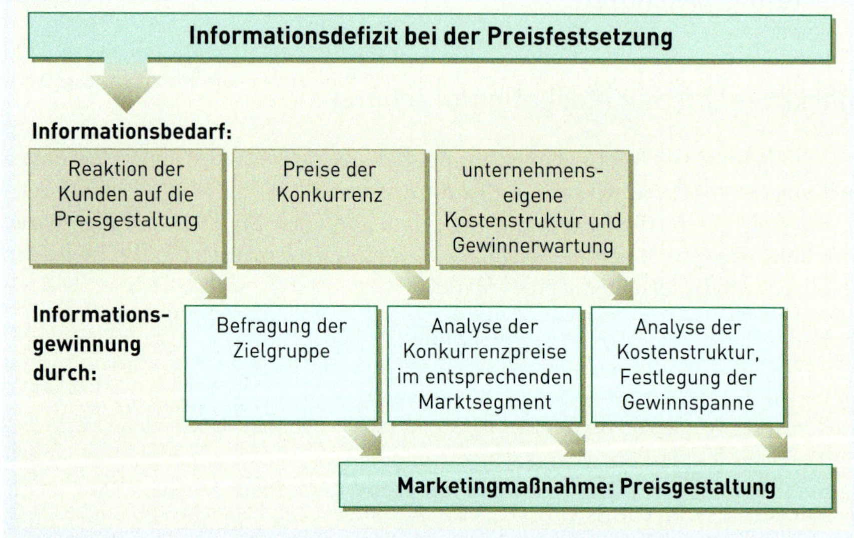

Prozess der Marketing-forschung

Es leuchtet ein, dass ohne die Informationen, die durch die Marketingforschung ermittelt werden, im obigen Beispiel eine sinnvolle und akzeptierte Preisgestaltung nicht möglich wäre. So durchzieht die Notwendigkeit zur Marketingforschung alle Bereiche des Marketings: keine Marketingstrategie, die nicht auf fundierte Daten der Marketingforschung beruht, kein Einsatz von Marketinginstrumenten, ohne vorher genau zu überlegen, wohin der Einsatz führen soll, auf welche Voraussetzungen er trifft und wie überprüft werden kann, wie wirkungsvoll die Maßnahme war.

Der Prozess der Marketingforschung durchläuft dabei die folgenden Phasen:

Prozess der Marketingforschung

Schritt Nr.	Beschreibung	Beispiel (Erläuterung)
1.	Festlegung des Problembereiches, Festlegung der Ziele	Gibt es einen Markt für das Produkt? Wie groß ist das prognostizierte Marktvolumen? ...
2.	Forschungsplan aufstellen	Welche Datenquellen gibt es? Wie sollen die Daten erhoben werden? Wie groß muss bei einer Befragung die Stichprobe der befragten Personen sein? Welche Kosten fallen durch die Marketingforschung an, rentiert sich die Marketingmaßnahme?
3.	Daten gewinnen	Durchführung von Befragungen, Tests, ...
4.	Daten interpretieren	Auswertung der gewonnenen Daten und Zusammenstellung von übersichtlichen Tabellen und Grafiken
5.	Festlegung und Umsetzung von Folgeschritten	Folgerungen aus den gewonnenen Daten in Marketingmaßnahmen umsetzen

Das Ergebnis der Marketingforschung führt dazu, dass ein Unternehmen sein Angebot den Gegebenheiten des Marktes anpassen kann. Mit welchen Methoden die Marketingforschung arbeitet, um an die relevanten Informationen zu gelangen, ist Gegenstand des folgenden Kapitels.

2.2 Das Methodenrepertoire der Marketingforschung

Der zweite Schritt im Prozess der Marketingforschung umfasst die Auswahl der Datenquellen, aus denen ein Unternehmen Informationen erhalten möchte, und die Auswahl der Methoden, mit denen es die gewünschten Informationen ermittelt. Man entwickelt daraus eine konkrete Planung.

Interne und externe Daten

Je nach Zielsetzung der Marketingforschung können unterschiedliche Arten von Daten ausgewertet werden. Zum einen kann man Unterlagen heranziehen, die im Betrieb vorzufinden sind (z. B. Jahresabschluss, Deckungsbeitragsrechnung, Absatz- oder Umsatzstatistiken, Werbestatistik, Außendienstberichte der Mitarbeiter). Hier spricht man von **betriebsinternen Daten**. Oder es werden Daten herangezogen, die außerhalb des Betriebes vorhanden und zugänglich sind (z. B. Veröffentlichungen des Statistischen Bundesamtes, der Bundes- oder Landesregierung, der Verbände, der Marktforschungsinstitute, Fachzeitschriften, Preislisten und Kataloge der Konkurrenz). Dabei handelt es sich um die Auswertung von **betriebsexternen Daten**.

Sekundärforschung

Primärforschung

Wertet man Material aus, das schon vorhanden ist, weil andere Stellen die Informationen zusammengestellt haben, spricht man von **Sekundärforschung**. Hierauf wird gewöhnlich zuerst zurückgegriffen, denn Sekundärmaterial ist günstiger zu beschaffen als Informationen, die neu und bisher unbekannt sind. Diese Art von Marketingforschung wiederum nennt man **Primärforschung**. Hierbei kann es um Informationen zum Verhalten oder zu Einstellungen von Kunden und Konsumenten zu einem bisher nicht oder unzureichend erforschten Gebiet gehen. Diese Informationen können über eine Befragung und durch Beobachtung herausbekommen werden – oder man führt ein Experiment bzw. einen Test durch.

Methoden der Primärforschung

Die **Befragung** kann in einem **persönlichen Gespräch** (Interview, Expertengespräch) erfolgen, sie kann **schriftlich** durchgeführt werden oder über ein **Telefongespräch** ablaufen. Die persönliche Befragung ist die genaueste und vielseitigste Form der Befragung. Der Interviewer kann die gestellten Fragen bei Bedarf erläutern, zusätzlich kann er die Reaktionen des persönlich Befragten beobachten und sie in die Auswertung mit einbeziehen. Allerdings besteht bei der persönlichen Befragung auch die Gefahr, dass der Interviewer den Befragten bewusst oder unbewusst beeinflusst. Dies kann bei der schriftlichen Befragung nicht passieren, da der Befragende nicht anwesend ist. Dazu müssen die Fragen aber gut überlegt sein. Auch hat die schriftliche Befragung den Nachteil, dass sie in der Regel auf dem Postweg durchgeführt werden muss und auf wenig Resonanz stößt – denn der oder die Befragte muss das Antwortschreiben/den Fragebogen wieder zurücksenden. Um die Rücklaufquoten zu erhöhen, wird deshalb die Teilnahme häufig an ein Gewinnspiel geknüpft.

Das Telefonat ist eine Art Mittelweg und gleicht die Nachteile der beiden zuerst genannten Methoden aus. Zudem erleichtert das Telefon die Kontaktaufnahme.

Beobachtungen

Während bei der Befragung als Untersuchungsgegenstand z. B. Meinungen oder statistische Werte wie das Alter oder das Einkommen der Befragten im Vordergrund stehen, geht es bei der **Beobachtung** eher um Aktionen und Reaktionen von Personen, also um deren Verhalten in bestimmten Situationen. Man unterscheidet Feldbeobachtungen und Laborbeobachtungen. Eine Feldbeobachtung findet unter gegebenen Umständen statt, also in einem Geschäft, vor einem Schaufenster, in einer Bahnhofshalle usw. Beobachtet wird bspw., wie die Kunden sich durch den Verkaufsraum eines Geschäftes bewegen oder ob und wie lange sie vor einem Schaufenster stehen bleiben und die Auslage betrachten. Bei einer Laborbeobachtung wird eine künstliche Umgebung geschaffen, was dazu führt, dass eventuell störende Faktoren, die sich in der natürlichen Umwelt befinden, ausgeblendet werden können. Untersuchungsgegenstände könnten hier z. B. sein, nach welchem Produkt von vielen die Testpersonen zuerst greifen oder wie lange sie bestimmte Anzeigen in einer Zeitschrift betrachten. Als nachteilig kann es sich hierbei erweisen, dass die beobachteten Personen sich durchaus dessen bewusst sind, Teil einer Untersuchung zu sein, und sich dann nicht mehr so „natürlich" verhalten, wie sie es normalerweise tun würden.

Experiment

Wird ein **Experiment** mit Personen durchgeführt, wird überprüft, ob bestimmte Vermutungen zutreffen. Beispielsweise kann man vermuten, dass ein neues Werbeplakat auf die Betrachter schockierend wirkt. Findet ein Experiment in der „normalen" Lebenswelt statt, spricht man – ähnlich wie bei der Beobachtung – von einem **Feldexperiment**. Unter künstlichen Bedingungen spricht man von einem **Laborexperiment**. Bei einem Experiment werden häufig Beobachtung und Befragung miteinander gekoppelt, um möglichst viele Informationen aus der Untersuchung zu gewinnen.

Test

Eine besondere Art von Experiment stellen **Tests** dar. Wesentliche Ausprägungen sind der Storetest[1], der Produkttest und der Markttest. Sie werden häufig bei einer Produktinnovation genutzt, um zu vermeiden, dass ein Produkt (aus vielleicht augenscheinlichen Gründen, die man aber bei der Entwicklung übersehen hat) floppt. Man testet z. B. die Handhabung eines Produktes bei einer ausgewählten Versuchsgruppe (Produkttest) und bekommt Informationen, ob die potenziellen Kunden das Produkt so nutzen können, wie man es sich vorgestellt hat. Weitere Informationen erhält man im Storetest, wenn das Produkt in ausgewählten Geschäften zum Verkauf angeboten wird. Hier erfährt man, ob z. B. das Design die Kunden anspricht und wie sich das Produkt im Vergleich mit Konkurrenzprodukten verkauft. Der Markttest schließlich ist der Test in einem regional abgegrenzten Markt. Wie bei einer Einführung in den Gesamtmarkt wird ein Vertriebsnetz aufgebaut und Werbung betrieben. Diese „Generalprobe" in einem abgegrenzten, überschaubaren Markt gibt Auskunft darüber, wie das Produkt bei einer richtigen Markteinführung abschneiden könnte.

Panel-Verfahren

Um den Markterfolg von Produkten in Testmärkten auszuprobieren, nutzt man Testregionen oder Teststädte. Sie müssen einen repräsentativen Querschnitt des gesamten Marktes darstellen. So eine Konstruktion benötigt man auch beim **Panel-Verfahren**. Ein Panel beschreibt eine gleichbleibende Gruppe von Personen oder Unternehmen, die nach bestimmten Merkmalen ausgesucht werden und somit auch einen Querschnitt dessen bilden, was man untersuchen möchte. Anhand des Panels lassen sich dann Informationen gewinnen, die z. B. auf die Gesamtheit der Marktteilnehmer übertragbar sind. Ein **Haushaltspanel** z. B. umfasst eine Gruppe von Haushalten, die in regelmäßigen Abständen zu ihrem Einkaufsverhalten befragt wird. Man erfährt so im Laufe der Zeit über die Haushalte, in welchen Geschäften sie vorzugsweise einkaufen, welche Produkte in welchen Preiskategorien sie dabei wählen usw. Diese Informationen nutzt man, um Schlüsse bezogen auf den Gesamtmarkt ziehen zu können.

Ein anderes Beispiel ist das **Handelspanel**, das Handelsgeschäfte umfasst – je nach Untersuchungsgegenstand Großhändler oder Einzelhändler. Man sammelt Informationen über die Sortimentzusammenstellung, über die Aufnahme oder Herausnahme von bestimmten Produkten, über die Preisgestaltung oder den Abverkauf der Produkte.

Ein Panel ist ein sehr informatives Hilfsmittel, Aufbau und Pflege sind jedoch sehr kostspielig und zeitaufwendig. Daher werden Panels nur von Marketingforschungsinstituten geführt (z. B. GfK Gruppe [Gesellschaft für Konsumforschung]). Als Unternehmen kann man dann über das entsprechende Institut Informationen aus dem Panel bekommen. Gleiches gilt für Markt- oder Storetests. Diese Methoden der Marketingforschung sind so aufwendig, dass ein einzelnes Unternehmen sie nicht durchführen kann. Deshalb nimmt man professionelle Hilfe in Anspruch. Bei weniger aufwendigen Untersuchungen wird häufig ein Unternehmen selbst tätig (z. B. Befragung).

1 Verkauf in Testgeschäften

3 Marketinginstrumente einsetzen und Einfluss auf die Marktbedingungen nehmen

3.1 Überblick: Ansatzpunkte der Marketinginstrumente am Beispiel des Produktlebenszyklus

Das Konzept des **Produktlebenszyklus** wurde schon im Rahmen der Entwicklung neuer Produkte im Lernfeld 5 dargestellt. Der Zyklus zeigt, wie sich der Umsatz eines Produktes im Verlauf seiner Lebensdauer entwickelt.

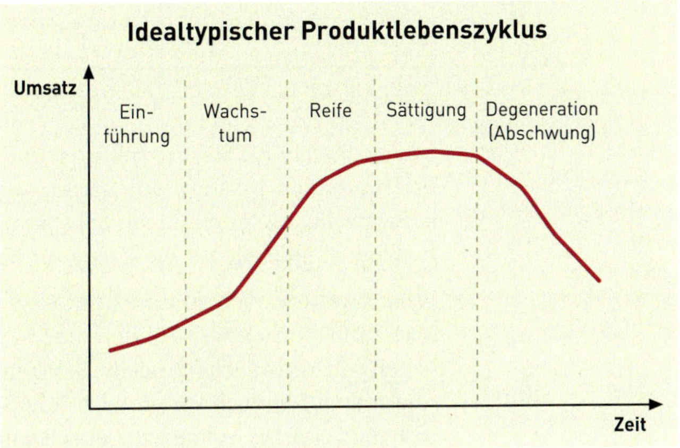

Der Produktlebenszyklus wird häufig in fünf Abschnitte unterteilt. Die Länge dieser einzelnen Phasen ist nicht festgelegt und es ist für ein Produkt auch nicht immer eindeutig, wann der Übergang in die nächste Phase beginnt. Einige Produkte haben eine unglaublich lange Einführungsphase, wie man es beispielsweise bei löslichem Kaffee oder bei Tiefkühlkost festgestellt hat. Es gibt auch Produkte, die niemals in die Wachstumsphase gelangt sind und als Flop schnell vom Markt genommen wurden. Auf der anderen Seite gibt es Produkte, die anscheinend nie in die Abschwungphase gekommen sind und offensichtlich immer gekauft werden. Solche Produkte nennt man „ewige Produkte" und man findet viele Marken darunter, z. B. Papiertaschentücher der Marke *„Tempo"* oder das Erfrischungsgetränk *„Coca-Cola"*. Gerade die letzte Phase des Zyklus ist für das Marketing wohl am interessantesten, denn hier kann es durch das Aufhalten des Abschwungs gelingen, mit einem im Markt eingeführten und bekannten Produkt weiterhin Umsätze und auch Gewinne zu machen. Das Verhindern des Abschwungs ist eine der Aufgaben des Marketings und ein Ansatzpunkt der fünf Marketinginstrumente.

Produktlebenszyklus

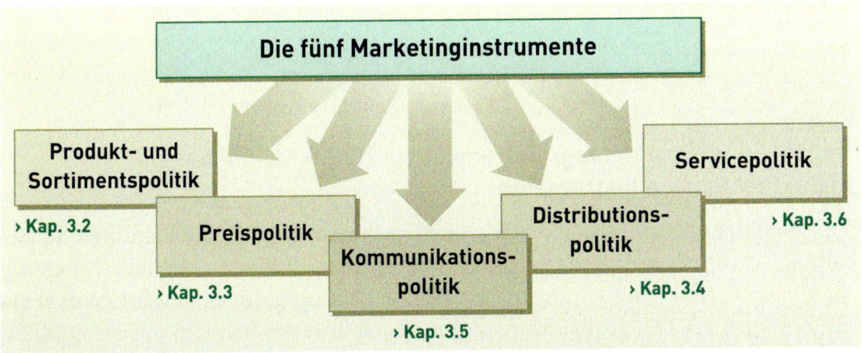

Gelingt es, den Abschwung z. B. durch eine Preissenkung oder eine Veränderung des Produktes zu verhindern und einen neuen Anstieg der Absatzzahlen herbeizuführen, spricht man von einem **Relaunch.**

Relaunch

Allgemein hilft der Produktlebenszyklus bei der Festlegung der Marketingstrategie, da in jeder Phase eine andere Strategie zum Einsatz kommen wird. Die Frage, welche Marketinginstrumente an welcher Stelle des Lebenszyklus wie eingesetzt werden, soll

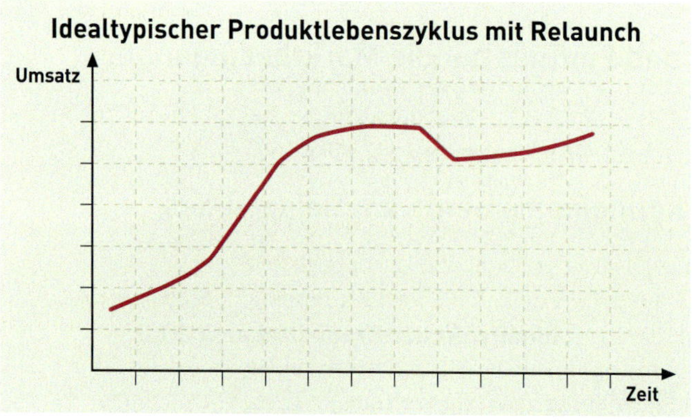

uns später beschäftigen (vgl. Kapitel 3.7 zum Marketingmix in diesem Lernfeld). Genau dieser Aspekt ist aber auch einer der wichtigsten Kritikpunkte am Konzept des Produktlebenszyklus: Woher weiß das Unternehmen, in welcher Phase sich ein fragliches Produkt befindet, wenn sich der exakte Lebenszyklus eigentlich erst aufzeigen lässt, wenn das Produkt an dessen Ende gelangt ist und vom Markt genommen wird? Hinzu kommt, dass der idealtypische Verlauf der Kurve in Form eines auf der Seite liegenden „S" natürlich nicht für alle Produkte gilt und es in der Realität eine Reihe von alternativen Verläufen gibt. Insofern scheint die Auswahl der passenden Marketinginstrumente zum jeweiligen Zeitpunkt des Lebenszyklus schwierig. Dennoch ist das beschriebene Konzept ein hilfreiches Werkzeug für Marketingstrategien.

Lebenszykluskurven sind nicht nur auf Produkte oder Produktgruppen beschränkt. Man kann die Sichtweise ändern und bspw. einen Lebenszyklus für das Nachfrageverhalten von Verbrauchern nachvollziehen. Ein Beispiel: Urlaub im außereuropäischen Ausland wurde noch vor ein paar Jahrzehnten von den Konsumenten wenig bis gar nicht nachgefragt. Heute hat dieses Segment im Tourismus einen großen Marktanteil. Auch Technologien haben Lebenszyklen. Der elektronische Taschenrechner beispielsweise: Diese Technologie ist möglicherweise in der Abschwungphase ihres Produktlebenszyklus, da sie zu einfach in andere elektronische Geräte zu integrieren ist, etwa in Notebooks oder Handys.

Bedürfnisse bzw. Anforderungen der Verbraucher sowie die daraufhin entwickelten Technologien und die entstehenden Märkte ziehen wiederum eine Fülle von Produkten nach sich, für die jeweils wieder ein Lebenszyklus aufgezeigt werden kann, an dessen Phasen die Marketinginstrumente sich orientieren können.

3.2 Produkt- und Sortimentspolitik

3.2.1 Produkt- und Sortimentsgestaltung unter Zuhilfenahme der vier produktpolitischen Instrumente

Produktpolitik

Die **Produktpolitik** umfasst alle Marketingentscheidungen, die die Planung und Gestaltung von Produkten betreffen. Diese Definition schließt ausdrücklich auch die Phasen der Produktentwicklung bis zur Markteinführung mit ein, die schon in Lernfeld 5, Kapitel 1.3.2 dargestellt wurden. Im Mittelpunkt der Betrachtung der Produktpolitik steht nicht das Produkt um seiner selbst willen, sondern der Nutzen, den ein Produkt stiftet, denn er ist schließlich der Auslöser für die Kaufentscheidung des Abnehmers. Je nachdem, ob es sich um Geschäfts- oder Privatkunden, also um Unternehmen oder Konsumenten handelt, und je nachdem, ob es sich bei den Gütern um Investitions- oder um Konsumgüter handelt, wird das Gut natürlich anders Nutzen stiften. Grundsätzlich aber lässt sich Nutzen in zwei Kategorien einteilen: Grundnutzen und Zusatznutzen.

Grundnutzen

Der **Grundnutzen** bildet die Basis, auf die weiterer Nutzen aufgebaut werden kann. Beispiele für den Grundnutzen von Gütern findet man schnell, indem man einfach nach dem Zweck des Gutes fragt: Ein Auto dient der Fortbewegung, ein Textverarbeitungsprogramm dem Schreiben von Texten und ein Drucker dem Ausdrucken auf Papier. Andererseits kann man aber im Auto auch Musik hören, mit dem Textverarbeitungsprogramm zeichnen und Grafiken erstellen und der Drucker kann kopieren.

Zusatznutzen

Niemand würde heute mehr einen Neuwagen ohne CD-Radio-Gerät kaufen und ein Textverarbeitungsprogramm, mit dem man nur Texte schreiben, aber nicht gestalten kann, wäre ein Ladenhüter. Der **Zusatznutzen** wird hier zum Verkaufsargument, gleichzeitig dient er der Abgrenzung zu Konkurrenzprodukten. Wie das am Beispiel Automobil auf die Spitze getrieben wird, kann man in der aktuellen Autowerbung sehen. Verkaufsargumente und letztendlich abgrenzender Zusatznutzen der Neufahrzeuge sind Dinge wie ein Navigationsgerät, ein Partikelfilter, ein nahezu unsichtbarer Fahrradträger oder ein geringer CO_2-Ausstoß. Die Zeit bzw. der Fortschritt und die Konkurrenz unter den Herstellern führen schließlich dazu, dass Dinge, die früher einmal als Zusatznutzen galten – wie z. B. der Airbag –, heute Standard sind, sozusagen zur Grundausstattung und damit zum Grundnutzen zählen.

Produktpolitik bedeutet also, durch die Planung und Gestaltung der Produkte den Grund- und Zusatznutzen so zu gestalten, dass er den Bedürfnissen der Zielgruppe gerecht wird, wobei zu beachten ist, dass der Kunde nur Bedürfnisse für Dinge entwickelt, die er kennt bzw. sich vorstellen kann.

Produktpolitische Instrumente

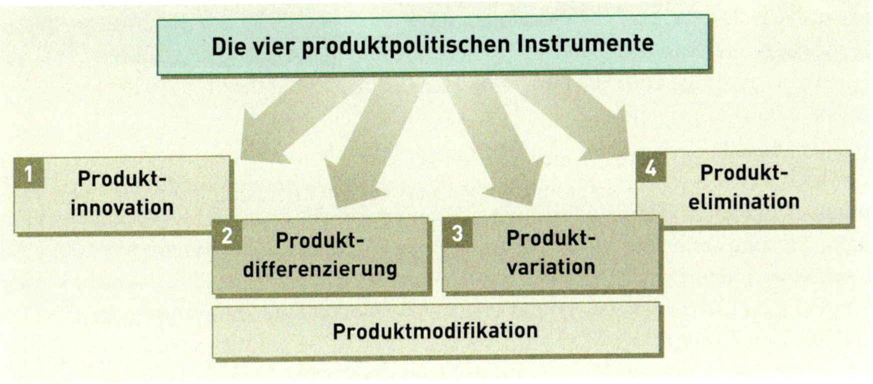

1 Produkt-innovation
› Band 1, LF 5

Wird ein neues Produkt entwickelt oder ein Produkt derart verändert, dass es einen Nutzen verspricht, der erst ein Bedürfnis beim Kunden weckt, spricht man von einer Innovation. Diesen Begriff kennen Sie auch in den Varianten **Produktinnovation** und Verfahrensinnovation, wobei im Rahmen der Produktpolitik die Produktinnovation im Vordergrund steht. Die Notwendigkeit zur Innovation ergibt sich durch die Marktchancen, die sich dank ihr ergeben könnten. Hinzu kommt der Druck der Konkurrenz, der Zwang zu Wachstum und zur Erschließung neuer Geschäftsbereiche.

Ob es sich bei einer Produktinnovation tatsächlich um ein neues Produkt handelt, ist häufig schwer abzuschätzen. Sicherlich war die Zahnpasta zum Zeitpunkt der Markteinführung ein neues Produkt im reinsten Sinne, ob es sich bei der Markteinführung der Kinderzahnpasta aber um ein neues Produkt gehandelt hat, darf bezweifelt werden – obwohl das innovierende Unternehmen zunächst einmal Alleinanbieter war. „Neue Produkte" sind häufig einfach nur verbesserte oder modifizierte „alte" Produkte. Entsprechend ist die scharfe Abgrenzung der Produktinnovation von den anderen Instrumenten der Produktpolitik nicht immer einfach bzw. möglich.

Beispiele für Produktinnovationen aus dem letzten Jahrzehnt sind etwa der DVD-Rekorder oder der Touchscreen.

2 3 Produktmodifikation

Die Produktdifferenzierung und die Produktvariation fasst man unter dem Begriff **Produktmodifikation** zusammen. Es geht um die Veränderung von bestehenden Produkten.

Produktdifferenzierung

Produktdifferenzierung bedeutet, dass verschiedene Produktvarianten gleichzeitig angeboten werden. Neben dem eigentlichen Produkt gibt es also Ableger.

Produktvariation

Bei der **Produktvariation** werden Teile des bestehenden Produktes ersetzt, sodass ein verändertes Produkt entsteht, das in der Regel das bestehende Produkt ersetzt. Dabei muss es sich nicht zwingend um eine Veränderung des eigentlichen Produktes handeln. Oft wird auch nur die Verpackung variiert und das so veränderte Produkt wird somit vom Abnehmer als „neues" Produkt angesehen. Gerade bei Pkws ist nicht immer eindeutig zu unterscheiden, ob das ersetzende Modell eine Innovation oder eine Variation darstellt. Wird der Markenname des Autos weitergeführt, wird der Kunde das „neue" Modell allerdings eher als Produktvariation aufnehmen.

4 Produktelimination

Die **Produktelimination** meint die Herausnahme eines Produktes aus dem Markt. Das Produkt wird nicht mehr angeboten. Ist ein Produkt am Ende seines Lebenszyklus angekommen (Degenerationsphase), bleibt häufig keine andere Entscheidung als die zu seiner Beseitigung aus dem Absatzprogramm. Manchmal müssen aber Produkte auch weit vorher eliminiert werden – die typischen „Flops".

Die Gründe für eine Produktelimination sind häufig technischer Art. Aber auch sich verändernde Konsumgewohnheiten der Verbraucher geben Anlass dazu. Ein Unternehmen sieht anhand der Absatzzahlen oder der Umsätze, am Gewinn oder am Deckungsbeitrag, ob über eine Elimination nachgedacht werden muss. Beispiele für Produkteliminationen sind Schwarz-Weiß-Fernsehgeräte oder 5,25"-Disketten.

Produktdiversifikation

Neben den genannten Maßnahmen gibt es die **Produktdiversifikation**. Diese wird häufig mit zur Produktpolitik gezählt. Allerdings führt dieses Instrument eher zu einer Veränderung des gesamten Absatzprogramms; insofern handelt es sich streng genommen um ein Instrument der Sortimentspolitik. Eine Diversifikation kann in drei „Richtungen" erfolgen:

Arten der Diversifikation

Diversifikation		
Art:	**Erläuterung:**	**Beispiel**
horizontale Diversifikation	Das Sortiment wird um Produkte erweitert, die auf der gleichen Wirtschaftsstufe mit dem bisherigen Programm stehen. Man wendet sich im Wesentlichen mit den zusätzlich angebotenen Produkten an den gleichen Abnehmerkreis.	Brauereien, die neben Bier auch Mineralwasser und Limonade anbieten
vertikale Diversifikation	Das Sortiment wird um Produkte erweitert, die eine Wirtschaftsstufe vor oder nach den originären Produkten eines Betriebes stehen.	Die Heidtkötter KG kauft ein Unternehmen auf, das Spanplatten herstellt. Sie kann diese nutzen, aber auch als Vorprodukt an andere Unternehmen verkaufen.
laterale Diversifikation	Nimmt man Produkte in sein Programm auf, die mit dem ursprünglichen Sortiment nichts zu tun haben, spricht man von lateraler Diversifikation.	Ein japanisches Unternehmen, das gleichzeitig Musikinstrumente und Motorräder baut, steigt auch in die Sparte „Badezimmereinrichtung" ein und der Mischkonzern wächst weiter in Märkten unterschiedlicher Abnehmerkreise.

Die Produktdiversifikation führt zu den anderen beiden Instrumenten der Sortimentspolitik, der **Sortimentsverbreiterung** und der **Sortimentsvertiefung.** Beides wurde schon in Lernfeld 5 unter dem Stichwort „Strategische Produktionsprogrammplanung" betrachtet.

› Band 1 LF 5, Kap. 1.4

Produkthaftung

Bei allen produktpolitischen Instrumenten – mit Ausnahme der Elimination – muss vom Hersteller bedacht werden, dass er der **Produkthaftung** unterliegt. Wird ein Produkt auf den Markt gebracht, durch das dem Abnehmer bei Benutzung ein Schaden entsteht, greift das Produkthaftungsgesetz, das die Folgen regelt und neben den Ansprüchen aus dem BGB (z. B. Gewährleistungsansprüche) gilt.

Die Produkthaftung greift, wenn

a) ein Produkt einen Fehler aufweist oder
b) eine Verletzung, Tötung oder Sachbeschädigung vorliegt, die auf den Produktfehler zurückzuführen ist.

In diesen Fällen kann der unmittelbar oder mittelbar Geschädigte Ansprüche aus dem **Produkthaftungsgesetz** geltend machen. Es haftet der Hersteller, der das Produkt erstellt hat, der Zulieferer, wenn es sich um ein fehlerhaftes Teil des Produktes handelt, der Händler, wenn er das Produkt mit seinem Namen oder Zeichen versehen hat, oder der Lieferant, wenn der Hersteller nicht mehr feststellbar ist. Ein Geschädigter kann sich unter allen Personen, die haften, eine wählen.

Beweispflicht

Verjährung

Die Ansprüche aus dem Produkthaftungsgesetz sind auf 85 Mio. € begrenzt, soweit es sich um Personenschäden handelt. Bei Sachschäden liegt die Begrenzung zum einen in dem fehlerhaften Produkt und zum anderen in den beschädigten Sachen. Die Beweispflicht liegt beim Geschädigten. Falls es entlastende Umstände gibt, muss der Hersteller sie beweisen. Es gilt die regelmäßige Verjährungsfrist von drei Jahren, die beginnt, sobald der Geschädigte von dem Schaden oder dem Fehler Kenntnis erlangt hat. Nach zehn Jahren ist eine Haftung ausgeschlossen. Allerdings ist auch ausgeschlossen, dass die Produkthaftung vertraglich beschränkt wird. Hier greift der Staat durch die Gesetzgebung zum Schutz des Verbrauchers in die Vertragsfreiheit ein.

3.2.2 Mehr als nur ein Name – Marken und Markenstrategien

Marke

› Band 1, LF 5
MarkenG

Eine **Marke** ist ein Begriff oder ein Symbol, mit deren Verwendung die Ware exklusiv von Wettbewerbern abgegrenzt wird. Der rechtliche Hintergrund für den exklusiven Schutz von Marken wurde bereits in Lernfeld 5 erläutert. Neben dem rechtlichen Hintergrund machen weitere Faktoren eine Marke aus:

- einheitliche, gleichbleibende Kennzeichnung mit der Marke
- gleichbleibende Qualität
- einheitliches Design und Verpackung

Unterschieden werden Herstellermarken (z. B. *Nivea*), Handelsmarken (z. B. *Gut & Günstig*), Lizenzmarken (z. B. *Boss*) und Dienstleistungsmarken (z. B. *TUI*). Das letzte Beispiel zeigt, dass Marken nicht nur im Güterbereich anzutreffen sind.

Marken müssen aufgebaut werden. Das kostet viel Zeit, Energie und Geld. Markenstrategien sind deshalb langfristig angelegt. Mit der Entscheidung, eine Marke im Markt zu platzieren und entsprechend in den Aufbau dieser Marke zu investieren, geht man ein großes Risiko ein. Allerdings ist der Nutzen erheblich, wenn die Strategie aufgeht. Denn mit einer Marke verbindet der Kunde Kriterien, die unabhängig vom eigentlichen Produkt sein können.

Beispiel

Der Markenname Mercedes-Benz signalisiert die Eigenschaften „teuer", „solide" usw., steht für einen bestimmten Wert (Zuverlässigkeit), trägt als Nutzen den Fahrkomfort und die Haltbarkeit in sich und ist mit der Einstellung des „gesellschaftlich Bessergestellten" verbunden.

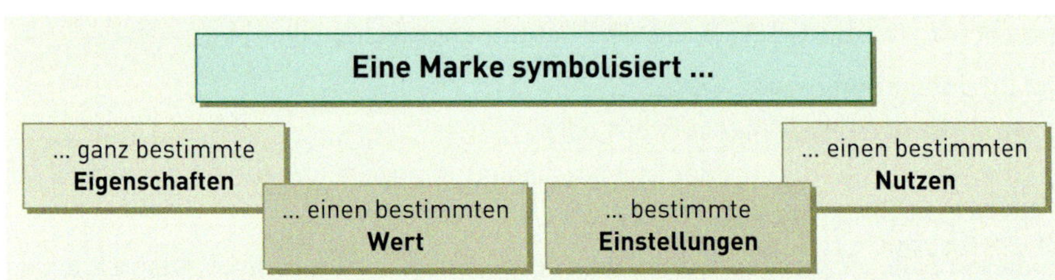

Lizenzmarken

Das Risiko, das mit dem Aufbau einer eigenen Marke verbunden ist, kann durch die schon erwähnten **Lizenzmarken** aufgehoben werden. Lizenzen erlauben einem Unternehmen, einen fremden Markennamen mit den eigenen Produkten zu verbinden. Der Lizenzgeber erhält dafür eine Lizenzgebühr in Form einer Umsatzbeteiligung oder eines Fixums. Mit der Lizenz erhält der Lizenznehmer das Recht, den Markennamen oder das entsprechende Symbol zu nutzen. So gibt es z. B. *Porsche-Brillen*, *Beckham-Parfüm* oder *Harry-Potter-Frühstücksmüsli*.

› Band 1, LF 5
PatG

Der Rechtsschutz der Marke ist auf zehn Jahre begrenzt, aber beliebig oft verlängerbar, im Gegensatz zu den auch in Lernfeld 5 genannten Patenrechten. Will man eine Marke über Jahrzehnte aufrecht erhalten, muss sie entsprechend von Zeit zu Zeit verjüngt, d. h. dem Zeitgeist angepasst werden. Sonst droht die Marke zu veralten. Gelingt eine „Verjüngung", wie z. B. bei den Marken *Persil* oder *Fanta*, unterliegen die Produkte nicht mehr dem idealtypischen Produktlebenszyklus, der davon ausgeht, dass ein Produkt irgendwann wieder vom Markt verschwindet bzw. durch ein neueres Produkt ersetzt wird. Im günstigsten Fall verbleibt das Produkt mit hohen Absatz-/Umsatzzahlen im Markt und erlebt nicht die im typischen Produktlebenszyklus am Ende stehende Abschwungphase.

Hat sich eine Marke mit positiven Eigenschaften, also einem hohen Nutzen usw., „im Kopf der Abnehmer" festgesetzt, wird aus dem Abnehmer möglicherweise ein Stammkunde. Das Verjüngen der Marke im Zeitablauf verhindert, dass die Stammkunden „wegsterben". Sie werden stetig durch neue ersetzt. Durch das Markenzeichen ist die Marke vor Kopien geschützt und kann über theoretisch endlose Zeit am Markt gehalten werden.

Markendehnung

Die Marke lässt sich natürlich auch nutzen, wenn man das Produktionsprogramm erweitern will. Das Beispiel **Dachmarke**, aber auch die **Markenfamilie** deuten an, wie Marken hierbei helfen: Unter dem bekannten Markennamen werden weitere Produkte angeboten. Dies nennt man **Markendehnung**.

Die folgende Übersicht zeigt die Verwendung von Marken bezogen auf das Produktionsprogramm bzw. das Sortiment eines Unternehmens.

Markenarten		
Markenart:	**Erläuterung:**	**Beispiel**
Einzelmarke (Mono-Marke)	eine Marke je Produkt	*Snickers, Twix*, ... aus dem Hause *Mars*
Sortimentsmarke	eine Marke für einen Sortimentsteil eines Unternehmens	*Ferrero*
Dachmarke	eine Marke für alle Produkte eines Unternehmens(-bereiches)	*Duplo*
Firmenmarke	eine Dachmarke, bei der der Firmenname die Marke ist	*Playmobil*
Markenfamilie	mehrere Marken für unterschiedliche Sortimentsbereiche	*Tesa, Nivea*, ... der Firma *Beiersdorf AG*

Möglich sind auch Verknüpfungen von Sortimentsmarke und Dachmarke/Firmenmarke.

3.3 Preispolitik

3.3.1 Den Verkaufspreis für ein Produkt festlegen – Einflussfaktoren auf die Preisbildung

Es gibt viele unternehmerische Situationen, bei denen über die Festsetzung des Verkaufspreises für ein Produkt nachgedacht und eine Entscheidung getroffen werden muss. Am schwierigsten ist das bei der Neueinführung einer Innovation, denn hier existieren keine Vergleichspreise von Konkurrenten und es liegen noch keine Informationen über die Preisvorstellungen der Nachfrager für das neue Produkt vor. In diesem Fall kann man den Preis im Prinzip nur über die Kosten und den kalkulierten Gewinn ermitteln.
Diese Überlegungen zeigen schon die wesentlichen Faktoren, die die Preisfestlegung beeinflussen.

Der Einfluss der Konkurrenz, der Kosten und der Kunden auf die Preisbildung stellt sich wie folgt dar:

Konkurrenzorientierte Preisbildung

In oligopolistischen und in polypolistischen Märkten kommt ein Unternehmen nicht umhin, die Preise der Mitbewerber zu beobachten. Sind diese Preise eine Richtschnur für die eigene Preisfestsetzung, spricht man von **konkurrenzorientierter Preisbildung**. Hierbei gibt es zwei Vorgehensweisen:

I. **Die eigene Preisgestaltung am Branchenpreis ausrichten**

Im einfachsten Fall wird ein Durchschnittspreis bezogen auf die Mitwettbewerber festgelegt. Es besteht aber auch die Möglichkeit, sich am Preis des Marktführers auszurichten, denn er hat einen angemessen kalkulierten und im Markt akzeptierten Preis für das Produkt gefunden, was seine Marktführerposition unterstreicht. Insofern kann man diesem Preisbeispiel folgen.

Je nach Zielsetzung und Positionierung im Markt kann man allerdings auch konsequent den Marktführer unterbieten, z. B. um Marktanteile zu gewinnen oder um Qualitäts- oder Imagenachteile des eigenen Produktes mit einzupreisen. Umgekehrt kann man den Markt- und Preisführer auch konsequent überbieten, um sich von ihm mit dem eigenen Produkt abzuheben.

II. **Preisführerschaft übernehmen**

Ausgehend von einer großen Marktmacht besteht die Möglichkeit, selbst den Preis in diesem Marktsegment zu setzen, sodass die Konkurrenten gezwungen sind, sich an diesem Preis zu orientieren. Ausgangspunkt sind natürlich die Marktpreise, die man vorfindet. Als Marktführer hat ein Unternehmen dann aber tatsächlich die Möglichkeit, die Konkurrenz sozusagen „von hinten aufzurollen", eigene Preise festzulegen, denen die anderen dann folgen werden, um im Wettbewerb keine Marktanteile zu verlieren.

Kostenorientierte Preisbildung

Bei der **kostenorientierten Preisbildung** werden die eigenen Kosten als Ausgangspunkt der Preisfestlegung zugrunde gelegt. Den Kosten wird der Gewinn zugeschlagen. Dies ergibt den Verkaufspreis des Produktes. Die Kalkulation kann auf Vollkostenbasis oder auf Teilkostenbasis geschehen.

I. **Preisfestlegung auf Vollkostenbasis**

› Band 1, LF 4

In der Kosten- und Leistungsrechnung werden Kosten in Einzel- und Gemeinkosten unterschieden. Einzelkosten sind Produkten direkt zurechenbar, Gemeinkosten nicht. Für die Gemeinkosten werden Zuschlagssätze ermittelt – in der Kostenstellenrechnung mithilfe des Betriebsabrechnungsbogens –, die erlauben, sie bei der Kostenermittlung für die Produkte zu berücksichtigen. Das geschieht in der Kostenträgerrechnung. Den hier ermittelten Selbstkosten wird der Gewinn zugeschlagen und es ergibt sich der Verkaufspreis. Der Vorteil der Preisfestlegung auf Vollkostenbasis liegt auf der Hand: Mithilfe dieses einfachen Verfahrens kann eine volle Kostendeckung erzielt werden, wobei die Selbstkosten die langfristige Preisuntergrenze darstellen. Wird der Preis auf Höhe der Selbstkosten festgelegt, sind diese zwar gedeckt, es wird aber kein Gewinn erzielt. Der Nachteil dieses Verfahrens liegt darin, dass die Fixkosten proportionalisiert werden. Das heißt, jedes Produkt erhält, unabhängig von der Produktionsmenge, den gleichen Zuschlagssatz für die Gemeinkosten.

II. **Preisfestlegung auf Teilkostenbasis**

Nimmt man die Teilkosten als Ausgangspunkt der Preisfestlegung, erfolgt keine Einbeziehung der fixen Kosten in die Preisberechnung. Es werden nur die Kosten betrachtet, die direkt im Zusammenhang mit dem Produkt stehen. Diese variablen Kosten stellen die kurzfristige Preisuntergrenze dar. Wird der Preis auf Höhe der variablen Kosten festgelegt, wird ein Deckungsbeitrag von null erzielt. Das heißt, der Preis deckt die variablen Kosten, trägt aber nicht zur Deckung der fixen Kosten bei. Soll der Preis einen Teil der fixen Kosten decken, muss man einen positiven Deckungsbeitrag erzielen. Dieser allein ist ausreichend, in der Summe müssen aber alle Kosten gedeckt sein, sonst hat das Unternehmen auf Dauer gesehen ein Problem. Daher bietet es sich an, eine Festlegung von Soll-Deckungsbeiträgen je Produkt vorzunehmen. Zu beachten ist, dass die variablen Kosten wirklich nur die kurzfristige Preisuntergrenze darstellen. Ein positiver Deckungsbeitrag zeigt Preissenkungsmöglichkeiten an. Es besteht aber die Gefahr, die Preise zu weit abzusenken, auch wenn man noch einen (kleinen) positiven Deckungsbeitrag hat – insgesamt muss eine volle Kostendeckung erreicht werden.

Target Costing

Die Kostenrechnung bietet noch eine dritte Variante zur Preisfestsetzung, das sogenannte **Target Costing.**

III. Zielkostenrechnung (Target Costing)

Die Zielkostenrechnung dreht die Perspektive um: Man geht nicht mehr von den Kosten als Ausgangspunkt für die Preisfestlegung aus, sondern schaut auf den Verkaufspreis, den man erzielen möchte bzw. aufgrund der Marktgegebenheiten maximal erzielen kann. Dies geschieht durch einen Vergleich mit den Marktpreisen der Konkurrenten oder auf Basis der Preisvorstellungen und -empfindungen der Nachfrager. In beiden Fällen hilft die Marketingforschung weiter.

Von dem angestrebten Verkaufspreis wird ein angemessener Gewinnanteil abgezogen. Übrig bleiben die Kosten, die angestrebt werden: die Zielkosten. Sie werden auf einzelne Produktionsbereiche oder auf Produktteile bezogen und heruntergebrochen. Ist dann der Verkaufspreis aufgrund der Kostensituation nicht zu erreichen, müssen die Kosten gesenkt werden. Ist keine Kostensenkung möglich, kann eventuell der erwartete Gewinn gesenkt werden. Bestehen keine Kostensenkungspotenziale und ist eine Senkung des Gewinnzuschlages keine akzeptable Strategie, wird das Produkt erst gar nicht in den Markt gebracht bzw. vom Markt genommen.

Kundenorientierte Preisbildung

Letztlich stellt sich noch die wichtige Frage, ob ein Preis, der unter Beachtung der Konkurrenzpreise festgelegt wurde und der die Kosten deckt, auch von den Kunden akzeptiert wird.

Informationen über die Preisvorstellungen der Kunden und Nachfrager kann die Marketingforschung liefern. Nach Betrachtung der Preisuntergrenzen im Bereich kostenorientierte Preisbildung kann man mit Blick auf die Abnehmer versuchen, die Preisobergrenze für ein Produkt festzulegen, die genau da zu finden ist, wo die Preisbereitschaft[1] der Nachfrager endet. Daneben gibt die Preiselastizität noch Auskunft darüber, inwieweit Gestaltungsspielraum bei der Preisfestlegung besteht: Bei einer hohen Preiselastizität wirken sich Preisänderungen stark auf die Absatzmenge aus. Bei einer geringen Preiselastizität besteht viel Spielraum bei der Preisfestlegung, da die Nachfrage nur wenig auf Preisänderungen reagiert.

› Band 2
LF 9, Kap. 2.1

Es ist allerdings sehr aufwendig, die Preiselastizität der Nachfrage für ein bestimmtes Produkt in einem festgelegten Marktsegment zu ermitteln. Selbst wenn es gelingt, ist sie dennoch ein schwaches Instrument, weil Mengenänderungen bei einer Neufestsetzung des Preises auch auf andere Faktoren zurückgehen können, z. B. auf kommunikationspolitische Entscheidungen, konjunkturelle Einflüsse, oder sie sind eine Reaktion auf Maßnahmen, die die Konkurrenz getroffen hat.

1 Preis, den die Kunden bereit sind zu bezahlen

3.3.2 Alles immer günstig? – Preisstrategien und Preisdifferenzierung

Preisstrategien

Bei den **Preisstrategien** werden zwei Extrempositionen unterschieden. Zwischen diesen beiden Strategien gibt es verschiedene Varianten.

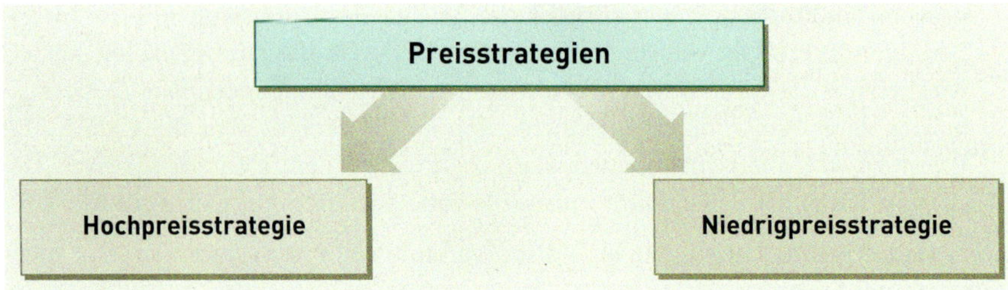

Hochpreisstrategie

Bei der **Hochpreisstrategie** (Premiumstrategie) werden hohe Preise verbunden mit einem hohen Nutzen für den Abnehmer festgelegt. Der hohe Nutzen kann sich in der Produktqualität, dem Prestige oder anderen Faktoren zeigen und rechtfertigt diese Preisstrategie. Markenprodukte (Herstellermarken) sind typische Produkte, die sich im Hochpreissegment befinden.

Niedrigpreisstrategie

Bei der **Niedrigpreisstrategie** ist es typisch, dass die Verkaufspreise immer etwas niedriger liegen als die Preise der anderen Anbieter. Manchmal wird auch nur durch Werbung der Eindruck erweckt, dass eine Niedrigpreisstrategie vorliegt, wobei diese aber nicht für alle Produkte des Unternehmens gilt. Beispiele für Niedrigpreisanbieter im Handelsbereich sind Discount-Geschäfte wie *Aldi*, im Industriebereich der Autohersteller *Fiat*. Der Preis wird hier zum wichtigen Verkaufsargument und die Kunden gehen mit anderen Erwartungen an den Kauf. Der niedrige Preis wird aus verschiedensten Gründen möglich: Produktion in Billiglohnländern, Kosteneinsparungen bei Service- und Beratungsleistungen, Einsparungen durch Nutzung günstiger Materialien oder effizienter Prozesse.

Die Festlegung der Preisstrategie ist immer etwas Besonderes, wenn es um Produkte geht, die *neu* in den Markt eingeführt werden. Hier werden zwei grundsätzliche und gegensätzliche Strategien unterschieden:

I. Marktabschöpfungsstrategie (Skimmingstrategie)

Skimmingstrategie

Das Produkt wird mit einem hohen Preis in den Markt eingeführt, dieser wird im Zeitverlauf schrittweise abgesenkt, um weitere Käuferschichten zu erschließen. Diese Strategie wird häufig bei technischen Neuerungen durchgeführt, die zunächst nur für eine kleine Käuferschicht interessant sind, die auch bereit ist, den anfänglich hohen Preis zu zahlen. Die breite Masse an Käufern wird durch Preissenkungen nach und nach erreicht. Der Vorteil der Strategie liegt darin, dass mit dem hohen Startpreis die Innovationskosten des Produktes schnell wieder reingeholt werden können. Allerdings besteht die Gefahr, dass der hohe Preis die Konkurrenz anlockt und zur Nachahmung anregt. Bedenkenlos eingesetzt werden kann die Marktabschöpfungsstrategie, wenn die Innovation rechtlich geschützt ist.

› Band 1, LF 5

II. Marktdurchdringungsstrategie (Penetrationsstrategie)

Penetrationsstrategie

Will man rasch Marktanteile erobern und einen großen Kundenstamm ansprechen, kann man die Penetrationsstrategie nutzen. Hier wird das Produkt bewusst niedrigpreisig in dem Markt eingeführt. Eine Kostendegression wird aufgrund der Masse schnell ermöglicht, sobald das Ziel, rasch viele Kunden zu gewinnen, erreicht ist. Der niedrige Preis kann im Laufe der Zeit erhöht werden, wenn Marktanteile gewonnen und gesichert sind und es die Konkurrenzsituation zulässt. Problematisch kann sich die Wirkung des niedrigen Einführungspreises erweisen, wenn er aus Sicht der Abnehmer auf eine geringe Qualität der Waren schließen lässt.

Riskant an der Penetrationsstrategie ist, dass die Amortisation von Investitionskosten nur langsam vonstatten geht, wenn die Strategie nicht voll aufgeht und der Markt nur in kleinen Schritten erschlossen wird.

Preisdifferenzierung

Der Preis, der für ein Produkt verlangt wird, muss nicht immer und überall der gleiche sein. Geht man davon aus, dass sich der Gesamtmarkt des Produktes in Teilmärkte zerlegen lässt oder dass von vornherein voneinander unabhängige Teilmärkte nebeneinander existieren, kann man in diesen unterschiedliche Preise für im Wesentlichen ein und dasselbe Produkt verlangen. Genau das bedeutet **Preisdifferenzierung**. Möglich wird dies beispielsweise, wenn man das Produkt auf verschiedenen, regional getrennten Märkten anbietet und die Nachfrage auf diesen Märkten eine unterschiedliche Preiselastizität aufweist. Man unterteilt die Preisdifferenzierung in fünf verschiedene Bereiche.

› Band 2, LF 9

5 Arten der Preisdifferenzierung				
personelle	**zeitliche**	**räumliche**	**sachliche**	**mengenmäßige**
		Beschreibung		
Es gelten unterschiedliche Preise für unterschiedliche Kundengruppen.	Je nach Zeit gelten unterschiedliche Preise bzw. je nach Lebenszyklusphase des Produktes variierende Preise.	Die Preise variieren je nach Region, in der das Produkt angeboten wird.	Je nach Verwendungszweck wird ein unterschiedlicher Preis für das Produkt verlangt. Häufig wird das Produkt dafür verändert (Produktdifferenzierung).	Der Preis wird in Abhängigkeit von der gekauften Menge bestimmt.
Beispiele				
Eintrittspreise für Kinder, Erwachsene, Rentner	Kinokartenpreise nachmittags, abends, am Kinotag, am Wochenende; hohe Einführungspreise, die langsam sinken	Benzinpreise in verschiedenen Städten	Speisesalz und Streusalz	Bei Abnahme von 500 Stck.: 0,10 €/Stck. 1 000 Stck.: 0,09 €/Stck. 1 500 Stck.: 0,08 €/Stck.

Voraussetzung für die Preisdifferenzierung ist, dass sich der Markt, in dem man sein Produkt anbietet, tatsächlich in Teilmärkte untergliedern lässt, in denen man Nachfrager findet, die bereit sind, unterschiedliche Preise für das Produkt zu bezahlen. Die Abnehmer dürfen dabei weder die Chance haben, auf andere Teilmärkte auszuweichen, um einen günstigeren Preis zu bezahlen, noch sollten sie Gelegenheit haben, das Gut nach günstigem Einkauf weiterzuveräußern. Eine Preisdifferenzierung bei Benzinpreisen ist beispielsweise nur möglich, wenn es für den Käufer nicht lohnt, an den Ort zu fahren, an dem der Benzinpreis im Moment am günstigsten ist. Ebenso wäre es unvorteilhaft, wenn ein Nachfrager montags günstig Benzin einkaufen und horten würde, um es zum Wochenende, wenn die Preise steigen, günstiger als die eigentlichen Anbieter zu verkaufen.

Preisstellungssysteme

Bei der Preisfestlegung werden häufig das Bruttopreissystem und das Nettopreissystem unterschieden. Beide sind **Preisstellungssysteme** und unterscheiden sich in der Gewährung von Preisnachlässen in Form von Rabatten: Beim Bruttopreissystem werden dem Abnehmer Rabatte gewährt. Diese können von Kunde zu Kunde variieren und beispielsweise als Mengenrabatt, Sonderrabatt, Treuerabatt oder Naturalrabatt („drei kaufen, zwei bezahlen") zugestanden werden. Beim Nettopreissystem sind Rabatte nicht vorgesehen, die genannten Endpreise stehen fest und werden im Optimalfall vom Kunden als so knapp und genau kalkuliert angesehen, dass Rabatte nicht mehr möglich und auch nicht nötig sind.

3.4 Distributionspolitik

Distribution

Unter **Distribution** versteht man den Prozess der Verteilung von Gütern vom Hersteller zum Abnehmer. Die Distributionspolitik umfasst drei Entscheidungsfelder:

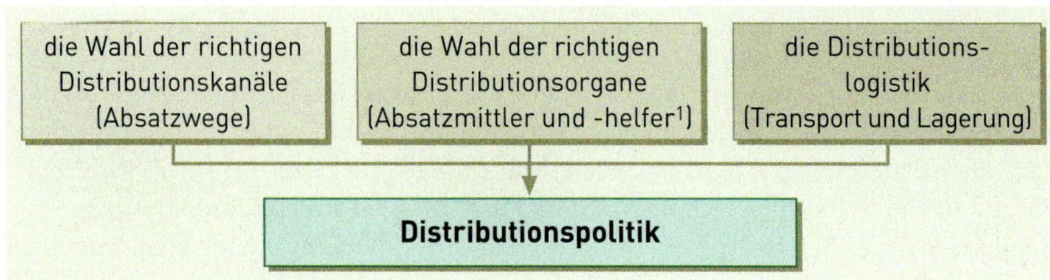

3.4.1 Mit oder ohne Zwischenstopp – Über welche Absatzwege gelangen die Produkte zum Abnehmer?

Direkter und indirekter Absatz

Ein Absatzweg kann direkt vom Hersteller eines Produktes zum Kunden führen. Hier spricht man von direktem Absatz. Sind allerdings Zwischenstufen eingebaut im Sinne von Absatzmittlern wie Groß- und Einzelhandel, die dabei helfen, dass das Produkt zum Kunden gelangt, spricht man vom indirekten Absatz.

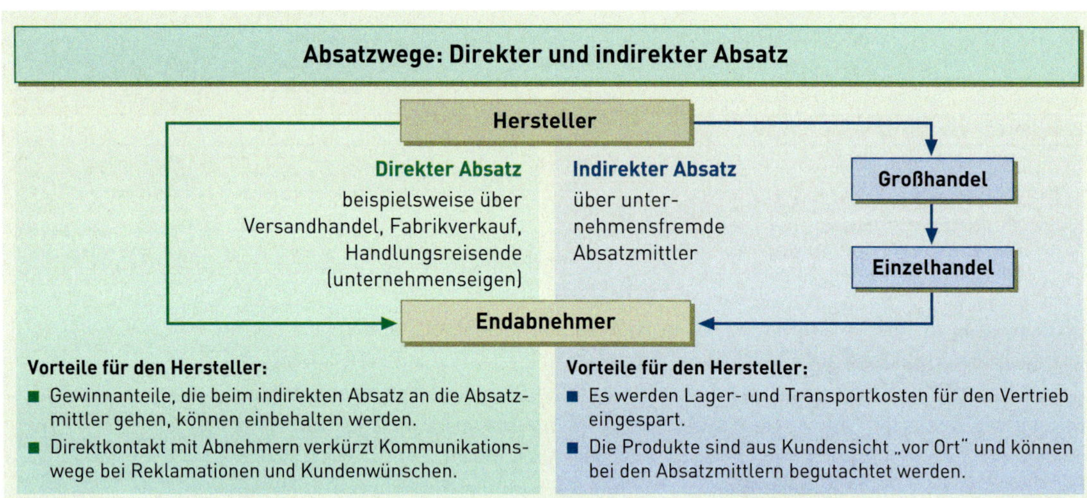

› Kap. 3.4.2 (direkter Absatz)
› Kap. 3.4.3 (indirekter Absatz)

Neben den genannten Vorteilen hängt die betriebliche Entscheidung über den richtigen Absatzweg natürlich mit den zu verkaufenden Produkten zusammen. Je spezieller und erklärungsbedürftiger das Produkt ist, desto eher fällt die Entscheidung zugunsten des Direktvertriebes. So ist es häufig bei Investitionsgütern zu beobachten.

Die Kundenstruktur eines Unternehmens hängt zudem unmittelbar mit der Wahl des Absatzweges zusammen: Komplizierte, vielleicht in Einzelfertigung hergestellte Produkte, die in kleinen Mengen an wenige Kunden gehen, werden direkt vertrieben. Je einfacher, geringwertiger und massenproduktionstauglicher ein Produkt ist, desto sinnvoller ist es, dass es an eine breite Masse von Kunden über einen indirekten Absatzweg vertrieben wird.

1 Spiegelbildlich gelten die im Folgenden aufgeführten Inhalte auch für den Bereich Beschaffung. Hier werden Absatzmittler und -helfer zu Beschaffungsmittlern und -helfern (vgl. Band 2, Lernfeld 6).

3.4.2 Direkter Absatz über unternehmenseigene Absatzorgane

Unternehmenseigene Absatzorgane sind fest in die Unternehmensorganisation eingebunden. Sie unterliegen den Weisungen der Unternehmensleitung und sind rechtlich und wirtschaftlich abhängig.

Zum einen gehören zu diesen eigenen Kräften die Mitarbeiter der **Verkaufsabteilung**, die im direkten Kontakt mit dem Kunden stehen und zum Großteil im persönlichen Verkauf die Ware vertreiben. Daneben besteht die Möglichkeit, über einen Außendienst Mitarbeiter in Kundennähe zu haben. Diese Mitarbeiter werden als **Handlungsreisende** bezeichnet. Als fest angestellte Mitarbeiter arbeiten sie im Gegensatz zum Handelsvertreter, der als unternehmensfremdes Absatzorgan im Außendienst tätig ist (vgl. Kapitel 3.4.3.2 in diesem Lernfeld), nur für ein Unternehmen. Hieraus ergeben sich Vorteile wie die direkte Steuerung ihrer Absatztätigkeiten, die sehr genaue Kenntnis des Unternehmens und die hohe Identifizierung mit dem Unternehmen und der Produktpalette sowie die Sicherstellung des direkten Informationsflusses zwischen Kunde, Reisendem und Verkaufsabteilung/Unternehmensleitung.

Handlungsreisende

Beispiel

Vergütung Handlungsreisender

Fixum: 2.800,00 €
Umsatzprovision: 5 %
Monatsumsatz: 40.000,00 €

Vergütung:
2.800,00 + (40.000,00 · 0,05) = 4.800,00 €

Die Vergütung des Reisenden unterteilt sich in der Regel in ein Festgehalt sowie eine umsatzabhängige Provision. Daneben fallen an Kosten für das Unternehmen noch die Lohnnebenkosten (Arbeitgeberbeiträge zu den Sozialversicherungen) sowie der Ersatz der Reisekosten an.

Um nicht nur mittels Mitarbeiter, sondern auch mit den Produkten vor Ort zu sein, bietet es sich an, **Verkaufsniederlassungen** zu gründen. Dort kann der Kunde die Produkte in einem Verkaufsraum begutachten und ausprobieren sowie sich vom Verkaufspersonal persönlich beraten lassen. Häufig findet sich eine Reihe von Verkaufsniederlassungen gesammelt in einem Factory-Outlet-Center – insbesondere bei Bekleidung, Schuhen usw. Beide Vertriebsformen haben gegenüber der Einschaltung von Absatzmittlern den Vorteil, dass die Handelsspanne im Unternehmen verbleibt und somit der Stückgewinn höher ist. Größtenteils wird diese Art des Direktvertriebes auch genutzt, um die Produkte günstiger anzubieten als im indirekten Absatz.

Verkaufsniederlassungen

Für ein Unternehmen wie die Heidtkötter KG wäre es natürlich zu kostspielig, eigene Verkaufsniederlassungen zu unterhalten. Alternativ wird auf Absatzmittler zurückgegriffen werden, die nicht zum eigenen Unternehmen gehören. Das Unternehmen unterhält allerdings eine Verkaufsplattform im Internet – die Basis für E-Commerce.

E-Commerce bedeutet, dass Handel zwischen zwei räumlich voneinander getrennten Vertragspartnern mithilfe elektronischer Kommunikation, insbesondere über das Internet, getätigt wird. E-Commerce lässt sich nach der Art der Vertragspartner in verschiedene Bereiche gliedern:

E-Commerce

- *B2C = Business-to-Consumer* – Unternehmen verkaufen an Verbraucher
- *B2B = Business-to-Business* – Unternehmen verkaufen an Unternehmen
- *C2C = Consumer-to-Consumer* – Verbraucher verkaufen an Verbraucher

Bezieht man die öffentliche Verwaltung mit ein, ergeben sich weitere Bereiche wie

- *B2A = Business-to-Administration* – Unternehmen an öffentliche Verwaltung oder
- *A2B = Administration-to-Business* – Öffentliche Verwaltung an Unternehmen,

wobei A2B die Ausschreibung von Aufträgen der öffentlichen Hand über das Internet meint. Auf diese Aufträge hin können Unternehmen ihre Angebote abgeben. Die

Verwaltung einer Gemeinde oder Stadt bspw. entscheidet aufgrund der vorliegenden Angebote, welches Unternehmen den Auftrag bekommt.

Spezielle Anbieter stellen im Internet Plattformen in der Organisationsform eines Marktplatzes zur Verfügung. Hier können Aufträge von Anbietern eingestellt und von Nachfragern recherchiert werden (siehe z. B.: www.subreport.de).

C2C Im Bereich *C2C* laufen die meisten Online-Geschäfte nicht über private Internetseiten von Verbrauchern, sondern über Versteigerungsplattformen (siehe z. B. www.ebay.de). Daneben gibt es auch wie bei den *A2B*-Geschäften Marktplätze, auf denen über Online-Kleinanzeigen Angebot und Nachfrage zueinanderfinden können (siehe z. B. www.autoscout24.de).

B2C Im Bereich *B2C*, aber auch im *B2B*-Bereich, ist der Onlineshop als Internetpräsenz eines Unternehmens die Verkaufsplattform. Das Warenangebot kann hier aufgeführt werden, der Einkauf erfolgt über einen virtuellen Warenkorb. Der Internetbestellung folgt häufig eine Auftragsbestätigung per E-Mail. Somit sind die zwei erforderlichen übereinstimmenden Willenserklärungen zum Vertragsabschluss abgegeben worden. Es folgt die physische Abwicklung durch Warentransport und Warenübergabe und die Zahlung des Kaufpreises über für Online-Geschäfte typische Bezahlsysteme wie *Lastschriftverfahren, Nachnahme, Zahlung per Überweisung nach Rechnungsstellung* sowie die *Kreditkartenzahlung.*

Insgesamt bieten Online-Geschäfte für den Käufer und für den Verkäufer eine Reihe von Vorteilen und Nachteilen:

	Verkäufer	Käufer
Vorteile	■ Umsatzsteigerung durch neuen Vertriebskanal ■ Gewinnung neuer Kundenschichten ■ Senkung von Reisekosten, Transaktionskosten ■ zusätzliche, neue Kommunikation mit Kunden ■ Erhöhung des Firmenimages ■ kein realer Verkaufsraum notwendig, Produkte können im Webshop betrachtet werden	■ Einkaufen unabhängig von Öffnungszeiten ■ Einkaufen unabhängig vom Standort ■ einfacher Vergleich von Preisen und Warenangeboten ■ Zeitersparnis durch Zustellung der Ware
Nachteile	■ Unsicherheit bez. Bezahlung, insbesondere bei Neukunden ■ Kosten durch Aufbau einer Internetpräsenz und entsprechender Vertriebsstrukturen im Unternehmen ■ kann zu Umsatzeinbußen beim physischen Handel, z. B. dem Filialgeschäft, führen	■ fehlende Möglichkeit zur Begutachtung (Qualitätsüberprüfung) ■ Unsicherheit bei Bezahlung (Ausspionieren von Bank- und Kreditkartendaten) ■ Unsicherheit bez. der Qualität der Ware ■ Unsicherheit bei der Zustellung der Ware ■ Versand erhöht die Kosten der Ware ■ geringere Beratung aufgrund der eingeschränkten Kommunikationsmöglichkeiten

Das Thema **Sicherheit** spielt beim Internethandel für beide Vertragspartner eine große Rolle. Hier sind die Bezahlung der Ware durch den Kunden und die mangelfreie Lieferung durch den Verkäufer die wichtigsten Aspekte. Um Qualitätsstandards und auch Transparenz zu gewährleisten, werden vertrauenswürdige Onlineshops mit Gütesiegeln ausgezeichnet.

Daneben hat der Gesetzgeber den Verbraucher beim sogenannten Fernabsatz, wozu auch E-Commerce gehört, durch das Fernabsatzrecht des Bürgerlichen Gesetzbuches besonders geschützt.

Fernabsatzrecht Einige wichtige Punkte des Fernabsatzrechtes sind im Folgenden aufgeführt:

§ 312 b BGB

- Es gilt nur für Verträge zwischen Unternehmen und Verbraucher.
- Es gilt u. a. nicht für Fernunterricht, Versicherungen, Immobilien.
- Es gilt nicht für regelmäßige Lieferungen von Lebensmitteln und Gütern des täglichen Bedarfs, die dem Verbraucher im Rahmen häufiger und regelmäßiger Fahrten geliefert werden.

- Verbraucher haben ein Widerrufsrecht, alternativ kann ein Rückgaberecht eingeräumt werden. § 312 d BGB
- Ein Widerruf muss innerhalb von zwei Wochen erklärt werden, es genügt die rechtzeitige Absendung.
- Der Widerruf ist ohne Angabe von Gründen möglich, muss schriftlich erfolgen und kann durch Rücksendung der Sache ausgedrückt werden. § 355 BGB
- Die Widerrufsfrist beginnt frühestens mit Bekanntgabe des Widerrufrechts.
- Kosten und Gefahr einer Rücksendung liegen beim Unternehmer. Dies kann vertraglich anders gestaltet werden. § 357 BGB
- Ein Widerruf ist bei kundenspezifischen Waren, Zeitungen und Zeitschriften, bei entsiegelten Datenträgern und bei Versteigerungen nicht möglich. § 312 d BGB

3.4.3 Unternehmensfremde, selbstständige Absatzorgane

3.4.3.1 Absatzmittler kaufen die Produkte ein und verkaufen sie weiter

Absatzmittler

Absatzmittler sind wirtschaftlich und rechtlich selbstständige Unternehmen, die in der Absatzkette des indirekten Vertriebes die Mittlerrolle zwischen Hersteller und Endabnehmer einnehmen. Die beiden großen Institutionen im Bereich Absatzmittler sind der Großhandel und der Einzelhandel.

Großhändler kaufen Ware in der Regel direkt beim Hersteller und verkaufen sie an Wiederverkäufer, an Großabnehmer oder an Unternehmen, die die Ware zur Weiterverarbeitung benötigen. Ihnen kommt bezogen auf den Warenvertrieb die Rolle zu, Räume durch Warentransport und Zeit durch Warenlagerung zu überbrücken, einen Mengenausgleich zwischen Hersteller und Abnehmer vorzunehmen und auch Märkte zu erschließen.

Der **Einzelhandel** ist in der Kette des indirekten Absatzes der Vertragspartner für den Endabnehmer. Der Kunde kann sich in den Geschäften des Einzelhandels die Ware ansehen, möglicherweise ausprobieren, sich beraten lassen und Produkte und Preise miteinander vergleichen. Der Einzelhandel präsentiert sich in verschiedenen Betriebsformen, vom Kaufhaus über den Supermarkt bis hin zum Discounter.

Eine besondere Form des Einzelhandels bilden die **Vertragshändler**, denn sie sind an einen bestimmten Hersteller gebunden und bieten ausschließlich dessen Produkte an. Im Automobilbereich findet man zahlreiche Vertragshändler, die entsprechend nur eine Automarke anbieten. Die Exklusivität des Angebotes geht in manchen Fällen so weit, dass selbst Marken aus dem gleichen Konzern in räumlich getrennten Bereichen eines Vertragshändlers ausgestellt werden müssen, damit der Kunde wirklich nur eine Marke präsentiert bekommt. Das findet man z. B. bei Händlern von Volkswagen, die auch die Marke Audi, die zum VW-Konzern gehört, getrennt von den Pkw der Marke Volkswagen anbieten müssen. Trotz dieser engen Bindung und der damit verbundenen Kontrolle durch den Hersteller hat der Vertragshändler natürlich auch Vorteile bei diesem Absatzsystem, da das Bewerben der Marke vom Hersteller übernommen wird und er nur für seine Region mit verkaufsfördernden Maßnahmen aktiv werden muss. Häufig garantiert ein Hersteller seinen Vertragshändlern auch den Alleinvertrieb in einer Region.

Franchising

Beim **Franchising** findet man wie bei den Vertragshändlern einen einheitlichen Marktauftritt. Das heißt, alle Betriebsstätten bzw. Filialen haben das gleiche Aussehen, das gleiche Produktangebot usw. Es findet hier aber nicht unbedingt eine Bindung an einen festen Hersteller statt, wie man an bekannten Franchise-Ketten wie *Fressnapf, McDonald's* oder *Obi* sieht. Die einzelnen Filialen sind rechtlich selbstständig und tragen das geschäftliche Risiko. Sie werden häufig als Einzelunternehmung geführt, allerdings sind je nach Ausgangslage auch andere Rechtsformen möglich. Der **Franchisenehmer** bekommt vom **Franchisegeber** die Geschäftsidee, die Ausstattung, den Namen, Warenzeichen und Produktbezeichnungen sowie die Produkte des Sortimentes gestellt. Daher sieht es in allen Filialen des Franchising-Unternehmens gleich aus und die Produkte, die verkauft werden, werden in der Regel zum gleichen Preis und mit den gleichen Serviceleistungen angeboten. Zusätzlich stellt der Franchisegeber auch sein Know-how zur Verfügung, wie z. B. seine Marktkenntnisse durch Marketingforschung oder Wissen zum Controlling der einzelnen Betriebsstätten. Dafür kann er dem Franchisenehmer sehr enge Vorschriften machen, z. B. was das Sortiment oder den Marktauftritt betrifft. Sein Verdienst liegt entweder in einer einmaligen Abschlagszahlung, oder der Franchisenehmer zahlt ihm regelmäßig einen vereinbarten Prozentsatz vom Umsatz.

Franchising führt dazu, dass ein Unternehmen schnell ein Betriebsstätten- bzw. Filialsystem aufbauen kann, auch weil der Franchisenehmer an den Kosten der Filiale beteiligt ist. Die schnelle Verbreitung der oben beispielhaft genannten Handels- oder Dienstleistungsketten zeigt dies sehr deutlich. Dadurch, dass alle Filialen einer Kette mit dem gleichen Auftritt am Markt sind und das Unternehmen und seine Produkte immer insgesamt und nicht je Filiale oder Region beworben werden, haben das Unternehmen und die Marke einen hohen Wiedererkennungswert. Das hilft beim Aufbau bzw. Etablieren neuer Filialen.

3.4.3.2 Absatzhelfer vermitteln den Verkauf der Produkte

Absatzhelfer

Absatzhelfer sind – wie die Absatzmittler – selbstständig im rechtlichen und im wirtschaftlichen Sinne. Im Gegensatz zum Absatzmittler (z. B. Groß- und Einzelhändler) kauft der Absatzhelfer die Ware, die er vertreibt, nicht ein. Das Eigentum an der Ware geht bei einem Geschäft, das über einen Absatzhelfer läuft, direkt vom Verkäufer (Hersteller) auf den Käufer über. Die wichtigsten Absatzhelfer sind der Handelsvertreter, der Handelsmakler und der Kommissionär.

Handelsvertreter

Nach § 84 Abs. 1 HGB sind **Handelsvertreter** selbstständige Gewerbetreibende, die für einen Unternehmer Geschäfte vermitteln oder in dessen Namen abschließen. Rechtliche Grundlage ist ein Vertretungsvertrag, der zwischen dem Handelsvertreter und dem beauftragenden Unternehmer abgeschlossen wird. Je nach Ausgestaltung des Vertrages ist der Handelsvertreter lediglich Vermittler zwischen den Vertragsparteien oder er geht einen Vertrag im Namen des beauftragenden Unternehmers ein. Er kann sogar inkassoberechtigt sein und somit eine Vollmacht für den Einzug von Forderungen haben. Der Vertretungsvertrag wird in der Regel unbefristet abgeschlossen, wobei dem Handelsvertreter häufig ein bestimmter Bezirk oder ein fester Kundenkreis zugewiesen wird. Der Handelsvertreter kann für mehrere Unternehmen tätig sein.

Zu den Pflichten des Handelsvertreters gehören nach dem Handelsgesetzbuch

- die Wahrnehmung der Interessen des beauftragenden Unternehmers und das Bemühen um einen Geschäftsabschluss (§ 86 Abs. 1 HGB),

- die unverzügliche Mitteilungspflicht gegenüber dem beauftragenden Unternehmer bei Geschäftsabschluss (§ 86 Abs. 2 HGB),
- die Sorgfaltspflicht wie bei einem ordentlichen Kaufmann (§ 86 Abs. 3 HGB) und
- die Schweigepflicht über Geschäfts- und Betriebsgeheimnisse (§ 90 HGB).

Demgegenüber stehen die Pflichten des beauftragenden Unternehmers nach dem Handelsgesetzbuch. Er muss

- Unterlagen, die der Handelsvertreter zur Ausübung seiner Geschäfte benötigt, aushändigen (§ 86 a Abs. 1 HGB),
- gemäß der unverzüglichen Benachrichtigungspflicht mitteilen, ob er das vom Handelsvertreter vermittelte Geschäft annimmt oder ablehnt (§ 86 a Abs. 2 HGB),
- eine Vermittlungsprovision zahlen (§ 87 HGB ff.),
- eine Kündigungsfrist bei Kündigung eines unbefristeten Vertragsverhältnisses einhalten (§ 89 HGB) und
- einen Ausgleichsanspruch zahlen, wenn der Unternehmer das Vertragsverhältnis mit dem Handelsvertreter beendet (§ 89 b HGB).

Der Handelsvertreter arbeitet in der Regel nur auf Provisionsbasis. Tätigt er keine Geschäfte, fallen für ihn aus Unternehmersicht auch keine Kosten an. Da die Provision allerdings höher ist als bei einem fest angestellten Handlungsreisenden (siehe Kapitel 3.4.2), wird der Handelsvertreter für das Unternehmen kostspieliger als der Reisende, wenn hohe Umsätze erreicht werden.

Beispiel

Vergütung Handelsvertreter

Umsatzprovision:	11 %
Monatsumsatz:	40.000,00 €
Vergütung:	
40.000,00 · 0,11 =	4.400,00 €

Handelsmakler

Handelsmakler sind im Gegensatz zu Handelsvertretern nur von Fall zu Fall tätig: Im Mittelpunkt des Verhältnisses *beauftragender Unternehmer – Handelsmakler* steht das einzelne Geschäft und nicht der Vertretungsvertrag, der sich auf einen Zeitraum bezieht. Der Makler bringt in der Regel einmalig Angebot und Nachfrage zusammen. Damit ist seine Aufgabe erledigt. Geschäftsgegenstand sind Versicherungen, Waren, Dienstleistungen oder Aktien. Der Makler haftet gegenüber beiden Parteien, die den Vertrag eingegangen sind, für durch sein Verschulden entstandenen Schaden. Der Makler kann von beiden Vertragsparteien eine Provision für die Vermittlung verlangen. Je nach Ausgestaltung des Maklervertrages kann aber auch lediglich eine Käufer- oder eine Verkäuferprovision anfallen.

Kommissionsgeschäft

Grundlage eines **Kommissionsgeschäftes** ist ein Kommissionsvertrag. Hier wird ein Kommissionär von einem Kommittenten beauftragt, Ware zu verkaufen. Dabei geht die Ware in den Besitz des Kommissionärs über, der die Ware den möglichen Kunden anbietet. Bis zur Übergabe an den Kunden bleibt der Kommittent Eigentümer der Ware, wovon der Kunde aber nichts weiß.

Der Kunde findet die Ware in Hand des Kommissionärs vor. Dieser liefert die Ware und händigt sie aus. Der Kunde zahlt den Kaufpreis an den Kommissionär. Das Geschäft wird aus Sicht des Kommissionärs also auf fremde Rechnung, aber in eigenem Namen getätigt. Er leitet die Kaufpreiszahlung an den Kommittenten weiter, für seine Leistung kann er eine Provision einbehalten. Dies ist einer der Vorteile aus Sicht des Kommissionärs: Er muss für die Ware, die er anbietet, erst zahlen, wenn er sie verkauft und den Gegenwert dafür erhalten hat. Somit kann er ohne große Beschaffungskosten ein breites und/oder tiefes Sortiment anbieten. Letztlich ist damit aber auch ein Nachteil für den Kommissionär verbunden, da er einen größeren Gewinnanteil aus dem Geschäft ziehen könnte, wenn er die Ware als Eigentümer verkauft. Verkauft er allerdings nicht den vollständigen Warenbestand, kann er die nicht verkaufte Ware an den Kommittenten zurückgeben.

3.4.4
Der physische Transport und die Lagerung – Distributionslogistik

Logistik
Lagerung
› Band 1, LF 5

Unter **Logistik** versteht man allgemein den Transport und die Lagerung von Gütern. Die Distributionslogistik betrachtet dieses Feld allein von der Absatzseite[1].

Eigen- oder Fremdlagerung

Am Ende des Produktionsprozesses müssen die hergestellten Waren zum Kunden gelangen. Zunächst ist in der Regel eine Lagerung notwendig, da nicht alle Waren direkt nach Herstellung ausgeliefert werden. Dies tritt nur ein, wenn eine auftragsbezogene Fertigung vorgenommen wurde und der Abnehmer das hergestellte Gut direkt nach Fertigstellung bekommen möchte. Bei der Heidtkötter KG z. B. wird der Großteil der Produkte aufgrund von Aufträgen gefertigt. Da aber nicht alles sofort ausgeliefert werden kann, benötigt man ein Zwischenlager in Form eines Absatzlagers.

Beispiel

Art der Lagerung	Kosten pro Jahr
Fremdlagerung	30,00 € je m³
Eigenlagerung	6.000,00 € fix 15,00 € je m³

$$\begin{aligned} \text{Fremdlagerung} &= \text{Eigenlagerung} \\ 30x &= 6000 + 15x \\ 15x &= 6000 \\ x &= 400 \end{aligned}$$

Bis zu 400 m³ Platzbedarf lohnt sich eine Fremdlagerung.

Je nachdem, ob die Lagerung der Waren in einem unternehmenseigenen oder fremden Lager stattfindet, spricht man von **Eigen- bzw. Fremdlagerung**. Eine Entscheidung für die eine oder die andere Variante ist häufig zunächst eine Kostenfrage. Setzt man rechnerisch die Kosten der beiden Alternativen gleich, erhält man die Lagerkapazität, bis zu der sich eine Fremdlagerung lohnt. Wird mehr Lagerraum benötigt, lohnt sich eine Eigenlagerung. Allerdings kann man diese kritische Menge nur bei solch einfachen Kostenstrukturen durch Gleichsetzen ermitteln.

Allgemein kann man sagen, dass Eigenlagerung umso lohnender ist, je größer die Lagermenge ist. In diesem Fall verteilen sich die Fixkosten der Lagerung auf mehr Produkte und die Fremdlagerung wird im Vergleich kostspieliger.

Neben den Kosten für die Lagerung selbst spielen weitere Faktoren eine Rolle:

- Bestehen überhaupt Möglichkeiten (finanzielle Mittel, Fläche usw.) zum Aufbau eines eigenen Lagers?
- Bietet es sich an, mit seinen Produkten nicht am Produktionsstandort, sondern woanders vor Ort zu sein, z. B. in der Nähe der Kunden (der Absatzmärkte) oder bestimmter Güterumschlagplätze?
- Bietet das Fremdlager Dienstleistungen an, die das eigene Unternehmen entlasten, wie z. B. Inventur, Versicherung oder Warenauslieferung?

Entscheidet man sich für die Fremdlagerung, schließt man als Einlagernder mit einem Lagerhalter einen Lagervertrag. Den Erhalt der Ware bescheinigt der Lagerhalter auf einem Lagerschein. Dieser ist nicht nur eine Quittung, sondern ein Wertpapier, mit dem sich der Lagerhalter verpflichtet, die von ihm eingelagerten Güter an die Person auszuliefern, die ihm den Lagerschein vorlegt. Es werden drei Varianten des Lagerscheins unterschieden:

1. Der **Namenslagerschein** lautet auf den Namen des Einlagerers, d. h., nur der namentlich genannte Inhaber des Lagerscheins ist berechtigt, über die Ware zu verfügen. Will der Eigentümer des Lagerscheins das Eigentum auf einen anderen übertragen, bedarf es einer zusätzlichen Abtretungserklärung (Zession).

1 Zur Beschaffungslogistik vgl. Band 2, Lernfeld 6.

2. Beim **Orderlagerschein** handelt es sich um ein sogenanntes Traditionspapier, d. h., durch Übertragung dieses Lagerscheins kann das Eigentum an der Sache übertragen werden. Das geschieht durch Indossament (Übertragungserklärung auf der Rückseite) und Übergabe des Orderlagerscheins. Diese Art von Lagerschein dürfen nur Lagerhalter ausstellen, die hierfür zertifiziert wurden.
3. Der **Inhaberlagerschein** lautet auf den Inhaber. Er kann ohne Indossament (Übertragungsvermerk) mit der gleichen Wirkung wie der Orderlagerschein übergeben werden und ist deshalb mit hohen Risiken verbunden.

Transport

Nach der Fertigung und Lagerung muss die Ware zum Kunden transportiert werden. Dafür stehen verschiedene Transportmittel als Träger der **Güterbeförderung** zur Verfügung. Die Entscheidung für einen bestimmten Verkehrsträger hängt ab von

- der Art des zu transportierenden Gutes,
- der zu überbrückenden Entfernung,
- der Art des Verkehrsweges,
- der Sicherheit des Verkehrsträgers,
- den Kosten des Verkehrsträgers und
- den ökologischen Belastungen, die mit dem Verkehrsträger verbunden sind.

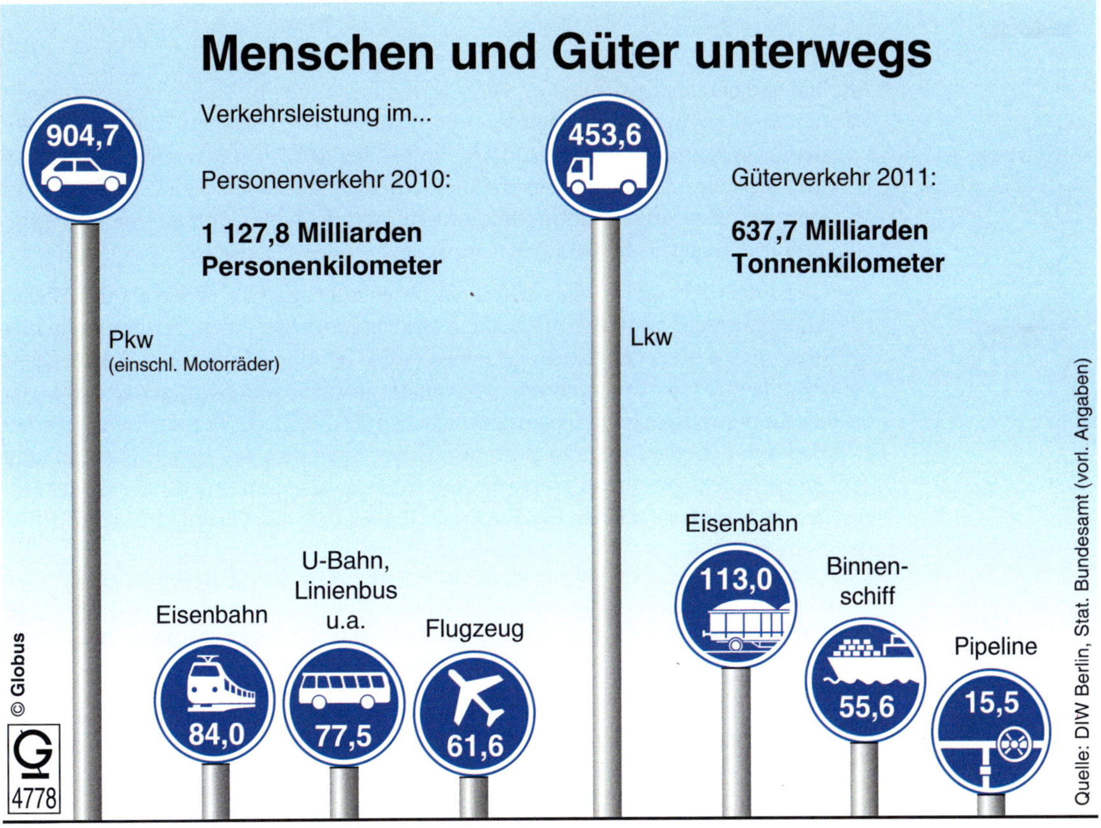

Zur Auswahl stehen Bahnverkehr, Schiffsverkehr, Flugzeug sowie der Transport über die Straße per Pkw, Kleintransporter oder Lkw. Wie die Grafik zeigt, verteilt sich der Güterverkehr im Wesentlichen auf Straße, Schiene und Schifffahrt. Die Güterbeförderung per Flugzeug nimmt nur einen minimalen Anteil von 0,1 % ein. Trotz aller Umweltbelastungen, die mit dem Lkw-Verkehr verbunden sind, ist dies der Verkehrsträger, der mit Abstand am häufigsten genutzt wird.

Die folgende Gegenüberstellung zeigt die wichtigsten Vor- und Nachteile der vier Verkehrsträger.

	Vorteile	Nachteile
Flugzeug	■ sehr schnell ■ sicheres Transportmittel	■ hohe Umweltbelastung ■ sehr teuer im Vergleich zu den anderen Verkehrträgern ■ geringe Ladekapazität
Schiff	■ gut geeignet für Massengüter (Schüttgüter) ■ sehr große Ladekapazität ■ auf langen Strecken günstigstes Transportmittel ■ umweltfreundlich	■ Umladevorgänge notwendig ■ langsamer Transport ■ Behinderungen durch Wetter, Wasserstand ■ hohe Abhängigkeit von der Schiffbarkeit der Gewässer
Eisenbahn	■ große Ladekapazität ■ umweltfreundlich ■ geringe Unfallgefährdung	■ fast immer Umladung notwendig ■ zeitaufwendig
Lkw	■ fast alle Zielorte direkt erreichbar, Fahrten von Haus zu Haus bzw. Tür zu Tür möglich ■ sehr flexibel (Zeit und Raum) ■ schneller Transport ■ keine Umladevorgänge	■ relativ geringe Ladekapazität ■ hohe Umweltbelastung ■ Verzögerungen durch Staus, Witterung, Fahrverbote (Sonn-/Feiertage) möglich ■ vergleichsweise hohes Unfallrisiko

Ähnlich wie bei der Lagerung von Fertigwaren besteht beim Transport – zumindest was den Straßengüterverkehr betrifft – die Wahl zwischen eigenen Transportmitteln und deren von fremden Transportunternehmen. Der Aufbau eines eigenen Fuhrparks ist an finanzielle Mittel und entsprechendem Platzbedarf gebunden und führt zu weiteren entscheidungsbeeinflussenden Kriterien, wie dem Aufbau eines entsprechenden Personalstammes und einer funktionierenden Disposition.

Die Güterbeförderung für eigene Zwecke bezeichnet man als **Werkverkehr.** Dieser ist – anders als der gewerbliche Güterkraftverkehr für Dritte – nicht erlaubnispflichtig im Sinne des Güterkraftverkehrsgesetzes (GüKG). Allerdings muss Werkverkehr beim Bundesamt für Güterverkehr angemeldet werden, wenn Fahrzeuge mit mehr als 3,5 Tonnen zulässigem Gesamtgewicht benutzt werden. Werkverkehr zeichnet sich dadurch aus, dass die transportieren Güter Eigentum des Unternehmens sind oder von ihm ge- bzw. verkauft werden. Außerdem müssen unternehmenseigene Mitarbeiter die Fahrzeuge führen. Die Transporttätigkeit darf nicht Hauptzweck des Unternehmens sein.

Neben den in Kapitel 3.4.3.2 genannten Absatzhelfern gibt es weitere, die außerhalb des eigenen Unternehmens zum Bereich der Distributionslogistik zählen. Dies sind der **Spediteur**, der **Frachtführer** und der **Lagerhalter**.

	Frachtführer	Spediteur	Lagerhalter
gesetzliche Grundlage	§§ 407 ff. HGB	§§ 453 ff. HGB	§§ 467 ff. HGB
Vertragsart	**Frachtvertrag**	**Speditionsvertrag**	**Lagervertrag**
Pflichten	▪ Beförderung des Gutes zum Bestimmungsort und dort Ablieferung an den Empfänger ▪ Einhaltung der vereinbarten Lieferfrist ▪ Haftung für Schäden oder Verlust für die Zeit, in der die Güter in seinem Besitz sind ▪ Haftung für verantwortete Verspätungsschäden	▪ Besorgung der Versendung eines Gutes durch die Bestimmung des Beförderungsmittels und -weges, die Auswahl der Frachtführer, die Sicherung von Schadensersatzansprüchen des Versenders ▪ Ausführung sonstiger vereinbarter Leistungen wie Versicherung, Verpackung, Kennzeichnung, Zollbehandlung der Güter ▪ Haftung für Schaden und Verlust der in seinem Besitz befindlichen Güter	▪ Lagerung und Aufbewahrung eines Gutes ▪ Gestattung der Besichtigung und notwendige Behandlung der Güter, Entnahme von Proben ▪ Versicherung der Güter ▪ Herausgabe der Güter auf Verlangen ▪ Einhaltung von Kündigungsfristen ▪ Haftung für Verlust und Schäden an der Ware
Rechte	▪ Bezahlung für den Transport ▪ kann als Transportpapier die Ausstellung eines Frachtbriefes verlangen ▪ Verpacken, Verladen und Kennzeichnen der Güter durch den Absender ▪ Pfandrecht an den Beförderungsgütern	▪ Bezahlung für die Transportbesorgung ▪ Selbsteintritt (d. h. selbst den Transport als Frachtführer ausführen) ▪ Pfandrecht	▪ Bezahlung für die Lagerung ▪ Verpackung und Kennzeichnung der Güter ▪ Information über gefährliche Güter ▪ Pfandrecht

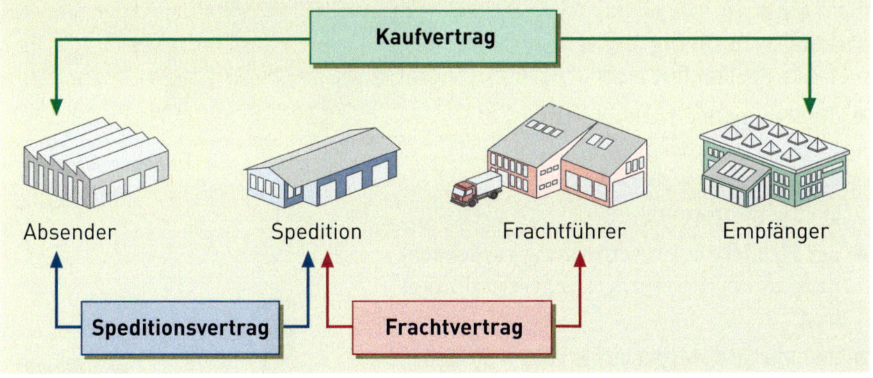

Der Gütertransport kann bzw. muss mit verschiedenen Dokumenten belegt werden. Diese werden in **Warenbegleitpapiere** und **Warenwertpapiere** unterschieden. Letztere zeigen das Eigentum an der Ware an, erstgenannte allerdings nicht, denn sie dienen nur als Beleg für den Transport und die Übergabe der Ware.

Der Frachtbrief ist im Straßengüterverkehr, aber auch bei den anderen Verkehrsträgern ein häufiges Warenbegleitpapier. Es besteht aber kein Frachtbriefzwang. Ein Frachtbrief wird auf Wunsch des Frachtführers vom Absender in dreifacher Ausfertigung erstellt und dokumentiert den Abschluss des Frachtvertrages sowie die Übernahme des Gutes durch den Frachtführer. Alternativ zum Frachtbrief wird meistens der Lieferschein als Warenbegleitpapier genutzt.

Neben den Begleitpapieren gibt es die Warenwertpapiere; der Lagerschein wurde schon als eine Variante bei der Einlagerung von Gütern vorgestellt. Beim Transport nutzt man beispielsweise im Binnenschiffsverkehr den Ladeschein, bei der Seeschifffahrt analog das Konnossement.

Darüber hinaus gibt es für besondere Transporte auch entsprechend zugeschnittene Transportdokumente, beispielsweise für Gefahrguttransporte (Beförderungspapiere, Unfallmerkblätter) oder für internationale Transporte (Zolldokumente).

Verpackung

Für den sicheren Transport sind die Güter mit einer entsprechenden **Verpackung** zu schützen. Sie schützt nicht nur vor Beschädigungen, sondern je nach Warenart z. B. auch vor Verderb. Die Verpackung einer Ware spielt somit eine wichtige Rolle. Man unterscheidet zwischen

- Transportverpackung,
- Umverpackung und
- Verkaufsverpackung.

Transportverpackung

Aus ökologischer Sicht entsteht durch jede Verpackung ein Entsorgungsproblem, dem sich die Politik im Zuge der Verpackungsverordnung angenommen hat. Sie legt fest, dass

- die Transportverpackung vom Hersteller zurückgenommen werden muss (§ 4 Verpackungsverordnung),
- der Handel die Umverpackung zurücknehmen muss (§ 5 Verpackungsverordnung) und
- die Verkaufsverpackung vom Hersteller bzw. Vertreiber zurückgenommen werden muss. Hiervon können sich Hersteller und Vertreiber befreien, wenn sie sich an einem System beteiligen, das garantiert, dass die Verkaufsverpackung flächendeckend beim Endverbraucher abgeholt wird und somit einer Wiederverwertung zugeführt werden kann (§ 6 Verpackungsverordnung).

Umverpackung und Verkaufsverpackung

Die Verpackungen, die vom Verbraucher in z. B. gelben Tonnen oder Säcken gesammelt und kostenlos bei ihm abgeholt werden, sind mit dem sogenannten *„Grünen Punkt"* gekennzeichnet. Die Finanzierung der Rückführung in den Wertstoffkreislauf zahlt letztendlich aber doch der Verbraucher, weil die Hersteller die Kosten dafür durch Erhöhung der Produktpreise weitergegeben haben.

Verpackungsfunktionen

Neben der Aufgabe der Verpackung, einen sicheren und rationellen Transport zu gewährleisten, hat sie noch andere Funktionen:

- Eine Verpackung gewährleistet die Verkaufbarkeit von Produkten, gerade im Bereich der Selbstbedienung.
- Eine Verpackung wird genutzt, um auf ihr Informationen für den Abnehmer zu platzieren.
- Eine Verpackung transportiert ein bestimmtes Image.

Führt man sich die Verpackung des Produktes *„Coca-Cola"* vor Augen und im Vergleich dazu die Verpackung, in der sich die Einzelteile eines Möbelstücks aus dem SB-Möbelhaus befinden, werden die unterschiedlichen Aufgaben und Nutzungsbereiche der Verpackung sehr deutlich. Aufgrund dieser Vielfältigkeit spielt die Verpackung für das Marketing nicht nur im Bereich der Distributionspolitik eine Rolle.

Wird beispielsweise eine Creme in einer neuen Verpackung präsentiert, kann das aus transporttechnischen Gründen geschehen (Distributionspolitik), um das Produkt zu modifizieren (Produktpolitik) und für den Verbraucher wieder interessant zu machen oder um bestimmte Informationen an den Konsumenten zu bringen (Kommunikationspolitik).

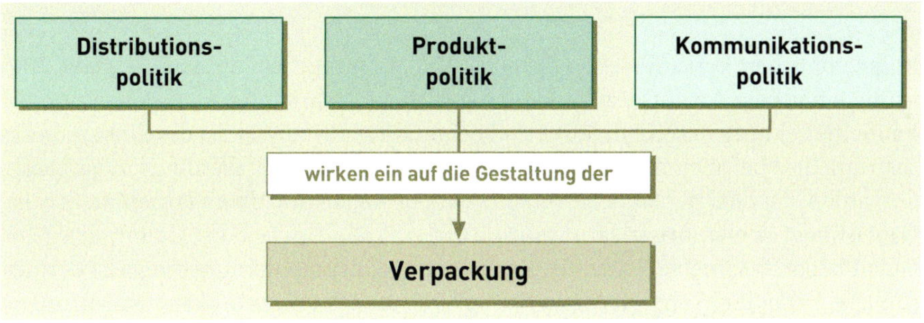

3.5 Kommunikationspolitik

3.5.1 Das Instrumentarium der Kommunikationspolitik

Die Kommunikationspolitik ist ein überaus wichtiges Instrument des Marketing. Die entwickelten Produkte, die festgelegten Preise und Konditionen, der ausgewählte Vertriebskanal – alle Informationen über diese getroffenen Entscheidungen müssen kommuniziert werden, damit Interesse geweckt wird und Käufer gefunden werden. Dies zeigt, dass die einzelnen Marketinginstrumente und die Kommunikationspolitik eng miteinander verzahnt sind und einander bedingen. Zum Beispiel müssen bereits bei der Entwicklung eines neuen Produktes der Markt bzw. die Zielgruppe darüber informiert werden.

Kommunikationspolitik

Die **Kommunikationspolitik** stellt dabei folgendes Instrumentarium zur Verfügung:

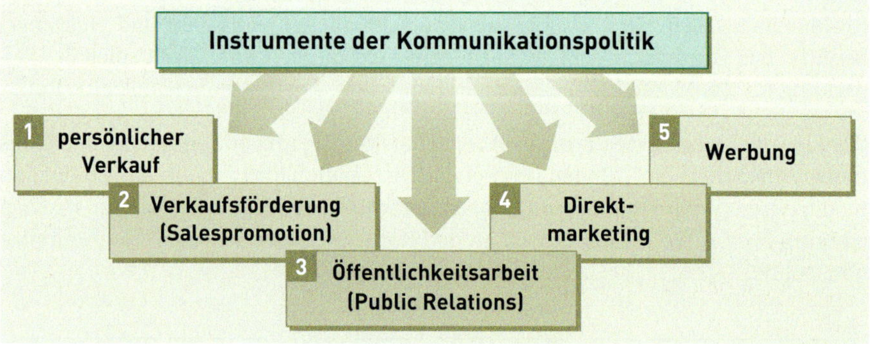

1 Persönlicher Verkauf

Im **persönlichen Verkauf** stehen Anbieter und Nachfrager im direkten Kontakt. Dies ist die einfachste Art für den Verkäufer, gezielt auf den Käufer einzugehen und die Kaufentscheidung in seinem Sinne zu beeinflussen. Prinzipiell ist der Einsatz dieses Instrumentes bei allen möglichen Arten von Gütern denkbar, allerdings muss beachtet werden, dass der persönliche Verkauf zeit-, personal- und damit kostenintensiv ist. Daher findet er eher bei erklärungsbedürftigen Produkten und bei Gütern des gehobenen Bedarfs[1] seinen Einsatz. Im Bereich des Industriegütermarketings ist der persönliche Verkauf ein entsprechend häufig eingesetztes Kommunikationsinstrument, bei Konsumgütern spielt er im Einzelhandel nur in Geschäften ein wichtige Rolle, in denen Bedienungs- und Beratungspersonal zur Verfügung steht. Daneben gibt es den persönlichen Verkauf in den Bereichen von Unternehmen, die direkt mit dem Absatz der Produkte beauftragt sind, also den Abteilungen Verkauf und den dazugehörigen Mitarbeitern im Unternehmen und im Außendienst.

2 Verkaufsförderung (Salespromotion)

Die **Verkaufsförderung** ist ein Instrument der Kommunikationspolitik, das den Absatz von Produkten kurzfristig und unmittelbar steigern soll. Sie wird genutzt, um z. B. den Verkauf bestimmter Produkte oder Produktgruppen für eine gewisse Zeit zu fördern oder um dem Absatzrückgang eines Produktes entgegenzuwirken. Salespromotion ist nur für einen kurzfristigen Einsatz mit entsprechend vorübergehender Wirkung geeignet. Produktproben oder Gutscheine sind typische Mittel der Verkaufsförderung, durch die man sich einen höheren Absatz für die geförderten Produkte verspricht. Neu auf den Markt gekommene Produkte werden häufig von Verkaufsförderungsmaßnahmen begleitet, hierbei wird die Verkaufsförderung neben der Absatzwerbung zu einem flankierenden Kommunikationsinstrument.

1 höherwertige Güter, die mit längeren Such- und Entscheidungsprozessen bei den Käufern verbunden sind

Obige Beispiele sprechen die Art von Verkaufsförderung an, die an Endverbraucher gerichtet ist. Insgesamt wird Salespromotion in drei Bereiche eingeteilt:

Salespromotion			
Bereiche	**Verbraucherpromotion**	**Händlerpromotion**	**Verkäuferpromotion**
Beispiele			
	■ Gutscheine ■ Produktproben ■ Werbebriefe ■ Produktvorführungen ■ Preisausschreiben ■ Gewinnspiele ■ Inzahlungnahme ■ Finanzierungsangebote	■ Unterstützung bei der Ladengestaltung und Warenplatzierung ■ fachliche Kompetenz zur Verfügung stellen ■ Propagandisten ■ Deko- und Displaymaterial bereitstellen	■ Schulungen ■ Verkaufstraining ■ Sonderprämien für hohe Umsätze ■ Incentive[1]-Reisen 1 von lat. *incentivus* = anregend, reizend, im Sinne von Anreiz bzw. Motivation

3 Öffentlichkeitsarbeit (Public Relations)

Verkaufsförderung zielt auf die direkte Erhöhung des Absatzes von Produkten, **Öffentlichkeitsarbeit** dagegen soll indirekt wirken: Durch die Schaffung eines positiven Unternehmens- oder Produktimages soll eine positive Stimmung im Unternehmensumfeld und beim Kunden hervorgerufen werden, was letztendlich auch zum Kauf von Produkten führen soll. Dies gelingt, weil ein vorteilhaftes Firmenimage dazu beiträgt, dass die Werbung eines Unternehmens als überzeugend und glaubwürdig eingeschätzt wird. Maßnahmen der Öffentlichkeitsarbeit sind z. B.:

- Pressekonferenzen abhalten
- Vorträge und Diskussionsrunden abhalten
- Geschäftsberichte veröffentlichen
- Jubiläumsschriften veröffentlichen
- Betriebsbesichtigungen veranstalten
- „Tag der offenen Tür" durchführen

Bei allen Maßnahmen der Öffentlichkeitsarbeit ist ein guter Kontakt zu Presse, Rundfunk und Fernsehen wichtig, da es immer darum geht, an die Öffentlichkeit zu gehen und die Öffentlichkeit zu informieren. Wenn z. B. ein positiver Bericht über die Ausbildungsmöglichkeiten in einem Unternehmen in der Zeitung steht, ist das auch eine gelungene Maßnahme der Öffentlichkeitsarbeit. Dies kann dann auch dazu beitragen, dass das Gewinnen von Nachwuchskräften zukünftig erleichtert wird, da Bewerber Firmen mit einem positiven Image bevorzugen.

› Band 1, LF 2

Die **Corporate Identity (CI, die Unternehmensidentität)** ist ein wesentlicher Bestandteil der Öffentlichkeitsarbeit. Hierunter versteht man die Darstellung und Wahrnehmung des Unternehmens in der Öffentlichkeit. Ausgangspunkt der Überlegungen ist die Feststellung, dass in den Märkten von heute die Produkte gleichermaßen „kommen und gehen" und die Vielfalt an Produkten nahezu unüberschaubar ist. In dieser Situation ist das Unternehmen, das hinter dem Produkt steht, die einzige Konstante im Markt. Über Corporate Identity kann es gelingen, den Käufer an sich ändernde Produkte und Sortimente zu binden, wenn er das Unternehmen hinter den Produkten wahrnimmt und von dem, was das Unternehmen mit seiner Philosophie und seinem Unternehmensimage darstellt, ebenfalls überzeugt ist.
CI beinhaltet demnach die strategische Ausrichtung eines Unternehmens, die Philosophie und die Handlungsrichtlinien, die es verfolgt, und die Kommunikation, mit der dies alles nach innen und nach außen getragen wird. Im Unternehmen selbst muss die Identität und das, was dahintersteckt, klar und eindeutig sein. Nur so können sich die Mitarbeiter damit identifizieren und gemäß der Philosophie des Unternehmens handeln. Denn eine Corporate Identity zu schaffen ist ein Prozess, der nicht aufhört: Durch jede Aktion und Nicht-Aktion wird die CI beeinflusst und geprägt.

In den folgenden drei Bereichen spiegelt sich die Corporate Identity eines Unternehmens insbesondere wider:

- **Corporate Design (Visualität):** Dies ist das visuelle Erscheinungsbild eines Unternehmens, das sich in der Marke, der Kleidung, in der Gestaltung der Arbeitsumgebung oder der Verkaufsräume und der Architektur der Betriebsgebäude zeigt.
- **Corporate Communications (Kommunikation):** Sie umfasst die Maßnahmen, mit denen die Unternehmensbotschaft, die Zeichen usw. vermittelt werden. Dazu gehören Werbemaßnahmen wie Firmenwerbung, Pressekonferenzen und andere Mittel der Öffentlichkeitsarbeit.
- **Corporate Behaviour (Verhalten):** Hier sind die Handlungsweise, das Auftreten und das Verhalten der Mitarbeiter untereinander und gegenüber Außenstehenden gemäß der Unternehmensphilosophie gemeint.

Beispiel

Für die Heidtkötter KG erschließt sich die Corporate Identity in Ansätzen aus folgendem Passus der Unternehmensbeschreibung:

„Im Namen Heidtkötter KG, der Firma, spiegelt sich die Philosophie des Unternehmens wider. Die Familie steht mit ihrem Namen für Produkte von höchster Qualität und Beständigkeit ein. Seit der Gründung stehen dazu Aspekte wie Markt- und Kundennähe, Verlässlichkeit und soziale Verantwortung bei der Heidtkötter KG im Vordergrund."

Sponsoring

Einen besonderen Bereich der Öffentlichkeitsarbeit stellt das sogenannte **Sponsoring** dar. Hierbei stellt ein Unternehmen einer Person, einem Team oder einer Institution Geld zur Verfügung und erhält dafür eine Gegenleistung. Diese Gegenleistung ist meist die Möglichkeit einer speziellen Bewerbung des Unternehmens oder seiner Produkte. Sponsoring trifft man besonders häufig im Sport an. Hier werden Trikots, Sportgeräte, Sportfelder, Banden und ganze Sportarenen mit Namen von Produkten oder Unternehmen versehen und dienen somit als Werbefläche. Einerseits ermöglicht das Sponsoring, dass die Marke oder Firma durch die Sportveranstaltungen, die häufig auch im Fernsehen übertragen werden, bekannter werden. Zusätzlich erhofft sich ein Sponsor, von dem positiven Image „seines" Sportlers oder Teams zu profitieren, wenn sportliche Erfolge erzielt werden. Letztlich können mit Sponsoring aber auch Werbebeschränkungen unterlaufen werden, wie z. B. die im Fernsehen verbotene Zigarettenwerbung oder die Unterstützung einer Fernsehsendung außerhalb der erlaubten Werbezeiten im öffentlich-rechtlichen Fernsehen.

Sponsoring gibt es nicht nur unternehmensbezogen als Öffentlichkeitsarbeit, sondern hat auch konkret einzelne Produkte als Werbegegenstand. Je nach Ausgestaltung können die Grenzen zwischen Sponsoring und Öffentlichkeitsarbeit nur genau gezogen werden, wenn der Werbegegenstand und das Werbeziel bekannt sind.

4 Direktmarketing

Marketing allgemein und Werbung insbesondere stehen kommunikationspolitisch in der Regel dafür, dass die breite, anonyme Masse angesprochen werden soll. Beim **Direktmarketing** hingegen werden gezielt einzelne Kunden oder eine ausgesuchte Zielgruppe angesprochen. Dabei sind häufig Antwortmöglichkeiten schon vorgegeben, sodass von den Kunden auch eine Reaktion erwartet werden kann. Dem Direktmarketing stehen zahlreiche Instrumente zur Verfügung, die drei wichtigsten und ihr Einsatz sind in der folgenden Tabelle darstellt.

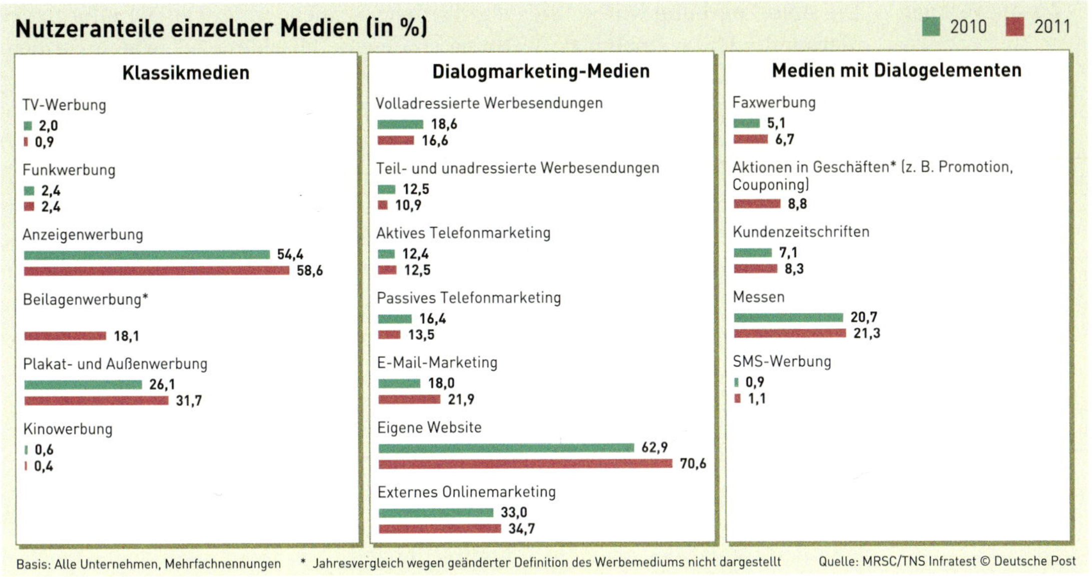

Quelle: Dialog Marketing Monitor Studie 24, Deutsche Post AG

Anhand der aufgeführten Medien sieht man, dass Direktmarketing in schon genannten Instrumenten der Kommunikationspolitik stattfindet: So ist der Telefonverkauf persönlicher Verkauf und Direktmarketing gleichzeitig, Werbesendungen gehören zur Verkaufsförderung und auch zum Direktmarketing – eine eindeutige Abgrenzung ist hier nicht möglich. Die Medien des Direktmarketings werden häufig gleichzeitig und ergänzend eingesetzt, um ihre Wirkung zu verstärken: ein volladressierter Werbebrief kann von einem Telefonanruf begleitet werden, einem Telefonanruf kann ein Fax oder eine E-Mail mit weiteren Informationen oder einem konkreten Angebot mit Möglichkeit zur Auftragsbestätigung folgen. Hierdurch steigt die Chance, vom Kunden eine Antwort zu bekommen bzw. einen Vertrag abzuschließen.

Direktmarketing hebt sich von dem Überfluss an Massenwerbung ab, weil eine direkte Ansprache des Kunden völlig anders wirkt und – gut gemacht – als angenehmer empfunden wird und somit möglicherweise wirkungsvoller ist. Tritt Direktmarketing in Massen auf, kann das aber auch zur Ablehnung führen. Bei der Neukundengewinnung kann es bei falscher Ansprache jedoch auch zu Fehlschlägen kommen. Hier gelten zudem gesetzliche Einschränkungen. So ist die Kaltakquise (die Kontaktaufnahme mit Personen, mit denen man bisher in keiner geschäftlichen Beziehung steht) bei Privatpersonen z. B. verboten (§ 7 UWG, siehe auch Kapitel 3.5.3 in diesem Lernfeld).

5 Werbung

Werbung ist Information über Produkte eines Unternehmens. Werbung meint aber auch die Beeinflussung des Kunden, um ihn zum Kauf bestimmter Produkte anzuregen. Bei dem Stichwort Werbung fallen einem gleich die Werbespots im Fernsehen und die Werbeanzeigen in Zeitschriften ein. Da die Werbung ein sehr wichtigstes Instrument der Kommunikationspolitik ist, wird im folgenden Kapitel speziell darauf eingegangen.

3.5.2
Information, Emotion, Kommunikation – Wie Werbung wirkt

Werbung ist der gezielte Einsatz von Kommunikationsmitteln, um Menschen im Sinne unternehmerischer Zielsetzungen zu beeinflussen. Wir befassen uns also im Folgenden mit Werbung, die ökonomische Ziele hat, z. B. höhere Absatzzahlen. Neben dieser Absatzwerbung gibt es noch viele andere wie beispielsweise die politische Werbung, die hier aber nicht abgehandelt werden.

Absatzwerbung Die **Absatzwerbung** wird in drei verschiedene Bereiche unterteilt: die **informative Werbung** und die **emotionale Werbung** sowie eine **Mischung aus beiden Formen.** Während bei der informativen Werbung die Information über das Produkt oder über das Sortiment im Vordergrund steht, wird bei der emotionalen Werbung mit Emotionen und Reizen gearbeitet. Eine Mischung dieser scheinbar gegensätzlichen Typen ist nicht so ungewöhnlich, wie es im ersten Augenblick scheinen mag. Sie ergibt sich unter anderem daraus, dass die reine Information als Werbeinhalt in einer von Werbung überfluteten Medienwelt nicht mehr ankommt. Werbung hat daher heutzutage immer auch einen unterhaltenden Charakter. Daher wird im Wesentlichen mit emotionalen Aspekten gearbeitet, die reine Information über ein Produkt oder eine Dienstleistung reicht nicht aus, um den gewünschten Effekt der Werbemaßnahme zu erreichen. Viele Artikel werden nach wie vor über die Information verkauft – allerdings herrscht in den meisten Märkten eine Übersättigung mit Produkten vor, sodass Produkte mit emotionalen Aspekten wie Spaß, Humor, Lebensfreude belegt werden müssen, um sie von Konkurrenzprodukten abzuheben. Zunehmend werden viele Produkte deshalb gekauft, weil sie auf sekundäre Bedürfnisse wie Selbstverwirklichung oder Luxus zielen. Dies sind Aspekte, die eng mit Emotionen verknüpft sind und somit über emotionale Argumente beworben werden. Ein gutes Beispiel dafür ist die Werbung für Automobile. Hier werden natürlich Informationen geliefert, die Emotionen wie Fahrspaß oder Sicherheit stehen aber zumeist im Vordergrund, zumal es gerade bei bestimmten (Luxus-)Autotypen keine rationalen und sachlichen Argumente gibt, sie zu kaufen, um das einfache Bedürfnis nach „Fortbewegung" zu befriedigen.

Werbung unterscheidet man nicht nur nach der Art und Weise, wie sie gestaltet ist, sondern auch nach anderen Kriterien, wie die folgende Tabelle beispielhaft zeigt:

Arten der Werbung nach ...		
... der Anzahl der Werbetreibenden	Alleinwerbung	Gemeinschaftswerbung
... der Anzahl der Beworbenen	Direktwerbung	Massenwerbung

Bevor man eine Werbeaktion durchführt, muss feststehen, welches Ziel man erreichen möchte. Bei der Werbeplanung werden sieben Punkte festgelegt, die die Art, den Umfang und das anvisierte Ziel bestimmen.

Anhand der folgenden sieben Fragen kann man einen Werbeplan aufstellen:

Fragewort:	Erläuterung:	Beispiel
Wer?	**Absender** der Werbebotschaft, also ein Hersteller oder ein Händler	ein deutsches Telekommunikationsunternehmen
Was?	**Inhalt** der Werbebotschaft bzw. der Werbemitteilung (nicht zu verwechseln mit dem Werbeslogan!)	ein neuer, günstiger Tarif für mobiles Telefonieren innerhalb des deutschen Netzes des Unternehmens
Wem?	Empfänger der Werbebotschaft: die **Zielgruppe**	Jugendliche und erwachsene Handybesitzer
Wann?	Festlegung des Zeitpunktes und der Dauer der Werbung: die **Streuzeit**	zwei Monate lang; Start der Aktion kurz bevor der neue Tarif gültig ist
Wie?	**Werbeträger** und **Werbemittel**, mit denen geworben werden soll	Anzeigen in Jugendzeitschriften und Wochenmagazinen, Plakate an Bushaltestellen und in Bahnhöfen, Fernsehspots
Wo?	Region bzw. Absatzmarkt, der beworben werden soll: das **Streugebiet**	deutschlandweit
Wie viel?	finanzielle Mittel, die für die Werbung zur Verfügung stehen: das **Werbebudget**	25 Mio. €

Nach erfolgter Werbeplanung kann die eigentliche Werbemaßnahme in Angriff genommen werden. Dabei müssen – unabhängig von Kriterien wie der Zielgruppe oder dem Werbemittel – ein paar wichtige Grundsätze beachtet werden:

Grundsätze der Werbung:

Wahrheit	Wirtschaftlichkeit	Wirksamkeit	Originalität und Einprägsamkeit
Die Werbebotschaft muss der Wahrheit entsprechen. Es darf nichts versprochen werden, was nicht eingehalten werden kann. Das schädigt das Image des Produktes und des Unternehmens und führt auch zu rechtlichen Schwierigkeiten (vgl. Kapitel 3.5.3 in diesem Lernfeld).	Das Werbeziel, das vorgegeben ist, muss mit möglichst geringen Mitteln erreicht werden (ökonomisches Prinzip). Das bedeutet auch, dass der finanzielle Aufwand einer Werbemaßnahme in einem angemessenen Verhältnis zum Erfolg stehen muss.	Bei einer Werbemaßnahme müssen das Werbeziel, die Zielgruppe, das Streugebiet usw. genau aufeinander abgestimmt sein, damit sie wirksam ist.	Die Werbemaßnahme sollte so originell sein, dass sie sich von anderen Werbungen unterscheidet. Damit sie bei der Zielgruppe im Gedächtnis haften bleibt, sollte sie entsprechend einprägsam sein.

Werbemittel
Werbeträger

Die Auswahl an zur Verfügung stehenden Werbemitteln ist reichhaltig. Zu jedem Werbemittel gehört ein sogenannter Werbeträger. Das **Werbemittel** beinhaltet die eigentliche Werbebotschaft, der **Werbeträger** ist das Medium, mit dem die Werbebotschaft an den Empfänger herangetragen wird. Der erste Werbeträger für ein Produkt ist in der Regel die Verpackung, mit der neben den eher nüchternen Produktinformationen natürlich auch eine Werbebotschaft transportiert werden kann.

Weitere Beispiele für Werbemittel und -träger sind:

Werbemittel	Werbeträger
Anzeigen, Beilagenblätter und Prospekte	↔ Zeitungen, Zeitschriften
Spots in Fernsehen, Rundfunk, Kino	↔ Fernsehanstalten, Rundfunkanstalten
Plakate	↔ Litfaßsäulen, Plakatwände
Aufschriften	↔ Straßenbahn, Heißluftballon, Rennwagen, Banden in Sportstätten
Internetseiten, Pop-ups	↔ Internet

Die Vielzahl an Werbemitteln und -trägern macht es den Werbeplanenden schwer, eine Auswahl zu treffen. Einerseits ist man natürlich durch das Werbebudget beschränkt, andererseits versucht man die zur Verfügung stehenden Mittel möglichst effektiv einzusetzen. Hier hilft der „Tausenderpreis“ weiter, der eine Maßzahl ist, die die Kosten für die Werbemaßnahme und die mit der Werbung erreichbare Personenzahl zueinander in Beziehung setzt.

Je nach Wahl des Werbemediums spricht man vom „Tausend-Hörer-“, „Tausend-Seher-“ oder „Tausend-Leser-Preis“, häufig wird er vereinfachend „Tausend-Kontakte-Preis“ genannt. Er gibt an, wie viel Geld bei einer Werbeaktion eingesetzt werden muss, um tausend Personen (Leser, Zuschauer usw.) zu erreichen. Die Formel zur Berechnung lautet:

Tausend-Kontakte-Preis (TKP) =
Preis der Werbemaßnahme · 1 000/Reichweite

Bezogen auf verschiedene Medien ergibt sich folgende beispielhafte Umsetzung:

Werbemittel/Werbeträger	Kosten der Schaltung	Reichweite	TKP (€)
30-Sekunden-Spot im Radio	9.400,00 €	2 800 000 (Zuhörer zur Sendezeit des Spots)	3,36
Ganzseitige Anzeige in einer Wochenzeitschrift	75.000,00 €	1 300 000 (Auflagenhöhe)	5,77
30-Sekunden-Spot im Fernsehen	60.000,00 €	3 200 000 (Zuschauer zur Sendezeit des Spots)	18,75

Durch den „Tausend-Kontakte-Preis" werden die Kosten der verschiedenen Medien vergleichbar. Allerdings sagt er nichts darüber aus, wie effektiv der Kontakt der Beworbenen mit dem Medium war. Wenn ein Leser eine ganzseitige Werbeanzeige in der Zeitung einfach überblättert oder wenn ein Fernsehzuschauer während der Werbepause den Raum verlässt, findet natürlich kein echter Kontakt mit der Werbung statt. Dieser Problematik kann man aber mithilfe der Werbeerfolgskontrolle auf die Spur kommen (siehe weiter unten). Die folgende Tabelle zeigt, wie sich in Deutschland Werbeeinnahmen auf die verschiedenen Werbeträger verteilen.

Netto-Werbeeinnahmen erfassbarer Werbeträger in Deutschland (in Mio. €)

Werbeträger	2008	%	2009	%	2010	%	2011	%
Fernsehen	4.035,50	- 2,9	3.639,60	- 9,8	3.953,73	+ 8,6	3.981,17	+ 0,7
Tageszeitungen	4.373,40	- 4,2	3.694,30	- 15,5	3.637,80	- 1,5	3.556,90	- 2,2
Werbung per Post	3.291,55	- 1,7	3.080,51	- 6,4	2.983,78	- 3,1	2.987,67	+ 0,1
Anzeigenblätter	2.008,00	+ 1,9	1.966,00	- 2,1	2.011,00	+ 2,3	2.060,00	+ 2,4
Publikumszeitschriften	1.693,09	- 7,1	1.408,65	- 16,8	1.450,00	+ 2,9	1.440,05	- 0,7
Verzeichnis-Medien	1.224,70	+ 0,9	1.184,00	- 3,3	1.154,60	- 2,5	1.139,10	- 1,3
Online-Angebote	754,00	+ 9,4	764,00	+ 1,3	861,00	+ 12,7	990,00	+ 15,0
Fachzeitschriften	1.031,00	+ 1,5	852,00	- 17,4	856,00	+ 0,5	875,00	+ 2,2
Außenwerbung	805,36	- 1,8	737,51	- 8,4	766,06	+ 3,9	810,86	+ 5,8
Hörfunk	719,77	- 3,2	678,49	- 5,7	692,06	+ 2,0	709,15	+ 2,5
Wochen-/Sonntagszeitungen	265,70	- 1,5	208,30	- 21,6	217,80	+ 4,6	213,70	- 1,9
Zeitungssupplements	86,80	- 3,0	81,90	- 5,6	85,80	+ 4,8	85,10	- 0,8
Filmtheater	76,65	- 27,8	71,60	- 6,6	74,51	+ 4,1	84,74	+ 13,7
Gesamt	**20.365,52**	**- 2,1**	**18.366,86**	**- 9,8**	**18.744,14**	**+ 2,1**	**18.933,44**	**+ 1,0**

Quelle: www.zaw.de, abgerufen am 15.07.2012

Hat man sich für ein Werbemittel und den dazugehörigen Werbeträger entschieden, stellt sich die Frage nach der Gestaltung der Werbung. In der Regel wird hier auf die Spezialisten der Werbebranche zurückgegriffen, wenn es das Budget zulässt.

AIDA-Formel

Eine einfache und allgemein bekannte Regel, die bei der Gestaltung des Werbemittels beachtet wird, ist die sogenannte **„AIDA-Formel"**, die die gewünschte Wirkung von Werbung in vier Stufen aufzeigt:

A = ATTENTION = Werbung soll **AUFMERKSAMKEIT** erregen

I = INTEREST = Werbung soll das **INTERESSE** des Konsumenten am Produkt wecken

D = DESIRE = Werbung soll den Kauf-**WUNSCH** des Konsumenten auslösen

A = ACTION = Werbung soll die Kauf-**AKTION** beim Konsumenten bewirken

Diese vier Stufen sind so zu verstehen, dass sie der Reihe nach erreicht werden sollen. Zuerst wird also durch Werbung die Aufmerksamkeit des Konsumenten erweckt, danach kann das Interesse am Produkt ausgelöst werden, usw. Wenn es zur eigentlichen Kaufaktion kommt, ist das Ziel der Werbemaßnahme erreicht.

Werbeerfolgskontrolle

Es besteht natürlich ein hohes Interesse an den Auswirkungen von kommunikationspolitischen Maßnahmen, da sie in der Regel mit nicht unerheblichen Kosten verbunden sind, wie man auch schon in der Tabelle der Tausend-Kontakte-Preise erkennen kann. Eine Kontrolle der getätigten Maßnahme ist mit ökonomischen und mit nichtökonomischen Kennzahlen möglich.

- Die **ökonomische Werbeerfolgskontrolle** bezieht sich dabei auf Kennzahlen wie Umsatz, Stückzahlen (Absatz), Gewinnsteigerung, Steigerung des Marktanteils usw. Dies klingt allerdings einfacher, als es ist. Die Wirkung auf ökonomische Kennzahlen allein der Werbung zuzuschreiben ist schwierig, da Umsatz- oder Absatzveränderungen auch andere Ursachen haben können. Eine Umsatzsteigerung eines Artikels, der massiv beworben wurde, kann auf diese Werbemaßnahme zurückgehen. Allerdings ist es auch möglich, dass die Umsatzsteigerung aufgrund von saisonalen Schwankungen der Absatzzahlen, vom allgemein günstigen Konsumklima oder von einer anderen Marketingmaßnahme wie z. B. einer Preissenkung oder einer Änderung des Produktdesigns ausgelöst wurde. Insofern besteht hier immer das Problem der Zurechenbarkeit von Ursache zur entsprechenden Wirkung.

- Die **nicht-ökonomische Werbeerfolgskontrolle** bezieht sich auf andere Kennzahlen, wie z. B.:
  - Berührung mit der Werbung (Kontakt),
  - Erinnerung (z. B. an Werbeaussagen oder an das Produkt, das in einem Spot beworben wurde),
  - Einstellungen (z. B. die Zufriedenheit der Kunden, ihre Meinung über das Produkt oder das Unternehmensimage).

Der Kontakt mit der Werbung und der eigentliche Kaufprozess fallen zeitlich nicht zusammen, der Kunde muss sich also an die Werbung und an das Produkt erinnern. Somit ist die Erinnerungsleistung eine wichtige Maßzahl der außerökonomischen Werbekontrolle. Man unterscheidet bei den hierzu geführten Recall-Tests zwischen ungestützter und gestützter Erinnerungsleistung. Bei beiden Varianten befragt man z. B. die Leser einer Zeitschrift, in der bestimmte Werbeanzeigen geschaltet waren, ob sie sich an die Werbung erinnern können. Die ungestützte Erinnerungsleistung funktioniert ohne Hilfestellung, bei der gestützten Erinnerung werden Schriftzüge, Produktnamen oder Ähnliches vorgegeben. Ähnliche Verfahren erkunden den Bekanntheitsgrad von Produkten oder Marken.

Die Erinnerung an oder der Bekanntheitsgrad einer Werbeaktion oder eines Produktes ist ein Kriterium, ein anderes ist die Einstellung zur Aktion oder zum Produkt. Auch sie spielt als Kennzahl in der außerökonomischen Werbeerfolgskontrolle eine Rolle. Letztlich kann natürlich auch die Kaufbereitschaft oder -absicht bei einer konkreten Zielgruppe erforscht werden, indem man sie z. B. vor die Wahl stellt, ein bestimmtes Bedürfnis durch den Kauf aus einer vorgegebenen Auswahl an Produkten zu befriedigen.

Um den außerökonomischen Erfolg von Werbemaßnahmen zu messen, bieten sich Marketingforschungsmethoden wie z. B. die Befragung an.

› LF 10, Kap. 2.4

3.5.3
Was erlaubt ist und was nicht – Die Grenzen der Werbung

Grenzen der Werbefreiheit

Werbung kann manipulieren, sie kann falsche Darstellungen vermitteln oder zu Wettbewerbsverzerrungen führen. Aus diesen Gründen müssen der Werbefreiheit Grenzen gesetzt werden. Dazu gibt es zum einen freiwillige Selbstverpflichtungen der Werbetreibenden, zum anderen staatliche Regelungen. Ein Gremium der Wirtschaft, das sich als Aufgabe gesetzt hat, Werbung auf Inhalt, Aussage und Gestaltung zu überprüfen, Missstände aufzudecken und abzustellen, ist der Deutsche Werberat. Er hat auch Leitlinien entwickelt, was Werbung darf und was sie nicht darf (siehe hierzu: www.werberat.de).

Von staatlicher Seite werden Grenzen in verschiedenen Gesetzen vorgegeben. Die wichtigsten sind das **Gesetz gegen den unlauteren Wettbewerb (UWG)** und der **Rundfunkstaatsvertrag (RStV).**

Rundfunkstaatsvertrag

Der Rundfunkstaatsvertrag, der sich speziell auf Medien wie Radio und Fernsehen bezieht, enthält auch inhaltliche Beschränkungen für Werbetreibende, wie die Beachtung des besonderen Schutzes von Kindern und Jugendlichen und die Trennung von Programm und Werbung. Daneben werden zeitliche Beschränkungen auferlegt, die sich bei den öffentlich-rechtlichen Sendern stärker auswirken, da sie z. B. nur bis 20:00 Uhr Werbung ausstrahlen dürfen. Für die privaten Sender gelten ebenfalls zeitliche Beschränkungen wie etwa die maximale Dauer und Anzahl von Werbeblöcken bezogen auf die Sendezeit einer Sendung oder eines Films.

Unlauterer Wettbewerb

Weit mehr inhaltliche Vorgaben gibt das UWG. Es verbietet unlautere Werbemethoden, die sich darin äußern, dass sie den Wettbewerb zum Nachteil der Mitwettbewerber erheblich beeinträchtigen.

Gesetz gegen den unlauteren Wettbewerb (UWG)		
irreführende Werbung	**vergleichende Werbung**	**unzumutbare Belästigung**
Irreführend können Angaben sein über ■ die Merkmale und die Art einer Ware, ■ die Verfügbarkeit einer Ware, ■ die Verwendungsmöglichkeit einer Ware, ■ die geschäftlichen Verhältnisse eines Unternehmens.	Der Vergleich ■ muss sich auf Ware beziehen, die den gleichen Zweck erfüllt, ■ muss sich auf objektiv nachvollziehbare Tatsachen stützen, ■ darf die Wertschätzung des Mitbewerbers nicht herabsetzen, ■ darf die Ware oder Dienstleistung des Mitbewerbers nicht verunglimpfen.	Eine unzumutbare Belästigung liegt vor, wenn ■ der Empfänger erkennbar die Werbung nicht wünscht, ■ Telefonwerbung gegenüber Verbrauchern ohne deren Einwilligung getätigt wird, ■ Werbung per E-Mail oder Fax ohne Einwilligung des Empfängers geschaltet wird.

Eine Möglichkeit, einen Verstoß gegen die Rechtsnormen des UWG und des RStV zu ahnden, sind die Beseitigung der Werbemaßnahme und die Unterlassung. Bei Zuwiderhandlungen drohen Ordnungsstrafen. Möglich sind nach UWG auch ein Schadenersatz, wenn einem Mitbewerber ein Schaden durch die Werbemaßnahme entstanden ist, oder der Einzug des Gewinns, wenn ein Werbetreibender aufgrund einer Werbemaßnahme, die gegen das UWG verstößt, zu Unrecht Gewinn erzielt hat.

Product-Placement

Die Grenzen, die das UWG und der RStV den Werbetreibenden setzen, werden bisweilen ausgetestet. Es gibt auch Möglichkeiten, sie zu umgehen, wie das Sponsoring gezeigt hat (siehe Kapitel 3.5.1 in diesem Lernfeld). Eine andere Variante, Werbebeschränkungen auszuhebeln, ist das sogenannte **Product-Placement.** Hierunter versteht man das Platzieren von realen Produkten oder Dienstleistungen in eine Sendung oder einen Film. Die unentgeltliche Überlassung von Produkten zur filmischen Nutzung ist in Deutschland erlaubt. Wird das Produkt besonders herausgestellt oder für die Einblendung bezahlt, handelt es sich um Schleichwerbung – was verboten ist. Diese Regelung ergibt sich allein aus den deutschen Rechtsnormen, eine europaweite einheitliche Regelung steht noch aus.

3.6 Servicepolitik

Die Wettbewerbssituation auf den verschiedenen Märkten ist zumeist so hart, dass die Unternehmen sich neben der Produkt- und Preispolitik vor allem durch ein **Serviceangebot** und durch unterschiedliche Verkaufskonditionen voneinander abheben müssen. Das Dienstleistungsangebot ist abhängig von der Branche, von dem verkauften Produkt und davon, ob der Kunde ein Unternehmen oder ein Konsument ist. Um das Angebot an möglichen Serviceleistungen zu strukturieren, werden sie häufig in **Pre-sales-** und **After-sales-Service** unterteilt. Zu den kaufbegleitenden Leistungen gehören alle, die bis zum Vertragsabschluss anfallen. Danach stehen die Dienstleistungen nach dem Verkauf an.

Service

Pre-sales-Service

Pre-sales-Service		After-sales-Service	
■ Beratung ■ Finanzierung, Ratenkauf, Inzahlungnahme ■ Leasing ■ verschiedene Zahlungsbedingungen ■ Versicherung	■ Kinderhort ■ kostenloses Parken ■ Restaurant, Cafeteria ■ Ruhezonen ■ Aufbewahrung für Gepäck ■ Zustellung	■ Aufstellen, Installation, Wartung ■ Ersatzteillieferung ■ Leihgeräte bei Reparatur ■ Garantieleistungen ■ Kulanz ■ Servicehotline ■ Vor-Ort-Service	■ Schulung ■ Warenpräsentations- und Platzierungshilfen ■ Vermarktungshilfen ■ Lagerhaltung ■ Rücknahme und Entsorgung von Altgeräten

Dienstleistungen, die dem Kunden zusätzlich zum Produkt angeboten werden, müssen nicht zwingend kostenlos sein. Häufig ergibt sich gerade aus den After-sales-Leistungen eine ergänzende Wertschöpfungsquelle, etwa durch das Abschließen von Wartungsverträgen oder durch die Schulung und Fortbildung der Mitarbeiter des kaufenden Unternehmens. Die Möglichkeiten und die in der Realität anzutreffenden Varianten reichen vom konsequenten Ausschluss von nahezu allen Serviceleistungen, wie man es bei den Discountern erfährt, bis hin zu den Unternehmen, die mit den Dienstleistungen einen ebenso hohen Umsatz machen wie mit dem eigentlichen Verkauf von Produkten, wie man es z. B. bei den Vertragshändlern der Automobilbranche vorfindet. Aufgabe des Marketings ist es, hier die richtige Zusammenstellung von Serviceangeboten zu finden, um die Wünsche der Kunden zufriedenzustellen.

After-sales-Service

Eine besondere Stellung unter den Pre-sales-Serviceleistungen nehmen das Finanzierungsangebot und die Zahlungsbedingungen eines Unternehmens ein. Hiermit soll dem Kunden der Kauf des Produktes erleichtert bzw. ermöglicht werden.

Die **Zahlungsbedingungen** enthalten häufig verschiedene Alternativen für den Kunden: Er kann die Ware auf Rechnung kaufen und später überweisen. Er kann bar oder mit Scheck bezahlen.

Zahlungsbedingungen

Wenn Unternehmen ein **Zahlungsziel** gewähren, dann kann der Kunde sich die darin festgesetzte Zeit lassen, bis er bezahlt. Das kann man auch als Finanzierungsangebot ansehen, als einen sogenannten Lieferantenkredit.

Zahlungsziel

Häufig ist ein Zahlungsziel verbunden mit der Gewährung eines **Skontos**, wenn innerhalb einer kürzeren Skontofrist bezahlt wird. Dann kann vom Rechnungsbetrag das Skonto – in der Regel 2 % oder 3 % des Betrages – abgezogen werden.

Skonto

Oft werden darüber hinaus auch noch weitere Möglichkeiten der Kreditgewährung angeboten. Sie können vom Unternehmen selbst, von einer unternehmenseigenen Bank oder von einer mit dem Unternehmen kooperierenden Bank gewährt werden. Einer dieser Wege kommt für den Käufer eigentlich erst in Betracht, wenn die eigene Hausbank keine Kreditgewährung ermöglicht oder wenn diese teurer wäre als die Finanzierung über das verkaufende Unternehmen. Gerade in der Automobilindustrie haben sich unternehmenseigene Banken etabliert, die günstigere Finanzierungen anbieten als andere Kreditinstitute.

Garantie

Zum Service eines Unternehmens kann auch die **Garantie** auf Produkte, Teile der Produkte oder ihre Beschaffenheit zählen. Die Garantie ist eine freiwillige Vereinbarung zwischen dem Verkäufer und Käufer und zeitlich frei wählbar. Sie kann vom Hersteller gewährt werden, aber auch von einem anderen Teilnehmer der Absatzkette, beispielsweise einem Einzelhändler oder einem Importeur. Im Falle einer Reklamation kann sich der Kunde direkt an den Garantiegewährenden wenden. Bei der Herstellergarantie ist – wie der Name schon sagt – nur der Hersteller verpflichtet, Reklamationen zu bearbeiten. Sie wird nur gegenüber dem Endkunden gewährt und ist ebenfalls auf einen frei wählbaren Zeitraum beschränkt. Die Besonderheit ist hier, dass die Frist der Herstellergarantie schon beginnt, wenn das Produkt das Werk des Herstellers verlässt.

Neben der Garantieleistung gilt natürlich unabhängig davon die gesetzliche Gewährleistungsfrist von 24 Monaten. Hier ist der Verkäufer Ansprechpartner des Endkunden. Darüber hinaus sind Kulanzleistungen der Hersteller und seiner Vertriebspartner denkbar, die über die gesetzlichen Verpflichtungen und manchmal auch über Garantieleistungen hinausgehen.

3.7 Nur ein Marketinginstrument allein einsetzen geht (fast) nicht – Marketingmix

In den vorherigen Kapiteln wurden die einzelnen Instrumente des Marketings getrennt voneinander dargestellt. Dies suggeriert, dass diese Marketingwerkzeuge einzeln voneinander eingesetzt werden, was aber in der Regel nicht so ist: Es werden die verschiedenen Instrumente miteinander kombiniert und häufig auch zeitgleich eingesetzt. Das kann man sich am einfachsten bei einer Produktinnovation vorstellen. Diese Neueinführung eines Produktes ist natürlich mit einer festzulegenden Preisstrategie verknüpft, es müssen Entscheidungen bezüglich des Vertriebsweges für das neue Produkt getroffen werden und eine schlüssige Kommunikationsstrategie muss festgelegt werden. Diese Kombination aus Marketinginstrumenten, die eingesetzt werden, um ein bestimmtes Marketingziel zu erreichen, nennt man **Marketingmix.**

Marketingmix

Kommunikationsmix

Distributionsmix

Neben diesem Mix der Marketinginstrumente gibt es innerhalb der einzelnen Bereiche ebenfalls Kombinationen der einzelnen zur Verfügung stehenden Varianten. Zum Beispiel versteht man unter dem Kommunikationsmix die Kombination der hier bereitstehenden Werkzeuge wie Werbung und Öffentlichkeitsarbeit. Der Distributionsmix verknüpft verschiedene Bereiche der Vertriebspolitik miteinander, wie die Wahl des Absatzweges und die Entscheidung für bestimmte Absatzmittler oder Absatzhelfer.

Es stellt sich natürlich die Frage, wie die einzelnen Marketinginstrumente miteinander zu kombinieren sind, damit sie möglichst effektiv zur Erreichung der gesetzten Ziele beitragen. Dazu gibt es keine allgemein gültigen Regeln. Zwei Versuche, den idealen Instrumenteneinsatz annäherungsweise vorzugeben, sind im Folgenden anhand zweier Hilfsmittel des Marketings aufgezeigt: der Produktlebenszyklus und die BCG-Matrix, die Sie aus den Ausführungen in Kapitel 1.3 kennen.

Beispiel 1

Marketingmix im Produktlebenszyklus				
	Einführungsphase	**Wachstumsphase**	**Reife- und Sättigungsphase**	**Abschwungphase**
Produktpolitik	Produktinnovation		Produkt-differenzierung	Produktvariation, -elimination
Preispolitik	Preisstrategie festlegen, z. B. Skimmingstrategie	hängt von der festgelegten Strategie ab, z. B. Preissenkung, um weitere Käuferschichten zu erreichen	Preise wie die Konkurrenz, vielleicht günstiger, um weitere Käuferschichten zu erreichen	z. B. Rabattaktionen, um Lagerbestand abzuverkaufen
Distributionspolitik	Vertriebskanäle bestimmen	Überprüfen, reibungslose Nachfragebefriedigung sicherstellen	Vertriebskanäle ausweiten (z. B. durch weitere Absatzmittler)	Vertriebskanäle reduzieren, z. B. Verkauf nur noch über Discounter
Kommunikationspolitik	Einführungswerbung und Verkaufsförderung (Produkt für die Frühkäufer bekannt machen)	Durchsetzungswerbung (Produkt für die breite Masse bekannt machen)	Verkaufsförderung, Direktmarketing, Erinnerungswerbung	Werbemaßnahmen bis auf ein Minimum zurückfahren
Servicepolitik	Serviceangebot festlegen		ergänzende, von der Konkurrenz abhebende Serviceangebote	Serviceangebot einschränken

Die obigen Festlegungen sind als beispielhaft anzusehen. Wird etwa in der Einführungsphase eine andere Preisstrategie gefahren, ergibt sich natürlich ein anderer Instrumenteneinsatz in den weiteren Phasen.

Auch in der zweiten Darstellung sind die Vorgaben nicht als zwingend anzusehen.

Beispiel 2

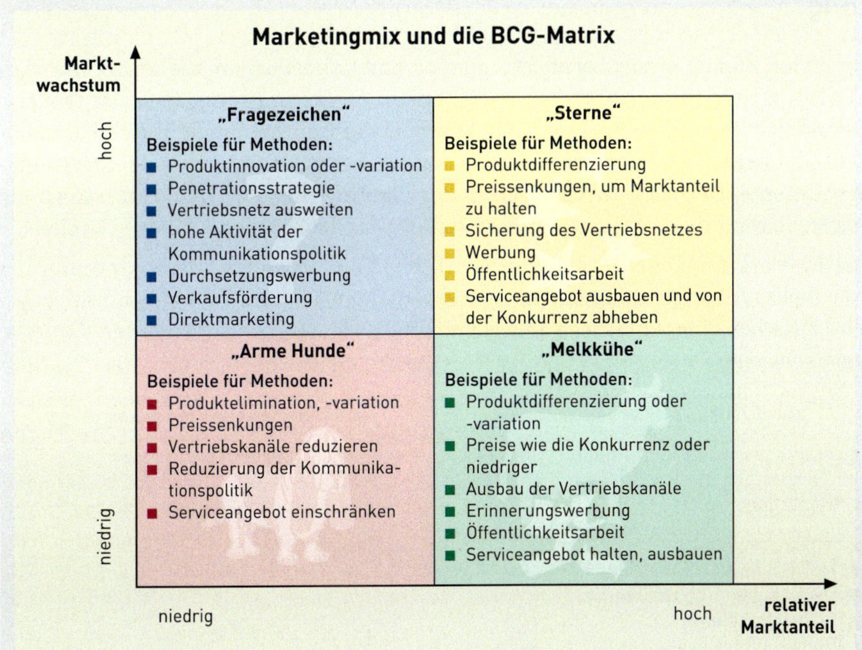

Insgesamt betrachtet ist die Instrumentenauswahl nicht allein von der Lebenszyklusphase oder der Stellung im Produktionsprogramm eines Unternehmens abhängig. Viele Faktoren beeinflussen den Einsatz und den Mix der entsprechenden Marketinginstrumente:

- Phase im Produktlebenszyklus und Stellung in der BCG-Matrix
- Branche (Modebranche, Baubranche usw.)
- Produktart (Investitionsgut, Konsumgut)
- Gesamtstrategie (Discounter, Markenanbieter usw.)
- gesamtwirtschaftliche Entwicklung (Boom, Rezession usw.)

Wechselseitiger Einfluss der Marketinginstrumente

Letztlich muss bei der Zusammenstellung des Marketingmix beachtet werden, dass die Instrumente sich wechselseitig bedingen und voneinander abhängig sind, wie es in den obigen Beispielen auch schon deutlich wurde. Eine Hochpreisstrategie bedingt etwa die Festlegung auf bestimmte Vertriebskanäle und eine besondere Art der Kommunikation. Daneben stellt sich häufig die Frage, ob und wann die eingesetzten Instrumente wirken, wobei hier auch wieder die wechselseitigen Abhängigkeiten eine Rolle spielen.

Zu guter Letzt müssen noch die sogenannten Ausstrahlungseffekte beim Einsatz des Marketinginstrumentariums beachtet werden. Sie können sowohl positiv als auch negativ wirken, indem z. B. die Einführung einer Sparvariante eines Produktes auf das ganze Sortiment ausstrahlt und das Produkt künftig von den Kunden als „billig" angesehen wird. Gut gemachte Werbung für einen Artikel kann sich aber ebenso positiv auf die anderen Produkte eines Unternehmen auswirken.

Die Entscheidung für den richtigen Marketingmix ist also sehr schwierig.

4 Am Ende des Prozesses steht die Überprüfung des Erfolges – Marketingcontrolling

Im ersten Kapitel dieses Lernfeldes ging es unter anderem um die Frage, wie man Marketingziele setzt und die entsprechenden Marketingstrategien dazu festlegt. Dem folgte im zweiten Kapitel das Beschaffen von Informationen mithilfe der Marketingforschung und im dritten Kapitel dann Hinweise zum Einsatz der Marketinginstrumente. Der nächste Schritt nach der Planung und der Durchführung ist die Kontrolle im Sinne eines Soll-Ist-Vergleiches. Das ist Gegenstand dieses Kapitels.

Marketingkontrolle

Bei der **Marketingkontrolle** geht es entsprechend um die systematische Überprüfung von Zielfestlegungen, Strategien, Instrumenteneinsatz und Zielerreichung. Dabei wird zwischen einer kurzfristig angelegten und einer langfristig orientierten Kontrolle unterschieden:

Zeithorizont	kurzfristiges Marketingcontrolling	langfristiges Marketingcontrolling
Aufgabe	▪ Überprüfung des Instrumenteneinsatzes ▪ Überprüfung der kurzfristig orientierten Marketingziele	▪ Überprüfung der langfristigen Unternehmensstrategie, der Corporate Identity und des Produktportfolios
Instrumente	▪ Umsatzrechnung ▪ Marktanteilsberechnung ▪ Deckungsbeitragsrechnung ▪ Primärforschung ▪ Budgetkontrolle	▪ Marketing-Audit

4.1 Instrumente des kurzfristigen Marketingcontrollings

Umsatzrechnung

Bei der **Umsatzrechnung** handelt es sich um einen Vergleich der erreichten Umsätze zu den geplanten Umsatzzielen. Der Umsatz ergibt sich aus dem Produkt von Preis und Menge. Bei Abweichung der Soll- und Ist-Werte kann es sich entsprechend um eine Mengenänderung, um eine Preisänderung oder um beides handeln. Auch ist zu beachten, ob sich der Umsatz nur in einer bestimmten Region verändert hat, sich eine Veränderung nur auf ein bestimmtes Produkt oder eine Produktvariation bezieht usw. Es lohnt sich, die auf den ersten Blick so einfache Umsatzrechnung genauer unter die Lupe zu nehmen und zu analysieren.

Marktanteilsberechnung

Der **Marktanteil** zeigt an, wie viel der Umsatz (bzw. der Absatz) eines Unternehmens am gesamten Volumen des Marktes ausmacht. Das Unternehmen kann versuchen, diesen Anteil am Gesamtmarkt zu verändern, indem es gezielt Marketing betreibt – allerdings hat die Konkurrenz das gleiche Ziel. Denn: Eine Erhöhung des Marktanteils führt dazu, dass sich das Unternehmen in einer stärkeren Wettbewerbsposition befindet.

Deckungsbeitragsrechnung
› Band 1 LF 4, Kap. 5

Auch bei der Marketingkontrolle anhand der Kennzahl **Deckungsbeitrag** geht es um einen Soll-Ist-Vergleich. Zugrunde gelegt wird der Deckungsbeitrag eines Produktes oder einer Produktgruppe, der erreicht werden soll. Er berechnet sich aus der Differenz zwischen den Nettoerlösen und den variablen Kosten und zeigt an, wie viel ein Produkt/eine Produktgruppe zur Deckung der fixen Kosten beiträgt. Ein höher Umsatz schafft einen höheren Deckungsbeitrag, ein niedriger oder sogar negativer Deckungsbeitrag erzwingt Entscheidungen bis hin zu einer Produktelimination.

Zu beachten ist, dass eine Veränderung der bis hier genannten Kennzahlen des kurzfristigen Marketings nicht zwingend auf die zurückliegenden Marketingaktivitäten zurückgehen muss, sondern auch durch externe Einflüsse begründet sein kann.

Primärforschung

Wie erfolgreich Marketingaktivitäten waren, zeigen auch die folgenden Indikatoren:

- die Kundenzufriedenheit,
- das Beschwerdeverhalten und die Anzahl der Reklamationen,
- die Einstellung der Kunden zu bestimmten Unternehmensaktivitäten (z. B. zu einer Werbekampagne),
- die Wahrnehmung des Unternehmens in der Öffentlichkeit (bezogen auf z. B. das Image oder die Corporate Identity) oder
- die Anzahl der Personen der Zielgruppe, die eine Werbekampagne wahrgenommen und/oder behalten haben.

Diese Faktoren sind nicht unmittelbar zu quantifizieren – ausgenommen die Anzahl der Reklamationen, die einen Teil des Beschwerdeverhaltens der Kunden widerspiegelt. Daher wird auf Methoden der Primärforschung zurückgegriffen, die wir in Kapitel 2 dargestellt haben. Beispielhaft sei hier erwähnt, dass man die Einstellung und die Zufriedenheit oder die Wahrnehmung des Unternehmensimages über die verschiedenen Varianten der Befragung ermitteln kann. Das Beschwerdeverhalten kann bspw. durch die versuchsweise Einführung von Produkten in Testmärkten beurteilt werden.

Budgetkontrolle

Marketingaktivitäten sind kostenrechnerischen Faktoren unterworfen. Entsprechend sind sie – wie z. B. die Aufstellung des Werbeplanes gezeigt hat (siehe Kapitel 3.5.2 dieses Lernfeldes) – mit einem festgelegten Budget verknüpft. Dies gilt sicherlich auch für den Gesamtbereich „Marketing" eines Unternehmens, dem nicht unbegrenzt Mittel zur Verfügung stehen, sondern der nur einen bestimmten Anteil an den geplanten Kosten oder eine feste Bezugsgröße zum Gesamtumsatz für sich nutzen darf. Wird z. B. festgelegt, dass dem Bereich Marketing 20 % der Umsätze als Budget zur Verfügung stehen, hat man eine Kennzahl, mit deren Hilfe ein Soll-Ist-Vergleich möglich wird.

Zusammenfassend eine Auswahl an Kennzahlen zum Marketingcontrolling:

$$\textbf{Umsatzänderung} = \frac{\text{Umsatzveränderung} \cdot 100\,\%}{\text{Umsatz der Vorperiode}}$$

$$\textbf{Umsatzstruktur} = \frac{\text{Umsatz in einer Region} \cdot 100\,\%}{\text{Gesamtumsatz}}$$

$$\textbf{absoluter Marktanteil} = \frac{\text{eigener Umsatz}}{\text{Umsatz des Gesamtmarktes}}$$

$$\textbf{relativer Marktanteil} = \frac{\text{eigener Umsatz} \cdot 100\,\%}{\text{Umsatz des stärksten Konkurrenten}}$$

$$\textbf{Deckungsbeitrag} = \text{Nettoerlöse} - \text{variable Kosten}$$

$$\textbf{Werberendite} = \frac{\text{Umsatzzuwachs} \cdot 100\,\%}{\text{Werbeaufwand}}$$

$$\textbf{Wirtschaftlichkeit einer Werbeaktion} = \frac{\text{Umsatzzuwachs}}{\text{Werbeaufwand}}$$

4.2 Instrumente des langfristigen Marketingcontrollings

Marketing-Audit

Das **Marketing-Audit** umfasst die systematische Untersuchung und Überprüfung der Marketingplanung und Marketingdurchführung, die auch die Umwelt des Unternehmens mit einbezieht. Diese Revision sollte regelmäßig stattfinden, um die Untersuchungsgegenstände dauerhaft im Blick zu haben und auf Veränderungen rechtzeitig reagieren zu können. Die Bestandteile eines umfassenden Marketing-Audits sind

- das gesamtwirtschaftliche Umfeld des Unternehmens (konjunkturelle Entwicklung, Preisentwicklung, Trends, ökologische Anforderungen, politische Entwicklung usw.),
- das Umfeld des Unternehmens (Marktgröße, Marktanteil und Marktwachstum, Konkurrenten, Lieferanten usw.),
- die Marketingstrategie (Ist die Ausgangsposition richtig eingeschätzt worden? Sind die Ziele realistisch gesetzt? Ist das Budget ausreichend? usw.),
- die Teilbereiche des Marketings (Distribution, Kommunikation usw.) und
- das Marketinginformationssystem (Liefern Primär- und Sekundärforschung genügend und zutreffende Daten für ein effizientes Marketing?).

Ein Marketing-Audit wird nicht nur mit den Fachkräften innerhalb des Unternehmens durchgeführt. Vielmehr wird meist externe Hilfe in Form eines Marketing-Auditors in Anspruch genommen. Dies verhindert „Betriebsblindheit" beim Audit und ermöglicht eine andere, zusätzliche Betrachtungsweise des Marketingbereiches.

Das Ergebnis eines Audits sind eine bewertende Bestandsaufnahme sowie Empfehlungen für kurzfristig greifende, insbesondere aber auch für langfristige Maßnahmen.

5 Der Interessent wird Kunde – Verträge mit dem Kunden abschließen und erfüllen

5.1 Bearbeitung eines Kundenauftrags

Erteilt ein Kunde einem Unternehmen den Auftrag, ihm Ware zu liefern, indem er z. B. eine Bestellung an das Unternehmen schickt, haben die Marketingaktivitäten Erfolg gehabt.

Häufig findet in der Praxis vor der eigentlichen Kundenbestellung noch eine Anfrage statt, bei der der Kunde genauere Informationen über die Ware, Preise sowie Liefer- und Zahlungsbedingungen erhalten möchte. Diese Kundenanfrage setzt einen Prozess in Gang, der im Folgenden grafisch dargestellt ist.

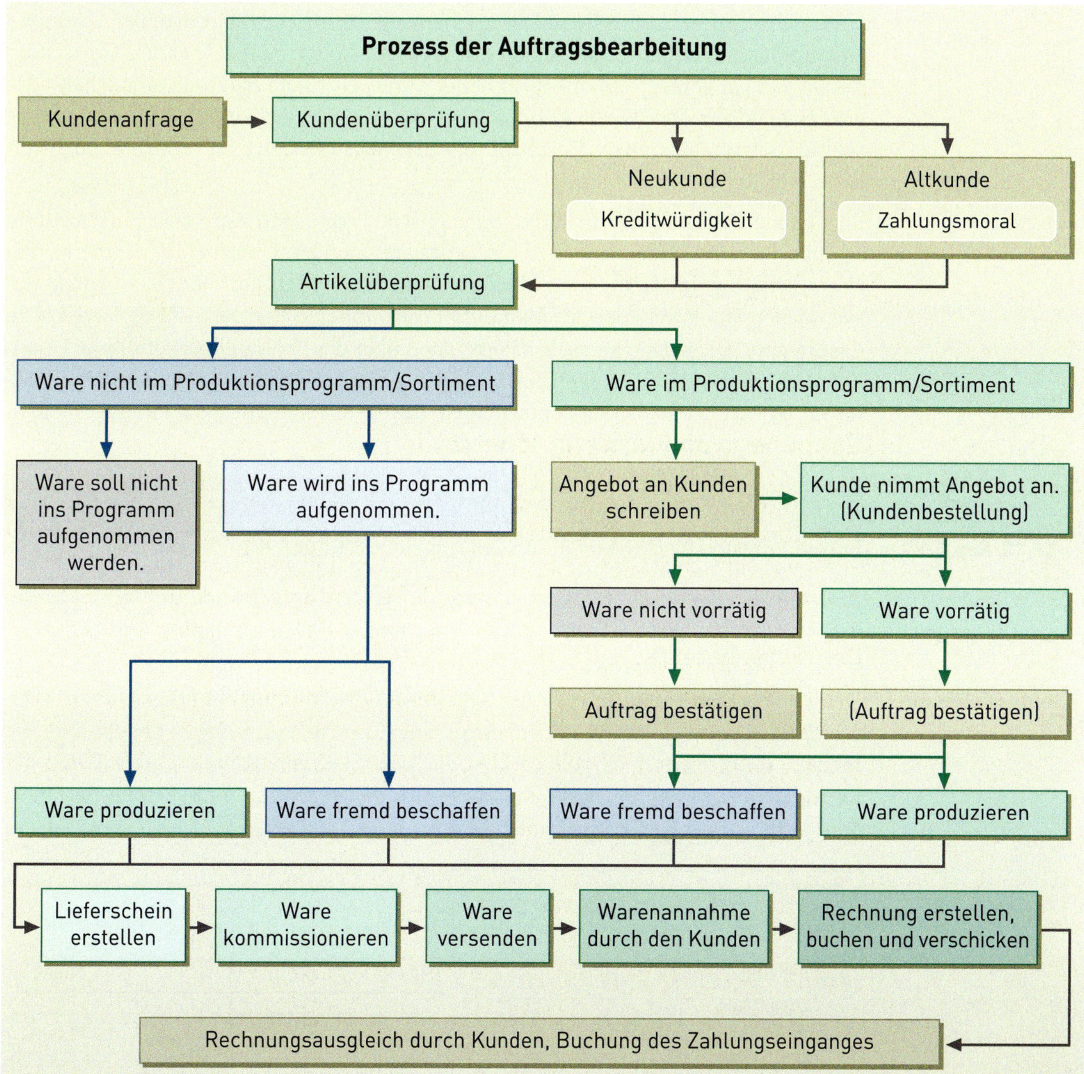

Bei dieser Darstellung wurde bewusst darauf verzichtet, alle Varianten und Möglichkeiten, die im Ablauf passieren könnten, darzustellen. Zum Beispiel könnte der Prozess an mehreren Stellen vorzeitig beendet sein, wenn etwa die Bonität (Kreditwürdigkeit) des Kunden zweifelhaft ist und man gar keine Geschäfte mit ihm machen möchte. Die Darstellung geht in ihren Verzweigungen zumeist von den positiven Fällen aus, sodass der Prozess tatsächlich auch abgeschlossen werden kann, also aus der Kundenanfrage eine Bestellung wird, ein Kaufvertrag zustande kommt und er ohne weitere Störungen erfüllt wird.[1]

5.1.1 Der Kunde fragt an

Kundenanfrage

Trifft eine **Kundenanfrage** für die Abteilung Verkauf ein, muss zunächst eine **Kundenüberprüfung** durchgeführt werden. Gehen wir davon aus, dass der Kunde ein Unternehmen ist. Ist das anfragende Unternehmen bekannt, weil schon Geschäftsbeziehungen zu ihm bestehen, sind in der Kundendatei alle notwendigen Daten über dieses Unternehmen zu finden.

Eine wichtige Frage ist gleich zu Anfang zu klären: Möchte man mit dem anfragenden Unternehmen (weiterhin) Geschäfte machen oder nicht? Dies klärt man bei Altkunden anhand der bisherigen Erfahrungen mit diesem Kunden. Gab es bei der Abwicklung wenig oder gar keine Probleme und hat der Kunde eine gute Zahlungsmoral, heißt das grünes Licht für den neuen Auftrag. Bei einer schlechten Zahlungsmoral könnte es sein, dass man auf weitere Geschäfte mit diesem Unternehmen verzichtet oder Vorkasse fordert.

Bei Neukunden stellt sich im Prinzip die gleiche Frage. Man kann eine Entscheidung hierüber treffen, indem man die Bonität des anfragenden Unternehmens überprüfen lässt. Auskünfte hierüber sowie über die Finanzen, die Struktur oder das Umfeld des eventuellen Neukunden erhält man durch Auskunfteien wie die SCHUFA oder z. B. *Creditreform*. Diese Dienstleister halten Daten über deutsche und ausländische Unternehmen in ihren Datenbanken bereit. Gegen Bezahlung erhält man z. B. ein Bonitätsrating, anhand dessen man entscheiden kann, ob man mit dem entsprechenden Unternehmen arbeiten möchte oder nicht.

Die weiteren Ablaufschritte, die sich aus der Grafik auf Seite 251 ergeben, sind im Wesentlichen selbsterklärend. Anhand eines Beispiels werden sie im entsprechenden Erarbeitungsteil bis zur Erstellung des Angebotes für den Kunden durchgegangen.[2]

› LF 10, Kap. 5.1.2

5.1.3 Der Kunde bezahlt

Zahlungseingang

Der **Zahlungseingang**, der von der Abteilung Buchhaltung/Zahlungsverkehr überwacht wird, wird in der Regel auf Basis des Kontoauszug-Beleges gebucht, da die meisten Geldtransfers bargeldlos über die Unternehmenskonten laufen. Wenn der Kunde den Bruttorechnungsbetrag ohne Abzüge bezahlt, sind die beiden Bestandskonten Bank und Forderungen betroffen.

Beispiel

Der Rechnungsbetrag entspricht brutto 1.190,00 €. Der Buchungssatz lautet:

	Soll	*Haben*
2800 Bank	1.190,00 €	
an 2400 Forderungen a. LL		1.190,00 €

1 Die eventuell auftretenden Störungen im Verpflichtungs- und Erfüllungsgeschäft auf der Absatzseite sind Gegenstand des später folgenden Kapitels 5.2.
2 Die rechtliche Bedeutung von Anfrage und Angebot sowie die Angebotsinhalte sind schon in Lernfeld 6, Kapitel 3.2.2 bearbeitet worden.

Rabatt

Ein **Rabatt**, der dem Kunden gewährt wird, ist für den Buchungsvorgang nicht erheblich, da der Rabatt vorab vom Angebotspreis abgezogen wurde und nicht zum eigentlichen Umsatz gehört.

Skonto

Das gewährte **Kundenskonto** ist dagegen buchhalterisch von Belang, wenn der Kunde innerhalb der Skontofrist bezahlt und den gewährten Skontoabzug in Anspruch nimmt. Da Skonto immer bezogen auf den Bruttorechnungsbetrag berechnet wird, sind neben den Konten „2800 Bank" und „2400 Forderungen" auch die Konten „4800 Umsatzsteuer" und „5001 Erlösberichtigungen" betroffen.

Erlösberichtigungen

Erlösberichtigungen fallen nicht nur an, wenn der Kunde Skonto in Anspruch nimmt. Dieses Konto wird auch genutzt, wenn mit dem Kunden nachträglich eine Verminderung des Rechnungsbetrages vereinbart wird, beispielsweise aufgrund einer mangelhaften Lieferung.

Bruttobuchungsverfahren

Bei der **Bruttobuchung** wird der Abzug vom Rechnungsbetrag erst einmal einschließlich der enthaltenen Umsatzsteuer auf dem Konto „5001 Erlösberichtigungen" gebucht. Dieses Konto ist ein Unterkonto des Umsatzerlöskontos 5000 und wird entsprechend über dieses Konto abgeschlossen.

Zahlt der Kunde beispielsweise die obige Rechnung über 1.190,00 € mit einem Skontoabzug von 3 %, lautet der Buchungssatz der Bruttobuchung:

	Soll	Haben
2800 Bank	1.154,30 €	
5001 Erlösberichtigungen	35,70 €	
an 2400 Forderungen a. LL		1.190,00 €

Nettobuchungsverfahren

In den hier gebuchten Erlösberichtigungen ist noch der Umsatzsteueranteil enthalten, er muss vor der nächsten Umsatzsteuervoranmeldung ermittelt und herausgebucht werden. Bei der **Nettobuchung** erfolgt dies alles in einem Schritt.

Zunächst wird die Umsatzsteuerberichtigung ermittelt:

119 % = 35,70 €
19 % = x €
x = 5,70 €

In dem Skontobetrag (35,70 €) stecken also 19 % Umsatzsteuer (5,70 €). Da man vom Kunden weniger Geld bekommen hat als der Betrag, von dem man beim Buchen der Ausgangsrechnung ausgegangen ist, ist auch weniger Umsatzsteuer angefallen; in unserem Beispiel exakt 5,70 € weniger.

Der Buchungssatz der Nettobuchung lautet in diesem Fall:

	Soll	Haben
2800 Bank	1.154,30 €	
5001 Erlösberichtigungen	30,00 €	
4800 Umsatzsteuer	5,70 €	
an 2400 Forderungen a. LL		1.190,00 €

Zur Probe kann man jetzt auch die eigentliche Netto-Erlösberichtigung mit dem Netto-Rechnungsbetrag (bzw. dem Nettoumsatz) vergleichen. Er betrug, in unserem Beispiel ausgehend von 1.190,00 € brutto und 19 % Umsatzsteuer, 1.000,00 €. 3 % von diesem Betrag sind die gerade ermittelte Erlösberichtigung in Höhe von 30,00 €.

5.2
Nicht immer geht alles glatt – Kaufvertragsstörungen beim Absatz

5.2.1
Keiner da? – Wenn der Kunde die Ware nicht annimmt

Annahmeverzug Kaufvertragsstörung

Bei einem **Annahmeverzug** verursacht derjenige, der eine Leistung erhalten soll, die **Kaufvertragsstörung**, indem er die angebotene Sache nicht annimmt. Diese Kaufvertragsstörung kommt relativ selten vor, sie gehört in den Bereich Gläubigerverzug, weil der Käufer (der Gläubiger) Ausgangspunkt der Störung ist. Grundgedanke des Annahmeverzuges ist es, die Position des Schuldners zu verbessern, wenn er sozusagen „alles richtig gemacht hat“, die endgültige Erfüllung des Kaufvertrages aber aufgrund des Gläubigers noch aussteht.

Voraussetzungen für einen Annahmeverzug

Bevor man überhaupt von Annahmeverzug sprechen kann, muss man die Voraussetzungen hierfür überprüfen. Die beiden **Voraussetzungen für einen Annahmeverzug** sind:

- Der Schuldner bietet die Leistung tatsächlich in der richtigen Weise, am richtigen Ort und zur richtigen Zeit an. Dazu gehört z. B., dass Ware, die an ein Geschäft geliefert wird, innerhalb der Geschäftszeiten angeboten werden muss. Dabei ist es unerheblich, ob der Gläubiger die Nichtannahme verschuldet oder nicht.
  - Ein sogenanntes „wörtliches“ Angebot reicht aus, wenn der Gläubiger bei der Übergabe mitwirken muss, indem er sich z. B. verpflichtet hat, die Ware abzuholen. Das Angebot besteht dann in der Erklärung, dass die Ware zur Abholung bereitliegt. Diese Aufforderung ist nicht notwendig, wenn für die Abholung eine Uhrzeit oder ein Datum bestimmt sind, also ein konkreter Termin vereinbart wurde.
  - Ist der Verkäufer nicht in der Lage, seine Leistung zu erbringen, kann er den Käufer auch nicht in Annahmeverzug setzen.
- Der Gläubiger nimmt die ordnungsgemäß angebotene Leistung nicht an.

Auswirkungen eines Annahmeverzuges

Die **Auswirkungen eines Annahmeverzuges** sind:

- Wenn es sich um eine Geldschuld handelt, die vom Gläubiger nicht angenommen wird, ist die **erste Auswirkung** des Annahmeverzuges, dass für die Zeit des Verzuges keine Zinsen gezahlt werden müssen.
- Die **zweite Auswirkung** eines Annahmeverzuges ist, dass der Schuldner nicht mehr dafür verantwortlich ist, wenn die Ware beschädigt wird oder verschwindet. Die Leistungsgefahr geht somit auf den Gläubiger über und der Schuldner muss nicht mehr die geschuldeten Gegenstände neu beschaffen, wenn die Ware z. B. verbrennt oder verdirbt. Er haftet nur noch, wenn er dies grob fahrlässig oder vorsätzlich zu verantworten hat.
- Die **dritte Auswirkung** besagt, dass der Schuldner sein Recht auf Gegenleistung behält. Wenn also der Gläubiger im Annahmeverzug ist und die Sache dann wie gerade beschrieben untergeht, kann er trotzdem den Kaufpreis vom Gläubiger einfordern.

Der Gläubigerverzug führt aber nicht dazu, dass der Verkäufer von der Pflicht zur Leistung frei wird. Eine bestellte Ware muss nach wie vor geliefert werden, auch wenn der Käufer sich in Verzug befindet. Was aber kann der Schuldner tun, wenn der Gläubiger eine angelieferte Ware nicht angenommen hat?

Die **Rechte des Schuldners beim Annahmeverzug** sind:

Rechte des Schuldners beim Annahmeverzug

- **Hinterlegung der Sache:** Der Schuldner kann die Sache z. B. in einem Lagerhaus – praktischerweise am Ort des Geschäftssitzes des Warenempfängers – hinterlegen und sich damit von der Pflicht befreien, die Ware weiterhin aufzubewahren.
- **Selbsthilfeverkauf:** Der Schuldner kann die nicht angenommene Ware selbst verkaufen, wenn sie sich nicht zur Hinterlegung eignet. Der Erlös des Verkaufs steht dem Gläubiger zu und kann hinterlegt werden. Der Verkäufer kann den Erlös aber auch mit dem Betrag, der ihm aus dem eigentlichen Kaufvertrag zusteht, aufrechnen.

Hat der Schuldner für die Aufbewahrung der Sachen Aufwendungen gehabt, kann er dafür Ersatz verlangen. Daneben ist beim Annahmeverzug aber kein Schadensersatz vorgesehen! Schadensersatz ist nur möglich, wenn die Ware aufgrund eines Verschuldens des Käufers nicht abgenommen wurde. Dann handelt es sich um einen sogenannten **Abnahmeverzug**, der allerdings ein Schuldnerverzug ist. Hieraus kann sich – neben den Rechten aus dem Annahmeverzug – gleichzeitig ein Recht auf Ersatz eines entstandenen Schadens ergeben, der über die oben angesprochenen Lagerkosten hinausgeht. Analog zu den anderen Fällen des Schuldnerverzuges (vgl. z. B. das folgende Kapitel) ist dann auch ein Rücktritt vom Vertrag möglich.

Abnahmeverzug

5.2.2
Der Käufer zahlt nicht – Schuldnerverzug bei einer Geldschuld

In einem Kaufvertrag ist ein Vertragspartner der Schuldner der Lieferung, der andere Vertragspartner ist der Schuldner für die Bezahlung. Welche Rechte dem Käufer zustehen, wenn der Verkäufer die Ware nicht rechtzeitig liefert, haben wir in Lernfeld 6, Kapitel 3.5.2 gesehen. Wenn der Käufer den Rechnungsbetrag nicht rechtzeitig bezahlt, besteht im Prinzip das gleiche Problem: Eine geschuldete Sache wird nicht rechtzeitig übergeben – allerdings ist hier die „Sache" eine Geldschuld, die dem Verkäufer zusteht.

Zahlungsverzug

Die Voraussetzungen für das Vorliegen eines Zahlungsverzuges und die Rechte der Gläubigers entsprechen mit ein paar kleinen Ausnahmen und Ergänzungen im Wesentlichen denjenigen, die beim Lieferungsverzug schon erarbeitet wurden.

Die drei Voraussetzungen für das Vorliegen eines Zahlungsverzuges sind:

1. Fälligkeit der Zahlung	2. Mahnung durch den Gläubiger	3. Verkäufer hat Verzug zu vertreten (Verschulden)
Ausnahmen: ■ Die Forderung ist verjährt. ■ Die Forderung wird gestundet. ■ Der Gläubiger befindet sich in einem gegenseitigen Vertrag selbst im Schuldnerverzug (z. B. im Lieferungsverzug).	Ausnahmen: ■ Der Käufer verweigert die Zahlung endgültig. ■ Der Zahlungstermin ist kalendermäßig bestimmbar. ■ Es sind 30 Tage nach Rechnungszugang vergangen.	Beispiele: ■ Der Käufer will nicht zahlen. ■ Der Käufer kann nicht zahlen, weil er nicht liquide ist. ■ Der Käufer hat die Zahlung durch Achtlosigkeit versäumt.

Ist der Fälligkeitstermin so genau festgelegt, dass er mithilfe eines Kalenders überprüft werden kann („kalendermäßige Bestimmbarkeit"), tritt mit diesem Termin der Zahlungsverzug ein. Wenn er nicht kalendermäßig bestimmbar ist, tritt der Zahlungsverzug mit der Mahnung ein. Ohne eine Mahnung gerät der Schuldner gemäß § 286 Abs. 3 BGB nach 30 Tagen automatisch in Verzug.[1]

Mahnung

1 Ist der Schuldner ein Verbraucher, so gilt diese Regelung nur, wenn der Verbraucher vorher darauf hingewiesen wurde.

Rechte des Gläubigers beim Zahlungsverzug

Die **Rechte des Gläubigers beim Zahlungsverzug** sind:

- **Schadensersatz und Ersatz des Verzögerungsschadens:** Durch die verzögerte Zahlung des Kunden kann ein Schaden entstehen, da das Geld dem Verkäufer nicht rechtzeitig zur Verfügung steht. Dieser Schaden muss – neben der Erfüllung des eigentlichen Anspruches auf Kaufpreiszahlung – ersetzt werden.

  Dazu regelt der § 288 BGB in den Absätzen (1) und (2) zunächst einmal die Höhe der Verzinsung einer Geldschuld:

  - Wenn es sich um eine Forderung handelt, die ein Verbraucher zu bezahlen hat, fallen Verzugszinsen in Höhe von 5 % über dem Basiszins an. Diese Verzugszinsen sind dann für den Zeitraum des Zahlungsverzuges zu bezahlen.
  - Wenn es sich um eine Forderung handelt, die ein Kaufmann zu bezahlen hat, fallen Verzugszinsen in Höhe von 8 % über dem Basiszins an.

  Daneben können aber auch höhere Zinsen anfallen bzw. vereinbart werden. Außerdem ist der Ersatz eines weiteren Schadens, der aufgetreten ist, neben der Zahlung der Verzugszinsen denkbar.

Rücktritt

- **Rücktritt vom Vertrag:** Ein Rücktritt ist nur möglich, wenn dem Schuldner eine angemessene Nachfrist zur Bezahlung gesetzt wurde. Dies geschieht in der Regel mit der oben schon erwähnten Mahnung. Die Nachfrist muss nicht gesetzt werden, wenn der Schuldner die Zahlung ernsthaft und endgültig verweigert. Bei Vertragsauflösung ist der Käufer nicht mehr Eigentümer der Ware. Der Gläubiger kann dann seinen Herausgabeanspruch geltend machen und die Ware zurückverlangen.

Schadensersatz

- **Schadensersatz statt Leistung:** Dieses Recht beinhaltet, dass der Verkäufer auf die Zahlung verzichtet. Außerdem kann er nun die Ware zurückverlangen und beispielsweise anderweitig verkaufen. Ersetzt werden muss dann noch der Schaden, der z. B. dadurch entsteht, dass sich die Ware nur zu einem geringeren Preis verkaufen lässt. Bei Inanspruchnahme dieses Rechtes muss auch hier zwingend eine Nachfrist gesetzt werden (die wiederum entbehrlich ist, wenn der Käufer die Zahlung endgültig verweigert).

5.2.3 Der Versuch, die Forderungen einzutreiben – Kaufmännisches und gerichtliches Mahnverfahren

Mahnung

In vorangegangenen Kapitel wurde im Zuge des Zahlungsverzuges als Voraussetzung genannt, dass die Verspätung der Zahlung unter bestimmten Umständen angemahnt werden muss. Diese **Mahnung** kann einerseits durch das Unternehmen selbst vorgenommen werden, dann spricht man von dem kaufmännischen Mahnverfahren. Häufig führt dies schon dazu, dass der Käufer den geschuldeten Betrag bezahlt. Erhält der Verkäufer sein Geld aber über das kaufmännische Mahnverfahren nicht, kann er über den gerichtlichen Weg ein Mahnverfahren anstreben, das in letzter Konsequenz dazu führen kann, dass das Geld beim Schuldner durch einen Gerichtsvollzieher in einer Zwangsvollstreckung eingetrieben wird. Die beiden zur Verfügung stehenden Mahnverfahren sind also in ihren Auswirkungen sehr unterschiedlich.

Das kaufmännische Mahnverfahren wird auch außergerichtliches Mahnverfahren genannt, weil es ohne die Einschaltung von Gerichten vollzogen wird. Bevor man die Gerichte bemüht und den säumigen Zahler auf dem Rechtsweg auf seine Zahlungsverpflichtung hinweist, wird in der Regel zunächst dieser Weg beschritten.

Man darf hierbei nicht vergessen, dass derjenige, der seine Rechnung nicht rechtzeitig bezahlt, ein Kunde ist, mit dem man Geschäfte gemacht hat und voraussichtlich auch noch weiterhin tätigen will. Daher verfährt man bei einer Mahnung in der Regel zunächst sehr vorsichtig, indem man den Kunden an die Fälligkeit der Zahlung erinnert. Mit zunehmender Zahlungsunwilligkeit des Käufers und Schuldners werden der Tonfall und die Maßnahmen einer Mahnung fordernder. Führt das kaufmännische Mahnverfahren auch nach einer „letzten Zahlungsaufforderung" nicht dazu, dass der Kunde seine Rechnung bezahlt, wird der Weg des gerichtlichen Mahnverfahrens eingeschlagen.

Am Ende dieses Prozesses steht eine Zwangsvollstreckung durch einen Gerichtsvollzieher. Bis es so weit ist, hat der säumige Schuldner allerdings noch Gelegenheit, die fälligen Beträge doch noch zu bezahlen.

Das Verfahren verläuft in folgenden Schritten:

Gerichtliches Mahnverfahren

Ablaufschema des gerichtlichen Mahnverfahrens

1. Der **Gläubiger beantragt bei Gericht,** dass der Schuldner einen gerichtlichen Mahnbescheid erhält.
2. Der **Schuldner erhält** vom Gericht **einen Mahnbescheid.**
3. Der Schuldner kann dem Mahnbescheid widersprechen, bezahlen oder er kann schweigen (was aber letztendlich eine Zwangsvollstreckung bewirkt).
4. Falls der Schuldner **Widerspruch** erhebt, kommt es zu einer Verhandlung vor Gericht. In dieser Verhandlung kann dann der Gläubiger noch einmal seine Forderung bekräftigen und der Schuldner kann seinen Widerspruch begründen.
5. Falls die Forderung des Gläubigers vom Gericht für richtig befunden wird, spricht es ein **Urteil** aus und es kommt zur Zwangsvollstreckung.
6. Bei der **Zwangsvollstreckung** hat der Schuldner noch einmal die Möglichkeit, zu bezahlen. Tut er das nicht, kann gepfändet werden. Das bedeutet, dass der Gerichtsvollzieher verwertbare Gegenstände mitnimmt bzw. mit einem Pfandsiegel versieht.
7. Für den Fall, dass der Gerichtsvollzieher keine verwertbaren Gegenstände in den Wohn- und Geschäftsräumen des Schuldners findet, wird der Schuldner zu einer **eidesstattlichen Versicherung** aufgefordert. Das bedeutet, dass er eine Aufstellung über sein gesamtes Vermögen abgeben muss. Verweigert der Schuldner die eidesstattliche Versicherung, kann er in Haft genommen werden. Macht er falsche Angaben über seine Vermögensverhältnisse, muss er ebenfalls mit einer Haftstrafe rechnen.
8. Nach sieben Tagen werden die gepfändeten Gegenstände versteigert. Den Erlös der **Versteigerung** erhält der Gläubiger.

Wie man sieht, ist nicht unbedingt gesagt, dass der Gläubiger am Ende des gerichtlichen Mahnverfahrens sein Geld bekommt. Wenn der Schuldner wirklich kein Vermögen mehr hat, geht der Gläubiger unter Umständen leer aus.

5.2.4 Frist abgelaufen? – Die Verjährung von Ansprüchen

Verjährung

Eine **Verjährung** bedeutet, dass ein Anspruch, der nicht innerhalb einer bestimmten Frist geltend gemacht worden ist, erlischt. Nach Eintritt der Verjährung ist der Anspruch nicht mehr gültig.

Die Verjährung dient dazu, dass alte Ansprüche und Forderungen nicht ewig geltend gemacht werden können. Damit wird die Situation für die Schuldner leichter, da sie nicht damit rechnen müssen, dass z. B. plötzlich uralte Verbindlichkeiten eingetrieben werden, über die sie gar keine Unterlagen mehr haben. Aber auch dem Gläubiger nutzt die Verjährung – hierdurch wird er nämlich angehalten, möglichst bald seine Außenstände einzutreiben, denn es besteht die Gefahr, dass seine Ansprüche irgendwann verjähren und damit verfallen.

Verjährungsfristen

Je nach Art des Anspruches gelten unterschiedliche **Verjährungsfristen.** Die regelmäßige Verjährungsfrist beträgt drei Jahre. Daneben gibt es noch die Verjährungsfristen von zwei, fünf und 30 Jahren:

2 Jahre	3 Jahre (regelmäßige Verjährung)	5 Jahre	30 Jahre
■ Ansprüche aus mangelhafter Lieferung	■ Ansprüche aus Zahlungen und Lieferungen bei einem Kaufvertrag ■ Ansprüche aus regelmäßig wiederkehrenden Leistungen (Mietzahlungen, Lohnzahlungen usw.) ■ Ansprüche aus mangelhafter Lieferung, wenn der Verkäufer den Mangel arglistig verschwiegen hat	■ Ansprüche aus Mängeln bei einem Bauwerk	■ Herausgabeanspruch aus Eigentum ■ rechtskräftig festgestellte Ansprüche ■ Ansprüche aus vollstreckbaren Vergleichen oder vollstreckbaren Urkunden ■ Ansprüche aus Insolvenzverfahren

Die Verjährungsfrist beginnt bei den verschiedenen Fristen zu unterschiedlichen Zeitpunkten:

2 Jahre	3 Jahre (regelmäßige Verjährung)	5 Jahre	30 Jahre
Beginn: mit Kaufdatum/Übergabe der Sache	**Beginn:** am Schluss des Jahres, in dem der Anspruch entstanden ist	**Beginn:** mit Übergabe	**Beginn:** mit der Entstehung des Anspruches

Die folgenden Beispiele verdeutlichen noch einmal die verschiedenen Ansprüche und die unterschiedlichen Zeitpunkte des Beginns der jeweiligen Verjährung:

Beispiele

2 Jahre	3 Jahre (regelmäßige Verjährung)	5 Jahre	30 Jahre
Am 15.08.2012 kauft ein Kunde Ware bei der Heidtkötter KG. Der Beginn der zweijährigen Verjährungsfrist für Gewährleistung beginnt am 15.08.2012.	Ein Kunde hat bei der Heidtkötter KG eine offene Rechnung, die am 01.04.2012 fällig war. Die Verjährungsfrist beginnt am Ende des Jahres 2012 (31.12.2012) und endet am 31.12.2015.	Am 19.07.2012 wird eine neu errichtete Lagerhalle für die Heidtkötter KG fertiggestellt und übergeben. Die Verjährungsfrist für die Mängel am Bau beginnt am 19.07.2012 und endet am 19.07.2017.	David Krone leiht einem Freund am 01.06.2012 einen DVD-Spieler. Der Freund soll das Gerät eigentlich zwei Tage später zurückgeben. Die Verjährungsfrist beginnt mit 03.06.2012 und endet am 03.06.2042.

Wenn ein Anspruch verjährt ist, kann der Schuldner dieses Anspruches die Leistung verweigern. Man spricht dann von der „Einrede der Verjährung“. Der Anspruch bleibt für den Gläubiger trotzdem weiterhin bestehen, aber er kann ihn vor Gericht nicht mehr durchsetzen. Dennoch ist es sinnvoll, dass der Anspruch bestehen bleibt: Befriedigt ein Schuldner einen Anspruch, von dem er nicht wusste, dass er eigentlich schon verjährt ist, kann dieser Schuldner seine Leistung nicht zurückfordern.

Die Verjährungsfrist kann durch bestimmte Ereignisse angehalten werden. Dies nennt man **„Hemmung der Verjährung"**. Der Zeitraum, in dem eine Verjährung gehemmt ist, zählt nicht zur Verjährungsfrist. Eine solche Hemmung tritt in Kraft, wenn z. B.

Hemmung der Verjährung

- der Gläubiger die Forderung stundet (einen Zahlungsaufschub gewährt),
- der Gläubiger einen gerichtlichen Mahnbescheid erwirkt,
- der Anspruch durch Erhebung einer Klage vor Gericht festgestellt werden soll.

Im letztgenannten Fall wird ein Gläubiger, der lange erfolglos versucht hat, einen Anspruch durchzusetzen und gegen Ende der Verjährungsfrist den gerichtlichen Weg einschlägt, davor geschützt, dass sein Anspruch während des Verfahrens verjährt. Denn während des Verfahrens läuft die Verjährung nicht weiter. Sie beginnt erst wieder sechs Monate nach Beendigung des Verfahrens.

Die volle Verjährungsfrist kann auch neu beginnen. Die bis dahin schon abgelaufene Frist wird dann bedeutungslos. Dies kann geschehen,

- wenn der Schuldner seine Schuld anerkennt (z. B. durch eine Teilzahlung oder durch Zahlung von Zinsen),
- wenn der Gläubiger eine gerichtliche Zwangsvollstreckung beantragt.

Die Zwangsvollstreckung kann natürlich auch ergebnislos verlaufen, sodass die Forderung des Gläubigers noch immer nicht erfüllt ist. Trotzdem hat er durch den Neubeginn der Verjährung einen erheblichen zeitlichen Gewinn.

Selbst wenn eine Zwangsvollstreckung beim Schuldner ergebnislos verläuft, hat der Gläubiger immerhin wieder den vollen Verjährungszeitraum zurückgewonnen.

5.2.5 Bei mangelhafter Lieferung von fertigen Erzeugnissen und Handelswaren werden mit den Kunden Nachlässe oder Rücksendungen vereinbart

Erhält der Kunde mit Mängeln behaftete Erzeugnisse von seinem Lieferanten, so wird er

- die Erzeugnisse bei geringfügigen oder durch ihn behebbaren Mängeln behalten und einen angemessenen **Preisnachlass** vom Lieferanten verlangen oder
- darauf bestehen, dass die mit Mängeln behafteten Erzeugnisse vom Lieferant zurückgenommen werden **(= Rücksendung)**. In der Regel erfolgt danach die Lieferung einwandfreier Erzeugnisse, sofern es sich um austauschbare Erzeugnisse handelt.

Preisnachlass

Rücksendung

In beiden Fällen schreibt der Kunde eine **Mängelrüge** an den Lieferanten, in der er den Mangel genau beschreibt und das von ihm eingeforderte Recht auf Preisnachlass oder Rücksendung benennt.

Mängelrüge

Auswirkung auf die Buchführung haben diese Vorgänge erst mit der Versendung einer **Gutschrift** des Lieferanten an den Kunden:

Gutschrift

- **Nettobuchung** des dem Kunden gewährten Preisnachlasses **beim Lieferanten:**
  5001 Erlösberichtigungen für eigene Erzeugnisse
  4800 Umsatzsteuer
  an 2400 Forderungen a. LL
- **Buchung der Rücksendung beim Lieferanten:**
  5000 Umsatzerlöse für eigene Erzeugnisse
  4800 Umsatzsteuer
  an 2400 Forderungen a. LL

11

Investitions- und Finanzierungsprozesse planen

1 Warum investieren Unternehmen?

1.1 Investitions- und Finanzierungsanlässe

Investitionsbegriff

Investition im engeren Sinne ist die zielgerichtete Verwendung finanzieller Mittel zur Beschaffung von Gütern des Anlagevermögens. Fasst man den Begriff der Investition weiter, so kann man auch die Beschaffung von Gütern des Umlaufvermögens oder die Beschaffung von Finanzwerten dazuzählen.

Ziel jeder Investition ist es, durch den Einsatz von finanziellen Mitteln künftige Einzahlungsüberschüsse zu erzielen. Bei der Betrachtung von Investitionen sieht man sich deshalb die Zahlungsströme an, die mit dieser Investition verbunden sind. Eine Investition beginnt grundsätzlich mit einer Auszahlung, ihr folgen dann Einzahlungen. Nicht immer übersteigen die Einzahlungen die Auszahlungen. Die Einzahlungsüberschüsse können auch negativ sein, z. B. wenn bei einer Maschine nach einigen Jahren eine große Reparatur fällig ist.

Investitionsarten

Investitionen lassen sich nach der **Art des Gegenstandes** in

- Sachinvestitionen,
- Finanzinvestitionen und
- immaterielle Investitionen

oder nach dem **Zweck der Investition** in

- Ersatzinvestitionen,
- Erweiterungsinvestitionen und
- Rationalisierungsinvestitionen

einteilen.

Wenn es sich um Gegenstände des Anlage- oder Umlaufvermögens handelt, spricht man von einer **Sachinvestition.** Hierunter fällt die Beschaffung von Werkzeugen, maschinellen Anlagen, Fahrzeugen usw. ebenso wie die Investition in Grundstücke oder Gebäude und die Aufwendungen für Roh-, Hilfs- und Betriebsstoffe.

Finanzinvestitionen sind meistens Beteiligungen an anderen Unternehmen, z. B. in Form von Aktien, die längerfristig und nicht nur zu Spekulationszwecken erworben werden, oder in Anteilen an einer GmbH, aber auch langfristige Kapitalanlagen wie z. B. Anleihen oder Obligationen.

Zu den **immateriellen Investitionen** gehören z. B. der Kauf von Patenten, Lizenzen, Software, Know-how, Firmenwert oder Mandantenstamm.

Neben den oben nach dem Investitionszweck unterschiedenen **Folgeinvestitionen** kann man noch die Investition für die Gründung eines Unternehmens, die **Gründungsinvestition,** begrifflich abgrenzen. Hierzu zählen neben Gebäuden und Maschinen auch die Patente oder Lizenzen, die zur Aufnahme eines Geschäftsbetriebs erworben wurden. Man sieht schon, dass die Unterscheidungen immer am Investitionszweck orientiert sind und nicht absolut gelten. Das gilt auch für die Folgeinvestitionen: Ersatzinvestitionen sind häufig auch mit einer Rationalisierung und/oder einer Erweiterung verbunden, weil die alte Maschine durch eine neue ersetzt wird, die insgesamt weniger Kosten verursacht, weniger Personal benötigt und einen größeren Output hat.

Wenn Anlagegüter ausgesondert werden, ohne dass dafür eine Ersatzbeschaffung erfolgt, spricht man auch von einer **Desinvestition,** weil sich das Anlagevermögen verringert.

Die Summe aller angeschafften Investitionsgüter einer Periode und die eventuell selbst erstellten Anlagen werden als **Bruttoinvestitionen** bezeichnet; reduziert um die Abschreibungen ergeben sich die **Nettoinvestitionen.**

Kapitalbindung

Investitionen binden das Kapital langfristig. Führen sie nicht zu den erwarteten oder notwendigen Einnahmen, kann sich die Liquiditätslage eines Unternehmens deutlich verschlechtern. Daher ist eine Investitionsentscheidung umso sorgfältiger abzuwägen, je größer ihr Investitionsvolumen ist.

Investitionsplanung

Unter **Investitionsplanung** versteht man die gedankliche Vorbereitung und die Auswahl einer bestimmten Investitionsalternative. Dieser Prozess vollzieht sich meist in drei Schritten:

Notwendigkeit einer Investition

1. Man erkennt die **Notwendigkeit** einer Investition.
2. Es folgt die Entscheidung, welche **Kriterien** man an eine Investition anlegt, anhand derer man die verschiedenen Investitionsmöglichkeiten bewerten will.
3. Die konkreten **Investitionsalternativen** werden genau untersucht und bewertet. Danach folgt die Auswahl der Investition, die die Kriterien am besten erfüllt.

An die Investitionsplanung schließt sich die Umsetzung der ausgewählten Investition einschließlich der Finanzierung an. Danach wird laufend kontrolliert, ob die vorausschauenden Planungen und Berechnungen durch die tatsächlichen Ergebnisse auch bestätigt werden.

Volkswirtschaftliche Einflussfaktoren auf das Investitionsverhalten

Neben den unternehmerischen Zielsetzungen spielt bei anstehenden Investitionsentscheidungen auch die volkswirtschaftliche Situation eine große Rolle. Zu den wichtigsten Einflussfaktoren gehören u. a.:

- die Entwicklung des Bruttoinlandsproduktes
- das Preisniveau
- das Zinsgefüge
- der Auftragseingang
- der globale Wettbewerbsdruck
- die Entwicklung der Löhne, der Lohnnebenkosten und der Lohnquote
- die gesetzlichen Rahmenbedingungen für unternehmerische Aktivitäten
- das allgemeine Konsumverhalten

Investitionsbewertung

Investitionsvorhaben sind immer auf einen relativ langen Zeitraum in die Zukunft gerichtet. Die zukünftigen Bedingungen für die Investition können daher nur vermutet werden und sind deshalb besonders sorgfältig abzuwägen. Dabei handelt es sich um zwei verschiedene Arten von Kriterien:

› INFO-Teil LF 11, Kap. 2

- **Qualitative Kriterien** entziehen sich einer konkreten, in Geld ausgedrückten Bewertung. So wird sich z. B. die konkrete Auswirkung einer modernisierten Heizungsanlage zwar relativ exakt als Energieersparnis messen und bewerten lassen, aber wenn es um die Frage des Beitrages zum Klimaschutz geht, stößt man an die Grenzen der Messbarkeit. Das Gleiche gilt, wenn man versuchen will, den Nutzen einer gesteigerten Produktqualität centgenau zu berechnen.

  Bei diesen qualitativen Kriterien geht es in erster Linie um den allgemeinen Nutzen, der mit einer Investition verbunden ist.

- **Quantitative Kriterien** umfassen in einer Investition begründete Veränderungen, die sich konkret in Zahlen ausdrücken lassen, wie z. B.:
  - Wie hoch sind die Kosten der Investition?
  - Wie hoch ist die Einsparung laufender Kosten durch die Investition?
  - Wie hoch ist die Verzinsung des investierten Kapitals (= Rentabilität)?
  - Wie lange dauert es, bis das eingesetzte Kapital durch Überschüsse zurückgeflossen ist (= Amortisationsdauer)?
  - Wie hoch ist die Einsparung laufender Kosten durch die Investition?

  Zur Bewertung dieser Kriterien werden folgende Investitionsrechnungen angestellt:
  - Kostenvergleichsrechnung
  - Gewinnvergleichsrechnung
  - Rentabilitätsvergleichsrechnung
  - Amortisationsvergleichsrechnung

Suche nach Investitionsalternativen

Nachdem die Entscheidungskriterien festgelegt wurden, wird nach verschiedenen **Investitionsalternativen** gesucht. Üblicherweise läuft die Beschaffung über Bezugsquellenermittlung, Anfrage und Angebotsvergleich.

Die eingehenden Angebote werden mithilfe der oben beschriebenen Kriterien bewertet und die beste Investitionsalternative wird ausgewählt.

Entscheidungsdilemma/ Zielkonflikte

Die Ergebnisse der Einzelbewertungen weisen nicht immer in die gleiche Richtung. So kann z. B. eine Investition, die nach reinen Kostenbetrachtungen nicht infrage käme, dank der Qualitätssteigerung für die Erzeugnisse doch zum Zug kommen. Möglicherweise ist ein inländischer Maschinenbauer als Lieferant teurer, man schätzt an ihm aber die räumliche Nähe und die gute Serviceleistung.

Nutzwertanalyse

› Band 2, LF 6, Kap. 2.5

Das führt dazu, dass die einzelnen Bewertungskriterien einer Gewichtung unterworfen werden. Eine Methode dafür ist die **Nutzwertanalyse**.

1.2 Kapitalbedarfsplanung – Welcher Kapitalbedarf ist mit einer Investition verbunden?

Kapitalherkunft auf der Passivseite der Bilanz

Eine Investition benötigt Kapital, das finanziert werden muss. Finanzierung umfasst alle Maßnahmen zur Beschaffung der Mittel, die ein Unternehmen zur Gründung und auch für die betriebliche Leistungserstellung und -verwertung benötigt. Die Herkunft der Mittel ist auf der Passivseite der Bilanz verzeichnet.

Um festzulegen, welche Mittel finanziert werden müssen, wird eine Kapitalbedarfsplanung anlassbezogen für geplante Investitionen und laufend durchgeführt.

Ziel der Kapitalbedarfsplanung

Ziel der Kapitalbedarfsplanung ist die **Sicherung eines finanziellen Gleichgewichts:** Es steht weder zu viel noch zu wenig Kapital zur Verfügung.

Aus den unternehmerischen Zielsetzungen kann der Kapitalbedarf zwar abgeleitet werden, allerdings hängen die Ergebnisse der Berechnungen stark von dem zukünftigen, nicht exakt voraussagbaren Marktgeschehen ab. So können z. B. Angebots- und Nachfrageschwankungen, Marktsättigungen, Preisveränderungen, außergewöhnliche Ereignisse wie Streiks, Katastrophen u. Ä. die Berechnungsgrundlagen kurz- oder langfristig entscheidend verändern.

Einschränkende Bedingungen der Kapitalbedarfsermittlung

Mit dieser Einschränkung sind auch folgende Überlegungen zu betrachten:

- Vor Aufnahme der eigentlichen Betriebstätigkeit werden zahlreiche vorbereitende Maßnahmen getroffen. Dazu gehört neben dem organisatorischen Aufbau auch die Bereitstellung des Anlagevermögens. Die dafür zu tätigenden **Ausgaben** sind **einmalig** und müssen finanziert werden. Der Kapitalbedarf bei der Gründung ist i. d. R. sehr hoch und Einnahmen fließen noch nicht.
- **Laufende Ausgaben** entstehen mit der Produktionsaufnahme. Roh-, Hilfs- und Betriebsstoffe müssen ebenso finanziert werden wie bezogene Fertigteile. Außerdem müssen Löhne und Gehälter gezahlt werden.
- Die Kapitalbeschaffung für die Durchführung der vorbereitenden Tätigkeiten und die **Anschaffung des Anlagevermögens** bezeichnet man als **Grundfinanzierung.** Während Rohstoffe normalerweise zum Umlaufvermögen zählen, wird der eiserne Bestand bei der Grundfinanzierung berücksichtigt, da er immer im Unternehmen verbleiben sollte. Er muss ständig als Sicherheitsreserve zur Aufrechterhaltung der Betriebsbereitschaft vorhanden sein. **Grundfinanzierung**
- Der Kapitalbedarf für die **Finanzierung der laufenden Betriebstätigkeit** hängt vom Umfang und der Dauer des Produktions- und Umsatzprozesses ab. Dabei müssen auch Nebenfaktoren wie z. B. Lieferanten- und Kundenziele berücksichtigt werden. Prognosen über die zukünftige Entwicklung auf den Beschaffungs- und Absatzmärkten spielen im Gegensatz zur Grundfinanzierung hier eine große Rolle. **Umlauffinanzierung**

Kapitalbindungsdauer

Normalerweise finanziert sich ein Unternehmen mit dem Eingang der Verkaufserlöse für die produzierten und abgesetzten Güter selbst. Dennoch liegt dazwischen ein **Zeitraum, der finanziell überbrückt werden muss,** denn die Ausgaben fallen früher an, als die Einnahmen die finanziellen Mittel in das Unternehmen zurückfließen lassen. Deshalb muss die **Kapitalbindungsdauer im Umsatzprozess** einschließlich aller in diesem Zeitraum anfallenden Kosten berücksichtigt werden (siehe Schaubild auf der folgenden Seite).

Güter- und Geldströme im Wertschöpfungsprozess – von der Beschaffung bis zum Absatz

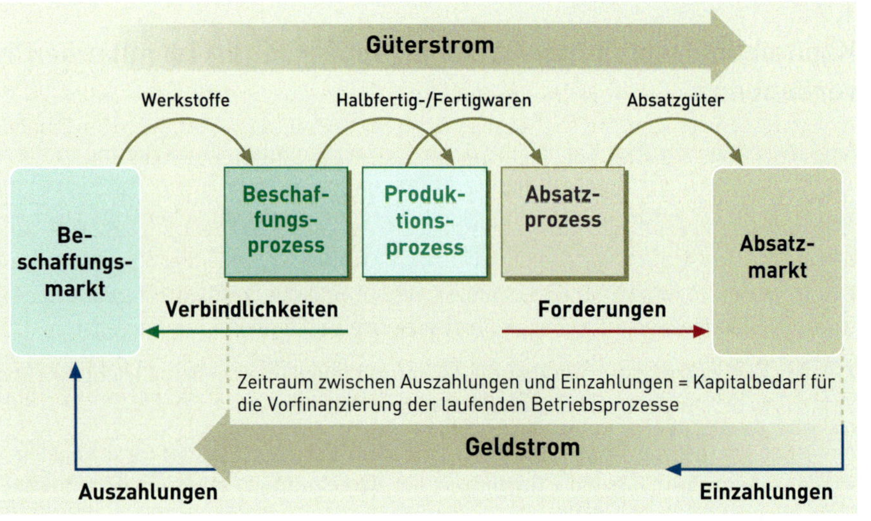

Höhe und Zeitspanne des Kapitalbedarfs ergeben sich daraus, wann das Unternehmen die Erlöse für den Verkauf der produzierten Güter erhält.

Gründe für den Kapitalbedarf und die Kapitalbedarfsplanung

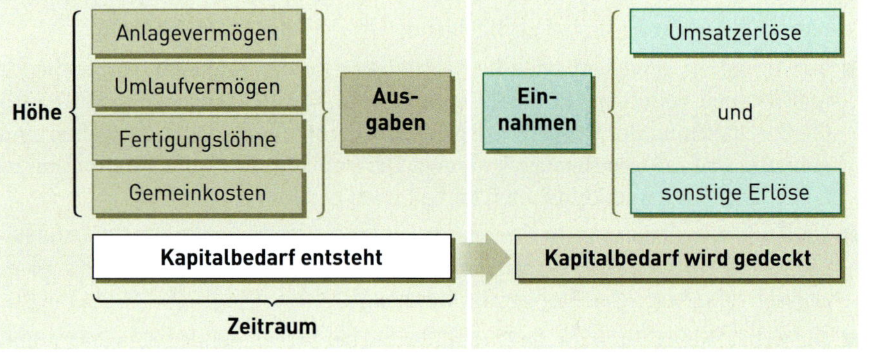

Mit einer Kapitalbedarfsplanung versucht man einen Überblick darüber zu gewinnen, wie viele finanzielle Mittel für Investitionsvorhaben benötigt werden. Dabei geht es bei der einfachen Kapitalbedarfsplanung zunächst nur um einen Überblick, bei dem von konstanten Berechnungsgrundlagen ausgegangen wird und wo z. B. Veränderungen im Bedarf und/oder der Beschaffungspreise unberücksichtigt bleiben.

Ermittlung des Gesamtkapitalbedarfs bei Investitionsentscheidungen

Grundfinanzierung

Anlage- und Einrichtungsgegenstände
- Grundstückserwerb
- Erstellung von Gebäuden
- Beschaffung von Maschinen
- Ergänzung der Werkzeuge
- Eiserne Bestände
- …

einmalige Ausgaben, die über kalkulierte Abschreibungsbeträge erst im Laufe mehrerer Geschäftsjahre zurückfließen

Umlauffinanzierung

- Materialkosten
- Fertigungskosten
- Verwaltungskosten
- Vertriebskosten
- Erweiterung des Fuhrparks

laufende Ausgaben, die bis zum jeweiligen Zahlungsvorgang vorfinanziert werden müssen

Kapitalbedarf für das Anlagevermögen
+ Kapitalbedarf für das Umlaufvermögen
= Gesamtkapitalbedarf für Investitionsvorhaben

› LF 11, Kap. 1.2.1 und Kap. 1.2.2

1.2.1 Kapitalbedarf für langfristig gebundenes Vermögen – Grundfinanzierung

Anlagekapital

Das Anlagekapital ist langfristig gebunden. Es setzt sich zusammen aus dem zu finanzierenden Anlagevermögen und dem Mindestbestand an Vorräten. Der Kapitalbedarf für das Anlagevermögen entspricht seinen Anschaffungskosten.

Anschaffungsnebenkosten

Ausgehend vom Listenpreis, der durch nachträgliche Preisminderungen wie z. B. Skonti reduziert wird, müssen alle Anschaffungsnebenkosten wie z. B. Bezugs-, Montage-, Umbau-, Versicherungs-, Notar- und Gerichtskosten oder auch Provisionen, Grunderwerbssteuern o. Ä. hinzugerechnet werden, um zu den Anschaffungskosten zu gelangen.

Berechnung des Anlagekapitalbedarfs

Wenn Lagerhaltung betrieben wird, gehört dazu ebenso der Mindestbestand an Werkstoffen. Er wird mit dem Bezugspreis bewertet. Hinzugerechnet wird er deshalb, weil er zur Aufrechterhaltung des Fertigungsprozesses immer vorhanden sein muss und nur in Ausnahmefällen unterschritten werden darf.

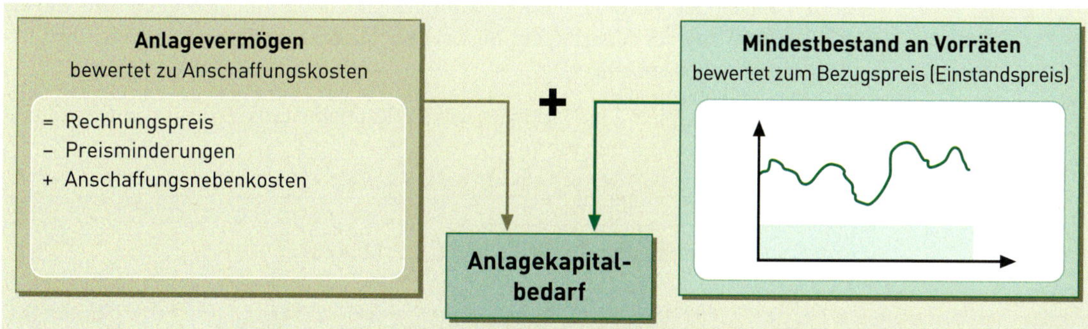

Beispiel

Die Heidtkötter KG benötigt zur Herstellung des neuen Multifunktionstisches einen Fertigungsautomaten. Er wird von einem Spezialmaschinenhersteller zum **Listenpreis** von 200.000,00 € angeboten.

Da es sich um eine völlige Neuentwicklung handelt, bietet der Lieferant einen **Einführungs-** und **„Testrabatt"** von 10 %. Das großzügig bemessene **Zahlungsziel** liegt bei zwei Monaten. Zahlt die Heidtkötter KG aber innerhalb von 20 Tagen, kann sie weitere 2 % **Skonto** abziehen.

Es ist mit **Transportkosten** in Höhe von 5.000,00 € zu rechnen. Hinzu kommt die **Transportversicherung** in Höhe von 1.000,00 €. Die **Montage** der Maschine in den Werkhallen der Heidtkötter KG wird mit 3.000,00 € veranschlagt. Der **Mindestbestand** an Materialien für den neuen Multifunktionstisch wird mit rund 2.000,00 € kalkuliert.

Aus diesen Angaben lässt sich der **Anlagekapitalbedarf** berechnen:

Angebotspreis des Fertigungsautomaten:	200.000,00 €	Anlagevermögen
– Rabatt	– 20.000,00 €	
= Anschaffungspreis (Zieleinkaufspreis)	= 180.000,00 €	
– Skonto (2 % von 180.000,00 €)	– 3.600,00 €	
+ Transportkosten	+ 5.000,00 €	
+ Transportversicherung	+ 1.000,00 €	
+ Montagekosten	+ 3.000,00 €	
= Bezugspreis	= 185.400,00 €	
+ Kosten Mindestbestand	+ 2.000,00 €	→ langfristiges Umlaufvermögen
= Anlagekapitalbedarf	**= 187.400,00 €**	

1.2.2 Kapitalbedarf zur Durchführung der Leistungserstellung – Ermittlung des Umlaufkapitalbedarfs

Wie Sie im Kapitel zuvor gesehen haben, stellt der Anlagekapitalbedarf die Betriebsbereitschaft her. Zur Produktion selbst werden neben der Bereitstellung von Betriebsmitteln insbesondere Werkstoffe und Arbeitskräfte benötigt. Hinzu kommen die allgemeinen Kosten für die Fertigung, die Lagerung, die Verwaltung und den Vertrieb.

Kapitalbindungsdauer

Die **Ermittlung des Umkaufkapitalbedarfs** ist wesentlich umfangreicher als die Kapitalbedarfsrechnung für das Anlagekapital, denn dafür müssen die Höhe der täglichen Auszahlungen für Rohstoffe, Fertigungslöhne und Gemeinkosten und die **Kapitalbindungsdauer** bekannt sein. Die Kapitalbindungsdauer ergibt sich aus der Dauer der Rohstofflagerung, der Produktion und der Lagerung der Fertigerzeugnisse sowie dem Zahlungsziel der Kunden. Bei den Materialien muss das Zahlungsziel der Lieferanten abgezogen werden. Die Kapitalbindungsdauer ergibt sich in diesem Fall als Zeitraum vom Tag der Ausgabe der Materialien bis zu dem Tag, an dem die Umsatzerlöse zurückgeflossen sind.

Die folgenden Beispiele 1 bis 5 zeigen, wie die Kapitalbedarfsrechnungen für die einzelnen Positionen aussehen:

Beispiel 1

Ermittlung der **Kapitalbindungsdauer** für das **Material:**

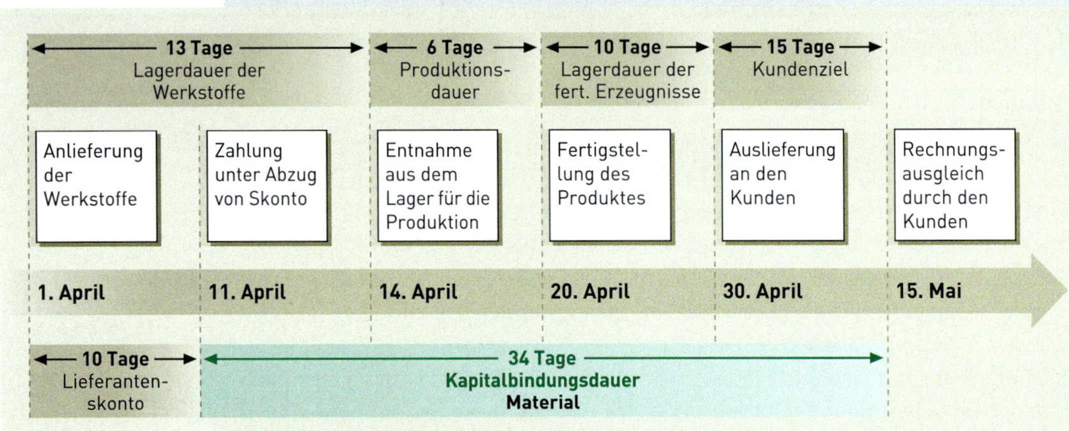

Am 1. April treffen die bestellten Fertigungsmaterialien ein. Die Rechnung dafür kann bis zum 11. April unter Abzug von Skonto beglichen werden. Da es i. d. R. lohnenswert ist, die Rechnung unter Ausnutzung von Skonto zu bezahlen, ist der Tag der Ausgabe der 11. April.

Die durchschnittliche Lagerdauer für alle Materialien der Fertigung beträgt in diesem Beispiel 13 Tage. Daraus folgt, dass die Materialien am 14. April in der Produktion verarbeitet werden. Die Fertigung nimmt durchschnittlich 6 Tage in Anspruch. Am 20. April ist das Erzeugnis also fertiggestellt.

Die fertigen Produkte liegen durchschnittlich 10 Tage auf Lager, bevor sie verkauft sind und dem Lager entnommen werden.

In diesem Beispiel wird das Produkt somit am 30. April verkauft. Nach durchschnittlich 15 Tagen werden die Ausgangsrechnungen von den Kunden bezahlt.

Das bedeutet, dass am 11. April die Ausgaben getätigt wurden und am 15. Mai die Einnahme erfolgt. Die **Kapitalbindungsdauer** beträgt demnach 34 Tage.

Beispiel 2

Ermittlung der **Kapitalbindungsdauer** für die **Produktionslöhne** und die **Gemeinkosten der Fertigung:**

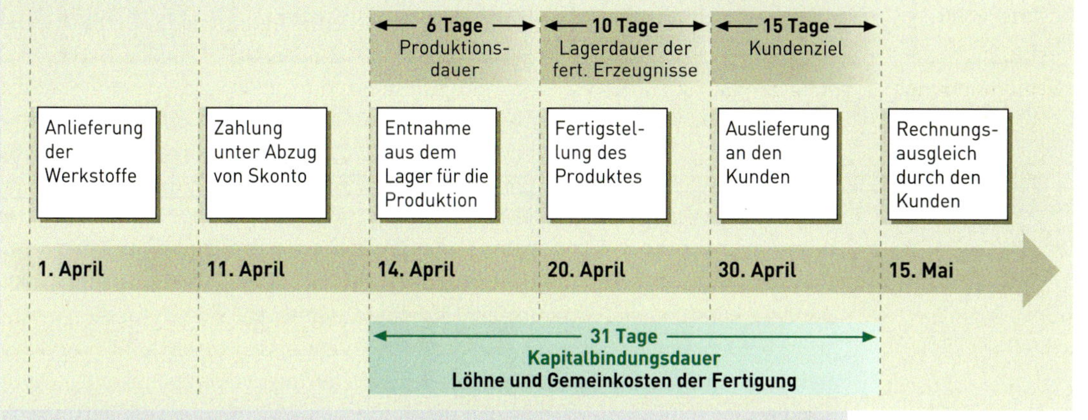

Die Fertigung beginnt am 14. April. Ab diesem Tag müssen Kosten für die Fertigung gezahlt werden, z. B. Löhne, Miete sowie Energie. Durch die Produktions- und Lagerdauer und das Einräumen eines Zahlungsziels für den Kunden erfolgt die Einnahme am 15. Mai, also 31 Tage nach dem Beginn der Fertigung.

Beispiel 3

Ermittlung der **Kapitalbindungsdauer** für die **Gemeinkosten der Lagerung:**

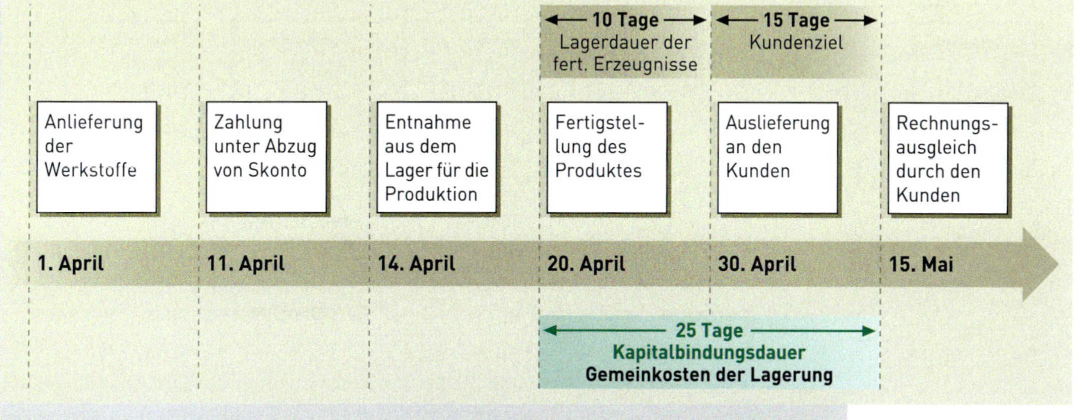

Das Produkt wird am 20. April fertiggestellt. Da es nicht sofort verkauft werden kann, wird es für durchschnittlich 10 Tage gelagert. Ab diesem Tag entstehen Kosten für die Lagerung. 15 Tage nach dem Verkauf wird der Rechnungsbetrag auf dem Bankkonto gutgeschrieben. Die Kapitalbindungsdauer für den Bereich Lagerung beträgt also 25 Tage.

Beispiel 4

Ermittlung der **Kapitalbindungsdauer** für die **Gemeinkosten der Verwaltung:**

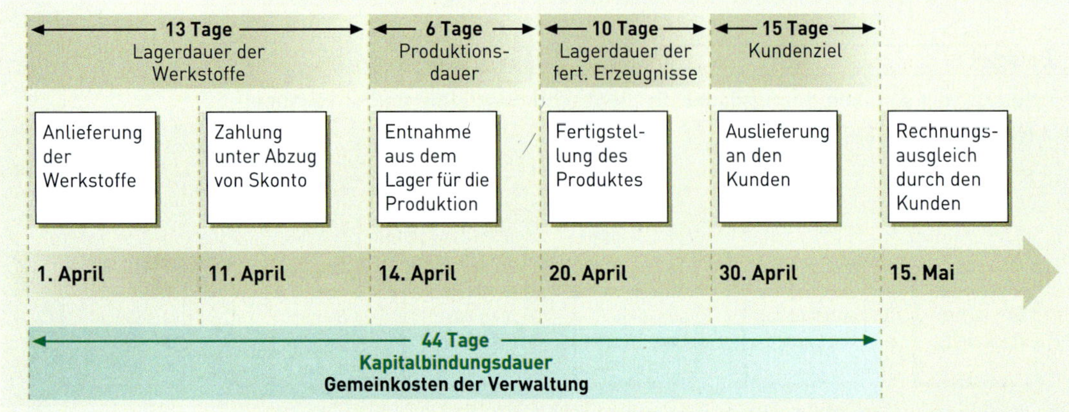

Die Arbeiten der Verwaltung[1] beschränken sich nicht auf ein einziges Produkt, sondern kommen der Fertigung aller Produkte zugute. Die Kosten für die Verwaltung werden anteilsmäßig auf die einzelnen Erzeugnisse umgelegt. Während des gesamten Prozesses – angefangen von der Anlieferung der Werkstoffe am 1. April bis zum Rechnungsausgleich durch den Kunden am 15. Mai – ist die Verwaltung des Unternehmens tätig. Die **Kapitalbindungsdauer** für die Verwaltung beträgt daher 44 Tage.

Beispiel 5

Ermittlung der **Kapitalbindungsdauer** für die **Gemeinkosten des Vertriebs:**

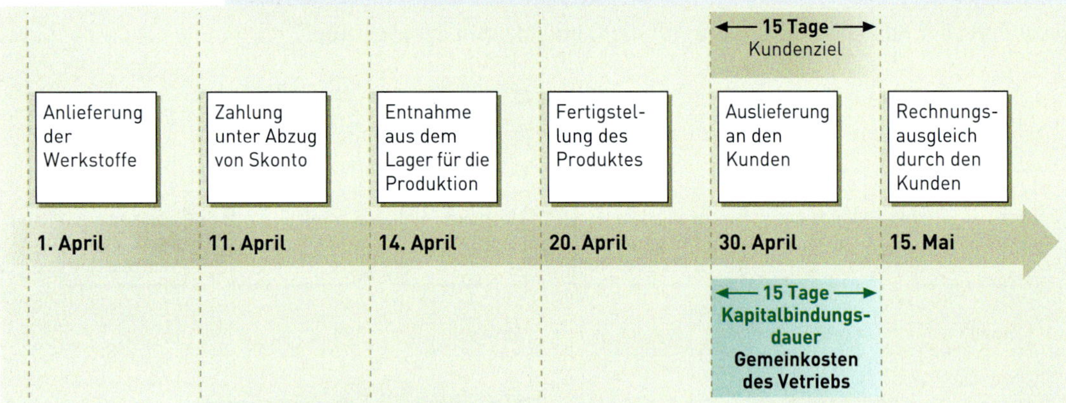

Am 30. April wird der Kaufvertrag durch die Auslieferung der Ware erfüllt. Da den Kunden ein Zahlungsziel eingeräumt wird, erfolgt die Bezahlung erst nach durchschnittlich 15 Tagen. Die **Kapitalbindungsdauer** für die Gemeinkosten des Vertriebs entspricht dem Zeitraum des Zahlungsziels von 15 Tagen.

1 Darunter fallen z. B. die Abteilungen Kreditoren- und Debitorenbuchhaltung, Personal, Sekretariat, Marketing, Einkauf und Verkauf.

Zusammenfassende Berechnung des insgesamt benötigten Kapitals

Da die Kapitalbindungsdauer unterschiedlich lang ist und in Tagen bemessen wird, muss für jede Position neben der Kapitalbindungsdauer die **Höhe der täglichen Ausgaben** ermittelt werden.

Der Kapitalbedarf für jeden einzelnen Bereich wird berechnet, indem man die Höhe der täglichen Ausgaben mit der Kapitalbindungsdauer multipliziert:

Kapitalbedarf für das Material =
tägliche Ausgaben für Material · Kapitalbindungsdauer für das Material

Der gesamte Umlaufkapitalbedarf wird aus der Summe der einzelnen Kapitalbedarfsbeträge gebildet:

Kapitalbedarf für das **Material**
\+ Kapitalbedarf für die **Fertigungslöhne**
\+ Kapitalbedarf für die **Gemeinkosten der Fertigung**
\+ Kapitalbedarf für die **Gemeinkosten der Lagerung**
\+ Kapitalbedarf für die **Gemeinkosten der Verwaltung**
\+ Kapitalbedarf für die **Gemeinkosten des Vertriebs**
= **Umlaufkapitalbedarf**

Beispiel

Die Heidtkötter KG fertigt pro Tag 200 Bürostühle.
Dabei fallen folgende Kosten (Durchschnittswerte aller Modelle) an:

Einzelkosten pro Stück		Gemeinkosten pro Tag	
▪ Fertigungsmaterial	30,00 €	Fertigung	2.000,00 €
▪ Fertigungslöhne	15,00 €	Lagerung	1.500,00 €
		Vertrieb	500,00 €
		Verwaltung	100,00 €

Der Kapitalbedarf für das Umlaufvermögen ergibt sich aus der Summe der Kapitalbedarfswerte der einzelnen Kostenarten für die entsprechende Kapitalbindungsdauer:

Kapitalbedarf pro Tag		·	Kapitalbindungsdauer	=	Kapitalbedarf für die Zeit der Kapitalbindung
Fertigungsmaterial	200 · 30	= 6.000,00 €	34 Tage		204.000,00 €
Fertigungslöhne	200 · 15	= 3.000,00 €	31 Tage		93.000,00 €
Fertigungsgemeinkosten		2.000,00 €	31 Tage		62.000,00 €
Gemeinkosten der Lagerung		600,00 €	25 Tage		15.000,00 €
Vertriebsgemeinkosten		500,00 €	15 Tage		7.500,00 €
Verwaltungsgemeinkosten		100,00 €	44 Tage		4.400,00 €
Kapitalbedarf für das Umlaufvermögen	**=**	**Tagesbedarf**	**· Kapitalbindungsdauer**	**=**	**385.900,00 €**

Ergänzt wird die Kapitalbedarfsplanung durch die Liquiditätsplanung. Sie ist allerdings mehr kurzfristig und dient dazu, die jederzeitige Zahlungsbereitschaft eines Unternehmens aufrechtzuerhalten, also dafür zu sorgen, dass die in der Kapitalbedarfsplanung errechneten Mittel auch zur Verfügung stehen.

2 Investitionsentscheidungen stehen an – Statische Verfahren der Investitionsrechnung können helfen

Wirtschaftlichkeit

Ob ein Unternehmen Investitionen tätigt, hängt von verschiedenen Faktoren ab. Ein wesentliches Entscheidungskriterium ist die **Wirtschaftlichkeit der geplanten Investitionen.** Die Minimalforderung besteht darin, dass die aus einem Investitionsvorhaben zu erwartenden Einnahmen mindestens die mit ihr verbundenen Ausgaben decken. Hilfreichere Orientierungspunkte bieten der Kapitalmarktzins und der Vergleich mit anderen alternativen Investitionsmöglichkeiten. Mithilfe mathematischer Investitionsrechnungen können Vergleiche angestellt und Investitionsentscheidungen gestützt werden.

Bedeutung des Kapitalmarktzins

Einschränkende Bedingungen

Dabei ist zu beachten, dass das Ergebnis und der Aussagewert aller rechnerischen Verfahren davon abhängen, wie gut und sicher die dahinterstehenden Prognosen über das Marktgeschehen und den betrieblichen Wertschöpfungsprozess sind. Je länger der Prognosezeitraum ist, desto unsicherer sind in der Regel die in die Berechnungen eingehenden Daten.

So sind z. B. die Prognosen über die Absatz- und Wettbewerbssituation ebenso wie die Situation auf dem Beschaffungsmarkt oder die allgemeine Wirtschaftslage für die nächsten ein oder zwei Geschäftsjahre wesentlich einfacher und sicherer, als wenn eine Prognose über einen Zeitraum zu erstellen ist, der z. B. den gesamten Zeitraum der Investitionsmaßnahme umfasst.

Investitionen werden in der Regel für einen längeren Zeitraum als ein Jahr getätigt. Stellt man Einnahmen und Ausgaben einer Investition gegenüber, sind bei einer genaueren Rechnung deshalb nicht nur die absoluten Beträge der Einnahmen und Ausgaben von Bedeutung. Es geht auch darum, in welchen Geschäftsjahren die Geldströme in welcher Höhe fließen. Eine Einnahme ist umso mehr wert, je näher sie am Investitionszeitpunkt liegt, weil das Kapital dann schneller zurückfließt. Bei den Ausgaben ist dies umgekehrt.

Statische Verfahren der Investitionsrechnung

Die statischen Verfahren lassen diesen Gesichtspunkt im Gegensatz zu den hier nicht behandelten dynamischen Verfahren außer Acht. Sie werden daher auch als „einfache“ Verfahren bezeichnet. Ihr Vorteil ist zum einen die schnelle Anwendbarkeit, zum anderen reichen die Ergebnisse – gerade vor dem Hintergrund, dass viele Unsicherheitsfaktoren in den Prognosen ohnehin nicht ausgeschaltet werden können – als Entscheidungsgrundlage in vielen Fällen.

2.1 Die Kostenvergleichsrechnung schnell und einfach anwenden

Die Kostenvergleichsrechnung ist ein statisches Verfahren der Investitionsrechnung, bei dem der alleinige Beurteilungsmaßstab die Kosten sind, die durch eine Investition entstehen. Es müssen mindestens zwei Alternativen miteinander verglichen werden können.

Die Rechnung kann sich auf die gesamte Nutzungsdauer oder auf einzelne Abschnitte beziehen. Sie wird insbesondere angewandt, wenn man für eine Investition zwar die Kosten kennt, ihnen aber keine konkreten Erträge gegenüberstellen kann.

Beispiel

		Maschine A	Maschine B
Anschaffungskosten:		100.000,00 €	150.000,00 €
Kapazität:	50 000 Einheiten p. a.		
Abschreibung:	12,5 % linear	12.500,00 €	18.750,00 €
Reparatur- und Instandhaltungskosten pro Jahr:		10.000,00 €	12.000,00 €
variable Kosten pro Einheit:		2,00 €	1,70 €
Ergebnis:			
Kosten pro Jahr:		**122.500,00 €**	**115.750,00 €**
Kosten während der gesamten Nutzungsdauer:		**980.000,00 €**	**926.000,00 €**
Kosten pro Stück bei voller Auslastung:		**2,45 €**	**2,315 €**

Die Maschine B ist unter den gegebenen Bedingungen die kostengünstigere Alternative. Wenn die Kapazitätsauslastung sinkt, kann sich das Ergebnis umkehren. Die kritische Menge liegt bei 27 500 Einheiten:

Kritische Menge

Herstellkosten für die Produktion auf Maschine A = Herstellkosten für die Produktion auf Maschine B

$$22.500{,}00 + 2{,}00\,x = 30.750{,}00 + 1{,}70\,x$$

$$0{,}3\,x = 8\,250$$

$$\mathbf{x = 27\,500\ Einheiten}$$

Wie die Rechnung auch zeigt, ist die kritische Menge die Produktionsmenge, für die die Kosten auf beiden Maschinen gleich sind, d. h., bei einer Gesamtproduktion pro Jahr von 27 500 Stück ist es egal, ob Maschine A oder Maschine B angeschafft wird. Da die variablen Kosten bei Maschine B geringer sind, ist bei einer höheren Produktion Maschine B kostengünstiger und bei einer geringeren die Maschine A.

Bei der Kostenvergleichsrechnung geht man davon aus, dass sich die Investitionsalternativen direkt miteinander vergleichen lassen und die gleichen Erträge erzielt werden. Es werden nur die Kosten betrachtet.

Gesamt- oder Stückkostenbetrachtung

Dies kann entweder als **Gesamtkosten-** oder als **Stückkostenbetrachtung** erfolgen. Die Stückkostenrechnung ist sinnvoll, wenn Investitionen mit unterschiedlichen Kapazitäten miteinander verglichen werden sollen. Berücksichtigt werden die fixen und die variablen Kosten.

- Alle Kosten, die unabhängig von der Kapazitätsauslastung bzw. unabhängig von der produzierten Menge eines Produktes sind, bezeichnet man als **Fixkosten.** Auch wenn eine klare Trennung von fixen und variablen Kosten nicht immer ganz einfach ist, da sie vom Betrachtungszeitraum abhängt, zählen in erster Linie folgende Kosten zu den fixen Kostenbestandteilen:
  - **Raumkosten**
  - **Instandhaltungskosten und Lohngemeinkosten**
  - **Verwaltungskosten**
  - **kalkulatorische Abschreibungen**

    Die Anlagen verlieren unabhängig von der Nutzungsintensität jährlich an Wert. Die kalkulatorischen Abschreibungen verteilen diesen Wertverlust abzüglich eines eventuellen Restwertes auf die Nutzungsdauer. Sie gehen dabei vom Wiederbeschaffungswert aus:

$$\textbf{kalkulatorische Abschreibungen} = \frac{\text{Wiederbeschaffungskosten} - \text{Restwert}}{\text{Nutzungsdauer}}$$

- **kalkulatorische Zinsen**
  Das eingesetzte Kapital muss verzinst werden. Dies gilt auch, wenn es sich um Eigenkapital handelt. Wenn Fremdkapital aufgenommen wird, setzt man hier die zu zahlenden Zinsen ein. Als kalkulatorischer Zins für Eigenkapital wird z. B. der Zinssatz angesetzt, der für ein Darlehen zu zahlen wäre.

$$\textbf{kalkulatorische Zinsen} = \frac{\text{Anschaffungswert}}{2} \cdot \text{kalkulatorischer Zinssatz}$$

  Man setzt das durchschnittlich gebundene Kapital an. Bei linearer Abschreibung auf null ist das die Hälfte der Anschaffungskosten.

- **Variable Kosten** sind mengenabhängige Kosten. Sie beziehen sich auf die laufenden Kosten der Fertigung mit der betreffenden Anlage und umfassen
  - Fertigungslöhne,
  - Kosten für Roh-, Hilfs- und Betriebsstoffe,
  - Energiekosten und
  - sonstige Betriebskosten.

Zweck der Kostenvergleichsrechnung

Die Kostenvergleichsrechnung ist ein recht einfaches Verfahren. Es wird in erster Linie zur Lösung von **zwei Problemfeldern** herangezogen:

1. **Alternativenvergleich (Auswahlproblem)**
   Es geht um die Ermittlung des vorteilhaftesten Investitionsobjektes aus einer Vielzahl von Alternativen. Im Sinne der Kostenvergleichsrechnung wird diejenige Investition gewählt, die die geringsten Gesamt- bzw. Stückkosten verursacht.
2. **Ersatzproblem**
   Hierbei wird die Frage erörtert, ob ein bereits vorhandenes Investitionsobjekt ersetzt oder weitergenutzt werden soll. Dazu werden die jeweils durchschnittlichen Kosten pro Periode ermittelt und einander gegenübergestellt. Ein Ersatz ist nur dann sinnvoll, wenn die Investition zu einer dauerhaft günstigeren Kostenentwicklung beiträgt.

Kritik an der Kostenvergleichsrechnung

Der relativ einfachen Anwendung der Kostenvergleichsrechnung stehen folgende Einschränkungen gegenüber:

- Das Verfahren beschränkt sich ausschließlich auf die Kosten. Weitere Gesichtspunkte – wie Erträge oder Rentabilitäten – werden bei der Beurteilung der Investitionsalternativen außer Acht gelassen.
- Es erfolgt nur die Betrachtung einer Periode, die repräsentativ für alle folgenden Perioden gilt.
- Für die Berechnung dieser repräsentativen Periode werden Durchschnittswerte angenommen. Diese Vorgehensweise führt zu einer starken Vereinfachung und ist deshalb ungenau. Eventuelle Qualitätsunterschiede werden ebenfalls nicht berücksichtigt.
- Die Zurechnung der Kosten ist in der Praxis nicht immer ganz einfach zu lösen. Dies betrifft insbesondere z. B. die fixen Stückkosten, die bei unterschiedlichen Kapazitätsauslastungen stark variieren können.

Die Kostenvergleichsrechnung ist immer mit einer Darstellung der derzeitigen Kostensituation, aber auch einer Prognose der möglichen Entwicklung dieser Kosten für die Folgeperioden verbunden. Je länger die Prognosezeiträume sind, desto größer sind die damit verbundenen Unsicherheiten bei der Schätzung der Kostenentwicklung (z. B. für Energie- und Rohstoffpreise oder bezüglich der Lohnentwicklung). Diese Einschränkung gilt allerdings nicht nur für sie, sondern auch für alle anderen Methoden der Investitionsrechnungen.

2.2 Die Gewinnvergleichsrechnung – Kosten und Erlöse liegen zugrunde

Gewinnvergleichsrechnung

Der Kostenvergleich ist bei einer Investition zwar eine wichtige Entscheidungsgrundlage, er gibt aber keine Auskunft darüber, ob sich eine Investition überhaupt in dem Sinne lohnt, dass sie auch einen Gewinn „abwirft". Die Suche nach der Investitionsalternative mit den geringsten Kosten gibt hierüber keine Auskunft.

Bei der Gewinnvergleichrechnung werden neben den Kosten auch die mit der Investition verbundenen Erträge bzw. die damit zu erwirtschaftenden Leistungen berücksichtigt. Dies ist nur dann exakt möglich, wenn einer Investition solche Kapitalzuflüsse direkt zurechenbar sind. Das wird in dem folgenden Beispiel, das sich auf die in der Kostenvergleichsrechnung gegenüberstehenden Maschinen A und B bezieht, als Voraussetzung angenommen.

Beispiel

	Maschine A	Maschine B
Anschaffungskosten	100.000,00 €	150.000,00 €
Kapazität 50 000 Einheiten		
Abschreibung 12,5 % linear	12.500,00 €	18.750,00 €
Reparatur- und Instandhaltungskosten pro Jahr	10.000,00 €	12.000,00 €
variable Kosten pro Einheit	2,00 €	1,70 €
Verkaufserlöse pro Einheit	2,60 €	2,60 €
Kosten pro Jahr	122.500,00 €	115.750,00 €
Umsatz pro Jahr	130.000,00 €	130.000,00 €
Gewinn pro Jahr	**7.500,00 €**	**14.250,00 €**
Kosten während der gesamten Nutzungsdauer	980.000,00 €	926.000,00 €
Umsatzerlöse	1.040.000,00 €	1.040.000,00 €
gesamter Gewinn während der Nutzungsdauer	**60.000,00 €**	**114.000,00 €**
Gewinn pro Stück bei voller Auslastung	0,15 €	0,285 €

Ergebnis:
Maschine B ist unter den gegebenen Bedingungen die Alternative mit den höheren Gewinnerwartungen. Da bei beiden Maschinen die Umsatzerlöse identisch sind, führt hier die Gewinnvergleichsrechnung natürlich zum selben Ergebnis wie die Kostenvergleichsrechnung. Von Vorteil ist dieses Verfahren, wenn die Erlöse z. B. aufgrund unterschiedlicher Kapazitäten variieren. Interessant ist die Berechnung, ab welcher Produktionsmenge bei beiden Maschinen überhaupt ein Gewinn erwirtschaftet wird. Das ist insbesondere dann von Bedeutung, wenn die Absatz- und damit die Produktionsmenge Schwankungen unterworfen ist:

Gewinnschwelle bei Maschine A:

Umsatz = Kosten
$2{,}60\,x = 22.500{,}00 + 2{,}00\,x$
$0{,}60\,x = 22.500{,}00$
$x =$ **37 500 Stück**

Gewinnschwelle bei Maschine B:

Umsatz = Kosten
$2{,}60\,x = 30.750{,}00 + 1{,}70\,x$
$0{,}90\,x = 30.750{,}00$
$x =$ **34 166,67 Stück**

Danach wird bei der Maschine B schon ab einer Menge von rund 34 200 Stück ein Gewinn erzielt, während man mit der Maschine A erst bei einer Produktionsmenge von 37 500 Stück und damit rund 3 300 Stück mehr in die Gewinnzone kommt.

Da die Gewinnvergleichsrechung im Gegensatz zur Kostenvergleichsrechung auch die Erlöse unterschiedlicher Investitionsvorhaben berücksichtigt, deckt sie ein größeres Anwendungsspektrum ab und gewährleistet eine differenzierte Ausgestaltung. Auch dieses Verfahren ist einfach zu handhaben.

Kritik an der Gewinnvergleichsrechnung

Diesen Vorteilen stehen folgende Nachteile gegenüber:

- Die Gewinnbetrachtung ist i. d. R. auf einen begrenzten Zeitraum ausgerichtet und lässt Markt- und damit auch mögliche Preis- und Ertragsveränderungen unberücksichtigt.
- Die Zuordnung der anfallenden Erträge auf ein einzelnes Investitionsobjekt ist nur bedingt möglich. Wird ein Produkt z. B. auf mehreren Maschinen gefertigt, ist die Zuordnung der einzelnen Erträge zu den einzelnen Maschinen nur schwer zu leisten.
- Das Verfahren beschränkt sich ausschließlich auf den Vergleich absoluter Gewinne. Die Gewinne werden nicht in Verbindung zum Kapitaleinsatz gebracht. Dadurch erfolgt keine Aussage über die Verzinsung (Rentabilität) des eingesetzten Kapitals.
- Analog zur Kostenvergleichsrechnung stellt sich auch hier die konkrete Ermittlung und verursachungsgerechte Zurechnung der Gemeinkosten als problematisch dar.

2.3 Die Rentabilitätsrechnung – Wie verzinst sich das eingesetzte Kapital?

Eine Schwäche der Gewinnvergleichsrechnung ist, dass hier nur ein absoluter Wert berechnet wird. Sieht man von den Kosten für die Abschreibung ab, die bei verschiedenen Anschaffungswerten auch unterschiedlich sind, dann fehlt bei der Gewinnvergleichsrechnung die Höhe des eingesetzten Kapitals und dessen Verzinsung.

Ebenso wie der private Sparer versucht, den nicht zu Konsumzwecken benötigten Teil des Einkommens möglichst zinsgünstig anzulegen, erwartet auch der Unternehmer, dass sich sein investiertes Kapital möglichst hoch verzinst, d. h., er strebt nach einem möglichst hohen Gewinn.

Investiert man z. B. 250.000,00 €, dann bedeutet ein Gewinn in Höhe von 50.000,00 € etwas anderes, als wenn der gleiche Gewinn mit einer Investition von 500.000,00 € erwirtschaftet würde.

Das Verhältnis von erwirtschaftetem Gewinn zu dem eingesetzten Kapital bezeichnet man als **Rentabilität.** Die Rentabilität in Prozent gibt die Verzinsung des eingesetzten Kapitals an. Je höher die Rentabilität ist, desto besser und wirtschaftlicher ist die Investition.

Grundsätzlich wird die Rentabilität wie folgt berechnet:

Berechnung der Rentabilität

$$\textbf{Rentabilität} = \frac{\text{Gewinn}}{\text{eingesetztes Kapital}}$$

Diese Formel lässt verschiedene Rentabilitäten zu:

- die Berechnung der Rentabilität des Eigenkapitals durch den Quotienten aus Gewinn und eingesetztem (Eigen-)Kapital;
- die Berechnung der Rentabilität des Gesamtkapitals durch den Quotienten aus Gewinn plus langfristigen Fremdkapitalzinsen und eingesetztem Gesamtkapital.

Da es bei einer Investitionsentscheidung zwischen mehreren Investitionsalternativen aber nur darauf ankommt, welche Rentabilität größer ist, wollen wir es bei der Berechnung der Eigenkapitalrentabilität belassen.

Es gilt also:

Gewinn = Erlöse – Kosten

Berechnung des Gewinns

Bei der Berechnung des eingesetzten Kapitals gibt es auch **zwei Möglichkeiten:**

- Es wird nur das durchschnittlich gebundene Kapital aufgrund des Anschaffungswertes abzüglich des Restwertes betrachtet. Dies ist bei **Einzelinvestitionen** – i. d. R. bei größeren Maschinen und Anlagen – der Fall, die nur einmal in dem Unternehmen vorhanden sind und erst am Ende der Nutzungsdauer ersetzt werden.

  So ergibt sich folgende Berechnung:

› nachfolgendes Beispiel 1

$$\textbf{Rentabilität} = \frac{\text{Erlöse – Kosten}}{\text{(Anschaffungswert + Restwert) : 2}}$$

Berechnung des eingesetzten Kapitals

- Das Investitionsobjekt besteht nicht aus einer Anlage, sondern setzt sich aus einer **Vielzahl von einzelnen Elementen** zusammen, die regelmäßig ersetzt werden. In diesem Fall liegt das durchschnittlich gebundene Kapital höher als die in obiger Formel angenommene Hälfte des Investitionsvolumens.

Beispiel 1

Durchschnittliche Kapitalbindung als Hälfte des Anschaffungswertes:

Fertigungsvollautomat in der Heidtkötter KG

Anschaffungswert: 200.000,00 €

Nutzungsdauer: 10 Jahre, danach Ersatzinvestition

Wertverlust pro Jahr: 19.000,00 €

Restwert: 10.000,00 €

erzielter Jahresgewinn: 10.500,00 €

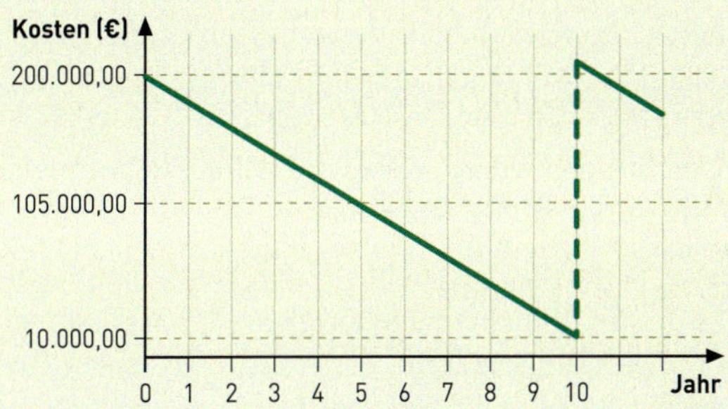

Das durchschnittlich gebundene Kapital liegt bei 105.000,00 €.

$$\textbf{Rentabilität:} \ \frac{\text{Gewinn}}{\text{durchschnittlich gebundenes Kapital}} = \frac{10.500{,}00}{105.000{,}00} = 0{,}1\ (= 10\ \%)$$

durchschnittlich gebundenes Kapital ↓ (Anschaffungswert + Restwert) : 2 — 105.000,00 ↓ (200.000,00 + 10.000,00) : 2

Wie hoch der Ansatz genau ist, hängt vom Investitionsrhythmus ab, d. h., in welchen Zeitabständen die Ersatzinvestitionen vorgenommen werden.

› nachfolgendes Beispiel 2

Beispiel 2

Für das eingangs bei der Gewinnvergleichsrechnung herangezogene Beispiel sähe die Rentabilitätsrechnung so aus:

› INFO-Teil LF 11, Kap. 2.2

	Maschine A	Maschine B
Anschaffungskosten	100.000,00 €	150.000,00 €
Gewinn pro Jahr	**7.500,00 €**	**14.250,00 €**
gesamter Gewinn während der Nutzungsdauer	**60.000,00 €**	**114.000,00 €**

→

$$\textbf{Rentabilität} \text{ der Investition in Maschine A} = \frac{7.500{,}00\ €}{50.000{,}00\ €} = 0{,}15\ (= 15{,}00\ \%)$$

$$\textbf{Rentabilität} \text{ der Investition in Maschine B} = \frac{14.250{,}00\ €}{75.000{,}00\ €} = 0{,}19\ (= 19{,}00\ \%)$$

Ergebnis:
Die Maschine B ist unter den gegebenen Bedingungen die Alternative mit der höheren Rentabilität. Wenn die Kapazitätsauslastung sinkt, kann sich das Ergebnis umkehren.

Maximale Rentabilität

Das beste Ergebnis bei der Rentabilität ist erreicht, wenn

- mit dem eingesetzten Kapital ein möglichst großer Gewinn erzielt wurde oder
- ein bestimmter angestrebter Gewinn mit möglichst geringem Kapitalaufwand erwirtschaftet wurde.

Damit steht hinter der Rentabilitätsberechnung die praktische Anwendung des ökonomischen Prinzips.
Die Bedeutung der Rentabilitätswerte für das Unternehmen wird dann offensichtlich, wenn man die Ergebnisse mit denen gleichartiger Unternehmen oder dem am Kapitalmarkt erzielbaren Zinssatz vergleicht.

Je höher die Rentabilität, desto besser ist die Investition zu bewerten. Maßgeblich ist dabei der Vergleich mit dem allgemeinen Marktzinssatz. Die Rentabilität sollte mindestens dem entsprechen, was eine gute Kapitalanlage auf dem Kapitalmarkt an Zinsen bringen würde, wobei die Rentabilität um einen gewissen Risikozuschlag für die Investition höher sein müsste.

Einflussfaktoren der Rentabilität

Welche Rentabilität erreicht werden kann, hängt von vielen Faktoren ab. Dazu gehören z. B. die Branchenzugehörigkeit, der Marktanteil des Unternehmens, aber auch das Entwicklungsstadium. Es ist i. d. R. so, dass Unternehmen, die sich in der Gründungsphase befinden, oder solche, die einen außerordentlich hohen Investitionsbedarf haben, mit verhältnismäßig niedrigen Rentabilitäten auskommen müssen, die erst nach und nach mit zunehmendem Umsatz oder optimierten Kostenstrukturen ansteigen.

Rentabilität des Umsatzes

Zusätzlich zu den dargestellten Berechnungen der Rentabilität des eingesetzten Kapitals kann auch die **Umsatzrentabilität** interessante und wichtige Informationen für den Finanzbereich eines Unternehmens liefern. Sie beschreibt das Verhältnis von Gewinn zum Umsatz und gibt somit an, wie viel Prozent Gewinn auf jeden Euro der Verkaufserlöse entfällt:

$$\textbf{Rentabilität des Umsatzes} = \frac{\text{Gewinn}}{\text{Umsatz}}$$

Umsatzrentabilität als Durchschnittswert

Die Umsatzrentabilität bildet nur einen Durchschnittswert. Ebenso wie die Rentabilität für einzelne Investitionen berechnet werden kann, ist auch eine aufgeteilte Berechnung der Umsatzrentabilität für einzelne Warengruppen möglich. Schwierigkeiten treten dabei allerdings in der Zurechenbarkeit der Gewinn- und Kostenbestandteile auf.

2.4
Die Amortisationsrechnung – Wann fließen die Anschaffungskosten in das Unternehmen zurück?

Pay-off-Methode

Die Amortisationsrechnung (Pay-off-Methode) stellt den Kapitalrückfluss in den Mittelpunkt, d.h., entscheidend ist die Dauer der Kapitalbindung. Die Amortisationsdauer ist der Zeitraum zwischen der Zahlung der Anschaffungskosten und dem Rückfluss dieses Betrages durch Gewinne plus kalkuliertem Abschreibungsbetrag.

Die kalkulatorischen Abschreibungen haben den errechneten Gewinn gemindert, da sie als Aufwendungen bei der Gewinnermittlung abgezogen wurden. Sie fließen aber durch die Umsatzerlöse wieder dem Unternehmen zu.

Die Amortisationsdauer gibt an, wie lange das für die Investition aufgenommene Fremdkapital finanziert werden muss. Bei Eigenfinanzierung kann mithilfe der Amortisationsdauer ermittelt werden, wie lange das durch den Rückfluss der Abschreibungsbeträge eingegangene Kapital anderweitig angelegt werden kann; nämlich vom Zeitpunkt der vollständigen Amortisation bis zum Ende des Investitionszeitraums. Danach müssen die gesammelten Abschreibungsbeträge für eine Ersatzinvestition zur Verfügung stehen.

Je schneller der Rückfluss des Kapitals erfolgt, desto sicherer ist die Investition. Je länger die Amortisationsdauer ist, desto unsicherer sind die Aussagen über künftige Ertragsentwicklungen.

Kapitalrückflusszeit

$$\textbf{Kapitalrückflusszeit (Amortisationsdauer)} = \frac{\text{Anschaffungswert} - \text{Restwert}}{\text{Gewinn/Jahr} + \text{Abschreibungen}}$$

Beispiel

Für das eingangs bei der Gewinnvergleichsrechnung herangezogene Beispiel sähe die Amortisationsrechnung so aus:

	Maschine A	Maschine B
Anschaffungskosten	100.000,00 €	150.000,00 €
Abschreibung 12,5 % linear	12.500,00 €	18.750,00 €
Gewinn pro Jahr	**7.500,00 €**	**14.250,00 €**
gesamter Gewinn während der Nutzungsdauer	**60.000,00 €**	**114.000,00 €**

$$\textbf{Kapitalrückflusszeit}\text{ Maschine A} = \frac{100.000{,}00\ €}{7.500{,}00 + 12.500{,}00} = \textbf{5,00 Jahre}$$

$$\textbf{Kapitalrückflusszeit}\text{ Maschine B} = \frac{150.000{,}00\ €}{14.250{,}00 + 18.750{,}00} = \textbf{4,55 Jahre}$$

Ergebnis:
Unter Amortisationsgesichtspunkten ist Maschine B die bessere Alternative. Der Unterschied liegt bei 0,45 Jahren, d.h., das investierte Kapital ist ca. fünf Monate früher in das Unternehmen zurückgeflossen.

3
Woher kommt das Kapital, das für die Investition benötigt wird?

Finanzierung

Unter **Finanzierung** versteht man alle Maßnahmen zur Beschaffung von Fremd- und Eigenkapital. Sie ist erforderlich, da die Zeitpunkte der Einnahmen und Ausgaben häufig weit auseinanderfallen: Die Ausgaben (= Kapital bindende Zahlungsströme) im Rahmen der Beschaffung, Lagerung und Leistungserstellung finden meist weit vor dem Verkauf der Leistungen (= Kapital freisetzende Zahlungsströme) statt. Bei der Finanzierung geht es also sowohl um die Aufrechterhaltung des Geschäftsbetriebes als auch um das Realisieren von Investitionen.

Finanzierungsformen

Die folgende Übersicht zeigt verschiedene **Finanzierungsformen**, d.h. verschiedene Möglichkeiten, wie ein Unternehmen sich Kapital beschaffen kann. In erster Linie ist zu unterscheiden, woher das benötigte Kapital kommt. Wird das Geld mit der unternehmerischen Tätigkeit erwirtschaftet und nicht an die Gesellschafter ausgeschüttet, sondern bleibt zu Finanzierungszwecken im Unternehmen, handelt es sich um eine **Innenfinanzierung**.

› LF 11, Kap. 3.1

› LF 11, Kap. 3.2

Muss das Unternehmen Kapital von außen zuführen, spricht man von einer **Außenfinanzierung.**

Sowohl bei der Innen- als auch bei der Außenfinanzierung kann dem Unternehmen Eigenkapital oder Fremdkapital zugeführt werden. Daraus leiten sich die Begriffe „Eigenfinanzierung" und „Fremdfinanzierung" ab. Bei der **Eigenfinanzierung** ändert sich das Eigenkapital. Bei der **Fremdfinanzierung** ist das Fremdkapital betroffen.

	Innenfinanzierung	**Außenfinanzierung**
Eigenfinanzierung (Zuführung von **Eigenkapital;** Finanzierung mit **Eigenkapital)** 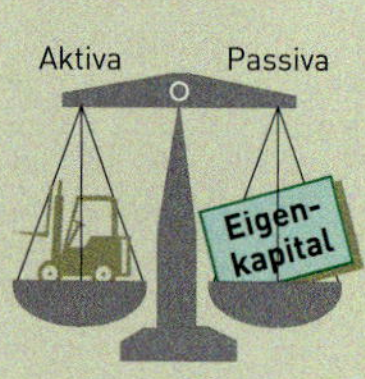	**Kapitalfreisetzung** ■ Verkauf/Entnahme von Vermögenswerten ■ Finanzierung aus Abschreibungen **Selbstfinanzierung** ■ Finanzierung aus nicht entnommenen Gewinnen ■ Unterbewertung von Vermögenswerten ■ Überbewertung von Schulden	**Beteiligungsfinanzierung** Die alten Gesellschafter oder neue Gesellschafter führen aus ihrem Privatvermögen dem Unternehmen finanzielle Mittel zu.
Fremdfinanzierung (Zuführung von **Fremdkapital;** Finanzierung mit **Fremdkapital)** 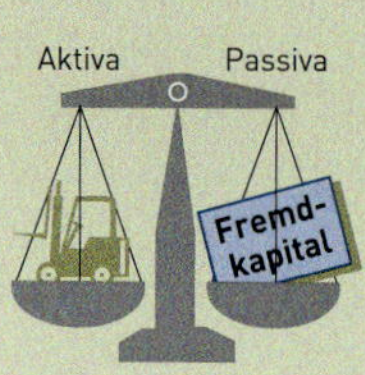	**Bildung von Rückstellungen**	**Kreditfinanzierung** ■ kurz- und mittelfristige Finanzierungen – Lieferantenkredit – Kontokorrentkredit – Wechselkredit – Ratenkredit ■ langfristige Finanzierungen – Darlehen – Realkredit – Anleihen ■ Sonderformen – Leasing (kapitalneutral) – Factoring

3.1 Die Innenfinanzierung mithilfe selbst erwirtschafteter Mittel ist ein Zeichen starker Finanzkraft

Innenfinanzierung

Unter **Innenfinanzierung** versteht man alle Maßnahmen der Zuführung von finanziellen Mitteln aus dem Bereich der eigenen unternehmerischen Tätigkeit.

Die Versorgung mit selbst erwirtschaftetem Kapital ist für das Unternehmen die vorteilhafteste Finanzierungsart. Es fallen keine Zinsen an, das Kapital muss nicht zurückgezahlt werden und die bisherigen Beteiligungsverhältnisse verändern sich nicht. Es müssen keine weiteren Gesellschafter aufgenommen werden, die möglicherweise über die Unternehmensgeschäfte mitbestimmen möchten oder diese kontrollieren wollen.

Eigenkapital muss im Gegensatz zum Fremdkapital nicht zurückgezahlt werden. Es findet daher kein Liquiditätsabfluss durch Tilgungen statt. Außerdem leidet die Liquidität nicht durch Zinszahlungen.

Wenn ein Unternehmen aus der eigenen wirtschaftlichen Tätigkeit heraus Eigenkapital bilden kann, spricht man von einer Eigenfinanzierung. Hierfür gibt es **zwei grundsätzliche Möglichkeiten der Kapitalbildung:**

Kapitalfreisetzung

- **Kapitalfreisetzung** durch
  - Vermögensliquidation bzw. Verkauf von Vermögensgegenständen oder
  - Finanzierung aus zurückfließenden Abschreibungsbeträgen.

Selbstfinanzierung

- **Selbstfinanzierung** durch
  - Finanzierung aus nicht entnommenen Gewinnen (Gewinnthesaurierung, siehe Kap. 3.1.3) oder
  - Bildung stiller Reserven im Rahmen der Unterbewertung von Aktiva oder der Überbewertung von Passiva.

Große Mengen Eigenkapital zu erwirtschaften, verschafft einem Unternehmen eine bessere Ausgangslage gegenüber Kapitalgebern, denn aus deren Sicht ist eine gute Eigenkapitalausstattung ein wichtiges Entscheidungskriterium für die Kapitalüberlassung.

Darüber hinaus kann die Innenfinanzierung erfolgen, indem ein Unternehmen durch die Nutzung von gebildeten Rückstellungen praktisch einen Kredit bei sich selbst aufnimmt. Für die Bildung von Rückstellungen gibt es eindeutige handelsrechtliche Vorschriften, die aber nichts daran ändern, dass man das Kapital für betriebliche Investitionen nutzen kann.

› LF 11, Kap. 3.1.2

Nachfolgend werden die Möglichkeiten der Eigenfinanzierung mit Mitteln, die aus der unternehmerischen Tätigkeit selbst, also von innen kommen, dargestellt.

3.1.1 Neue Investitionen durch die Auflösung (Liquidation) von vorhandenen Vermögensteilen finanzieren

Häufig entsteht dann ein Kapitalbedarf, wenn in Anlagevermögen (z. B. Maschinen) oder in Umlaufvermögen (in erster Linie Rohstoffe) investiert werden soll. Am einfachsten und schnellsten kann das dazu notwendige Kapital durch den Verkauf anderer Vermögensgegenstände aufgebracht werden. Dazu bieten sich an:

- der Verkauf von Wertpapieren,
- der Verkauf von nicht im Leistungsprozess eingebundenen Vermögensteilen (z. B. vermietete Gebäude, ungenutzte Grundstücke, alte Produktionsanlagen),

- der Verkauf von Forderungen (Factoring oder Forfaitierung[1]).

Werden zu viele Vermögensteile verkauft, kann bei Außenstehenden, insbesondere bei Fremdkapitalgebern (z. B. Banken und Lieferanten), der Eindruck entstehen, das Unternehmen brauche dringend Geld und habe Liquiditätsprobleme. Dies kann zu Einschränkungen in den Möglichkeiten der Fremdkapitalbeschaffung führen.

3.1.2 Rückflüsse aus Abschreibungen zu Finanzierungszwecken heranziehen

Die Aufwendungen für den Wertverlust des Anlagevermögens gehen als Bestandteil der Kosten- und Leistungsrechnung in die Kalkulation eines Unternehmens ein. Somit erfolgt i. d. R. ein ständiger Kapitalrückfluss über die Verkaufserlöse.
Dieses Kapital steht dann für investive Zwecke zur Verfügung (Innen- und Eigenfinanzierung). Es kann für spätere Ersatzinvestitionen in Rücklagen bereitgehalten werden, kann aber auch für laufende, vom eigentlichen Abschreibungsobjekt unabhängige Investitionen genutzt werden.

Unter der Voraussetzung, dass die Kapazitäten teilbar sind, können zurückfließende Abschreibungsbeträge schon früher, ggf. laufend für Ersatz- und Erweiterungsinvestitionen eingesetzt werden.

Beispiel

Die Heidtkötter KG hat vier CNC-Hobelmaschinen mit einem Anschaffungspreis von jeweils 50.000,00 € im Einsatz. Sie sollen mit 20 % linear abgeschrieben, d. h., nach fünf Jahren ist das investierte Kapital über die Abschreibungsbeträge zurückgeflossen und steht zur Beschaffung neuer Maschinen zur Verfügung. Die Heidtkötter KG stellt während dieser Nutzungsdauer einen steigenden Absatz und damit einhergehend den Bedarf nach zusätzlichen Maschinenkapazitäten fest. Investiert wird, sobald die nötigen Finanzmittel dafür vorhanden sind. Nun ergibt sich folgendes Investitionsbild:

Jahr	Anzahl CNC-Hobelmaschinen 01.01.	Gesamtwert in € 01.01.	durch Abschreibung zurückgeflossene Mittel in € 31.12.	Abgang 31.12.	Zugang 31.12.	Restmittel in €
0					4	
1	4	200.000,00	40.000,00	0	0	40.000,00
2	4	200.000,00	40.000,00	0	1	30.000,00
3	5	250.000,00	50.000,00	0	1	30.000,00
4	6	300.000,00	60.000,00	0	1	40.000,00
5	7	350.000,00	70.000,00	4	2	10.000,00
6	5	250.000,00	50.000,00	0	1	10.000,00
7	6	300.000,00	60.000,00	1	1	20.000,00
8	6	300.000,00	60.000,00	1	1	30.000,00
9	6	300.000,00	60.000,00	1	1	40.000,00
10	6	300.000,00	60.000,00	2	2	0

Der Maschinenpark wird durch die ständige Investition des zurückfließenden Kapitals erweitert (hier von vier auf sieben CNC-Hobelanlagen im Jahr 5, d. h. um 75 % auf dann 175 %). Diese Rechnung gilt aber nur, wenn die Anschaffungskosten gleich bleiben. Eine solche Vorgehensweise ist nur sinnvoll, wenn die zusätzlichen Maschinen auch benötigt werden. Ist das nicht der Fall, können die Mittel natürlich auch anderweitig investiert werden.

1 Durch den Verkauf von Forderungen kann der Verkäufer sofort über den Gegenwert der Forderungen (nach Abzug einer Provision für den Verwaltungsaufwand und das Ausfallrisiko) verfügen. Die Unterscheidungsmerkmale zwischen Factoring und Fortfaitierung (vgl. Lernfeld 11, Kap. 7) beziehen sich auf Art und Umfang der zu verkaufenden Forderungen, die Risikoabdeckung, das Zahlungsziel der Forderungen und die verkauften Warenarten, durch die die Forderungen entstanden sind.

3.1.3 Finanzierung durch nicht entnommene Gewinne

Die Finanzierung aus nicht entnommenen Gewinnen wird auch als Selbstfinanzierung bezeichnet. Die Gewinne werden dem Eigenkapital zugeführt. Die Kapitalausstattung des Unternehmens wird dadurch verbessert und es stehen Mittel für Finanzierungszwecke zur Verfügung.

Gewinnthesaurierung

Das Einbehalten von selbst erwirtschaftetem Kapital ist für ein Unternehmen eine sehr vorteilhafte Finanzierungsart, denn dadurch steigt auch der innere Unternehmenswert. Mit einer Gewinnthesaurierung (Gewinneinbehaltung) erhöhen sich die Rücklagen und damit das Eigenkapital.

Offene Rücklagen

Immer wenn die Gewinne in der Gewinn- und Verlustrechnung vorher ausgewiesen wurden, liegt eine **offene Selbstfinanzierung vor.** Bei **Personengesellschaften** ergeben sich die Selbstfinanzierungsbeiträge aus der Differenz zwischen Jahresgewinn und Privatentnahmen.

Die Gründe für offene Rücklagen sind gesetzlich verankert (Gläubigerschutz) oder beruhen auf Satzungen oder freiwilligen Entschlüssen, um die Kreditwürdigkeit zu verbessern.

Gesetzliche Rücklagen bei der AG

Bei einer Aktiengesellschaft müssen **gesetzliche Rücklagen** von 10 % des Grundkapitals gebildet werden (lt. § 150 AktG). Jährlich werden zu diesem Zweck 5 % des Überschusses abgeführt, bis mindestens 10 % oder durch Satzung bestimmt ein höherer Anteil des Grundkapitals erreicht ist. Zu diesen gesetzlichen Rücklagen gehört auch das Agio bei Aktienemissionen oder Wandelanleihen. Hierbei handelt es sich um eine Beteiligungsfinanzierung (keine Selbstfinanzierung).

Freiwillige Rücklagen

Freiwillige Rücklagen werden z. B. gebildet für

- zweckgebundene Maßnahmen (Neubauten, Modernisierungen, Exportrisiken),
- zweckfreie Maßnahmen (Verlustausgleich, Gewinnerhöhung).

3.1.4 Bildung und Nutzung von stillen Rücklagen als Finanzinstrument

Stille Rücklagen oder stille Reserven sind finanzielle Mittel, die erst nach einer Auflösung auch tatsächlich vorhanden sind und genutzt werden können. Sie sind aus der Bilanz nicht ohne Weiteres ersichtlich. Ihre Entstehung hat verschiedene Ursachen:

Unterbewertung der Aktiva

- **Unterbewertung der Aktiva** durch Einhaltung des **Niederstwertprinzipes,** indem z. B. Preissteigerungen der Finanzanlagen auf dem Markt nicht berücksichtigt wurden. Das heißt, dass die Vermögensgegenstände tatsächlich einen höheren Wert haben, als es aus der Bilanz ersichtlich ist.

  Hinzu kommen Einzelwertberichtigungen für Sachanlagen, Finanzanlagen, Forderungen, Besitzwechsel werden zu hoch angesetzt oder Einzelwertberichtigungen erfolgen aus Gründen kaufmännischer Vorsicht für Vorräte, langfristige Forderungen (Abzinsung auf Barwert), strittige Forderungen usw.

Immaterielle Vermögenswerte

- Es gibt **keine Aktivierungsmöglichkeit für immaterielle Anlagegüter** (Patente, Forschungsaufwand, Firmenimage sind gemäß § 248 II HGB nicht aktivierungsfähig), sodass die ausgewiesenen Aktivposten zwangsläufig nicht die tatsächliche Vermögenslage darstellen, die sich bei Auflösung oder Verkauf ergeben würde. Zu diesen immateriellen Werten gehören z. B. auch Firmenzeichen oder Logos. So ist z. B. ein *Mercedes-Stern* materiell sicher nur wenige Cent wert, der tatsächliche Wert, der z. B. bei einem Verkauf erzielbar wäre, ist aber beträchtlich.

Sonderabschreibungen

Überbewertung Passiva

- Vornahme außerplanmäßiger Abschreibungen oder **Sonderabschreibungen;** **Überbewertung der Passiva:** Nach dem Höchstwertprinzip und dem Grundsatz kaufmännischer Vorsicht werden Verbindlichkeiten zu dem höchstmöglichen Wert angesetzt, der nicht dem tatsächlichen entsprechen muss. Bei Auflösung der Verbindlichkeiten zum eventuell niedrigeren Buchwert werden finanzielle Mittel frei, die sich aus der Differenz zwischen dem Buchwert und der tatsächlichen Ausgabe ergeben.

3.1.5 Obwohl es sich um Fremdkapital handelt, können auch Rückstellungen zur Finanzierung von Investitionen verwendet werden

Rückstellungen sind Verbindlichkeiten, die als Aufwand dem aktuellen Geschäftsjahr zuzuordnen sind, deren Höhe und/oder Fälligkeit jedoch am Bilanzstichtag noch nicht feststehen.

Der Gesetzgeber schreibt die Bildung von Rückstellungen vor:

§§ Auszug aus dem Handelsgesetzbuch (HGB)

§ 249 Rückstellungen

(1) Rückstellungen sind für ungewisse Verbindlichkeiten und für drohende Verluste aus schwebenden Geschäften zu bilden. Ferner sind Rückstellungen zu bilden für
1. im Geschäftsjahr unterlassene Aufwendungen für Instandhaltung, die im folgenden Geschäftsjahr innerhalb von drei Monaten, oder für Abraumbeseitigung, die im folgenden Geschäftsjahr nachgeholt werden,
2. Gewährleistungen, die ohne rechtliche Verpflichtung erbracht werden.

(2) Für andere als die in Absatz 1 bezeichneten Zwecke dürfen Rückstellungen nicht gebildet werden. Rückstellungen dürfen nur aufgelöst werden, soweit der Grund hierfür entfallen ist.

Wie in den Fällen der Selbstfinanzierung vermindern die so erfassten Aufwendungen den ausgewiesenen Gewinn und somit auch die Gewinnausschüttung. Die Gegenbuchung erfolgt auf dem Konto „Rückstellungen".

Beispiel

Die Heidtkötter KG gewährt den Mitarbeitern bei Erreichen des Pensionsalters eine betriebliche Zusatzrente. Hierfür werden jährlich Rückstellungen von 100.000,00 € gebildet. Das Unternehmen kann dieses zweckgebundene, zurückgestellte Kapital, das im Moment noch nicht zur Auszahlung ansteht, für andere Zwecke nutzen und damit Investitionen finanzieren. In dem Fall handelt es sich um eine Fremdfinanzierung, auch wenn kein externer Kredit aufgenommen wird. Das so genutzte Fremdkapital muss zwar auch (intern) zurückgezahlt werden, aber es fallen dafür keine Zinsen an, die den Gewinn mindern würden.

3.2
Das Unternehmen holt sich Kapital von außen – Die Außenfinanzierung

Was kann ein Unternehmer tun, wenn der Kapitalbedarf größer ist als die Mittel, die aus dem Geschäftsbetrieb heraus erwirtschaftet werden, und so die Möglichkeiten der Innenfinanzierung nicht mehr ausreichen, um die notwendigen Investitionen zu finanzieren?

Eine Möglichkeit ist, zusätzliches Eigenkapital zu bekommen. Immer dann, wenn das Kapital nicht aus dem Unternehmen selbst kommt, sondern ihm von außen zugeführt wird, liegt eine **Außenfinanzierung** vor.

3.2.1
Beteiligungsfinanzierung – Das von außen zufließende Kapital wird zu Eigenkapital

Bei der Beteiligungsfinanzierung handelt es sich um eine Form der langfristigen Eigenfinanzierung, bei der das Kapital von außen zufließt. Es wird zu Eigenkapital und die Kapitalgeber haften mit ihrer Einlage. Die **Zuführung von Eigenkapital** kann geschehen durch

- **Erhöhung der Einlagen** der bisherigen Eigentümer/Inhaber oder
- **Aufnahme von neuen Gesellschaftern,** die das benötigte Kapital in das Unternehmen einbringen. Dabei muss man allerdings die Unterschiede bei den verschiedenen Rechtsformen beachten. Die Einflussnahme neuer Gesellschafter (Teilhaber) auf den Entscheidungsprozess in einem Unternehmen hängt ebenfalls stark von der Rechtsform ab.

Mit der Eigenfinanzierung sind einige **Vorteile** verbunden:

- Je mehr Eigenkapital zur Verfügung steht, desto geringer ist die Verschuldung.
- Die Unabhängigkeit von Kreditgebern ist umso größer, je höher der Eigenkapitalanteil ist.
- Die Zahlung von Fremdkapitalzinsen entfällt bei Eigenkapital, angesetzt werden sollten jedoch die sogenannten kalkulatorischen Zinsen.
- Für den Fall, dass weiterer Kapitalbedarf besteht, wird der Kreditspielraum aufrechterhalten.

Schwierigkeiten können entstehen, wenn

– man keine neuen Teilhaber findet, weil entweder kein Interesse besteht oder die nötigen finanziellen Mittel für eine Beteiligung nicht vorhanden sind,
– die Festlegung der Höhe der Kapitalbeteiligung und der sich daraus abzuleitenden Rechte der neuen Teilhaber nicht gelingt oder
– die bisherigen Teilhaber Probleme haben, wenn es darum geht, dass sie Kompetenzen an neue Gesellschafter abgeben müssen.

Abhängigkeit von der Rechtsform
› LF 11, Kap. 4

Die **Wahl der „richtigen" Rechtsform** stellt bereits in der Gründungsphase eine äußerst schwierige Entscheidung dar, denn es geht um eine Vielzahl rechtlicher, finanzieller, struktureller und persönlicher Konsequenzen.

Die erste grundlegende Unterscheidung hängt davon ab, ob nur eine Person allein oder mehrere Personen gemeinschaftlich tätig werden. Demzufolge differenziert man zwischen

- **Einzelunternehmen** (eine Person) und
- **Gesellschaften** (Personenmehrheit) in Form von
  - **Personengesellschaften** und
  - **Kapitalgesellschaften.**

Personen- und Kapitalgesellschaften unterscheiden sich neben ihrer rechtlichen Konstruktion (insbesondere Fragen der Rechtspersönlichkeit, Vertretung und Haftung) vor allem auch in der steuerrechtlichen Behandlung.

Zu den **Personengesellschaften** gehören folgende Rechtsformen:
- Gesellschaft bürgerlichen Rechts (GbR oder BGB-Gesellschaft)
- offene Handelsgesellschaft (OHG)
- Kommanditgesellschaft (KG)

Zu den **Kapitalgesellschaften** zählt man folgende Rechtsformen:

› LF 11, Kap. 4

- Gesellschaft mit beschränkter Haftung (GmbH) mit der für Existenzgründer guten Variante der Unternehmergesellschaft (haftungsbeschränkt) – (UG [haftungsbeschränkt])
- Aktiengesellschaft (AG); auch hier gibt es eine vereinfachte, nicht börsenorientierte Variante, die „kleine AG“
- Kommanditgesellschaft auf Aktien (KGaA)

Darüber hinaus gibt es auch eine Reihe von **Sonder- und Mischformen.** Eine der bekanntesten Mischformen ist die **GmbH & Co. KG**, bei der es sich im Kern um eine KG handelt.

Sonder- und Mischformen entwickeln sich auch aufgrund **gemeinschaftsrechtlicher Vorgaben.** Nach einigen Urteilen des Europäischen Gerichtshofs in Luxemburg (EuGH) ist es mittlerweile möglich, in Deutschland eine ausländische Rechtsform zu wählen, wie z. B. die sogenannte **„Limited (Ltd.)“** nach britischem Recht.

Ebenso besteht bei grenzüberschreitendem Tätigwerden von mindestens zwei Unternehmen die Möglichkeit, eine **Europäische Wirtschaftliche Interessenvereinigung (EWIV)** zu bilden. Darüber hinaus gibt es mit der **Europäischen Aktiengesellschaft** eine eigene Rechtsform innerhalb der EU.

Als eine Gesellschaft von nicht geschlossener Mitgliederzahl ist es der Zweck einer **Genossenschaft**, den Erwerb oder die Wirtschaft ihrer Mitglieder oder deren soziale oder kulturelle Belange durch gemeinschaftlichen Geschäftsbetrieb zu fördern.

3.2.2 Wenn kein eigenes Kapital zur Verfügung steht – Möglichkeiten der kurzfristigen Nutzung von Fremdkapital

Gründe der Fremdfinanzierung

Ein Unternehmen ist immer dann auf **Kapital von Unternehmensfremden** angewiesen, wenn es selbst das benötigte Kapital nicht erwirtschaftet hat und/oder die Eigentümer/Gesellschafter nicht genügend Kapital in das Unternehmen einbringen können oder wollen. In diesem Fall benötigt das Unternehmen Fremdkapital, das ihm gegen (schrittweise) Tilgung und gegen die Zahlung von Zinsen überlassen wird.

Zinsen als fixe Kosten

Die **Kapitalgeber erhalten keine Beteiligungsrechte** an dem Unternehmen. Im Gegenzug zu der Eigenfinanzierung, bei der keine festen Zinsen zu zahlen sind, sondern die Kapitalgeber nur Anteile am erwirtschafteten Gewinn bekommen, belasten die Fremdkapitalzinsen die Gewinn- und Verlustrechnung auch in wirtschaftlich schwierigen Zeiten und fallen insbesondere ins Gewicht, wenn die Erträge nicht ausreichen, um die Aufwendungen abzudecken.

Kreditfähigkeit

Jeder, der Fremdkapital zur Verfügung stellt, tut dies nur, wenn er für die Rückzahlung auch die nötigen **Sicherheiten** bekommt. Grundsätzliche Voraussetzung für die Gewährung eines Kredites ist, dass der Kreditnehmer auch **kreditfähig** ist. Dies ist dann der Fall, wenn die Rechts- und Geschäftsfähigkeit uneingeschränkt vorhanden ist.

Natürlich will der Kreditgeber auch wissen, ob der Kreditnehmer in der Lage sein wird, den Kredit ordentlich und pünktlich „zu bedienen", d. h., ob er seinen Zins- und Tilgungspflichten auch wirklich nachkommt. Neben der persönlichen **Kreditwürdigkeit**, die z. B. an der Zuverlässigkeit, dem Leumund[1], dem Lebenswandel sowie der Einschätzung der beruflichen und fachlichen Kenntnis des Kreditnehmers festgemacht wird, stellt die wirtschaftliche Kreditwürdigkeit ein wesentliches Kriterium dar.

Kreditwürdigkeit

Hierzu werden bei Privatpersonen die **Einkommens- und Vermögensverhältnisse**, bei Unternehmen z. B. die Bilanzen, die **Gewinn- und Verlustrechnungen**, Zahlen über die Auftragslage, Investitionsplanungen und andere Indikatoren für die derzeitige und künftige wirtschaftliche Lage untersucht.

Die verschiedenen **Kreditarten** lassen sich nach mehreren Merkmalen unterscheiden. Das Kriterium, das auch in der Bilanz angewendet wird, ist die Fristigkeit, also die Laufzeit eines Kredites.

Kreditlaufzeit

Zu den wichtigsten kurzfristigen Krediten gehören der **Lieferantenkredit**, der **Diskont-/Wechselkredit**[2], der **Kontokorrentkredit** und der **Ratenkredit** mit einer Laufzeit von unter vier Jahren. Geht die Laufzeit der Kredite über vier Jahre hinaus, spricht man von mittel- oder langfristigen Krediten. Dazu gehören das **Darlehen** und die **Anleihen** (Obligationen und Schuldverschreibungen).

3.2.2.1 Der Lieferantenkredit

Liquiditätsüberbrückung

Ein Lieferantenkredit entsteht immer dann, wenn der Lieferant seinem Kunden ein Zahlungsziel einräumt. Der Kunde kann dadurch einen kurzfristigen Engpass seiner Liquidität überbrücken, ohne einen Bankkredit in Anspruch nehmen zu müssen.

Der Lieferantenkredit wird besonders von kleineren und mit wenig Kapital ausgestatteten Unternehmen in Anspruch genommen, um die Wareneinkäufe zu finanzieren und gegebenenfalls selbst Lieferantenkredite einräumen zu können.

Aufgrund des gewährten Zahlungszieles hat der Einkäufer die Möglichkeit, innerhalb des Kreditzeitraumes den Bezugspreis durch den Verkauf der eigenen Leistungen zu verdienen.

Teurer Kredit

Der Lieferantenkredit gehört zu den teuersten Krediten. Das bei Zahlung innerhalb eines bestimmten Zeitraumes (Skontozeitraum) abziehbare Skonto entfällt, wenn ein Zahlungsziel (Kreditzeitraum) in Anspruch genommen wird. Unter Berücksichtigung dieser Zeiträume lässt sich das Skonto (= Prozentsatz) in einen effektiven Jahreszinssatz ($p_{effektiv}$) umwandeln:

Umrechnung Skonto in Zinssatz

$$p_{effektiv} = \frac{\text{Skontosatz} \cdot 360 \text{ Tage}}{\text{Skontozeitraum} - \text{Zielzeitraum}^{3}}$$

1 Leumund = Ruf, den jemand hat (kann gut oder schlecht sein)

2 Im Jahr 2008 waren laut Bundesbankbericht (www.bundesbank.de/statistik) in Deutschland Wechsel von durchschnittlich 1,5 Mrd. € in Umlauf. Die Bedeutung des Wechsels ist stark zurückgegangen. Aus diesem Grund wird hier nur sehr kurz auf den Wechsel und den Wechselkredit eingegangen. Auf die Thematisierung des Avalkredites wird verzichtet, da dem Unternehmen dadurch keine Liquidität zufließt. Avalkredite sind Bürgschaften von Banken, die die eigene Kreditwürdigkeit zur Verfügung stellen (= Kreditleihe).

3 Anzahl der Tage zwischen dem letztmöglichen Tag des Skontoabzugs und dem Tag, an dem spätestens ohne Skontoabzug gezahlt werden muss

Beispiel

Rechnung mit folgender Zahlungsbedingung:
„Zahlbar innerhalb von 14 Tagen mit 2 % Skonto oder innerhalb von 30 Tagen netto Kasse“

$$p_{effektiv} = \frac{2\,\% \cdot 360}{30 - 14} = 45\,\%$$

Wenn man berücksichtigt, dass unter Skontoabzug keine 100 % gezahlt werden müssen, dann ist der effektive Zinssatz noch höher:

$$p_{effektiv} = \frac{45\,\% \cdot 100}{98} = 45{,}92\,\%$$

Skonto wird einkalkuliert

Der von dem Lieferanten gewährte Kredit ist deshalb so teuer, weil er dem Kunden/Käufer einen Anreiz bieten soll, den fälligen Rechnungsbetrag möglichst schnell zu zahlen. Das gewährte Skonto wird zudem i. d. R. bei der Preisbildung im Rahmen der Verkaufspreiskalkulation berücksichtigt.

3.2.2.2 Der Wechsel-/Diskontkredit

Wechsel

Ein **Wechsel** ist eine durch eine Urkunde verbriefte Zahlungsaufforderung eines Gläubigers, die vom Schuldner mit seiner Unterschrift akzeptiert und damit anerkannt wird.

Das ist eigentlich nichts Besonderes, denn es gilt für einen gewöhnlichen Schuldschein ebenso. Der entscheidende Unterschied ist aber, dass der Wechsel eine Urkunde ist und es ein eigenes Wechselgesetz gibt, in dem alle Einzelheiten der Wechselschulden festgelegt sind.

Strenge des Wechselgesetzes

Das Diskontkreditgeschäft ist aufgrund der Strenge des Wechselgesetzes eines der sichersten Kreditgeschäfte. In der Regel geht ihm ein Warenhandelsgeschäft voraus. Die Vorteile des Diskontkredites für den Kreditgeber liegen in der einfachen Handhabung, der weitreichenden Sicherung und der Möglichkeit, die Wechsel diskontieren zu können. Das bedeutet, dass der Wechsel vor dem eigentlichen Verfalltag bei einer Bank eingereicht werden kann. Im Gegenzug erhält der Einreicher die Wechselsumme abzüglich der anteiligen Kreditzinsen für die Restlaufzeit (Diskont) ausgezahlt.

Der **Akzeptkredit** ist eine Sonderform des Wechselkredites. Die Bank akzeptiert einen von dem Kunden auf sie gezogenen Wechsel und verlangt von ihm, dass der Gegenwert des Wechsels vor Fälligkeit zurückgezahlt wird (Bankakzept). Dieser Wechsel kann weitergegeben oder aber von der akzeptierenden oder einer anderen Bank diskontiert werden.

Basiszinssatz

Wechselkredite sind in der Praxis relativ selten geworden. Mit dem Übergang der Zuständigkeit der Geldpolitik von der Bundesbank auf die Europäische Zentralbank (EZB) wurde der Diskontsatz, der auch ein Instrument der Geldmengenpolitik war, mit Wirkung vom 1. Januar 1999 nach dem Diskontsatz-Überleitungsgesetz durch den Basiszinssatz abgelöst. Er wird jedes Jahr neu festgelegt und lag im Dezember 2011 bei 0,37 %. Dennoch ist der Begriff „Diskontsatz“ noch durchaus gebräuchlich. Er ist in der Realität verhandelbar und richtet sich nach den Kontokorrentzinssätzen und dem Euribor, das ist der Zinssatz für Termingelder, die zwischen Banken ausgeliehen werden.

Kreditleihe

Da die Bank hierbei nicht unmittelbar flüssige Mittel zur Verfügung stellt, liegt ein Kreditleih- und kein Geldleihgeschäft vor.

Beispiel

Ein Kunde der Heidtkötter KG bittet, eine Rechnungssumme in Höhe von 50.000,00 € mit einem Wechsel zahlen zu können. Die Laufzeit soll 90 Tage betragen. Die Geschäftsleitung der Heidtkötter KG ist damit einverstanden. Der Diskontsatz liegt bei 3 %. Zehn Tage nachdem der Wechsel eingegangen ist, reicht ihn die Heidtkötter KG bei ihrer Hausbank zum Diskont ein:

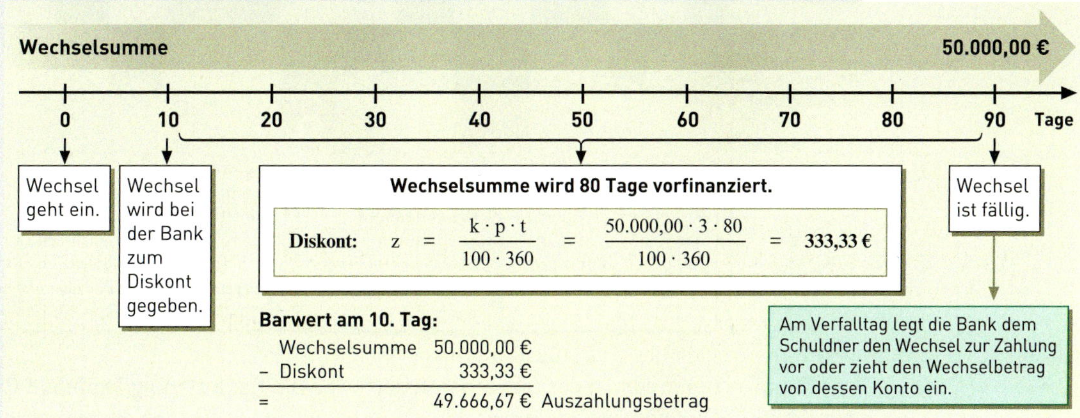

3.2.2.3 Der Kontokorrentkredit

Unternehmen benötigen oft sehr zeitnah, aber nur für einen kurzen Zeitraum zusätzliche Liquidität. Der Liquiditätsbedarf entsteht z. B. beim Ausgleich von Rechnungen, wenn man Skonto ausnutzen will, das Girokonto aber keine Deckung aufweist.

Auf Antrag stellen Kreditinstitute ihren Kunden Kontokorrentkredite auf dem Girokonto zur Verfügung. Dabei räumen sie Höchstgrenzen (Kreditlimits) ein, die nicht überschritten werden sollten. Bis zu diesem Limit kann der Kunde über das bereitgestellte Geld verfügen.

Im Gegenzug berechnet das Kreditinstitut folgende Posten:

- **Soll-Zinsen**
  Die Verzinsung des tatsächlich in Anspruch genommenen Kredites; die Zinsen steigen und fallen i. d. R. mit den Vorgaben der Europäischen Zentralbank.
- **Bereitstellungsprovision oder Kreditprovision**
  Hier gibt es unterschiedliche Möglichkeiten. Am gebräuchlichsten sind höchstens 3 % vom zugesagten, aber nicht beanspruchten Kredit. Die Kreditprovision ist in diesem Fall eine Bereitstellungsgebühr. Die Bank muss nämlich die zugesicherte Kreditsumme ständig bereithalten. Wenn bei Nichtinanspruchnahme des gesamten Kredits der Bank Soll-Zinsen entgehen, soll die Kreditprovision das ausgleichen.
- **Überziehungsprovision**
  Wird das von der Bank eingeräumte Kreditlimit überschritten, so wird zusätzlich zu dem Soll-Zins noch eine Überziehungsprovision berechnet.
- **Nebenkosten**
  Letztlich können auch Porti, Spesen, Bearbeitungsgebühren usw. berechnet werden.

→

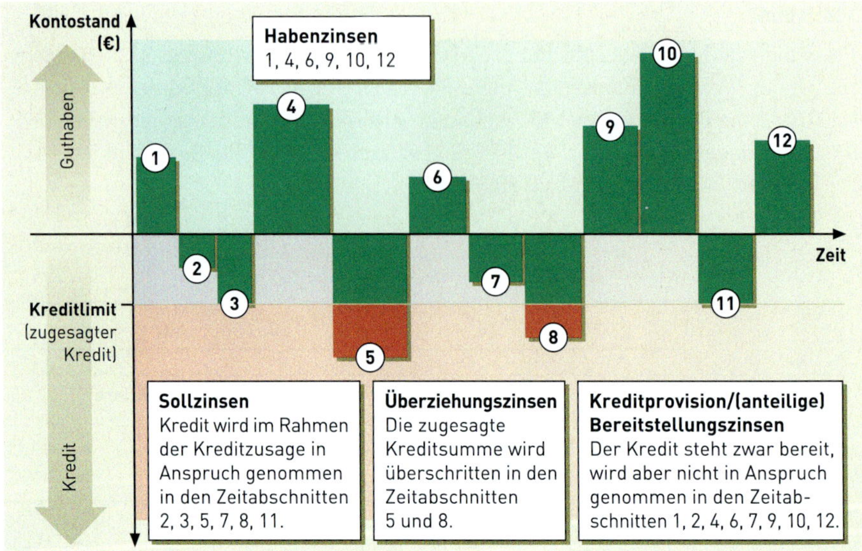

Der Kontokorrentkredit ist deshalb recht „teuer", weil die Bank ständig Liquidität für den Kontoinhaber bereithalten muss, denn er kann jederzeit über den eingeräumten Kreditrahmen verfügen. Gleiches gilt auch für ein Guthaben auf dem Kontokorrentkonto. Die Bank zahlt – wenn überhaupt – nur sehr geringe Zinsen, weil der Kontoinhaber jederzeit über sein Guthaben verfügen kann. Wenn ein Kontokorrentkredit für den überwiegenden Teil eines Jahres in Anspruch genommen wird, dann sollte man sich überlegen, ob nicht die Umwandlung in ein Darlehen kostengünstiger ist. Hinzu kommt das Risiko, dass die Bank den Kontokorrentkredit jederzeit kündigen kann.

3.2.3
Mittel- und langfristige Fremdfinanzierung

Wenn ein längerfristiger Bedarf an Fremdkapital besteht, reichen die bisher dargestellten Möglichkeiten nicht aus, denn sie sind nur als kurzfristige Überbrückung von finanziellen Engpässen geeignet. Das betrifft zumindest den Lieferanten-, den Wechsel-/Diskontkredit sowie den Kontokorrentkredit. Der Ratenkredit ist hingegen mittelfristig angelegt und läuft i. d. R. bis zu 48 Monate. Alle Kredite, die darüber hinausgehen, gelten als langfristig.

3.2.3.1
Obligationen als Gläubigerpapiere

Gläubigerurkunde

Gläubigerpapiere können sowohl von privaten als auch öffentlichen Unternehmen herausgegeben werden. Es sind vermögensrechtliche Urkunden, in denen sich das herausgebende Unternehmen als Schuldner verpflichtet, den auf der Urkunde ausgewiesenen Geldbetrag (Nennwert) innerhalb einer bestimmten Frist zurückzuzahlen und regelmäßig Zinsen zu entrichten.

Der Inhaber der Urkunde ist ein Gläubiger mit dem Recht auf Rückzahlung des aufgedruckten Nennwertes. Bei allen Gläubigerpapieren wird ein fester Zinssatz vereinbart (festverzinsliche Wertpapiere). Sie können an der Wertpapierbörse gehandelt werden.

Industrieobligationen sind verbriefte Anleihen eines Unternehmens. Die Laufzeit der Anleihen beträgt i. d. R. sieben Jahre. Die Rückzahlung wird durch die Verpfändung von Grundstücken oder Gebäuden gesichert.

Umtausch in Aktien

Wandelschuldverschreibungen sind Industrieobligationen, die zusätzlich das Recht verbriefen, innerhalb einer bestimmten Frist unter festgelegten Bedingungen in Aktien der ausgebenden Gesellschaft umgetauscht werden zu können. So besteht die Möglichkeit, Gläubigerpapiere, die einen Rückzahlungsanspruch verbriefen, in Aktien umzuwandeln, die dann eine Beteiligung am Unternehmen und damit Eigenkapital ausweisen. Die Ausgabe solcher Papiere ist an einen Beschluss der Hauptversammlung gebunden, da beim Umtausch eine Erhöhung des Grundkapitals erfolgt.

3.2.3.2 Darlehen von Geldinstituten

Das Darlehen ist je nach vereinbarter Laufzeit ein mittel- oder ein langfristiger Kredit. Bei einer Laufzeit von ein bis vier Jahren spricht man von mittelfristig, darüber von langfristig. Sein Zinssatz ist i. d. R. niedriger als bei den Kontokorrentkrediten und hängt von der jeweiligen Lage auf dem Kapitalmarkt ab.

Nach der Art der Rückzahlung unterscheidet man folgende Darlehensarten:

Fälligkeitsdarlehen

- **Fälligkeitsdarlehen (Festdarlehen).** Während seiner Laufzeit werden in regelmäßigen Abständen lediglich die Zinsen entrichtet. Die Darlehenssumme muss am Ende der Laufzeit am Fälligkeitstag in voller Höhe zurückgezahlt werden.

Beispiel

Beispiel:	Darlehen über 20.000,00 €	Laufzeit: 5 Jahre		Zinssatz: 7 % p. a.
Jahr	**Restschuld in €**	**Zinsen in €**	**Tilgung in €**	**Summe in €**
1	20.000,00	1.400,00	–	1.400,00
2	20.000,00	1.400,00	–	1.400,00
3	20.000,00	1.400,00	–	1.400,00
4	20.000,00	1.400,00	–	1.400,00
5	20.000,00	1.400,00	20.000,00	21.400,00
	Summe	**7.000,00**	**20.000,00**	**27.000,00**

Annuitätendarlehen

- **Annuitätendarlehen.** Hier zahlt der Schuldner von Beginn bis zum Ende der Laufzeit gleiche Raten. Sie bestehen aus Zinsen und dem Tilgungsbetrag. Da die Zinsen mit jedem Tilgungsbetrag geringer werden, wird bei den gleichbleibenden Raten (Annuitäten) der Tilgungsanteil immer größer.

Beispiel

Beispiel:	Darlehen über 20.000,00 €	Laufzeit: 5 Jahre		Zinssatz: 7 % p. a.
Jahr	**Restschuld in €**	**Zinsen in €**	**Tilgung in €**	**Summe in €**
1	20.000,00	1.400,00	4.000,00	5.400,00
2	16.000,00	1.120,00	4.280,00	5.400,00
3	11.720,00	820,40	4.579,60	5.400,00
4	7.140,40	499,83	4.900,17	5.400,00
5	2.240,23	156,82	2.240,23	2.397,05
	Summe	**3.997,05**	**20.000,00**	**23.997,05**

→

Die letzte Rate fällt geringer aus, da die Restschuld nur weniger als die Hälfte der Annuität beträgt. Annuitätendarlehen beginnen häufig mit einem festen Prozentsatz des Darlehensbetrages als Tilgungsrate (z. B. 2 %). Alternativ dazu kann man bei sogenannten Volltilgerdarlehen die anfängliche Tilgungsrate so bestimmen, dass am Ende der Laufzeit das Darlehen zurückgezahlt ist.

Abzahlungsdarlehen

- **Abzahlungsdarlehen.** Bei dieser Form wird vereinbart, dass das Darlehen mit immer gleichbleibenden Tilgungsbeträgen zurückgezahlt wird. Die Zinsen nehmen auch hier mit jeder Tilgung ab, sodass die zu zahlende Rate (Zins + Tilgung) immer geringer wird.

Beispiel

Beispiel:	Darlehen über 20.000,00 €		Laufzeit: 5 Jahre	Zinssatz: 7 % p. a.
Jahr	**Restschuld in €**	**Zinsen in €**	**Tilgung in €**	**Summe in €**
1	20.000,00	1.400,00	4.000,00	5.400,00
2	16.000,00	1.120,00	4.000,00	5.120,00
3	12.000,00	840,00	4.000,00	4.840,00
4	8.000,00	560,00	4.000,00	4.560,00
5	4.000,00	280,00	4.000,00	4.280,00
	Summe	**4.200,00**	**20.000,00**	**24.200,00**

Statt der 7.000,00 € Zinsen beim Fälligkeitsdarlehen sind hier nur 4.200,00 € Zinsen zu zahlen. Damit liegen sie ähnlich hoch wie die 3.997,05 € beim Annuitätendarlehen (siehe Beispiel).

Angabe des Effektivzinssatzes

Damit ein Vergleich unterschiedlicher Darlehensangebote erleichtert wird und die tatsächlich anfallenden Kosten in einer Größe erkennbar sind, müssen die Kreditgeber den effektiven (tatsächlich) zu zahlenden Zinssatz angeben.
Während der Nominalzinssatz lediglich die zu zahlenden Zinsen festlegt, berücksichtigt der **Effektivzinssatz** alle im Zusammenhang mit der Darlehensgewährung anfallenden Kosten, wie z. B. Disagio, Zinsen, Provisionen oder Bearbeitungsgebühren.

Schuldscheindarlehen

Schuldscheindarlehen sind eine weitere Möglichkeit der Fremdkapitalzuführung. Hierbei handelt es sich um Urkunden, mit denen sich der Kreditnehmer zur Rückzahlung einer Geldsumme verpflichtet.
Schuldscheindarlehen spielen immer dann eine Rolle, wenn der Kreditbedarf über Kapitalsammelstellen (z. B. Versicherungen) gedeckt wird. Wenn die Bank eine Darlehenszusage hat, schließt sie mit dem Kreditnehmer einen Vertrag und überlässt ihm das Geld. In einem zweiten Schritt wird der Vertrag an den Kreditgeber übertragen, auf den dann auch die Darlehensforderungen übergehen.

4
Finanzierungsmöglichkeiten in Abhängigkeit von der Rechtsform des Unternehmens

Nachfolgend werden die wichtigsten Rechtsformen dargestellt, die ein Unternehmen annehmen kann. Dabei liegt der Schwerpunkt in diesem Lernfeld bei den Kapitalgesellschaften. Sie haben bereits in Lernfeld 1 Informationen zu Einzelunternehmen und Personengesellschaften erhalten. Bezogen auf die Finanzierung greifen wir diese Rechtsformen hier aber noch einmal auf.

4.1
Kapitalaufbringung in Einzelunternehmen

Das Eigenkapital wird in einem Einzelunternehmen nur vom Inhaber aufgebracht, der den Eigenkapitalbestand beliebig verändern kann. Nachteilig ist häufig, dass der Inhaber die für eine Expansion des Unternehmens notwendigen finanziellen Mittel nicht allein aufbringen kann. Dann bleibt ihm als Eigenfinanzierungsmöglichkeit nur der Weg, Teilhaber aufzunehmen.

› Band 1, LF 1

Für die Fremdfinanzierung ist die Bonität des Einzelunternehmers entscheidend. Er haftet mit seinem gesamten Vermögen (Betriebs- und Privatvermögen). Deshalb kann eine Fremdfinanzierung einfacher sein, wenn durch die Aufnahme von Teilhabern die Haftungsbasis verbreitert wird.

4.2
Personengesellschaften erweitern die Möglichkeiten der Eigen- und Fremdfinanzierung

Personengesellschaften werden auch mit dem Ziel einer Verbreiterung der Eigenkapitalbasis gegründet, aber im Vordergrund steht bei Personengesellschaften mehr die persönliche Mitarbeit und Mithaftung der zusätzlichen Teilhaber. Daher haben wir diese Unternehmensformen ausführlich in Lernfeld 1 behandelt. An dieser Stelle erfolgt der Vollständigkeit halber ein kurzer Überblick:

› Band 1, LF 1

- **Offene Handelsgesellschaft (OHG)**
  Eine OHG hat mindestens zwei Gesellschafter. Mit der Teilhaberschaft verbinden sich das Recht und die Pflicht zur Geschäftsführung und Vertretung der Gesellschaft.
  Die Teilhaber haften sowohl mit ihrer Kapitaleinlage als auch mit ihrem Privatvermögen.
- **Kommanditgesellschaft (KG)**
  In einer Kommanditgesellschaft wird zwischen Komplementären (Vollhaftern) und Kommanditisten (Teilhaftern) unterschieden. Während den Komplementären die gleichen Rechte zustehen wie auch den Gesellschaftern einer OHG, liegt die Hauptfunktion der Kommanditisten in der Kapitalaufbringung. Sie sind nicht an der Geschäftsführung der KG beteiligt. Dennoch handelt es sich bei ihren Kapitaleinlagen um eine Eigen- bzw. Beteiligungsfinanzierung.
  Als Schuldner haften die Kommanditisten im Konkursfall nur bis zur Höhe ihrer Einlagen. Bei dem Teil der Gewinnverteilung, bei dem es um die Verzinsung der Einlagen geht, sind beide Gesellschaftergruppen gleichberechtigt.

4.3 Kapitalgesellschaften öffnen den Weg zu den Finanzmärkten und begrenzen die persönliche Haftung

Während bei Personengesellschaften die persönliche Mitarbeit im Unternehmen bzw. in der Geschäftsführung eine entscheidende Rolle spielt, steht bei Kapitalgesellschaften die finanzielle Beteiligung der Gesellschafter im Vordergrund. Kapitalgesellschaften unterliegen deshalb auch besonders strengen Vorschriften der Rechnungslegung und ab einer bestimmten Größe der sogenannten Offenlegungs- und Publizitätspflicht.

Gemäß § 267 HGB werden sie nach der Bilanzsumme, dem Umsatz und der Beschäftigtenzahl in kleine, mittlere und große Kapitalgesellschaften unterschieden.

Während bei Personengesellschaften die einzelnen Gesellschafter das Unternehmen bilden, haben Kapitalgesellschaften eine eigene Rechtspersönlichkeit: Sie sind juristische Personen. Die von den Gesellschaftern eingebrachten Einlagen oder Anteile werden zum Gesellschaftskapital, auf das auch die Haftung des Unternehmens beschränkt ist.

Bei sogenannten börsennotierten Aktiengesellschaften werden die Unternehmensanteile als Aktien an der Börse gehandelt. Damit ist eine vollständige Entkopplung von Eigentum und Geschäftsführung gegeben. Der einzelne Aktionär kann zwar auf der jährlichen Hauptversammlung seine Vorstellungen gegenüber der Geschäftsführung zu deren Arbeit äußern – und manche nutzen diese Möglichkeit auch –, aber wirklichen Einfluss auf die Führung der Geschäfte einer AG haben nur die Großaktionäre, die etwa 20 % und mehr der Aktien besitzen.

Die wichtigsten Merkmale der einzelnen Kapitalgesellschaften werden nachfolgend dargestellt.

4.3.1 Gesellschaft mit beschränkter Haftung (GmbH)

§§ 5, 8, 10 GmbHG

Wesen/Teilhaber

Die GmbH ist eine Kapitalgesellschaft mit mindestens einem Gesellschafter und einem Stammkapital von mindestens 25.000,00 €, von dem bei der Gründung mindestens die Hälfte eingebracht sein muss. Das kann in Form von Bareinlagen, aber auch als Sacheinlagen (Gebäude oder Fahrzeuge) erfolgen. Der Gesellschaftsvertrag muss notariell beurkundet werden.

Die Gesellschafter sind zwar am Unternehmen beteiligt, müssen aber nicht geschäftsführend mitwirken. Dafür können sie einen Geschäftsführer benennen. Somit ist bei der GmbH die Trennung von Kapitalaufbringung und Leitungsbefugnis gegeben.

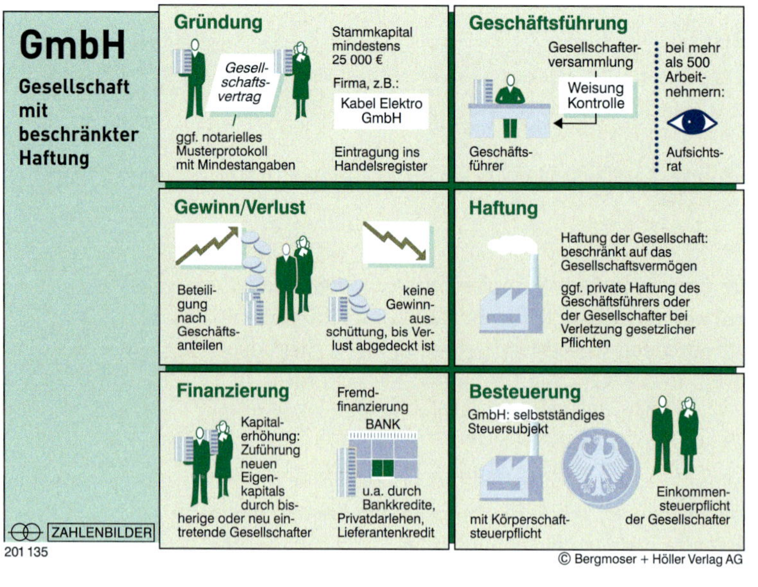

Beteiligung

Die Gesellschafter leisten ihre Stammeinlage auf das Stammkapital. Die Stammeinlage muss mindestens 100,00 € betragen und kann für jeden Gesellschafter unterschiedlich hoch sein – allerdings muss sie bzw. jeder Anteil eine durch 50 teilbare Summe sein. Das Stammkapital kann aus Bar- oder Sacheinlagen bestehen. Bei der GmbH-Gründung kann kein Gesellschafter mehrere Stammeinlagen übernehmen. Der Geschäftsanteil bemisst sich an der Höhe der übernommenen Stammeinlage.

Geschäftsführung und Vertretung bzw. Organe

§ 6 GmbHG

Jede Kapitalgesellschaft benötigt ein Organ, das den geschäftlichen Ablauf gewährleistet und das Unternehmen nach außen vertritt. Dies ist in der GmbH der Geschäftsführer. Durch die Bestellung wird der Geschäftsführer bevollmächtigt, für die GmbH zu handeln.

Die Eintragung des Geschäftsführers in das Handelsregister bewirkt, dass er auch nach außen bzw. gegenüber den Geschäftspartnern der GmbH in seiner Funktion bekannt gemacht wird.

Gesellschafterversammlung

Weiteres Organ ist die Gesellschafterversammlung und – wenn es die Satzung vorsieht oder die Größe des Unternehmens (mehr als 500 Mitarbeiter) erfordert – ein Aufsichtsrat. Die Vertreter der Anteilseigner im Aufsichtsrat werden durch die Gesellschafterversammlung gewählt.

Firma

§§ 4, 35 a GmbHG

Der Name des Unternehmens muss den Zusatz „GmbH" enthalten, damit für jedermann sichtbar ist, dass eine Haftungsbegrenzung vorliegt.

Gewinnverteilung

§ 29 GmbHG

Der Gewinn wird grundsätzlich nach Geschäftsanteilen verteilt, wenn der Gesellschaftsvertrag oder der Gewinnverwendungsbeschluss nichts anderes vorsieht. Als juristische Person ist die GmbH körperschaftsteuerpflichtig. Das bedeutet, dass vom Jahresüberschuss 15 %[1] Körperschaftsteuer zuzüglich Solidaritätszuschlag einbehalten und an das Finanzamt abgeführt werden.

Körperschaftsteuer

Haftung/Kapitalentnahme

§§ 26–28 GmbHG

Die Haftung ist auf die Kapitaleinlage begrenzt. Wenn die Stammeinlagen noch nicht voll geleistet wurden, haften die Gesellschafter in jedem Fall mit der Höhe der rückständigen Einlage. Es kann aber eine sogenannte Nachschusspflicht vereinbart werden. Das bedeutet, dass die Gesellschafter im Haftungsfall dazu verpflichtet sind, zusätzliche finanzielle Mittel in das Unternehmen einzubringen, um dessen Weiterbestand zu sichern.

Nachschusspflicht

Die Verpflichtung zu diesem Nachschuss muss, um gültig zu sein, im Gesellschaftsvertrag stehen. Sie kann in der Summe begrenzt sein. Es kann aber auch eine unbegrenzte Nachschusspflicht vereinbart werden, was allerdings dem Prinzip der GmbH, die ja gerade auf die Haftungsbeschränkung ausgerichtet ist, widersprechen würde. Die Gesellschafter haben die Pflicht zur Kapitalerhaltung. Das zur Erhaltung des Stammkapitals erforderliche Kapital darf deshalb nicht an die Gesellschafter ausgezahlt werden.

Kündigung/Ausscheiden

§§ 15–17 GmbHG

Die Möglichkeit, seine Geschäftsanteile zurückzugeben oder an einen anderen Gesellschafter zu verkaufen, wird meist im Gesellschaftsvertrag geregelt. Die Veräußerung von Teilen eines Geschäftsanteils kann nur mit Zustimmung der anderen Gesellschafter erfolgen.

1 Stand 2012

Organe der GmbH	Geschäftsführer/-in wird eingesetzt durch die Anteilseigner	Aufsichtsrat	Gesellschafter-versammlung
Aufgaben und Rechte	■ Geschäftsführung nach innen ■ Vertretung nach außen ■ Vorlage des Jahresabschlusses ■ Vorschlag zur Gewinnverwendung	■ Überwachung der Tätigkeit der Geschäftsführung ■ Prüfung des Jahresabschlusses ■ Stellungnahme zum Gewinnverteilungsvorschlag	Beschlüsse über die ■ Gewinnverwendung ■ Veränderungen des Stammkapitals ■ Satzungsänderungen ■ Bestellung der Abschlussprüfer ■ Maßnahmen zur Überwachung der Geschäftsführung ■ Bestellung von Prokuristen

› Band 1 LF 1, Kap. 5.2.2.4

Am 1. November 2008 ist das Gesetz zur Modernisierung des GmbH-Rechts und zur Bekämpfung von Missbräuchen (MoMiG) in Kraft getreten. Kernpunkt dieses Gesetzes ist die Erleichterung und Beschleunigung der Gründung einer GmbH, und zwar in einer reduzierten Form: die haftungsbeschränkte Unternehmergesellschaft nach § 5 a GmbH. Die Merkmale einer UG kennen Sie schon aus Lernfeld 1.

4.3.2 Die Aktiengesellschaft (AG)

Wesen/Teilhaber

Die Rechtsform der AG hat vor allem eine Funktion: Eigenkapital anzusammeln.

Eine AG ist eine juristische Person, für deren Verbindlichkeiten ausschließlich das Gesellschaftsvermögen haftet. Der Grund der Beteiligung an einer AG – das heißt: der Erwerb von Aktien – ist die Erwartung einer Dividendenzahlung und des Ansteigens des Aktienkurses. Aktienbesitzer werden zur jährlichen Hauptversammlung der Gesellschaft eingeladen.

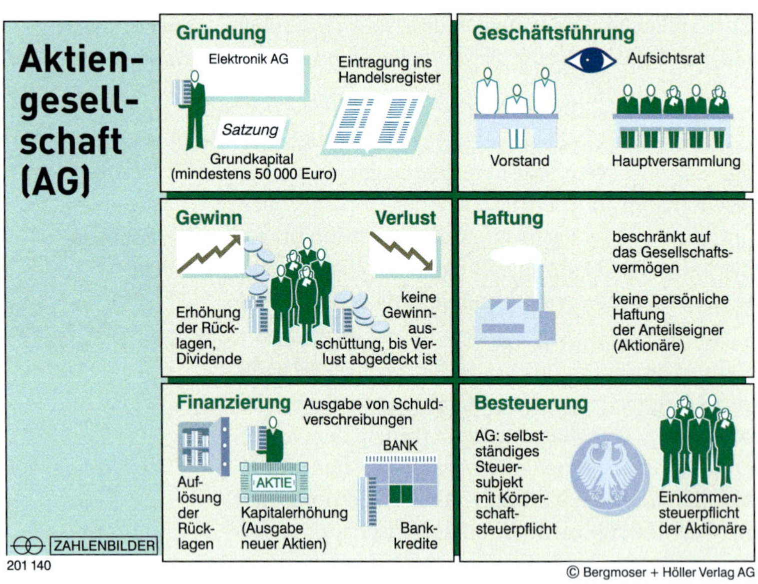

Das Eigenkapital einer AG heißt Grundkapital und muss mindestens 50.000,00 € betragen. Die Höhe des Grundkapitals wird im Handelsregister eingetragen und stellt gleichzeitig die Haftungsgrenze dar. Das Grundkapital ist in Aktien aufgeteilt, die mindestens einen Nennwert von 1,00 € haben müssen.

§ 182 ff. AktG

Beteiligung

Die Beteiligung an einer Aktiengesellschaft erfolgt durch den Kauf von Aktien. Sofern es sich bei der AG um eine börsennotierte Gesellschaft handelt, ist der Kauf einfach: Wenn man glaubt, dass der Aktienkurs akzeptabel ist, gibt man seiner Bank einen Kaufauftrag für die gewünschte Anzahl Aktien. Man erwirbt Anteile und steuert somit sein Kapital bei.

Der Nennwert einer Aktie ist der Anteil, der dem Aktionär am Grundkapital gehört. Bei einem Grundkapital von 100.000,00 € entspricht jede 50-€-Aktie einem Anteil von 0,5 %, bei einem Grundkapital von 500.000,00 € nur einem Anteil von 0,1 %.

Aktienarten						
nach der Aufteilung		nach der Übertragbarkeit			nach den gewährten Rechten	
Nennbetragsaktien	Stückaktien	Inhaberaktien	Namensaktien	vinkulierte Namensaktien	Stammaktien	Vorzugsaktien

Durch die Ausgabe von neuen Aktien hat eine AG die Möglichkeit, sich zusätzliches Kapital zu beschaffen. Man bezeichnet das als Kapitalerhöhung. Dafür braucht sie allerdings erst einmal die Zustimmung der bisherigen Eigentümer, der Aktionäre. Sie wird deshalb ihren Wunsch auf der jährlichen Hauptversammlung vortragen. Eine Aktiengesellschaft wird vernünftigerweise nur dann neue Aktien ausgeben, wenn der Börsenkurs über dem Nennwert der Aktien liegt – denn wenn er darunter liegt, wird wohl niemand diese Aktien kaufen wollen. Die Differenz zwischen Nennwert und Börsenkurs fließt in die Kapitalrücklagen der Aktiengesellschaft. Weil durch die Ausgabe neuer Aktien der Wert der alten sinkt, denn das Vermögen des Unternehmens verteilt sich ja auf mehr Eigentümer als bisher, haben die seitherigen Aktionäre ein sogenanntes Bezugsrecht für die neuen Aktien. Dieses Bezugsrecht wird auch an der Börse gehandelt. Die Altaktionäre können ihr Bezugsrecht ausüben und neue Aktien im Umfang ihres Bezugsrechts kaufen, sie können aber auch das Bezugsrecht selbst verkaufen.

Geschäftsführung und Vertretung bzw. Organe

§ 76 f AktG

Das geschäftsführende Organ der Aktiengesellschaft ist der Vorstand, der auch aus mehreren Vorstandsmitgliedern bestehen kann. Wenn das Grundkapital größer als 3.000.000,00 € ist, müssen es mindestens zwei Personen sein. Der Vorstand wird für höchstens fünf Jahre durch den Aufsichtsrat bestellt, denn im Gegensatz zur GmbH, bei der die Anzahl der Eigentümer noch überschaubar ist, ist das bei der Aktiengesellschaft nicht mehr direkt möglich. Der gewählte Vorstand wird ebenfalls im Handelsregister eingetragen.

Die Aufsichtsratsmitglieder werden durch die Hauptversammlung gewählt. Ab einer bestimmten Mitarbeiterzahl sind im Aufsichtsrat auch Vertreter der Arbeitnehmer beteiligt.

Als drittes Organ hat die Aktiengesellschaft eine Hauptversammlung. Zu ihr gehören sämtliche Aktionäre. Eine ganze Reihe von Entscheidungen bedarf der Zustimmung der Hauptversammlung (z. B. die Aufteilung des Gewinns in Dividenden und Rücklagen oder die Ausgabe neuer Aktien zur Kapitalerhöhung).

› **Exkurs** im Anschluss an dieses Kapitel

Diejenigen Aktionäre, die sogenannte **Vorzugsaktien** haben, dürfen nicht mitbestimmen. Dafür erhalten sie eine höhere Dividende als die **Stammaktionäre.**

Firma

§ 4 AktG

Der Name des Unternehmens muss den Zusatz „AG" enthalten, damit für jedermann sichtbar ist, dass eine Haftungsbegrenzung vorliegt.

Gewinnverteilung

§ 60 AktG

Der Gewinn, der an die Aktionäre verteilt wird, heißt Dividende und bestimmt sich nach dem Anteil am Grundkapital, also pro Aktie. Als juristische Person ist die AG körperschaftsteuerpflichtig. Das bedeutet, dass vom Jahresüberschuss 15 %[1] Körperschaftsteuern zuzüglich Solidaritätszuschlag einbehalten und an das Finanzamt abgeführt werden.

Körperschaftsteuer

1 Stand 2012

Haftung/Kapitalentnahme

Keine Nachschusspflicht

Die Haftung ist auf die Kapitaleinlage begrenzt. Eine Nachschusspflicht gibt es nicht und sie kann auch nicht – wie bei der GmbH – vertraglich vereinbart werden. Will jemand seine Anteile an der AG verkaufen, dann kann er das in der Regel tun, indem er seine Aktien an der Börse verkauft. Sogenannte **Inhaberaktien** haben anonyme Eigentümer und können jederzeit verkauft werden. Bei **Namensaktien** werden Name, Geburtsdatum und Adresse des Aktienbesitzers in das Aktienregister eingetragen. Bei **vinkulierten**[1] **Namensaktien** ist sogar die Zustimmung der Aktiengesellschaft Voraussetzung für den Verkauf der Aktien.

Organe der AG	**Vorstand** wird bestellt durch den Aufsichtsrat	**Aufsichtsrat** mindestens 3 Personen	**Hauptversammlung** aller Aktionäre
Aufgaben und Rechte	▪ Geschäftsführung nach innen ▪ Vertretung nach außen ▪ Berichtspflicht gegenüber dem Aufsichtsrat ▪ Vorlage des Jahresabschlusses ▪ Vorschlag zur Gewinnverteilung	▪ Bestellung des Vorstandes für höchstens fünf Jahre (erneute Bestellung ist möglich) ▪ Überwachung der Arbeit des Vorstandes und ggf. auch Abberufung ▪ Prüfung des Jahresabschlusses ▪ Stellungnahme zum Gewinnverteilungsvorschlag	Beschlussfassung über ▪ die Gewinnverteilung ▪ eine eventuelle Veränderung des Grundkapitals ▪ Satzungsänderungen ▪ die Bestellung der Abschlussprüfer ▪ die Entsendung der Aktionärsvertreter in den Aufsichtsrat (für jeweils maximal 4 Jahre) und ggf. auch deren Abberufung ▪ eine Entlastung von Aufsichtsrat und Vorstand
Rechtsgrundlage	§§ 76-78 AktG	§§ 84, 95, 111 AktG	§§ 119, 120, 134, 135 AktG

Bei den Aktiengesellschaften gibt es Sonderformen, die Sie bereits aus Lernfeld 1 kennen: die Kommanditgesellschaft auf Aktien (KGaA), bei der die Kommanditisten durch Aktionäre ersetzt sind, und die Europa-AG (auch: Europäische Gesellschaft oder Societas Europaea [SE]), die in mehreren europäischen Ländern aktiv ist, aber vom Grundsatz her den rechtlichen Vorschriften ihres Heimatlandes folgen muss.

4.3.3 Die Genossenschaft (eG)

Genossenschaften haben traditionell die Aufgabe, zur Unterstützung ihrer Mitglieder zu wirken. Das wohl bekannteste Beispiel dafür sind die Raiffeisen-Genossenschaften, die vorwiegend im ländlichen Raum die Aufgabe der finanziellen Versorgung (Raiffeisenbanken) ihrer Mitglieder und auch den Ankauf landwirtschaftlicher Produkte sowie den Verkauf landwirtschaftlicher Produktionsmittel hatten. Ein weiteres Beispiel sind die Konsumgenossenschaften als Selbsthilfeorganisation der Arbeiterschaft zur Versorgung mit Lebensmitteln. Die Genossenschaftsbewegung mit diesem Ziel entstand Mitte des 19. Jahrhunderts. Heute haben Banken, Handelsunternehmen und Wohnungsbaugenossenschaften, aber auch die DATEV (eine Genossenschaft zur EDV-Versorgung von Steuerberatern) diese Rechtsform.

§ 4 GenG

Gründung/Wesen

Zur Gründung einer eingetragenen Genossenschaft sind mindestens drei Personen notwendig, die gemeinsam ein Statut (Satzung) aufstellen. Die Genossenschaft entsteht durch Eintragung in das Genossenschaftsregister. Die Firma muss den Gegen-

1 lat. *vinculum:* Band, Fessel

stand des Unternehmens nennen und den Zusatz „eingetragene Genossenschaft" bzw. „eG" enthalten. Die Satzung kann ein Mindestvermögen der Genossenschaft bestimmen, ein gesetzlich vorgeschriebenes Mindestvermögen gibt es nicht.

Eine Genossenschaft haftet nur mit ihrem Genossenschaftsvermögen.

Mitgliedschaft § 15 GenG

Der Eintritt in eine bestehende Genossenschaft erfolgt durch eine schriftliche Beitrittserklärung und die Zulassung des Beitritts durch die Genossenschaft. Die Mitgliederliste führt der Vorstand. Ferner muss jedes Mitglied mindestens einen durch das Statut festgelegten Geschäftsanteil erwerben und die Mindesteinlage einzahlen. Die auf den Geschäftsanteil geleistete Einzahlung, zuzüglich Gewinngutschriften und abzüglich etwaiger Verlustanteile, bildet das Geschäftsguthaben.

In der Aufnahme neuer Mitglieder besteht im Wesentlichen auch die Möglichkeit der Eigenkapitalbeschaffung der Genossenschaft. Darüber hinaus gibt es seit der Reform des Genossenschaftsgesetzes 2006 die Möglichkeit, sogenannte investierende Mitglieder aufzunehmen. Das sind Personen, die nicht zum in der Satzung festgelegten Personenkreis gehören, aber dennoch Kapital in der Genossenschaft anlegen wollen.

Geschäftsführung und Vertretung bzw. Organe § 9 GenG

Die Genossenschaft muss einen Vorstand und einen Aufsichtsrat haben. Auf den Aufsichtsrat kann durch Satzung verzichtet werden, wenn die Mitgliederzahl nicht größer als 20 ist. Die Pflichten des Aufsichtsrats nimmt dann die Generalversammlung war. Vorstand und Aufsichtsrat müssen aus Mitgliedern der Genossenschaft bestehen. Der Aufsichtsrat wird durch die Generalversammlung gewählt.

Kündigung der Mitgliedschaft § 65 GenG

Ein Mitglied der Genossenschaft kann seine Mitgliedschaft mit einer Frist von mindestens drei Monaten zum Ende eines Geschäftsjahres kündigen. Die Fristen können aber durch Satzung auf höchstens fünf Jahre verlängert werden.

Exkurs: Die Mitbestimmung im Aufsichtsrat von Kapitalgesellschaften

Wie bereits oben erwähnt, setzt sich der Aufsichtsrat von mittleren und großen Kapitalgesellschaften und Genossenschaften nicht nur aus Vertretern der Kapitalgeber, sondern auch durch Vertreter der Arbeitnehmer zusammen.

Dazu gibt es zwei unterschiedliche gesetzliche Regelungen:

- **Mitbestimmung nach dem „Gesetz über die Drittelbeteiligung der Arbeitnehmer im Aufsichtsrat":**

  Dieses Gesetz gilt für alle Kapitalgesellschaften sowie Genossenschaften mit in der Regel mehr als 500 Arbeitnehmern (Ausnahme sind sogenannte Tendenzbetriebe, d. h. Unternehmen mit politischen, konfessionellen, erzieherischen, wissenschaftlichen, künstlerischen oder journalistischen Bestimmungen).

  Der Aufsichtsrat dieser Unternehmen muss zu einem Drittel aus Arbeitnehmervertretern bestehen. Die Arbeitnehmervertreter können damit im Zweifelsfall zwar Entscheidungen nicht beeinflussen, aber sie können ihre Interessen zumindest zu Gehör bringen.

→

- **Mitbestimmung nach dem Mitbestimmungsgesetz:**
  Dieses Gesetz gilt für Unternehmen in der Rechtsform der AG, der KGaA, der GmbH und der Genossenschaft mit in der Regel mehr als 2 000 Arbeitnehmern. Auch hier sind Tendenzbetriebe wieder ausgenommen. Der Aufsichtsrat setzt sich jeweils zur Hälfte aus Vertretern der Anteilseigner und der Arbeitnehmer zusammen. Ein Drittel der Arbeitnehmervertreter sind Gewerkschaftsvertreter.

  Die Wahl des Aufsichtsratsvorsitzenden wird immer einen Vertreter der Anteilseigner ergeben, sodass im Zweifelsfall keine Parität herrscht.

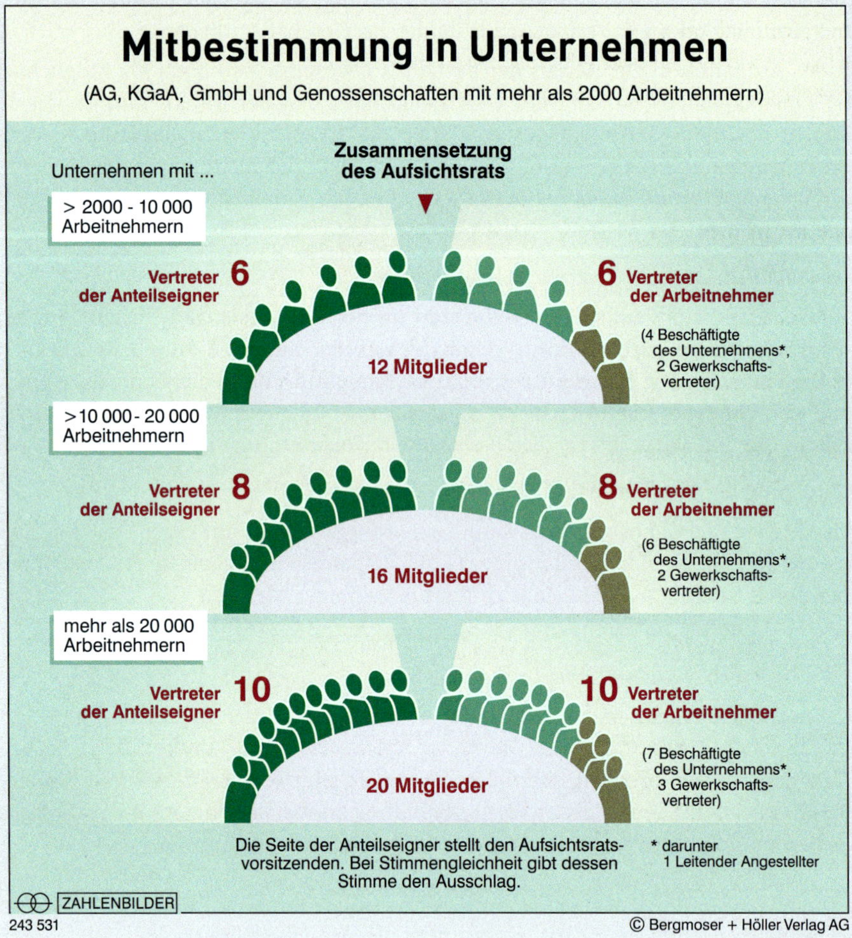

5
Die Kreditgeber überprüfen den Kreditnehmer und verlangen Sicherheiten

5.1
Die Kreditprüfung als Vorlauf einer Kreditgewährung

Angabe Effektivzinssatz

Bevor ein Kreditinstitut einen Kredit gewährt, wird es i. d. R. eine Kreditprüfung vornehmen. Die Prüfung der Kreditfähigkeit befasst sich mit der Frage, ob der Antragsteller rechtlich gesehen überhaupt einen Kredit aufnehmen kann. Der Kreditgeber interessiert sich bei der Kreditprüfung für folgende drei Bereiche:

- Kreditfähigkeit (siehe Kap. 5.1.1)
- Kreditwürdigkeit (siehe Kap. 5.1.2)
- Kreditsicherheiten (siehe Kap. 5.2 und Unterkapitel)

5.1.1
Wie stellt man die Kreditfähigkeit fest?

Kreditfähig sind:

- **Natürliche Personen** mit unbeschränkter Geschäftsfähigkeit. Geschäftsunfähige Personen können keine Kredite aufnehmen. Beschränkt Geschäftsfähigen sind Kreditaufnahmen nur mit Zustimmung des gesetzlichen Vertreters und des Vormundschaftsgerichts erlaubt.
- **Inhaber oder Gesellschafter von Unternehmen**
  - **Einzelunternehmen:** Der Inhaber ist kreditfähig, denn er allein kann über die Aufnahme von Krediten entscheiden.
  - **Personengesellschaften:** Alle persönlich haftenden Gesellschafter sind kreditfähig, sofern sie nicht von der Vertretung ausgeschlossen sind. Kommanditisten dürfen keine Kredite aufnehmen, da sie keine Vertretungsbefugnis haben.
  - **Kapitalgesellschaften:** Alle Geschäftsführer und Vorstandsmitglieder mit Gesamtvertretungsvollmacht sind kreditfähig.
- **Angestellte mit besonderen Rechten.** Da sich eine Handlungsvollmacht auf gewöhnliche Geschäfte erstreckt, muss einem Handlungsbevollmächtigten zur Aufnahme von Krediten eine Spezial- oder Sondervollmacht erteilt werden. Der Prokurist mit Einzelprokura darf dagegen Kreditverpflichtungen ohne besondere Vollmacht eingehen.

5.1.2
Wie stellt man die Kreditwürdigkeit fest?

Nach der Prüfung der Kreditfähigkeit wird der Kreditnehmer auf seine **Kreditwürdigkeit** überprüft. Das Vertrauen in die Person des Kreditnehmers ist für ein Kreditinstitut eine wichtige Voraussetzung zur Vergabe eines Kredites, da es vom Willen und der Fähigkeit des Kreditnehmers abhängt, ob er seinen Verpflichtungen zur Rückzahlung nachkommen kann. Ein Kreditnehmer muss sich des Kredites würdig erweisen.

Schwierige Einschätzung

- **Personelle Kreditwürdigkeit.** Sie gibt Hinweise über Charakter, Ruf sowie Zuverlässigkeit und berufliches Können des Kreditnehmers. Die personelle Kreditwürdigkeit ist nur bedingt überprüfbar. Es geht hier in erster Linie um einen allgemeinen Eindruck von der Person des Kreditnehmers oder um Informationen, die man von externer Seite über ihn hat.

Jahresabschlüsse vorlegen

- **Wirtschaftliche Kreditwürdigkeit.** Deren Überprüfung erfolgt insbesondere durch eine Offenlegung der Jahresabschlüsse von den Kredit suchenden Unternehmungen. Dabei genügt es i. d. R. nicht, nur den letzten Jahresabschluss vor der Kreditgewährung einzusehen. Um einen einfachen Zeitvergleich vornehmen zu können, sind auch frühere Jahresabschlüsse in die Überprüfung einzubeziehen.

Grundlage für die Beurteilung der personellen und wirtschaftlichen **Kreditwürdigkeit** können folgende Auskünfte sein:

- **Bankauskünfte.** Hier ist die Befragung von Kreditinstituten, mit denen der Kreditnehmer zusammenarbeitet, gemeint. Aufgrund des Bankgeheimnisses sind den Möglichkeiten hier aber enge Grenzen gesetzt. Wenn der Kreditnehmer einer Einholung von Auskünften nicht zustimmt, ist diese nicht möglich.
- **Büroauskünfte.** Hierunter versteht man Auskünfte, die von gewerbsmäßigen Auskunfteien gegen Gebühr erteilt werden.
- **SCHUFA-Auskünfte.** Der „Schutzgemeinschaft für allgemeine Kreditsicherung GmbH" (SCHUFA) werden von ihren Mitgliedern, die aus Kreditinstituten, Finanzdienstleistern und Nicht-Finanzdienstleistern (z. B. Handelsbetrieben) bestehen, kreditrelevante Informationen gemeldet. Neben personenbezogenen Verbraucherdaten werden auch Informationen zu vorhandenen Krediten, Kreditbeantragungen und/oder -ablehnungen, Bankkartenmissbräuchen, Zwangsvollstreckungen, Mahnbescheiden u. a. gespeichert. Die angeschlossenen Mitglieder können nur nach schriftlicher Einverständniserklärung des Verbrauchers (sog. SCHUFA-Klausel) eine SCHUFA-Auskunft erhalten. Jeder Verbaucher hat die Möglichkeit, die über ihn gespeicherten Daten einzusehen (Eigenauskunft) und bei falschen Eintragungen eine kostenlose Berichtigung zu beantragen (siehe auch im Internet unter www.meineSCHUFA.de).
- **Auskünfte von Geschäftspartnern.** Der Kreditnehmer nennt Geschäftspartner, die dem Kreditgeber Referenzen angeben.
- **Auskünfte aus öffentlichen Registern.** Aus dem Handelsregister geht die Rechtsform eines Unternehmens sowie deren Inhaber- und Haftungsverhältnisse hervor. Grundbuchauszüge enthalten Angaben über das Grundvermögen und dessen Belastung.
- **Auskünfte aus Jahresabschlüssen.** Für die Prüfung der wirtschaftlichen Kreditwürdigkeit sind die Abschlüsse der letzten zwei bis fünf Geschäftsjahre wichtig. Hier werden – besonders bei größeren Krediten – von Wirtschaftsprüfern oder Steuerberatern die Bilanzen und GuV-Rechnungen sowie die Umsatz- und Geschäftsentwicklungen überprüft.

Kreditbedingungen/ Rating

- **Rating.** Unternehmen werden einem sogenannten Rating unterzogen. Dabei werden aufgrund der geschäftlichen Daten die Bonität und das Risiko bewertet, das mit der Vergabe eines Kredites verbunden ist oder verbunden sein könnte. Es gibt die Ratingcodes AAA für die höchste bis DDD für die schlechteste Bonität. Schuldner mit schlechterem Rating erhalten Bankkredite nur zu höheren Zinssätzen.

5.2 Welche Sicherheiten erwarten die Kreditgeber für ihre Kreditgewährung?

Eine Kreditsicherheit soll dafür Sorge tragen, dass der Kapitalgeber (Gläubiger) das an den Kreditnehmer (Schuldner) verliehene Geld tatsächlich zurückbekommt. Falls der Kreditnehmer seinen Rückzahlungsverpflichtungen nicht nachkommt, ist der Kapitalgeber berechtigt, die Kreditsicherheit zu verwerten (also z. B. zwangsversteigern zu lassen), um daraus die fälligen Rückzahlungen zu erhalten.

Die Kreditsicherheiten lassen sich nach verschiedenen Merkmalen unterscheiden:

- Wer oder was haftet?
  - Personen haften und werden bei Nichtzahlung des Schuldners in Anspruch genommen **(Personensicherheit)**.
  - Die Sicherheit wird durch eine Sache dargestellt (**Realsicherheit** oder **dingliches Recht**).
- Ist die Sicherheit abhängig von der Hauptschuld?
  - Das Bestehen der Sicherheit ist abhängig vom Bestehen und von der Höhe des zu besichernden Kredites **(akzessorische Sicherheit)**.
  - Die Höhe des Wertes der Sicherheit ist nicht abhängig von der Hauptschuld **(abstrakte Sicherheit)**.

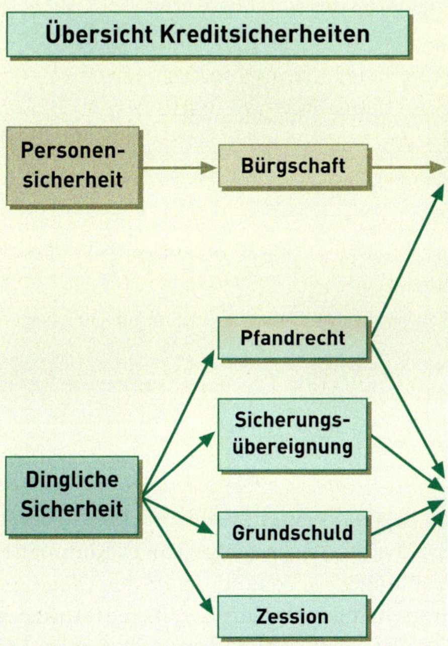

Akzessorische Sicherheit

Die Pflicht des Sicherungsgebers zur Zahlung an den Kreditgeber für den Fall, dass der Kreditnehmer dazu nicht in der Lage sein sollte, ist hier immer begrenzt auf die Höhe der tatsächlich bestehenden Hauptschuld des Kreditnehmers.
Ist die Schuld ganz oder teilweise getilgt, so erlischt auch das Recht zum Rückgriff auf die Sicherheit.

Darüber hinaus stehen dem Sicherungsgeber alle Rechte im Rahmen einer Einrede zu. Er hat also das Recht auf Stundung, die Geltendmachung von Verjährungsfristen oder der Aufrechnung mit anderen Forderungen.

Abstrakte Sicherheit

Es besteht hier kein unmittelbarer Zusammenhang mit einer konkreten Forderung. Der Sicherungsgeber könnte theoretisch z. B. bei einer schon zurückgezahlten und damit ausgeglichenen Schuld trotzdem noch die Sicherheit verwerten, also z. B. ein Grundstück versteigern (lassen).

Damit der Sicherungsgeber (Schuldner) davor geschützt ist, verpflichtet sich der Sicherungsnehmer (Kreditgeber) im Sicherungsvertrag, die Sicherheit nach Treu und Glauben einzusetzen. Dies wird auch als „treuhänderische" oder „fiduziarische" Sicherheit bezeichnet.

Abstrakte Sicherheiten haben für den Sicherungsgeber den Vorteil, dass sie auch für neue Kredite herangezogen werden können, ohne dass neue Sicherheiten bestellt werden müssen.

Beispiel

Wenn z. B. ein Haus gekauft oder gebaut wird, ist es üblich, eine Grundschuld als Sicherheit zu bestellen. Nach einigen Jahren ist ein Teil des Kredites durch die monatlichen Tilgungen zurückgezahlt.
Nun stehen aufwendige Renovierungsarbeiten an, sodass der Hauseigentümer erneut einen Kredit aufnehmen möchte, um diese Arbeiten durchführen zu lassen. Da die Grundschuld in ihrem Wert durch die Tilgung des ersten Kredites nicht abgenommen hat, kann diese Sicherheit für die Besicherung des neuen Kredites bis zu der Höhe des bereits getilgten Betrages herangezogen werden.
Die Eintragung einer neuen Grundschuld ist mit weiteren Kosten verbunden und in diesem Beispiel nicht erforderlich.

Grundschuld
› LF 11, Kap. 5.2.5

Im Gegensatz dazu erlischt eine Hypothek, wenn der Kredit zurückgezahlt ist, automatisch, sie ist akzessorisch zum Kredit.

Für die Frage, wie hoch der Wert der Sicherheit ist, sind der **Beleihungswert** und der Beleihungssatz ausschlaggebend. Aus beiden wird die **Beleihungsgrenze** errechnet. Dabei orientiert sich der Beleihungswert an dem reinen Marktwert eines Objektes. Dies ist der Preis, der im Rahmen eines öffentlichen Verkaufs unter Berücksichtigung der besonderen Situation im Falle eines solchen „Notverkaufes“ erzielt werden könnte. Ausgehend vom Marktwert gibt es sogenannte Beleihungssätze. Bei Grundstücken und Gebäuden liegen diese z. B. bei 60 % des Verkehrswertes (= Marktwert) für erstrangig[1] abgesicherte Kredite.

Beleihungswert/ Beleihungsgrenze

Beleihungsgrenze (Wert zur Absicherung des Kredites/Kredithöhe) = **Beleihungswert** · **Beleihungssatz**

Beispiel

Beleihungswert: 150.000,00 €
vom Sicherungsgeber in Ansatz gebrachter
Beleihungssatz: 40 % (z. B. wegen zurzeit schwieriger Situation auf dem Immobilienmarkt)
Beleihungsgrenze: 60.000,00 €

5.2.1 Die Bürgschaftserklärung

Schriftform bei Privatpersonen
§ 76 BGB
Freie Form bei Kaufleuten
§ 350 HGB

Voraussetzung für eine Bürgschaft ist das Bestehen einer fremden Schuld (Hauptschuld). Dieser Kredit wird durch das Bürgschaftsversprechen gesichert. Kommt der Schuldner mit den Zins- oder Tilgungszahlungen in Verzug, kann der Gläubiger den Bürgen in Anspruch nehmen. Die Bürgschaft ist mit dem Kredit eng verbunden (akzessorisch) und kann nur in Verbindung mit ihm geltend gemacht werden. Die Bürgschaft endet mit Ablauf einer vereinbarten Frist. Die Bürgschaft erlischt mit der Rückzahlung des Kredites. Die Bürgschaft bedarf der Schriftform. Nur Vollkaufleute können auch mündlich bürgen, die Schriftform ist aber aus Beweisgründen auch hier ratsam.

Bei Bürgschaften beachten

Da der Bürge anstelle des Schuldners mit seinem gesamten Vermögen in Haftung genommen werden kann, ist eine Bürgschaft ein großes Risiko. Da die Qualität der Bürgschaft von der Kreditwürdigkeit des Bürgen abhängt, wird sie von den Kreditinstituten sehr genau geprüft. Dies gilt umso mehr, als es für eine Inanspruchnahme eines Bürgen wirtschaftliche Grenzen gibt.

1 Erstrangig bedeutet, dass der Inhaber dieser Sicherheit bei einer Verwertung zuerst bedient wird.

Formen der Bürgschaft

Formen der Bürgschaft sind:

- Bei der **selbstschuldnerischen Bürgschaft** haftet der Bürge neben dem Hauptschuldner unbeschränkt. Der Gläubiger bzw. die Kredit gebende Bank ist berechtigt, den Bürgen in gleicher Weise für die Rückzahlung des Kredits in Anspruch zu nehmen wie den Hauptschuldner. Es entfällt hier insbesondere die Einrede des Bürgen auf die Vorausklage und die erfolglose Zwangvollstreckung gegen den Kreditnehmer. Die Bank ist nicht verpflichtet, zuerst beim Hauptschuldner mit allen Mitteln die Schuld einzutreiben, bevor sie den Bürgen in Anspruch nimmt.
- Die **Höchstbetragsbürgschaft** hat die gleichen Merkmale wie die selbstschuldnerische Bürgschaft, allerdings ist hier der Höchstbetrag bestimmt.
- Wird die Haftung des Bürgen auf den Ausfall beschränkt, den ein Kreditgeber erleidet, so spricht man von einer **Ausfall- oder Schadlosbürgschaft.** Hier kann der Bürge erst dann in Anspruch genommen werden, nachdem der Gläubiger versucht hat, vom Hauptschuldner das Geld zu erhalten und dabei einen Ausfall erlitten hat. Bis zu diesem Zeitpunkt hat der Bürge das Recht der „Einrede auf Vorausklage".
- Verbürgen sich mehrere Personen für einen Kredit, handelt es sich um eine **Gesamtbürgschaft.** Hierbei ist es nicht so, dass im Falle einer Inanspruchnahme alle Bürgen gleichmäßig zur Kasse gebeten werden müssen. Es ist vielmehr so, dass der Gläubiger sich an jeden beliebigen Bürgen wenden kann.
- Verbürgen sich mehrere Personen für Teilbeträge, so ist dies eine **Teilbürgschaft.** Wird die Bürgschaft wider Erwarten fällig, kann die Bank alle Bürgen für Teilbeträge, aber auch einen Bürgen für den Gesamtbetrag in Anspruch nehmen. Nimmt sie nur einen Bürgen in Anspruch, hat er gegenüber den anderen einen Ausgleichsanspruch.

Ende der Bürgschaft

Das Bürgschaftsverhältnis erlischt, wenn der Hauptschuldner seinen Verpflichtungen nachgekommen ist und seine Schuld beglichen hat. Gleiches gilt auch, wenn der Gläubiger eine weitere Sicherheit, die den Kredit sichern sollte, ohne Zustimmung des Bürgen aufgibt bzw. auflöst oder wenn die Verbindlichkeit des Kreditnehmers von einem Dritten, z. B. im Rahmen einer Geschäftsübernahme, übernommen wurde.

Kein Grund für die Beendigung der Bürgschaft sind der Tod des Bürgen oder der Tod des Schuldners. Bürgschaftsverbindlichkeiten gehören zu den Nachlassverbindlichkeiten. Im Falle des Todes des Schuldners beschränkt sich die Höhe der Bürgschaft jedoch auf die Verbindlichkeit, die zum Zeitpunkt des Todes bestand.

Wenn der Schuldner bei Fälligkeit der Schuld nicht zahlt, kann der Gläubiger seinen Anspruch in der oben dargestellten Abfolge (selbstschuldnerische Bürgschaft oder Ausfallbürgschaft) gegenüber dem Bürgen geltend machen. Wenn der Bürge anstelle des Schuldners zahlt, geht die Forderung vom Gläubiger auf ihn über. Der Bürge kann also dann seinerseits die Ansprüche gegenüber dem Schuldner (für den er gebürgt hat) geltend machen.

Bankkredite

Wenn Banken Kredite gegen Bürgschaften vergeben, haben sie i. d. R. in den Bürgschaftsverträgen besondere Klauseln:

- Der Bürge hat nicht das Recht, Einreden geltend zu machen.
- Verzicht auf die Einrede der Vorausklage
- Die Höhe der Bürgschaft ist unabhängig von der Höhe des Kredites. Daher sind Bürgschaftsverträge in der Praxis **abstrakte Sicherheiten.**
- Die Bürgschaft **erlischt nicht**, wenn der Kredit zurückgezahlt ist.
- Die Bürgschaft **erlischt nicht,** wenn der Gläubiger eine weitere Sicherheit freigegeben hat.
- Die Bürgschaft **erlischt nicht**, wenn die Verbindlichkeit des Kreditnehmers von einem Dritten übernommen wurde. Der Bürge muss also auch für den neuen Inhaber haften, möglicherweise sogar ohne diesen zu kennen und seine unternehmerischen Fähigkeiten einschätzen zu können.

Avalkredit

Eine Sonderform der Bürgschaft entsteht, wenn eine Bank als selbstschuldnerischer Bürge ihres Kunden auftritt. Mit einem **Avalkredit** verbürgt sich die Bank für die Zahlungsverpflichtungen (Verbindlichkeiten) des Kunden gegenüber Dritten.

Kreditleihgeschäft

Diese Kreditart zählt ebenso wie der Akzeptkredit zu den **Kreditleihgeschäften.** Die Funktion des Avalkredits liegt demnach nicht in der Überlassung flüssiger Mittel, sondern in der besonderen Zahlungsfähigkeit und Kreditwürdigkeit der Bank.

Banken geben u. a. Bürgschaften für

- die Erfüllung eines Vertrags (Vertragserfüllungsbürgschaft oder Ausführungsaval). Hierbei verpflichtet sich die Bank, für die Vertragserfüllung eines Kunden einem Dritten gegenüber zu sorgen und die Sicherheit für die Vertragserfüllung (einen Prozentsatz der Vertragssumme) aufzubringen,
- vorgesehene Vertragsstrafen ihrer Kunden, wenn sie einen Vertrag nicht erfüllen,
- eventuelle Gewährleistungsansprüche aus Arbeiten ihrer Kunden (Gewährleistungsbürgschaft),
- geleistete Anzahlungen. Die Bank bürgt für die Leistung, die sich mit der Anzahlung verbindet (Anzahlungsbürgschaften),
- die Stundung von Steuern, Zöllen und Frachten,
- Prozessverpflichtungen und
- Wechselschulden (Akzeptkredit).

5.2.2 Die Verpfändung

Von einer Verpfändung spricht man, wenn ein Gegenstand aus dem Besitz des Schuldners in den Besitz des Gläubigers übergeht. Der Kreditgeber erhält gleichzeitig eine Verwertungsbefugnis über den Pfandgegenstand. Er darf das Pfand veräußern (versteigern), wenn der Schuldner seinen Zahlungspflichten nicht nachkommt.

Wichtig ist, dass der Pfandgeber nach wie vor Eigentümer der Sache bleibt und das Eigentumsrecht nur dann verliert, wenn er die geschuldeten Leistungen gegenüber dem Gläubiger nicht erbringt.

Bei einer Verpfändung haften also dingliche Gegenstände oder Rechte dafür, dass der Schuldner seinen Zahlungspflichten am Fälligkeitstag nachkommt. Von Bedeutung ist, dass mit der Verpfändung zwar die Eigentumsverhältnisse unberührt bleiben, das Pfand aber im Normalfall den Besitzer wechselt.

Bekannt ist dies z. B. aus Pfand- bzw. Leihhäusern, die man in großen Städten findet. Hier erhalten Privatpersonen einen (i. d. R. teuren) Kredit, wenn sie persönliche Wertgegenstände als Pfand hinterlegen. Lösen sie das Pfand nicht innerhalb einer festgelegten Frist ein, wird es versteigert.

Ein Unternehmen hat gegebenenfalls in seinen Vermögenswerten Dinge, die zwar einen Wert haben, aber für den konkreten Produktions- oder Verwaltungsprozess nicht benötigt werden; z. B. ein im Seminarraum hängendes Gemälde eines bekannten Malers. Ein solcher Gegenstand kann verpfändet werden, ohne dass dies Einfluss auf die Geschäftstätigkeit hat. Der Kreditgeber bekäme die Gegenstände in seine Obhut, d. h. in seinen Besitz, und könnte dieses Pfand verwerten, wenn der Schuldner nicht zahlt. Da dieser Fall aber eher selten ist, hat die in Kapitel 5.2.4 beschriebene Sicherungsübereignung bei der der Gegenstand im Besitz des Schuldners bleibt, im Geschäftsverkehr größere Bedeutung.

BGB – Pfandrecht

Das Pfandrecht ist im Bürgerlichen Gesetzbuch (BGB) geregelt:

§§

§ 1205 Bestellung

(1) Zur Bestellung des Pfandrechts ist erforderlich, dass der Eigentümer die Sache dem Gläubiger übergibt und beide darüber einig sind, dass dem Gläubiger das Pfandrecht zustehen soll. Ist der Gläubiger im Besitz der Sache, so genügt die Einigung über die Entstehung des Pfandrechts.

§ 1206 Übergabeersatz durch Einräumung des Mitbesitzes

Anstelle der Übergabe der Sache genügt die Einräumung des Mitbesitzes, wenn sich die Sache unter dem Mitverschluss des Gläubigers befindet oder, falls sie im Besitz eines Dritten ist, die Herausgabe nur an den Eigentümer und den Gläubiger gemeinschaftlich erfolgen kann.

§ 1208 Gutgläubiger Erwerb des Vorrangs

Ist die Sache mit dem Recht eines Dritten belastet, so geht das Pfandrecht dem Recht vor, es sei denn, dass der Pfandgläubiger zurzeit des Erwerbs des Pfandrechts in Ansehung des Rechts nicht in gutem Glauben ist.

Pfandgeber/ Pfandnehmer

Das Pfandrecht entsteht durch einen Vertrag zwischen dem Verpfänder und dem Pfandnehmer (Gläubiger). Das Pfandrecht ist akzessorisch, d. h., es entfällt, wenn die Forderung nicht mehr besteht. Der Wert des Pfandes darf auch nicht erheblich über dem Wert der Forderung liegen, denn sonst gilt er als übersichert und das Pfandrecht des Gläubigers ist nichtig.

Entstehung der Pfandrechte/ Arten von Pfandgegenständen

Bei der **Entstehung des Pfandrechtes** wird unterschieden zwischen dem Pfandrecht an

- **beweglichen Sachen:** Es gilt das Faustpfandprinzip, der Pfandgegenstand muss an den Gläubiger übergeben werden. Befindet er sich schon bei ihm, erübrigt sich die Übergabe. Es wird dann nur der entsprechende Vertrag geschlossen. Befindet sich ein Pfand bei einer dritten Person, wird es entweder von dieser übergeben oder man teilt der Person mit, dass der Gegenstand verpfändet wurde und ein Anspruch auf Herausgabe besteht.
- **unbeweglichen Sachen:** Auch Immobilien können verpfändet werden, aber hier kann keine Übergabe stattfinden. Es erfolgt eine Eintragung im Grundbuch, die das Pfandrecht dokumentiert. Im Grundbuch stehen alle wichtigen Daten zu einem Grundstück, u. a. der Eigentümer und eventuelle Grundpfandrechte an diesem Grundstück. Es wird unterschieden zwischen einer Hypothek und einer Grundschuld.
- **Rechten:** Dabei kann es sich um Forderungen oder um Wertpapiere handeln. Pfandgeber und Pfandnehmer müssen sich über die Entstehung des Pfandrechtes einigen. Dem Schuldner der Forderung muss die Verpfändung angezeigt werden, um sicherzustellen, dass der Forderungsbetrag im Verwertungsfall nur an den Sicherungsnehmer ausgezahlt werden darf.

Pfandrecht an beweglichen Sachen

Folgende Situationen für die Bestellung des Pfandes **bei beweglichen Sachen** sind denkbar:

- **Das Pfand befindet sich noch beim Pfandgeber.** Nach der Einigung über die Entstehung des Pfandrechtes wird das Pfand an den Pfandgläubiger/Pfandnehmer übergeben. Erst danach ist das Pfandrecht auch wirklich entstanden (§ 1204 Abs. 1 Satz 1 BGB).
- **Das Pfand befindet sich bereits beim Pfandnehmer.** Wenn das Pfand sich schon beim Pfandnehmer befindet, braucht die Übergabe nicht stattzufinden. Dann genügt es zum Entstehen des Pfandrechtes, den Pfandvertrag (= Einigung) abzuschließen (§ 1204 Abs. 1 Satz 2 BGB).

- **Das Pfand befindet sich bei einem Dritten, der ansonsten nichts mit der Bestellung des Pfandrechtes zu tun hat.** Es ist auch möglich, ein Pfandrecht zu bestellen, wenn sich der Pfandgegenstand weder beim Pfandgeber noch beim Pfandnehmer befindet und auch weiterhin bei diesem Dritten bleiben soll. In diesem Fall kann die Übergabe des Pfandes ersetzt werden durch eine Anzeige dem unmittelbaren Besitzer (Dritten) gegenüber, dass der Gegenstand nun als Pfand dienen soll. Außerdem tritt der Pfandgeber seinen Herausgabeanspruch an den Pfandnehmer ab. Erst durch die Übertragung dieses Anspruchs hat der Pfandnehmer im Falle einer Verwertung des Pfandes das Recht, das Pfand vom unmittelbaren Besitzer (Dritten) zu erhalten (§ 1205 Abs. 2 BGB).
- **Das Pfand soll weiterhin beim Pfandgeber bleiben.** In diesem Fall einigen sich die beiden Vertragspartner darauf, dass der Pfandgegenstand beim Pfandgeber bleiben soll. Zur Absicherung, dass das Pfand nicht vom Pfandgeber veräußert wird, wird dem Pfandnehmer ein Mitbesitz eingeräumt. Die Herausgabe des Pfandes an einen Dritten kann dann nur gemeinschaftlich von Pfandgeber und Pfandnehmer erfolgen (= Mitverschluss; § 1206 BGB).

Einigung und Pfandanzeige

Wird eine **Forderung verpfändet**, so müssen sich auch hier Pfandgeber und Pfandnehmer zunächst über die Entstehung eines Pfandrechts einigen. Darüber hinaus muss dem Forderungsschuldner die Verpfändung angezeigt werden. Dadurch wird sichergestellt, dass der Forderungsbetrag im Verwertungsfall nur an den Sicherungsnehmer ausgezahlt werden darf (§ 1273 f. BGB). Gläubiger der Forderung bleibt weiterhin der Sicherungsgeber. Die Eigentumsverhältnisse ändern sich nicht.

Pfandrecht an beweglichen Sachen, Indossament

Für die **Verpfändung von Wertpapieren** gelten grundsätzlich die gleichen Regeln wie für das Pfandrecht an beweglichen Sachen. Eine Ausnahme hiervon bildet die Verpfändung von Orderwertpapieren. Das sind Wertpapiere, die nur an den auf dem Wertpapier angegebenen Berechtigten ausgezahlt werden dürfen bzw. die Ware nur an den auf dem Wertpapier Genannten übergeben werden darf (z. B. Namensaktien, Ladescheine, Oderlagerscheine). Wenn solche Wertpapiere verpfändet werden, muss auf dem Wertpapier ein **Weitergabevermerk (= Indossament)** angebracht werden, der den Pfandnehmer berechtigt, im Fall der Verwertung den Gegenwert zu erhalten.

Verwertung des Pfandes

Wenn die gesicherte Forderung fällig ist und nicht gezahlt wird, muss die **Pfandverwertung** angedroht werden (§ 1228 und § 1234 BGB). Nach Ablauf einer Wartefrist (bei Privatleuten einen Monat nach der Androhung der Pfandverwertung [§ 1234 BGB] und bei Kaufleuten eine Woche nach der Androhung [§ 368 HGB]) kann die Verwertung erfolgen.

Bewegliche Sachen werden grundsätzlich öffentlich versteigert. Dabei kann jeder mitbieten, also auch Pfandnehmer und Pfandgeber (§ 1235 ff. BGB). Gibt es einen Börsen- oder Marktpreis (z. B. für Rohöl, Getreide, Gold, Wertpapiere), kann auch ein freihändiger Verkauf[1] erfolgen (§ 1221 und § 1235 BGB).

Forderungen werden an den Pfandnehmer ausgezahlt. Nur die Auszahlung an den Pfandnehmer erfolgt mit schuldbefreiender Wirkung, d. h., wenn der Forderungsschuldner an jemand anders als den Pfandnehmer auszahlt, hat der Pfandnehmer das Recht, den gesicherten Betrag nochmals vom Drittschuldner zu verlangen (§ 1282 BGB).

1 freihändiger Verkauf = Verkauf, der nicht als öffentliche Versteigerung stattfinden muss

Verpfändete Forderungen werden mit schuldbefreiender Wirkung an den Pfandnehmer ausgezahlt.

Erlöschen des Pfandrechts

Das Pfandrecht erlischt, wenn

- der Pfandgegenstand rechtmäßig veräußert wurde (§ 1242 BGB) oder
- die gesicherte Forderung nicht mehr besteht (§ 1252 BGB) oder
- das Pfand an den ursprünglichen Pfandgeber zurückgegeben wird (§ 1253 BGB) oder
- der Pfandgeber die Aufhebung des Pfandrechts erklärt (§ 1255 BGB).

Nachteile des Pfandrechts

Große **Nachteile des Pfandrechts** bestehen darin, dass

- der Kreditnehmer (i. d. R. auch der Pfandgeber) das Sicherungsgut nicht weiter nutzen kann und
- das Kreditinstitut (= Sicherungsnehmer/Pfandnehmer) nun das Pfand aufbewahren muss.

5.2.3 Die Zession (Abtretung von Forderungen)

Nicht selten stehen den Verbindlichkeiten, die ein Unternehmen hat, mindestens ebenso große oder noch höhere Außenstände in Form von Forderungen gegenüber. Wenn diese Forderungen sicher sind, können auch sie als Sicherheit an einen Kreditgeber abgetreten werden.

(Beispiel am Ende des Kapitels)

Forderungsabtretung/ Zession

§§

§ 398 BGB Abtretung

Eine Forderung kann von dem Gläubiger durch Vertrag mit einem anderen auf diesen übertragen werden (Abtretung). Mit dem Abschluss des Vertrags tritt der neue Gläubiger an die Stelle des bisherigen Gläubigers.

Die Forderungsabtretung wird auch Zession genannt. Sie kommt der Verpfändung sehr nahe. Dennoch gibt es einige wichtige Unterschiede:

- Bei der Zession wird die Gläubigereigenschaft auf den Sicherungsnehmer übertragen.
- Es handelt sich um eine abstrakte Sicherheit, während eine Verpfändung einen konkreten Gegenstand oder ein konkretes Recht betrifft.
- Damit das Pfandrecht entsteht, wird bei der Verpfändung der Schuldner darüber in Kenntnis gesetzt. Bei der Zession ist dies nicht der Fall.

Zedent und Zessionar

Derjenige, der die Forderung abtritt, ist der Zedent. Derjenige, an den sie abgetreten wird, ist der Zessionar.

Zessionsarten

Je nachdem, worüber sich die beiden Vertragspartner einigen, unterscheidet man nach dem Umfang einer Zession und der Frage, ob sie offen oder still erfolgt.

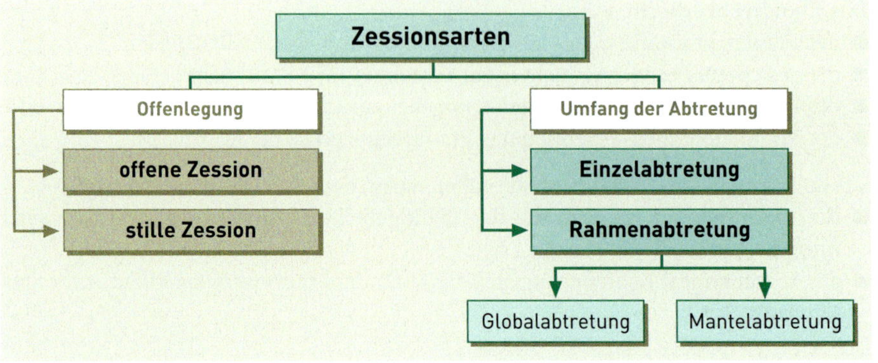

Offene Zession

- **Offene Zession.** In diesem Falle wird derjenige, gegenüber dem eine Forderung besteht, über die Abtretung informiert. Das bedeutet, dass der Ausgleich der Forderung am Fälligkeitstag direkt an den Drittschuldner (Zessionar) erfolgt.

Stille Zession

- **Stille Zession.** Es ist durchaus nachvollziehbar, dass der Schuldner nicht möchte, dass jemand von der Abtretung der Forderung Kenntnis erlangt. In diesem Fall erfährt derjenige, gegenüber dem die Forderung besteht (also z. B. ein Kunde), nichts von der Abtretung. Man spricht von einer stillen Zession. Das heißt, dass der Schuldner die Zahlung „ganz normal" an den Gläubiger leistet und der das Geld dann direkt an den Drittschuldner weiterleitet.

Einzelzession

- **Einzelzession.** Wird nur eine bestimmte Forderung zur Besicherung eines Kredites abgetreten, spricht man von einer **Einzelabtretung.**

Rahmenabtretung

- **Rahmenabtretung.** Oft reicht eine Einzelzession für eine Kreditsicherung nicht aus. Dann bietet sich ggf. eine Rahmenzession an, bei der ein Kreditnehmer für einen Bankkredit zur Sicherheit Kundenforderungen in bestimmbarer Größenordnung abtritt. Werden daraus einzelne Forderungen beglichen, so muss der Zedent immer wieder neue Forderungen vorlegen. Innerhalb der Rahmenabtretung wird unterschieden zwischen der Mantelabtretung und der Globalabtretung. Das wichtigste Unterscheidungsmerkmal besteht hinsichtlich der Übertragung der Gläubigerrechte an den Sicherungsnehmer.

Mantelzession

  - Bei der **Mantelabtretung** geht die Forderung auf den Sicherungsnehmer in dem Moment über, in dem der Sicherungsgeber ihm die Rechnungskopien der abgetretenen Forderungen übergibt.

Globalzession

  - Bei der **Globalabtretung** gehen die zukünftigen Forderungen bereits mit ihrem Entstehen, also durch den Abschluss des Kauf- oder Werkvertrages auf den Zessionar über und nicht erst mit dem Einreichen einer Rechnungskopie, wie es bei der Mantelzession der Fall ist. Die Globalzession ist das typische Kreditsicherungsmittel der Geld gebenden Banken.

Nachteile einer Zession

Nachteile einer Zession:

- Eine angetretene Forderung ist nur dann eine Sicherheit, wenn der Drittschuldner auch zahlungsfähig ist. Hierüber hat der Zessionar keine direkte Beurteilungsmöglichkeit (es sei denn, es handelt sich um allgemein bekannte, solide Unternehmen).
- Die (abgetretene) Forderung eines Gläubigers gegenüber einem Schuldner kann im Nachhinein verändert bzw. geschmälert werden. Dies ist z. B. der Fall bei einer mangelhaften Lieferung. Damit reduzieren sich auch der Anspruch und die Sicherheit des Kreditgebers gegenüber dem Drittschuldner.
- Bei einer stillen Zession besteht die Gefahr, dass eine Forderung mehrfach abgetreten wird.

Beispiel

Beispielhafter Ablauf eines durch eine Zession gesicherten Kredites:

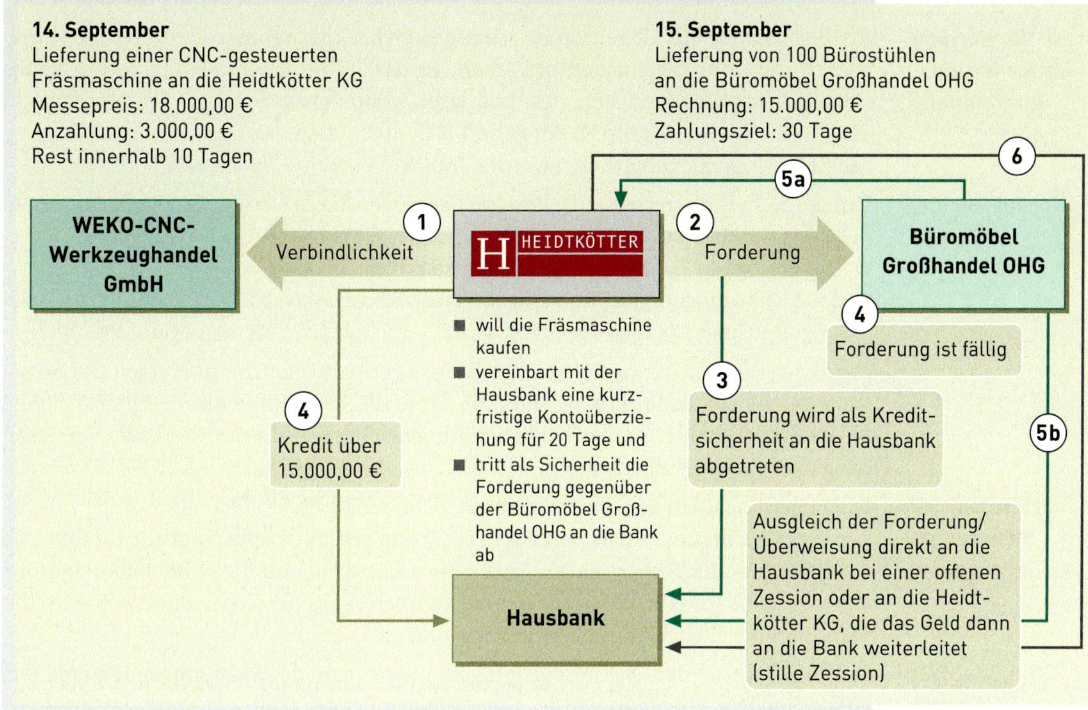

5.2.4 Die Sicherungsübereignung

Wenn ein Gegenstand nicht für eine Verpfändung geeignet ist, weil bei dem Kreditgeber z. B. nicht die Möglichkeit einer Aufbewahrung besteht oder weil der Kreditnehmer den Gegenstand für die Ableistung seiner Tätigkeit benötigt – ein Taxifahrer kann z. B. nicht sein Taxi verpfänden, weil er sonst kein Fahrzeug mehr hat, mit dem er Umsätze tätigen kann –, dann besteht die Möglichkeit, Gegenstände des Anlagevermögens an einen Gläubiger zu übereignen.

Der Eigentümer kann mit dem sicherungsübereigneten Gegenstand aber nicht beliebig verfahren. Er hat nur das treuhänderische Eigentum, d. h., er hat die Interessen und das Rückgaberecht des Kreditnehmers bzw. des Besitzers des sicherungsübereigneten Gegenstandes zu beachten.

Wenn also z. B. der oben genannte Taxifahrer das Fahrzeug an einen Kreditgeber sicherungsübereignet und ihm dazu den Kfz-Brief überlässt, kann der das Taxi nicht veräußern, es sei denn, der Kreditnehmer kommt am Fälligkeitstag seinen Zahlungspflichten nicht nach.

§§

§ 903 BGB Befugnisse des Eigentümers

Der Eigentümer einer Sache kann, soweit nicht das Gesetz oder Rechte Dritter entgegenstehen, mit der Sache nach Belieben verfahren und andere von jeder Einwirkung ausschließen.

Voraussetzung für die Sicherungsübereignung eines Gegenstandes ist, dass der Sicherungsgegenstand von anderen Gegenständen, die im Besitz des Sicherungsgebers sind, genau zu unterscheiden ist **(= Individualisierung des Sicherungsgutes).**

Verwertung der Sicherungsübereignung

Als Eigentümer des Gegenstandes darf der Sicherungsnehmer natürlich nicht willkürlich mit dem Gegenstand umgehen. Er darf seine Eigentumsrechte nur **sicherungshalber** geltend machen, d. h. nur dann, wenn die zu sichernde Forderung nicht eingetrieben werden kann. Dazu gehört z. B. auch, dass das Eigentum nach Tilgung des Kredites zurückübertragen werden muss.

Voraussetzung für eine Verwertung

Um die Sicherungsrechte (z. B. Verkauf des Gegenstandes durch den Sicherungsnehmer) geltend machen zu können, müssen **zwei Voraussetzungen** erfüllt sein:

- Die gesicherte Forderung muss fällig sein und
- der Sicherungsnehmer muss in die tatsächliche Herrschaft (= unmittelbarer Besitz) des Gegenstandes kommen, notfalls auch durch eine Klage oder Pfändung.

Die Verwertung muss laut Urteil des Bundesgerichtshofes die Interessen des Sicherungsgebers schützen. Das ist in erster Linie die Erzielung eines möglichst hohen Verkaufserlöses durch eine möglichst günstige Verwertungsart (Verkauf, Versteigerung oder Zwangsvollstreckung).

Erlöschen der Sicherungsübereignung

Die Sicherungsübereignung ist **abstrakt**, d. h., sie ist nicht abhängig von dem Bestehen einer Forderung. Auch wenn die Forderung getilgt ist, erlischt nicht automatisch das Eigentum des Sicherungsnehmers. Sie erlischt erst durch die **Rückübereignung**, d. h. durch die Erklärung des Sicherungsnehmers, dass der Gegenstand wieder in das Eigentum des Sicherungsgebers zurückgeht.

Gutgläubiger Erwerb

Das Eigentum an dem Sicherungsgut geht unter, wenn das Sicherungsgut gutgläubig von jemandem erworben wurde. **Gutgläubiger Erwerb** liegt vor, wenn der Erwerber nach gutem Menschenverstand annehmen konnte, dass der Verkäufer auch Eigentümer der Sache ist und der Gegenstand nicht abhandengekommen war.

Nachteile und Risiken der Sicherungsübereignung

Das Eigentum an dem Sicherungsgegenstand kann dem Sicherungsnehmer nicht übertragen werden oder geht verloren. Das Sicherungsgut

- wurde gutgläubig von einer anderen Person erworben (s. o.).
- ist einem hohen Werteverfall unterworfen. Dadurch ist nur ein geringer Beleihungswert möglich.
- wird beschädigt oder zerstört.
- wird gestohlen.
- wird verarbeitet.
- unterliegt einem Pfandrecht oder ist bereits sicherungsübereignet.
- unterliegt noch nicht dem Eigentum des Sicherungsgebers (z. B. bei Lieferung unter Eigentumsvorbehalt).

Begrenzung der Risiken

Diese Risiken können durch folgende Vereinbarungen in dem Sicherungsübereignungsvertrag gemindert werden.

Beispiele

- Ein gutgläubiger Erwerb eines Autos ist nicht möglich, wenn das Kreditinstitut sich den Kraftfahrzeugbrief aushändigen lässt[1].
- Das Sicherungsgut muss versichert werden.
- Im Fall einer Lieferung unter Eigentumsvorbehalt räumt der Sicherungsgeber eine Anwartschaft auf das Eigentum ein. Der Sicherungsnehmer wird Eigentümer ab dem Zeitpunkt, in dem der Kaufpreis für das Sicherungsgut vom Sicherungsnehmer vollständig bezahlt wurde.

1 In der Praxis der Kreditinstitute wird aber zunehmend darauf verzichtet, weil der Verwaltungsaufwand dafür höher als das zu verhindernde Risiko ist.

5.2.5 Die Grundschuld

Grundschuld

Die **Grundschuld** stellt die Belastung eines Grundstücks und somit die Einräumung eines Grundpfandrechts an den Gläubiger dar. Aus der Grundschuld entsteht dem Gläubiger der Anspruch auf eine bestimmte Geldsumme aus dem Grundstück. Sie ist nicht an eine bestimmte Forderung gebunden und ist daher eine **abstrakte, vom Kredit losgelöste Verpflichtung des Schuldners.** Sie bleibt selbst dann noch eine Fremdgrundschuld in der Hand des Gläubigers, wenn dieser keine persönlichen Ansprüche mehr gegen den Grundstückseigentümer hat. Ihm steht jedoch das Recht auf Rückübertragung oder Löschung der Grundschuld zu.

Bei der Grundschuld haften neben dem Grundstück alle Gebäude auf dem Grundstück, alles Zubehör (z. B. Maschinen) und Forderungen, die aus dem Grundstück entstehen können (z. B. Mietforderungen, Versicherungsforderungen).

Wie beim Pfandrecht an beweglichen Sachen bleibt der Sicherungsgeber Eigentümer des Sicherungsgutes, also des Grundstückes. Im Gegensatz zum Mobiliarpfandrecht (= Pfandrecht an beweglichen Sachen) bleibt jedoch das Grundstück auch im Besitz des Sicherungsgebers. Er darf es weiterhin benutzen.

Zweck des Grundbuches

Die Sicherungsrechte an dem Grundstück werden in das **Grundbuch** eingetragen. Das Grundbuch ist ein öffentliches Register, das jedermann zugänglich ist, der ein Interesse an dem Grundstück nachweisen kann. Darin werden alle rechtlichen Verhältnisse eines Grundstückes dargelegt. Das Grundbuch wird beim Grundbuchamt, einer Abteilung des Amtsgerichtes, geführt. Zu den rechtlichen Verhältnissen gehören insbesondere
- die Eigentumsverhältnisse,
- die Lasten (z. B. ein Vorkaufsrecht) und Beschränkungen (z. B. Vermerk über die Anordnung einer Zwangsvollstreckung) und
- die Grundpfandrechte.

Die Eintragung der Grundschuld ist mit Kosten für Notar und Amtsgericht verbunden. Mit der Einigung über die Entstehung eines Grundpfandrechtes und der Eintragung des Grundpfandrechtes in das Grundbuch hat der Sicherungsnehmer die Rechte aus der Grundschuld erworben.[1] Diese Rechte dürfen aber nur zur Sicherung von Forderungen ausgeübt werden. Der Sicherungsnehmer erhält die Rechte nur sicherungshalber.[2]

Verwertung der Grundschuld

Aufgrund der Abstraktheit der Grundschuld bleibt sie auch nach Rückzahlung der Forderungen bestehen. Da der Gläubiger aber keine Forderungen mehr geltend machen kann, stehen nun dem Grundstückseigentümer die Rechte aus der Grundschuld zu. Er könnte sie z. B. an einen anderen Gläubiger abtreten. Dadurch kann er dem zweiten Gläubiger schnell und kostengünstig eine werterhaltende Sicherheit anbieten.

1 Aus Kosten- und Verwaltungsgründen wird i. d. R. auf die Ausstellung einer zusätzlichen Urkunde verzichtet. Dann spricht man von einer **Buchgrundschuld.** Wird dennoch eine Urkunde ausgestellt, handelt es sich um eine **Briefgrundschuld.** In diesem Fall ist zum Erwerb der Rechte aus der Grundschuld auch die Übergabe der Urkunde erforderlich.

2 Fiduziarische Sicherheit. Damit wird ausgeschlossen, dass der Sicherungsnehmer sich ohne Grund zulasten des Sicherungsgebers bereichert.

Erlöschen der Grundschuld

Eine Grundschuld erlischt erst, wenn sie im Grundbuch gelöscht wird. Dazu muss aber der Sicherungsnehmer eine Löschungsbewilligung abgeben, wozu er jedoch verpflichtet ist. Die Löschungsbewilligung ist abzugeben, weil das Grundbuchamt nicht prüfen kann, ob die Löschung zu Recht erfolgt.

Bewertung der Grundschuld

Die Grundschuld hat viele **Vorteile** aufzuweisen:

- Sie kann für alle Arten von Krediten als Sicherheit dienen.
- Das Sicherungsgut ist keinem Werteverfall unterworfen;
- daher kann ein hoher Beleihungswert angesetzt werden.
- Die Grundschuld erlischt nicht. Sie kann schnell und kostengünstig für andere Kredite herangezogen werden.
- Schnelle Verwertungsmöglichkeit durch die Eintragung der Zwangsvollstreckungsklausel.
- Der Sicherungsgeber bleibt Eigentümer, unmittelbarer Besitzer und Nutzer des Grundstückes.

Hypothek

Im Gegensatz zur Grundschuld ist die **Hypothek** an das Bestehen einer Forderung geknüpft. Die Forderung ist das Hauptrecht und die Hypothek ein Nebenrecht. Wird z. B. eine Quittung vorgelegt, durch die bewiesen werden kann, dass alle Forderungen erloschen sind, können keine Rechte mehr aus einer mit diesen Forderungen verbundenen Hypothek geltend gemacht werden. Dies ist auch dann der Fall, wenn sie noch im Grundbuch eingetragen ist.

Voraussetzungen für das Entstehen einer Hypothek sind:

- bestehende oder mit Sicherheit entstehende persönliche Forderungen,
- Einigung zwischen Schuldner und Gläubiger, dass eine Hypothek begründet werden soll,
- Eintragung im Grundbuch.

Zwangsverwaltung

Ganz gleich ob es sich um eine Grundschuld oder eine Hypothek handelt, bereits beim Entstehen kann eine **Zwangsvollstreckungsklausel** vereinbart werden. Dadurch unterwirft sich der Grundstückseigentümer im Fall der Nichtzahlung seiner Zins- oder Tilgungsleistungen der sofortigen Zwangsvollstreckung, ohne dass der Sicherungsnehmer erst eine Klage zur Zwangsvollstreckung erfolgreich bestreiten muss.

Möglichkeiten der Zwangsvollstreckung bei Grundstücken

Die Zwangsvollstreckung kann als Zwangsversteigerung oder als Zwangsverwaltung (z. B. Übernahme der Vermietung eines Hauses) durchgeführt werden. Bei der Zwangsversteigerung verliert der Sicherungsgeber sein Eigentum an dem Grundstück. Bei der Zwangsverwaltung behält er das Eigentum, er verliert jedoch (vorübergehend) die Nutzungs- und Verwaltungsrechte.

Neben der freiwilligen Vereinbarung der Eintragung einer Hypothek oder einer Grundschuld in das Grundbuch kann dies aber auch das Ergebnis einer Zwangsvollstreckung sein.

6 Wege aus der Zahlungsunfähigkeit – Das Insolvenzverfahren

6.1 Grundzüge des Regelinsolvenzverfahrens für Unternehmen

6.1.1 Wie kommt es zum Insolvenzantrag?

Um ein Insolvenzverfahren eröffnen zu können, muss ein Grund dazu (Eröffnungsgrund) bestehen. Insolvenzeröffnungsgründe sind Zahlungsunfähigkeit, drohende Zahlungsunfähigkeit und Überschuldung.

- **Zahlungsunfähigkeit, § 17 InsO**

  Der Schuldner ist zahlungsunfähig, wenn er nicht in der Lage ist, die fälligen Zahlungspflichten zu erfüllen. Davon ist in der Regel auszugehen, wenn der Schuldner seine Zahlungen eingestellt hat. Von der Zahlungsunfähigkeit zu unterscheiden ist die bloße Zahlungsstockung.

  Zahlungsstockung

  Eine Zahlungsstockung liegt vor, wenn der Schuldner berechtigt davon ausgeht, dass die Zahlungsunfähigkeit nur vorübergehend ist und er die Forderungen seiner Gläubiger in Kürze erfüllen kann. Der Schuldner muss also kurzfristig (Zeitraum einzelfallabhängig, Richtwert: etwa zwei bis drei Wochen) imstande sein, sich die erforderlichen flüssigen Mittel zu beschaffen, um die Verbindlichkeiten zu begleichen. Nur dann kann von einer bloßen Zahlungsstockung ausgegangen werden, die noch keinen Insolvenzgrund darstellt.

  Die Abgrenzung kann im Einzelfall sehr schwierig sein.

  Typische Indizien für eine Zahlungsunfähigkeit sind:
  - Nichtzahlung von Lieferanten
  - Nichtzahlung von Löhnen, Gehältern und Sozialversicherungsbeiträgen
  - Hingabe ungedeckter Schecks
  - Wechselproteste
  - Zwangsvollstreckungen/Vorliegen von Vollstreckungsanträgen
  - Anträge zur Abgabe einer eidesstattlichen Versicherung

- **Drohende Zahlungsunfähigkeit, § 18 InsO**

  Eigenantrag des Schuldners

  Der Schuldner hat außerdem die Möglichkeit, schon bei drohender Zahlungsunfähigkeit die Eröffnung eines Insolvenzverfahrens zu beantragen.

  Der Gesetzgeber will dem Schuldner die zusätzliche Möglichkeit einräumen, einen Insolvenzantrag bereits dann zu stellen, wenn die Zahlungsunfähigkeit absehbar ist. Weiteres Warten würde die Chance auf eine Sanierung des Unternehmens nur verschlechtern, weil die Schulden weiter steigen und z. B. Arbeitnehmer das Unternehmen verlassen. Von der Möglichkeit des Eigenantrags des Schuldners wegen drohender Zahlungsunfähigkeit sollte deshalb dann Gebrauch gemacht werden, wenn Sanierungschancen für das angeschlagene Unternehmen in Aussicht sind.

- **Überschuldung, § 19 InsO**

  Überschuldungsbegriff

  Bei juristischen Personen kann auch die Überschuldung Eröffnungsgrund für ein Insolvenzverfahren sein. Durch das Finanzmarktstabilisierungsgesetz (FMStG) wurde der Überschuldungsbegriff des § 19 Abs. 2 InsO im Rahmen der Maßnahmen zur Bewältigung der Finanzkrise im Herbst 2008 neu geregelt.

Danach liegt Überschuldung vor, wenn das Vermögen des Schuldners die bestehenden Verbindlichkeiten nicht mehr deckt, es sei denn, die Fortführung des Unternehmens ist nach den Umständen überwiegend wahrscheinlich.[1] Neben der rechnerischen Überschuldung – wenn also das auf der Aktivseite der Bilanz ausgewiesene Vermögen kleiner ist als die auf der Passivseite ausgewiesenen Verbindlichkeiten – ist die positive Fortführungsprognose für die Beurteilung der Überschuldung maßgeblich. Es können also rechnerisch überschuldete Unternehmen der Insolvenzantragspflicht entgehen, sofern sie eine positive Fortführungsprognose aufstellen können.

Schuldnerantrag

Stellt der Schuldner selbst einen **Schuldnerantrag** auf Eröffnung des Insolvenzverfahrens, hat das Insolvenzgericht alle Umstände zu ermitteln, die für das Insolvenzverfahren von Bedeutung sind.

Vermögensverzeichnis

Dem Antrag ist ein **Vermögensverzeichnis** beizufügen, aus dem durch Gegenüberstellung der Aktiva und Passiva unter Berücksichtigung von Liquidationswerten ein vollständiger Überblick über die Vermögenslage gewonnen werden kann.

Gläubiger- und Schuldnerverzeichnis

Ein **Gläubiger- und Schuldnerverzeichnis** ist mit genauer Bezeichnung der Gläubiger und Schuldner sowie deren Anschriften beizufügen. Bei jeder Forderung und Verbindlichkeit sind der Betrag und der Schuldgrund anzugeben. Weiterhin sollte ersichtlich sein, ob seitens Dritter Ansprüche auf Herausgabe oder abgesonderte Befriedigung bestehen.

Für eine juristische Person (GmbH und AG, Genossenschaft) oder eine Personenhandelsgesellschaft, bei der der persönlich haftende Gesellschafter keine natürliche Person ist (GmbH & Co. KG/OHG), gelten Fristen für die Beantragung der Insolvenz. Die **Geschäftsführer** bzw. Vorstände oder die Abwickler bei einer Zahlungsunfähigkeit oder Überschuldung haben **ohne schuldhaftes Zögern**, spätestens aber drei Wochen nach Eintritt der Zahlungsunfähigkeit oder Überschuldung die **Eröffnung des Insolvenzverfahrens** zu beantragen (§ 15a InsO; siehe dazu auch § 64 GmbHG, § 99 GenG oder § 92 AktG). Die schuldhafte Verletzung der Antragspflicht erfüllt den Straftatbestand der **Insolvenzverschleppung.**

Gläubigerantrag

Nachweis der Gründe für Insolvenzantrag

Stellt ein Gläubiger einen **Gläubigerantrag auf Insolvenz,** muss er nachweisen, dass er ein rechtliches Interesse an der Eröffnung des Insolvenzverfahrens hat. Dies fehlt immer dann, wenn die Befriedigung des Gläubigers auf einfachere, schnellere und zweckmäßigere Weise erreicht werden kann. Wenn durch die Einleitung des gerichtlichen Mahnverfahrens auf dem Weg der Zwangsvollstreckung die Ansprüche des Gläubigers abgedeckt werden können, dann ist kein Grund für die Beantragung des Insolvenzverfahrens gegeben.

Der Gläubiger hat die Forderung und den Eröffnungsgrund nachzuweisen. Dazu müssen entsprechende Unterlagen vorgelegt werden. Zudem muss z. B. durch Bescheinigung eines Gerichtsvollziehers oder durch eidesstattliche Versicherung bestätigt sein, dass der Schuldner nicht in der Lage ist, die Verbindlichkeiten zu erfüllen. Ist der Gläubigerantrag zulässig, hat das Insolvenzgericht den Schuldner anzuhören.

Bis zur Entscheidung über den Insolvenzantrag durch Beschluss hat das Gericht alle Maßnahmen zu treffen, die erforderlich scheinen, um eine den Gläubigern nach-

1 Die Regelung dieses sogenannten zweistufigen Überschuldungsbegriffs des § 19 InsO gilt seit dem 18. Oktober 2008 und wurde durch das Finanzmarktstabilisierungsgesetz ursprünglich zeitlich befristet bis zum 31.12.2010 eingeführt. Diese Befristung wurde bis zum 31.12.2013 verlängert. Ab dem 01.01.2014 soll dann wieder die Formulierung gelten: „Bei der Bewertung des Vermögens des Schuldners ist jedoch die Fortführung des Unternehmens zugrunde zu legen, wenn diese nach den Umständen überwiegend wahrscheinlich ist."

teilige Veränderung in der Vermögenslage des Schuldners zu verhindern, d. h., als vorläufige Sicherungsmaßnahmen insbesondere

Vorläufige Maßnahmen

- einen vorläufigen Insolvenzverwalter zu bestellen,

Insolvenzverwalter

- dem Schuldner ein allgemeines Verfügungsverbot über sein Vermögen aufzuerlegen oder anzuordnen, dass die Verfügungen des Schuldners nur mit Zustimmung des vorläufigen Insolvenzverwalters wirksam sind,

Verfügungsverbot für Schuldner

- Maßnahmen der Zwangsvollstreckung gegen den Schuldner zu untersagen oder einstweilen einzustellen, soweit nicht unbewegliche Gegenstände betroffen sind,
- eine vorläufige Postsperre anzuordnen.

Insolvenzgutachter

Es wird geprüft, ob das Vermögen des Schuldners die Kosten für das Verfahren auch deckt. Diese Prüfung nimmt ein Insolvenzgutachter oder ein vorläufiger Insolvenzverwalter vor und sorgt dafür, dass das Vermögen des Schuldners gesichert und erhalten wird. Ein vorläufiger Insolvenzverwalter kann das Unternehmen bis zur Entscheidung über die Eröffnung des Insolvenzverfahrens fortführen oder es mit der Zustimmung des Insolvenzgerichts stilllegen. Wenn das Gericht seine Ermittlungen – meist unter Hinzuziehen eines Insolvenzgutachters – abgeschlossen hat, kann es entweder

- den Insolvenzantrag mangels Vorliegens eines Eröffnungstatbestandes (Zahlungsunfähigkeit, drohende Zahlungsunfähigkeit, Überschuldung) abweisen,
- den Insolvenzantrag mangels einer die Kosten des Verfahrens deckenden Vermögensmasse abweisen oder
- das Insolvenzverfahren eröffnen.

Wird ein Antrag **als unbegründet** abgewiesen, trägt der Antragsteller die Kosten des Verfahrens. Weitere Konsequenzen für das Unternehmen gibt es nicht.

Ablehnung mangels Masse

Die Antragsabweisung **mangels Masse** führt bei juristischen Personen zu deren Auflösung. Sie werden dann kraft Gesetzes aus dem Handelsregister gelöscht. Natürliche Personen (z. B. Kaufleute oder persönlich haftende Komplementäre) werden in das Schuldnerverzeichnis eingetragen. Die Frist zur Löschung dieser Eintragung beträgt fünf Jahre (§ 26 Abs. 2 InsO).

Rücknahme des Insolvenzantrags

Ein Insolvenzantrag kann auch zurückgenommen werden, wenn das Verfahren noch nicht eröffnet ist. Vor Gericht wird darüber in einem Zeitraum von vier bis acht Wochen entschieden. Wird ein Antrag zurückgenommen, werden die Verfahrenskosten auch hier dem Antragsteller auferlegt.

Anmeldefrist für Forderungen

Rechtstellung des Insolvenzverwalters

Der **Insolvenzeröffnungsbeschluss** wird erteilt, wenn alle Voraussetzungen für die Eröffnung eines Insolvenzverfahrens gegeben sind. Der Beschluss weist den Zeitpunkt der Eröffnung des Verfahrens aus. Das Gericht bestimmt den Insolvenzverwalter und die Gläubiger werden aufgefordert, ihre Forderungen innerhalb einer bestimmten Frist bei ihm anzumelden. Diese Frist beträgt mindestens zwei Wochen und höchstens drei Monate. Gleichzeitig wird das Vermögen des Schuldners beschlagnahmt, er verliert das Verwaltungs- und Verfügungsrecht über sein unternehmerisches Vermögen. Der Insolvenzverwalter nimmt zu diesem Zeitpunkt nach außen wie auch innerbetrieblich die Rechtsstellung des Unternehmers ein. Dies bezieht sich auch auf die innerbetriebliche Rechtsstellung und die arbeitsrechtlichen Verpflichtungen als Arbeitgeber. Der Insolvenzverwalter hat somit auch die Möglichkeit, Arbeitnehmern zu kündigen.

6.1.2 Nach der Eröffnung – Der Ablauf eines Insolvenzverfahrens

Zwei grundlegende Aspekte sind zu Beginn eines Insolvenzverfahrens zu beachten: Die Gläubiger müssen informiert werden und es ist sicherzustellen, wie ihre Ansprüche befriedigt werden können. Letzteres setzt voraus, dass eindeutig geklärt ist, was zur Insolvenzmasse gehört und was nicht.

Der Beschluss zur Eröffnung eines Insolvenzverfahrens ist öffentlich bekannt zu machen.

Bekanntmachung des Eröffnungsbeschlusses

§§

§ 30 Insolvenzordnung – Bekanntmachung des Eröffnungsbeschlusses

(1) Die Geschäftsstelle des Insolvenzgerichtes hat den Eröffnungsbeschluss sofort öffentlich bekannt zu machen. [...]

(2) Den Gläubigern und Schuldnern des Schuldners und dem Schuldner selbst ist der Beschluss besonders zuzustellen.

Insolvenzverfahren

Eröffnungsbeschluss → 3 N 3/100 Über das Vermögen der Reiser GmbH Bürosysteme, Thälmannstraße 79–85 in 04159 Leipzig ist am 10. Juli 20.. auf Antrag des zahlungsunfähigen Gemeinschuldners das Insolvenzverfahren eröffnet worden.

Insolvenzverwalter → Zum Insolvenzverwalter wird bestellt:
Rechtsanwältin Frau Dr. Luisa Weinert, Brunnenstraße 2 in 04628 Leipzig

Anmeldefrist für Forderungen → Forderungen an den Gemeinschuldner sind bis zum 15. August 20.. zweifach schriftlich mit Angaben der Zinsen beim Insolvenzgericht anzumelden. Gleiches gilt für Sicherungsrechte, die die Gläubiger an beweglichen Sachen und Rechten in Anspruch nehmen wollen.

Termine → Die erste Gläubigerversammlung als Berichts- und Prüfungstermin findet am 27. August 20.. um 10:00 Uhr in Zimmer 509 des Amtsgerichtes, Bernhard-Göring-Straße 64 in 04275 Leipzig statt. Alle Personen, die Verpflichtungen gegenüber dem Schuldner haben, sind aufgefordert, nicht mehr an den Schuldner, sondern an den Insolvenzverwalter zu leisten.

Leipzig, 10. Juli 20.. AMTSGERICHT

Deckung der Verfahrenskosten

Grundsätzlich verliert der Gläubiger mit der Eröffnung des Insolvenzverfahrens das Recht, über sein (bisheriges) Firmenvermögen zu verfügen. Der Insolvenzverwalter hat im Rahmen der Prüfung, ob das Vermögen zur Deckung der Verfahrenskosten überhaupt ausreicht, nach § 151 der Insolvenzordnung ein Verzeichnis der einzelnen Gegenstände erstellt. Bei jedem Gegenstand ist der Wert anzugeben.

Allerdings gehört nicht alles, was sich an Gegenständen in dem Betrieb befindet, zwangsläufig auch zur Insolvenzmasse. So werden z. B. Gegenstände ausgesondert, die sich zwar im Besitz des Gläubigers, aber nicht in dessen Eigentum befinden. Dies ist z. B. bei Lieferungen unter Eigentumsvorbehalt der Fall, wenn die Ware noch nicht bezahlt wurde. Der Lieferant hat Anspruch darauf, dass er die entsprechende Ware zurückbekommt.

Aussonderung

§§

§ 47 Insolvenzordnung – Aussonderung

Wer aufgrund eines dinglichen oder persönlichen Rechts geltend machen kann, dass ein Gegenstand nicht zur Insolvenzmasse gehört, ist kein Insolvenzgläubiger. Sein Anspruch auf Aussonderung des Gegenstandes bestimmt sich nach den Gesetzen, die außerhalb des Insolvenzrechts liegen.

Daneben kann es sein, dass ein Lieferant aufgrund einer noch nicht beglichenen Schuld ein Pfandrecht oder ein pfandähnliches Recht an einem Vermögensgegenstand des insolventen Schuldners hat. Das ist z. B. bei Sicherungsübereignungen, Forderungsabtretungen oder auch bei Grundpfandrechten der Fall. Solchermaßen belastete Gegenstände werden einer **Absonderung** unterzogen. Das heißt, dass der in einer Verwertung erzielte Erlös nur dem Gläubiger zusteht, der das Recht an dem jeweiligen Gegenstand hatte.

Absonderung

Die Verfahrensweise ist unterschiedlich, je nachdem, ob es sich um einen Gegenstand aus dem beweglichen oder aus dem unbeweglichen Vermögen handelt.

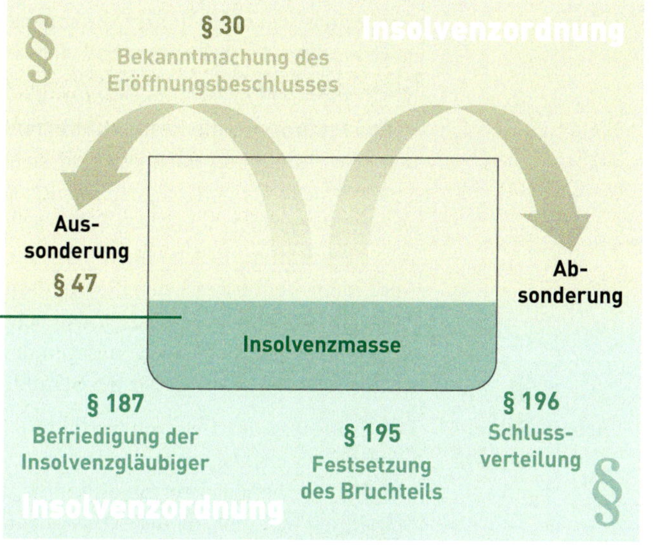

Das verbleibende Vermögen bildet die Insolvenzmasse. Es wird versucht, sie durch Verkäufe oder Versteigerungen zu verwerten. Was nach Abzug der Kosten des Insolvenzverfahrens übrig bleibt, wird an die Insolvenzgläubiger verteilt.

§§

§ 187 Insolvenzordnung – Befriedigung der Insolvenzgläubiger
Verteilungen an die Insolvenzgläubiger können erfolgen, so oft hinreichende Barmittel in der Insolvenzmasse vorhanden sind. [...]

Befriedigung der Insolvenzgläubiger

Die Gläubiger können in der Regel nicht damit rechnen, dass sie ihre gesamte Forderung erhalten. Die Insolvenzmasse reicht meist nur aus, um einen Bruchteil zu zahlen.

§§

§ 195 Insolvenzordnung – Festsetzung des Bruchteils
Für eine Abschlagsverteilung bestimmt der Gläubigerausschuss auf Vorschlag des Insolvenzverwalters den zu zahlenden Bruchteil. [...]

§ 196 Insolvenzordnung – Schlussverteilung
Die Schlussverteilung erfolgt, sobald die Verwertung der Insolvenzmasse [...] beendet ist. Die Schlussverteilung darf nur mit Zustimmung des Insolvenzgerichtes vorgenommen werden.

Festsetzung des Bruchteils

Schlussverteilung

Nicht gänzlich auszuschließen ist, dass sich bei der Schlussverteilung herausstellt, dass die Forderungen aller Insolvenzgläubiger nicht nur in voller Höhe ausgeglichen werden können, sondern dass obendrein noch ein Rest an Insolvenzmasse bzw. an Geld übrig bleibt. Das ist z. B. dann möglich, wenn Versteigerungserlöse durch inzwischen eingetretene Wertsteigerungen des Insolvenzvermögens unerwartet hoch ausfallen. In einem solchen Fall erhält der Schuldner den verbleibenden Überschuss.

Sobald die Schlussverteilung vollzogen ist, beschließt das Insolvenzgericht die Aufhebung des Insolvenzverfahrens. Der Beschluss und der Grund der Aufhebung sind öffentlich bekannt zu machen.

Aufhebung Insolvenzverfahren

6.1.3 Folgen des Insolvenzverfahrens

Haftung des Unternehmers

Restschuldbefreiung

Soweit der **Unternehmer als Schuldner** für die Unternehmensschulden mit seinem privaten Vermögen persönlich haften muss und zu erwarten ist, dass der Unternehmer auch nach dem Insolvenzverfahren auf einem Schuldenberg sitzen bleiben wird, kann es für den Schuldner sinnvoll sein, zusätzlich einen Antrag auf Restschuldbefreiung zu stellen. Dem redlichen Schuldner kann nämlich nach einer Wohlverhaltensperiode von sechs[1] Jahren die sogenannte Restschuldbefreiung erteilt werden. Sie bewirkt, dass der Schuldner von den restlichen Verbindlichkeiten gegenüber allen Gläubigern befreit wird.

Voraussetzung für die Restschuldbefreiung ist i. d. R. jedoch, dass der Schuldner einer Erwerbstätigkeit nachgeht und sich ernsthaft bemüht, seine Gläubiger zumindest teilweise zu befriedigen. Die Restschuldbefreiung kann insbesondere versagt werden, wenn der Schuldner Insolvenzstraftaten begeht (z. B. die Insolvenzmasse beiseite schaffen, beschädigen oder zerstören, die Buchführungspflicht verletzen). Außerdem nehmen an der Restschuldbefreiung solche Forderungen nicht teil, die dadurch entstanden sind, dass der Schuldner widerrechtlich in ein fremdes Recht eingegriffen hat. Forderungen gegen den Schuldner, die z. B. aus einem Betrug herrühren, werden also von der Restschuldbefreiung nicht erfasst.

Arbeitnehmerrechte

Die Eröffnung des Insolvenzverfahrens führt nicht zu einer Auflösung der **Arbeitsverträge**, sie bestehen zunächst fort. Gleichzeitig nimmt der Insolvenzverwalter sämtliche Arbeitgeberrechte und -pflichten wahr. Es ist aber auch möglich, dass der Schuldner rechtlich in der Arbeitgeberstellung bleibt. Dafür muss das Insolvenzgericht auf Antrag des Schuldners und mit Zustimmung der Gläubiger die Eigenverwaltung im Eröffnungsbeschluss angeordnet haben.

Sozialversicherungsbeiträge

Die Eröffnung des Insolvenzverfahrens über das Vermögen des Arbeitgebers berührt nicht die **Verpflichtung zur Beitragszahlung** zur Kranken-, Renten-, Pflege- und Arbeitslosenversicherung (Sozialversicherung des Arbeitnehmers).

Lediglich die Beiträge zur Unfallversicherung können entfallen, wenn die Arbeitnehmer nach der Eröffnung des Insolvenzverfahrens bis zur fristgerechten Beendigung ihres Arbeitsverhältnisses von der Arbeit freigestellt wurden.

Kündigungsfristen

Wenn zwischen den Vertragspartnern nicht ohnehin eine kürzere Kündigungsfrist gilt, beträgt die **Kündigungsfrist** drei Monate zum Monatsende. Eine so verkürzte Kündigungsfrist setzt sich gegenüber sämtlichen längeren Kündigungsfristen, Befristungen oder Unkündbarkeitsregelungen durch, gleichgültig, ob sie auf Gesetz, Tarifvertrag oder Einzelarbeitsvertrag beruhen.

Insolvenzgeld

Das von der Bundesagentur für Arbeit ausgezahlte **Insolvenzgeld** schützt die Arbeitnehmer vor dem Risiko des Lohnausfalls: Innerhalb einer Ausschlussfrist von zwei Monaten nach dem Insolvenzereignis kann bei der zuständigen Arbeitsagentur Insolvenzgeld beantragt werden (§ 324 Abs. 3 Satz 1 SGB III). Zuständig ist die Arbeitsagentur, in deren Bezirk die für den Arbeitgeber zuständige Lohnabrechnungsstelle liegt. Hat der Arbeitnehmer aus Gründen, die er nicht zu vertreten hat, die Ausschlussfrist versäumt, kann er innerhalb von zwei Monaten nach Wegfall des Hindernisses den Antrag nachholen. Insolvenzgeld wird maximal für die letzten drei Monate vor der Eröffnung des Insolvenzverfahrens oder einem anderen Insolvenzereignis bezahlt.

---

1 Hat der Schuldner mindestens 25 % der Forderungen befriedigt, soll er künftig bereits nach drei Jahren von der Restschuld befreit werden. Diese Regelung soll für alle Personen gelten, die ein Insolvenzverfahren durchlaufen haben, d. h. Unternehmensinsolvenzen und Privatinsolvenzen.

6.2 Besonderheiten der Verbraucherinsolvenz

Die meisten Insolvenzverfahren betreffen keine Unternehmen, sondern natürliche Personen. Ihnen räumt die Insolvenzordnung die Möglichkeit ein, mit dem Antrag auf ein **Verbraucherinsolvenzverfahren** (umgangssprachlich auch „Privatinsolvenz" genannt) einen Weg aus der dauerhaften Verschuldung zu finden.

Verbraucherinsolvenzverfahren

Das Verbraucherinsolvenzverfahren kann nur von Personen durchlaufen werden, die keine selbstständige Tätigkeit ausüben. War dies zuvor der Fall, so ist die Privatinsolvenz nur möglich, wenn die Vermögensverhältnisse überschaubar sind und keine Forderungen mehr aus früheren Arbeitsverhältnissen (als Arbeitgeber) bestehen. Dazu zählen sowohl die Ansprüche der Arbeitnehmer als auch die Verbindlichkeiten gegenüber Sozialversicherungsträgern und dem Finanzamt.

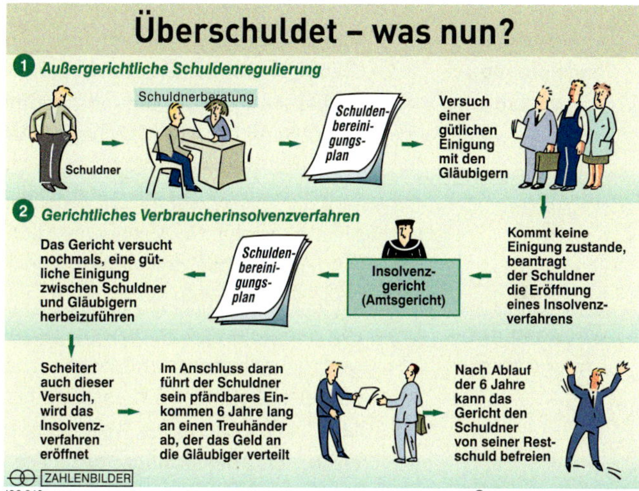

129 640
© Bergmoser + Höller Verlag AG

Von einer Überschaubarkeit der Vermögensverhältnisse bzw. der Verschuldung spricht man, wenn ein Privatschuldner zum Zeitpunkt des Antrages auf Insolvenz weniger als 20 Gläubiger hat.

Das Verbraucherinsolvenzverfahren läuft nach der Insolvenzordnung in drei Stufen ab. An deren Ende steht die Restschuldbefreiung:

- **Stufe 1 – Außergerichtlicher Einigungsversuch**
  - Der Antragstellung vorausgehen muss der Versuch einer außergerichtlichen Einigung mit den Gläubigern. Grundlage dafür ist ein sogenannter Schuldenbereinigungsplan, den der Schuldner vorlegen muss.
  - Ein Insolvenzantrag ist nur zulässig, wenn ein solcher Versuch innerhalb der letzten sechs Monate vor dem Eröffnungsantrag erfolglos war. Das hat der Schuldner durch eine Bescheinigung einer geeigneten Stelle zu belegen. Dazu gehören Rechtsanwälte, Notare, Steuerberater, Wirtschaftsprüfer, vereidigte Buchprüfer sowie Beratungsstellen wie z. B. Schuldnerberatungsstellen.
  - Es gibt keine formalen Vorgaben, wie ein Schuldenbereinigungsplan auszusehen hat. Wichtig ist, dass eine eingehende Untersuchung der persönlichen und wirtschaftlichen Verhältnisse vorgenommen wird. Dazu gehört in jedem Fall eine genaue Übersicht über alle Gläubiger und Schulden.
  - In einem solchen Plan können Regelungen über Stundungen, Ratenzahlungen, Schuldenerlasse oder sonstige Dinge enthalten sein. Meist wird auch vereinbart, dass nach den erfolgten Teilleistungen die Restschuld erlassen wird.
- **Stufe 2 – Gerichtlicher Einigungsversuch**
  - Mit dem Nachweis der Erfolglosigkeit des außergerichtlichen Einigungsversuchs kann der Schuldner beim zuständigen Amtsgericht den Antrag auf Eröffnung eines Verbraucherinsolvenzverfahrens stellen.
    Dem Insolvenzantrag sind beizufügen:
  - Bescheinigung des außergerichtlichen Einigungsversuchs
  - Schuldenbereinigungsplan
  - Vermögens- und Schuldnerverzeichnis

- Antrag auf Erteilung der Restschuldbefreiung (soweit vom Schuldner beabsichtigt)

Suche nach einvernehmlicher Lösung

- Damit kommt es aber nicht sofort zu der Durchführung des Insolvenzverfahrens, denn der Gesetzgeber hat ein obligatorisches gerichtliches Einigungsverfahren vorgeschaltet, in dem nochmals versucht wird, eine einvernehmliche Lösung zwischen Schuldner und Gläubigern zu finden.
- Während des gerichtlichen Einigungsverfahrens ruht das eigentliche Insolvenzverfahren. Um den Einigungsprozess nicht zu gefährden, werden in dieser Zeit eventuelle Vollstreckungsmaßnahmen der Gläubiger eingestellt.

■ **Stufe 3 – Vereinfachtes Insolvenzverfahren**

Schuldnerbereinigungsverfahren

- Scheitert das gerichtliche Schuldenbereinigungsverfahren und/oder stellt ein Gläubiger den Insolvenzantrag, so wird das Verfahren wieder aufgenommen. Der Schuldner muss im Verfahren mit einem Massekostenvorschuss in Höhe von mindestens 1.250,00 € rechnen. Das sind die Kosten, die mit der Durchführung des Verfahrens verbunden sind.
- Sind die Massekosten nicht gedeckt oder wird ein entsprechender Vorschuss nicht gezahlt, erfolgt die Abweisung mangels Masse. Allerdings können auf einen besonderen Antrag dem Schuldner die Verfahrenskosten auch gestundet werden (§§ 4 a bis 4 d InsO).

Verwertungsfähige Masse

Aussonderungsrecht Ehegatte

- Die Feststellung der verwertungsfähigen Masse ist nicht immer ganz einfach, weil nicht alles, was an Masse vorhanden ist – also dem Schuldner gehört – auch verwertungsfähig ist. Dies betrifft z. B. Gegenstände der privaten Lebensführung bis hin zu einer Wohnung, einem Haus oder einem Pkw. Bezüglich der Verwertung des Miteigentums der Ehegatten gelten § 1362 BGB und § 739 ZPO zugunsten der Gläubiger. Das bedeutet, dass der nicht verschuldete Ehegatte nachweisen muss, dass ihm ein Gegenstand der Insolvenzmasse gehört und er ein Aussonderungsrecht hat.

Treuhänder

- Wird das Insolvenzverfahren eröffnet, geht das Verfügungsrecht des Schuldners über sein Vermögen auf einen Treuhänder über. Wenn es aus den genannten Gründen an einer verwertungsfähigen Masse fehlt, kann das Gericht auf Antrag des Treuhänders anordnen, dass von der Verwertung abgesehen wird. Die Bedingung dafür ist, dass der Schuldner einen Betrag an den Treuhänder zahlt, der dem Wert der vorhandenen Masse entspricht. Wenn es ihm gelingt, im Freundes- oder Bekanntenkreis die nötigen Mittel aufzutreiben, kann er dadurch eine Verwertung z. B. seines Pkw abwenden.

■ **Restschuldbefreiungsverfahren**

In der Regel lassen sich am Ende eines Insolvenzverfahrens nicht alle Schulden tilgen. Im Prinzip haften die Schuldner nach Beendigung des Verfahrens unbeschränkt für die noch bestehenden Schulden weiter. Um aber eine echte Chance auf einen Neubeginn zu haben, wird oft eine Restschuldbefreiung beantragt.

Ein Schuldner, der sich hierfür entscheidet, muss während einer sogenannten Wohlverhaltensperiode von sechs Jahren – gerechnet ab Eröffnung des Verfahrens – den pfändbaren Betrag seines Arbeitseinkommens an einen Treuhänder abführen. Er verteilt die eingegangenen Beträge dann gleichmäßig an alle Gläubiger. Erbschaften während dieser Zeit müssen hälftig an den Treuhänder abgeführt werden. Der Schuldner muss eine angemessene Erwerbstätigkeit ausüben und dafür jede zumutbare Tätigkeit annehmen. Er muss dem Gericht jeden Wechsel von Wohnsitz oder Arbeitsstelle melden. Hat er sich demgemäß sechs Jahre lang „wohlverhalten", liegt kein Grund für eine Versagung der Restschuldbefreiung (§ 290 InsO) vor und das Gericht spricht die Restschuldbefreiung aus.

7
Leasing und Factoring als Sonderformen der Finanzierung

7.1
Leasing – mehr als nur Finanzierung?

Leasing ist eine Finanzierungsform, bei der eine Sache gegen Zahlung einer Gebühr dem Leasingnehmer überlassen wird. **Leasingverträge** existieren in unterschiedlichster Ausgestaltung.

Grundsätzlich unterscheidet man zwischen **zwei** Leasingvertragsformen:
- Operate-Leasing
- Finance-Leasing

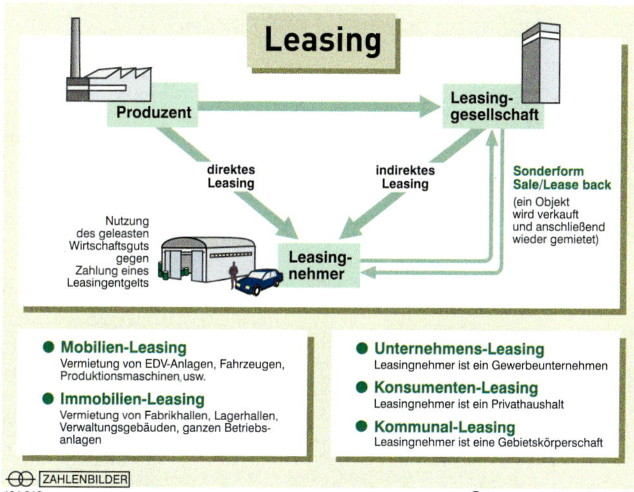

Diese beiden Varianten stellen aber nur **Eckpfeiler** eines breiten Spektrums von Möglichkeiten dar.

Beim **Operate-Leasing** erwirbt der Leasingnehmer ein kurzfristiges, meist jederzeit kündbares Nutzungsrecht an einem Objekt. Der **Leasingvertrag** entspricht größtenteils dem zivilrechtlichen Mietvertrag. Im Gegensatz zur mittel- und langfristigen Finanzierung steht beim Operate-Leasing die kurzfristige Nutzung des **Investitionsgutes** im Vordergrund. So können Engpässe in der Produktion oder im Vertrieb überbrückt werden.

Das Investitionsrisiko trägt der Leasinggeber, der nach Ablauf des Leasingvertrages die Sache weiterhin dem Leasingnehmer zur Verfügung stellen kann. Ein wesentliches Merkmal von Operate-Leasing-Verträgen ist, dass die Finanzierungskosten des Leasinggebers in einer **Vertragsperiode** i. d. R. nicht getilgt werden. Die vollständige Amortisation lässt sich erst dadurch erzielen, dass das Objekt mehrfach verleast und schließlich verkauft wird.

Finance-Leasing

Beim **Finance-Leasing** (Finanzierungsleasing) haben die **Verträge** mittel- oder langfristigen Charakter und legen eine Grundleasingzeit fest. Innerhalb dieser Zeit kann der Leasingvertrag nicht gekündigt werden. Nach Ablauf dieser Zeitspanne entscheidet sich der Leasingnehmer, ob er den Vertrag verlängert oder die geleaste Sache vom Leasinggeber kauft. Das Investitionsrisiko (z. B. Wertminderung) trägt in erster Linie der Leasingnehmer.

Da beim Finanzierungsleasing mit langfristigen, unkündbaren Mietzeiten fast das gesamte Nutzungsrecht auf den Leasingnehmer übergeht, wird er in der Regel „wirtschaftlicher Eigentümer“, während das rechtliche Eigentum beim Leasinggeber verbleibt. Für diesen Fall hat der Leasingnehmer das Leasingobjekt mit den Anschaffungs- oder Herstellungskosten des Leasinggebers im Anlagevermögen zu bilanzieren (Konto: Anlage in Leasing) und ihm steht steuerlich die Abschreibung nach der betriebsgewöhnlichen Nutzungsdauer zu.

Der Aktivierung im Anlagevermögen steht eine betragsgleiche Verbindlichkeit gegenüber dem Leasinggeber gegenüber (Konto: Leasingverpflichtungen). Die Leasingraten sind in einen Zins-/Kostenanteil sowie in einen Tilgungsanteil aufzuteilen. Der Zins-/Kostenanteil stellt für den Leasingnehmer eine sofort abzugsfähige Betriebsausgabe, für den Leasinggeber eine Betriebseinnahme dar.

Der Tilgungsanteil ist erfolgsneutral zu behandeln und stellt für den Leasingnehmer eine Verbindlichkeitsminderung, für den Leasinggeber eine Minderung der Forderungen gegenüber dem Leasingnehmer dar.

Diese in der Praxis anzuwendende bilanzielle und steuerrechtliche Zuordnung der Leasingobjekte wird in den Leasingerlassen des Bundesministeriums für Finanzen (BMF) geregelt und ist abhängig vom jeweiligen Vertragstyp sowie vom Verhältnis der Grundmietzeit des Finanzierungsleasings zur betriebsgewöhnlichen Nutzungsdauer laut AfA-Tabellen.

Folgende Tabelle stellt die Unterschiede dar:

Vorgaben der Leasingerlasse des BMF

Bilanzielle Zuordnung von Leasingobjekten		
Grundmietzeit in % der betriebsgewöhnlichen Nutzungsdauer	**Unterscheidung verschiedener Vertragstypen**	**Aktivierung beim**
< 40 %		Leasinggeber
40 % bis 90 %	Es besteht keine Kauf- oder Mietzeitverlängerungsoption.	Leasinggeber
	Es besteht eine Kaufoption. Der Kaufpreis ist kleiner als der Restbuchwert des Leasingobjektes.	Leasingnehmer
	Es besteht eine Kaufoption. Der Kaufpreis entspricht dem/oder ist höher als der Restbuchwert des Leasingobjektes.	Leasinggeber
	Es besteht eine Mietverlängerungsoption. Die Anschlussmiete ist geringer als der lineare Abschreibungsbetrag bezogen auf den Restbuchwert.	Leasingnehmer
	Es besteht eine Mietverlängerungsoption. Die Anschlussmiete entspricht dem/oder ist größer als der lineare Abschreibungsbetrag bezogen auf den Restbuchwert.	Leasinggeber
> 90 %		Leasingnehmer

Vorteile des Leasings

Es gibt eine Reihe von **wirtschaftlichen und steuerlichen Gründen**, die für das Leasing sprechen:

- Der **Kapitalbedarf wird reduziert.** Statt den ganzen Investitionsbetrag auf einmal aufzubringen, lassen sich die Leasingraten über die gesamte Mietzeit verteilen. Außerdem können sie aus den mit dem Leasinggut erwirtschafteten Erträgen gezahlt werden.
- **Kreditsicherheiten sind nicht erforderlich**, da der Leasinggeber grundsätzlich Eigentümer des Objektes bleibt.
- **Leasingraten** können als **Aufwendungen** steuerlich geltend gemacht werden, wenn das Leasingobjekt steuerlich dem Leasinggeber zugeordnet ist.
- Leasingraten werden als **fester Betrag** vereinbart. Da während der Grundmietzeit Erhöhungen ausgeschlossen sind, bilden die monatlichen Raten eine klare Kalkulationsgrundlage.
- Die **Rückgabe des Leasinggegenstandes** an den Leasinggeber erfordert keine eigenen Verkaufs- oder Entsorgungsbemühungen.

- **Kurze Laufzeiten** ermöglichen stets die Nutzung technisch aktueller und innovativer Gegenstände.
- Bei entsprechender Gestaltung erscheinen die Leasinggegenstände **nicht in der Bilanz** des Leasingnehmers (keine Aktivierung). Lediglich die Leasingraten werden als Betriebsausgaben in der Gewinn- und Verlustrechnung verbucht. Die Eigenkapitalquote und der Verschuldungsgrad verändern sich nicht.
- Da die Leasingraten parallel zur Nutzung des Gegenstands anfallen, finanziert sich das Leasingobjekt quasi selbst (Kostenkongruenz). Der Finanzierungsaufwand verteilt sich auf die Nutzungsdauer und damit auch auf den Zeitraum, in dem Erträge aus dem Objekt erwirtschaftet werden. Eine Vorausfinanzierung wird somit vermieden – **„Pay as you earn"**-Gedanke.

„Pay as you earn"

Nachteile des Leasings

Folgende Aspekte sprechen eher gegen das Leasing:

- Die **Gesamtkosten** des Leasings sind i. d. R. höher als bei dem fremdfinanzierten Kauf des Leasinggegenstandes.
- **Ein Leasingvertrag ist i. d. R. unkündbar** und über eine lange Grundmietzeit (Finance-Leasing) abgeschlossen. Die Leasingraten stellen somit einen Fixkostenblock über einen langen Zeitraum dar. Daher sollte der Leasinggegenstand über die gesamte Grundmietzeit genutzt werden, da die Leasingraten ständig weitergezahlt werden müssen.
- Der Leasinggeber kann den Vertrag fristlos kündigen, wenn der Leasingnehmer in Zahlungsverzug ist. Hinzu kommen eventuell Schadenersatzforderungen.

7.2 Factoring – Verkauf von Forderungen

Factoring ist der laufende Verkauf von kurzfristigen Forderungen aus Lieferungen und Leistungen an eine Factoring-Gesellschaft (Factor). Diese Forderungen entstehen dadurch, dass das Unternehmen seinen Kunden ein Zahlungsziel und somit einen Lieferantenkredit gewährt.

Der Factoring-Vertrag ist rechtlich gesehen ein Kaufvertrag.

In der Regel bietet der Factor die sofortige Auszahlung von 80 % bis 90 % des Wertes der an ihn abgetretenen (verkauften) Forderungen an. Das verbessert schnell die Liquidität des Unternehmens.

Die Differenz zum vollen Rechnungsbetrag behält der Factor als Sicherheitsabschlag für Forderungsausfälle zurück. Der Restbetrag wird unter Abzug von Zinsen und Provisionen nach Eingang der Zahlung (Factoring) vom Factor an den Factoring-Nehmer gezahlt.

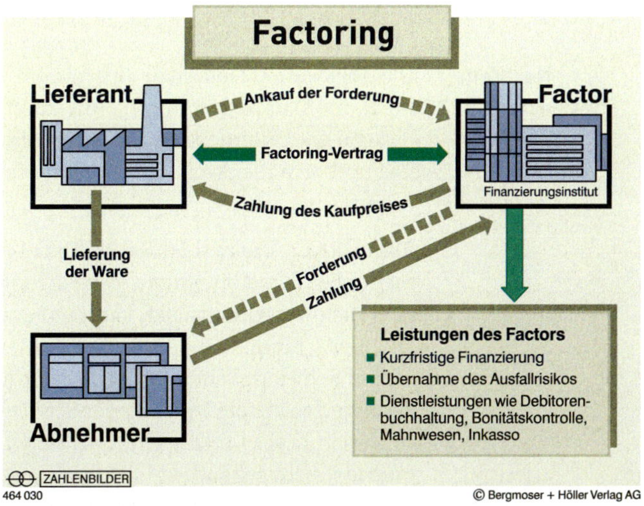

Gegen eine zusätzliche Provision befreit die Factoring-Gesellschaft den Kunden vom Ausfallrisiko und verzichtet auf Regressansprüche. Ebenso übernimmt sie **Servicefunktionen** wie z. B. Bonitätsprüfung, Kunden-/Debitorenbuchhaltung, Mahnwesen oder Inkassotätigkeiten.

Delkredere- und Servicefunktionen

Factoring-Kosten

Die **Factoring-Kosten** sind abhängig vom jeweiligen Finanzierungsvolumen. Die Höhe der Gebühr liegt i. d. R. zwischen **0,5 % und 2,5 % des Rechnungsbetrages.** Für den in Anspruch genommenen Betrag sind zusätzlich an den Factor bankübliche **Kontokorrentzinsen** für die Vorausfinanzierung der Forderungen zu bezahlen. Diesem Aufwand stehen aber Ersparnisse gegenüber, insbesondere durch den Wegfall von Forderungsausfällen und die Verbesserung der Liquidität.

Factoring eignet sich insbesondere,

- wenn es sich bei den Abnehmern um gewerbliche Kunden handelt;
- der Debitorenbestand breit gestreut ist;
- die Zahlungsfristen maximal 90 Tage betragen;
- die der Forderung gegenüberstehende Leistung vollständig erbracht worden ist;
- keine Gegenforderungen existieren;
- keine Forderungsabtretung (Zession) oder andere Rechte Dritter bestehen.

Vorteile des Factorings:

- sofortige Liquiditätssteigerung
- Ausschaltung von Ausfallrisiken
- Nutzung von Sonderkonditionen beim Einkauf wie z. B. Skonti
- keine Kosten durch Zahlungsverzug
- Optimierung der Finanzplanung
- Steigerung der Rentabilität
- Entlastung von Verwaltungsaufgaben
- Kreditüberwachung entfällt
- schnelle und sichere Liquidität entlastet den Kontokorrentkredit
- reduziert Kosten für Inkasso und Mahnwesen
- Bilanzverkürzung
- erhöht die Eigenkapitalquote

Vorteile des Factorings

Wesentlicher Vorteil ist die Erhöhung der Liquidität durch den Verkauf der Außenstände und deren sofortige Bezahlung durch die Factoring-Gesellschaft. Der Forderungsbestand sinkt, gleichzeitig steigt die finanzielle Flexibilität.

Factoring ist ein zuverlässiger Schutz vor Forderungsausfällen, wenn die Factoring-Gesellschaft mit dem Kauf der Forderung auch das Ausfallrisiko übernimmt.

Die Übernahme der Debitorenbuchhaltung und des Mahnwesens durch die Factoring-Gesellschaft ermöglicht die Einsparung von Personal- und Sachkosten.

Die aus dem Forderungsverkauf resultierende Liquidität kann zum Abbau von Verbindlichkeiten genutzt werden.

Nachteile des Factorings

Die Factoring-Gesellschaft übernimmt das Inkasso- und Mahnwesen. Das erfolgt i. d. R. im Standardverfahren ohne kundenspezifische Steuerung. Persönliche Beziehungen des Unternehmers zu wichtigen Kunden – die oft Grundlage für eine langfristige und vertrauensvolle Zusammenarbeit sind – können dadurch unter Umständen beeinträchtigt werden.

Ein weiterer Nachteil ist die mitunter noch mangelnde Bekanntheit dieses Instruments bei den Abnehmern des Factoring-Kunden. Die Zahlung der Forderung an eine Factoring-Gesellschaft kann mit einem gewissen Negativsignal verbunden sein. Die Befürchtung, dass ein Unternehmen, das seine Forderungen verkauft, in finanziellen Schwierigkeiten steckt, ist aber meistens unbegründet: Der Verkauf von Forderungen sowie die Nutzung der Serviceleistung ist mit den Zinsen, Provisionen und sonstigen Kosten relativ teuer. Unsichere Forderungen werden nach einer Bonitätsprüfung nicht gekauft.

8
Finanzwirtschaftliche Kennzahlen und Regeln als Instrument der Unternehmenssteuerung und Liquiditätsplanung

Die Sicherung der ständigen Zahlungsfähigkeit (Liquidität) gehört zu den wichtigsten Unternehmenszielen, denn die Zahlungsfähigkeit ist zwar nicht alles, aber ohne sie stehen alle Räder still. Ein finanzielles Gleichgewicht und finanzielle Flexibilität sind weitere wichtige Grundlagen, um das Bestehen des Unternehmens langfristig zu sichern. Damit diese Ziele erreicht werden, entscheiden und handeln Unternehmen nach bestimmten Finanzierungsregeln.

Finanzierungskennzahlen analysieren die Finanzstruktur des Unternehmens und werden aus dem Jahresabschluss (Schlussbilanz sowie Gewinn- und Verlustrechnung) abgeleitet und berechnet. Sie ermöglichen u. a. Aussagen über die Vermögens- und die Kapitalstruktur, die Verschuldung, die Liquidität sowie die finanzielle Flexibilität und Entwicklung des Unternehmens. Gleichzeitig bilden sie eine Grundlage für unternehmensinterne Entscheidungen und stellen für Kreditinstitute ein wesentliches Merkmal für die Kreditvergabe dar.

Bilanzkennziffern

Je nach Zugrundelegen der jeweiligen Informationsquellen kann zwischen Bilanzkennziffern und Rentabilitätskennziffern unterschieden werden. Bei der Ermittlung der Bilanzkennziffern werden bei einer vertikalen Betrachtung die Vermögenspositionen (Anlage-/Umlaufvermögen) oder die Kapitalpositionen (Eigen-/Fremdkapital) jeweils zueinander ins Verhältnis gesetzt. Bei einer horizontalen Auswertung werden die „langfristigen" Positionen des Anlagevermögens (evtl. plus eiserne Materialbestände) dem Eigenkapital (evtl. plus dem langfristigen Fremdkapital) oder das „kurz-/mittelfristige" Umlaufvermögen dem „kurz-/mittelfristigem" Fremdkapital gegenübergestellt.

8.1
Finanzierungsregeln und -kennzahlen

Finanzierungsregeln

Finanzierungsregeln sind Grundsätze, die bei einer Abstimmung der Investitionen und deren Finanzierung beachtet werden sollten, um das Unternehmen in einem finanziellen Gleichgewicht[1] zu halten. Das zur Finanzierung von Vermögensteilen erforderliche Kapital (Eigen- und/oder Fremdkapital) steht dem Unternehmen unterschiedlich lange zur Verfügung. Über das Eigenkapital kann das Unternehmen i. d. R. unbefristet verfügen, während Fremdkapital je nach Art und Herkunft kurzfristig (z. B. Lieferantenkredite), mittelfristig (z. B. Bankkredite zur Finanzierung von Betriebsmitteln) oder erst langfristig (z. B. Bankkredite zur Finanzierung von Grundstücken und Gebäuden) dem Kreditgeber zurückgezahlt werden muss.

Anhand der folgenden vereinfachten Bilanzstruktur kann zwischen horizontalen und vertikalen Finanzierungsregeln differenziert werden:

Aktiva **Bilanz**	*Passiva*
Anlagevermögen (AV)	Eigenkapital
Umlaufvermögen (UV)	Fremdkapital

› INFO-Teil LF 11, Kap. 8.1.1 und Kap. 8.1.2

1 Das finanzielle Gleichgewicht ist dann gewahrt, wenn alle Verbindlichkeiten fristgerecht bezahlt werden können.

8.1.1 Horizontale Finanzierungsregeln und -kennzahlen

Die horizontalen Finanzierungsregeln beziehen sich auf das Verhältnis von Positionen der Aktiv- und der Passivseite der Bilanz zueinander. Dabei geht es um die Frage, wie einzelne Vermögensteile finanziert wurden. Das Anlagevermögen stellt die wirtschaftliche Basis des Unternehmens dar und daher ist das in Anlagevermögen investierte Kapital lange Zeit im Unternehmen gebunden. Das im Umlaufvermögen (z. B. Rohstoffvorräte, Halbfertigerzeugnisse, „gute" Forderungen) gebundene Kapital fließt durch Verkauf und Zahlung schnell wieder ins Unternehmen zurück. Aus dieser zeitlichen Betrachtung der Kapitalbindung leitet sich die **Goldene Finanzierungsregel** (Goldene Bankregel) ab:

Goldene Finanzierungsregel

Die Dauer der Kapitalbindung in den Vermögensgegenständen (Investierung) soll der Dauer der Kapitalüberlassung (Finanzierung) entsprechen. Die getätigte Investition (Mittelverwendung) und die Finanzierung (Mittelherkunft) sollen sich zeitlich decken. Die Dauer der Kapitalbindung im Vermögen soll der Dauer der Kapitalüberlassung entsprechen. Werden Investitionen mit Fremdkapital finanziert, sollen diese fremden Mittel erst dann fällig werden, wenn sie z. B. in Form von Umsatzerlösen zurückgeflossen sind.

Die Goldene Finanzierungsregel zielt auf eine Parallelität der Beschaffungs- und Verwendungsfristen des Kapitals ab. Da Fremdkapital nur für eine bestimmte Frist aufgenommen werden kann, soll es nur in solchen Investitionen gebunden werden, die sich spätestens mit den jeweiligen Tilgungsterminen wieder verflüssigen.

Goldene Bilanzregel

Fristenkongruenz

Als spezielle Ausrichtung der Goldenen Finanzierungsregel kann man die **Goldene Bilanzregel** ansehen. Der Begriff „Fristenentsprechung" **(Fristenkongruenz)** wird hier so ausgelegt, dass langfristig gebundene Vermögensteile (z. B. Teile des Anlagevermögens) auch langfristig (z. B. mit Eigenkapital oder langfristigem Fremdkapital) zu finanzieren sind, während kurzfristige Vermögensteile (z. B. Rohstoffvorräte) eine kurzfristige Finanzierungsquelle (z. B. Kontokorrentkredite, Lieferantenziele) erfordern.

Die Goldene Bilanzregel formuliert die Forderung, dass Anlagevermögen und dauernd gebundenes Umlaufvermögen (eiserne Reserven/Mindestbestände) durch Eigenkapital und langfristiges Fremdkapital gedeckt sein sollen. Ist diese Forderung erfüllt, ist das Anlagevermögen nicht gefährdet und somit die Wertschöpfung als Voraussetzung für den Geldrückfluss garantiert.

Während Eigenkapital und langfristige Kredite zur Anschaffung des Anlagevermögens dienen, werden kurzfristige Kredite (z. B. Lieferantenkredite, Kontokorrentkredite) zur Finanzierung des nur kurze Zeit im Unternehmen verbleibenden Umlaufvermögens benötigt.

Damit soll vermieden werden, dass z. B. zur Abdeckung kurzfristiger Kredite Anlageverkäufe getätigt werden müssen, die den Betriebsablauf infrage stellen.

8.1.2
Vertikale Finanzierungsregeln und -kennzahlen

Die vertikale (senkrechte) Betrachtung der Bilanz führt zu Aussagen über die Kapitalstruktur (Passivseite: Finanzierung) bzw. über die Vermögensstruktur (Aktivseite: Konstitution).

Kapitalstruktur/ Finanzierung

Die **Kapitalstruktur** misst das Verhältnis von Eigenkapital zu Fremdkapital. Allgemein wird als vertikale Finanzierungsregel ein Verhältnis von 1 : 1 angestrebt. Dieses Verhältnis wird in der Praxis aber nur selten eingehalten. Dennoch sind folgende Aussagen zur vertikalen Finanzierungsregel möglich:

Je größer das Verhältnis von Eigenkapital zu Fremdkapital (Kapitalstruktur), desto

- mehr Anlagevermögen ist durch Eigenkapital finanziert,
- größer ist die Haftungsbasis für erforderliche Kredite,
- größer ist die Kreditwürdigkeit sowie der Raum und die Sicherheit für die weitere Aufnahme von Fremdkapital,
- größer ist die Unabhängigkeit von externen Kreditgebern,
- größer ist der Eigenkapitalanteil am Gesamtkapital,
- geringer sind die für das Fremdkapital zu zahlenden Zinsen,
- gesünder und flexibler ist das Unternehmen in finanzwirtschaftlicher Hinsicht.

Vermögensstruktur/ Konstitution

Eine Betrachtung der Aktivseite führt zu Aussagen über die **Vermögensstruktur** (Konstitution) eines Unternehmens. Die Vermögensstruktur ist bestimmt durch das Verhältnis des Anlagevermögens zum Umlaufvermögen und ist häufig abhängig von der Unternehmensgröße, der Branche sowie vom Automatisierungsgrad der Fertigungsabläufe. Je höher der Anteil des Anlagevermögens am Gesamtvermögen ist, umso mehr wird das Unternehmen mit fixen Kosten (z. B. Abschreibungen, Zinsaufwendungen für erforderliches Fremdkapital) belastet. Diese fixen Kosten können im Fall eines Beschäftigungsrückgangs nicht adäquat abgebaut werden (Kostenremanenz). Das im Anlagevermögen gebundene Kapital kann nur schwierig freigesetzt werden und begründet eine geringe Anpassungsfähigkeit und u. U. eine angespannte Zahlungsfähigkeit.

Die Kennzahlen zur Kapitalstruktur haben wir in Lernfeld 8, Kapitel 3 dargestellt. Hier finden Sie nochmals eine Zusammenfassung:

› Band 2 LF 8, Kap. 3

$$\textbf{Verschuldungsgrad} = \frac{\text{Fremdkapital} \cdot 100\,\%}{\text{Eigenkapital}}$$

$$\textbf{Fremdkapitalquote} = \frac{\text{Fremdkapital} \cdot 100\,\%}{\text{Gesamtkapital}}$$

$$\textbf{Eigenkapitalquote} = \frac{\text{Eigenkapital} \cdot 100\,\%}{\text{Gesamtkapital}}$$

$$\textbf{Deckungsgrad I} = \frac{\text{Eigenkapital} \cdot 100\,\%}{\text{Sachanlagevermögen}}$$

$$\textbf{Deckungsgrad II} = \frac{(\text{Eigenkapital} + \text{langfristiges Fremdkapital}) \cdot 100\,\%}{\text{Sachanlagevermögen}}$$

→

Beispiel

Aktiva	**Bilanz** (in T€)		*Passiva*
Grundstücke	300	Eigenkapital	315
Fuhrpark	100	Gewinn	80
Maschinen	85	Darlehen	250
Vorräte	120	Verbindlichkeiten a. LL	100
Forderungen a. LL	100		
Flüssige Mittel	40		
	745		745

$$\text{Verschuldungsgrad} = \frac{350 \cdot 100\,\%}{395} = 88{,}61\,\%$$

$$\text{Fremdkapitalquote} = \frac{350 \cdot 100\,\%}{745} = 46{,}98\,\%$$

$$\text{Eigenkapitalquote} = \frac{395 \cdot 100\,\%}{745} = 53{,}02\,\%$$

$$\text{Deckungsgrad I} = \frac{395 \cdot 100\,\%}{485} = 81{,}44\,\%$$

$$\text{Deckungsgrad II} = \frac{(395 + 250) \cdot 100\,\%}{485} = 132{,}99\,\%$$

8.2 Liquidität und Rentabilität

Auch die Kennzahlen zur Beurteilung der Zahlungsfähigkeit kennen Sie bereits aus Lernfeld 8:

› Band 2, LF 8

$$\textbf{Liquidität 1. Grades} = \frac{\text{verfügbare Zahlungsmittel} \cdot 100\,\%}{\text{kurzfristige Verbindlichkeiten}}$$

$$\textbf{Liquidität 2. Grades} = \frac{(\text{verfügbare Zahlungsmittel} + \text{Forderungen}) \cdot 100\,\%}{\text{kurzfristige Verbindlichkeiten}}$$

$$\textbf{Liquidität 3. Grades} = \frac{\text{Umlaufvermögen} \cdot 100\,\%}{\text{kurzfristige Verbindlichkeiten}}$$

Als Anforderungen an die Liquidität werden häufig die folgenden Mindestgrößen gefordert:

Liquidität 1. Grades > 50 %
Liquidität 2. Grades > 100 %
Liquidität 3. Grades > 200 %

Bewertung

Eine sichere Aussage zur Liquiditätsentwicklung eines Unternehmens kann mit den dargestellten Liquiditätskennzahlen (Liquidität 1. bis 3. Grades) nicht getroffen werden, da hierfür auch noch nicht bilanzierte zukünftige Zahlungsströme maßgeblich sind. Ebenso kann man davon ausgehen, dass sich die liquiden Zahlungsmittel und die kurzfristigen Verbindlichkeiten seit dem zur Bildung der Kennzahlen herangezogenen Zeitpunkt, dem Bilanzstichtag, bereits wieder verändert haben. Weiterhin könnten noch nicht ausgenutzte Kreditlinien sowie Möglichkeiten der Verlängerung kurzfristiger Kredite vorhanden sein.

Stichtags-liquidität

Die Betrachtung der Bilanz zur Ermittlung der Liquiditätskennziffern ist daher nur beschränkt aussagekräftig, denn die zugrunde liegenden Werte beziehen sich lediglich auf einen bestimmten Zeitpunkt (z. B. 31.12.). So wird nicht deutlich, wann genau die Forderungen eingehen oder die Verbindlichkeiten fällig werden. Da die Kennziffern stichtagbezogen sind, sagen sie nichts über die zukünftige Liquiditätslage des Unternehmens aus und sind daher als konkrete Planungsgrundlage ungeeignet. Dennoch ist ein Vergleich kontinuierlich erstellter Kennzahlen im Zeitablauf sinnvoll. Er gibt Informationen darüber, wie sich die Liquiditätslage eines Unternehmens entwickelt hat, und ermöglicht Aussagen über Liquiditätssteuerung und -ziele des Unternehmens.

Perioden-liquidität

Neben der Stichtagsliquidität, die eine zu einem bestimmten Zeitpunkt festgestellte Momentaufnahme der Zahlungsfähigkeit darstellt, besteht die Möglichkeit, die Liquiditätslage des Unternehmens im Verlauf eines festgelegten Zeitabschnitts zu beobachten. In diesem Fall wird die Periodenliquidität zum Beurteilungskriterium. Sie hat gegenüber der Stichtagsliquidität den Vorteil, dass zufällige Ereignisse weitgehend ausgeschaltet bzw. neutralisiert werden. Bei der Berechnung der Periodenliquidität werden alle Zahlungsvorgänge innerhalb des untersuchten Zeitabschnitts erfasst. Damit stellt die Periodenliquidität letztlich den Durchschnittswert einer beliebig großen hintereinandergeschalteten Reihe von Stichtagsliquiditäten dar.

Liquiditätsplan

Aufgrund der beschriebenen Mängel ist die Kennzahlenberechnung für die interne Liquiditätssteuerung eine insgesamt unbefriedigende Methode. Das Unternehmen sollte seine langfristige Liquiditätsstruktur mithilfe eines Finanz- bzw. Liquiditätsplans ermitteln.

Dieser Plan ist ein wichtiges Instrument der Liquiditätssteuerung und hat die Funktion, periodengerecht drohende Illiquidität/Unterdeckung oder Überschüsse/Überdeckung rechtzeitig aufzuzeigen und die Zahlungsströme nach den Kriterien von Rentabilität und Liquidität zu lenken. Zahlungsein- und -ausgänge müssen termingerecht in Übereinstimmung gebracht werden. Je nach zeitlicher Ausrichtung der Planung unterscheidet man zwischen

- Liquiditätsplan (< 1 Jahr),
- Finanzplan (1 – 5 Jahre) und
- Kapitalbedarfsplan (> 5 Jahre).

Wie die Pläne zur Ermittlung des mittel- und langfristigen Kapitalbedarfs aufgestellt werden, haben wir im ersten Kapitel dieses Lernfelds gesehen. Folgendes Beispiel zeigt einen Liquiditätsplan mit der Zielsetzung einer Prognose des zukünftigen Finanzbedarfs zur Liquiditätssicherung und Optimierung der Rentabilität.

Beispiel

Liquiditätsplan

Planungszeitraum: 1. Quartal .. (Angaben in T€)	Januar		Februar		März	
	Soll	*Ist*	*Soll*	*Ist*	*Soll*	*Ist*
AB Anfangsbestand Zahlungsmittel (Kasse, Bank)	15,56	15,56	55,00	55,00	15,00	
1. Einnahmen/Einzahlungen						
Forderungseingänge/Umsatzerlöse	335,00	338,23	340,00	338,50	340,00	
eingehende Schecks	—	—	3,50	3,50	4,50	
Zinseinkünfte	1,23	1,43	1,20	1,20	1,20	
Mieteinkünfte	2,88	2,88	2,88	2,88	2,88	
Provisionen	2,44	2,21	2,40	2,25	2,40	
Privateinlagen (Eigenkapital)	—	—	—	—	—	
Kreditaufnahme (Fremdkapital)	75,00	75,00	25,00	25,00	—	
Sonstige Einnahmen	—	—	0,50	0,60	0,50	
E = Summe der Einnahmen	416,55	419,75	375,48	373,93	351,48	
2. Ausgaben/Auszahlungen						
Waren-/Materialeinkauf	206,45	208,35	209,00	209,50	177,00	
Löhne und Gehälter	156,66	156,66	156,66	156,66	156,66	
Steuern und Abgaben	2,02	2,02	2,05	2,04	2,05	
Miete, Pacht	2,25	2,25	2,25	2,25	2,25	
Versicherungen	2,55	2,55	2,55	2,55	2,55	
Energiekosten	1,85	1,95	1,80	1,95	1,80	
Kfz-Kosten	1,24	1,24	1,24	1,24	1,24	
Büro-/Verwaltungskosten	1,69	1,72	1,70	1,73	1,70	
Werbung	2,15	2,15	2,15	2,15	2,15	
Fremdkapitalzins und -tilgung	3,54	3,55	3,54	3,54	3,54	
Investitionen	4,55	4,55	40,00	40,00	5,00	
Privatentnahmen	—	—	—	—	—	
Sonstige betriebliche Ausgaben	1,35	1,37	1,50	2,00	1,50	
A = Summe der Ausgaben	386,30	388,36	384,44	383,06	357,44	
EB = Endbestand Zahlungsmittel [EB = AB + E – A] Überdeckung (+)/Unterdeckung (–)	45,81 (+)	46,95 (+)	6,04 (+)	5,87 (+)	9,04 (+)	

Die für den Januar festgelegte Überdeckung von 45.810,00 € wurde tatsächlich noch geringfügig überschritten. Aus Rentabilitätsgründen wurde im Februar 40.000,00 € Liquidität abgebaut und in eine neue technische Anlage investiert.

Diese Pläne enthalten eine Auflistung aller zu erwartender Einnahmen und Ausgaben für eine bestimmte Zeitperiode. Die Erstellung erfordert folgende Anforderungen:

Anforderungen an die Erstellung von Finanz-/ Liquiditätsplänen

- Regelmäßigkeit
- Vollständigkeit
- Zeitpunktgenauigkeit
- Betragsgenauigkeit
- Berücksichtigung der Umsatzsteuer (Bruttoangaben)
- ständige Kontrolle

Die in die Zukunft gerichteten Soll-Werte erfordern eine ständige Kontrolle und Anpassung an neue betriebliche Gegebenheiten.

Für die Erstellung eines langfristigen Kapitalbedarfsplans sind neben den zu erwartenden Fremdkapitalzinsen auch die Renditeerwartungen der Eigenkapitalgeber zu berücksichtigen. Zwar bringt ein hoher Fremdkapitalanteil Abhängigkeiten von den Fremdkapitalgebern mit sich, aber durch die vor allem derzeit historisch niedrigen Fremdkapitalzinsen lässt sich die Eigenkapitalrendite erhöhen, sofern die Gesamtkapitalrendite höher ist als der Fremdkapitalzins. Es gibt also durchaus zwei unterschiedliche Sichten auf die Kapitalstruktur: die renditegeprägte und die sicherheitsgeprägte Sicht der Eigenkapitalgeber. Den Effekt der Erhöhung der Eigenkapitalrendite durch vermehrte (zinsgünstige) Fremdkapitalaufnahme nennt man Leverage-Effekt. Wie sich die Zusammenhänge genau darstellen, zeigt der nachfolgende Exkurs.

Exkurs: Der Leverage-Effekt

Leverage-Effekt als Hebelwirkung

Unter dem Leverage-Effekt versteht man die Erhöhung der Eigenkapitalrentabilität aufgrund einer über dem Fremdkapitalzins liegenden Gesamtkapitalrendite (Gesamtkapitalrentabilität). Dieser Effekt wird auch als „Hebelwirkung des Fremdkapitals" bezeichnet.

Solange der Zinssatz für die Fremdkapitalaufnahme niedriger ist als die Verzinsung des gesamten eingesetzten Kapitals (positive Differenz zwischen Gesamtkapitalrentabilität und Fremdkapitalzinssatz), können durch die Aufnahme von Fremdkapital[1] der Gewinn und die Eigenkapitalrentabilität gesteigert werden.

Gesamtkapitalrentabilität > Fremdkapitalzinssatz
↓
Fremdkapitalaufnahme (zusätzliche Verschuldung) → Erhöhung der Eigenkapitalrentabilität

Die Beziehungen zwischen der Gesamtkapitalrentabilität und der Eigenkapitalrentabilität lassen sich wie folgt herleiten (EKR = Eigenkapitalrentabilität, FKZ = Fremdkapitalzins, GKR = Gesamtkapitalrentabilität, EK = Eigenkapital, FK = Fremdkapital, VSG = Verschuldungsgrad):

1. Der sogenannte Kapitalgewinn ist einerseits die Summe aus Gewinn und Fremdkapitalzinsen, in Rentabilitäten ausgedrückt:

$$\textbf{Kapitalgewinn} = EKR \cdot EK + FKZ \cdot FK$$

→

1 Die Aufnahme von Fremdkapital erhöht die Verschuldung bzw. den Verschuldungsgrad (FK/EK).

2. Andererseits gilt, dass der Kapitalgewinn bezogen auf das Gesamtkapital die Gesamtkapitalrentabilität ergibt. Löst man diese Gleichung nach dem Kapitalgewinn auf, so erhält man die folgende Beziehung:

$$\textbf{Kapitalgewinn} = GKR \cdot (EK + FK)$$

Wenn wir nun die beiden Formeln zur Ermittlung des Kapitalgewinns gleichsetzen, so erhalten wir:

$$EKR \cdot EK + FKZ \cdot FK = GKR\,(EK + FK)$$

Diese Formel können wir nach der Eigenkapitalrentabilität auflösen. Wir sehen, dass bei einer Investition mit einer bestimmten Gesamtkapitalrentabilität und einem festen Fremdkapitalzins die Eigenkapitalrentabilität zunimmt, wenn das Eigenkapital geringer wird.

$$EKR = GKR + (GKR - FKZ) \cdot \frac{FK}{EK}$$

mit $\frac{FK}{EK} = VSG$:

An dieser Beziehung sieht man, dass die Eigenkapitalrentabilität mit steigendem Verschuldungsgrad zunimmt, denn die Gesamtkapitalrentabilität und der Fremdkapitalzins sollen ja gleich bleiben.

$$\textbf{Eigenkapitalrentabilität (EKR)} = GKR + (GKR - FKZ) \cdot VSG$$

Gesamtkapitalrentabilität (GKR)
Fremdkapitalzinssatz (FKZ)
Verschuldungsgrad (VSG) = FK/EK
Fremdkapital (FK)
Eigenkapital (EK)

Sie können sich das am Beispiel von Aktienspekulationen leicht überlegen. Wenn Sie Ihre Ersparnisse von 1.000,00 € einsetzen und damit Spekulationsgewinne von 500,00 € erzielen, so haben Sie eine „Eigenkapitalrendite" von 50 % erzielt. Wenn Sie nun aber nur 500,00 € aus Ihrem Sparstrumpf nehmen und sich die zweiten 500,00 € von einem Freund leihen, der dafür 50,00 € (= 10 %) Zinsen will, dann bleiben Ihnen vom Spekulationsgewinn 450,00 € übrig. Ihre eingesetzten 500,00 € haben damit eine Rendite von 90 % erzielt, also deutlich mehr, als wenn Sie alles durch Ihre Ersparnisse finanziert hätten.

Voraussetzung

Voraussetzung für die Gültigkeit dieser Formel ist, dass sich trotz steigenden Verschuldungsgrades (FK/EK) der Fremdkapitalzins nicht verändert. In der Praxis ist dies selten der Fall, da sich der Fremdkapitalzinssatz für neue Kredite aufgrund des steigenden Verschuldungsgrades und damit abnehmender Bonität i. d. R. erhöht. Das könnte dazu führen, dass der Fremdkapitalzins über die Gesamtkapitalrentabilität ansteigt und aufgrund eines negativen Leverage-Effektes die Eigenkapitalrentabilität sinkt.

Leverage-Effekt

Folgendes Zahlenbeispiel verdeutlicht, dass ein Anstieg des Verschuldungsgrades bei konstantem Fremdkapitalzins und konstanter Gesamtkapitalrentabilität die Eigenkapitalrentabilität erhöht (positiver Leverage-Effekt).

Beispiel

Der Gesamtkapitalbedarf beträgt 150.000,00 € und ist in den jeweiligen Situationen unterschiedlich aufgeteilt. Die Rendite der Investition (der Kapitalgewinn) beträgt 30.000,00 €.

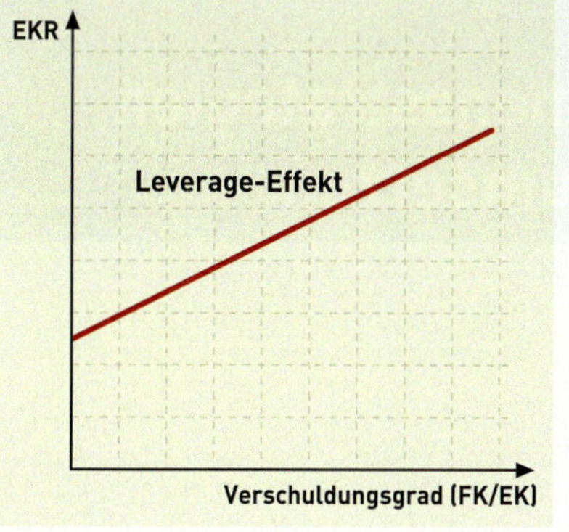

Situation	**1**	**2**	**3**
Eigenkapital (EK)	100.000,00	75.000,00	50.000,00
Fremdkapital (FK)	50.000,00	75.000,00	100.000,00
Gesamtkapital (GK)	150.000,00	150.000,00	150.000,00
Verschuldungsgrad (VSG)	0,5	1,0	2,0
Fremdkapitalzins (FKZ)	4.500,00	6.750,00	9.000,00
Gewinn	25.500,00	23.250,00	21.000,00
Eigenkapitalrentabilität	**0,255 = 25,5 %**	**0,31 = 31 %**	**0,42 = 42 %**

Zwei Möglichkeiten zur Ermittlung der Eigenkapitalrentabilität:

1. $$EKR = GKR + (GKR - FKZ) \cdot VSG$$
$$25{,}5\,\% = 20\,\% + (20\,\% - 9\,\%) \cdot 0{,}5$$
$$GKR = \frac{30.000{,}00 \cdot 100\,\%}{150.000{,}00} = 20\,\%$$

2. $$EKR = \frac{\text{Gewinn}}{\text{Eigenkapital}} = \frac{25.500{,}00}{100.000{,}00} = 25{,}5\,\%$$

Bewertung

Unter der Prämisse, dass die Gesamtkapitalrentabilität („interner Zinssatz") größer ist als der Fremdkapitalzins, ist es sinnvoll, Eigenkapital möglichst durch Fremdkapital zu ersetzen, um die Eigenkapitalrendite zu erhöhen. Aus der Verschuldung entsteht insofern ein Steuervorteil, als dass die Zinsaufwendungen den zu versteuernden Gewinn mindern.

Die Erhöhung der Verschuldung durch zunehmende Fremdkapitalaufnahme führt jedoch zu einer stärkeren Abhängigkeit von den Kapitalgebern, die irgendwann zusätzliches Kapital nur noch zu erhöhten Zinssätzen vergeben. Dadurch kann sich der Leverage-Effekt stark abschwächen bzw. ins Negative umschlagen. Der Ersatz von Eigenkapital durch Fremdkapital ist mit hohen Risiken verbunden und es besteht die Gefahr der Überschuldung. Dies kann dazu führen, dass ein Unternehmen den fälligen Zins- und Tilgungszahlungen nicht mehr nachkommen kann. Das neu aufgenommene Fremdkapital sollte für Rendite fördernde Investitionen und nicht zur Schuldentilgung verwendet werden.

Interne Verzinsung

Die interne Verzinsung (Gesamtkapitalrendite) ist abhängig vom Geschehen auf den Beschaffungs- und Absatzmärkten. Welche Erträge ein Unternehmen mit fremdfinanzierten Investitionen tatsächlich erzielen kann, ist daher nicht sicher voraussagbar.

12

Unternehmensstrategien, -projekte umsetzen

1 Einführung

1.1 Projekte in Industrieunternehmen – Nicht alles ist Routine

In der Regel werden in Industriebetrieben standardisierte, sich wiederholende Routineprozesse ausgeführt. Darauf ist die Organisation des jeweiligen Unternehmens zugeschnitten, die bekannten Aufgaben und Arbeitsweisen sind weitgehend optimiert.

Es gibt jedoch auch Innovationsprozesse, bei denen ein Abweichen von den herkömmlichen Verfahrensweisen notwendig wird, da sie für das Unternehmen neu, zeitlich befristet oder vielschichtig sind und die Zusammenarbeit mehrerer Abteilungen bzw. Bereiche erfordern.

Projekt

Ein **Projekt** ist ein einmaliges, zielorientiertes Vorhaben auf Zeit.

Es ist

- neuartig (die Aufgaben gehen über bekannte Routineaufgaben hinaus),
- zeitlich begrenzt (es gibt einen festen Endtermin),
- komplex (es gibt eine Vielzahl notwendiger Einzelaufgaben, die sich wechselseitig beeinflussen),
- unsicher (die Wahrscheinlichkeiten des Eintretens von Folgen sind unbekannt) und
- abteilungsübergreifend (die Zusammenarbeit von Mitarbeitern verschiedener Fachbereiche ist notwendig).

Das in den einzelnen Abteilungen vorhandene Know-how und die unterschiedlichen Sichtweisen müssen für ein Projekt zusammengeführt werden, um innerhalb einer festgelegten Dauer ein gemeinsames Ziel erreichen zu können.

Projektarten

Man unterscheidet insbesondere die folgenden **Projektarten:**

- **Forschungsprojekte**
  Hier wird an einem bestimmten z. B. naturwissenschaftlichen oder medizinischen Forschungsthema gearbeitet, um zu neuen Erkenntnissen zu kommen, die in einem weiteren Schritt umgesetzt werden könnten (z. B. Erforschung eines extrem leichten und stabilen Kunststoffs zum Einsatz in der Möbelherstellung).
  › Band 1 LF 5, Kap. 1.3.1
- **Entwicklungsprojekte**
  Sie haben im Gegensatz zum Forschungsprojekt ein eindeutig definiertes Entwicklungsziel, nämlich ein Produkt (z. B. die Entwicklung eines Stapelstuhls).
- **Rationalisierungsprojekte**
  Es wird an einem Rationalisierungsthema gearbeitet, um Arbeitsvorgänge zu verbessern (z. B. Produktivitätssteigerung bei der Produktion von Bürostühlen).
  › Band 1 LF 5, Kap. 5.1

- **Projektierungsprojekte**
  Projektierungsprojekte sind Projekte, bei denen keine neuen Produkte entwickelt, sondern vorhandene Produkte angepasst werden (z. B. Anpassung einer ERP-Software[1] auf die Belange der Heidtkötter KG).
- **Vertriebsprojekte**
  Hier wird nach Möglichkeiten der Verbesserung des Vertriebs gesucht (z. B. Tourenplanung der Außendienstler, Entwicklung einer Key-Account-Strategie).
- **Betreuungsprojekte**
  Ziel ist die problemlose kundenspezifische Produktanwendung durch die Kunden (z. B. werden Kunden in der Anwendung des *communicTable* geschult).
- **Sonderformen**
  In Organisationsprojekten wird an der Aufbauorganisation oder der Ablauforganisation von Unternehmen gearbeitet. Unternehmensprojekte zielen z. B. auf eine Verbesserung von Produkt- oder Prozessqualität. Planungsprojekte beschäftigen sich i. d. R. mit Immobilienprojekten und der Entwicklung von Stadtteilen, Regionen und Landschaften.

1.2 Projektmanagement – Führung ist notwendig

Die Aufgaben innerhalb eines Projektes werden nicht einzelnen Abteilungen oder Stellen zugeordnet und nach und nach abgearbeitet. Es werden vielmehr die Projektteilnehmer organisatorisch zu einem Projektteam zusammengefasst, um ganzheitlich an die Aufgaben herangehen zu können.

Diese temporäre Neu- und/oder Umorganisation bedarf einer Koordination, Steuerung und Kontrolle, kurz eines **Managements**[2]. Die Projektbeteiligten müssen geführt werden, um die Erreichung der Projektziele zu sichern. Daraus ergeben sich insbesondere die folgenden Aufgaben für das **Projektmanagement:**

- zielorientierte Planung und Kommunikation
- Schaffung geeigneter Rahmenbedingungen
- Motivation und Kontrolle der Mitarbeiter
- frühes Erkennen und Beheben unerwarteter Schwierigkeiten

Daraus folgt:

Projektmanagement ist die Gesamtheit von Führungsaufgaben, -organisation, -techniken und -mitteln zur Durchführung eines Projekts.

1 ERP-Software = Enterprise Ressource Planning Software
2 Management bezeichnet allgemein die Führung von Institutionen jeder Art sowie die Gesamtheit der Personen, die diese Funktion ausüben. Management umfasst diejenigen Führungskräfte, die Weisungsbefugnis gegenüber anderen Personen haben.

2
Projektphasen – Die Vorgehensweise im Projektmanagement

Projekte werden häufig in Phasen aufgeteilt, die im Sinne eines Regelkreises (im folgenden Schaubild grau hinterlegt) zumeist iterativ[1] ablaufen. Es werden also regelmäßig die bisher erreichten Ergebnisse mit den Planvorgaben verglichen, um frühzeitig Abweichungen erkennen und schnell notwendige Korrekturmaßnahmen ergreifen zu können. Abweichungen haben dann entweder **Einfluss auf die Planung** (z. B. wurden zu ehrgeizige Ziele formuliert) oder auf die **Durchführung** (z. B. müssen mehr Mitarbeiter eingesetzt werden, um die Planvorgaben zu erreichen).

› LF 12, Kap. 2.2

Üblicherweise enden die Projektphasen mit definierten Meilensteinen. Dies sind bedeutende Ereignisse, in der Regel die Erreichung bestimmter Ziele des Projektes, die in „Meilensteinsitzungen“ überprüft werden.

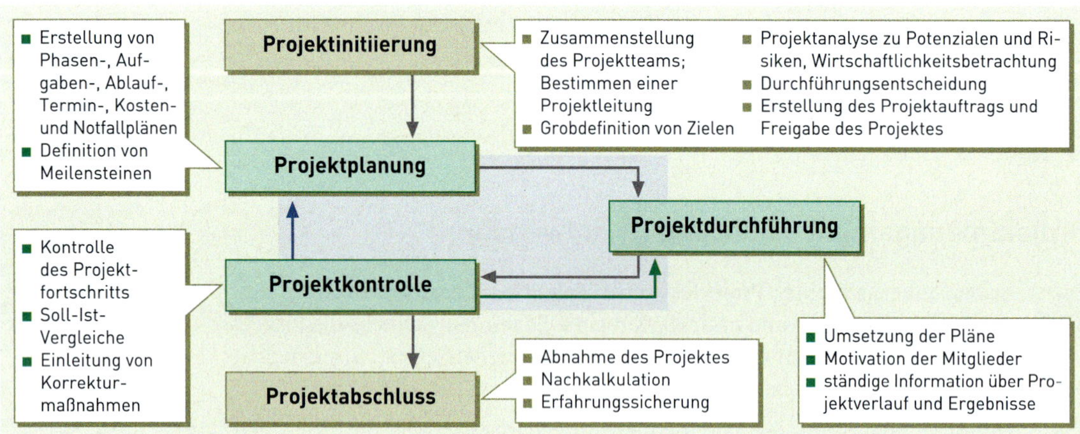

2.1
Projektinitiierung und Projektdefinition – In die Startlöcher gehen

„Planung ist langweilig – lasst uns doch einfach mal anfangen, dann wird uns schon einfallen, wie wir weitermachen.“ – Etwa 70 % aller Projekte scheitern. Dies liegt vor allem an dem nicht gründlich durchgeführten Projektstart. Unstrukturiertes Herangehen, schlampiges Planen und damit ein zu frühes „Verlassen des Startblocks“ führen unweigerlich zu einem Scheitern des gesamten Projektes oder zumindest zu teuren und/oder aufwendigen Maßnahmen, um einem Scheitern entgegenzusteuern. Daher gehört die Initiierung – das Anstoßen – eines Projektes neben der Projektplanung zu den wichtigsten Phasen des Projektmanagements. Mit der Initiierung wird die Grundlage für das gesamte weitere Vorgehen gelegt, der Ablauf wird strukturiert und damit transparenter.

1 Iteration ist eine konsequente, wiederholte Annäherung an ein Ergebnis.

2.1.1 Festlegung der Projektziele

„Wir müssen unsere Kosten erheblich senken!“ – Projekte beginnen zumeist mit einer Idee. Sie ist in der Regel noch diffus, ungenau, vielleicht auch utopisch. Deshalb muss sie in konkrete Projektziele umgewandelt werden. Diese wiederum müssen eindeutig formuliert und dann auch messbar sein, um ihre Erreichung später überprüfen zu können.

Es müssen Oberziele und daraus abgeleitete Unterziele formuliert werden. So könnte das Oberziel „Einsparung von 12 % Verwaltungskosten“ durch Unterziele wie „Einsatz einer EDV-gestützten Auftragsdatenerfassung“, „Auswahl passender Hard- und Software“, „Implementierung des Systems bis zum 31.10...“ und „Kostenbeschränkung auf 200.000,00 €“ konkretisiert werden.

› INFO-Teil Band 1, LF 2 Kap 1.4.1

2.1.2 Machbarkeitsstudie

Bevor mit der konkreten Projektarbeit begonnen werden kann, muss zunächst überprüft werden, unter welchen Voraussetzungen das Projekt erfolgreich beendet werden kann. Man unterscheidet dabei vor allem die folgenden Kriterien:

- **Umfang und Inhalt**
  (Welches Ergebnis soll mit welcher Qualität erreicht werden?)
- **Kosten**
  (Welche finanziellen Mittel sind notwendig und vorhanden?)
- **Zeit**
  (In welcher Zeit können und müssen die Aufgaben bewältigt werden?)

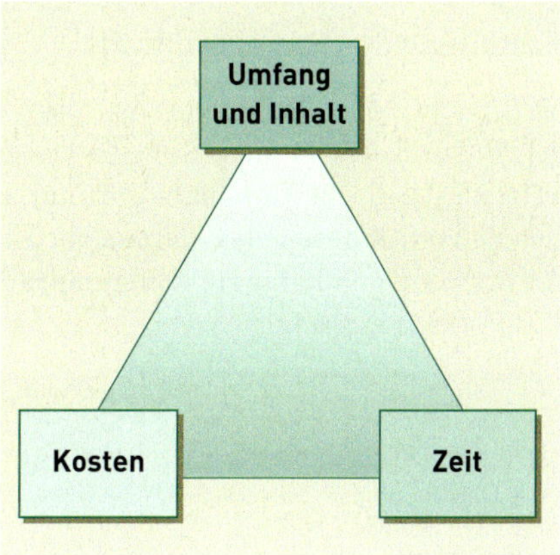

Das „magische Dreieck“ des Projektmanagements

Diese drei zentralen Inhalte müssen vor dem Projektstart geklärt sein. Zu beachten ist dabei allerdings auch, dass sie sich gegenseitig beeinflussen.

Jede Veränderung an einem Ziel (in *jedem* Projekt kommt es zu Veränderungen!) wirkt stets auf die anderen beiden Zielgrößen.

Verdeutlicht werden soll dies an dem folgenden Beispiel:

Beispiel

Ein Projektteam beschäftigt sich mit der Entwicklung eines neuen Produktes. Als man erfährt, dass die Konkurrenz an einer ähnlichen Neuentwicklung arbeitet, soll die Markteinführung (und damit der Endtermin des Projektes) signifikant nach vorne verlegt werden (die **Zeit** wird verkürzt). Um dies zu erreichen, könnte der Projekt**umfang** gekürzt werden (was Einfluss auf die Qualität des Produktes hätte), oder mit zusätzlichem Personal **(= Kosten)** könnte versucht werden, den ursprünglich angestrebten Inhalt umzusetzen.
Um in solchen Situationen angemessen reagieren zu können, muss eine Prioritätenreihenfolge festgelegt werden. Es muss z. B. geklärt sein, was wichtiger ist: die Einhaltung des Termins oder das Vermeiden zusätzlicher Kosten.
Fällt die Machbarkeitsstudie positiv aus, kann ein Projekt durchgeführt werden. Sollte die Studie negativ ausfallen, wird das Projekt wegen Unwirtschaftlichkeit abgelehnt oder muss bereits im Ansatz abgeändert werden.

2.1.3
Projektorganisation

› INFO-Teil Band 1, LF 2, Kap. 3.1

Im ersten Kapitel wurde bereits erläutert, dass ein Projektteam meist aus Mitarbeitern unterschiedlicher Abteilungen zusammengesetzt wird. Häufig kennen sich diese Mitarbeiter kaum oder gar nicht, arbeiten selten oder nie zusammen und gehen mit sehr unterschiedlichen Sichtweisen an ein Problem heran. Deshalb muss das Projektteam **organisiert** werden, es muss eine projektspezifische Hierarchie innerhalb des Teams geschaffen werden.

Vielfach hat sich dabei die **reine Projektorganisation** als wirkungsvollste Organisationsform erwiesen. Die Projektmitglieder werden von ihren eigentlichen Aufgaben entbunden und in eine Organisation innerhalb der Unternehmensorganisation („Task Force") eingegliedert. So können sie sich voll auf die Projektarbeit konzentrieren.

› LF 12, Kap. 2.2

Notwendig ist dabei ein **Projektleiter**[1] oder Projektmanager. Er koordiniert die Abläufe und die Kommunikation innerhalb des Teams, übernimmt alle Führungs- und Entscheidungsaufgaben und motiviert die Teammitglieder. Außerdem legt er gemeinsam mit den Teammitgliedern die Meilensteine fest und behält den planmäßigen Fortschritt des Projektes im Auge.

2.1.4
Erstellung des Projektauftrags

Wichtig für den Projektstart ist, dass die grundlegenden Eckdaten des Projektes schriftlich fixiert werden. So entsteht ein „Vertrag" zwischen dem Auftraggeber des Projektes (z. B. die Geschäftsführung) und dem Auftragnehmer (i. d. R. der Projektleiter). Vom Auftraggeber werden vor allem seine Erwartungen, vom Auftragnehmer die notwendigen Rahmenbedingungen definiert, sodass eine Messlatte für den Erfolg des Projekts entsteht.

Beispiel

Projektauftrag			
Name des Projektes:	Implementierung einer ERP-Software		
I. Projektdaten			
Projektstart:	01.05.00[2]	**Projektende:**	31.12.01
II. Projektbeschreibung			
Ausgangssituation/ Projektbegründung:	Informationsfluss innerhalb des Unternehmens mangelhaft, Fertigungsprozess zu langsam, Warenbestände zu groß		
Projektgesamtziel:	Neuorganisation und Verbesserung der Geschäftsprozesse mithilfe eines IT-Systems		
III. Projektteilziele	**Messbare Ergebnisse**		
Ziel 1: Durchlaufzeiten erhöhen	Reduzierung der Durchlaufzeiten um durchschnittlich 10 % bis zum Ende des Projektes		
Ziel 2: Warenbestände verringern	Reduzierung der Lagerbestände an Werkstoffen um 15 % bis zum Ende des Projektes		
Nutzen des Projektes:	▪ Verringerung der Lagerkosten und der Produktionskosten ▪ Verbesserung des Informationsflusses zwischen allen Prozessbeteiligten		
Projektrisiken:	1. hohe Komplexität der ERP-Software 2. Gefahr der Kostenexplosion 3. Ausfall des IT-Systems 4. Anwendungsprobleme durch die Mitarbeiter		

1 Die Begriffe „Projektleiter", „Projektmanager" usw. werden fortan hier neutral verwendet, sie bezeichnen Personen beider Geschlechter.
2 „00" = aktuelles Jahr, „01" = Folgejahr

IV. Projektorganisation			
Projektleiter/-in:	M. Dermann	**Projektauftrag-geber/-in:**	Geschäfts-führung (H. Füllmann)
Projektteammitglieder:	F. Huber H. Friedrich B. Giesswein T. Falke	**Sonstige Beteiligte:**	Leiter aller Abteilungen

V. Wirtschaftlichkeitsbetrachtung		
Personalkosten:	750.000,00 €	
weitere Kosten:	Software Programmierungsarbeiten Mitarbeitereinweisungen Weiteres	100.000,00 € 20.000,00 € 80.000,00 € 100.000,00 €
Gesamtprojektkosten:		1.050.000,00 €
Projekteinnahmen/ Wirtschaftlichkeit:	▪ Verringerung der Durchlaufzeit: ca. 140.000,00 € pro Jahr ▪ Verringerung der Lagerbestände: ca. 165.000,00 € pro Jahr	

VI. Projektfreigabe:	
	☒ **Das Projekt wird freigegeben.** ☐ **Das Projekt wird nicht freigegeben.** **Datum:** 04.04.00 **Unterschrift Auftraggeber/-in:** H. Füllmann **Unterschrift Auftragnehmer/-in:** M. Dermann

2.1.5 Projektfreigabe

Mit der Unterschrift der Projektverantwortlichen unter den Projektauftrag fällt der Startschuss für das Projekt.

2.2 Projektplanung – In das Chaos wird Ordnung gebracht

Das Ziel steht vor Augen, aber der Weg dorthin ist noch völlig unklar. Deshalb müssen – basierend auf der groben Planung der Projektinitiierung – detaillierte Pläne aufgestellt werden, die einen Rahmen für die folgende Durchführung schaffen und den weiteren Projektverlauf strukturieren und koordinieren.

- **Phasenplanung**
  - In welche Abschnitte kann die Projektarbeit unterteilt werden?
  - Welche Phasenergebnisse (produkt- und projektbezogen) werden angestrebt?

Typische Projektphasen	
Bauprojekte ■ Problemanalyse und Soll-Konzeption ■ Konstruktion ■ Vorbereitung (Behördenverfahren, Beschaffung usw.) ■ Ausführung	**Produktentwicklungsprojekte** ■ Problemanalyse und Soll-Konzeption ■ Produktgestaltung ■ Prototyp-Entwicklung ■ Nullserien-Produktion ■ Produktion ■ Markteinführung
Softwareprojekte ■ Problemanalyse und Soll-Konzeption ■ Produktgestaltung ■ Prototyp-Entwicklung ■ Produktion ■ Nutzung/Markteinführung	**Organisationsprojekte** ■ Problemanalyse und Soll-Konzeption ■ Pilotanwendung ■ Evaluierung Pilotversuch ■ Umsetzung Gesamtkonzept ■ Evaluierung Gesamtkonzept

› Band 1
LF 2, Kap. 3.1
Aufbauorganisation

- **Aufgaben- und Ablaufplanung**
  - Welche Tätigkeiten sind notwendig und zu welchen Arbeitspaketen werden sie zusammengefasst?
  - Wer übernimmt diese Arbeitspakete?
  - In welcher Reihenfolge müssen die Arbeitsschritte bzw. -pakete bearbeitet werden?
  - Welche Abhängigkeiten bestehen zwischen den verschiedenen Aufgaben?
  - Welche Arbeitspakete können parallel bearbeitet werden?

Beispiel (Fortsetzung)

Arbeitspaketplan	
Arbeitspaket: Ist-Analyse **Verantwortlicher:** F. Huber	**Projekt:** Implementierung einer ERP-Software **Projektleiter/-in:** M. Dermann
1. Inhalt des Arbeitspaketes (Tätigkeiten) ■ Analyse der bisherigen IT-Lösung unter Berücksichtigung der angestrebten Ziele und der Verbesserungspotenziale	
2. Ergebnisse des Arbeitspaketes (Produkte, Dokumente usw.) ■ Zusammenstellung der bisherigen Inhalte des IT-Systems ■ Beschreibung der bisherigen Funktionalitäten ■ Aufdeckung der wesentlichen Schwachpunkte	
3. Abhängigkeit von anderen Arbeitspaketen keine	
4. Dauer des Arbeitspaketes; geplanter Beginn und geplantes Ende des Arbeitspaketes drei Personenwochen **geplanter Beginn:** 01.04.00 **geplantes Ende:** 22.04.00	

- **Zeitplanung**
  - Wann startet und wann endet das Projekt?
  - Welcher Zeitaufwand ist für welche Aufgabe und für welches Arbeitspaket notwendig?
  - Bis wann muss welche Aufgabe erledigt sein?
  - Aufgaben- und Ablaufplan sowie Zeitplan können z. B. mithilfe von Balken- oder Netzplänen dargestellt werden.

› Band 1
LF 5, Kap. 3.1

- **Kostenplanung**
  - Welche Kosten entstehen bei welchen Arbeitspaketen?
  - Wie hoch werden die Gesamtkosten in etwa sein?
  - Passen die Gesamtkosten in das Projektbudget?
- **Notfallplanung**
  - Welche Risiken bestehen und wie wahrscheinlich ist ihr Eintritt?
  - Wie hoch ist der mögliche Schaden bei Eintreffen der Risiken?
  - Durch welche Maßnahmen kann den Risiken vorgebeugt werden?
  - Welche Maßnahmen können beim Eintreffen der Risiken getroffen werden?
  - Welche Prioritäten sollen bei der Festlegung von solchen Maßnahmen berücksichtigt werden?

› LF 12, Kap. 2.1.2

Beispiel (Fortsetzung)

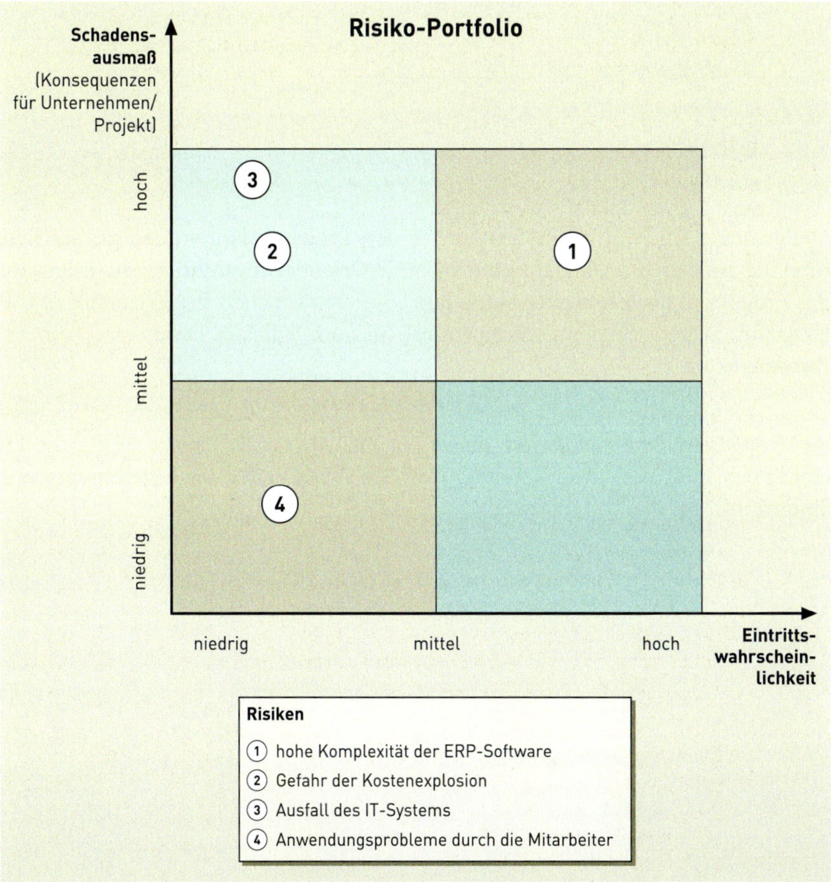

Meilensteine

Eine besondere Bedeutung kommt im Zusammenhang mit der Projektplanung der Definition von **Meilensteinen** zu. Meilensteine sind überprüfbare Zwischenergebnisse, mit denen der Abschluss wichtiger Arbeitsschritte oder Projektphasen kontrolliert wird. Damit stellen sie gleichzeitig die Startbedingung für die folgenden Arbeitsschritte dar.

Beispiel (Fortsetzung)

Meilensteinplan	
Meilenstein: Entscheidung für neues Produkt Arbeitspaket: Ist-Analyse und Vergleich ERP-Lösungen Verantwortliche: F. Huber, T. Falke	Projekt: Implementierung einer ERP-Software Projektleiter/-in: M. Dermann
1. Zu erreichendes Ergebnis: a) Inhalt: Entscheidung für den Kauf und die Einführung eines ERP-Software-Produktes b) Termin: 31.05.00	
2. Überprüfung des angestrebten Ergebnisses: ■ Sind die entscheidenden Schwachstellen der alten Lösung aufgedeckt und benannt? ■ Löst das neue System die Schwachstellen? ■ Sind die Kosten des neuen Systems im vorgegebenen Rahmen? ■ Ist das neue Software-System kompatibel mit der vorhandenen Hardware? ■ Ist das Kosten-Nutzen-Verhältnis der neuen Lösung angemessen? ■ Kann das neue System im geplanten Zeitraum eingeführt werden?	
3. Entscheidung: ☐ Wiederholung der letzten Phase ☐ Nachbesserung bis zum ______ ☒ Genehmigung der nächsten Phase ☐ Projektstopp	
4. Unterschrift des/der Projektleiters/Projektleiterin *M. Dermann*	

Meilensteine sind vor allem deshalb für den Projektverlauf von so großer Bedeutung, da sie dem Projektteam eine wichtige **Orientierungshilfe** geben, selbst wenn das Projektziel noch in weiter Ferne liegt. Sie verdeutlichen Projektverlauf und Projektstand, zeigen Kursabweichungen auf und ermöglichen damit eine frühzeitige Kurskorrektur.

Durch Meilensteine werden Projekte überschaubar und beherrschbar. So werden die Projektteilnehmer **motiviert**, da sie ein Ziel vor Augen haben, sie für die Erreichung des Ziels verantwortlich sind und der Projektleiter das Ergebnis persönlich abnimmt.

2.3
Projektdurchführung – Die Pläne werden umgesetzt

Maßgeblich für den Erfolg eines Projektes ist es, dass die Projektteilnehmer sich mit dem Projekt identifizieren, ihre Aufgaben akzeptieren und von der Notwendigkeit überzeugt sind. Daher ist es zunächst wichtig, dass das gesamte Team an allen Phasen der Projektplanung aktiv beteiligt ist. Während der Projektdurchführung muss außerdem kontinuierlich über den Projektverlauf und die Ergebnisse informiert werden, müssen Aufgaben ständig definiert und Verantwortlichkeiten geklärt werden. Dafür bietet sich als Instrument der **Aktionsplan** an. Er hält fest, was von wem und bis wann erledigt werden muss.

Aktionsplan

Beispiel (Fortsetzung)

Aktionsplan			
Nr.	Was?	Wer?	Bis wann?
1.	Ist-Analyse	F. Huber	22.04.00
2.	Vergleich ERP-Lösungen	T. Falke	10.05.00
3.	**Meilenstein:** Entscheidung für neues Produkt	F. Huber, T. Falke, M. Dermann	31.05.00
4.	Verhandlung mit Lieferant und Bestellung der Software	M. Dermann	30.07.00
...			

Insbesondere in der Phase der Projektdurchführung spielt der **Projektleiter** also eine äußerst wichtige Rolle. Er muss eine Balance herstellen zwischen

- dem, was die Aufgabe verlangt (z. B. erwartete Ergebnisse),
- dem, was der Einzelne im Team verlangt (z. B. Motivation, Zielvereinbarung, Feedback), und
- dem, was das Team verlangt (z. B. Kommunikationsregeln und -strukturen, Informationen über den Projektfortschritt).

2.4
Projektkontrolle – Das Projekt wird auf Kurs gehalten

› LF 12, Kap. 2
Projektphasen

In **jedem** Projekt passiert leider häufig Unerwartetes. Es ändern sich Umstände, Annahmen stellen sich als falsch heraus und Pläne werden damit hinfällig. Deshalb kommt der Projektsteuerung eine besondere Bedeutung zu. Abweichungen von den ursprünglichen Plänen müssen frühzeitig erkannt und analysiert werden, um wirkungsvolle Lenkungsmaßnahmen ergreifen zu können. Spätestens hier wird deutlich, ob in der Planungsphase exakt definierte Soll-Werte erarbeitet wurden, die jetzt mit den eingetroffenen Ist-Werten verglichen werden können, oder ob in der Planung nur sehr grob gearbeitet wurde.

Werden Abweichungen beim Plan-Ist-Vergleich festgestellt, so können **steuernde Maßnahmen** ergriffen werden. Die einfachste – aber auch ungünstigste – Reaktion auf Planabweichungen ist die Anpassung der Planvorgaben an die neue Ist-Situation (Verschieben von Terminen, Erhöhung des Budgets usw.). Die ursächlichen Probleme werden dadurch allerdings nicht gelöst. Viel wichtiger sind daher **korrektive Maßnahmen**, die eine Erreichung der Planvorgaben anstreben, ohne diese zu ändern (z. B. Motivation der Mitarbeiter, Erhöhung der Mitarbeiterqualifikation, Verbesserung der Kommunikation).

› LF 12, Kap. 2.1.2

Die Projektkontrolle befasst sich – gemäß dem „magischen Dreieck" des Projektmanagements – vor allem mit Termin-, Kosten- und Ergebnisabweichungen.

2.4.1
Terminkontrolle

Ein wertvolles Instrument zur Terminkontrolle sind **Terminübersichtslisten**, in denen die Termine aller Arbeitspakete enthalten sind. Sie sind vor allem dann von besonderer Bedeutung, wenn kein Netzplan zur Terminkontrolle vorliegt.

Beispiel (Fortsetzung)

Terminübersichtsliste				
Arbeitspaket		Verantwortlicher	geplanter Fertigstellungstermin	tatsächlicher Fertigstellungstermin
Nr.	Bez.			
1	Ist-Analyse	F. Huber	22.04.00	26.04.00
2	Vergleich ERP-Lösungen	T. Falke	10.05.00	08.05.00
3	Entscheidung für neues Produkt	M. Dermann	30.07.00	31.08.00
...				

Nur mithilfe einer systematischen Terminüberwachung besteht die Chance, einen sich anbahnenden Terminverzug so frühzeitig erkennen zu können, dass eine geeignete Steuerungsmaßnahme (z. B. Personalaufstockung) wirksam eingesetzt werden kann.

2.4.2
Kostenkontrolle

Neben den Terminen müssen auch die Kosten ständig im Blick gehalten werden. Die Kostenkontrolle erstreckt sich dabei vor allem auf

- Personalkosten für im Projekt eingesetzte Mitarbeiter und
- zusätzliche Entwicklungskosten (z. B. Kosten für Maschinennutzung, für Formen- und Musterbau, für Material und für sonstige Dienstleistungen wie z. B. die Nutzung von Testlabors).

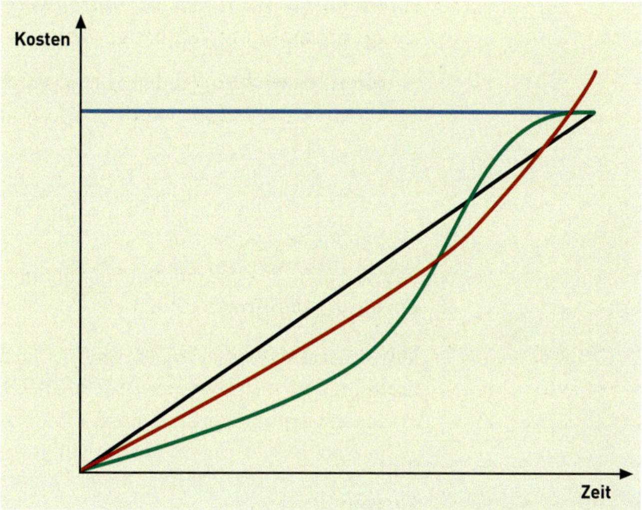

Wurden die tatsächlich angefallenen Kosten (**rote** Linie im Diagramm) erfasst (dies geschieht üblicherweise in einem gleichmäßigen Turnus, z. B. alle 14 Tage), können sie den geplanten Kosten gegenübergestellt werden. Dabei wird man möglichst – was allerdings mit einem sehr hohen Planungsaufwand verbunden ist – die Planwerte auf den gesamten Projektzeitraum verteilen (**grüne** Linie im Diagramm). Ist eine solche Kostenschätzung nicht ohne Weiteres realisierbar, so können auch vereinfacht die Kosten gleichmäßig auf den Planungszeitraum verteilt werden (**schwarze** Linie im Diagramm). Der einfachste Plan-Ist-Vergleich bezieht die Planwerte auf den geplanten Endzustand des Projektes (**blaue** Linie im Diagramm). Man wird sich also über einen sehr langen Zeitraum unter der 100 %-Planlinie bewegen und zumeist erst gegen Ende des Projektes – wenn z. B. die teure Realisierungsphase ansteht – die geplanten Kosten erreichen oder auch überschreiten.

2.4.3
Fortschrittskontrolle

Im Gegensatz zur Kosten- und Terminkontrolle ist die Kontrolle des inhaltlichen Projektfortschritts (und damit des Produktfortschritts) zumeist nicht ohne Weiteres messbar, da in der Regel geeignete Messgrößen fehlen. Eigenschaften, z. B. eines zu entwickelnden Produktes wie Ergonomie, Leistung oder Sicherheit, lassen sich nicht in ihrem Fortschritt, sondern nur nach Fertigstellung des Produktes in ihrem Erfüllungsgrad messen.

Deshalb dient als Kennziffer des Projektfortschritts häufig der **Fertigstellungsgrad:**

$$\textbf{Fertigstellungsgrad} = \frac{\text{fertiges Arbeitsvolumen}}{\text{gesamtes Arbeitsvolumen}}$$

Häufig kommt es allerdings bei der Bewertung des fertiggestellten Volumens zu Fehleinschätzungen, da die Projektbeteiligten ihre Leistung subjektiv oft als zu hoch bewerten („Fast-schon-fertig-Syndrom"). Deshalb müssen die Mitarbeiter ihre Einschätzung sehr genau vornehmen und regelmäßig Prognosen über den Restaufwand erstellen.

2.5 Projektabschluss – Das Projekt wird reflektiert

Ein systematischer Projektabschluss mit einer Reflexion der geleisteten Arbeit findet in der Praxis nur selten statt. Dabei ist vor allem eine gründliche Analyse des abgelaufenen Projektes – unabhängig von seinem Erfolg – eine entscheidende Voraussetzung für einen wirkungsvollen Lerntransfer für folgende Projekte.

Es geht also darum,

- herauszufinden, welche Dinge gut liefen und warum sie gut liefen,
- die Wiederholung von Fehlern zu vermeiden und
- Ideen für weitere Projekte hervorzubringen.

2.5.1 Produktabnahme

Zunächst muss das Projektergebnis (also z. B. das entwickelte Produkt) getestet und dann an den Auftraggeber (i. d. R. die Geschäftsleitung) übergeben werden. Der Auftraggeber begutachtet das Entwicklungsergebnis in Bezug auf Mängel und erforderliche Nachbesserungen. Nach erfolgreicher Überarbeitung übernimmt der Auftraggeber das fertige Produkt.

2.5.2 Projektabschlussanalyse und Erfahrungssicherung

In jedem Projekt treten bei der Durchführung Abweichungen von den ursprünglichen Annahmen auf. Deshalb müssen im Rahmen des Projektabschlusses die wesentlichen kaufmännischen Ist-Daten sowie die erreichten Produktergebnisgrößen den in der Vorkalkulation geschätzten Plandaten gegenübergestellt werden. Durch diese Abweichungsanalysen soll die Projektbewertung erleichtert und ein Erfahrungszuwachs für zukünftige Projektvorhaben gesichert werden.

Vor allem die folgenden Produkt- und Projektgrößen werden für den Projektabschluss analysiert:

› LF 12, Kap. 2.1.2

- Kosten
- Zeit
- Qualitätsmerkmale

Nach der Erhebung der Abweichungen zwischen Soll- und Ist-Daten müssen die Ursachen ermittelt werden. Welche falschen Vorgaben wurden z. B. gemacht? Welche berechtigten Vorgaben wurden nicht erfüllt? Es müssen Maßnahmen ausgearbeitet werden, die helfen, um bei nachfolgenden Projekten Abweichungen zu vermeiden. Die Ergebnisse werden in einem Abweichungsanalysebericht zusammengefasst, sodass ein Beurteilungsdokument zur Verfügung steht und die Erfahrungen für folgende Projekte gesichert sind.

Beispiel (Abschluss)

Projektabschlussanalyse		
Projekt: Implementierung einer ERP-Software	Datum: 04.03.01	
Terminabweichungen:		
Erläuterung	Ursachen	Maßnahmen
Ist-Analyse dauerte 4 Tage länger	Krankheit des Mitarbeiters	nicht nötig, genügend Pufferzeit
Entscheidung für neues Produkt dauerte einen Monat länger	Wechsel in den Zuständigkeiten bei einem potenziellen Lieferanten	Einsparung der zusätzlichen Zeit bei den Mitarbeiterschulungen durch einen zusätzlichen Referenten
...		
Kostenabweichungen:		
Erläuterung	Ursachen	Maßnahmen
Softwarekosten 120.000,00 € statt 100.000,00 €	Bestellung eines zusätzlichen, zunächst nicht eingeplanten Moduls	Erhöhung des Projektbudgets um 20.000,00 €
Einsatz eines zusätzlichen Referenten für Mitarbeiterschulungen (3.500,00 €)	notwendige Zeiteinsparung bei der Schulung	Einsparung durch Verzicht von Training of the job
...		
Qualitätsabweichungen:		
Erläuterung	Ursachen	Maßnahmen
Modul B2B-Kommunikation funktioniert nicht	Schnittstellenproblematik mit Hauptlieferanten	Schnittstellenprogrammierung nach Projektabschluss bis zum 31.05.01
...		

Voraussetzung für eine aussagekräftige Projektabschlussanalyse ist eine kontinuierliche und systematische Erfassung aller wichtigen Daten während des gesamten Projektverlaufs.

2.5.3 Projektauflösung

Sinnvoll ist die Auflösung des Projektes in Form einer **Projektteamsitzung.** Hier steht nicht der Projektgegenstand im Vordergrund, sondern die Projektdurchführung. Die Teammitglieder erhalten die Gelegenheit, ihr Verhalten während der Projektarbeit zu reflektieren und Erfahrungen auf der Beziehungsebene zu gewinnen. So könnten z. B. die folgenden Fragen diskutiert werden:

- Wo lagen unsere Stärken und unsere Schwächen?
- Wie haben wir zusammengearbeitet?
- Hat die Kommunikation untereinander funktioniert?
- Wie sind wir mit Konflikten umgegangen?
- War der Führungsstil des Projektleiters angemessen?

War das Klima im Projektteam gut, so darf jetzt der Abschluss des Projektes gefeiert werden. Für erfolgreiche Projektteams ist der Projektabschluss ein guter Grund, eine Party zu veranstalten. Denn wer hart arbeitet, darf auch kräftig feiern!

Formeln zu Lernfeld 10

Absatzprozesse planen, steuern und kontrollieren

› Erarbeitungsteil
LF 10, Kap. 3.3.1
S. 41

Deckungsbeitrag je Stück = Verkaufspreis je Stück – variable Kosten je Stück

› Erarbeitungsteil
LF 10, Kap. 3.3.1
S. 41

maximaler Preis – Gewinn = **erlaubte Kosten**

› Erarbeitungsteil
LF 10, Kap. 1.3
S. 17

$$\textbf{relativer Marktanteil} = \frac{\text{eigener Umsatz}}{\text{Umsatz des größten Konkurrenten}}$$

äquivalent zu folgender Formel:

› INFO-Teil
LF 10, Kap. 1.3
S. 206

$$\textbf{relativer Marktanteil} = \frac{\text{eigener Marktanteil}}{\text{Marktanteil des größten Konkurrenten}}$$

› INFO-Teil
LF 10, Kap. 3.5.2
S. 241

Tausend-Kontakte-Preis (TKP) = Preis der Werbemaßnahme · 1 000/Reichweite

› Erarbeitungsteil
LF 10, Kap. 4
S. 73

$$\textbf{Wirtschaftlichkeit} = \frac{\text{Umsatzzuwachs}}{\text{Werbeaufwand}}$$

Formeln zu Lernfeld 11

Investitions- und Finanzierungsprozesse planen

Anlagevermögen = Rechnungspreis – Preisminderungen + Anschaffungsnebenkosten

› INFO-Teil LF 11, Kap. 1.2.1 S. 265

Beleihungsgrenze (Wert zur Absicherung des Kredites/Kredithöhe) = **Beleihungswert · Beleihungssatz**

› INFO-Teil LF 11, Kap. 5.2 S. 302

$$\textbf{Deckungsgrad I} = \frac{\text{Eigenkapital} \cdot 100\,\%}{\text{Sachanlagevermögen}}$$

› INFO-Teil LF 11, Kap. 8.1.3 S. 327

$$\textbf{Deckungsgrad II} = \frac{(\text{Eigenkapital} + \text{langfristiges Fremdkapital}) \cdot 100\,\%}{\text{Sachanlagevermögen}}$$

› INFO-Teil LF 11, Kap. 8.1.3 S. 327

Diskont:

$$z = \frac{k \cdot p \cdot t}{100 \cdot 360}$$

z = Zins
k = Kapital
p = Prozentsatz
t = Tage

› INFO-Teil LF 11, Kap. 3.2.2.2 S. 287

$$\textbf{Effektiver Jahreszins } (P_{effektiv}) = \frac{\text{Skontosatz} \cdot 360 \text{ Tage}}{\text{Skontozeitraum} - \text{Zielzeitraum}^{1}}$$

› INFO-Teil LF 11, Kap. 3.2.2.1 S. 285

$$\textbf{Eigenkapitalquote} = \frac{\text{Eigenkapital} \cdot 100\,\%}{\text{Gesamtkapital}}$$

› INFO-Teil LF 11, Kap. 8.1.2 S. 327

Eigenkapitalrentabilität (EKR) = GKR + (GKR – FKZ) · VSG

Gesamtkapitalrentabilität (GKR)
Fremdkapitalzinssatz (FKZ)
Verschuldungsgrad (VSG) = FK/EK
Fremdkapital (FK)
Eigenkapital (EK)

› INFO-Teil LF 11, Kap. 8.2 S. 332

$$\textbf{Fremdkapitalquote} = \frac{\text{Fremdkapital} \cdot 100\,\%}{\text{Gesamtkapital}}$$

› INFO-Teil LF 11, Kap. 8.1.2 S. 327

1 Anzahl der Tage zwischen dem letztmöglichen Tag des Skontoabzugs und dem Tag, an dem spätestens ohne Skontoabzug gezahlt werden muss

› INFO-Teil
LF 11, Kap. 1.2
S. 264

	Kapitalbedarf für das Anlagevermögen
+	Kapitalbedarf für das Umlaufvermögen
=	**Gesamtkapitalbedarf für Investitionsvorhaben**

› INFO-Teil
LF 11, Kap. 8.2
S. 331

Gesamtkapitalrentabilität > Fremdkapitalzinssatz

↓

Fremdkapitalaufnahme (zusätzliche Verschuldung) → Erhöhung der Eigenkapitalrentabilität

› INFO-Teil
LF 11, Kap. 2.3
S. 275

Gewinn = Erlöse – Kosten

› INFO-Teil
LF 11, Kap. 2.1
S. 271

$$\textbf{kalkulatorische Abschreibungen} = \frac{\text{Wiederbeschaffungskosten} - \text{Restwert}}{\text{Nutzungsdauer}}$$

› INFO-Teil
LF 11, Kap. 2.1
S. 272

$$\textbf{kalkulatorische Zinsen} = \frac{\text{Anschaffungswert}}{2} \cdot \text{kalkulatorischer Zinssatz}$$

› INFO-Teil
LF 11, Kap. 1.2.2
S. 269

Kapitalbedarf für das Material =

tägliche Ausgaben für Material · Kapitalbindungsdauer für das Material

› Erarbeitungsteil
LF 11, Kap. 1.2
S. 99

Kapitalbedarf für die laufende Betriebstätigkeit =

Tagesbedarf · Kapitalbindungsdauer

› INFO-Teil
LF 11, Kap. 2.4
S. 277

$$\textbf{Kapitalrückflusszeit (Amortisationsdauer)} = \frac{\text{Anschaffungswert} - \text{Restwert}}{\text{Gewinn/Jahr} + \text{Abschreibungen}}$$

› INFO-Teil
LF 11, Kap. 8.2
S. 329

$$\textbf{Liquidität 1. Grades} = \frac{\text{verfügbare Zahlungsmittel} \cdot 100\,\%}{\text{kurzfristige Verbindlichkeiten}}$$

› INFO-Teil
LF 11, Kap. 8.2
S. 329

$$\textbf{Liquidität 2. Grades} = \frac{(\text{verfügbare Zahlungsmittel} + \text{Forderungen}) \cdot 100\,\%}{\text{kurzfristige Verbindlichkeiten}}$$

› INFO-Teil
LF 11, Kap. 8.2
S. 329

$$\textbf{Liquidität 3. Grades} = \frac{\text{Umlaufvermögen} \cdot 100\,\%}{\text{kurzfristige Verbindlichkeiten}}$$

$$\text{Rentabilität} = \frac{\text{Erlöse} - \text{Kosten}}{(\text{Anschaffungswert} + \text{Restwert}) : 2}$$

› INFO-Teil
LF 11, Kap. 2.3
S. 275

$$\text{Rentabilität} = \frac{\text{Gewinn}}{\text{durchschnittlich gebundenes Kapital}}$$

durchschnittlich gebundenes Kapital ↓ (Anschaffungswert + Restwert) : 2

› INFO-Teil
LF 11, Kap. 2.3
S. 275

$$\text{Rentabilität} = \frac{\text{Gewinn}}{\text{eingesetztes Kapital}}$$

› INFO-Teil
LF 11, Kap. 2.3
S. 274

$$\text{Rentabilität des Eigenkapitals} = \frac{\text{Gewinn}}{\text{eingesetztes Eigenkapital}}$$

› Erarbeitungsteil
LF 11, Kap. 8.2
S. 147

$$\text{Rentabilität des Gesamtkapitals} = \frac{\text{Gewinn} + \text{Fremdkapitalzins}}{\text{Gesamtkapital}}$$

› Erarbeitungsteil
LF 11, Kap. 8.2
S. 147

$$\text{Rentabilität des Umsatzes} = \frac{\text{Gewinn}}{\text{Umsatz}}$$

› INFO-Teil
LF 11, Kap. 2.3
S. 276

	Kapitalbedarf für das Material
+	Kapitalbedarf für die Fertigungslöhne
+	Kapitalbedarf für die Gemeinkosten der Fertigung
+	Kapitalbedarf für die Gemeinkosten der Lagerung
+	Kapitalbedarf für die Gemeinkosten der Verwaltung
+	Kapitalbedarf für die Gemeinkosten des Vertriebs
=	**Umlaufkapitalbedarf**

› INFO-Teil
LF 11, Kap. 1.2.2
S. 269

$$\text{Verschuldungsgrad} = \frac{\text{Fremdkapital} \cdot 100\,\%}{\text{Eigenkapital}}$$

› INFO-Teil
LF 11, Kap. 8.1.2
S. 327

Formeln zu Lernfeld 12

Unternehmensstrategien, -projekte umsetzen

› Erarbeitungsteil
LF 12, Kap. A
S. 158

$$\textbf{Amortisationszeit} = \frac{\text{Projektkosten}}{\text{Abschreibungen + Gewinn}}$$

› INFO-Teil
LF 12, Kap. 2.4.3
S. 345

$$\textbf{Fertigstellungsgrad} = \frac{\text{fertiges Arbeitsvolumen}}{\text{gesamtes Arbeitsvolumen}}$$

› Erarbeitungsteil
LF 12, Kap. B
S. 175

$$\textbf{Handelsspanne} = \frac{(\text{Listenverkaufspreis} - \text{Herstellkosten}) \cdot 100\,\%}{\text{Listenverkaufspreis}}$$

› Erarbeitungsteil
LF 12, Kap. B
S. 167

$$\textbf{Optimale Bestellmenge} = \sqrt{\frac{200 \cdot B \cdot BK}{EP \cdot LKS}}$$

B = (Jahres-)Bedarf
BK = Bestellkosten pro Bestellung
EP = Einstandspreis pro Stück
LKS = Lagerhaltungskostensatz

Gruppenarbeit

Gruppenarbeit ist eine gute Möglichkeit, sich Wissen selbst zu erarbeiten, ohne dabei allein zu stehen. Auch im Berufsleben wird Ihnen recht häufig eine „Gruppenarbeit“ begegnen; nennen wir es dort „Teamarbeit“. Wie schon im INFO-Teil in Lernfeld 12 beschrieben, werden in einem Team möglicherweise Personen an einer Aufgabe/an einem Projekt zusammen arbeiten müssen, die ansonsten im Unternehmen nicht häufig oder bis dahin gar nicht beruflich miteinander zu tun hatten. Das Wichtigste dabei ist, sich auf die anderen Mitglieder eines (Projekt-)Teams einstellen zu können, um miteinander – häufig unter Zeitdruck – ein Ergebnis zu erarbeiten, das den Auftraggeber überzeugt.

Damit die Gruppenarbeit bzw. Arbeit im Team möglichst erfolgreich verläuft, sind einige Regeln zu beachten:

- **Größe der Gruppe/des Teams:**
  Eine Gruppe sollte nicht zu groß sein und in der Regel nicht mehr als vier Teilnehmer umfassen.
- **Vorbereitung:**
  Ohne einen klaren **Arbeitsauftrag** geht es nicht. Wenn Sie sich gemeinsam auf eine Prüfung vorbereiten wollen oder ein gemeinsames Referat zu verfassen haben, dann legen Sie im ersten Schritt genau fest, um was es geht und wie der Arbeitsauftrag lautet.
- **Rollenverteilung:**
  Es arbeiten zwar alle an der gleichen Aufgabe, eine Arbeitsteilung bringt aber auch Vorteile. Festgelegt werden sollte, wer im Gruppenprozess welche Rolle übernimmt. Vergessen Sie nicht, vor Beginn der Gruppenarbeit daran zu denken, dass jemand
  - am Ende der Arbeit die Ergebnisse zusammenfassen und vortragen muss **(Referent)**,
  - während der Gruppenarbeit darauf achtet, dass die zeitlichen Vorgaben, ohne die eine Gruppenarbeit nicht funktioniert, auch eingehalten werden **(Zeitnehmer)**,
  - die Rolle übernimmt, die erläuterten Ergebnisse parallel zum Vortrag eventuell auch als Bild oder Grafik darzustellen **(Visualisierer)**.

› Anhang Präsentation

- **Gruppen-/Teamregeln:**
  Es gibt einige wichtigen **Verhaltensweisen**, die für alle gelten, die an einer Gruppenarbeit beteiligt sind:
  - Es gibt **keine Totschlagargumente** (z. B. *„So geht das nicht!“* oder *„Das stimmt ja hinten und vorne nicht!“* oder *„Das ist Quatsch!“*), sondern
  - es werden **konstruktive Diskussionen** geführt (z. B. *„Wie kann man das Problem gegebenenfalls anders lösen?“* oder *„Man könnte es aber auch ganz anders sehen, ...“* oder *„Ich bin jedoch der Meinung, dass ...“*).
  - **Kritik wird sachlich vorgetragen** und nicht mit persönlichen Angriffen verbunden.
  - Die **Redezeit** der Gruppenteilnehmer sollte ausgewogen sein. Es gilt das Prinzip: „In der Kürze liegt die Würze“. Daher sollte kein Teilnehmer länger als eine Minute am Stück reden.
  - Lassen Sie andere ausreden, sprechen Sie nicht dazwischen. Machen Sie sich eventuell Notizen und tragen Sie Ihren Einwand im Anschluss an das Gesagte vor.
  - Als **Ergebnis** gilt das, was alle Teammitglieder überzeugt als Ergebnis ansehen. Alleingänge gibt es in einem Team nicht.

Präsentation

Das Ergebnis einer Teamarbeit hat es oft nicht verdient, sofort nur in einer Akte „abgeheftet“ zu werden. Das Resultat einer solchen (Projekt-)Arbeit soll dem Auftraggeber kurz und präzise gezeigt werden. Sehr häufig ist die **Präsentation** sogar Bestandteil des Projektauftrags.

Präsentieren bedeutet, dass man seinen Zuhörern Sachverhalte in einer möglichst einprägsamen und überzeugenden Form darstellt. Für eine gute Präsentation gibt es einige Grundregeln, die beachtet werden sollten:

Das **Thema** ist die Überschrift und gleichzeitig auch der „rote Faden“. Es untergliedert sich in Teilthemen und verschiedene Kernpunkte. Die Schwerpunkte setzt derjenige, der den Vortrag hält, in einer Teamarbeit das ganze Team. Wichtig bei der Vorbereitung einer Präsentation ist es, sich die folgenden Fragen zu stellen:

- Worüber soll informiert werden?
- Was soll mit dem Vortrag oder der Präsentation erreicht werden?
- Welche Zielgruppe wird angesprochen?
- Welche Erwartungshaltungen haben die Zuhörer?

Die genaue Festlegung der **Ziele** ist eine wesentliche Voraussetzung für die Auswahl der Informationen, die gesammelt und ausgewählt werden müssen. Versuchen Sie niemals, alles in eine Präsentation hineinzupacken, was Ihnen zu einem Thema einfällt.

Eine Zielgruppe zu erreichen, ist nicht nur vom Inhalt der Präsentation abhängig. Der Referent hat einen großen Anteil daran, ob eine Präsentation erfolgreich wird. Wirkt er unsicher, zweifelt man an seiner fachlichen Kompetenz und es kann schon nach wenigen Minuten so sein, dass die Zuhörerinnen und Zuhörer „abschalten“. Das Ergebnis der Arbeit im Projekt wird ankommen, aber es erhält durch die Art der Präsentation einen „faden“ Beigeschmack. Spricht der Referent eher langweilig monoton als überzeugend, schafft es nicht, seine Zielgruppe für das Thema und das Ergebnis zu begeistern, ist wenig kreativ oder spickt seinen Vortrag mit vielen Details, verzettelt sich ... – Was meinen Sie, wird seine Präsentation einen guten Eindruck hinterlassen?

Bleiben Sie sachlich, behandeln Sie das Thema objektiv, tragen Sie das Ergebnis des Projektteams vor, nicht aber Ihre eigene Meinung als Vortragender. Erklären Sie anschaulich und präzise, werden Sie nicht zu „wissenschaftlich“. Überzeugend wirken Sie, wenn man versteht, was Sie sagen. Eine angemessene Sprache unterstützt Ihre Glaubwürdigkeit. Originalität und Kreativität erzeugen Aufmerksamkeit und lockern Präsentationen auf. Gehen Sie aber sparsam mit diesen Hilfsmitteln um.

Rhetorik und Körpersprache

Rhetorik und Körpersprache sollten Sie nicht unterschätzen und gezielt einsetzen. Ein überzeugender Auftritt hängt auch davon ab, wie die Vermittlung gezielter Informationen unter anderem durch ein perfektes persönliches Auftreten unterstrichen wird. Dabei spielen die Signale, die vom Vortragenden ausgesandt werden, eine wichtige Rolle. Sie können den Informationsgehalt verstärken, aber auch verfälschen oder Unwesentliches über das eigentlich Wichtige stellen.

So wertet z. B. eine abweisende Körperhaltung, die entsteht, weil man sich persönlich vielleicht besonders originell darstellen will, die sachlichen Argumente ab. Darüber hinaus kann dadurch das Vertrauen und die Sympathie der Zielgruppe abnehmen. Unpassende Mimik und Gestik machen den Präsentierenden unglaubwürdig, er wirkt nicht kompetent – also unbedingt vermeiden!

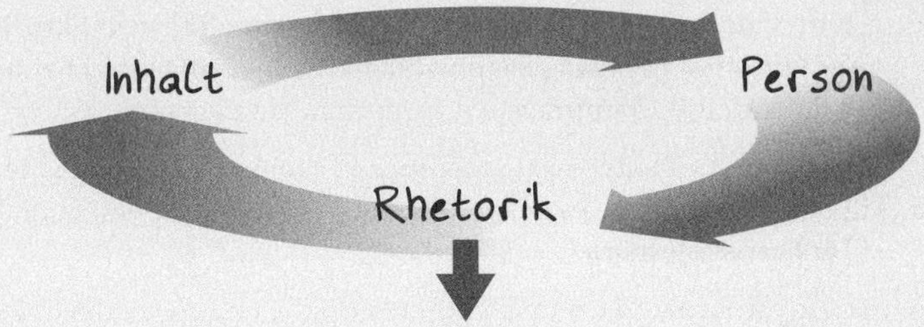

Regelkreis der Rhetorik

sachorientiert

- gründliche und umfassende Vorbereitung
- Inhalte sorgfältig darauf prüfen, ob sie wirklich stimmen (Wahrheitsgehalt und Wahrheitswert) – das ist insbesondere bei Internetrecherchen von großer Bedeutung
- Konzentration auf die wesentlichen Elemente – nicht in Details verlieren!

verständlich

- laut, deutlich und sinnbetont artikulieren
- Sprech- und Mitdenkpausen einplanen
- Präsentationsmedien einsetzen
- Fachbegriffe und Abkürzungen erläutern
- unaussprechliche Fremdwörter vermeiden

Sprechen
Referieren
Vortragen

strukturiert

- klare Gliederung; der Zuhörer sollte wissen, wo im Vortrag der Redner gerade steht
- Behauptungen und Thesen fundiert begründen
- Beispiele für die Sachargumentation heranziehen

zuhörerorientiert

- Voraussetzungen und Erwartungen der Zuhörer berücksichtigen
- motivierend in die Präsentation einleiten und Interesse wecken
- angemessenen Zeitrahmen wählen (i. d. R. nicht länger als 20 Minuten)
- Visualisierungen einsetzen
- Teilzusammenfassungen einplanen
- Zuhörer aktiv einplanen (Zwischenfragen, Handouts usw.) – dabei Überforderung vermeiden („Abschalteffekt")

frei

- gute Vorbereitung der Stichpunktzettel
- frei reden und nicht zu sehr am Blatt „kleben"
- Blickkontakt zu den Zuhörern halten
- Zuhörer-Feedback beachten und darauf reagieren
- nicht auf jede Zwischenfrage eingehen, wichtige Fragen aber aufnehmen und eventuell integrieren

Im Mittelpunkt eines Vortrags muss der Inhalt stehen, um den es geht. Mimik, Gestik oder rhetorische Aspekte müssen diesen Inhalt unterstreichen und dürfen nicht davon ablenken. Die Gestaltung einer Präsentation sowie der Medieneinsatz müssen dem Thema und dem Vortragenden entsprechen. Es gibt begnadete Redner, die aber mit unterstützenden Medien, z. B. dem Einsatz eines Beamers bei einer PowerPoint-Präsentation, nicht umgehen können und so Unsicherheit ausstrahlen.

Finden Sie heraus, welche Vortragsform Ihnen entspricht und wie Sie Ihre Zuhörer überzeugen können.

Gestaltungsprinzipien für Visualisierungen

Gestaltungsprinzipien für Visualisierungen gibt es viele. Ihnen werden dazu in Fachbüchern oder Seminaren immer wieder Meinungen begegnen, wie man Zuhörerinnen und Zuhörer durch die Gestaltung einer Präsentation „fesseln" kann. Fakt ist: Die Gestaltung hängt vom Thema der Präsentation und von ihren Zielen ab. Da auch die Themen vielfältig sind, geben wir Ihnen hier Tipps, die Sie beherzigen können, sich dabei aber immer an Ihrem Vortragsthema ausrichten sollten.

→

a) Bilder erzeugen Kontakt und sagen mehr als Worte
Eine Präsentation lebt von optischen Reizen. Die gedankliche Verarbeitung von Bildern erfolgt schnell, bequem, überzeugend, vor allem aber nachhaltig. An Bilder oder bildhafte Darstellungen kann man sich länger erinnern als an bloße Wort- und Sachdarstellungen.

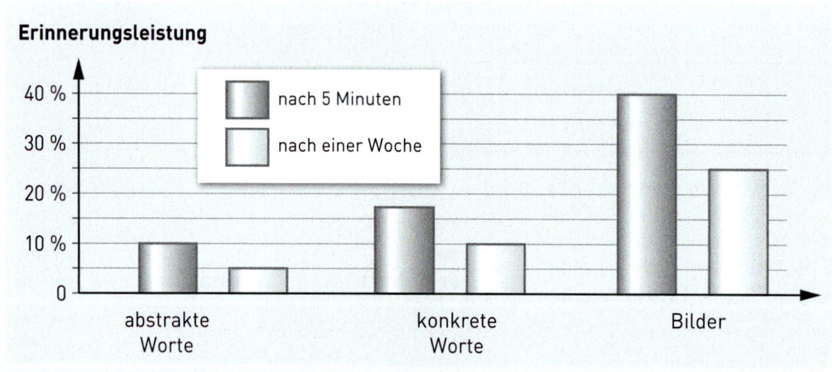

b) Abwechslung in der Präsentation sorgt für Aufmerksamkeit
Es ist erwiesen, dass die beiden Hälften des menschlichen Gehirns unterschiedliche Reize aufnehmen. Das sollte sich eine gute Präsentation zunutze machen:

- **linke Gehirnhälfte**
  - Sprache
  - rationale Sachverhalte
- **rechte Gehirnhälfte**
  - Bilder
  - emotionale Sachverhalte

Die Koppelung von Informationen und Emotionen steigert die Erinnerungsleistung und erhöht die Motivation der Zuhörer und Zuschauer. Dies gilt umso mehr, je ungewöhnlicher die Bilder sind, die man aussucht, um das Gesagte zu unterstützen. Nur das, was wahrgenommen wird, kann auch wirken.

c) Das richtige Präsentationsmedium wählen
Man unterscheidet Nahmedien und Fernmedien. Es leuchtet ein, dass die Präsentation auf einem Flipchart oder einer Tafel völlig ungeeignet ist, wenn man z. B. etwas in einem Festzelt oder in einer Stadthalle zeigen will. Aber wie geht man vor?

Nahmedien
- Broschüren
- Anzeigen
- Flyer
- Spots
- Produktproben

- kann in die Hand genommen werden
- für ein bis maximal zwei Personen bestimmt
- kann weitergegeben werden
- wird aus nahem Abstand betrachtet

wirken über
- sehen
- hören
- schmecken
- riechen
- fühlen

Fernmedien
- Tageslichtprojektor
- Flipchart
- Tafel
- Beamer
- Whiteboard
- Fernseher
- Videowand

- hohe Signalwirkung
- wird aus größerem Abstand betrachtet
- geeignet, wenn viele Personen angesprochen werden sollen

wirken über
- sehen
- hören

d) Schnörkellose Informationen und klare Schrift

Häufig hat man das Gefühl, dass Präsentationen durch unterschiedliche Schriften regelrecht „überlaufen“ – das Auge wird irritiert und abgelenkt. Daher sollten einige Grundregeln beherzigt werden:

- serifenlose[1] Schriftarten wie z. B. Arial sind am besten geeignet
- Normalschrift ist besser als Kursivschrift
- Schriften müssen eine ausreichende Größe haben; Regel für die Schriftgröße:

$$\textbf{Schriftgröße in pt} = \frac{\text{Abstand letzte Stuhlreihe in m} \cdot 4{,}8\text{ pt}}{\text{Höhe der Projektionsfläche}}$$

- Texte nicht mehr als 45 Grad drehen
- Text nicht von unten nach oben laufen lassen

Die farbliche Gestaltung der Schrift und des Hintergrundes kann eine Folie aufwerten oder „kaputt machen“. Daher sollten Sie berücksichtigen:

- schwarze Schrift auf gelbem Grund hat die beste Fernwirkung
- schwarze Schrift auf weißem Grund hat die beste Nahwirkung
- schwarz Gedrucktes wirkt seriös und informativ
- je farbiger ein Text ist, desto unwichtiger wirkt die Information

e) Das Konzept entscheidet

Eine Präsentation sollte einen klaren Aufbau haben. Die Struktur muss auch ohne weitere Erklärungen erkennbar sein. Die Präsentation eines Projektergebnisses oder eines Vortrages sollte durch einen „roten Faden“ gekennzeichnet sein. Es gelten folgende Faustregeln:

- Das Bekannte vor dem Neuen
- Das Einfache vor dem Schweren
- Das Konkrete vor dem Abstrakten
- Das Allgemeine vor dem Besonderen
- Das Problem vor der Lösung

f) In der Kürze liegt die Würze

Oft werden gerade moderne Medien mit Informationen überfrachtet. Denken Sie daran, dass ein Zuhörer genügend Zeit zum Lesen oder Betrachten haben muss. Allgemein benötigt man für das Lesen einer Silbe etwa eine halbe Sekunde.

Daher sollten auf den Folien oder Flipcharts auch nur so viele Informationen stehen, wie man innerhalb einer angemessenen Zeit aufnehmen kann. Es gilt die „KISS-Regel“: *Keep it short and simple.*

g) Kernbotschaften stehen im Vordergrund

Präsentationen sollten nicht nur auf „nackte Tatsachen“ beschränkt sein. Eine hinreichende Bebilderung oder die Verwendung von Grafiken lockert eine Präsentation auf. Das kann eigenes Material sein, es können aber auch fertige Darstellungen verwendet werden.

Animationen z. B.

- bieten dem Auge Abwechslung,
- wecken Interesse,
- machen neugierig,
- schaffen Spannung und
- erzeugen Motivation.

Aber Achtung: Seien Sie bei der Animation einer Präsentation sparsam und dem Thema angemessen. Wenn sich ständig etwas bewegt, lenkt das vom Inhalt der Präsentation ab.

1 Serifen sind die „kleinen Häkchen“ an gedruckten Buchstaben. Beim Lesen von längeren Fließtexten ist eine Serifenschrift wie z. B. Times lesefreundlicher, da sich das menschliche Auge daran „festhalten“ kann. Für Folien- oder Beamerpräsentationen ist eine solche Schrift eher nicht geeignet.

Sachwortverzeichnis

H

I

K

L

M

N

O

P

Bildquellenverzeichnis

argum, München: 304 (Falk Heller)
argus Fotoagentur, Hamburg: 49
Bergmoser + Höller Verlag AG, Aachen: 50, 121, 292, 294, 298, 319, 321, 323
Bionade GmbH, Ostheim: 234.2
Cinetext Bildarchiv, Frankfurt: 244
DEDERICHS REINECKE & PARTNER, Hamburg: 24.1
Deutsche Gütergemeinschaft Möbel e. V., Fürth: 197.2
Doering, Olaf, Düsseldorf: 168.1
Hild, Claudia, Angelburg: 36.1, 157.1, 233, 355, 356
iStockphoto: 65.1 (chaoss), 65.2 (domin_domin), 104 (Peter McKinnon), 234.1 (narvikk)
Kellogg GmbH, Bremen: 16 (alle)
Nürnberg Luftbild (Hajo Dietz): 48 (2)
picture-alliance, Frankfurt: 12 (Pressefoto Ulmer), 24.2 (dpa-Infografik), 47 (dpa-Fotoreport), 231 (dpa-Infografik)
RAL gGmbH, St. Augustin: 197.1
Volkswagen AG, Wolfsburg: 22, 216 (alle)
Wilkhahn, Bad Münder: 9 (alle), 10 (alle), 20 (2), 35 (2), 36.2–6, 62, 64 (2), 94, 97, 153, 201
X-met AG, Aarberg: 173

Grafiken: Daniela Ringhut Mediengestaltung, Dreieich
Layout und Umschlag: GUD – Agentur für Kommunikation und Design, Braunschweig

Trotz intensiver Nachforschungen ist es uns in manchen Fällen nicht gelungen, die Rechteinhaber zu ermitteln. Wir bitten diese, sich mit dem Verlag in Verbindung zu setzen.

Dieses Buch entstand mit freundlicher Unterstützung von

Wilkhahn
Wilkening+Hahne GmbH+Co.KG
Fritz-Hahne-Straße 8
31848 Bad Münder

Telefon +49 5042 999-0
Telefax +49 5042 999-226
www.wilkhahn.com
info@wilkhahn.de

Unser besonderer Dank gilt den Auszubildenden und der Unternehmensentwicklung, Presse + PR.